Neutralitätspflicht und Übernahmegesetz

EUROPÄISCHE INTEGRATION UND INTERNATIONALE WIRTSCHAFTSBEZIEHUNGEN

Rechtswissenschaftliche Studien

Herausgegeben von Peter Behrens

Band 20

PETER LANG
Frankfurt am Main · Berlin · Bern · Bruxelles · New York · Oxford · Wien

Andreas W. Dimke

Neutralitätspflicht und Übernahmegesetz

Eine vergleichende Untersuchung von Abwehrmaßnahmen bei feindlichen Übernahmen nach deutschem und US-amerikanischem Recht unter besonderer Berücksichtigung des deutschen Übernahmegesetzes

PETER LANG
Europäischer Verlag der Wissenschaften

Bibliografische Information der Deutschen Nationalbibliothek
Die Deutsche Nationalbibliothek verzeichnet diese Publikation in der Deutschen Nationalbibliografie; detaillierte bibliografische Daten sind im Internet über <http://www.d-nb.de> abrufbar.

Zugl.: Hamburg, Univ., Diss., 2005

D 18
ISSN 0948-8774
ISBN-10: 3-631-54927-X
ISBN-13: 978-3-631-54927-8

www.peterlang.de

Inhaltsübersicht

Inhaltsverzeichnis

Abkürzungsverzeichnis

A.2d	Atlantic Reporter, Second Series
a.A.	anderer Ansicht
ABA	American Bar Association
Abl. EG	Amtsblatt der Europäischen Gemeinschaft
Abs.	Absatz
affd	affirmed
AG	Aktiengesellschaft; Die Aktiengesellschaft, Zeitschrift für das gesamte Aktienwesen
AktG	Aktiengesetz vom 6.9.1965 (BGBl. 1, S. 1089)
ALI	American Law Institute
Am.	America
Am.Bus.L.J.	American Business Law Journal
Am.Econ.Rev.	American Economic Review
Apr.	April
Ariz.Rev.Stat.Am.	Arizona Revised Statutes Annotated
Art.	Article; Artikel
Assocs.	Associates
Aufl.	Auflage
Baylor L.Rev.	Baylor Law Review
BB	Betriebsberater
Bd.	Band
BDI	Bundesverband der Deutschen Industrie
Beil.	Beilage
Bell J.Econ.	Bell Journal of Economics
BGB	Bürgerliches Gesetzbuch vom 18.8.1896 (RGBI, S. 195)
BGBl.	Bundesgesetzblatt
BGH	Bundesgerichthof
BGHZ	Entscheidungen des Bundesgerichtshofs in Zivilsachen
Bros.	Brothers
Bus.Law	Business Lawyer
BverfG	Bundesverfassungsgericht
bzw.	beziehungsweise
C.	Chancellor
Cal.	Califonia
Cal.Gen.Corp.L.	Califonia General Corporation Law

CAR	Cumulative Abnormal Retums
Cardazo L.Rev.	Cardozo Law Review
Case W.Res.L.Rev.	Case Western Reserve Law Review
CCH	Commerce Cleaiing House
C.D.	Central District

Die Abkürzungen US-amerikanischer Entscheidungen und Zeitschriften folgen dem Blue Book, A Uniform

System of Citation, 15. Aufl. 1991 (The Harvard Law Review Association).

CEO	Chief Executive Officer
cert.	certiori
C.F.R.	Code of Federal Regulations
ch.	chapter
Cir.	Circuit Court of Appeals
cl.	clause
Co.	Company
col.	column
Colum.Bus.L.Rev.	Columbia Business Law Review
Colum.L.Rev.	Columbia Law Review
Cong.	Congress
Cong.Rec.	Congressional Records
Conn.	Connecticut
Conn.Gen.Stat.Ann.	Connecticut General Statutes Annotated
Comell L.Rev.	Cornell Law Review
Corp.	Corporation
Cos.	Companies
D. District	
DB	Der Betrieb
D.C.	District Court
Dec.	December
Del.	Delaware; Delaware Supreme Court
Del.Ch.	Delaware Court of Chancery; Delaware Chancery Reports
Del.Gen.Corp.L.	Delaware General Corporation Law
Del.J.Corp.L.	Delaware Journal of Corporate Law
ders.	derselbe
d.h.	das heißt
dies.	dieselben
Diss.	Dissertation
Dok.KOM	Kommissionsdokument
DÖV	Die öffentliche Verwaltung

dt.	deutsch
Duke L.J.	Duke Law Joumal
DVBI	Deutsches Verwaltungsblatt
DWiR	Deutsche Zeitschrift für Wirtschaftsrecht
ECMH	Efficient Capitel Market Hypothesis
E.D.	Eastern District
Elec.	Electric; Electronic
endg.	endgültig
ESOP	Employee Stock Ownership Plan
et al.	et alii
EU	Europäische Union
EUGH	Europäischer Gerichtshof
EUZW	Europäische Zeitschrift für Wirtschaftsrecht
evtl.	eventuell(e)
EWS	Europäisches Wirtschafts- und Steuerrecht
f	folgende
F.2d	Federal Reporter, Second Series
FAZ	Frankfurter Allgemeine Zeitung
Feb.	February
Fed.Sec.L.Rep.	Federal Securities Law Reporter
ff.	fortfolgende
Fin. Management	Financial Management
Fla.Stat.Ann.	Florida Statutes Annotated
Fn.	Fußnote
FS	Festschrift
F. Supp.	Federal Supplement
gem.	gemäß
Geo.Wash.L.Rev.	George Washington Law Review
GmbH	Gesellschaft mit beschränkter Haftung
Harv. Bus. Rev.	Harvard Business Review
Harv.J. on Legis.	Harvard Jounal on Legislation
Harv.L.Rev.	Harvard Law Review
Hrsg.	Herausgeber
Ill.	Illinois
Ill.Ann.Stat.	Illinois Annotated Statutes
Inc.	Incorporated
Ind. Code Ann.	Indiana Code Annotated
Indus.	Industries

Ins.	Insurance
Int'l Law.	International Lawyer
J	Justice; judge
JA	Juristische Arbeitsblätter
Jan.	January
J.Applied Corp.Fin.	Journal of Applied Corporate Finance
JbjZRWiss	Jahrbuch junger Zivilrechtswissenschaftler
J.Bus.	Journal of Business
J.Corp.L.	Journal of Corporation Law
J.Econ.Lit.	Journal of Economic Literature
J.Econ.Persp.	Journal of Economic Perspectives
J.Fin.	Journal of Finance
J.Fin.Econ.	Journal of Financial Economics
J.L.Econ & Org.	Journal of Law, Economics, and Organization
J.Legal Stud.	Journal of Legal Studies
J.L.Fin. & Org.	Journal of Law, Finance, and Organization
J.Pol.Econ.	Journal of Political Economy
Jr.	Junior
JURA	Juristische Ausbildung
JZ	Juristenzeitung
KGaA	Kommanditgesellschaft auf Aktien
KK	Kölner Kommentar
KKR	Kohlberg Kravis Roberts & Co.
Komm.-Dok.	Kommissions-Dokument
LBO	Leveraged Buyout
L. & Contemp.	Law and Contemporary Problems
LG	Landgericht
lit.	litera
Litig.	Litigation
Ltd.	Limited
M&A	Mergers & Acquisitions
Mass.	Massachussets
Mass.Gen.L.	Massachussets General Law
Md.Gen.Corp.L.	Maryland General Corporation Law
Mfg.	Manufacturing
Mich.	Michigan
Mich.L.Rev.	Michigan Law Review
Min.	Mining
Minn.	Minnesota

Mo.Ann. Stat.	Missouri Annotated Statutes
Mut.	Mutual
m.w.N.	mit weiteren Nachweisen
N.D.	Northern District
N.E.	North Eastern Reporter
N.J.	New Jersey Reports
NJW	Neue Juristische Wochenzeitschrift
No.	Number
Notre Dame L.Rev.	Notre Dame Law Review
Nov.	November
N.Y.	New York als Entscheidungssammlung
N.Y.Bus.Corp.L.	New York Business Corporation Law
N.Y.S.2d	New York Supplement, Second Series
N.Y.U.L.Rev.	New York University Law Review
Ohio Rev. Code Ann.	Ohio Revised Code Annotated
Ohio St.L.J.	Ohio State Law Journal
OLG	Oberlandesgericht
o.V.	ohne Verfasser
Pa.	Pennsylvania
Pa.Cons.Stat.Ann.	Pennsylvania Consolidated Statutes Annotated
PLC	Public Limited Company
Pub.L.No.	Public Law Number
Rel.	Release
rev'd	reversed
Rev.Econ. & Stat.	Review of Economics and Statistics
RGBl	Reichsgesetzblatt
RIW	Recht der Internationalen Wirtschaft
RMBCA	Revised Model Business Corporation Act
Rn./Rdn.	Randnummer
R.R.	Railroads
S.	Seite
SAG	Die Schweizerische Aktiengesellschaft
S.D.	Southern District
SEC	Securities and Exchange Commission
Sec.Reg.L.J.	Securities Regulation Law Journal
Sept.	September
Sess.	Session
sog.	sogenannte

Stan.L.Rev.	Stanford Law Review
Stat.	Statutes at Large
Stetson L.Rev.	Stetson Law Review
Sup.	New York Supreme Court
Supp.	Supplement
SZ	Süddeutsche Zeitung
Tex.	Texas
tit.	title
U$	US-amerikanische Dollar
u. a.	unter anderem
U.Pa.L.Rev.	University of Pennsylvania Law Review
U.Pitt.L.Rev.	University of Pittsburgh Law Review
US	United States
U.S.	United States Supreme Court Reports
USA	United States of America
U.S.C.	United States Codes
USGPO	United States General Printing Office
v.	versus
Va.L.Rev.	Virginia Law Review
vgl.	vergleiche
Vol.	Volume
Vorb.	Vorbemerkung
Wake Forest L.Rev.	Wake Forest Law Review
Wall St.J.	Wall Street Joumal
Wisc.L.Rev.	Wisconsin Law Review
Wisc.Stat.Ann.	Wisconsin Statutes Annotated
WL	Westlaw
WM	Wertpapiermitteilungen
W.Res.L.Rev.	Westem Reserve Law Review
Yale L.J.	Yale Law Joumal
z.B.	zum Beispiel
ZBB	Zeitschrift für Bankrecht und Bankwirtschaft
ZfgK	Zeitschrift für das gesamte Kreditwesen
ZGR	Zeitschrift für Unternehmens- und Gesellschaftsrecht
ZHR	Zeitschrift für das gesamte Handelsrecht und Wirtschaftsrecht

ZIP	Zeitschrift für Wirtschaftsrecht
ZRP	Zeitschrift für Rechtspolitik
ZVglRWiss	Zeitschrift für vergleichende Rechtswissenschaft

1. Teil: Einleitung

Die versuchte oder erfolgreiche Übernahme eines Unternehmens durch ein anderes Unternehmen im In- oder Ausland beeinflusst sowohl nationale als auch internationale betriebs- und volkswirtschaftliche Entwicklungen. Ganze Wirtschaftsbereiche können durch grundlegende Veränderungen in einem Unternehmen infolge geänderter betriebswirtschaftlicher Vorgaben nach einer erfolgreichen Übernahme nachhaltig betroffen sein und müssen sich einer neuen Marktstruktur anpassen. Von außerordentlich großer Bedeutung ist die beabsichtigte oder erfolgte Übernahme eines Unternehmens neben den im Unternehmen Beschäftigten vor allem für die Anteilseigner der Zielgesellschaft.

Die Übernahme eines Unternehmens durch ein anderes Unternehmen, ein so genanntes „*takeover*", bewirkt - ebenso wie bei der Fusion von Unternehmen - nahezu ausnahmslos eine Veränderung der Unternehmensstruktur.[1] Im Gegensatz zur Fusion,[2] bei der eine Übertragung der Aktiva und Passiva stattfindet und sich aufgrund dieser Zusammenlegung die Beteiligungsverhältnisse verändern können, werden bei einem *takeover* die Beteiligungsverhältnisse an dem Unternehmen durch den Verkauf von Aktien grundlegend verändert. Anders als bei einer Fusion bleibt die Zielgesellschaft als betriebswirtschaftliche Einheit bestehen.[3] Vom Beginn bis zum Abschluss einer Übernahme zeigt der Übernehmer verstärktes Interesse am Erwerb von Anteilen der Zielgesellschaft, um die so genannte Kontrollmehrheit[4] zu erlangen. Dieses verstärkte Erwerbsinteresse verursacht nicht nur

[1] Vgl. dazu Bästlein, Zur Feindlichkeit öffentlicher Übernahmeangebote, 32 ff.; Frei, Öffentliche Übernahmeangebote, 6 ff.; Knoll, Übernahme von Kapitalgesellschaften, 287 ff.; Lüttmann, Kontrollwechsel in Kapitalgesellschaften, 24 ff.; Horn, ZIP 2000, 473, 475 ff.; Kerler, Mergers & Acquisitions, 11; Peltzer, ZIP 1989, 69, 69 ff.; Witt, Übernahmen von Aktiengesellschaften, 13 ff.

[2] Vgl. zum Vorgang einer Fusion Weston/Chung/Hoag, Mergers, Restructuring, and Corporate Control, 4 ff.; Merkt, US-amerikanisches Gesellschaftsrecht, Rdn. 729; Knoll, Übernahme von Kapitalgesellschaften, 209 f., 368 ff.; Hauschka/Roth, AG 1988, 181, 188; Horn, ZIP 2000, 473, 475 ff.; Lehnert, Unternehmensübernahmen in den USA, 4; Picot, in Picot, Mergers & Acquisitons, 3, 16 ff.; Schmidt, Gesellschaftsrecht, 384 ff. Zur Definition der Fusion vgl. weitergehend Bergmann, in Picot, Mergers & Acquisitons, 289, 291.

[3] Vgl. Bästlein, Zur Feindlichkeit öffentlicher Übernahmeangebote, 33 f.; Kerler, Mergers & Acquisitions, 11; Lehnert, Unternehmensübernahmen in den USA, 4; Zur vielfach beabsichtigten wirtschaftlichen Verflechtung mit dem Übernehmer vgl. Jensen/Ruback, 11 Journal of Financial Economics (1983), 5, 5 ff.; Horn, ZIP 2000, 473, 475 ff.; Michalski, AG 1997, 152, 157; Witt, Übernahmen von Aktiengesellschaften, 13 ff. Vgl. dazu ferner auch Basaldua, in Assmann/Basaldua/Bozenhardt/Peltzer, Übernahmeangebote, 157, 159 f.

[4] Als Kontrollmehrheit (*Corporate Control*) wird üblicherweise die Menge der stimmberechtigte Anteile bezeichnet, die bei Abstimmungen notwendig ist, um das Abstimmungsergebnis zu bestimmen. In Abhängigkeit von der Satzung des Unternehmens, den gesetzlichen Vorgaben, und der Anwesenheit auf den Hauptversammlungen ist zur Kontrollerlangung ein unterschiedlicher Anteil notwendig. Anteilsschwellen werden bei 50 % (einfache Mehrheit), 75 % (qualifizierte ¾ Mehrheit), und 33 ⅓ % überwunden. Mit diesen Mehrheiten können je nach Vorgabe zwanglos Mehrheitsentscheidungen bestimmt werden. Mit einer Drittelbeteiligung wird faktisch in vielen Fällen die einfache Mehrheit auf einer Hauptversammlung erreicht. Dies gilt auch unter Berücksichtigung der so genannten Depotstimmrechte von Banken insbesondere, wenn die Unternehmensanteile sich in so genanntem Streubesitz befinden. Zur Kontrollerlangung vgl. weitergehend Abeltshauser, Leitungshaftung, 15 ff.; Adams, AG 1990, 63, 69 f.; Behrens, ZGR 1975, 433, 438; Bohrer,

durch die erhöhte Nachfrage des Übernehmers regelmäßig eine börsenkursbestimmte Wertsteigerung der Anteile.[5] Die Prognosen potentieller Anleger und der Anteilseigner in Bezug auf die Wahrscheinlichkeit des Übernahmeerfolges und auf den Erfolg der weiteren Unternehmenstätigkeit führen ebenfalls zu einer veränderten - und möglicherweise sehr volatilen - Angebots- und Nachfragesituation.[6] Das jeweilige Angebot von und die Nachfrage nach Anteilen determinieren deren Wert.

Während potentielle Anleger die geänderten Umstände in ihrer Entscheidungsfindung berücksichtigen können, sind die Anteilseigner möglicherweise ohne ausreichenden Schutz großen Wertschwankungen ihrer Anteile und nicht ausreichenden Mitbestimmungsrechten ausgesetzt. Andererseits werden beabsichtigte Übernahmen von der Geschäftsleitung der Zielgesellschaft immer wieder – teilweise nach langen kostenintensiven und medienwirksamen Auseinandersetzungen – erfolgreich verhindert. Die Anteilseigner können so möglicherweise ihre Anteile nicht zu den hohen Preisen verkaufen, die sie nach einer erfolgreichen Übernahme und der dadurch bedingten Wertsteigerung hätten erzielen können. Durch die Abwehr einer Übernahme könnten demnach die Vermögenswerte der Gesellschaft und demnach mittelbar die Rechte der Anteilseigner nachhaltig beeinträchtigt werden,[7] ohne dass den Anteilseignern eine angemessene Beteiligung bei den entsprechenden Entscheidungsprozessen eingeräumt wird.

Im Gegensatz zu anderen betriebswirtschaftlichen Entscheidungsprozessen, die aus überzeugenden Gründen an die Leitungsorgane des Unternehmens oder an andere Funktionsträger delegiert werden,[8] ergibt sich im Zusammenhang mit einer beabsichtigten Übernahme ein besonderes Delegationsproblem. Nach erfolgreicher Übernahme werden regelmäßig Mitarbeiter des übernehmenden Unternehmens oder sonstige Personen seines besonderen Vertrauens mit der Leitung des übernommenen Unternehmens beauftragt.[9] Die Leitungsorgane einer Zielgesellschaft müssen folglich davon ausgehen, dass sie im Fall einer Übernahme ihren Arbeitsplatz

Unfriendly Takeovers, 7 f., 10 f.; Breiding, Übernahmeangebote, 20 f.; Conard, Corporations, 168; Fama/Jensen, 26 Journal of Law & Economics (1983), 327, 327 ff.; Knoll, Übernahme von Kapitalgesellschaften, 288 ff.; Lüttmann, Kontrollwechsel in Kapitalgesellschaften, 19 ff.; Witt, Übernahmen von Aktiengesellschaften, 13 ff.

[5] Vgl. Bradley/Desai/Kim, 21 Journal of Financial Economics (1988), 3, 3 ff., Black/Grundfest, 1 Journal of Applied Corporate Finance (1988), 5, 5 ff.; Bästlein, Zur Feindlichkeit öffentlicher Übernahmeangebote, 55 ff., 77; Browne/Rosengren, in Browne/Rosengren, Merger Boom, 199, 211; Koch, Hindernisse für öffentliche Übernahmeangebote im deutschen und britischen Recht, 15; Lehnert, Unternehmensübernahmen in den USA in den 80er Jahren, 170 ff.; Möller, Die Stellung des Aktionärs bei Übernahmen börsenkotierter Unternehmen, 45; Nowak, DB 1999, 601, 604, Picot, in Picot, Mergers & Acquisitions, 91, 139.

[6] Vgl. Bradley/Desai/Kim, 21 Journal of Financial (1988), 3, 3 ff.; Hahn, Die feindliche Übernahme von Aktiengesellschaften, 82 ff.; Lehnert, Unternehmensübernahmen in den USA in den 80er Jahren, 170 ff.

[7] Vgl. Bästlein, Zur Feindlichkeit öffentlicher Übernahmeangebote, 103 f.; Easterbrook/Jarrell, 59 New York University Law Review (1984), 277, 281 ff.; Frei, Öffentliche Übernahmeangebote, 18 f.; Knoll, Übernahme von Kapitalgesellschaften, 203; Witte, BB 2000, 2161, 2161.

[8] Vgl. umfassend Wehe, Betriebswirtschaftslehre, 130 ff. Vgl. auch Abeltshauser, Leitungshaftung, 12 ff.; Jansch, Rolle der Aktionäre, 22 f.

[9] Vgl. Bästlein, Zur Feindlichkeit öffentlicher Übernahmeangebote, 92 ff.

verlieren. Auch wenn ihnen für diesen Fall vertragliche Ansprüche auf Lohnfortzahlung und auf Zahlung einer Abfindung zustünden, kann der Erhalt des Arbeitsplatzes, der gewährten Nebenleistungen und aller sonstigen damit verbundenen Vorteile ein erheblich überwiegendes persönliches Interesse der Leitungsorgane an der Fortsetzung des Arbeitsverhältnisses und damit an der Abwehr einer Übernahme begründen.[10]

Die Delegation betriebswirtschaftlicher Entscheidungsprozesse erfolgt herkömmlicherweise an Entscheidungsträger, die kein besonderes gegenläufiges persönliches Interesse an einer bestimmten Entscheidung haben. Besteht dagegen ein besonderes persönliches Interesse des Entscheidungsträgers an einer bestimmten Entscheidung, so kann dieses Interesse seine Entscheidung besonders stark beeinflussen.[11] Die Intensität des Interesses, die Präferenzen und die Abstraktionsfähigkeit des Entscheidungsträgers beeinflussen seinen EntscheidungsfindungsProzess.[12] Zudem ist davon auszugehen, dass auch persönliche Empfindungen im Zusammenhang mit dem Übernahmeinteresse und den erwarteten strukturellen Folgen den EntscheidungsProzess mitbestimmen.[13] In welchem Ausmaß die Beurteilung einer Übernahme durch die Leitungsorgane auch von persönlichen Interessen abhängt, lässt sich auch in Einzelfällen nicht genau feststellen. Diese können jedoch durchaus einen entscheidungserheblichen Einfluss haben und aus diesem Grund eine weitgehend nach betriebswirtschaftlichen Determinanten erzielte Entscheidung verhindern.[14]

Die betriebs- und volkswirtschaftlichen Folgen von Übernahmen, insbesondere von feindlichen Übernahmen, werden unterschiedlich beurteilt. Einerseits wird behauptet, Übernahmen bewirkten lediglich eine Umverteilung von Vermögen, ein volkswirtschaftlicher Nutzen folge aus ihnen nicht.[15] Demgegenüber werden Übernahmen als Ausfluss der freien Marktwirtschaft mit der positiven Folge der Kon-

---

[10] Vgl. Koch, Hindernisse für öffentliche Übernahmeangebote, 6; Merkt, US-amerikanisches Gesellschaftsrecht, Rdn. 1077. Zu den für die bisherigen Unternehmensführungen nachteiligen Folgen einer Übernahme vgl. weitergehend Gerpott, ZfB 1991, 5, 5 ff.; Gerpott, ZfB 1993, 1271, 1271 ff.; Martin/McConnell, 46 Journal of Finance (1991), 671, 671 ff.; Posner, Economic Analysis of Law, 388; Seifert/ Voth, in von Rosen/Seifert, Übernahme börsennotierter Unternehmen, 187, 196 ff.; weitgehend übereinstimmend ist beispielhaft die Neubesetzung der Unternehmensleitung in 40-50 % der Fälle festgestellt.

[11] Vgl. dazu Wöhe, Betriebswirtschaftslehre, 111. Vgl. im Zusammenhang mit der Abwehrentscheidung auch Kirchner, WM 2000, 1821, 1821.

[12] Vgl. Bästlein, Zur Feindlichkeit öffentlicher Übernahmeangebote, 95 ff.

[13] Zur Begründung der Verhaltensausrichtung in einer Übernahmesituation vgl. In re RJR Nabisco, Inc. Shareholders Litigation, Fed.Sec.L.Rep. (CCH) 94, 194, Del.Ch. Jan. 31., 1989: „Greed is not the only human emotion that can pull one from the path of propriety; so might hatred, lust, envy, revenge, or, as is here alleged, shame or pride. Indeed any human emotion may cause a director to place his own interests, preferences or appetites before the welfare of the corporation."

[14] Zu den Motiven der Verkäuferseite vgl. umfassend Scharf/Shea/Beck, Acquisitions, 15 ff.

[15] Vgl. nur Adams, Merger-Mania: An Empirical Critique, 32 ff.; Ravenscraft/Scherer, Merger and SellOffs and Economic Efficiency, 194 ff.; Scherer, Corporate Takeovers: The Efficiency Arguments, 69 ff.; Shleifer/Summers, in Auerbach, Corporate Takeovers, 33, 33 ff.; Stewart/Kim, 59 Southern Economic Journal (1992), 701, 718.

trolle der Unternehmensführung durch den Wettbewerb um die Leitung als nutzbringend beurteilt.[16] Der Wettbewerbsdruck bewirke eine Optimierung der Ressourcenallokation, die sich schon im Einzelfall, erst recht aber in der Vielzahl der Fälle, und durch die Multiplikatorwirkung sowie Interdependenzen in den Wirtschaftsbereichen wohlstandssteigernd auswirke.[17] Dies resultiere aus dem auf die Unternehmensführungen generell lastenden Druck der Übernahmegefahr und gegebenenfalls aus dem Risiko der Auswechselung der Unternehmensleitungen nach einer Übernahme. Dadurch werde grundsätzlich eine effektivere Geschäftstätigkeit bewirkt.[18] Nach einer Übernahme stiegen infolgedessen der Wert des Unternehmens und damit auch der Wert der Anteile.[19] Dagegen wird gesagt, dass der auf der Unternehmensführung lastende Druck eine strategische mittel- und langfristige betriebswirtschaftliche Ausrichtung verhindere und eine ineffektive lediglich kurzfristige Gewinnmaximierung bewirke.[20] Langfristig entstehe so eine betriebs- und volkswirtschaftlich nachteilige Allokation von Sach-, Kapital- und Personalmitteln.[21]

Die aufgezeigte Problematik führt zu der in dieser Arbeit untersuchten Frage, wem während eines Übernahmevorgangs die Handlungs- und Entscheidungskompetenz in der Zielgesellschaft während eines Übernahmevorgangs zusteht. Unter Berücksichtigung der betroffenen Interessen und der wirtschaftlichen Rahmenbedingungen wird im Folgenden untersucht, welche rechtlichen Pflichten den Entscheidungsträgern obliegen und welche Rechte ihnen zustehen. Die Untersuchung kommt dabei zu dem Ergebnis, dass die Unternehmensleitung sowohl nach Aktienrecht als auch nach dem WpÜG eine Übernahme nicht zu vereiteln berechtigt ist. Im Anschluss an die Beurteilung der Rechtsschutzmöglichkeiten und der Haftungssysteme wird erörtert, ob die erforderliche Rechtssicherheit gewährleistet ist. Schließlich wird eine sinnvolle, effektive und hinreichend bestimmte Regelung des

---

[16] Vgl. Adams, AG 1989, 333, 333 f.; Adams, AG 1990, 243, 243 ff.; Otto, AG 1991, 369, 369. Zur Gewinnentwicklung nach Übernahmen vgl. John/Lang/Netter, 47 Journal of Finance (1992), 891, 895.

[17] Vgl. beispielshaft Jensen, Eclipse of the Public Corporation, 61 ff.

[18] Vgl. Romano, in Hopt/Wymeersch, European Takeovers, 3, 45; vgl. auch Hopt, ZGR 1993, 534, 544 f.; John/Lang/Netter, 47 Journal of Finance (1992), 891, 895.

[19] Vgl. Bästlein, Zur Feindlichkeit öffentlicher Übernahmeangebote, 312; Herkenroth, Konzernierungsprozesse, 320 f.; Jensen/Ruback, 11 Journal of Financial Economics (1983), 5, 5 ff.; Roll, in Coffee/Lowenstein/Rose-Ackerman, Knights, Raiders, and Targets, 241, 241 ff.

[20] Vgl. zur kurzfristigen Ausrichtung der Geschäftstätigkeit Bästlein, Zur Feindlichkeit öffentlicher Übernahmeangebote, 182 ff., 248; Carliner, in Auerbach, Corporate Takeovers, 25, 25 ff.; Caytas/Mahari, Im Banne des Investment Banking, 165; Cook, in Weidenbaum/Chilton, Public Policy Toward Corporate Takeovers, 1, 3, 8 f.; DeAngelo/Rice, 11 Journal of Financial Economics (1983), 329, 329 ff.; Heiser, 11 European Business Law Review 2000, 60, 70 f.; Jarrell/Poulsen, 19 Journal of Financial Economics (1987), 127, 127 ff.; Jensen, 2 Journal of Economic Perspectives (1988), 21, 26; Kallmeyer, AG 2000, 553, 553 f.; Lowenstein, What's Wrong With Wall Street; Scherer, 2 Journal of Economic Perspectives (1988), 69, 78 ff.; Shleifer/Vishny, 2 Journal of Economic Perspectives (1988), 7, 7 ff.; Woolridge, 1 Journal of Applied Corporate Finance (1988), 26, 26 ff.; Die Zeit vom 13. April 2000, 1.

[21] Vgl. Pound/Lehn/Gregg, Regulation, September/October 1986, 25 ff.; Ravenscraft/Scherer, Mergers and Sell-Offs and Economic Efficiency, 194 ff.; Scherer, 2 Journal of Economic Perspektives (1988), 69 ff.

untersuchten Rechtsbereichs nebst ergänzenden Haftungsregelungen zur Diskussion gestellt.

2 . Teil: Grundlagen

Zur Rechtfertigung ihres Verhaltens im Zusammenhang mit einer Übernahme berufen sich die Leitungsorgane der Zielgesellschaft im Wesentlichen auf wirtschaftswissenschaftliche Argumente. Ihre Aufgabe besteht in der treuhänderischen Geschäftsführung des Unternehmens.[22] Sie sind hauptsächlich der Gesellschaft und damit – zumindest auch - den Kapitaleignern des Unternehmens gegenüber verpflichtet; dementsprechend sollen von ihnen unter Beachtung bestimmter betriebswirtschaftlicher Vorgaben optimale Ergebnisse erzielt werden. Die Gewinnmaximierung im Unternehmen und die Wertsteigerung des Unternehmens sind regelmäßig vorrangige, wenn nicht gar die wichtigsten Zielvorgaben.[23] Da hauptsächlich die Betriebsergebnisse den Wert eines Kapitalanteils determinieren,[24] sind die Leitungsorgane im Ergebnis hauptsächlich damit betraut, das Vermögen der Anteilseigner zu mehren.[25] Das Augenmerk der Anteilseigner, aber auch das der Öffentlichkeit, ist gerade in letzter Zeit verstärkt auf diese Vermögensmehrung ausgerichtet.[26] Sie ist unter dem Begriff des *shareholder value* volkswirtschaftlichen Diskussionen ausgesetzt und bestimmt zunehmend das Anlageverhalten von Investoren.[27]

Die Durchsetzung betriebswirtschaftlicher Vorgaben wird innerbetrieblich für einen kürzeren oder längeren Zeitraum bestimmt.[28] Die Abwehr einer Übernahme wird insbesondere auch mit der als vergleichsweise vorteilhaft eingeschätzten

---

[22] Vgl. auch Kaplan, 31 Business Lawyer (1976), 883, 887 f.; Walkling/Long, RAND Journal of Economics (1984), 54, 67; Kirchner, WM 2000, 1821, 1825.

[23] Vgl. Wöhe, Betriebswirtschaftslehre, 131; Heiser, Interessenskonflikte in der Aktiengesellschaft, 288 ff.; Drukarczyk, Theorie und Politik der Finanzierung, 19; Schilling, BB 1997, 1909, 1910; Groh, DB 2000, 2153, 2153, 2156; Hahn, Die feindliche Übernahme von Aktiengesellschaften, 25 ff.

[24] Vgl. Groh, DB 2000, 2153, 2153 ff.

[25] Vgl. Bästlein, Zur Feindlichkeit öffentlicher Übernahmeangebote, 95 ff.; Groh, DB 2000, 2153, 2153 ff.; Schilling, BB 1997, 1909, 1910; Hahn, Die feindliche Übernahme von Aktiengesellschaften, 25 ff.; Solomon/Palmiter, Corporations, 312 f. (hier auch *shareholder wealth maximation* genannt).

[26] Vgl. Betsch/Groh/Lohmann, Corporate Finance, 236 ff.; Fuchs, DB 1997, 661, 661; Groh, DB 2000, 2153, 2153; Herdt, WM 1998, 648, 648 f.; Pellens/Tomaszewski/ Weber, DB 2000, 1825, 1825 ff.

[27] Vgl. Betsch/Groh/Lohmann, Corporate Finance, 236 ff.; Butz, DAJV-NL 2/98, 29 ff.; Copeland/Koller/ Murrin, Valuation; Fuchs, DB 1997, 661, 661; Groh, DB 2000, 2153, 2153 ff.; Heiser, 11 European Business Law Review 2000, 60, 69 f.; Herdt, WM 1998, 648, 648 f.; Pellens/Tomaszewski/Weber, DB 2000, 1825, 1825 ff.; Förschle/Glaum/Mandler, DB 1998, 889, 889; Jansen, Mergers & Acquisitions, 13 f.; Rappaport, Creating Shareholder Value; Scharf/Shea/Beck, Acquisitions, 89 ff.; Zimmermann/Wortmann, DB 2001, 289, 289 ff. Umfassend zum Verhältnis von Shareholder Value, Investor Relation und Aktionärsverhalten vgl. McConnell/Muscarella, 14 Journal of Financial Economics (1985), 399, 399 ff.; Müller/Leven, Shareholder Value Reporting.

[28] Vgl. Heiser, 11 European Business Law Review 2000, 60, 70 f.

Verfolgung langfristiger oder strategischer Ziele begründet.[29] Dagegen spricht in vielen Fällen, dass die Wahrscheinlichkeit des Eintritts des prognostizierten langfristigen Erfolges nicht bestimmt werden kann. Ein Vergleich ist daher in vielen Fällen nicht möglich. Insbesondere aus diesem Grund ist zu erörtern, anhand welcher Kriterien die Entscheidungen der Geschäftsleitung der Zielgesellschaft überprüft werden können.

Die Relevanz der Entscheidungen der Geschäftsführung der Zielgesellschaft wird besonders bei so genannten feindlichen Übernahmen, so genannten *hostile takeovers*, offenkundig. Derartige Übernahmen sind im Gegensatz zu Fusionen oder so genannten freundlichen Übernahmen nicht mit der Leitung der Zielgesellschaft abgestimmt.[30] Eine Abstimmung oder Verhandlung mit der Zielgesellschaft unterbleibt dabei regelmäßig in der Erwartung, dass ein Einvernehmen zwischen den Leitungen der Gesellschaften nicht erzielt werden kann und die Zielgesellschaft eine frühzeitige Kenntnis vom Übernahmevorhaben bei den ohnehin folgenden Verteidigungsmaßnahmen[31] zu ihrem Vorteil nutzen wird. Vor diesem Hintergrund wird in der Regel vom Bieter ein so genanntes „Öffentliches Übernahmeangebot" abgegeben. Hierbei handelt es sich um ein an alle Anteilseigner der Zielgesellschaft gerichtetes Angebot, deren Anteile in begrenztem oder unbegrenztem Umfang innerhalb einer bestimmten Frist unter gleichen Bedingungen zu einem bestimmten Barwert oder im Austausch gegen andere Wertpapiere anzukaufen.[32] Insofern versucht der Bieter im Wege der direkten Korrespondenz mit den Anteilseignern

---

[29] Vgl. Bästlein, Zur Feindlichkeit öffentlicher Übernahmeangebote, 128 f.

[30] Vgl. Busch, Regelung von Übernahmeangeboten, 21 f.; Daum, Die unkoordinierte Übernahme, 5 ff.; Ebenroth/Daum, DB 1991, 1105, 1105; Hanzel, in Hanzel/Wunderbaldinger, Mergers & Acquisitions, 129, 144 f.; Heermann, WM 1997, 1689, 1689; Klein, NJW 1997, 2085, 2085; Körner, DB 2001, 367, 367; Schanz, NZG 2000, 337, 338; Hopt, Festschrift Zöllner, 253, 254; Lehnert, Unternehmensübernahmen in den USA, 8 f.; Merkt, US-amerikanisches Gesellschaftsrecht, Rdn. 1067; Michalski, AG 1997, 152, 152; Picot, in Picot, Mergers & Acquisitions, 91, 137 ff.; Sünner, AG 1987, 276, 276; Schander, BB 1997, 1801, 1801; Stoll, BB 1989, 301, 302. Von dieser Definition abweichend Craven, in Sieben/Stein, Unternehmensakquisitionen, 57, 57, der die Feindlichkeit auch aus Interessengegensätzen zwischen Bieter und Angestellten, Kunden, Zulieferern und Arbeitnehmerorganisatoren schlussfolgert. Ebenfalls von einem abweichenden Verständnis ausgehend Jensen/Ruback, 11 Journal of Financial Economics (1983), 5, 9 ff., die vorbehaltlich der Zustimmung oder Genehmigung durch die Anteilseigner mit dem Management abgestimmte Übernahmen als Fusionen (mergers) ansehen. Vereinzelt wird synonym - zur Vermeidung von Diskriminierungen - auch von unkoordinierten Übernahmen gesprochen, vgl. Daum, Die unkoordinierte Übernahme, 5 ff.; Ebenroth/Daum, DB 1991, 1157, 1157.

[31] Vgl. zum Anteil der Zielgesellschaften, deren Leitung sich gegen ein feindliches Übernahmeangebot verteidigt, die regelmäßig erscheinenden Mergerstat Reviews, Merrill Lynch Business Advisory Services, Financial Services, Quarterly Reports.

[32] Vgl. zur Definition des Öffentlichen Übernahmeangebots Behrens, ZGR 1975, 433; 437; Berger, ZIP 1991, 1644, 1645 f.; Bess, AG 1976, 169, 169; Assmann/Bozenhardt, in Assmann/Basaldua/Bozenhardt/Peltzer, Übernahmeangebote, 1, 8, 10; Daum, Die unkoordinierte Übernahme, 74; Dietrich, Tender Offer, 25; Ebenroth/Daum, DB 1991, 1105, 1107; Knoll, Übernahme von Kapitalgesellschaften, 75 ff.; Lüttmann, Kontrollwechsel in Kapitalgesellschaften, 22; Merkt, US-amerikanisches Gesellschaftsrecht, Rdn. 1067. Zu Aktien als Acquisitionswährung vgl. auch Schmitz, in von Rosen/Seifert, Übernahme börsennotierter Unternehmen, 313, 313 ff.

und gerade unter „Ausschaltung“ des Leitungsorgans der Zielgesellschaft,[33] die Kontrollmehrheit zu erreichen. Infolge der erheblichen wirtschaftlichen Auswirkungen einer Übernahme für die Aktionäre, die Zielgesellschaft, und die Leitung des Unternehmens ist die Gefahr eines Machtmissbrauchs durch die Geschäftsleitung der Zielgesellschaft offenkundig. Auch wenn die vergleichende Betrachtung der Anzahl und des Gesamtgeschäftsvolumens von Unternehmensübernahmen in den Vereinigten Staaten einerseits und in Europa, insbesondere aber in der Bundesrepublik, andererseits deutliche strukturelle Unterschiede aufzeigt,[34] bietet es sich an, die zugrundezulegenden Beurteilungskriterien aus dem US-amerikanischem Recht herzuleiten und zu bewerten. In den Vereinigten Staaten hat sich in den 70er und 80er Jahren ein teilweise sehr spekulatives Verhalten der Übernehmer durchgesetzt.[35] Vielfach ist es Übernehmern gelungen, ohne oder mit nur geringem Eigenkapitaleinsatz den Aufkauf eines Unternehmens zu finanzieren.[36] Durch derartige Fremdfinanzierungen konnten Übernahmen auch großer Unternehmen erfolgen; eine Finanzierung war in unbegrenzter Höhe möglich.[37] Die Inanspruchnahme eines oder mehrerer eingeräumter Kurzzeitkredite, so genannter "*bridge loans*", und die nachfolgende Emission von besonderen Wertpapieren, den so genannten "*junk bonds*", dienten zur Herstellung der erforderlichen Liquidität für die Rückführung und die Kosten der Finanzierung und zusätzlich zur Vornahme von Investitionen.[38]

---

[33] Vgl. Daum, Die unkoordinierte Übernahme, 74; Frei, Öffentliche Übernahmeangebote, 10; Schanz, NZG 2000, 337, 338; Lehnert, Unternehmensübernahmen in den USA, 9.

[34] Vgl. Bästlein, Zur Feindlichkeit öffentlicher Übernahmeangebote, 269 ff.; Dahm/Müller-Stewens, in Hanzel/Wunderbaldinger, Mergers & Acquisitions, 327, 329; Handelsblatt vom 23. Mai 2000, B 4; vgl. weiter einerseits Merkt, US-amerikanisches Gesellschaftsrecht, Rdn. 1067 ff., und andererseits Hopt, ZHR 161 (1997), 368, 369; Wymeersch, AG 1995, 299, 305 ff. Zu den zugrunde liegenden strukturellen Unterschieden der Kapitalmärkte vgl. auch Groh, DB 2000, 2153, 2154.

[35] Vgl. dazu Bästlein, Zur Feindlichkeit öffentlicher Übernahmeangebote, 106 ff. (historischer Abriss der gesamten Entwicklung des US-amerikanischen Übernahmemarktes); Busch, Regelung von Übernahmeangeboten, 23; De Mott, in Coffee/Lowenstein/Rose-Ackerman, Knights, Raiders, and Targets, 398, 402 f.; Hahn, Die feindliche Übernahme von Aktiengesellschaften, 103; Jansen, Mergers & Acquisitions, 47 f.; Lehnert, Unternehmensübernahmen in den USA, 1, 55 ff.; Schiessl, RIW 1988, 522, 522; Weiser, Verteidigungsmaßnahmen gegen unfreundliche Übernahmeversuche, 8 f.; vgl. zu den mehr oder weniger typischen Auswirkungen einer Übernahme Burrough/ Helyar, Barbarians at the Gate.

[36] Hier wird von einem Eigenkapitalanteil von „üblicherweise“ unter 10 % ausgegangen, vgl. Jensen, 76 American Economic Review (1986), 323, 323; Klein/Coffee, Business Organization and Finance, 181; Bästlein, Zur Feindlichkeit öffentlicher Übernahmeangebote, 182; Busch, Regelung von Übernahmeangeboten, 23; Lehnert, Unternehmensübernahmen in den USA, 21 ff.; Scherer, 2 Journal of Economic Perspectives (1988), 69, 77 f.; Weisner, Verteidigungsmaßnahmen gegen unfreundliche Übernahmeversuche, 8. Vgl. dazu weiter auch Betsch/Groh/Lohmann, Corporate Finance, 301 ff.

[37] Vgl. dazu Daum, Die unkoordinierte Übernahme, 19; Lehnert, Unternehmensübernahmen in den USA, 1, 56; Merkt, US-amerikanisches Gesellschaftsrecht, Rdn. 1071; Bästlein, Zur Feindlichkeit öffentlicher Übernahmeangebote, 180; Hahn, Die feindliche Übernahme von Aktiengesellschaften, 87; Milde, ZfB 1990, 647, 658 ff.; Burrough/Helyar, Barbarians at the Gate, 401.

[38] Vgl. Farrell, International Business Week vom 15. Juni 1987, 45 f.; Hilder, Wall Street Journal vom 21. September 1989, C1; Lehnert, Unternehmensübernahmen in den USA in den 80er Jahren, 154 ff.; Lutter/ Wahlers, AG 1989, 1, 2; Merkt, US-amerikanisches Gesellschaftsrecht, Rdn. 356 ff.; Taggart, in Auerbach, Mergers and Acquisitions, 5, 5 ff. Vgl. weitergehend zur Finanzierung von Übernahmen Altman/

Bei den *junk bonds* handelt es sich um Wertpapiere, die im Fall der erfolgreichen Übernahme oder für eine im Anschluss an die Übernahme erfolgreiche Geschäftstätigkeit einen Anspruch auf eine außerordentlich hohe Rendite versprechen, für den Fall des Scheiterns der Übernahme oder erfolgloser Geschäftstätigkeit jedoch nahezu wertlos sind.[39] Bei einer Streuung dieser Anlagemöglichkeit galt sie gegenüber konventionellen Anlagen gleichwohl als hinreichend sicher und vergleichsweise rentabler.[40] Gegenüber Dividendenzahlungen an die Anteilseigner sind Verpflichtungen aus den *junk bonds* zudem vorrangig, denn bei Ihnen handelt es sich um vertragliche Verpflichtungen des Unternehmens, die Gewinnausschüttungen zwangsläufig vorgehen; zudem können *junk bond*-Anleger im Gegensatz zu Minderheitsaktionären auch keinem beherrschenden Einfluss seitens des Übernehmers unterliegen.[41] Die Rückzahlung der *bridge loans* und die Ansprüche aus den *junk bonds* wurden durch den Unternehmenswert der Zielgesellschaft abgesichert.[42] Die Schuldverschreibungen boten infolge ihrer Abzugsfähigkeit steuerliche

---

Nammacher, The Anatomy of the High Yield Dept Market: 1985 Update, 12, 12 ff.; Betsch/Groh/Lohmann, Corporate Finance, 301 ff.; Campbell, Money and Capital Markets, 143 ff.; Fridson/Jones/Wahl, New techniques for analyzing default risks, 4 ff.; Jensen, 48 Journal of Finance (1993), 831, 838; Lipton, 136 Pennsylvania University Law Review (1987), 1, 11 ff.; Merkt, US-amerikanisches Gesellschaftsrecht, Rdn. 1071; Schiessl, RIW 1988, 522, 525; Sünner, AG 1987, 276, 277 ff.; Taggart, in Auerbach, Mergers and Acquisitions, 5, 5 ff.; zu den *junk bonds* vgl. weitergehend Bästlein, Zur Feindlichkeit öffentlicher Übernahmeangebote,165 ff.; Lehnert, Unternehmensübernahmen in den USA, 21 ff.; Milde, ZfB 1990, 647, 657, 660 ff.; zum Einsatz von *junk bonds* in Deutschland unter Berücksichtigung von § 795 BGB vgl. Peltzer, DB 1987, 973, 976; zum so genannten *strip financing*, der anteiligen gleichartigen Finanzierung durch alle Investoren zur Absicherung der Gleichförmigkeit der Interessen, so dass sich nicht die Art der Finanzierung und Finanzierungsformen, sondern lediglich die Größe der Beteiligung unterscheidet, vgl. Coffee, in Coffee/Lowenstein/Rose-Ackerman, Knights, Raiders, and Targets, 77, 77 ff.; Jensen, 2 Journal of Economic Perspectives (1988), 21, 21 ff.; Lehnert, Unternehmensübernahmen in den USA, 24.

[39] Vgl. zur Ausgabe und Bewertung von *junk bonds* Bästlein, Zur Feindlichkeit öffentlicher Übernahmeangebote, 165 ff.; Betsch/Groh/Lohmann, Corporate Finance, 305 ff.; Herzel/Shepro, Bidders and Targets, 494; Drukarczyk, Theorie und Politik der Finanzierung, 327; Kurth, Aktionärsschutz, 4 f.; Lehnert, Unternehmensübernahmen in den USA, 148 ff.; Lutter/Wahlers, AG 1989, 1, 2; Merkt, US-amerikanisches Gesellschaftsrecht, Rdn. 356 f.; Weston/Kwang/Hoag, Mergers, Restructuring, and Corporate Control, 318 ff.

[40] Vgl. zur Rentabilität und zum Risiko der Anlagemöglichkeiten - auch bei Streuung der unterschiedlichen Anlagen - Altman/Nammacher, The Anatomy of the High Yield Dept Market: 1985 Update, 12, 12 ff.; Bästlein, Zur Feindlichkeit öffentlicher Übernahmeangebote, 170 ff.; Blume/Donald, 43 Financial Analysts Journal (1987), 26, 26 ff.; Fons, 42 Journal of Finance (1987), 81, 81 ff.; Caytas/Mahari, Im Banne des Investment Banking; Altman, 44 Journal of Finance (1989), 909, 909 ff.; Lehnert, Unternehmensübernahmen in den USA, 148 ff.

[41] Vgl. Bästlein, Zur Feindlichkeit öffentlicher Übernahmeangebote, 168.

[42] Vgl. Bästlein, Zur Feindlichkeit öffentlicher Übernahmeangebote, 166; Lipton, 136 Pennsylvania University Law Review (1987), 1, 11 ff.; Mitchell/Netter, 24 Journal of Financial Economics (1989), 37, 37 ff. Zur Werthaltigkeit der *junk bonds* und zur durchschnittlichen Vorteilhaftigkeit dieser Wertpapiere gegenüber Staatsanleihen - jedenfalls vor dem Börsencrash 1987 - vgl. Altman/Nammacher, The Anatomy of the High Yield Debt Market: 1985 Update, 12, 12 ff.; Altman, Journal of Finance (1989), 909, 909 ff.; Bästlein, Zur Feindlichkeit öffentlicher Übernahmeangebote, 167 ff.; Caytas/Mahari, Im Banne des Investment Banking, 193 ff.

Vorteile.[43] Das Finanzierungsinstrument der *junk bonds* wurde zudem durch die Deregulierung der amerikanischen Kapitalmärkte forciert.[44]

Nach erfolgter Übernahme war zunächst einmal bei der Zielgesellschaft in vielen Fällen eine vergleichsweise geringere Liquidität und somit eine Beeinträchtigung der betriebswirtschaftlichen Entscheidungsprozesse gegeben.[45] Schon dadurch verringerte sich häufig der Börsenwert des Unternehmens.[46] Zudem brach in den Jahren 1986/1987 und 1989 der Wertpapierhandel mit *junk bonds* ein.[47] Infolge dieser Entwicklungen waren die Übernahmeversuche merklich zurückgegangen,[48] wenngleich seit 1993 erneut ein deutlicher Anstieg der Unternehmensübernahmen zu verzeichnen ist.[49] Zuvor hatte es in den Vereinigten Staaten infolge der beschriebenen Übernahmeverfahren einen regelrechten Übernahmeboom gegeben.[50] Da es bei solchen Übernahmen des Öfteren zu einem Verkauf der Vermögenswerte der Zielgesellschaft, zu verbotenen Insider-Spekulationen und zu bedenklichen Finanzierungsvorgängen gekommen ist,[51] sind Übernahmevorhaben und Abwehrmaßnahmen immer mehr einer öffentlichen Diskussion ausgesetzt gewesen und immer noch ausgesetzt. Letztlich auch aufgrund der öffentlichen Kritik von Übernahmen sind von der Geschäftsleitung von Zielgesellschaften immer findigere Abwehrmaß-

---

[43] Vgl. Auerbach/Reishaus, in Auerbach, Corporate Takeovers, 157, 157 ff.; Auerbach/Reishaus, in Auerbach, Mergers and Acquisitions, 68, 68 ff.; Ebke, ZHR 155 (1991), 132, 154 ff.; Gilson/Scholes/ Wolfson, in Coffee/Lowenstein/Rose-Ackerman, Knights, Raiders, and Targets, 271, 271 ff.; Jensen/ Kaplan/Stiglin, 42 Tax Analysts Tax Notes (1989), 727, 727 ff.; Kaplan, 44 Journal of Finance (1989), 611, 611 ff.; Lehnert, Unternehmensübernahmen in den USA, 136 ff.; Otto, DB 1989, 1389, 1389 ff.; Romano, in Hopt/ Wymeersch, European Takeovers, 3, 13; Weidenbaum, in Weidenbaum/Chilton, Public Policy Toward Corporate Takeovers, 141, 156 ff.

[44] Vgl. Bästlein, Zur Feindlichkeit öffentlicher Übernahmeangebote, 179; Lehnert, Unternehmensübernahmen in den USA, 160 ff.

[45] Vgl. Bästlein, Zur Feindlichkeit öffentlicher Übernahmeangebote, 165.

[46] Differenzierend hierzu Gerke/Garz/Oerke, zfbf 1995, 805, 806, 814.

[47] Vgl. Lehnert, Unternehmensübernahmen in den USA, 155 ff.; Merkt, US-amerikanisches Gesellschaftsrecht, Rdn. 357; Milde, ZfB 1990, 647, 661 f.; Moore, 70 Washington University Law Quarterly (1992), 277, 284; Schiessl, RIW 1988, 522, 525; International Business Week vom 08. Dezember 1986, 31 f.

[48] Vgl. Bästlein, Zur Feindlichkeit öffentlicher Übernahmeangebote, 110 ff.; Lehnert, Unternehmensübernahmen in den USA, 158; Orts, 61 George Washington Law Review (1992), 14, 35 ff.

[49] Vgl. Handelsblatt vom 5. Oktober 2000, 15, unter Berufung auf das Marktforschungsinstitut Thompson Financial. Vgl. auch Bungert, AG 1994, 297, 310, Fn. 140 m.w.N., demnach im vierten Quartal dieses Jahres 1841 mergers, also nicht ausschließlich Übernahmen, mit einem Volumen von 95,6 Milliarden US-Dollar angekündigt waren. Vgl. weiter Gaughan, Mergers, Acquisitions, And Corporate Restructuring, 48; Bästlein, Zur Feindlichkeit öffentlicher Übernahmeangebote, 113; Bohrer, Unfriendly Takeovers, 3 f.; Witte, BB 2000, 2161, 2161.

[50] Vgl. die Statistik der Übernahmen für Aktiengesellschaften in den USA von 1984 bis 1993 des Mergerstat Review aus 1993 in Bästlein, Zur Feindlichkeit öffentlicher Übernahmeangebote, 115; Busch, Regelung von Übernahmeangeboten, 23. Vgl. dazu auch Bohrer, Unfriendly Takeovers, 3 f.

[51] Vgl. Gaughan, Mergers, Acquisitions, And Corporate Restructuring, 46; Jarrell/Poulsen, 5 Journal of Law, Economics, and Organization (1989), 225, 225 ff.; Weisner, Verteidigungsmaßnahmen gegen unfreundliche Übernahmeversuche, 9; Wymeersch, AG 1995, 299, 301. Vgl. in diesem Zusammenhang auch über die Insiderregelung Caspari, ZGR 1994, 530, 530 ff. Vgl. dazu auch Assmann, AG 1994, 237, 252, der Übernahmeangebote gar als „locus classicus" des Insiderhandels bezeichnet.

nahmen ergriffen worden.[52] Infolgedessen kam es zunehmend zu Rechtsstreitigkeiten,[53] so dass sich im US-amerikanischen Recht eine Struktur der Verhaltenspflichten bei Übernahmevorgängen herausgebildet hat.[54] Zudem war und ist die börsengängige Aktiengesellschaft in den USA anders als in Deutschland die Regel.[55] Die Börsenkapitalisierung beträgt über 95 % des Bruttosozialprodukts, während in Deutschland lediglich ungefähr 20 % über die Börse kapitalisiert sind.[56] Die Streuung der Transaktionen[57] und der Rechtsstreitigkeiten[58] ist entsprechend groß und repräsentativ. Seit 1993 werden Firmenübernahmen vermehrt durch Unternehmen mit langfristigen strategischen Ausrichtungen versucht und abgeschlossen.[59] Wie viele wirtschaftliche Entwicklungen zeigt die zunehmende Globalisierung hier unter anderem in der Ausgestaltung von Firmenzusammenschlüssen - auch durch Übernahmen - besonders starke Wirkung. Mithin bietet sich das US-amerikanische Recht als Grundlage der rechtlichen Erörterung des Geschäftsführungsverhaltens bei Übernahmen an. Infolge der Parallelen zwischen den Rechtsordnungen wird im Folgenden von Geschäftsführung, Leitungsorganen, Management oder ähnlichem die Rede sein, ohne dass damit eine Unterscheidung zwischen den Entscheidungsträgern gemeint ist. Für die Bewertung ihres Verhaltens ist es zunächst unerheblich, ob im deutschen Recht der Vorstand oder Aufsichtsrat oder im US-amerikanischem Recht das *board* angesprochen ist. Im deutschen Recht wird vorrangig vom Vorstand oder Aufsichtsrat von Aktiengesellschaften gesprochen, die dem US-amerikanischen *board* entsprechen. Dem soll nicht entgegenstehen, dass die Ausführungen ebenso für die Geschäftsführung von Unternehmen anderer Rechtsformen gelten.

In den letzten Jahren wird in den Vereinigten Staaten in immer größer werdendem Ausmaße von einzelnen Aktionärsgruppen versucht, durch Ausübung „gemieteter" Stimmrechte anderer Aktionäre die Geschäftstätigkeit des Unternehmens - gegebenenfalls auch nach Auswechselung der Unternehmensführung – er-

---

[52] Vgl. Lehnert, Unternehmensübernahmen in den USA, 103; Merkt, US-amerikanisches Gesellschaftsrecht, Rdn. 1123; Moore, 70 Washington University Law Quarterly (1992), 277, 279; Ruback, in Auerbach, Mergers and Acquisitions, 49, 49 ff.

[53] Vgl. Lehnert, Unternehmensübernahmen in den USA, 104.

[54] Vgl. dazu Lehnert, Unternehmensübernahmen in den USA, 95 ff.

[55] Vgl. Merkt, US-amerikanisches Gesellschaftsrecht, Rdn. 130. Zu den strukturellen Unterschieden der Kapitalmärkte vgl. auch Grundfest, 27 Journal of Financial Economics (1990), 89, 104 ff.

[56] Vgl. Basaldua, in Assmann/Basaldua/Bozenhardt/Peltzer, Übernahmeangebote, 157, 164; Black/Wright/Bachmann/Davies, Shareholder Value, 209; Subramanian, 23 Delaware Journal of Corporate Law (1998), 375, 400 f.; Die Zeit vom 25. November 1994, 26.

[57] Vgl. dazu Wymeersch, AG 1995, 299, 301 f.

[58] Vgl. hierzu unten unter 3. Teil D. X. 8./9./10.

[59] Vgl. Fabricant, 22 Journal of Corporate Law (1996), 27, 30; Gaughan, Mergers, Acquisitions, And Corporate Restructuring, 47; Weisner, Verteidigungsmaßnahmen gegen unfreundliche Übernahmeversuche, 9; Bästlein, Zur Feindlichkeit öffentlicher Übernahmeangebote, 113; von Buddenbrock, in von Rosen/Seifert, Übernahme börsennotierter Unternehmen, 277, 278.

heblich zu verändern.[60] Ein solcher Vorgang wird als "*proxy contest*" bezeichnet[61] und dient vielfach als eine die Übernahme unterstützende Maßnahme.[62] Mit der Regelung von Übernahmeverfahren und der Begründung von Verhaltenspflichten für den Bieter werden derartige Vorgehensweisen vor und in Hauptversammlungen wahrscheinlich zunehmen und größeren Einfluss gewinnen. Im Vergleich zur europäischen Entwicklung von Übernahmevorgängen ist die US-amerikanische „Unternehmenskultur" wesentlich weiter vorangeschritten. In der Bundesrepublik waren Übernahmen und erst recht feindliche Übernahmen sehr selten.[63]
Erste übernahmebezogene Auseinandersetzungen bei Flick/Feldmühle Nobel,[64] Pirelli/Continental,[65] Krupp/Hoesch[66] und Thyssen/Krupp[67] hatten jedoch gezeigt,

[60] Vgl. zu derartigen Vorgängen ausführlich Merkt, US-amerikanisches Gesellschaftsrecht, Rdn. 658 ff.; Cary/Eisenberg, Corporations, 330 ff.; DeAngelo/DeAngelo, 23 Journal of Financial Economics (1989), 29, 29 ff.; Dodd/Warner, 11 Journal of Financial Economics (1983), 401, 401 ff.; Herzel/Shepro, Bidders and Targets, 66 f.; Pound, 20 Journal of Financial Economics (1988), 237, 237 ff.; Knoll, Übernahme von Kapitalgesellschaften, 89 f.; Lehnert, Unternehmensübernahmen in den USA, 5 ff., 78; Lipton/Steinberger, Take-overs and Freezeouts, § 1.06 [6]; Lüttmann, Kontrollwechsel in Kapitalgesellschaften, 89 f.; Meier-Schatz, WuR 1987, 16, 18; Meier-Schatz, ZHR 149 (1985), 76, 79; Peltzer, ZfgK 1986, 291, 291; Peltzer, Festschrift Zimmerer, 274, 276; Raggenbass, Übernahmestrategien eines Bieters, 49, 52 f.; Smith, 58 University of Pittsburgh Law Review (1996), 145, 145 ff.; Weisner, Verteidigungsmaßnahmen gegen unfreundliche Übernahmeversuche, 11; International Business Week vom 11. Juni 1990, 48 f. Vgl. dazu im Übrigen auch das Vorgehen der Cobra Beteiligungsgesellschaft gegen die Commerzbank, beschrieben im Handelsblatt vom 24./25. November 2000, 14.

[61] Vgl. Dodd/Warner, 11 Journal of Financial Economics (1983), 401, 401 ff.; Easterbrook/Fischel, Economic Structure of Corporate Law, 77 ff.; Ikenberry/Lakonishok, 66 Journal of Business (1993), 405, 405 ff.; Pound, 20 Journal of Financial Economics (1988), 237, 237 ff.; Knoll, Übernahme von Kapitalgesellschaften, 89 f.; Lehnert, Unternehmensübernahmen in den USA, 78; Lüttmann, Kontrollwechsel in Kapitalgesellschaften, 89 f.; Merkt, US-amerikanisches Gesellschaftsrecht, Rdn. 658 f.; Witt, Übernahmen von Aktiengesellschaften, 28 ff. Vgl. dazu auch die ausführliche Darstellung bei Solomon/Palmiter, Corporations, 569 ff.

[62] Vgl. Knoll, Übernahme von Kapitalgesellschaften, 89 f.; Lipton/Steinberger, Takeovers and Freezeouts, § 1.06 [6] 1-57; Solomon/Palmiter, Corporations, 556; Witt, Übernahmen von Aktiengesellschaften, 28 ff.

[63] Vgl. zu den Entwicklungen und Rahmenbedingungen in Deutschland die Analysen von Assmann/Bozenhardt, in Assmann/Basaldua/Bozenhardt/Peltzer, Übernahmeangebote, 1, 39; Basaldua, in Assmann/Basaldua/Bozenhardt/Peltzer, Übernahmeangebote, 157, 163 ff.; Busch, Regelung von Übernahmeangeboten, 23 f.; Hopt, Festschrift Rittner, 187, 189 ff.; Hopt, in Hopt/Wymeersch, European Takeovers, 165, 167 ff. Vgl. dazu auch Kirchner, BB 2000, 105, 105; Knoll, Übernahme von Kapitalgesellschaften, 36; Koch, Hindernisse für öffentliche Übernahmeangebote, 6 ff.; Krause, WM 1996, 845, 845; Land/Hasselbach, DB 2000, 1747, 1747; Michalski, AG 1997, 152, 152; Otto, DB-Beil. 12/1988, 1, 3; Peltzer, ZIP 1989, 69, 69 ff., Picot, in Picot, Mergers & Acquisitons, 3, 5 ff.; von Buddenbrock, in von Rosen/Seifert, Übernahme börsennotierter Unternehmen, 277, 278; Wagner, Standstill Agreements, 28 f. Zur Rolle und Bedeutung der im Investmentgeschäft tätigen Banken vgl. Hopt, in Hopt/Wymeersch, Comparative Corporate Governance, 3, 10 ff.; Horn, ZIP 2000, 473, 474; Börsen-Zeitung vom 12. Februar 2000, 9.

[64] Vgl. dazu Assmann/Bozenhardt, in Assmann/Basaldua/Bozenhardt/Peltzer, Übernahmeangebote, 1, 4 ff.; Burgard, AG 1992, 41, 41 f.; Daum, Die unkoordinierte Übernahme, 45 f. Zum wirtschaftlichen Hintergrund vgl. auch Salje, JA 1990, 321, 321.

[65] Vgl. dazu Bästlein, Zur Feindlichkeit öffentlicher Übernahmeangebote, 281 ff.; Burgard, AG 1992, 41, 42 ff.; Daum, Die unkoordinierte Übernahme, 46 ff.; Ebenroth/Daum, DB 1991, 1105, 1106; Ebenroth/Daum, DB 1991, 1157, 1157 ff.; Witt, Übernahmen von Aktiengesellschaften, 98 ff.

dass auch für den Bereich der Bundesrepublik Übernahmen zunehmend erwogen werden. Die seit kurzer Zeit vorherrschenden Fusionen und Übernahmen unter Beteiligung deutscher Unternehmen[68] belegen, dass die US-amerikanische Entwicklung tatsächlich Einfluss auf das europäische Wirtschaftsleben ausübt und die Globalisierung der Märkte in Europa und Deutschland zu Konzentrationsbewegungen führt, die nur aus Fusionen und Übernahmen resultieren können.[69] Es ist daher erforderlich, die Verhaltenspflichten der Unternehmensleitung von Zielgesellschaften rechtlich zu überprüfen.
In dem aufgezeigten Spannungsfeld widerstreitender Interessen gilt es, eine angemessene rechtliche Ausgleichsordnung zu finden, die zugleich in betriebswirtschaftlicher und volkswirtschaftlicher Hinsicht zu sachgerechten Ergebnissen führt, gleichzeitig die Rechte der Betroffenen schützt, die sich aus dem positiven Recht und der Systematik der Rechtsordnungen ergeben, und die Pflichten der Betroffenen klar definiert.

A. Wirtschaftliche Konstellationen in der Einleitungsphase von Übernahmen

Übernehmer versprechen sich von einem *takeover* in der Regel Vermögensvorteile. Die näheren Motive eines Übernahmeversuchs können unterschiedlicher Natur sein.

Vgl. dazu Bästlein, Zur Feindlichkeit öffentlicher Übernahmeangebote, 283 f.; Witt, Übernahmen von Aktiengesellschaften, 54.

[67] Vgl. dazu Spiegel 14/97, 88 ff.; Wirtschaftswoche vom 20. März 1997, 56 ff.; Wirtschaftswoche vom 17. April 1997, 22; Frankfurter Allgemeine Zeitung vom 19. März 1997, 19; Frankfurter Allgemeine Zeitung vom 26. März 1997, 21, 28; Handelsblatt vom 19. März 1997, 1; Handelsblatt vom 27./28. November 1998, 17; Bohrer, Unfriendly Takeovers, 26; Dimke/Heiser, NZG 2001, 241, 241; Hopt, Festschrift Zöllner, 253, 253 f.; Schilling, BB 1997, 1909, 1909 ff.; Witt, Übernahmen von Aktiengesellschaften, VII. f., 54 ff.

[68] So beispielsweise die Übernahme von Bankers Trust durch die Deutsche Bank, vgl. dazu Handelsblatt vom 27./28. November 1998, 2 und Frankfurter Allgemeine Zeitung vom 24. November 1998, 1, die Fusion von Hoechst und Rhone-Poulenc, vgl. Frankfurter Allgemeine Zeitung vom 26. November 1998, 19, die Daimler/Chrysler-Fusion, vgl. dazu Fleischmann, DB 1998, 1883, 1883 ff.; Frankfurter Allgemeine Zeitung vom 17. November 1998, 23, und die Übernahme von Mannesmann durch vodafone, vgl. dazu Frankfurter Allgemeine Zeitung vom 5. Februar 2000, 13. Vgl. weiter auch Horn, ZIP 2000, 473, 473; Witte, BB 2000, 2161, 2161, und Frankfurter Allgemeine Zeitung vom 8. September 2000, 20, denen zur Folge sich das M&A-Volumen 1989 auf 480 Milliarden US $ und im ersten Halbjahr 2000 auf 1,8 Billionen US $ belief. In Deutschland werde für das Jahr 2000 ein Volumen in Höhe von 400 Milliarden US $ angenommen, während das Volumen 1996 noch 15 Milliarden US $ betragen habe.

[69] Vgl. insgesamt zur Zunahme der Konzentrationsvorgänge Förschle/Glaum/Mandler, DB 1998, 889, 889; Herden/Ziegel, M & A Review 1997, 485, 485, und Frankfurter Allgemeine Zeitung vom 21. April 1998, B4, demnach sich die Übernahmen mit deutscher Beteiligung in der Zeit von 1986 bis 1998 verdoppelt haben. Vgl. weiter Horn, ZIP 2000, 473, 473; Jansen, Mergers & Acquisitions, 1 ff.; Koch, Globalisierung der Wirtschaft, 79 ff.; Hirte, in von Rosen/Seifert, Übernahme börsennotierter Unternehmen, 341, 342; Frankfurter Allgemeine Zeitung vom 12. November 1999, 25; Börsen-Zeitung vom 12. Februar 2000, 9; Handelsblatt vom 4. Oktober 2000, 11. Zur Globalisierung vgl. Koch, Globalisierung der Wirtschaft, 3 ff.; Ludwig, Globalisierung der Märkte, 17 ff. Zur Entwicklung des deutschen Gesellschaftsrechts vor dem Hintergrund der Globalisierung vgl. Schulze-Osterloh, ZIP 2001, 1433, 1433 ff.

Ein kurzfristiger Spekulationsgewinn kann genauso wie die langfristige strategische Ausrichtung eines Unternehmens das entscheidende Übernahmemotiv sein. Das naheliegendste Übernahmemotiv stellt zunächst die Ausnutzung einer Unterbewertung der Zielgesellschaft auf dem Aktienmarkt dar. In diesem Fall liegt der Aktienkurs der Zielgesellschaft - zumindest nach Einschätzung des Übernehmers - unter dem tatsächlichen Wert der Aktien. Der Aktienkurs spiegelt dann nicht den wahren Wert der Zielgesellschaft wider; die Zielgesellschaft ist unterbewertet.[70] Die Unterbewertung eines Unternehmens kann verschiedene Ursachen haben.[71] Eine nahe liegende Ursache ist die betriebswirtschaftlich suboptimale Führung des Unternehmens durch das Management.[72] Durch die Auswechselung der Leitungsorgane und der damit einhergehenden Optimierung der grundlegenden betriebswirtschaftlichen Entscheidungen durch ein neues Management könnten in einem unterbewerteten Unternehmen möglicherweise operative Ergebnisse erzielt werden, die eine Steigerung des Aktienkurses bewirken.[73] Unterbewertungen können sich ferner aus der zu geringen Bewertung von Anlagevermögen, Ertragsstärke, Marktpositionen und Einsparungspotential ergeben.[74] Das Ausmaß der Unterbewertung wird durch die Differenz zwischen tatsächlichem Aktienkurs und objektivem Kurswert

[70] Vgl. Bästlein, Zur Feindlichkeit öffentlicher Übernahmeversuche, 145 ff.; Bebchuk, 95 Harvard Law Review (1982), 1028, 1032; Hahn, ZBB 1990, 10, 12; Jensen, 76 American Economic Review (1986), 323, 323 ff.; Möller, Die Stellung des Aktionärs bei Übernahmen, 30 f.; Reul, Die Pflicht zur Gleichbehandlung der Aktionäre, 184 ff.; Scherer, 2 Journal of Economic Perspective (1988), 69, 72; Sünner, AG 1987, 276, 278. Vgl. zur Bewertung von Unternehmen zur Vorbereitung einer Übernahme: Baetge, Akquisition und Unternehmensbewertung; Ballwieser, Unternehmensbewertung und Komplexitätsreduktion; Ballwieser, Alternative Ansätze zur Unternehmensbewertung; Berens/Brauner, Due Diligence; Bilstein, in von Rosen/ Seifert, Übernahme börsennotierter Unternehmen, 223, 223 ff.; Dibelius, in Picot, Mergers & Acquisitons, 33, 38 ff.; Hamerle, in Hanzel/Wunderbaldinger, Mergers & Acquisitions, 165, 165 ff.; Hommel/Braun/ Schmotz, DB 2001, 341, 341 ff.; Moxter, Grundsätze ordnungsgemäßer Unternehmensbewertung; Easterbrook/Fischel, Economic Structure of Corporate Law, 191 ff.; Harrer/Erbacher, in von Rosen/Seifert, Übernahme börsennotierter Unternehmen, 253, 253 ff.; Merkt, US-amerikanisches Gesellschaftsrecht, Rdn. 1069; Richter, in Picot, Mergers & Acquisitons, 255, 255 ff. Vgl. zum Börsenkurs als gesellschaftsrechtliche Bewertungsgrundlage Busse von Colbe, Festschrift Lutter, 1101, 1053 ff.; Houben, WM 2000, 1873, 1876, 1880 f.; Luttermann, ZIP 2001, 869, 869 ff.; Luttermann, ZIP 1999, 45, 45 ff.; Munscheck, Übernahmeregelung, 139 ff.; Reuter, DB 2001, 2483, 2483 ff.; Sinewe, NZG 2002, 314, 316 f. Zur Festlegung des maßgeblichen Zeitfensters vgl. Wenger, EWiR 2001, 605.

[71] Vgl. Lüttmann, Kontrollwechsel in Kapitalgesellschaften, 22 f.

[72] Vgl. dazu Adams, AG 1989, 333, 333; Adams, AG 1990, 63, 64 ff.; Adams, AG 1990, 243, 244; Baums, ZIP 1989, 1376, 1376 ff.; Bebchuk, 95 Harvard Law Review (1982), 1028, 1030; Clark, Corporate Law, 535; Hahn, ZBB 1990, 10, 13; Hall, in Posner/Scott, Economics of Corporation Law, 205, 205; Hamilton, Law of Corporations, 353; Jensen, 2 Journal of Economic Perspectives (1988), 21, 28 ff.; Jensen/Ruback, 11 Journal of Financial Economics (1983), 5, 6, 44; Peltzer, ZIP 1989, 69, 70 f.; Seifert/Voth, in von Rosen/ Seifert, Übernahme börsennotierter Unternehmen, 187, 196 ff.

[73] Vgl. Solomon/Palmiter, Corporations, 565 f. Vgl. auch John/Lang/Netter, 47 Journal of Finance (1992), 891, 895.

[74] Vgl. Merkt, US-amerikanisches Gesellschaftsrecht, Rdn. 1069.

bestimmt.[75] Die Kursdifferenz der vom Übernehmer selbst gehaltenen Aktien stellt den Gewinn des Übernehmers dar.

Als zweites hauptsächliches Übernahmemotiv kommt die Nutzung der Zielgesellschaft als weiteres vertikales oder horizontales Glied im Gesamtkonzern des Übernehmers in Betracht.[76] Dem Übernehmer ist gerade die Zielgesellschaft mit ihrem Betätigungsfeld oder ihrem unternehmerischen Potential von besonderer Bedeutung, um im Gesamtkonzern Synergieeffekte zu erzielen, ein Monopol oder Oligopol zu bilden, oder seine Wettbewerbsfähigkeit auf andere Weise bedeutend zu steigern.[77] Die Eingliederung der Zielgesellschaft in das Gesamtunternehmen stellt für den Übernehmer aufgrund der genannten Effekte einen besonderen Wert dar.[78] Diesen Wert honoriert er, indem er einen über dem Aktienkurs liegenden Preis für die Zielgesellschaft zu zahlen bereit ist. Schließlich kommt als Übernahmemotiv auch die Erzielung von Zerschlagungs- oder Spekulationsgewinnen in Frage.[79] Der Übernehmer erhofft sich einen Gewinn durch den Weiterverkauf der gesamten Zielgesellschaft oder durch den Verkauf einzelner besonders werthaltiger Vermögenswerte der Zielgesellschaft, während andere Unternehmensteile unabhängig weiter genutzt, eingegliedert oder aufgegeben werden. Der Verkauf von einzelnen Unternehmensteilen durch einen so genannten *raider* verspricht dann einen Gewinn, wenn der (Verkaufs-) Wert aller Unternehmensteile den Übernahmepreis übersteigt.

B. Vorgehensmöglichkeiten des Übernehmers

Im Gegensatz zu Fusionen, die in Verhandlungen mit dem Management ausgehandelt werden, bevor die Zustimmung der Aktionäre eingeholt wird, werden Übernahmeangebote direkt an die Aktionäre gestellt, die dann individuell über den Verkauf der Anteile entscheiden. Das Übernahmeangebot des Bieters wird in der Regel - gerade bei einem so genannten öffentlichen Übernahmeangebot - gegenüber

[75] Vgl. Holmström/Nalebuff, 1 Journal of Economics & Management Strategie (1992), 37, 38 ff. Zur aktienrechtlichen Verpflichtung des Vorstandes der Bietergesellschaft zur Durchführung einer Due Diligence zur Bewertung der Zielgesellschaft vgl. Werner, ZIP 2000, 989, 989 ff.

[76] Vgl. dazu Assmann/Bozenhardt, in Assmann/Basaldua/Bozenhardt/Peltzer, Übernahmeangebote, 1, 10; Bästlein, Zur Feindlichkeit öffentlicher Übernahmeangebote, 106 ff.; Kerler, Mergers & Acquisitions, 15; Jansen, Mergers & Acquisitions, 74 ff.; Lehnert, Unternehmensübernahmen in den USA, 7 f.; Peltzer, ZIP 1989, 69, 71; Sünner, AG 1987, 276, 277; vgl. auch Kritsch dazu Scharf/Shea/Beck, Acquisitions, 7 f.

[77] Vgl. Bohrer, Unfriendly Takeovers, 28; Lehnert, Unternehmensübernahmen in den USA, 179 ff.; Lüttmann, Kontrollwechsel in Kapitalgesellschaften, 22 f.; Raggenbass, Übernahmestrategien eines Bieters, 2 f.; Richter, Übernahmeregelung in Europa, 9.

[78] Vgl. Hahn, Die feindliche Übernahme von Aktiengesellschaften, 67 f.

[79] Vgl. Merkt, US-amerikanisches Gesellschaftsrecht, Rdn. 1069; Peltzer, ZIP 1989, 69, 71; Richter, Übernahmeregelung in Europa, 8 f.; Sünner, AG 1987, 276, 277 f. Vgl. ferner auch Assmann/Bozenhardt, in Assmann/Basaldua/Bozenhardt/Peltzer, Übernahmeangebote, 1, 10.

allen Aktionären der Zielgesellschaft abgegeben.[80] Es erstreckt sich auf deren Anteile, die der Bieter in begrenztem (Teilangebot) oder unbegrenztem Umfang innerhalb einer gesetzten Frist unter gleichen Bedingungen (zumeist bedingt durch die Erwerbsmöglichkeit oberhalb des Kontrollübergangs[81]) zu einem bestimmten Preis (Barangebot) oder im Tausch gegen andere Wertpapiere (Umtauschangebot) zu erwerben anbietet.[82] Bei einem erfolgreichen *takeover* erwirbt der Übernehmer mindestens einen so großen Anteil an Aktien der Zielgesellschaft, dass er die Kontrolle über das Unternehmen ausüben und damit zumindest mittelbar die Geschäftsausrichtung bestimmen kann.[83] Wenn der Aufkauf des Aktienanteils im Einverständnis mit den Leitungsorganen der Zielgesellschaft erfolgt, handelt es sich um ein so genanntes „*friendly takeover*", eine freundliche Übernahme. Erfolgt er hingegen gegen deren Willen, handelt es sich um ein so genanntes „*hostile takeover*", eine feindliche Übernahme.[84]Bei freundlichen Übernahmen koordinieren die Leitungsorgane der Zielgesellschaft und der Übernehmer die Übernahme. Der Abschluss von entsprechenden Verträgen, der von Seiten der Zielgesellschaft gewährte Einblick in die Unternehmensaktivitäten und -strukturen, sowie die unterstützende Öffentlichkeitsarbeit und bestimmte Empfehlungen der Leitungsorgane der Zielgesellschaft gegenüber ihren Aktionären begleiten die Übertragung der Kontrolle an den Übernehmer.[85]

Demgegenüber stellen feindliche Übernahmen solche Arten des *takeover* dar, über die keine Einigung mit der Leitung der Zielgesellschaft versucht oder erzielt

[80] Zu den regelmäßigen Phasen eines Übernahmeversuchs vgl. weitergehend Bästlein, Zur Feindlichkeit öffentlicher Übernahmeangebote, 60; Bohrer, Unfriendly Takeovers, 35 ff.; Liebscher, ZIP 2001, 853, 854 f.; Nowak, DB 1999, 601, 603 f.; Picot, in Picot, Mergers & Acquisitions, 91, 91 ff.; Scharf/ Shea/Beck, Acquisitions, 241 ff.; Solomon/Palmiter, Corporations, 557 ff. Vgl. ferner Kuhr, Minderheitenschutz bei Übernahmeangeboten, 12 f.

[81] Vgl. Merkt, US-amerikanisches Gesellschaftsrecht, Rdn. 1074; vgl. dazu auch weitergehend Witt, Übernahmen von Aktiengesellschaften, 22 ff.; Witt, NZG 2000, 809, 811; Lipton/Steinberger, Takeovers and Freezeouts, § 1.08 [2]; Knoll, Übernahme von Kapitalgesellschaften, 88; Otto, DB-Beil. 12/1988, 1, 4.

[82] Vgl. dazu eingehender Witt, Übernahmen von Aktiengesellschaften, 22 ff.; Witt, NZG 2000, 809, 811; Basaldua, in Assmann/Basaldua/ Bozenhardt/Peltzer, Übernahmeangebote, 157, 159; Behrens, ZGR 1975, 433, 437; Horn, ZIP 2000, 473, 475 ff.; Bess, AG 1977, 169, 169; Hopt, Festschrift Zöllner, 253, 254; Knoll, Übernahme von Kapitalgesellschaften, 88; Michalski, AG 1997, 152, 152. Zu Aktien als Acquisitionswährung vgl. auch Schmitz, in von Rosen/Seifert, Übernahme börsennotierter Unternehmen, 313, 313 ff.

[83] Vgl. Bästlein, Zur Feindlichkeit öffentlicher Übernahmeangebote, 58; Behrens, ZGR 1975, 433, 438; Schander, BB 1997, 1801, 1801; Witt, Übernahmen von Aktiengesellschaften, 13 ff.

[84] Vgl. ausführlich dazu Bästlein, Zur Feindlichkeit öffentlicher Übernahmeangebote, 34 ff.; vgl auch Bohrer, Unfriendly Takeovers, 9; Ebenroth/Daum, DB 1991, 1105, 1105 f.; Ebenroth/Daum, DB 1991, 1157, 1157 f.; Frei, Öffentliche Übernahmeangebote, 17 ff.; Hanzel, in Hanzel/Wunderbaldinger, Mergers & Acquisitions, 129, 144 f.; Hopt, Festschrift Zöllner, 253, 254; Horn, ZIP 2000, 473, 474; Merkt, US-amerikanisches Gesellschaftsrecht, Rdn. 1067; Picot, in Picot, Mergers & Acquisitions, 91, 137 ff.; Schander, BB 1997, 1801, 1801; Stoll, BB 1989, 301, 301 ff.

[85] Vgl. Hanzel, in Hanzel/Wunderbaldinger, Mergers & Acquisitions, 129, 144 f.; Horn, ZIP 2000, 473, 474.

wurde.[86] Der für eine feindliche - unabgestimmte[87] - Übernahme erforderliche Anteilserwerb kann durch den langsamen Ankauf über die Börse eingeleitet und in Ausnahmefällen auch vollendet werden.[88] Im Amerikanischen wird dieser gezielte Vorgang „*creeping takeover*" genannt.[89] Zum anderen kann in der Absicht der Übernahme ein Anteilspaket erworben werden.[90] Es kann aber auch ein öffentliches Übernahmeangebot abgegeben werden, welches den Aktionären die Möglichkeit

---

[86] Vgl. weitergehend Bästlein, Zur Feindlichkeit öffentlicher Übernahmeangebote, 34 ff. Vgl. auch Hopt, Festschrift Zöllner, 253, 254; Michalski, AG 1997, 152, 152; Heermann, WM 1997, 1689, 1690; Witt, Übernahmen von Aktiengesellschaften, 13 ff.

[87] Ebenroth/Daum, DB 1991, 1105, 1105 ff., gehen wegen der fehlenden Abstimmung mit dem Management der Zielgesellschaft von „unkoordinierten" - unabgestimmten - Übernahmen aus. Diese Terminologie dürfte zwar treffender sein, hat sich jedoch nicht nachhaltig durchgesetzt. Basaldua spricht in Assmann/Basaldua/Bozenhardt/Peltzer, Übernahmeangebote, 157, 160, von „umstrittenen" („contested") Angeboten.

[88] Vgl. hierzu Bess, AG 1976, 169, 169; Busch, Regelung von Übernahmeangeboten, 49 f.; Daum, Die unkoordinierte Übernahme, 70 ff.; Hutter/Lawrence, in von Rosen/Seifert, Übernahme börsennotierter Unternehmen, 95, 104 f.; Hirte, ZIP 1989, 1233, 1235; Kessel, Leveraged Buy-out, 63; Immenga, SAG 1975, 89, 89; Immenga, Festschrift Böhm, 253, 253 f.; Liebscher, ZIP 2001, 853, 855; Meier-Schatz, WuR 1987, 16, 18; Merkt, US-amerikanisches Gesellschaftsrecht, Rdn. 1070; Michalski, AG 1997, 152, 153; Knoll, Übernahme von Kapitalgesellschaften, 53 f.; Lüttmann, Kontrollwechsel in Kapitalgesellschaften, 21, 31 f., 127 f.; Schneider/Burgard, DB 2001, 963, 963; Weisner, Verteidigungsmaßnahmen gegen unfreundliche Übernahmeversuche, 11; Witt, Übernahmen von Aktiengesellschaften, 20 ff. So kann der Bieter sich zunächst vergleichsweise preisgünstige Anteile beschaffen, die er insbesondere bei Scheitern seines Vorhabens gewinnbringend verkaufen könnte. Der Aufkauf über die Börse wird wegen der zusätzlichen Nachfrage allerdings auch regelmäßig eine - zumindest relative - Kurssteigerung, die auch bei dem Aufkauf restlicher Aktien berücksichtigt werden muss, zur Folge haben. Eine zusätzliche Gefahr ist hier die Bekanntgabe der Übernahmeabsichten durch Indiskretionen Beteiligter oder Dienstleister mit zusätzlichen einschneidende Auswirkungen auf die Übernahmestrategie, vgl. dazu ausgiebig Chowdhry/Jegadeesh, 29 Journal of Financial and Quantitative Analysis (1994), 117, 117 ff.; Witt, Übernahmen von Aktiengesellschaften, 72 ff. Im Übrigen treffen den Bieter auch hier die Meldepflichten über den Erwerb von Aktien, in der Bundesrepublik Deutschland nach den §§ 21, 22 WpHG, vgl. dazu Burgard, WM 2000, 611, 611 ff.; Riehmer/Schröder, BB-Sonderbeil. 5/2001, 1, 16 f.; Sudmeyer, BB 2002, 685, 685 ff.; Witt, AG 2001, 233, 233 ff.; Witt, Übernahmen von Aktiengesellschaften, 159 ff.; Wittich, in von Rosen/Seifert, Übernahme börsennotierter Unternehmen, 377, 388 ff.

[89] Vgl. Daum, Die unkoordinierte Übernahme, 16, 70; Ebenroth/Daum, DB 1991, 1105, 1105; Kessel, Leveraged Buy-out, 63; Lipton, 136 Pennsylvania University Law Review (1987), 1, 16; Lüttmann, Kontrollwechsel in Kapitalgesellschaften, 98; Raggenbass, Übernahmestrategien eines Bieters, 43 f., Scharf/Shea/Beck, Acquisitions, 226

[90] Vgl. Daum, Die unkoordinierte Übernahme, 74; Kessel, Leveraged Buy-out, 63; Klein, NJW 1997, 2085, 2086; Koch, Hindernisse für öffentliche Übernahmeangebote, 6; Lüttmann, Kontrollwechsel in Kapitalgesellschaften, 21; Peltzer, in Assmann/Basaldua/Bozenhardt/Peltzer, Übernahmeangebote, 179, 193; Wagner, Standstill Agreements, 30 f.; Weisner, Verteidigungsmaßnahmen gegen unfreundliche Übernahmeversuche, 11; Witt, Übernahmen von Aktiengesellschaften, 19 f. Für den Erwerb von Anteilspaketen muss in der Regel ein Paketzuschlag gezahlt werden, vgl. dazu Traugott/Schaefer, NZG 2004, 158, 158 ff. Eine zusätzliche Gefahr ist auch hier die Bekanntgabe der Übernahmeabsichten durch Indiskretionen, die einschneidende Auswirkungen auf die Übernahmestrategie, so wegen des nun bekannt gewordenen Interesses eine Kurssteigerung, zur Folge haben können. Im Übrigen treffen den Bieter auch hier grundsätzlich die Meldepflichten über den Erwerb von Aktien, §§ 21, 22 WpHG, vgl. dazu Burgard, WM 2000, 611, 611 ff.; Witt, AG 2001, 233, 233 ff.; Witt, Übernahmen von Aktiengesellschaften, 159 ff.; Wittich, in von Rosen/Seifert, Übernahme börsennotierter Unternehmen, 377, 388 ff.; differenzierend dazu Riehmer/Schröder, BB-Sonderbeil. 5/2001, 1, 16 f.

einräumt, ihre Anteile zu einem den gegenwärtigen Aktienkurs weit übersteigenden Entgelt zu veräußern. Schließlich kann eine Übernahme auch durch so genannte "*proxy*-Kämpfe“ bewirkt werden. Diese stellen eine Machtprobe im Abstimmungs-Prozess während einer Aktionärsversammlung dar und werden häufig durch mit dem Management unzufriedene Aktionäre oder ehemalige Manager ausgetragen, die versuchen, die Kontrolle über die Verwaltung zu erlangen.[91] Sämtliche Vorgehensweisen lassen sich auch kumulativ verfolgen. Die genaue Vorgehensweise hängt maßgeblich von der Aktionärsstruktur, der Verkaufsbereitschaft unterschiedlicher Großaktionäre und den erwarteten Reaktionen der Unternehmensleitung ab. Ob der Bieter zunächst versucht, die Übernahme im Einverständnis mit der Leitung der Zielgesellschaft zu bewirken, hängt maßgeblich davon ab, ob er erwartet, dass die Leitung eine Übernahme im konkreten Fall befürwortet und ob er für das operative Geschäft auf das Management-*know-how* angewiesen ist oder durch diesbezügliche Substitutionsentscheidungen keine Nachteile erwartet.[92]

Im deutschen Recht sind freiwillige Übernahmenangebote zudem von Angeboten abzugrenzen, die der Bieter aufgrund von im wesentlichen konzern- und umwandlungsrechtlichen Vorschriften an außenstehende Aktionäre zu unterbreiten verpflichtet ist. Dazu zählen Übernahmeangebote infolge konzern- und umwandlungsrechtlicher Vorschriften bei

- Abschlüssen von Unternehmensverträgen, also insbesondere Beherrschungs- und Gewinnabführungsverträgen nach § 305 AktG,
- einer Eingliederung nach § 320 AktG,
- einer formwechselnden Umwandlung in eine GmbH nach § 207 UmwG und
- einer Verschmelzung nach § 13 UmwG.

Ein feindliches Übernahmeangebot, auch „*hostile tender offer*“ genannt, kann auf vielfache Art abgegeben werden. Möglich ist ein Angebot durch die Presse oder die Aufforderung zum Verkauf in der Hauptversammlung. In der Regel erfolgt ein *tender offer* in Deutschland wegen der großen Zahl von Kleinaktionären, die durch Depotbanken vertreten werden, über eine Veröffentlichung in den "Wertpapier-

[91] Vgl. Cary/Eisenberg, Corporations, 330 ff.; DeAngelo/DeAngelo, 23 Journal of Financial Economics (1989), 29, 29 ff.; Herzel/Shepro, Bidders and Targets, 66 f.; Merkt, US-amerikanisches Gesellschaftsrecht, Rdn. 658 ff.; Knoll, Übernahme von Kapitalgesellschaften, 89 f.; Liebscher, ZIP 2001, 853, 856; Lipton/ Steinberger, Takeovers and Freezeouts, § 1.06 [6]; Lüttmann, Kontrollwechsel in Kapitalgesellschaften, 89 f.; Meier-Schatz, WuR 1987, 16, 18; Meier-Schatz, ZHR 149 (1985), 76, 79; Peltzer, ZfgK 1986, 291, 291; Peltzer, Festschrift Zimmerer, 274, 276; Smith, 58 University of Pittsburgh Law Review (1996), 145, 145 ff.; Weisner, Verteidigungsmaßnahmen gegen unfreundliche Übernahmeversuche, 11; Witt, Übernahmen von Aktiengesellschaften, 28 ff.; International Business Week vom 11. Juni 1990, 48 f.

[92] Vgl. Bästlein, Zur Feindlichkeit öffentlicher Übernahmeangebote, 231; Daum, Die unkoordinierte Übernahme, 77; Hanzel, in Hanzel/ Wunderbaldinger, Mergers & Acquisitions, 129, 131; Hutter/Lawrence, in von Rosen/Seifert, Übernahme börsennotierter Unternehmen, 95, 109; Kessel, Leveraged Buy-out, 69; Witt, Übernahmen von Aktiengesellschaften, 72 ff. Vgl. ferner dazu auch Betsch/Groh/Lohmann, Corporate Finance, 336.

mitteilungen". Die Depotbanken sind nämlich zur Weiterleitung eines *tender offer* nur dann verpflichtet, wenn eine Bekanntmachung in den "Wertpapiermitteilungen" erschienen ist.[93]

In der Bundesrepublik Deutschland und in den Vereinigten Staaten sind Fusionen und der Verkauf wesentlichen Vermögens rechtlich geregelt. Im Ergebnis lässt sich feststellen, dass eine diskriminierende Behandlung von Minderheitsaktionären weitgehend ausgeschlossen ist und der Unternehmensleitung die diesbezügliche grundsätzliche Entscheidungsbefugnis nicht zusteht. Die hier vorgenommene Untersuchung soll sich vor diesem Hintergrund insbesondere mit den Verhaltenspflichten und mit der Haftung der Unternehmensführung der Zielgesellschaft wegen fehlerhaften Verhaltens in Übernahmesituationen beschäftigen. Sie sind erst jüngst in Deutschland geregelt worden,[94] so dass eine Überprüfung der Regelungen sachgerecht erscheint. Der Interessenskonflikt der Leitungsorgane bei feindlichen Übernahmevorgängen lässt ein Fehlverhalten im Gegensatz zu koordinierten freundlichen Übernahmen als ungleich wahrscheinlicher erscheinen. Insbesondere wegen dieses Interessenkonflikts wird die Untersuchung auf feindliche *takeover* begrenzt. Dem steht jedoch nicht entgegen, dass die herauszuarbeitenden Grundsätze für die Verhaltenspflichten auch auf freundliche Übernahmevorgänge und auf andere Tätigkeiten des Managements übertragen werden können und ihnen insofern grundsätzliche Bedeutung beizumessen ist.

C. Interessenslagen bei feindlichen Übernahmen

Übernahmen bedeuten regelmäßig für sämtliche direkt und indirekt Betroffene eine Veränderung ihres materiellen Status. Darüber hinaus verändert sich zumindest für einige Betroffene die Machtposition oder ihre Reputation. Im Verlauf einer Übernahmetransaktion gewinnen einige Personen oder Personengruppen, während andere einen Verlust zu verzeichnen haben. Die erwarteten Gewinne und Verluste der Betroffenen bestimmen die Auseinandersetzung nach Abgabe eines Übernahmeangebots mit. Im Folgenden werden daher zunächst die unterschiedlichen Interessen der Betroffenen dargestellt und analysiert.

I. Interessen der Anteilseigner einer Zielgesellschaft

Ein besonderes Interesse an der Geschäftstätigkeit und der Vermögenssteigerung eines Unternehmens ist den Anteilseignern zuzuerkennen.[95] Im deutschen Recht

---

93 Vgl. Daum, Die unkoordinierte Übernahme, 78; Peltzer, ZIP 1989, 69, 73.

94 Vgl. dazu unten unter 6. Teil C.

95 Vgl. Bästlein, Zur Feindlichkeit öffentlicher Übernahmeangebote, 44, 51 ff.; Daum, Die unkoordinierte Übernahme, 20 ff.; Drukarczyk, Theorie und Politik der Finanzierung, 19 ff.; Mackensen, Institutionelle Anleger, 27.

wird ihren Anteils- und Vermögensinteressen im Wesentlichen durch die Stimmberechtigung in der Hauptversammlung Rechnung getragen.[96] Die Hauptversammlung beschließt über die Bestellung der Aufsichtsratsmitglieder. Der Aufsichtsrat bestellt die Vorstandsmitglieder. Darüber hinaus beschließt die Hauptversammlung nach ausdrücklich zugewiesenen Kompetenzen gemäß § 119 Absatz 1 AktG. Im US-amerikanischen Recht beschließt die Hauptversammlung über die Zusammensetzung des *board of directors*, dem einzigen notwendigen Leitungsorgan eines Unternehmens. Die gewöhnliche Geschäftsführungskompetenz obliegt demnach in beiden Ländern allein der jeweiligen Unternehmensleitung. Anteilseigner erwarten regelmäßig durch ihre Beteiligungen einen direkten oder indirekten Vermögenszuwachs. Dieser kann sich in Kurssteigerungen, Dividendenausschüttungen oder Bezugsrechten konkretisieren.

1. Interessenbeurteilung nach Anlageverhalten

Bei der Beurteilung der Interessen von Anteilseignern einer Zielgesellschaft ist zwischen Spekulanten, kurs- und dividendenausgerichteten Anlegern, und solchen Anteilseignern zu unterscheiden, die sich als Unternehmer in hohem Maße für das Schicksal des Unternehmens verantwortlich sehen.[97] Während es den Spekulanten und wertschöpfungsorientierten Anlegern ausschließlich auf Kurssteigerungen und Ausschüttungen ankommt, erscheinen Anteilseigner, die sich wie Inhaber für die Unternehmensentwicklung verantwortlich fühlen, besonders schutzwürdig. Rein wertschöpfungsorientierte Anleger würden nämlich Anteile abstoßen, wenn sie zukünftig keine angemessenen Kurssteigerungen oder Ausschüttungen erwarten.[98] Langfristig interessierte Anleger laufen dagegen Gefahr, in ihren Anteilsrechten beschnitten zu werden, wenn kontrollmachtausübende Personen ihren Interessen - und möglicherweise auch den Interessen der Gesellschaft - zuwider handeln, möglicherweise mit dem Ziel, Minderheitsgesellschafter durch Ausgrenzung zum Verkauf ihrer Anteile zu bewegen.[99] Wer die Mehrheit der Stimmrechte in einem Unternehmen besitzt, bestimmt die Wahl, zumindest einer Mehrheit, der Vorstands-

[96] Vgl. Hüffer, Gesellschaftsrecht, 288 ff.

[97] Vgl. Daum, Die unkoordinierte Übernahme, 20 ff.; Heiser, Interessenskonflikte in der Aktiengesellschaft, S. 28 ff.; Heiser, 11 European Business Law Review 2000, 60, 68 ff.; Dimke/Heiser, NZG 2001, 241, 252; Kessel, Leveraged Buy-out, 7 f.; Kessler, AG 1995, 61, 63; Mackensen, Institutionelle Anleger, 27 f.; Pitt, 15 Delaware Journal of Corporate Law (1990), 811, 826 f., 830 f. Diese Unterscheidung wird im Übrigen auch für die Beurteilung der Schutzwürdigkeit von Minderheitsaktionären vorgenommen, vgl. dazu BVerfG 14, 263, 276 f.; BVerfG, ZIP 2000, 1670, 1671 f.; Henze, BB 2001, 53, 57.

[98] Vgl. Daum, Die unkoordinierte Übernahme, 21; Kessel, Leveraged Buy-out, 8.

[99] Vgl. dazu Bästlein, Zur Feindlichkeit öffentlicher Übernahmeangebote, 285 ff., mit zahlreichen Beispielen der Ausgrenzung und des anschießenden Aufkaufs; vgl. dazu weiter BVerfG 14, 263 - Feldmühle; BVerfG, NJW 2001, 279 - MotoMeter; BGH, BB 1988, 577 - Linotype; OLG Stuttgart, ZIP 1995, 1515 - MotoMeter I; OLG Stuttgart, ZIP 1997, 362 - MotoMeter II; BayObLG, ZIP 1998, 2002 - Magna Media ./. WEKA; Munscheck, Übernahmeregelung, 24 ff.; Peters, BB 1999, 801, 801 ff.; Wenger/Hecker, ifo Studien 1995, 51, 77.

mitglieder und übt damit eine maßgebliche Kontrolle über das Unternehmen aus.[100] Er bestimmt darüber hinaus Hauptversammlungsentscheidungen und hat damit die Macht, Minderheitsaktionäre - auch indirekt - auf unterschiedlichste Weise zu benachteiligen.[101]

Die möglichen Vorgehensweisen sind vielgestaltig; zum großen Teil werden sie von Minderheitsaktionären nicht als Ausgrenzungsmaßnahmen erkannt. Als schwererkennbare Maßnahmen sind die Verringerung oder Verschleierung von Unternehmensgewinnen zu nennen, die durch Bilanzierungstricks oder durch hohe Gehaltszahlungen oder Sonderleistungen an Vorstands- und Aufsichtsratsmitglieder bewirkt werden. Gleiches gilt für nachteilige Geschäftstätigkeiten mit Unternehmen, die mit den Mehrheitsgesellschaftern wirtschaftlich verflochten sind, wie etwa Mietverträge, Verkäufe und Kreditgeschäfte. Zudem kann beispielsweise beschlossen werden, dass keine Dividenden gezahlt werden, Gewinne können thesauriert werden. Auch kann über eine Fusion oder Konzernbildung entschieden werden, die eine für den Mehr-heitsgesellschafter vermögensmaximierende wirtschaftliche Verflechtung zur Folge hat.[102] Im Amerikanischen nennt sich die Ausgrenzung von Minderheitsgesellschaftern *squeeze-out* oder *freeze-out*.[103] Vor diesem Hintergrund sind Minderheitsgesellschafter auch in vielen Einzelentscheidungen schutzbedürftig, um nicht unangemessen benachteiligt zu werden.

a. Spekulatives Aktionärsverhalten

Ein Spekulant wird seine Anteile (erst) dann verkaufen, wenn er zu der Auffassung gelangt, dass für ihn unter Berücksichtigung der zukünftigen Renditenerwartung der Angebotskurs über jedem abgezinsten zukünftigem Kurs liegt.[104] Im Zusammenhang mit Übernahmeangeboten ist dabei zu beachten, dass ein Spekulant die Kursentwicklung nach Angebotsabgabe bewertet, also in Kenntnis der Auswirkungen eines Übernahmeangebots und einer eventuellen Angebotserhöhung im Über-

---

[100] Vgl. insbesondere Adams, AG 1990, 63, 69 f.

[101] Vgl. dazu insbesondere BVerfG 14, 263 - Feldmühle; BVerfG, NJW 2001, 279 - MotoMeter; BGH, BB 1988, 577 - Linotype; OLG Stuttgart, ZIP 1995, 1515 - MotoMeter I; OLG Stuttgart, ZIP 1997, 362 – Moto Meter II; BayObLG, ZIP 1998, 2002 - Magna Media ./. WEKA. Vgl. dazu auch ausführlich Lüttmann, Kontrollwechsel in Kapitalgesellschaften, 27 ff. Vgl. ferner Kessel, Leveraged Buy-out, 8 f.

[102] Vgl. Lüttmann, Kontrollwechsel in Kapitalgesellschaften, 27 ff.

[103] Vgl. Peters, BB 1999, 801, 801 ff.; Bachmann, Mehrstufige Übernahmen, 14; Bebchuk, 109 Quarterly Journal of Economics (1994), 957, 983 f.; Bohrer, Unfriendly Takeovers, 38; Easterbrook/Fischel, Economic Structure of Corporate Law, 134 ff.; Herzel/Shepro, Bidders and Targets, 501 ff.; Merkt, US-amerikanisches Gesellschaftsrecht, Rdn. 1028 ff.; Knoll, Übernahme von Kapitalgesellschaften, 287 ff.; Seiler, Freezeout, 1 ff. Vgl. weitergehend auch Blumenthal v. Roosevelt Hotel, Inc. 115 N.Y.2d 52 (1952); Cathedral Estates, Inc. v. Taft Realty Corp., 157 F.Supp. 895 (D.Conn. 1954), *affirmed*, 251 F.2d 340 (2d Cir. 1957); Kellog v. Georgia Pacific Paper Corp., 227 F.Supp. 719 (W.D.Ark. 1964); Kirtz v. Grossman, 463 S.W.2d 541 (Mo. App. 1971).

[104] Vgl. weitergehend zur Ursachen und Folgen spekulativer Anlagen eingehend Shiller, Irrationaler Überschwang.

nahmekampf auf den Wertpapiermarkt agiert.[105] Die Schutzwürdigkeit von Spekulanten ist als eher niedrig einzustufen; sie gehen nämlich mit ihrer Investitionsentscheidung bewusst die Risiken der Kursentwicklung ein. Wirkt sich das eingegangene Risiko zu ihren Lasten aus, haben sie den Vermögensverlust genauso hinzunehmen, wie sie mit Recht erwarten, dass ihnen auch die Rendite einer erfolgreichen Investition verbleibt.

b. Anlageorientiertes Aktionärsverhalten

Anlageorientierte Aktionäre nehmen ein Angebot zum Verkauf ihres Anteils wahr, wenn der angebotene Kurs so hoch ist, dass sie unter Berücksichtigung der Transaktionskosten anderweitig eine höhere Rendite erzielen können.[106] Die Berechnung dieses Schwellenwertes einer Aktie ist problematisch.[107] Gäbe es einen transparenten und effizienten Wertpapiermarkt, also einen Markt, in dem die Aktienkurse alle volkswirtschaftlichen und betriebswirtschaftlichen Informationen berücksichtigten, so würde die Schwelle immer dann überwunden sein, wenn der Kursaufschlag die Transaktionskosten überschreitet.[108] Da von einer vollständigen Transparenz und Effizienz nicht ohne weiteres ausgegangen werden kann und dazu von einer Entscheidungs- und Veränderungsträgheit der Anleger auszugehen ist,[109] würde ein Angebot von diesem Anlegertyp erst angenommen werden, wenn auch unter Berücksichtigung dieser Komponenten ein Verkauf als signifikant vorteilhaft beurteilt würde.[110] Die Effizienz des Wertpapiermarktes wird unterschiedlich beurteilt.[111] Als sicher kann unterstellt werden, dass es weder einen vollständig effizienten und transparenten Markt noch einen völlig willkürlichen Wertpapiermarkt gibt.[112] Der anlageorientierte Anteilseigner reagiert hinsichtlich seiner Verkaufsentscheidung in Abhängigkeit vom Effizienzgrad des Marktes. Loyalitätsbeziehungen zwischen Anteilseigener und dem Unternehmen oder seinen Organen bestehen nicht.[113] Der

---

[105] Vgl. dazu Daum, Die unkoordinierte Übernahme, 21 ff.

[106] Vgl. Butz, DAJV-NL 2/98, 29, 32; Heiser, 11 European Business Law Review 2000, 60, 70; Kessel, Leveraged Buy-out, 8; Wellkamp, Aktionärsschutz, 103. Zur Verhandlungsposition des Aktionärs im Übernahmefall und zur Berechnung der maximalen Forderung vgl. Chowdhry/Jegadeesh, 29 Journal of Financial and Quantitative Analysis (1994), 117, 118.

[107] Vgl. zu diesen Berechnungen Chowdhry/Jegadeesh, 29 Journal of Financial and Quantitative Analysis (1994), 117, 120 ff.

[108] Vgl. zu diesen Berechnungen Chowdhry/Jegadeesh, 29 Journal of Financial and Quantitative Analysis (1994), 117, 120 ff.

[109] Vgl. dazu LeRoy, 27 Journal of Economic Literature (1989), 1583, 1616 f.; Shiller, in Coffee/Lowenstein/Rose-Ackerman, Knights, Raiders, and Targets, 56, 56 f.

[110] Vgl. Kessel, Leveraged Buy-out, 8.

[111] Vgl. die Darstellung bei Bästlein, Zur Feindlichkeit öffentlicher Übernahmeangebote, 55 ff. Vgl. ferner Großfeld, BB 2000, 261, 264. Zur geschichtlichen Entwicklung vgl. eingehend LeRoy, 27 Journal of Economic Literature (1989), 1583, 1586 ff.

[112] Vgl. dazu Shiller, in Coffee/Lowenstein/Rose-Ackerman, Knights, Raiders, and Targets, 56, 56 f.

[113] Vgl. Butz, DAJV-NL 2/98, 29, 32; Daum, Die unkoordinierte Übernahme, 22; Fischer, SZW 1998, 231, 237; Kessel, Leveraged Buy-out, 9; Wellkamp, Aktionärsschutz, 103.

Anteilseigner beobachtet oder bewertet nicht die optimale Ressourcenverwertung durch das Management oder die strategische Unternehmenstätigkeit, sondern vorrangig der Wert seiner eigenen Anteile und die Ausschüttungen.[114] Insofern spielt sich der „Kampf" um die Leitung einer Gesellschaft nicht zwischen Anteilseigener und Verwaltung, sondern zwischen rivalisierenden Managementteams ab. Gerade Kleinaktionäre können fast ausnahmslos als anlageorientierte Anleger angesehen werden.

c. Eigentümerähnliches Aktionärsverhalten

Beim Eigentümer-Aktionär richtet sich das Aktionärsverhalten nicht primär nach den Aktienkursen, sondern der Aktionär verfolgt darüber hinausgehende unternehmerische Interessen. Dementsprechend ist sein Verhalten gegenüber dem Management weniger passiv, sondern vielmehr durch aktive Einflussnahme auf die von ihm verfolgten unternehmerischen Interessen bestimmt.[115] In diesem Sinne stellt sich der „Kampf" um die Unternehmensleitung als „Kampf" zwischen Management und Anteilseignern dar, wobei die Anteilseigner zur Verwirklichung optimaler Ressourcenverwertung ein schlechtes Management entlassen und ein besseres einstellen.[116] Insbesondere Großaktionäre verfolgen regelmäßig neben der reinen Kurserhöhung und Dividendenausschüttung andere Ziele. So wird etwa die Bildung und Ausgestaltung eines faktischen Konzerns und die Herstellung vertikaler oder horizontaler Verflechtungen verfolgt.[117] Insofern ist die Kursbewertung kein hinreichender Indikator für die Bewertung des Anlegers.[118] Zweifel an einer derartigen Bewertung ergeben sich schon grundsätzlich für alle Anleger, weil nicht feststeht, ob es sich bei dem Wertpapiermarkt um einen transparenten und effizienten Markt handelt. Idealerweise würde dies einen Zustand widerspiegeln, in dem die Aktienkurse jederzeit alle relevanten Informationen berücksichtigten. Jeder Anleger könnte somit bei seiner Anlageentscheidung alle volkwirtschaftlichen und unternehmensrelevanten Informationen berücksichtigen und sein Anlageverhalten optimieren. Es ist offensichtlich, dass von einem transparenten und effizienten Markt nicht auszugehen ist. Dementsprechend spiegelt der Aktienkurs nicht immer den tatsächlichen Wert eines Unternehmens wider. Unabhängig von der Effizienz des Kapitalmarkts

[114] Vgl. Butz, dazu DAJV-NL 2/98, 29, 31; Kessel, Leveraged Buy-out, 8, Wellkamp, Aktionärsschutz, 103.

[115] Vgl. Baum, AG 1996, 399, 402; Daum, Die unkoordinierte Übernahme, 21; Heiser, Interessenskonflikte in der Aktiengesellschaft, 33 ff.; Heiser, 11 European Business Law Review 2000, 60, 70; Kessel, Leveraged Buy-out, 7 f.; Wellkamp, Aktionärsschutz, 104.

[116] Dimke/Heiser, NZG 2001, 241, 253 ff.; dezidiert kritisch dazu Gerpott, ZfB 1993, 1271, 1272, 1289, der sich auf empirische Erhebungen in Westdeutschland stützt. Vgl. auch Gerpott, ZfB 1991, 5, 14 ff., der für das Verbleiben im Unternehmen auf ein differenziertes Bündel von Faktoren abstellt. Differenzierend dazu auch Agrawal/Walkling, 49 Journal of Finance (1994), 985, 985 ff.

[117] Vgl. zu derartigen Verflechtungen Jansen, Mergers & Acquisitions, 74 ff. Zur Rolle der Großaktionäre bei Übernahmen vgl. auch Shleifer/Vishny, 94 Journal of Political Economy (1986), 461, 461 ff.

[118] Vgl. Daum, Die unkoordinierte Übernahme, 21; Großfeld, BB 2000, 261, 261 ff.

ergibt sich eine Vermögensbewertung bei eigentümerähnlichen Anlegern zusätzlich aus dem Wert der eigentümerähnlichen Mitbestimmungseinflüsse, die vom Kurswert erheblich abweichen können.[119]

Übernahmeangebote können aufgrund erlangter Informationen abgegeben werden, die wohl dem Bieter, nicht aber dem Markt zur Verfügung stehen oder die der Bieter sich durch eine besondere Analyse verschafft hat. Das Angebot läge demnach über dem Marktpreis, jedoch unter dem von ihm angesetzten tatsächlichen Wert, wenngleich sich dieser Wert auch erst unter Berücksichtigung der von ihm beabsichtigten Geschäftstätigkeit und besonderen Vorteile ergeben mag. Infolge der besonderen Interessen des eigentümerähnlichen Anlegertyps sowie der aufgezeigten Schwierigkeit der Bewertung des tatsächlichen Wertes eines Anteils kann die Verkaufsbereitschaft hier im Gegensatz zum anlageorientierten Anleger erst bei einem ungleich höheren Angebot erwartet werden.[120]

2. Auswirkungen von Übernahmevorgängen auf den Aktienkurs

Empirische Untersuchungen belegen, dass der Aktienkurs einer Zielgesellschaft kurz vor und nach der Abgabe eines Übernahmeangebots maßgeblich steigt.[121] Das

[119] Vgl. nur Großfeld, BB 2000, 261, 263; Luttermann, ZIP 1999, 45, 51 ff.

[120] Vgl. Kessel, Leveraged Buy-out, 7 f.

[121] Vgl. exemplarisch Jarrell/Brickley/Netter, 2 Journal of Economic Perspectives (1988), 49, 49 ff., die von einer regelmäßigen übernahmebedingten Kurssteigerung über einen idealen Zeitraum von ungefähr 50 % ausgehen und über einen festgelegten Zeitraum eine Steigerung von ungefähr 35 % ermittelten; siehe weiter Bradley/Desai/Kim, 21 Journal of Financial Economics (1988), 3, 3 ff., die einen regelmäßigem Kursanstieg von ungefähr 35 % ermittelten; vgl. auch Bradley/Desai/Kim, 11 Journal of Financial Economics (1983), 183, 183 ff., hier wurde bei erfolgreichen feindlichen Übernahmen eine regelmäßige Kurssteigerung während eines Zeitraums von zwei Tagen nach Bekanntgabe des Übernahmevorhabens von 50 % und für den Zeitraum bis 60 Tage nach Bekanntgabe von über 65 % ermittelt. Auch für verzögerte und erfolglose Übernahmen wurde eine regelmäßige Kurssteigerung von mindestens 23 % ermittelt; vgl. weiter Asquith, 11 Journal of Financial Economics (1983), 51, 51 ff., der regelmäßige jedenfalls kurzzeitige Kurssprünge von 12 - 16 % ermittelte; vgl. weiter Black/Wright/Bachmann/Davies, Shareholder Value, 105, 114: 25-40 %; siehe auch Franks/Harris/Mayer, in Auerbach, Corporate Takeovers, 221, 221 ff., die für die Vereinigten Staaten regelmäßig Kurssteigerungen bei Barofferten von kurzfristig über 42 % und mittelfristig über 24 % ermittelten, während diese bei Angeboten, bei denen zumindest teilweise der Austausch von Wertpapieren zum Ausgleich des Kaufpreises angeboten waren, mit über 25 % bzw. über 14 % ermittelt wurden. Für den Bereich Großbritanniens bewegten sich die ermittelten Werte grob in hälftiger Höhe. Vgl. weiter Jarrell/ Poulsen, working paper 1987, die für die 60er Jahre einen Aufschlag von durchschnittlich 19 %, für die 70er Jahre von durchschnittlich 35 % und für die Zeit zwischen 1980 und 1985 von durchschnittlich 30 % ermittelten. Vgl. auch Jensen/Ruback, 11 Journal of Financial Economics (1983), 5, 5 ff.: Durchschnittliche Aufschläge vor 1980 zwischen 16 und 30 %, bei erfolglosen Übernahmeangeboten kurzfristig Kurssenkungen bis 5 %. Ähnliche Ergebnisse sind in den Studien von Lehn/Poulsen, in Weidenbaum/Chilton, Public Policy Towards Corporate Takeovers, 46, 46 ff., über „Leveraged-Buy-Outs“ und „Going-Private-Transactions“ enthalten. Sie ermittelten Aufschläge in Höhe von durchschnittlich 21 % zugunsten der Aktionäre der Zielgesellschaft in 93 Leveraged-Buy-Outs, die zwischen 1980 und 1984 stattfanden. DeAngelo/ DeAngelo/ Rice, 27 Journal of Law and Economics (1984), 367, 367 ff., stellten 1984 einen durchschnittlichen Aufschlag in Höhe von 27 % bei Leveraged-Buy-Outs für die Jahre von 1973 bis 1980 fest. Vgl. weiter das Gutachten des Office of the Chief Economist der Securities and Exchange Commission, The Economics of Any-or-All, Partial, and Two-Tier Tender Offers, aus dem Jahre 1985, nach dem zwischen

Handelsvolumen nimmt in diesen Zeiträumen erheblich zu.[122] Bei einer erfolgreichen Übernahme lässt sich demnach für die Anteilseigner der Zielgesellschaft ein erheblicher Kursaufschlag realisieren, während ihnen nach einer erfolgreichen Abwehr erheblich geringere, wenngleich immer noch maßgebliche Kurssteigerungen zugute kommen.[123] Der Kursanstieg ist höher, wenn bei feindlichen Übernahmen das ursprüngliche Angebot nachgebessert wird.[124] Je höher die Anzahl der Interessenten für ein Unternehmen ist, umso höher ist die Wahrscheinlichkeit der Nachbesserung und umso höher ist regelmäßig auch der dadurch bewirkte zusätzliche Kursaufschlag.[125] Der Kursanstieg vor Angebotsabgabe ist mit der verstärkten Nachfrage auf dem Wertpapiermarkt durch den zukünftigen Bieter und durch Insider zu erklären.[126] Nach Abgabe des Angebots ist die verstärkte Nachfrage durch den Bieter offenkundig. Durch Spekulanten, die sich eine Angebotserhöhung erhoffen, steigt die Nachfrage zusätzlich. Zudem ist das Interesse an Anteilen der Zielgesellschaft bei Wettbewerbern des Bieters geweckt und die Zielgesellschaft erfährt am Markt eine neue Bewertung, die unter Umständen die Nachfrage nach Anteilen weiter steigert. Die infolge des Übernahmeinteresses vorgenommenen neuen Bewertungen der Zielgesellschaft durch den Markt und die Nachfrage bei darunterliegenden Kursen führen regelmäßig dazu, dass deren Kurs auch beim Scheitern einer Übernahme regelmäßig höher als vor Abgabe des Angebots liegt.[127]

1981 und 1984 ein Aufschlag von durchschnittlich 53,2 %, 1985 von durchschnittlich 37 % und 1986 von durchschnittlich 33,6 % festzustellen war. Mit Bedenken muss den im Gutachten enthaltenen Erklärungen zu zweistufigen Übernahmeangeboten begegnet werden: Der Aufschlag sei regelmäßig mit dem bei Any-or-All Angeboten vergleichbar, ein Zwang gegenüber den Aktionären könne nicht angenommen werden. Vgl. im Übrigen auch die Zusammenstellung verschiedener Untersuchungen bei Bästlein, Zur Feindlichkeit öffentlicher Übernahmeangebote, 63 ff. Vgl. auch Lehnert, Unternehmensübernahmen in den USA, 170 f.; Masulis, 38 Journal of Finance (1983), 107, 112 ff.; Nowak, DB 1999, 601, 604; Solomon/Palmiter, Corporations, 565. Zu Bedenken derartiger Studien vgl. auch Krause, WM 1996, 893, 896.

[122] Vgl. Bästlein, Zur Feindlichkeit öffentlicher Übernahmeangebote, 77; Daum, Die unkoordinierte Übernahme, 37 ff.; Jarrell/Brickley/ Netter, 2 Journal of Economic Perspectives (1988), 49, 49 f.

[123] Vgl. Asquith, 11 Journal of Financial Economics (1983), 51, 51 ff.; Cook, in Weidenbaum/Chilton, Public Policy Toward Corporate Takeovers, 1, 6; Easterbrook/Jarrell, 59 New York University Law Review (1984), 277, 277 ff.; Haarmann/Riehmer/Schüppen-Röh, WpÜG, § 33, Rdn. 2; Jarrell/Brickley/Netter, 2 Journal of Economic Perspectives (1988), 49, 49 f.; KölnerKommWpÜG/Hirte, Einleitung, Rdn. 5; Krause, WM 1996, 893, 896, m.w.N.; Morck/Shleifer/Vishny, 45 Journal of Finance (1990), 31, 41; Ossadnik/ Dorenkamp, BB 2000, 1615, 1615.

[124] Vgl. Berkovitch/Bradley/Khanna, 2 Journal of Law, Economics, and Organization (1989), 395, 395 ff.; Black, 41 Stanford Law Review (1989), 597, 597 ff.; Easterbrook/Fischel, 35 Stanford Law Review (1982) 1, 1 ff.; Jarrell/Brickley/Netter, 2 Journal of Economic Perspectives (1988), 49, 66.

[125] Vgl. Bästlein, Zur Feindlichkeit öffentlicher Übernahmeangebote, 58; Bradley/Desai/Kim, 21 Journal of Financial Economics (1988), 3, 3 ff. Dahingehend auch Nathan/O'Keefe, 23 Journal of Financial Economics (1989), 101, 119.

[126] Vgl. Jarrell/Poulsen, 5 Journal of Law, Economics, and Organization (1989), 225, 225 ff.; Nowak, DB 1999, 601, 604.

[127] Vgl. Bästlein, Zur Feindlichkeit öffentlicher Übernahmeangebote, 58; Bradley, 53 Journal of Business (1980), 345, 345 ff.; Dodd/Ru-back, 5 Journal of Financial Economics (1977), 351, 351 ff.; KölnerKomm WpÜG/Hirte, Einleitung, Rdn. 5.

Empirische Untersuchungen belegen weiter, dass der regelmäßig bewirkte Kursanstieg nicht durch verbesserte Unternehmensergebnisse nach einer Angebotsabgabe gerechtfertigt ist,[128] wenngleich der angehobene Kurs auch durch die Erwartung einer gesteigerten Managementleistung gestützt wird.[129] Mittelfristig kehrt der Kurs einer Zielgesellschaft nach einem gescheiterten Übernahmeversuch in vielen Fällen auf das Ausgangsniveau zurück.[130] Besonders häufig ist diese Entwicklung bei Zielgesellschaften zu beobachten, die nach einem Übernahmeangebot keinen weiteren Angeboten ausgesetzt waren.[131]

Beachtenswert ist die aufgezeigte Kursentwicklung, wenn man berücksichtigt, dass Übernahmeangebote in vielen Fällen auf die spezifische Nachfrage eines Bieters zurückzuführen sind, der Synergieeffekte bewirken will oder andere strategische Ziele verfolgt. Der Bieter ist folglich regelmäßig bereit, einen besonderen Aufschlag für den Erhalt der Kontrolle über die Gesellschaft zu zahlen.[132] An diesem Aufschlag würden die Anteilseigner gleichmäßig im Fall des Erfolgs partizipieren.[133] Insofern ist erklärbar, dass sich nach Scheitern der Übernahme mittelfristig der Kurs nicht hält, weil der infolge des Kontrollwechsel teilweise antizipierte Kursaufschlag entfällt.[134] Vor diesem Hintergrund erscheint es nachvollziehbar, dass der Kurs wieder auf das Ausgangsniveau zurückkehrt, wenn keine anderen Angebote unterbreitet werden.[135] Die besonderen Kursaufschläge bei Nachbesserungen des ursprünglichen Angebots und einem Wettbewerb von Bietern erklären sich aus der Situation selbst. Im Gegensatz zu dem besonderen Kursaufschlag nach dem Übernahmeangebot eines Bieters, der möglicherweise aus besonderen strategischen Gründen die Übernahme in Aussicht genommen hatte, ist bei mehreren Bietern indiziell von einem grundsätzlichen Interesse der Marktteilnehmer an einer Übernahme und der Bereitschaft, den Kontrollaufschlag zu zahlen, auszugehen. Insgesamt erscheinen die regelmäßigen Kursentwicklungen im Zusammenhang mit

---

[128] Vgl. Bradley, in Posner/Scott, Economics of Corporation Law, 222, 223; Scherer, 2 Journal of Economic Perspectives (1988), 69, 76.

[129] Vgl. Scherer, 2 Journal of Economic Perspectives (1988), 69, 71.

[130] Vgl. Bästlein, Zur Feindlichkeit öffentlicher Übernahmeangebote, 58; Bradley, 53 Journal of Business (1980), 345, 345 ff.; Dodd/Ru-back, 5 Journal of Financial Economics (1977), 351, 351 ff.; Easterbrook/Fischel, Economic Structure of Corporate Law, 195; KölnerKommWpÜG/Hirte, Einleitung, Rdn. 5; Scherer, 2 Journal of Economic Perspectives (1988), 69, 71. Ruback, in Auerbach, Corporate Takeovers, 137, 150, stellt bei den nachfolgenden abnormalen Renditen sogar Einbrüche von durchschnittlich 10 % fest.

[131] Vgl. Easterbrook/Fischel, Economic Structure of Corporate Law, 195; KölnerKommWpÜG/Hirte, Einleitung, Rdn. 5.

[132] Vgl. Bästlein, Zur Feindlichkeit öffentlicher Übernahmeangebote, 59; Berle/Means, Modern Corporation, Book II, Chapter VI.; Behrens, ZGR 1975, 433, 438; Black/Wright/Bachmann/Davies, Shareholder Value, 111 ff.; Manne 73 Journal of Political Economy (1965), 110, 110.

[133] Dies gilt jedenfalls für das Zwangsangebot oder freiwillige Angebot für alle Anteile, so dass jedem Anteilseigner der Kursaufschlag zugute käme, vgl. hierzu weiter Heiser, Interessenskonflikte in der Aktiengesellschaft, 63 ff. Für den Fall partieller Angebote vgl. zur Verteilung des nach der Übernahme erzielten Kursaufschlages Holmström/Nalebuff, 1 Journal of Economics & Management Strategie (1992), 37, 37 ff.

[134] Vgl. dazu Ruback, in Auerbach, Corporate Takeovers, 137, 137 ff.

[135] Vgl. Paefgen, AG 1991, 41, 55.

Übernahmen somit durchaus erklärbar. Die Übernahmewelle in den USA in den 80er Jahren führte zu außerordentlichen Gewinnen der Aktionäre; die gesamten Gewinne der Aktionäre von übernommenen Gesellschaften in den Jahren von 1977 bis 1986 werden mit ungefähr 350 Mrd. US $ und die Gewinne der Aktionäre der übernehmenden Gesellschaften mit ungefähr 50 Mrd. US $ beziffert.[136] Diese Gewinne entsprechen 51 % aller in diesem Zeitraum vom gesamten Unternehmenssektor ausgezahlten Dividenden. Im Ergebnis bleibt festzustellen, dass Übernahmeangebote und erfolgreiche Übernahmen regelmäßig den Anteilseignern der Zielgesellschaft die direkte Realisierung erheblicher Vermögenssteigerungen ermöglichen.

Schon die bisher dargelegten Überlegungen zeigen substantielle Gewinnrealisierungsmöglichkeiten für die Zielgesellschaftsaktionäre. Darüber hinaus ist es wahrscheinlich, dass die tatsächlichen Gewinne für die Aktionäre insgesamt sogar noch höher liegen. In vielen Fällen treten bestimmte kurssteigernde Ereignisse bereits vor dem formellen Übernahmeangebot ein, die bei Studien, die sich allein auf die Aktienkursreaktion nach einem tatsächlichen Übernahmeangebots fokussieren, keine Berücksichtigung erfahren. Verschiedene empirische Studien untersuchen die Reaktion des Aktienmarktes auf diejenigen Ereignisse, die häufig den formalen Schritten im Kampf um die Gesellschaftskontrolle vorangehen. So wurde die Reaktion des Aktienpreises in Abhängigkeit von den Angaben im Register gemäß *Schedule* 13 D untersucht.[137] In diesem von der *Security and Exchange Commission* (SEC) geführten Register muss jeder Bieter, der 5 % des Stammkapitals oder mehr zu erwerben beabsichtigt, unter anderem genaue Angaben über seine Identität und die mit dem Kauf verfolgten Ziele machen.[138] In Abhängigkeit zu den Angaben im Register wurden unterschiedlich hohe signifikante Preisreaktionen ermittelt.[139] Die höchsten durchschnittlichen Aufschläge, eine Steigerung von 7,74 %, sollen bewirkt worden sein, wenn dem Register als Ziel des Bieters ein erstrebter Wechsel des aktuellen Managements zu entnehmen war.[140] War aus dem Register hingegen zu ersehen, dass der Bieter lediglich beabsichtigte, Investitionen vorzunehmen, sollen durchschnittlich lediglich Aufschläge von nur 3,24 % erzielt worden sein.[141] Zudem wurde eine Abhängigkeit zwischen dem erzielten Kursaufschlag und der im Register gemäß *Schedule* 13 D bekannt gemachten Person des Investors ermittelt.[142] War der Bieter ein bekannter *corporate raider*, so soll der

---

[136] Vgl. Jensen, 2 Journal of Economic Perspectives (1988), 21, 21 ff.; Black/Grundfest, 1 Journal Applied Corporate Finance (1988), 5, 8 f. bezifferten die Gewinne bei Übernahmen und Leveraged Buyouts zwischen 1981 und 1986 mit 134,4 Milliarden US$. Vgl. auch weiter Jarrell/Brickley/Netter, 2 Journal of Economic Perspectives (1988), 49, 49, 51 ff.

[137] Vgl. Mikkelson/Ruback, 14 Journal of Financial Economics (1985), 399-422.

[138] Vgl. Solomon/Palmiter, Corporations, 580.

[139] Vgl. Hazen, Law of Securities Regulation, 608 ff.; Holderness/Sheehan, 14 Journal of Financial Ecnomics (1985), 555, 555 ff.; Jarrell/Brickley/Netter, 2 Journal of Economic Perspectives (1988), 49, 49 ff.

[140] Vgl. Hazen, Law of Securities Regulation, 608 ff.

[141] Vgl. Holderness/Sheehan, 14 Journal of Financial Economics (1985), 555, 572 ff.

[142] Vgl. Holderness/Sheehan, 14 Journal of Financial Economics (1985), 555, 555 ff.

Aktienpreis der Zielgesellschaft im Vergleich zu anderen Bietern um einen signifikant höheren Betrag gestiegen sein (5,9 % bei einem der sechs *raider*; nur 3.4% bei den anderen Bietern).[143]

Signifikante Aktienkurssteigerungen bereits in der Zeit vor der formalen Abgabe des Übernahmeangebots belegt auch eine Studie des *Office of the Chief Economist* der *Securities and Exchange Commission* aus dem Jahre 1987 über 172 erfolgreiche Übernahmeangebote.[144] Die Studie ermittelte für diesen Zeitraum ansteigende Aktienpreise bis zum Schlusstag vor Bekanntgabe des Angebots von durchschnittlich 38,8 % des gesamten durch eine Übernahme erzielten Kursaufschlages.[145] Das Datum der Bekanntgabe (*announcement date*) ist in der Sprache der Wall Street das Datum, an dem die Zielgesellschaft „ins Spiel" gebracht wird und repräsentiert ein Ereignis, dem zumindest indiziell signifikante Auswirkungen auf die Gesellschafts-kontrolle beigemessen wird.[146] In einigen Fällen ist der Zeitpunkt erst die Abgabe des Übernahmeangebots selbst, in anderen ist es aber schon die Registrierung gemäß *Schedule* 13 D.[147]

Während einige Kommentatoren darauf hinweisen, dass der Kursanstieg der Zielgesellschaftsaktien vor der formalen Bekanntgabe des Übernahmeangebots auf illegale Insidergeschäfte hindeute,[148] zeigt die angeführte Studie auf, dass der legale Markt für Informationen einen Großteil des Kursanstiegs erklären kann. Ein erheblicher Teil des Kursanstiegs sei durch drei leicht identifizierbare Einflüsse auf den Vorangebotshandel (*pre-bid-market*) zu erklären: Medienspekulationen, Unsicherheit darüber, ob der Bieter beim Ankauf der Zielgesellschaft Stabilität bewahren könne, und schließlich der freundliche oder feindliche Charakter des Übernahmeangebots. Systematische Beziehungen zwischen diesen Faktoren und den Kursanstiegen der Aktien der Zielgesellschaft zeigten, dass es einen aktiven legalen Markt von Informationen oder Spekulationen über bevorstehende Übernahmeversuche gibt und ein großer Teil der Kursanstiege damit durch andere Faktoren als durch den illegalen Insiderhandel erklärt werden kann.[149]

Vor diesem Hintergrund kann durch die Abwehr eines Übernahmeversuchs eine Vermögensschädigung der Gesellschaft und der Anteilseigner eintreten. Dies gilt auch soweit die Abwehr zwar zum Schutz der Anteilseigner Wünschenswert

[143] Vgl. Holderness/Sheehan, 14 Journal of Financial Economics (1985), 555, 567.

[144] Vgl. Jarrell/Brickley/Netter, 2 Journal of Economic Perspectives (1988), 49, 52.

[145] Vgl. Jarrell/Brickley/Netter, 2 Journal of Economic Perspectives (1988), 49, 52.

[146] Vgl. Jarrell/Brickley/Netter, 2 Journal of Economic Perspectives (1988), 49, 52.

[147] Vgl. Jarrell/Brickley/Netter, 2 Journal of Economic Perspectives (1988), 49, 52.

[148] Vgl. dazu Jarrell/Brickley/Netter, 2 Journal of Economic Perspectives (1988), 49, 53. Vgl. zu dieser Problematik auch Jarrell/Poulsen, 5 Journal of Law, Economics, and Organization (1989), 225, 225 ff.

[149] Vgl. insofern die bestätigende Untersuchung von Comment, Price and Volume Before Tender Offers, und Jarrell/Poulsen, 5 Journal of Law, Economics, and Organization (1989), 225, 225 ff.

gewesen sein mag, die (teilweise sehr hohen) Kosten der Abwehr aber den Nutzen für die Gesellschaft übersteigen.[150]

3. Ursachen der Kursaufschläge

Aktionäre von Zielgesellschaften profitieren demnach von Übernahmeangeboten und erfolgreichen Übernahmen durch den regelmäßig erzielten Kursanstieg. Grosse Unklarheit besteht darüber, warum genau Kursaufschläge gezahlt werden und wer für diese Aufschläge aufkommt. Zu untersuchen ist daher zunächst einmal, aus welchen Gründen Aufschläge gezahlt werden. Um beurteilen zu können, ob den Kursaufschlägen auch Nachteile für die Aktionäre der Zielgesellschaft gegenüberstehen, ist zu prüfen, ob sich aus den Gründen und Ursachen für die Kursaufschläge Nachteile für diese Aktionäre ergeben können. Danach ist zu analysieren, zu wessen Lasten Aufschläge gezahlt werden, insbesondere wenn sie den tatsächlichen Wert der Zielgesellschaft übersteigen. Durch diese Betrachtung lässt sich überprüfen, ob sich direkte oder indirekte Nachteile für die Aktionäre ergeben können.

a. Unterbewertung der Zielgesellschaft

Für das auf vermutete Ineffizienzen des Kapitalmarktes aufbauende Verständnis einer positiven, effizienzsteigernden Wirkung von Gesellschaftsübernahmen, die sich beispielhaft in der Kurssteigerung zeigt, wird angeführt, dass Aktienkurse sehr oft nicht den „internen" oder tatsächlichen Wert des Unternehmens widerspiegeln.[151] Ein über „Informationen" und „Analysen" verfügender Bieter sei im Gegensatz zum Kapitalmarkt oft in der Lage, den eigentlichen Wert des Unter-

---

[150] Vgl. dazu die exemplarische Darstellung des Burlington-Falles in Solomon/Palmiter, Corporations, 557 ff. Vgl. dazu auch Cotter/Zenner, 35 Journal of Financial Economics (1994), 63, 83, 86 f.; Jennings/Mazzeo, 6 Review of Financial Studies (1993), 883, 905. Vgl. dazu weiter Bühner, HARVARDmanager 1990, 36, 38 f.; Ruback, in Auerbach, Corporate Takeovers, 137, 150.

[151] Vgl. Berger, ZIP 1991, 1644, 1644 f.; Betsch/Groh/Lohmann, Corporate Finance, 330; Bohrer, Unfriendly Takeovers, 32; Coffee, 84 Columbia Law Review (1984), 1145, 1168 f.; Kraakman, 88 Columbia Law Review (1988), 891, 897 ff.; Lowenstein, 83 Columbia Law Review (1983), 249, 274 ff.; vgl. auch Easterbrook/Fischel, Economic Structure of Corporate Law, 191 ff.; Merkt, US-amerikanisches Gesellschaftsrecht, Rdn. 1069; Großfeld, BB 2000, 261, 261 ff.; Bästlein, Zur Feindlichkeit öffentlicher Übernahmeangebote, 145 ff. Zu den Bewertungsmethoden vgl. Bästlein, Zur Feindlichkeit öffentlicher Übernahmeangebote, 212 ff.; Bilstein, in von Rosen/Seifert, Übernahme börsennotierter Unternehmen, 223, 226 ff.; Fleischer/Körber, BB 2001, 841, 841 ff.; Hamerle, in Hanzel/Wunderbaldinger, Mergers & Acquisitions, 165, 165 ff.; Rehkugler/Poddig, Bilanzanalyse, 189 ff. Vgl. allgemein zum Börsenkurs als gesellschaftsrechtliche Bewertungsgrundlage Busse von Colbe, Festschrift Lutter, 1101, 1053 ff.; Houben, WM 2000, 1873, 1876, 1880 f.; Luttermann, ZIP 2001, 869, 869 ff.; Luttermann, ZIP 1999, 45, 45 ff.; Munscheck, Übernahmeregelung, 139 ff.; Reuter, DB 2001, 2483, 2483 ff.; Sinewe, NZG 2002, 314, 316 f. Zur Festlegung des maßgeblichen Zeitfensters vgl. Wenger, EWiR 2001, 605. Zur Schwierigkeit der tatsächlichen Wertermittlung vgl. die ausführliche Darstellung bei Bebchuk/Kahan, 1989 Duke Law Journal, 27, 29 ff.

nehmens zu erkennen, der dem Kapitalmarkt verschlossen bleibe.[152] Wegen der asymmetrischen Kenntnisverteilung zwischen Bieter und Kapitalmarkt wird dieser Ansatz auch als „Informationshypothese“ bezeichnet.[153] Nach diesem Erklärungsansatz finden die durch Beobachtung von Aktienkursen festgestellten Kurssteigerungen ihren Grund in der Analyse von Rechnungslegungsdaten und nicht in dem Übernahmeangebot.[154] Es würde sich mithin lediglich um einen Gelegenheitskauf eines unterbewerteten Unternehmens mit vom Anlagepublikum bisher unerkannten Entwicklungsperspektiven handeln.[155]Um diese These zu verifizieren, wurden vergleichende und analytische Untersuchungen durchgeführt.[156] Dabei wurde festgestellt, dass möglicherweise ein Teil der Kurssteigerung auf eine vormalige Unterbewertung zurückzuführen sein könnte, die durch die Angebotsabgabe indiziert sei und insofern vom Markt erkannt werde.[157] Zumindest ein Teil der Kurssteigerungen kann demgegenüber jedoch nicht mit einer Unterbewertung der Zielgesellschaft begründet werden; die Kurssteigerungen lagen nach dem Ergebnis der Untersuchungen deutlich über den Kurssteigerungen, die infolge der Korrektur der Bewertung und der Kenntnis des Marktes darüber hätte bewirkt werden müssen.[158] Zudem müsste nach einer Angebotsabgabe die Aufmerksamkeit des Marktes und die Überprüfung der Bewertung der Zielgesellschaft eine übernahmeunabhängige Kurskorrektur zur Folge haben.[159] Demgegenüber haben Untersuchungen erwiesen, dass der Kurs eines Unternehmens nach Abwehr der Übernahme regelmäßig auf den Wert zurückkehrt, den die Angebots- und Nachfragesituation auch schon davor determiniert hatte.[160] Insofern wäre jedenfalls von einer unberechtigt zu positiven Reaktion des Kapitalmarktes nach der Angebotsabgabe auszugehen.

---

[152] Vgl. Betsch/Groh/Lohmann, Corporate Finance, 330; Jarrell/Brickley/Netter, 2 Journal of Economic Perspectives (1988), 49, 55; Kraakman, 88 Columbia Law Review (1988), 891, 897 ff.; Shubik, in Coffee/ Lowenstein/Rose-Ackerman, Knights, Raiders, and Targets, 31, 47; vgl. weiter zur eher industrie- als firmenspezifischen Bewertung Morck/Shleifer/Vishny, in Auerbach, Corporate Takeovers, 101, 101 ff.

[153] Vgl. Bästlein, Zur Feindlichkeit öffentlicher Übernahmeangebote, 50, 145 ff.; Röhrich, ZWS 114 (1994), 81, 87. Daher auch die Ansicht, dass eine umfassende Aufklärung des Kapitalmarktes Übernahmen zu verhindern vermag, vgl. Leven, in Müller/Leven, Shareholder Value Reporting, 45, 46; Müller, in Müller/ Leven, Shareholder Value Reporting, 123, 136; Röhrich, RIW 1993, 93, 97; Röhrich, ZWS 114 (1994), 81, 87; Schlienkamp, in Müller/Leven, Shareholder Value Reporting, 213, 224.

[154] Vgl. Bästlein, Zur Feindlichkeit öffentlicher Übernahmeangebote, 146.

[155] Vgl. Berger, ZIP 1991, 1644, 1645, 1647; Cornett/Tehranian, 31 Journal of Financial Economics (1992), 211, 212; Kraakman, 88 Columbia Law Review (1988), 891, 909; Röhrich, RIW 1993, 93, 97.

[156] Vgl. beispielhaft Bhagat/Brickley/Loewenstein, 42 Journal of Finance (1987), 965, 975-983.

[157] Vgl. Kraakman, 88 Columbia Law Review (1988), 891, 908, der die Übernahmewelle von Unternehmen in der Ölindustrie Anfang der 80er Jahre in den USA genauso wie zahlreiche break-up-acquisitions zum Beweis dieses Übernahmemotivs anführt. Vgl. dazu auch Nathan/O'Keefe, 23 Journal of Financial Economics (1989), 101, 119.

[158] Vgl. Bhagat/Brickley/Loewenstein, 42 Journal of Finance (1987), 965, 965 ff.

[159] Vgl. Cook, in Weidenbaum/Chilton, Public Policy Toward Corporate Takeovers, 1, 6.

[160] Vgl. Bradley/Desai/Kim, 11 Journal of Financial Economics (1983), 183, 183 ff.; Easterbrook/Jarrell, 59 New York University Law Review (1984), 277, 281 ff.; Jarrell, 28 Journal of Law & Economics (1985), 151, 151 ff.; Ruback, in Auerbach, Mergers and Aquisitions, 49, 49 ff.

Besonders nahe liegend erscheint die hier untersuchte Hypothese allerdings im Zusammenhang mit *Management Buy-Outs*, der Übernahme durch das Management.[161] Dem scheint jedoch zu widersprechen, dass nicht am Übernahmeangebot beteiligte Manager häufig ihre Anteile freiwillig veräußern.[162] Würde man davon ausgehen, dass diese Manager über die gleichen Informationen wie die das Unternehmen weiterbetreibenden Manager verfügten, so wäre der Verkauf ihrer Anteile als irrational anzusehen.[163] Auch insoweit stößt die Unterbewertungshypothese somit auf Skepsis.[164] Wenn die Unterbewertungshypothese richtig wäre, so müssten die Kurssteigerungen auch im Falle des Widerrufs des Angebots durch die am Ankauf interessierten Manager anhalten.[165] Diesbezügliche Studien belegen dagegen, dass die hohen Kurse nicht anhielten, sondern sich im Gegenteil regelmäßig geringe Kursabschläge einstellten.[166]

Die Hypothese der Unterbewertung der Zielgesellschaft zur Erklärung der Kurssteigerung nach Angebotsabgabe wird daher weder für den Fall eines unbeteiligten Bieters noch bei Beteiligung des Managements an einem *Management Buy-Out* bestätigt.

b. Managementersetzungshypothese/Optimierung der Geschäftsführung

Die erzielten Kursaufschläge könnten sich durch eine beabsichtigte Optimierung der Geschäftsführung erklären lassen. Ein Bieter erhofft sich in der Regel eine effizientere Unternehmensführung, sei es durch die Auswechselung der Unternehmensleitung oder aber durch bessere Geschäftsführungsentscheidungen oder strenges *Controlling*.[167] Zum einen lässt sich dieses Ziel durch optimierte Entschei-

---

[161] Vgl. Adams, AG 1989, 333, 336; Bachmann, in Hanzel/Wunderbaldinger, Mergers & Acquisitions, 87, 88 ff.; Bästlein, Zur Feindlichkeit öffentlicher Übernahmeangebote, 201 ff.; Ebke, ZHR 155 (1991), 132, 132 ff.; Gondesen, WM 1989, 201, 202; Hauschka, BB 1987, 2169, 2169 ff.; Kaplan, 44 Journal of Finance (1989), 611, 611 ff.; Kugler, Management Buyout, 1 ff.; Muscarella/Vetsuypens, 45 Journal of Finance (1990), 1389, 1389 ff.; Ofek, 49 Journal of Finance (1994), 637, 637 ff.; Then Bergh, Leveraged Management Buyout, 33 ff.; Tschäni, in Tschäni, Mergers & Acquisitions, 1, 41 ff.; Wagner, Management Buy Out, 29. Vgl. dazu auch Handelsblatt vom 25. Mai 2000, 24.

[162] Vgl. dazu Kaplan, 24 Journal of Financial Economics (1989), 217, 251; Rhein, Interessenskonflikt der Manager beim Management Buy-out, 14 ff.

[163] Vgl. Jensen, 67 Harvard Business Review (1989), 61, 71; Kaplan, 24 Journal of Financial Economics (1989), 217, 251; Rhein, Interessenskonflikt der Manager beim Management Buy-out, 14. Vgl. dazu auch allgemein Oehler, ZBB 1992, 97, 97 ff.

[164] Vgl. dazu jedoch auch Rhein, Interessenskonflikt der Manager beim Management Buy-out, 14.

[165] Vgl. dazu Ofek, 49 Journal of Finance (1994), 637, 637 ff.

[166] Vgl. Lee, 47 Journal of Finance (1992), 1061, 1073, Tabelle III, und 1074, Tabelle IV; Ofek, 49 Journal of Finance (1994), 637, 653.

[167] Vgl. dazu Bachmann, Mehrstufige Übernahmen, 11; Bohrer, Unfriendly Takeovers, 27; Busch, Regelung von Übernahmeangeboten, 64; Deakin/Slinger, 24 Journal of Law and Society (1997), 124, 127; Hahn, Die feindliche Übernahme von Aktiengesellschaften, 38 ff.; Kromschröder/Lück, DB 1998, 1573, 1573 ff.; Pellens/Tomaszewski/Weber, DB 2000, 1825, 1825 ff.; Röhrich, RIW 1993, 93, 95; Röhrich, ZWS 114

dungsfindungsprozesse im operativen und organisatorischen Bereich erreichen. Zum anderen können die aus dem Interessengegensatz von Unternehmensleitung und Anteilseignern resultierenden Kosten, die Delegationskosten für die Unternehmensführung, verringert werden.

(1) Verringerung der Delegationskosten für die Leitung des Unternehmens

Die mit der Aufteilung von Eigentum und tatsächlicher Verfügungsmacht verbundene Problematik in Unternehmen wird in den Wirtschaftswissenschaften als *Principal/Agent*-Konflikt verstanden.[168] Zielgesellschaften sind regelmäßig große Unternehmen, in der Regel Aktiengesellschaften, in denen betriebswirtschaftliche Entscheidungsprozesse, so genannte Geschäftsführungsentscheidungen, aus nahe liegenden Gründen von den Aktionären an die Unternehmensleitung delegiert sind.[169] Diese Delegation führt zu Interessenskonflikten, weil betriebswirtschaftlich vorgegebene Optimierungen für die Aktionäre nicht in vollem Umfang mit den Eigeninteressen der Delegationsträger in der Unternehmensleitung korrelieren.[170] Die infolge dieser Konstellation für das Unternehmen entstehenden Einbußen

---

(1994), 81, 81 ff.; Romano, in Hopt/Wymeersch, European Takeovers, 3, 19 ff.; Solomon/Palmiter, Corporations, 566. Vgl. instruktiv zum Controlling Hommelhoff/Mattheus, AG 1998, 249, 251 f.

[168] Vgl. dazu grundlegend Berle/Means The Modern Corporation and Private Property; ausführlich auch Easterbrook/Fischel, Economic Structure of Corporate Law, 110 ff. Vgl. weiter dazu Posner, Economic Analysis of Law, 382 ff.; Ang/Cole/Wuh Lin, 55 Journal of Finance (2000), 81, 81 ff.; Bästlein, Zur Feindlichkeit öffentlicher Übernahmeangebote, 38 f., 95 ff.; Betsch/Groh/Lohmann, Corporate Finance, 248 ff.; Bratton, 41 Stanford Law Review (1989), 1471, 1471 ff.; Brudney, 85 Columbia Law Review (1985), 1403, 1403 ff.; Jensen/Meckling, 3 Journal of Financial Economics (1976), 305, 305 ff.; Fama, 88 Journal of Political Economy (1980), 288, 288 ff.; Fama/Jensen, 26 Journal of Law & Economics (1983), 301, 301 ff.;Fama/Jensen, 26 Journal of Law & Economics (1983), 327, 327 ff.; Gollnick, Beurteilung der Vorstandsleistung, 21 ff.; Hansmann, 4 Journal of Law, Economics, and Organization (1988), 267, 275 ff.; Jensen/ Ruback, 11 Journal of Financial Economics (1983), 5, 5 ff.; Jensen, 62 Harvard Business Review (1984), 109, 109 ff.; Jensen, 76 American Economic Review (1986), 323, 323 ff.; Jensen/Warner, 20 Journal of Financial Economics (1988), 3, 3 ff.; Mann/Sicherman, 64 Journal of Business (1991), 213, 213 ff.; Pratt/ Zeckhauser, in Pratt/Zeckhauser, Principals and Agents, 1, 1 ff.; Solomon/Palmiter, Corporations, 312 ff.; Wenger/Terberger, WiSt 1988, 506, 506 ff.; Zimmermann/Wortmann, DB 2001, 289, 290 ff.; Dimke/Heiser, NZG 2001, 241, 254.

[169] Vgl. dazu Abeltshauser, Leitungshaftung, 12 ff.; Bästlein, Zur Feindlichkeit öffentlicher Übernahmeangebote, 96 ff.; Brudney, 85 Columbia Law Review (1985), 1403, 1424; Busch, Regelung von Übernahmeangeboten, 67; Gollnick, Beurteilung der Vorstandsleistung, 21 f.; Jansch, Rolle der Aktionäre, 22 f.; Kirchner, WM 2000, 1821, 1824.

[170] Vgl. Ang/Cole/Wuh Lin, 55 Journal of Finance (2000), 81, 81 ff.; Bästlein, Zur Feindlichkeit öffentlicher Übernahmeangebote, 92 ff.; Betsch/Groh/Lohmann, Corporate Finance, 248; Brudney, 85 Columbia Law Review (1985), 1403, 1410 ff.; Busch, Regelung von Übernahmeangeboten, 66 ff.; Posner, Economic Analysis of Law, 382 ff.; Gollnick, Beurteilung der Vorstandsleistung, 22 f.; Grossman/Hart, in Posner/Scott, Economics of Corporation Law, 214, 214 ff.; Hansmann, 4 Journal of Law, Economics, and Organization (1988), 267, 275 ff.; Jansch, Rolle der Aktionäre, 22 f.; Michalski, AG 1997, 152, 152; Lehnert, Unternehmensübernahmen in den USA, 189 ff.; Scheller, Performance of Corporate Acquisitions, 28; Zimmermann/ Wortmann, DB 2001, 289, 289 ff. Im Zusammenhang mit der Abwehrentscheidung vgl. dazu auch Chowdhry/Jegadeesh, 29 Journal of Financial and Quantitative Analysis (1994), 117, 120; Kirchner, WM 2000, 1821, 1821, 1824.

aufgrund eigeninteressierter Entscheidungen der Geschäftsführung können als Kostenfaktor des aufgezeigten Konflikts erfasst[171] und verringert werden, auch wenn damit möglicherweise eine Kostensteigerung im *Controlling*-Bereich einhergeht.[172]

Das Interesse der Unternehmensleitung wird durch die eigenen finanziellen Interessen und die mit ihrer Position einhergehende Reputation determiniert. Zunächst beeinflussen eigene finanzielle Interessen die Entscheidungsprozesse. In diesem Zusammenhang könnte der leitende Angestellte versuchen, die vertraglich vereinbarte Gegenleistung, nämlich seine Arbeitsleistung, zu minimieren oder aber die Bezüge infolge höherer Verantwortung anzuheben.[173] Es könnten weiter unverhältnismäßige Firmenausgaben, wie etwa die Anschaffung von Geschäftsfahrzeugen oder –flugzeugen, getätigt werden, die vorwiegend der Leitung persönlich zugute kommen. Zudem könnten Geschäfte mit persönlich oder wirtschaftlich verflochtenen Partnern vorgenommen werden, die einem Drittvergleich nicht standhalten und sich deswegen vermögensschädigend für das Unternehmen auswirken.[174] Im weitesten Sinne gehört dazu auch persönliche Vorteilsannahme von Geschäftspartnern. Ein weiteres entgegenstehendes Eigeninteresse könnte die Verbesserung der gesellschaftlichen Stellung des mit der Unternehmensleitung betrauten Angestellten sein. Im Gegensatz zum Aktionär, für den vorrangig die Kurssteigerung und die Dividende zählen, misst die Öffentlichkeit und die Unternehmensleitung die Macht und Verantwortung der Geschäftsleitung in erster Linie an anderen Größen. Für sie zählen die Größe, die Leistungsfähigkeit, die persönliche Entscheidungsfreiheit und der Geschäftsbereich des Unternehmens.[175] Hier zählen Umsätze, Diversifikation, und bilanzielle Größen, die Vergleichen standzuhalten haben. Auch diesbezüglich muss somit von einer Interessenslage ausgegangen werden, die nicht mit der der Aktionäre übereinstimmt. Vor dem aufgezeigtem Hintergrund könnte

---

[171] Vgl. zur Erfassung der *agency*-Kosten ausführlich Hansmann, 4 Journal of Law, Economics, and Organization (1988), 267, 275 ff.; Jensen/Meckling, 3 Journal of Financial Economics (1976), 305, 305 ff.; Bästlein, Zur Feindlichkeit öffentlicher Übernahmeangebote, 98 ff.; Betsch/Groh/Lohmann, Corporate Finance, 248; Brudney, 85 Columbia Law Review (1985), 1403, 1427 f.; Lehnert, Unternehmensübernahmen in den USA, 189 ff.; Zimmermann/Wortmann, DB 2001, 289, 290.

[172] Vgl. Hansmann, 4 Journal of Law, Economics, and Organization (1988), 267, 275 ff.; Betsch/Groh/Lohmann, Corporate Finance, 248; Brudney, 85 Columbia Law Review (1985), 1403, 1429 f.; Jensen/Meckling, 3 Journal of Financial Economics (1976), 305, 308 f.; Jensen, 76 American Economic Review (1986), 323, 324; Kromschröder/Lück, DB 1998, 1573, 1573.

[173] Vgl. Hansmann, 4 Journal of Law, Economics, and Organization (1988), 267, 276 ff.; Jensen, 76 American Economic Review (1986), 323, 323 ff.; Posner, Economic Analysis of Law, 382 ff.; Bästlein, Zur Feindlichkeit öffentlicher Übernahmeangebote, 138; Olson, Logik des kollektiven Handelns, 52 ff.

[174] Vgl. Bästlein, Zur Feindlichkeit öffentlicher Übernahmeangebote, 138; Betsch/Groh/Lohmann, Corporate Finance, 248 f.; Shleifer/Summers, in Auerbach, Corporate Takeovers, 33, 33 ff.; Zimmermann/Wortmann, DB 2001, 289, 291.

[175] Vgl. Bästlein, Zur Feindlichkeit öffentlicher Übernahmeangebote, 99, 279; Hahn, Die feindliche Übernahme von Aktiengesellschaften, 33 f.; Lehnert, Unternehmensübernahmen in den USA, 189 ff.; Mandelker, in Posner/Scott, Economics of Corporation Law, 197, 200; Morck/Shleifer/Vishny, 45 Journal of Finance (1990), 31, 31 f.; Scheller, Performance of Corporate Acquisitions, 32; Weisser, Feindliche Übernahmeangebote und Verhaltenspflichten der Leitungsorgane, 44.

das Management schließlich regelmäßig versucht sein, nicht nur in konkreten Fällen eine Übernahme zu verhindern, sondern möglichen Übernahmen auch vorbeugend, so zum Beispiel durch Zukäufe oder suboptimale Kapitalallokation, entgegenzutreten.[176]

Die Leitung eines Unternehmens kann ihre Interessen in größerem Umfang und leichter durchsetzen, wenn ihr auf Aktionärsseite eine lenkbare Gruppe, jedenfalls aber keine in sich kooperierende Gruppe gegenübersteht.[177] Insofern dürfte das Einsparungspotential möglicher Delegationskosten infolge eigeninteressenbestimmter Entscheidungen für die Aktionäre bei Publikumsgesellschaften im Streubesitz besonders hoch sein.[178] Dem kann ein Bieter mit der Koordination der Optimierungsmaßnahmen im Aktionärsinteresse begegnen. Dies fällt ihm leichter, wenn die Kontrolle des eigenen Unternehmens in den Händen einer homogenen Gruppe liegt. Er kann so infolge personeller und organisatorischer Veränderungen sowie durch Etablierung und Ausweitung des innerbetrieblichen Kontrollwesens die Interessendivergenzen aufdecken und für die Aktionäre suboptimale Entscheidungen positiv beeinflussen.[179] Im Extremfall kann er die gesamte Unternehmensleitung ersetzen. Je höher das infolge ineffizienter Ressourcenallokation zu erreichende Optimierungspotential liegt, umso eher lohnt sich eine Reorganisation und eine Einrichtung oder Ausweitung des unternehmensinternen Kontrollwesens. Die Wirksamkeit derartiger Maßnahmen ist gerade im Bereich der Unternehmensleitung gegeben, weil die Hebelwirkung eines eigeninteressierten Missmanagements auf den Geschäftsverlauf besonders groß sein kann.[180]

Vor diesem Hintergrund und infolge der aufgezeigten Einsparungs- und Ertragssteigerungspotentiale kann die prognostizierte Verringerung von direkten oder indirek-ten Delegationskosten einen vom Bieter angebotenen Kursaufschlag erklären.

---

[176] Vgl. Black, 41 Stanford Law Review (1989), 597, 627; Shleifer/Vishny, 25 Journal of Financial Economics (1989), 123, 125.

[177] Vgl. Posner, Economic Analysis of Law, 382 ff.; Ang/Cole/Wuh Lin, 55 Journal of Finance (2000), 81, 86 ff.; Bästlein, Zur Feindlichkeit öffentlicher Übernahmeangebote, 152 ff.; Betsch/Groh/ Lohmann, Corporate Finance, 249; Chowdhry/Jegadeesh, 29 Journal of Financial and Quantitative Analysis (1994), 117, 120; Lehnert, Unternehmensübernahmen in den USA, 192 ff.

[178] Vgl. dazu Bästlein, Zur Feindlichkeit öffentlicher Übernahmeangebote, 100; Betsch/Groh/Lohmann, Corporate Finance, 249; Bühner, zfbf 1984, 812, 812 ff.; Hahn, Die feindliche Übernahme von Aktiengesellschaften, 20 ff.; Knoll, Übernahme von Kapitalgesellschaften, 77 f. Zum Zusammenhang derartiger Kosten und der Beteiligung des Managements am Unternehmen vgl. Song/Walkling, 28 Journal of Financial and quantitative Analysis (1993), 439, 439 ff.

[179] Zur vorteilhaften Struktur einer derartigen Eigentümerstruktur vgl. Betsch/Groh/Lohmann, Corporate Finance, 249 f.

[180] Vgl. Shleifer/Vishny, 25 Journal of Financial Economics (1989), 123, 123 ff.

(2) Operative und organisatorische Optimierung

Unabhängig von den soeben aufgeführten spezifischen Delegationskosten, die eingespart werden können, sind im Geschäftsführungsbereich weitere Optimierungen durchführbar, die ebenfalls einen Kursaufschlag rechtfertigen können. Im Bereich der Unternehmensleitung können nämlich Optimierungen bewirkt werden, die nicht wegen des Eigeninteresses, sondern infolge von Vorgaben in der Unternehmenssatzung oder aus purer Nachlässigkeit unterlassen werden. Soweit satzungsgemäße Vorgaben angesprochen sind, könnte sich eine Einschränkung des operativen Geschäfts schon aus dem in der Satzung festgelegten Unternehmenszweck und dem beschriebenen Geschäftsbereich ergeben. Insofern könnten die einschränkenden Bestimmungen vom Bieter abgeändert werden. Schließlich lassen sich auch im Bereich der Unternehmensleitung herkömmliche operative oder organisatorische Optimierungen vornehmen.[181] Zu denken ist beispielsweise an die Neugliederung der Arbeitsbereiche der Leitung, an die organisatorische Änderung von Entscheidungsprozessen und die Erschließung neuer Geschäftsbereiche. Auch in diesem Bereich können die vom Bieter erwarteten Veränderungen zu einer erhöhten Nachfrage nach Anteilen und damit zu einer Kurssteigerung führen.

c. Einsparungen durch Rationalisierungsmaßnahmen

Einer der direktesten Wege für den Käufer, die Übernahmeaufschläge zu kompensieren, sind Entlassungen von Arbeitnehmern, andere Einsparungen im Personalbereich und Rationalisierungen im Arbeitsablauf. Kostensenkungspotentiale bieten sich diesbezüglich im wesentlichen durch den Einsatz rationalisierender Maschinen im Produktionsbereich, die kostengünstigere Auslagerung oder Fremdfertigung, die Schließung unrentabler Unternehmensbereiche, die Zusammenlegung von Arbeitsbereichen, oder direkte oder indirekte Lohn- und Gehaltssenkungen.[182] Da die Personal- und Produktionskosten regelmäßig im Verhältnis zu den Erträgen und zu den Gesamtkosten sehr hoch sind, können die Effekte solcher Einsparungsmaßnahmen enormen Einfluss auf den Marktwert eines Unternehmens haben.

Untersuchungen über den Zusammenhang von Übernahmen und rationalisierenden Entlassungen bei der Zielgesellschaft kommen zu dem Ergebnis, dass Entlassungen, vorrangig Entlassungen im Managementbereich, häufig die Folge von

[181] Vgl. Betsch/Groh/Lohmann, Corporate Finance, 353 f.; Lehnert, Unternehmensübernahmen in den USA, 184 ff.

[182] Beispielhaft können für Einsparungen bei den Personalkosten nach einer Übernahme die von Icahn nach harten Auseinandersetzungen erzielten Lohn- und Gehaltssenkungen von über 24 % der Personalkosten nach der Übernahme des Luftfahrtunternehmens TWA vermerkt werden. Ein Teil dieser Einsparungen wurde allerdings durch Mitarbeiterbeteiligungen aufgewogen, vgl. zu der speziellen Übernahmeproblematik der Kürzung von Personalkosten, die eine Kürzung oder einen Verfall von implizit erworbenen Ansprüchen und Rechten und branchen- und firmenspezifischen Erfahrungen und Kenntnissen bedeuten, Shleifer/Summers, in Auerbach, Corporate Takeovers, 33, 33 ff., mit der zweifelhaften Prognose mittelfristig höherer Personalkosten.

Unternehmensübernahmen sind, diese jedoch im allgemeinen allenfalls zehn bis zwanzig Prozent der für die Aktien der Zielgesellschaft gezahlten Prämien objektiv begründen können.[183] Entlassungen sind nach diesen Untersuchungen bei feindlichen Übernahmen kein vorrangiges Ziel der Übernehmer, sie werden lediglich in geringem Ausmaß vorgenommen. Die durch sie beabsichtigten Einsparungen können den Kursanstieg nicht erklären.[184] Es ist somit davon auszugehen, dass Pläne über zukünftige Entlassungen im übernommenen Unternehmen kein entscheidendes Übernahmekriterium darstellen. Entlassungen sind zwar eine übliche Nebenerscheinung feindlicher Übernahmeprozesse, nicht aber deren Hauptmotiv.[185] In volkswirtschaftlicher Hinsicht lässt sich feststellen, dass die Auswirkungen von Entlassungen durch Übernahmen auf den Arbeitsmarkt der USA nachrangig sind.[186] Soweit die Untersuchungen in Bezug auf Arbeitnehmerfreisetzungen die getätigten Schlussfolgerungen zulassen, lassen sich diese Erkenntnisse allgemein auf Rationalisierungsmaßnahmen übertragen. Die Erwartung von Rationalisierungsmaßnahmen kann insofern lediglich einen geringen Anteil des Kursaufschlages objektiv erklären. Ein entscheidungserhebliches Motiv der Übernahme stellt sie regelmäßig nicht dar.[187]

d. Realisierung des Kontrollwertes

Der Kursaufschlag bei einer Zielgesellschaft nach Abgabe eines Übernahmeangebots kann zudem darauf beruhen, dass für den Fall des Erfolgs des Übernahmeversuchs die Kontrolle über die Zielgesellschaft auf den Bieter übergeht und er neben dem bloßen Anteil auch den Kontrollübergang honoriert. Diese Honorierung verteilt sich auf jeden Anteil, so dass die Anteilseigner neben dem Geschäftsanteil die Kontrolle anteilig übertragen und dafür einen Gegenwert erhalten.[188]

Die Kontrolle über ein Unternehmen (*corporate control*) ist das Recht, das Management über die Gesellschaftsressourcen unmittelbar oder mittelbar auszu-

---

[183] Vgl. Bhagat/Shleifer/Vishny, Microeconomics 1990, 1, 1 ff.; vgl. weiter Brown/Medoff, in Auerbach, Corporate Takeovers, 9, 9 ff., die seltene und dann geringe Einsparungen (Entwicklung des Lohn- und Gehaltsniveaus von -5 bis +5%, Mitarbeiteranzahl von -5 bis +9 %) feststellten, und die kritische Würdigung dieser Untersuchung durch Carliner, in Auerbach, Corporate Takeovers, 25, 25 ff., der diese Untersuchung nicht für repräsentativ und aussagekräftig hält, sondern die Ergebnisse wegen der hohen Einsparungen im Topmanagement als weniger signifikant annimmt. Vgl. hierzu auch Ryan, 64 Tulane Law Review (1989), 3, 3 ff.

[184] Vgl. Herkenroth, Konzernierungsprozesse, 334 ff.

[185] Vgl. Merkt, US-amerikanisches Gesellschaftsrecht, Rdn. 1187 ff.; Paefgen, AG 1991, 41, 58.

[186] Vgl. Merkt, US-amerikanisches Gesellschaftsrecht, Rdn. 1189; Paefgen, AG 1991, 41, 58.

[187] Vgl. nur Merkt, US-amerikanisches Gesellschaftsrecht, Rdn. 1188; Paefgen, AG 1991, 41, 58.

[188] Vgl. Behrens, ZGR 1975, 433, 438 f.; Berle/Means, Modern Corporation, Book II, Chapter VI.: The Legal Position of „Control"; Burkart/Gromb/Panunzi, 55 Journal of Finance (2000), 647, 662 ff.; Gitlitz, Corporations, 161 ff.; Hamilton, Law of Corporations, 444; Hopt, ZHR 161 (1997), 368, 371; Houben, WM 2000, 1873, 1874; Merkt, US-amerikanisches Gesellschaftsrecht, Rdn. 1074; kritisch Stout, 99 Yale Law Journal (1990), 1235, 1235 ff.; Witt, NZG 2000, 809, 811.

üben.[189] Im Zusammenhang mit der Bewertung des Kontrollwertes sind zunächst Untersuchungen vorgenommen worden, die die Wertdifferenz zwischen Anteilen, die zur Stimmrechtsausübung berechtigen, und Anteilen ohne Stimmrecht feststellen sollten.[190] Dabei ist ermittelt worden, dass stimmrechtslose Anteile 3-7 % niedriger gehandelt werden als Stimmrechtsanteile.[191] Insofern kann gefolgert werden, dass das Stimmrecht neben dem Anteilswert einen eigenen Wert hat. Mit der Ausübung der Kontrolle über ein Unternehmen lässt sich hinsichtlich der Ertrags- und Gewinnentwicklung eine Hebelwirkung erzielen. Daneben kann ein Kontrollinhaber die Geschäftsausrichtung der Gesellschaft - auch zum Nachteil anderer Aktionäre - bestimmen. Daher ist anzunehmen, dass ein Übernehmer neben dem Gegenwert für das anteilige Stimmrecht einen Aufschlag zu zahlen bereit ist, wenn er sicher sein kann, mit der Ausübung der Stimmrechte die Entscheidung bestimmen zu können.[192] Diesen besonderen Aufschlag für die zur Kontrollausübung notwendigen Stimmrechte nennt man Kontrollwert. Die anteilige Zuordnung des Kontrollwertes zu den Anteilen lässt den Kurs des Geschäftsanteils steigen, denn dieser anteilige Kontrollwert war vor dem Übernahmeangebot jedenfalls dann nicht im Kurs enthalten, wenn die zur Ausübung der Kontrolle notwendigen Stimmrechte sich zuvor nicht in einer Hand befunden haben.[193]

e. Gewinnrealisierende Veräußerung von Unternehmensteilen/Weiterverkauf der Zielgesellschaft

Eine Übernahme kann durch den anschließenden Verkauf von Unternehmensteilen oder auch durch den anschließenden Weiterverkauf der ganzen Zielgesellschaft motiviert sein.[194] Das Motiv für ein derartiges Vorhaben ist regelmäßig die

[189] Vgl. zu dieser - unzutreffenden - Terminologie der *corporate control* die Ausführungen unter 5. Teil D. VII. 4. Vor dem dort aufgezeigtem Hintergrund dürfte auch hier eher von Realisierung des Leitungswertes zu sprechen sein. Die Leitungskontrolle gewährt auch die Möglichkeit, Kosten und Vorteile zu Gunsten des Mehrheitsgesellschafters zu externalisieren. Ein Teil des Kontrollwertes liegt wohl auch dadurch begründet, vgl. dazu Houben, WM 2000, 1873, 1874; von Beauvais, Grenzen des Höchststimmrechts, 139. Vgl. im Übrigen zur Kontrollausübung Bohrer, Unfriendly Takeovers, 27.

[190] Vgl. Lease/McConnell/Mikkelson, 11 Journal of Financial Economics (1983), 439, 439 ff. Vgl. dazu auch Adams, AG 1990, 63, 68 f.

[191] Vgl. Lease/McConnell/Mikkelson, 11 Journal of Financial Economics (1983), 439, 439 ff.

[192] Vgl. Behrens, ZGR 1975, 433, 438; Houben, WM 2000, 1873, 1874; Jensen/Ruback, 11 Journal of Financial Economics (1983), 5, 5 ff.; Manne, 73 Journal of Political Economy (1965), 110, 110 ff.; Adams, AG 1990, 63, 68 f.

[193] Vgl. Behrens, ZGR 1975, 433, 438.

[194] Vgl. McDaniel, 2 Journal of Corporate Law (1989), 205, 205 ff., 313 ff.; Herzel/Shepro, Bidders and Targets, 481; Kaplan/Weisbach, 47 Journal of Financial Economics (1992), 107, 107 ff.; Michalski, AG 1997, 152, 153; Merkt, US-amerikanisches Gesellschaftsrecht, Rdn. 1069; Bästlein, Zur Feindlichkeit öffentlicher Übernahmeangebote, 145 ff.; Busch, Regelung von Übernahmeangeboten, 57; Lüttmann, Kontrollwechsel in Kapitalgesellschaften, 29; Scherer, 2 Journal of Economic Perspectives (1988), 69, 76.

Gewinnerzielung durch den Verkauf.[195] Eine Übernahme mit anschließendem Verkauf, teilweise oder vollständig, lohnt sich demnach, wenn der zu erzielende Verkaufspreis signifikant höher ist, als der Einkaufspreis zuzüglich Nebenkosten, wie Kapitalkosten, Beratungskosten sowie der sonstigen, auch internen, Kosten.[196]

Ein gewinnbringender Weiterverkauf des gesamten Unternehmens kann angesichts der hohen Kosten des Zwischenerwerbs selten erfolgen.[197] In Einzelfällen kann dagegen ein vollständiger Weiterverkauf erfolgen, wenn nach der Übernahme ergriffene Umstrukturierungen Wirkung gezeigt haben und so eine Steigerung des Unternehmenswertes erzielt worden ist.[198] Derartige Weiterverkäufe sind als Umstrukturierungs- oder Sanierungsverkäufe einzustufen.[199]

Ein Übernahmemotiv, das sich zumindest in den Vereinigten Staaten herausgebildet hat, ist der Weiterverkauf von Unternehmensteilen.[200] Die Zielgesellschaft wird in der Absicht erworben, das Unternehmen in abgrenzbare Sektionen zu zergliedern und die Sektionen einzeln zu veräußern und gegebenenfalls einzelne wertlose Bereiche aufzugeben.[201] Der Übernehmer wird in Anlehnung an seine mutmaßliche Motivation und Vorgehensweise *raider* genannt.[202] Durch ein solches Vorgehen sind hohe Gewinne zu erzielen.[203] In der Praxis existiert eine Vielzahl von unterschiedlichen Vorgehensweisen der Veräußerung. Zunächst gibt es klassische *bust-ups*, also Verkäufe, die das gesamte Unternehmen auseinander brechen, so dass dem Bieter im Ergebnis jedenfalls kein wesentlicher Teil der Zielgesellschaft verbleibt.[204] Vorrangiges Ziel des *raider* ist grundsätzlich der Verkauf von Unternehmenssektionen an strategisch agierende Käufer zu inflationären Preisen.[205]

---

[195] Vgl. Easterbrook/Fischel, Economic Structure of Corporate Law, 129 f.; Busch, Regelung von Übernahmeangeboten, 57; Lüttmann, Kontrollwechsel in Kapitalgesellschaften, 29; Merkt, US-amerikanisches Gesellschaftsrecht, Rdn. 1069; Caytas/Mahari, Im Banne des Investment Banking, 67.

[196] Vgl. Bästlein, Zur Feindlichkeit öffentlicher Übernahmeangebote, 145; Herzel/Shepro, Bidders and Targets, 481.

[197] Vgl. in diesem Zusammenhang Busch, Regelung von Übernahmeangeboten, 57.

[198] Vgl. Bästlein, Zur Feindlichkeit öffentlicher Übernahmeangebote, 150.

[199] Vgl. Lutter/Wahlers, AG 1989, 1, 1 f.

[200] Vgl. Easterbrook/Fischel, Economic Structure of Corporate Law, 130; Liebscher, ZIP 2001, 853, 855; Merkt, US-amerikanisches Gesellschaftsrecht, Rdn. 1069; Richter, Übernahmeregelung in Europa, 8 f.; Scherer, 2 Journal of Economic Perspectives (1988), 69, 76.

[201] Vgl. Liebscher, ZIP 2001, 853, 855; Merkt, US-amerikanisches Gesellschaftsrecht, Rdn. 1069; Scherer, 2 Journal of Economic Perspectives (1988), 69, 76.

[202] Die Benennung erfolgt nach der parabelhaften Terminologie im amerikanische Sprachgebrauch, (raider = Räuber, Raubritter), vgl. zur Benennung weitergehend Vedder, in: McKee, Hostile Takeovers, 3; Lipton, 35 Business Lawyer (1979), 101, 108. Holderness/Sheehan, 14 Journal of Financial Economics (1985), 555, 577 f., halten die Bezeichnung für ungerechtfertigt. Easterbrook/Fischel sprechen auch von *raptor* und *looter*, vgl. Easterbrook/Fischel, Economic Structure of Corporate Law, 129 f.

[203] Vgl. Liebscher, ZIP 2001, 853, 855.

[204] Vgl. Merkt, US-amerikanisches Gesellschaftsrecht, Rdn. 1069; beispielhaft seien hierfür die Aufkäufe von Frigitronics durch Revlon und von Scovill durch First City genannt. Vgl. auch Scherer, 2 Journal of Economic Perspectives (1988), 69, 76 f.

[205] Vgl. dazu auch Holderness/Sheehan, 14 Journal of Financial Economics (1985), 555, 555 ff.

Daneben wird der Erwerb von Mischkonzernen (so genannten Konglomeraten) als probates Mittel angesehen, sich attraktive Teile dieses Konzerns als Ergänzung des eigenen Unternehmens zu verschaffen, die übrigen Teile abzusondern und möglichst (teil)gewinnbringend zu veräußern.[206] Diese halben *bust-ups* machen deutlich, dass derartigen Übernahmen, die Unternehmensaufsplittungen zur Folge haben, strategische Überlegungen des Käufers zugrunde liegen, bei denen der Verkauf von Unternehmensteilen nur die natürliche Konsequenz des Verfolgens einer bestimmten eigenen Unternehmensstrategie ist.[207]

Die vielleicht interessanteste Frage zum Verständnis des Motivs und der Funktion der jeweiligen Aufsplittung und des Verkaufs von Unternehmensteilen ist die nach der Persönlichkeit des Käufers.[208] Die Beurteilung der Persönlichkeit des Bieters erfolgt in den Vereinigten Staaten zunächst im Hinblick auf bestimmte Namen.[209] Eine Reihe von Einzelpersonen und Unternehmen hat sich nämlich einen gefürchteten Namen durch den Ankauf und die anschließende gewinnbringende Liquidation von Unternehmen gemacht.[210] Nach erneuter Abgabe eines Übernahmeangebots sind die bisherige Tätigkeit des Bieters und seine prognostizierte Vorgehensweise bei Annahme des Angebots öffentlichen Diskussionen ausgesetzt.[211] Im Gegensatz dazu lässt sich bei einem im Unternehmensbereich der Zielgesellschaft aktiven Bieter mit ziemlicher Sicherheit die Absicht der Ausweitung der eigenen Geschäftstätigkeit vorhersagen.[212] Im Übrigen kann aus der bisherigen Tätigkeit des Bieters auf dessen Verwendungswillen geschlossen werden.[213] Aus der bisherigen Tätigkeit können zudem Schlussfolgerungen über das Ausmaß der Umstrukturierungen - gleich welcher Art - und auf die Geschwindigkeit der Umsetzung gezogen werden.[214] Untersuchungen über die Motivation von Übernahmen haben ergeben, dass der gewinnbringende Weiterverkauf ein eher nachrangiger

---

[206] Beispielhaft lässt sich hierfür der Aufkauf von Anderson Clayton durch Quaker Oats aufführen. Hier behielt Quaker Oats lediglich den Hundefutterbereich und weiterveräußerte den Rest des Konzerns. Ein anderes Beispiel ist der Aufkauf von Crown Zellerback durch das Unternehmen James Goldsmith, bei dem lediglich die Nutzwaldflächen im Ergebnis beim Käufer verblieben sind. Ein weiteres Beispiel ist der Kauf von AMF und Aegis durch Minstar. Minstar verkaufte die erworbenen Vermögenswerte bis auf den vorrangig begehrten Schiffsbereich. In allen Fällen erhielt der Käufer jeweils den begehrten Teil des Unternehmens zu einem extrem niedrigen Preis, weil er durch die Aufspaltung und den teilweisen Verkauf den größten Teil des ursprünglichen Gesamtkaufpreises zurückerlangte.

[207] Vgl. dazu Scherer, 2 Journal of Economic Perspectives (1988), 69, 76 f.

[208] Vgl. dazu eingehend Holderness/Sheehan, 14 Journal of Financial Economics (1985), 555, 555 ff.

[209] Vgl. Holderness/Sheehan, 14 Journal of Financial Economics (1985), 555, 555 ff.

[210] Vgl. Easterbrook/Fischel, Economic Structure of Corporate Law, 130; Holderness/Sheehan, 14 Journal of Financial Economics (1985), 555, 578.

[211] Vgl. Easterbrook/Fischel, Economic Structure of Corporate Law, 130; Holderness/Sheehan, 14 Journal of Financial Economics (1985), 555, 555 f.

[212] Vgl. Bhagat/Shleifer/Vishny, Brookings Papers on Economic Activity, Microeconomics 1990, Seiten 1, 2; Bühner, zfbf 1990, 295, 296.

[213] Vgl. Easterbrook/Fischel, Economic Structure of Corporate Law, 130.

[214] Vgl. etwa Bühner, zfbf 1990, 295, 295 f.

Grund ist.[215] Gegenüber strategisch motivierten Käufern ist die Anzahl der Übernahmen durch *raider* gering.[216] Auch gegenüber anderweitig motivierten Übernehmern ist deren Anzahl verhältnismäßig klein.[217]

Der von einem *raider* beabsichtigte und größtenteils auch bewirkte gewinnbringende Weiterverkauf von Unternehmenssektionen erfolgt regelmäßig zu unverhältnismäßig hohen Preisen an strategisch agierende Unternehmen im gleichen oder ähnlichen Geschäftsbereich.[218] Bereits vor Angebotsabgabe durch den *raider* werden der Angebotspreis und der Verkaufspreis der Sektionen der Zielgesellschaft durch Spezialistenteams der Investmentbank des *raider* bewertet.[219] Insofern ist das geldwerte Interesse der strategischen Aufkäufer analysiert und bewertet worden.[220] Deren Positionierung im Markt und die anderweitig von ihnen durch den Ankauf erreichten Vorteile rechtfertigen den vergleichsweise hohen Preis.[221] Die vorgesehene Interessentengruppe, für die ein Ankauf auch zu hohen Preisen sinnvoll ist, wird vom *raider* - meist über seine Investmentbank - gezielt angesprochen, auch wenn sie aus eigenem Antrieb einen Ankauf nicht vorzunehmen beabsichtigt.[222] Der Ankauf wird dann in vielen Fällen aus Gründen des Wettbewerbs, des Öfteren auch aus (vermittelter) Angst, ein Mitbewerber würde die Sektion kaufen, zum hohen Preis vorgenommen.[223] Insofern kann mit Recht behauptet werden, dass ein *raider* in der Funktion eines Großhändlers die Konzentrationsbewegung unterstützt, jedenfalls aber als Agent oder Makler agiert.[224]

f. Zahlung eines über dem Wert liegenden Preises aus strategischen Gründen

Eine weitere Erklärung für den Kursaufschlag ist die strategische Ausrichtung des Bieters. Für den Übernehmer ist möglicherweise gerade die Zielgesellschaft mit ihrem Betätigungsfeld oder ihrem unternehmerischen Potential von besonderer Be-

---

[215] Vgl. Bhagat/Shleifer/Vishny, Brookings Papers on Economics Activity, Microeconomics 1990, 1, 1 ff., 48.

[216] Vgl. Bhagat/Shleifer/Vishny, Microeconomics 1990, 1, 1 ff.

[217] Vgl. Bhagat/Shleifer/Vishny, Microeconomics 1990, 1, 4 ff.

[218] Vgl. Bhagat/Shleifer/Vishny, Microeconomics 1990, 1, 1 ff.

[219] Zur Rolle der Investmentbank bei Übernahmen vgl. weitergehend Peters, in von Rosen/Seifert, Übernahme börsennotierter Unternehmen, 269, 269 ff. Vgl. ferner auch Holderness/Sheehan, 14 Journal of Financial Economics (1985), 555, 555, 577; Hopt, in Hopt/Wymeersch, Comparative Corporate Governance, 3, 10 ff.

[220] Vgl. Solomon/Palmiter, Corporations, 567; Clark, Corporate Law, 536 f.

[221] Vgl. Solomon/Palmiter, Corporations, 566.

[222] Zur Rolle der Investmentbank bei Übernahmen vgl. weitergehend Peters, in von Rosen/Seifert, Übernahme börsennotierter Unternehmen, 269, 269 ff.

[223] Vgl. Bästlein, Zur Feindlichkeit öffentlicher Übernahmeangebote, 136.

[224] Vgl. dazu mit kritischem Ansatz Black/Wright/Bachmann/Davies, Shareholder Value, 108. Vgl. dazu auch Holderness/Sheehan, 14 Journal of Financial Economics (1985), 555, 577 f.; Mahari, SAG 1988, 14, 25; Seifert/Voth, in von Rosen/ Seifert, Übernahme börsennotierter Unternehmen, 187, 193.

deutung, um im Gesamtunternehmen Synergieeffekte zu erzielen,[225] ein Monopol oder Oligopol zu bilden,[226] einen Markt zu erschließen[227] oder seine Wettbewerbsfähigkeit[228] oder Diversifikationsaktivitäten[229] bedeutend zu steigern, während organisches Wachstum demgegenüber geringere Erfolge verspricht.[230] Die Eingliederung der Zielgesellschaft in das Gesamtunternehmen stellt für den Übernehmer aufgrund der genannten Effekte einen besonderen Wert dar. Gerade in Märkten mit nahezu oder vollständig oligopolistischen Strukturen richten sich die Marktteilnehmer an ihren Mitbewerbern aus, um eine Wettbewerbsverschiebung auszuschließen. Sie reagieren insofern in ihren Akquisitionsaktivitäten wie ihre Mitbewerber und sichern so langfristig den Bestand des Unternehmens und die Position im Markt.[231] Diesen Wert honoriert der Bieter, indem er einen über dem Aktienkurs liegenden Preis für die Zielgesellschaft zu zahlen bereit ist. Dies gilt auch, wenn die beabsichtigte Übernahme für sich betrachtet einem Drittvergleich nicht standhält und lediglich durch die Gesamtausrichtung die Wettbewerbsfähigkeit, und hier insbesondere die relative Wettbewerbsposition, geschützt wird, weil gerade dieser Vorteil den Aufschlag rechtfertigt. Möglicherweise aus diesem Grund sind Übernahmen größtenteils innerhalb einer Branche oder eines Wirtschaftsbereiches vorzufinden.[232]

[225] Vgl. Bästlein, Zur Feindlichkeit öffentlicher Übernahmeangebote, 127 f.; Baums, AG 1990, 221, 227; Bebchuk, 95 Harvard Law Review (1982), 1028, 1031; Betsch/Groh/Lohmann, Corporate Finance, 245 ff.; Black/Wright/Bachmann/Davies, Shareholder Value, 114 f.; Clark, Corporate Law, 535; Hahn, Die feindliche Übernahme von Aktiengesellschaften, 67 f.; Jansen, Mergers & Acquisitions, 85 f.; Kerler, Mergers & Acquisitions, 21; Krause, Das obligatorische Übernahmeangebot, 100 ff.; Lehnert, Unternehmensübernahmen in den USA, 179 ff.; Romano, in Hopt/Wymeersch, European Takeovers, 3, 7 ff.

[226] Vgl. Clark, Corporate Law, 536 f.; Jansen, Mergers & Acquisitions, 55 ff.; Kerler, Mergers & Acquisitions, 42 ff.

[227] Vgl. Bästlein, Zur Feindlichkeit öffentlicher Übernahmeangebote, 123 f.; Hanzel, in Hanzel/Wunderbaldinger, Mergers & Acquisitions, 49, 63 ff. Vgl. dazu auch Donaldson, 27 Journal of Financial Economics (1990), 117, 121.

[228] Vgl. Bästlein, Zur Feindlichkeit öffentlicher Übernahmeangebote, 123 f., 136; Jansen, Mergers & Acquisitions, 70 ff.

[229] Vgl. zur Diversifikation als Mittel der Risikostreuung und zur Erzielung von Synergieeffekten in ihren einzelnen Ausgestaltungen Bästlein, Zur Feindlichkeit öffentlicher Übernahmeangebote, 125 ff.; Jansen, Mergers & Acquisitions, 78 f.; Schmusch, Unternehmensakquisitionen, 12 f.; zu Wachstumsgründen und Gründen der Risikostreuungen vgl. Weston/Chung/Hoag, Mergers, Restructuring, and Corporate Control, 72 ff.; vgl. auch Bradley/Desai/Kim, 11 Journal of Financial Economics (1983), 183, 183 ff.; Bradley/Desai/Kim, 21 Journal of Financial Economics (1988), 3, 3 ff.; Bamberger, Der Erfolg von Unternehmensakquisitionen, 62; Kreikebaum, Strategische Unternehmensplanung, 50 ff.; Schmieder, in von Rosen/Seifert, Übernahme börsennotierter Unternehmen, 417, 417.

[230] Vgl. dazu ausführlich Bästlein, Zur Feindlichkeit öffentlicher Übernahmeangebote, 123 ff. Vgl. dazu auch Gomez, in Sieben/Stein, Unternehmensakquisitionen, 5, 11 ff.

[231] Vgl. Bästlein, Zur Feindlichkeit öffentlicher Übernahmeangebote, 128 f.; Hanzel, in Hanzel/Wunderbaldinger, Mergers & Acquisitions, 49, 63 ff.

[232] Vgl. dazu Jansen, Mergers & Acquisitions, 70 ff.

g. Ausgleich durch Einsparungen von Investitionen und im Innovationsbereich

Der vom Bieter gebotene Kursaufschlag kann durch beabsichtigte Einsparungen von Investitionen und durch geplante Einsparungen in der Forschung und Entwicklung ausgeglichen werden.[233] Eine nahe liegende Möglichkeit der Kompensation ergibt sich diesbezüglich durch eine teilweise oder vollständige Zusammenlegung dieser Bereiche durch eine Eingliederung oder Kooperation mit (einem) anderen Unternehmen des Bieters. Insofern könnten infolge des Wettbewerbs üblicherweise gebotene Paralleltätigkeiten unterbleiben, wenn mit gleicher Kompetenz und Intensität in diesen Bereichen gearbeitet wird.[234] Auch aus diesem Grund sind Übernahmen vorwiegend innerhalb gleicher Branchen oder Wirtschaftsbereiche vorzufinden.[235] Probleme ergeben sich in derartigen Situationen oft durch den mangelnden Wettbewerbsdruck und die neue Unternehmensgröße, die eine Effektivitätseinbuße zur Folge haben können.[236] Zudem bereitet regelmäßig die Integration dieser Unternehmensbereiche Schwierigkeiten.[237] Aber auch wenn sich keine derartigen Synergieeffekte verwirklichen lassen, kann durch prognostizierte Einsparungen im Investitions- und Innovationsbereich der Kursaufschlag gerechtfertigt werden. Zum einen lassen sich ineffektive Investitionen und Innovationen verhindern. Insofern handelt es sich bei dem Unterlassen von unnützen Aktivitäten im Wesentlichen um Rationalisierungsmaßnahmen.[238] Zum anderen können auch hinsichtlich zumindest mittel- oder langfristig effizienter Investitionen und Forschungs- und Entwicklungsvorhaben Einsparungen vorgenommen werden, so dass unter Berücksichtigung der kurzfristigen Geschäftsentwicklung ein Kursaufschlag begründbar wäre.[239] Demgegenüber könnte in einem solchen Fall nach Ablauf der Wirkungs- und Realisationszeit ein Wettbewerbsnachteil durch die vergleichsweise Schlechterstellung im Markt gegenüber direkten Wettbewerbern oder substituierenden Produkten bzw. Dienstleistungen erwartet werden, weil die Kreativität und das in vorwiegend in Kleingruppen anzutreffende innovative Denken durch die schwierigen Umsetzungsprozesse behindert werden.

---

[233] Vgl. dazu grundlegend Hall, in Auerbach, Corporate Takeovers, 69, 70 ff. Vgl. dazu auch Bohrer, Unfriendly Takeovers, 29; Mülbert/Birke, WM 2001, 705, 708.

[234] Vgl. Betsch/Groh/Lohmann, Corporate Finance, 330.

[235] Vgl. Bhagat/Shleifer/Vishny, Microeconomics 1990, 1, 1 ff.

[236] Vgl. Bohrer, Unfriendly Takeovers, 28.

[237] Vgl. Albach, ZfB 1992, 663, 668; Böning/Fritschle, Fusion, 1 ff.; Freund, DBW 1991, 491, 491 ff.; Pellens/Tomaszewski/Weber, DB 2000, 1825, 1828 f.; Lehnert, Unternehmensübernahmen in den USA, 220 ff.; Handelsblatt vom 23. Mai 2000, B 4. Zum Integrationsvorgang vgl. weitergehend Gomez/Weber, Akquisitionsstrategie, 72 ff.; Jansen, Mergers & Acquisitions, 205 ff.; Schmieder, in von Rosen/Seifert, Übernahme börsennotierter Unternehmen, 417, 417 ff.

[238] Zu dieser Art von Einsparungen könnte der Rückgang von Investitionen nach Management Buyouts gehören, vgl. dazu Kaplan, 24 Journal of Financial Economics (1989), 217, 217 ff.

[239] Vgl. Jarrell/Brickley/Netter, 2 Journal of Economic Perspectives (1988), 49, 55; Kallmeyer, AG 2000, 553, 553 f.; Lehnert, Unternehmensübernahmen in den USA, 216 ff.

Aus diesem Grund bestehen auf Seiten der übernommenen Gesellschaft in vielen Fällen Befürchtungen, dass eine derart kurzfristige Ausrichtung, die möglicherweise durch den Zwang zur Schuldentilgung und Vornahme von Ausschüttungen determiniert wird, eine langfristige sinnvolle Entwicklung ausschließt und daher der Unternehmensbestand im Wettbewerb gefährdet ist.[240] Die Gefährdung im Wettbewerb wäre gerade in konjunkturschwachen Phasen besonders groß. Mangelnde Liquidität gefährdet schon grundsätzlich und besonders in diesen Phasen die Fortführung des Unternehmens; zudem kann sie durch den so genannten Dominoeffekt Auswirkungen auf die Unternehmensgruppe und außenstehende Dritte haben.[241] Da derartige Einsparungen in betriebswirtschaftlichen Analysen nicht zwangsläufig zeitnah als Verschlechterung ausgewiesen werden, könnten sie gegenüber Beteiligten und gegenüber dem Markt den Kursaufschlag rechtfertigen, obwohl der Wert des Unternehmens durch die kurzfristige Ausrichtung des betroffenen Unternehmensbereichs sinkt.

Gleichwohl kann festgestellt werden, dass beabsichtigte Einsparungen im Investitionsbereich bzw. im Bereich Forschung und Entwicklung durch Synergien oder betriebswirtschaftliche Optimierungen einen Kursaufschlag rechtfertigen können. Dies gilt insbesondere, soweit die Zielgesellschaft zuvor ineffiziente Investitionen durchgeführt oder unökonomische Tätigkeiten im Forschungs- und Entwicklungsbereich entfaltet hat, die mit sinnvollen betriebswirtschaftlichen Berechnungen nicht vereinbar waren, obgleich man meinen sollte, dass schon der allgemeine Übernahmedruck ein derartiges Wirtschaften ausschließt.

h. Ausgleich durch Erzielung von Synergien

Nach der Synergiehypothese sollen durch den Zusammenschluss zweier Unternehmen Kosteneinsparungen auftreten, die den einzelnen Unternehmen als gesonderte Einheiten nicht offen stehen.[242] Insofern wird die Auffassung vertreten, dass die

[240] Vgl. zu derartigen Befürchtungen im Zusammenhang mit einer kurzfristigen Ausrichtung der Geschäftstätigkeit weitergehend Bästlein, Zur Feindlichkeit öffentlicher Übernahmeangebote, 182 ff., 248; Carliner, in Auerbach, Corporate Takeovers, 25, 25 ff.; Caytas/Mahari, Im Banne des Investment Banking, 165; DeAngelo/Rice, 11 Journal of Financial Economics (1983), 329, 329 ff.; Jarrell/Poulsen, 19 Journal of Financial Economics (1987), 127, 127 ff.; Jensen, 2 Journal of Economic Perspectives (1988), 21, 26; Kallmeyer, AG 2000, 553, 553 f.; Lehnert, Unternehmensübernahmen in den USA, 216 ff.; Lowenstein, What`s Wrong With Wall Street; Scherer, 2 Journal of Economic Perspectives (1988), 69, 78; Shleifer/Vishny, 2 Journal of Economic Perspectives (1988), 7, 7 ff.; Woolridge, 1 Journal of Applied Corporate Finance (1988), 26, 26 ff.

[241] Vgl. Adams, Merger-Mania: An Empirical Critique, 32 ff.

[242] Vgl. Bebchuk, 35 Stanford Law Review (1982), 23, 28; Berkovitch/Narayanan, 28 Journal of Financial and Quantitative Analysis (1993), 347, 347; Betsch/Groh/Lohmann, Corporate Finance, 245 ff., 330; Black/Wright/Bachmann/Davies, Shareholder Value, 111 ff.; Busch, Regelung von Übernahmeangeboten, 64 ff.; Coffee, 84 Columbia Law Review (1984), 1145, 1146; Gilson, 33 Stanford Law Review (1981), 819, 819 ff.; Kerler, Mergers & Acquisitions, 21; Michalski, AG 1997, 152, 153; Bachmann, Mehrstufige Übernahmen, 9; Bästlein, Zur Feindlichkeit öffentlicher Übernahmeangebote, 127 f.; Bohrer, Unfriendly Takeovers, 30; Busse von Colbe, ZGR 1994, 595, 602; Hahn, Die feindliche Übernahme von Aktiengesellschaften, 67 f.; Jansen, Mergers & Acquisitions, 85 f.; Lehnert, Unternehmensübernahmen in den USA, 179 ff.; Möller, Die

Erwartung synergetischer Effekte in vielen Fällen die Voraussetzung für Akquisitionen sei.[243] Sie sollen eine zentrale Rolle bei der Untersuchung der bei effizienten Kapitalmärkten wertbildenden Größen einnehmen.[244] Synergieeffekte werden in operative und finanzielle Synergien unterschieden.[245]

Operative Synergien basieren auf Skalenerträgen, die auf Größenvorteilen (*economies of scale*) bzw. Breitenvorteilen (*economies of scope*) beruhen.[246] Größenvorteile entstehen, wenn Gemeinkosten auf eine höhere Ausbringungsmenge verteilt werden können.[247] Bei wachsender Unternehmensgröße können typischerweise in den Bereichen Einkauf, Absatz, Produktion, Marketing und Organisation Kostensenkungen erzielt werden.[248] Breitenvorteile können durch die Verbindung komplementärer Ressourcen erzielt werden; so können Kommunikations-, Transaktions- und Verhandlungskosten gesenkt werden.[249]

Die Nutzung von Skalenerträgen und Breitenvorteilen wird in erster Linie bei horizontalen Zusammenschlüssen - d.h. bei Integration auf der gleichen Produktions- oder auch Dienstleistungsebene - erwartet.[250] Vertikale Zusammenschlüsse - d.h. Integration aufeinander folgender Produktions- oder Dienstleistungsstufen - bewirken dagegen hauptsächlich Breitenvorteile.[251]

Stellung des Aktionärs bei Übernahmen, 34; Röhrich, ZWS 114 (1994), 81, 84; Romano, in Hopt/ Wymeersch, European Takeovers, 3, 7 ff.; Solomon/Palmiter, Corporations, 566; Wagner, Standstill Agreements, 31. Vgl. dazu auch Conn, 9 Cambridge Journal of Economics (1985), 43, 43.

[243] Vgl. Baums, AG 1990, 221, 227; Bebchuk, 95 Harvard Law Review (1982), 1028, 1031; Busse von Colbe, ZGR 1994, 595, 604; Clark, Corporate Law, 535; Peltzer, ZIP 1989, 69, 71; Gilson, The Law and Finance of Corporate Acquisitions, 400-430; Bradley/Desai/Kim, 11 Journal of Financial Economics (1983), 183, 187; Jansen, Mergers & Acquisitions, 85 f.; Jensen/Ruback, 11 Journal of Financial Economics (1983), 5, 25; Kerler, Mergers & Acquisitions, 21; KölnerKommWpÜG/Hirte, Einleitung, Rdn. 12 ff.; Lehnert, Unternehmensübernahmen in den USA, 179 ff.; Solomon/Palmiter, Corporations, 566.

[244] Vgl. Betsch/Groh/Lohmann, Corporate Finance, 245; Grossman/Hart, 94 Journal of Political Economy (1986), 691, 691 ff.

[245] Bästlein, Zur Feindlichkeit öffentlicher Übernahmeangebote, 127 f.; Betsch/Groh/Lohmann, Corporate Finance, 245 ff.; Frei, Öffentliche Übernahmeangebote, 32; Hahn, Die feindliche Übernahme von Aktiengesellschaften, 68; KölnerKommWpÜG/Hirte, Einleitung, Rdn. 12 f.; Krause, Das obligatorische Übernahmeangebot, 100 ff.; Möller, Die Stellung des Aktionärs bei Übernahmen, 35 f.; Romano, in Hopt/ Wymeersch, European Takeovers, 3, 7 ff.

[246] Vgl. Bästlein, Zur Feindlichkeit öffentlicher Übernahmeangebote, 124; Bohrer, Unfriendly Takeovers, 30; Gerke/Garz/Oerke, zfbf 1995, 805, 813, 819; Goldberg, Mergers, 53; Jansen, Mergers & Acquisitions, 57 f.; Lehnert, Unternehmensübernahmen in den USA, 179 ff.; Möller, Die Stellung des Aktionärs bei Übernahmen, 35; Röhrich, RIW 1993, 93, 95 f.

[247] Vgl. Bästlein, Zur Feindlichkeit öffentlicher Übernahmeangebote, 124; Jansen, Mergers & Acquisitions, 57 f.; Krause, Das obligatorische Übernahmeangebot, 100; Lehnert, Unternehmensübernahmen in den USA, 179.

[248] Vgl. Weston/Chung/Hoag, Mergers, Restructuring, and Corporate Control, 194 f.; Goldberg, Mergers, 78 ff.; Bohrer, Unfriendly Takeovers, 30 f.; Röhrich, RIW 1993, 93, 95 f.

[249] Vgl. Möller, Die Stellung des Aktionärs bei Übernahmen, 35.

[250] Vgl. Bästlein, Zur Feindlichkeit öffentlicher Übernahmeangebote, 106, 124; Jansen, Mergers & Acquisitions, 74 ff.

[251] Vgl. Bästlein, Zur Feindlichkeit öffentlicher Übernahmeangebote, 107 f.; Grossman/Hart, 94 Journal of Political Economy (1986), 691, 703 ff.; Jansen, Mergers & Acquisitions, 74 f.

Die Annahme von Verbundvorteilen im finanziellen Bereich bei konglomerativen Zusammenschlüssen gründen auf der Annahme eines Minikapitalmarktes innerhalb eines Zusammenschlusses.[252] Erzielte Gewinne können dabei in die aussichtsreichsten Unternehmensbereiche eingebracht werden (so genannter *internal funds effect*).[253] Derartige Investitionen sind innerbetrieblich deutlich günstiger als die Beschaffung externen Kapitals.[254] Gleichzeitig kann das Forderungsausfall- bzw. Insolvenzrisiko gesenkt werden.[255] Der Liquiditätsbedarf kann innerhalb der Unternehmensgruppe gesteuert werden, ohne dass Kapitalzufluss von Dritten notwendig ist, insbesondere in Zeiten, in denen die *cash flows* der einzelnen Unternehmenssparten nicht gleichläufig sind.[256]

Synergieeffekte sind in ihrer Erscheinung äußerst vielfältig,[257] so dass deren genaue und abschließende Analyse schwer fällt.[258] Der Annahme von Synergien steht entgegen, dass die zunehmende Größe des Unternehmens oder der Unternehmensgruppe Verwaltungsaufwand erfordert, der eine effiziente Synergiebildung vereitelt.[259] Zudem kann es bei der Integration der Unternehmensbereiche Probleme geben, die einer synergetischen Effizienzsteigerung entgegensteht.[260] Im Ergebnis lässt sich in den wenigsten Fällen das Ausmaß der Synergien hinreichend genau bestimmen, weil sich oft nicht feststellen lässt, wie sich die unternehmensinternen Prozesse ohne den Zusammenschluss gestaltet hätten.[261] Gleichwohl wird in Unter-

[252] Bästlein, Zur Feindlichkeit öffentlicher Übernahmeangebote, 127 f.; KölnerKommWpÜG/Hirte, Einleitung, Rdn. 13; Krause, Das obligatorische Übernahmeangebot, 101f.; Lehnert, Unternehmensübernahmen in den USA, 180.

[253] Bästlein, Zur Feindlichkeit öffentlicher Übernahmeangebote, 127 f.; Möller, Die Stellung des Aktionärs bei Übernahmen, 36.

[254] Vgl. Weston/Chung/Hoag, Mergers, Restructuring, and Corporate Control, 97 f., 197; Krause, Das obligatorische Übernahmeangebot, 102; Lehnert, Unternehmensübernahmen in den USA, 180.

[255] Bästlein, Zur Feindlichkeit öffentlicher Übernahmeangebote, 127 f.; Möller, Die Stellung des Aktionärs bei Übernahmen, 35.

[256] Vgl. Romano, 9 Yale Journal on Regulation (1992), 119, 125 f.; Bästlein, Zur Feindlichkeit öffentlicher Übernahmeangebote, 127 f.; Lehnert, Unternehmensübernahmen in den USA, 180; Röhrich, RIW 1993, 93, 95.

[257] Vgl. Lehnert, Unternehmensübernahmen in den USA, 179 ff.; Möller, Die Stellung des Aktionärs bei Übernahmen, 35 f.

[258] Vgl. Albach, ZfB 1992, 663, 667; Betsch/Groh/Lohmann, Corporate Finance, 247; Black/Wright/Bachmann/Davies, Shareholder Value, 111 ff.; Busse von Colbe, ZGR 1994, 595, 604; Jensen/Ruback, 11 Journal of Financial Economics (1983), 5, 25; Kerler, Mergers & Acquisitions, 23; Lehnert, Unternehmensübernah-men in den USA, 180 f.

[259] Vgl. dazu eingehend Ottersbach/Kolbe, BfuP 1990, 140, 141 ff. Vgl. dazu auch Freund, DBW 1991, 491, 494.

[260] Vgl. Deal/Kennedy, Corporate Cultures, 16-19 und 83 f.; Zu den Schwierigkeiten der Integration vgl. Pellens/Tomaszewski/Weber, DB 2000, 1825, 1828 f.; Astrachan, Mergers, Acquisitions, and Employee Anxiety, 1, 1 ff.; Black/Wright/Bachmann/Davies, Shareholder Value, 115; Ottersbach/Kolbe, BfuP 1990, 140, 140 ff.; Gomez/Weber, Akquisitionsstrategie, 72 ff.; Grüter, Unternehmensakquisitionen; Freund, DBW 1991, 491, 491 ff.; Lehnert, Unternehmensübernahmen in den USA, 220 ff.; Handelsblatt vom 23. Mai 2000, B 4. Zum Integrationsvorgang vgl. weitergehend Jansen, Mergers & Acquisitions, 205 ff.; Schmieder, in von Rosen/Seifert, Übernahme börsennotierter Unternehmen, 417, 417 ff.

[261] Vgl. Albach, ZfB 1992, 663, 668; Lehnert, Unternehmensübernahmen in den USA, 180 f.

suchungen über die relativen Gewinnentwicklungen von Bieter- und Zielgesellschaften behauptet, dass in den weitaus überwiegenden Fällen Synergieeffekte festzustellen seien.[262] Dagegen wird aus der regelmäßigen kurzfristigen Entwicklung der Aktienkurse nach fehlgeschlagenen öffentlichen Übernahmeangeboten geschlossen, dass der Grund für die Abgabe von Übernahmeangebote weder in der Erwartung von Synergieeffekten begründet liege, noch mit Synergievorteilen ein Kursaufschlag zu begründen sei. Die Synergietheorie zur Erklärung von Übernahmen und zur Begründung des Kursaufschlages als Ausgleich für die erzielbaren Synergievorteile ist durch die in der jüngeren Vergangenheit aufgetretene Tendenz zur Schaffung kleinerer Unternehmenseinheiten schon grundsätzlich in Frage gestellt worden.[263] Zudem legen die erheblichen, durch *Buy-Outs* erzielten, Gewinne nahe, dass Synergieeffekte möglicherweise lediglich einen kleinen Anteil der in der Vergangenheit durchgeführten Unternehmenszusammenschlüsse zu erklären vermögen, da im Falle des *Buy-Out* gerade kein Zusammenschluss von Unternehmensressourcen bewirkt wird.[264] Die Vermutung, dass die Unternehmensleitung sich bei Produktionsbetrieben mit wachsender Unternehmensgröße relativ verkleinert und insofern Synergievorteile entstehen, wird nicht durch entsprechende Beobachtungen gestützt.[265] Dagegen steigt der Anteil der Verwaltung eher mit zunehmender Unternehmensgröße überproportional an.[266] Synergieeffekte scheinen sich insofern weder im Management noch in der Verwaltung einzustellen. Die möglicherweise vor diesem Hintergrund vom Markt für Unternehmenskontrolle ausgehede Tendenz zur Verkleinerung von Unternehmenseinheiten griff insoweit der in den 90er Jahren gewonnenen Erkenntnis vor, dass Verwaltungen von Großunternehmen vergleichsweise ineffizient arbeiten.[267] Diesbezügliche Restrukturierungsmaßnahmen werden „*lean management*" oder „*business reenginering*" genannt.[268]

Hinsichtlich der Art der für Übernahmen entscheidenden Synergieerwartung wird behauptet, gerade die Existenz operativer Synergiepotentiale würde den Kursaufschlag rechtfertigen, während anderweitige Synergiepotentiale eher nachrangig

[262] So Berkovitch/Narayanan, 28 Journal of Financial and Quantitative Analysis (1993), 347, 350 ff. (in rund 76 %). Letztlich unklar bleibt dort jedoch, aus welchen Gründen davon ausgegangen wird, dass die Gewinnentwicklungen durch Synergieeffekte verursacht werden. Für die Gewinnentwicklungen nach einer Übernahme können eine Reihe von Ursachen - nämlich alle aufgezeigten Gründe für Kursaufschläge – maßgeblich sein. Vgl. dazu auch KölnerKommWpÜG/Hirte, Einleitung, Rdn. 14; Jansen, Mergers & Acquisitions, 85 f.; Mülbert/ Birke, WM 2001, 705, 707.

[263] Vgl. dazu auch Kessel, Leveraged Buy-out, 12 f.

[264] Vgl. dazu auch Busse von Colbe, ZGR 1994, 595, 604, demnach Synergieeffekte häufig überschätzt würden.

[265] Vgl. Bästlein, Zur Feindlichkeit öffentlicher Übernahmeangebote, 130 ff.; Lichtenberg/Siegel, 27 Journal of Financial Economics (1990), 165, 166 f.

[266] Vgl. Lichtenberg/Siegel, 27 Journal of Financial Economics, (1990), 165, 168 ff.

[267] Vgl. Bästlein, Zur Feindlichkeit öffentlicher Übernahmeangebote, 130 ff.; Donaldson, 27 Journal of Financial Economics (1990), 117, 117 ff.

[268] Vgl. dazu auch Donaldson, 27 Journal of Financial Economics (1990), 117, 117 f.

zu bewerten seien.[269] Diesbezügliche Untersuchungen über die Einstellung operativer Synergien nach Übernahmen, gemessen an dem Verwandtschaftsgrad[270] der jeweils betroffenen Unternehmen und den gewichteten Anteilen des Aktivvermögens, deren Zusammenlegung synergetische Effekte wahrscheinlich machen, konnten diese Behauptung nicht bestätigen.[271] Teilweise wird die Auffassung vertreten, Synergieeffekte würden gerade durch Zusammenschlüsse innerhalb einer Branche entstehen; hier würden aufgrund des größten Potentials operativer Synergien größere Gewinnzuwächse entstehen können.[272] Bei diesbezüglichen Untersuchungen stellte sich dagegen heraus, dass Fusionen innerhalb einer Branche im Vergleich zu konglomeraten und vertikalen Fusionen, bei denen lediglich finanzielle Synergien und Breitenvorteile ausgenutzt werden können, keine besonderen positiven betriebswirtschaftlichen Ergebnisse zur Folge haben.[273] Vor dem Hintergrund der angesprochenen Untersuchungen könnte von der Maßgeblichkeit des finanziellen Synergiepotentials ausgegangen werden. Dafür spricht eine regelmäßig negativ korrelierende Finanzlage der Ziel- und Bietergesellschaft.[274] In Abhängigkeit von statistisch ermittelten Daten und relativierten Synergievorteilen wird ein durchschnittlicher Anteil am Kursaufschlag in Höhe von etwas über 10 % als wahrscheinlich angesehen.[275]

Die Hypothese, durch Gesellschaftsübernahmen würden infolge des Zusammenschlusses von Ressourcen synergetische Effekte erzielt werden, konnte durch die vorgestellten Studien nicht bestätigt werden. Nach den Untersuchungsergebnissen liegt vielmehr die Vermutung nahe, dass die Zielsetzung der Realisierung von Synergievorteilen häufig zwar vorhanden ist, jedoch in der Praxis nicht realisiert werden kann.[276] Möglicherweise sind die vielfach einer Übernahme nachfolgenden Entflechtungsverkäufe die Konsequenz fehlender Synergieeffekte.[277]

---

[269] Vgl. Bästlein, Zur Feindlichkeit öffentlicher Übernahmeangebote, 130 ff.

[270] Die Bestimmung des Verwandtschaftsgrades wird nach der so genannten „Standard Industrial Classification" (SIC) vorgenommen. Dieser Parameter zielt auf die Ähnlichkeit der Produktionstechnologien und der Inputfaktoren ab. Vgl. dazu Slusky/Caves, 39 Journal of Industrial Economics (1991), 277, 282 ff.

[271] Vgl. dazu Slusky/Caves, 39 Journal of Industrial Economics (1991), 277, 289.

[272] Vgl. Romano, 9 Yale Journal on Regulation, 119, 127; Lubatkin, 8 Strategic Management Journal (1987), 39, 45.

[273] Vgl. Lubatkin, 8 Strategic Management Journal (1987), 39, 45 ff.

[274] Vgl. Slusky/Caves, 39 Journal of Industrial Economics (1991), 277, 292 ff.

[275] Vgl. Slusky/Caves, 39 Journal of Industrial Economics (1991), 277, 293 f. (13,5 %).

[276] Vgl. auch Caves, in: Browne/Rosengren, The Merger Boom, 149, 150; Freund, DBW 1991, 491, 491; Krause, Das obligatorische Übernahmeangebot, 102.

[277] Vgl. dazu Scherer, 2 Journal of Economic Perspectives (1988), 69, 74 ff.; Ravenscraft/Scherer, Mergers, Sell-Offs and Economic Efficiency, 190 ff.; Porter, 87 Harvard Law Review (1987), 43, 48.

i. Ausgleich durch Steuervorteile

Ein weiterer Grund für die Höhe des Kursaufschlages könnte die Berechnung oder Prognose von steuerlichen Vorteilen sein.[278] Steuerliche Vorteile können sich zum einen durch schlichte Steuereinsparungen infolge der Übernahme durch die Kumulation der Bilanzen ergeben. Dies gilt beispielsweise für zu verrechnende Verlustvorträge, die auch zeitlich versetzt positiven Einkünften entgegengesetzt werden können.[279] Zum anderen können steuerliche Vorteile nach der Übernahme durch Vermögensverschiebungen zu bestimmten Verrechnungspreisen und durch Abschreibungen nach Neubewertungen realisiert werden.[280] Im Übrigen lassen sich möglicherweise auch durch Gewinntransfers zu im Ausland ansässigen Firmen der (neuen) Unternehmensgruppe Steuervergünstigungen realisieren.[281]
Untersuchungen über die Bedeutung von steuerlichen Folgen für Übernahmevorhaben haben ergeben, dass Steuervorteile eher einen entscheidungsunabhängigen Nebeneffekt[282] auszumachen scheinen und den Kursaufschlag nicht oder jedenfalls nur zu einem relativ geringen Anteil zu erklären vermögen.[283] Untersuchungen über

---

[278] Vgl. Betsch/Groh/Lohmann, Corporate Finance, 330 f.; Bohrer, Unfriendly Takeovers, 31; Hamilton, Law of Corporations, 353; Bebchuk, 35 Stanford Law Review (1982), 23, 34; Hahn, Die feindliche Übernahme von Aktiengesellschaften, 104 ff.; Hayn, 23 Journal of Financial Economics (1989), 121, 121 ff.; Jarrell/ Brickley/Netter, 2 Journal of Economic Perspectives (1988), 49, 56; Kerler, Mergers & Acquisitions, 45 f.; Lehnert, Unternehmensübernahmen in den USA, 136 ff.; Roll, in Coffee/Lowenstein/Rose-Ackerman, Knights, Raiders, and Targets, 241, 241 ff.; Romano, in Hopt/Wymeersch, European Takeovers, 3, 13 ff.; Weidenbaum, in Weidenbaum/Chilton, Public Policy Toward Corporate Takeovers, 141, 156 ff. Vgl. dazu auch Wundsam/Zöchling, in Hanzel/Wunderbaldinger, Mergers & Acquisitions, 185, 190 ff. Zur steuerlichen Gestaltung von Übernahmen vgl. Endres/Eckstein, in von Rosen/Seifert, Übernahme börsennotierter Unternehmen, 289, 289 ff.

[279] In den Vereinigten Staaten können die Verluste mit positiven Einkünften der vergangenen drei Jahre verrechnet werden. Weitergehende Verluste können bis zu 15 Jahre vorgetragen werden. Außerdem kann ein Vortrag für eine Investitionsprämie, „*Investment Tax Credit*", angerechnet werden. Mit derartigen Vorträgen kann mit dem Erwerb von Unternehmen das aktuelle oder zukünftige Steueraufkommen herabgesetzt werden. Zudem können derartige Vorträge möglicherweise mit Gewinnen der Zielgesellschaft verrechnet werden. Vgl. dazu Auerbach/Reishus, in Auerbach, Corporate Takeovers, 157, 159 f.; Auerbach/Reishus, in Auerbach, Mergers and Acquisitions, 69, 72; Bebchuk, 35 Stanford Law Review (1982), 23, 34; Ebke, ZHR 155 (1991),132, 154 ff.; Hahn, Die feindliche Übernahme von Aktiengesellschaften, 104 ff.; Kerler, Mergers & Acquisitions, 45; Lehnert, Unternehmensübernahmen in den USA, 136 ff.; Roll, in Coffee/ Lowenstein/ Rose-Ackerman, Knights, Raiders, and Targets, 241, 241 ff.; Romano, in Hopt/Wymeersch, European Takeovers, 3, 13.

[280] Vgl. Betsch/Groh/Lohmann, Corporate Finance, 330 f; Ebke, ZHR 155 (1991), 132, 154 ff.; Hayn, 23 Journal of Financial Economics (1989), 121, 127; Kerler, Mergers & Acquisitions, 45; Lehnert, Unternehmensübernahmen in den USA, 136 ff.

[281] Vgl. dazu Weidenbaum, in Weidenbaum/Chilton, Public Policy Toward Corporate Takeovers, 141, 158 f.

[282] Vgl. Gilson/Scholes/Wolfson, in Coffee/Lowenstein/Rose-Ackerman, Knights, Raiders, and Targets, 271, 271 ff.; Hahn, Die feindliche Übernahme von Aktiengesellschaften, 107; Otto, DB 1989, 1389, 1389 f., 1395; Solomon/Palmiter, Corporations, 567; Lowenstein, What's wrong with Wallstreet, 153, der diese Nebenwirkung als „truffles from the taxman" bezeichnet.

[283] Vgl. Auerbach/Reishus, in Auerbach, Mergers and Acquisitions, 68, 79 (Steuervorteile kein signifikanter Faktor für die Übernahme, dagegen kommen Steuervorteilen in 20 % der Fusionen zumindest

die Bedeutung steuerlicher Folgen bei *Leveraged Buy-Outs* sind demgegenüber zu dem Ergebnis gelangt, dass die gezahlten Prämien im Zusammenhang mit den potentiellen Steuervergünstigungen stehen und ihnen eine maßgebliche Bedeutung für die Transaktionen zukommt.[284] In der Tat lassen sich die Zinsaufwendungen und sonstigen Kapitalkosten im Gegensatz zu Dividendenausschüttungen als Kosten des Unternehmens steuerlich absetzen.[285] Ergänzend ist hinzuzufügen, dass die Steuervergünstigungen grundsätzlich bei den Rentabilitätsberechnungen zu berücksichtigen sind und auch berücksichtigt werden. Ob ihnen bei *Leveraged Buy-Outs* maßgebliche Bedeutung schon für die Entscheidung dem Grunde nach zukommt oder die Berechnungen wie bei Übernahmen[286] (nur) die Höhe des Kursaufschlages - positiv mitbestimmen, bleibt unbeantwortet. Die Vorteile der aufgrund einer hohen Verschuldung erfolgenden Steuerverringerung bei *Leveraged Buy-Outs* dürften im Übrigen durch die Verpflichtung zur vergleichsweise kurzfristigen Rückzahlung der Schulden und durch die hohen Kapitalkosten eher nivellierenden Charakter haben.[287] In diesem Zusammenhang wie auch generell bei der Beurteilung von steuerlichen Vorteilen bei Übernahmen werden offensichtlich höhere Aufwendungen wegen der daraus regelmäßig folgenden Steuerverringerungen als vorteilhaft angesehen. Wenn höhere Kosten im Vergleich zu Dividen-

---

mitentscheidungserhebliche Bedeutung zu); demgegenüber gehen andere Untersuchungen von diesbezüglichen Einsparungen in Höhe von über 25 % der Übernahmeprämie in ¼ der Fälle aus, vgl. Bhagat/Shleifer/ Vishny, Microeconomics 1990, 1, 14. Nach Untersuchungen von Auerbach/ Reishus seien lediglich in 20,7 % der von ihnen untersuchten Übernahmen überhaupt Steuervorteile in Form von Verlustvorträge und Investitionsprämien zu verzeichnen gewesen. Dabei habe die potentielle Steuerersparnis 13,7 % des Marktwerts der übernommenen Gesellschaften ausgemacht. Erhebliche Vergünstigungen hätten nur in 8,1 % der Übernahmen angenommen werden können. Der Grund für diese Steuerereinsparungen seien zumeist Verlustvorträge und Prämien der übernehmenden Gesellschaften gewesen, mit denen die Steuerlast der übernommenen Gesellschaften habe reduziert werden können, vgl. Auerbach/Reishus, in Auerbach, Corporate Takeovers, 157, 159 ff.; siehe auch Hayn, 23 Journal of Financial Economics (1989), 121, 125; Jarrell/ Brickley/ Netter, 2 Journal of Economic Perspectives (1988), 49, 56; Solomon/Palmiter, Corporations, 567.

[284] Vgl. Ebke, ZHR 155 (1991), 132, 154 ff.; Hahn, Die feindliche Übernahme von Aktiengesellschaften, 105; Kaplan, 44 Journal of Finance (1989), 611, 619; Kirchmeier, Management Buy-Out im Steuerrecht, 219 ff.; Lehnert, Unternehmensübernahmen in den USA, 137 f. Vgl. dazu auch Handelsblatt vom 25. Mai 2000, 24.

[285] Vgl. zum Umfang und zur Maßgeblichkeit des Abzugs Kaplan, 44 Journal of Finance (1989), 611, 611 f.; Auerbach/Reishaus, in Auerbach, Corporate Takeovers, 157, 157 ff.; Auerbach/Reishaus, in Auerbach, Mergers and Acquisitions, 68, 68 ff.; Ebke, ZHR 155 (1991), 132, 154 ff.; Gilson/Scholes/ Wolfson, in Coffee/Lowenstein/Rose-Ackerman, Knights, Raiders, and Targets, 271, 271 ff.; Jensen/ Kaplan/Stiglin, 42 Tax Analysts Tax Notes (1989), 727, 727 ff.; Otto, DB 1989, 1389, 1389 ff.; Wundsam/ Zöchling, in Hanzel/ Wunderbaldinger, Mergers & Acquisitions, 185, 191. Vgl. dazu auch allgemein McConnell/Schlarbaum, 54 Journal of Business (1981), 65, 67 ff., 83.

[286] Vgl. zum prämienerhöhenden Einfluss von Verlustvorträgen und von Investitionsprämien auf beiden Seiten und von erhöhten Abschreibungsmöglichkeiten nach Neubewertungen bei der Zielgesellschaft Hayn, 23 Journal of Financial Economics (1989), 121, 125.

[287] Vgl. zur übernahme- und/oder Buy-outs unterstützenden Funktion des Staates durch die Steuervorschriften Shleifer/Vishny, 4 Journal of Applied Corporate Finance (1991), 49, 55 f.; vgl. zudem Auerbach/ Reishus, in: Auerbach, Mergers and Acquisitions, 68, 79; Kaplan, Working Paper University of Chicago, 611 ff.; Jensen/Kaplan/Stiglin, 42 Tax Analysts Tax Notes (1989), 727, 727 ff.; Graebner, Die Auseinandersetzung um Leveraged Buyouts, 105; Otto, DB 1989, 1389, 1389 f.

denzahlungen oder nichtausgeschütteter Gewinne als vorteilhaft bewertet werden, unterbleibt die Berechnung und Beurteilung der den höheren Kosten gegenüberstehenden Vermögenseinbußen der Anteilseigner, auf die der beeinträchtigte Vermögenszuwachs des Unternehmens über die Kursentwicklung und die Höhe und Verwendung des Gewinns durchschlägt.[288] Vor diesem Hintergrund dürfte durchaus zweifelhaft sein, ob bei *Leveraged Buy-Outs* Vorteile durch Steuereinsparungen nach Aufrechnung mit den damit einhergehenden Nachteilen verbleiben.

Die 1986 in den Vereinigten Staaten vorgenommene Steuerreform (Tax Reform Act 1986) enthielt wegen möglicher Steuervorteile infolge von Fusionen und Übernahmen einschränkende Vorschriften.[289] Aus diesem Grund ist seitdem in den Vereinigten Staaten von umso geringeren steuerlichen Vorteilen auszugehen.

j. Empire Building Diversifikation

Bei Betrachtung der tatsächlichen wirtschaftlichen Entwicklung scheint es sich so zu verhalten, dass das Management vieler Gesellschaften häufig von der Zielsetzung bestimmt ist, eher betriebswirtschaftlich fragwürdige Ausweitungen des Unternehmens vorzunehmen, so genannte „*empires*“ zu errichten, als eine betriebswirtschaftlich sinnvolle Ausrichtung des Unternehmens zu bewirken.[290] Ein derartiges Vorgehen ist dadurch zu bemerken, dass Unternehmen mehr oder weniger willkürlich andere Unternehmen akquirieren und so eine planlose Diversifikation betreiben, ohne sich dabei an eine optimierende Ressourcenallokation gebunden zu fühlen.[291] Die diversifizierende Konzernierung hatte sich in den 70er Jahren und

[288] Vgl. Kaplan, Working Paper University of Chicago, 611 ff., mit dem insofern wohl unzutreffenden Ergebnis, dass jedenfalls bei *Management Buyouts* der Barwert der steuerlichen Vorteile nach den durchgeführten Untersuchungen ungefähr 40 % der Prämie ausmachten.

[289] Vgl. Hahn, Die feindliche Übernahme von Aktiengesellschaften, 107; Jarrell/Brickley/Netter, 2 Journal of Economic Perspectives (1988), 49, 56; Kaplan, 44 Journal of Finance (1989), 611, 619; Lehnert, Unternehmensübernahmen in den USA, 138 ff.; Weidenbaum, in Weidenbaum/Chilton, Public Policy Toward Corporate Takeovers, 141, 156 ff.

[290] Vgl. Amihud/Lev, 12 Bell Journal of Economics (1981), 605, 605 ff.; Bästlein, Zur Feindlichkeit öffentlicher Übernahmeangebote, 99; Black, 41 Stanford Law Review (1989), 597, 597 ff.; Adams, AG 1989, 333, 334; Adams, AG 1990, 243, 244; Bohrer, Unfriendly Takeovers, 31; Busch, Regelung von Übernahmeangeboten, 55 f.; Eschenbach, in Hanzel/Wunderbaldinger, Mergers & Acquisitions, 75, 76 ff.; Hahn, Die feindliche Übernahme von Aktiengesellschaften, 38, 70 ff.; Jansen, Mergers & Acquisitions, 78 f.; Kerler, Mergers & Acquisitions, 51; Mandelker, in Posner/Scott, Economics of Corporation Law, 197, 200; McConnell/Muscarella, 14 Journal of Financial Economics (1985), 399, 399 ff.; Jensen, 2 Journal of Economic Perspectives (1988), 21, 34 ff.; Möller, Die Stellung des Aktionärs bei Übernahmen, 41; Röhrich, ZWS 114 (1994), 81, 85; Solomon/Palmiter, Corporations, 566.

[291] Vgl. Adams, AG 1989, 333, 333 f.; Adams, AG 1990, 243, 244; Bästlein, Zur Feindlichkeit öffentlicher Übernahmeangebote, 99; Busch, Regelung von Übernahmeangeboten, 55 f.; Hahn, Die feindliche Übernahme von Aktiengesellschaften, 70 ff.; Schmieder, in von Rosen/ Seifert, Übernahme börsennotierter Unternehmen, 417, 417.

Anfang der 80er Jahre ausgebreitet.[292] In der Überzeugung, dass sich auch branchenfremde Unternehmen aus einer Hand mit ähnlichem Erfolg leiten lassen, wollte man einerseits eine breitere wirtschaftliche Absicherung und Risikostreuung und zum anderen eine größere Unabhängigkeit erreichen.[293] Im Übrigen ging mit dem *Empirebuilding* eine Aufwertung der Unternehmensleitung einher, die im Wesentlichen den durch Eigeninteressen bestimmten Übernahmefolgen[294] gleichzusetzen ist.[295] Nachdem sich Ende der 80er Jahre mehr und mehr Misserfolge derartiger Diversifikationen gezeigt hatten,[296] hat die Bedeutung des diversifizierenden *Empirebuilding* sehr abgenommen.[297] Derartige Übernahmen hatten in vielen Fällen Konflikte über die Zielauswahl zwischen Aktionären und Management offen gelegt.[298] Der Konflikt ist dadurch verständlich, dass durch einseitig ausgerichtete Diversifikationen zusätzliche Agencykosten entstehen, für die die Aktionäre der Bietergesellschaft im Ergebnis aufzukommen haben.[299] Zudem hatte sich in vielen Fällen gezeigt, dass trotz des interessengerechten Bemühens, den geringstmöglichen Kursaufschlag anzubieten, ein betriebswirtschaftlich nicht zu rechtfertigender Preis gezahlt wurde.[300]

---

[292] Vgl. Easterbrook/Fischel, Economic Structure of Corporate Law, 204; McConnell/Muscarella, 14 Journal of Financial Economics (1985), 399, 399 ff. Vgl. dazu auch Adams, AG 1990, 243, 244; Lehnert, Unternehmensübernahmen in den USA, 55 f.

[293] Vgl. Agrawal/Jaffe/Mandelker, 47 Journal of Finance (1992), 1605, 1614 f.; Bästlein, Zur Feindlichkeit öffentlicher Übernahmeangebote, 130; Busch, Regelung von Übernahmeangeboten, 56; Lehnert, Unternehmensübernahmen in den USA, 8, 55 f.; Möller, Die Stellung des Aktionärs bei Übernahmen, 36 f.; Schmieder, in von Rosen/Seifert, Übernahme börsennotierter Unternehmen, 417, 417.

[294] Vgl. dazu auch Röhrich, RIW 1993, 93, 96.

[295] Vgl. Adams, AG 1989, 333, 333 f.; Adams, AG 1990, 243, 244; Bästlein, Zur Feindlichkeit öffentlicher Übernahmeangebote, 99; Busch, Regelung von Übernahmeangeboten, 55 f.

[296] Vgl. Easterbrook/Fischel, Economic Structure of Corporate Law, 204; Lehnert, Unternehmensübernahmen in den USA, 55 f.

[297] Vgl. Bästlein, Zur Feindlichkeit öffentlicher Übernahmeangebote, 130; Lehnert, Unternehmensübernahmen in den USA, 55 f.; Schmieder, in von Rosen/Seifert, Übernahme börsennotierter Unternehmen, 417, 417 f.

[298] Vgl. Coffee, in Coffee/Lowenstein/Rose-Ackerman, Knights, Raiders, and Targets, 77, 82 f.; Adams, AG 1990, 243, 244.

[299] Vgl. Adams, AG 1989, 333, 334; Adams, AG 1990, 243, 244; Bästlein, Zur Feindlichkeit öffentlicher Übernahmeangebote, 99; Möller, Die Stellung des Aktionärs bei Übernahmen, 36 f.

[300] Vgl. Berkovitch/Narayanan, 28 Journal of Financial and Quantitative Analysis (1993), 347, 350; Black, 41 Stanford Law Review (1989), 597, 601; Gilson, Law and Finance of Corporate Acquisitions, 345 ff.; Roll, in Coffee/Lowenstein/Rose-Ackerman, Knights, Raiders, and Targets, 241, 250; Weston/Kwang/Hoag, Mergers, Restructuring, and Corporate Control, 730.

k. Theorie des eigeninteressierten Verhaltens der Leitung des Bieters

Die von der Geschäftsführung des Bieters prognostizierte Vermögenssteigerung für den Bieter nach einer Übernahme[301] stärkt die Position der Unternehmensleitung und bietet für sie einen Anlass zu höheren Kompensationsforderungen, zu denen neben vermögensbezogenen Leistungen[302] auch eine größere Entscheidungsfreiheit gehören kann.[303] Die höhere Kompensationsforderung wird mit der geänderten Unternehmensgröße und der geänderten Mitarbeiterzahl einhergehenden größeren Abhängigkeit von der Unternehmensleitung und deren Verantwortung sowie dem größeren Arbeitseinsatz begründet.[304] Die Unternehmensleitung setzt sich durch ihr Übernahmevorgehen - gerade im Falle eines Erfolges - nachhaltig in Szene und gewinnt so an persönlicher Reputation. Sie steigert ihren persönlichen Marktwert und ihren Bekanntheitsgrad. Nach einer Übernahme ist die Machtposition in dem Unternehmen unter Einschluss der übernommenen Gesellschaft erheblich gewachsen, während andererseits die Durchschaubarkeit der Organisation und des Leitungshandelns abnimmt.[305] Die Unternehmens- oder Konzernleitung genießt sowohl im Unternehmen wie auch im Markt als maßgeblicher Entscheidungsträger mit Verfügungsbefugnis eine wesentlich höhere Akzeptanz und gilt als kompetent, durchsetzungsstark und erfolgreich.

Der übernommene Unternehmensteil bietet zudem regelmäßig sehr viel geschäftliches und persönliches Potential und Perspektiven der unternehmerischen Gestaltung. Insofern kann er als möglicher persönlicher Multiplikator für die Unternehmensleitung des Bieters betrachtet werden. Die Realisierung stiller Reserven der Zielgesellschaft, im Extremfall bis hin zu deren Liquidation, und die persönliche Überzeugung, die Zielgesellschaft in alter oder veränderter Struktur besser führen zu können, bieten einen unternehmerischen Handlungsspielraum, der ein Übernahmebestreben fördert, ohne dass mit der Übernahme ein Vermögenszuwachs verbunden sein muss.

---

[301] Vgl. dazu Jensen, 76 American Economic Review (1986), 323, 323. Demnach ist das Management regelmäßig bestrebt, das Unternehmen über den Punkt hinaus zu vergrößern, bei dem der Wert des Unternehmens für die Aktionäre maximiert wird.

[302] So auch die Nutzung von vermögenswirksamen Leistungen des Unternehmens, so genannte *Fringe Benefits*, Nutzung von Firmenwohnungen, luxuriös ausgestattete Büros, private Nutzung von Firmenflugzeugen und -fahrzeugen, vgl. dazu Jensen/Meckling, 3 Journal of Financial Economics (1976), 305, 312; Hahn, Die feindliche Übernahme von Aktiengesellschaften, 31 f.

[303] Vgl. Berkovitch/Narayanan, 28 Journal of Financial and Quantitative Analysis (1993), 347, 348, 350; Bühner, zfbf 1990, 295, 295.

[304] Vgl. Bästlein, Zur Feindlichkeit öffentlicher Übernahmeangebote, 136, 279; Berkovitch/Narayanan, 28 Journal of Financial and Quantitative Analysis (1993), 347, 350; Bhagat/Carey/Elson, 54 Business Lawyer (1999), 885, 898; Hahn, Die feindliche Übernahme von Aktiengesellschaften, 33 f.

[305] Vgl. dazu Black/Wright/Bachmann/Davies, Shareholder Value, 109; Eschenbach, in Hanzel/Wunderbaldinger, Mergers & Acquisitions, 75, 77 f.; Hahn, Die feindliche Übernahme von Aktiengesellschaften, 36.

Schließlich kann eine Übernahme von geschäftlichem Misserfolg oder von prognostizierten minder hohen Gewinnen oder gar von Verlusten ablenken.[306] Das Interesse der Beteiligten und des Marktes konzentriert sich eher auf die Übernahme als auf die Unternehmensergebnisse. Verluste der Gesellschaft lassen sich durch die Übernahme erklären. Nach der Übernahme lassen sich die Unternehmensergebnisse in einer Form präsentieren, die das Ergebnis der Bietergesellschaft für sich nicht oder nur verschleiert offen legt. Zudem lassen sich Gewinne und Verluste verschieben, so dass der Erfolg der einzelnen Sektionen von Außenstehenden nicht zu erkennen ist. Auch insofern wäre dem Management gedient.

Infolge der aufgezeigten persönlichen Motivationslage ist es durchaus denkbar, dass eine Übernahme von Seiten der Leitung befürwortet oder gar in die Wege geleitet wird, ohne dass aus überzeugenden Gründen von einer Vermögenssteigerung beim Bieter ausgegangen werden kann.[307]

Die Durchsetzung eigener Interessen der Unternehmensleitung wird insofern gebremst, als eine Übernahme die Anteilseigner und die Öffentlichkeit auf die Geschäftsführung aufmerksam werden lässt und sie bei Fehlentscheidungen eher einer nachhaltigen Kritik ausgesetzt ist. Zu berücksichtigen bleibt jedoch, dass die Geschäftsleitung in einem Unternehmen auf maßgebliche Aktionäre und außenstehende Dritte (so genannte *stakeholders*) angewiesen ist. Oft ist lediglich mit deren Unterstützung eine Leitungsfunktion zu erlangen. Die Geschäftsleitung handelt somit möglicherweise auch in Übernahmesituationen im Interesse und in Absprache mit diesen Gruppen oder Personen, um die bisher erfahrene Unterstützung auszugleichen und sich ihrer auch zukünftig sichern zu können.

Mithin können Übernahmen aus dem direkten oder indirekten Interesse der Leitung des Bieters resultieren, ohne eine betriebswirtschaftliche oder volkswirtschaftliche Optimierung zu bewirken und ohne dass diese von ihr angestrebt wird. Von Seiten des Bieters wird der für eine erfolgreiche Übernahme geringstmögliche Kursaufschlag angeboten werden. Die Prämie wird insofern nicht objektiv berechnet, sondern unter Berücksichtigung der erwarteten Reaktion anderer Interessenten und auf Seiten der Zielgesellschaft gerade so bestimmt, dass ein hinreichender Anreiz für den Anteilsverkauf gesetzt wird.

I. Kurzsichtigkeit des Kapitalmarktes

Eine weitere Erklärung für den Kursaufschlag bei Übernahmeangeboten kann sich aus der so genannten Kurzsichtigkeit des Kapitalmarktes ergeben. Sie ergibt sich aus folgender Überlegung: Der Aktienkurs mag durchaus den tatsächlichen Wert der Gesellschaft repräsentieren und insofern innerhalb der üblichen Kursvarianz liegen. Der Wert einer Gesellschaft wird aber an verschiedenen Kriterien gemessen.

[306] Vgl. zu Übernahmen in wirtschaftlich zweifelhaften Situationen Berkovitch/Narayanan, 28 Journal of Financial and Quantitative Analysis (1993), 347, 350 ff.

[307] Vgl. Bästlein, Zur Feindlichkeit öffentlicher Übernahmeangebote, 135; Berkovitch/Narayanan, 28 Journal of Financial and Quantitative Analysis (1993), 347, 347.

So stellen der Umsatz, der Gewinn, und die Zukunftsperspektiven der Branche neben reinen Sachwerten die wichtigsten Bewertungskriterien dar.[308] Zudem wird der Wert eines Unternehmens daran gemessen, ob es sich auf die zeitnahe Nachfrage und auf zukünftige Nachfragesektoren ausgerichtet hat und insofern hinreichend flexibel auf eine sich ändernde Nachfrage - in Bezug auf die Produktpalette und die Produktleistung - reagieren kann.[309] Bezüglich der Ausrichtung der Unternehmenstätigkeit gibt es Unternehmen, die eher auf kurzfristige Umsätze und Gewinne ausgerichtet sind, andere die sowohl auf kurz- als auch langfristige Umsatz- und Gewinnsteigerungen hinarbeiten und schließlich solche, die eher langfristig auf Umsatz- und Gewinnsteigerungen ausgerichtet sind.[310]

In Abhängigkeit von der zeitlichen Ausrichtung der Geschäftstätigkeit ergeben sich unterschiedliche periodische Betriebsergebnisse. Kurzfristige Umsatz- und Gewinnoptimierungen gewähren eher zeitnah bessere Ergebnisse, während eher langfristige Umsatz- und Gewinnausrichtungen - das andere Extrem - kurzfristig vergleichsweise eher schlechtere Ergebnisse nach sich ziehen, die Unternehmenstätigkeit langfristig jedoch höhere Gewinne erwarten lässt.[311] Die zeitliche Ausrichtung der Geschäftstätigkeit lässt sich insbesondere an dem Umfang der Forschung und der Investitionen, sowie an deren Zeitplan messen.[312]Hinsichtlich der Bewertung eines Unternehmens über den Markt wird die Auffassung vertreten, dass insbesondere der Aktienmarkt kurzfristige Geschäftsausrichtungen honoriert und langfristige Ausrichtungen auch bei gleicher Rentabilität unter Berücksichtigung der Vorlaufkosten und der Prognoseunsicherheit nicht genügend berücksichtigt.[313] Demnach würden langfristige Investitionen vom Markt bei der Unternehmensbe-

---

[308] Vgl. Jansen, Mergers & Acquisitions, 170 ff. Zur Verpflichtung der Durchführung einer entsprechenden Due Diligence vor Einleitung der Übernahme vgl. Werner, ZIP 2000, 989, 989 ff.

[309] Vgl. Paefgen, AG 1991, 41, 58.

[310] Vgl. Bästlein, Zur Feindlichkeit öffentlicher Übernahmeangebote, 182; KölnerKommWpÜG/Hirte, Einleitung, Rdn. 27; Lowenstein, What's Wrong With Wall Street; Woolridge; 1 Journal of Applied Corporate Finance (1988), 26, 26 ff. Vgl. dazu auch Die Zeit vom 13. April 2000, 1.

[311] Vgl. Jarrell/Brickley/Netter, 2 Journal of Economic Perspectives (1988), 49, 55; Lowenstein, What's Wrong With Wall Street; Woolridge, 1 Journal of Applied Corporate Finance (1988), 26, 26 ff.

[312] Vgl. Hall, in Auerbach, Corporate Takeovers, 69, 69 ff.; Lehnert, Unternehmensübernahmen in den USA, 216 ff.; Mülbert/Birke, WM 2001, 705, 708.

[313] Vgl. dazu Bästlein, Zur Feindlichkeit öffentlicher Übernahmeangebote, 182 ff., 248; Carliner, in Auerbach, Corporate Takeovers, 25, 25 ff.; Caytas/Mahari, Im Banne des Investment Banking, 165; DeAngelo/Rice, 11 Journal of Financial Economics (1983), 329, 329 ff.; Heiser, 11 European Business Law Review 2000, 60, 70 f.; Jarrell/Poulsen, 19 Journal of Financial Economics (1987), 127, 127 ff.; Jensen, 2 Journal of Economic Perspectives (1988), 21, 26; Kallmeyer, AG 2000, 553, 553 f.; Lowenstein, What's Wrong With Wall Street; Shleifer/Vishny, 2 Journal of Economic Perspectives (1988), 7, 7 ff.; Solomon/Palmiter, Corporations, 566, Woolridge, 1 Journal of Applied Corporate Finance (1988), 26, 26 ff. Vgl. zur kurzfristigen Ausrichtung der Geschäftstätigkeit Bästlein, Zur Feindlichkeit öffentlicher Übernahmeangebote, 182 ff., 248; Carliner, in Auerbach, Corporate Takeovers, 25, 25 ff.; Caytas/Mahari, Im Banne des Investment Banking, 165; DeAngelo/Rice, 11 Journal of Financial Economics (1983), 329, 329 ff.; Jarrell/Poulsen, 19 Journal of Financial Economics (1987), 127, 127 ff.; Jensen, 2 Journal of Economic Perspectives (1988), 21, 26; Shleifer/Vishny, 2 Journal of Economic Perspectives (1988), 7, 7 ff.; Die Zeit vom 13. April 2000, 1.

wertung zu gering berücksichtigt. Demgegenüber würde das Unterlassen von notwendigen Investitionen, beispielsweise von Ersatzinvestitionen, kurzfristig als besonders wertsteigernd beurteilt werden.[314] Somit würde der Wert eines Kapitalanteils unverhältnismäßig steigen, wenn ein kurzfristiger Gewinnsprung zu erwarten ist. Demgegenüber würde der Kurs sinken, wenn die Geschäftstätigkeit – beispielsweise durch langfristige Investitionen und Forschungstätigkeiten - längerfristig ausgerichtet wäre.[315] Gegen die Hypothese des effizienten Kapitalmarktes wird folglich eingewandt, der Kapitalmarkt sei bei der Einschätzung der Entwicklung der Unternehmensgewinne „kurzsichtig" - „*myopic*".[316] Dies führe regelmäßig zu einer nicht marktgerechten Bewertung der Unternehmen mit langfristigen Forschungs- und Investitionsprojekten und mache diese zu attraktiven Übernahmeobjekten.[317] Grund für die Ausrichtung an kurzfristigen Parametern sei die Dominanz institutioneller Investoren, die maßgeblich an quartalsorientierten Zielvorgaben interessiert seien. Um die Übernahme „ihres" Unternehmens zu verhindern, würden die Manager zu einem „Quartalsgewinndenken" gezwungen werden und müssten von langfristig angelegten Unternehmenszielen zugunsten kurzfristig ertragbringender Vorgaben Abstand nehmen.[318]

Unter Berücksichtigung dieses Marktverhaltens könnte ein Kursaufschlag dadurch begründet sein, dass der Bieter nach der Übernahme die Geschäftstätigkeit durch die unterschiedlichsten Maßnahmen kurzfristig ausrichtet und längerfristige Maßnahmen zur Umsatz- und Gewinnoptimierung wegen deren kurzfristiger Kosten unterbindet.[319] Insofern könnte unterstellt werden, dass der Kapitalmarkt die Ausrichtungsverschiebung nicht berücksichtigt und dass infolge der (kurzfristigen) Verbesserung der Unternehmensergebnisse der Kursaufschlag als begründet

[314] Vgl. Easterbrook/Fischel, Economic Structure of Corporate Law, 183 f.; Adams, AG 1990, 63, 72; Hahn, Übernahme von Aktiengesellschaften, 120 ff.

[315] Vgl. dazu Hall, in Auerbach, Corporate Takeovers, 69, 69 ff.; Woolridge, 1 Journal of Applied Corporate Finance (1988), 26, 26 ff.

[316] Vgl. Easterbrook/Fischel, Economic Structure of Corporate Law, 183 f.; Jarrell/Brickley/Netter, 2 Journal of Economic Perspectives (1988), 49, 55; Romano, in Hopt/Wymeersch, European Takeovers, 3, 21; Solomon/Palmiter, Corporations, 566; Woolridge, 1 Journal of Applied Corporate Finance (1988), 26, 26 ff. Die Zeit vom 12. Oktober 2000, 27. Ablehnend dazu Jensen, in Coffee/Lowenstein/ Rose-Ackerman, Knights, Raiders, and Targets, 314, 319 ff.

[317] Vgl. Jarrell/Brickley/Netter, 2 Journal of Economic Perspectives (1988), 49, 55; vgl. dazu auch KölnerKommWpÜG/Hirte, Einleitung, Rdn. 27; Meulbroek/Mitchell/Mulherin/Netter/Poulsen, 98 Journal of Political Economy (1990), 1108, 1108 f.

[318] Vgl. Cook, in Weidenbaum/Chilton, Public Policy Toward Corporate Takeovers, 1, 3, 8 f.; Heiser, 11 European Business Law Review 2000, 60, 70 f.; Jarrell/Brickley/Netter, 2 Journal of Economic Perspectives (1988), 49, 55; Lipton, 35 Business Lawyer (1979), 101, 105; Lowenstein, What`s Wrong With Wall Street; Moore, 70 Washington University Law Quarterly (1992), 277, 279 f.; Shleifer/Vishny, 2 Journal of Economic Perspectives (1988), 7, 18; Jensen, 2 Journal of Economic Perspectives (1988), 21, 25 f.; Woolridge, 1 Journal of Applied Corporate Finance (1988), 26, 26 ff.; Adams, AG 1990, 63, 72; Bästlein, Zur Feindlichkeit öffentlicher Übernahmeangebote, 182; Kallmeyer, AG 2000, 553, 553 f.; Lehnert, Unternehmensübernahmen in den USA, 216 ff. Vgl. in diesem Zusammenhang auch Die Zeit vom 13. April 2000, 1; Handelsblatt vom 12. Juni 2003, B 6.

[319] Vgl. Lehnert, Unternehmensübernahmen in den USA, 216 ff.

aufgenommen wird und der Kurs möglicherweise sogar noch weiter steigt, weil die Bekanntgabe der Unternehmensergebnisse die Nachfrage erhöht.[320] Für den Bieter wäre die Entwicklung nur dann von Vorteil, wenn er kurzfristig - nämlich innerhalb der Zeitspanne der kurzfristigen Umsatz- und Gewinnoptimierungen - die Zielgesellschaft weiterverkauft. Andernfalls hätte er ebenfalls unter der Kurzsichtigkeit des Kapitalmarktes zu leiden, weil seine Aktien durch den anschließenden Kursverfall an Wert verlören.[321] Darüber, ob und inwieweit die Kurzsichtigkeit des Kapitalmarktes den Kursaufschlag begründet und bestimmt, liegen keine gesicherten Erkenntnisse vor.[322] Eine Einflussnahme erscheint schlüssig und ist daher wahrscheinlich.

Folgt man den aufgezeigten Prämissen, so müsste die Ankündigung der Verfolgung von langfristigen Unternehmenszielen Kursverluste bewirken, da kurzfristig verfügbare *cash flows* zur Verwirklichung langfristiger Unternehmenszielsetzungen verwandt würden.[323] Diesbezügliche Untersuchungen haben dagegen grundsätzlich ergeben, dass die Ankündigung derartiger Maßnahmen vom Kapitalmarkt positiv aufgenommen worden ist.[324] Von einem kurzsichtig ausgerichteten Kapitalmarkt kann von daher nicht die Rede sein.[325] Durch die Untersuchungen ist jedoch nicht geklärt, wie sich der Wechsel der zeitlichen Ausrichtung auswirkt, wenn nicht diese Änderung, sondern lediglich die besseren Unternehmensergebnisse veröffentlicht werden. Es mag zutreffen, dass die Verfolgung langfristiger Unternehmensziele gleichwohl positiv am Markt aufgenommen wird. Dem steht jedoch nicht entgegen, dass die Präsentation vergleichsweise hoher Umsätze und Gewinne noch weitaus positiver entgegengenommen wird und so der Vergleich gleichwohl zugunsten der kurzfristigen Ausrichtung ausgeht.

Mit dieser Entwicklung korrelieren die Investitionskosten im Forschungs- und Entwicklungsbereich von Unternehmen nach der Abwehr von Übernahmen. Die diesbezüglichen Ausgaben sind sowohl marktbereinigt als auch branchenbereinigt als rückläufig festgestellt worden.[326] Insofern ist anzunehmen, dass die Zielgesell-

---

[320] Vgl. Woolridge, 1 Journal of Applied Corporate Finance (1988), 26, 26 ff.

[321] Vgl. Adams, AG 1990, 243, 248.

[322] Vgl. Easterbrook/Fischel, Economic Structure of Corporate Law, 184. Vgl. im Übrigen dazu die Untersuchung von Woolridge, 1 Journal of Applied Corporate Finance (1988), 26, 26 ff.

[323] Vgl. Hahn, Die feindliche Übernahme von Aktiengesellschaften, 97; Woolridge, 1 Journal of Applied Corporate Finance (1988), 26, 29 ff.

[324] Vgl. McConnell/Muscarella, 14 Journal of Financial Economics (1985), 399, 399 ff.; Easterbrook/Fischel, Economic Structure of Corporate Law, 201 f.; Easterbrook/Fischel, 94 Harvard Law Review (1981), 1161, 1184; Jarrell/Brickley/Netter, 2 Journal of Economic Perspectives (1988), 49, 55; Jensen, 2 Journal of Economic Perspectives (1988), 21, 26; Carliner, in Auerbach, Corporate Takeovers, 25, 25 ff.; Lehnert, Unternehmensübernahmen in den USA, 218; Woolridge, 1 Journal of Applied Corporate Finance (1988), 26, 29 ff.

[325] Vgl. Woolridge, 1 Journal of Applied Corporate Finance (1988), 26, 31 ff. So im Ergebnis auch Adams, AG 1990, 243, 248; Hahn, Die feindliche Übernahme von Aktiengesellschaften, 96 ff.; Lehnert, Unternehmensübernahmen in den USA, 218.

[326] Vgl. Hall, in Auerbach, Corporate Takeovers, 69, 83; Healy/Palepu/Ruback, 31 Journal of Financial Economics (1992), 135, Tabelle 6, 154 ff.

schaften sich mit ihren Investitionen auf die Kurzsichtigkeit des Kapitalmarktes eingestellt haben, um einer wegen des Kurspotentials drohenden Übernahme vorzubeugen.

Demgegenüber ist jedoch festgestellt worden, dass sich ein Großteil der Übernahmeversuche auf Zielgesellschaften beziehen würde, die nur geringe Forschungs- und Entwicklungsarbeit betreiben.[327] Nach Übernahmen würden zudem regelmäßig weder die Investitionsausgaben noch die Ausgaben im Forschungs- und Entwicklungsbereich reduziert werden.[328] Auch würden die Ausgaben von fusionierten Unternehmen im Investitions-, Forschungs- und Entwicklungsbereich im Verhältnis zum Aktivvermögen nicht vom Branchendurchschnitt abweichen.[329] Somit wäre anzunehmen, dass Kursaufschläge nicht durch kurzfristigen Umsatz- und Gewinnanstieg determinierbar und damit nicht von der Kurzsichtigkeit des Kapitalmarktes abhängig sind. Selbst wenn dies in den untersuchten Fällen oder auch im statistischen Durchschnitt so wäre, könnte in Einzelfällen die Zahlung eines Kursaufschlages - in Abhängigkeit vom Ergebnispotential der Kürzungen - trotzdem hierdurch erklärbar und begründet sein.

Jedenfalls ist aus den Untersuchungsergebnissen zu folgern, dass das Verhalten des Kapitalmarktes das Management nach der Abwehr eines Übernahmeversuchs zu einer Geschäftstätigkeit verleitet, die kurzfristiger ausgerichtet ist, als sie vor dem Übernahmeversuch ausgerichtet war.[330] Aus dem objektiven Marktverhalten nach Übernahmen kann geschlossen werden, dass die Unternehmensleitungen - jedenfalls mit Ausnahme von Einzelfällen - dem empfundenen Übernahmedruck ohne Not mit einer auf kurzfristige Gewinnmaximierung ausgerichteten Geschäftspolitik begegnen.[331] Für diese Einschätzung könnte auch sprechen, dass sich gerade die Entlohnung sowie die Ruhestandsgehälter stärker an kurzfristigen als an langfristigen Erfolgen auszurichten scheinen und die Verfolgung langfristiger Unternehmensziele demgegenüber weniger vorteilhaft zu sein scheint.[332]

Die anhand der vorgestellten Analysen gewonnenen Ergebnisse und Folgerungen lassen sich nicht auf *Management Buy-Outs* übertragen. Bei dieser Form der

---

[327] Vgl. Hall, in Auerbach, Corporate Takeovers, 69, 83; Lehnert, Unternehmensübernahmen in den USA, 218; Mülbert/Birke, WM 2001, 705, 708.

[328] Vgl. Hall, in Auerbach, Corporate Takeovers, 69, 83; Healy/Palepu/Ruback, 31 Journal of Financial Economics (1992), 135, Tabelle 6, 154 ff.; vgl. weiter mit anderen, möglicherweise branchen- und konjunkturspezifischen, Ergebnissen: Bhagat/Shleifer/Vishny, Microeconomics 1990, 1, 53.

[329] Vgl. Hall, in Auerbach, Corporate Takeovers, 69, 83; Healy/Palepu/Ruback, 31 Journal of Financial Economics (1992), 135, Tabelle 6, 154 ff.; vgl. weiter mit anderen, möglicherweise branchen- und konjunkturspezifischen, Ergebnissen: Bhagat/Shleifer/Vishny, Microeconomics 1990, 1, 53. Vgl. dazu auch die Bewertung von Peltzer, DB 1987, 973, 974.

[330] Vgl. Scherer, 2 Journal of Economic Perspectives (1988), 69, 78 ff.

[331] Vgl. dazu auch die allgemeine Betrachtung der US-amerikanischen Industrie im Vergleich zur japanischen und deutschen Industrie bei Scharf/Shea/Beck, Acquisitions, 9. Vgl. demgegenüber auch Bergmann/Butzlaff, in Müller/Leven, Shareholder Value Reporting, 203, 209, die als Folge des Übernahmedrucks eine zunehmende langfristige Unternehmensausrichtung annehmen.

[332] Vgl. Paefgen, AG 1991, 41, 57 f.

Übernahme ist ein deutlicher Rückgang der Investitionstätigkeit zu ver-zeichnen.[333] Allerdings ist zu beachten, dass diese in scheinbarem Widerspruch zu den übrigen Ergebnissen stehende Beobachtung im wirtschaftswissenschaftlichen Schrifttum unterschiedlich erklärt wird. Teilweise wird dieser Rückgang mit der infolge der Kreditaufnahme erheblichen Zinsbelastung begründet.[334] Teilweise wird der Rückgang damit begründet, dass Unternehmen mit hohem Reifegrad - und gerade diese seien insbesondere Zielobjekte für *Buy-Outs* - zur Durchführung von wenig gewinnbringenden Investitionen neigten und insofern Mittel einsetzten, deren Streichung zu ihren pflichtgemäßen Aufgaben gehörte.[335]

In volkswirtschaftlichem Zusammenhang wird angeführt, dass die Annahme der Unterbewertung von Langzeitausrichtungen in offensichtlichem Widerspruch zu einem effizient arbeitenden Kapitalmarkt stünde.[336] Sollte der Markt tatsächlich Langzeitplanungen systematisch unterbewerten, so würde diese Tatsache schädliche wirtschaftliche Konsequenzen implizieren, die weit über die Kosten ineffizienter Übernahmen hinausgingen.[337]

Bisher konnte empirisch nicht nachgewiesen werden, dass der Markt diesbezüglich von einer grundsätzlichen Unterbewertung ausgeht. Dabei ist zu berücksichtigen, dass die Erfolgsprognose langfristiger Ausrichtungen von höheren Unsicherheiten belegt ist als die Bewertung kurzfristigen Verhaltens. Eine von der *Securities Exchange Commission* durchgeführte Untersuchung kommt in diesem Zusammenhang zu dem Ergebnis, dass (1) steigender institutioneller Aktienbesitz nicht mit steigenden Übernahmen von Gesellschaften verbunden ist, (2) steigender institutioneller Aktienbesitz nicht zu einer Verringerung von Forschung und Entwicklung führt, (3) Gesellschaften mit erheblichem Forschungs- und Entwicklungsaufkommen hinsichtlich möglicher Übernahmen nicht angreifbarer sind als andere und (4) Aktienkurse positiv auf Ankündigungen reagieren, das Forschungs- und Entwicklungsaufkommen zu erhöhen.[338]

Ob dem gerade in Zeiten zunehmender Ausrichtung der Unternehmen auf den *shareholder value* uneingeschränkt gefolgt werden kann, erscheint zweifelhaft. Gerade die kurzfristige Rentabilität von Investitionen und die damit einhergehende Beschränkung langfristiger Projekte im Forschungs- und Entwicklungsbereich

[333] Vgl. Lichtenberg/Siegel, 27 Journal of Financial Economics (1990), 165, 187 ff.: im Vergleich zu anderen vergleichbaren Unternehmungen anstelle von durchschnittlich 3,5 % der Umsatzerlöse lediglich ein Anteil in Höhe von 1 %. Vgl. dazu auch Bachmann, in Hanzel/ Wunderbaldinger, Mergers & Acquisitions, 87, 94 f.

[334] Vgl. Bachmann, in Hanzel/Wunderbaldinger, Mergers & Acquisitions, 87, 95.

[335] Vgl. Smith, 27 Journal of Financial Economics (1990), 143, 163 f.

[336] Vgl. Die Zeit vom 12. Oktober 2000, 27.

[337] Vgl. dazu auch Meulbroek/Mitchell/Mulherin/Netter/Poulsen, 98 Journal of Political Economy (1990), 1108, 1116.

[338] Vgl. Securities and Exchange Commission, Institutional Ownership, Tender Offers and Long Term Investment, 1985 b.; Meulbroek/Mitchell/Mulherin/Netter/Poulsen, 98 Journal of Political Economy (1990), 1108, 1108 f.

sowie die zunehmende Übernahmeanfälligkeit langfristig ausgerichteter Unternehmen müsste zunehmend die zwangsläufige Folge dieser Orientierung sein.

m. Fehlbewertung des Kapitalmarktes

Eine andere Erklärung für den angebotenen Kursaufschlag ist die Erwartung des Bieters, der Kapitalmarkt werde nach Angebotsabgabe den Wert der Zielgesellschaft fehlbewerten und infolgedessen den Kurswert mindestens in Höhe des Angebots determinieren.[339] Tatsächlich hängt die Nachfrage nach Anteilen eines Unternehmens - wie schon gesagt - von einer Vielzahl von Faktoren ab. In erster Linie ist in Zeiten eines zumindest annähernd transparenten Marktes der durch die Unternehmensergebnisse und das Anlage- und Umlaufvermögen bestimmte Wert des Unternehmens Grundlage des Kurses.[340] Gleichwohl kann die Nachfrage und damit auch der Preis sowohl durch öffentliches Interesse als auch durch gezielte Öffentlichkeitsarbeit gesteigert werden.[341] Mit der öffentlichen Bekanntgabe des Übernahmeangebots sind das öffentliche Interesse und damit auch das Interesse der Anleger ganz unabhängig davon geweckt, dass die Gesellschaft das Interesse von Spekulanten gewonnen hat. Schon mit der Veröffentlichung des Angebots gehen in der Regel Presseerklärungen einher. Damit das Angebot nicht als zu niedrig beurteilt wird, würde der Bieter in seiner Stellungnahme den Kursaufschlag als den höchstmöglichen Vermögenszuwachs darstellen. Nach Kontrollübergang könnte er nunmehr beabsichtigte Maßnahmen und Prognosen bekannt geben, die eine Steigerung der Umsätze und Gewinne erwarten lassen. Damit würde er die Nachfrage zu steigern versuchen und mit der gestiegenen Nachfrage würde auch der Kurs steigen.[342] Würde mit den durch den Bieter ergriffenen Maßnahmen tatsächlich keine Werterhöhung verbunden sein, so läge mit der Nachfrage- und Kurssteigerung eine Fehlbewertung des Kapitalmarktes vor, die möglicherweise durch geschickte *public relations* gesteuert werden könnte.[343] Ein derartiges Vorgehen ist insbesondere dann sinnvoll, wenn die Anteile kurzfristig abgestoßen werden sollen. Ob und in welchem Ausmaße derartige Fehlbewertungen stattfinden und steuerbar sind, ist bisher nicht untersucht. Es ist jedoch zu erwarten, dass jedenfalls in Deutschland zukünftig die Bereitschaft der Haushalte, Aktien zu erwerben, und das öffentliche Interesse an Übernahmevorgängen noch zunehmen.[344] Damit würden

---

339 Vgl. Mülbert/Birke, WM 2001, 705, 707; Solomon/Palmiter, Corporations, 560.

340 Vgl. dazu - auch mit Blick auf die heterogenen europäischen Kapitalmärkte - Berger, ZIP 1991, 1644, 1647.

341 Vgl. Paefgen, AG 1991, 41, 57.

342 Vgl. dazu Leven, in Müller/Leven, Shareholder Value Reporting, 45, 45 ff.

343 Vgl. zur so genannten kapitalmarktbezogenen Berichterstattung vgl. umfassend Müller, in Müller/Leven, Shareholder Value Reporting, 123, 123 ff.

344 Vgl. Begründung des Bundesfinanzministeriums zum Diskussionsentwurf des „Gesetzes zur Regelung von Unternehmensübernahmen" vom 29. Juni 2000 (über Internet abzurufen über „www.bundesfinanzministerium.de"), 61; Begründung des Bundesfinanzministeriums zum Referentenentwurf eines Gesetzes zur Regelung von öffentlichen Angeboten zum Erwerb von Wertpapieren und von Unternehmensübernahmen

auch die Bedeutung der Öffentlichkeitsarbeit und der Einfluss dieser Arbeit auf die Nachfrage zunehmen. Insofern wären mehr oder weniger gesteuerte Fehlbewertungen zumindest nicht ausgeschlossen.

n. Überbezahlung/Überschätzung von Übernahmegewinnen

Eine weitere mögliche Erklärung dafür, dass das Angebot eines Bieters einen Kursaufschlag beinhaltet, liegt darin, dass die Unternehmensführung des Bieters die zu erzielenden Übernahmegewinne und damit die Wertschöpfungspotentiale überschätzt[345] und in Abhängigkeit davon oder auch davon unabhängig die Zielgesellschaft schlicht überbewertet.[346] Darum wird dem Angebotskurs ein unzutreffender zukünftiger Unternehmenswert zugrunde gelegt, der durch die zukünftige Geschäftstätigkeit tatsächlich nicht erreicht wird.[347] Schon grundsätzlich sind die Schlussfolgerungen aus Ankündigungseffekten von Übernahmen auf etwaige Effizienz- und damit verbundene Wertsteigerungen zweifelhaft.[348] Teilweise wird in diesem Zusammenhang die Auffassung vertreten, dass langfristig negative Kursentwicklungen grundsätzlich nach Übernahmen zu registrieren seien[349] und

---

vom 12. März 2001 (über Internet abzurufen über „www.bundesfinanzministerium.de"), 59; Begründung der Bundesregierung zum Entwurf eines Gesetzes zur Regelung von öffentlichen Angeboten zum Erwerb von Wertpapieren und von Unternehmensübernahmen (über Internet abzurufen über „www.bundesfinanzministerium.de"), 61.Vgl. auch Bästlein, Zur Feindlichkeit öffentlicher Übernahmeangebote, 271 ff.; Baums, AG-Sonderheft 8/1997, 26, 34; Daum, Die unkoordinierte Übernahme, 14 f.; Hahn, Die feindliche Übernahme von Aktiengesellschaften, 154; Hopt, Festschrift Zöllner, 253, 273; Horn, ZIP 2000, 473, 473; Körner, DB 2001, 367, 367; Michalski, AG 1997, 152, 153; Picot, in Picot, Mergers & Acquisitions, 91, 138; Pötzsch/ Möller, WM-Beil. 2/2000, 3, 4; Schander/Posten, ZIP 1997, 1534, 1534; Schander, NZG 1998, 799, 799; Scheller, Performance of Corporate Acquisitions, 9; von Hein, AG 2001, 213, 213; Weisner, Verteidigungsmaßnahmen gegen unfreundliche Übernahmeversuche, 131; Wiese/Demisch, DB 2001, 849, 849; Witt, Übernahmen von Aktiengesellschaften, 64; Wolf, AG 1998, 212, 212; Handelsblatt vom 5. Oktober 2000, 15; Handelsblatt vom 23. Mai 2000, B 4; Handelsblatt vom 15. Januar 2001, 14; Handelsblatt vom 22. Januar 2001, 1, 2, 20; Handelsblatt vom 29. Januar 2003, 3; Handelsblatt vom 26. Juni 2003, 1, 17; Handelsblatt vom 4. August 2003, 18. Zur internationalen Entwicklung des Übernahmemarktes vgl. Kerler, Mergers & Acquisitions, 1.

345 Vgl. Black/Wright/Bachmann/Davies, Shareholder Value, 108 f.; Roll, in Coffee/Lowenstein/Rose-Ackerman, Knights, Raiders, and Targets, 241, 249. Vgl. weitergehend auch die Schaubilder bei Bühner, zfbf 1990, 295, 300, 306, 309, 311. Differenzierend Gerke/Garz/ Oerke, zfbf 1995, 805, 814.

346 Vgl. dazu Black, 41 Stanford Law Review (1989), 597, 601; Bradley/Desai/Kim, 21 Journal of Financial Economics (1988), 3, 29; Jarrell/Brickley/Netter, 2 Journal of Economic Perspectives (1988), 49, 53; Bästlein, Zur Feindlichkeit öffentlicher Übernahmeangebote, 129 ff.; Shleifer/Vishny, 2 Journal of Economic Perspectives (1988), 7, 14.

347 Vgl. Bästlein, Zur Feindlichkeit öffentlicher Übernahmeangebote, 130. Vgl. dazu auch Bebchuk, 109 Quarterly Journal of Economics (1994), 957, 957 ff.

348 Vgl. Gerke/Garz/Oerke, zfbf 1995, 805, 807 ff.; Mitchell/Lehn, 98 Journal of Political Economy (1990), 372, 386 ff.; Scherer, 2 Journal of Economic Perspectives (1988), 69 ff. Vgl. dazu auch Dodd, Journal of Financial Economics (1980), 105, 109 ff., 113.

349 Vgl. Agrawal/Jaffe/Mandelker, 47 Journal of Finance (1992), 1605, 1605 (Bei einer Betrachtung einer 5-Jahresperiode durchschnittliche Verluste in Höhe von über 10 %). Vgl. dazu auch die Zusammenfassung von sieben Studien durch Jensen/Ruback, 11 Journal of Financial Economics, 5, 5 ff. Danach konnte eine durchschnittliche abnormale Rendite von - 5,5 % in den zwölf Monaten nach der Übernahme festgestellt

deshalb der positive Effekt von Gesellschaftsübernahmen vielfach - auch vom Kapitalmarkt - überschätzt werde.[350] Einer derartigen Fehleinschätzung unterlägen auch die Manager des Bieterunternehmens, insbesondere vor dem Hintergrund, dass beabsichtigte Restrukturierungsmaßnahmen in ihren Auswirkungen überschätzt und die Integrationsschwierigkeiten eines neuen Managements sowie die tatsächlichen Kosten der Übernahme unterschätzt würden. Demnach wird die Kursentwicklung überschätzt.[351]

Ein weiterer Ansatz zur Verifizierung der Effizienzhypothese des Kapitalmarkts orientiert sich an jahresabschlußorientierten Studien über die Entwicklung von Produktivität und Effizienz nach Gesellschaftsübernahmen.[352] Methodisch unterscheidet sich dieser Ansatz von den vorgenannten Studien dadurch, dass er die Daten über die Geschäftsentwicklung nicht dem Kapitalmarkt, sondern der Rechnungslegung der Gesellschaften entnimmt.[353] Einem Teil derartiger Untersuchungen zufolge ist grundsätzlich davon auszugehen, dass die Produktivität übernommener Unternehmen eher abnimmt,[354] auch wenn aus dem relativen Verhältnis von *cash flow* und Nettoumsatzerlösen geschlossen wird, dass die festgestellten Produktivitätseinbußen nur durch Abschreibungen verzerrt ermittelt werden konnten und sich das Ergebnis insofern relativiert.[355] Dagegen geht aus anderen Untersuchungen eine geringe relative Produktivitätssteigerung und ein Rückgewinn von Marktanteilen nach dem Kontrollwechsel[356] oder aber ein deutlicher Anstieg des *cash flow* und eine Steigerung der Produktivität hervor.[357] Nach den letztgenannten Untersuchungen ist von einer relativen Korrelation der Produktivität zum Ausmaß des

werden. Vgl. weiter Magenheim/Mueller, in Coffee/Lowenstein/Rose-Ackerman, Knights, Raiders and Targets, 171, 172, die Verluste in Höhe von durchschnittlich 16 % in einem Zeitraum von 3 Jahren feststellten. Vgl. zudem Franks/Harris/Titman, 29 Journal of Financial Economics (1991), 81, 90 ff., die aus den von ihnen festgestellten Verlustentwicklungen keine Überschätzung der Unternehmensentwicklung schlussfolgerten: „Our results indicate that prior findings of negative postmerger share-price performance for Binders are more likely due to benchmark errors than to mispricing at the time of the announcement“ (95).

350 Vgl. Bühner, zfbf 1990, 295, 296; Jensen/Ruback, 11 Journal of Financial Economics (1983), 5, 20.

351 Vgl. zu diesen Schwierigkeiten Pellens/Tomaszewski/Weber, DB 2000, 1825, 1828 f.; Deal/Kennedy, Corporate Cultures, 16-19 und 83 f.; Astrachan, Mergers, Acquisitions, and Employee Anxiety, 1, 1 ff.; Ottersbach/Kolbe, BfuP 1990, 140, 140 ff.; Gerke/Garz/Oerke, zfbf 1995, 805, 819; Grüter, Unternehmensakquisitionen; Freund, DBW 1991, 491, 491 ff.; Lehnert, Unternehmensübernahmen in den USA, 220 ff.; Handelsblatt vom 23. Mai 2000, B 4.

352 Zur Einführung international anerkannter Standards für den Jahresabschluss vgl. Funke, WM 1998, 758, 758 f.

353 Zum Vergleich beider Methoden siehe auch Bühner, zfbf 1990, 295, 296 ff.

354 Vgl. Freund, DBW 1991, 491, 493; Ravenscraft/Scherer, 36 Journal of Industrial Economics (1987), 147, 148 f.

355 Vgl. Ravenscraft/Scherer, 36 Journal of Industrial Economics (1987), 147, 153.

356 Vgl. Lichtenberg, Mergers & Acquisitions 1988, 48, 49 f.

357 Vgl. Healy/Palepu/Ruback, 31 Journal of Financial Economics (1992), 135, 135 ff.; vgl. zum festgestellten Produktivitätszuwachs nach Übernahmen im Bankensegment Cornett/Tehranian, 31 Journal of Financial Economics (1992), 211, 211 ff.

Kursaufschlages auszugehen.[358] Nach anderen Untersuchungen besteht eine Abhängigkeit des Kursaufschlages von dem späteren operativen Erfolg nach der Übernahme.[359] Wenn insofern festgestellt wird, die abnormale Rendite falle bei Bekanntgabe der Übernahmeabsicht bei ex post im operativen Bereich erfolgreichen Akquisitionen signifikant höher aus als bei ex post erfolglosen Akquisitionen,[360] dann lässt sich daraus folgern, dass der Kapitalmarkt die tatsächlichen Wertsteigerungspotentiale durchaus in der Kursentwicklung berücksichtigt.

Nach alledem ist festzustellen, dass über einen längeren Zeitraum durchgeführte Kapitalmarktstudien keine eindeutigen Ergebnisse über den Zusammenhang von Kursaufschlag und Leistungssteigerung im Unternehmen liefern. Die Untersuchungsergebnisse stehen durchweg in Abhängigkeit von der ausgewählten wirtschaftswissenschaftlichen Methode und des jeweiligen Untersuchungszeitraums. Bezüglich der Untersuchungsmethoden ist zu beachten, dass einerseits mit der Zunahme der zu berücksichtigenden potentiellen Einfluss-Faktoren und deren Auswirkungen die Ergebnisse mit größerer Sicherheit verallgemeinert werden können und andererseits mit der Zunahme der Einflussfaktoren und deren Auswirkungen eine größere Prognoseunsicherheit zu beachten ist. Aus diesem Grund vermögen selbst die an den Jahresabschlüssen oder Zwischenergebnissen orientierten *Outcome Studies* keine gesicherten Ergebnisse zu liefern - bestimmte Ergebnisentwicklungen könnten etwa aus ganz anderen Gründen eingetreten sein. Schon vor diesem Hintergrund sind die aus den Ergebnissen gezogenen Schlussfolgerungen mit Vorsicht zu betrachten. Hinsichtlich des Untersuchungszeitraumes ist insbesondere zu beachten, dass die Übernahmen in den 80er Jahren im Gegensatz zu den Zeiträumen davor und danach in deutlich stärkerem Ausmaß aus Gründen vorgenommen wurden, die im spekulativen Bereich zu suchen sind. Insofern mögen die im Gegensatz zu den Perioden davor und danach festgestellten außerordentlichen Leistungssteigerungen in den 80er Jahren[361] durch diese Entwicklung des Kapitalmarktes bedingt sein. Vor diesem Hintergrund kann der regelmäßig vorzufindende Kursaufschlag sehr wohl eine Folge der Überschätzung von Gewinnen nach der Übernahme - auf Seiten des Bieters bzw. durch den Markt - sein.

Für die Überschätzung von Übernahmegewinnen durch die Unternehmensleitung der Bietergesellschaft spricht ein festgestellter, signifikant negativer Zusammenhang zwischen der Effektivität der Überwachung des Bietermanagements - gemessen an dem Anteil unternehmensinterner Verwaltungsratsmitglieder, dem ausgeübten Einfluss von Großaktionären und der Beteiligung des Managements am

[358] Vgl. Healy/Palepu/Ruback, 31 Journal of Financial Economics (1992), 135, 135 ff.; Cornett/Tehranian, 31 Journal of Financial Economics (1992), 211, 211-234.

[359] Vgl. Kaplan/Weisbach, 47 Journal of Financial Economics (1992), 107, 124, Tabelle V., 136 f. Die den Untersuchungen zugrunde liegenden Übernahmen fanden in den Jahren 1971 bis 1982 statt.

[360] Vgl. Kaplan/Weisbach, 47 Journal of Financial Economics (1992), 107, 124, Tabelle V., 136 f.

[361] Vgl. Ravenscraft/Scherer, 36 Journal of Industrial Economics (1987), 147, 147 ff.

Eigenkapital des Unternehmens[362] - und der gezahlten Übernahmeprämie.[363] Daraus lässt sich folgern, dass ein schlecht überwachtes Bietermanagement, das über freien *cash-flow* verfügt, vielfach einen überhöhten Preis zahlen wird.

Die Gegner von Unternehmensübernahmen und die eine Zielgesellschaft „verteidigenden" Manager behaupten vielfach, dass die Unterbewertung der Zielgesellschaft durch den Kapitalmarkt dazu führen könne, dass ein gerissener Bieter umfangreiche Prämien für die Zielgesellschaftsanteile bieten könne und zugleich mit seinen Gesamtaufwendungen weit unter dem tatsächlichen Wert der Gesellschaft bliebe.[364] Demnach würden die Anteilseigner übervorteilt. Deshalb sei es eine Aufgabe des Managements der Zielgesellschaft, selbst Angebote mit hohen Prämien abzuwehren; die Unabhängigkeit der Gesellschaft würde den Aktionären auf lange Sicht einen größeren Vermögenszuwachs gewähren als der Verkauf an opportunistische Bieter, die Kurzzeitgewinne suchten, selbst wenn diese zu hoch veranschlagt seien und daher ein relativ hoher Kursaufschlag geboten werde.[365] Demgegenüber zeigen Untersuchungen, dass sich die erwarteten Langzeitgewinne bei fortdauernder Unabhängigkeit der Gesellschaft gewöhnlich nicht realisieren lassen.[366] Wenn eine Zielgesellschaft ein feindliches Angebot erfolgreich abgewehrt hat, fällt der Kurs des Unternehmens nach der Abwehr regelmäßig auf den Wert zurück, der vor der Abgabe des Angebots der Angebots- und Nachfragesituation entsprach.[367]

o. Hybris Theorie

Nach der so genannten Hybris-Hypothese[368] ist Managern bei der Einschätzung möglicher übernahmebedingter Gewinne ein zu optimistischer Erwartungshorizont aus Gründen persönlicher Selbstüberschätzung eigen.[369] Sie handeln insofern nicht vorsätzlich im objektiven Eigeninteresse, sondern unterliegen einer tatsächlichen Fehlvorstellung. Aus der Fehlleistung des Bieters - der Selbstüberschätzung seiner

---

362 Vgl. Slusky/Caves, 39 Journal of Industrial Economics (1991), 277, 285 f. Vgl. dazu auch Mikkelson/Partch, 25 Journal of Financial Economics (1989), 263, 263 ff.

363 Vgl. Slusky/Caves, 39 Journal of Industrial Economics (1991), 277, 290 f., 293 f.

364 Vgl. dazu Walkling/Long, RAND Journal of Economics (1984), 54, 55.

365 Vgl. hierzu die kritische Auseinandersetzung von Easterbrook/Jarrell, 59 New York City Law Review (1984), 277, 291 f.

366 Vgl. Easterbrook/Jarell, 59 New York University Law Review (1984), 277, 284 f., 291 f.; Paefgen, AG 1991, 41, 58.

367 Vgl. Bradley/Desai/Kim, 11 Journal of Financial Economics (1983), 183, 183 ff.; Easterbrook/Jarrell, 59 New York University Law Review (1984), 277, 281 ff.; Jarrell, 28 Journal of Law & Economics (1985), 151, 151 ff.

368 Hybris ist der griechische Begriff für frevelhafter Übermut, Selbstüberhebung, und Vermessenheit.

369 Vgl. Berkovitch/Narayanan, 28 Journal of Financial and Quantitative Analysis (1993), 347, 347; Roll, in Thaler, Advances in Behavioral Finance, 437, 440; Bästlein, Zur Feindlichkeit öffentlicher Übernahmeangebote, 137; Gerke/Garz/Oerke, zfbf 1995, 805, 805 f., 814, 819; Möller, Die Stellung des Aktionärs bei Übernahmen, 40; Röhrich, RIW 1993, 93, 96; Röhrich, ZWS 114 (1994), 81, 85.

Leitungskompetenz und seines Leistungspotentials - resultiert die unrichtige Einschätzung des potentiellen Wertes der Zielgesellschaft. Vorrangig wird dabei das Potential der Zielgesellschaft infolge der Überschätzung der eigenen Fähigkeiten der Bieterleitung hinsichtlich der Führung der Zielgesellschaft unzutreffend bewertet.[370] Dies gilt aus nahe liegenden Gründen insbesondere für branchenfremde Bieter.[371] Zudem werden die Einsparungs- und Ertragssteigerungspotentiale und die zukünftige Unter-nehmens- und Marktentwicklung unabhängig davon in vielen Fällen überbewertet.[372] Dagegen werden die mit der Integration oder Eingliederung der Zielgesellschaft verbundenen Schwierigkeiten unterbewertet.[373]

Die Bewertung eines Unternehmens erfolgt anhand der materiellen Güter und der immateriellen Vermögenswerte. Diese umfassen maßgeblich den Umsatz und die Zukunftsperspektiven im Markt.[374] Gerade diese immateriellen Werte werden nach diesem Erklärungsansatz erheblich überschätzt.[375]

Die Theorie korreliert mit der erheblichen Anzahl wirtschaftlich unvernünftiger Übernahmen. Es bestehen dabei enge Verbindungen mit dem so genannten „*Winner's Curse*"-Phänomen.[376] Demnach ist bei auktionsähnlichen Verfahren bei der Veräußerung eines Objekts mit unsicherem Wert zu beobachten, dass derjenige Bieter den Zuschlag erhält, dessen Angebot eine Überbewertung zugrunde liegt.[377] Demgegenüber dürfte der tatsächliche Wert des Objekts eher durch den Mittelwert aller Offerten zutreffend zu bestimmen sein.[378] Überträgt man diese Grundsätze auf ein Übernahmeverfahren, so zeigt sich, dass der Marktpreis vor Abgabe des ersten

370 Vgl. Easterbrook/Fischel, Economic Structure of Corporate Law, 184 f.; Berkovitch/Narayanan, 28 Journal of Financial and Quantitative Analysis (1993), 347, 350 f.; Jansen, Mergers & Acquisitions, 60; Möller, Die Stellung des Aktionärs bei Übernahmen, 40 f.; Roll, in Thaler, Advances in Behavioral Finance, 437, 437 ff.; Shleifer/Vishny, 2 Journal of Economic Perspectives (1988), 7, 14.

371 Vgl. Adams, AG 1990, 243, 244; Agrawal/Jaffe/Mandelker, 47 Journal of Finance (1992), 1605, 1614 f.; Bästlein, Zur Feindlichkeit öffentlicher Übernahmeangebote, 137; Lehnert, Unternehmensübernahmen in den USA, 55 f.

372 Vgl. Bästlein, Zur Feindlichkeit öffentlicher Übernahmeangebote, 137; Black/Wright/Bachmann/Davies, Shareholder Value, 108 f.

373 Vgl. zu diesen Problemen Black/Wright/Bachmann/Davies, Shareholder Value, 115; Freund, DBW 1991, 491, 491 ff.; Grüter, Unterneh-mensakquisitionen; Ottersbach/Kolbe, BfuP 1990, 140, 140 ff.; Pellens/Tomaszewski/Weber, DB 2000, 1825, 1828 f.; Deal/Kennedy, Corporate Cultures, 16-19 und 83 f.; Astrachan, Mergers, Acquisitions, and Employee Anxiety, 1, 1 ff.; Handelsblatt vom 23. Mai 2000, B 4. Zum Integrationsvorgang vgl. weitergehend Gomez/Weber, Akquisitionsstrategie, 72 ff.; Jansen, Mergers & Acquisitions, 205 ff.; Schmieder, in von Rosen/Seifert, Übernahme börsennotierter Unternehmen, 417, 417 ff.

374 Vgl. dazu Baetge, Akquisition & Unternehmensbewertung; Ballwieser, Unternehmensbewertung und Komplexitätsreduktion; Ballwieser, Alternative Ansätze zur Unternehmensbewertung; Hamerle, in Hanzel/Wunderbaldinger, Mergers & Acquisitions, 165, 165 ff. Zur Verpflichtung der Durchführung einer Due Diligence auf Bieterseite vgl. Werner, ZIP 2000, 989, 989 ff.

375 Vgl. Bästlein, Zur Feindlichkeit öffentlicher Übernahmeangebote, 137.

376 Vgl. Roll, 59 Journal of Business (1986), 197, 197 ff.; Easterbrook/Fischel, Economic Structure of Corporate Law, 184 f.; Oehler, ZBB 1992, 97, 109.

377 Vgl. Roll, 59 Journal of Business (1986), 197, 197 ff.; Oehler, ZBB 1992, 97, 109.

378 Vgl. dazu auch Kerler, Mergers & Acquisitions, 191 ff., 227 ff.

Angebots regelmäßig ungefähr den Durchschnittspreis aller „Auktionsteilnehmer" darstellt. Nach diesem Erklärungsansatz verhält sich nun der Bieter aufgrund seiner Hybris nicht rational im Sinne der Bietertheorie.[379]

Die These wird durch Untersuchungen gestützt, nach denen in vielen Fällen weder die angestrebten noch die nach betriebswirtschaftlichen Berechnungen notwendigen Kostendeckungsbeiträge und Gewinne im Vergleich zu gleicher Risikobewertung unterliegenden Investitionsalternativen erreicht werden.[380]

Unvereinbar mit der Hybris-Hypothese ist die Bedingung der strengen Markteffi-zienz.[381] Danach beinhalten Aktienkurse neben sämtlichen öffentlichen auch sämtliche nichtöffentlichen Informationen.[382] Demnach könnte weder ein anderweitiger Einsatz der Vermögenswerte des Unternehmens noch die Umbildung des Manage-ments zu außerordentlichen Gewinnen führen.[383] Die Vertreter der Hybris-Theorie geben deshalb zu bedenken, dass es sich bei ihr lediglich um einen Bezugspunkt in dem sehr vielschichtigen Ursachenfeld handele.[384] Allgemeingültigkeit könne diese These nicht beanspruchen.[385] Sie könne allerdings als „Gradmesser für andere Theorien" dienen.[386] Sofern die Hybris-Hypothese zuträfe, müsste bei strenger Markteffizienz bei der Ankündigung einer Übernahme zunächst der Gesamtwert von Bieter- und Zielgesellschaft annähernd um die Transaktionskosten der beabsichtigten Übernahme sinken, sodann müsste der Kurs der Bietergesellschaft fallen und schließlich müsste der Kurs der Zielgesellschaft wegen der erhöhten Nachfrage am Markt steigen, solange kein Widerruf des Angebots erfolgt.[387] Allerdings wurde bereits an anderer Stelle festgestellt, dass der Gesamtwert regelmäßig nicht sinkt.[388] Insofern könnte das Marktgeschehen von spekulativen An- und Verkäufen be-stimmt sein. Die Reaktion des Marktes auf die angekündigte Übernahme würde sich insofern nicht ausschließlich an den angestrebten Übernahmegewinnen orientieren, sondern in nur teilweiser Abhängigkeit davon an der

---

[379] Vgl. Roll, in Thaler, Advances in Behavioral Finance, 437, 437 ff.; Weston/Chung/Hoag, Mergers, Restructuring, and Corporate Control, 254 ff.; Hahn, Die feindliche Übernahme von Aktiengesellschaften, 72 ff.

[380] Vgl. Kaplan, Management Buyouts. Efficiency Gains or Value Transfers?, 34.

[381] Vgl. Roll, 59 Journal of Business (1986), 197, 199 ff.; Fischel, 57 Texas Law Review (1978), 1, 3 f.; Hahn, Die feindliche Übernahme von Aktiengesellschaften, 72 ff.; LeRoy, 27 Journal of Economic Literature (1989), 1583, 1612, 1614; Möller, Die Stellung des Aktionärs bei Übernahmen, 40.

[382] Vgl. dazu Gordon/Kornhauser, 60 New York University Law Review (1985), 761, 770 ff.; Shiller, in Coffee/Lowenstein/Rose-Acker-man, Knights, Raiders, and Targets, 56, 56 ff.

[383] Vgl. Roll, in Thaler, Advances in Behavioral Finance, 437, 440.

[384] Vgl. dazu auch Berkovitch/Narayanan, 28 Journal of Financial and Quantitative Analysis (1993), 347, 350 f.; vgl. auch Abb. 3-3 bei Kerler, Mergers & Acquisitions, 60 f.

[385] Vgl. dazu auch Gerke/Garz/Oerke, zfbf 1995, 805, 814.

[386] Vgl. Roll, in Thaler, Advances in Behavioral Finance, 437, 440; Weston/Chung/Hoag, Mergers, Restructuring, and Corporate Control, 254 ff.

[387] Vgl. Roll, in Thaler, Advances in Behavioral Finance, 437, 453. Vgl. dazu auch die empirischen Untersuchungen bei Dodd, Journal of Financial Economics (1980), 105, 109 ff., 113; Shah, 36 Journal of Financial Economics (1994), 89, 89 ff.

[388] Vgl. dazu oben unter 2.Teil C. I. 2.

erhofften (irrationalen) Kursentwicklung.[389] Durch diese Vorstellungen könnten die verzeichneten abnor-malen Renditen erklärt werden.[390] Im Ergebnis lässt sich festhalten, dass sich die Hybris-Hypothese zur Erklärung von Kursaufschlägen nicht eindeutig durch empi-rische Befunde belegen lässt. Die operativen Ergebnisse nach Übernahmen und die Abweichungen von den erklärten Erwartungen scheinen die Hypothese hinsichtlich vieler Fälle zu bestätigen. Das Ausmaß des Einflusses der Fehleinschätzung des Managements auf den Kursaufschlag kann indes nicht festgestellt werden.

p. Free Cash Flow Theorie

Eine weitere Theorie, die den Kursaufschlag erklären will, ist die so genannte *free-cash-flow*-Theorie.[391] Nach ihr sind Übernahmen und deren Zunahme mit geänderten Kapitalmarktbedingungen und hohen so genanntem *cash-flows*[392] in Unternehmen zu erklären.[393] Das in gesättigten Märkten mit abnehmenden Investitions- oder Innovationsbedürfnissen zunehmende liquide Kapital könne innerbetrieblich nicht effektiv genutzt werden[394] und würde auch nicht oder nur teilweise an die Anteilseigner ausgeschüttet werden.[395] Dadurch entstehe in diesen Unternehmen ein hoher *cash-flow*, ein frei verfügbarer Geldbetrag, der den Unternehmen nach Kosten,

---

389 Vgl. dazu Shiller, in Coffee/Lowenstein/Rose-Ackerman, Knights, Raiders, and Targets, 56, 56 f., 62 f.

390 Vgl. Roll, in Thaler, Advances in Behavioral Finance, 437, 441 f.; vgl. auch Seyhun, 63 Journal of Business (1990), 439, 460.

391 Vgl. Bohrer, Unfriendly Takeovers, 33; Coffee, 85 Michigan Law Review (1986), 1, 15 ff.; Jensen, 76 American Economic Review (1986), 323, 323 ff.; Jensen, in Coffee/Lowenstein/Rose-Ackerman, Knights, Raiders, and Targets, 314, 321 ff.; Lang/Stulz/Walkling, 29 Journal of Financial Economics (1991), 315, 315 ff.; Lehn/Poulsen, 44 Journal of Finance (1989), 771, 771 ff.; Jansen, Mergers & Acquisitions, 60; Möller, Die Stellung des Aktionärs bei Übernahmen, 39 f.; Röhrich, RIW 1993, 93, 96 f.; Röhrich, ZWS 114 (1994), 81, 85 f.; Romano, in Hopt/Wymeersch, European Takeovers, 3, 11 f.

392 Zur Definition des Cash-Flow und des Free-Cash-Flow vgl. Adams, AG 1989, 333, 333; Betsch/Groh/Lohmann, Corporate Finance, 213 ff.; Black/Wright/Bachmann/Davies, Shareholder Value, 146 ff.; Jensen, 76 American Economic Review (1986), 323, 323 ff.; Richter, in Picot, Mergers & Acquisitons, 255, 268 f.; Röhrich, RIW 1993, 93, 96; Schlienkamp, in Müller/Leven, Shareholder Value Reporting, 213, 213 ff.

393 Vgl. dazu die empirischen Untersuchungen von Lehn/Poulsen, 44 Journal of Finance (1989), 771, 777 ff. Vgl. im Übrigen Jensen, 76 American Economic Review (1986), 323, 323 ff.; Jensen, 67 Harvard Business Review (1989), 61, 61 ff.; Jensen/Warner, 20 Journal of Financial Economics (1988), 3, 4 ff.; Mann/Sicherman, 64 Journal of Business (1991), 213, 213 ff.; Hahn, Die feindliche Übernahme von Aktiengesellschaften, 57 f.; Richter, in Picot, Mergers & Acquisitons, 255, 268 ff.

394 Vgl. Jensen, 76 American Economic Review (1986), 323, 323 f.; Jensen, 48 Journal of Finance (1993), 831, 848; Mann/Sicherman, 64 Journal of Business (1991), 213, 213 f.; Adams, AG 1989, 333, 333; Bästlein, Zur Feindlichkeit öffentlicher Übernahmeangebote, 140; Hahn, Die feindliche Übernahme von Aktiengesellschaften, 39 f., 61; Milde, ZfB 1990, 647, 658; Möller, Die Stellung des Aktionärs bei Übernahmen, 39.

395 Vgl. Jensen, 76 American Economic Review (1986), 323, 323 f.; Adams, AG 1989, 333, 333; Bästlein, Zur Feindlichkeit öffentlicher Übernahmeangebote, 99 f.; Bohrer, Unfriendly Takeovers, 33; Bühner, zfbf 1990, 295, 296; Röhrich, RIW 1993, 93, 96. Vgl. zu den höheren Renditen bei Anlagen durch die Anteilseigner im Vergleich zu Anlagen durch das Unternehmen Gilson, 35 Stanford Law Review (1982), 51, 63.

Steuern und angemessener Berücksichtigung der Kapitalkosten verbleibe.[396] Mit den frei verfügbaren Zahlungsmitteln („*free-cash-flow*“) würden die Geschäftsführungen Investitionen tätigen, die vorrangig ihnen persönlich maßgebliche Vorteile einbrächten.[397] Vor diesem Hintergrund würden von den Unternehmensleitungen Übernahmen vorbereitet, versucht und vorgenommen, obwohl von einem betriebswirtschaftlich effizienten Vorgang nicht die Rede sein könne.[398] Deshalb werde ein Kursaufschlag gezahlt, der jedenfalls dem objektivem wirtschaftlichem Interesse des Bieters nicht entspreche,[399] während andererseits Unternehmen mit Abschlägen bewertet würden, von denen angenommen wird, dass der *Free Cash Flow* fehlinvestiert werde.[400] Diese Unternehmen werden als Übernahmekandidaten angesehen.[401]

Hinsichtlich der frei verfügbaren Geldmittel wird die geänderte Entwicklung des Kapitalmarktes als ursächlich angesehen.[402] Zunächst seien Aktiengesellschaften gegründet worden, um ausreichend Kapital zu akkumulieren. Das Kapital sei knapp gewesen, die Nachfrage dagegen groß. Infolge des Wettbewerbs um das Kapital habe zugunsten der Anteilseigner ein Druck zur Erwirtschaftung von Gewinnen bestanden. Insofern sei eine attraktive Anlage lediglich dann gegeben gewesen, wenn genügend hohe, das heißt konkurrenzfähige Renditen durch Kurssteigerungen oder Ausschüttungen erzielt worden seien.[403] Der Wettbewerb um das Kapital habe eine Kontroll-Funktion durch die Kapitalgeber zur Folge gehabt.[404] Die Kapitalknappheit sei jedoch spätestens mit Beginn der 80er Jahre nicht mehr gegeben gewesen.[405] Die Unternehmen hätten in weiten Marktbereichen gesättigten Märkten gegenübergestanden, in denen vergleichsweise geringe Investitionen

---

[396] Vgl. Jensen, 76 American Economic Review (1986), 323, 323 f.; Lang/Stulz/Walkling, 29 Journal of Financial Economics (1991), 315, 315 f.; Röhrich, RIW 1993, 93, 96.

[397] Vgl. Adams, AG 1989, 333, 333; Berkovitch/Narayanan, 28 Journal of Financial and Quantitative Analysis (1993), 347, 350; Bohrer, Unfriendly Takeovers, 33; Hahn, Die feindliche Übernahme von Aktiengesellschaften, 34, 61; Möller, Die Stellung des Aktionärs bei Übernahmen, 39. Vgl. zum Eigeninteresse der Geschäftsleitungen weiter oben unter 2. Teil C. III.

[398] Vgl. Griffin/Wiggins, 30 Economic Inquiry (1992), 355, 355 ff.; Jensen, in Coffee/Lowenstein/Rose-Ackerman, Knights, Raiders, and Targets, 314, 321 f.

[399] Vgl. dazu Jensen, in Coffee/Lowenstein/Rose-Ackerman, Knights, Raiders, and Targets, 314, 321 f.

[400] Vgl. Kraakman, 88 Columbia Law Review (1988), 891, 897; Jensen, 76 American Economic Review (1986), 323, 323 f.; Adams, AG 1989, 333, 333; KölnerKommWpÜG/Hirte, Einleitung, Rdn. 17; Lehnert, Unternehmensübernahmen in den USA, 181 ff.

[401] Vgl. Adams, AG 1989, 333, 333; Griffin/Wiggins, 30 Economic Inquiry (1992), 355, 360; Lehnert, Unternehmensübernahmen in den USA, 181 ff.; Möller, Die Stellung des Aktionärs bei Übernahmen, 39.

[402] Vgl. dazu Lehnert, Unternehmensübernahmen in den USA, 181 ff.

[403] Vgl. Bästlein, Zur Feindlichkeit öffentlicher Übernahmeangebote, 96 ff.

[404] Vgl. Bästlein, Zur Feindlichkeit öffentlicher Übernahmeangebote, 139.

[405] Vgl. Bästlein, Zur Feindlichkeit öffentlicher Übernahmeangebote, 139; Jansen, Mergers & Acquisitions, 12 f.

oder Innovationen notwendig und sinnvoll gewesen seien.[406] Mithin habe den Unternehmen erhebliches Kapital zur Verfügung gestanden, dem kein entsprechender Investitionsbedarf gegenübergestanden habe.[407] Infolge des höheren Angebots und der geringeren Nachfrage habe der Markt seine Kontrollfunktion eingebüßt.[408] Die Geschäftsführungen der Unternehmen seien zudem in vielen Fällen weder einer externen Kontrolle vor Kreditaufnahme durch den Kapitalmarkt, noch einer internen Kontrolle vor oder bei Kapitalerhöhungen ausgesetzt[409] und nähmen Investitionen, auch Übernahmen, vor, die lediglich ihnen, nicht jedoch den Anteilseignern zum Vorteil gereichten.[410] Vor diesem Hintergrund schütteten sie freies Kapital, *free-cash-flow*,[411] auch nicht aus und verhinderten so, dass Anteilseigner anderweitig individuell als vorteilhaft angesehene Investitionen tätigen. Sie nützten so ihre Verfügungsmacht über das freie Kapital zur eigenen Vorteilserzielung aus.[412] Diese Handlungsweise sei einer Kontrolle besonders bei in Streubesitz befindlichen Aktiengesellschaften entzogen, weil ein Kleinaktionär den erforderlichen Kontrollaufwand nicht betreibe.[413] Das für eine Übernahme verwandte Kapital sei einem Vergleich mit anderweitigen Investitionen der Anteilseigner nicht ausgesetzt.[414] Es halte einem solchen auch tatsächlich nicht annähernd stand[415] und werde deshalb im Ergebnis - auch unter Berücksichtigung anderer indirekter Vorteile - volkswirt-

---

[406] Vgl. etwa Shleifer/Vishny, 4 Journal of Applied Corporate Finance (1991), 49, 53: Dies habe in den 80er Jahren insbesondere für die stagnierenden Industrien der Öl-, Luftfahrt-, Nahrungsmittel- und Holzindustrie gegolten. Vgl. dazu auch Adams, AG 1990, 243, 244.

[407] Vgl. Bästlein, Zur Feindlichkeit öffentlicher Übernahmeangebote, 140 f.; Jensen, in Coffee/Lowenstein/Rose-Ackerman, Knights, Raiders, and Targets, 314, 321.

[408] Vgl. dazu Jensen, 76 American Economic Review 1986, 323, 323 ff.; Mann/Sicherman, 64 Journal of Business (1991), 213, 213 ff.; Lehnert, Unternehmensübernahmen in den USA, 181 ff.

[409] Vgl. Adams, AG 1990, 243, 244.

[410] Vgl. Möller, Die Stellung des Aktionärs bei Übernahmen, 39.

[411] *Free Cash Flow* wird definiert als nichtausgeschütteter verfügbarer Geldbetrag nach Steuern, vgl. Black/ Wright/Bachmann/Davies, Shareholder Value, 147; Lehn/Poulsen, 44 Journal of Finance (1989), 771, 777.

[412] Vgl. Jensen, 76 American Economic Review (1986), 323, 323 ff.; Jensen/Warner, 20 Journal of Financial Economics (1988), 3, 4 ff.; Mann/Sicherman, 64 Journal of Business (1991), 213, 213 ff.; Adams, AG 1990, 243, 244; Bästlein, Zur Feindlichkeit öffentlicher Übernahmeangebote, 99 f.; Lehnert, Unternehmensübernahmen in den USA, 199 f.

[413] Vgl. Glassman/Stewart, 1 Journal of Applied Corporate Finance (1988), 79, 79 ff. und Huemer, Mergers & Acquisitions, die die disziplinierende Wirkung der Erhöhung der Fremdverschuldensquote propagieren; vgl. weiter Adams, AG 1990, 243, 244; Daum, Die unkoordinierte Übernahme, 21 ff.; Hahn, Die feindliche Übernahme von Aktiengesellschaften, 20 ff.; Holderness/Sheehan, 20 Journal of Financial Economics (1988), 317, 317 ff.; Knoll, Übernahme von Kapitalgesellschaften, 77 f.; Lutz, Feindliche Übernahmen: Beeinflussung des Managementsverhaltens und das Trittbrettfahrer-Problem, 3 ff.; Mackensen, Institutionelle Anleger, 40 ff.; Shleifer/Vishny, 94 Journal of Political Economy (1986), 461, 461 ff.; von Beauvais, Grenzen des Höchststimmrechts, 125 ff.; Zeckhauser/Pound, Are large Shareholders effective Monitors?, 1, 1 ff.; Bästlein, Zur Feindlichkeit öffentlicher Übernahmeangebote, 100.

[414] Vgl. Adams, AG 1990, 243, 244.

[415] Vgl. dazu Huemer, Mergers & Acquisitions, 110.

schaftlich kontraproduktiv verwandt,[416] selbst wenn durch eine Übernahme Kapital in zukunftsträchtige Wachstumsbranchen umgelenkt werde, wo das Kapital effizienter genutzt werden könne als im eigenen Unternehmen.[417] Mit der aufgezeigten Verfahrensweise könnten Geschäftsführungen durch die Gestaltung der Bilanzierungen in Zeiten guter Betriebsergebnisse schlechten Zeiten vorbeugen und so Substanzverluste durch die Auflösung von Rücklagen und Reserven kaschieren.[418] Durch hohen *free-cash-flow* wird somit der Unternehmensleitung eine hohe Eigenständigkeit und Unabhängigkeit gesichert, die zumindest auch in eigenem Interesse genutzt wird.[419] Andererseits wird durch diversifizierende Investitionen der Bestand des Unternehmens und dessen Eigenständigkeit auf ein breiteres Fundament gesetzt.[420] Insofern dürfte auch den Interessen der Anteilseigner hinsichtlich ihrer Investition im Unternehmen trotz suboptimaler Kapitalallokation gedient sein.[421]

Im Zusammenhang mit hohen *free-cash-flows* ist vor dem aufgezeigten Hintergrund zudem zu konstatieren, dass Unternehmen mit hohem frei verfügbarem Kapital auch häufig Kandidaten für - zumindest überwiegend - fremdfinanzierte Übernahmen sind.[422] Dies gilt insbesondere, wenn ihr Börsenkurs in Relation zum *free-cash-flow* niedrig ist.[423] Auch insofern wird der Übernahmemarkt forciert.

Zu Recht wird die *free cash flow*-Theorie im Zusammenhang mit der Entwicklung des Kapitalmarktes Ende der 70er Jahre - maßgeblich in den USA – gesehen.[424] Die häufig vorgefundene Situation eines erheblichen Volumens an frei verfügbarem Investitionskapital in Unternehmen hat sich seit Mitte der 80er Jahre auch in den Vereinigten Staaten geändert. Nunmehr ist nur noch in seltenen Fällen von derartigen Investitionsvolumen auszugehen.[425] Im Übrigen hat die Kontrolle der Vermögens- und Gewinnverwendung in Unternehmen zugenommen,[426] so dass Übernahmen nur ausnahmsweise nach diesem Ansatz zu erklären sein dürften. Vor diesem Hintergrund werden zudem einer höheren Verschuldensquote, einer restruk-

---

[416] Vgl. Adams, AG 1990, 243, 244; Möller, Die Stellung des Aktionärs bei Übernahmen, 39.

[417] Vgl. dazu Jensen, 76 American Economic Review (1986), 323, 323 f.

[418] Vgl. Adams, AG 1990, 243, 244; Bästlein, Zur Feindlichkeit öffentlicher Übernahmeangebote, 141; Rehkugler/Poddig, Bilanzanalyse, 16.

[419] Vgl. Bästlein, Zur Feindlichkeit öffentlicher Übernahmeangebote, 141 f.; Hahn, Die feindliche Übernahme von Aktiengesellschaften, 62.

[420] Vgl. Bästlein, Zur Feindlichkeit öffentlicher Übernahmeangebote, 142; Lehnert, Unternehmensübernahmen in den USA, 8.

[421] Vgl. Lehnert, Unternehmensübernahmen in den USA, 8.

[422] Vgl. Lehn/Poulsen, in Weidenbaum/Chilton, Public Policy Toward Corporate Takeovers, 46, 46 ff.; Mitchell/Lehn, 98 Journal of Political Economy (1990), 372, 372 ff.; Morck/Shleifer/Vishny, 45 Journal of Finance (1990), 31, 31 ff.; Adams, AG 1990, 243, 244; Möller, Die Stellung des Aktionärs bei Übernahmen, 39.

[423] Vgl. Lehn/Poulsen, in Weidenbaum/Chilton, Public Policy Toward Corporate Takeovers, 46, 46 ff.

[424] Vgl. Bästlein, Zur Feindlichkeit öffentlicher Übernahmeangebote, 140 f.

[425] Vgl. Lehnert, Unternehmensübernahmen in den USA, 174 ff.

[426] Vgl. nur Donaldson, 27 Journal of Financial Economics (1990), 117, 118.

turierten Kapitalverwendung und einem *Leveraged Buy-Out* disziplinierende Wirkungen beigemessen.[427]

q. Noise Trader Theorie

Nach der so genannten *Noise Trader Theorie* richten sich der Kurs und damit das Angebot-Nachfrage-Verhältnis gerade nach Abgabe eines Übernahmeangebots und nach einer Übernahme vorrangig an der Öffentlichkeitsarbeit des Bieters und an der öffentlichen Bewertung durch die Medien aus.[428] Demnach regelt nicht ein effizienter Kapitalmarkt den Kurs. Vielmehr bestimme die von Berichterstattungen und Veröffentlichungen relativ abhängige Gruppe der Anleger die Nachfrage und das Angebot.[429] Dabei würden sich die Anleger zum großen Teil weniger von rationalen Beweggründen, sondern eher von Gefühlen und Einstellungen leiten lassen.[430] Wegen der irrationalen Vorstellungen der Anleger sowie der damit einhergehenden Multiplikatoreffekte[431] seien die Volatilität der Anteile, die Kursschwankungen und die Kursentwicklung nur eingeschränkt vorhersehbar und nachvollziehbar.[432] Zum einen wegen der Trägheit des Marktes, zum anderen wegen einer verbleibenden Unsicherheit bei den rationalen Investoren würden diese irrationalen Schwankungen nicht sofort, nicht vollständig oder schlicht überhaupt nicht ausgeglichen.[433] Zumindest ein Teil der Kursaufschläge resultiere aus einem derartigen Marktverhalten der Anleger.[434] Da es verifizierende Untersuchungen über ein solches Marktverhalten nicht gibt, der Markt jedoch gleichwohl irrationalen Schwankungen ausgesetzt zu sein scheint, könnte das beschriebene Verhalten von Anlegern Kurs-

---

427 Vgl. Coffee, 85 Michigan Law Review (1986), 1, 1 ff.; Jensen, 76 American Economic Review (1986), 323, 323 ff.; Jensen, in Coffee/Lowenstein/Rose-Ackerman, Knights, Raiders, and Targets, 314, 322, 238 f.; Kessel, Leveraged Buy-out, 5, 11 f.; Lehnert, Unternehmensübernahmen in den USA, 181 ff.; Rhein, Interessenskonflikt der Manager beim Management Buy-out, 13 f.

428 Vgl. Shleifer/Summers, 4 Journal of Economic Perspectives (1990), 19, 20 ff.; Die Zeit vom 12. Oktober 2000, 27.

429 Vgl. De Long/Shleifer/Summers/Waldmann, 98 Journal of Political Economy (1990), 703, 704; Oehler, ZBB 1992, 97, 97 ff.; Shleifer/ Summers, 4 Journal of Economic Perspectives (1990), 19, 20 ff.; Die Zeit vom 12. Oktober 2000, 27.

430 Vgl. De Long/Shleifer/Summers/Waldmann, 98 Journal of Political Economy (1990), 703, 704; Mitchell/Netter, 24 Journal of Financial Economics (1989), 37, 37 ff.; Shleifer/Summers, 4 Journal of Economic Perspectives (1990), 19, 20 ff.; zum Beweis des irrationalen Verhaltens der Anleger wird auf die *crashes*, beispielsweise auf die Reaktion des Aktienmarktes am 19. Oktober 1987, dem so genannten *black monday*, verwiesen. Vgl. auch Die Zeit vom 12. Oktober 2000, 27.

431 Vgl. dazu Shleifer/Summers, 4 Journal of Economic Perspectives (1990), 19, 25.

432 Vgl. De Long/Shleifer/Summers/Waldmann, 98 Journal of Political Economy (1990), 703, 724 ff.; Shleifer/Summers, 4 Journal of Economic Perspectives (1990), 19, 20 ff.; Shiller, in Coffee/Lowenstein/ Rose-Ackerman, Knights, Raiders, and Targets, 56, 56 f.

433 Vgl. Shleifer/Summers, 4 Journal of Economic Perspectives (1990), 19, 21; Oehler, ZBB 1992, 97, 110.

434 Vgl. dazu auch De Long/Shleifer/Summers/Waldmann, 98 Journal of Political Economy (1990), 703, 735.

aufschläge erklären. Das Ausmaß des Einflusses kann jedoch mangels einschlägiger Untersuchungen nicht bestimmt werden.

r. Schlussfolgerungen

Es ist davon auszugehen, dass jeder der zuvor aufgezeigten Einflussfaktoren für die Kursentwicklung nach der Abgabe eines Übernahmeangebots bzw. nach einer erfolgreichen Übernahme den Kurs auch tatsächlich beeinflussen kann.[435] In der Regel sind monokausale Erklärungen abwegig.[436] Das Einflusspotential und das Ausmaß des Einflusses eines jeden Faktors für den Kursverlauf unterscheiden sich von Fall zu Fall.[437] Generelle Aussagen über die Gewichtung oder Häufigkeit einzelner Faktoren lassen sich nicht treffen,[438] auch wenn die zu den einzelnen Faktoren getroffenen Feststellungen Rückschlüsse über den tatsächlichen Einfluss auf die Kursentwicklung in bestimmten Konjunkturphasen, in bestimmten Branchen bzw. in bestimmten Einzelfällen zulassen.[439] Schon im Einzelfall ist die Ursache der Kursentwicklung schwer zu ermitteln.[440] Auch hier können lediglich ungefähre Gewichtungen festgestellt werden, ohne dass gesicherte Erkenntnisse über die Ursachen des erzielten Kursaufschlages gewonnen werden können.[441] Im Ergebnis lässt sich jedenfalls feststellen, dass dem Mehrwert des Anteils für seinen Inhaber in vielen Fällen ein vermögenswerter Nachteil einer anderen Person oder Gruppe gegenübersteht.[442]

In vielen Fällen indizieren die kursbeeinflussenden Faktoren die kartellierende Entwicklung von Übernahmen.[443] Gerade aus den Einsparungspotentialen, den strategischen Vorteilen und den Realisierungen des Kontrollwertes ergibt sich eine Tendenz zur Konzentration.[444]

---

[435] Vgl. Hahn, Die feindliche Übernahme von Aktiengesellschaften, 84 f.; Lehnert, Unternehmensübernahmen in den USA, 200 ff.; Mülbert/Birke, WM 2001, 705, 707 f.; Pellens/Tomaszewski/Weber, DB 2000, 1825, 1826.

[436] Vgl. Weisser, Feindliche Übernahmeangebote und Verhaltenspflichten der Leitungsorgane, 73; Gilson, The Law and Finance of Corporate Acquisitons, Suppl. 1990, 46; Berkovitch/Narayanan, 28 Journal of Financial and Quantitative Analysis (1993), 347, 360 f.; Black, 41 Stanford Law Review (1989), 597, 634; Kerler, Mergers & Acquisitions, 33; Lehnert, Unternehmensübernahmen in den USA, 200 ff.; Mülbert/Birke, WM 2001, 705, 707 f.; Roll, in Coffee/Lowenstein/Rose-Ackerman, Knights, Raiders, and Targets, 241, 250.

[437] Vgl. Hahn, Die feindliche Übernahme von Aktiengesellschaften, 84 f.

[438] Vgl. Weisser, Feindliche Übernahmeangebote und Verhaltenspflichten der Leitungsorgane, 73; Choper Coffee/Morris, Corporations, 1166; Jensen/Ruback, 11 Journal of Financial Economics (1983), 5, 47.

[439] Vgl. dazu Berkovitch/Narayanan, 28 Journal of Financial and Quantitative Analysis (1993), 347, 360 f.

[440] Vgl. Lehnert, Unternehmensübernahmen in den USA, 200 ff.

[441] Vgl. Berkovitch/Narayanan, 28 Journal of Financial and Quantitative Analysis (1993), 347, 360 f.

[442] Vgl. Hahn, Die feindliche Übernahme von Aktiengesellschaften, 84 f.; Berkovitch/Narayanan, 28 Journal of Financial and Quantitative Analysis (1993), 347, 360 f.; Jarrell/Brickley/Netter, 2 Journal of Economic Perspectives (1988), 49, 56 ff.

[443] Vgl. Die Zeit vom 13. Juli 2000, 29.

[444] Vgl. Die Zeit vom 13. Juli 2000, 29.

Die aufgezeigten Einflüsse können schließlich bestimmten Interessen zugeordnet werden. Allen Einflussfaktoren ist gemein, dass sie nicht den Interessen der Anteilseigner der Zielgesellschaft widersprechen. Ein wirtschaftlicher Nachteil für die Anteilseigner der Zielgesellschaft kann sich insbesondere nicht aus den aufgezeigten Begründungen für die Kurssteigerungen ergeben.[445] Möglicherweise werden anderweitige Interessen Dritter beeinträchtigt; die Anteilseigner der Zielgesellschaft haben demgegenüber in allen Fällen keine Beeinträchtigungen ihrer Interessen hinzunehmen.[446] Dies gilt umso mehr, als die Anteilseigner in jedem Fall über den Verkauf ihres Anteils und über die Übernahme entscheiden, ohne dass sich aus den Einflussfaktoren ein wirtschaftlich bedingter Interessensgegensatz unter den Anteilseignern folgern lässt. Diese Ausführungen gelten jedenfalls dann, wenn die Gleichbehandlung der Anteilseigner und der Schutz verbleibender Minderheitsaktionäre gewährleistet sind. Insofern ist davon auszugehen, dass die Gruppe der Anteilseigner der Zielgesellschaft in diesem Zusammenhang als homogene Gruppe anzusehen ist.[447]

Aus den Begründungen für die Kursaufschläge lässt sich weiter folgern, dass die *Management-Buy-Out-Teams*, die Investmentgruppen und die so genannten *raider* lediglich Makler- oder Agentenfunktion haben.[448] Hinsichtlich ihres Anteils an Übernahmevorgängen in Höhe von rund 20 % erfolgt nahezu ausnahmslos ein vollständiger oder aufgeteilter Weiterverkauf an verwandte Unternehmen.[449] Ungeachtet der teilweise horrenden Zwischengewinne wird von ihnen eine Umverteilung oder eine Aufteilung vorgenommen, die infolge ihrer Kosten und des gesamten Verkaufspreises einen erhöhten Zwang zur Effizienzsteigerung ausübt.[450] Hohes Anlagevermögen, hohe Verbindlichkeiten und konzentrierte Eigentümerstrukturen schaffen besondere Anreize für diese Bietergruppe.[451] Es ist davon auszugehen, dass die unter erhöhtem wirtschaftlichem Druck fortbestehenden Unternehmensteile in selbstständiger oder angegliederter Form die Spezialisierung und den Wettbewerb fördern.[452]

4. Zurechnung besonderer Kursaufschläge

Nachdem festgestellt worden ist, dass der Aktienkurs einer Zielgesellschaft grundsätzlich nach Abgabe eines Übernahmeangebots steigt und wodurch die Kursauf-

---

[445] Vgl. Bühner, zfbf 1990, 295, 314.

[446] Vgl. Paefgen, AG 1991, 41, 57 f.

[447] Vgl. Krause, Das obligatorische Übernahmeangebot 156 f.; Knoll, Übernahme von Kapitalgesellschaften, 163 f.

[448] Vgl. dazu auch Kessel, Leveraged Buy-out, 12 f.

[449] Vgl. Lehnert, Unternehmensübernahmen in den USA, 170 f.

[450] Vgl. Lehnert, Unternehmensübernahmen in den USA, 169 f.; vgl. weiter dazu auch Jensen, 67 Harvard Business Review (1989), 64.

[451] Vgl. Bästlein, Zur Feindlichkeit öffentlicher Übernahmeangebote, 212 ff.

[452] Vgl. dazu auch Baker/Wruck, 25 Journal of Financial Economics (1989), 163, 183 ff.

schläge verursacht sein können, gilt es nun zu ermitteln, wer von den Übernahmebeteiligten im Ergebnis für die Kursaufschläge aufkommt, die nicht durch die Entwicklung des Kapitalmarktes kompensiert werden, und ob die Interessen der Anteilseigner der Zielgesellschaft dadurch mittelbar beeinträchtigt werden.

a. Ausgleich zu Lasten des Bieters

Zunächst liegt es nahe anzunehmen, dass der Kursaufschlag zu Lasten der Bietergesellschaft gezahlt wird. Der Kursaufschlag wird nach dieser Annahme von der Bietergesellschaft ganz unabhängig davon getragen, ob dem Aufschlag auf Seiten der Zielgesellschaft ein entsprechender Gegenwert oder aber wenigstens ein entsprechendes Ertragspotential gegenübersteht.[453] Der Aufwand auf Seiten des Bieters wirkt sich zunächst für das Unternehmen selbst vermögensmindernd aus. Diese Vermögensminderung schlägt auf die Anteilseigner des Unternehmens durch: Da sich der Anteilswert vermindert, vermindert sich auch das Vermögen des Anteilseigners.[454] In einem transparenten Kapitalmarkt würde sich die Vermögensverringerung in der Anpassung des Kurswertes auf ein entsprechend niedriges Niveau niederschlagen.[455]

Um die Annahme zu verifizieren, sind Untersuchungen durchgeführt worden, die sich vom Ansatz her unterschieden. Die naheliegendste Untersuchungsmethode geht von der Frage nach der Kursentwicklung der Bietergesellschaft vor und nach einer Übernahme aus. Derartige Untersuchungen sind trotz der einfachen Ermittlung der Kursentwicklungen problematisch, weil die Kosten einer Übernahme nicht den einzigen Faktor für die Kursentwicklung ausmachen. Wenn die Bietergesellschaft hohe Gewinne in anderen Geschäftsbereichen zu verzeichnen hat, wird ihr Kurs - trotz der Kosten einer betriebswirtschaftlich ineffizienten Übernahme - steigen. Die Gewinne der Aktionäre der Zielgesellschaft wären zumeist als Abschöpfung zu Lasten der Aktionäre der Bietergesellschaft zu verstehen.[456] Unabhängig von der Kosten- und Ertragslage der Bietergesellschaft vermögen die Gewinne und anderweitigen Vorteile einer Übernahme in den meisten Fällen ihre Kosten nicht auszugleichen,[457] auch wenn der Kursaufschlag regelmäßig nur in anteiliger und nicht in voller Höhe von Seiten des Bieters getragen wird.[458] Die Zunahme des Wettbewerbs unter den Bietern gegen Ende der 80er Jahre und die damit einhergehende Zunahme von auktionsartigen Bieterwettbewerben hat für

[453] Vgl. dazu Bühner, zfbf 1990, 295, 314; Travlos, 42 Journal of Finance (1987), 943, 961.

[454] Vgl. Berkovitch/Narayanan, 28 Journal of Financial and Quantitative Analysis (1993), 347, 350 ff.

[455] Vgl. Jensen, 48 Journal of Finance (1993), 831, 851; Travlos, 42 Journal of Finance (1987), 943, 961.

[456] Vgl. Berkovitch/Narayanan, 28 Journal of Financial and Quantitative Analysis (1993), 347, 350 ff. Vgl. dazu auch Bradley/Desai/Kim, 21 Journal of Financial Economics (1988), 3, 13; Lehnert, Unternehmensübernahmen in den USA, 172 ff.; Magenheim/Mueller, in Coffee/Lowenstein/Rose-Ackerman, Knights, Raiders, and Targets, 171, 177.

[457] Vgl. Lehnert, Unternehmensübernahmen in den USA, 172; Mülbert/Birke, WM 2001, 705, 708.

[458] Vgl. Bühner, zfbf 1990, 295, 314.

Bieter zu einer noch nachteiligeren Ertrags- und Kostensituation geführt.[459] In den USA haben bundes- und einzelstaatliche Verfahrensregelungen, die die Zielgesellschaften, ihre Aktionäre, und so genannte *stakeholder* schützen sollten, diese Entwicklung noch forciert.[460]

Eine anders ausgerichtete Untersuchung kommt zu dem Ergebnis, dass das Management des Bieters vielfach aus Eigennutz kostenintensiven Diversifikationsbestrebungen nachgeht, während von inhaberähnlichen Managementstrukturen bestimmte Unternehmen wegen der damit einhergehenden Vermögenseinbußen deutlich weniger Übernahmen vornehmen.[461] Nach einer weiteren Untersuchungsmethode wurde das private Portefeuille der Topmanager untersucht, um dessen Entwicklung in Zusammenhang mit dem Übernahmevorhaben festzustellen. Diese Untersuchung ging davon aus, dass die Manager ihre eigenen Bieteraktien vor einer Übernahme verkaufen würden, wenn diese sich nach der eigenen Einschätzung nicht vermögensmehrend auswirken sollte. Auch wenn die Untersuchung – möglicherweise infolge von nur eingeschränkt zugänglichen Daten[462] - nicht zu verallgemeinerungsfähigen Ergebnissen gelangt, wurde eine Veräußerungstendenz vor verlustträchtigen Übernahmen und eine Zukauftendenz vor vermögensmehrenden Übernahmen ermittelt.[463] Gleichwohl konnte im Ergebnis nicht festgestellt werden, dass Topmanager vorsätzlich vermögensmindernde Transaktionen durchführen.[464] Nach einer anderen Untersuchungsmethode wird davon ausgegangen, dass ein Bietermanagement umso eigennütziger, selbstherrlicher und verschwenderischer vorgeht, je weniger externe Kontrolle vorhanden ist.[465] Da sich eine derartige Vorgehensweise vermögensmindernd auswirke, sei die übernahmebedingte Rendite in vielen Fällen eine Frage der externen Kontrolle des Managements.[466] Ausgehend von dieser Prämisse ist die Abhängigkeit der Rendite von der externen Kontrolle untersucht worden. Im Ergebnis hat sich herausgestellt, dass in der Tat die Rendite deutlich höher ist, wenn das managementkontrollierende Gesellschaftsorgan aus externen Mitgliedern besteht.[467] Insofern ist davon auszugehen, dass eine externe Managementkontrolle eigennütziges oder wirtschaftlich nachteiliges Vorgehen einschränkt, während unkontrollierte Unternehmensleitungen Übernahmen vornehmen, die auf Bieterseite Vermögenseinbußen zur Folge haben. Nach einem

---

[459] Vgl. hierzu Bästlein, Zur Feindlichkeit öffentlicher Übernahmeangebote, 250.

[460] Vgl. Paefgen, AG 1991, 41, 41 ff.

[461] Vgl. Amihud/Lev, 12 Bell Journal of Economics (1981), 605, 610 ff.

[462] Die Zugänglichkeit des Datenmaterials wurde einerseits durch die Vorschriften über Insiderhandel gewährleistet, andererseits werden möglicherweise infolge des Verbots von Insidergeschäften Umgehungsgeschäfte getätigt, die Untersuchungen nicht zugänglich sind und insofern die Untersuchungsergebnisse verfälschen.

[463] Vgl. Seyhun, 63 Journal of Business (1990), 439, 451, Tabelle 5.

[464] Vgl. Seyhun, 63 Journal of Business (1990), 439, 460 f.

[465] Vgl. Adams, AG 1990, 243, 244.

[466] Vgl. Adams, AG 1990, 243, 244; Byrd/Hickman, 32 Journal of Financial Economics (1992), 195, 196.

[467] Vgl. Byrd/Hickman, 32 Journal of Financial Economics (1992), 195, 196.

anderen Ansatz wird das Verhältnis zwischen der erzielten Rendite und dem vom Management gehaltenen Eigenkapital untersucht. Dabei konnte ein deutlich negativer Zusammenhang zwischen der Höhe des Kursaufschlages und dem gehaltenen Eigenkapital festgestellt werden.[468] Daraus lässt sich folgern, dass die Unternehmensleitung umso weniger risikofreudig eigennützig vorgeht, je stärker das Eigenkapital gefährdet ist.

b. Ausgleich zu Lasten von Anlegern von Risikoanleihen und bestimmter Aktiengattungen des Bieters

Einige Kritiker von Unternehmensübernahmen vertreten die Auffassung, dass der Kursaufschlag vom Bieter getragen wird und dort im Ergebnis zu Lasten von Anlegern bestimmter Anlagegattungen finanziert wird.[469] Sie gehen zunächst ebenfalls davon aus, dass ein wirtschaftlich nicht begründbarer Kursaufschlag grundsätzlich seitens des Bieters zu zahlen ist und differenzieren beim Bieter nach Gruppen, etwa zwischen der Gesellschaft selbst und den Anlegern unterschiedlicher Anlagegattungen. Die Untersuchung der wirtschaftlichen Folgen für die einzelnen Gruppen habe ergeben, dass die wirtschaftliche Belastung des Bieters an Anleger bestimmter Aktionärsgruppen weitergeleitet wird. So wirkt sich die Verteilung der wirtschaftlichen Übernahmebelastung nachteilig für *preferred stockholders* und *bondholders* (Inhaber bevorrechtigter Wertpapiere) aus, während Anleger anderer Gattungen relativ - wenn auch nicht zwangsläufig absolut - von dieser Umverteilung profitierten.[470] Vertiefende empirische Untersuchungen konnten diese Auffassung indes nicht stützen. Nach diesen Untersuchungen konnte grundsätzlich bei Übernahmen keine ungleichmäßige Belastung oder etwa ein Vermögenstransfer unter den Anteilseignern unterschiedlicher Gattungen in der Bietergesellschaft ausgemacht werden.[471]

c. Ausgleich zu Lasten von Arbeitnehmern und stakeholdern der Zielgesellschaft

Nach einer anderen Auffassung wird der Kursaufschlag im Ergebnis von den Arbeitnehmern und von Drittbetroffenen (so genannten *stakeholdern*[472] der Zielge-

---

[468] Vgl. Slusky/Caves, 39 Journal of Industrial Economics (1991), 277, 290.

[469] Vgl. Jarrell/Brickley/Netter, 2 Journal of Economic Perspectives (1988), 49, 56. Vgl. auch KölnerKommWpÜG/Hirte, Einleitung, Rdn. 19.

[470] Vgl. die ausführliche Darstellung bei Jensen/Ruback, 11 Journal of Financial Economics (1983), 5, 5 ff.

[471] Vgl. nur Lehn/Poulsen, in Weidenbaum/Chilton, Public Policy Toward Corporate Takeovers, 46, 46 ff.; vgl. weiter: Dennis/McConnell, 16 Journal of Financial Economics (1986), 143, 143 ff.; Jarrell/Brickley/Netter, 2 Journal of Economic Perspectives (1988), 49, 55; Jensen/Ruback, 11 Journal of Financial Economics (1983), 5, 5 ff.

[472] Vgl. dazu ausführlich Solomon/Palmiter, Corporations, 566. Vgl. auch Black/Wright/Bachmann/Davies, Shareholder Value, 14 f.; Achatz, in Müller/Leven, Shareholder Value Reporting, 13, 18 f.

sellschaft) getragen.[473] Danach entspricht der Betrag, der aufgrund einer Schlechterstellung der Arbeitnehmer und *stakeholder* der Zielgesellschaft nach der Übernahme eingespart wird, nahezu vollständig oder teilweise der Summe aller gezahlten Kursaufschläge.[474] Wenngleich durch Rationalisierungen, zu denen im weitesten Sinne auch günstigere Bedingungen im *stakeholder*-Bereich zählen sollen, maßgebliche Einsparungen bewirkt werden können und auch in vielen Fällen bewirkt werden und wenngleich diese Einsparungen faktisch als Kompensation für die gezahlten Kursaufschläge angesehen werden können, sollte nicht davon ausgegangen werden, dass solche Rationalisierungen Übernahmen finanzieren könnten. Eine finanzielle Entlastung des Bieters durch Einsparungen in diesen Bereichen ist möglich und findet in vielen Fällen auch statt. Der weitaus größte Teil des Kursaufschlages resultiert aber aus anderen Wertschöpfungen oder geänderten Wertbeurteilungen des Marktes.[475]

d. Ausgleich zu Lasten von Gläubigern des Bieters

Vereinzelt wird die Auffassung vertreten, tatsächlich würden die Gläubiger des Bieters für die gezahlten Kursaufschläge aufkommen müssen.[476] Dieser Erklärung entsprechend würden die Gläubiger des Bieters unter den geänderten Bedingungen nach einer Übernahme ihren Anspruch auf Zinsen oder auf ihre Forderungen nur noch teilweise durchsetzen können oder wollen.[477] Dem ist entgegenzuhalten, dass den Ansprüchen nahezu ausnahmslos Verträge zugrunde liegen, so dass die Ansprüche regelmäßig nachweisbar und damit durchsetzbar sind und auch kein anderer Grund für einen Verzicht ersichtlich ist. Insbesondere wird bis auf wenige Ausnahmefälle ausreichend Vermögen beim Bieter vorhanden sein. Insofern werden Gläubiger in aller Regel auf die Geltendmachung ihrer Forderungen bestehen. Insolvenz- oder Liquidationsverfahren, in denen sich ein Forderungsverzicht als

[473] Vgl. dazu auch Bästlein, Zur Feindlichkeit öffentlicher Übernahmeangebote, 184 f.; Coffee, in Coffee/Lowenstein/Rose-Ackerman, Knights, Raiders, and Targets, 77, 105 f.; Hahn, Die feindliche Übernahme von Aktiengesellschaften, 107 ff.; Jarrell/Brickley/Netter, 2 Journal of Economic Perspectives (1988), 49, 57; KölnerKommWpÜG/Hirte, Einleitung, Rdn. 23 ff.; Lehnert, Unternehmensübernahmen in den USA, 211 ff.; Romano, in Hopt/Wymeersch, European Takeovers, 3, 15 ff.; Shleifer/Summers, in Auerbach, Corporate Takeovers, 33, 33 ff.; Solomon/Palmiter, Corporations, 566 f.

[474] Vgl. dazu Shleifer/Summers, in Auerbach, Corporate Takeovers, 33, 33 ff.; Lipton, 35 Business Lawyer (1979), 101, 111; Coffee, 84 Columbia Law Review (1984), 1145, 1234 ff.; Coffee, 85 Michigan Law Review (1986), 1, 70 ff.; Solomon/Palmiter, Corporations, 566 f. Vgl. jedoch auch die Ausführungen von Easterbrook/Fischel, Economic Structure of Corporate Law, 181 ff., 201; Brown/Medoff, in Auerbach, Corporate Takeovers, 9, 9 ff.; Romano, 57 University of Cincinnati Law Review (1988), 457, 457 ff. Vgl. hierzu auch Ryan, 64 Tulane Law Review (1989), 3, 3 ff.

[475] Vgl. Brown/Medoff, in Auerbach, Corporate Takeovers, 9, 9 ff.; Jarrell/Brickley/Netter, 2 Journal of Economic Perspectives (1988), 49, 57.

[476] Vgl. dazu Asquith/Kim, 37 Journal of Finance (1982), 1209, 1219, 1227. Vgl. dazu auch Coffee, in Coffee/Lowenstein/Rose-Ackerman, Knights, Raiders, and Targets, 77, 104 f.

[477] Vgl. in diesem Zusammenhang auch Adams, AG 1989, 333, 336 f. Zum Gläubigerschutz bei Konzernverschmelzungen - vielfach die Folge einer Übernahme - vgl. weitergehend Knott, DB 1996, 2423, 2423 ff.

vorteilhaft erweisen kann, sind selten. Der Verzicht auf Forderungen unter dem Druck der zukünftigen Geschäftsbeziehung dürfte ebenfalls die Ausnahme sein.

e. Schlussfolgerungen

Im Ergebnis bleibt festzustellen, dass Kursaufschläge wirtschaftlich nur zu einem kleineren Teil von bestimmten Personen oder Personengruppen getragen werden.[478] Ein wesentlicher Teil des Aufschlages wird durch die geänderte Ausrichtung des Kapitalmarktes kompensiert. Die Anleger bewerten mit ihrem Angebots- und Nachfrageverhalten die veränderten Bedingungen und tragen faktisch aufgrund der sich verändernden Kurse der Gesellschaften zumindest einen Teil des Kursaufschlages.[479] Teilweise übersteigt die Kursdifferenz nach einer Übernahme den Kursaufschlag mitsamt der Kapital- und sonstigen Nebenkosten.[480] Nach einer Übernahme werden regelmäßig Veränderungen vorgenommen, die Kosteneinsparungen und Ertragssteigerungen zur Folge haben oder zumindest zur Folge haben sollen. Kosteneinsparungen und Ertragssteigerungen wirken sich nachteilig für bestimmten Personen oder Personengruppen aus. Kosteneinsparungen durch Entlassungen sind nachteilig für die freigesetzten Arbeitnehmer. Durch erfolgreiche Preisverhandlungen mit den Zulieferern können Einbußen bei diesen Betrieben im Bereich der so genannten *stakeholder* zu verzeichnen sein. Modernere Maschinen verhindern die Einstellung neuer Arbeitskräfte. Ertragssteigerungen werden möglicherweise durch Mehrarbeit der Arbeitnehmer erzielt. Diese erleiden insofern durch die nicht oder nur teilfinanzierte Mehrarbeit Einbußen. Durch die Erzielung von Synergien sind Mitbewerber Wettbewerbsnachteilen und damit - zumindest relativen - Vermögenseinbußen ausgesetzt. Durch diese exemplarisch aufgezeigten Entwicklungen und Entwicklungsmöglichkeiten kann ein Teil der vom Bieter gezahlten Kursaufschläge kompensiert werden. Der durch die Entwicklung der Zielgesellschaft oder der fusionierten Gesellschaften nach der Übernahme erzielte Vermögenszuwachs kann auch größer als die Summe der Kursaufschläge sein. Unmittelbar nach der Angebotsabgabe steht der Bieter als Schuldner der Anteilseigner der Zielgesellschaft in der Pflicht, den Kursaufschlag zu zahlen. Entspricht der Angebotskurs nicht dem Gegenwert, so trägt er, bzw. tragen seine Anteilseigner den Verlust. Spätere Entwicklungen können dagegen nicht direkt einzelnen Personen oder Gruppen zugeordnet werden. Umverteilungstheorien, die einen Großteil der Gewinne von Übernahmen zu bestreiten versuchen, finden nur noch geringe Beachtung. Eine schlüssige Systematik von kosten- und gegebenenfalls gewinnausgleichenden Verlustzuweisungen ist nicht ermittelbar. Gerade die vereinzelt vorzufindenden sehr hohen Gewinne für Ziel- und Bietergesellschafts-

---

[478] Vgl. Hahn, Übernahme von Aktiengesellschaften, 118; Schwartze, in Ott/Schäfer, Ökonomische Analyse, 264, 268 f.

[479] Vgl. Krause, Das obligatorische Übernahmeangebot, 115 f.

[480] Vgl. zur Bewertung der Zielgesellschaft und zu den Kosten einer Übernahme Bilstein, in von Rosen/Seifert, Übernahme börsennotierter Unternehmen, 223, 244 ff.

aktionäre aufgrund von Fusionen, Übernahmen und anderen Aktivitäten können nicht durch bloße Umverteilungen erklärt werden. Aus diesem Grund ist festzustellen, dass derartige gesellschaftliche Transaktionen wirtschaftlich vorteilhafte Neuzuordnungen produktiver Vermögenswerte zu reflektieren scheinen. Jedenfalls - und das erscheint im Rahmen einer Untersuchung der Verhaltenspflichten des Managements der Zielgesellschaft von besonderer Bedeutung - kann die Frage, wer den Kursaufschlag im Ergebnis faktisch finanziert und wer wegen dessen Finanzierung Nachteile zu verzeichnen oder zu befürchten hat, eindeutig dahingehend beantwortet werden, dass jedenfalls die Anteilseigner der Zielgesellschaft von solchen Einbußen oder Nachteile nicht betroffen sind. Dies gilt auch hier natürlich nur bei Gleichbehandlung dieser Aktionäre und bei Schutz der verbleibenden Minderheitsaktionäre.

5. Auswirkungen des Verhaltens der Geschäftsleitung der Zielgesellschaft nach Abgabe eines Übernahmeangebots auf den Kurs

Das Ergreifen von Maßnahmen, insbesondere von Verteidigungsmaßnahmen seitens der Leitung der Zielgesellschaft kann sich für die Aktionäre sowohl positiv als auch negativ auswirken. Dabei lassen sich verschiedene Maßnahmen unterscheiden.

a. Kurssteigerndes Verhalten

Das Verhalten der Geschäftsführung einer Zielgesellschaft nach der Abgabe eines Übernahmeangebots kann eine Kurssteigerung für die Gesellschaftsanteile bewirken. Ein einfaches Beispiel soll die Möglichkeit der Kurssteigerung aufzeigen: Die Geschäftsführung könnte eine Erklärung dahingehend abgeben, dass der Angebotspreis unangemessen niedrig sei und die Einleitung von bestimmten Verteidigungsmaßnahmen erfolgen werde, wenn der Angebotspreis nicht entsprechend erhöht würde. Würde der Bieter die Ankündigung ernst nehmen, so würde er wahrscheinlich den Angebotspreis erhöhen, wenn seine Kosten der Rechtsverfolgung für den Fall der Rechtswidrigkeit der VerteidungsMaßnahmen und andere zusätzlichen Kosten nach Einleitung der Verteidigungsmaßnahmen höher wären. Allerdings vermag eine Vielzahl von Gründen eine Kurssteigerung zu verursachen.[481] Insbesondere bewirkten in der Vergangenheit die Suche nach einem anderen Bieter, die Herbeiführung einer Auktion und die vertrauliche oder öffentliche Auseinandersetzung mit dem Bieter zwecks Erzielung des höchstmöglichen Übernahmekurses maßgebliche Kurssteigerungen.[482] Neben einer Anzahl von Verteidigungsmaßnahmen, die infolge des offenbarten Widerstandes eine Angebotserhöhung nach sich ziehen können, hat vielfach schon die öffentliche Stellung-nahme des Managements

[481] Vgl. hierzu Lehnert, Unternehmensübernahmen in den USA, 92.

[482] Vgl. dazu Paefgen, AG 1991, 41, 55.

der Zielgesellschaft zu dem Angebot eine Angebotserhöhung bewirkt.[483] In Einzelfällen lässt sich angesichts der komplexen Entscheidungssituation für den Bieter selten beurteilen, welche Umstände die Erhöhung des Angebots tatsächlich bewirkt haben. Daher lassen sich keine verbindlichen Verhaltensstrategien entwickeln, die eine Kurssteigerung bewirken. Ein und dieselbe Reaktion auf ein Übernahmeangebot kann nämlich - je nach der Reaktion auf der Bieterseite - dazu führen, dass die Kursentwicklung positiv oder negativ verläuft.[484] Als Regel lässt sich festhalten, dass Verteidigungsmaßnahmen eine Angebots- oder Kurssteigerung jedenfalls dann nach sich ziehen, wenn sie die Übernahme nicht verhindern und auch nicht maßgeblich verzögern.[485]

b. Kursverringerndes Verhalten

Das Verhalten der Geschäftsführung der Zielgesellschaft kann auch dazu führen, dass das Angebot zurückgezogen oder der Angebotspreis herabgesetzt wird und der Kurs der Anteile der Zielgesellschaft sinkt. Zunächst lassen sich bestimmte „Verteidigungsmaßnahmen" aufzeigen, die eine derartige Entwicklung fast zwangsläufig zur Folge haben.[486] Übernahmebedingte Desinvestitionen oder Investitionen in kosten- und risikointensive Vorhaben veranlassen beispielsweise einen Bieter regelmäßig, von einer Übernahme abzusehen.[487] Dies gilt auch für den Fall, dass nach vorheriger öffentlicher Erklärung eigene Aktien zu einem höheren Preis als dem Angebotspreis aufgekauft werden.[488] In beiden Fällen wird eine Übernahme erfolgreich abgewehrt; die aufgezeigten Maßnahmen sind jedoch so teuer, dass sie in der Regel die durch die Veröffentlichung des Übernahmeangebots bewirkte Kurssteigerung nicht zu verhindern vermögen, sie aber verringern.[489] Auch bezüglich eines kurssenkenden Verhaltens lässt sich kein Aktions- und Reaktionsmuster erschließen, nach dem die Kurrent-Wicklung zu steuern wäre.[490]

c. Ergebnis

Aus den vorstehenden Ausführungen lässt sich leicht ablesen, dass das Verhalten der Unternehmensleitung der Zielgesellschaft nach Abgabe eines Übernahme-

---

[483] Vgl. Witt, Übernahmen von Aktiengesellschaften, 10.

[484] Vgl. Safieddine/Titman, 54 Journal of Finance (1999), 547, 547.

[485] Vgl. Kummer/Hoffmeister, 33 Journal of Finance (1978), 505, 505 ff.; vgl. auch Bradley/Desai/Kim, Specialized Resources and Competition in the Market for Corporate Control. Neue Studien differenzieren danach, ob das Management nach erfolgreicher Abwehr die erforderlichen Restrukturierungsmaßnahmen einleitet, insbesondere die Fremdkapitalquote erhöht. In Abhängigkeit davon würde sich auch eine Kurssteigerung ergeben können, vgl. Safieddine/Titman, 54 Journal of Finance (1999), 547, 577 ff.

[486] Vgl. Note, 98 Harvard Law Review (1985), 1045, 1051 ff.

[487] Vgl. dazu Weisner, Verteidigungsmaßnahmen gegen unfreundliche Übernahmeversuche, 35 ff.

[488] Vgl. hierzu Böhm, in von Rosen/Seifert, Übernahme börsennotierter Unternehmen, 327, 327 ff.

[489] Vgl. Paefgen, AG 1991, 41, 55.

[490] Vgl. Safieddine/Titman, 54 Journal of Finance (1999), 547, 547.

angebots Einfluss auf die Kursentwicklung nehmen kann. Die aufgeführten Beispiele indizieren, dass diese Einflussmöglichkeiten weit reichen. Ein Vergleich der Kursentwicklung bei alternativen Verhaltensweisen würde allerdings eine große Streuungsbreite aufzeigen. Da die Wechselwirkungen zwischen dem Verhalten des Managements der Zielgesellschaft und der Bieterseite ohnehin komplex und zusätzlich von Komponenten bestimmt sind, die für die jeweils andere Seite nicht antizipierbar sind, lassen sich Reaktionen der Gegenseite nur mit Einschränkungen berechnen. Mit der Ausrichtung ihres Verhaltens nach Angebotsabgabe unternimmt die Unternehmensleitung mithin eine risikoreiche Gratwanderung zwischen Kursverfall und Kursmaximierung.[491] Durch öffentliche Erklärungen und Entscheidungsbegründungen kann versucht werden, Fehlinterpretationen des eigenen Verhaltens vorzubeugen. Gleichwohl trägt die Unternehmensführung in der Übernahmesituation eine außerordentlich hohe Verantwortung; ihr Handeln - sei es ein aktives Handeln oder ein Unterlassen - kann sich erheblich auf das Vermögen der Anteilseigner auswirken. Wegen der Unsicherheiten hinsichtlich des Verhaltens beider Seiten und der unsicheren Wechselwirkungen ist der Anteilshandel in der Phase nach Abgabe des Übernahmeangebots sehr volatil.[492]

6. Ergebnis

Als Ergebnis der Ausführungen über die Interessen der Anteilseigner der Zielgesellschaft lässt sich festhalten, dass die Kurssteigerung ihr weitaus vorrangiges Ziel ist. Nach Abgabe eines Übernahmeangebots ist regelmäßig mit einem Kursanstieg zu rechnen. Die Ursachen des eintretenden Kursanstiegs implizieren keine Beeinträchtigung der Interessen der Anteilseigner. Das Verhalten der Geschäftsführung der Zielgesellschaft in der Übernahmephase kann eine zusätzliche Kurssteigerung bewirken, aber auch eine negative Kursentwicklung einleiten.

II. Interessen der Zielgesellschaft

Die Interessen der Zielgesellschaft zu definieren, stößt auf Schwierigkeiten. Zunächst könnte daran gedacht werden, die kollektiven Interessen der Anteilseigner als die der Zielgesellschaft zu begreifen. Unter einer rein wirtschaftlichen Betrachtungsweisen erscheint es auch nahe liegend, die Interessen eines Unternehmens durch die Interessen ihrer wirtschaftlichen Eigentümer zu erschließen, wenngleich die Feststellung der kollektiven Interessen der Anteilseigner in den Fällen inhomogener Entscheidungsinteressen schwer fällt.[493] Gleichwohl werden die Interessen eines Unternehmens als eigenständiges Wirtschaftssubjekt auch unabhängig von

[491] Vgl. auch Möller, Die Stellung des Aktionärs bei Übernahmen, 46 f.

[492] Vgl. Bradley/Desai/Kim, 21 Journal of Financial (1988), 3, 3 ff.; Hahn, Die feindliche Übernahme von Aktiengesellschaften, 82 ff.; Lehnert, Unternehmensübernahmen in den USA in den 80er Jahren, 170 ff.

[493] Vgl. Kessel, Leveraged Buy-out, 7 ff. Vgl. dazu auch Busch, Regelung von Übernahmeangeboten, 32 f.

den Interessen der Anteilseigner definiert und bewertet.[494] Demnach sind die Interessen der Gesellschaft, die durchaus nicht mit den Interessen der Anteilseigner kongruent sein müssen, grundsätzlich maßgeblich.[495] Diese Interessen sind im Fall eines Interessensgegensatzes im Regelfall vorrangig und lediglich in den ausdrücklich positivrechtlich vorgegebenen Fällen den Interessen der Anteilseigner unterzuordnen.[496] Als gewichtige Interessen der Zielgesellschaft gelten das Bestandsinteresse, das Interesse an Unabhängigkeit, das Diversifikationsinteresse und das Wachstumsinteresse.[497] Vor diesem Hintergrund ist die Abwehr einer feindlichen Übernahme wegen der damit verbundenen Aufgabe der Unabhängigkeit des Unternehmens zu rechtfertigen.[498] Die Auseinandersetzung mit den Interessen der Zielgesellschaft erfolgt weiter unten im Zusammenhang mit der Untersuchung der Pflichten der Leitung,[499] die in unmittelbarer vertraglicher Bindung zum Unternehmen steht und deshalb diesem gegenüber zur Interessenswahrung verpflichtet ist.[500]

III. Interessen der Leitungsorgane der Zielgesellschaft

Das Management des Zielunternehmens muss befürchten, nach erfolgreicher Übernahme gegen Personen des Vertrauens des (neuen) Mehrheitsgesellschafters ausgetauscht zu werden oder anderen Beeinträchtigungen ausgesetzt zu sein.[501] Es wird deshalb regelmäßig nicht nur präventive Abwehrmaßnahmen zu ergreifen versuchen, sondern auch seine Geschäftspolitik so ausrichten, dass das Unternehmen nicht als attraktiver Übernahmekandidat erscheint.[502] Der Übernahmekampf zwischen Argyll und Distillers in England im Jahre 1984 nahm erstmals derart

---

494 Vgl. auch Schwartz, 17 Journal of Legal Studies (1988), 165, 196.

495 Vgl. Schmidt, Gesellschaftsrecht, 805 f.; Semler/Stengel, NZG 2003, 1, 3.

496 Vgl. weitergehend van Aubel, Vorstandspflichten bei Übernahmeangeboten, 158 f.; Koch, Hindernisse für öffentliche Übernahmeangebote, 237.

497 Vgl. Dimke/Heiser, NZG 2001, 241, 247.

498 Vgl. hierzu Dimke/Heiser, NZG 2001, 241, 247.

499 Siehe unten unter 5. Teil D. I.

500 Zum deutschen Recht vgl. Heiser, Interessenskonflikte in der Aktiengesellschaft, S. 106 ff.

501 Zu den für die bisherige Unternehmensführung nachteiligen Folgen einer Übernahme vgl. Gerpott, ZfB 1991, 5, 5 ff.; Gerpott, ZfB 1993, 1271, 1271 ff.; Gerpott, zfbf 1994, 4, 4 ff.; Martin/McConnell, 46 Journal of Finance (1991), 671, 671 ff.; Walsh/Ellwood, Mergers, Acquisitions and the Pruning of Managerial Deadwood. Übereinstimmend ist die Neubesetzung der Unternehmensleitung mit 40-50 % festgestellt. Vgl. dazu auch Adams, AG 1990, 63, 64; Adams, AG 1990, 243, 244; Bästlein, Zur Feindlichkeit öffentlicher Übernahmeangebote, 92 ff., 201 ff.; Daum, Die unkoordinierte Übernahme, 7, 24 ff.; Lehnert, Unternehmensübernahmen in den USA, 9; Markham, Conglomerate Enterprises and Public Policy, 85 ff.; Morck/Shleifer/Vishny, 20 Journal of Financial Economics (1988), 293, 293 ff.; Muscarella/Vetsuypens, 45 Journal of Finance (1990), 1389, 1389 ff.; Scharf/Shea/Beck, Acquisitions, 243; Shleifer/Vishny, 2 Journal of Economic Perspectives (1988), 7, 11; Seifert/Voth, in von Rosen/Seifert, Übernahme börsennotierter Unternehmen, 187, 196 ff.; Solomon/Palmiter, Corporations, 593 f.

502 Vgl. Assmann/Bozenhardt, in Assmann/Basaldua/Bozenhardt/Peltzer, Übernahmeangebote, 1, 16; Otto, DB-Beil. 12/1988, 1, 2; Scharf/ Shea/Beck, Acquisitions, 242 f.

groteske Formen an, dass englische Zeitungen durch ganzseitige Anzeigen beider Gesellschaften beherrscht wurden. Die Übernahmeauseinandersetzung wurde so zum Tagesgespräch und die öffentliche Aufmerksamkeit ging so weit, dass der englische Gesetzgeber die Verwendung von Zeitungsanzeigen bei Übernahmeangeboten einschränkte.[503] In den Vereinigten Staaten sind derartige Verhaltensweisen des *board* der Zielgesellschaft auch heutzutage an der Tagesordnung.[504] In der Bundesrepublik Deutschland beherrschten während des Übernahmekampfes Vodafone AirTouch/Mannesmann erstmals ebenfalls ganz- und mehrseitige weitgehend informationslose, aber stimmungsmachende Anzeigen in Tages- und Wochenzeitungen die öffentliche Auseinandersetzung.[505] Dies mag auf eindrucksvolle Weise verdeutlichen, welche Rechte die Leitungen von Zielgesellschaften tatsächlich zu haben glauben.[506] Gleichzeitig verdeutlichen solche Vorgehensweisen, dass zwischen der Unternehmensleitung und dem Bieter heftig um die Meinungsbildung der Anteilseigner gerungen wird. Es ist also offensichtlich, dass die Interessen der Anteilseigner und der Unternehmensleitung verschieden sind.

Die mit der Aufteilung von Eigentum und tatsächlicher Verfügungsmacht in der Publikumsgesellschaft verbundene Problematik wird in den Wirtschaftswissenschaften als *Principal/Agent*-Konflikt bezeichnet.[507] Zielgesellschaften sind regelmäßig große Unternehmen, in der Regel Aktiengesellschaften, in denen betriebswirtschaftliche Entscheidungen aus nahe liegenden Gründen an die Geschäftsführung delegiert sind.[508] Schon der gewöhnlichen Geschäftsführung kann diese

---

[503] Vgl. Hauschka/Roth, AG 1988, 181, 186.

[504] Vgl. Hecht, 66 Fordham Law Review (1997), 931, 958.

[505] Vgl. zu diesem Übernahmekampf Die Welt vom 08. Dezember 1999, 11; Frankfurter Allgemeine Zeitung vom 07. Dezember 1999, 30; Financial Times vom 09. Dezember 1999, 49. Vgl. im Übrigen zu diesem Abwehrverhalten Dimke/Heiser, NZG 2001, 241, 241; Handelsblatt vom 13. Juni 2001, R 2.

[506] Kritisch dazu auch Handelsblatt vom 13. Juni 2001, R 2, unter Bezugnahme auf die Privatautonomie und dem Eigentumsrecht der Aktionäre.

[507] Vgl. dazu grundlegend Berle/Means The Modern Corporation and Private Property; ausführlich auch Easterbrook/Fischel, Economic Structure of Corporate Law, 110 ff.; Hansmann, 4 Journal of Law, Economics, and Organization (1988), 267, 275 ff.; Posner, Economic Analysis of Law, 382 ff.; Abeltshauser, Leitungshaftung, 12 ff.; Bästlein, Zur Feindlichkeit öffentlicher Übernahmeangebote, 38 f., 95 ff.; Betsch/Groh/Lohmann, Corporate Finance, 248 f.; Bratton, 41 Stanford Law Review (1989), 1471, 1471 ff.; Brudney, 85 Columbia Law Review (1985), 1403, 1403 ff.; Jensen/Meckling, 3 Journal of Financial Economics (1976), 305, 305 ff.; Fama, 88 Journal of Political Economy (1980), 288, 288 ff.; Fama/Jensen, 26 Journal of Law & Economics (1983), 301, 301 ff.; Fama/Jensen, 26 Journal of Law & Economics (1983), 327, 327 ff.; Jensen/Ruback, 11 Journal of Financial Economics (1983), 5, 5 ff.; Jensen, 62 Harvard Business Review (1984), 109, 109 ff.; Jensen, 76 American Economic Review (1986), 323, 323 ff.; Jensen/Warner, 20 Journal of Financial Economics (1988), 3, 3 ff.; Mann/Sicherman, 64 Journal of Business (1991), 213, 213 ff., Pratt/Zeckhauser, in Pratt/Zeckhauser, Principals and Agents, 1, 1 ff.; Wenger/Terberger, WiSt 1988, 506, 506 ff.; Zimmermann/Wortmann, DB 2001, 289, 289 ff.

[508] Vgl. dazu Abeltshauser, Leitungshaftung, 12 ff.; Bästlein, Zur Feindlichkeit öffentlicher Übernahmeangebote, 95 ff.; Brudney, 85 Columbia Law Review (1985), 1403, 1424; Gollnick, Beurteilung der Vorstandsleistung, 21 f.; Hansmann, 4 Journal of Law, Economics, and Organization (1988), 267, 272 ff.; Jansch, Rolle der Aktionäre, 22 f.; Jensen/Meckling, 3 Journal of Financial Economics (1976), 305, 305 ff.; Mackensen, Institutionelle Anleger, 29; Zimmermann/Wortmann, DB 2001, 289, 289.

Delegation zu Interessenskonflikten führen, wenn betriebswirtschaftliche Optimierungen nicht mit den Interessen der Delegationsträger korrelieren.[509] Die infolge solcher Interessendivergenzen entstehenden Einbußen können als Kostenfaktor (*agency costs*) erfasst werden.[510] In Übernahmesituationen gewinnt der Interessenkonflikt zwischen Management und Anteilseignern eine besondere Qualität.[511] Nach einer erfolgreichen Übernahme werden vom Bieter in aller Regel eigene Mitarbeiter in Schlüsselpositionen der Geschäftsführung eingesetzt, um seine Zielvorgaben durchzusetzen.[512] Die Leitungsorgane der Zielgesellschaft müssen insofern davon ausgehen, dass sie ihren Arbeitsplatz verlieren oder jedenfalls in ihren Machtbefugnissen beschnitten werden.[513] Mit dem reinen Arbeitsplatzverlust geht weiter der Verlust firmen- und möglicherweise branchen-spezifischer Kenntnisse und Erfahrungen[514] genauso einher wie der Verlust von Rechten gegenüber der Zielgesellschaft aus so genannten implizit vereinbarten Rechten und Ansprüchen.[515] Auch wenn der Geschäftsführung vertragliche Ansprüche zustehen, begründet die Gefahr des Verlusts des Arbeitsplatzes oder der Beschränkung der Machtbefugnisse und der damit einhergehenden Vorteile ein erhebliches persönliches Interesse der Leitungsorgane an der Abwehr einer Übernahme, auch wenn da-

509 Vgl. Ang/Cole/Wuh Lin, 55 Journal of Finance (2000), 81, 90 ff.; Betsch/Groh/Lohmann, Corporate Finance, 248 f.; Brudney, 85 Columbia Law Review (1985), 1403, 1410 ff.; Chowdhry/Jegadeesh, 29 Journal of Financial and Quantitative Analysis (1994), 117, 120; Hansmann, 4 Journal of Law, Economics and Organization (1988), 267, 275 ff.; Jansch, Rolle der Aktionäre, 101 ff.; Jensen/Meckling, 3 Journal of Financial Economics (1976), 305, 305 ff.; Mackensen, Institutionelle Anleger, 29; Zimmermann/Wortmann, DB 2001, 289, 289. Vgl. dazu im Übrigen auch Bokelmann, Personelle Verflechtungen über Aufsichtsräte.

510 Vgl. Bästlein, Zur Feindlichkeit öffentlicher Übernahmeangebote, 79 ff.; Betsch/Groh/Lohmann, Corporate Finance, 248 f.; Brudney, 85 Columbia Law Review (1985), 1403, 1427 f.; Hansmann, 4 Journal of Law, Economics, and Organization (1988), 267, 275 ff.; Jansch, Rolle der Aktionäre, 104 f.; Lehnert, Unternehmensübernahmen in den USA, 189 ff.; Zimmermann/Wortmann, DB 2001, 289, 292. Zur Berechnung der Rentabilität der Abwehr für die Leitungsorgane der Zielgesellschaft vgl. Chowdhry/Jegadeesh, 29 Journal of Financial and Quantitative Analysis (1994), 117, 120.

511 Vgl. Adams, AG 1990, 63, 64; Coffee, 84 Columbia Law Review (1984), 1145, 1236; Heermann, WM 1997, 1689, 1690; Kirchner, WM 2000, 1821, 1822; Lehnert, Unternehmensübernahmen in den USA, 189 ff.; Thümmel, Persönliche Haftung von Managern und Aufsichtsräten, Rdn. 159; Wiese/Demisch, DB 2001, 849, 849. Vgl. auch die Analyse von Song/Walkling, 28 Journal of Financial and quantitative Analysis (1993), 439, 439 ff.

512 Vgl. Adams, AG 1990, 63, 64; Daum, Die unkoordinierte Übernahme, 24; Hahn, Die feindliche Übernahme von Aktiengesellschaften, 109.

513 Vgl. dazu ausführlich Bästlein, Zur Feindlichkeit öffentlicher Übernahmeangebote, 80 ff. Vgl. auch Möller, Die Stellung des Aktionärs bei Übernahmen, 46 f.; Scharf/Shea/Beck, Acquisitions, 243.

514 Vgl. Bästlein, Zur Feindlichkeit öffentlicher Übernahmeangebote, 80; Cook, in Weidenbaum/Chilton, Public Policy Toward Corporate Takeovers, 1, 13; Coffee, 85 Michigan Law Review (1986), 1, 16 ff., 75; Hahn, Die feindliche Übernahme von Aktiengesellschaften, 37, 111; Economist vom 25. Juli 1991, 63.

515 Vgl. Alchian/Demsetz, 62 American Economic Review (1972), 777, 777 ff.; Bästlein, Zur Feindlichkeit öffentlicher Übernahmeangebote, 80; Brudney, 85 Columbia Law Review (1985), 1403, 1403 ff.; Coffee, 84 Columbia Law Review (1984), 1145, 1234 ff.; Coffee, 85 Michigan Law Review (1986), 1, 16 ff., 75; Shleifer/Summers, in Auerbach, Corporate Takeovers, 33, 33 ff.; Adams, AG 1990, 63, 64, 73; Hahn, Die feindliche Übernahme von Aktiengesellschaften, 13 ff., 37, 110 ff.; Economist vom 25. Juli 1991, 63.

mit ein erheblicher Vorteil für die Anteilseigner des Unternehmens vereitelt wird.[516] Diese Vermögenseinbußen im Falle der Abwehr einer Übernahme können grundsätzlich und im Einzelfall festgestellt werden und wirken sich ebenfalls als Kostenfaktor des *Principal/Agent*-Konflikts aus.[517] Im Ergebnis kann somit konstatiert werden, dass ein erhebliches Eigeninteresse der Geschäftsführung an der Abwehr einer Übernahme besteht, das den Interessen der Anteilseigner an der Übernahme entgegenstehen kann.

Ein weiterer Grund für die Abwehr einer Übernahme kann für die Leitung der Zielgesellschaft die Erhaltung der eigenen Reputation sein.[518] Im Gegensatz zum Aktionär, für den vorrangig die Kurssteigerung und die Dividende zählen, messen die Öffentlichkeit und die Manager die Macht und Verantwortung der Geschäftsleitung in erster Linie anhand anderer Größen.[519] Für sie zählen die Größe, die Leistungsfähigkeit, die persönliche Entscheidungsfreiheit und der Geschäftsumfang des Unternehmens.[520] Hier zählen Umsätze, Diversifikationen, und bilanzielle Größen, die Vergleichen standzuhalten haben.[521] Auch vor diesem Hintergrund muss von einer unterschiedlichen Interessenslage ausgegangen werden, die im Zusammenhang mit einem Übernahmeangebot besondere Qualität dadurch erlangt, dass die Geschäftsführung im Vergleich zu gewöhnlichen Geschäftsführungsentscheidungen sehr viel größere Reputationseinbußen zu befürchten hat.[522] Dies gilt auch für das Zusammenwirken mit Dritten, die - bedingt durch wirtschaftliche Verflechtungen oder persönliche Verbindungen - von den Entscheidungen der Unter-

[516] Vgl. Busch, Regelung von Übernahmeangeboten, 30 f.; Chowdhry/Jegadeesh, 29 Journal of Financial and Quantitative Analysis (1994), 117, 120; Möller, Die Stellung des Aktionärs bei Übernahmen, 46 f.; Wiese/Demisch, DB 2001, 849, 849.

[517] Zu diesen Kosten vgl. Bästlein, Zur Feindlichkeit öffentlicher Übernahmeangebote, 38 f., 95 ff.; Jensen/ Meckling, 3 Journal of Financial Economics (1976), 305, 305 ff.; Berle/Means The Modern Corporation and Private Property; Easterbrook/Fischel, Economic Structure of Corporate Law, 110 ff.; Posner, Economic Analysis of Law, 382 ff.; Fama, 88 Journal of Political Economy (1980), 288, 288 ff.; Fama/ Jensen, 26 Journal of Law & Economics (1983), 301, 301 ff.; Fama/Jensen, 26 Journal of Law & Economics (1983), 327, 327 ff.; Jensen/ Ruback, 11 Journal of Financial Economics (1983), 5, 5 ff.; Jensen, 62 Harvard Business Review (1984), 109, 109 ff.; Jensen, 76 American Economic Review (1986), 323, 323 ff.; Jensen/ Warner, 20 Journal of Financial Economics (1988), 3, 3 ff.; Lehnert, Unternehmensübernahmen in den USA, 189 ff.; Mann/Sicherman, 64 Journal of Business (1991), 213, 213 ff.; Zimmermann/Wortmann, DB 2001, 289, 292.

[518] Vgl. dazu Adams, AG 1990, 63, 64; Daum, Die unkoordinierte Übernahme, 25; Eschenbach, in Hanzel/ Wunderbaldinger, Mergers & Acquisitions, 75, 77 f.; Jansch, Rolle der Aktionäre, 111 f.; Lehnert, Unternehmensübernahmen in den USA, 189 ff.; Mackensen, Institutionelle Anleger, 35 f.; Möller, Die Stellung des Aktionärs bei Übernahmen, 46 f.; Note, 98 Harvard Law Review (1985), 1045, 1048; Solomon/Palmiter, Corporations, 594.

[519] Vgl. Bästlein, Zur Feindlichkeit öffentlicher Übernahmeangebote, 99, 279; Jansch, Rolle der Aktionäre, 111 ff.

[520] Vgl. Jansch, Rolle der Aktionäre, 111 ff.; Solomon/Palmiter, Corporations, 566.

[521] Vgl. Bästlein, Zur Feindlichkeit öffentlicher Übernahmeangebote, 99; Brudney, 85 Columbia Law Review (1985), 1403, 1425.

[522] Vgl. Möller, Die Stellung des Aktionärs bei Übernahmen, 46 f.

nehmensleitung profitiert haben.[523] Die Einbußen treten teilweise selbst dann ein, wenn die Unternehmensleitung im Unternehmen verbleibt, weil ihre Machtbefugnisse jedenfalls beschnitten werden.[524] Schließlich kann konstatiert werden, dass die Leitung einer Zielgesellschaft ihre Interessen in größerem Umfang und leichter durchsetzen kann, wenn ihr auf Aktionärsseite keine geschlossene Gruppe gegenübersteht.[525] Insofern dürfte das Potential möglicher Delegationskosten und eigeninteressenbestimmter Abwehrmaßnahmen in Übernahmesituationen für die Aktionäre von Publikumsgesellschaften in Streubesitz besonders hoch sein.[526]

Der Problematik der Delegationsschwierigkeiten und -kosten soll durch die immer mehr aufkommende Diskussion über die Ausrichtung der Unternehmen am *Shareholder Value* begegnet werden.[527] In diesem Zusammenhang gewinnt die erfolgsabhängige Bezahlung des Managements neben dem zunehmenden Konkurrenzdruck unter den Managern erhebliche Bedeutung.[528] Der im Zusammenhang mit dieser Entwicklung stehenden Gefahr der kurzfristigen Ausrichtung der Unternehmens-[529] und Arbeitnehmertätigkeit[530] muss jedoch entgegengetreten werden,

---

[523] Vgl. Bästlein, Zur Feindlichkeit öffentlicher Übernahmeangebote, 138; Shleifer/Summers, in Auerbach, Corporate Takeovers, 33, 33 ff.

[524] Vgl. Lehnert, Unternehmensübernahmen in den USA, 184 ff.

[525] Vgl. Adams, AG 1990, 63, 75 f.; Brudney, 85 Columbia Law Review (1985), 1403, 1420; Chowdhry/Jegadeesh, 29 Journal of Financial and Quantitative Analysis (1994), 117, 120; Lehnert, Unternehmensübernahmen in den USA, 192 ff.; Mackensen, Institutionelle Anleger, 40 ff.

[526] Vgl. dazu Adams, AG 1990, 63, 75 f.; Bästlein, Zur Feindlichkeit öffentlicher Übernahmeangebote, 100; Bühner, zfbf 1984, 812, 812 ff.; Chowdhry/Jegadeesh, 29 Journal of Financial and Quantitative Analysis (1994), 117, 120; Hahn, Die feindliche Übernahme von Aktiengesellschaften, 20 ff.; Knoll, Übernahme von Kapitalgesellschaften, 77 f. Vgl. dazu auch Song/Walkling, 28 Journal of Financial and quantitative Analysis (1993), 439, 439 ff.

[527] Vgl. Betsch/Groh/Lohmann, Corporate Finance, 236 ff.; Copeland/Koller/Murrin, Valuation; Fuchs, DB 1997, 661, 661 ff.; Groh, DB 2000, 2153, 2153 ff.; Kirchner, WM 2000, 1821, 1824; McConnell/Muscarella, 14 Journal of Financial Economics (1985), 399, 399 ff.; Pellens/Tomaszewski/Weber, DB 2000, 1825, 1825 ff.; Rappaport, Creating Shareholder Value; Zimmermann/Wortmann, DB 2001, 289, 289 ff.

[528] Vgl. dazu auch Bästlein, Zur Feindlichkeit öffentlicher Übernahmeangebote, 205, 279; Baker/Wruck, 25 Journal of Financial Economics (1989), 163, 172 ff.; Betsch/Groh/Lohmann, Corporate Finance, 251 ff.; Bhagat/Carey/Elson, 54 Business Lawyer (1999), 885, 917; Binz/Sorg, BB 2002, 1273, 1273 ff.; Breuer, BB 1998, Heft 45, Die erste Seite; Feddersen, ZHR 161 (1997), 269, 269 ff.; Frei, Öffentliche Übernahmeangebote, 125; Fuchs, DB 1997, 661, 661 ff.; Groh, DB 2000, 2153, 2157; Hahn, Die feindliche Übernahme von Aktiengesellschaften, 44; Hüffer, ZHR 161 (1997), 214, 214 ff., Kirchner, WM 2000, 1821, 1824; Jansch, Rolle der Aktionäre, 4 f.; Jensen, in Coffee/Lowenstein/Rose-Ackerman, Knights, Raiders, and Targets, 314, 337; Kohler, ZHR 161 (1997), 246, 246 ff.; Mackensen, Institutionelle Anleger, 36; Muscarella/Vetsuypens, 45 Journal of Finance (1990), 1389, 1394; Pratt/Zeckhauser, in Pratt/Zeckhauser, Principals and Agents, 1, 8 ff.; Walkling/Long, RAND Journal of Economics (1984), 54, 67; Wiese/Demisch, DB 2001, 849, 850; Zimmermann/ Wortmann, DB 2001, 289, 293 f.; Handelsblatt vom 2. November 2000, B 4. Vgl. auch zur rechtlichen Einordnung von nunmehr vermehrt etablierten Aktienoptionen für Unternehmensleitungen Kau/Leverenz, BB 1998, 2269, 2269 ff.; Kleindiek, in Hommelhoff/Röhricht, Gesellschaftsrecht, 23, 23 ff.; Lutter, ZIP 1997, 1, 1 ff.; Schwarz/Michel, BB 1998, 489, 489 ff.; LG Stuttgart, BB 2000, 2220; kritisch Adams, AG-Sonderheft 8/1997, 9, 21; Adams, ZIP 2002, 1325, 1325 ff.

[529] Vgl. zur kurzfristigen Ausrichtung der Geschäftstätigkeit Bästlein, Zur Feindlichkeit öffentlicher Übernahmeangebote, 182 ff., 248; Carliner, in Auerbach, Corporate Takeovers, 25, 25 ff.; Caytas/Mahari, Im Banne des Investment Banking, 165; Cook, in Weidenbaum/ Chilton, Public Policy Toward Corporate Take-

wenn erhebliche negative volkswirtschaftliche Konsequenzen vermieden werden sollen.[531] Deshalb bedarf es eines Ausgleichs der widerstreitenden Interessen.

IV. Interessen des Übernehmers

Während auf Seiten der Zielgesellschaft die Interessen der Anteilseigner, der Geschäftsleitung und des Unternehmens in Übernahmesituationen geradezu diametral entgegengesetzt sein können, liegt auf Seiten der bietenden Gesellschaft eher eine Interessenkonformität vor. Im Wesentlichen kann davon ausgegangen werden, dass für die Unternehmensleitung des Bieters kein erheblicher Interessenskonflikt im Verhältnis zum Unternehmen und den Anteilseignern gegeben ist.[532] Eine Übernahme erfolgt grundsätzlich in Abstimmung mit den Anteilseignern, jedenfalls aber in ihrem mutmaßlichen Interesse. Gleichwohl sind die speziellen Interessen durchaus unterschiedlich.

1. Interessen des Unternehmens

Die Beweggründe eines Unternehmens dafür, ein anderes Unternehmen zu übernehmen oder es sogar gegen den Willen der Unternehmensleitung der Zielgesellschaft zu übernehmen, sind unterschiedlich und komplex. Zunächst ist zwischen spekulativen und operativen Übernahmen zu unterscheiden. Während spekulative Übernahmen einzig dem Zweck zu dienen bestimmt sind, eine besonders hohe Verzinsung der Investitionskosten zu sichern,[533] sind operative Übernahmen Bestandteil der Unternehmensausrichtung der Bietergesellschaft.[534] Eine übernommene Gesellschaft ist bei einer operativen Übernahme zunächst ein weiteres Glied

---

overs, 1, 3, 8 f.; DeAngelo/Rice, 11 Journal of Financial Economics (1983), 329, 329 ff.; Jarrell/Poulsen, 19 Journal of Financial Economics (1987), 127, 127 ff.; Jensen, 2 Journal of Economic Perspectives (1988), 21, 26; Kalli-Meyer, AG 2000, 553, 553 f.; Lehnert, Unternehmensübernahmen in den USA, 216 ff.; Lowenstein, What's Wrong With Wall Street; Shleifer/Vishny, 2 Journal of Economic Perspectives (1988), 7, 7 ff.; Woolridge, 1 Journal of Applied Corporate Finance (1988), 26, 26 ff.; Die Zeit vom 13. April 2000, 1.

[530] Vgl. zu den betriebs- und volkswirtschaftlichen Nachteilen der kurzfristigen Ausrichtungen der Arbeitnehmerschaft - auch infolge übernahmebedingter Vertrauensbrüche Coffee, 84 Columbia Law Review (1984), 1145, 1234 ff.; Hahn, Die feindliche Übernahme von Aktiengesellschaften, 110 ff.; Shleifer/ Summers, in Auerbach, Corporate Takeovers, 33, 33 ff. Vgl. auch Bebchuk/Ferrell, 99 Columbia Law Review (1999), 1168, 1174.

[531] Vgl. Hahn, Die Übernahme von Aktiengesellschaften, 114 f.; Lowenstein, What's Wrong With Wall Street; Die Zeit vom 13. April 2000, 1. Der Ausgleich dieser wechselseitigen Interessen wird durch Arbeitnehmerschutzgesetze und erfolgsabhängige Bezahlungen bewirkt. Die Verfeinerung dieser Regelungen ist Gegenstand umfangreicher Untersuchungen, die hier nicht geleistet werden können, vgl. dazu auch den Ansatz der Grundsatzkommission Corporate Governance, DB 2000, 238, 238 ff., vgl. dazu auch Reichert/ Weller, ZfR 2002, 49, 49 ff.; Seibert, AG 1999, 337, 337 ff., und Kleindiek, in Hommelhoff/Röhricht, Gesellschaftsrecht, 23, 34 ff.

[532] Vgl. Bästlein, Zur Feindlichkeit öffentlicher Übernahmeangebote, 122 f.; Strenger, WM 2000, 952 ff.

[533] Vgl. Holmström/Nalebuff, 1 Journal of Economics & Management Strategy (1992), 37, 37 ff.

[534] Vgl. Wagner, Standstill Agreements, 32.

in einer horizontalen oder vertikalen Kette in dem Marktbereich, in dem der Bieter tätig ist. Die Übernahme kann aber auch eine strategische Maßnahme der Diversifikation des Bieters darstellen.[535] Im Gegensatz zur spekulativen Übernahme, nach der regelmäßig ein Weiterverkauf im Ganzen oder aber in Teilen beabsichtigt ist, soll die Zielgesellschaft in diesem Fall weiterhin geschäftstätig sein.[536]

Als ein hauptsächliches Übernahmemotiv kommt demgemäß die Nutzung der Zielgesellschaft als weiteres vertikales oder horizontales Glied im Gesamtunternehmen des Übernehmers in Betracht. Für den Übernehmer ist gerade die Zielgesellschaft mit ihrem Betätigungsfeld bzw. ihrem unternehmerischen Potential von besonderer Bedeutung, um im Gesamtunternehmen Synergieeffekte zu erzielen,[537] ein Monopol oder Oligopol zu bilden,[538] einen Markt zu erschließen[539] oder seine Wettbewerbsfähigkeit[540] oder Diversifikationsaktivitäten[541] auf andere Weise zu steigern. Die Eingliederung der Zielgesellschaft ins Gesamtunternehmen stellt für den Übernehmer aufgrund der genannten Effekte einen besonderen Wert dar. Diesen Wert honoriert er, indem er einen über dem Aktienkurs liegenden Preis für die Zielgesellschaft zu zahlen bereit ist.[542] Ein weiterer Grund für die Übernahme stellt - wie bereits ausgeführt die Unterbewertung der Zielgesellschaft auf dem Aktien-

---

[535] Vgl. Bästlein, Zur Feindlichkeit öffentlicher Übernahmeangebote, 124 f.; Gomez, in Sieben/Stein, Unternehmensakquisitionen, 5, 11 ff.; Jansen, Mergers & Acquisitions, 74 f.; Kerler, Mergers & Acquisitions, 15; Michalski, AG 1997, 152, 153. Zur Diversifikation vgl. weitergehend Kerler, Mergers & Acquisitions, 50 ff.; Schmusch, Unternehmensakquisitionen, 12 f.; Weston/Chung/Hoag, Mergers, Restructuring, and Corporate Control, 72 ff.; vgl. auch Bradley/Desai/Kim, 11 Journal of Financial Economics (1983), 183, 183 ff.; Bradley/Desai/Kim, 21 Journal of Financial Economics (1988), 3, 3 ff.; Bamberger, Der Erfolg von Unternehmensakquisitionen, 62; Kreikebaum, Strategische Unternehmensplanung, 50 ff.

[536] Vgl. Bästlein, Zur Feindlichkeit öffentlicher Übernahmeangebote, 123 ff.; Kerler, Mergers & Acquisitions, 33 f.

[537] Vgl. Bachmann, Mehrstufige Übernahmen, 9; Bästlein, Zur Feindlichkeit öffentlicher Übernahmeangebote, 127 f.; Betsch/Groh/Lohmann, Corporate Finance, 245 ff.; Bohrer, Unfriendly Takeovers, 30 f.; Jansen, Mergers & Acquisitions, 85 f.; Klein, NJW 1997, 2085, 2085; Michalski, AG 1997, 152, 153; Möller, Die Stellung des Aktionärs bei Übernahmen, 34 ff.; Scheffler, AG 1990, 173, 174; Wagner, Standstill Agreements, 31.

[538] Vgl. Bohrer, Unfriendly Takeovers, 28 f.; Jansen, Mergers & Acquisitions, 55 ff.

[539] Vgl. dazu Bästlein, Zur Feindlichkeit öffentlicher Übernahmeangebote, 106 ff.; Schneider/Burgard, DB 2001, 963, 964.

[540] Vgl. dazu Jansen, Mergers & Acquisitions, 70 ff.

[541] Vgl. zur Diversifikation als Mittel der Risikostreuung und zur Erzielung von Synergieeffekten in ihren einzelnen Ausgestaltungen Bästlein, Zur Feindlichkeit öffentlicher Übernahmeangebote, 125 ff.; Schmusch, Unternehmensakquisitionen, 12 f.; zu Wachstumsgründen und Gründen der Risikostreuungen vgl. Weston/Kwang/Hoag, Mergers, Restructuring, and Corporate Control, 72 ff.; vgl. auch Kreikebaum, Strategische Unternehmensplanung, 50 ff.; Weston/Chung/Hoag, Mergers, Restructuring, and Corporate Control, 72 ff.; Bradley/Desai/Kim, 11 Journal of Financial Economics (1983), 183, 183 ff.; Bradley/Desai/Kim, 21 Journal of Financial Economics (1988), 3, 3 ff.; Bamberger, Der Erfolg von Unternehmensakquisitionen, 62; Bohrer, Unfriendly Takeovers, 31; Kerler, Mergers & Acquisitions, 50 ff.; Möller, Die Stellung des Aktionärs bei Übernahmen, 36 f.

[542] Vgl. Stout, 99 Yale Law Journal (1990), 1235, 1235 ff.; Krause, Das obligatorische Übernahmeangebot, 94 f.

markt dar.[543] In diesem Fall liegt der Aktienkurs der Zielgesellschaft zumindest nach Einschätzung des Übernehmers unter dessen tatsächlichem Wert. Die Unterbewertung eines Unternehmens kann verschiedene Ursachen haben. Eine nahe liegende Ursache ist die bei betriebswirtschaftlicher Beurteilung suboptimale Führung des Unternehmens durch das Management. Durch die Auswechselung der Leitungsorgane und der damit einhergehenden Optimierung der grundlegenden betriebswirtschaftlichen Entscheidungen durch ein neues Management könnten in einem unterbewerteten Unternehmen möglicherweise operative Ergebnisse erzielt werden, die eine Steigerung des Aktienkurses bewirken. Dasselbe gilt, wenn durch anderweitige Optimierungen im operativen Bereich, wie beispielsweise Rationalisierungen, eine Steigerung der Gewinne bewirkt werden kann. In Höhe der Aktienkursdifferenz könnte von einer Unterbewertung auszugehen sein. Die Kursdifferenz der vom Übernehmer selbst gehaltenen Aktien stellt den Gewinn des Übernehmers dar. Eine Unterbewertung oder mögliche Kurssteigerung nach Fortführung der Geschäftstätigkeit allein ist jedoch selten ausschlaggebend für einen Übernahmeversuch.

Das dritte hauptsächliche Übernahmemotiv ist die Erzielung von Zerschlagungs- oder Spekulationsgewinnen, die mit einer Unterbewertung der Zielgesellschaft einhergehen kann. Der Bieter erhofft sich einen Gewinn durch den Weiterverkauf der gesamten Zielgesellschaft oder durch den Verkauf einzelner besonders werthaltiger Vermögenswerte der Zielgesellschaft (*asset stripping*), während andere Unternehmensteile unabhängig weiter genutzt, eingegliedert oder aufgegeben werden.[544] Der Verkauf von einzelnen Unternehmensteilen, das so genannte Raidertum, verspricht dann einen Gewinn, wenn der (Verkaufs) Wert aller Unternehmensteile den Übernahmepreis und die Transaktionskosten übersteigt.

Vor diesem Hintergrund lassen sich folglich industriell orientierte und finanziell orientierte Übernahmen unterscheiden. Industriell orientierte Übernahmen sind vorrangig dadurch charakterisiert, dass sich die Zielgesellschaft als neues Glied in die horizontale oder vertikale Kette des Übernehmers einfügt.[545] Die horizontale Eingliederung bewirkt ein schnelles Wachstum durch die erzielte Kapazitätsausweitung, höhere Skalenerträge, eine tiefe Marktdurchdringung und möglicherweise sogar eine marktbeherrschende Stellung.[546] Durch die Eingliederung in eine vertikale Kette werden die Transaktionskosten und die Abhängigkeiten gegenüber

[543] Vgl. Agrawal/Jaffe/Mandelker, 47 Journal of Finance (1992), 1605, 1612; Holmström/Nalebuff, 1 Journal of Economics & Management Strategy (1992), 37, 38 ff.; KölnerKommWpÜG/Hirte, Einleitung, Rdn. 26; Michalski, AG 1997, 152, 153; Scherer, 2 Journal of Economic Perspectives (1988), 69, 72.

[544] Vgl. Ballwieser/Schmid, WISU 1990, 299, 300; Klein, NJW 1997, 2085, 2085; Lüttmann, Kontrollwechsel in Kapitalgesellschaften, 22 f.; Merkt, US-amerikanisches Gesellschaftsrecht, Rdn. 747; Michalski, AG 1997, 152, 153; Scherer, 2 Journal of Economic Perspectives (1988), 69, 76 f.; Schneider/Burgard, DB 2001, 963, 964; Wagner, Standstill Agreements, 32 f.

[545] Vgl. dazu ausführlich Bästlein, Zur Feindlichkeit öffentlicher Übernahmeangebote, 122 ff.; Kerler, Mergers & Acquisitions, 15; Jansen, Mergers & Acquisitions, 74 ff.

[546] Vgl. dazu Jansen, Mergers & Acquisitions, 74 ff.

Fremdunternehmen gemindert.[547] Zudem kann eine tief greifende Qualitäts- und Quantitätssicherung von Rohstoffen und Vorprodukten erfolgen.[548] Durch die Bildung von Konglomeraten wird das unternehmerische Risiko diversifiziert, es können Synergien erzielt und *know-how* innerhalb der Unternehmensgruppe transferiert werden.[549] In Vorbereitung auf zukünftige Märkte können dadurch frühzeitig strategisch wichtige Positionen am Markt besetzt werden, die sich als notwendig zur Erlangung vorteilhafter Größen erweisen.[550] Nach einer finanziell orientierten Übernahme wird der Übernehmer versuchen, Substanz- und Ertragswertdifferenzen aufzulösen, er wird die Ressourcenallokation und finanzielle Struktur in der Zielgesellschaft optimieren und Restrukturierungsmaßnahmen vornehmen. Sobald sich die Möglichkeit des gewinnbringenden Verkaufs während oder nach Abschluss des Übernahmevorhabens sowie vor oder nach Durchführung der vorgenannten Maßnahmen bietet, wird der Bieter die Gewinne durch den vollständigen oder teilweisen Verkauf realisieren.[551]

Die spekulative und die operative Motivation schließen sich nicht aus. Gerade bei größeren Zielgesellschaften können alternative Vorgehensweisen ins Auge gefasst werden oder aber eine unterschiedliche Behandlung unterschiedlicher Unternehmensteile beabsichtigt sein.[552] Unabhängig von der Motivation des Bieters unterstützt eine Unterbewertung die Abgabe eines Übernahmeangebotes, denn in beiden Fällen wäre in Höhe der angenommenen Unterbewertung ein zusätzlicher Grenzgewinn zu erzielen.

Nach den Prognosen der Entscheidungsträger wird die Bietergesellschaft von der Übernahme jedenfalls profitieren, weil sich die Übernahme als Investition – unabhängig von der Art der Motivation - als vorteilhaft erweist. Der prognostizierte Vorteil wirkt sich bei dem Bieter als veränderte Größe in seinen betriebswirtschaftlichen Rechnungen aus und soll - jedenfalls langfristig - einen Mehrwert des Unternehmens nach sich ziehen, der den Mehrwert anderer Investitionsmöglichkeiten übersteigt. Mit einer Übernahme beabsichtigt die Bietergesellschaft mithin eine Vermögensmaximierung, die zunächst dem Unternehmen selbst zum direkten Vorteil gereicht.

Die erwartete Vermögenssteigerung stellt sich demgegenüber oft nicht ein, auch wenn empirischen Untersuchungen zufolge signifikante Erträge in geringer Höhe festzustellen sind.[553] Gleichwohl ist nach empirischen Untersuchungen davon

---

[547] Vgl. Jansen, Mergers & Acquisitions, 74 ff.

[548] Vgl. Jansen, Mergers & Acquisitions, 74.

[549] Vgl. Jansen, Mergers & Acquisitions, 74 ff.; Scheffler, AG 1990, 173, 175; Schneider/Burgard, DB 2001, 963, 964.

[550] Vgl. Bästlein, Zur Feindlichkeit öffentlicher Übernahmeangebote, 128 f., 135; Hanzel, in Hanzel/ Wunderbaldinger, Mergers & Acquisitions, 49, 63 ff.

[551] Vgl. Scherer, 2 Journal of Economic Perspectives (1988), 69, 76 ff.; Schneider/Burgard, DB 2001, 963, 964.

[552] Vgl. hierzu auch Bästlein, Zur Feindlichkeit öffentlicher Übernahmeangebote, 122.

[553] Vgl. Agrawal/Jaffe/Mandelker, 47 Journal of Finance (1992), 1605, 1605: „... the CAARs ... are small and insignificantly different from zero. ...“; Conn, 9 Cambridge Journal of Economics (1985), 43, 46; Jensen/

auszugehen, dass bei mehr als der Hälfte der Übernahmen ein Mehrwert des Bieterunternehmens nicht erreicht wird, sondern sich die Investition als nachteilig herausstellt.[554] Dies gilt schon bezüglich des Übernahmepreises und erst recht unter Berücksichtigung der Transaktions- und Kapitalkosten.[555] Hinsichtlich des Übernahmepreises ist festzustellen, dass die übernommenen Unternehmen zumindest mittelfristig zu einem erheblichen Anteil, wahrscheinlich sogar in der überwiegenden Anzahl der Fälle, unter ihrem Übernahmepreis wieder abgegeben werden.[556] Ob die Kaufpreisdifferenz durch indirekte Vorteile oder Ertragssteigerungen (beispielsweise durch Synergieeinsparungen oder Kostenabwälzungen) ausge-glichen wird, kann mit Recht angezweifelt werden.[557] Unter Berücksichtigung der Transaktionskosten und der Kapitalkosten der Übernahme stellt sich eine Übernahme nach Verkauf unter dem Einstandspreis als noch nachteiliger heraus.[558] Bei Berücksichtigung dieser Kosten stellen sich auch vorgeblich vermögenssteigernde Übernahmen für die Bieter als dem Vergleich mit Alternativen nicht standhaltende Investitionen dar.

Ein Bieter wird gewöhnlich zunächst versuchen, einen Anteil zu erwerben, mit dem er infolge einer einfachen Stimmenmehrheit auf der Hauptversammlung eine Reihe wichtiger Entscheidungen bestimmen kann.[559] Er wird bei der Ermittlung der hierfür erforderlichen Anteile auf die Hauptversammlungspräsenzen der vergangenen Jahre und die mutmaßlich übertragenen Depotstimmrechte abstel-

---

Ruback, 11 Journal of Financial Economics (1983), 5, 5 f.: außerordentliche Erträge in Höhe von 4 %; vgl. zur höheren Ertragserwartung der verbundenen Unternehmen Weidenbaum/Vogts, California Management Review 1987, 157, 163. Vgl. zudem Buxbaum, 45 Ohio State Law Journal (1984), 515, 535, und Assmann/ Bozenhardt, in Assmann/Basaldua/Bozenhardt/Peltzer, Übernahmeangebote, 1, 17; Scheller, Performance of Corporate Acquisitions, 87 ff. Zur Schwierigkeit der Bewertung vgl. ausgiebig Conn, 9 Cambridge Journal of Economics (1985), 43, 43 ff.

[554] Vgl. Agrawal/Jaffe/Mandelker, 47 Journal of Finance (1992), 1605, 1610 f.; Berkovitch/Narayanan, 28 Journal of Financial and Quantitative Analysis (1993), 347, 347; Ravenscraft/Scherer, 36 Journal of Industrial Economics (1987), 147, 147 ff.; Ravenscraft/Scherer, in Coffee/Lowenstein/Rose-Ackerman, Knights, Raiders, and Targets, 194, 196; Herman/Lowenstein, in Coffee/Lowenstein/Rose-Ackerman, Knights, Raiders, and Targets, 211, 224 ff.; vgl. auch Assmann/Bozenhardt, in Assmann/Basaldua/Bozenhardt/ Peltzer, Übernahmeangebote, 1, 17; Hahn, Die feindliche Übernahme von Aktiengesellschaften, 75 ff.; Schneider/Burgard, DB 2001, 963, 964.

[555] Zur Bedeutung der Transaktionskosten bei Übernahmen vgl. auch Bebchuk, 2 Journal of Law, Economics, and Organization (1986), 253, 265 ff.

[556] Vgl. Stein, Motive für internationale Unternehmensakquisitionen, 4 ff.; Bästlein, Zur Feindlichkeit öffentlicher Übernahmeangebote, 129 ff.

[557] Vgl. zur nachteiligen Zusammenarbeit von Unternehmensteilen Gilson, The Law and Finance of Corporate Acquisitions, 345 ff.; Kitching, in Strage, Milstones in Management, 295, 295 ff.; Markham, Conglomerate Enterprises and Public Policy, 88 ff.; Weston/Kwang/ Hoag, Mergers, Restructuring, and Corporate Control, 730 ff.

[558] Vgl. zur Beurteilung der Nachteilhaftigkeit auch Bamberger, Der Erfolg von Unternehmensakquisitionen in Deutschland, 59 ff. und 152 ff.; vgl. zudem Albach, ZfB 1992, 663, 663 ff.

[559] Vgl. dazu Busch, Regelung von Übernahmeangeboten, 27; Daum, Die unkoordinierte Übernahme, 20.

len.[560] Eine Reihe anderer Entscheidungen, die insbesondere für eine zeitnahe Umstrukturierung in Deutschland von Bedeutung sind, wird der Bieter nur treffen können, wenn die Hauptversammlung darüber mit qualifizierter Stimmenmehrheit beschließt.[561] Darüber hinaus können für bestimmte Vorgänge auch besondere Mehrheitsverhältnisse durch Gesetz oder Unternehmensverfassung vorgegeben sein.[562] Entsprechend wird der Bieter seinen Anteilserwerb zu dimensionieren versuchen.

2. Interessen der Anteilseigner

Die Anteilseigner der Bietergesellschaft profitieren von einer durch die Übernahme bewirkten Vermögenssteigerung des Unternehmens mittelbar durch eine Kurssteigerung bzw. durch höhere Dividendenauszahlungen. Ist also die Prognoseentscheidung der durch die Übernahme bewirkten außerordentlichen Vermögenssteigerung zutreffend, so liegt die Übernahme auch im Vermögensinteresse der Anteilseigner der Zielgesellschaft.

Empirische Untersuchungen lassen jedoch durchaus Zweifel darüber aufkommen, ob regelmäßig oder jedenfalls in den überwiegenden Fällen nach einer Übernahme Vermögenssteigerungen beim Bieterunternehmen zu verzeichnen sind.[563] Zumindest die Kursentwicklungen von Bietergesellschaften versprechen im Regelfall keine signifikanten Sprünge.[564] Die Bandbreite der Kursentwicklung kurz nach einer Übernahme bewegt sich vom leicht negativen bis in den leicht positiven Bereich.[565] Aus längerandauernden Beobachtungen und Untersuchungen des Aktienkurses lassen sich dagegen keine gesicherten Erkenntnisse gewinnen. Die langfristigen Kursentwicklungen sind von anderweitig begründeten Schwankungen und Entwicklungen mitbestimmt, die eine Untersuchung ausschließlich übernahme-

---

[560] Vgl. Adams, AG 1989, 333, 335 f.; Adams, ZIP 1996, 1590, 1590 ff.; Lüttmann, Kontrollwechsel in Kapitalgesellschaften, 19 f.; Lüttmann, Kontrollwechsel in Kapitalgesellschaften, 19 ff.

[561] Vgl. Adams, ZIP 1996, 1590, 1596.

[562] Vgl. Münchener Hdb GesellschaftsR/AG-Semler, § 39, Rdn. 33; Hüffer, AktG, § 133, Rdn. 15; MüKo AktG-Volhard, § 133, Rdn. 34 ff.

[563] Vgl. dazu oben unter 1.

[564] Vgl. dazu Asquith/Bruner/Mullins, 11 Journal of Financial Economics (1983), 121, 121 ff.; Bradley, 53 Journal of Business (1980), 345, 345 ff.; Dennis/McConnell, 16 Journal of Financial Economics (1986), 143, 143 ff.; Kummer/Hoffmeister, 33 Journal of Finance (1978), 505, 505 ff.; Jarrell/Bradley, 23 Journal of Law and Economics (1980), 371, 371 ff.; Jarrell/Brickley/Netter, 2 Journal of Economic Perspectives (1988), 49, 53; Jarrell/Poulsen, Bidder Returns; Jensen/Ruback, 11 Journal of Financial Economics (1983), 5, 5 ff.; Dodd/Ruback, 5 Journal of Financial Economics (1977), 351, 351 ff. Zur Ermittlung und Bewertung der Kursverläufe vgl. weitergehend Kerler, Mergers & Acquisitions, 85 ff.

[565] Vgl. Bradley, 53 Journal of Business (1980), 345, 345 ff.; Dennis/McConnell, 16 Journal of Financial Economics (1986), 143, 143 ff.; Kummer/Hoffmeister, 33 Journal of Finance (1978), 505, 505 ff.; Jarrell/Bradley, 23 Journal of Law and Economics (1980), 371, 371 ff.; Jarrell/Brickley/Netter, 2 Journal of Economic Perspectives (1988), 49, 53; Jarrell/Poulsen, Bidder Returns; Jensen/Ruback, 11 Journal of Financial Economics (1983), 5, 5 ff.; Dodd/Ruback, 5 Journal of Financial Economics (1977), 351, 351 ff.; Hahn, Die feindliche Übernahme von Aktiengesellschaften, 77 ff.; Kerler, Mergers & Acquisitions, 111 ff.

bedingter Kursentwicklungen nicht zulässt.[566] Die regelmäßige kurzfristige Kursentwicklung ist dadurch zu erklären, dass in mehr als der Hälfte der Übernahmen ein Mehrwert des Bieterunternehmens nicht erreicht wird, sondern sich die Investition vielmehr als nachteilig herausstellt und der Aktienmarkt diese Entwicklungen im Grundsatz antizipiert.[567]

Schon hinsichtlich des Übernahmepreises und erst recht unter Berücksichtigung der Transaktions- und Kapitalkosten kann höchstens bei der Hälfte der Übernahmen von einer gegenüber alternativen Anlagemöglichkeiten vorteilhaften Investition ausgegangen werden.[568] Bezüglich des Übernahmepreises ist zu konstatieren, dass die übernommenen Unternehmen zumindest mittelfristig zu einem erheblichen Anteil, sehr wahrscheinlich sogar überwiegend, unter ihrem Übernahmepreis wieder abgegeben werden.[569] Ob die Kaufpreisdifferenz durch indirekte Vorteile oder Ertragssteigerungen (beispielsweise Synergieeinsparungen oder Kostenabwälzungen) ausgeglichen wird, ist anzuzweifeln.[570] Unter Berücksichtigung der Transaktionskosten und der Kapitalkosten der Übernahme stellt sich eine Übernahme nach Verkauf unter dem Einstandspreis als noch nachteiliger heraus.[571] Nach Berücksichtigung dieser Kosten stellen sich jedoch auch vorgeblich vermögenssteigernde Übernahmen für den Bieter als einem Drittvergleich nicht standhaltende Investitionen dar.[572] Betriebswirtschaftlich fehlgeschlagene Übernahmen wirken sich mehr oder weniger stark auf den Aktienkurs und die Dividendenzahlungen aus.[573] Wenn in vielen Fällen gleichwohl ein erfolgreiches Unternehmensergebnis präsentiert wird, kann dies auch an mehr als kompensierenden Ergebnissen in anderen Unternehmensbereichen liegen.[574] Somit kann festgestellt werden, dass die Anteilseigner des Bieterunternehmens jedenfalls erheblich weniger von einer Übernahme profitieren als die Aktionäre der Zielgesellschaft. Infolge des - gerade bei feindlichen Übernahmen großen - Risikos, dass die Übernahme fehlschlägt, laufen die Aktionäre der Bietergesellschaft zusätzlich wegen der hohen Kosten eines

---

[566] Vgl.dazu Agrawal/Jaffe/Mandelker, 47 Journal of Finance (1992), 1605, 1605, 1620; Magenheim/Mueller, in Coffee/Lowenstein/Rose-Ackerman, Knights, Raiders, and Targets, 171, 172; Scherer, 2 Journal of Economic Perspective (1988), 69, 72 f.; Hahn, Die feindliche Übernahme von Aktiengesellschaften, 80 ff. Vgl. zu langfristigen Kursentwicklungen Asquith, 11 Journal of Financial Economics (1983), 51, 51 ff.; Malatesta, 11 Journal of Financial Economics (1983), 155, 155 ff.; Magenheim/Mueller, in Coffee/Lowenstein/Rose-Ackerman, Knights, Raiders, and Targets, 171, 171 ff. Vgl. auch Agrawal/Jaffe/Mandelker, 47 Journal of Finance (1992), 1605, 1606, die für eine 5-Jahresbetrachtung von einem 10 %igen Verlust für die Anteilseigner ausgehen.

[567] Vgl. dazu Agrawal/Jaffe/Mandelker, 47 Journal of Finance (1992), 1605, 1606.

[568] Siehe dazu oben unter 1.

[569] Siehe dazu oben unter 1.

[570] Siehe dazu oben unter 1.

[571] Siehe dazu oben unter 1.

[572] Siehe dazu oben unter 1.

[573] Vgl. Bästlein, Zur Feindlichkeit öffentlicher Übernahmeangebote, 132.

[574] Vgl. Bästlein, Zur Feindlichkeit öffentlicher Übernahmeangebote, 127.

Übernahmeversuchs Gefahr, mittelbare Vermögenseinbußen (Kursverringerungen und niedrigere Dividenden) hinnehmen zu müssen.

Gleichwohl können auch Übernahmen, die keinen direkten Kursaufschwung zur Folge haben, im Interesse der Aktionäre der Bietergesellschaft liegen. Zunächst kann eine Übernahme aus strategischen Gründen zur Durchsetzung von Expansionsbestrebungen, der gewünschten Positionierung am Markt, der Absatz- oder Ressourcensicherung oder aber zur Erreichung gewünschter Marktanteile beabsichtigt sein.[575] Insofern kann auch die Abwendung negativer Entwicklungen oder die langfristige Vermögensmehrung bezweckt sein. Zudem können aus Gründen der Stabilität und Kontinuität Diversifikationsbemühungen umgesetzt werden, die den Anteilseignern mittel- oder langfristig zum Vorteil gereichen sollen.[576] Weiterhin sind Unternehmen in Zeiten zunehmender Globalisierung zur Erhaltung ihrer Wettbewerbsfähigkeit möglicherweise gehalten, durch eine Übernahme die optimale Unternehmensgröße herzustellen und eine ausreichende Verifizierung ihres Angebots zu gewährleisten.[577] Im Vergleich zur Übernahme einer funktionstüchtigen und ergebnissicheren Einheit kann der eigene Aufbau von Kapazitäten neben dem Zeitfaktor mit vielen Unsicherheiten behaftet sein,[578] auch wenn nicht zu verkennen ist, dass die Integration des Zielunternehmens ebenfalls mit Problemen behaftet sein kann.[579] Insbesondere die schon vorhandenen Marktstellungen lassen sich durch eine Übernahme schlagartig akquirieren.[580] Auch unter diesem Aspekt kann die Übernahme im Interesse der Anteilseigner liegen.

Aus den aufgezeigten Motiven und Auswirkungen von Übernahmen lässt sich schließen, dass die Interessen der Bietergesellschaft mit denen ihrer Anteilseigner

---

[575] Vgl. Assmann/Bozenhardt, in Assmann/Basaldua/Bozenhardt/Peltzer, Übernahmeangebote, 1, 48; Bästlein, Zur Feindlichkeit öffentlicher Übernahmeangebote, 128 f., 136; Baums, AG 1990, 221, 226 f.; Coffee, 84 Columbia Law Review (1984), 1145, 1222; Lüttmann, Kontrollwechsel in Kapitalgesellschaften, 22 f.; Otto, DB-Beil. 12/1988, 1, 3; Peltzer, Festschrift Zimmerer, 274, 276; Reul, Die Pflicht zur Gleichbehandlung der Aktionäre, 188 ff.; Sünner, AG 1987, 276, 277.

[576] Vgl. zur Diversifikation in ihren einzelnen Ausgestaltungen, insbesondere zur Risikoabwendung im eigenen Marktbereich, Bästlein, Zur Feindlichkeit öffentlicher Übernahmeangebote, 125 ff.; Schmusch, Unternehmensakquisitionen, 12 f.; Weston/Chung/Hoag, Mergers, Restructuring, and Corporate Control, 72 ff.; vgl. auch Bradley/Desai/Kim, 11 Journal of Financial Economics (1983), 183, 183 ff.; Bradley/Desai/Kim, 21 Journal of Financial Economics (1988), 3, 3 ff.; Bamberger, Der Erfolg von Unternehmensakquisitionen, 62; Kreikebaum, Strategische Unternehmensplanung, 50 ff.

[577] Vgl. dazu Jansen, Mergers & Acquisitions, 1 ff., 70 ff.; Hirte, in von Rosen/Seifert, Übernahme börsennotierter Unternehmen, 341, 342; Koch, Globalisierung der Wirtschaft, 89 ff.; Handelsblatt vom 4. Oktober 2000, 11.

[578] Vgl. dazu Handelsblatt vom 4. Oktober 2000, 11.

[579] Vgl. zur Problematik der der wachsenden Organisation Olson, Die Logik des kollektiven Handelns, 124 ff.; Pellens/Tomaszewski/ Weber, DB 2000, 1825, 1828 f.; Deal/Kennedy, Corporate Cultures, 16-19 und 83 f.; Astrachan, Mergers, Acquisitions, and Employee Anxiety, 1, 1 ff.; Ottersbach/Kolbe, BfuP 1990, 140, 140 ff.; Grüter, Unternehmensakquisitionen; Freund, DBW 1991, 491, 491 ff.; Lehnert, Unternehmensübernahmen in den USA, 220 ff.; Handelsblatt vom 23. Mai 2000, B 4. Zum Integrationsvorgang vgl. weitergehend Gomez/Weber, Akquisitionsstrategie, 72 ff.; Jansen, Mergers & Acquisitions, 205 ff.; Schmieder, in von Rosen/Seifert, Übernahme börsennotierter Unternehmen, 417, 417 ff.

[580] Vgl. hierzu ausführlich Jansen, Mergers & Acquisitions, 74 ff.

weitgehend korrelieren.[581] Lediglich hinsichtlich der zeitlichen Ausrichtung der Geschäftstätigkeit ist eine unterschiedliche Interessensgewichtung möglich.[582] Insbesondere kann einigen Anteilseignern eher an einer kurzfristigen Kurssteigerung gelegen sein, während das Unternehmen selbst eine langfristige strategische Ausrichtung präferiert.[583] Hierzu ist jedoch einerseits festzustellen, dass mit hoher Wahrscheinlichkeit schon unter den Anteilseignern eine homogene Interessenslage nicht gegeben ist,[584] und andererseits die zeitliche Ausrichtung jedenfalls dann zweifellos der Unternehmensleitung obliegt, wenn aus der Unternehmensverfassung oder von Seiten der Hauptversammlung keine anderen Vorgaben folgen.[585]

3. Interessen der Unternehmensleitung

Die Interessen der Unternehmensleitung sind nicht notwendigerweise mit denen des Unternehmens oder der Anteilseigner deckungsgleich. Zunächst einmal ist jedoch davon auszugehen, dass die Zielsetzungen des Unternehmens und der Anteilseigner mit den darüber hinaus vorhandenen Beweggründen der Leitung einer Bietergesellschaft in Einklang stehen. Die unter den verschiedensten Aspekten prognostizierte Vermögenssteigerung nach einer Übernahme stärkt die Position der Unternehmensleitung und bietet für sie einen Anlass zu höheren Kompensationsforderungen, zu der neben vermögensbezogenen Leistungen auch eine größere Entscheidungsfreiheit gehören kann.[586] Die höheren Gehaltsforderungen werden mit der der veränderten Unternehmensgröße und Mitarbeiterzahl einhergehenden größeren Verantwortung und dem größeren Arbeitseinsatz begründet.[587] Mit zunehmender Unternehmensgröße verringern sich gleichzeitig die Durchschaubarkeit der Unternehmensorganisation und die Bewertung des Verhaltens und der Leistung der Unternehmensleitung.[588] Die Durchsetzung der Interessen der Unternehmensleitung ist allerdings mit Schwierigkeiten behaftet, weil eine Übernahme die Anteilseigner und die Öffentlichkeit auf die Geschäftsführung aufmerksam werden lässt und die Unternehmensleitung bei Fehlentscheidungen eher einer nachhaltigen Kritik ausgesetzt ist.[589] Andererseits setzt die Unternehmensleitung sich aber durch ihr Vorgehen - gerade im Falle eines Erfolges - nachhaltig „in Szene" und gewinnt so an

---

[581] Vgl. Bästlein, Zur Feindlichkeit öffentlicher Übernahmeangebote, 122 ff.

[582] Vgl. Gilson, 25 Wake Forest Law Review (1990), 121, 124.

[583] Vgl. in diesem Zusammenhang Gilson, 25 Wake Forest Law Review (1990), 121, 124; Die Zeit vom 13. April 2000, 1.

[584] Vgl. Gilson, 25 Wake Forest Law Review (1990), 121, 124.

[585] Vgl. Schmidt, Gesellschaftsrecht, 804 ff.

[586] Vgl. Eschenbach, in Hanzel/Wunderbaldinger, Mergers & Acquisitions, 75, 77 f.

[587] Vgl. Hahn, Die feindliche Übernahme von Aktiengesellschaften, 44 f.

[588] Vgl. Eschenbach, in Hanzel/Wunderbaldinger, Mergers & Acquisitions, 75, 77; Hahn, Die feindliche Übernahme von Aktiengesellschaften, 36.

[589] Hinzuweisen ist darüber hinaus auch auf die aktienrechtlichen Haftungsrisiken, die bei Unternehmensakquisitionen die Durchführung einer Due Diligence erforderlich machen können, vgl. dazu Werner, ZIP 2000, 989, 989 ff.

persönlicher Reputation. Sie steigert so ihren persönlichen Marktwert und ihren Bekanntheitsgrad.[590] Durch die Übernahme ist die Machtposition der Unternehmensleitung erheblich gewachsen. Die Geschäftsführung genießt sowohl im Unternehmen als auch am Markt eine wesentlich höhere Akzeptanz und gilt als kompetent, durchsetzungsstark und erfolgreich.[591] Der übernommene Unternehmensteil bietet zudem regelmäßig sehr viel Potential und Perspektiven für die unternehmerische Gestaltung. Insofern kann er als persönlicher Multiplikator für die Unternehmensleitung des Bieters angesehen werden.[592] Die Möglichkeit der Realisierung stiller Reserven der Zielgesellschaft, womöglich sogar im Wege der Liquidation, bzw. die persönliche Überzeugung, die Zielgesellschaft in alter oder veränderter Struktur besser führen zu können, bieten der Unternehmensleitung eine Weite unternehmerischer Optionen, welche die Tendenz zu Übernahmen selbst dann fördert, wenn damit tatsächlich kein Vermögenszuwachs verbunden ist. Infolge der persönlichen Motivationslage ist durchaus denkbar, dass eine Übernahme von Seiten der Leitung befürwortet oder gar in die Wege geleitet wird, ohne dass aus überzeugenden Gründen von einer Vermögenssteigerung beim Bieter ausgegangen werden kann.[593] Zusätzlich ist zu berücksichtigen, dass die Geschäftsleitung in die Interessen maßgeblicher Aktionären und außenstehender Dritter (so genannte *stakeholder*) eingebunden ist.[594] Oft ist lediglich mit deren Unterstützung eine Leitungsfunktion zu erlangen.[595] Die Geschäftsleitung handelt somit - auch oder erst recht im Hinblick auf Übernahmen - im Interesse und in Absprache mit diesen Gruppen oder Personen, um die bisher erfahrene Unterstützung zu honorieren und sie sich auch zukünftig zu sichern.[596] Mithin können Übernahmen aus dem direkten oder indirekten Interesse der Leitung des Bieters resultieren, ohne dass notwendigerweise eine betriebswirtschaftliche Optimierung bewirkt oder auch nur erwartet wird.[597]

V. Interessen der Arbeitnehmer

Aus nahe liegenden Gründen wirken sich Übernahmen aller Wahrscheinlichkeit nach auf die Arbeitnehmer der Zielgesellschaft aus. Ein Übernehmer wird nahezu ausnahmslos versuchen, Effizienzsteigerungen durch eine optimierte Ressourcen-

---

[590] Vgl. Bebchuk, 35 Stanford Law Review (1982), 23, 37.

[591] Vgl. Bebchuk, 35 Stanford Law Review (1982), 23, 37.

[592] Vgl. Eschenbach, in Hanzel/Wunderbaldinger, Mergers & Acquisitions, 75, 76 f.

[593] Vgl. Bohrer, Unfriendly Takeovers, 33; Eschenbach, in Hanzel/Wunderbaldinger, Mergers & Acquisitions, 75, 76 f.

[594] Vgl. das aufschlussreiche Schaubild bei Achatz, in Müller/Leven, Shareholder Value Reporting, 13, 18. Vgl. auch Eschenbach, in Hanzel/Wunderbaldinger, Mergers & Acquisitions, 75, 77 f.

[595] Vgl. Bästlein, Zur Feindlichkeit öffentlicher Übernahmeangebote, 95 ff., 138.

[596] Vgl. Bästlein, Zur Feindlichkeit öffentlicher Übernahmeangebote, 138.

[597] Vgl. Eschenbach, in Hanzel/Wunderbaldinger, Mergers & Acquisitions, 75, 76 f.

allokation zu bewirken.[598] Die Notwendigkeit der Effizienzsteigerung ergibt sich für den Bieter faktisch schon aus den hohen Übernahmekosten und der regelmäßig anzutreffenden - zumindest teilweisen - Fremdfinanzierung. Diese Kosten sollen grundsätzlich durch Effizienzoptimierungen aufgefangen werden.[599] Eine von vielen Effizienzsteigerungen ist durch den Abbau ineffizienter Arbeitsplätze, durch die Freisetzung überflüssiger Arbeitskräfte und durch die Steigerung der Arbeitsleistung der verbleibenden Arbeitnehmer zu erreichen.[600] Neben dem Management, dem auch die Unternehmensleitung angehört und das ebenfalls eine Rationalisierung zu befürchten hat, haben somit alle Arbeitnehmer Entlassungen, Rationalisierungen im Arbeitsablauf und direkte oder indirekte Gehalts- und Lohneinbußen zu befürchten.[601] Gerade wenn eine Zerschlagung der Zielgesellschaft, d.h. die Liquidierung ihrer Vermögenswerte (ein so genanntes *bust-up*) beabsichtigt ist, sind Entlassungen unabwendbar.[602] Durch Entlassungen werden firmeninterne Zukunftsperspektiven der Arbeitnehmer zerstört und Vorrechte infolge längerer Betriebszugehörigkeit gehen verloren.[603] Zudem kann von einem Teil der Arbeitnehmerschaft möglicherweise kein annähernd gleichwertiger Arbeitsplatz gefunden werden, weil sie vorwiegend firmenspezifische und nicht firmenübergreifende fachliche Qualifi-

---

[598] Vgl. dazu in diesem Zusammenhang Daum, Die unkoordinierte Übernahme, 27; Lehnert, Unternehmensübernahmen in den USA, 211 ff.; Ryan, 64 Tulane Law Review (1989), 3, 5 ff.; Solomon/Palmiter, Corporations, 566 f.

[599] Vgl. dazu Bästlein, Zur Feindlichkeit öffentlicher Übernahmeangebote, 184 f.; Ryan, 64 Tulane Law Review (1989), 3, 5 ff.

[600] Zu den Auswirkungen derartiger Maßnahmen vgl. Brown/Medoff, in Auerbach, Corporate Takeovers, 9, 9 ff.; Alchian/Demsetz, 62 American Economic Review (1972), 777, 777 ff.; Bästlein, Zur Feindlichkeit öffentlicher Übernahmeangebote, 80 ff.; Hahn, Die feindliche Übernahme von Aktiengesellschaften, 108 ff.; Romano, in Hopt/Wymeersch, European Takeovers, 3, 15 ff.; Shleifer/Summers, in Auerbach, Corporate Takeovers, 33, 33 ff. Vgl. auch Die Zeit vom 23. März 2000, 36.

[601] Vgl. Assmann/Bozenhardt, in Assmann/Basaldua/Bozenhardt/Peltzer, Übernahmeangebote, 1, 16; Bästlein, Zur Feindlichkeit öffentlicher Übernahmeangebote, 80 ff.; Busch, Regelung von Übernahmeangeboten, 31; Coffee, 85 Michigan Law Review (1986), 1, 7; Hahn, Die feindliche Übernahme von Aktiengesellschaften, 108 ff.; Möller, Die Stellung des Aktionärs bei Übernahmen, 48; vgl. auch Behrens, ZGR 1975, 433, 448 f. Zum internationalen Stand des Arbeitnehmerschutzes im Rahmen von mergers and acquisitions siehe einige grundsätzliche Hinweise in: The Morgan Grenfell Handbook of International Mergers and Acquisitions; vgl. zu ausgehandelten Lohnverzichten weiter Shleifer/Summers, in Auerbach, Corporate Take-overs, 33, 33 ff.; vgl. zu Lohnentwicklungen vor und nach Übernahmen Brown/Medoff, in Auerbach, Corporate Takeovers, 9, 9 ff.; Jarrell/Brickley/Netter, 2 Journal of Economic Perspective (1988), 49, 57; Rosett, 27 Journal of Financial Economics (1990), 263, 263 ff., nach denen Leistungseinschränkungen nicht generalisierend angenommen werden können.

[602] Vgl. zur Kosteneinsparung im Personalbereich und nur relativen Anzahl der Arbeitnehmer nach Übernahmen Brown/Medoff, in Auerbach, Corporate Takeovers, 9, 9 ff., und Lichtenberg/Siegel, The Effect of Takeovers on the Employment, - relativ mehr Freisetzungen im *white collar* Bereich im Vergleich zum *blue collar* Bereich - sowie Lichtenberg/Siegel, 3 Brookings Papers on Economic Activity (1987), 643, 643 ff. Vgl. dazu ferner auch Daum, Die unkoordinierte Übernahme, 27.

[603] Vgl. dazu Adams, AG 1990, 63, 73 ff.; Bästlein, Zur Feindlichkeit öffentlicher Übernahmeangebote, 80; Coffee, 84 Columbia Law Review (1984), 1145, 1234 ff.; Coffee, 85 Michigan Law Review (1986), 1, 70 ff.; Hahn, Die feindliche Übernahme von Aktiengesellschaften, 109 ff.; Ryan, 64 Tulane Law Review (1989), 3, 12 f.; Shleifer/Summers, in Auerbach, Corporate Takeovers, 33, 33 ff.; Economist vom 25. Juli 1991, 63.

kationen erworben haben.[604] Im Übrigen sind neue Arbeitsplätze vielfach nur unter Aufgabe privater Dispositionen, wie beispielsweise durch einen Wohnortwechsel, oder unter Einsatz besonderer privater Kosten, wie beispielsweise höheren Anfahrtskosten, zu finden.[605] Schließlich geht mit den rein monetären Nachteilen eine Herabsetzung des sozialen Status einher. Obwohl also die Mehrheit der Arbeitnehmer, im Gegensatz zu den maßgeblichen Entscheidungsträgern wie der Unternehmensleitung, auf einen Übernahmevorgang kaum Einfluss nehmen kann, werden sie einer Übernahme aus den vorgenannten Gründen ablehnend gegenüberstehen.

Das Abwehrverhalten der Arbeitnehmerschaft beziehungsweise ihre Bereitschaft zur Unterstützung von Abwehrmaßnahmen hängt von unterschiedlichen Faktoren ab. Es ist maßgeblich von der Arbeitnehmerstruktur und dem regionalen Arbeitsmarkt abhängig. Jüngere Arbeitnehmer hängen in der Regel nicht so sehr an einem Arbeitsplatz wie ältere Arbeitnehmer.[606] In zukunftsorientierten Branchen ist ein Arbeitsplatzwechsel leichter hinzunehmen als in sterbenden Marktbereichen und ein Arbeitnehmer bewältigt einen Arbeitsplatzverlust leichter, wenn der regionale Arbeitsmarkt Ersatz bietet.[607] Die sich der Arbeitnehmerschaft bietenden Möglichkeiten, auf einen Übernahmeversuch zu reagieren, sind eingeschränkt. Rechtlich stehen ihr lediglich einzel- oder tarifvertragliche Ansprüche zu, die sie einzufordern berechtigt sind. Mit deren Geltendmachung wird ein Bieter allerdings rechnen, so dass hierin keine Erschwernis für den Bieter zu sehen ist. Zudem können sie Mitbestimmungsrechte ausüben, im deutschen Recht insbesondere die Mitbestimmungsrechte im Aufsichtsrat, deren Ausübung jedoch ebenfalls keine entscheidungserhebliche Bedeutung hat.[608] Lediglich die Öffentlichkeitsarbeit kann während eines Übernahmekampfes im Interesse der Arbeitnehmer Auswirkungen zeigen.[609] Schließlich verbleibt ihnen die Möglichkeit, die Arbeitsleistung zum Zeichen mangelnden Einverständnisses zu minimieren. Es ist jedoch zu befürchten, dass sie mit einem solchen Verhalten noch schlechtere Arbeitsbedingungen bewirken.

Die Bereitschaft der Arbeiter und Angestellten, sich gegen eine Übernahme zu engagieren, und das Ausmaß des Engagements hängen zudem von der Person des Bieters und seiner bisherigen Geschäftstätigkeit sowie von den erklärten Zielen be-

---

[604] Vgl. dazu auch Coffee, 85 Michigan Law Review (1986), 1, 16 ff.; Hahn, Die feindliche Übernahme von Aktiengesellschaften, 36, 111; Lehnert, Unternehmensübernahmen in den USA, 211 ff.; Economist vom 25. Juli 1991, 63.

[605] Vgl. Bästlein, Zur Feindlichkeit öffentlicher Übernahmeangebote, 81.

[606] Vgl. vor diesem Hintergrund die differenzierte Kompensation nach Freisetzungen Ryan, 64 Tulane Law Review (1989), 3, 18 f.

[607] Vgl. Bästlein, Zur Feindlichkeit öffentlicher Übernahmeangebote, 86 f. Vgl. dazu auch bereits Werner, ZGR 1976, 447, 486.

[608] Vgl. Duden, ZHR 141 (1977), 145, 145 ff.; Gawrisch, Ermessensentscheidungen des Aufsichtsrates, 94 f.; Kessler, AG 1995, 61, 63. Vgl. dazu auch allgemeiner Westermann, ZGR 1977, 219, 219 ff.

[609] Zur Öffentlichkeitsarbeit der gewerkschaftlich organisierten Arbeitnehmerschaft bei Übernahmen in der Airline Industrie in den Vereinigten Staaten vgl. Jensen/Ruback, 11 Journal of Financial Economics, (1983), 5, 5 ff.

züglich der Übernahme ab.[610] Je höher die Wahrscheinlichkeit der Beeinträchtigung von Vermögensinteressen für die Arbeitnehmerschaft ist, desto höher wird deren Abwehrbereitschaft sein. Übertreffen die Vermögenseinbußen des Arbeitnehmers an seinem Arbeitsplatz unter Berücksichtigung des Trägheitsmoments der Veränderung die Kosten und Einbußen eines Arbeitsplatzwechsels, wird ein Arbeitnehmer den Arbeitsplatz in der Regel wechseln.[611] Bis zu diesem summarischen Schwellenwert könnten vom Bieter ohne Arbeitnehmerverlust in jedem Einzelfall Kosten verringert werden.[612] Geht man davon aus, dass bei der Kosteneindämmung eine Herabsetzung der Arbeitsleistung vermieden werden kann, so determiniert dieser Schwellenwert annähernd den tatsächlichen Marktwert des Arbeitsplatzes.[613] Unberücksichtigt bleiben dabei allerdings die Motivationslage der Arbeitnehmer und die soziale Stabilität innerhalb der Arbeitnehmerschaft und das Verhalten gegenüber der Geschäftsleitung und den Aktionären.[614]

Soweit der Abbau von Arbeitsplätzen die Folge von Unternehmensübernahmen ist, dürfte es sich regelmäßig um eine betriebswirtschaftlich und auch volkswirtschaftlich wünschenswerte Optimierung der Ressourcenallokation handeln.[615] Soll die Zielgesellschaft als eigenständiges Unternehmen weitergeführt werden oder werden die Ertragssteigerungen nur infolge unternehmensübergreifender Synergien erwartet, so ist aber eine Beeinträchtigung der Arbeitnehmerinteressen in erheblich geringerem Ausmaße zu erwarten, als bei Fusionen oder Rationalisierungsmaßnahmen innerhalb der Zielgesellschaft.[616]

VI. Interessen Dritter

Durch eine Übernahme werden nicht nur die Interessen der unmittelbar Beteiligten berührt. Auch die Interessen der Vertragspartner der Zielgesellschaft sind betroffen. Dazu gehören die Zulieferer und Kunden des Unternehmens ebenso wie Dienst-

---

[610] Vgl. Bästlein, Zur Feindlichkeit öffentlicher Übernahmeangebote, 84 ff., 184 f.; Daum, Die unkoordinierte Übernahme, 27.

[611] Vgl. Bästlein, Zur Feindlichkeit öffentlicher Übernahmeangebote, 83; Shleifer/Summers, in Auerbach, Corporate Takeovers, 33, 33 ff.

[612] Vgl. Bästlein, Zur Feindlichkeit öffentlicher Übernahmeangebote, 83; Shleifer/Summers, in Auerbach, Corporate Takeovers, 33, 33 ff.

[613] Mit der Prämisse, dass unternehmensspezifische Sonderkenntnisse keinen Marktwert haben, vgl. Bästlein, Zur Feindlichkeit öffentlicher Übernahmeangebote, 80 ff.; wohl anders Merkt, US-amerikanisches Gesellschaftsrecht, Rdn. 1188.

[614] Vgl. hierzu Ryan, 64 Tulane Law Review (1989), 3, 29. Zur Problematik der Integration der Arbeitnehmer nach einer Übernahme vgl. Astrachan, Mergers, Acquisitions, and Employee Anxiety, 1, 1 ff.; Freund, DBW 1991, 491, 491 ff.; Lehnert, Unternehmensübernahmen in den USA, 223 ff.; Ottersbach/Kolbe, BfuP 1990, 140, 140 ff.; Pellens/Tomaszewski/Weber, DB 2000, 1825, 1828 f.; Die Zeit vom 23. März 2000, 36.

[615] Vgl. Hahn, Die feindliche Übernahme von Aktiengesellschaften, 112 ff.; Jensen, 62 Harvard Business Review (1984), 109, 114; Jensen, 48 Journal of Finance (1993), 831, 845 f.; Joussen, BB 1992, 1075, 1077 ff.; Shleifer/Summers, in Auerbach, Corporate Takeovers, 33, 33 ff. Kritisch Ryan, 64 Tulane Law Review (1989), 3, 3 ff.

[616] Vgl. Bästlein, Zur Feindlichkeit öffentlicher Übernahmeangebote, 84 ff.

leister, die für das Unternehmen tätig sind. Darüber hinaus hat eine Übernahme wegen der befürchteten oder tatsächlichen Folgen Auswirkungen auf die Kommunen, Bezirke, Länder und die gesamte Volkswirtschaft. Auch insoweit können die Interessen für oder gegen Übernahmen sprechen. Auf diese Drittinteressen soll im Folgenden eingegangen werden.

1. Interessen der Vertragspartner der Zielgesellschaft

Die Vertragspartner der Zielgesellschaft, insbesondere die Zulieferer und Kunden, richten sich zumindest mittelfristig auf die Zielgesellschaft aus.[617] Ihre Erfahrungen und die Zusammenarbeit mit den Bezugspersonen im Zielunternehmen haben ein Vertrauen entstehen lassen, das die Orientierung am Zielunternehmen wesentlich mitbestimmt.[618] Dies gilt insbesondere und in existentieller Weise für die hiervon betroffenen Investitions- und Innovationsmaßnahmen.[619] Insofern besteht ein maßgebliches Interesse der Vertragspartner daran, dass die Geschäftsverbindung unverändert fortgesetzt werden kann. Dies gilt hinsichtlich des Volumens der Liefer- bzw. Abnahmeverpflichtungen und der Preisgestaltung wie auch im Hinblick auf das Verhalten des Vertragspartners.[620] Nach einer Übernahme wird die Zielgesellschaft infolge konkreter Anweisungen der (neuen) Entscheidungsträger oder wegen grundsätzlich geänderter Zielvorgaben möglicherweise Verträge ändern, kündigen oder die Zusammenarbeit ganz einstellen.[621] Insbesondere bei faktischen Konzernbildungen oder anderen horizontalen oder vertikalen wirtschaftlichen Verflechtungen führt die gebündelte Macht des Zusammenschlusses von Bieter und Zielgesellschaft dazu, dass kostengünstigere Vertragsbeziehungen etabliert werden.[622] Dies wiederum wirkt sich auf die Geschäftstätigkeit und den Unternehmenswert des jeweiligen Vertragspartners und damit auf seine Interessen aus.[623]

Besonders starke Auswirkungen können sich für die Zulieferer ergeben. Soweit mittelständische Unternehmen als Zulieferer einer großen produzierenden Zielgesellschaft fungieren, sind deren Produktionseinrichtungen oft allein auf die für die Zielgesellschaft produzierten Teilprodukte eingerichtet. Setzt die Zielgesellschaft vertragliche Veränderungen durch, erfolgt die Prolongation oder der Abschluss neuer Verträge nur zu geänderten Bedingungen und es werden möglicherweise Kostendeckungsbeiträge bzw. Gewinne abgeschöpft. Bezieht die Zielgesell-

---

[617] Vgl. Alchian/Demsetz, 62 American Economic Review (1972), 777, 777 ff.; Bästlein, Zur Feindlichkeit öffentlicher Übernahmeangebote, 46 f.; Lehnert, Unternehmensübernahmen in den USA, 211 ff.; Shleifer/Summers, in Auerbach, Corporate Takeovers, 33, 33 ff. Vgl. auch MacIntosh, 43 University of Toronto Law Journal (1993), 425, 462 ff.

[618] Vgl. dazu auch MacIntosh, 43 University of Toronto Law Journal (1993), 425, 464.

[619] Vgl. dazu Stewart/Kim, 59 Southern Economic Journal (1992), 701, 718.

[620] Vgl. Bästlein, Zur Feindlichkeit öffentlicher Übernahmeangebote, 46.

[621] Vgl. Lehnert, Unternehmensübernahmen in den USA, 211 ff.

[622] Vgl. dazu Jansen, Mergers & Acquisitions, 74 ff.

[623] Vgl. dazu Shleifer/Summers, in Auerbach, Corporate Takeovers, 33, 33 ff.

schaft nach der Übernahme die von dem Zulieferer bezogenen Teilprodukte nunmehr bei einem anderen (konzerneigenen oder kostengünstigeren) Zulieferer oder produziert sie die Teilprodukte selbst, kann dies für den alten Zulieferer die Schließung des Unternehmens bedeuten.[624]

Für Abnehmer kann eine Preiserhöhung erhebliche betriebswirtschaftliche Auswirkungen haben. Stellt die Zielgesellschaft die Produktion der vom Abnehmer nachgefragten Waren ein, so muss ein neuer Vertragspartner gesucht werden. Die Problematik, die sich aus geänderten Präferenzen in der Zielgesellschaft ergeben, betreffen im Übrigen auch Dienstleistern wie Freiberufler und Serviceunternehmen wie etwa Beratungsunternehmen und Banken. Diese Unternehmen haben sich auf die geänderte Nachfrage einzustellen und entsprechende betriebswirtschaftliche Auswirkungen zu bewältigen.[625]

Ein besonderes Risiko entsteht für die Vertragspartner der Zielgesellschaft, wenn die Übernahme im Wesentlichen fremdfinanziert ist. Die hohe Schuldenlast lässt zwangsläufig erhebliche Kosteneinsparungen in den Vertragsverhältnissen zu Dritten und daraus resultierende Qualitätseinbußen befürchten.[626] Zudem besteht die Gefahr des Forderungsausfalls im Fall einer Zahlungsunfähigkeit der Zielgesellschaft, wenn ihre Ertragssituation die gleichzeitige Zinslast- und Schuldentilgung einerseits und die Erfüllung vertraglicher Verpflichtungen andererseits nicht zulässt.[627] Insofern kann auch der Ausfall von vertraglich vereinbarten Leistungen, von Nachbesserungs-, Garantie- oder Serviceleistungen von Ersatzteillieferungen zu befürchten sein. In besonderem Maße sind die Interessen der Altgläubiger der Zielgesellschaft bei fremdfinanzierten Übernahmen gefährdet.[628] Ein Kreditgeber, gleichgültig ob als Finanzunternehmen, Zulieferer mit der Vereinbarung eines Zahlungsziels oder Abnehmer bei der Leistung von Vorauszahlungen, kalkuliert eine Kreditgewährung unter Berücksichtigung des Ausfallrisikos, der bereitgestellten Sicherheiten, der Dauer und der Zinshöhe.[629] Mit der Änderung der Kapitalstruktur und der Geschäftstätigkeit des Vertragspartners nach einer Übernahme, insbesondere bei einer maßgeblichen Erhöhung der relativen Verschuldung, ist die ursprüngliche Kalkulation überholt. Nach Kreditgewährung treten nämlich Veränderungen ein, mit denen die Gläubiger möglicherweise nicht zu rechnen brauchten.

---

624 Vgl. Bästlein, Zur Feindlichkeit öffentlicher Übernahmeangebote, 46.

625 Vgl. Macey, 1989 Duke Law Review, 173, 197 ff. Vgl. ferner auch Busch, Regelung von Übernahmeangeboten, 33 f.

626 Vgl. Bästlein, Zur Feindlichkeit öffentlicher Übernahmeangebote, 46 f.; Hahn, Übernahme von Aktiengesellschaften, 131 f.; Warga/ Welch, 6 Review of Financial Studies (1993), 959, 959 ff.

627 Vgl. dazu Lehnert, Unternehmensübernahmen in den USA, 207 ff.; Munscheck, Übernahmeregelung, 35.

628 Vgl. Adams, AG 1989, 333, 336 f.; Bästlein, Zur Feindlichkeit öffentlicher Übernahmeangebote, 47 ff.; Hahn, Die feindliche Übernahme von Aktiengesellschaften, 100 ff., 134 ff.; Lehnert, Unternehmensübernahmen in den USA, 207 ff.; Munscheck, Übernahmeregelung, 35. Zum Gläubigerschutz bei Konzernverschmelzungen - vielfach die Folge einer Übernahme - vgl. weitergehend Knott, DB 1996, 2423, 2423 ff.

629 Vgl. Bästlein, Zur Feindlichkeit öffentlicher Übernahmeangebote, 47 ff.; Betsch/Groh/Lohmann, Corporate Finance, 1 ff.; Lehnert, Unternehmensübernahmen in den USA, 207 ff.

Unter den geänderten Bedingungen wären von ihnen möglicherweise Kredite nicht oder nur unter für sie günstigeren Konditionen gewährt worden. Infolge des erhöhten Risikos erweist sich der ursprüngliche Zinssatz als nicht mehr marktgerecht.[630] Der Wert der Forderung ist gesunken. Ein Vermögensverlust ist daher die Folge.[631] Daher wird häufig ein Vermögenstransfer von den Fremdkapitalgebern zu den Eigenkapitalgebern angenommen.[632] Empirische Studien belegen in diesem Zusammenhang allerdings eher positive Auswirkungen einer Übernahme für die Fremdkapitalgeber, auch wenn dabei nicht zwischen Alt- und Neugläubigern unterschieden wird.[633] Auch signifikante Kursveränderungen von Schuldverschreibungen lassen sich nicht feststellen.[634]

Würden die aufgrund der bestehenden Vertragsbeziehungen mit der Zielgesellschaft genährten Hoffnungen und Chancen als Vermögenswert zu beurteilen sein, so wären die durch eine Übernahme bewirkten Verluste der Vertragspartner der übernommenen Gesellschaft regelmäßig abstrakt und konkret berechenbar.[635] Insofern könnte tatsächlich ein Vermögenstransfer zugunsten der Anteilseigner der Zielgesellschaft angenommen werden, der ein besonderes Schutzbedürfnis der Vertragspartner begründen könnte.[636] Dagegen würde das Schutzbedürfnis entfallen, wenn derartige Situationen dem allgemeinen Geschäftsrisiko zuzurechen sind.[637] Zudem steht es jedem Vertragspartner frei, durch entsprechende Vertragsbestimmungen die eigenen Interessen für den Fall einer Übernahme zu wahren und abzusichern.[638]

Aus den vorgenannten Gründen wenden sich die Vertragspartner einer Zielgesellschaft regelmäßig gegen eine Übernahme.[639] Soweit sich eine Zielgesellschaft an bestehende und wirksame Verträge hält, kann ein betroffenes Unternehmen seine Interessen nur auf dem Verhandlungswege durchzusetzen versuchen. Die Fortsetzung abgelaufener Verträge kann rechtlich nicht ohne weiteres beansprucht

---

[630] Vgl. Adams, AG 1989, 333, 336 f.; Bästlein, Zur Feindlichkeit öffentlicher Übernahmeangebote, 47 ff.; Coffee, 85 Michigan Law Review (1986), 1, 69.

[631] Vgl. Bästlein, Zur Feindlichkeit öffentlicher Übernahmeangebote, 47 ff.; Lehnert, Unternehmensübernahmen in den USA, 207 ff.

[632] Vgl. Bästlein, Zur Feindlichkeit öffentlicher Übernahmeangebote, 47 ff.; Hahn, Die feindliche Übernahme von Aktiengesellschaften, 100 ff.; Lehnert, Unternehmensübernahmen in den USA, 207 ff.

[633] Vgl. dazu Asquith/Kim, 37 Journal of Finance (1982), 1209, 1209 ff.; Dennic/McConnell, 16 Journal of Financial Economics (1986), 143, 143 ff.; Jarrell/Brickley/Netter, 2 Journal of Economic Perspective (1988), 49, 56 f.

[634] Vgl. Lehn/Poulsen, in Weidenbaum/Chilton, Public Policy Toward Corporate Takeovers, 46, 46 ff.

[635] Vgl. Bästlein, Zur Feindlichkeit öffentlicher Übernahmeangebote, 46 f., mit Modellrechnung der Umverteilung, 47 f.

[636] Vgl. Bästlein, Zur Feindlichkeit öffentlicher Übernahmeangebote, 50; vgl. auch ablehnend Macey, 1989 Duke Law Review, 173, 200 f.

[637] Vgl. Hahn, Die feindliche Übernahme von Aktiengesellschaften, 102.

[638] Vgl. Hahn, Die feindliche Übernahme von Aktiengesellschaften, 101; Macey, 1989 Duke Law Review, 173, 197.

[639] Vgl. Bästlein, Zur Feindlichkeit öffentlicher Übernahmeangebote, 46, 184 f. Zur regelmäßig übernahmefeindlichen Position der Banken vgl. Kessel, Leveraged Buy-out, 16 ff.

werden. Zu untersuchen bleibt, ob sich die Leitung einer Zielgesellschaft bei einem Übernahmeversuch zur Begründung von Abwehrmaßnahmen auch auf den Schutz solcher Interessen Dritter berufen kann.[640]

2. Interessen des Gemeinwohls

Die Interessen des Gemeinwohls sind von Übernahmen insofern betroffen, als durch die Entlassung von Arbeitnehmern und den Abbau von Leistungskapazitäten nach einer Übernahme eine Leistungseinbuße für die Volkswirtschaft entsteht.[641] Für die Arbeitnehmer bedeutet dies zunächst, dass sie keine wohlstandsmehrende Leistung mehr erbringen, sondern vielmehr staatliche Unterstützung zu Lasten anderer Arbeitnehmer bzw. der Unternehmen erhalten. Von ihnen werden keine Steuern und keine Sozialversicherungsbeiträge gezahlt. Für den Fall, dass die entlassenen Arbeitnehmer einen anderen Arbeitsplatz finden, kann ein Wohlstandsverlust dadurch eintreten, dass sie ihr firmen- und branchenspezifisches Wissen nicht mehr oder nur eingeschränkt nutzen können.[642] Hinzu kommen die wohlstandsverringernden Kosten des Arbeitsplatzwechsels, des Wohnortwechsels und längerer Anfahrtswege. Neben diesen direkten und indirekten Kosten des Arbeitsplatzabbaus können bei gravierenden Maßnahmen in der Zielgesellschaft und infolge der Auswirkungen bei ihren Vertragspartnern hohe Infrastrukturkosten für die Allgemeinheit entstehen. Beispielhaft sei angeführt, dass für die im Umfeld der Zielgesellschaft wohnenden Arbeitnehmer öffentliche Investitionen vorgenommen sein können. So können etwa Schulen, Krankenhäuser, Straßen und Geschäfte gebaut worden sein, die nun nicht mehr entsprechend genutzt werden können. Dagegen kann durch die Abwanderung von Arbeitnehmern an einen anderen Ort ein neuer Bedarf entstehen, der dort entsprechende Investitionen zu Lasten der Allgemeinheit nach sich zieht.[643]

Ganz unabhängig von den direkten und indirekten Kosten einer solchen Strukturveränderung entstehen auch Verluste im sozialen Bereich, deren Folgekosten für die Allgemeinheit nicht absehbar sind. Soziale Netzwerke unterschiedlichster Art entlasten den Staat und damit die Allgemeinheit von Versorgungs- und Geldleistungen. Insbesondere Pflegeleistungen und die Einbindung der Menschen in ein funktionierendes Sozialgefüge werden durch familiäre und freundschaftliche Bindungen gewährleistet, während die sozialen Folgekosten im Falle einer Atomisierung der

---

[640] Vgl. dazu unter 5. Teil D. IV.

[641] Diese Folgen werden auch als Externalitäten oder soziale Kosten bezeichnet, vgl. dazu Behrens, Ökonomische Grundlagen des Rechts, 83 ff.; Fezer, JZ 1986, 817, 821; Macey, 1989 Duke Law Review, 173, 173 ff.; Moore, 70 Washington University Law Quarterly (1992), 277, 284, 288 f.

[642] Vgl. auch Macey, 1989 Duke Law Review, 173, 192 ff., nach dem ein Wohlfahrtsverlust auch durch im Ergebnis nachteilige Neuverhandlungen von Arbeitsverträgen eintreten kann. Vgl. in diesem Zusammenhang auch die kritische Untersuchung von Freisetzungen bei Ryan, 64 Tulane Law Review (1989), 3, 3 ff.

[643] Vgl. dazu Merkt, US-amerikanisches Gesellschaftsrecht, Rdn. 1112.

Gesellschaft und der Auflösung sozialer Bindungen steigen, wie sich beispielhaft am Ansteigen der Kriminalität zeigt.[644]

Solchen Problemen und sozialen Kostensteigerungen ist jedoch entgegenzusetzen, dass es in jeder Volkswirtschaft notwendige Veränderungen gibt, die letztlich das Überleben der Gesellschaft sichern. Das Festhalten an alten Strukturen ist dann nicht sinnvoll, wenn eine Veränderung ohnehin unumgänglich ist.[645] Die Notwendigkeit der Veränderung kann ohnehin durch den nationalen Wettbewerb, in den die Zielgesellschaft eingebunden ist, durch mangelnde Zukunftsaussichten des Unternehmens oder der Branche, durch den internationalen Wettbewerb oder den Standort des Unternehmens vorgegeben sein.[646] Ist eine Veränderung unvermeidlich, so wäre ein zeitlicher Aufschub nur noch ein zusätzlicher Kostenfaktor. Es würde eine schnelle und damit effiziente Anpassung an veränderte Bedingungen verhindert werden.[647] Insofern bestehen Parallelen zur Subventionierung untergehender Industrien. Ob allerdings Übernahmen wirklich notwendige Veränderungen beinhalten, darüber kann man mit jeweils guten Gründen unterschiedlicher Auffassung sein. Solange jedoch keine staatlichen Reglementierungen vorgegeben sind, scheint der Übernahmedruck auf die Geschäftsleitung und die zunehmende Globalisierung Veränderungen zu bewirken, denen die Legislative - möglicherweise infolge schlüssiger wirtschaftswissenschaftlicher Theorien und Untersuchungen oder aber aus verfassungsrechtlichen Gründen - nicht grundsätzlich entgegentreten will. Insofern misst der Staat Übernahmen keine schädlichen Auswirkungen bei, die Sanktionen gegen Übernahmen erforderlich machen.

3. Politische Interessen

Entscheidenden Einfluss auf das Gelingen oder Scheitern von Übernahmen haben immer wieder auch politische Interessen, die insbesondere wahltaktisch motiviert sind.[648] Unter Berufung auf Gemeinwohlinteressen oder die Interessen bestimmter Regionen und der dort ansässigen Unternehmen wird nicht selten mit teilweise abenteuerlichen Begründungen gegen Übernahmen Stellung bezogen.[649] Das Eintreten für eine Übernahme ist dagegen wenig populär, weil die Gründe für eine Übernahme eher abstrakt sind und sich auf langfristige Entwicklungen beziehen. Für die konkret Betroffenen sind sie in der Regel schwer verständlich zu machen,

---

644 Vgl. dazu eingehend Gordon, 91 Columbia Law Review (1991), 1931, 1971 ff.

645 Vgl. Bebchuk, 2 Journal of Law, Economics, and Organization (1986), 253, 262; Jensen, 48 Journal of Finance (1993), 831, 845 f.; Joussen, BB 1992, 1075, 1077 f. Vgl. dazu auch Bohrer, Unfriendly Takeovers, 34.

646 Vgl. Busch, Regelung von Übernahmeangeboten, 35.

647 Vgl. hierzu auch Bästlein, Zur Feindlichkeit öffentlicher Übernahmeangebote, 313 ff.

648 Vgl. Merkt, US-amerikanisches Gesellschaftsrecht, Rdn. 1112; Paefgen, AG 1991, 41, 43 ff.

649 Vgl. dazu Bästlein, Zur Feindlichkeit öffentlicher Übernahmeangebote, 250 f.; Merkt, US-amerikanisches Gesellschaftsrecht, Rdn. 1112; Paefgen, AG 1991, 41, 43 ff.

so dass deren kurzfristige Interessen an der Erhaltung des status quo gewöhnlich überwiegen.

VII. Zusammenfassung

Die Darstellung der Interessen, die im Zusammenhang mit einer Übernahme relevant sind, hat gezeigt, dass sie keineswegs gleichgerichtet, sondern gegensätzliche Interessen das Verhalten bei Übernahmevorgängen bestimmen können. Ein Interessensgegensatz besteht insbesondere zwischen der Unternehmensführung der Zielgesellschaft und dem Bieterunternehmen. Die Analyse der Interessen der Unternehmensführung der Zielgesellschaft hat andererseits gezeigt, dass diese wiederum nicht zwangsläufig mit den Interessen der Anteilseigner korrelieren. Gerade dieses Spannungsfeld ist in einer gesetzlichen Regelung von Übernahmevorgängen aufzulösen.

D. Reaktionsmöglichkeiten der Zielgesellschaft

Im Folgenden werden die Reaktionsmöglichkeiten der Zielgesellschaft zur Abwehr eines Übernahmeversuchs dargestellt. Dabei bietet sich die Unterscheidung zwischen prophylaktischen und reaktiven Verteidigungsmaßnahmen an.[650] Prophylaktische Maßnahmen werden von der Zielgesellschaft unabhängig von konkret erwarteten oder vorgenommenen Übernahmeversuchen veranlasst, während reaktive Maßnahmen die Antwort auf ein konkretes Übernahmeverhalten darstellen. Prophylaktische Verteidigungsmaßnahmen können daher langfristig geplant und ausgerichtet werden. Bei reaktiven Verteidigungsmaßnahmen steht dagegen nur begrenzte Zeit zur Verfügung. Insofern ist später zu überprüfen, ob besondere Zuständigkeiten infolge der Eilbedürftigkeit von Abwehrmaßnahmen gegeben sind.[651]

I. Prophylaktische Verteidigungsmaßnahmen

Mit prophylaktischen Verteidigungsmaßnahmen richtet sich die Zielgesellschaft auf die generelle abstrakte Abwehr von Übernahmeversuche ein, indem unabhängig von einem konkreten Übernahmeversuch eine eher für eine Übernahme ungeeignete Unternehmensstruktur geschaffen wird. Solche präventiven Maßnahmen sind zumeist mit einer Veränderung der Unternehmensverfassung verbunden. Sie ist von den Organen des Unternehmens vorzunehmen, die nach der Satzung und dem

---

[650] Zu dieser Abgrenzung vgl. auch Clark, Corporate Law, 571 ff.; Assmann/Bozenhardt, in Assmann/Basaldua/Bozenhardt/Peltzer, Übernahmeangebote, 1, 115; Daum, Die unkoordinierte Übernahme, 139; Kessler, AG 1995, 120, 121; Kurth, Aktionärsschutz, 13 ff., der im Übrigen von Schutzmechanismen und Abwehrmaßnahmen spricht; Möller, Die Stellung des Aktionärs bei Übernahmen, 137; Paefgen, RIW 1991, 103, 103 ff.; Schaaf, RIW 1985, 273, 276.

[651] Vgl. dazu bereits kritisch Lynch/Steinberg, 64 Cornell Law Review (1979), 901, 901.

Gesetz mit der entsprechenden Kompetenz ausgestattet sind. Die Zulässigkeit von prophylaktischen Maßnahmen zur Abwehr der bloß abstrakten Gefahr einer Übernahme muss sich an den Rechten und an dem Willen der zum Zeitpunkt der Ergreifung beteiligten Anteilseigner orientieren.

Nach deutschem Recht ist in den meisten Fällen von der Hauptversammlung durch Beschluss über die Implementierung von prophylaktischen Abwehrmaßnahmen von der Hauptversammlung durch einen Beschluss zu entscheiden. Der Vorstand kann als das Organ, das die Tagesordnung maßgeblich vorgibt, sowie nach § 119 Absatz 2 AktG die Hauptversammlung über sein Recht, bestimmte Abwehrmaßnahmen zu ergreifen, abstimmen lassen.

Die in Betracht kommenden Maßnahmen werden im Folgenden dargestellt, wobei nicht in Vergessenheit geraten sollte, dass die erfolgversprechendste Prophylaxe immer noch eine erfolgreiche und effiziente Führung des Unternehmens ist.

1. Veränderung und Ausformung der Rechte der Anteilseigner

Zunächst kommt eine übernahmeverhindernde oder -erschwerende Festlegung der Rechte der Anteilseigner in Frage. Da es für eine beabsichtigte Übernahme für den Bieter von entscheidender Bedeutung ist, durch Erlangung von Stimmrechten den maßgeblichen Einfluss in der Zielgesellschaft zu erhalten, bietet sich zur Übernahmeabwehr seitens der Zielgesellschaft eine dazu geeignete Stimmrechtsstruktur an.[652] Die Stimmrechtsstruktur kann so gestaltet werden, dass erforderliche Mehrheiten sichergestellt oder wahrscheinlich sind. Darüber hinaus kann auch maßgeblicher Einfluss auf stimmrechtsbegründende Anteilsübertragungen oder die Ausübung des Stimmrechts genommen werden.

a. Modifikationen des Stimmrechts

Eine Modifikation des Stimmrechts kann dahin gehen, dass nicht mit jedem Anteil gleiche Stimmrechte verbunden sind, sondern dass die Stimmrechte nach bestimmten Kriterien ungleich verteilt oder beschränkt werden.

(1) Bestimmung von Höchststimmrechten

Die Bestimmung von Höchststimmrechten beschränkt nicht grundsätzlich das den Anteilen zugeordnete Stimmrecht, sondern begrenzt die Stimmrechtsmacht eines einzelnen Aktionärs. Nach Überschreiten einer bestimmten Beteiligungsquote stehen dem Anteilseigner keine seinem Anteilsbesitz entsprechenden Stimmrechte mehr zu.[653] Die in der Satzung zu bestimmende maximal erreichbare Stimmrechts-

[652] Vgl. dazu weitergehend Adams, AG 1990, 63, 63 ff.; Jansen, Mergers & Acquisitions, 51.

[653] Vgl. KölnerKommAktG/Zöllner, § 134, Rdn. 27 ff.; Baums, AG 1990, 221, 221 ff.; Daum, Die unkoordinierte Übernahme, 149; Gamerdinger/Saupe, AG 1976, 29, 32; Jansen, Mergers & Acquisitions, 51; Klein, NJW 1997, 2085, 2087; Knoll, Übernahme von Kapitalgesellschaften, 247; Lüttmann, Kontrollwechsel in

quote wurde in vielen Fällen auf 5 % festgelegt.[654] Die Einführung solcher Höchststimmrechte bewirkt faktisch die Beschränkung des Einflusses der Großaktionäre und eine Machtverlagerung von der Hauptversammlung zu den Leitungsorganen der Gesellschaft.[655] Im deutschen Recht war die Bestimmung von Höchststimmrechten früher in § 134 Absatz 1 Satz 2 AktG geregelt. Danach traf die Entscheidung über die Einführung von Höchststimmrechten die Hauptversammlung mit einfacher Mehrheit ohne Zustimmungserfordernis der betroffenen Aktionäre.[656] Der Vorstand hatte lediglich das Vorschlagsrecht. Die Hauptversammlungen vieler deutscher Publikumsgesellschaften hatten dem Vorschlag des Vorstandes entsprechend die Einführung von Höchststimmrechten trotz der Machtverlagerung zum Vorstand[657] aber auch zu den nichtbetroffenen Aktionären[658] hin - weitgehend kritiklos - beschlossen.[659] Während zu Zeiten der Ölkrise die Einführung von Höchst-

Kapitalgesellschaften, 160 ff.; Maier-Reimer, in Hopt/Wymeersch, European Takeovers, 242, 243; Peltzer, AG-Sonderausgabe 8/1997, 90, 90 ff.; Hüffer, AktG, § 12, Rdn. 6; Salje, JA 1990, 321, 323 f.; Steiner, Die Hauptversammlung der AG, 113; Weisner, Verteidigungsmaßnahmen gegen unfreundliche Übernahmeversuche, 156. Vgl. zur Einführung von Stimmrechtsbeschränkungen in den USA Providence & Worcester Co. v. Baker, 378 A.2d 121 (Del. 1977). Zu den spezialgesetzlich geregelten Höchststimmrechten bei VW und den rechtlichen Bedenken vgl. weitergehend Endell, NZG 2000, 1160, 1160 ff.; Krause, NJW 2002, 2747, 2747 ff.; Handelsblatt vom 14. Mai 2003, 6; Handelsblatt vom 14./15. März 2003, 4; Handelsblatt vom 08.Januar 2004, 9. Zu der Entwicklung der Stimmrechtsbeschränkungen vgl. weitergehend von Beauvais, Grenzen des Höchststimmrechts, 29 ff. Zur europarechtlichen Rechtslage von *golden shares* vgl. in diesem Zusammenhang EuGH (Plenum), Urteil vom 4. Juni 2002 - Rs. C-367/98 - Kommission der EG ./. Portugiesische Republik; EuGH (Plenum), Urteil vom 4. Juni 2002 - Rs. C-483/99 - Kommission der EG ./. Französische Republik; EuGH (Plenum), Urteil vom 4. Juni 2002 - Rs. C-503/99 - Kommission der EG ./. Königreich Belgien; EuGH, Urteil vom 13. Mai 2003 - Rs. C-463/00 - Kommission der EG ./. Königreich Spanien; EuGH, Urteil vom 13. Juni 2003 - Rs. C-98/01 - Kommission der EG ./. Vereinigtes Königreich Großbritannien und Nordirland; Armbrüste, JuS 2003, 224, 224 ff.; Kilian, NJW 2003, 2653, 2653 ff.; Krause, NJW 2002, 2747, 2747 ff.

654 Vgl. Adams, AG 1990, 63, 71; Baums, AG 1990, 221, 221; Otto, AG 1994, 167, 173; Schneider, AG 1990, 56, 57; von Beauvais, Grenzen des Höchststimmrechts, 1.

655 Vgl. Adams, AG 1990, 63, 71; Baums, AG 1990, 221, 224; Daum, Die unkoordinierte Übernahme, 149; Hopt, in Sieben/Stein, Unternehmensakquisitionen, 39, 44 f.; Liebscher, ZIP 2001, 853, 854. Kritisch dazu auch Zöllner/Noack, AG 1991, 117, 125 f.

656 Vgl. BGHZ 70, 117, 121 f. - Mannesmann; BGHZ 71, 40, 45 - Kali & Salz; Geßler/Hefermehl/Eckardt/Kropff-Geßler, § 134, Rdn. 21; KölnerKommAktG/Zöllner, § 134, Rdn. 48; Daum, Die unkoordinierte Übernahme, 149 ff.; Knoll, Übernahme von Kapitalgesellschaften, 248; Koch, Hindernisse für öffentliche Übernahmeangebote, 116; Münchener Hdb GesellschaftsR/AG-Semler, § 38, Rdn. 11. Wenn einem Aktionär schon vor Beschlussfassung schwellenwertüberschreitende Stimmrechte zustanden, war für die Beschlussfassung eine Rechtfertigung im Interesse der Gesellschaft erforderlich, eine Rechtfertigung wurde für den Fall einer rein prophylaktischen Abwehrmaßnahme abgelehnt, vgl. dazu BGHZ 70, 117, 121 f.; Assmann/Bozenhardt, in Assmann/Basaldua/Bozenhardt/Peltzer, Übernahmeangebote, 1, 122; Knoll, Übernahme von Kapitalgesellschaften, 248.

657 Vgl. Adams, AG 1990, 63, 71; Daum, Die unkoordinierte Übernahme, 149; Zöllner/Noack, AG 1991, 117, 125 f.

658 Vgl. Weisner, Verteidigungsmaßnahmen gegen unfreundliche Übernahmeversuche, 156.

659 Vgl. Endell, NZG 2000, 1160, 1160. Vgl. im Übrigen auch zur Kritik an Höchststimmrechten, Adams, AG 1990, 63, 66; Adams, AG 1994, 148, 156. Demnach hatten beispielsweise Bayer, Mannesmann, BASF, Schering, Linde, Veba, Deutsche Babcocki, Feldmühle Nobel und Continental Höchststimmrechte von 5 % festgeschrieben. Vgl. zur Problematik ergänzend auch Michalski, AG 1997, 152, 158; Klein, NJW 1997,

stimmrechten mit den aus einer äußeren Überfremdung resultierenden Risiken[660] gerechtfertigt wurde,[661] sind es später die von feindlichen Übernahmeangeboten vermeintlich drohende Gefahren gewesen, etwa für die langfristige Unternehmensausrichtung oder die Stabilität der Gesellschaftsfinanzen, die deutsche Aktiengesellschaften zur Stimmrechtsbegrenzungen veranlasst haben.[662] Gegenüber vielen anderen Abwehrmaßnahmen stellte sich die Einführung von Höchststimmrechten als vergleichsweise leicht zu installierendes Instrument zur Abschreckung von Übernahmeinteressenten dar.[663] Da die Hauptversammlung insofern in vielen Fällen als willenloses Werkzeug des Vorstandes zu handeln schien, konnte auf ein generell wohlwollendes Aktionärsverhalten gegenüber dem Management geschlossen werden.[664] Eine andere Erklärung ist die Furcht der Aktionäre selbst vor Übernahmen oder deren unzureichende Information.[665] Letztlich bestimmten jedoch allein die Aktionäre über die Einführung von Höchststimmrechten und auch über deren Aufhebung. Die Aufhebungsbefugnisse der Hauptversammlung waren dabei allerdings

---

2085, 2087; Marquardt, WiB 1994, 537, 539; Assmann/Bozenhardt, in Assmann/Basaldua/Bozenhardt/Peltzer, Übernahmeangebote, 1, 120; Otto, DB-Beil. 12/1988, 1, 7.

[660] Vgl. dazu eingehend Gamerdinger/Saupe, AG 1976, 1, 1 ff., 29, 29 ff.; vgl. auch Baums, AG 1990, 221, 222; Daum, Die unkoordinierte Übernahme, 149 f.; Otto, DB-Beil. 12/1988, 1, 7.

[661] Deutsche Publikumsgesellschaften hätten zu jener Zeit ihre Bemühungen, sich gegen zunehmenden Beteiligungserwerb und die befürchtete Einflussnahme durch Anteilseigener aus den Ölländern zu schützen, auf das Instrument der statutarischen Beschränkung von Stimmrechten auf eine Höchstbetrag konzentriert, vgl. Gamerdinger/Saupe, AG 1976, 1, 1 ff.; 29, 29 ff.; Hölters, DB 1975, 917, 917 ff.; Hopt, in Sieben/Stein, Unternehmensakquisitionen, 39, 44; Peltzer, AG-Sonderausgabe 8/1997, 90, 93 f.; von Beauvais, Grenzen des Höchststimmrechts, 32; so auch Schanz, NZG 2000, 337, 341 f., nachdem derartige Höchststimmrechte seither als bevorzugte Abwehrinstrumente deutscher Publikumsgesellschaften dienten.

[662] Vgl. Endell, NZG 2000, 1160, 1160. Bis zum Herbst 1987 hatten bereits sechzehn Aktiengesellschaften Höchststimmrechte eingeführt, vgl. AG-Report, AG 1988, R 56. Vgl. zur nachfolgenden Entwicklung auch die Berichte der Börsenzeitung vom 29.4.1988, 3 ("Babcock schützt sich gegen unerwünschte Einflüsse") und vom 27.5.1987, 6 ("Veba begrenzt das Stimmrecht auf 5 Prozent"). Besonderes Aufsehen haben die bedingte Einführung eines "gestuften" Höchststimmrechts bei der Dresdner Bank AG bewirkt. Die Einführung war dadurch bedingt, dass der Vorstand die Satzungsänderung erst dann zur Eintragung in das Handelsregister anzumelden berechtigt ist, wenn Anhaltspunkte dafür bestehen, dass einem Aktionär Aktien im Nennbetrag von mehr als 10 % des Grundkapitals gehören oder in absehbarer Zeit gehören würden. Wie in den Unterlagen zur Einberufung der Hauptversammlung vom Vorstand vorgetragen, läge der Sinn dieser Maßnahme darin, dass für jedermann ein deutliches Zeichen für die Unabhängigkeit gesetzt und Übernahmeversuchen von vornherein jeglicher Anreiz genommen werde. Vgl. hierzu auch die kritischen Anmerkungen der Deutschen Schutzvereinigung für Wertpapierbesitz e.V. (DSW), Wertpapier 1989, 504, 656 f. Die DSW habe in zahlreichen Fällen gegen Stimmrechtsbeschränkungen opponiert; vgl. etwa: Wertpapier 1975, 269 ff. (Deutsche Bank); 1977, 569 f. (Hoesch); 1978, 649 ff., 808 (Veba); 1988, 407; 544; 644 (Deutsche Babcock, Feldmühle Nobel). Vgl. dazu auch die Zusammenstellung bei Adams, ZIP 1996, 1590, 1598. Kritisch dazu mit Blick auf die Tauglichkeit und die rechtspolitische Fragwürdigkeit Baums, AG 1990, 221, 233.

[663] Vgl. Adams, ZIP 1996, 1590, 1598; Assmann/Bozenhardt, in Assmann/Basaldua/Bozenhardt/Peltzer, Übernahmeangebote, 1, 121; Baums, AG 1990, 221, 232 ff.; Hauschka/Roth, AG 1988, 181, 190; Michalski, AG 1997, 152, 158; Zöllner/Noack, AG 1991, 117, 119 f.

[664] Vgl. Michalski, AG 1997, 152, 158 f.

[665] Vgl. dazu Gordon, 76 California Law Review (1988), 3, 11 ff. Zum Auskunftsrecht des Aktionärs im Konzern vgl. weitergehend Ebenroth/Wilken, BB 1993, 1818, 1818 ff.

einschneidend durch das Beschlussvorschlagsrecht des Vorstandes gemäß § 124 Absatz 3 Satz 1 AktG und die ansonsten sehr beschränkten eigenständigen Rechte der Hauptversammlung[666] beeinträchtigt.[667]

Der Wirkungsgrad von Höchststimmrechten als Verteidigungsmaßnahme ist umstritten, weil sie durch Bildung von Stimmrechtskonsortien unterlaufen werden können.[668] Auch kann ein Übernehmer nach Erlangung der dafür erforderlichen qualifizierten Mehrheit[669] in der Regel ein Höchststimmrecht durch Satzungsbeschluss abschaffen,[670] insbesondere wenn die hierfür mögliche statutarische Festlegung eines besonderen höheren Mehrheitserfordernisses versäumt worden ist.[671] Eine Stimmrechtsbeschränkung konnte im Übrigen bei solchen Beschlüssen keine Wirkung entfalten, die außer einer bestimmten Stimmenmehrheit auch einer Kapitalmehrheit bedürfen, wie es bei Satzungsänderungen oder Kapitalerhöhungen, aber auch beim Abschluss von Unternehmensverträgen, bei Eingliederungen und Verschmelzungen oder bei der Ausgabe von Wandel- oder Optionsschuldverchreibungen der Fall ist.[672] In diesen Fällen konnte der Bieter grundlegende Entscheidungen

---

[666] Vgl. Schmidt, Gesellschaftsrecht, 806, 837 ff.; KölnerKommAktG/Mertens, Vorb. § 76, Rdn. 2.

[667] Dieser Mechanismus wird allerdings von Weisner, Verteidigungsmaßnahmen gegen unfreundliche Übernahmeversuche, 161, übersehen.

[668] Vgl. dazu im Einzelnen Adams, AG 1990, 63, 63 ff.; Baums, AG 1990, 221, 224 ff.; Daum, Die unkoordinierte Übernahme, 154 ff.; Endell, NZG 2000, 1160, 1161 f.; Hopt, in Sieben/Stein, Unternehmensakquisitionen, 39, 46; Hahn, Übernahme von Aktiengesellschaften, 165 f.; Kessel, Leveraged Buy-out, 61; Klein, NJW 1997, 2085, 2087; Knoll, Übernahme von Kapitalgesellschaften, 248; Lutter/Schneider, ZGR 1975, 182, 193 f.; Otto, DB-Beil. 12/1988, 1, 7; Otto, AG 1994, 167, 174; Michalski, AG 1997, 152, 158; Schneider, AG 1990, 56, 58; Stoll, BB 1989, 301, 304; Werner, Probleme feindlicher Übernahmeangebote, 21; Zöllner/Noack, AG 1991, 117, 119 f. Dies gilt auch für geheime Absprachen, wenn die Satzung nach § 134 Absatz 1 Sätze 3, 4 AktG einen Einschluss der Aktien von Dritten vorsieht, soweit diese für fremde Rechnung verwahrt und/oder von abhängigen oder verbundenen Unternehmen gehalten werden, vgl. dazu Weisner, Verteidigungsmaßnahmen gegen unfreundliche Übernahmeversuche, 160, 164.

[669] Vgl. KölnerKommAktG/Zöllner, § 134, Rdn. 49; Knoll, Übernahme von Kapitalgesellschaften, 248; Lüttmann, Kontrollwechsel in Kapitalgesellschaften, 161, Schneider, AG 1990, 56, 60.

[670] Dies kann jedoch wegen des Vorschlagsrechts des Vorstandes hinsichtlich der Tagesordnung einer Hauptversammlung regelmäßig in der Praxis nur gelten, wenn der Vorstand der „Empfehlung" des Aktionärs folgt. Dieser Mechanismus wird offensichtlich von Weisner, Verteidigungsmaßnahmen gegen unfreundliche Übernahmeversuche, 163, verkannt. Schneider, AG 1990, 56, 60, geht jedoch zu Recht davon aus, dass der Vorstand grundsätzlich derartige Begehren des Großaktionärs unterstützt. Vgl. im Übrigen dazu Assmann/Bozenhardt, in Assmann/Basaldua/Bozenhardt/Peltzer, Übernahmeangebote, 1, 123; Ebenroth/Rapp, DWiR 1991, 2, 3; Lüttmann, Kontrollwechsel in Kapitalgesellschaften, 161; Münchener Hdb GesellschaftsR/AG-Semler, § 38, Rdn. 12.

[671] Vgl. Baums, AG 1990, 221, 225; Lüttmann, Kontrollwechsel in Kapitalgesellschaften, 161; Rümker, Festschrift Heinsius, 683, 699; Sünner, Festschrift Quack, 457, 462.

[672] Vgl. Assmann/Bozenhardt, in Assmann/Basaldua/Bozenhardt/Peltzer, Übernahmeangebote, 1, 123; Baums, AG 1990, 221, 225; Hahn, Übernahme von Aktiengesellschaften, 166; Hopt, WM-Festgabe Heinsius, 22, 25; Knoll, Übernahme von Kapitalgesellschaften, 247 f.; Koch, Hindernisse für öffentliche Übernahmeangebote, 116 f.; Michalski, AG 1997, 152, 158; Otto, DB-Beil. 12/1988, 1, 7; Rümker, Festschrift Heinsius, 683, 699; Schneider, AG 1990, 56, 58; Steiner, Die Hauptversammlung der AG, 113; Sünner, Festschrift Quack, 457, 462; Weisner, Verteidigungsmaßnahmen gegen unfreundliche Übernahmeversuche, 162.

und sogar die Geschäftstätigkeit blockieren und diese Situation zum Ausgangspunkt der Verfolgung weitergehender Ziele machen.[673]

Infolge zunehmender Kritik an Höchststimmrechten[674] wurden sie für börsennotierte Gesellschaften durch Artikel 1 Nr. 3 und 11 Nr. 1 KonTraG abgeschafft.[675] Für bestehende Satzungsbestimmungen galt eine zweijährige Übergangsfrist seit dem Inkrafttreten des Gesetzes am 01. Mai 1998, die inzwischen abgelaufen ist. Der Vollständigkeit wegen werden unterschiedlichen Arten von Höchststimmrechten gleichwohl dargestellt, denn bei internationalen Übernahmen kann die Bestimmung von Höchststimmrechten wirkungsvoll sein.

(a) Zukünftige Höchststimmrechte

Höchststimmrechten können schon bei der Geschäftsgründung oder für die Zukunft vorgesehen werden, so dass kein Aktionär erst später in seinen Stimmrechten beschränkt wird. Sind die Anteile jedoch bereits in der Absicht oder wegen der Möglichkeit eines weiteren Anteilserwerbs und der entsprechenden Stimmrechtszuwachses erworben, kann schon das zukünftige Höchststimmrecht eine bedenkliche Beeinträchtigung der Anteilsrechte enthalten.[676] Auch bei einem zukünftigen Höchststimmrecht liegt eine Rechtsbeeinträchtigung darin, dass eine geplante zukünftige Wahrnehmung von Stimmrechten verhindert wird oder bei einer Weiterveräußerung die Stimmrechte möglicherweise beim Erwerber beschränkt würden, weil er die Höchstgrenze überschreitet. Dann könnte die Gegenleistung geringer ausfallen.[677]

---

[673] Vgl. dazu weitergehend Lüttmann, Kontrollwechsel in Kapitalgesellschaften, 159. Vgl. auch Steiner, Die Hauptversammlung der AG, 113 f.

[674] Vgl. Assmann/Bozenhardt, in Assmann/Basaldua/Bozenhardt/Peltzer, Übernahmeangebote, 1, 122; Adams, AG 1990, 63, 63 ff.; Adams, AG 1994, 148, 156; Adams, ZIP 1996, 1590, 1598; Adams, AG-Sonderheft 8/1997, 9, 21 f.; Baums, AG 1990, 221, 226; Daum, Die unkoordinierte Übernahme, 149 ff.; Förschle/Glaum/Mandler, DB 1998, 889, 893; Hopt, in Sieben/Stein, Unternehmensakquisitionen, 39, 45; Hüffer, AktG, § 134, Rdn. 5; Kübler, AG-Sonderausgabe 8/1997, 48, 52; Michalski, AG 1997, 152, 158; Schander, BB 1997, 1801, 1802; Schneider, AG 1990, 56, 57; von Beauvais, Grenzen des Höchststimmrechts, 36 ff. Vgl. demgegenüber auch Schneider, AG 1990, 56, 56 ff.; Zöllner/Noack, AG 1991, 117, 117 ff. Teilweise stellte die Kritik auf den übernahmefeindlichen Charakter von Höchststimmrechten ab. Vgl. jedoch auch die verfassungsrechtlichen Erwägungen mit Blick auf Art. 14 Absatz 1 GG bei Zöllner/Noack, AG 1991, 157, 162 f.

[675] Vgl. dazu weitergehend Baums, AG-Sonderheft 8/1997, 26, 36; Claussen, DB 1998, 177, 181; Endell, NZG 2000, 1160, 1160; Förschle/ Glaum/Mandler, DB 1998, 889, 889 ff.; Weisner, Verteidigungsmaßnahmen gegen unfreundliche Übernahmeversuche, 156 ff. Vgl. auch Frankfurter Allgemeine Zeitung vom 9. Mai 1998, 22. Kritisch dazu Schneider/Burgard, DB 2001, 963, 967.

[676] Vgl. Adams, AG 1990, 63, 67.

[677] Vgl. Adams, AG 1990, 63, 72.

(b) Nachträgliche Höchststimmrechte

Ein Höchststimmrecht könnte darüber hinaus auch vorgesehen werden, wenn ein Anteilseigner mit seiner Beteiligung die geplante Höchstquote überschritten hat und er deshalb durch die Einführung des Höchststimmrechts in seinen bestehenden Stimmrechten nachträglich beschränkt wird.[678] Zweifelhaft ist hier, ob nicht zumindest wegen eines Verstoßes gegen den Gleichbehandlungsgrundsatz die beeinträchtigten Anteilseigner der Einführung des Höchststimmrechts zustimmen müssten.[679]

Nach dem „Mannesmann-Urteil" des Bundesgerichtshofs[680] war die Einführung von Höchststimmrechten in Deutschland grundsätzlich rechtmäßig, auch wenn diese nachträglich durch satzungsändernden Mehrheitsbeschluss in der Hauptversammlung ohne die Zustimmung betroffener Aktionäre eingeführt wurde, wenngleich es auch in diesem Fall einer aus dem „Gesamtinteresse des Unternehmens" oder aus „übergeordneten Unternehmenszielen" abzuleitenden Begründung bedurfte.[681] Demgegenüber waren - so die Literatur - dahingehende rein prophylaktische Satzungsänderungen zur Abwehr von unbestimmten zukünftigen Übernahmen als rechtswidrig anzusehen.[682] Zur Begründung dieser Differenzierung war angeführt worden, dass der durch die Einführung des Höchststimmrechts bewirkte Kursverlust alle Aktionäre gleichmäßig treffe und im Übrigen auch lediglich einer spekulativen unnatürlichen Kursentwicklung Einhalt geboten würde.[683] Demgegenüber ist jedoch durchaus zu bedenken, dass das Vermögensrecht des Anteilseigners auch die Hoffnung auf diejenige zukünftige Entwicklung des Unternehmens mitumfasst, die

---

678 Vgl. Geßler/Hefermehl/Eckardt/Kropff-Eckardt, AktG, § 134, Rdn. 21; Hüffer, AktG, § 134, Rdn. 8; KölnerKommAktG/Zöllner, § 134, Rdn. 48; Adams, AG 1990, 63, 72 ff.; Daum, Die unkoordinierte Übernahme, 151 ff.; Henze, BB 2001, 53, 56; Hopt, in Sieben/Stein, Unternehmensakquisitionen, 39, 45; Steiner, Die Hauptversammlung der AG, 115; Weisner, Verteidigungsmaßnahmen gegen unfreundliche Übernahmeversuche, 161; Wellkamp, Aktionärsschutz, 7 f.

679 Vgl. BGHZ 70, 117, 119 ff. - Mannesmann (zulässig, wenn die angesetzte Beteiligungsquote von keinem Aktionär erreicht wurde, vgl. dazu genauso Geßler/Hefermehl/Eckardt/Kropff-Eckardt, AktG, § 134, Rdn. 21. Vgl. auch KölnerKommAktG/Zöllner, § 134, Rdn. 48; Hüffer, AktG, § 134, Rdn. 7 f.; Adams, AG 1990, 63, 72 ff.; Daum, Die unkoordinierte Übernahme, 151 ff.; Gamerdinger/Saupe, AG 1976, 29, 32; Hahn, Übernahme von Aktiengesellschaften, 169 ff.; Hopt, in Sieben/Stein, Unternehmensakquisitionen, 39, 45; Lutter/Schneider, ZGR 1975, 182, 195; Steiner, Die Hauptversammlung der AG, 115; Weisner, Verteidigungsmaßnahmen gegen unfreundliche Übernahmeversuche, 160 ff.; Wellkamp, Aktionärsschutz, 7 f.

680 BGHZ 70, 117.

681 Vgl. BGHZ 70, 117, 121, 125 mit Verweisung auf BGHZ 33, 175, 186. Vgl. auch OLG Celle, AG 1993, 180; Vgl. weiter Hahn, Übernahme von Aktiengesellschaften, 167 f.; Michalski, AG 1997, 152, 158; Schneider, AG 1990, 56, 56; Werner, Probleme „feindlicher" Übernahmeangebote, 22. Vgl. zur Inhaltskontrolle nach diesem Maßstab weitergehend von Beauvais, Grenzen des Höchststimmrechts, 84 ff.

682 Vgl. Adams, AG 1990, 63, 77 f.; Baums, AG 1990, 221, 221 ff.; Daum, Die unkoordinierte Übernahme, 151 ff.; Hahn, Übernahme von Aktiengesellschaften, 169 ff. Vgl. dazu auch Lüttmann, Kontrollwechsel in Kapitalgesellschaften, 160 ff.

683 Vgl. BGHZ 70, 117, 121. Zu den regelmäßigen Kursentwicklungen nach Einführung eines Höchststimmrechts vgl. Adams, AG 1990, 63, 72; Adams, AG 1990, 243, 251; Baums, AG 1990, 221, 226; Jarrell/Poulsen, 20 Journal of Financial Economics (1988), 129, 129 ff.; Schneider, AG 1990, 56, 57; Zöllner/Noack, AG 1991, 117, 121 ff., 130 f.

durch ein Höchststimmrecht ausgeschlossen wird.[684] Der Kursrückgang wird zudem mutmaßlich durch den durch das Höchststimmrecht verursachten Verlust an Kontroll- und Leistungsdruck gegenüber der Unternehmensleitung, der ebenfalls vom Vermögensrecht umfasst sein dürfte,[685] bewirkt.[686] Insofern sind Überlegungen, dass nachträglich eingeführte Höchststimmrechte die gesetzlich intendierte Kontrollstruktur der Aktiengesellschaft unterlaufen und daher rechtswidrig sind,[687] nicht abwegig.

(c) Unbedingte Höchststimmrechte

Die Bestimmung von Höchststimmrechten kann generell für jede Stimmrechtsausübung unbedingt vorgenommen werden.

(d) Bedingte Höchststimmrechte

Sie könnte jedoch auch lediglich für bestimmte festzulegende Fälle vorgesehen werden.[688] In diesem Fall würden die Rechte der betroffenen Großaktionäre auch nur unter den festzulegenden Bedingungen beeinträchtigt werden. Als Bedingung für die Beschränkung der Stimmrechte kommt das Vorliegen eines Übernahmeangebots oder eine Abstimmung über die Übernahme beeinflussende Maßnahmen in Betracht.[689]

(e) Höchststimmrechte in Abhängigkeit von der Aktiengattung

Die Bestimmung von Höchststimmrechten kann auf bestimmte Aktiengattungen beschränkt werden.[690] Die betroffenen Anteilseigner wären somit unter bestimmten Konstellationen dem unverhältnismäßigen Einfluss der Anteilseigner einer anderen Aktiengattung unterworfen.[691] Daher ließe sich der Stimmrechtseinfluss durch die Beschränkung der Höchststimmrechte auf bestimmte Aktiengattungen gezielt gegen oder für bestimmte Anteilseigner lenken.[692]

---

[684] Vgl. Adams, AG 1990, 63, 77; Lüttmann, Kontrollwechsel in Kapitalgesellschaften, 161.

[685] Vgl. Hahn, Übernahme von Aktiengesellschaften, 178 ff.

[686] Vgl. DeAngelo/Rice, 11 Journal of Financial Economics (1983), 329, 329 ff.; Gordon, 76 California Law Review (1988), 3, 23 ff.; Hahn, Übernahme von Aktiengesellschaften, 180 f.; Jarrell/Poulsen, 20 Journal of Financial Economics (1988), 129, 129 ff.

[687] Vgl. dazu die ähnliche Argumentation bei Adams, AG 1990, 63, 77.

[688] Vgl. dazu LG Frankfurt, AG 1990, 169 f.; Hüffer, AktG, § 179, Rdn. 26; Geßler/Hefermehl-Bungeroth, § 179, Rdn. 66; Michalski, AG 1997, 152, 158.

[689] Vgl. Otto, AG 1994, 167, 174.

[690] Vgl. Steiner, Die Hauptversammlung der AG, 115.

[691] Vgl. Adams, AG 1990, 243, 251; Adams, AG 1990, 63, 70 ff.

[692] Vgl. Weisner, Verteidigungsmaßnahmen gegen unfreundliche Übernahmeversuche, 161.

(2) Ausgabe von Mehrstimmrechtsaktien

Eine vergleichbare Wirkung wie bei der Beschränkung der Höchststimmrechte auf bestimmte Aktiengattungen ließe sich auch durch die Ausgabe von Mehrstimmrechtsaktien erzielen. Mehrstimmrechtsaktien gewähren dem Inhaber im Verhältnis zum Kapitalanteil einen unverhältnismäßig hohen Stimmrechtsanteil,[693] während sie auf der anderen Seite in der Regel lediglich einen eingeschränkten Dividendenanspruch einräumen.[694] Denkbar wäre auch die Ausgabe bedingter Mehrstimmrechte für den Fall der Überschreitung bestimmter Beteiligungsgrenzen.[695] Die Emission von Mehrstimmrechtsaktien stellt eine effektive Abwehrmaßnahme dar, wenn die Aktien entsprechend platziert werden können und sich auch zukünftig in den Händen treuer Aktionäre befinden.[696] Insofern wäre es zusätzlich sachgerecht, die Übertragbarkeit dieser Aktien zu beschränken.[697] Einem Bieter würde es dann schwer fallen, die Kontrolle zu erlangen, wenn er nicht selbst Mehrstimmrechtsaktien erlangen konnte. Während in den Vereinigten Staaten die Ausgabe von Aktien mit unterschiedlichem Stimmrecht, so genannte *Dual Class Recapitalization,* grundsätzlich zulässig ist,[698] verbietet das deutsche Recht die Ausgabe von

[693] Vgl. dazu grundlegend Milde-Büttcher, BB 1999, 1073, 1073 ff.; Saenger, ZIP 1997, 1813, 1813 ff.; Terbrack/Wermeckes, DZWiR 1998, 186, 186 ff. Vgl. weiter Hüffer, AktG, § 12, Rdn. 8; Adams, ZIP 1996, 1590, 1597; Bohrer, Unfriendly Takeovers, 40; Daum, Die unkoordinierte Übernahme, 162; Kluth, ZIP 1997, 1217, 1219; Peltzer, AG-Sonderausgabe 8/1997, 90. 90 ff.; Weisner, Verteidigungsmaßnahmen gegen unfreundliche Übernahmeversuche, 166; Wellkamp, Aktionärsschutz, 9. Zur Rechtslage in den USA vgl. weitergehend Knoll, Übernahme von Kapitalgesellschaften, 214 f.

[694] Vgl. Herrmann, Zivilrechtliche Abwehrmaßnahmen gegen unfreundliche Übernahmeversuche, 46; Knoll, Übernahme von Kapitalgesellschaften, 214; Dawson/Pence/Stone, 42 Business Lawyer 1987, 423, 423 f.; Lipton/Steinberger, Takeovers and Freezeouts, § 6.03 [4][h]. Zur verfassungsrechtlichen Einordnung von Mehrstimmrechten vgl. Zöllner/Noack, AG 1991, 157, 157 ff.

[695] Vgl. dazu Knoll, Übernahme von Kapitalgesellschaften, 215; Lipton/Steinberger, Takeovers and Freezeouts, § 6.03 [4][h]; Weisner, Verteidigungsmaßnahmen gegen unfreundliche Übernahmeversuche, 24. Derartige bedingte Mehrstimmrechte sind in den Vereinigten Staaten als rechtswidrig festgestellt worden, vgl. Asarco Inc. v. MRH Holmes, 611 F.Supp. 468 (D.N.J. 1985); Unilever Acquisition Corp. v. Richardson-Vicks Inc., 618 F.Supp. 407 (S.D.N.Y.), anders CityFed v. Mann (D.N.J. 1985).

[696] Vgl. Knoll, Übernahme von Kapitalgesellschaften, 249; Terbrack/Wermeckes, DZWiR 1998, 186, 188; Weisner, Verteidigungsmaßnahmen gegen unfreundliche Übernahmeversuche, 166, 169; Zöllner/Noack, AG 1991, 117, 130. Insofern wird auch von einer Verzerrung von Stimm- und Kapitalanteilen gesprochen, vgl. Ruback, in Auerbach, Mergers and Acquisitions, 49, 60. In den Vereinigten Staaten ist der Anteil von so genannten Insiderbeteiligungen, Beteiligungen von Management oder verbundenen Personen, an den Mehrstimmrechtsaktien mit über 46 % festgestellt worden, vgl. Ruback, in Auerbach, Mergers and Acquisitions, 49, 60. Somit kann zu Recht von einer Verschanzung des Managements gesprochen werden.

[697] Vgl. Adams, AG 1994, 148, 156; Knoll, Übernahme von Kapitalgesellschaften, 214; Trockels, ZvglRWiss 89, 56, 68; Weisner, Verteidigungsmaßnahmen gegen unfreundliche Übernahmeversuche, 169.

[698] Vgl. Gordon, 76 California Law Review (1988), 3, 10 ff.; Hazen, Law of Securities Regulation, 667; Knoll, Übernahme von Kapitalgesellschaften, 214 f.; Lehn/Netter/Poulsen, 27 Journal of Financial Economics (1990), 557, 557 ff.; von Beauvais, Grenzen des Höchststimmrechts, 42; Weisner, Verteidigungsmaßnahmen gegen unfreundliche Übernahmeversuche, 169 f.; vgl. jedoch auch Asarco, Inc. v. Court, 611, F.Supp. 468 (D.N.J. 1985); Packer v. Yambol, 1986 WL 4748 (Del.Ch. 1986).

Mehrstimmrechtsaktien generell gemäß § 12 Absatz 2 Satz 1 AktG;[699] sie scheidet somit als Abwehrmaßnahme im deutschen Recht aus.

(3) Ausgabe von Vorzugsaktien ohne Stimmrecht

Eine beherrschende Stimmrechtsausübung des Übernehmers nach Erwerb der entsprechenden Kapitalanteile kann die Zielgesellschaft von Beginn an ausschließen, wenn sich die stimmberechtigten Kapitalanteile im Eigentum treuer Mitgesellschafter befinden und eine weitere Kapitalaufnahme über die Ausgabe von Vorzugsaktien ohne Stimmrecht erfolgt.[700] Infolgedessen bleibt die für die Willensbildung in der Hauptversammlung maßgebliche Beteiligungsstruktur erhalten.[701] Die Emission stimmrechtloser Aktien kann nach deutschem Recht gemäß § 139 Absatz 1 AktG erfolgen.[702] Danach kann das Stimmrecht für solche Aktien ausgeschlossen werden, die mit einem nachzuzahlenden Vorzug bei der Verteilung des Gewinns ausgestattet sind.[703] Diese werden daher als Vorzugsaktien bezeichnet. Der Stimmrechtsausschluss entfällt dann, wenn die Gesellschaft nicht in der Lage ist, die Vorzugsdividende zu zahlen, § 140 Absatz 2 AktG.[704] Die Vorzugsaktien können durch die Ausgabe neuer Aktien mit Gewinnvorzug infolge einer Kapitalerhöhung eingeführt werden, es können aber auch bestehende Stammaktien in Vorzugsaktien umgewandelt werden,[705] allerdings nicht gegen den Willen des jeweiligen Aktio-

---

[699] Vgl. dazu und zur Übergangsregelung, die regelmäßig bis zum 1. Juni 2003 und darüber hinaus nach einem bestätigenden Beschluss der Hauptversammlung mit ¾-Mehrheit des vertretenen Grundkapitals, reichen kann, Milde-Büttcher, BB 1999, 1073, 1073 ff.; Terbrack/ Wermeckes, DZWiR 1998, 186, 190; Weisner, Verteidigungsmaßnahmen gegen unfreundliche Übernahmeversuche, 166 ff.; Saenger, ZIP 1997, 1813, 1813 ff.; Zöllner/Hanau, AG 1997, 206, 206 ff. Vgl. dazu auch Adams, AG 1994, 148, 156; Adams, AG-Sonderheft 8/1997, 9, 22; Baums, AG-Sonderheft 8/1997, 26, 36; Becker, Verwaltungskontrolle, 46 ff.; Kluth, ZIP 1997, 1217, 1217 ff. Zur Entschädigung für den Entzug von Mehrstimmrechten vgl. Arnold, BB 2003, 267, 267 ff.; Hering/Olbrich, BB 2003, 1519, 1519 ff.

[700] Vgl. MüKoWpÜG-Schlitt, § 33, Rdn. 259; Adams, AG 1990, 63, 66 ff.; Bezzenberger, Vorzugsaktien, 35 ff.; Daum, Die unkoordinierte Übernahme, 168 f.; Hahn, Übernahme von Aktiengesellschaften, 205 ff.; Hopt, in Sieben/Stein, Unternehmensakquisitionen, 39, 47; Koch, Hindernisse für öffentliche Übernahmeangebote, 118; Lüttmann, Kontrollwechsel in Kapitalgesellschaften, 164 f.; Weisner, Verteidigungsmaßnahmen gegen unfreundliche Übernahmeversuche, 171 ff. Vgl. in diesem Zusammenhang auch die so genannte *Dual-Class-Recapitalization* in den Vereinigten Staaten unter 3. Teil B. 6.

[701] Vgl. Assmann/Bozenhardt, in Assmann/Basaldua/Bozenhardt/Peltzer, Übernahmeangebote, 1, 125; Hahn, Übernahme von Aktiengesellschaften, 205; Lüttmann, Kontrollwechsel in Kapitalgesellschaften, 164.

[702] Vgl. dazu Adams, AG 1990, 63, 66 f.; KölnerKommAktG/Zöllner, § 12, Rdn. 5.; Steiner, Die Hauptversammlung der AG, 152; Weisner, Verteidigungsmaßnahmen gegen unfreundliche Übernahmeversuche, 172.

[703] Zum Verhältnis von Stimmrechtswert und höherer Dividende vgl. weitergehend Adams, AG 1990, 63, 68 f.; Reckinger, AG 1983, 216, 217 f.

[704] Vgl. dazu auch Koch, Hindernisse für öffentliche Übernahmeangebote, 118; Reckinger, AG 1983, 216, 217 f.; Steiner, Die Hauptversammlung der AG, 152 ff. Umstritten ist in diesem Fall, ob hier ein beschlossenes Höchststimmrecht greifen kann, vgl. hierzu Hennerkers/May, DB 1988, 537, 538 m.w.N.

[705] Vgl. KölnerKommAktG/Zöllner, § 139, Rdn. 22; MüKoAktG-Volhard, § 139, Rdn. 5; Daum, Die unkoordinierte Übernahme, 168; Lüttmann, Kontrollwechsel in Kapitalgesellschaften, 165; Steiner, Die Hauptversammlung der AG, 153; Weisner, Verteidigungsmaßnahmen gegen unfreundliche Übernahmeversuche, 172.

närs.[706] Die Ausgabe stimmrechtsloser Vorzugsaktien oder aber die Umwandlung in stimmrechtslose Vorzugsaktien ist nach § 139 Absatz 2 AktG bis zur Höhe des Gesamtnennbetrages der anderen Aktien rechtlich zulässig. Für die Kapitalerhöhung bedarf es ebenso wie für die Umwandlung eines satzungsändernden Hauptversammlungsbeschlusses.[707] Insofern liegt die alleinige Entscheidungskompetenz bei den Anteilseignern, das Vorschlagsrecht beim Vorstand.[708] Vorzugsaktien sind im Gegensatz zu Aktien, deren Inhaber infolge eines Höchststimmrechts von der anteiligen Mitbestimmung ausgeschlossen sind, und im Gegensatz zu Mehrstimmrechtsaktien bei der Berechnung der nach dem Gesetz oder der Satzung für einen Beschluss erforderliche Kapitalmehrheit nicht mitzuberücksichtigen.[709] Möglicherweise bietet sich für einen Bieter gleichwohl an, auch Vorzugsaktien zu erwerben. Zum einen besteht die Möglichkeit, dass die Gesellschaft die Vorzugsdividende nicht zahlen kann, dann wirkt der Stimmrechtsausschluss nicht, § 140 Absatz 2 AktG.[710] Zum anderen wäre für die Zielgesellschaft bei einer Kapitalerhöhung regelmäßig - wie bei Stammaktien - ein Bezugsrechtsausschluss nicht realisierbar, § 140 Absatz 1 AktG.

(4) Ausgabe von Aktien mit bedingtem Stimmrecht

Als weitere Verteidigungsmaßnahme käme die Ausgabe von Aktien mit bedingtem Stimmrecht in Betracht. Das Stimmrecht könnte dabei für den Fall eingeräumt oder auch ausgeschlossen werden, dass von einem Bieter die Kontrollmehrheit erreicht wird.[711] Die Ausgabe von Aktien mit bedingtem Stimmrecht gilt auf dem US-amerikanischen Unternehmensmarkt als anerkannte Abwehrmaßnahme.[712] Im

[706] Vgl. BGHZ 70, 117, 122 - Mannesmann; Geßler/Hefermehl/Eckardt/Kropff-Hefermehl, § 139, Rdn. 14; Hüffer, AktG, § 139, Rdn. 12; KölnerKommAktG/Zöllner, § 139, Rdn. 22; Daum, Die unkoordinierte Übernahme,168; Steiner, Die Hauptversammlung der AG, 153. Ob dagegen auch die Zustimmung aller anderen Aktionäre notwendig ist, wird unterschiedlich beurteilt, vgl. Baumbach/Hueck, § 179, Rdn. 10; Kölner KommAktG/Zöllner, § 139, Rdn. 23; Assmann/Bozenhardt, in Assmann/Basaldua/Bozenhardt/ Peltzer, Übernahmeangebote, 1, 125; Gamerdinger/Saupe, AG 1976, 29, 33; Hopt, Festschrift Heinsius, 22, 26; Lüttmann, Kontrollwechsel in Kapitalgesellschaften, 165; Lutter/Lammers, in Maeijer/Geens, Defensive Measures against Hostile Takeovers, 113, 131; Lutter/Schneider, ZGR 1975, 182, 192 f.; Weisner, Verteidigungsmaßnahmen gegen unfreundliche Übernahmeversuche, 173 (befürwortend); dagegen Geßler/ Hefermehl/ Eckardt/Kropff-Hefermehl, § 139, Rdn. 14; GrosskommentarAktG/Bezzenberger, § 139, Rdn. 41.

[707] Vgl. MüKoWpÜG-Schlitt, § 33, Rdn. 259; MüKoAktG-Volhard, § 139, Rdn. 5; Assmann/Bozenhardt, in: Assmann/Basaldua/Bozenhardt/Peltzer, Übernahmeangebote, 1, 125; Hüffer, AktG, § 139, Rdn. 11 f.; Lüttmann, Kontrollwechsel in Kapitalgesellschaften, 165; Steiner, Die Hauptversammlung der AG, 153; Weisner, Verteidigungsmaßnahmen gegen unfreundliche Übernahmeversuche, 172.

[708] Vgl. Hüffer, AktG, § 139, Rdn. 11 f.

[709] Vgl. Bezzenberger, Vorzugsaktien, 89; Münchener Hdb GesellschaftsR/AG-Semler, § 38, Rdn. 18; Reckinger, AG 1983, 216, 219 ff.

[710] Zu einer diesbezüglichen Hebelwirkung zugunsten eines billigeren Ankaufs der Anteile vgl. Lüttmann, Kontrollwechsel in Kapitalgesellschaften, 165.

[711] Vgl. Peltzer, ZfgK 1988, 577, 580.

[712] Vgl. Meier-Schatz, WuR 1987, 16, 26.

deutschen Aktienrecht gilt dagegen grundsätzlich der in § 53a AktG normierte Gleichbehandlungsgrundsatz. Demnach sind alle Aktionäre einer Aktiengesellschaft unter den gleichen Bedingungen auch gleich zu behandeln. Wenngleich auch das Abweichen von diesem Grundsatz dann für rechtmäßig gehalten wird, wenn sachliche Gründe für eine Ungleichbehandlung vorliegen und mit der Ungleichbehandlung im Interesse der Gesellschaft gehandelt wird,[713] ist die Einräumung von bedingten Stimmrechten jedenfalls als prophylaktische Abwehrmaßnahme - ohne Kenntnisse über den Bieter und dessen Ziele - mangels entsprechender konkreter Gründe unzulässig.[714]

(5) Verträge über die Ausübung von Stimmrechten

Durch Vereinbarungen unter oder mit den Altaktionären über die Ausübung der Stimmrechte kann der Stimmrechtseinfluss des Bieters zudem entscheidungserheblich begrenzt werden, wenn der Bieter selbst nicht über die erforderlichen Stimmrechtsmehrheiten verfügt und die Koordination unter oder mit den anderen Anteilseignern zu einer geschlossenen Front gegen das Vorhaben des Bieters führt.[715] Zu beachten ist hierbei jedoch, dass entsprechende Vereinbarungen lediglich schuldrechtliche Wirkung mit der möglichen Folge von Schadensersatzforderungen entfalten[716] und eine gegenüber Dritten wirksame Stimmrechtsbeschränkung nicht vereinbart werden kann. Die Ausübung des Stimmrechts wäre daher stets mit dem abgegebenen Erklärungsinhalt im Außenverhältnis wirksam.[717] Dementsprechend führte eine Verletzung der Stimmrechtsvereinbarung in Deutschland nicht etwa zu

---

[713] Vgl. BGHZ 33, 175, 186; KölnerKommAktG/Lutter/Zöllner, § 53 a, Rdn. 13 ff.; MüKoAktG-Bungeroth, § 53 a, Rdn. 12 f.

[714] Vgl. hierzu auch die Erörterungen bei Peltzer, ZfgK 1988, 577, 580 mit anderem Ergebnis.

[715] Vgl. zu derartigen Stimmbindungsverträgen zwischen Vorstand und Aktionären auch Niewiarra, BB 1998, 1961, 1963 ff.; Geßler/Hefermehl/Eckardt/Kropff-Eckardt, § 136, Rdn. 51; KölnerKommAktG/Zöllner, § 136, Rdn. 79; Daum, Die unkoordinierte Übernahme, 184 f.; Knoll, Übernahme von Kapitalgesellschaften, 246 f.; Weisner, Verteidigungsmaßnahmen gegen unfreundliche Übernahmeversuche, 170 f. Zum so genannten *prisoner's dilemma*, in dem sich die Aktionäre der Zielgesellschaft hinsichtlich der Koordination ihres Vorgehens befinden, vgl. Rapoport/Chammah, Prisoner's Dilemma; Witt, NZG 2000, 809, 811; Witt, Übernahmen von Aktiengesellschaften, 82 ff.; vgl. im Übrigen dazu auch Assmann/Bozenhardt, in Assmann/Basaldua/Bozenhardt/Peltzer, Übernahmeangebote, 1, 11 f.; Bebchuk, 98 Harvard Law Review (1985), 1693, 1766 ff.; Endell, NZG 2000, 1160, 1161 f.; Hahn, ZBB 1990, 10, 14; Herkenroth, Konzernierungsprozesse, 336 ff.; Herrmann, Zivilrechtliche Abwehrmaßnahmen gegen unfreundliche Übernahmeversuche, 20; Krause, WM 1996, 845, 848; Lüttmann, Kontrollwechsel in Kapitalgesellschaften, 38 ff, 73 ff., 140 ff.; Ott/Schäfer, Ökonomische Analyse des Zivilrechts, 468 ff.; Reul, JbjZRWiss 1990, 11, 26 f.; Röhrich, Feindliche Übernahmeangebote, 84 f.; Sandberger, DZWir 1993, 319, 321; Steiner, Die Hauptversammlung der AG, 112; Weimar/Breuer, BB 1991, 2309, 2310.

[716] Vgl. in diesem Zusammenhang auch zur Möglichkeit, Vertragsstrafen für den Fall der Zuwiderhandlung zu vereinbaren, Daum, Die unkoordinierte Übernahme, 184; Letzel, NZG 2001, 260, 264; Weisner, Verteidigungsmaßnahmen gegen unfreundliche Übernahmeversuche, 171; Wellkamp, Aktionärsschutz, 10.

[717] Vgl. Daum, Die unkoordinierte Übernahme, 184; Letzel, NZG 2001, 260, 264; Weisner, Verteidigungsmaßnahmen gegen unfreundliche Übernahmeversuche, 170; Wellkamp, Aktionärsschutz, 10.

einer Anfechtbarkeit eines Hauptversammlungsbeschlusses.[718] Nach deutschem Recht sind Stimmbindungsverträge nur in den insbesondere auch durch § 405 Absatz 3 AktG aufgezeigten Grenzen zulässig. Danach sind Stimmbindungsverträge strafbewährt und unwirksam,[719] wenn einem Aktieninhaber ein besonderer Vorteil für ein bestimmtes Abstimmungsverhalten versprochen wird[720] (§ 405 Absatz 3 AktG) oder sie zu einer gesetzes- oder satzungswidrigen Stimmabgabe verpflichten.[721]

(6) Befristete Stimmrechtsversagung nach Anteilserwerb

Eine Stimmrechtsmodifikation mit übernahmeerschwerender Wirkung könnte auch durchgeführt werden, indem Aktionären für einen bestimmten Zeitraum nach Erwerb des Anteilseigentums das Stimmrecht versagt wird.[722] Dann wäre ein Übernehmer bis zum Ablauf dieser Frist vom Stimmrecht ausgeschlossen. Er könnte keine Veränderungen bewirken und der Zielgesellschaft verbliebe eine Frist zur Durchführung von für den Übernehmer nachteiligen Maßnahmen, die auch durch die Hauptversammlung innerhalb der Frist beschlossen werden könnten. Der Bieter trüge insofern auch das übernahmeerschwerende Risiko irreversibler Satzungs- und Strukturveränderungen.

(7) Stimmrechtsaktienemission

Durch die Ausgabe von neuen Stimmrechtsaktien im Wege der Kapitalerhöhung[723] können die Stimmrechte der Altaktionäre verwässert werden. Das einzelne Stimmrecht verliert an Entscheidungsgewicht, da zusätzliche Stimmen mit gleichem Stimmgewicht an den Abstimmungen teilhaben.[724] Um einen bestimmten Stimmrechtsanteil aufrechtzuerhalten oder zu erwerben, muss ein Bieter zusätzliche Anteile aufkaufen und somit mehr Kapital bereitstellen.[725] Sowohl die Verfügbarkeit der Anteile als auch die Bereitstellung zusätzlichen Kapitals können für ihn schwerwiegende Probleme für sein Übernahmevorhaben bedeuten.[726]

---

[718] Vgl. Hüffer, AktG, § 133, Rdn. 25 ff.; MüKoAktG-Schröer, § 136, Rdn. 82.

[719] Vgl. dazu Endell, NZG 2000, 1160, 1161 f.; Singhof, NZG 1998, 670, 673; Steiner, Die Hauptversammlung der AG, 112.

[720] Vgl. dazu Steiner, Die Hauptversammlung der AG, 112; Weisner, Verteidigungsmaßnahmen gegen unfreundliche Übernahmeversuche, 170.

[721] Vgl. weitergehend allgemein zur „treuhänderischen" Stimmrechtsvertretung Singhof, NZG 1998, 670, 670 ff. Vgl. ferner auch Daum, Die unkoordinierte Übernahme, 184 f.; Wellkamp, Aktionärsschutz, 10.

[722] Vgl. auch Weisner, Verteidigungsmaßnahmen gegen unfreundliche Übernahmeversuche, 33.

[723] Vgl. dazu unten unter 1. a. und D. II. 1. a. (4).

[724] Vgl. Peltzer, ZfgK 1988, 577, 580.

[725] Vgl. Peltzer, ZfgK 1988, 577, 580.

[726] Vgl. Peltzer, ZfgK 1988, 577, 580.

b. Beschränkung der freien Übertragbarkeit von Zielgesellschaftsanteilen

Als eine andere Vorsorge gegen Übernahmen bietet sich die Einschränkung der freien Übertragbarkeit der Anteile der Gesellschaft an. Da ein grundsätzliches Übertragungsverbot die Rechte der Anteilseigner in unzulässiger Weise beeinträchtigen würde und auch wenig praktikabel wäre, sind hier die Vinkulierung von Namensaktien und schuldrechtliche Übertragungsbeschränkungen aufzuführen. Übertragungsverbote können grundsätzlich durch Treuhand- oder Stimmrechtsausübungsverträge umgangen werden.[727] Ein Übertragungsverbot entfaltet zudem auch keine Wirkung, wenn die Anteile von einer juristischen Person gehalten werden und diese vollständig oder zu wesentlichen Teilen an eine Person übertragen wird,[728] die die Übernahme unterstützt. Insofern kann in Zweifel gezogen werden, ob eine Übertragbarkeitsbeschränkung eine effektive Maßnahme zur Abwehr einer Übernahme darstellt.[729]

(1) Vinkulierung von Namensaktien

Durch die Vinkulierung von Aktien wird die Übertragung derselben mit dinglicher Wirkung beschränkt.[730] Die Wirksamkeit der Übertragung ist regelmäßig von der Zustimmung der Gesellschaft abhängig.[731] Eine wirksame Übertragung der Aktien kann in Deutschland der für die Zielgesellschaft handelnde Vorstand vereiteln, wenn er einer Übertragung auf den Bieter nicht zustimmt. Auch zuvor kann er der Übernahme entgegenwirken, indem er ankündigt, dass einer Übertragung auf den Bieter nicht zugestimmt werde. Zu diskutieren sind in diesem Zusammenhang unter

---

[727] Vgl. Klein, NJW 1997, 2085, 2087; Otto, DB-Beil. 12/1988, 1, 6. Zu den vielfältigen Formen der Übertragung von Aktien und den Problemen in diesem Zusammenhang vgl. Mentz/Fröhling, NZG 2002, 201, 201 ff.

[728] Vgl. Geßler/Hefermehl/Eckardt/Kropff-Hefermehl/Bungeroth, § 68, Rdn. 156 ff.; KölnerKommAktG/Lutter, § 68, Rdn. 48 ff.; Assmann/ Bozenhardt, in Assmann/Basaldua/Bozenhardt/Peltzer, Übernahmeangebote, 1, 119; Hahn, Übernahme von Aktiengesellschaften, 210; Lüttmann, Kontrollwechsel in Kapitalgesellschaften, 158 ff.; Lutter/Grunewald, AG 1989, 109, 111 ff.; Otto, AG 1991, 369, 373 ff.; Schanz, Börseneinführung, § 3 I. 9. d); Weisner, Verteidigungsmaßnahmen gegen unfreundliche Übernahmeversuche, 181 ff.

[729] Vgl. Klein, NJW 1997, 2085, 2087; Otto, DB-Beil. 12/1988, 1, 6 f.

[730] Vgl. Geßler/Hefermehl/Eckardt/Kropff-Hefermehl/Bungeroth, § 68, Rdn. 137; GroßkommentarAktG/Barz, § 68, Anm. 11; KölnKommAktG/Lutter, § 68, Rdn. 38 f.; Kölling, NZG 2000, 631, 633; Lutter, AG 1992, 369, 369; Lutter/Grunewald, AG 1989, 109, 110; Lutter/ Grunewald, AG 1989, 409, 409; Mentz/Fröhling, NZG 2002, 201, 203; Siems, NZG 2000, 626, 626 ff.; Schander, BB 1997, 1801, 1802; von Beauvais, Grenzen des Höchststimmrechts, 4.

[731] Vgl. Geßler/Hefermehl/Eckardt/Kropff-Hefermehl/Bungeroth, § 68, Rdn. 137; Großkommentar/Barz, § 68, Anm. 11; KölnerKommAktG/Lutter, § 68, Rdn. 26 ff.; Daum, Die unkoordinierte Übernahme, 158; Jansen, Mergers & Acquisitions, 51; Kölling, NZG 2000, 631, 633; Lüttmann, Kontrollwechsel in Kapitalgesellschaften, 158 ff.; Picot, in Picot, Mergers & Acquisitions, 91, 146; Siems, NZG 2000, 626, 626 ff.; von Beauvais, Grenzen des Höchststimmrechts, 9; vgl. zur rechtsmißbräuchlichen und von daher ihrerseits unwirksamen Zustimmungsverweigerung KölnerKommAktG/Lutter, § 68, Rdn. 38 f.; Geßler/Hefermehl/Eckardt/Kropff-Hefermehl/Bungeroth, § 68, Rdn. 134, 138; vgl dazu auch mit anderer Auffassung Otto, DB-Beil. 12/1988, 1, 7.

Zugrundelegung des jeweiligen nationalen Rechts die Voraussetzungen der Vinkulierung der Anteile und die Rechte und Pflichten des für die Gesellschaft handelnden Vorstandes im Zusammenhang mit der Erteilung der Zustimmung.

Nach deutschem Recht kann die Übertragung von Namensaktien[732] durch die Satzung an die Zustimmung der Gesellschaft gebunden sein, § 68 Absatz 2 Satz 1 AktG. Einer nachträglichen Vinkulierung müssten die betroffenen Anteilseigner zustimmen, § 180 Absatz 2 AktG. Da sämtliche Anteilseigner nur in den wenigsten Fällen und insbesondere nicht bei breit gestreutem Aktienkapital erreichbar sind, ist eine nachträgliche Vinkulierung faktisch kaum möglich.[733] Ausnahmsweise können neue Aktien als vinkulierte Namensaktien ausgegeben werden, wenn bei einer Kapitalerhöhung das Bezugsrecht wirksam ausgeschlossen wurde.[734] Für die Gesellschaft würde der Vorstand die Zustimmung erteilen, § 68 Absatz 2 Satz 2 AktG. Nach § 68 Absatz 2 Satz 3 AktG kann die Satzung jedoch den Aufsichtsrat oder die Hauptversammlung als zuständig erklären. Die Satzung kann Gründe bestimmen, nach denen die Zustimmung verweigert werden darf, § 68 Absatz 2 Satz 4 AktG. Über eine entsprechende Satzungsbestimmung oder -änderung entscheidet die Hauptversammlung durch Beschluss.

Bei der Erteilung der Zustimmung ist dem Vorstand eine willkürliche Entscheidung verwehrt; er hat vielmehr die Entscheidung in pflichtgemäßer Ermessensausübung[735] unter vorrangiger Berücksichtigung der Unternehmensinteressen

---

[732] Zur Bedeutung, Stellung und zur Einführung der Namensaktie bei Publikumsgesellschaften vgl. weitergehend Diekmann, BB 1999, 1985, 1985 ff.; Noack, DB 1999, 1306, 1306 ff.; Noack, ZIP 1999, 1993, 1993 ff.; Siems, NZG 2000, 626, 626 ff.; Frankfurter Allgemeine Zeitung vom 10. August 1999, 23. Bemerkenswert ist in diesem Zusammenhang, dass in letzter Zeit immer mehr Aktiengesellschaften (so beispielsweise Daimler/Chrysler AG, Deutsche Bank AG, Dresdner Bank AG, Lufthansa AG, Mannesmann AG, Deutsche Telekom AG, Siemens AG) Inhaberaktien in Namensaktien umwandeln. Trotz vielfältiger Begründungen und - auch - infolge der Einbettung derartiger Beschlüsse in andere Zusammenhänge kann als sicher angesehen werden, dass die Umstellung vorrangig deshalb erfolgt, damit der entsprechende Vorstand übernahmerelevante Veränderungen in der Aktionärsstruktur frühzeitig erkennt und reagieren kann, vgl. auch Noack, DB 1999, 1306, 1306. Vgl. im Übrigen in diesem Zusammenhang das Namensaktiengesetz (NaStraG) und den Regierungsentwurf dazu, ZIP 2000, 938 mit Einführung Seibert, ZIP 2000, 937 f.; Goedecke/ Heuser, BB 2001, 369, 369 ff.; Hanloser, NZG 2001, 355, 355 ff.; Kölling, NZG 2000, 631, 631 ff.; Noack, ZIP 1999, 1993, 1993 ff.; Seibert, ZIP 2001, 53, 53 ff.; Siems, NZG 2000, 626, 626 ff.; Weber, NZG 2001, 337, 337 ff.; Zetsche, ZIP 2001, 682, 682 ff. Vgl. zu Stimmrechtsvertretungen bei Namensaktien Bachmann, WM 1999, 2100, 2100 ff.; Noack, ZIP 2001, 57, 57 ff.

[733] Vgl. Daum, Die unkoordinierte Übernahme, 158; van Aubel, Vorstandspflichten bei Übernahmeangeboten, 6; Ebenroth/Rapp, DWiR 1991, 2, 5; Assmann/Bozenhardt, in Assmann/Basaldua/Bozenhardt/Peltzer, Übernahmeangebote, 1, 117; Hahn, Übernahme von Aktiengesellschaften, 210; Lüttmann, Kontrollwechsel in Kapitalgesellschaften, 159; Lutter/Lamers, in Maeijer/Geens, Defensive Measures against Hostile Takeovers, 113, 127; Otto, DB-Beil 12/1988, 1, 6; Schneider/Burgard, DB 2001, 963, 967; Weisner, Verteidigungsmaßnahmen gegen unfreundliche Übernahmeversuche, 175; Knoll, Übernahme von Kapitalgesellschaften, 246.

[734] Vgl.Geßler/Hefermehl/Eckardt/Kropff-Hefermehl/Bungeroth, § 180, Rdn. 26; KölnerKommAktG/Zöllner, § 180, Rdn. 13; Otto, DB-Beil. 12/1988, 1, 6; Weisner, Verteidigungsmaßnahmen gegen unfreundliche Übernahmeversuche, 175.

[735] Vgl. KölnerKommAktG/Lutter, § 68, Rdn. 30; Hefermehl/Bungeroth, in: Geßler/Hefermehl/Eckardt/Kropff-Hefermehl/Bungeroth, AktG, § 68, Rdn. 124; Daum, Die unkoordinierte Übernahme, 159; Gawrisch,

und der Interessen des übertragungswilligen Aktionärs[736] zu treffen, ohne jedoch die Interessen des Erwerbers zu berücksichtigen.[737] Der Umfang des Ermessens wird dabei zunächst durch die Satzung bestimmt, sofern sie Verweigerungsgründe vorgibt.[738] Für eine Übernahmesituation würde dies bedeuten, dass die Zustimmung verweigert werden darf, wenn die Satzung die Verweigerung für diesen Fall vorsieht. Soweit die Verweigerungsgründe in der Satzung abschließend benannt sind, wofür regelmäßig die Benennung von bestimmten Gründen spricht,[739] ist der Vorstand zur Zustimmung verpflichtet, falls die Übernahme nicht als Verweigerungsgrund genannt ist.[740] Lediglich wenn die Gründe ausdrücklich nur beispielhaft aufgeführt sind oder die Auslegung der Satzungsbestimmung dies ergibt, ist die Zustimmungsentscheidung in pflichtgemäßer Ermessensausübung zu treffen.[741]

Soweit die Satzung - wie in den meisten Fällen[742] - keine Gründe zur Verweigerung der Zustimmung enthält, wird die Ermessensausübung durch den Vinkulierungszweck und den Gleichbehandlungsgrundsatz inhaltlich bestimmt.[743] Teilweise wird eine darüber hinausgehende Ermessensreduzierung aus der Börsenkotierung gefolgert. Die Fungibilität der Anteile stünde dem Vorbehalt der Zustimmung schon grundsätzlich entgegen. Daher dürfe die Zustimmung nur in eng begrenzten

---

Ermessensentscheidungen des Aufsichtsrates, 179; Hopt, ZGR, 1993, 534, 564; Immenga, AG 1992, 105, 105; Lüttmann, Kontrollwechsel in Kapitalgesellschaften, 158 ff.; Lutter, AG 1992, 369, 370 f.; von Beauvais, Grenzen des Höchststimmrechts, 9 ff. Vgl. auch BGH, NJW 1987, 1019, 1020.

[736] Vgl. BGH, WM 1987, 174, 175; Gawrisch, Ermessensentscheidungen des Aufsichtsrates, 179; Piepenburg, Mitgliedschaftliche Treupflichten, 370 f. A.A. Lutter, AG 1992, 369, 373; Marquardt, WiB 1994, 537, 538; Schanz, NZG 2000, 337, 341, die offensichtlich lediglich die Berücksichtigung der Interessen des Unternehmens als rechtmäßig ansieht.

[737] Vgl. BGH, NJW 1987, 1019; LG Aachen, AG 1992, 410 f.; von Beauvais, Grenzen des Höchststimmrechts, 13 ff. Vgl. zur Rechts- und Interessenslage insofern auch Berger, ZHR 157 (1993), 31, 31 ff., Schmidt Festschrift Beusch, 759, 767 ff.

[738] Vgl. Assmann/Bozenhardt, in Assmann/Basaldua/Bozenhardt/Peltzer, Übernahmeangebote, 1, 118; Lüttmann, Kontrollwechsel in Kapitalgesellschaften, 158 ff.; Lutter, AG 1992, 369, 370; von Beauvais, Grenzen des Höchststimmrechts, 11 ff.; Weisner, Verteidigungsmaßnahmen gegen unfreundliche Übernahmeversuche, 179 f.

[739] Vgl. Lüttmann, Kontrollwechsel in Kapitalgesellschaften, 158 ff.

[740] Vgl. Immenga, AG 1992, 105, 105; van Aubel, Vorstandspflichten bei Übernahmeangeboten, 7.

[741] Vgl. Assmann/Bozenhardt, in Assmann/Basaldua/Bozenhardt/Peltzer, Übernahmeangebote, 1, 118; Weisner, Verteidigungsmaßnahmen gegen unfreundliche Übernahmeversuche, 179; van Aubel, Vorstandspflichten bei Übernahmeangeboten, 7. Zur Auslegung der Satzung vgl. BGHZ 14, 25, 36 f.; BGHZ 36, 296, 314; BGHZ 48, 141, 143 f.; Hirte, Kapitalgesellschaftsrecht, Rdn. 131 f.

[742] Vgl. Daum, Die unkoordinierte Übernahme, 159; Lutter, AG 1992, 369, 371.

[743] Vgl. BGH, NJW 1987, 1019, 1020; KölnerKommAktG/Lutter, § 68, Rdn. 30; KölnerKommAktG/Lutter/Zöllner, § 53a, Rdn. 36; Geßler/Hefermehl/Eckardt/Kropff-Hefermehl/Bungeroth, § 68, Rdn. 124 f.; MüKoAktG-Bayer, § 68, Rdn. 72 f.; Hopt, ZGR 1993, 534, 564; Immenga, AG 1992, 79, 82; Lutter, AG 1992, 369, 371; Münchener Hdb GesellschaftsR/AG-Wiesner, § 14, Rdn. 27 f.; Piepenburg, Mitgliedschaftliche Treupflichten, 370 ff.; Weisner, Verteidigungsmaßnahmen gegen unfreundliche Übernahmeversuche, 177; Wirth, DB 1992, 617, 618. Vgl. auch LG Aachen, AG 1992, 410, 412. Vgl. aber auch Kossmann, BB 1985, 1364, 1367, der den Gleichbehandlungsgrundsatz gerade durch die Vinkulierung beeinträchtigt sieht.

Ausnahmefällen verweigert werden.[744] Dem steht jedoch entgegen, dass die Anteilseigner die Vinkulierung selbst vorgegeben haben oder aber vor Erwerb von der Vinkulierung Kenntnis hatten und insofern nicht schutzwürdig sind.[745] Teilweise wird eine Ermessensreduzierung infolge der grundsätzlich freien Übertragbarkeit der Aktie dahingehend angenommen, dass die Zustimmung lediglich aus sachlichen Gründen verweigert werden dürfe, wenn die Übertragung der Gesellschaft schade.[746] Zum Teil wird in diesem Zusammenhang auch der Verlust der Unabhängigkeit der Gesellschaft als Schaden in diesem Sinne angesehen, so dass die Zustimmung in Fällen zu verweigern sei, wenn nicht unabweisbare vorrangige Interessen dagegen sprächen.[747] Demgegenüber wird andererseits vertreten, dass das zuständige Gesellschaftsorgan nicht jede Übernahme per se als gesellschaftsschädigend zu beurteilen habe,[748] so dass die Zustimmung in der Regel nicht verweigert werden dürfe.[749]

Die Vinkulierung von Namensaktien stellt eine Erschwernis für eine Übernahme dar.[750] Die Beschränkung der dinglichen Übertragung stellt den Bieter vor besondere Probleme. Wenngleich diese Beschränkung - beispielsweise - durch

[744] Vgl. MüKoAktG-Bayer, § 68, Rdn. 78; MüKoAktG-Bungeroth, § 53 a, Rdn. 12 f.Kossmann, BB 1985, 1364, 1366 f.; Immenga, AG 1992,79, 82 f.;Assmann/Bozenhardt, in Assmann/Basaldua/Bozenhardt/Peltzer, Übernahmeangebote, 1, 118 f.; Otto, DB-Beil. 12/1988, 1, 7.

[745] Vgl. van Aubel, Vorstandpflichten bei Übernahmeangeboten, 8; Lutter, AG 1992, 369, 371 f.; LG Aachen, AG 1992, 410, 412.

[746] Vgl. KölnerKommAktG/Mertens, § 76, Rdn. 26; Immenga AG 1992, 79, 82 ff.; Kossmann, BB 1985, 1364, 1364 ff.; Lutter, AG 1992, 369, 373 f.; von Beauvais, Grenzen des Höchststimmrechts, 15 ff.; Weisner, Verteidigungsmaßnahmen gegen unfreundliche Übernahmeversuche, 178 f.

[747] Vgl. BGH, NJW 1987, 1019, 1019 ff.; Berger, ZHR 157 (1993), 31, 32; Geibel/Süßmann-Schwennicke, WpÜG, § 33, Rdn. 55; Weisner, Verteidigungsmaßnahmen gegen unfreundliche Übernahmeversuche, 178; Wirth, DB 1992, 617, 620. So auch Lutter, AG 1992, 369, 374, der für die Rechtmäßigkeit jeder anderen Entscheidung sogar eine vorherige Satzungsänderung für erforderlich hält. Vgl. dazu auch LG Aachen, AG 1992, 410, 413 f.

[748] Vgl. KölnerKommAktG/Mertens, § 76, Rdn. 26; Marquardt, WiB 1994, 537, 538; Assmann/ Bozenhardt, in Assmann/Basaldua/Bozenhardt/Peltzer, Übernahmeangebote, 1, 117 f.; Daum, Die unkoordinierte Übernahme, 159; Hahn, Übernahme von Aktiengesellschaften, 210 f.; Mertens, Festschrift Lange, 561, 564 ff.; Otto, DB-Beil. 12/1988, 1, 8 f.; von Beauvais, Grenzen des Höchststimmrechts, 163.

[749] Vgl. Marquardt, WiB 1994, 537, 538: Eine Zustimmungsverweigerung wäre als rechtsmißbräuchlich (§ 242 BGB), ggf. auch als sittenwidrig (§ 138 BGB) oder schikanös (§ 226 BGB) anzusehen; vgl. dazu weiter allgemein KölnerKommAktG/Lutter, § 68, Rdn. 30; Assmann/Bozenhardt, in Assmann/Bozenhardt/ Basaldua/Peltzer, Übernahmeangebote, 1, 117 f.; Dimke/Heiser, NZG 2001, 241, 247; Hahn, Die feindliche Übernahme von Aktiengesellschaften, 210 f. Die Entscheidung über die Zustimmung braucht zwar zunächst nicht begründet zu werden, doch müsse das zuständige Organ im Rahmen einer gerichtlichen Auseinandersetzung - auf Zustimmung verklagt - die Ausübung pflichtgemäßen Ermessens nachweisen und damit die Entscheidung nachträglich begründen; vgl. dazu etwa KölnerKomm AktG/Lutter, § 68, Rdn. 30; Kossmann, BB 1985, 1364, 1366.

[750] Vgl. Baum, AG 1996, 399, 404; Geibel/Süßmann-Schwennicke, WpÜG, § 33, Rdn. 63; Lüttmann, Kontrollwechsel in Kapitalgesellschaften, 158 ff.; Lutter/Grunewald, AG 1989, 109, 109 f., 117; Lutter/ Grunewald, AG 1989, 409, 409; Peltzer, ZfgK 1988, 577, 578; Picot, in Picot, Mergers & Acquisitions, 91, 145 f.; Raggenbass, Übernahmestrategien eines Bieters, 48; Schander, BB 1997, 1801, 1802; Weisner, Verteidigungsmaßnahmen gegen unfreundliche Übernahmeversuche, 176.

Stimmbindungsverträge, durch die Begründung von Treuhandverhältnissen oder durch (Anteils)-Übertragung einer beteiligten Gesellschaft unterlaufen werden könnte,[751] so sind solche Umgehungsgeschäfte nicht nur mit zusätzlichen Kosten verbunden, die bei der Übernahme durch andere Unternehmen nicht anfielen, sondern ihrerseits möglicherweise zustimmungsbedürftig und insofern bis zu einer möglichen Genehmigung unwirksam.[752] Umgehungsgeschäfte sind in größerem Umfang auch kaum zu verbergen und erfordern für den nicht unwahrscheinlichen Fall eines Streits über die Rechtsmäßigkeit der Geschäfte besonderes Vertrauen und einen Schulterschluss der Vertragsparteien,[753] wenn das Vorgehen Erfolg versprechend sein soll. Angesichts der zusätzlichen Kosten und das Risiko, dass die Umgehungsgeschäfte als rechtswidrig festgestellt werden,[754] kann die Vinkulierung von Namensaktien als eine im Einzelfall möglicherweise entscheidende Abwehrmaßnahme angesehen werden.[755]

(2) Schuldrechtliche Übertragungsbeschränkungen

Eine andere Abwehrmaßnahme kann die vertragliche Beschränkung der Übertragbarkeit von Anteilen sein.[756] Wie bei der Vinkulierung könnte ein Zustimmungser-

---

[751] Vgl. dazu etwa Geßler/Hefermehl/Eckardt/Kropff-Hefermehl/Bungeroth, § 68, Rdn. 156 ff.; Kölner KommAktG/Lutter, § 68, Rdn. 48 ff.; Assmann/Bozenhardt, in Assmann/Basaldua/Bozenhardt/ Peltzer, Übernahmeangebote, 1, 119; Hahn, Übernahme von Aktiengesellschaften, 210; Lüttmann, Kontrollwechsel in Kapitalgesellschaften, 158 ff.; Otto, AG 1991, 369, 373 ff.; Schanz, Börseneinführung, § 3 I. 9. d); Weisner, Verteidigungsmaßnahmen gegen unfreundliche Übernahmeversuche, 181 ff.; Werner, Probleme „feindlicher" Übernahmeangebote, 25; ausführlich auch Lutter/Grunewald, AG 1989, 109, 111 ff.; zur praktischen Handhabung vgl. Hopt, in Sieben/Stein, Unternehmensakquisitionen, 39, 49 f.; Rümker, in Lüthje, Bankbetrieb und Eigenkapitalfinanzierung, 253, 256; Otto, DB-Beil. 12/88, 1, 6. Zum Vorschlag, den gebundenen Aktionär vom Stimmrecht auszuschließen, vgl. KölnerKommAktG/Lutter, § 68, Rdn. 50. Zur Anfechtungsklage bei Stimmbindungsverträgen vgl. Hopt, in Sieben/Stein, Unternehmensakquisitionen, 39, 49 f. Zur Umgehung durch Anteilsverkauf einer anteilehaltenden Gesellschaft vgl. Lutter/Grunewald, AG 1989, 409, 409 ff.

[752] Vgl. Geßler/Hefermehl/Eckardt/Kropff-Hefermehl/Bungeroth, § 68, Rdn. 156, 158, 160; KölnerKomm AktG/Lutter, § 68, Rdn. 49; Lutter/Grunewald, AG 1989, 109, 111 ff.; Lutter/Grunewald, AG 1989, 409, 409 ff.; Otto, DB-Beil. 12/88, 1, 6; Otto, AG 1991, 369, 373; Weisner, Verteidigungsmaßnahmen gegen unfreundliche Übernahmeversuche, 182.

[753] Vgl. dazu Schanz, NZG 2000, 337, 341, der die Gefahr aufzeigt, dass trotz gegenläufiger Vereinbarung gleichwohl verkauft wird und die verstoßende Transaktion unter Hinweis auf § 137 BGB als im Drittverhältnis wirksam feststellt.Vgl. im Übrigen zur Beweisbarkeit derartiger Umgehungsgeschäfte Weisner, Verteidigungsmaßnahmen gegen unfreundliche Übernahmeversuche, 184 ff.

[754] Vgl. dazu Daum, Die unkoordinierte Übernahme, 160; Haarmann/Riehmer/Schüppen-Röh, WpÜG, § 33, Rdn. 72; Lüttmann, Kontrollwechsel in Kapitalgesellschaften, 158 ff.; Lutter/Grunewald, AG 1989, 109, 109 ff.; Otto, AG 1991, 369, 373.

[755] Vgl. Weisner, Verteidigungsmaßnahmen gegen unfreundliche Übernahmeversuche, 185, 188; kritisch dagegen Assmann/Bozenhardt, in Assmann/Basaldua/Bozenhardt/Peltzer, Übernahmeangebote, 1, 119.

[756] Vgl. dazu allgemein und auch zu den vielfältigen Möglichkeiten privatrechtlicher Beschränkungen insbesondere Barthelmeß/Braun, AG 2000, 172, 172 ff.; Immenga, AG 1992, 79, 79 f. Vgl. auch Hahn, Übernahme von Aktiengesellschaften, 212 f.; Peltzer, ZfgK 1988, 577, 578; Weisner, Verteidigungsmaßnahmen gegen unfreundliche Übernahmeversuche, 188 ff.; Knoll, Übernahme von Kapitalgesellschaften, 247.

fordernis oder eine anderweitige Bedingung für die schuldrechtliche Zulässigkeit der Übertragung vereinbart werden.[757] Im Gegensatz zur Vinkulierung hat eine vertragliche Übertragungsbeschränkung keine dingliche Wirkung, sie ist mithin im Drittverhältnis uneingeschränkt wirksam, § 137 BGB. Durch einen Verstoß gegen die vertraglich vereinbarte Beschränkung könnte sich der Anteilseigner jedoch schadensersatzpflichtig machen oder sich - bei entsprechender vertraglicher Vereinbarung - der Verpflichtung zur Zahlung einer Vertragsstrafe aussetzen.[758] Aus diesem Grund ist davon auszugehen, dass auch vertragliche Übertragungsbeschränkungen den Erwerb von Anteilen durch den Bieter wesentlich erschweren, wenn nicht vereiteln können,[759] auch wenn ein Bieter sich jeweils zur Übernahme des Schadensersatzes oder der Vertragsstrafe, dessen Bezifferung im Übrigen problematisch wäre, verpflichten könnte.

Schuldrechtliche Übertragungsbeschränkungen erscheinen jedoch wegen der erforderlichen großen Zahl vertraglicher Vereinbarungen mit den Aktionären als Abwehrmaßnahme wenig praktikabel.[760] Erwägenswert erscheint allenfalls die Vereinbarung einer Übertragungsbeschränkung mit bestimmten Großaktionären gegen Ausgleichszahlungen, um so die erwünschte Aktionärs- und Abstimmungsstruktur aufrechtzuerhalten oder zu schaffen. Problematisch könnten in diesem Zusammenhang die grundsätzliche Zulässigkeit derartiger Verträge,[761] die Rechte und Pflichten der Leitungsorgane in Bezug auf den Abschluss derartiger Vereinbarungen und die Erteilung der Zustimmung zur Übertragung der Anteile sein. In jedem Fall dürften schuldrechtliche Verpflichtungsverträge jedoch nicht zu einer Umgehung des § 71 Absatz 2 Satz 1 AktG (Begrenzung des Erwerbs eigener Aktien) führen.[762] Entgegenstehende Verträge wären nach § 71 Absatz 4 Satz 2 AktG nichtig.[763]

---

[757] Vgl. Geßler/Hefermehl/Eckardt/Kropff-Hefermehl/Bungeroth, § 68, Rdn. 70; Weisner, Verteidigungsmaßnahmen gegen unfreundliche Übernahmeversuche, 188.

[758] Vgl. Immenga, AG 1992, 79, 80; Weisner, Verteidigungsmaßnahmen gegen unfreundliche Übernahmeversuche, 189.

[759] Vgl. Knoll, Übernahme von Kapitalgesellschaften, 247; Weisner, Verteidigungsmaßnahmen gegen unfreundliche Übernahmeversuche, 190.

[760] Vgl. Assmann/Bozenhardt, in Assmann/Basaldua/Bozenhardt/Peltzer, Übernahmeangebote, 1, 119 f.; Hahn, Übernahme von Aktiengesellschaften, 213; Knoll, Übernahme von Kapitalgesellschaften, 247; Lutter/ Schneider, ZGR 1975, 182, 188; Weisner, Verteidigungsmaßnahmen gegen unfreundliche Übernahmeversuche, 189.

[761] Vgl. zum Streitstand - im Ergebnis befürwortend - Barthelmeß/Braun, AG 2000, 172 ff.; vgl. weiter befürwortend Geßler/Hefermehl/ Eckardt/Kropff Bungeroth, § 54, Rdn 27, § 55, Rdn. 44, § 68, Rdn. 70; Assmann/Bozenhardt, in Assmann/Basaldua/Bozenhardt/ Peltzer, Übernahmeangebote, 1, 119 f.; BayObLG, WM 1989, 138 ff.; ablehnend: Immenga, AG 1992, 79, 79 ff.; Otto, AG 1991, 369, 369 ff. Auf Bedenken stoßen schuldrechtliche Vereinbarungen infolge der Kompetenzstruktur. So sind schuldrechtliche Verfügungsbeschränkungen der Vinkulierung ähnlich, über deren Einführung ebenfalls die Hauptversammlung durch Satzungsänderung zu entscheiden hat.

[762] Vgl. BayObLG, WM 1989, 138 ff.; Crezelius, EWiR § 68 AktG 1/89, 427, 428.

[763] Vgl. BayObLG, WM 1989, 138 ff.; Crezelius, EWiR § 68 AktG 1/89, 427, 428.

c. Ausgabe sonstiger Vorzugstitel - poison pills defense

Ein in den Vereinigten Staaten vielfach verwandtes Abwehrmittel ist die Ausgabe von Vorzugstiteln, die dem Titelinhaber bestimmte Sonderrechte (Vorzüge) einräumen.[764] Als Abwehrmaßnahme ist die Ausgabe der Vorzugstitel dann besonders wirksam, wenn die Rechte an den Eintritt einer Bedingung, etwa an den Anteilserwerb eines Aktionärs über eine festzusetzende Beteiligungsquote hinweg, geknüpft wird.[765] Die eingeräumten Rechte können zum Beispiel darin bestehen, dass dem Rechtsinhaber Aktien zu bestimmten besonders günstigen Preisen zugestanden werden oder aber er Aktien mit einem hohen Austauschverhältnis gegen Schuldverschreibungen zu tauschen berechtigt ist.[766] Für den Bieter können sich diese Rechte dann als so genannte Giftpillen, als *poison pills*, für sein Vorhaben erweisen.[767] Die Ausgabe derartiger Vorzugstitel kann auf einen Übernahmevorgang nämlich dann einen entscheidungserheblichen Einfluss ausüben, wenn die Realisierung der bedingt eingeräumten Rechte den Übernehmer in seinem Vorhaben erheblich beeinträchtigt.[768] Die „Giftwirkung" läge insofern in der Wertminderung der Anteile des Bieters.[769] Die Geschäftsführung wird in solchen Fällen regelmäßig ermächtigt, die Bedingungen schnell und leicht zu ändern und die Rechte inhaltlich umzugestalten

---

[764] Vgl. Brown, 14 Delaware Journal of Corporate Law (1989), 537, 538; Bungert, AG 1994, 297, 299; Cox, 58 University of Cincinnati Law Review (1989/90), 611, 611 ff.; Daum, Die unkoordinierte Übernahme, 180; Dawson/Pence/Stone, 42 Business Lawyer (1987), 423, 423 ff.; Frank/Moreland, RIW 1989, 761, 764; Gilson/Black, The Law and Finance of Corporate Acquisitions, 740 ff.; Helman/ Junewicz, 42 Business Lawyer (1987), 771, 771 ff.; Jansen, Mergers & Acquisitions, 49; Knepper/Bailey, Liability of Corporate Officers and Directors, 604; Lehnert, Unternehmensübernahmen in den USA, 98 ff.; McTear, 24 Delaware Journal of Corporate Law (1999), 881, 881 ff.; Merkt, US-amerikanisches Gesellschaftsrecht, Rdn. 1131 ff.; Neuwirth, 145 University of Pennsylvania Law Review (1996), 423, 430 f.; Paefgen, RIW 1991, 103, 105 f.; Picot, in Picot, Mergers & Acquisitions, 91, 145; Peltzer, ZfgK 1986, 291, 295; Peltzer, ZfgK 1988, 577, 578; Sünner, AG 1987, 276, 279 ff.; Weisner, Verteidigungsmaßnahmen gegen unfreundliche Übernahmeversuche, 19 ff.; Yablon, 1989 Duke Law Journal, 54, 54 ff.

[765] So die regelmäßige Anwendung in den USA, vgl. dazu Daum, Die unkoordinierte Übernahme, 180; Lehnert, Unternehmensübernahmen in den USA, 98 ff.; Lese, 96 Columbia Law Review (1996), 2175, 2179; Merkt, US-amerikanisches Gesellschaftsrecht, Rdn. 1131; Timm, ZHR 153 (1989), 60, 67 f.; Weisner, Verteidigungsmaßnahmen gegen unfreundliche Übernahmeversuche, 20.

[766] Vgl. Dawson/Pence/Stone, 42 Business Lawyer (1987), 423, 423; Helman/Junewicz, 42 Business Lawyer (1987), 771, 772; Lehnert, Unternehmensübernahmen in den USA, 98 ff.; Möller, Die Stellung des Aktionärs bei Übernahmen, 167.

[767] Zur Terminologie vgl. Easterbrook/Fischel, Economic Structure of Corporate Law, 164: „... a combination fatal when swallowed ...". Vgl. dazu auch Paefgen, AG 1991, 189, 189 ff.

[768] Vgl. Dawson/Pence/Stone, 42 Business Lawyer (1987), 423, 423; Easterbrook/Fischel, Economic Structure of Corporate Law, 164; Frank/Moreland, RIW 1989, 761, 764; Merkt, US-amerikanisches Gesellschaftsrecht, Rdn. 1131; Möller, Die Stellung des Aktionärs bei Übernahmen, 167 f.; Weisner, Verteidigungsmaßnahmen gegen unfreundliche Übernahmeversuche, 19 ff.

[769] Vgl. Lehnert, Unternehmensübernahmen in den USA, 99; Merkt, US-amerikanisches Gesellschaftsrecht, Rdn. 1131; Knoll, Übernahme von Kapitalgesellschaften, 210; Peltzer, ZfgK 1988, 577, 578; Sünner, AG 1987, 276, 279 ff.; von Falkenhausen, Festschrift Stiefel, 163, 183; Weimar/Breuer, BB 1991, 2309, 2314 ff.

oder rechtlos zu stellen.[770] Dann ist der Erwerber faktisch gezwungen, mit der Unternehmensleitung direkt zu verhandeln.[771]

In den Vereinigten Staaten werden *poison pills* wie folgt beurteilt. Bereits in der ersten Entscheidung des *Delaware Supreme Court* über deren Zulässigkeit hat das Gericht die Einführung einer solchen Maßnahme durch das Management der Zielgesellschaft grundsätzlich als rechtmäßig angesehen.[772] Gegenstand der Entscheidung war die Zulässigkeit eines *Preferred Share Purchase Plan* in Form einer *flip-over poison pill.* Die Stammaktionäre waren danach berechtigt, die Ausgabe eines günstigen Bezugsrechts für jede gehaltene Aktie zu verlangen.[773] Das Bezugsrecht sollte in zwei unterschiedlichen Situationen aktiviert werden. Im Falle der Abgabe eines öffentlichen Kaufangebots für mindestens 30 % der Aktien oder nach dem Erwerb eines mindestens 20%tigen Anteilspakets durch einen Dritten.[774] Zudem war den Inhabern das Recht eingeräumt worden, im Falle einer Fusion oder eines anderweitigen Zusammenschlusses der beteiligten Unternehmen, Aktien der Bietergesellschaft zum halben Preis zu erwerben.[775] Die Besonderheit dieser Regelung bestand darin, dass keine konkrete Gefahr eines feindlichen Übernahmeversuchs vorlag. Sie war damit begründet worden, dass die in der Branche zunehmend auftretenden Unternehmensübernahmen bei anschließender Zerschlagung der Zielgesellschaft negative Auswirkungen auf Arbeitnehmer und andere für den wirtschaftlichen Erfolg des Unternehmens wichtige Interessensgruppen haben würde.[776] Von besonderer Bedeutung war, dass sich das Management der Zielgesellschaft die Zurücknahme der Maßnahme für den Fall der Abgabe eines attraktiven Übernahmeangebots vorbehalten hatte.[777] Vor diesem besonderen Hintergrund hielt das

---

[770] Vgl. Dawson/Pence/Stone, 42 Business Lawyer (1987), 423, 424; Knepper/Bailey, Liability of Corporate Officers and Directors, 604; Knoll, Übernahme von Kapitalgesellschaften, 212; Thomas, 46 Vanderbilt Law Review (1993), 503, 512; Weisner, Verteidigungsmaßnahmen gegen unfreundliche Übernahmeversuche, 23.

[771] Vgl. Hamilton, Law of Corporations, 374; Lehnert, Unternehmensübernahmen in den USA, 99; Thomas, 46 Vanderbilt Law Review (1993), 503, 512; Weisner, Verteidigungsmaßnahmen gegen unfreundliche Übernahmeversuche, 26.

[772] Vgl. Moran v. Household International, Inc. 500 A.2d 1346 (Del. 1985); vgl. dazu auch Unocal Corp. v. Mesa Petroleum, 493 A.2d 946 (Del. 1985); Choi/Kamma/Weintrop, 2 Journal of Law, Economics, and Organization (1989), 375, 378 f.; Frank/Moreland, RIW 1989, 761, 764; Neuwirth, 145 University of Pennsylvania Law Review (1996), 423, 430; McTear, 24 Delaware Journal of Corporate Law (1999), 881, 887 ff. Kritisch dazu Subramanian, 23 Delaware Journal of Corporate Law (1998), 375, 397 ff., 412 ff. Vgl. auch weitergehend zur diesbezüglichen Rechtsprechung in Delaware Easterbrook/Fischel, Economic Structure of Corporate Law, 164 ff.; Brown, 14 Delaware Journal of Corporate Law (1989), 537, 537 ff.

[773] Vgl. Bungert, AG 1994, 297, 299; Kurth, Aktionärsschutz, 19; Solomon/Palmiter, Corporations, 599 f.; Malatesta/Walkling, 20 Journal of Financial Economics (1988), 347, 351 f. Zur Handhabung der Bezugsrechte in den USA, vgl. Kübler, ZBB 1993, 1, 2 f. Zur zunehmenden Ausgabe von Preferred Share in Deutschland, vgl. eingehend Loges/Distler, ZIP 2002, 467, 467 ff.

[774] Vgl. Bungert, AG 1994, 297, 299; Solomon/Palmiter, Corporations, 599 f.

[775] Vgl. Bungert, AG 1994, 297, 299; Solomon/Palmiter, Corporations, 599 f.

[776] Vgl. Solomon/Palmiter, Corporations, 600; Moran v. Household International, Inc. 500 A.2d 1346, 1349 (Del. 1985).

[777] Vgl. Solomon/Palmiter, Corporations, 599 f.

Gericht die *directors* grundsätzlich für berechtigt, die *poison pill* unter Beachtung ihrer Treuepflicht zur Anwendung kommen zu lassen und gleichzeitig für verpflichtet, die Maßnahme zurückzunehmen, wenn die Abwehr des Übernahmeversuchs nicht rechtmäßig sein sollte.[778]

Auch in anderen Bundesstaaten sind *poison pills* mit der gleichen Umgangssystematik[779] als rechtmäßig beurteilt worden.[780] Demgegenüber haben insbesondere die Gerichte in New Jersey *flip-in poison pills* für rechtswidrig erklärt, da sie die Aktionäre einer Aktiengattung nicht gleich behandeln würden[781] und lediglich den *directors* die Rücknahme vorbehalten war.[782]

Im deutschen Recht steht derartigen Bestimmungen der in § 53a AktG festgeschriebene Gleichbehandlungsgrundsatz entgegen.[783] Zudem stellt der Austausch

---

[778] Vgl. Moran v. Household International, Inc. 500 A.2d 1346, 1354 (Del. 1985); vgl. auch Brown, 14 Delaware Journal of Corporate Law (1989), 537, 537 ff.; Choper/Coffee/Morris, Corporations, 1154; siehe auch Yablon, 1989 Duke Law Journal, 54, 56; Solomon/Palmiter, Corporations, 600; vgl. weiter City Capital Associates Ltd. Partnership v. Interco Inc., 551 A.2d 787, 790 f. (Del.Ch. 1988), *appeal dismissed as moot*, 556 A.2d 1070 (Del. 1988); vgl. auch Grand Metropolitan, PLC v. Pillsbury Co., 558 A.2d 1049, 1057 (Del. Ch. 1988); vgl. weiter Southdown, Inc, PLC v. Moore McCormack Resources, Inc. 686 F.Supp (S.D.Tex. 1988); vgl. zudem In re Holly Farms Corp. Shareholders Litig., 564 A.2d 342, 351 (Del.Ch. 1989).

[779] Vgl. zur Auseinandersetzung darüber, ob und wann eine poison pill zurückzunehmen ist, Brown, 14 Delaware Journal of Corporate Law (1989), 537, 537 ff.; Choper/Coffee/Morris, Corporations, 1132; Dawson/Pence/Stone, 42 Business Lawyer (1987), 423, 438; Yablon, 1989 Duke Law Journal, 54, 56; City Capital Associates Ltd. Partnership v. Interco Inc., 551 A.2d 787, 790 f. (Del.Ch. 1988), *appeal dismissed as moot*, 556 A.2d 1070 (Del. 1988); Grand Metropolitan, PLC v. Pillsbury Co., 558 A.2d 1049, 1057 (Del.Ch. 1988); vgl. weiter folgende Entscheidungen, nach denen poison pills bis zur und eingeschränkt auch während der auction als rechtmäßig beurteilt wurden: *In* re Desoto, Inc. Shareholder Litigation, [1989-1990 Transfer Binder] Fed.Sec.L.Rep. (CCH) 94, 964, 95, 398 (Del.Ch. 1990); *In re* Holly Farms Corp. Shareholders Litigation, 564 A.2d 342, 351 (Del.Ch. 1989); Tate & Lyle PLC v. Staley Continental, Inc., [1987-1988 Transfer Binder] Fed.Sec.L.Rep. (CCH) 93,764, 98,587 (Del.Ch. 1988); CRTF Corp. v. Federated Department Stores, Inc., 683 F.Supp. 422, 440 ff.(S.D.N.Y 1988); BNS, Inc. v. Koppers Co., Inc., 683 F.Supp. 458, 476 (D.Del. 1988).

[780] Vgl. beispielhaft Dynamics Corporation of America v. CTS Corp., 637 F.Supp. 406, 418 (N.D.III.), *aff'd*, 794 F.2d 250 (7th Cir. 1986), *rev'd on other grounds*, 481 U.S. 69 (1987); Southdown, Inc. v. Moore McCormack Resources, Inc., 686 F.Supp. 595, 602 (S.D.Tex. 1988); CRTF Corp. v. Federated Department Stores, Inc., 683 F.Supp. 422, 439 (S.D.N.Y. 1988); Facet Enters., Inc. v. Prospect Group, Inc., No. 9746, 14 Delaware Journal of Corporate Law (1989), 310, 320 ff.

[781] Vgl. Amalgated Sugar Co. v. NL Industries, Inc. 644 F.Supp. 1229, 1234 (S.D.N.Y. 1986), *aff'd*, 825 F.2d 634 (2d Cir.), *cert. denied*, 108 S.Ct. 511 (1987); Minstar Acquiring Corp. v. AMF, Inc., 621 F.Supp. 1252, 1258 (S.D.N.Y. 1985); Asarco, Inc. v. Court, 611 F.Supp. 468, 479 (D.C.N.J. 1985). Vgl. in diesem Zusammenhang auch Unocal Corp. v. Mesa Petroleum Co., 493 A.2d 946 (Del. 1985), demnach ein Rechtsausschluss zu Lasten des Bieters nicht generell ausgeschlossen ist.

[782] Vgl. Bank of N.Y. Co., Inc. v. Irving Bank Corp., 528 N.Y.S.2d 482, 485 f. (Sup.), *aff'd*, 533 N.Y.S.2d 167 (1988); vgl. dazu auch In re Frederick's of Hollywood Inc. Shareholder Litigation, Cons.C.A. 15944, 1998 Del.Ch., Lexis 111 (Del.Ch. July 9, 1998); Carmody v. Toll Bros. Inc., 723 A.2d 1180 (1998); City Capital Associates Ltd. Partnership v. Interco, Inc. 551 A.2d 787 (Del.Ch. 1988). Zur Entwicklung vgl. auch Hirte/Otte/Williamowski, DAJV-NL 4/2002, 121, 127.

[783] Vgl. Geßler/Hefermehl/Eckardt/Kropff-Bungeroth, AktG, § 186, Rdn. 118; GrosskommentarAktG/ Wiedemann, § 186, Rdn. 181; Kölner Komm-AktG/ Lutter, § 186, Rdn. 85; Michalski, AG 1997, 152, 158; Bungert, AG 1994, 297, 299 f.; Daum, Die unkoordinierte Übernahme, 180 ff.; Hopt, Festschrift Lutter, 1361, 1388; Marquardt, WiB 1994, 537, 541; Peltzer, ZfgK 1988, 577, 578; Peltzer, ZIP 1989, 69, 73 f.;

von Aktien gegen Schuldtitel einen nur in engen Grenzen zulässigen Erwerb eigener Aktien im Sinne des Verbots nach § 71 AktG dar.[784] Ein derartiger Erwerb wäre schon dann unzulässig, wenn der Gesamtnennbetrag der sich im Eigentum der Gesellschaft befindlichen eigenen Aktien mehr als 10 % des Grundkapitals betragen würde, § 71 Absatz 2 Satz 1 AktG. Zur Vermeidung des Eigenerwerbs wäre nur eine Kapitalherabsetzung nach den §§ 237 ff. AktG denkbar, die ihrerseits einen von der Hauptversammlung mit ¾ Mehrheit des bei der Beschlussfassung vertretenen Grundkapitals bedarf, § 222 AktG. Eine Zahlung an die Aktionäre wäre in diesem Fall nach § 225 Absatz 1, 2 AktG erst nach Ablauf von sechs Monaten nach Bekanntgabe der Kapitalherabsetzung und Sicherheitsleistung gegenüber den Gläubigern der Gesellschaft möglich. Vor diesem Hintergrund käme die Ausgabe von derartigen Vorzugstiteln als Verteidigungsmaßnahme nicht ernsthaft in Frage.[785] Im folgenden soll jedoch auf die in den USA verbreiteten *Flip-over-*, *Flip-in-* und *Back-end*-Positionen eingegangen werden,[786] um diese Abwehrmaßnahmen bei internationalen Übernahmen beurteilen zu können.

(1) Flip-over-Bestimmungen

Die klassische Variante einer *poison pill* entwarf zu Beginn der achtziger Jahre die New Yorker Anwaltskanzlei Wachtel, Lipton, Rosen & Katz.[787] Bei diesem Modell handelt es sich um eine so genannte *flip-over-pill*, nach der das Unternehmen veranlasst wird, an seine Aktionäre eine Sonderdividende in Form neugeschaffener Vorzugsaktien auszuschütten.[788] Diese Vorzugsaktien sind typischerweise in dieselbe

---

Peltzer, WM 1998, 322, 329; Weisner, Verteidigungsmaßnahmen gegen unfreundliche Übernahmeversuche, 223.

[784] Vgl. dazu LG Berlin, NZG 2000, 944; Peltzer, WM 1998, 322, 322 ff.; und im Übrigen die Ausführungen unter 2. d.

[785] Vgl. Daum, Die unkoordinierte Übernahme, 181; Peltzer, ZfgK 1986, 291, 295; Weisner, Verteidigungsmaßnahmen gegen unfreundliche Übernahmeversuche, 223 f.

[786] Vgl. dazu die sehr ausführliche Darstellung bei Merkt, US-amerikanisches Gesellschaftsrecht, Rdn. 1131 ff. Vgl. weiter Daum, Die unkoordinierte Übernahme, 180 ff.; Deakin/Slinger, 24 Journal of Law and Society (1997), 124, 140; Sünner, AG 1987, 276, 279 ff.

[787] Vgl. Brown, 14 Delaware Journal of Corporate Law (1989), 537, 540; Paefgen, AG 1991, 189, 190; Subramanian, 23 Delaware Journal of Corporate Law (1998), 375, 376, 397; Yablon, 1989 Duke Law Journal, 54, 54 ff.; Weisner, Verteidigungsmaßnahmen gegen unfreundliche Übernahmeversuche, 21.

[788] Vgl. Brown, 14 Delaware Journal of Corporate Law (1989), 537, 540; Bungert, AG 1994, 297, 299; Easterbrook/Fischel, Economic Structure of Corporate Law, 164; Helman/Junewicz, 42 Business Lawyer (1987), 771, 774 ff.; Malatesta/Walkling, 20 Journal of Financial Economics (1988), 347, 352 ff.; Merkt, US-amerikanisches Gesellschaftsrecht, Rdn. 1132. Vgl. auch Grand Metropolitan, PLC v. Pillsbury Co., Fed.Sec.Rep. (CCH) 94, 104 (Del.Ch. 1988); Amalgamated Sugar Co. v. NL Industries, 644 F.Supp. 1229 (S.D.N.Y. 1986); Minstar Acquiring Corp. v. AMF, Inc., 621 F.Supp. 1252 (S.D.N.Y. 1985); Moran v. Household International, Inc., 500 A.2d 1346 (Del. 1985); Unocal Corp. v. Mesa Petroleum Co., 493 A.2d 946 (Del. 1985); Asarco, Inc. v. M.R.H. Holmes A Court, 611 F.Supp. 468 (D.N.J: 1985); Harvard Industries v. Tyson, Fed.Sec.L.Rep. (CCH) 93,064 (E.D.Mich. 1986).

Anzahl von sich im Umlauf befindlichen Stammaktien des Bieters umwandelbar.[789] Die Rechte der Aktionäre werden regelmäßig aktiviert, wenn ein 20%iges Anteilspaket von einem Bieter erworben und sodann eine Geschäftskombination zwischen Bieter- und Zielgesellschaft, z.B. durch eine Verschmelzung oder durch Veräußerung wichtiger Unternehmensaktiva an die Bietergesellschaft, durchgeführt wird.[790] Die Aktionäre - ein Ausschluss gilt regelmäßig für Anteilseigner mit mehr als 20 % der Kapitalanteile - sind in einem solchen Fall berechtigt, Aktien des Käufers (*flip-over*-Effekt) mit einem erheblichen Abschlag zu erwerben.[791] Neben der erheblichen faktischen Verteuerung der Anteile der Zielgesellschaft geht mit der Ausgabe derartiger Vorzugstitel regelmäßig eine Abwertung der Zielgesellschaft einher.[792] Die *flip-over poison pill* soll daher vor allem zweistufigen Angeboten mit beabsichtigter Fusion der beteiligten Unternehmen entgegenstehen.[793] Typisch für diese zweistufigen Angebote ist, dass der Bieter ein Angebot zunächst nicht für alle Aktien, sondern nur für die zum Kontrollerwerb benötigten Aktien abgibt, um später die übrigen Aktionäre vor dem Hintergrund möglicher Benachteiligungen zu einem niedrigeren Preis auszukaufen.[794] Ein derartiger Vorgang wird in der amerikanischen Literatur anschaulich als *freeze-out* bezeichnet.[795]

Moderne *poison-pills* hingegen sehen als *Share Purchase Rights Plan* nicht mehr die Ausgabe von Vorzugsaktien, sondern von mit der Stammaktie fest verbundenen Bezugsrechten vor.[796] Die Ausübung dieses Rechts vor Beginn eines Übernahmeversuchs wird durch festgelegte Bedingungen wirtschaftlich unattraktiv

[789] Vgl. Brown, 14 Delaware Journal of Corporate Law (1989), 537, 540; Helman/Junewicz, 42 Business Lawyer 1987, 771, 772.

[790] Vgl. Choper/Coffee/Morris, Corporations, 1129 f.; Easterbrook/Fischel, Economic Structure of Corporate Law, 164; Merkt, US-amerikanisches Gesellschaftsrecht, Rdn. 1132; zur Umgehung der Nachteile einer derartigen Maßnahme durch eine Fusionierung vgl. Hausch-ka/Roth, AG 1988, 181, 190.

[791] Vgl. Brown, 14 Delaware Journal of Corporate Law (1989), 537, 541; Bungert, AG 1994, 297, 299 f.; Helman/Junewicz, 42 Business Lawyer (1987), 771, 771 f.; Knoll, Übernahme von Kapitalgesellschaften, 211; Merkt, US-amerikanisches Gesellschaftsrecht, Rdn. 1132; Paefgen, AG 1991, 189, 190; Peltzer, ZIP 1989, 69, 73 f.; Weisner, Verteidigungsmaßnahmen gegen unfreundliche Übernahmeversuche, 21.

[792] Vgl. Bungert, AG 1994, 297, 299; Caytas/Mahari, Im Banne des Investment Banking, 234 ff.; Kurth, Aktionärsschutz, 18 f.; Menichetti, Wirtschaftsstudium 1990, 521,522; Weimar/Breuer, BB 1991, 2309, 2315.

[793] Vgl. Brown, 14 Delaware Journal of Corporate Law (1989), 537, 540; Choper/Coffee/Morris, Corporations, 1130; Kurth, Aktionärsschutz, 18 f.; Paefgen, AG 1991, 189, 191; Weisner, Verteidigungsmaßnahmen gegen unfreundliche Übernahmeversuche, 21.

[794] Vgl. Clark, Corporate Law, 499 ff.; Kurth, Aktionärsschutz, 10 f.; Paefgen, RIW 1991, 103, 105; Peters, BB 1999, 801, 801; Weisner, Verteidigungsmaßnahmen gegen unfreundliche Übernahmeversuche, 10. Vgl. zu vergleichbaren Vorgängen in der Bundesrepublik Bästlein, Zur Feindlichkeit öffentlicher Übernahmeangebote, 285 ff., mit zahlreichen Beispielen der Ausgrenzung und des anschießenden Aufkaufs, und Wenger/Hecker, ifo Studien 1995, 51, 77.

[795] Vgl. Peters, BB 1999, 801, 801 ff.; Easterbrook/Fischel, Economic Structure of Corporate Law, 135 ff.; Herzel/Shepro, Bidders and Targets, 501 f.; Merkt, US-amerikanisches Gesellschaftsrecht, Rdn. 1028 ff.; Seiler, Freezeout, 1 ff.

[796] Vgl. Choper/Eisenberg, Corporations, § 1040. Zur Handhabung der Bezugsrechte in den USA, vgl. Kübler, ZBB 1993, 1, 2 f.

gemacht.[797] Werden die Bezugsrechte aber durch den eine festgesetzte Schwelle überschreitenden Anteilserwerb eines Bieters aktiviert, so reduziert sich für die Bezugsberechtigten der Aktienpreis für Aktien der Bietergesellschaft so stark, dass sie einen Anreiz haben, die Aktien der Bietergesellschaft aufgrund der „*flip-over*"-Klausel effektiv zu einem sehr viel niedrigeren Betrag zu erwerben.[798]

(2) Flip-in-Bestimmungen

Für den Fall, dass der Erwerber keine Fusion der Gesellschaften beabsichtigt und dass insofern die *flip-over pill* bei entsprechender Vereinbarung oder aber bei einer Übernahme aus anderen Gründen ins Leere laufen würde, kann eine *flip-in*-Bestimmung Wirkung entfalten. Ein *flip-in*-Vorzugstitel berechtigt den Inhaber, bei Bedingungseintritt Aktien der Zielgesellschaft von ihr zu besonderen Konditionen zu erwerben.[799] Der Kurs kann so auf die Hälfte des Verkehrswertes festgelegt werden, so dass die Inhaber zum außerordentlich niedrigen Kurs Anteile zu erwerben berechtigt sind.[800] Die Gesellschaft muss entweder eigene Aktien vorhalten oder neue Aktien ausgeben. Zudem muss der Bieter von diesen Rechten ausgeschlossen sein, so dass sich auch hier das von ihm einzusetzende Kapitalvolumen mit Hebelwirkung vergrößert.[801] Im Gegensatz zur *flip-over pill* kann damit auch durch eine Fusionierung die Verwässerung der vom Bieter bereits gehaltenen Anteile und die Verteuerung des Übernahmenvorhabens nicht verhindert werden.[802] Beide Verfahrensweisen können an bestimmte gesetzliche oder satzungsgemäße Vorschriften gebunden sein, so dass die Ausgabe entsprechender Vorzugstitel mit Schwierigkeiten verbunden oder durch bestimmte Verfahren geregelt sein kann.

In der Regel werden in den USA sowohl die *flip-over*- als auch die *Flip-in*-Bestimmung als Maßnahmen zur Abwehr feindlicher Übernahmen vorgesehen und der Unternehmensleitung der Zielgesellschaft ein weiter Ermessensspielraum zur

---

[797] Vgl. auch Choper/Eisenberg, Corporations, § 1040.

[798] Vgl. Choper/Coffee/Morris, Corporations, 1130 f.

[799] Vgl. Brown, 14 Delaware Journal of Corporate Law (1989), 537, 540; Bungert, AG 1994, 297, 300; Lehnert, Unternehmensübernahmen in den USA, 98 ff.; Merkt, US-amerikanisches Gesellschaftsrecht, Rdn. 1137; Knoll, Übernahme von Kapitalgesellschaften, 212; McTear, 24 Delaware Journal of Corporate Law (1999), 881, 884 f.; Möller, Die Stellung des Aktionärs bei Übernahmen, 167; Paefgen, AG 1991, 189, 191 f.; Thomas, 46 Vanderbilt Law Review (1993), 503, 511; Weimar/Breuer, BB 1991, 2309, 2315; Weisner, Verteidigungsmaßnahmen gegen unfreundliche Übernahmeversuche, 22.

[800] Vgl. zu dieser regelmäßigen Verfahrensweise weitergehend Lese, 96 Columbia Law Review (1996), 2175, 2180. Vgl. auch Brown, 14 Delaware Journal of Corporate Law (1989), 537, 542; Hopt, Festschrift Lutter, 1361, 1388; Weisner, Verteidigungsmaßnahmen gegen unfreundliche Übernahmeversuche, 22.

[801] Vgl. Merkt, US-amerikanisches Gesellschaftsrecht, Rdn. 1132 ff.; Knoll, Übernahme von Kapitalgesellschaften, 210, 212; Lipton/ Steinberger, Takeovers and Freezeouts, § 6.03 [4][e][i], [c][i]; Röhrich, Feindliche Übernahmeangebote, 71 f., Trockels, ZvglRWiss 89, 56, 68 ff.; von Falkenhausen, Festschrift Stiefel, 163, 183.

[802] Vgl. Brown, 14 Delaware Journal of Corporate Law (1989), 537, 542 f.; Hauschka/Roth, AG 1988, 181, 189 f.; Lehnert, Unternehmensübernahmen in den USA, 98 ff.; Weisner, Verteidigungsmaßnahmen gegen unfreundliche Übernahmeversuche, 21 f.

Inkraftsetzung oder Rücknahme der Maßnahmen eingeräumt.[803] So wird ein Bieter gezwungen, mit der Unternehmensleitung zu verhandeln und keine unkoordinierte Übernahme zu versuchen.

(3) Back-end-Bestimmungen

Ein *back-end* Vorzugstitel räumt dem Inhaber nach Eintritt der Bedingung das Recht ein, Aktien bei der Gesellschaft gegen Schuldtitel zu tauschen, deren festgelegte Summe dem Vermögens- und Ertragswert des Unternehmens entsprechen oder diesen übersteigen kann.[804] Der Übernehmer wird von der Berechtigung ausgenommen. Insofern orientiert sich der zumeist weit über dem Aktienkurs liegende Wert am langfristig erwarteten Aktienkurs; er stellt demnach zugleich den Mindestpreis für ein Übernahmeangebot dar.[805] *Back-end*-Bestimmungen werden in der Regel nicht vorsorglich, sondern spontan als Reaktion auf ein konkretes Übernahmeangebot geschaffen.[806]

d. Ausschluss von Satzungsänderungen/Veto-Recht bei Satzungsänderungen und unabänderbare Delegation bestimmter Entscheidungen

Eine wirksame Abwehrmaßnahme kann auch der Ausschluss von Satzungsänderungen sein.[807] Ergänzend kann bestimmten Personen hinsichtlich derartiger Beschlüsse ein Veto-Recht eingeräumt werden. Im Zusammenhang mit solchen Beschlüssen und hinsichtlich sonstiger Veränderungen können ausschließlich konkret bestimmte Führungskräfte zur Vornahme bestimmter Handlungen bevollmächtigt werden.[808]

---

[803] Vgl. Brown, 14 Delaware Journal of Corporate Law (1989), 537, 537 ff.; McTear, 24 Delaware Journal of Corporate Law (1999), 881, 893 ff., 909 ff.; Yablon, 1989 Duke Law Journal, 54, 61.

[804] Vgl. Bungert, AG 1994, 297, 300; Hauschka/Roth, AG 1988, 181, 189 f.; Knoll, Übernahme von Kapitalgesellschaften, 213; Lehnert, Unternehmensübernahmen in den USA, 98 ff.; Malatesta/Walkling, 20 Journal of Financial Economics (1988), 347, 354; Merkt, US-amerikanisches Gesellschaftsrecht, Rdn. 1138; Weisner, Verteidigungsmaßnahmen gegen unfreundliche Übernahmeversuche, 22 f. Vgl. weitergehend zur alternativen - bedingten - Verpflichtung der Zielgesellschaft zum direkten Ankauf der Anteilen von Minderheitsaktionären Gilson/Black, Law and Finance of Corporate Acquisitions, 738; Klein/Coffee, Business Organization and Finance, 186; Weimar/ Breuer, BB 1991, 2309, 2315 f.; Weisner, Verteidigungsmaßnahmen gegen unfreundliche Übernahmeversuche, 31.

[805] Vgl. Bungert, AG 1994, 297, 300; Malatesta/Walkling, 20 Journal of Financial Economics (1988), 347, 354; Menichetti, Wirtschaftsstudium 1990, 521, 522.

[806] Vgl. Brown, 14 Delaware Journal of Corporate Law (1989), 537, 544; Bungert, AG 1994, 297, 300.

[807] Vgl. Weisner, Verteidigungsmaßnahmen gegen unfreundliche Übernahmeversuche, 112 ff., insbesondere 116 f.

[808] So genannte *dead hand*-Bestimmungen, vgl. Lese, 96 Columbia Law Review (1996), 2175, 2191, 2202 ff.; Neuwirth, 145 University of Pennsylvania Law Review (1996), 423, 443; Weisner, Verteidigungsmaßnahmen gegen unfreundliche Übernahmeversuche, 23 f., 112 ff.; Bank of New York Co., Inc. v. Irving Bank Corporation, 528 N.Y.S.2d 482, 485 (N.Y.Sup.Ct. 1988); Invacare Corporation v. Healthdyne Technologies, Inc., 968 F.Supp. 1578 (N.D.Ga. 1997); Carmody v. Toll Brothers, Inc. et al., C.A. No. 15983 (Del. Ch. July 24, 1998). Derartige Bestimmungen können im Übrigen auch zeitlich befristet einbracht werden, vgl. Mentor Graphics Corporation v. Quickturn Design Systems, Inc., C.A. No. 16584 (Del. Ch.

Mit derartigen Maßnahmen können einem Übernehmer auch nach Erlangung der Kontrollmehrheit und hinsichtlich der beabsichtigten weiteren Unternehmenstätigkeit weitgehend die Hände gebunden werden. Andererseits beschränkt sich eine Gesellschaft aber in ihrer unternehmerischen Ausrichtung und in der Flexibilität ihrer Tätigkeit.[809] Darüber hinaus ist fraglich, ob nicht auch eine Unabänderlichkeitsbestimmung in der Satzung stets revisibel zu sein hat und insofern per se als nichtig anzusehen ist.[810] Trotz der grundsätzlichen Dispositionsfreiheit im Privatrecht wird ein Beschluss, der eine Satzung oder Satzungsbestimmung für unabänderbar erklärt, nach deutschem Recht für unzulässig und nichtig gehalten.[811]

e. Modifizierung der erforderlichen Stimmenmehrheiten

Als weitere Abwehrmaßnahme kommt die Anhebung der Mehrheitserfordernisse für die Beschlussfassung in der Hauptversammlung in Frage.[812] Die Erlangung der Kontrollmehrheit durch den Bieter würde dadurch erschwert. Die Anhebung der Mehrheitserfordernisse ist nach deutschem Recht grundsätzlich zulässig, § 133 Absatz 1 AktG.[813] Sie ist von der Hauptversammlung mit satzungsänderndem Beschluss herbeizuführen.[814] Die Zulässigkeit oder Unzulässigkeit der Maßnahme richtet sich nach den konkret betroffenen Entscheidungsgründen und ist jeweils im Einzelfall zu untersuchen.[815]

f. Mehrheitserfordernisse bei Umstrukturierungen

Als weitere übernahmeerschwerende Maßnahme kommt eine Bestimmung in der Satzung der Zielgesellschaft in Betracht, nach der das Mehrheitserfordernis für

---

Oct. 9., 1998; Dec. 2., 1998), expedited appeal (Del. Sup.Ct. Dec. 29., 1998, Dec. 31., 1998); AMP Incorporated v. Allied Signal, Inc., C.A. No. 98-4405 (E.D.Pa Oct. 8., 1998).

809 Vgl. Carmody v. Toll Brothers, Inc. et al., C.A. No. 15983 (Del. Ch. July 24., 1998); Bank of New York Co., Inc. v. Irving Bank Corporation, 528 N.Y.S.2d 482, 485 (N.Y.Sup.Ct. 1988).

810 Vgl. Bank of New York Co., Inc. v. Irving Bank Corporation, 528 N.Y.S.2d 482, 485 (N.Y.Sup.Ct. 1988); Carmody v. Toll Brothers, Inc. et al., C.A. No. 15983 (Del. Ch. July 24., 1998); Gordon, 19 Cardozo Law Review (1997), 511, 536 ff.; Weisner, Verteidigungsmaßnahmen gegen unfreundliche Übernahmeversuche, 116 f. Dies dürfte im Übrigen auch für entsprechende zeitlich befristete Bestimmungen gelten, vgl. Mentor Graphics Corporation v. Quickturn Design Systems, Inc., C.A. No. 16584 (Del. Ch. Oct. 9., 1998; Dec. 2., 1998), expedited appeal (Del. Sup.Ct. Dec. 29., 1998, Dec. 31., 1998). Vgl. jedoch dagegen auch AMP Incorporated v. Allied Signal, Inc., C.A. No. 98-4405 (E.D.Pa Oct. 8., 1998).

811 Vgl. KölnerKommAktG/Zöllner, § 179, Rdn. 2.

812 Vgl. MüKoWpÜG-Schlitt, § 33, Rdn. 280; Adolff/Meister/Randell/Stephan, Takeovers, 210 ff.; Weisner, Verteidigungsmaßnahmen gegen unfreundliche Übernahmeversuche, 225. Vgl. zu derartigen mehrheitsregelnden Satzungsklauseln ausführlich, Witt, AG 2000, 345, 345 ff.

813 Vgl. Herrmann, Zivilrechtliche Abwehrmaßnahmen gegen unfreundliche Übernahmeversuche, 73 f.; Weisner, Verteidigungsmaßnahmen gegen unfreundliche Übernahmeversuche, 225; Witt, AG 2000, 345, 345 f.

814 Vgl. Witt, AG 2000, 345, 350.

815 Vgl. Herrmann, Zivilrechtliche Abwehrmaßnahmen gegen unfreundlichen Übernahmeversuche, 73 f.

Umstrukturierungen gegenüber den gesetzlichen Vorgaben erhöht wird.[816] So kann beispielsweise die für die Zustimmung zu Satzungsänderungen und Konzernierungsvorgängen maßgebliche Mehrheit bei nahezu 100 % festgelegt werden. Ein Bieter muss dann erheblich mehr Kapital bereithalten, um die Zielgesellschaft zu beherrschen. Zudem kann auch für die Abänderung des betreffenden Mehrheitserfordernisses ein bestimmtes Mehrheitserfordernis vorgesehen werden.[817] Der aus dem entsprechenden Mehrheitserfordernis folgenden Beschränkung der Unternehmensleitung in den Übernahmeverhandlungen kann durch eine so genannte *„board-out"*-Bestimmung vorgebeugt werden. Danach ist die Geschäftsführung zur eigenmächtigen Außerkraftsetzung des Mehrheitserfordernisses ermächtigt.[818]

g. Ausschluss des Mehrheitsaktionärs von Hauptversammlungen

Um einem Bieter die Umstrukturierung und Neuausrichtung der Gesellschaft zu verwehren, könnte er möglicherweise als Mehrheitsaktionär von der Hauptversammlung ausgeschlossen werden.[819] Insbesondere bietet sich an, den Mehrheitsaktionär von außerordentlichen Hauptversammlungen auszuschließen, denn gerade auf diesen werden die für den Bieter entscheidenden Beschlüsse gefasst. Jedenfalls aber ließen sich außerordentliche Hauptversammlungen einberufen, um für einen Bieter nachteilige Beschlüsse mit der Folge des Ausschlusses einer ihm genehmen Neuausrichtung des Unternehmens zu fällen.[820] Diese Abwehrmaßnahme hat sich gerade in den USA als wirkungsvoll erwiesen,[821] während der Ausschluss nach deutschem Recht gegen den für die Aktionäre geltenden Gleichbehandlungsgrundsatz nach § 53a AktG verstieße und deshalb unzulässig wäre.[822]

h. Beschränkung der Vertretungsbefugnisse auf Hauptversammlungen

Des Weiteren könnten möglicherweise die von den Aktionären abgeleiteten Vertretungsrechte eingeschränkt werden.[823] Hiervon wären bestimmte, Aktionärsgruppen betroffen, die sich regelmäßig vertreten lassen. Hauptsächlich würden hierdurch jedoch im eigenen Interesse handelnde Vertreter, wie Interessensverbände oder Treuhänder und insbesondere die für Kleinaktionäre handelnden Banken, von der Mit-

---

816 Vgl. dazu Hüffer, AktG, § 179, Rdn. 23; Geßler/Hefermehl/Eckardt/Kropff-Bungeroth, AktG, § 179, Rdn. 131; Hopt, in Sieben/Stein, Unternehmensakquisitionen, 39, 51 f.; Jansen, Mergers & Acquisitions, 51; Knoll, Übernahme von Kapitalgesellschaften, 208 f.; Schneider/Burgard, DB 2001, 963, 967; Weisner, Verteidigungsmaßnahmen gegen unfreundliche Übernahmeversuche, 225; Witt, AG 2000, 345, 345 ff.

817 Vgl. Hüffer, AktG, § 133, Rdn. 15; Münchener Hdb GesellschaftsR/AG-Semler, § 39, Rdn. 33.

818 Vgl. Bühner, Unternehmenszusammenschlüsse, 74.

819 Vgl. Friedenberg, 7 Delaware Journal of Corporate Law (1982), 32, 42.

820 Vgl. Hauschka/Roth, AG 1988, 181, 189.

821 Siehe dazu Hauschka/Roth, AG 1988, 181, 189; vgl. auch Friedenberg, 7 Delaware Journal of Corporate Law (1982), 32, 42.

822 Vgl. Schmidt, Gesellschaftsrecht, 840 f.

823 Vgl. Hauschka/Roth, AG 1988, 181, 189.

bestimmung in der Hauptversammlung ausgeschlossen.[824] Während in den USA die Vertretungsbefugnisse zur Vermeidung einer Übernahme eingeschränkt werden können,[825] ist nach deutschem Recht eine derartige Rechtsbeeinträchtigung des Aktionärs unzulässig.[826] In eingeschränktem Umfang können Anforderungen an die Qualifikation des Bevollmächtigten gestellt werden.[827]

2. Gestaltung der Aktionärstruktur der Zielgesellschaft

Eine andere Möglichkeit, feindlichen Übernahmen vorzubeugen, besteht darin, die Aktionärsstruktur so zu beeinflussen, dass sich Stimmrechtsmehrheiten für eine Übernahme nicht aufkaufen lassen.

a. Kapitalerhöhung

Als eine erste Maßnahme kommt zunächst die Kapitalerhöhung mit Bezugsrecht in Betracht. Eine Kapitalerhöhung für sich - ohne Ausschluss des Bezugsrechts - kann zwar für sich nicht ein endgültiges Scheitern des Übernahmeversuchs gewährleisten, sie kann aber die Übernahme dadurch erheblich verteuern, dass der Bieter mehr Anteile aufkaufen muss, um die Kontrolle zu erwerben.[828] Die Kapitalerhöhung mit Bezugsrecht kann allerdings auch zu einer Erleichterung des Kontrollerwerbs führen, wenn die Bezugsberechtigten in genügend großer Anzahl vom Bezugsrecht keinen Gebrauch machen und der Bieter diese Anteile über den Markt aufkauft.[829]

---

[824] Vgl. insbesondere zu den Depotstimmrechten von Banken Adams, AG 1989, 333, 335 ff.; Adams, AG-Sonderheft 8/1997, 1, 11 f.; Baums, AG 1996, 11, 11 ff.; Baums/Fraune, AG 1995, 97, 103 ff.; Baums, AG-Sonderheft 8/1997, 26, 29; Claussen, DB 1998, 177, 183 f.; Hahn, Die feindliche Übernahme von Aktiengesellschaften, 193 ff.; Hopt, in Feddersen/Hommelhoff/Schneider, Corporate Governance, 243, 256 ff.; Jansch, Rolle der Aktionäre, 73 ff.; Kübler, AG-Sonderausgabe 8/1997, 48, 50; Weisner, Verteidigungsmaßnahmen gegen unfreundliche Übernahmeversuche, 243 ff.; Westermann, in Feddersen/Hommelhoff/Schneider, Corporate Governance, 264, 264 ff. Vgl. zu Beeinträchtigungen von Stimmrechtsvertretungen in den Vereinigten Staaten weitergehend Smith, 58 University of Pittsburgh Law Review (1996), 145, 145 ff. Vgl. in diesem Zusammenhang ferner auch Hopt, in Hopt/Wymeersch, Comparative Corporate Governance, 3, 10 ff.

[825] Vgl. Hauschka/Roth, AG 1988, 181, 189.

[826] Vgl. Hauschka/Roth, AG 1988, 181, 189. Zur Einschränkung des Vollmachtsstimmrechts der Banken vgl. Baums, AG 1996, 11, 11 ff.

[827] Vgl. Hauschka/Roth, AG 1988, 181, 189.

[828] Vgl. Daum, Die unkoordinierte Übernahme, 164 ff.; Geibel/Süßmann-Schwennicke, WpÜG, § 33, Rdn. 24; Krause, NZG 2000, 905, 911; Lüttmann, Kontrollwechsel in Kapitalgesellschaften, 165 f., Michalski, AG 1997, 152, 161; Möller, Die Stellung des Aktionärs bei Übernahmen, 172 f.; Immenga/Noll, Feindliche Übernahmen aus wettbewerbspolitischer Sicht, 109 f.; Jansen, Mergers & Acquisitions, 52; Werner, Probleme „feindlicher" Übernahmeangebote im Aktienrecht, 22 f.; Otto, DB-Beil. 12/88, 1, 8 f.; Peltzer, ZfKredW 1988, 577, 580; Pötzsch/Möller, WM-Beil. 2/2000, 3, 25; Salje, JA 1990, 321, 324 f.; Weisner, Verteidigungsmaßnahmen gegen unfreundliche Übernahmeversuche, 191 f.; Wolf, AG 1998, 212, 213.

[829] Vgl. dazu Assmann/Bozenhardt, in Assmann/Basaldua/Bozenhardt/Peltzer, Übernahmeangebote, 1, 126 ff.; Lüttmann, Kontrollwechsel in Kapitalgesellschaften, 35 ff.; Schanz, NZG 2000, 337, 343; Weisner,

Um die Formierung gefährdender Stimmrechtsmehrheiten zu verhindern, kann von Seiten der Gesellschaft auch eine Kapitalerhöhung unter Ausschluss des Bezugsrechts vorgenommen werden, wobei die neuen Kapitalanteile lediglich bestimmten wohlgesonnenen Anteilseignern angedient werden.[830] Insofern würde das zum Anteilserwerb berechtigende generelle Bezugsrecht der Anteilseigner ausgeschlossen werden. Ein Bieter müsste im Anschluss entsprechend zusätzliche Kapitalanteile zu-kaufen, um die erforderliche Stimmrechtsmehrheit zu erlangen. Dies fällt ihm mög-licherweise besonders schwer, weil relativ weniger Aktien frei zu erwerben sind und weil hierfür zusätzliches Kapital aufzubringen ist. In vielen Fällen kann durch diese Maßnahme der verhältnismäßige Anteil, der sich im Streubesitz befindlichen Anteile so stark verringert wird, dass der Aufkauf dieser Anteile zur Erlangung der Kontrollmehrheit nicht mehr ausreicht.[831] Probleme bereitet es der Gesellschaft dagegen, grundsätzlich für jeden Fall der Übernahme wohlgesonnene Anteilseigner zu finden. Aus diesem Grund könnten die Leitungsorgane der Gesellschaft mit der Ausgabe von Aktien lediglich für den Fall bevollmächtigt werden, dass sich eine gefährdende Stimmrechtsstruktur formiert. Dann handelt es sich um genehmigtes Kapital. In der Satzung könnte insofern ein Bezugsrechtsausschluss vorgesehen sein oder aber der Vorstand zum Ausschluss bevollmächtigt werden.

Nach deutschem Recht beschließt die Hauptversammlung über die Kapitalerhöhung gemäß § 182 Absatz 1 Satz 1 AktG mit einer Dreiviertelmehrheit des bei der Beschlussfassung vertretenen Grundkapitals, es sei denn, die Satzung bestimmt eine andere Kapitalmehrheit, § 182 Absatz 1 Satz 2 AktG.[832] Sofern der zukünftige Bieter bereits über ein Viertel der Anteile verfügt, kann er also mit seiner Sperrmi-

---

Verteidigungsmaßnahmen gegen unfreundliche Übernahmeversuche, 192; Wolf, AG 1998, 212, 213. Von einer geringen Tauglichkeit der Kapitalerhöhung ohne Bezugsrechtsausschluss gehen auch Pötzsch/Möller, WM-Beil. 2/2000, 3, 26, aus.

[830] Vgl. dazu Schander, BB 1997, 1801, 1803; Aubel, Bezugsrechtsausschluss; Daum, Die unkoordinierte Übernahme, 164 ff.; Bezzenberger, ZIP 2002, 1917, 1917 ff.; Geibel/Süßmann-Schwennicke, WpÜG, § 33, Rdn. 23; Michalski, AG 1997, 152, 160 f.; Ebenroth/Rapp, DWiR 1991, 2, 4; Otto, DB-Beil. 12/1988, 1, 8 ff.; Immenga, SAG 1975, 89, 102; Pötzsch/Möller, WM-Beil. 2/2000, 3, 25; Hopt, WM-Festausgabe Heinsius, 22, 26; Lüttmann, Kontrollwechsel in Kapitalgesellschaften, 21 f., 166 ff.; Lutter/Lammers, Defensive Measures against Hostile Takeovers, 113, 119 ff.; Sünner, Festschrift Quack, 457, 459; Weisner, Verteidigungsmaßnahmen gegen unfreundliche Übernahmeversuche, 192 ff.; Wolf, AG 1998, 212, 213; Gamerdinger/Saupe, AG 1976, 1, 1 ff.; Hirte/Schander, in von Rosen/Seifert, Übernahme börsennotierter Unternehmen, 341, 374 ff.; Lutter/Schneider, ZGR 1975, 182, 198; Bess, AG 1976, 206, 208. Zu den nachteiligen Auswirkungen eines Bezugsrechtsausschlusses für die Aktionäre vgl. eingehend Aubel, Bezugsrechtsausschluss, 16 f., 32 ff.; Hofmeister, Bezugsrechtsausschluss bei Wandelschuldverschreibungen, 39 ff.; Zöllner, AG 2002, 585, 585 ff.

[831] Vgl. auch Aubel, Bezugsrechtsausschluss, 30 ff.; Geibel/Süßmann-Schwennicke, WpÜG, § 33, Rdn. 23; Krause, AG 1996, 209, 214; Michalski, AG 1997, 152, 161; Pötzsch/Möller, WM-Beil. 2/2000, 3, 25; von Falkenhausen, Festschrift Stiefel, 163, 181; Wolf, AG 1998, 212, 213.

[832] Zur erleichterten Kapitalerhöhung mit Bezugsrechtsausschluss in geringem Ausmaße nach § 182 Absatz 3 Satz 4 AktG vgl. weitergehend Aubel, Bezugsrechtsausschluss, 32 ff.; Heinsius, Festschrift Kellermann, 115, 115 ff.; Kimpler, DB 1994, 767, 767 ff.; Kindler, NJW 1994, 3041, 3047 f.; Weisner, Verteidigungsmaßnahmen gegen unfreundliche Übernahmeversuche, 206 f.

norität die Kapitalerhöhung verhindern. Nach § 186 Absatz 3 Satz 2 AktG kann das Bezugsrecht im Beschluss über die Erhöhung des Grundkapitals mit einer Dreiviertelmehrheit des bei der Beschlussfassung vertretenen Grundkapitals ausgeschlossen werden. Mit derselben Mehrheit kann der Vorstand durch gegebenenfalls satzungsändernden Hauptversammlungsbeschluss für den Zeitraum von höchstens fünf Jahren ermächtigt werden, das Grundkapital bis zu einem bestimmten Nennbetrag durch Ausgabe neuer Aktien gegen Einlagen zu erhöhen (genehmigtes Kapital, § 202 Absatz 1, 2 AktG). Der Nennbetrag des genehmigten Kapitals darf nach § 202 Absatz 3 AktG die Hälfte des Grundkapitals nicht übersteigen. Die Aktien sollen nur mit Zustimmung des Aufsichtsrates ausgegeben werden, § 202 Absatz 3 Satz 2 AktG. Ein Ausschluss des Bezugsrechts kann durch die Satzung oder einen satzungsändernden Hauptversammlungsbeschluss vorgesehen werden.[833] Daneben kann die Ermächtigung des Vorstandes vorsehen, dass dieser über den Ausschluss des Bezugsrechts entscheidet, § 203 Absatz 2 AktG.

Nach früher herrschender Auffassung musste für den Ausschluss des Bezugsrechts lediglich ein im Interesse der Gesellschaft liegender Grund vorhanden sein.[834] So war in Anlehnung an die Rechtsprechung des Bundesgerichtshofs vertreten worden, dass bereits zum Zeitpunkt der Erteilung der Ermächtigung oder der Kapitalerhöhung aufgrund der Situation der Gesellschaft und ihrer Geschäftsausrichtung konkrete Anhaltspunkte dafür vorhanden sein müssten, dass die Ausgabe und der Ausschluss des Bezugsrechts notwendig und gegenüber den Aktionären vertretbar sei.[835] Eine abstrakte Umschreibung der Gründe oder aber deren beispielhafte Auflistung reichte dagegen nicht.[836] Soweit der Übernahmeversuch zum

---

[833] Vgl. dazu KölnerKommAktG/Lutter, § 203, Rdn. 15 ff.; Assmann/Bozenhardt, in Assmann/Basaldua/Bozenhardt/Peltzer, Übernahmeangebote, 1, 128 f.; Stoll, BB 1989, 301, 303; Trapp, AG 1997, 115, 117; vgl. weitergehend Bungert, NJW 1998, 488 ff. Vgl. ferner Kau/ Leverenz, BB 1998, 2269, 2272. Kritisch Adams, AG-Sonderheft 8/1997, 9, 22.

[834] Vgl. BGHZ 33, 175, 181 ff. - Minimax I; 83, 319, 326 f. - Holzmann; KölnerKommAktG/Lutter, § 203, Rdn. 18 ff., § 186, Rdn. 88; Aubel, Bezugsrechtsausschluss, 9, 21; Daum, Die unkoordinierte Übernahme, 164 ff.; Ekkenga, AG 1994, 59, 64 f.; Hirte, ZIP 1989, 1233, 1237 ff.; Jäger, NZG 1999, 573, 578 f.; Kau/ Leverenz, BB 1998, 2269, 2272; Kimpler, DB 1994, 767, 767; Klein, NJW 1997, 2085, 2088; Lüttmann, Kontrollwechsel in Kapitalgesellschaften, 166; Michalski, AG 1997, 152, 161; Assmann/Bozenhardt, in Assmann/Basaldua/Bozenhardt/Peltzer, Übernahmeangebote, 1, 128; Wolf, AG 1998, 212, 213.

[835] Vgl. BGHZ 71, 40, 46 - Kali & Salz; BGHZ 83, 319, 322 ff. - Holzmann; BGH, WM 1994, 635, 635 - Deutsche Bank; vgl. weiter Aubel, Bezugsrechtsausschluss, 21; Gawrisch, Ermessensentscheidungen des Aufsichtsrates, 179 ff.; Henze, BB 1996, 489, 497; Henze, ZHR 162 (1998), 186, 188 f., 193 f.; Hofmeister, NZG 2000, 713, 713; Jäger, NZG 1999, 573, 578 f.; Kimpler, DB 1994, 767, 767; Kindler, ZGR 1998, 35, 38 f.; Lüttmann, Kontrollwechsel in Kapitalgesellschaften, 166; Otto, DB-Beil. 12/88, 1, 8 f.; Röhricht, in Hommelhoff/Röhricht, Gesellschaftsrecht, 191, 216 ff.; Schiessl, AG 1999, 442, 443; Volhard, AG 1998, 397, 397; zu den Nachteilen für die Altaktionäre - Verringerung ihrer Beteiligungsquote und damit Verwässerung ihrer Rechte - vgl. Wolf, AG 1998, 212, 217; kritisch Martens, ZIP 1992, 1677, 1677 ff.

[836] Vgl. Assmann/Bozenhardt, in Assmann/Basaldua/Bozenhardt/Peltzer, Übernahmeangebote, 1, 128; Aubel, Bezugsrechtsausschluss, 22 f.; Herrmann, Zivilrechtliche Abwehrmaßnahmen gegen unfreundlichen Übernahmeversuche, 114 f.; Kindler, ZGR 1998, 35, 38 f.; Kimpler, DB 1994, 767, 767; Knoll, Übernahme von Kapitalgesellschaften, 244; Jäger, NZG 1999, 573, 578 f.; Lüttmann, Kontrollwechsel in Kapitalgesellschaften, 166 f.; Michalski, AG 1997, 152, 161; Röhricht, in Hommelhoff/Röhricht, Gesellschaftsrecht, 191, 216 ff.; Volhard, AG 1998, 397, 397.

Zeitpunkt der Beschlussfassung nicht absehbar war, durfte der Vorstand demnach mangels sachlicher Rechtfertigung nicht vorbeugend zum Ausschluss des Bezugsrechts legitimiert werden.[837]

Hinsichtlich des Bezugsrechtsausschlusses hat der Bundesgerichtshof in den letzten Jahren seine Rechtsprechung richtungsändernd konkretisiert.[838] Im Kali & Salz-Urteil[839] hat der Bundesgerichtshof genauso wie im späteren Holzmann-Urteil[840] den Bezugsrechtsausschluss nur für den Fall als rechtmäßig angesehen, dass er im Gesellschaftsinteresse liegt, erforderlich und bei Abwägung des Gesellschaftsinteresses mit dem Interesse der den Ausschluss ablehnenden Minderheitsaktionäre auch verhältnismäßig ist.[841] Im Siemens-Nold-Urteil[842] hielt der Bundesgerichtshof für das genehmigte Kapital - einzelnen Auffassungen im Schrifttum folgend[843] - die Verhältnismäßigkeit nicht für erforderlich.[844] Allein entscheidend sei, dass der Bezugsrechtsausschluss im wohlverstandenen Gesellschaftsinteresse liegt.[845] Obwohl dies für das genehmigte Kapital festgestellt wurde, wird überwiegend angenommen, dass dieser Prüfungsmaßstab grundsätzlich auch für andere

[837] Vgl. BGHZ 83, 319, 322 - Holzmann; Wolf, AG 1998, 212, 214; Hofmeister, NZG 2000, 713, 713; Knoll, Übernahme von Kapitalgesellschaften, 244; Michalski, AG 1997, 152, 161; Schmidt, Gesellschaftsrecht, 904 f.; Otto, DB-Beil. 12/1988, 1, 9: auch eine bereits erteilte Ermächtigung dürfte nicht hierzu verwandt werden; a.A. Hauschka/Roth, AG 1988, 181, 191.

[838] Vgl. zu den folgenden Ausführungen auch im Zusammenhang Aubel, Bezugsrechtsausschluss, 20 ff.; Dietz, Ausgliederung, 8 ff.; Henze, ZHR 162 (1998), 186, 188 ff.; Hofmeister, Bezugsrechtsausschluss bei Wandelschuldverschreibungen, 52 ff.; Hofmeister, NZG 2000, 713, 713 ff.; Jäger, NZG 1999, 573, 578 f.; Kindler, ZHR 158 (1994), 339, 364 ff.; Martens, ZIP 1994, 669, 669 ff.; Schmidt, NJW 2000, 2927, 2935; Wolf, AG 1998, 212, 213 ff.

[839] BGHZ 71, 40 ff. - Kali & Salz.

[840] BGHZ 83, 319 ff. - Holzmann.

[841] Vgl. dazu auch weitergehend KölnerKommAktG/Lutter, § 186, Rdn. 61 ff.; Ekkenga, AG 1994, 59, 64 f.; Hofmeister, Bezugsrechtsausschluss bei Wandelschuldverschreibungen, 52 ff.; Hofmeister, NZG 2000, 713, 713 ff.; Kübler/Mendelson/Mundheim, AG 1990, 461, 462; Lappe, BB 2000, 313, 313 ff.; Schockenhoff, AG 1994, 45, 45 ff.; Wolf, AG 1998, 212, 213.

[842] BGHZ 136, 133 ff. - Siemens-Nold-Entscheidung. Vgl. dazu auch Armbrüster, ZIP 1997, 1984, 1988; Heiser, Interessenskonflikte in der Aktiengesellschaft, 223 ff.; Henze, ZHR 162 (1998), 186, 188; Kindler, ZHR 158 (1994), 339, 367; Lappe, BB 2000, 313, 313 ff.; Röhricht, in Hommelhoff/Röhricht, Gesellschaftsrecht, 191, 218 f.

[843] Vgl. Martens, ZIP 1992, 1677, 1677 ff.; Martens, ZIP 1994, 669, 669 ff.; Mülbert, Aktiengesellschaft, Unternehmensgruppe und Kapitalmarkt, 310 ff.; Kindler, ZHR 158 (1994), 339, 367 f.

[844] Vgl. dazu Hofmeister, NZG 2000, 713, 713 ff.; Volhard, AG 1998, 397, 402; zur Aufgabe der Verhältnismäßigkeitsprüfung ausführlich Bungert, NJW 1998, 488, 490 f.

[845] Vgl. BGHZ 136, 133, 139 - Siemens-Nold; vgl. dazu weiter auch schon BGHZ 125, 239 ff. - Deutsche Bank; BGH, NJW 2000, 2356, 2357; vgl. weiter Armbrüster, ZIP 1997, 1984, 1988; Aubel, Bezugsrechtsausschluss, 23 f.; Bungert, NJW 1998, 488, 488; Hofmeister, Bezugsrechtsausschluss bei Wandelschuldverschreibungen, 54; Hofmeister, NZG 2000, 713, 714; Jäger, NZG 1999, 573, 578 f.; Kindler, ZGR 1998, 35, 35 ff.; Lutter, JZ 1998, 50, 50; Röhricht, in Hommelhoff/Röhricht, Gesellschaftsrecht, 191, 218; Volhard, AG 1998, 397, 402; Wolf, AG 1998, 212, 214 f.

Formen der Kapitalerhöhung mit Bezugsrechtsausschluss zu gelten habe.[846] Zudem wurde vom Bundesgerichtshof festgestellt, dass bei Beschlussfassung konkrete Anhaltspunkte für den Gebrauch der Ermächtigung nicht vorliegen müssten, sondern eine abstrakte Umschreibung des zu verwirklichenden Vorhabens genüge.[847]

Zur Begründung seiner Rechtsprechungsänderung führte der Bundesgerichtshof aus, dass der Zweck der Vorschriften über das genehmigte Kapital darin liege, die Gesellschaften in die Lage zu versetzen, unter Einsatz von Gesellschaftsanteilen Marktchancen zum Vorteil der Gesellschaft rasch und flexibel auszunutzen.[848] Angesichts dieser Begründung kann durchaus zweifelhaft sein, ob die Verhältnismäßigkeitsprüfung nicht nach wie vor vorzunehmen ist;[849] dies gilt erst recht, wenn der Grund des Bezugsrechtsausschlusses im konkreten Fall in der Abwehr eines Übernahmeangebots liegt,[850] hier die Flexibilisierung des Vorstandes für diesen Fall auch in Übereinstimmung mit der BGH-Rechtsprechung ihre Grenzen findet[851] und diese Grenzen allein durch das Verhältnismäßigkeitsprinzip definiert werden können.

Zudem bleibt für Übernahmesituationen zweifelhaft, ob von einem entsprechendem Gesellschaftsinteresse oder -vorteil ausgegangen werden kann. Ob ein Bezugsrechtsausschluss zur Abwehr eines Übernahmeversuchs im Gesellschaftsinteresse liegt, wird unterschiedlich beurteilt. Teilweise wird dem mit der Begründung zugestimmt, dass die Gesellschaft die mit der Abhängigkeit eintretende Beeinträchtigung ihres Eigenwillens und ihres Eigeninteresses abwehren dürfe.[852]

---

[846] Vgl. Mülbert, IStR 1999, 83, 90; Kindler, ZGR 1998, 35, 64 f.; Hofmeister, NZG 2000, 713, 718; Bungert, NJW 1998, 488, 490; Volhard, AG 1998, 397, 404; Weisner, Verteidigungsmaßnahmen gegen unfreundliche Übernahmeversuche, 198; a.A. Hüffer, AktG, § 186, Rdn. 1, 3; Jäger, NZG 1999, 573, 579.

[847] Vgl. BGHZ 136, 133, 139, 140 - Siemens-Nold. Vgl. dazu weitergehend Bungert, NJW 1998, 488, 488 ff.; Hofmeister, Bezugsrechtsausschluss bei Wandelschuldverschreibungen, 54; Hofmeister, NZG 2000, 713, 714; Lutter, JZ 1998, 50, 50 ff.; Kindler, ZGR 1998, 35, 35 ff.; Volhard, AG 1998, 387, 397 ff.; Weisner, Verteidigungsmaßnahmen gegen unfreundliche Übernahmeversuche, 197 ff.; Wolf, AG 1998, 212, 214, vgl. dazu auch LG Darmstadt, NJW-RR 1999, 1122. Zu den Informationspflichten des Vorstandes beim Bezugsrechtsausschluss im Rahmen des Beschlusses und der Ausnutzung eines genehmigten Kapitals vgl. auch Bosse, ZIP 2001, 104, 104 ff.

[848] Vgl. BGHZ 136, 133, 140 - Siemens-Nold. Vgl. dazu auch Bezzenberger, ZIP 2002, 1917, 1920; Röhricht, in Hommelhoff/Röhricht, Gesellschaftsrecht, 191, 219 f. Relativierend Zöllner, AG 2002, 585, 585 ff.

[849] Vgl. Hofmeister, NZG 2000, 713, 715; Krause, BB 2002, 1053, 1056; Röhricht, in Hommelhoff/Röhricht, Gesellschaftsrecht, 191, 221; Volhard, AG 1998, 397, 402; Weisner, Verteidigungsmaßnahmen gegen unfreundliche Übernahmeversuche, 197; Wolf, AG 1998, 212, 214 f.; Wymeersch, AG 1998, 382, 390. Vgl. dazu auch Bungert, NJW 1998, 488, 492, der in diesem Zusammenhang auch nur von einer „Auflockerung" des Verhältnismäßigkeitserfordernisses beim Bezugsrechtsausschluss spricht. Vgl. dagegen Bezzenberger, IP 2002, 1917, 1920 ff., der statt der Verhältnismäßigkeitsprüfung regelmäßig eine bloße Missbrauchsprüfung für sachgerecht hält. Vgl. weiter demgegenüber Zöllner, AG 2002, 585, 585 ff.

[850] Vgl. Bungert, NJW 1998, 488, 492; Mülbert, IStR 1999, 83, 90.

[851] Vgl. auch Altmeppen, ZIP 2001, 1073, 1080; Bungert, NJW 1998, 488, 490; Kindler, ZGR 1998, 35, 64 f.; in der Tendenz auch Bezzenberger, ZIP 2002, 1917, 1917 ff.; Volhard, AG 1998, 397, 402; Weisner, Verteidigungsmaßnahmen gegen unfreundliche Übernahmeversuche, 199 f.; Zöllner, AG 2002, 585, 585 ff.

[852] Vgl. BGHZ 33, 175, 186, 188 f. - Minimax I; KölnerKommAktG/Lutter, § 186, Rdn. 71; Hüffer, AktG, § 186, Rdn. 32; Großkommentar AktG/Wiedemann, § 186, Rdn. 161 f.; Münchener Hdb GesellschaftsR/AG-

Andererseits wird ein rechtlich relevantes Interesse des Unternehmens selbst an der Zusammensetzung der Anteilseigner in Abrede gestellt.[853] Nahe liegend erscheint jedenfalls, allein auf den Verbandszweck abzustellen, wenn eine qualifizierte Mehrheit sich für die Unabhängigkeit der Gesellschaft ausgesprochen hat.[854] Vor diesem Hintergrund scheint zum Schutz der Minderheitsgesellschafter eine Verhältnismäßigkeitsprüfung in der speziellen Situation des Übernahmeversuchs stets erforderlich.[855]

Schließlich gibt es im Zusammenhang mit Übernahmeversuchen unterschiedliche Auffassungen zur Möglichkeit einer bloß abstrakten Zweckbestimmung im Ermächtigungsbeschluss über den Bezugsrechtsausschluss. Teilweise wird eine abstrakte und generelle Formulierung als ausreichend angesehen,[856] teilweise wird gefordert, dass im Ermächtigungsbeschluss der potentielle Bieter und der begünstigte Investor aufgeführt werden, weil die Hauptversammlung ansonsten nicht in der Lage sei, das Vorhaben ausreichend zu beurteilen.[857] Dem ist jedoch entgegenzuhalten, dass es der Hauptversammlung sehr wohl auch für eine unbestimmte Anzahl von abstrakt festgeschriebenen Fällen freisteht, eine Ermächtigung zu beschließen oder aber - wahlweise - den Bieter bzw. Investor im Beschluss zu benennen.[858] Aus diesem Grund sollten Bedenken gegen eine abstrakte Zweckbestimmung jedenfalls dann zurückstehen, wenn die Ermächtigung jeweils nur für einen relativ kurzen Zeitraum, etwa bis zur nächsten Hauptversammlung, ausgesprochen wird.[859]

Soweit die Ermächtigung des Vorstandes rechtens ist, kann dieser gleichwohl nicht frei über den Bezugsrechtsausschluss verfügen. Die Ausübung seiner Befug-

---

Krieger, § 56, Rdn. 67; Schanz, NZG 2000, 337, 343; Wolf, AG 1998, 212, 215 f.; Weisner, Verteidigungsmaßnahmen gegen unfreundliche Übernahmeversuche, 201; a.A. Geßler/Hefermehl/Eckardt/Kropff-Hefermehl/Bungeroth, § 186, Rdn. 135; Ebenroth/Rapp, DWiR 1991, 2, 4; Hirte, Bezugsrechtsausschluss, 58; Hirte, ZIP 1989, 1233, 1237 f.; Hopt, Festgabe Heinsius, 22, 26; Hopt, ZGR 1993, 534, 551; Marquardt, WiB 1994, 537, 541; Hauschka/Roth, AG 1988, 181, 191. Vgl. auch BGHZ 103, 184 ff. - Linotype, nach der ein Liquidationsbeschluss seine Rechtfertigung in sich trage und deshalb nicht gerichtlich überprüfbar sei und sich die vorgenannte BGH-Entscheidung möglicherweise überholt hat, vgl. dazu Lutter/Lammers, in Maeijer/Geens, Defensive Measures against Hostile Takeovers, 113, 121 f.

[853] Vgl. Hopt, in Sieben/Stein, Unternehmensakquisitionen, 39, 47 ff.; Hirte, Bezugsrechtsausschluss, 43 ff.; Klein, NJW 1997, 2085, 2088; Lüttmann, Kontrollwechsel in Kapitalgesellschaften, 166 f.; Mertens, Festschrift Lange, 561, 564 ff.; Müller, Festschrift Semler, 195, 212 f.; Assmann/Bozenhardt, in Assmann/Basaldua/Bozenhardt/Peltzer, 1, 129; Otto, DB-Beil. 12/1988, 1, 9.

[854] Vgl. dazu Schanz, NZG 2000, 337, 343; Mülbert, IStR 1999, 83, 90.

[855] Zu dieser Verhältnismäßigkeitsprüfung vgl. Schanz, NZG 2000, 337, 343; Wolf, AG 1998, 212, 215 ff.

[856] Vgl. dazu differenzierend, allerdings ohne klare Abgrenzungskriterien, Wolf, AG 1998, 212, 215 f.

[857] Vgl. KölnerKommAktG/Lutter, § 186, Rdn. 71. So wohl auch von der Tendenz her Weisner, Verteidigungsmaßnahmen gegen unfreundliche Übernahmeversuche, 198 f.

[858] So jedenfalls im Ergebnis auch Mülbert, IStR 1999, 83, 90; Nicht zu vernachlässigen ist jedoch auch in diesem Zusammenhang die aus dem Formulierungsvorschlag des Ermächtigungsbeschlusses resultierende Macht des Vorstandes und die Vertreterstellung der Banken auf deutschen Hauptversammlungen. Vgl. kritisch zu den Vollmachtsstimmrechten der Banken weitergehend Baums, AG 1996, 11, 11 ff.

[859] So auch mit dem Vorschlag einer diesbezüglich abweichenden gesetzlichen Vorgabe Mülbert, IStR 1999, 83, 90.

nisse im konkreten Fall unterliegt materiellen, gerichtlich überprüfbaren Bindungen.[860] Der Vorstand darf - so die fast einhellige Meinung im Schrifttum - von dem Bezugsrechtsausschluss nur dann Gebrauch machen, wenn er nach pflichtgemäßer kaufmännischer Prüfung der Überzeugung sein kann, dieser sei das am besten geeignete Mittel zur Verfolgung überwiegender Gesellschaftsinteressen.[861] Auch hier stellt sich die unterschiedlich beantwortete Frage nach dem Gesellschaftsinteresse,[862] die aber mit dem Verweis auf die qualifizierte Kapitalmehrheit und deren Orientierung auf den Verbandszweck ausgeblendet werden kann. Demnach ist es als zweifelhaft anzusehen, ob der Vorstand in der Absicht, eine Übernahme abzuwehren, von der Ermächtigung zum Bezugsrechtsausschluss Gebrauch machen darf, selbst wenn eine qualifizierte Kapitalmehrheit an der durch den Verbandszweck festgeschriebenen Unabhängigkeit der Gesellschaft festhalten will.

Soweit jedoch die Hauptversammlung den Vorstand nach § 202 Absatz 1 AktG zur Kapitalerhöhung und nach § 203 Absatz 2 AktG zur Entscheidung über einen Bezugsrechtsausschluss ermächtigt hat und diese Ermächtigung ausdrücklich in abstrakter Weise auch zur Abwehr einer Übernahme beschlossen wurde, dürfte sie jedenfalls dann rechtmäßig sein, wenn sie auch unter Berücksichtigung der Interessen der Minderheitsaktionäre verhältnismäßig ist.[863]

Problematisch könnte im Übrigen im Zusammenhang mit der Ausgabe neuer Aktien der Verkaufspreis sein. Nach vorherrschender Meinung im Schrifttum ist der Vorstand verpflichtet, den höchst möglichen Ausgabepreis zu erzielen.[864] Bei Festsetzung eines unangemessen niedrigen Ausgabepreises steht den Aktionären die Anfechtungsmöglichkeit nach § 255 Absatz 2 AktG zu. Insofern dürfte der Vorstand das Bezugsrecht nur dann ausschließen, wenn der Begünstigte ebenfalls den vom Bieter gebotenen Preis zu zahlen bereit ist und so eine weitergehende Verwässerung der Vermögenswerte der Altaktionäre ausgeschlossen ist.[865]

---

[860] Vgl. BGHZ 71, 40, 44 - Kali & Salz: Der Bezugsrechtsausschluss bei der Inanspruchnahme genehmigten Kapitals dürfe erst dann in Betracht gezogen werden, wenn das im Interesse der Gesellschaft verfolgte Ziel auf dem normalen gesetzlichen Weg, ohne Bezugsrechtsausschluss, nicht erreichbar sei; vgl. auch BGHZ 83, 319, 323 - Holzmann.

[861] Vgl. BGHZ 83, 319, 321 - Holzmann im Anschluss an BGHZ 21, 354, 357 - Minimax I. Vgl. auch Assmann/Bozenhardt, in Assmann/Basaldua/Bozenhardt/Peltzer, Übernahmeangebote, 1, 129; Aubel, Bezugsrechtsausschluss, 21 f.; Wolf, AG 1998, 212, 215.

[862] Vgl. dazu auch Bungert, NJW 1998, 488, 492; Wolf, AG 1998, 212, 215 f.

[863] Vgl. dazu Mülbert, IStR 1999, 83, 90, demnach die Rechtmäßigkeit aus dem Verbandszweck resultiert, wenn die qualifizierte Kapitalmehrheit an dieser Gesellschaftsform festhalten will, und demgegenüber das Gesellschaftsinteresse nicht maßgeblich sein kann; vgl. auch Wolf, AG 1998, 212, 216 f.

[864] Vgl. KölnerKommAktG/Lutter, § 182, Rdn. 27; Ekkenga, AG 1994, 59, 64; Hirte, ZIP 1994, 356, 358; Mülbert, Aktiengesellschaft, Unternehmensgruppe und Kapitalmarkt, 344; Trapp, AG 1997, 115, 117; van Aubel, Vorstandspflichten bei Übernahmeangeboten, 15, 52, 76. Vgl. auch Henze, ZHR 162 (1998), 186, 193 f.

[865] Vgl. Aubel, Bezugsrechtsausschluss, 63 ff.; Schanz, NZG 2000, 337, 343 f.; Ekkenga, AG 1994, 59, 64 f.; Mülbert, IStR 1999, 83, 91; Hauschka/Roth, AG 1988, 181, 193; Heinsius, Festschrift Kellermann, 115, 117 f.; Hirte, WM 1997, 1001, 1004 f.; Trapp, AG 1997, 115, 117. Dies gilt im Übrigen erst recht, wenn die Ausgabe an einen so genannten *white knight* erfolgen soll, vgl. dazu weitergehend Wolf, AG 1998, 212, 217.

Da es sich hier mit der angesprochenen Verteidigungsmaßnahme um eine prophylaktische Vorgehensweise handeln soll und insofern nicht auf eine konkrete Gefahr reagiert wird, kann es jedenfalls als zweifelhaft angesehen werden, ob eine Kapitalerhöhung unter Bezugsrechtsausschluss im Interesse der Gesellschaft zulässig ist.

b. Ausgabe von Wandel- und Optionsanleihen

Durch die Ausgabe von Wandel- und Optionsanleihen werden deren Erwerber berechtigt, Aktien der Gesellschaft zu bestimmten Konditionen zu beziehen.[866] Die Anleihen werden im Regelfall zu einem im Vergleich zum Aktienkurs niedrigeren Kurs ausgegeben, so dass deren Inhaber bei Kurssteigerungen über die zugrunde gelegte Kursentwicklung hinaus durch die Hebelwirkung verhältnismäßig stärker an einer Kurssteigerung partizipieren.[867] Nach Ausgabe der Anleihen an dem Vorstand wohlgesonnene Aktionäre können diese zur Abwehr einer Übernahme die Ausübung der ihnen eingeräumten Rechte und damit den Erwerb entsprechender Stimmrechte ankündigen bzw. wahrnehmen.[868] So kann es der Leitung gelingen, eine Übernahme schon durch die Ausgabe der Anleihen zu verhindern.[869] Auch hier stellt sich für die Gesellschaft jedoch die Frage nach der Treue ihrer Inhaber.[870] Im Übrigen ist die Ausgabe derartiger Titel in der Regel dann für die Gesellschaft wirtschaftlich nachteilig, wenn das Vorhaben lediglich der Übernahmeabwehr dient und keinen davon unabhängigen sinnvollen Zweck verfolgt.[871]

Zudem müsste auch hier das - im deutschen Recht nach § 221 Absatz 4 AktG[872] - vorgesehene Bezugsrecht der Aktionäre - zumindest hinsichtlich des Bieters - ausgeschlossen werden. Die Ausgabe von Wandel- und Optionsanleihen

---

[866] Vgl. dazu weitergehend Busch, AG 1999, 58, 58 ff.; Feddersen, ZHR 161 (1997), 269, 269 ff.; Feddersen/Pohl, AG 2001, 26, 27; Hüffer, AktG, § 221, Rdn. 4, 6; KölnerKommAktG/Lutter, § 221, Rdn. 9, 17; Kohler, ZHR 161 (1997), 246, 246 ff.; Weisner, Verteidigungsmaßnahmen gegen unfreundliche Übernahmeversuche, 210 ff. Vgl. dazu auch Hofmeister, Bezugsrechtsausschluss bei Wandelschuldverschreibungen, 15.

[867] Vgl. Geibel/Süßmann-Schwennicke, WpÜG, § 33, Rdn. 26; Münchener Hdb GesellschaftsR/AG-Krieger, § 63.

[868] Vgl. Daum, Die unkoordinierte Übernahme, 167; Geibel/Süßmann-Schwennicke, WpÜG, § 33, Rdn. 26; Klein, NJW 1997, 2085, 2088; Weisner, Verteidigungsmaßnahmen gegen unfreundliche Übernahmeversuche, 210.

[869] Vgl. dazu Kerber, WM Sonderbeil. 3/1988, 1, 15 ff.; Knoll, Übernahme von Kapitalgesellschaften, 245; Lüttmann, Kontrollwechsel in Kapitalgesellschaften, 167; vgl. auch zum Vergleich mit den in den USA angewandten poison pills Prentice, Law of Business Organisations and Securities Regulation, 724.

[870] Vgl. Weisner, Verteidigungsmaßnahmen gegen unfreundliche Übernahmeversuche, 211.

[871] Vgl. Weisner, Verteidigungsmaßnahmen gegen unfreundliche Übernahmeversuche, 211; relativierend dagegen Paefgen, AG 1992, 133, 143.

[872] Das im deutschen Recht vorgesehene Bezugsrecht gilt nach überwiegender Meinung auch, wenn eine Tochtergesellschaft Rechte einräumt, die zum Bezug von Aktien der Muttergesellschaft berechtigen, vgl. dazu KölnerKommAktG/Lutter, § 221, Rdn. 101; Hüffer, AktG, § 221, Rdn. 71; Martens, Festschrift Stimpel,
621 ff.; Otto, DB-Beil. 12/88, 2, 9; a.A. GrosskommentarAktG/Schilling, § 221, Rdn. 18; Silcher, Festschrift Gessler, 185, 192.

an Erwerber, die sich infolge finanzieller Anreize möglicherweise doch zugunsten eines Überneh-mers entscheiden, birgt eine besonders große Gefahr, denn durch die Hebelwirkung der Anleihen könnte auch durch einen Übernehmer, der die Anleihen erwirbt, un-verhältnismäßig großer Einfluss gewonnen werden.[873] Die Inhaber stehen einer Übernahme in der Regel eher positiv gegenüber, weil sie durch die Kurssteigerung und die Hebelwirkung ihrer Anleihen überproportional profitieren.[874] Vor diesem Hintergrund ist sicherzustellen, dass die Bezugsrechte bedingt ausgegeben werden oder der Weiterverkauf der Anleihen und gegebenenfalls der bezogenen Aktien unterbleibt.[875]

Nach deutschem Recht kann eine Ermächtigung des Vorstandes zur Ausgabe von Wandel- und Optionsanleihen durch einen Hauptversammlungsbeschluss nach § 221 Absatz 2 AktG ausgesprochen werden. Ein Bezugsrechtsausschluss wäre auch hier grundsätzlich nach den §§ 221 Absatz 4 Satz 2, 186 Absatz 3, 4 AktG unter Berücksichtigung der im Siemens-Nold-Urteil des Bundesgerichtshofs aufgestellten Grundsätze[876] zulässig, jedoch bedarf es ebenfalls eines im Interesse der Gesellschaft liegenden Grundes.[877] Das Vorliegen eines rechtfertigenden Grundes wäre bei einer rein vorsorglichen Maßnahme ebenfalls zweifelhaft.[878] Bezüglich des Umfangs der Verpflichtungen aus den Anleihen[879] wäre die Zielgesellschaft im Übrigen nach § 192 Absatz 3 AktG wie beim genehmigten Kapital[880] auf die Hälfte des zur Zeit der Beschlussfassung vorhandenen Grundkapitals beschränkt. Zu Unrecht wird teilweise behauptet, bei Anwendung dieser Abwehrmaßnahme sei

---

[873] Vgl. zu diesem Mechanismus Weisner, Verteidigungsmaßnahmen gegen unfreundliche Übernahmeversuche, 211.

[874] Die Renditeerwartung kann auch dadurch erfüllt werden, dass die Ausgabe mit Abschlag erfolgt, vgl. dazu Assmann/Bozenhardt, in Assmann/Basaldua/Bozenhardt/Peltzer, Übernahmeangebote, 1, 131; Lüttmann, Kontrollwechsel in Kapitalgesellschaften, 167; Lutter/Lammers, in Maeijer/Geens, Defensive Measures against Hostile Takeovers, 113, 126.

[875] So auch Hüffer, AktG, § 221, Rdn. 49; Geßler/Hefermehl/Eckardt/Kropff-Karollus, § 221, Rdn. 100 ff.; Assmann/Bozenhardt, in Assmann/Basaldua/Bozenhardt/Peltzer, Übernahmeangebote, 1, 130; Fuchs, DB 1997, 661, 662.

[876] Insofern gelten auch hier die zuvor hinsichtlich des genehmigten Kapitals vom Bundesgerichtshof in der Siemens-Nold-Entscheidung aufgestellten Beurteilungsmaßstäbe, vgl. Aubel, Bezugsrechtsausschluss, 120 ff.; Hofmeister, Bezugsrechtsausschluss bei Wandelschuldverschreibungen, 17 ff.; Schanz, NZG 2000, 337, 344; vgl. zum genehmigten Kapital oben unter a. Vor dem Deutsche Bank-Urteil und dem Siemens-Nold-Urteil waren die Ausgabe von Wandel- und Optionsanleihen zu Abwehrzwecken in Anlehnung an die vormalige Rechtsprechung zum genehmigten Kapital ebenfalls als rechtswidrig angesehen, vgl. dazu Klein, NJW 1997, 2085, 2088; Marquardt, WiB 1994, 537, 541; Assmann/Bozenhardt, in Assmann/Basaldua/Bozenhardt/Peltzer, Übernahmeangebote, 1, 130.

[877] Vgl. dazu BGHZ 136, 133, 139 - Siemens-Nold; BGH, NJW 2000, 2356, 2357. Vgl. auch Aubel, Bezugsrechtsausschluss, 120 ff.; Hirte, ZIP 1989, 1233, 1245; Hofmeister, Bezugsrechtsausschluss bei Wandelschuldverschreibungen, 17; Hofmeister, NZG 2000, 713, 719; Klein, NJW 1997, 2085, 2088; Weisner, Verteidigungsmaßnahmen gegen unfreundliche Übernahmeversuche, 210 f.

[878] Vgl. Klein, NJW 1997, 2085, 2088 f.

[879] Vgl. Hüffer, AktG, § 221, Rdn. 59 f.

[880] Vgl. § 202 Absatz 3 Satz 1 AktG.

regelmäßig nur geringes Kapital notwendig.[881] Vielmehr sind auch die Kapitalkosten der Ausübung der eingeräumten Rechte mit entsprechenden Renditen und Hebelwirkungen zu berücksichtigen.[882] Zutreffend ist jedoch, dass die Ausgabe der Anleihen zunächst mit geringem Kapitalaufwand erfolgen kann,[883] während die wesentlichen Kosten zu einem späteren Zeitpunkt zu tragen sind.[884] Je niedriger bei der Ausgabe von Wandel- und Optionsanleihen der Bezugskurs festgesetzt wird, umso wirksamer ist deren Ausgabe als Abwehrmittel. Wird der Bezugskurs demgegenüber marktgerecht angesetzt, so kann in der Ausgabe kein wirksames Abwehrverhalten liegen. Insofern dürfte die Zielgesellschaft den Restriktionen der Rechtsprechung hinsichtlich der Bestimmung des Kursabschlages bei einer Kapitalerhöhung unter Ausschluss des Bezugsrechts ausgesetzt sein.[885] Im Ergebnis dürfte allein aus diesem Grund die Ausgabe von Wandel- und Optionsanleihen in Deutschland nicht als wirksame Verteidigungsmaßnahme in Betracht kommen.[886]

c. Ausgabe von Belegschaftsaktien

Zur vorsorglichen Abwehr von Übernahmen können auch Aktien an Mitarbeiter des eigenen Unternehmens ausgegeben werden.[887] Die Abwehrfunktion zeigt sich darin, dass die eigenen Mitarbeiter infolge der durch eine Übernahme drohenden Rationalisierungsmaßnahmen regelmäßig gegen diese stimmen werden[888] und ein Weiterverkauf der Aktien in der Regel für eine zu bestimmende Sperrfrist ausge-

---

[881] Vgl. Klein, NJW 1997, 2085, 2088; Assmann/Bozenhardt, in Assmann/Basaldua/Bozenhardt/Peltzer, Übernahmeangebote, 1, 129; Otto, DB-Beil. 12/1988, 2, 9.

[882] Vgl. Otto, DB-Beil. 12/1988, 2, 9; Schanz, NZG 2000, 337, 344.

[883] Vgl. Schanz, NZG 2000, 337, 344.

[884] Die Gegenleistung für die Überlassung des Kapitals besteht hier in der Verbindung von Wandel- oder Optionsrecht und Anleihe sowohl in der Zahlung eines Zinses als auch in der Ausgabe des Wandel- oder Optionsrechts. Insofern ist die Verzinsung regelmäßig niedriger als bei einer so genannten Straight-Anleihe, vgl. dazu Schanz, NZG 2000, 337, 344. Vgl. dazu auch Eckbo, 15 Journal of Financial Economics (1986), 119, 148 ff.

[885] Vgl. zur Bezugspreisansetzung ausführlich Busch, AG 1999, 58, 58 ff.; vgl. weiter Schanz, NZG 2000, 337, 344; Hopt, in Sieben/Stein, Unternehmensakquisitionen, 39, 49; Assmann/Bozenhardt, in Assmann/ Basaldua/Bozenhardt/ Peltzer, Übernahmeangebote, 1, 131; van Aubel, Vorstandspflichten bei Übernahmeangeboten, 52; Hofmeister, NZG 2000, 713, 719.

[886] So wohl auch Geibel/Süßmann-Schwennicke, WpÜG, § 33, Rdn. 26; Klein, NJW 1997, 2085, 2089; Weisner, Verteidigungsmaßnahmen gegen unfreundliche Übernahmeversuche, 211 f.

[887] Vgl. MüKoWpÜG-Schlitt, § 33, Rdn. 268; Chaplinsky/Niehaus, 49 Journal of Finance (1994), 1451, 1451 ff.; Daum, Die unkoordinierte Übernahme, 178 f. Zur These der kurssteigernden, und von daher abwehrenden, Funktion der Etablierung von ESOPs vgl. ausführlich Chaplinsky/Niehaus, 49 Journal of Finance (1994), 1451, 1451 ff. Vgl. in diesem Zusammenhang auch die Erwägungen über die verstärkte Ausgabe von *stock options* ans Management, so Breuer, BB 1998, Die erste Seite; Fuchs, DB 1997, 661, 661.

[888] So auch Assmann/Bozenhardt, in Assmann/Basaldua/Bozenhardt/Peltzer, Übernahmeangebote, 1, 132; Chaplinsky/Niehaus, 49 Journal of Finance (1994), 1451, 1451 ff.; Lüttmann, Kontrollwechsel in Kapitalgesellschaften, 168; Schanz, NZG 2000, 337, 346.

schlossen wird.[889] Auch zur Ausgabe von Belegschaftsaktien könnte der Vorstand für den Fall eines Übernahmevorganges ermächtigt werden.[890] Ihr Schwachpunkt liegt in der begrenzten Abnehmerzahl sowie in der begrenzten Investitionsbereitschaft und dem eingeschränkten Investitionspotential der Arbeitnehmer. Gleichwohl kann die Ausgabe von Belegschaftsaktien als eine unterstützende übernahmeabwehrende Maßnahme angesehen werden.[891]

Nach deutschem Recht ist die satzungsgemäße Ausgabe von Belegschaftsaktien zulässig (§§ 192 Absatz 2 Nr. 3, 202 Absatz 4 AktG). Einer besonderen Begründung bedarf es grundsätzlich nicht. Die Ausgabe von Bezugsrechten auf der Basis von genehmigtem Kapital ist dagegen infolge der Beeinträchtigung von Interessen der Aktionäre nur in nach Art und Umfang angemessenem Ausmaß zulässig.[892] Während die Aktienausgabe an Mitarbeiter, im amerikanischen *Employee Stock Ownership Plan* (*ESOP*), üblicherweise zur Motivationssteigerung und zur Festigung der Bindung der Arbeitnehmer an das Unternehmen vorgenommen wird,[893] ist zweifelhaft, ob der Vorstand allein zur prophylaktischen Abwehr eines Übernahmeversuchs Belegschaftsaktien ausgeben darf[894] oder ob ein solches Verhalten gegen seine Treuepflichten gegenüber den Aktionären verstoßen würde.[895] Der Rechtsprechung des Bundesgerichtshofs ist zu entnehmen, dass die vom Gesetz als besonders förderungswürdig anerkannte Ausgabe solcher Aktien regelmäßig mit dem Ziel rechtmäßig ist, die Bindung der Arbeitnehmer an die

---

[889] In der Regel wird eine Sperrfrist von fünf Jahren vorgesehen, vgl. van Aubel, Vorstandspflichten bei Übernahmeangeboten, 16; Rümker, in Lüthje, Bankbetrieb und Eigenkapitalfinanzierung, 253, 267. Vgl. ferner dazu auch Betsch/Groh/Lohmann, Corporate Finance, 252.

[890] Vgl. BGHZ 83, 319, 323; BGH, NJW 2000, 2356; Hirte, Bezugsrechtsausschluss, 61 f., Weisner, Verteidigungsmaßnahmen gegen unfreundliche Übernahmeversuche, 207.

[891] Vgl. die Beurteilung als Abwehrmaßnahme bei van Aubel, Vorstandspflichten bei Übernahmeangeboten, 16; Assmann/Bozenhardt, in Assmann/Basaldua/Bozenhardt/Peltzer, Übernahmeangebote, 1, 132; Chaplinsky/Niehaus, 49 Journal of Finance (1994), 1451, 1468 f.; Daum, Die unkoordinierte Übernahme, 179; Geibel/Süßmann-Schwennicke, WpÜG, § 33, Rdn. 71; Lüttmann, Kontrollwechsel in Kapitalgesellschaften, 168; Rümker, in Lüthje, Bankbetrieb und Eigenkapitalfinanzierung, 253, 267; Otto, DB-Beil. 12/1988, 1, 10; Prentice, Law of Business Organisations and Securities Regulation, 731.

[892] Vgl. KölnerKommAktG/Lutter, § 202, Rdn. 25 ff.; Münchener Hdb GesellschaftsR/AG-Krieger, § 58, Rdn. 56; BGH, ZIP 2000, 1162 - adidas; OLG Nürnberg, NZG 1999, 409; Daum, Die unkoordinierte Übernahme, 179; Lüttmann, Kontrollwechsel in Kapitalgesellschaften, 168; Rümker, Festschrift Heinsius, 683, 689.

[893] Vgl. BGH, ZIP 2000, 1162; BGH, NZG 2000, 836, 836, 837; BGH, ZIP 1995, 372, 373; Benckendorff, Erwerb eigener Aktien, 63, 64, 220 f.; Chang/Mayers, 32 Journal of Financial Economics (1992), 103, 107; Förschle/Glaum/Mandler, DB 1998, 889, 893; Hirte, EWiR 2000, 941, 941 f.; Kau/Leverenz, BB 1998, 2269, 2269 ff.; Zetzsche, ZfB 1991, 833, 833 ff. Vgl. dazu ferner auch Picot, in Picot, Mergers & Acquisitions, 359, 369 ff. Vgl. ferner auch zu den Informationspflichten der AG gegenüber den Aktionären in diesem Zusammenhang LG Braunschweig, ZIP 1998, 914, 914 ff.

[894] Vgl. Solomon/Palmiter, Corporations, 575, 577; Zetzsche, ZfB 1991, 833, 839 f. Vgl. dazu auch Chang/Mayers, 32 Journal of Financial Economics (1992), 103, 105 ff. Vgl. hierzu auch die Ausführungen über die Etablierung von Arbeitnehmerkompensationen nach Übernahmen bei Ryan, 64 Tulane Law Review (1989), 3, 3 ff.

[895] Vgl. Solomon/Palmiter, Corporations, 575, 577.

Gesellschaft zu fördern und dieser im Interesse der Gesellschaft liegende Zweck den Bezugsrechtsausschluss zu Lasten der Aktionäre rechtfertigt.[896] Die Abwehr von Übernahmen könnte daneben nur als zusätzlicher Rechtfertigungsgrund relevant sein.

In den Vereinigten Staaten hatte sich die steuerlich privilegierte Beteiligung der Arbeitnehmer Anfang der 80er Jahre als *leveraged ESOP* zur Abwehr von Übernahmeversuchen institutionalisiert.[897] *ESOP-Trusts* hatten unter Inanspruchnahme von Fremdkapital zusätzlich zu den ohnehin verwalteten Aktien weitere Anteile gekauft.[898] Das Fremdkapital wurde regelmäßig mit Lohn- und Gehaltsanteilen sowie Ausschüttungen bedient.[899]

d. Erwerb eigener Aktien durch die Zielgesellschaft

Auch durch den Erwerb eigener Anteile kann eine Gesellschaft einer Übernahme vorbeugen.[900] Der Ankauf der Anteile hebt, wie schon die Ankündigung des Rückkaufs, den Kurs[901] und kann so die Übernahme verteuern.[902] Er verschafft der

---

[896] Vgl. BGH, NJW 2000, 2356, 2357; BGH, ZIP 2000, 1162; BGH, ZIP 1995, 372, 373; Hirte, EWiR 2000, 941, 941 f.

[897] Vgl. Stulz, 20 Journal of Financial Economics (1988), 25, 48; Lehnert, Unternehmensübernahmen in den USA, 11 f., 15, 138 ff.; Nörr/Stiefenhofer, Takeover Law, 57; Solomon/Palmiter, Corporations, 561; Weisner, Verteidigungsmaßnahmen gegen unfreundliche Übernahmeversuche, 37; Zetzsche, ZfB 1991, 833, 839 f. Vgl. auch Shamrock Holdings, Inc. v. Polaroid Corp., 559 A.2d 278 (Del.Ch. 1989).

[898] Vgl. Fleischer/Sussmann, Takeovers Defense, § 7.08; Zetzsche, ZfB 1991, 833, 839 f.

[899] Vgl. dazu und zu den ESOPs ausführlich Zetsche, ZfB 1991, 833, 833 ff.; vgl. auch Dhillon/ Ramirez, 18 Journal of Banking and Finance (1994), 9, 14.

[900] Vgl. Benckendorff, Erwerb eigener Aktien, 60 ff.; Böhm, in von Rosen/Seifert, Übernahme börsennotierter Unternehmen, 327, 327 ff.; Bohrer, Unfriendly Takeovers, 40; Bosse, NZG 2000, 16, 18; Claussen, AG 1996, 481, 490; Hauschka/Roth, AG 1988, 181, 187; Jansen, Mergers & Acquisitions, 51; Knoll, Übernahme von Kapitalgesellschaften, 204 ff., 238 f.; Krause, NZG 2000, 905, 912; Kurth, Aktionärsschutz, 17 ff.; Lipton/Steinberger, Takeovers and Freezeout, § 6.06 [3][d]; Lüttmann, Kontrollwechsel in Kapitalgesellschaften, 170; Michalski, AG 1997, 152, 154; Möller, Die Stellung des Aktionärs bei Übernahmen, 178; Otto, DB-Beil. 12/1988, 1, 8; Picot, in Picot, Mergers & Acquisitions, 91, 146; Pötzsch/Möller, WM-Beil. 2/2000, 3, 25 f.; Schander, ZIP 1998, 2087, 2088 f.; Sünner, AG 1987, 276, 283; von Falkenhausen, Festschrift Stiefel, 163, 186; Wastl/Wagner/Lau, Erwerb eigener Aktien, 39; Weisner, Verteidigungsmaßnahmen gegen unfreundliche Übernahmeversuche, 39 ff., 212 ff.; Wolf, AG 1998, 212, 218. Zur Anwendung des WpÜG auf den Erwerb eigener Aktien vgl. Koch, NZG 2003, 61, 61 ff.; Lenz/Linke, AG 2002, 420, 420 ff.; Süßmann, AG 2002, 424, 424 ff.

[901] Vgl. Benckendorff, Erwerb eigener Aktien, 58; Böhm, in von Rosen/Seifert, Übernahme börsennotierter Unternehmen, 327, 334; Kau/ Leverenz, BB 1998, 2269, 2274; Klingberg, BB 1998, 1575, 1575; Lüttmann, Kontrollwechsel in Kapitalgesellschaften, 170; Peltzer, WM 1998, 322, 322 f.; Saria, NZG 2000, 458, 459; Pötzsch/Möller, WM-Beil. 2/2000, 3, 25; Schander, ZIP 1998, 2087, 2089; Wastl/ Wagner/Lau, Erwerb eigener Aktien, 39; Weisgerber, ZHR 161 (1997), 421, 431.

[902] Vgl. Assmann/Bozenhardt, in Assmann/Basaldua/Bozenhardt/Peltzer, Übernahmeangebote, 1, 132; Lüttmann, Kontrollwechsel in Kapitalgesellschaften, 171; Michalski, AG 1997, 152, 154; Schander, ZIP 1998, 2087, 2088 f. Dies gilt jedenfalls dann, wenn bei dem erforderlichen Mehrheitserwerb die Kurserhöhung für den Bieter trotz des erforderlichen geringeren Anteilserwerbs teurer ist, als vor dem Rückkauf oder vor dessen Ankündigung. Infolge des Rückkaufs müsste der Übernehmer nämlich trotz des höheren Kurses weniger Aktien erwerben, weil die Zielgesellschaft bezüglich der eigenen Aktien kein Stimmrecht

Gesellschaft aber vor allem die Möglichkeit, die eigenen Anteile zu halten oder weiterzugeben, ohne dass auf das Angebot des Bieters eingegangen wird.[903] So wird es dem Übernehmer erschwert, einen ausreichenden Anteil von Aktien zu erwerben. Zudem kann durch den Ankauf eigener Aktien auch die zur Finanzierung der Übernahme als Kreditgrundlage geforderte Liquidität entscheidend eingeschränkt werden.[904]

In den Vereinigten Staaten gehört der Erwerb eigener Aktien zu den geläufigen Maßnahmen zur Abwehr von Übernahmen.[905] Er ist grundsätzlich nicht unzulässig - das US-amerikanische Gesellschaftsrecht kennt kein Verbot der Rückgewähr von Einlagen[906] und wird reichlich genutzt.[907] Beim Rückkauf müssen nicht einmal ausreichend Rücklagen vorhanden sein, so dass der Erwerb auch durch Kreditaufnahme finanziert werden kann.[908] Bezüglich eigener Aktien besteht auch

---

auszuüben berechtigt ist, § 71 b AktG; insofern könnte die Übernahme für den Bieter auch billiger werden, wenn die Zielgesellschaft die rückgekauften Aktien nicht genügend schnell platziert. Vgl. weiterführend Knoll, Übernahme von Kapitalgesellschaften, 204; Lüttmann, Kontrollwechsel in Kapitalgesellschaften, 171; Schander, ZIP 1998, 2087, 2088 f.; von Falkenhausen, Festschrift Stiefel, 163, 185 f.; Werner, AG 1990, 1, 14.

[903] Soweit sich genügend viele Aktien in den Händen eines verkaufsunwilligen Aktionärs befinden, hat auch die Abschöpfung von Aktien auf dem Kapitalmarkt abwehrenden Charakter, weil der Bieter nicht mehr genügend Aktien über den Kapitalmarkt beziehen kann, vgl. dazu Assmann/Bozenhardt, in Assmann/ Basaldua/Bozenhardt/Peltzer, Übernahmeangebote, 1, 133; van Aubel, Vorstandspflichten bei Übernahmeangeboten, 17; Aha, AG 1992, 218, 220; Hauschka/Roth, AG 1988, 181, 187; Knoll, Übernahme von Kapitalgesellschaften, 204; Immenga/Noll, Feindliche Übernahmen aus wettbewerbspolitischer Sicht, 110; Lüttmann, Kontrollwechsel in Kapitalgesellschaften, 170; Michalski, AG 1997, 152, 154; Schander, ZIP 1998, 2087, 2089.

[904] Vgl. Benckendorff, Erwerb eigener Aktien, 61 f.; Bosse, NZG 2000, 16, 18; von Falkenhausen, Festschrift Stiefel, 163, 185 f.; Knepper/ Bailey, Liability of Corporate Officers and Directors, 607; Posner, AG 1994, 312, 315; Schander, ZIP 1998, 2087, 2089; Wastl/Wagner/ Lau, Erwerb eigener Aktien, 39; Weisner, Verteidigungsmaßnahmen gegen unfreundliche Übernahmeversuche, 340. Zur Liquiditätseinschränkung durch den Erwerb vgl. Kau/Leverenz, BB 1998, 2269, 2274.

[905] Vgl. Ebenroth/Rapp, DWiR 1991, 2, 4; Günther/Muche/White, RIW 1998, 337, 337 ff.; Hauschka/ Roth, AG 1988, 181, 187; Knoll, Übernahme von Kapitalgesellschaften, 204 ff.; Kurtz, Aktionärsschutz und öffentliche Übernahmeangebote, 17; Michalski, AG 1997, 152, 154; Otto, DB-Beil. 12/1988, 1, 8; Posner, AG 1994, 312, 313 f.; von Rosen/Helm, AG 1996, 434, 436 ff.; Wagner, Standstill Agreements, 121 ff. Gordon/Kornhauser, 96 Yale Law Journal (1986), 295, 301 ff., unterscheiden insofern *open market repurchases* (301 ff.) und *self tender offers* (306 ff.).

[906] Vgl. Henn/Alexander, Laws of Corporations, 936 ff; Choper/Eisenberg, Corporations, § 979; Benckendorff, Erwerb eigener Aktien, 102 ff.; Bungert, Gesellschaftsrecht in den USA, 48; Knoll, Übernahme von Kapitalgesellschaften, 205; Kurth, Aktionärsschutz, 18; Lüttmann, Kontrollwechsel in Kapitalgesellschaften, 133 ff.; Michalski, AG 1997, 152, 154; Spickhoff, BB 1997, 2593, 2599; Weisner, Verteidigungsmaßnahmen gegen unfreundliche Übernahmeversuche, 39; Günther/Muche/White, RIW 1998, 337, 338 f.; Breiding, Übernahmeangebote, 199; Dietrich, Tender Offer, 294 ff. Demgegenüber sind jedoch Vorschriften und Grundsätze zum Schutz von Gläubigern zu beachten, die den Erwerbsumfang begrenzen, vgl. dazu Merkt, US-amerikanisches Gesellschaftsrecht, Rdn. 474 ff.; Benckendorff, Erwerb eigener Aktien, 104; Butz, DAJV-NL 2/98, 29, 33; Henn/Alexander, Laws of Corporation, 939, 404.

[907] Vgl. Bradley/Rosenzweig, 99 Harvard Law Review (1986), 1377, 1377 ff.; Brudney, 71California Law Review (1983), 1072, 1106 ff.; Butz, DAJV-NL 2/98, 29, 33; Günther/Muche/White, RIW 1998, 337, 337.

[908] Vgl. Sünner, AG 1987, 276, 279; Peltzer, Festschrift Zimmerer, 274, 274; Henn/Alexander, Laws of Corporations, 474; Prentice, Law of Business Organisations and Securities Regulation, 237 ff.

in den USA kein Stimmrecht,[909] so dass der mehrheitsbegründende Anteilserwerb geringer würde und die Übernahme dadurch auch forciert werden könnte.[910]

Nach deutschem Recht kann diese Abwehrmaßnahme lediglich unter starken Einschränkungen ergriffen werden, so dass von einer weitgehenden Unwirksamkeit dieser Abwehrmaßnahme auszugehen ist.[911] Ein Erwerb eigener Aktien ist ausschließlich unter den enumerativ in § 71 Absatz 1 Nr. 1-8 AktG dargelegten Voraussetzungen rechtmäßig. Liegt ein in § 71 AktG aufgeführter Grund zum Erwerb eigener Aktien vor, dürfen nach § 71 Absatz 2 Satz 1 AktG die Anteile der Gesellschaft zu keinem Zeitpunkt mehr als 10 % des Grundkapitals ausmachen. Außerhalb der Grenzen des § 71 Absatz 1 Nr. 1-8 AktG würde es sich um eine grundsätzlich unzulässige Einlagenrückgewähr handeln.[912] Als spezieller Grund zum Erwerb eigener Aktien käme hier allein die Abwendung eines schweren, unmittelbar bevorstehenden Schadens von der Gesellschaft nach § 71 Absatz 1 Nr. 1 AktG in Betracht.[913] Soweit der Erwerb eigener Aktien der Gesellschaft als vorsorgliche Abwehrmaßnahme vorgenommen würde, kann es sich jedoch nicht um einen unmittelbar bevorstehenden Schaden für die Gesellschaft handeln.[914] Des Weiteren käme

---

[909] Vgl. Weisner, Verteidigungsmaßnahmen gegen unfreundliche Übernahmeversuche, 39.

[910] Vgl. Gordon/Kornhauser, 96 Yale Law Journal (1986), 295, 302; Weisner, Verteidigungsmaßnahmen gegen unfreundliche Übernahmeversuche, 40.

[911] Vgl. Aha, AB 1992, 218, 219 f.; Assmann/Bozenhardt, in Assmann/Basaldua/Bozenhardt/Peltzer, Übernahmeangebote, 1, 132 ff.; Bandte, Jura 1987, 465, 469; Böhm, in von Rosen/Seifert, Übernahme börsennotierter Unternehmen, 327, 340; Daum, Die unkoordinierte Übernahme, 176; Ebenroth/Rapp, DWiR 1991, 2, 4 f.; Geibel/Süßmann-Schwennicke, WpÜG, § 33, Rdn. 27; Günther/Muche/ White, RIW 1998, 337, 339; Hauschka/Roth, AG 1988, 181, 187; Kau/Leverenz, BB 1998, 2269, 2274; Knoll, Übernahme von Kapitalgesellschaften, 238 f.; Koch, Hindernisse für öffentliche Übernahmeangebote, 119; Michalski, AG 1997, 152, 155; Otto, DB-Beil. 12/ 1988, 1, 8; Müller, 17 Comparative Law Yearbook of International Business (1995), 65, 80; Picot, in Picot, Mergers & Acquisitions, 91, 146; Salje, JA 1990, 321, 323; Spickhoff, BB 1997, 2593, 2593. Zur Frage des Rückerwerbs eigener Aktien unter der Geltung des neuen WpÜG, vgl eingehend Fleischer/Körber, BB 2001, 2589, 2589 ff.; Geibel/Süßmann-Schwennicke, WpÜG, § 33, Rdn. 27.

[912] Vgl. Assmann/Bozenhardt, in Assmann/Basaldua/Bozenhardt/Peltzer, Übernahmeangebote, 1, 133; Bandte, Jura 1987, 465, 466 f.; Benckendorff, Erwerb eigener Aktien, 210; Butz, DAJV-NL 2/98, 29, 34; Günther/Muche/White, RIW 1998, 337, 339, 342; Klingberg, BB 1998, 1575, 1575; Peltzer, WM 1998, 322, 322 f.; Salje, JA 1990, 321, 323; Saria, NZG 2000, 458, 459; Schander, ZIP 1998, 2087, 2087; Ziebe, AG 1982, 175, 177 f.

[913] Vgl. Aha, AG 1992, 218, 219; Assmann/Bozenhardt, in Assmann/Basaldua/Bozenhardt/Peltzer, Übernahmeangebote, 1, 132 f.; Bandte, Jura 1987, 465, 467 ff.; Benckendorff, Erwerb eigener Aktien, 217 ff.; Daum, Die unkoordinierte Übernahme, 175 f.; Hauschka/Roth, AG 1988, 181, 187; Ebenroth/Rapp, DWiR 1991, 2, 4 f.; Günther/Muche/White, RIW 1998, 337, 340; Hüffer, AktG, § 71, Rdn. 7 ff.; Knoll, Übernahme von Kapitalgesellschaften, 238; Lüttmann, Kontrollwechsel in Kapitalgesellschaften, 170 f.; Martens, AG 1996, 337, 340; Michalski, AG 1997, 152, 155; Otto, DB-Beil. 12/1988, 1, 9; Schander, ZIP 1998, 2087, 2088; Schanz, NZG 2000, 337, 345; Stoll, BB 1989, 301, 303; Ziebe, AG 1982, 175, 176.

[914] Vgl. BFH, DB 1977, 1170; Geibel/Süßmann-Schwennicke, WpÜG, § 33, Rdn. 69; Geßler/Hefermehl/ Eckardt/Kropff-Bungeroth, § 71, Rdn. 44 ff.; Haarmann/Riehmer/Schüppen-Röh, WpÜG, § 33, Rdn. 61; Hüffer, AktG, § 71, Rdn. 7; KölnerKommAktG/Lutter, § 71, Rdn. 29; Bandte, Jura 1987, 465, 468; Knoll, Übernahme von Kapitalgesellschaften, 238 f.; Koch, Hindernisse für öffentliche Übernahmeangebote, 119; Lüttmann, Kontrollwechsel in Kapitalgesellschaften, 170 f.; Michalski, AG 1997, 152, 155; Klein, NJW 1997, 2085, 2087; Assmann/Bozenhardt, in Assmann/Basaldua/Bozenhardt/Peltzer, Übernahmeangebote, 1,

eine Ermächtigung durch den mit dem KonTraG neu eingeführten § 71 Absatz 1 Nr. 8 AktG in Betracht. Danach ist ein Erwerb eigener Aktien infolge eines Hauptversammlungsbeschlusses grundsätzlich zulässig, wenn der Beschluss den höchsten und den niedrigsten Bezugspreis, den Zweck und das maximale Volumen des Rückerwerbs bestimmt.[915] Gerade unter Beachtung der tragenden Begründung dieser Vorschrift, nämlich der Möglichkeit einer Herabsetzung des Eigenkapitals,[916] dürften auch und erst recht hier die vom Bundesgerichtshof entwickelten Grundsätze zum Bezugsrechtsausschluss beim genehmigten Kapital[917] anzuwenden sein.[918] Daher wäre der Erwerb eigener Aktien als prophylaktische Abwehrmaßnahme in Deutschland zumindest problematisch.[919] Allerdings bliebe die Unzulässigkeit ohne Folgen für die dingliche Wirksamkeit des Erwerbes.[920] Nach § 93 Absatz 3 Nr. 3 AktG wäre der Vorstand jedoch – gegenüber der Gesellschaft - haftbar.[921] Hier wäre der Schadenseintritt und der Schadensumfang aber nicht oder nur schwer nachzuweisen.[922] Im Übrigen wäre der Erwerb in diesem Fall nach § 405 Absatz 1 Nr. 4 a AktG als Ordnungswidrigkeit strafbewährt.

133; Otto, DB-Beil. 12/1988, 1, 9; Weisner, Verteidigungsmaßnahmen gegen unfreundliche Übernahmeversuche, 213; Ziebe, AG 1982, 175, 176.

[915] Vgl. dazu Adams, AG-Sonderheft 8/1997, 9, 20 f.; Benckendorff, Erwerb eigener Aktien, 46, 223; Bosse, NZG 2000, 923, 923 ff.; Hüffer, ZHR 161 (1997), 214, 243 f.; Kau/Leverenz, BB 1998, 2269, 2274; Klingberg, BB 1998, 1575, 1575 f.; Markwardt, BB 2002, 1108, 1108 ff.; Martens, AG 1996, 337, 339; Wastl, NZG 2000, 505, 508 f.; Wiese, DB 1998, 609, 609; Wolf, AG 1998, 212, 218; LG Berlin, NZG 2000, 944.

[916] Vgl. Begr. RegE zum KonTraG, BT-Drs. 13/9712, 13. Vgl. dazu Bosse, NZG 2000, 923, 923; Günther/Muche/White, RIW 1998, 337, 341; Schander, BB 1997, 1801, 1803 ff.

[917] Vgl. dazu die Ausführungen oben unter a.

[918] Vgl. Markwardt, BB 2002, 1108, 1110; Saria, NZG 2000, 458, 463; van Aubel, Vorstandspflichten bei Übernahmeangeboten, 18 f.; Werner, Probleme „feindlicher" Übernahmen im Aktienrecht, 22; wohl auch in der Tendenz Weisner, Verteidigungsmaßnahmen gegen unfreundliche Übernahmeversuche, 221 f.; Wolf, AG 1998, 212, 218; im Ergebnis auch LG Berlin, NZG 2000, 944, 945. A.A. wohl Krause, NZG 2000, 905, 912. Vgl. im Übrigen dazu BGHZ 33, 175, 186; Ebenroth/Rapp, DWiR 1991, 2, 4 f.; Herrmann, Zivilrechtliche Abwehrmaßnahmen gegen unfreundlichen Übernahmeversuche, 95; Michalski, AG 1997, 152, 155.

[919] Vgl. Aha, AG 1992, 218, 219 f.; Claussen, AG 1996, 481, 490; Haarmann/Riehmer/Schüppen-Röh, WpÜG, § 33, Rdn. 61; Schlechtriem, in Kreuzer, Haftung der Leitungsorgane, 9, 45; von Rosen/Helm, AG 1996, 434, 438; Wolf, AG 1998, 212, 218. Vgl. jedoch Frankfurter Allgemeine Zeitung vom 12. November 1998, 24, nach der die Schering AG Aktien bis zu 500 Mio. DM zurückzukaufen beabsichtigte, auch um „mehr Schutz vor unwillkommenen Übernahmeversuchen" zu gewährleisten. Vgl. zu den Rückkaufaktivitäten der deutschen Wirtschaft auch Günther/Muche/White, RIW 1998, 337, 337; Frankfurter Allgemeine Zeitung vom 9. Dezember 1998, 22. Vgl. weitergehend zum zulässigen Zweck des Erwerbs Saria, NZG 2000, 458, 462 f.

[920] Vgl. Benckendorff, Erwerb eigener Aktien, 46; Koch, Hindernisse für öffentliche Übernahmeangebote, 119; Lüttmann, Kontrollwechsel in Kapitalgesellschaften, 171; Weisner, Verteidigungsmaßnahmen gegen unfreundliche Übernahmeversuche, 219; Ziebe, AG 1982, 175, 178 f.

[921] Vgl. Benckendorff, Erwerb eigener Aktien, 46; Koch, Hindernisse für öffentliche Übernahmeangebote, 119; Markwardt, BB 2002, 1108, 1113; Weisner, Verteidigungsmaßnahmen gegen unfreundliche Übernahmeversuche, 220.

[922] Vgl. Weisner, Verteidigungsmaßnahmen gegen unfreundliche Übernahmeversuche, 220.

Ein Rückkauf von maximal 10 % der eigenen Aktien hätte praktisch keine abschreckende Wirkung.[923] Vielmehr würde sich dadurch die Anzahl derjenigen Aktien reduzieren, die ein Bieter zur Kontrollausübung benötigt, weil der Zielgesellschaft als Eigentümerin eigener Aktien keine Stimmrechte zukommen (§ 71 b AktG).[924] Im Übrigen lässt sich die Problematik um die Ermächtigung des Vorstandes zur Kapitalerhöhung und zum Bezugsrechtsausschluss[925] weitgehend auf den Erwerb und die Veräußerung eigener Aktien übertragen.[926] Vor diesem Hintergrund sollte auch hier eine abstrakte Zweckbestimmung in der - sachgerechterweise befristeten - Ermächtigung ausreichend sein, wenn eine von § 53 a AktG abweichende Veräußerung vorgenommen wird.[927] Die Ermächtigung sollte im Übrigen Vorgaben zur Preisbestimmung beinhalten, da der Vorstand sonst grundsätzlich verpflichtet wäre, den höchst möglichen Preis zu erzielen.[928] Mithin könnte er die Aktien nur dann an den Begünstigten verkaufen, wenn dieser genauso viel zahlt wie der Bieter.[929] Ist dies nicht der Fall, hätte er einen Verkauf unter Wahrung der Gleichbehandlung der Aktionäre nach § 53 AktG vorzunehmen.[930]

e. Wechselseitige Beteiligungen

Eine weitere prophylaktische Abwehrmaßnahme gegen Übernahmen stellt die wechselseitige Beteiligung zwischen Unternehmen dar, deren Entscheidungsträger einander wohlgesonnen sind.[931] Der wechselseitige Erwerb von Anteilseigentum

---

923 Vgl. Bandte, Jura 1987, 465, 468; Böhm, in von Rosen/Seifert, Übernahme börsennotierter Unternehmen, 327, 338; Geibel/Süßmann-Schwennicke, WpÜG, § 33, Rdn. 27; Mülbert, IStR 1999, 83, 89; Schander, ZIP 1998, 2087, 2089; Weisner, Verteidigungsmaßnahmen gegen unfreundliche Übernahmeversuche, 222 f.; Wolf, AG 1998, 212, 218; vgl. auch Schanz, NZG 2000, 337, 345, der die „kurstreibende Wirkung“ und den „Effekt der Umplatzierung“ nicht unterschätzt wissen will.

924 Vgl. Bandte, Jura 1987, 465, 468; Klingberg, BB 1998, 1575, 1575; Krause, NZG 2000, 905, 912; Mülbert, IStR 1999, 83, 89; Peltzer, WM 1998, 322, 328; Weisner, Verteidigungsmaßnahmen gegen unfreundliche Übernahmeversuche, 219, 222; Werner, AG 1990, 1, 13 f.

925 Vgl. dazu oben unter a.

926 Vgl. Mülbert, IStR 1999, 83, 90; Claussen, DB 1998, 177, 180; Wolf, AG 1998, 212, 218; vgl. auch Schander, BB 1997, 1801, 1803. Eine derartige ergänzende Auslegung kommt im Übrigen auch der kritischen Würdigung der Vorschrift durch Bosse, NZG 2000, 923, 923 ff., entgegen.

927 So auch Mülbert, IStR 1999, 83, 90 f.; vgl. auch Bosse, NZG 2000, 16, 18, Bosse, NZG 2000, 923, 923 ff.; im Ergebnis wohl ebenso LG Berlin, NZG 2000, 944, 945; Benckendorff, Erwerb eigener Aktien, 224 ff. Vgl. weitergehend zur Gleichbehandlung beim Aktienrückerwerb auch Paefgen, ZIP 2002, 1509, 1509 ff.

928 Vgl. Mülbert, IStR 1999, 83, 91; Saria, NZG 2000, 458, 462. Zur Veräußerung eigener Aktien vgl. umfassend Reichert/Harbarth, ZIP 2001, 1441, 1441 ff.

929 Vgl. dazu Benckendorff, Erwerb eigener Aktien, 282.

930 Vgl. auch Benckendorff, Erwerb eigener Aktien, 282 ff.; Bosse, NZG 2000, 16, 18; Günther/Muche/White, RIW 1998, 337, 342.

931 Vgl. Adams, ZIP 1996, 1590, 1601; Adams, AG-Sonderheft 1997, 9,19f.;Adolff/Meister/Randell/Stephan, Takeovers, 208 ff.; Benckendorff, Erwerb eigener Aktien, 67; Daum, Die unkoordinierte Übernahme, 179 f.; Hermann, Zivilrechtliche Abwehrmaßnahmen gegen unfreundliche Übernahmeversuche, 53 ff.; Jansen, Mergers & Acquisitions, 51; Klein, NJW 1997, 2085, 2089; Koch, Hindernisse für öffentliche

reduziert den Streubesitzanteil und bewirkt durch das Halten der Anteile seitens wohlgesonnener Aktionäre eine entsprechende Abschottung des Aktionärskreises.[932] Denkbar ist in diesem Zusammenhang auch die Einräumung von bedingten Optionsrechten.[933] In Betracht für eine wechselseitige Beteiligungsstruktur kommen einfache wechselseitige Beteiligungen wie auch Kreuz- und Ringverflechtungen.[934] Wechselseitige Beteiligungen, bei denen keines der beteiligten Unternehmen über 25 % des Kapitals der jeweils anderen Gesellschaft hält, einfache Beteiligungen nach § 19 Absatz 1 AktG oder qualifizierte wechselseitige Beteiligung nach § 19 Absatz 2, Absatz 3, AktG gelten nach deutschem Recht als unbedenklich.[935] Die Entscheidung liegt im Ermessen des Vorstandes, der allerdings die Satzung zu beachten hat,[936] und erfordert nur bei außerordentlich bedeutsamen Vorgängen einen Beschluss der Hauptversammlung.[937] Die Bedeutsamkeit ist dabei möglicherweise nach den Grundsätzen der Holzmüller-Entscheidung des Bundesgerichtshofs[938] zu beurteilen.

Übernahmeangebote, 120; Lüttmann, Kontrollwechsel in Kapitalgesellschaften, 171 ff.; Nörr/Stiefenhofer, Takeover Law, 57 ff.; Otto, DB-Beil. 12/1988, 1, 10; Salje, JA 1990, 321, 324; Wastl, NZG 2000, 505, 509 f.; Weisner, Verteidigungsmaßnahmen gegen unfreundliche Übernahmeversuche, 235 ff.

[932] Vgl. Assmann/Bozenhardt, in Assmann/Basaldua/Bozenhardt/Peltzer, Übernahmeangebote, 1, 134; Haarmann/Riehmer/Schüppen-Röh, WpÜG, § 33, Rdn. 73; Kerber, WM Sonderbeil. 3/1988, 3, 14; Kübler, AG-Sonderausgabe 8/1997, 48, 51; Lutter/Schneider, ZGR 1975, 182, 197; Weisner, Verteidigungsmaßnahmen gegen unfreundliche Übernahmeversuche, 239, der im Übrigen auch zurecht auf die damit einhergehende Verselbständigung der Verwaltungen eingeht, vgl. dazu auch Adams, AG 1994, 148, 148 ff.; Adams, AG-Sonderheft 8/1997, 9, 18 f.; Emmerich/Sonnenschein, Konzernrecht, § 5 III.; Haarmann/Riehmer/Schüppen-Röh, WpÜG, § 33, Rdn. 67.

[933] Vgl. zu den *springing warrents* Braschler, Abwehrmaßnahmen gegenüber unfriendly Takeover, 81; Weisner, Verteidigungsmaßnahmen gegen unfreundliche Übernahmeversuche, 26.

[934] Vgl. dazu ausführlich Adams, AG 1994, 148, 148 ff.; Adams, AG-Sonderheft 8/1997, 9, 18 f.; Weisner, Verteidigungsmaßnahmen gegen unfreundliche Übernahmeversuche, 235 ff. Vgl. weiter MüKo WpÜG-Schlitt, § 33, Rdn. 275; Emmerich/Sonnenschein, Konzernrecht, § 5 IV. 3. b.; Kübler, AG-Sonderausgabe 8/1997, 48, 51; Münchener Hdb GesellschaftsR/AG-Krieger, § 68, Rdn. 96; Wastl/Wagner, AG 1997, 241, 243.

[935] Vgl. weitergehend Koch, Hindernisse für öffentliche Übernahmeangebote, 120 f.; Cahn/Farrenkopf, AG 1984, 178, 179; Lutter/Schnei-der, ZGR 1975, 182, 197; Otto, DB-Beil. 12/1988, 1, 10; Salje, JA 1990, 321, 324; Wastl, NZG 2000, 505, 510; Weisner, Verteidigungsmaßnahmen gegen unfreundliche Übernahmeversuche, 235 ff.; zur praktischen Handhabung vgl. beispielsweise Handelsblatt vom 29. August 1988, 12: „Die Aktionäre äußerten deutliche Kritik an der Kreuzverflechtung mit Massa" - Asko AG/Massa AG und die ehemals wechselseitigen Beteiligungen von Allianz und Dresdner Bank, die augenscheinlich maßgeblich zum Fusionversuch zwischen Dresdner Bank und Deutscher Bank beigetragen haben; zur faktischen Beteiligungsstruktur in Deutschland vgl. weitergehend Adams, AG 1994, 148, 148 ff.; Adams, ZIP 1996, 1590, 1600; Baums/Fraune, AG 1995, 97, 98; Weisner, Verteidigungsmaßnahmen gegen unfreundliche Übernahmeversuche, 235 f.

[936] Vgl. KölnerKommAktG/Mertens, § 76, Rdn. 51; MüKoAktG-Semler/Spindler, Vor § 76, Rdn. 113; Weisner, Verteidigungsmaßnahmen gegen unfreundliche Übernahmeversuche, 236 f.

[937] Vgl. Hirte, Bezugsrechtsausschluss, 162 ff.; Münchener Hdb GesellschaftsR/AG-Krieger, § 69, Rdn. 6; Weisner, Verteidigungsmaßnahmen gegen unfreundliche Übernahmeversuche, 236 f.

[938] Vgl. dazu erschöpfend die Ausführungen unten unter 4. Teil E. VII. 5. c./d.

Bei einer so genannten qualifizierten Beteiligung erwirbt ein abhängiges Unternehmen Anteile des beherrschenden Unternehmens.[939] Nach entsprechender Anwendung des § 71 Absatz 2 Satz 1 AktG ist ein derartiger Erwerb auf 10 % des Grundkapitals beschränkt.[940] Unabhängig von der Unwirksamkeit des schuldrechtlichen Geschäfts nach § 71 d Satz 4 in Verbindung mit § 71 Absatz 4 Satz 2 AktG und dem Rückabwicklungsanspruch[941] ist der Zielgesellschaft mit einem derartigen Vorgang und gegebenenfalls mit einem darüberliegenden Erwerb von Aktien der Zielgesellschaft zunächst geholfen. Sie muss insbesondere der aus § 71 d Satz 4 in Verbindung mit § 71 c AktG folgenden Veräußerungs- oder Einziehungspflicht[942] nicht sofort[943] nachkommen und kann insofern für eine interessensgerechte Platzierung Sorge tragen[944] - auch wenn die Rechte aus den Anteilen ruhen, §§ 71 d Satz 4, 71 b AktG. Im Übrigen ist ein Verstoß gegen § 71 d Satz 2 in Verbindung mit § 71 AktG nicht gegeben, wenn das herrschende Unternehmen die Mehrheitsbeteiligung oder den beherrschenden Einfluss an der abhängigen Gesellschaft erst nach Erwerb der eigenen Anteile erwirbt.[945] Gleichwohl ist aber auch in diesem Fall nach überwiegender und den Regelungszielen des AktG allein gerecht werdender Ansicht eine Veräußerungspflicht der Zielgesellschaft nach § 71 c AktG anzunehmen.[946]

Bei einer einfachen Beteiligung nach § 19 Absatz 1 AktG werden wechselseitig jeweils mindestens 25 % der Anteile des anderen Unternehmens gehalten werden,[947] ohne dass eine Mehrheitsbeteiligung oder ein Abhängigkeitsverhältnis im Sinne von § 17 Absatz 1 AktG vorliegt.[948] Nach § 328 AktG kann das Unterneh-

---

[939] Vgl. Weisner, Verteidigungsmaßnahmen gegen unfreundliche Übernahmeversuche, 236, 239 f.

[940] Vgl. Schanz, NZG 2000, 337, 346; Benckendorff, Erwerb eigener Aktien, 46; Cahn/Farrenkopf, AG 1984, 178, 178; Klein, NJW 1997, 2085, 2089; Lüttmann, Kontrollwechsel in Kapitalgesellschaften, 172; Weisner, Verteidigungsmaßnahmen gegen unfreundliche Übernahmeversuche, 239.

[941] Vgl. KölnerKommAktG/Lutter, § 71d, Rdn. 28 f.; Benckendorff, Erwerb eigener Aktien, 273; ferner auch Spickhoff, BB 1997, 2593, 2597.

[942] Vgl. hierzu Geßler/Hefermehl/Eckardt/Kropff-Hefermehl/Bungeroth, § 71d, Rdn. 7 f.; KölnerKomm AktG/Lutter, § 71d, Rdn. 38; Benckendorff, Erwerb eigener Aktien, 275 f.; Weisner, Verteidigungsmaßnahmen gegen unfreundliche Übernahmeversuche, 239.

[943] Unter den Voraussetzungen des § 71c Absatz 1 AktG gilt eine Jahresfrist, unter den Voraussetzungen des § 71c Absatz 2 AktG gilt eine Dreijahresfrist, jeweils ab Erwerb.

[944] Vgl. Otto, DB-Beil. 12/1988, 1, 10; Schanz, NZG 2000, 337, 346; Weisner, Verteidigungsmaßnahmen gegen unfreundliche Übernahmeversuche, 240.

[945] Vgl. Peltzer, ZfgK 1986, 291, 296 f.

[946] Vgl. Geßler/Hefermehl/Eckardt/Kropff-Hefermehl/Bungeroth, Aktiengesetz, § 71d AktG, Rdn. 46, 49; KölnerKommAktG/Lutter, § 71d, Rdn. 43; Weisner, Verteidigungsmaßnahmen gegen unfreundliche Übernahmeversuche, 239. A.A. Cahn/Farrenkopf, AG 1984, 178, 178 ff.

[947] Zu der Umgehungsmöglichkeiten einschränkenden Berechnung nach § 19 Absatz 1 Satz 2 AktG vgl. weitergehend KölnerKommAktG/ Koppensteiner, § 19, Rdn. 12 ff.; Cahn/Farrenkopf, AG 1984, 178, 179.

[948] Insofern wäre eine Grenze zur qualifizierten Beteiligung bis zu 50 % Anteilserwerb denkbar. Vor dem Hintergrund der regelmäßigen Anwesenheitsquote in Abstimmungssituationen auf Hauptversammlungen auch in Abhängigkeit von der jeweiligen Breite der Aktienstreuung ist dagegen von einer zur Qualifizierung als Beherrschungsverhältnis nach § 17 AktG niedrigeren Beteiligungsquote auszugehen, vgl. dazu ergänzend

men, welches zuerst über den Eintritt einer wechselseitigen Beteiligung im Sinne von § 19 Absatz 1 AktG informiert wird, seine Rechte aus den Anteilen nur bis zur Höhe von 25 % aller Anteile geltend machen.[949] Dies gilt jedoch nicht für die Wahl des Aufsichtsrats, von der die zweitbeteiligte Gesellschaft nach Überschreiten der Schwelle vollständig ausgeschlossen ist.[950] Der Erwerb von Beteiligungen ist planbar. Daher können derartige Beeinträchtigungen vermieden werden. Vor diesem Hintergrund dienen insbesondere die einfache Beteiligung und die Ringbeteiligung wegen der faktisch zu erzielenden Stimmbindungen als prophylaktische Abwehrmaßnahme,[951] die in Zukunft vermutlich immer mehr an Attraktivität gewinnen wird.

3. Gestaltung der Organisationsstruktur der Zielgesellschaft

Für die Zielgesellschaft kann sich die Gestaltung einer übernahmefeindlichen Organisationsstruktur als effektive prophylaktische Verteidigungsmaßnahme gegen Übernahmen darstellen. Für einen Bieter ist es regelmäßig von entscheidender Bedeutung, dass er die Kontrolle über die Gesellschaft schnellstmöglich erlangt, damit er aus seiner Sicht optimierende Veränderungen herbeiführen kann. Insofern ist die Besetzung der Unternehmensleitung für ihn von zentraler Bedeutung. Im Folgenden wird mit der Besetzung von Vorstand und Aufsichtsrat auf die deutsche Situation abgestellt wird. Entsprechendes gilt aber auch für die Besetzung des *board* im amerikanischen Gesellschaftsrecht.

a. Staffelung der Amtszeiten von Vorstand und Aufsichtsrat

Nach Erlangung der Kontrolle über die Zielgesellschaft liegt nahezu ausnahmslos die Neubesetzung des Vorstandes der Zielgesellschaft im Interesse des Übernehmers.[952] Die Staffelung langer Amtszeiten der Vorstandsmitglieder verzögert und verteuert folglich eine Übernahme.[953] Die Neubesetzung des Vorstandes kann der

---

Hüffer, AktG, § 17, Rdn. 4 ff.; Lutter/Schneider, ZGR 1975, 182, 197; Weisner, Verteidigungsmaßnahmen gegen unfreundliche Übernahmeversuche, 239.

[949] Dies gilt nicht im Fall der Beteiligung einer ausländischen Gesellschaft, vgl. KölnerKommAktG/Koppensteiner, § 328, Rdn. 13; vgl. im Übrigen zum Wettlauf der Ausübung der Beteiligungsrechte, Hüffer, AktG, § 328, Rdn. 1 ff., Koch, Hindernisse für öffentliche Übernahmeangebote, 120 f.; Lüttmann, Kontrollwechsel in Kapitalgesellschaften, 171; Michalski, AG 1997, 152, 162; Schanz, NZG 2000, 337, 346; Wastl/Wagner, AG 1997, 241, 248; Weimar/Breuer, BB 1991, 2309, 2320; Weisner, Verteidigungsmaßnahmen gegen unfreundliche Übernahmeversuche, 237.

[950] Vgl. den mit dem KonTraG neu eingeführten § 328 Absatz 3 AktG.

[951] Vgl. Adolff/Meister/Randell/Stephan, Takeovers, 208; Geibel/Süßmann-Schwennicke, WpÜG, § 33, Rdn. 67; Haarmann/Riehmer/ Schüppen-Röh, WpÜG, § 33, Rdn. 75; Otto, DB-Beil. 12/1988, 1, 11; Schanz, NZG 2000, 337, 346; Weisner, Verteidigungsmaßnahmen gegen unfreundliche Übernahmeversuche, 237.

[952] Vgl. Daum, Die unkoordinierte Übernahme, 102 ff.; Lüttmann, Kontrollwechsel in Kapitalgesellschaften, 150 ff.; Michalski, AG 1997, 152, 156; Weimar/Breuer, BB 1991, 2309, 2313.

[953] Vgl. dazu Bungert, AG 1994, 297, 299; Prentice, Law of Business Organisations and Securities Regulation, 721; Meier-Schatz, WuR 1987, 16, 26, Peltzer, ZfgK 1986, 291, 296 f.; Schaaf, RIW 1985, 273,

Übernehmer nach deutschem Recht grundsätzlich nur über eine Neubesetzung des Aufsichtsrates erreichen.[954] Da die vorzeitige Abberufung der bisherigen Aufsichtsratsmitgliedern nur unter den engen Voraussetzungen des § 103 Absatz 1 AktG und mit der grundsätzlich erforderlichen Dreiviertelmehrheit durchführbar ist, muss ein Übernehmer unter Umständen zur Erlangung der Kontrolle im Aufsichtsrat das jeweilige Ende der Amtszeiten der Aufsichtsratsmitglieder abwarten. Somit kann die Länge und die Staffelung der Amtszeiten als Instrument zur Abwehr einer Übernahme ein entscheidungserhebliches Erschwernis sein.[955]

Die Satzung kann zudem eine andere Mehrheit oder andere - zusätzliche –Erfordernisse für die Abberufung von Aufsichtsräten bestimmen (§§ 133 Absatz 2, 103 Absatz 1 Satz 3 AktG).[956] So könnte die Satzung beispielsweise verlangen, dass mit jeder Stimme nur für einen Kandidaten gestimmt werden darf, so dass auch die Minderheitsanteilseigner faktisch Aufsichtsräte bestimmen können und damit die nach der so genannten Listenwahl[957] bestehenden Bestimmungsrechte der Mehrheitsanteilseigner verwässert werden.[958] Über die Zulässigkeit einer derartigen Wahlrechtsbeschränkung bestehen allerdings unterschiedliche Auffassungen.[959] Die Arbeitnehmervertreter können darüber hinaus nur von ihren Wählern und nur mit einer Mehrheit von drei Vierteln der abgegebenen Stimmen abberufen werden.[960] Zudem könnten die Amtszeiten der Aufsichtsratsmitglieder gestaffelt werden.

278; Hauschka/Roth, AG 1988, 181, 187 ff.; Jansen, Mergers & Acquisitions, 51; Peltzer, ZfgK 1988, 577, 580; Schneider/Burgard, DB 2001, 963, 967; Solomon/Palmiter, Corporations, 561; Weimar/ Breuer, BB 1991, 2309, 2313 f.; Weisner, Verteidigungsmaßnahmen gegen unfreundliche Übernahmeversuche, 28 ff.; Witt, Übernahmen von Aktiengesellschaften, 60.

[954] Vgl. Knoll, Übernahme von Kapitalgesellschaften, 240; Picot, in Picot, Mergers & Acquisitions, 91, 145; Weimar/Breuer, BB 1991, 2309, 2313 f.; Weisner, Verteidigungsmaßnahmen gegen unfreundliche Übernahmeversuche, 226 f.; Witt, Übernahmen von Aktiengesellschaften, 60.

[955] Vgl. Daum, Die unkoordinierte Übernahme, 173; Haarmann/Riehmer/Schüppen-Röh, WpÜG, § 33, Rdn. 63 f.; Hermann, Zivilrechtliche Abwehrmaßnahmen gegen unfreundliche Übernahmeversuche, 78; Hopt, in Sieben/Stein, Unternehmensakquisitionen, 39, 50 f.; Michalski, AG 1997, 152, 156; Schneider/ Burgard, DB 2001, 963, 967.

[956] Vgl. dazu Assmann/Bozenhardt, in Assmann/Basaldua/Bozenhardt/Peltzer, Übernahmeangebote, 1, 139; Ebenroth/Rapp, DWiR 1991, 2, 5; Haarmann/Riehmer/Schüppen-Röh, WpÜG, § 33, Rdn. 63 f.; Hopt, in Sieben/Stein, Unternehmensakquisitionen, 39, 50 f.; Knoll, Übernahme von Kapitalgesellschaften, 241 f.; Michalski, AG 1997, 152, 156; Peltzer, ZfgK 1988, 577, 582; Schneider/Burgard, DB 2001, 963, 967; Weisner, Verteidigungsmaßnahmen gegen unfreundliche Übernahmeversuche, 227 f.

[957] Vgl. hierzu die Ausführungen unter c.

[958] Vgl. hierzu die Darstellung bei Peltzer, KfgK 1988, 577, 582; Weisner, Verteidigungsmaßnahmen gegen unfreundliche Übernahmeversuche, 227.

[959] Vgl. Geßler/Hefermehl/Eckardt/Kropff-Geßler, AktG, § 101, Rdn. 29; KölnerKommAktG/Mertens, § 101, Rdn. 14, 16; MüKoAktG-Semler, § 101, Rdn. 55 (jeweils ablehnend); Hüffer, AktG, § 133, Rdn. 33, Peltzer, ZfgK 1988, 577, 582 (befürwortend); tatsächlich wäre ein derartiges Wahlrecht auch eher von nachrangiger Bedeutung, weil für die Besetzung der Positionen zumeist zeitversetzte Amtszeiten und/ oder unterschiedlich lange Zeitspannen vorgesehen werden, so dass eine Wahl mehrerer oder gar aller Aufsichtsräte nicht ansteht.

[960] Vgl. dazu § 23 MitbestG; § 11 Abs. 2 MontanMitbestG; § 76 BetrVG. Vgl. auch Daum, Die unkoordinierte Übernahme, 103; Michalski, AG 1997, 152, 156; Weisner, Verteidigungsmaßnahmen gegen unfreundliche Übernahmeversuche, 226; Witt, Übernahmen von Aktiengesellschaften, 60.

Erforderlich wäre dazu nach deutschem Recht ein Hauptversammlungsbeschluss nach § 102 Absatz 1 AktG.[961] Zudem können auch die Amtszeiten der Vorstandsmitglieder gestaffelt werden. Auch insofern müsste gegebenenfalls ein satzungsändernder Hauptversammlungsbeschluss gefasst werden,[962] der wiederum den Aufsichtsrat nicht zwangsläufig bindet. Der Aufsichtsrat bestellt die Vorstandsmitglieder nämlich weisungsunabhängig (§ 84 Absatz 1 Satz 1 AktG),[963] so dass für die Staffelung der Amtszeiten der Vorstandsmitglieder die Kooperationsbereitschaft des Aufsichtsrates notwendig ist.[964] Hat der Bieter den Aufsichtsrat mit Personen seines Vertrauens besetzt, so kann der neue Aufsichtsrat die Vorstände nur abberufen, wenn ein wichtiger Grund dafür in ihrer Person vorliegt (§ 84 Absatz 3 Satz 1 AktG). Ein derartiger Grund ist gegeben, wenn die Hauptversammlung ihm mit einfacher Mehrheit das Vertrauen entzieht (§ 84 Absatz 3 Satz 2 AktG). Ein derartiger Beschluss setzt kein schuldhaftes Verhalten des Vorstandsmitglieds voraus, darf jedoch nicht auf unsachlichen Gründen beruhen.[965] Möglich wäre auch eine dahingehende Satzungsbestimmung, dass die Anzahl der jeweiligen Organmitglieder beschränkt wird, um die Verwässerung der Mitbestimmungsbefugnis zu verhindern.[966]

Vor diesem Hintergrund erweist sich die deutsche - zweigeteilte - Leitungsstruktur als zusätzlicher Schutzmechanismus gegen eine Übernahme.[967] Dies gilt umso mehr, als der Vorstand in seiner üblichen Geschäftsführung und -ausrichtung lediglich dem Gesellschaftsinteresse und nicht dem Mehrheitsaktionär als Kontroll-

---

[961] Vgl. Knoll, Übernahme von Kapitalgesellschaften, 239 f.; Lüttmann, Kontrollwechsel in Kapitalgesellschaften, 151; Michalski, AG 1997, 152, 156; Peltzer, ZfgK 1988, 577, 580; Peltzer, ZIP 1989, 69, 75; Weisner, Verteidigungsmaßnahmen gegen unfreundliche Übernahmeversuche, 228.

[962] Vgl. Hermann, Zivilrechtliche Abwehrmaßnahmen gegen unfreundliche Übernahmeversuche, 83; Knoll, Übernahme von Kapitalgesellschaften, 239 f.; Peltzer, ZfgK 1986, 291, 294; Peltzer, ZfgK 1988, 577, 580, 582, Hauschka/Roth, AG 1988, 181, 187.

[963] Vgl. KölnerKommAktG/Mertens, § 84, Rdn. 9; Geßler/Hefermehl/Eckardt/Kropff-Hefermehl, § 84, Rdn. 24, 73; MüKoAktG-Semler/Spindler, Vor § 76, Rdn. 113; MüKoAktG-Hefermehl/Spindler, § 76, Rdn. 21; Gawrisch, Ermessensentscheidungen des Aufsichtsrates, 12 f., 235 ff.; Lutter/Krieger, Rechte und Pflichten des Aufsichtsrats, Rdn. 332 ff.

[964] Vgl. Assmann/Bozenhardt, in Assmann/Basaldua/Bozenhardt/Peltzer, Übernahmeangebote, 1, 138; Lüttmann, Kontrollwechsel in Kapitalgesellschaften, 151; Peltzer, ZfgK 1988, 577, 584. Zur vorzeitigen Wiederwahl von Vorständen vgl. Götz, AG 2002, 305, 305 ff.

[965] Vgl. BGHZ 13, 188, Daum, Die unkoordinierte Übernahme, 106; Gawrisch, Ermessensentscheidungen des Aufsichtsrates, 238 ff.; Grumann/Gillmann, DB 2003, 770, 770 f.; Hauschka/Roth, AG 1988, 181, 188; Münchener Hdb GesellschaftsR/AG-Wiesner, § 20, Rdn. 47; Michalski, AG 1997, 152, 156; Knoll, Übernahme von Kapitalgesellschaften, 241; Potthoff/Trescher, Das Aufsichtsratsmitglied, 246.

[966] Vgl. Assmann/Bozenhardt, in Assmann/Basaldua/Bozenhardt/Peltzer, Übernahmeangebote, 1, 138; Hopt, in Sieben/Stein, Unternehmensakquisitionen, 39, 51; Knoll, Übernahme von Kapitalgesellschaften, 239 f.; Peltzer, ZfgK 1986, 291, 294; Weisner, Verteidigungsmaßnahmen gegen unfreundliche Übernahmeversuche, 228, 232. Vgl. weiter und auch zur Möglichkeit des Übernehmers, den Aufsichtsrat personell zu erweitern vgl. Lüttmann, Kontrollwechsel in Kapitalgesellschaften, 151.

[967] Vgl. Lüttmann, Kontrollwechsel in Kapitalgesellschaften, 150 ff.; Michalski, AG 1997, 152, 156; Weisner, Verteidigungsmaßnahmen gegen unfreundliche Übernahmeversuche, 226; Witt, Übernahmen von Aktiengesellschaften, 59 f.

inhaber verpflichtet ist.[968] Tatsächlich hat sich allerdings in der Praxis erwiesen, dass der Vorstand den Weisungen des Mehrheitsaktionärs Folge leistet[969] oder das Unternehmen verlässt.[970]

b. Einräumung von Entsendungsrechten zum Aufsichtsrat

Nach deutschem Recht kann eine Aktiengesellschaft durch eine Satzungsbestimmung bestimmten Aktionären oder den jeweiligen Inhabern bestimmter Aktien ein Endsendungsrecht für Mitglieder des Aufsichtsrats einräumen (§ 101 Absatz 2 AktG). Durch die Ausübung der Endsendungsrechte kann ebenfalls eine freie Neubesetzung des Aufsichtsrats und damit die Erlangung der Kontollmehrheit im Aufsichtsrat verhindert werden.[971] Eine diesbezügliche Satzungsänderung könnte nur durch einen Hauptversammlungsbeschluss herbeigeführt werden. Entsendungsrechte können nach § 101 Absatz 2 Satz 4 AktG nur für höchstens ein Drittel der Aufsichtsratsmandate der Anteilseignerseite vorgesehen werden. Insofern könnte lediglich eine Erschwerung des Kontrollübergangs bewirkt werden.[972] Für den Fall jedoch, dass es sich um eine qualifiziert mitbestimmte Gesellschaft handelt, könnte ein Bieter für absehbare Zeit an der Durchsetzung der von ihm präferierten Geschäftsausrichtung gehindert werden. Er könnte gegen die Stimmen der Arbeitnehmerseite im Aufsichtsrat und der von den Aktionären entsandten Aufsichtsratsmitglieder keine Personalentscheidungen hinsichtlich des Vorstandes herbeiführen.[973]

---

[968] Vgl. KölnerKommAktG/Mertens, § 76, Rdn. 16 ff.; MüKoAktG-Hefermehl/Spindler, § 76, Rdn. 25; vgl. auch BGHZ 138, 71, 81 - Sachsenmilch; Heiser, Interessenskonflikte in der Aktiengesellschaft, 288 ff.; Lüttmann, Kontrollwechsel in Kapitalgesellschaften, 150.

[969] So hat beispielsweise der Mannesmann-Vorstand nach der Übernahme durch vodafone ohne Abschluss eines Beherrschungsvertrages einen Verkauf von Orange veranlasst, vgl. dazu Handelsblatt vom 23. Dezember 1999, 20. Vgl. auch Michalski, AG 1997, 152, 157, der in diesem Zusammenhang von einem ungleichen Kampf spricht.

[970] Vgl. Michalski, AG 1997, 152, 157, der von einem ungleichen Kampf und von einem Abkaufen der verbleibenden Dienstzeit spricht. In diesen Sachzusammenhang gehört auch die Abfindung des Mannesmann-Vorstandsvorsitzenden Esser in Höhe von 60 Mio. DM und dessen unmittelbar darauf folgende Freisetzung, siehe dazu Adams, ZIP 2002, 1325, 1325 ff.; Burgard, WM 2000, 611, 612; Hüffer, BB 2003, Beil. 7; Käpplinger, NZG 2003, 573, 573 ff.; Frankfurter Allgemeine Zeitung vom 12. Februar 2000, 20; Der Spiegel vom 14. Februar 2000, 96. Zur Anklageerhebung in diesem Fall vgl. Handelsblatt vom 10. Februar 2003, 5. Vgl. im Übrigen auch Horn, ZIP 2000, 473, 482.

[971] Vgl. Assmann/Bozenhardt, in Assmann/Basaldua/Bozenhardt/Peltzer, Übernahmeangebote, 1, 138 f.; Daum, Die unkoordinierte Übernahme, 171 ff.; Hermann, Zivilrechtliche Abwehrmaßnahmen gegen unfreundliche Übernahmeversuche, 80; Knoll, Übernahme von Kapitalgesellschaften, 241; Lüttmann, Kontrollwechsel in Kapitalgesellschaften, 152; Lutter/Lamers, in Maeijer/Geens, Defensive Measures against Hostile Takeovers, 113, 137 f.; Michalski, AG 1997, 152, 156; Peltzer, ZIP 1989, 69, 75; Sünner, Festschrift Quack, 457, 461; Weisner, Verteidigungsmaßnahmen gegen unfreundliche Übernahmeversuche, 229.

[972] Vgl. MüKoWpÜG-Schlitt, § 33, Rdn. 281; Assmann/Bozenhardt, in Assmann/Basaldua/Bozenhardt/Peltzer, Übernahmeangebote, 1, 138; Lüttmann, Kontrollwechsel in Kapitalgesellschaften, 152; Münchener Hdb GesellschaftsR/AG-Hoffmann-Becking, § 30, Rdn. 20.

[973] Vgl. Adams, AG 1990, 243, 150; Daum, Die unkoordinierte Übernahme, 103; Lüttmann, Kontrollwechsel in Kapitalgesellschaften, 152; Lutter/Lamers, in Maeijer/Geens, Defensive Measures against Hostile

c. Statuierung besonderer Wahlmodi für Personalentscheidungen

Die Neubesetzung des Vorstands und des Aufsichtsrats kann auch durch eine Modifizierung des Wahlrechts oder der Mehrheitserfordernisse für die Besetzung der Positionen erschwert oder unmöglich gemacht werden.[974] Nach deutschem Recht gilt grundsätzlich nach § 133 Absatz 1 AktG die Wahl mit einfacher Stimmenmehrheit. Sind mehrere Aufsichtsratssitze zu besetzen, so erfolgt die Wahl üblicherweise in Form der so genannten Block- oder Listenwahl. Dieses Verfahren, bei dem die Liste der Wahlvorschläge nur insgesamt angenommen oder abgelehnt werden kann,[975] dient der Konzentration der Abstimmungsvorgänge in der Hauptversammlung.[976] Da § 133 AktG die Einzelwahl nicht zwingend vorschreibt, wird die Listenwahl als zulässig angesehen.[977] Zur Begründung wird angeführt, dass das Aktiengesetz eine gesonderte Abstimmung für jeden Aufsichtsratsitz nicht verlangt, sondern lediglich vorgeschrieben sei, dass jedes Aufsichtsratsmitglied mit der nach Gesetz und Satzung erforderlichen Mehrheit gewählt wird.[978] Ein Aktionär, der einen Teil des Wahlvorschlags nicht akzeptiert, könne gegen den Gesamtvorschlag stimmen. Sofern dieser keine Mehrheit finde, müssten im Anschluss an die fehlgeschlagene Abstimmung Einzelabstimmungen durchgeführt werden.[979]

Nicht nur nach deutschem Recht kann die Modifizierung des Wahlrechts dadurch herbeigeführt werden, dass in der Satzung das Erfordernis größerer Mehrheiten bestimmt wird (§ 133 Absatz 2 AktG).[980] Erreicht der Aufsichtsrat die zur Beschlussfähigkeit nötige Anzahl von Mitgliedern nicht, so kann unter bestimmten Bedingungen eine gerichtliche Bestellung erfolgen,[981] wodurch eine Neubesetzung im Sinne des Übernehmers verhindert werden kann.[982] Die Modifizierung des Mehrheitswahlrechts stellt eine Satzungsänderung dar, die nur durch einen Hauptversammlungsbeschluss bewirkt werden kann.[983] Für die Besetzung des Aufsichtsrats kann auf diesem Wege eine relative Mehrheit der abgegebenen Stimmen

---

Takeovers, 113, 138 f.; Peltzer, Festschrift Zimmerer, 274, 277; Peltzer, ZfgK 1988, 577, 582; Weisner, Verteidigungsmaßnahmen gegen unfreundliche Übernahmeversuche, 229.

[974] Vgl. Daum, Die unkoordinierte Übernahme, 172 f.; Knoll, Übernahme von Kapitalgesellschaften, 241 f.

[975] Vgl. Dietz, BB 2004, 452, 452 f.; Steiner, Die Hauptversammlung der AG, 133.

[976] Vgl. Münchener Hdb GesellschaftsR/AG-Hoffmann-Becking, § 30, Rdn. 15, KölnerKommAktG/Mertens, § 101, Rdn. 16; MüKoAktG-Semler, § 101, Rdn. 35; Steiner, Die Hauptversammlung der AG, 133. Relativierend dazu Dietz, BB 2004, 452, 452 f.

[977] Vgl. BGH, BB 2003, 2031, 2031 ff.; LG Dortmund, AG 1968, 390, 391; Quack, Festschrift Rowedder, 387, 397; Hoffmann/Preu, Aufsichtsrat, Rdn. 702.

[978] Vgl. Quack, Festschrift Rowedder, 387, 389 f.

[979] Vgl. BGH, BB 2003, 2031, 2031 ff.; KölnerKommAktG/Mertens, § 101, Rdn. 16; MüKoAktG-Semler, § 101, Rdn. 38; Dietz, BB 2004, 452, 452.

[980] Vgl. Daum, Die unkoordinierte Übernahme, 172; Knoll, Übernahme von Kapitalgesellschaften, 241 f.

[981] Vgl. Henn, HdbAktienrecht, Rdn. 652; Hüffer, AktG, § 104, Rdn. 2.

[982] Vgl. Hüffer, AktG, § 104, Rdn. 7.

[983] Dies gilt sowohl für höhere Erfordernisse als auch für geringere Mehrheitserfordernisse, vgl. BGHZ 76, 191, 193. Vgl. dazu auch Steiner, Die Hauptversammlung der AG, 132 f.

genauso als maßgeblich festgelegt werden wie die Verhältniswahl.[984] Bei entsprechender Koordination des Wahlverhaltens kann die verbleibende Minderheit auch nach einem Mehrheitserwerb des Bieters noch Vertreter wählen, wodurch der Einfluss des Bieters auf die Besetzung der Leitungsorgane beschränkt wird.[985] Sind höhere Mehrheitserfordernisse für die Beschlussfassung festgeschrieben, so genügt der einfache Mehrheitserwerb durch den Bieter nicht, um den Aufsichtsrat und den Vorstand mit Personen seines Vertrauens zu besetzen.

d. Festsetzung besonderer "persönlicher Voraussetzungen" für Aufsichtsratsmitglieder

Die Neubesetzung des Aufsichtsrates kann einem Übernehmer auch dadurch erschwert werden, dass besondere persönliche Voraussetzungen für Aufsichtsratsmitglieder normiert werden.[986] Nach deutschem Recht kann die Satzung dies gemäß § 100 Absatz 4 AktG festlegen bzw. den Kreis der wählbaren Personen einschränken. So kann beispielsweise eine bestimmte Qualifikation gefordert werden.[987] Eine diesbezügliche Satzungsänderung kann im Übrigen nur durch Hauptversammlungsbeschluss bewirkt werden.[988] Dabei dürfen die Anforderungen jedoch nicht so eng sein, dass sie in ihrer Wirkung einem Entsendungsrecht nach § 101 Absatz 2 AktG nahe kämen und eine Wahl in der Hauptversammlung unmöglich würde.[989] Dem Bieter dürfte es aber nicht schwer fallen, Personen, welche die erforderlichen Voraussetzungen erfüllen, zur Besetzung der Positionen zu finden.

e. Ausgestaltung einer für den Übernehmer schwer reformierbaren Unternehmensorganisation

Auch die Schaffung einer nur schwer veränderbaren Unternehmensorganisation kann abschreckende Wirkung entfalten. Als schwer reformierbare Strukturen gelten beispielsweise bestimmte Produktionsanlagen, regionale Bindungen durch belaste-

---

[984] Vgl. Daum, Die unkoordinierte Übernahme, 172; Knoll, Übernahme von Kapitalgesellschaften, 241 f. Zum Verhältniswahl und deren Zulässigkeit vgl. weitergehend auch GroßkommentarAktG/Barz, § 133, Anm. 15 m.w.N.; GroßkommentarAktG/Meyer-Landrut, § 101, Anm. 4; Geßler/Hefermehl/Eckardt/Kropff-Geßler, AktG, § 101, Rdn. 29 f.; Daum, Die unkoordinierte Übernahme, 172.

[985] Vgl. Daum, Die unkoordinierte Übernahme, 172; Peltzer, ZfgK 1988, 577, 582.

[986] Vgl. Geßler/Hefermehl/Eckardt/Kropff-Geßler, § 100, Rdn. 46; GroßkommentarAktG/Meyer-Landrut, § 100, Anm. 8; MüKoAktG-Semler, § 100, 58 ff.; 91 f., 95 f.; Daum, Die unkoordinierte Übernahme, 174 f.; Münchener Hdb GesellschaftsR/AG-Hoffmann-Becking, § 30, Rdn. 11; Knoll, Übernahme von Kapitalgesellschaften, 242; Steiner, Die Hauptversammlung der AG, 137; Weisner, Verteidigungsmaßnahmen gegen unfreundliche Übernahmeversuche, 230.

[987] Vgl. Martens, Managementüberwachung durch den Aufsichtsrat, 16. Zu den Mindestqualifikationen vgl. Hommelhoff/Mattheus, AG 1998, 249, 255.

[988] Vgl. Daum, Die unkoordinierte Übernahme, 174.

[989] Vgl. Geßler/Hefermehl/Eckardt/Kropff-Geßler, AktG, § 100, Rdn. 46; Daum, Die unkoordinierte Übernahme, 174 f.; Knoll, Übernahme von Kapitalgesellschaften, 241; Weisner, Verteidigungsmaßnahmen gegen unfreundliche Übernahmeversuche, 230.

tes Grund- und Produktionseigentum oder durch Satzung vorgeschriebene Organisationseinheiten und Entscheidungsfindungsprozesse.[990] Kann ein Übernehmer die von ihm für erforderlich gehaltenen Veränderungen nicht zügig umsetzen, so verzögert und verteuert sich für ihn die Übernahme. Soweit er eine Struktur vorfindet, die seinen kurzfristigen Veränderungsplänen entgegensteht, wird er eher geneigt sein, von der Abgabe eines Übernahmeangebots abzusehen.

4. Ausschluss bestimmter Verhaltensweisen

Die Satzung kann bestimmte Verhaltensweisen oder -ausrichtungen untersagen, die ein Übernehmer erwartungsgemäß als erforderlich ansieht.[991] So kann beispielsweise der Verkauf von Vermögenswerten in bestimmte Länder oder an bestimmte Personen ausgeschlossen sein.[992] Es können bestimmte Restrukturierungsmaßnahmen als unzulässig festgeschrieben werden, so etwa Entlassungen, die Kürzung von Sozialleistungen, die Schließung bestimmter Unternehmens- oder Produktionsbereiche, die Erweiterung bestimmter Produktionen oder Tätigkeiten sowie Auf- und Ausgliederungen.[993] Im Zusammenhang mit derartigen Beschlüssen und hinsichtlich anderer Veränderungen können auch ausschließlich konkret bestimmte Führungskräfte zur Vornahme bestimmter Handlungen bevollmächtigt werden.[994] Zu beachten ist bei der Installation derartiger Mechanismen jedoch, dass der Kontrollinhaber die Strukturen schnell wieder verändern könnte und insofern keine wirksame Beeinträchtigung vorgegeben werden kann.

5. Abschluss bestimmter Verträge

Seitens der Zielgesellschaft können Verträge, vorrangig langfristiger Natur, abgeschlossen werden, die eine Übernahme derart verteuern würden, dass von der Abgabe eines Übernahmeangebots abgesehen wird. Denkbar sind beispielsweise langfristige Miet- oder Kreditverträge, oder auch langfristig ausgerichtete Verträge mit Zulieferern oder Abnehmern.[995] Insbesondere gehören hierzu aber auch Verträge mit anderen Unternehmen, die zu einer wirtschaftlichen Verflechtung mit der Vereinbarung bestimmter Verrechnungspreise führen und gleichzeitig eine Abschot-

---

[990] Vgl. dazu auch Paefgen, AG 1991, 41, 48 f.

[991] Vgl. in diesem Zusammenhang auch zur Satzungsbestimmung, nach der eine qualifizierte Mehrheit zur faktischen Konzernierung erforderlich wäre, Schneider, AG 1990, 56, 56; Schneider/Burgard, DB 2001, 963, 967.

[992] Kritisch van Aubel, Vorstandspflichten bei Übernahmeangeboten, 44 f.

[993] Vgl. dazu Kropff, Festschrift Gessler, 111, 111 ff.

[994] Vgl. Lese, 96 Columbia Law Review (1996), 2175, 2191; Neuwirth, 145 University of Pennsylvania Law Review (1996), 423, 443; Weisner, Verteidigungsmaßnahmen gegen unfreundliche Übernahmeversuche, 23 f. Vgl. auch Bank of New York Co., Inc. v. Irving Bank Corp., 528 N.Y.S. 2d 482 (N.Y.Sup.Ct. 1988); Mentor Graphics Corp. v. Quickturn Design Systems, Inc., C.A. 16584 (Del.Ch. 1998).

[995] Vgl. dazu exemplarisch Harrer/Erbacher, in von Rosen/Seifert, Übernahme börsennotierter Unternehmen, 253, 264 f.

tung gegenüber Dritten, einschließlich Mitbewerbern und potentiellen Übernehmern, zur Folge haben.[996] In diesem Zusammenhang sind auch Vertragsstrafeabreden für den Fall denkbar, dass bestimmte Vermögenswerte veräußert werden.[997] Für einen Übernehmer kann sich der vollständige oder teilweise Weiterverkauf vor dem Hintergrund der Einbindung der Zielgesellschaft in Vertragsstrukturen als äußert problematisch oder sogar unmöglich erweisen, so dass er schon aus diesem Grund von der Abgabe eines Übernahmeangebots absieht.[998] Weiterhin gehört zu derartigen Maßnahmen auch die vertragliche Einräumung von Kündigungsrechten für bestimmte Verträge für den Fall, dass bestimmte Beteiligungsgrenzen überschritten werden oder ein Kontrollwechsel stattfindet.[999]

6. Maßnahmen zur Veränderung der Vermögensverhältnisse der Zielgesellschaft

Einer Übernahme lässt sich auch vorbeugen, indem die Vermögensstruktur einer Gesellschaft so angelegt oder verändert wird, dass eine Übernahme unter betriebswirtschaftlichen Aspekten nicht attraktiv ist.

a. Verkauf wesentlicher Bestandteile des Gesellschaftsvermögens - crown jewels defense

Denkbar ist, dass wesentliche Vermögensteile, die den Wert der Gesellschaft ausmachen, unter Wert bzw. mit nachfolgender Ausschüttung des Erlöses an die Anteilseigner verkauft werden. Mit dem Verkauf der Vermögensteile erweist sich eine Gesellschaft besonders für diejenigen Bieter als ungeeignet, die gerade durch die Zerschlagung einer Gesellschaft Gewinne zu erzielen beabsichtigen.[1000] Ist für einen mutmaßlichen Übernehmer ein bestimmter Vermögensgegenstand von vorrangigem Interesse, so bietet sich zur Abwehr der Übernahme dessen Veräußerung

[996] Zu derartigen „strategischen Allianzen" allgemein vgl. Basedow/Jung, Strategische Allianzen; Kley, in von Rosen/Seifert, Übernahme börsennotierter Unternehmen, 395, 395 ff. Vgl. hierzu weiter Hanzel, in Hanzel/Wunderhaldinger, Mergers & Acquisitions, 49, 55 ff.

[997] Vgl. Werner, Probleme „feindlicher" Übernahmeangebote im Aktienrecht, 29.

[998] Vgl. Paefgen, AG 1991, 41, 48 ff.

[999] Vgl. Clemens, 42 Business Lawyer (1987), 747, 747; Weisner, Verteidigungsmaßnahmen gegen unfreundliche Übernahmeversuche, 26.

[1000] Vgl. Abeltshauser, Leitungshaftung, 237 f.; Hamilton, Law of Corporations, 443 ff.; Hauschka/ Roth, AG 1988, 181, 191 ff.; Herrmann, Zivilrechtliche Abwehrmaßnahmen gegen unfreundliche Übernahmeversuche, 195 ff.; Hopt, Festschrift Lutter, 1361, 1388; Jansen, Mergers & Acquisitions, 49; Knoll, Übernahme von Kapitalgesellschaften, 215 ff.; Lüttmann, Kontrollwechsel in Kapitalgesellschaften, 170; Michalski, AG 1997, 152, 158; Peltzer, ZfgK 1986, 291, 295; Pötzsch/Möller, WM-Beil. 2/2000, 3, 26 f.; Schander, BB 1997, 1801, 1802; von Falkenhausen, Festschrift Stiefel, 163, 185. Derartige Bieter werden im Amerikanischen auch *Looter* genannt, vgl. dazu ebenfalls die Ausführungen bei Hamilton, Law of Corporations, 443, und Lüttmann, Kontrollwechsel in Kapitalgesellschaften, 33 ff.

an.[1001] Für Bieter, denen an der Erzielung von Synergieeffekten gelegen ist, macht eine Übernahme keinen Sinn, wenn gerade der Unternehmensgegenstand, mit dem der Synergieeffekt hätte erreicht werden können, verkauft wird.[1002] Die durch den Verkauf erlangte zusätzliche Liquidität oder die daraus resultierende veränderte Anlageform kann jedoch das Übernahmeinteresse überhaupt erst wecken.[1003]

Soweit es sich bei der Vermögensveräußerung nicht um das gesamte Vermögen der Gesellschaft handelt[1004] und der Vermögensgegenstand nicht zur satzungsgemäßen Geschäftsfortführung[1005] notwendig ist,[1006] ist eine Vermögensübertragung durch den Vorstand in Deutschland grundsätzlich zulässig.[1007] Dies gilt jeden-

---

[1001] Vgl. dazu Bohrer, Unfriendly Takeovers, 41; Geibel/Süßmann-Schwennicke, WpÜG, § 33, Rdn. 29; Kurth, Aktionärsschutz, 22 f.; Möller, Die Stellung des Aktionärs bei Übernahmen, 194; Picot, in Picot, Mergers & Acquisitions, 91, 146; Pötzsch/Möller, WM-Beil. 2/2000, 3, 27; Solomon/Palmiter, Corporations, 562; von Falkenhausen, Festschrift Stiefel, 163, 185.

[1002] Vgl. Geibel/Süßmann-Schwennicke, WpÜG, § 33, Rdn. 29; Michalski, AG 1997, 152, 159; van Aubel, Vorstandspflichten bei Übernahmeangeboten, 20 f.

[1003] Vgl. dazu Schanz, NZG 2000, 337, 346 f.; Abeltshauser, Leitungshaftung, 238 f.; Assmann/ Bozenhardt, in Assmann/Basaldua/Bozenhardt/Peltzer, Übernahmeangebote, 1, 140 f.; Michalski, AG 1997, 152, 159.

[1004] Vgl. § 361 AktG. Demnach bedarf die Übertragung des gesamten Vermögens der Gesellschaft vorbehaltlich einer Satzungsbestimmung, die eine größere Kapitalmehrheit und ggf. auch weitere Erfordernisse festlegt, der Zustimmung der Hauptversammlung mit Dreiviertelmehrheit des vertretenen Grundkapitals. Allerdings ist nach Wortlaut und Zweck dieser Bestimmung, vgl. dazu BGH, NJW 1982, 933, 936 (Hoesch-Hoogovens), die Zustimmung nicht erforderlich, wenn zwar Gegenstände oder Rechte von erheblichem Wert veräußert werden, aber andere Gegenstände mit im Verhältnis zum Gesamtvermögen erheblichem Restwert bei der Gesellschaft verbleiben, vgl. BGHZ 83, 122, 128 ff. - Holzmüller. Vgl. dazu ergänzend Geßler/ Hefermehl/Eckardt/Kropff-Hefermehl/Kropff-Kropff, AktG, § 361, Rdn. 14; Hüffer, AktG, § 179a, Rdn. 5; Kölner KommAktG/Kraft, § 361, Rdn. 9; Knoll, Übernahme von Kapitalgesellschaften, 249 f.; Lutter/ Lenekugel, ZIP 1998, 225, 226; Michalski, AG 1997, 152, 159; Timm, AG 1980, 172, 175 ff.; Weisner, Verteidigungsmaßnahmen gegen unfreundliche Übernahmeversuche, 247 f.; Wollburg/Gehling, Festschrift Lieberknecht, 133, 146. Zur Rechtslage in den USA in diesem Zusammenhang vgl. auch Kurth, Aktionärsschutz, 22.

[1005] Bezüglich der im Einzelfall entscheidenden, aber schwierig zu beantwortenden, Frage, ob die satzungsbestimmte Unternehmenstätigkeit geändert wird, vgl. Geßler/Hefermehl/Eckardt/Kropff-Hefermehl/ Bungeroth, § 179, Rdn. 96; KölnerKommAktG/Zöllner, § 179, Rdn. 118; Großkommentar AktG/ Wiedemann, § 179, Rdn. 58 ff.; Gross, AG 1994, 266, 269; Hommelhoff, Konzernleitungspflicht, 65 ff.; Lutter/Leinekugel, ZIP 1998, 225, 227; Mertens, AG 1978, 309; 310 f.; Münchener Hdb GesellschaftsR/ AG-Krieger, § 9, Rdn. 16; Tieves, Unternehmensgegenstand der Kapitalgesellschaft, 11 ff.; Timm, AG 1980, 172, 177 ff.; Timm, Die Aktiengesellschaft als Konzernspitze, 117 ff.; Weisner, Verteidigungsmaßnahmen gegen unfreundliche Übernahmeversuche, 248; Wollburg/Gehling, Festschrift Liebermann, 133, 138 f.

[1006] Vgl. BGHZ 83, 122, 128 ff. (so genannte „Holzmüller-Entscheidung"): Erforderlich ist demnach, dass der Gesellschaft nicht die Möglichkeit genommen wird, ihre in der Satzung festgelegten Unternehmensziele, wenn auch in eingeschränktem Maße, eigenständig zu verfolgen. In Anlehnung an die Vorinstanz, OLG Hamburg, JZ 1981, 232, hat der Bundesgerichtshof die Einschlägigkeit des § 361 AktG für den Fall, dass „ein wesentlicher oder sogar den Schwerpunkt der bisherigen Unternehmenstätigkeit bildender, aber das Betriebsvermögen nicht erschöpfender, selbständiger Vermögensbestandteil" ausgegliedert werde, abgelehnt.

[1007] Vgl. dazu ausführlich BGHZ 83, 122, 128 ff. (Holzmüller-Entscheidung); siehe auch Hauschka/ Roth, AG 1988, 181, 191; Lüttmann, Kontrollwechsel in Kapitalgesellschaften, 170; Michalski, AG 1997, 152, 159; Peltzer, ZfgK 1986, 291, 295; Weisner, Verteidigungsmaßnahmen gegen unfreundliche Übernahmeversuche, 246.Vgl. demgegenüber Knoll, Übernahme von Kapitalgesellschaften, 249 f. Zum Erfordernis und

falls dann, wenn Satzungsbestimmungen nicht verletzt werden[1008] oder entsprechende Rechte dem Vorstand durch die Satzung eingeräumt sind und - jedenfalls nach der zitierten Holzmüller-Entscheidung des Bundesgerichtshofs[1009] - wenn der Vorstand mit der Entscheidung nicht in schwerwiegende Rechte und Interessen der Aktionäre eingreift.[1010] Gleichwohl ist eine Vermögensübertragung jedenfalls dann rechtswidrig und zum Schadensersatz verpflichtend, wenn das zugrunde liegende Geschäft nur für den Fall eines Übernahmeangebots oder aber zum Zweck der zukünftigen Verhinderung von Übernahmeangeboten abgeschlossen worden ist.[1011] In jedem Fall läge eine Pflichtverletzung dann vor, wenn ein schuldrechtliches, für die Gesellschaft nachteiliges Geschäft ohne konkrete Gefahr einer Übernahme und ohne zuvor eingeholte Zustimmung der Hauptversammlung erfolgt.[1012]

(1) Bedingter Verkauf

Der Verkauf von Vermögensbestandteilen durch eine Gesellschaft kann unter der Bedingung erfolgen, dass ein Anteilseigner einen bestimmten Stimmrechtsanteil

---

zum Umfang der Zustimmung der Anteilseigner, wenn alle oder nahezu alle werthaltigen Vermögensgüter eines amerikanischen Unternehmens verkauft werden sollen, Henn/Alexander, Laws of Corporations, 959 ff.

1008 Wird durch die Vermögensübertragung der Unternehmensgegenstand geändert, ist jedenfalls ein Hauptversammlungsbeschluss erforderlich, vgl. § 179 Absatz 2 Satz 2 AktG, vgl. dazu Mertens, AG 1978, 309, 310. Vgl. auch Michalski, AG 1997, 152, 159, der in diesem Zusammenhang immer eine „faktische Satzungsänderung" annimmt. Vgl. dazu auch Herrmann, Zivilrechtliche Abwehrmaßnahmen gegen unfreundliche Übernahmeversuche, 130; Tieves, Unternehmensgegenstand der Kapitalgesellschaft, 179 ff. Zu den gesetzlichen Anforderungen an faktische Satzungsänderungen vgl. Wolff, WiB 1997, 1009, 1010 ff.

1009 BGHZ 83, 122, 122 ff., vgl. dazu die Ausführungen unter 4. Teil E. 5. c./d.

1010 Vgl. BGHZ 83, 122, 128 ff. Infolge von § 82 Absatz 1 AktG bliebe die Wirksamkeit des gleichwohl vorgenommenen Geschäfts im Regelfall unberührt, doch dürften die vom Bundesgerichtshof unter Rückgriff auf das Schrifttum erwähnten und nur für die fragliche Fallkonstellation abgelehnten Ausnahmen, etwa die Erkennbarkeit des Missbrauchs der Vertretungsmacht, unter anderen Umständen entscheidungserhebliche Bedeutung gewinnen können. Daneben blieben mögliche Schadensersatzansprüche der Gesellschaft nach § 93 Absatz 2 AktG bestehen. Vgl. dazu auch ergänzend Abeltshauser, Leitungshaftung, 239; Knoll, Übernahme von Kapitalgesellschaften, 249 f.; Lutter, Festschrift Barz, 199, 210 ff.; Michalski, AG 1997, 152, 159; Pötzsch/Möller, WM-Beil. 2/2000, 3, 27; Weisner, Verteidigungsmaßnahmen gegen unfreundliche Übernahmeversuche, 246 f., 249 ff.

1011 Vgl. Abeltshauser, Leitungshaftung, 238; Hopt, in Hopt/Wymeersch, European Takeovers, 165, 185; Ebenroth/Daum, DB 1991, 1157, 1158; Assmann/Bozenhardt, in Assmann/Basaldua/Bozenhardt/Peltzer, Übernahmeangebote, 1, 141; Hauschka/Roth, AG 1988, 181, 191; Hopt, Festschrift Lutter, 1361, 1388; Knoll, Übernahme von Kapitalgesellschaften, 249 f.; Michalski, AG 1997, 152, 160; a.A. Müller, Festschrift Semler, 195, 214.

1012 Vgl. Michalski, AG 1997, 152, 159 f.; Marquardt, WiB 1994, 537, 539; Immenga/Noll, Feindliche Übernahmen aus wettbewerbspolitischer Sicht, 106; Müller, 17 Comparative Law Yearbook of International Business (1995), 65, 83; Picot, in Picot, Mergers & Acquisitions, 91, 146; Werner, Probleme „feindlicher" Übernahmen im Aktienrecht, 29; Bess, AG 1976, 206, 208; Immenga, SAG 1975, 89, 102; vgl. auch Schanz, NZG 2000, 337, 347, der unter Berufung auf eine „faktische" Satzungsänderung grundsätzlich beim Verkauf wesentlicher Vermögensposten ein Zustimmungserfordernis der Hauptversammlung annimmt, so auch Wolff, WiB 1997, 1009, 1010 ff. Vgl. auch Schander, BB 1997, 1801, 1802; Weisner, Verteidigungsmaßnahmen gegen unfreundliche Übernahmeversuche, 255.

überschreitet oder ein Übernahmeangebot abgegeben wurde.[1013] Der Kaufvertrag kann für diese Fälle auch eine Rückerwerbsoption beinhalten.[1014] Durch den bedingten Verkauf werden Übernehmer abgeschreckt, weil mit dem Eintritt der Bedingung die Geschäftstätigkeit und die Werthaltigkeit der Zielgesellschaft eingeschränkt würden. Für die Zielgesellschaft kann sich ein bedingter Verkauf als eine im Vergleich zur unbedingten Veräußerung effektivere Verteidigungsmaßnahme darstellen, weil sie vor Bedingungseintritt in ihren üblichen Geschäftstätigkeiten oder ihrer Werthaltigkeit nicht beeinträchtigt wird. Dies gilt entsprechend auch für die Einräumung einer Rückerwerbsoption oder der Erwerbsoption zugunsten eines Dritten.[1015]

(2) Vorbeugender Verkauf

Der Verkauf von Vermögensteilen kann auch aus grundsätzlichen - auch vorgeblich betriebswirtschaftlichen - Erwägungen erfolgen, um eine zukünftige Fremdbeherrschung des Unternehmens nach einer Übernahme auszuschließen. Für den Fall eines vorbeugenden Verkaufs ist ebenfalls die Vereinbarung eines Rückkaufrechts sachdienlich.[1016]

b. Besondere Abfindungsversprechen für ausscheidende Manager – golden parachutes defense

Eine Maßnahme zur Abwehr von Übernahmen können besondere Abfindungsvereinbarungen der Gesellschaft mit den Leitungsorganen oder anderen Mitarbeitern sein.[1017] Diese können sowohl für den Fall einer vorzeitigen Abberufung oder des

---

[1013] Vgl. van Aubel, Vorstandspflichten bei Übernahmeangeboten, 22 f.; Hauschka/Roth, AG 1988, 181, 193; Knoll, Übernahme von Kapitalgesellschaften, 216; Kurth, Aktionärsschutz, 23; Schaaf, RIW 1985, 273, 279 f.; Peltzer, Festschrift Zimmerer, 274, 283.

[1014] Vgl. Daum, Die unkoordinierte Übernahme, 185; Hauschka/Roth, AG 1988, 181, 191; Gordon/ Kornhauser, 96 Yale Law Journal (1986), 295, 311; Knoll, Übernahme von Kapitalgesellschaften, 216; Pötzsch/ Möller, WM-Beil. 2/2000, 3, 26.

[1015] Vgl. dazu Klein/Coffee, Business Organization and Finance, 187; Knoll, Übernahme von Kapitalgesellschaften, 216; Trockels, ZvglRWiss 89, 56, 83 f.; Weisner, Verteidigungsmaßnahmen gegen unfreundliche Übernahmeversuche, 33.

[1016] Vgl. Hauschka/Roth, AG 1988, 181, 191; Michalski, AG 1997, 152, 159 f.; Peltzer, ZfgK 1986, 291, 295 f.; Weisner, Verteidigungsmaßnahmen gegen unfreundliche Übernahmeversuche, 256.

[1017] Vgl. dazu Bohrer, Unfriendly Takeovers, 41; Clark, 20 John Marshall Law Review (1986), 237, 237 ff.; Hauschka/Roth, AG 1988, 181, 192; Herrmann, Zivilrechtliche Abwehrmaßnahmen gegen unfreundliche Übernahmeversuche, 84; Jansen, Mergers & Acquisitions, 49; Johnson, 94 Yale Law Review (1985), 909, 909 ff.; Kessel, Leveraged Buy-out, 60; Knoeber, 76 American Economic Review (1986), 155, 155 ff.; Knoll, Übernahme von Kapitalgesellschaften, 218 f.; Kurth, Aktionärsschutz, 26 ff.; Lehnert, Unternehmensübernahmen in den USA, 101 ff.; Lüttmann, Kontrollwechsel in Kapitalgesellschaften, 169; Merkt, US-amerikanisches Gesellschaftsrecht, Rdn. 523, 1141 ff.; Michalski, AG 1997, 152, 160; Möller, Die Stellung des Aktionärs bei Übernahmen, 163 f.; Peltzer, ZfgK 1986, 291, 295; Peltzer, ZfgK 1988, 577, 582 f.; Solomon/Palmiter, Corporations, 562; Weisner, Verteidigungsmaßnahmen gegen unfreundliche Übernahmeversuche, 45 ff., 233 ff.; Zitter, 66 American Law Reports 4th (1989), 138, 138 ff.

freiwilligen Ausscheidens infolge einer Übernahme wie auch für den Fall des Ausscheidens nach Ablauf der Amtszeit unter der Bedingung vereinbart werden, dass eine Übernahme stattgefunden hat.[1018] Als effektives Mittel zur Vermeidung einer Übernahme erscheinen Abfindungsversprechen, die den durch die Übernahme erhofften Vermögensvorteil auf Seiten des Bieters neutralisieren. Tatsächlich sind jedoch die dafür zur Verfügung stehenden Beträge - insbesondere in Deutschland - im Vergleich zu den regelmäßigen Übernahmekosten gering, so dass ihnen keine abschreckende Wirkung zukommen dürfte.[1019] Im Übrigen wird angeführt, dass die Leitungsorgane sich auch bei hohen Abfindungsvereinbarungen nicht zwangsläufig rigoros gegen eine Übernahme wenden, sondern das Übernahmeangebot eher objektiv bewerten und ihre Entscheidung und ihr Ermessen an objektiven Kriterien ausrichten, weil sie mit großen Nachteilen nicht zu rechnen haben.[1020]

Nach deutscher Gesetzeslage sind Abfindungsvereinbarungen lediglich im Rahmen eines angemessenen Übergangsgeldes rechtmäßig (vgl. § 87 Absatz 1 Satz 1, § 113 Absatz 1 Satz 3 AktG).[1021] Insofern ist zweifelhaft, ob und bis zu welcher Höhe die Gewährung von Abfindungen für den Fall, dass eine Abberufung vor

---

[1018] Vgl. etwa Merkt, US-amerikanisches Gesellschaftsrecht, Rdn. 523; Gilson/Black, Law and Finance of Corporate Acquisitions, 767; Lehnert, Unternehmensübernahmen in den USA, 101 ff.; Prentice, Law of Business Organisations and Securities Regulation, 723; Schander, BB 1997, 1801, 1802. Nach der Mannesmann-Übernahme durch Vodafone wurde die exorbitante Abfindung von über 60 Mio. DM an den Vorstandsvorsitzenden auch ohne vertragliche Absprache gezahlt, vgl. dazu Burgard, WM 2000, 611, 612; Frankfurter Allgemeine Zeitung vom 12. Februar 2000, 20; Der Spiegel vom 14. Februar 2000, 96.

[1019] Vgl. Hopt, Festschrift Lutter, 1361, 1389; Weisner, Verteidigungsmaßnahmen gegen unfreundliche Übernahmeversuche, 45, 233, 235. Vgl. weiter dazu Herrmann, Zivilrechtliche Abwehrmaßnahmen gegen unfreundliche Übernahmeversuche, 84; Knoll, Übernahme von Kapitalgesellschaften, 218 f.; Lehnert, Unternehmensübernahmen in den USA, 102; Michalski, AG 1997, 152, 160. Vgl. aber auch Machlin/Choe/Miles, 36 Journal of Law and Economics (1993), 861, 875, die einen Zusammenhang zwischen der Häufigkeit von Übernahmeversuchen und Abfindungsversprechen empirisch festgestellt haben. Allerdings muss hier offen bleiben, ob der Zusammenhang nicht infolge einer Gesamtausrichtung, deren Teil auch die Abfindungsversprechen waren, festgestellt werden konnte.

[1020] Vgl. Gilson/Black, Law and Finance of Corporate Acquisitions, 768; Peltzer, ZfgK 1986, 291, 295; Clark, 20 John Marshall Law Review (1986), 237, 237 ff.; Cook, in Weidenbaum/Chilton, Public Policy Toward Corporate Takeovers, 1, 13; Coffee, 85 Michigan Law Review (1986), 1, 75; Hahn, Die Übernahme von Aktiengesellschaften, 115 f.; Jensen, 62 Harvard Business Review (1984), 109, 118; Jensen, 2 Journal of Economic Perspectives (1988), 21, 39; Johnson, 94 Yale Law Review (1985), 909, 909 ff.; Lambert/Larcker, 7 Journal of Accounting and Economics (1985), 179, 179 ff.; Knoeber, 76 American Economic Review (1986), 155, 160; Lehnert, Unternehmensübernahmen in den USA, 101 f.; vgl. weiter zur Korrelation zwischen Höhe der Abfindungsversprechen und Verhalten nach Angebotsabgabe Machlin/ Choe/Miles, 36 Journal of Law and Economics (1993), 861, 872. Zu den Vor- und Nachteilen derartiger Versprechen vgl. auch weitergehend unter, 3. Teil B. II. 5.

[1021] Vgl. hierzu Geßler/Hefermehl/Eckardt/Kropff-Hefermehl, Aktiengesetz, § 84, Rdn. 45; Kölner KommAktG/Mertens, § 84, Rdn. 60; Assmann/Bozenhardt, in Assmann/Basaldua/Bozenhardt/Peltzer, Übernahmeangebote, 1, 143; Daum, Die unkoordinierte Übernahme, 194; Hauschka/Roth, AG 1988, 181, 192; Kessel, Leveraged Buy-out, 60; Knoll, Übernahme von Kapitalgesellschaften, 250 f.; Lüttmann, Kontrollwechsel in Kapitalgesellschaften, 169; Peltzer, ZfgK 1986, 291, 295; Peltzer, ZfgK 1988, 577, 582; Pötzsch/Möller, WM-Beil. 2/2000, 3, 27; Weisner, Verteidigungsmaßnahmen gegen unfreundliche Übernahmeversuche, 233 f.

Ende der Bestelldauer vorgenommen wird, rechtmäßig wäre.[1022] Die Grenze ist die Angemessenheit im Sinne des § 87 Absatz 1 Satz 1 AktG. Vorstandsmitglieder können nur aus wichtigem Grund vor Ablauf ihrer Amtszeit abberufen werden (§ 84 Absatz 3 AktG). Die Entschließungsfreiheit des Aufsichtsrats kann diesbezüglich nicht eingeschränkt werden.[1023] Als wichtiger Grund im Sinne des § 84 Absatz 3 AktG zählt nicht der Vertrauensentzug eines neuen Großaktionärs oder der bloße Wechsel in der Zusammensetzung der Anteilseigner, ohne dass weitere gewichtige Gründe im Sinne des § 84 Absatz 3 Satz 2 AktG gegeben sind;[1024] insofern sind die Vorstandsmitglieder nicht schutzwürdig.

c. Bedingte Vertragsabschlüsse

Vorbeugende Wirkung gegen Übernahmeversuche können auch bedingte Vertragsabschlüsse mit Dritten entfalten.[1025] Bereits oben[1026] war der aufschiebend bedingte Verkauf von Vermögensgegenständen behandelt worden. Befreundeten Dritten können darüber hinaus auch vermögenswerte Rechte anderer Art eingeräumt werden. Bei Eintritt einer vertraglich vereinbarten Bedingung, beispielsweise bei Überschreitung eines bestimmten Stimmrechtsanteils eines Aktionärs, können die Rechte dann übergehen oder es kann eine vereinbarte Vertragsstrafe fällig werden. Der gezahlte Gegenwert für solche Vereinbarungen entspricht gewöhnlich nicht dem

---

[1022] Vgl. dazu Abeltshauser, Leitungshaftung, 346 ff.; Assmann/Bozenhardt, in Assmann/Basaldua/Bozenhardt/Peltzer, Übernahmeangebote, 1, 143; Hauschka/Roth, AG 1988, 181, 192; Herrmann, Zivilrechtliche Abwehrmaßnahmen gegen unfreundliche Übernahmeversuche, 84; Käpplinger, NZG 2003, 573, 573 ff.; Knoll, Übernahme von Kapitalgesellschaften, 251; Michalski, AG 1997, 152, 160; Müller, 17 Comparative Law Yearbook of International Business (1995), 65, 81; Münchener Hdb GesellschaftsR/AG-Wiesner, § 21, Rdn. 27; Schander, BB 1997, 1801, 1802. In diesem Zusammenhang ist jedoch weiter zu konstatieren, dass die Vereinbarung und Zahlung außerordentlich hoher Abfindungen faktisch nicht sanktioniert wird und zu sein scheint. So ist gegen die „Abfindungszahlung" an den scheidenden Mannesmann-Vorstandsvorsitzenden Esser nach der Vodafone-Übernahme nicht zivilrechtlich, sondern nur nach Mühen im Rahmen des eingeleiteten strafrechtlichen Ermittlungsverfahrens vorgegangen worden, vgl. dazu Hüffer, BB 2003, Beil. 7; Handelsblatt vom 8. August 2002, 3; Handelsblatt vom 10. Februar 2003, 5. Eine Rechtsschutzmöglichkeit für die Einzelaktionäre besteht grundsätzlich nicht.

[1023] Auch unter dem Aspekt der Entschließungsfreiheit des Aufsichtsrats sind unangemessen hohe Abfindungsvereinbarungen unwirksam, vgl. hierzu BGHZ 8, 348, 360; BGH, NJW 1957, 1278; siehe auch Kölner KommAktG/Mertens, § 84, Rdn. 11, - der Aufsichtsrat wäre nämlich in der pflichtgemäßen Ausübung seiner Rechte und Pflichten beeinträchtigt und hätte sich überdies auch schadensersatzpflichtig gemacht, vgl. hierzu Geibel/Süßmann-Schwennicke, WpÜG, § 33, Rdn. 34; KölnerKommAktG/Mertens, § 87, Rdn. 3. Vgl. auch Abeltshauser, Leitungshaftung, 238; Assmann/Bozenhardt, in Assmann/ Basaldua/Bozenhardt/Peltzer, Übernahmeangebote, 1, 143; Gawrisch, Ermessensentscheidungen des Aufsichtsrates, 13; Hauschka/Roth, AG 1988, 181, 192; Knoll, Übernahme von Kapitalgesellschaften, 250 f.; Lüttmann, Kontrollwechsel in Kapitalgesellschaften, 169; Michalski, AG 1997, 152, 160; Peltzer, Festschrift Zimmerer, 274, 282 f.; Peltzer, ZfgK 1988, 577, 582 f.; Peltzer, ZfgK 1988, 577, 582 f.; Peltzer, ZIP 1989, 69, 74; Weisner, Verteidigungsmaßnahmen gegen unfreundliche Übernahmeversuche, 230 f., 234.

[1024] Vgl. KölnerKommAktG/Mertens, § 84, Rdn. 106, 109; vgl. weiter Hauschka/Roth, AG 1988, 181, 192; Peltzer, ZfgK 1988, 577, 582.

[1025] Vgl. Daum, Die unkoordinierte Übernahme, 185 f.

[1026] Vgl. die Ausführungen unter 6. a. (1).

Marktpreis.[1027] Für das Unternehmen bedeutet dies, dass eher eine Vermögenseinbuße als eine Übernahme hingenommen wird.

7. Mehrheitserfordernisse für Fusionen

In vielen Fällen wird ein Bieter nach Erlangen der Kontrollmehrheit in der Zielgesellschaft seine Fusionsabsicht realisieren. Als wirksame Verteidigungsmaßnahmen stellen sich somit grundsätzlich auch fusionserschwerende Maßnahmen dar. Als eine Maßnahme zur Erschwerung von Fusionen kann ein besonders hohes Mehrheitserfordernis für eine Fusionierung[1028] vorgesehen werden.[1029] Dafür ist ein satzungsändernder Hauptversammlungsbeschluss vonnöten. Nach deutschem Recht ist ein Verschmelzungsbeschluss mit einer Mehrheit von mindestens Dreivierteln des bei der Beschlussfassung vertretenen Grundkapitals zu fassen (§ 65 Absatz 1 Satz 1 UmwG). Die Satzung kann darüber hinaus eine höhere Kapitalmehrheit und weitere Bedingungen bestimmen (§ 65 Absatz 1 Satz 2 UmwG).

8. Fair-price-Regelungen

Zur Vermeidung einer Fusionierung kann die Satzung eines Unternehmens eine finanzielle Ausgleichsregelung zugunsten ihrer Aktionäre vorsehen. Eine für die Anteilseigner besonders günstige Preisregelung kann die Fusion für die Bietergesellschaft unattraktiv machen.[1030] Durch eine solche Regelung lässt sich auch ausschließen, dass ein Übernehmer eine Verschmelzung zu für ihn außerordentlich günstigen Bedingungen herbeiführen kann.

Ganz unabhängig von dem Verrechnungsverhältnis bei Fusionen können entsprechende absolute, relative oder aber auch unbestimmte *fair-price*-Regelungen

---

[1027] Vgl. Clemens, 42 Business Lawyer (1987), 747, 747 ff.

[1028] Im Amerikanischen auch *Porcupine Provisions* genannt; vgl. Hazen, Law of Securities Regulation, 665. Vgl. auch Knoll, Übernahme von Kapitalgesellschaften, 209 f.; Hauschka/Roth, AG 1988, 181, 188. Vgl. auch den eingehenden deutsch-amerikanischen Vergleich bei Bergmann, DAJV-NL 1994, 25, 25 ff., 59, 59 ff.

[1029] Vgl. Haarmann/Riehmer/Schüppen Röh, WpÜG, § 33, Rdn. 66; Hauschka/Roth, AG 1988, 181, 188; Knoll, Übernahme von Kapitalgesellschaften, 208 f.; Michalski, AG 1997, 152, 157; Prentice, Journal of Corporation Law 1983, 337, 340.

[1030] Vgl. dazu Meier-Schatz, WuR 1987, 16, 19, 24; Hazen, Law of Securities Regulation, 667; Choper/Eisenberg, Corporations, § 1139; Friedenberg, 7 Delaware Journal of Corporate Law (1982), 32, 44; Carney, American Bar Foundation Research Journal 1983, 341, 380; Fleischer/Sussmann, Takeover Defense, § 6.08; Knoll, Übernahme von Kapitalgesellschaften, 209 f.; Lehnert, Unternehmensübernahmen in den USA, 97; Lipton/Steinberger, Takeovers and Freezeout, § 6.03 [2][a][iii]; Menichetti, Wirtschaftsstudium 1990, 521, 522; Merkt, US-amerikanisches Gesellschaftsrecht, Rdn. 1126; Michalski, AG 1997, 152, 157; von Falkenhausen, Festschrift Stiefel, 163, 183; Weisner, Verteidigungsmaßnahmen gegen unfreundliche Übernahmeversuche, 30 f., 232 f. Vgl. im Übrigen zur deutschen Rechtslage auch die §§ 9 ff., 305 UmwG, 320 b, 306, 304 ff. AktG, die den Minderheitsgesellschafter insbesondere bei Fusionsvorgängen zu schützen bestimmt sind und die Angemessenheit des Ausgleichs gewähren sollen.

ganz allgemein für jeden Fall der Übernahme vorgegeben werden.[1031] Inhalt entsprechender Bestimmungen kann die Vorgabe eines bestimmten Preises für jeden Anteil nach Überschreiten einer den Kontrollwechsel indizierenden Beteiligungsquote, die Vorgabe eines in Relation zum bisherigen Kurs oder zum höchsten gezahlten Preis, oder die Vorgabe eines erst nachträglich - gegebenenfalls durch die Unternehmensleitung - festzulegenden Preises sein.[1032] Für den Fall, dass das Übernahmeangebot dieses Preislimit nicht erreicht, kann die Unternehmensleitung zur Vornahme bestimmter Verteidigungshandlungen ermächtigt werden. *Fair-price*-Regelungen sind hauptsächlich zur Vermeidung so genannter *frontloaded takeovers* etabliert worden. Hierbei handelt es sich um solche Übernahmeangebote, die unterschiedliche Preise für den Erwerb von Anteilen bis zur Kontrollerlangung und danach vorsehen (auch *two-tier-takeover-bids)*.[1033]

9. Wechselseitige Beteiligungen

Das Eingehen wechselseitiger Beteiligungen als Maßnahme zur Veränderung der Kapitalstruktur der Zielgesellschaft ist bereits dargestellt worden.[1034] Mit wechselseitigen Beteiligungen werden aber nicht nur entsprechende Stimmrechte an die jeweiligen Unternehmen vergeben, die infolge der wechselseitigen Abhängigkeiten für den Anteilserwerb durch Dritte nicht zur Verfügung stehen. Vielmehr übt die Wechselseitigkeit der Beteiligungen wegen der wirtschaftlichen Abhängigkeit der Leitungsorgane einen Stimmrechtsdruck aus, der es für den Übernehmer erforderlich macht, sich zusätzliche Stimmrechte zu verschaffen.[1035] Wechselseitige Beteiligungen können durch Vertragsstrafenvereinbarungen in ihrer vorbeugenden Wirkung noch verstärkt werden.[1036] Vor diesem Hintergrund sind wechselseitige Beteiligungen nicht nur als Veränderung der Kapitalstruktur zu verstehen, sondern zusätzlich als inhaltliche Kanalisation der Stimmrechtsausübung zu begreifen.

[1031] Vgl. Hazen, Law of Securities Regulation, 665 ff.; Easterbrook/Fischel, Economic Structure of Corporate Law, 145; Kurth, Aktionärsschutz, 15; Lehnert, Unternehmensübernahmen in den USA, 97; Weisner, Verteidigungsmaßnahmen gegen unfreundliche Übernahmeversuche, 232 f.

[1032] Vgl. Easterbrook/Fischel, Economic Structure of Corporate Law, 145; Knoll, Übernahme von Kapitalgesellschaften, 210; Kurth, Aktionärsschutz, 15.

[1033] Vgl. Hazen, Law of Securities Regulation, 667, Fn. 49; Easterbrook/Fischel, Economic Structure of Corporate Law, 146 f.; Kurth, Aktionärsschutz, 16; Lehnert, Unternehmensübernahmen in den USA, 97. Vgl. dazu auch Comment/Jarrell, 19 Journal of Financial Economics (1987), 283, 283 ff., die zu dem Ergebnis gelangen, dass Aktionäre von *Fair-Price*-Regelungen nicht nachweisbar profitieren.

[1034] Vgl. dazu die Ausführungen oben unter 2. e.

[1035] Vgl. Weisner, Verteidigungsmaßnahmen gegen unfreundliche Übernahmeversuche, 242 ff.; vgl. zu den Folgen für die Stimmrechtsausübung Emmerich/Habersack-Emmerich, Aktienkonzernrecht, § 19, Rdn. 13 f., § 328, Rdn. 1 ff.

[1036] Vgl. Assmann/Bozenhardt, in Assmann/Basaldua/Bozenhardt/Peltzer, Übernahmeangebote, 1, 119 f., 135; Schanz, NZG 2000, 337, 341, 346.

10. Aufbau kartellrechtlicher Hindernisse

Ein Bieter hat bei der Planung eines Übernahmeverfahrens zu prüfen, ob die erfolgreiche Übernahme einer kartellrechtlichen Überprüfung staatlicher Stellen standhält.[1037] Als eine Abwehrmaßnahme der Zielgesellschaft kann es daher angesehen werden, wenn eine Unternehmens- und Beteiligungsstruktur geschaffen wird, die einen Übernahmevorgang nicht ohne kartellrechtliche Risiken für den Bieter erlaubt.[1038] Insbesondere die Fusionskontrolle kann einen Übernahmevorgang entscheidend beeinflussen.[1039] Die Abwehr einer Übernahme durch die Verursachung von „*Antitrust*-Problemen“ wird in den Vereinigten Staaten vergleichsweise häufig versucht.[1040] Die Zielgesellschaft kauft dabei ein Unternehmen, das mit potentiellen Bietern im Wettbewerb steht, oder beteiligt sich an einem solchen, so dass die Erlangung der Kontrolle über die Zielgesellschaft zu einem kartellrechtlich problematischen Zusammenschluss führen würde.

Nach deutschem Recht entsteht ein derartiger Zusammenschluss gemäß §§ 23 Absatz 2, Absatz 3, 24 Absatz 1 GWB; er führt zu einer Untersagung gemäß § 24 Absatz 2 Satz 1 GWB oder zu seiner Auflösung nach § 24 Absatz 2 Satz 5, Absatz 6, Absatz 7 GWB. Eine potentielle Zielgesellschaft wird jedoch nicht in der Lage sein, eine Unternehmensstruktur zu schaffen, die generell jedem Bieter bei einer Übernahme kartellrechtliche Probleme bereiten würde. Die Zielgesellschaft kann sich lediglich auf ein bestimmtes Marktsegment beschränken und nur insoweit Vorsorge treffen. In der Regel muss jedoch auch hier die Anpassung der Unternehmensstruktur speziell auf einen Bieter abgestimmt werden, damit eine derartige Verteidigungsmaßnahme auch zum Erfolg führt.[1041] Da den Leitungsorganen der Zielgesellschaft üblicherweise unbekannt ist, welches Unternehmen eine Übernahme plant, ist eine präzise Abwehr nicht möglich.

[1037] Vgl. dazu Assmann/Bozenhardt, in Assmann/Basaldua/Bozenhardt/Peltzer, Übernahmeangebote, 1, 56 f.; Bästlein, Zur Feindlichkeit öffentlicher Übernahmeangebote, 303 f.; Haarmann/Riehmer/Schüppen-Röh, WpÜG, § 33, Rdn. 67. Vgl. zur 6. GWB-Novelle 1998 eingehend Bechtold, NJW 1998, 2769, 2769 ff.; vgl. auch zur Fusionskontrolle weitergehend Bechtold, in von Rosen/Seifert, Übernahme börsennotierter Unternehmen, 485, 485 ff.; Emmerich, AG 1998, 541, 541 ff.; Schulte, AG 1998, 297, 297 ff.

[1038] Vgl. Block/Miller, 11 Securities Regulation Law Journal (1983), 44, 55; Knoll, Übernahme von Kapitalgesellschaften, 218; Kurth, Aktionärsschutz, 25 f.; Lehnert, Unternehmensübernahmen in den USA, 106; Lipton/Steinberger, Takeovers and Freezeouts, § 6.09 [1]; von Falkenhausen, Festschrift Stiefel, 163, 186. Vgl. auch Panther v. Marshall Fields, 646 F.2d 271 (7th Cir. 1984); Crane Company v. Anaconda Company, 411 F.Supp. 1208 (S.D.N.Y. 1975). Ein anschauliches Beispiel für ein derartiges Vorgehen stellt im Übrigen der Erwerb von Orange plc. durch die Mannesmann AG dar, den der Vorstand auf der Hauptversammlung 2000 mit der bereits seinerzeit bestandenen Kenntnis von der Übernahmeabsicht durch vodafone begründete.

[1039] Zur Fusionskontrolle auf deutscher und europäischer Ebene vgl. weiterführend Bechtold, in von Rosen/Seifert, Übernahme börsennotierter Unternehmen, 485, 485 ff.; Möschel, AG 1998, 561, 561 ff.

[1040] Vgl. Prentice, Law of Business Organization and Securities Regulations, 724; von Falkenhausen, Festschrift Stiefel, 163, 186, Hauschka/Roth, AG 1988, 181, 192; Haarmann/Riehmer/Schüppen-Röh, WpÜG, § 33, Rdn. 67; Kurth, Aktionärsschutz, 25; Lehnert, Unternehmensübernahmen in den USA, 106.

[1041] So ist beispielsweise nach der Übernahme der Mannesmann AG durch vodafone die Orange plc an France Telekom - allerdings ohne den notwendigen Beherrschungsvertrag - verkauft worden, vgl. dazu Handelsblatt vom 23. Dezember 1999, 20.

Für den Fall, dass kartellrechtliche Schwierigkeiten für den Bieter geschaffen werden können, bleibt einem Bieter die Möglichkeit, durch Entflechtung nach Übernahme eine kartellrechtlich unbedenkliche Situation herbeizuführen.[1042] Vor diesem Hintergrund kann von erheblicher Bedeutung für das Übernahmeverfahren sein, dass der Übernehmer mit der Zielgesellschaft in der Regel einen Beherrschungsvertrag abzuschließen verpflichtet sein dürfte. Ein solcher Vertragsabschluss ist zeit- und kostenaufwendig und verzögert die wirtschaftliche Integration erheblich.[1043] Die Notwendigkeit eines Beherrschungsvertrages ergibt sich aus der ansonsten eingeschränkten Einflussmöglichkeit auf die Geschäftsführungsmaßnahmen der Zielgesellschaft durch das herrschende Unternehmen, die sich aus § 311 AktG[1044] und bei durch § 311 AktG ohnehin nicht gedeckten Nachteilszufügungen[1045] aus der Treuepflicht des Mehrheitsaktionärs, die den Missbrauch faktischer Konzernleitungsmacht verbietet.[1046] Zwar ist es einem beherrschenden Unternehmen grundsätzlich nach § 311 Absatz 1 AktG gestattet, durch Ausübung faktischer Leitungsmacht eine abhängige Gesellschaft zu veranlassen, nachteilige Geschäfte zu tätigen, wenn die Nachteile ausgeglichen werden.[1047] Ein solcher Nachteil tritt beispielsweise durch die notwendige Abspaltung des kartellrechtlich relevanten Unternehmens-Teils ein.[1048] Zum einen wäre der Nachteil nicht zu ermitteln, weil der Alternativverlauf bei unbeeinflusster Geschäftstätigkeit nicht festgestellt werden

[1042] Vgl. Möschel, Recht der Wettbewerbsbeschränkung, Rdn. 881 ff. Ein anschauliches Beispiel für diesen Fall stellt der Verkauf der Orange plc. durch die Mannesmann AG dar, der von vodafone ohne Beherrschungsvertrag angeordnet war.

[1043] Vgl. zu den Voraussetzungen zum Abschluss von Unternehmensverträgen weitergehend Emmerich/Habersack-Emmerich, Aktienkonzernrecht, § 293, Rdn. 1 ff. Vgl. dazu auch Habersack, DStR 1998, 533, 536.

[1044] Nach § 311 AktG sind insbesondere Minderungen der Vermögens- und Ertragslage, vgl. hierzu Emmerich/Habersack-Habersack, Aktienkonzernrecht, § 311, Rdn. 23, Veränderungen der Organisationsstruktur, vgl. hierzu Emmerich/Habersack-Habersack, Aktienkonzernrecht, Vor § 311, Rdn. 30, Veränderungen der Zusammensetzung des Gesellschaftsvermögens, vgl. dazu Emmerich/Habersack-Habersack, Aktienkonzernrecht, § 311, Rdn. 31; KölnerKommAktG/Koppensteiner, § 311, Rdn. 28 ff., und Veränderung des unternehmerischen Tätigkeitsbereichs, vgl. dazu KölnerKommAktG/Koppensteiner, § 311, Rdn. 43, als nachteilig anzusehen.

[1045] Durch § 311 AktG sind Nachteilszufügungen nicht gedeckt, die das Ausgleichssystem der § 311 ff. AktG nicht zu erfassen in der Lage ist, so dass die Schutzfunktion nicht greift, vgl. dazu Lüttmann, Kontroll-175 ff, oder aber solche, die nicht hinreichend quantifizierbar sind, um eine Schadensermittlung durchzuführen, vgl. dazu Emmerich/Habersack-Habersack, Aktienkonzernrecht, § 311, Rdn. 37, 42; Altmeppen, Haftung des Managers, 60 ff.; Lüttmann, Kontrollwechsel in Kapitalgesell-schaften, 175 ff. Die Schutzfunktion ist immer außer Kraft gesetzt, wenn nach der Ausführung der nachtei-ligen Maßnahme die spätere Feststellung und spätere Bewertung unmöglich ist.

[1046] Vgl. Emmerich/Habersack-Habersack, Aktienkonzernrecht, § 311, Rdn. 1, 19, 53 f.; Kort, WM 1991, 294, 296 f.; Lutter, ZHR 153 (1989), 446, 449 ff.; Mai, Aktionärsschutz, 38 ff.; Timm, WM 1991, 481, 481 ff. Vgl. diesbezüglich auch Lutter, DB 1992, 2429, 2430, zu diskutierten Reformbestrebungen.

[1047] Zur Berechnung des Nachteilsausgleichs vgl. OLG Hamburg, DB 2000, 2008.

[1048] Dies gilt zumindest dann, wenn der Teil unter dem unternehmensspezifischen Wert verkauft wird, vgl.dazu auch Emmerich/Habersack-Habersack, Aktienkonzernrecht, § 311, Rdn. 31.

könnte,[1049] zum anderen, weil die Nachteile schon für sich nicht quantifizierbar sind,[1050] und - drittens - die Ausführung der nachteiligen Geschäfte darüber hinaus auch eine zukünftige Feststellung und Bewertung des Nachteils unmöglich macht.[1051] Die Nachteilsfeststellung und ein Nachteilsausgleich können in derartigen Fällen mithin nicht erfolgen. Die Einflussnahme ohne Beherrschungsvertrag nach § 311 Absatz 1 AktG ist daher per se rechtswidrig.

Schließt der Übernehmer trotzdem keinen Beherrschungsvertrag ab, so setzen er und seine gesetzlichen Vertreter sich wegen der Rechtswidrigkeit der Einflussnahme persönlich Schadensersatz- und Unterlassungsansprüchen aus,[1052] die neben der Zielgesellschaft auch von deren Aktionären,[1053] gegebenenfalls auch im zivilrechtlichen Eilverfahren,[1054] direkt geltend gemacht werden können.

Vor diesem Hintergrund führen die hier erörterten Abwehrmaßnahmen der Zielgesellschaft im Ergebnis zwar regelmäßig nicht für sich allein zum Erfolg, sie

---

[1049] Einer solchen Feststellung steht entgegen, dass die Einwirkungen des Übernehmers regelmäßig so weitgehend sein dürften, dass die eigenständige Geschäftsentwicklung als Alternativentwicklung wegen der großen Bandbreite von Prämissen nicht mit ausreichender Sicherheit rekonstruierbar ist, die Nachteilszufügung und deren Umfang lässt sich folglich nicht erfassen, vgl. dazu Emmerich/Habersack-Habersack, Aktienkonzernrecht, Vor § 311, Rdn. 20; Mai, Aktionärsschutz, 41.

[1050] § 311 AktG erfasst nur ausgleichsfähige Nachteilszufügungen, insofern muss der Nachteil zum Zeitpunkt der Handlung berechenbar sein, vgl. dazu Emmerich/Habersack-Habersack, Aktienkonzernrecht, § 311, Rdn. 29. Die Berechenbarkeit setzt die Festsetzung des tatsächlich eintretenden Nachteils, nicht hingegen nur die Ermittlung eines (möglicherweise sogar gemittelten) Wertes unter Zugrundelegung von Wahrscheinlichkeiten hypothetischer Abläufe voraus, vgl. KölnerKommAktG/Koppensteiner, § 311, Rdn. 66 ff. Eine Berechnung des Nachteils ist unmöglich, wenn - wie regelmäßig bei der Aufgabe von Geschäftsbereichen durch Abgabe von Unternehmensteilen - die Chancen und Risiken des Geschäftsbereichs wegen der Komplexität und der unvorhersehbaren Entwicklung des Tätigkeitsfeldes ex ante schlicht nicht konkret beziffert werden können, vgl. dazu KölnerKommAktG/Koppensteiner, § 311, Rdn. 86; Münchener Hdb Gesellschaftsrechts/AG-Krieger, § 69, Rdn. 76; Mai, Aktionärsschutz, 43.

[1051] Rechtmäßig wäre die Nachteilszufügung auch dann, wenn zum Zeitpunkt der Handlung (noch) nicht quantifizierbare Nachteile durch eine Verpflichtung zum späteren Ausgleich des dann bezifferbaren Schadens kompensiert würden, vgl. dazu Adler/Düring/Schmaltz, Rechnungslegung und Prüfung der Unternehmen, § 311 AktG, Rdn. 59, 87 f. Auch durch eine ex post-Betrachtung kann jedoch der Nachteil aus denselben vorgenannten Gründen bei der Abgabe von Unternehmensteilen nicht beziffert werden; vgl. dazu weitergehend Hommelhoff, Die Konzernleitungspflicht, 127 ff.; Mai, Aktionärsschutz, 41.

[1052] Die Schadensersatzansprüche folgen einerseits aus § 317 AktG für den Fall einer Nachteilszufügung unter den Voraussetzungen des § 311 AktG, vgl. dazu weiterführend Münchener Hdb GesellschaftsR/AG-Krieger, § 69, Rdn. 20, 103 ff.; Altmeppen, Haftung des Managers, 63 ff., oder andererseits aus der Verletzung der Treuepflichten des Mehrheitsgesellschafters bzw. § 317 AktG analog, wenn der Tatbestand des § 311 AktG nicht erfüllt ist, vgl. dazu Emmerich/Habersack-Habersack, Aktienkonzernrecht, Vor § 311, Rdn. 27 ff., und § 317, Rdn. 10 ff. Teilweise wird der letztgenannte Schadensersatzanspruch auch unmittelbar aus § 311 AktG hergeleitet. Der Unterlassungsanspruch in der Ausgestaltung als quasinegatorischer Anspruch folgt aus den §§ 1004, 823 Absatz 2 BGB in Verbindung mit § 311 AktG, vgl. zu beidem Hüffer, AktG, § 311, Rdn. 50; MüKoBGB/Wagner, Vor. § 823, Rdn. 74 ff.

[1053] Zur Geltendmachung derartiger Ansprüche durch die Aktionäre vgl. Altmeppen, Haftung des Managers, 47. Den Ausgleich von Schäden, die nur der Gesellschaft entstehen, können die Aktionäre nur an die Gesellschaft selbst verlangen, vgl. dazu Emmerich/Habersack-Habersack, Aktienkonzernrecht, § 317, Rdn. 9, 13, 19 f.

[1054] Vgl. hierzu Knoll, Übernahme von Kapitalgesellschaften, 276 ff.; Weisner, Verteidigungsmaßnahmen gegen unfreundliche Übernahmeversuche, 266.

können aber ein wesentliches Erschwernis und damit auch eine Ursache für das Scheitern eines Übernahmeversuchs darstellen.

II. Reaktive Verteidigungsmaßnahmen

Auch wenn ein Übernahmeverfahren bereits von einem Bieter eingeleitet worden ist, kann die Geschäftsführung der Zielgesellschaft noch mit Abwehrmaßnahmen reagieren. Zunächst stehen ihnen auch hier die bisher zuvor dargestellten prophylaktischen Verteidigungsverfahren zur Verfügung. Da es jedoch für eine effektive reaktive Verteidigung auf kurzfristig wirkende Maßnahmen ankommt, die prophylaktischen Abwehrmaßnahmen aber nur in Ausnahmefällen kurzfristig zu realisieren sein dürften, können in den meisten Fällen nur die im folgenden dargestellten Maßnahmen zur reaktiven Verteidigung eingesetzt werden. Immerhin können der Verkauf bedeutender Vermögensgegenstände, die Verwendung genehmigten Kapitals, die Ausgaben von Vorzugstiteln, der Abschluss besonderer Verträge mit Dritten oder der Erwerb eigener Aktien durch die Zielgesellschaft - die eigentlich prophylaktische Verteidigungsmaßnahmen darstellen - auch als effektive reaktive Verteidigungsmaßnahme eingesetzt werden.

1. Eigenständige Maßnahmen der Zielgesellschaft

Zunächst sollen eigenständige Maßnahmen der Zielgesellschaft dargestellt werden, das heißt Maßnahmen, die seitens der Zielgesellschaft ohne notwendige Mitwirkung Dritter ergriffen werden können.

a. Die eigene Gesellschaft betreffende Maßnahmen

In Betracht kommen zunächst Maßnahmen, die lediglich die Zielgesellschaft selbst betreffen und die keine direkte Außenwirkung entfalten.

(1) Informationserteilung und Stellungnahme durch die Unternehmensleitung gegenüber den eigenen Aktionären und der Öffentlichkeit

Zur Abwehr einer Übernahme können von der Unternehmensleitung Informationen an Dritte weitergegeben werden,[1055] es kann eine bestimmte Ausrichtung der Öffentlichkeitsarbeit erfolgen[1056] und es können direkte Stellungnahmen zur Über-

[1055] Vgl. Hirte/Schander, in von Rosen/Seifert, Übernahme börsennotierter Unternehme, 341, 357.

[1056] Vgl. dazu Daum, Die unkoordinierte Übernahme, 187 f.; Weisner, Verteidigungsmaßnahmen gegen unfreundliche Übernahmeversuche, 245 f. Vgl. in diesem Zusammenhang auch Handelsblatt vom 27./28. November 1998, 17, zum Übernahmeversuch von Thyssen durch Krupp und die Öffentlichkeitsarbeit von Thyssen.

nahme[1057] und zum Bieter[1058] abgegeben werden, die dem Bieter die Durchführung erschweren oder die Übernahme verhindern. Infolge derartiger Maßnahmen entstehen Erschwernisse und zusätzliche Kosten für den Bieter wegen der erforderlichen Auseinandersetzungen mit der öffentlichen Meinung, politischen Organen, den Mitarbeitern und vor allen Dingen mit den Aktionären der Zielgesellschaft, auf deren Verkaufsbereitschaft der Bieter angewiesen ist.[1059] Zumindest gegenüber den Aktionären wird die Unternehmensleitung als zur unaufgeforderten, umfassenden und wertenden Stellungnahme verpflichtet angesehen.[1060] Ob demgegenüber Werbe-

---

[1057] Zu einer Verpflichtung zur Stellungnahme vgl. KölnerKommAktG/Mertens, § 76, Rdn. 26; Hirte, in von Rosen/Seifert, Übernahme börsennotierter Unternehmen, 341, 346. Zur Haftung für die Verletzung ihrer Informationspflichten nach § 92 Absatz 2 AktG und gegebenenfalls auch nach § 117 Absatz 1 Satz 1 AktG oder nach deliktsrechtlichen Bestimmungen (§ 823 Absatz 2 BGB in Verbindung mit einem Schutzgesetz, § 826 BGB) gegenüber der Gesellschaft vgl. Geßler/Hefermehl/Eckardt/Kropff-Kropff, AktG, § 117, Rdn. 38. Eine direkte Haftung gegenüber den Aktionären ließe sich demnach aus aktienrechtlichen Bestimmungen allenfalls unter den Voraussetzungen des § 117 Absatz 1 Satz 2 AktG herleiten. Soweit diese Bestimmung einen unmittelbaren Schaden des Aktionärs voraussetzt, ist zumindest anerkannt, dass hierunter etwa die Veranlassung zum Verkauf von Aktien unter Wert aufgrund unzutreffender Verlautbarungen des Vorstandes fällt. Nicht anders wird man grundsätzlich den Fall zu behandeln haben, dass unzutreffende Informationen den Aktionär davon abgehalten hätten, seine Aktien zu einem günstigen Übernahmeangebotspreis zu veräußern. Damit ist allerdings de facto die Haftung für fahrlässig verlautbarte unrichtige Informationen ausgeschlossen. Sie ließe sich nur begründen, wenn man die Informationspflichten des Vorstandes als kapitalmarktbezogene Informationsverkehrspflicht und diese wiederum als Schutzgesetz im Sinne des § 823 Absatz 2 BGB betrachten wollte, vgl. hierzu auch Assmann, Prospekthaftung, 252 ff., 273 ff. m.w.N., oder als Bezugspunkt einer quasivertraglichen Berufshaftung, die mit unterschiedlicher dogmatischer Konzeption vertreten wird, vgl. etwa Hopt, AcP 183 (1983), 608, 608 ff., auffassen würde. Problematisch ist in diesem Zusammenhang allerdings die sich aus § 93 Absatz 1 Satz 2 AktG ergebende und unter anderem mit der Strafsanktion des § 404 AktG bewehrte Verschwiegenheitspflicht der Vorstandsmitglieder. Sofern der Vorstand zu der Auffassung gelangt, durch diese Bestimmungen an der Offenbarung von vertraulichen Angaben und Geschäftsgeheimnissen gehindert zu sein, wird ihm daraus kein Vorwurf im Sinne der Verletzung der hier in Frage stehenden Pflicht zur Stellungnahme zu machen sein. Sein Interesse dürfte in der kritischen Situation des Übernahmeangebots indes eher auf die Offenlegung seiner Kenntnisse gehen, um so etwa die "Unangemessenheit" des Angebotspreises belegen zu können. Sofern den in Frage stehenden Geheimnissen preisrelevante Informationen zugrundelägen, wird man den Vorstand angesichts eines Übernahmeangebots für berechtigt ansehen müssen, diese zu publizieren. Ein solches Vorgehen entspreche dem vorrangigen Interesse der Aktionäre, denen es näher liege, solche Informationen veröffentlicht zu sehen, als ihre Anteile - ohne von der Geheimhaltung zu profitieren - zu unangemessenen Konditionen zu veräußern.

[1058] Vgl. Martens, Festschrift Beusch, 529, 549; Mülbert, IstR 1999, 83, 88; Rümker, Festschrift Heinsius, 683, 687.

[1059] Vgl. Solomon/Palmiter, Corporations, 563.

[1060] Vgl. Bozenhardt, Freiwillige Übernahmeangebote, 143; Busch, Regelung von Übernahmeangeboten, 108 ff.; Daum, Die unkoordinierte Übernahme, 144 f.; Dimke/Heiser, NZG 2001, 241, 249; Mülbert, IStR 1999, 83, 88 f.; Ebenroth/Daum, DB 1991, 1157, 1158 ff.; Hirte, in von Rosen/Seifert, Übernahme börsennotierter Unternehmen, 341, 346; Hopt, ZHR 161 (1997), 368, 411; Hopt, ZGR 1993, 534, 556; Hopt, Festschrift Rittner, 187, 203; Hopt, ZHR 161 (1997), 368, 411; Knoll, Übernahme von Kapitalgesellschaften, 167; Martens, Festschrift Beusch, 529, 549; Rümker, Festschrift Heinsius, 683, 687; Assmann/ Bozenhardt, in Assmann/Basaldua/Bozenhardt/Peltzer, Übernahmeangebote, 1, 103 ff.; KölnerKommAktG/Mertens, § 76, Rdn. 26; Pötzsch/Möller, WM-Beil. 2/2000, 3, 24 f.; van Aubel, Vorstandspflichten bei Übernahmeangeboten, 32 ff., 172 ff.; Weisner, Verteidigungsmaßnahmen gegen unfreundliche Übernahmeversuche, 155; Witte, BB 2000, 2161, 2163. Vgl. zur Schwierigkeit der inhaltlichen Bestimmung der Stellungnahme Bebchuk/Kahan, 1989 Duke Law Journal, 27, 29 ff.

kampagnen, so wie sie von der Mannesmann AG im Abwehrkampf gegen Vodafone AirTouch initiiert worden sind,[1061] zum Zwecke der Einflussnahme auf die Aktionäre und die Öffentlichkeit als rechtmäßig zu beurteilen sind, ist umstritten.[1062]

(2) Erwerb eigener Aktien

Weiterhin können von der Zielgesellschaft oder von ihr nahe stehenden Personen eigene Aktien mit der Folge aufgekauft werden, dass die Übernahmekosten für den Bieter wegen der gestiegenen Nachfrage ansteigen[1063] und die Anteile dem Markt entzogen sind, dem Bieter also zum Aufkauf nicht zur Verfügung stehen.

(a) Erwerb eigener Aktien durch die Zielgesellschaft

Der Erwerb eigener Aktien kann zunächst durch die Zielgesellschaft selbst erfolgen.[1064] Für diesen Fall war schon ausgeführt worden, dass im Gegensatz zur Rechtslage in den Vereinigten Staaten in Deutschland wegen des Verbots der Einlagenrückgewähr nur ein Erwerb nach § 71 Absatz 1 Nr. 1 AktG zur Abwendung eines schweren, unmittelbar bevorstehenden Schadens für die Gesellschaft in Betracht kommt.[1065] Ob die Änderung der Mehrheitsverhältnisse in der Hauptversammlung oder auch die Gefahr der Konzernierung als schwerer Schaden angesehen werden kann, ist aber zweifelhaft.[1066] Zudem ist bei einem aktuellen Übernah-

---

[1061] Vgl. exemplarisch, Die Zeit vom 03. Februar 2000,11.

[1062] Vgl. Dimke/Heiser, NZG 2001, 241, 241 ff.; Horn, ZIP 2000, 473, 482; Handelsblatt vom 13. Juni 2001, R 2.

[1063] Vgl. Knoll, Übernahme von Kapitalgesellschaften, 204 ff.; Kurth, Aktionärsschutz, 17 ff.; Lipton/Steinberger, Takeovers and Freezeouts, § 6.06 [3][d]; Schander, ZIP 1998, 2087, 2088; Schander, BB 1997, 1801, 1803; Sünner, AG 1987, 276, 283; von Falkenhausen, Festschrift Stiefel, 163, 186; Weisner, Verteidigungsmaßnahmen gegen unfreundliche Übernahmeversuche, 222. Auch zur Kursentwicklung vgl. weitergehend Lakonishok/Vermaelen, 45 Journal of Finance (1990), 455, 455 ff.; Masulis, 35 Journal of Finance (1980), 305, 305 ff. Vgl. auch Frankfurter Allgemeine Zeitung vom 11. Dezember 1998, 30.

[1064] Vgl. Henn/Alexander, Laws of Corporations, 936 ff.; Knoll, Übernahme von Kapitalgesellschaften, 204 ff., 238 f.; Krause, NZG 2000, 905, 912; Lüttmann, Kontrollwechsel in Kapitalgesellschaften, 170 f.; Michalski, AG 1997, 152, 154 f.; Peltzer, WM 1998, 322, 322 ff.; Schander, BB 1997, 1801, 1803; sehr ausführlich auch Merkt, US-amerikanisches Gesellschaftsrecht, Rdn. 568 ff.; Unocal v. Mesa Petroleum Co., 493 A.2d 946, 946 ff. (Del. 1985), zum Zusammenhang zwischen Aktienrückkäufen und beibehaltener Unabhängigkeit in den Vereinigten Staaten vgl. Duggal/Cudd, 14 Managerial and Decision Economics (1993), 509, 516. Zum Ausscheideverhalten des Topmanagements nach Rückkäufen vgl. Klein/Rosenfeld, 20 Journal of Financial Economics (1988), 493, 497.

[1065] Vgl. die Ausführungen oben unter I. 2. d.

[1066] Ablehnend BFH, AG 1977, 230; Assmann/Bozenhardt, in Assmann/Basaldua/Bozenhardt/Peltzer, Übernahmeangebote, 1, 132 f.; Geßler/Hefermehl/Eckardt/Kropff-Hefermehl/Bungeroth, § 71, Rdn. 56 ff.; Hopt, ZGR 1993, 534, 563; Knoll, Übernahme von Kapitalgesellschaften, 238 f.; Immenga, SAG 1975, 89, 102; Hauschka/Roth, Die AG 1988, 181, 187; KölnerKommAktG/Lutter, § 71, Rdn. 24; Lüttmann, Kontrollwechsel in Kapitalgesellschaften, 170 f.; Michalski, AG 1997, 152, 155; Rümker, Festschrift Heinsius, 683, 688; Schander, BB 1997, 1801, 1803; Schlechtriem, in Kreuzer, Haftung der Leitungsorgane, 9, 45; Stoll, BB 1989, 301, 304; von Beauvais, Grenzen des Höchststimmrechts, 163 und insbesondere Otto, DB-Beil.

meversuch fraglich, ob auch das Erfordernis der Unmittelbarkeit erfüllt ist.[1067] Zwar genügt nach allgemeiner Ansicht für einen unmittelbar bevorstehenden Schaden ein in überschaubarer Zukunft konkret zu erwartender Schadenseintritt; dass dieser sofort eintreten würde, ist dagegen nach wohl überwiegender Auffassung nicht erforderlich.[1068] Entscheidend dürfte jedoch in diesem Zusammenhang nicht die Änderung der Mehrheitsverhältnisse, sondern die Änderung der Geschäftsausrichtung sein. Ob insoweit die Unmittelbarkeit zu befürworten ist, wird in jedem Einzelfall unterschiedlich zu beurteilen sein.

Ein Rückerwerb von Aktien nach § 71 Abs. 1 Nr. 8 AktG kommt praktisch nur dann in Betracht, wenn ein entsprechender Ermächtigungsbeschluss schon vorliegt.[1069] Auch in diesem Fall ist zweifelhaft, ob ein Rückerwerb zum Zwecke der Abwehr einer Übernahme rechtmäßig ist und ob dieser Zweck ausdrücklich im Beschluss genannt sein muss.[1070] In jedem Fall kann lediglich ein Erwerb bis zu 10 % des Aktienkapitals erfolgen.[1071]Im Übrigen kommt ein Erwerb eigener Aktien unter möglicherweise auch nur vorgeblicher[1072] Berufung auf die Absicht der Veräußerung an Arbeitnehmer in Be-tracht.[1073]

Eine besondere Variante des Erwerbs eigener Aktien im weiteren Sinne ist die - in Deutschland unzulässige - Angebotsabgabe an die Aktionäre zum Ankauf ihrer Aktien zu einem festgelegten fixen oder relativen Preis unter Ausschluss des Bieters.[1074] Der Angebotspreis kann für die übrigen Aktionären über dem Angebot des

---

12/1988, 1, 8. Hinsichtlich drohender "Überfremdung" des Unternehmens vgl. Godin/Wilhelmi/Wilhelmi, AktG, § 71, Rdnr. 3; Kübler, Gesellschaftsrecht, 160; KölnerKommAktG/Lutter, § 71, Rdnr. 24; Mestmäcker, Verwaltung, Konzerngewalt und Recht der Aktionäre, 143 ff.; Mestmäcker, BB 1961, 945, 946; Günther/Muche/White, RIW 1998, 337, 340; Weisner, Verteidigungsmaßnahmen gegen unfreundliche Übernahmeversuche, 214 f.; Ziebe, AG 1982, 175, 176; a.A. GroßkommentarAktG/Barz, § 71, Anm. 7; Weisner, Verteidigungsmaßnahmen gegen unfreundliche Übernahmeversuche, 215. Vgl. zum Schaden in diesem Zusammenhang im Übrigen die Ausführungen in dieser Arbeit unter 4. Teil E. VIII. 5.

1067 Vgl. Assmann/Bozenhardt, in Assmann/Basaldua/Bozenhardt/Peltzer, Übernahmeangebote, 1, 134; Lüttmann, Kontrollwechsel in Kapitalgesellschaften, 171.

1068 Vgl. Geßler/Hefermehl/Eckardt/Kropff-Hefermehl/Bungeroth, § 71, Rdn. 44 ff.; Hüffer, AktG, § 71, Rdnr. 7; KölnerKommAktG/Lutter, § 71, Rdn. 29; MüKoAktG-Bayer, § 71, Rdn. 99; Benckendorff, Erwerb eigener Aktien, 213; Günther/Muche/White, RIW 1998, 337, 340; Knoll, Übernahme von Kapitalgesellschaften, 238 f.; Otto, DB-Beil. 12/1988, 1, 8; Weisner, Verteidigungsmaßnahmen gegen unfreundliche Übernahmeversuche, 213.

1069 Vgl. Schander, ZIP 1998, 2087, 2089; Weisner, Verteidigungsmaßnahmen gegen unfreundliche Übernahmeversuche, 221.

1070 Vgl. dazu die Ausführungen oben unter I. 2. d. Vgl. auch LG Berlin, NZG 2000, 944, 945.

1071 Vgl. Benckendorff, Erwerb eigener Aktien, 46; Günther/Muche/White, RIW 1998, 337, 342; Klein, NJW 1997, 2085, 2089; Schander, BB 1997, 1801, 1801; Schander, ZIP 1998, 2087, 2089.

1072 Ausreichend für den Ankauf derartiger Aktien ist die Veräußerungsabsicht, eine spätere Änderung der Pläne mag zwar nicht sehr populär sein, ist jedoch rechtlich unbedenklich, vgl. dazu KölnerKommAktG/Lutter, § 71, Rdn. 35 ff.

1073 Vgl. hierzu im Übrigen die Ausführungen oben unter I. 2. c.

1074 Vgl. Unocal v. Mesa Petroleum Co., 493 A.2d 946, 946 ff. (Del. 1985); Günther/Muche/White, RIW 1998, 337, 338.

Bieters liegen und für alle Anteile oder nur für einen bestimmten Teil der Anteile gelten.

Zu berücksichtigen bleibt jedoch in diesem Zusammenhang immer, dass ein Bieter wegen des für die eigenen Aktien der Zielgesellschaft fehlenden Stimmrechts die Kontrollschwelle kostengünstiger erreichen kann.[1075]

(b) Erwerb von Aktien durch die Unternehmensleitung

In Betracht kommt darüber hinaus ein Aktienerwerb seitens der Unternehmensleitung oder von Personen, die mit der Geschäftsführung betraut sind.[1076]

(3) Ausgabe von Vorzugstiteln - poison pill defense

Die Funktionsweise und die möglichen Folgen der Ausgabe von Vorzugstiteln ist bereits weiter oben dargestellt worden.[1077] Vorzugstitel können nicht nur prophylaktisch, sondern auch Anlass eines aktuellen Übernahmeangebots ausgegeben werden. Dies kann daher auch als eine geeignete reaktive Verteidigungsmaßnahme angesehen werden.[1078]

(4) Kapitalerhöhungen

Auch die Durchführung von Kapitalerhöhungen ist bereits als prophylaktische Verteidigungsmaßnahme angesprochen worden.[1079] Sofern eine Kapitalerhöhung kurzfristig vorgenommen werden kann,[1080] ist sie geeignet, durch Erhöhung der Kosten einer Übernahme eine solche zu verhindern.[1081]

[1075] Vgl. dazu die Ausführungen oben unter I. 2. c.

[1076] Vgl. Posner, AG 1994, 312, 314 f.; Weisner, Verteidigungsmaßnahmen gegen unfreundliche Übernahmeversuche, 37, 216 ff.

[1077] Vgl. dazu Abschnitt I. c.

[1078] Vgl. Merkt, US-amerikanisches Gesellschaftsrecht, Rdn. 1032. Vgl. auch Brown, 14 Delaware Journal of Corporate Law (1989), 537, 544.

[1079] Vgl. dazu unter 2. a.

[1080] Vgl. dazu Assmann/Bozenhardt, in Assmann/Basaldua/Bozenhardt/Peltzer, Übernahmeangebote, 1, 127; Hauschka/Roth, AG 1988, 181, 191; Hopt, WM-Festgabe Heinsius, 22, 26; Lüttmann, Kontrollwechsel in Kapitalgesellschaften, 166; Lutter/Lammers, in Maeijer/ Geens, Defensive Measures against Hostile Takeovers, 113, 119; Michalski, AG 1997, 152, 161; Otto, DB-Beil. 12/1988, 1, 9; Rümker, Festschrift Heinsius, 683, 701; Schmidt, Gesellschaftsrecht, 906. Zu den unterschiedlichen Zeitspannen einer Kapitalerhöhung vgl. zum US-amerikanischem Recht Hirte, DAJV-NL 3/1998, 67, 67 ff.

[1081] Vgl. Herrmann, Zivilrechtliche Abwehrmaßnahmen gegen unfreundliche Übernahmeversuche, 112 f. Zur Abwehr aufgrund von Ermächtigungsbeschlüssen vgl. weitergehend Krause, BB 2002, 1053, 1055; Michalski, AG 1997, 152, 161; Pötzsch/Möller, WM-Beil. 2/2000, 3, 25; Schander, BB 1997, 1801, 1803.

(5) Gewinnausschüttungen

Auch die Auszahlung einer besonderen oder außerordentlich hohen Dividende - gegebenenfalls nach Neuverschuldung - kann die Vermögenssituation und die Liquidität der Zielgesellschaft so maßgeblich verändern, dass von einer Übernahme aus Kostengründen abgesehen wird.[1082] Ausschüttungen verringern nicht nur wegen der veränderten Vermögenssituation der Zielgesellschaft den Gegenwert für den Bieter, sondern können auch die Aktionäre veranlassen, statt Realisierung der Kontrollprämie die Dividendenausschüttung zu vereinnahmen.[1083] Auch damit wird der Übernahme entgegengewirkt.

(6) Bestimmung eines Höchststimmrechts

Denkbar ist auch die kurzfristige Bestimmung eines Höchststimmrechts für den Fall, dass bestimmte Beteiligungsgrenzen erreicht oder überschritten werden.[1084] Dann kann der Bieter Entscheidungen der Hauptversammlung nicht in seinem Sinne beeinflussen. Eine Umstrukturierung fiele ihm schwer. Daher hat eine derartige Bestimmung abwehrenden Charakter. In Deutschland sind Höchststimmrechte nach Artikel 1 Nr. 3, Artikel 11 Nr. 1 KonTraG abgeschafft.

(7) Verkauf aller oder wesentlicher Vermögensteile - crown jewel defense/scorched earth defense/corporate suicide defense

Zur Abwehr einer konkreten Übernahme können kurzfristig wesentliche Vermögensteile der Gesellschaft bis hin zum vollständigen Ausverkauf der Vermögenswerte veräußert werden.[1085] In vielen Fällen würde schon der Verkauf des Vermögensteils, der dem Bieter zum besonderen Vorteil gereichen würde, genügen, um ihn von seinem Übernahmevorhaben abzubringen.[1086] Darüber hinaus kann die Gesellschaft vollständig aufgelöst oder zumindest teilweise liquidiert werden.[1087]

[1082] Vgl. Klein/Coffee, Business Organization and Finance, 187; Merkt, US-amerikanisches Gesellschaftsrecht, Rdn. 1151; Schander, BB 1997, 1801, 1802; Weisner, Verteidigungsmaßnahmen gegen unfreundliche Übernahmeversuche, 35.

[1083] Vgl. Coffee, 85 Michigan Law Review (1986), 1, 1 ff.; Merkt, US-amerikanisches Gesellschaftsrecht, Rdn. 1151. Vgl. zur Finanzierung entsprechender Ausschüttungen GAF Corp. v. Union Carbide Corp., 624 F.Supp. 1016 (S.D.N.Y. 1985); AC Acquisitions v. Anderson, Clayton & Co., 519 A.2d 103 (Del.Ch. 1986).

[1084] Vgl. Malatesta/Walkling, 20 Journal of Financial Economics (1988), 347, 354 f.

[1085] Vgl. grundsätzlich Henn/Alexander, Laws of Corporations, 959 ff. Vgl. weiter Bungert, AG 1994, 297, 299; Daum, Die unkoordinierte Übernahme, 193 f.; Knoll, Übernahme von Kapitalgesellschaften, 215 ff.; Schander, BB 1997, 1801, 1802; Solomon/Palmiter, Corporations, 562; Weisner, Verteidigungsmaßnahmen gegen unfreundliche Übernahmeversuche, 45, 257.

[1086] Vgl. Knoll, Übernahme von Kapitalgesellschaften, 216; Solomon/Palmiter, Corporations, 562.

[1087] Vgl. Greene/Junewicz, 132 University of Pennsylvania Law Review (1984), 647, 701; Prentice, Journal of Corporation Law 1983, 337, 343; Block/Miller, 11 Securities Regulation Law Journal (1983), 44, 61; Meier-Schatz, WuR 1987, 16, 27.

Ob der Verkauf wesentlicher Unternehmensteile in Deutschland rechtmäßig wäre, wird gerade vor dem Hintergrund der Holzmüller-Entscheidung des Bundesgerichtshofs[1088] unterschiedlich beurteilt.[1089] Der Verkauf unter Wert stellt jedoch in jedem Fall eine Pflichtverletzung dar.[1090]

Nach dem deutschen Recht bedarf die dem Verkauf aller Vermögensgegenstände regelmäßig folgende Auflösung der Gesellschaft gemäß § 262 Absatz 1 Ziffer 2 AktG eines Beschlusses der Hauptversammlung mit mindestens einer Dreiviertelmehrheit des vertretenen Grundkapitals, soweit die Satzung keine weiteren Erfordernisse vorsieht. Die Auflösung der Gesellschaft kann nicht als praktikable Verteidigungsmaßnahme angesehen werden. Zum einen wird das Management nur in den wenigsten Fällen geneigt sein, die Gesellschaft aufzulösen, weil die Auflösung zwangsläufig auch das Ende der eigenen Tätigkeit zur Folge hätte. Zum anderen bleibt es dem Übernehmer unbenommen, in der Abwicklung die von ihm begehrten Unternehmensteile zu erwerben und zusätzlich einen Erlös proportional zu seiner bereits vorhandenen Beteiligung an der Gesellschaft zu erlangen (so genanntes *asset stripping*).[1091] Schließlich kann der Übernehmer den Vorgang der Auflösung aber auch beenden und für einen Fortgang der Gesellschaft sorgen, wenn er die dazu erforderliche Mehrheit bereits erworben hat und mit der Verteilung des Vermögens noch nicht begonnen worden ist (vgl. § 274 Absatz 1 AktG).

b. Den Übernehmer betreffende Maßnahmen

Im Folgenden werden die reaktiven Verteidigungsmaßnahmen aufgezeigt, die auf Seiten des Bieters eine Situationsveränderung mit der Folge bewirken können, dass er von dem Übernahmevorhaben ablässt.

(1) Erwerb von Eigentumsanteilen des Übernehmers

Von Seiten der Zielgesellschaft können maßgebliche Kapitalanteile an der Bietergesellschaft erworben werden.[1092] Dann erwirbt die Zielgesellschaft Stimmrechte und andere Teilhaberechte, denen gegebenenfalls entscheidungserhebliche Bedeutung zukommen. Mithin können für die Unternehmensleitung der Bietergesellschaft aus den Reihen der eigenen Anteilseigner Probleme hinsichtlich des Übernahmevorhabens entstehen. Schon kritische Anfragen, Nachfragen oder bloße Meinungs-

---

[1088] Vgl. BGHZ 83, 122; vgl. dazu weiter erschöpfend die Ausführungen unter 4. Teil VII. 5. c./d.

[1089] Vgl. dazu ausführlich Weisner, Verteidigungsmaßnahmen gegen unfreundliche Übernahmeversuche, 246 ff. und die Ausführungen oben unter I. 6. a.

[1090] Vgl. Daum, Die unkoordinierte Übernahme, 193; Michalski, AG 1997, 152, 159 f.; Weisner, Verteidigungsmaßnahmen gegen unfreundliche Übernahmeversuche, 255.

[1091] Vgl. Ballwieser/Schmid, WISU 1990, 299, 300; Hauschka/Roth, AG, 1988, 181, 192; Weisner, Verteidigungsmaßnahmen gegen unfreundliche Übernahmeversuche, 257.

[1092] Vgl. Knoll, Übernahme von Kapitalgesellschaften, 252.

äußerungen auf Gesellschafterversammlungen können einen Meinungsumschwung bewirken.

(2) Versuch der Zielgesellschaft, den Bieter zu übernehmen - pac man defense

Einem Übernahmeversuch kann ferner begegnet werden, indem von der Zielgesellschaft ihrerseits ein Übernahmeangebot für die Anteile der Bietergesellschaft abgegeben wird.[1093] Es beginnt somit ein Wettlauf der Bieter, bei dem derjenige siegt, der zuerst die erforderliche Stimmrechtsmehrheit erwirbt und den Übernahmeversuch des jeweils anderen beendet.[1094] Im Verlaufe solcher Übernahmekämpfe kann es auch beim Bieter zu Auseinandersetzungen über das Übernahmeangebot der Zielgesellschaft kommen, in deren Folge derer der Bieter sein Übernahmeangebot zurückzieht oder zurückziehen muss.[1095] Es können sich so auch wechselseitige Beteiligungen ergeben, ohne dass eine Übernahme letztendlich erfolgt.[1096] Im Zusammenhang mit einem Gegenangebot stellt sich für die Zielgesellschaft die Frage nach dem betriebs-wirtschaftlichen Sinn der Übernahme des Bieters für die Zielgesellschaft und nach den betriebswirtschaftlichen Auswirkungen des abgegebenen eigenen Übernahmeangebots. In der Regel wird die Geschäftstätigkeit der Zielgesellschaft nicht nur infolge der eingeschränkten Liquidität und Kreditwürdigkeit erheblich belastet. Die Gegenübernahme würde auch im Regelfall keine betriebswirtschaftlichen Vorteile bewirken.[1097] Probleme bereitet zudem der Zeitdruck für die Zielgesellschaft, denn die Vorbereitung und Durchführung eines

[1093] Eine in den USA nicht ohne Erfolg unter der Bezeichnung *pac man defense*, benannt nach einem Computerspiel, praktizierte spektakuläre Verteidigungsstrategie; vgl. dazu Börsen-Zeitung vom 2. Februar 1988, 7 (American Brands/E II Holding); Frankfurter Allgemeine Zeitung vom 27. Juli 1999, 17, und Börsen-Zeitung vom 20. Juli 1999, 1, sowie Financial Times vom 13. August 1999, 18 (Elf Aquitaine/Total Fina); siehe auch Bohrer, Unfriendly Takeovers, 41; Daum, Die unkoordinierte Übernahme, 190 f.; Hazen, Law of Securities Regulation, 666; Jansen, Mergers & Acquisitions, 49; Knoll, Übernahme von Kapitalgesellschaften, 223 f., 252 f.; Menichetti, Wirtschaftsstudium 1990, 521, 523; Möller, Die Stellung des Aktionärs bei Übernahmen, 198; Peltzer, ZfgK 1986, 291, 296 f.; Picot, in Picot, Mergers & Acquisitions, 91, 146; Prentice, Law of Business Organisations and Securities Regulation, 733; Schaaf, RIW 1985, 273, 279; Michalski, AG 1997, 152, 161 f.; Pötzsch/Möller, WM-Beil. 2/2000, 3, 27; Schander, BB 1997, 1801, 1803; Solomon/Palmiter, Corporations, 557 f, 562; Weimar/Breuer, BB 1991, 2309, 2320; Weisner, Verteidigungsmaßnahmen gegen unfreundliche Übernahmeversuche, 43 f., 259 ff.; vgl. auch Martin Marietta Corp. v. Bendix Corp., 549 F.Supp. 623 (D.Md. 1982).

[1094] Vgl. dazu weitergehend Immenga/Noll, Feindliche Übernahmen aus wettbewerbspolitischer Sicht, 112; Knoll, Übernahme von Kapitalgesellschaften, 252 f.; Krause, NZG 2000, 905, 912.

[1095] Vgl. Solomon/Palmiter, Corporations, 562; Block/Miller, 11 Securities Regulation Law Journal (1983), 44, 64 ff.

[1096] Vgl. zur bedenklichen Beteiligungsstruktur in Deutschland Adams, AG-Sonderheft 8/1997, 9, 18 f.

[1097] Vgl. Immenga/Noll, Feindliche Übernahmen aus wettbewerbspolitischer Sicht, 112; Trockels, ZvglR Wiss 89, 56, 86.

Übernahmevorgangs nimmt eine Zeitspanne in Anspruch, die ein Obsiegen des ungleichen Wettlaufs durch die Zielgesellschaft unwahrscheinlich macht.[1098]

Nach deutschem Recht wird die Zustimmung der Hauptversammlung zur Abgabe eines Gegenangebots nicht für erforderlich gehalten.[1099] Die gesetzlichen Beschränkungen des Erwerbs eigener Aktien und wechselseitiger Beteiligungen können für den Übernehmer wie auch für die Zielgesellschaft ein unüberwindliches Problem darstellen.[1100] Für den unwahrscheinlichen Fall, dass die Zielgesellschaft vor Abschluss der Angebotsphase des Bieters die Anteilsmehrheit der Bietergesellschaft aufkaufen oder den Bieter durch Erlangung der Kontrolle beherrschen sollte, wäre dem Bieter ein Erwerb der Anteile der Zielgesellschaft nach § 71 d Satz 2 AktG verwehrt. Soweit es der Zielgesellschaft gelänge, einen 25 % übersteigenden Anteil der Aktien des Bieters rechtzeitig aufzukaufen, würden die aus dem Anteilseigentum des Bieters resultierenden Rechte nach § 328 AktG mit der Folge beschränkt, dass er die Kontrolle nicht mehr erlangen könnte. Vor diesem Hintergrund würde nach § 328 Absatz 1 AktG die Gesellschaft privilegiert sein, die zuerst die Mitteilung nach den §§ 20, 21 AktG macht.[1101] Soweit die zeitlichen Vorgaben von der Zielgesellschaft eingehalten werden können und ein Gegenangebot finanzierbar ist, sind die Erfolgsaussichten dieser Verteidigungsmaßnahme aber grundsätzlich als hoch einzustufen. Können die zeitlichen Vorgaben nicht eingehalten und kann mit dem Fristablauf des Gegenangebots nicht vor dem des Bieterangebots gerechnet werden, so steht dem Erwerb einer Beteiligung an der Bietergesellschaft § 71 d AktG nunmehr auf Seiten der Zielgesellschaft - jedenfalls sofern das Bieterangebot zumindest zur Beherrschung der Zielgesellschaft nach § 17

[1098] Vgl. Knoll, Die Übernahme von Kapitalgesellschaften, 252 f.; Assmann/Bozenhardt, in Assmann/Basaldua/Bozenhardt/Peltzer, Übernahmeangebote, 1, 146; van Aubel, Vorstandspflichten bei Übernahmeangeboten, 169 ff.

[1099] Vgl. Assmann/Bozenhardt, in Assmann/Basaldua/Bozenhardt/Peltzer, Übernahmeangebote, 1, 145; Daum, Die unkoordinierte Übernahme, 190; Ebenroth/Daum, DB 1991, 1157, 1160; Gross, AG 1994, 266, 273; Hauschka/Roth, AG 1988, 181, 194; KölnerKomm-AktG/Mertens, § 76, Rdn. 51; Lammers, Verhaltenspflichten von Verwaltungsorganen in Übernahmeauseinandersetzungen, 189; Pötzsch/Möller, WM-Beil. 2/2000, 3, 27; Weisner, Verteidigungsmaßnahmen gegen unfreundliche Übernahmeversuche, 259 ff.; a.A. Hirte, Bezugsrechtsausschluss, 162 ff.; Münchener Hdb Gesellschaftsrecht/AG-Krieger, § 69, Rdn. 4.

[1100] Vgl. Michalski, AG 1997, 152, 161 f.; Daum, Die unkoordinierte Übernahme, 190 f.; Knoll, Übernahme von Kapitalgesellschaften, 252; Krause, NZG 2000, 905, 912.

[1101] Als weitere Voraussetzung darf die mitteilende Gesellschaft keine Kenntnis darüber haben, dass die andere Gesellschaft zuvor mehr als 25 % der eigenen Aktien erworben hat, vgl. Schanz, NZG 2000, 337, 344; Michalski, AG 1997, 152, 162; Daum, Die unkoordinierte Übernahme, 191; Knoll, Übernahme von Kapitalgesellschaften, 252; Krause, NZG 2000, 905, 912; Pötzsch/Möller, WM-Beil. 2/2000, 3, 27; Weisner, Verteidigungsmaßnahmen gegen unfreundliche Übernahmeversuche, 260 f. Vgl. im Übrigen weitergehend zu den Mitteilungs- und Veröffentlichungspflichten nach dem WpHG Burgard, WM 2000, 611, 611 ff.; Cahn, AG 1997, 502, 502 ff; Knoll, Übernahme von Kapitalgesellschaften, 141 ff.; Riehmer/Schröder, BB-Sonderbeil. 5/2001, 1, 16 f.; Sudmeyer, BB 2002, 685, 685 ff.; Witt, AG 2001, 233, 233 ff.; Witt, Übernahmen von Aktiengesellschaften, 159 ff.; Wittich, in von Rosen/Seifert, Übernahme börsennotierter Unternehmen, 377, 388 ff.

AktG führt. Daher ist entscheidend, wer den Erwerbswettlauf gewinnt.[1102] Wenngleich die Abgabe eines Gegenangebots unter bestimmten Bedingungen als Erfolg versprechend angesehen werden muss, sind die betriebswirtschaftlichen Folgen für die Zielgesellschaft oft nicht absehbar.[1103] Sofern das Gegenangebot als ausschließliche Verteidigungsmaßnahme gewählt wird, ist die Pflichtmäßigkeit des Verhaltens der Leitungsorgane der Zielgesellschaft insbesondere wegen des damit einhergehenden hohen betriebswirtschaftlichen Risikos besonders zweifelhaft.[1104]

(3) Einflussnahme auf den Kreditgeber des Übernehmers

Eine Erfolg versprechende Abwehrmaßnahme kann des Weiteren in der Einflussnahme auf die Kreditgeber des Bieters als die die Übernahme finanzierende Personen.[1105] In aller Regel wird eine Übernahme in erheblichem Ausmaß mit fremden Mitteln finanziert.[1106] Der Bieter ist insofern zur Durchführung der Übernahme im Regelfall auf Kreditgeber angewiesen. Kann durch die Einflussnahme auf Kreditgeber bewirkt werden, dass eine bedingte Kreditzusage zurückgezogen wird, so kann der Bieter die Übernahme möglicherweise nicht mehr finanzieren - jedenfalls soweit ergänzende Kreditgeber nicht zur Verfügung stehen oder die Prüfung der Kreditvergabe nicht rechtzeitig erfolgen kann. Die Änderung von Kreditbedingungen kann zudem eine Übernahme maßgeblich bis zur Überschreitung des berechneten *break-even*-Punktes verteuern.

(4) Herbeiführung rechtlicher Probleme für den Übernehmer

Im Verlaufe eines Übernahmevorgangs können dem Bieter von Seiten der Zielgesellschaft rechtliche Probleme bereitet werden, die eine Übernahme ebenfalls entscheidungserheblich verteuern, mit kostenintensiven Risiken belasten oder wesentlich verzögern.

1102 Hinsichtlich der Anwendbarkeit der Vorschriften über wechselseitige Beteiligungen und den Erwerb eigener Aktien ist regelmäßig auf den für das Wirksamwerden der geplanten Transaktionen entscheidenden Zeitpunkt des Fristablaufs der Übernahmeangebote abzustellen, nicht aber auf die jeweilige Zahl der eingegangenen Annahmen, vgl. Hauschka/Roth, AG 1988, 181, 194.

1103 Vgl. Daum, Die unkoordinierte Übernahme, 191; Möller, Die Stellung des Aktionärs bei Übernahmen, 198; Weisner, Verteidigungsmaßnahmen gegen unfreundliche Übernahmeversuche, 261.

1104 Vgl. Assmann/Bozenhardt, in Assmann/Basaldua/Bozenhardt/Peltzer, Übernahmeangebote, 1, 146; Daum, Die unkoordinierte Übernahme, 191; Geibel/Süßmann-Schwennicke, WpÜG, § 33, Rdn. 53; Hauschka/Roth, AG 1988, 181, 194; Knoll, Übernahme von Kapitalgesellschaften, 253; Pötzsch/Möller, WM-Beil. 2/2000, 3, 27; Weisner, Verteidigungsmaßnahmen gegen unfreundliche Übernahmeversuche, 256; ausdrücklich für verboten hält van Aubel, Vorstandspflichten bei Übernahmeangeboten, 170, die Abgabe eines Gegenangebots.

1105 Vgl. Bästlein, Zur Feindlichkeit öffentlicher Übernahmeangebote, 152 ff.; Lehnert, Unternehmensübernahmen in den USA, 16 ff.

1106 Vgl. Jansen, Mergers & Acquisitions, 41, 44 ff.

(a) Schaffung kartellrechtlicher Probleme

Eine besonders in den Vereinigten Staaten beliebte Verteidigungsstrategie der Verwaltung eines Unternehmens besteht darin, die Wettbewerbsverhältnisse durch den Zukauf eines anderen Unternehmens derart zu verändern, dass für den Übernehmer - insbesondere bei einer geplanten Fusion mit der Zielgesellschaft - kartellrechtliche Probleme entstehen.[1107] Gelingt es beispielsweise der Zielgesellschaft, ein Unternehmen zu erwerben, das mit dem Bieterunternehmen in direkten Wettbewerb steht, so kann die geplante Übernahme der Zielgesellschaft zu einem kartellrechtlich relevanten Zusammenschluss mit allen daraus resultierenden Folgen[1108] führen.

Nach dem deutschen Recht unterliegen gemäß § 98 Absatz 2 GWB alle kartellrechtlich relevanten Sachverhalte, die sich in der Bundesrepublik Deutschland auswirken, dem Gesetz gegen Wettbewerbsbeschränkungen.[1109] In den hier relevanten Fällen wird regelmäßig § 23 a GWB einem geplanten Zusammenschluss von Zielgesellschaft und Bieterunternehmen Schwierigkeiten bereiten.[1110] Im Regelfall werden derartige Geschäfte, in denen eine Zielgesellschaft noch vor dem Ende des Übernahmekampfes in der Lage ist, andere Unternehmen hinzuzuerwerben, jedoch die Ausnahme bleiben, da der Zielgesellschaft nach Abgabe des Übernahmeangebotes nur ein sehr enger zeitlicher Handlungsspielraum zur Verfügung steht.[1111] Im Übrigen besteht auch für den Bieter die Möglichkeit, derartige Bestrebungen der Zielgesellschaft zu unterlaufen, indem er sich durch Zusagen gegenüber der Kartellbehörde dazu verpflichtet, die kartellrechtlich problematische Struktur des

---

[1107] Zur Verteidigung durch die Herbeiführung von "*Antitrust-Problems*" vgl. Block/Miller, 11 Securities Regulation Law Journal (1983), 44, 55; Lipton/Steinberger, Takeovers and Freezeouts, § 6.09 [1]; Prentice, Law of Business Organisations and Securities Regulation, 724; Schander, BB 1997, 1801, 1803; Schwartz, 2 Journal of Law, Economics, and Organization (1986), 229, 230; von Falkenhausen, Festschrift Stiefel, 163, 186; Hauschka/Roth, AG 1988, 181, 192; Knoll, Übernahme von Kapitalgesellschaften, 218; Kurth, Aktionärsschutz, 25; Pötzsch/Möller, WM-Beil. 2/2000, 3, 27; Solomon/Palmiter, Corporations, 562; Weisner, Verteidigungsmaßnahmen gegen unfreundliche Übernahmeversuche, 44. Vgl. auch Panter v. Marshall Field & Co 646 F.2d 271(7th Cir. 1981); Cane Company v. Anaconda Company, 411 F.Supp. 1208 (S.D.N.Y. 1975). Ein anschauliches Beispiel für ein derartiges Vorgehen stellt im Übrigen der Erwerb von Orange plc. durch die Mannesmann AG dar, den der Vorstand auf der Hauptversammlung 2000 mit der bereits seinerzeit bestandenen Kenntnis von der Übernahmeabsicht durch vodafone begründete.

[1108] Für die Bundesrepublik zum Beispiel die Untersagungsverfügung gemäß § 24 Absatz 2 Satz 1 GWB oder die Auflösung gemäß § 24 Absatz 2 Satz 5, Absatz 6, Absatz 7 GWB, vgl. dazu auch weitergehend Emmerich, AG 1998, 541, 541 ff.; Schulte, AG 1998, 297, 297 ff.

[1109] Vgl. zur GWB-Novelle 1998 eingehend Bechtold, NJW 1998, 2769, 2769 ff. Vgl. weiter zur Fusionskontrolle auch Bechtold, in von Rosen/Seifert, Übernahme börsennotierter Unternehmen, 485, 485 ff.; Emmerich, AG 1998, 541, 541 ff.; Möschel, AG 1998, 561, 561 ff.; Schulte, AG 1998, 297, 297 ff.

[1110] Vgl. dazu weitergehend Emmerich, AG 1998, 541, 544.

[1111] Vgl. Ebenroth/Eyles, RIW 1988, 413, 425; Knoll, Übernahme von Kapitalgesellschaften, 253; von Falkenhausen, Festschrift Stiefel, 163, 186; Weisner, Verteidigungsmaßnahmen gegen unfreundliche Übernahmeversuche, 261.

Unternehmens nach der erfolgreichen Übernahme aufzulösen.[1112] Daher dürfte ein zur Abwehr einer Übernahme führender Erwerb von Unternehmen die Ausnahme sein.[1113]

(b) Schaffung sonstiger rechtlicher Probleme

Gerade in den Vereinigten Staaten werden während eines Übernahmevorgangs vielfach Rechtsstreitigkeiten zwischen Ziel- und Bietergesellschaften oder zwischen Zielgesellschaften und deren Anteilseignern geführt, um eine Übernahme zu verhindern oder Abwehrmaßnahmen zu unterbinden.[1114] Derartige Verfahren sind kostenintensiv, so dass sie durchaus geeignet sein können, erheblichen Einfluss auf einen Übernahmevorgang auszuüben.[1115]

(5) Zukauf von Unternehmen aus staatlich kontrollierten Bereichen - safe harbour defense

Ähnliche Wirkungen wie der kartellrechtlich relevante Zukauf von Unternehmen kann der Zukauf von Unternehmen aus staatlich kontrollierten Bereichen haben.[1116] Auch in einem derartigen Fall kann der Bieter gezwungen werden, von seinem Übernahmevorhaben abzulassen, weil staatliche Sanktionen, Vertragsstrafen oder die Auflösung der Vertragsbeziehungen drohen.[1117]

[1112] Vgl. Daum, Die unkoordinierte Übernahme, 192; Schander, BB 1997, 1801, 1803; Weisner, Verteidigungsmaßnahmen gegen unfreundliche Übernahmeversuche, 261. Zu untersagungsabwendenden Zusagen vgl. etwa Möschel, Recht der Wettbewerbsbeschränkungen, Rdnr. 881 ff.

[1113] Vgl. Ebenroth/Eyles, RIW 1988, 413, 425.

[1114] Vgl. Lehnert, Unternehmensübernahmen in den USA, 104; Merkt, US-amerikanisches Gesellschaftsrecht, Rdn. 1109 ff., 1145; Möller, Die Stellung des Aktionärs bei Übernahmen, 186; vgl. auch Burnup & Sims v. Posner, 688 F.Supp. 1532 (S.D.Fla. 1988); United States v. BNS, 848 F.2d 945 (9th Cir. 1988), *supplemented*, 858 F.2d.456 (9th Cir. 1988); Burlington Industries v. Edelman, 666 F.Supp. 799 (M.D.N.C. 1987); H. H. Robertson Co. v. Gardian Industries Corporation, 86-1 Trade Cases 66,911 (2d Cir. 1986); Carter Hawley Hale Stores v. the Limited, Inc., 587 F.Supp. 246 (C.D.Cal. 1984); A.D.M. Corp. v. Sigma Instruments, 628 F.2d 753 (1st Cir. 1980).

[1115] Vgl. Lehnert, Unternehmensübernahmen in den USA, 104; Merkt, US-amerikanisches Gesellschaftsrecht, Rdn. 1109; Schander BB 1997, 1801, 1803.

[1116] Vgl. dazu Block/Miller, 11 Securities Regulation Law Journal (1983), 44, 55; Gilson/Black, Law and Finance of Corporate Acquisitions, 767; Knoll, Übernahme von Kapitalgesellschaften, 218; Pentice, 8 Journal of Corporation Law (1983), 337, 341; Weisner, Verteidigungsmaßnahmen gegen unfreundliche Übernahmeversuche, 44 f. Siehe dazu auch die anschauliche Darstellung dieser Problematik in dem Kinofilm „Rising Sun" über den Kauf eines amerikanischen Rüstungsunternehmens durch eine japanische Gruppe.

[1117] Vgl. Hazen, Law of Securities Regulation, 666.

(6) Auskauf des mit einem Übernahmeangebot drohenden Bieters - greenmailing defense

Einer konkret drohenden Übernahme kann auch dadurch begegnet werden, dass dem Bieter dessen bereits erworbene Anteile abgekauft werden oder diesem eine Zahlung dafür geleistet wird, dass er kein Übernahmeangebot abgibt oder sein Übernahmeangebot zurückzieht.[1118] Der Ankaufspreis liegt bei derartigen Vorgängen oft deutlich über dem Marktpreis.[1119] Dem Bieter wird somit ein Aufpreis dafür gezahlt, dass er von einer Übernahme absieht.

Derartige Vorgänge werden als „*Greenmail*" bezeichnet. Der Begriff kombiniert das Wort „*Blackmail*" (Erpressung) und „*Greenbacks*" (eine Bezeichnung für die grünen amerikanischen Banknoten).[1120] Die Namensgebung kennzeichnet die Betrachtungsweise der Zielgesellschaft, die sich gezwungen (erpresst), sieht, unverhältnismäßige Geldbeträge zum Ankauf eines bedrohlichen Anteils ihrer Aktien aufzuwenden. In der Tat hatte sich das *Greenmailing* zeitweise zu einer einfachen Art der Vermögensvermehrung entwickelt.[1121] Zunächst hatten Bieter - entweder fortlaufend oder sprunghaft - Anteile eines ausgewählten Unternehmens angekauft, um dann unter Androhung der Übernahme einen außerordentlichen Gewinn durch den Weiterverkauf an das Zielunternehmen, mit ihm verbundene Dritte oder andere

---

[1118] Vgl. van Aubel, Vorstandspflichten bei Übernahmeangeboten, 19; Trockels, ZvglRWiss 89, 56, 90 ff.; Assmann/Bozenhardt, in Assmann/Basaldua/Bozenhardt/Peltzer, Übernahmeangebote, 1, 147 ff.; Bästlein, Zur Feindlichkeit öffentlicher Übernahmeangebote, 162 ff.; Hauschka/Roth, AG 1988, 181, 194 f.; Jansen, Mergers & Acquisitions, 49; Knoll, Übernahme von Kapitalgesellschaften, 90 f.; Kuhr, Minderheitenschutz bei Übernahmeangeboten, 32 f.; Lehnert, Unternehmensübernahmen in den USA, 107 ff.; Merkt, US-amerikanisches Gesellschaftsrecht, Rdn. 1153; Michalski, AG 1997, 152, 162; Peltzer, ZfgK 1986, 291, 293 f.; Sünner, AG 1987, 276, 282; Macey/McChesney, 95 Yale Law Journal (1988), 13, 13 ff.; Hazen, Law of Securities Regulation, 667; Note, 98 Harvard Law Review (1985), 1045, 1045 ff.; Peltzer, ZfgK 1986, 291, 294; Solomon/Palmiter, Corporations, 562; Weisner, Verteidigungsmaßnahmen gegen unfreundliche Übernahmeversuche, 41; vgl. auch Fry v. Trump, 681 F.Supp. 252 (D.N.J. 1988); Good v. Texaco, Inc., Del.Ch., C.A. No. 7501 (May 14, 1984); Heckman v. Ahmanson, 214 Cal.Rep. 177 (1985); Cheffs v. Mathes, 41 Del.Ch. 494, 199 A.2d 548 (1964).

[1119] Vgl. Bästlein, Zur Feindlichkeit öffentlicher Übernahmeangebote, 163; Knoll, Übernahme von Kapitalgesellschaften, 91; Kuhr, Minderheitenschutz bei Übernahmeangeboten, 32; Lehnert, Unternehmensübernahmen in den USA, 107 f.; Merkt, US-amerikanisches Gesellschaftsrecht, Rdn. 1153; Michalski, AG 1997, 152, 162; SEC, Office of the Chief Economist, The Impact of Targeted Share Repurchases (Greenmail) on Stock Prices (1984), 1; Hauschka/Roth, AG 1997, 181, 194; Solomon/Palmiter, Corporations, 562; Schander BB 1997, 1801, 1803; Weidenbaum, in Weidenbaum/Chilton, Public Policy Toward Corporate Takeovers, 141, 156.

[1120] Vgl. Bästlein, Zur Feindlichkeit öffentlicher Übernahmeangebote, 162; Jansen, Mergers & Acquisitions, 49; Knoll, Übernahme von Kapitalgesellschaften, 91; Kurth, Aktionärsschutz, 11; Lehnert, Unternehmensübernahmen in den USA, 107; Michalski, AG 1997, 152, 162; Peltzer, ZfgK 1986, 291, 294.

[1121] Vgl. Bästlein, Zur Feindlichkeit öffentlicher Übernahmeangebote, 163 f.; Krause, Das obligatorische Übernahmeangebot, 160; Lehnert, Unternehmensübernahmen in den USA, 107; Mahari, SAG 1988, 14, 21 f., 28; Michalski, AG 1997, 152, 162; Peltzer, ZfgK 1986, 291, 294.

Interessenten zu realisieren.[1122] Anteile in unterschiedlicher Höhe - in Abhängigkeit von jeweils geltendem nationalen Recht - können dabei zunächst ohne Veröffentlichung der Beteiligungsquote und der Erwerbsmotive - in der Regel zum Marktwert ohne Kursaufschlag - erworben werden. Nach Bekannt werden des Vorhabens können weitere Anteile können weitere Anteile meist nur mit einem Kursaufschlag angekauft werden.[1123] Bei diesem weiteren Erwerb kommt es zunächst darauf an, die einen Kursaufschlag versprechenden Übernahmeabsichten lediglich in gesetzlich vorgeschriebener Form und im vorgeschriebenem Umfang publik zu machen.[1124] Die Übernahmeabsicht wird regelmäßig so spät wie möglich unter Beachtung der nationalen Vorschriften bekannt gegeben.[1125] Erst nach Sicherung des Anteilserwerbs wird der Verkauf an die Zielgesellschaft oder nahe stehende Dritte verfolgt.

Obwohl das *Greenmailing* zur Vermögensvermehrung von Seiten „unehrlicher" Bieter genutzt wurde,[1126] ist von Seiten der Zielgesellschaften oder verbundener Dritter in zahlreichen Fällen ein Rückkaufangebot in Absicht der Abwehr einer Übernahme unterbreitet worden.[1127] Angebote sind dabei in vielen Fällen auch Bietern gegenüber abgegeben worden, die an einer Übernahme tatsächlich interessiert waren oder sogar beide Möglichkeiten - die des *Greenmailing* und die der Übernahme - in Betracht gezogen hatten.[1128] In diesen Zusammenhang gehören

---

[1122] Vgl. Bästlein, Zur Feindlichkeit öffentlicher Übernahmeangebote, 162 ff.; Mikkelson/Ruback, 22 RAND Journal of Economics (1991), 544, 544 f.; Shleifer/Summers, in Auerbach, Corporate Takeovers, 33, 40 ff.

[1123] Vgl. Bästlein, Zur Feindlichkeit öffentlicher Übernahmeangebote, 162.

[1124] Vgl. Bästlein, Zur Feindlichkeit öffentlicher Übernahmeangebote, 162 f. Vgl. im Übrigen zu den Mitteilungs- und Veröffentlichungspflichten nach dem WpHG weitergehend Burgard, WM 2000, 611, 611 ff.; Cahn, AG 1997, 502, 502 ff.; Knoll, Übernahme von Kapitalgesellschaften, 141 ff.; Riehmer/Schröder, BB-Sonderbeil. 5/2001, 1, 16 f.; Sudmeyer, BB 2002, 685, 685 ff.; Witt, AG 2001, 233, 233 ff.; Witt, Übernahmen von Aktiengesellschaften, 159 ff.; Wittich, in von Rosen/Seifert, Übernahme börsennotierter Unternehmen, 377, 388 ff.

[1125] Vgl. Bästlein, Zur Feindlichkeit öffentlicher Übernahmeangebote, 231 ff.; Sünner, AG 1987, 276, 282.

[1126] Vgl. Menichetti, Wirtschaftsstudium 1990, 521, 522; vgl. auch Lehnert, Unternehmensübernahmen in den USA, 107 ff.; Merkt, US-amerikanisches Gesellschaftsrecht, Rdn. 1129. Im Zusammenhang mit derartigen Bietern ist des Öfteren die Übernahme eines Dritten inspiriert worden, der dem *Greenmailer* dessen Paket nebst Zuschlag abgekauft hat. Vor diesem Hintergrund ist auch *Antigreenmail*-Bestimmungen abwehrender Charakter zuzugestehen, vgl. dazu weitergehend Fleischer/Sussmann, Takeover Defense, § 6.09; Weisner, Verteidigungsmaßnahmen gegen unfreundliche Übernahmeversuche, 33.

[1127] Vgl. Lehnert, Unternehmensübernahmen in den USA, 107; Ruback, in Auerbach, Mergers and Acquisitions, 49, 61.

[1128] Zur Rechtfertigung des Ankaufs wird auch angeführt, dass der Erwerb von Anteilen eine noch höhere Kurssteigerung bewirke. Im Übrigen sei der Kursaufschlag auch als Aufwandsentschädigung für den Inhaber entstandene Informations- und Suchkosten zu verstehen. Vgl. dazu Shleifer/Vishny, 17 RAND Journal of Economics (1986), 293, 294. Mikkelson/Ruback, 22 RAND Journal of Economics (1991), 544, 544 ff., gehen dabei von dezidiert unterschiedlichen Reaktionen des Kapitalmarktes auf *greenmail*-Erwerbe aus, die bei Bekannt werden der wahren Absichten des Erwerbers zu entsprechenden Kursschwankungen führen würden.

auch so genannte *standstill agreements*, nach denen Zielgesellschaften für das Absehen von weiteren Übernahmeaktivitäten Vermögenswerte übertragen.[1129]

Für die Leitungsorgane einer deutschen Aktiengesellschaft wäre die Abfindung eines Bieters aus Gesellschaftsmitteln jedenfalls dann eine verbotene Einlagenrückgewähr im Sinne des § 57 Absatz 1 Satz 1 AktG mit der Folge der Nichtigkeit der schuldrechtlichen Vereinbarung und des Erfüllungsgeschäfts,[1130] wenn sie über Marktpreis erfolgt.[1131] Soweit dagegen keine Einlagen zurückgewährt werden, sondern lediglich die Erwerbspreise nach § 57 Absatz 1 Satz 2 AktG gezahlt würden, ist fraglich, ob die Zahlung möglicherweise zur Abwehr eines Schadens der Gesellschaft, nämlich der Übernahme, im Einzelfall gerechtfertigt sein kann. Soweit ein Erwerb im Einzelfall als rechtmäßig angesehen wird, werden konkrete Anhaltspunkte für die auf andere Weise nicht abwendbare Schädigung der Gesellschaft vorausgesetzt.[1132] Die bloße Abgabe eines Übernahmeangebots wird dafür nicht als ausreichend angesehen.[1133] Im Übrigen gilt die Erwerbsgrenze des § 71 Absatz 2 AktG.

(7) Herbeiführung einer versteigerungsähnlichen Situation - auction defense

Schließlich kann die Herbeiführung einer versteigerungsähnlichen Situation eine Übernahme abwenden.[1134] Dies gilt jedenfalls zunächst für die Übernahme durch denjenigen Bieter, der das erste Angebot abgegeben hat. Dieser lässt möglicherweise von dem Übernahmevorhaben ab, wenn er einer versteigerungsähnlichen Situation ausgesetzt wird, bei der auch noch weitere Bieter um die Anteile der Zielgesellschaft mitbieten, und er die Zielgesellschaft nicht zu dem von ihm genannten Angebotspreis übernehmen kann.[1135] In der Regel wird die Zielgesellschaft im

---

1129 Vgl. Bohrer, Unfriendly Takeovers, 41; Merkt, US-amerikanisches Gesellschaftsrecht, Rdn. 1075. Skeptisch dazu Mikkelson/Ruback, 22 RAND Journal of Economics (1991), 544, 561.

1130 Vgl. dazu Geibel/Süßmann-Schwennicke, WpÜG, § 33, Rdn. 28; Geßler/Hefermehl/Eckardt/Kropff-Hefermehl, Aktiengesetz, § 57, Rdnr. 73 ff. m.w.N.; Hüffer, AktG, § 57, Rdn. 20; Gessler, Festschrift Fischer, 131, 138 ff.; Michalski, AG 1997, 152, 162; Weisner, Verteidigungsmaßnahmen gegen unfreundliche Übernahmeversuche, 220.

1131 Vgl. van Aubel, Vorstandspflichten bei Übernahmeangeboten, 166 f.; Bosse, NZG 2000, 16, 18; Geibel/Süßmann-Schwennicke, WpÜG, § 33, Rdn. 27; Mahari, SAG 1988, 14, 21 f. Zur Bestimmung des Marktpreises und der Einbeziehung marktüblicher Paketzuschläge vgl. weitergehend Bosse, NZG 2000, 16, 18; Traugott/Schaefer, NZG 2004, 158, 158 ff.

1132 Vgl. auch Bosse, NZG 2000, 16, 19; Hopt, ZGR 1993, 534, 563 f.; Michalski, AG 1997, 152, 162; Assmann/Bozenhardt, in Assmann/ Basaldua/Bozenhardt/Peltzer, Übernahmeangebote, 1, 148.

1133 Vgl. Hüffer, AktG, § 57, Rdn. 6.

1134 Vgl. Easterbrook/Fischel, Economic Structure of Corporate Law, 187; Easterbrook/Fischel, 35 Stanford Law Review (1982), 1, 1 ff.; Knoll, Übernahme von Kapitalgesellschaften, 224; vgl. weiter zur inspirierenden Wirkung von Auktionen Bebchuk, 96 Harvard Law Review (1982), 1028, 1028 ff.; Bebchuk, 35 Stanford Law Review (1982), 23, 23 ff.; Gilson, 33 Stanford Law Review (1981), 819, 868 ff.; Gilson, 35 Stanford Law Review (1982), 51, 51 ff.

1135 Vgl. Dimke/Heiser, NZG 2001, 241, 255; Easterbrook/Fischel, Economic Structure of Corporate Law, 187 ff.

Ergebnis aber auch dann übernommen, nämlich von demjenigen Bieter, der letztendlich den höchsten Preis zahlt.[1136] Nur wenn sich die Bieter gegeneinander ausspielen lassen und die Übernahme infolgedessen für alle Bieter als unrentabel beurteilt wird, lässt sich die Übernahme auf diese Weise abwenden.[1137]

2. Maßnahmen im Zusammenwirken mit Dritten

Ein Zusammenwirken der Zielgesellschaft mit Dritten kann im Ergebnis ebenfalls bewirken, dass ein Bieter von seinem Übernahmevorhaben absieht.

a. Abwehrfusion mit einer dritten Gesellschaft

So kann die Zielgesellschaft anstreben, mit einer dritten Gesellschaft zu fusionieren und damit die Übernahme durch einen feindlichen Bieter verhindern.[1138] Schon aus Kostengründen, aber auch infolge der andersartigen Struktur der fusionierten Gesellschaft ist einem Bieter regelmäßig nicht mehr an deren Übernahme gelegen.[1139] Die Fusionierung mit einer anderen Gesellschaft steht in der Bundesrepublik Deutschland unter dem Zustimmungsvorbehalt der Hauptversammlung (§§ 13, 65, 76 UmwG). Insofern wären vorbereitenden Handlungen der Unternehmensleitung rechtlich nicht zu beanstanden. Eine besondere Problematik der Abwehrfusion ergibt sich allerdings aus den zeitlichen Vorgaben für einen Zusammenschluss, wenn ein Übernahmeangebot bereits abgegeben ist. Nach Angebotsabgabe steht die Zielgesellschaft - auch wegen des erforderlichen Beschlusses des Hauptversammlung - unter derart hohem Zeitdruck, dass sich eine Abwehrfusion regelmäßig nicht wird realisieren lassen.[1140]

b. Suche nach einem akzeptablen Bieter - white knight defense

Die Übernahme durch einen unerwünschten Bieter kann umgangen werden, indem ein befreundetes Unternehmen zur Abgabe eines höheren Übernahmeangebots bewegt wird.[1141] So kann zwar eine Übernahme nicht verhindert werden, aufgrund

---

[1136] Vgl. Easterbrook/Fischel, Economic Structure of Corporate Law, 187 ff.; Solomon/Palmiter, Corporations, 594.

[1137] Vgl. Posner, Economic Analysis of Law, 388.

[1138] Vgl. Assmann/Bozenhardt, in Assmann/Basaldua/Bozenhardt/Peltzer, Übernahmeangebote, 1, 144 f.; Bess, AG 1976, 206, 208; Daum, Die unkoordinierte Übernahme, 192; Knoll, Übernahme von Kapitalgesellschaften, 251 f.; Kurth, Aktionärsschutz, 23; Immenga, SAG 1975, 89, 102.

[1139] Vgl. Daum, Die unkoordinierte Übernahme, 192.

[1140] Vgl. Knoll, Übernahme von Kapitalgesellschaften, 252.

[1141] Vgl. Fleischer, Tender Offers, 139; Hauschka/Roth, AG 1988, 181, 192 f.; Hazen, Law of Securities Regulation, 662; Bozenhardt, Freiwillige Übernahmeangebote, 196; Daum, Die unkoordinierte Übernahme, 188 ff.; Knoll, Übernahme von Kapitalgesellschaften, 220 f., 251; Lehnert, Unternehmensübernahmen in den USA, 106 f.; Lipton/Steinberger, Takeovers and Freezeouts, 6.06 [4]; Lüttmann, Kontrollwechsel in Kapitalgesellschaften, 170; Merkt, US-amerikanisches Gesellschaftsrecht, Rdn. 1077, 1145; Michalski, AG 1997,

bestimmter Umstände wird aber ein Bieter präferiert,[1142] der das Management in seiner Position belässt.[1143] Mit dem Bieter können seitens der Zielgesellschaft entsprechende Vereinbarungen getroffen werden. Ihm werden häufig Optionen auf Wertpapiere oder einzelne Vermögenswerte eingeräumt (so genannte *lock-ups*).[1144] Im Gegenzug gibt er der Zielgesellschaft gegenüber die verlangten Zusagen und Garantien ab.[1145] Das höhere Angebot kann damit gerechtfertigt werden, dass dem präferierten Bieter, dem so genannten *white knight*,[1146] infolge der an die Aktionäre gerichteten Verkaufsempfehlung durch die Leitungsorgane, die Aktien an diesen Bieter zu veräußern, und die Zusammenarbeit zwischen Zielgesellschaft und Bieter Kosten erspart werden.[1147] Unrechtmäßig sind allerdings grundsätzlich Leistungen an den *white knight* aus Gesellschaftsmitteln.[1148] Als abgeschwächte Form dieser

---

152, 160 f.; Picot, in Picot, Mergers & Acquisitions, 91, 145; vgl. auch Kern County Land Co. v. Occidental Petroleum Corp., 411 U.S. 582, 93 S.Ct. 1736, 36 L.Ed.2d 503 (1973); Buffalo Forge Co. v. Ogden Corp., 717 F.2d 757 (2d Cir. 1983), *cert. denied* 464 U.S. 1018, 104 S.Ct. 550, 78 L.Ed.2d 724 (1983); Dynamics Corp. of America v. CTS Corp., 635 F.Supp. 1174 (N.D.Ill. 1986) *aff.* 794 F.2d 250 (7th Cir. 1986) *reversed on other grounds* 481 U.S. 69, 107 S.Ct. 1637, 95 L.Ed.2d 67 (1987); Revlon, Inc. v. MacAndrews & Forbes Holdings, Inc. 506 A.2d 173, 182 (Del. Sup. 1986).

[1142] Vgl. Prentice, Law of Business Organisations and Securities Regulation, 732; Schander BB 1997, 1801, 1803; Sünner, AG 1987, 276, 282; Peltzer, ZfgK 1986, 291, 296; Assmann/Bozenhardt, in Assmann/Basaldua/Bozenhardt/Peltzer, Übernahmeangebote, 1, 143; Ebenroth/Eyles, RIW 1988, 413, 425; Gaughan, Mergers, Acquisitions, And Corporate Restructuring, 204 f.; Hopt, ZGR 1993, 534, 557; Knoll, Übernahme von Kapitalgesellschaften, 220 f.; Lehnert, Unternehmensübernahmen in den USA, 106 f.; Michalski, AG 1997, 152, 160; Weisner, Verteidigungsmaßnahmen gegen unfreundliche Übernahmeversuche, 36, 262 f.; Revlon, Inc. v. MacAndrews & Forbes Holdings, Inc. 506 A.2d 173, 182 (Del. Sup. 1986).

[1143] Vgl. Merkt, US-amerikanisches Gesellschaftsrecht, Rdn. 1077, 1146; Solomon/Palmiter, Corporations, 561 f.

[1144] Vgl. Fraidin/Hanson, 103 Yale Law Journal (1994), 1739, 1742 f.; Knepper/Bailey, Liability of Corporate Officers and Directors, 605; Knoll, Übernahme von Kapitalgesellschaften, 220 ff.; Merkt, US-amerikanisches Gesellschaftsrecht, Rdn. 1146; Weisner, Verteidigungsmaßnahmen gegen unfreundliche Übernahmeversuche, 35; Zitter, 66 American Law Reports 4th (1988), 180, 180 ff. Vgl. auch Whittaker Corp. v. Edgar, 535 F.Supp. 933 (N:D.Ill. 1982); Revlon, Inc. v. MacAndrews & Forbes Holdings, Inc., 506 A.2d 173 (Del. 1986); Hanson Trust PLC v. M.L: SCM Acquisition, Inc., 781 F.2d 264 (2d Cir. 1986); Paramount Communications, Inc. v. Time, Inc., Fed.Sec.L.Rep. (CCH) 94,514 (Del.Ch., July 14., 1989). Vgl. dazu auch Hutter/Lawrence, in von Rosen/Seifert, Übernahme börsennotierter Unternehmen, 95,115 f.

[1145] Vgl. dazu Sünner, AG 1987, 176, 282; vgl. weiter Sünner, Festschrift Quack, 457, 469 ff.

[1146] Zur Wortschöpfung vgl. Jansen, Mergers & Acquisitions, 49.

[1147] Vgl. Assmann/Bozenhardt, in Assmann/Basaldua/Bozenhardt/Peltzer, Übernahmeangebote, 1, 144; Hopt, ZGR 1993, 534, 557; Stoll, BB 1989, 301, 305. Dies gilt insbesondere für die Möglichkeit, eine Unternehmensbewertung nach umfangreicher Informationserteilung vornehmen zu können, vgl. dazu Bästlein, Zur Feindlichkeit öffentlicher Übernahmeangebote, 230 f.; Herzel/Shepro, Bidders and Targets, 182. Vgl. weitergehend zu den nachteiligen Folgen der Einschaltung von Konkurrenzbietern 4. Teil F. VIII. 3. Vgl. zur Problematik der Herausgabe von unternehmensinternen Daten an den *white knight* weitergehend Bihr, BB 1998, 1198, 1198 ff.; Hopt, Festschrift Lutter, 1361, 1384 ff.; Mertens, AG 1997, 541, 541 ff.; Müller, NJW 2000, 3452, 3452 ff.; Schroeder, DB 1997, 2161, 2161 ff.; Stoffels, ZHR 165 (2001), 362, 362 ff.; Ziemons, AG 1999, 492, 492 ff.

[1148] Vgl. Assmann/Bozenhardt, in Assmann/Basaldua/Bozenhardt/Peltzer, Übernahmeangebote, 1, 144; Lüttmann, Kontrollwechsel in Kapitalgesellschaften, 170; Lutter/Lammers, in Maeijer/Geens, Defensive Measures against Hostile Takeover, 113, 126; van Aubel, Vorstandspflichten bei Übernahmeangeboten, 171; Weisner, Verteidigungsmaßnahmen gegen unfreundliche Übernahmeversuche, 263.

Abwehrvariante gilt die Veranlassung eines nahe stehenden Drittunternehmens zum Erwerb eines erheblichen Minderheitsanteils mit dem Ziel der fortbestehenden Unabhängigkeit.[1149]

Die Einschaltung eines *white knight* wirkt sich für die verkaufswilligen Anteilseigner positiv, nämlich kurssteigernd aus.[1150] Möglicherweise werden aber auch andere Unternehmen durch das offensichtliche Interesse an der Zielgesellschaft motiviert, ein höheres Angebot abzugeben. In Deutschland lässt sich das öffentliche Übernahmeangebot eines *white knight* zusätzlich durch genehmigtes Kapital oder eine Kapitalerhöhung mit Bezugsrechtsausschluss[1151]unterstützen.[1152] Mangels spezieller Regelungen wird die Einschaltung eines Konkurrenzbieters überwiegend für rechtmäßig gehalten.[1153]

c. Leveraged Buy-outs

Schon die Übernahme durch einen fremden Bieter kann ein so genanntes *Leveraged Buy-Out,* kurz *LBO* genannt, sein. Ein *Leveraged Buy-Out*, kurz *LBO* genannt, ist der Erwerb eines Unternehmens, der weit überwiegend durch Kreditaufnahme und damit verbundene Sicherheitenstellung durch das Vermögen der Zielgesellschaft selbst finanziert wird.[1154] Diese Form des Unternehmenserwerbs erfolgt nicht selten

---

[1149] Vgl. zu dieser so genannten *white squire-defense* Weisner, Verteidigungsmaßnahmen gegen unfreundliche Übernahmeversuche, 36 f.

[1150] Vgl. Abeltshauser, Leitungshaftung, 239 f.; Daum, Die unkoordinierte Übernahme, 189; Lehnert, Unternehmensübernahmen in den USA, 106 f.; Munscheck, Übernahmeregelung, 221; Weisner, Verteidigungsmaßnahmen gegen unfreundliche Übernahmeversuche, 262.

[1151] Vgl. dazu oben unter 2. a.

[1152] Vgl. Ebenroth/Rapp, DWiR 1991, 2, 3 f.; Hauschka/Roth, AG 1988, 181, 193; Michalski, AG 1997, 152, 160; Schanz, NZG 2000, 337, 344; Weisner, Verteidigungsmaßnahmen gegen unfreundliche Übernahmeversuche, 263; zur Zulässigkeit des Bezugsrechtsausschlusses, um das Kapital bei einem *white knight* zu platzieren, vgl. Wolf, AG 1998, 212, 217, nach dem es rechtswidrig wäre, in Durchführung eines Hauptversammlungsbeschlusses zu dem Zweck, eine fremde Konzerneinbindung zu verhindern, Kapital bei einem Dritten zu platzieren, so dass hier eine Konzerneinbindung zu befürchten oder absehbar ist.

[1153] Vgl. Abeltshauser, Leitungshaftung, 239 f.; Assmann/Bozenhardt, in Assmann/Basaldua/Bozenhardt/Peltzer, Übernahmeangebote, 1, 106 ff., 143 f.; Daum, Die unkoordinierte Übernahme, 189; Hopt, ZGR 2002, 333, 358 f.; Immenga/Noll, Feindliche Übernahmen aus wettbewerbspolitischer Sicht, 116; Knoll, Übernahme von Kapitalgesellschaften, 220 f.; Michalski, AG 1997, 152, 160, van Aubel, Vorstandspflichten bei Übernahmeangeboten, 171. Differenzierend dazu Müller, 17 Comparative Law Yearbook of International Business (1995), 65, 84 f.

[1154] Vgl. Betsch/Groh/Lohmann, Corporate Finance, 326; Brealey/Myers, Principles of Corporate Finance, 811; Easterbrook/Fischel, Economic Structure of Corporate Law, 113 f., 134 f.; Jansen, Mergers & Acquisitions, 41, 44 ff.; Kerber, WM 1987, 741, 741 ff.; Kessel, Leveraged Buy-out, 31 ff.; Kirchmeier, Management Buy-Out im Steuerrecht, 19 ff.; Kurth, Aktionärsschutz, 2; Lehnert, Unternehmensübernahmen in den USA, 10 ff.; Merkt, US-amerikanisches Gesellschaftsrecht, Rdn. 1148 ff.; Otto, DB-Beil. 12/1988, 1, 2 f.; Shleifer/Vishny, in Auerbach, Mergers and Acquisitions, 87, 87 ff.; Adams, AG 1989, 333, 336; Bästlein, Zur Feindlichkeit öffentlicher Übernahmeangebote, 152 ff.; Bohrer, Unfriendly Takeovers, 33; Tschäni, in Tschäni, Mergers & Acquisitions, 1, 41 ff.; zur Sicherheitenstellung vgl. Herzel/Shepro, Bidder and Targets, 494 ff.; Schwarz/Weinstein, Journal of Business Strategie 1989, 10, 10 ff.; Then Bergh, Leveraged Management Buyout, 8 ff.; Weston/Kwang/ Hoag, Mergers, Restructuring, and Corporate Control, 393 ff.; zu den

nach Abgabe eines Übernahmeangebots durch einen außenstehenden Bieter.[1155] Ein *LBO* kann auch unter der Beteiligung des Managements der Zielgesellschaft und möglicherweise deren Arbeitnehmer, jedenfalls aber grundsätzlich mit Einverständnis des Managements anlässlich des feindlichen Übernahmeangebots, erfolgen.[1156]

Nicht selten entzieht die Käufergruppe die erworbenen Anteile dem Wertpapierhandel.[1157] Ein solcher Vorgang wird als *Going Private-Transaction* bezeichnet.[1158] Die Optimierung der Organisation eines Unternehmens und dessen Umstrukturierung zur Steigerung der Effektivität ist nämlich leichter durchzusetzen, wenn das Unternehmen sich in Händen einer homogenen Eigentümergruppe befindet.[1159] Die Homogenität erhöht sich mit abnehmender Anzahl der Anteilseigner.[1160] Wenige Anteilseigner üben eine wirksamere Kontrolle über die Geschäftstätigkeit aus, schon weil die zusätzlichen individuellen Kontrollkosten im Verhältnis zum Wert des Anteils und zur potentiellen Wertsteigerung gering sind.[1161] Im Vergleich dazu sind die Kosten eines Anteilseigners einer sich im atomistischen Streubesitz befindlichen Gesellschaft hoch.[1162] Durch das *going private* kann die

---

steuerlichen Vorteilen vgl. Easterbrook/Fischel, Economic Structure of Corporate Law, 202 f.; Then Bergh, Leveraged Management Buyout, 44 f.

[1155] Vgl. Bästlein, Zur Feindlichkeit öffentlicher Übernahmeangebote, 152, 161. Zum anderen stellt ein Buy-Out häufig die Lösung von Nachfolgeproblemen dar: Hier wird mit dem Kontrollübergang nicht die Vermeidung einer Übernahme, sondern der Schutz des Unternehmens und die Sicherung der Eigentümerfamilie vor wenig geschäftstüchtigen Nachkommen bezweckt, vgl. Lehnert, Unternehmensübernahmen in den USA, 10.

[1156] Vgl. dazu die ausführliche Darstellung bei Merkt, US-amerikanisches Gesellschaftsrecht, Rdn. 1149 f. Vgl. auch Bästlein, Zur Feindlichkeit öffentlicher Übernahmeangebote, 186 ff.; Betsch/Groh/Lohmann, Corporate Finance, 325 ff.; Kugler, Management Buyout, 1 ff.; Lehnert, Unternehmensübernahmen in den USA, 10 ff.; Lowenstein, 85 Columbia Law Review, 730, 730 ff.; Hauschka, BB 1987, 2169, 2169 ff.; Otto, DB-Beil. 12/1988, 1, 3; Peltzer, DB 1987, 973, 973 ff.; Peltzer, ZIP 1989, 69, 72; Then Bergh, Leveraged Management Buyout, 9 ff.

[1157] Vgl. Betsch/Groh/Lohmann, Corporate Finance, 327 f.; Daum, Die unkoordinierte Übernahme, 109; Merkt, US-amerikanisches Gesellschaftsrecht, Rdn. 1149; Lehnert, Unternehmensübernahmen in den USA, 10 ff.; Oesterle/Norberg, 41 Vanderbilt Law Review (1988), 207, 213 f.

[1158] Vgl. Brudney, 71California Law Review (1983), 1072, 1091 ff.; Merkt, US-amerikanisches Gesellschaftsrecht, Rdn. 1149; Ballwieser/ Schmid, WISU 1990, 299, 299; Bästlein, Zur Feindlichkeit öffentlicher Übernahmeangebote, 152; Benckendorff, Erwerb eigener Aktien, 65; DeAngelo/DeAngelo/Rice, 27 Journal of Law & Economics (1984), 367, 367 ff.; Kaplan, 31 Business Lawyer (1976), 883, 902 ff.; Kugler, Management Buyout, 10 f.; Lehn/Poulsen, 44 Journal of Finance, 771, 771; Lehnert, Unternehmensübernahmen in den USA, 10 ff.

[1159] Vgl. Bästlein, Zur Feindlichkeit öffentlicher Übernahmeangebote, 152 ff., 186 ff.; Betsch/Groh/ Lohmann, Corporate Finance, 248 ff.; Kugler, Management Buyout, 17.

[1160] Vgl. Bästlein, Zur Feindlichkeit öffentlicher Übernahmeangebote, 152; Betsch/Groh/Lohmann, Corporate Finance, 248 f.

[1161] Vgl. Adams, AG 1990, 243, 244; Bästlein, Zur Feindlichkeit öffentlicher Übernahmeangebote, 152 ff., 186 ff.; Betsch/Groh/Lohmann, Corporate Finance, 249; Knoll, Übernahme von Kapitalgesellschaften, 77 f.; Mackensen, Institutionelle Anleger, 40 ff.

[1162] Vgl. Adams, AG 1990, 243, 244; Bästlein, Zur Feindlichkeit öffentlicher Übernahmeangebote, 100; Daum, Die unkoordinierte Übernahme, 21 f.; Hahn, Die feindliche Übernahme von Aktiengesellschaften, 20 ff.

Effektivität zusätzlich gesteigert werden, weil die Kontrollkosten für die Überwachung der Geschäftsführung noch einmal durch den Ausschluss fremder Anteilseigner gesenkt werden können oder entfallen, wenn die Verfügungsmacht, die Leitung des Unternehmens, von den Eigentümern direkt ausgeübt wird.[1163] Insofern verspricht gerade das *Management Buy-Out* besonders hohe Renditen, die für einen externen Bieter nicht zu erreichen sind.[1164] Aus diesem Grund kann das Übernahmeangebot des Dritten durch die *Buy-Out*-Gruppe übertroffen werden.[1165]

Auch wenn *Leveraged Buy-Outs* bereits seit Mitte der 60iger Jahre bekannt sind und teilweise Gegenstand heftiger öffentlicher Diskussionen waren, nahm ihre Häufigkeit, ihr Volumen und ihre Komplexität seit Mitte der 80iger Jahre in den Vereinigten Staaten erheblich zu.[1166] Begünstigend wirkte sich dabei das vergleichsweise niedrige Zinsniveau aus.[1167] Wegen der aus der hohen Kreditaufnahme folgenden hohen Tilgungs- und Zinsraten und der gegebenenfalls zusätzlich anfallenden Kosten für die Zwischenfinanzierung des Kaufs mittels eines so genannten *Bridge Loan* stellt diese Art des Unternehmenserwerbs ein hohes Risiko für den Erwerber dar.[1168] Nach den zumeist vorgenommenen Umstrukturierungen im Unternehmen, insbesondere der gesteigerten Effektivität des Managements und der strategischen, von kurzfristigen Anlegerinteressen befreiten, Ausrichtung des Unternehmens besteht aber auch die regelmäßig erwartete die Möglichkeit, durch die Hebelwirkung des eingesetzten Kapitals zur bewirkten Effektivitätssteigerung der Unternehmenstätigkeit[1169] einen außerordentlich hohen Vermögenszuwachs zu

---

1163 Vgl. Adams, AG 1989, 333, 336; Bästlein, Zur Feindlichkeit öffentlicher Übernahmeangebote, 152, 186 ff.; Betsch/Groh/Lohmann, Corporate Finance, 248 f.; DeAngelo/DeAngelo/Rice, 27 Journal of Law & Economics (1984), 367, 371 ff.; Then Bergh, Leveraged Management Buyout, 91 f.

1164 Vgl. Adams, AG 1989, 333, 336; Bachmann, in Hanzel/Wunderbaldinger, Mergers & Acquisitions, 87, 92 f.; Bästlein, Zur Feindlichkeit öffentlicher Übernahmeangebote, 158, 186 ff.; Ebke, ZHR 155 (1991), 132, 148; Hauschka, BB 1987, 2169, 2171; Jensen, 67 Harvard Business Review (1989), 61, 73; Kaplan, 24 Journal of Financial Economics (1989), 217, 250; Lehnert, Unternehmensübernahmen in den USA, 12; Oesterle/Norberg, 41 Vanderbilt Law Review (1988), 207, 213 f.; Ofek, 49 Journal of Finance (1994), 637, 637 ff.; Rhein, Interessenskonflikt der Manager beim Management Buy-out, 13 f.; Then Bergh, Leveraged Management Buyout, 34 f. Vgl. zu den Renditen auch Muscarella/Vetsuypens, 45 Journal of Finance (1990), 1389, 1389 ff. Vgl. dazu auch Handelsblatt vom 25. Mai 2000, 24.

1165 Zur Anteilsbewertung beim Management Buy-Out vgl. weitergehend Hauschka, BB 1987, 2169, 2171 f.; Kugler, Management Buyout, 23 ff.; Oesterle/Norberg, 41 Vanderbilt Law Review (1988), 207, 221 f.

1166 Vgl. Bästlein, Zur Feindlichkeit öffentlicher Übernahmeangebote, 183 ff.; Daum, Die unkoordinierte Übernahme, 126 f.; Kerber, WM 1987, 741, 741; Kessel, Leveraged Buy-out, 12; Lehnert, Unternehmensübernahmen in den USA, 12 f.; Otto, DB-Beil. 12/1988, 1, 2; Otto, DB 1989, 1389, 1389; Rhein, Interessenskonflikt der Manager beim Management Buy-out, 21 ff.; Scherer, 2 Journal of Economic Perspectives (1988), 69, 77 f.; Then Bergh, Leveraged Management Buyout, 18 ff.

1167 Vgl. Bästlein, Zur Feindlichkeit öffentlicher Übernahmeangebote, 170 ff.; Lehnert, Unternehmensübernahmen in den USA, 57, 111 ff.

1168 Vgl. Merkt, US-amerikanisches Gesellschaftsrecht, Rdn. 1149 f.; vgl. zur Finanzierung eines Leveraged Buy-Outs, Brealey/Myers, Principles of Corporate Finance, 811 ff.; Shleifer/Vishny, in Auerbach, Mergers and Acquisition, 87, 87 ff.; Oesterle/Norberg, 41 Vanderbilt Law Review (1988), 207, 207 ff.

realisieren.[1170] Somit liegt es nahe, für die Zeit vor der Übernahme von einer nicht unerheblichen Unterbewertung der Gesellschaft auszugehen.[1171] Zumindest das Umsatz- und Gewinnpotential scheinen bei der Bewertung von Unternehmen regelmäßig keine hinreichende Berücksichtigung gefunden zu haben, denn bei einem lohnenden *Buy-Out* sind diese Beträge jedenfalls erheblich höher als die zur Realisierung erforderlichen Kontroll- und Agencykosten.[1172]

Das Bemerkenswerte an dem *Leveraged Buy-Out* ist die Kreditvergabe. Auch wenn besonders hohe Zinsen für die Kreditgewährung verlangt und vereinbart werden, deckt im Regelfall das Anlagevermögen und der derivative Geschäftswert der Zielgesellschaft unter Berücksichtigung der Liquidationskosten das Kreditrisiko nicht.[1173] Zudem stehen wegen der späten Wirkung von Umstrukturierungsmaßnahmen, der Trägheit des Marktes und der hohen Transaktionskosten den hohen Belastungen zeitnah nur geringe Liquidität und Gewinne gegenüber.[1174] Herkömmliche Kreditinstitute würden vor diesem Hintergrund regelmäßig von einer Kreditgewährung absehen.[1175] Der herkömmliche Kapitalmarkt stellt insofern kein Kapital bereit, auch wenn die unternehmerischen Perspektiven unter Berücksichtigung der Zins- und Tilgungslast positiv zu beurteilen wären.[1176] Für zukunftsorientierte Unternehmen, die hauptsächlich wegen der Kompetenz und der Persönlichkeiten des Managements eine vertrauensbegründende unternehmerische Perspektive bieten, hatte sich Anfang der 80er Jahre in den Vereinigten Staaten daher ein spezieller

---

[1169] Die Hebelwirkung kann dabei rechnerisch optimiert werden, wenn die Eigenkapitalrendite durch den Einsatz von Fremdkapital solange fortlaufend erhöht wird, bis die Fremdkapitalgrenzkosten die Kapitalrendite erreicht. Vgl. zu den Rentabilitätsberechnungen eines Leveraged Buy-Outs Herzel/Shepro, Bidders and Targets, 494; Weston/Kwang/Hoag, Mergers, Restructuring, and Corporate Control, 393 ff.; Bästlein, Zur Feindlichkeit öffentlicher Übernahmeangebote, 153, 217; Ballwieser/Schmid, WISU 1990, 299, 299; Benckendorff, Erwerb eigener Aktien, 51 ff.; Lehnert, Unternehmensübernahmen in den USA, 181; Rehkugler/Poddig, Bilanzanalyse, 173. Vgl. im Übrigen dazu auch Betsch/Groh/Lohmann, Corporate Finance, 280 ff.; Ott/Schäfer, Ökonomische Analyse des Zivilrechts, 81.

[1170] Vgl. Adams, AG 1989, 333, 337; Bästlein, Zur Feindlichkeit öffentlicher Übernahmeangebote, 217; Hahn, Übernahme von Aktiengesellschaften, 132 f.; Jensen, 67 Harvard Business Review (1989), 61, 69; Lehnert, Unternehmensübernahmen in den USA, 181; Rehkugler/Poddig, Bilanzanalyse, 173; Rhein, Interessenskonflikt der Manager beim Management Buy-out, 13 f.

[1171] Vgl. Bästlein, Zur Feindlichkeit öffentlicher Übernahmeangebote, 217; Oesterle/Norberg, 41 Vanderbilt Law Review (1988), 207, 211.

[1172] Zur Entwicklung der Agencykosten bei zunehmender Fremdverschuldung, nämlich zu diesbezüglich abnehmenden Kosten für die Anteilseigner infolge zunehmender Kontrolle durch die Kreditgeber, vgl. Jensen/Meckling, 3 Journal of Financial Economics (1976), 305, 305 ff.; Jensen, 67 Harvard Business Review (1989), 61, 73.

[1173] Vgl. zur Verschuldensquote und zur Besicherung Lehn/Poulsen, in Weidenbaum/Chilton, Public Policy Toward Corporate Takeovers, 46, 46 ff.; Herzel/Shepro, Bidders and Targets, 494; Weston/Kwang/Hoag, Mergers, Restructuring, and Corporate Control, 393 ff.; Kirchmeier, Management Buy-Out im Steuerrecht, 26 f.; Lehnert, Unternehmensübernahmen in den USA, 10 ff. Vgl. weiter auch Betsch/Groh/Lohmann, Corporate Finance, 305 ff.

[1174] Vgl. Then Bergh, Leveraged Management Buyout, 76 ff.

[1175] Vgl. Bästlein, Zur Feindlichkeit öffentlicher Übernahmeangebote, 154; Betsch/Groh/Lohmann, Corporate Finance, 305 ff.; Lehnert, Unternehmensübernahmen in den USA, 55 ff.

[1176] Vgl. Bästlein, Zur Feindlichkeit öffentlicher Übernahmeangebote, 178.

Kapitalmarkt entwickelt.[1177] Als Sicherheit dienen vorwiegend das geschäftliche Potential und das Umsatz- und Gewinnpotential; die Kreditvergabe wurde mittelfristig ausgerichtet.[1178] In vielen Fällen wurde die Geschäftsführung nach einem *Leveraged Buy-Out* von der kreditvergebenden Investmentbank bei unternehmerischen Entscheidungen beratend und kontrollierend begleitet bis eine Umschuldung erfolgen konnte, neue Beteiligungen gefunden wurden oder (Teil-)Verkäufe stattfinden konnten.[1179]

Gegenüber üblichen Fremdverschuldungsquoten wirkt sich die außerordentlich hohe Fremdverschuldung bei *Buy-Outs* in steuerlicher Hinsicht begünstigend aus - Fremdkapitalkosten sind regelmäßig in vollem Umfang abzugsfähig.[1180] Diesbezüglich ließe sich schon allein aus einer Veränderung der Eigenkapitalquote ein rechnerisch höherer Unternehmenswert herleiten.[1181] Ende der 80er Jahre wurde die Ertragssituation und infolgedessen auch die Bestandsituation wegen des hohen Kapitalhebels infolge der sich verschlechternden Konjunkturlage bedeutend problematischer, so dass die Anzahl der *Leveraged Buy-Outs* marktkonform zurückging.[1182]

Einem aktuellen Übernahmeangebot und der damit verbundenen Gefahr der tatsächlichen Übernahme kann durch die Abgabe eines konkurrierenden Angebots begegnet werden. Wie bereits oben dargelegt, kann hierfür ein „freundlicher" Konkurrenzbieter, ein so genannter *white knight*, gesucht werden. Die speziellere Alternative eines Konkurrenzangebots liegt hier darin, dass unter eigener Beteiligung

---

[1177] Begründend für diesen Kapitalmarkt war wohl die Investmentbank Kohlberg, Kravis, Roberts (KKR); zu deren hohen Beratungskosten und deren Verhältnis zum eigeninvestierten Kapital, sowie deren Methode Kapital zu akquirieren vgl. Bartlett, The Money Machine, How KKR manufactured Power and Profits. Vgl. weiter Knepper/Bailey, Liability of Corporate Officers and Directors, 632 ff.; Then Bergh, Leveraged Management Buyout, 18 ff.

[1178] Vgl. Lehnert, Unternehmensübernahmen in den USA, 1.

[1179] Vgl. Lehnert, Unternehmensübernahmen in den USA, 16 ff. Zur Rolle der Investmentbank bei Übenahmen vgl. weitergehend Peters, in von Rosen/Seifert, Übernahme börsennotierter Unternehmen, 269, 69 ff. Vgl. dazu ferner auch Hopt, in Hopt/Wymeersch, Comparative Corporate Governance, 3, 10 ff.

[1180] Zu den steuerlichen Folgen vgl. Gilson/Scholes/Wolfson, in Coffee/Lowenstein/Rose-Ackerman, Knights, Raiders, and Targets, 271, 271 ff.; Jensen/Kaplan/Stiglin, 42 Tax Analysts Tax Notes (1989), 727, 730 ff.; Kaplan, 44 Journal of Finance (1989), 611, 611 ff.; Kerber, WM 1987, 741, 742 f.; Lowenstein, 85 Columbia Law Review (1985), 730, 730 ff.; Auerbach/Reishaus, in Auerbach, Corporate Takeovers, 157, 157 ff.; Auerbach/Reishaus, in Auerbach, Mergers and Acquisitions, 68, 68 ff.; Kaplan, 44 Journal of Finance (1989), 611, 611 ff.; Scherer, 2 Journal of Economic Perspectives (1988), 69, 78; Adams, AG 1989, 333, 336 f.; Adams, AG 1990, 243, 248; Ebke, ZHR 155 (1991), 132, 154; Otto, DB 1989, 1389, 1389 ff.; Merkt, US-amerikanisches Gesellschaftsrecht, Rdn. 1150; Then Bergh, Leveraged Management Buyout, 44; von Braunschweig, DB 1998, 1831, 1831 ff.; in der Bundesrepublik Deutschland dürfte die Eigenkapitalquote direkte und indirekte Auswirkungen auf die Gewerbe-, Vermögens-, Körperschafts- und Einkommensteuer haben.

[1181] Vgl. Jensen, 76 American Economic Review (1986), 323, 323 ff.; Jensen, 67 Harvard Business Review (1989), 61, 61 ff.; Jensen/Warner, 20 Journal of Financial Economics (1988), 3, 4 ff.; Merkt, US-amerikanisches Gesellschaftsrecht, Rdn. 1150; Adams, AG 1989, 333, 337; Bästlein, Zur Feindlichkeit öffentlicher Übernahmeangebote, 100.

[1182] Vgl. Bästlein, Zur Feindlichkeit öffentlicher Übernahmeangebote, 189; Mergerstat Review 1993, 87; Lehnert, Unternehmensübernahmen in den USA, 66 ff.; Otto, DB 1989, 1389, 1390.

des Managements der Zielgesellschaft ein Bieter gesucht oder formiert wird, der ein erfolgreiches *Leveraged Buy-Out* versucht (*Leveraged Management Buy-Out*).[1183] Wegen der Höhe der Kapitalkosten wird die Beteiligung, jedenfalls aber das Einverständnis des Managements grundsätzlich als unabdingbar beurteilt, auch wenn gegen Ende der 80er Jahre derartige Übernahmen durch Investoren und Investmentbanken zunehmend versucht wurden, ohne dass sie sich die dem Management eigenen Markt- und Firmenkenntnisse sicherten.[1184] Gerade bei einem *Leveraged Buy-Out* offenbart sich der schon grundsätzlich bestehende Interessenskonflikt der Leitungsorgane, wenn sie neben ihrer Tätigkeit für das Unternehmen auch dem Bieter oder Käufer der Zielgesellschaft angehören.[1185]

d. Übertragung wesentlicher Vermögensteile auf Dritte

Zur Abwendung einer Übernahme kann eine Zielgesellschaft auch wesentliche Vermögensteile auf Dritte übertragen.[1186] Dies hat zur Folge, dass der relative Preis für den Bieter höher wird und er infolgedessen möglicherweise von seinem Übernahmevorhaben ablässt. Der Verkauf bzw. die Übertragung von Vermögensteilen birgt für die Zielgesellschaft die Gefahr, dass in der Absicht, einen Übernehmer abzuschrecken, Vermögenswerte ohne eine angemessene Gegenleistung abgegeben werden, so dass eine maßgebliche Vermögensminderung für die Gesellschaft und - mittelbar - für die Aktionäre eintritt.[1187] Der Eintritt der beabsichtigten Folge, nämlich die Abwehr der Übernahme, kann nicht als sicher gelten. Allerdings kann damit gerechnet werden, dass die Übernahme desto eher abgewendet wird, je höher die Vermögensminderung und je höher die Attraktivität genau dieser Vermögens-

[1183] Vgl. Bachmann, in Hanzel/Wunderbaldinger, Mergers & Acquisitions, 87, 88 ff.; Betsch/Groh/Lohmann, Corporate Finance, 326 f.; Daum, Die unkoordinierte Übernahme, 108 ff.; Ebke, ZHR 155 (1991), 132, 135 f.; Gondesen, WM 1989, 201, 201 ff.; Lehnert, Unternehmensübernahmen in den USA, 10 ff.; Merkt, US-amerikanisches Gesellschaftsrecht, Rdn. 1148 ff.; Lowenstein, 85 Columbia Law Review (1985), 730, 730 ff.; Lutter/Wahlers, AG 1989, 1, 1 ff.; Oesterle/Norberg, 41 Vanderbilt Law Review (1988), 207, 210; Rhein, Interessenskonflikt der Manager beim Management Buy-out, 3 f.; Shleifer/Vishny, in Auerbach, Mergers and Acquisitions, 87, 87 ff.; Wagner, Management Buy Out, 30; Weisner, Verteidigungsmaßnahmen gegen unfreundliche Übernahmeversuche, 37; Witt, Übernahmen von Aktiengesellschaften, 30 ff.

[1184] Vgl. Bachmann, in Hanzel/Wunderbaldinger, Mergers & Acquisitions, 87, 103 f.; Bästlein, Zur Feindlichkeit öffentlicher Übernahmeangebote, 160; Lehnert, Unternehmensübernahmen in den USA, 10 ff.

[1185] Vgl. dazu Bästlein, Zur Feindlichkeit öffentlicher Übernahmeangebote, 186 f.; Daum, Die unkoordnierte Übernahme, 114 f.; Kugler, Management Buyout, 2 f.; Lehnert, Unternehmensübernahmen in den USA, 177 f.; Oesterle/Norberg, 41 Vanderbilt Law Review (1988), 207, 207 ff.; Rhein, Interessenskonflikt der Manager beim Management Buy-out, 14 ff.; Thümmel, Persönliche Haftung von Managern und Aufsichtsräten, Rdn. 157; Tschäni, in Tschäni, Mergers & Acquisitions, 1, 43.

[1186] Vgl. Jansen, Mergers & Acquisitions, 52.

[1187] Vgl. Hauschka/Roth, AG 1988, 181, 191; Schanz, NZG 2000, 337, 346.

teile für den Übernehmer ist.[1188] In Einzelfällen kann sich die Gesellschaft vertraglich ein bedingtes Rückkaufsrecht einräumen lassen.[1189]

e. Vertragliche Absprachen mit Dritten - lock-up defense/poison debt defense

Die Zielgesellschaft kann zur Abwendung einer Übernahme auch Verträge mit Dritten eingehen, deren Folgen für den Bieter so nachteilig sind, dass dieser sein Übernahmevorhaben nicht mehr verwirklicht. Derartige vertragliche Absprachen können in allen Bereichen der Geschäftstätigkeit verabredet werden. Insbesondere zählen hierzu auch langfristige Vereinbarungen, die der Bieter nicht, zu anderen Konditionen oder mit anderen Personen abzuschließen beabsichtigt.[1190] Die vertraglichen Absprachen können auch bedingt, insbesondere für den Fall des Kontrollwechsels oder des Überschreitens einer bestimmten Beteiligungsquote vereinbart werden. Es kann auch für den Bedingungseintritt die Einräumung von Rechten für den Vertragspartner vereinbart werden, die die Konditionen für einen Bieter zusätzlich verschlechtern.[1191]

f. Inanspruchnahme und Verhaltenssteuerung nichtbetroffener Unternehmen

Die Zielgesellgesellschaft kann im Übrigen vertragliche Verbindungen mit Unternehmen eingehen, die in geschäftlicher Beziehung mit dem Bieter stehen oder auf andere Weise Einfluss auf das Verhalten des Bieters haben.[1192] Auf diese Weise kann versucht werden, diese Unternehmen in ihrer Geschäftstätigkeit und ihrem Verhalten so auszurichten, dass Druck auf den Bieter mit der Folge ausgeübt wird, dass er sich veranlasst sieht, von der Übernahme abzusehen.[1193] Insbesondere fallen unter den Bereich der Steuerung dritter Unternehmen auch vertragliche Absprachen mit Banken, mit denen Einfluss auf die Finanzierung des Übernahmevorhabens ausgeübt werden können.[1194]

[1188] Vgl. dazu Kurth, Aktionärsschutz, 23.

[1189] Vgl. hierzu Greene/Junewicz, 132 Pennsylvania Law Review (1984), 647, 701; Siegel, 36 Hastings Law Journal (1985), 377, 377 ff.

[1190] Vgl. dazu Revlon, Inc. v. MacAndrews & Forbes Holdings, Inc. 506 A.2d 173, 182 (Del. Sup. 1986). Eingehend dazu auch Clemens, 42 Business Lawyer (1987), 747, 747 ff.; Zitter, 66 American Law Reports 4th (1988), 180, 180 ff.

[1191] Vgl. Revlon, Inc. v. MacAndrews & Forbes Holdings, Inc. 506 A.2d 173, 182 (Del. Sup. 1986). Derartige Vereinbarungen können auch dazu dienen, einen bestimmten Bieter zu bevorzugen, vgl. dazu Fraidin/Hanson, 103 Yale Law Journal (1994), 1739, 1742 f.

[1192] Vgl. Hopt, in Sieben/Stein, Unternehmensakquisitionen, 39, 52 f.; Weisner, Verteidigungsmaßnahmen gegen unfreundliche Übernahmeversuche, 262.

[1193] Vgl. auch Hopt, in Sieben/Stein, Unternehmensakquisitionen, 39, 52 f.

[1194] Vgl. dazu auch Witt, Übernahmen von Aktiengesellschaften, 61 ff. Zur Rolle der Banken in Deutschland vgl. auch weitergehend Hopt, in Hopt/Wymeersch, Comparative Corporate Governance, 3, 10 ff.

g. Risikoarbitrage

Nach der Abgabe eines Übernahmeangebots steigt in der Regel das Handelsvolumen der Anteile der beteiligten Gesellschaften.[1195] In erster Linie werden die Anteile der Zielgesellschaft infolge der erwarteten Kurssteigerungen in sehr viel größerem Umfang gehandelt.[1196] In der Erwartung, durch die Teilnahme am Handel mit Zielgesellschaftsaktien entweder einen maßgeblichen Gewinn zu realisieren oder aber in der Hoffnung, dadurch die Übernahme zu vermeiden, kann von Dritten, aber auch von Seiten der Zielgesellschaft, mit den Anteilen der Zielgesellschaft gehandelt werden.[1197] Auf Seiten der Zielgesellschaft handeln entweder die Gesellschaft selbst, die Geschäftsführung persönlich oder eingeschaltete Dritte, wie etwa instruierte Aktionäre dieser Gesellschaft.[1198] Mit der Handelstätigkeit kann Einfluss auf den Kursverlauf und damit auf den Preis für die Übernahme genommen werden. Insofern ist ihr übernahmebeEinflussender Charakter zuzusprechen.[1199]

III. Resümee

Die Darstellung der denkbaren Verteidigungsmaßnahmen zur Abwehr einer Übernahme zeigt, dass eine Zielgesellschaft durchaus wesentlichen Einfluss auf das Übernahmeverfahren nehmen kann. Dies gilt auch für die Bundesrepublik Deutschland, wenngleich einzelne in den USA praktizierte und dort sehr wirksame Abwehrmaßnahmen nach deutschem Recht verboten sind. Die dargestellten Maßnahmen sind in der Regel nicht allein und unabhängig von der jeweiligen Struktur der Anteilseigner geeignet, eine Übernahme abzuwehren. Aus diesem Grund werden sie nahezu immer kombiniert ergriffen. Der gewonnene Einfluss auf das Übernahmeverfahren kann nicht genau ermittelt werden.[1200] Soweit die Ergreifung der Abwehrmaßnahmen nach deutschem Recht in den Kompetenzbereich der Hauptversammlung fällt, stellt sich die hier nicht zu behandelnde Frage nach dem Schutz von Minderheitsaktionären. Soweit jedoch den Leitungsorganen die Entscheidungskompetenz und ein entsprechendes Ermessen zum Ergreifen von Abwehrmaßnahmen zusteht, stellt sich die Frage nach den diesbezüglichen Verhaltenspflichten. Diese sind später zu untersuchen, und zwar vor allem unter dem Aspekt,

---

[1195] Vgl. dazu in diesem Zusammenhang Gilson, 25 Wake Forest Law Review (1990), 121, 124.

[1196] Vgl. Gilson, 25 Wake Forest Law Review (1990), 121, 124.

[1197] Vgl. dazu Hauschka/Roth, AG 1988, 181, 194; Knoll, Übernahme von Kapitalgesellschaften, 91; von Falkenhausen, Festschrift Stiefel, 163, 170.

[1198] Vgl. Weisner, Verteidigungsmaßnahmen gegen unfreundliche Übernahmeversuche, 39 f., 212 ff.

[1199] Vgl. Hauschka/Roth, AG 1988, 181, 194; von Falkenhausen, Festschrift Stiefel, 161, 170 f.

[1200] Zur Erfolgsquote des Abwehrverhaltens vgl. Chowdhry/Jegadeesh, 29 Journal of Financial and Quantitative Analysis (1994), 117, 120. Pound, 30 Journal of Law & Economics, 353, 359 ff., kommt nach Auswertung statistischer Daten zu dem Ergebnis, dass prophylaktischen Maßnahmen ein erhebliches Abschreckungspotential zukommt, ohne dass damit den Anteilseignern gedient würde. Kritisch auch Dann/DeAngelo, 20 Journal of Financial Economics (1988), 87, 113 f.

dass ein Abwehrverhalten nur in den seltensten Fällen keine unerwünschten Nebeneffekte im operativen Bereich, im Wettbewerb oder auf dem Kapitalmarkt hat.

E. Auswirkungen von Verteidigungsmaßnahmen auf den Aktienkurs

Verteidigungsmaßnahmen gegen feindliche Übernahmeversuche sind immer kontrovers diskutiert worden, weil sie zu einem Interessenkonflikt in der Zielgesellschaft führen.[1201] Übernahmen können beachtliche Wohlstandsverluste für die einzelnen Manager mit sich bringen, insbesondere wenn sie ersetzt werden und damit ihr organisationsspezifisches Humankapital vollständig verlieren.[1202] Diese Konfliktsituation kann die Manager dazu veranlassen, Barrieren gegen feindliche Übernahmen zu errichten. Das führt dazu, dass sie sich selbst im Vergleich zu anderen Managern außerhalb des Marktes, des so genannten Marktes für Unternehmenskontrolle, stellen oder sich in diesem Markt jedenfalls Wettbewerbsvorteile auf Kosten der Aktionäre und auf Kosten der wirtschaftlichen Effizienz des Unternehmens sichern.[1203] Es kann jedoch den Aktionären der Zielgesellschaft auch zum Vorteil gereichen, wenn das Management mit Verteidigungskompetenzen ausgestattet ist. In bestimmten Fällen kann nämlich das Management der Zielgesellschaft dann unwirtschaftliche und für die Aktionäre nachteilige Übernahmeangebote schnell und kostengünstig abwehren.[1204] Die im Vergleich zu einem hohen Übernahmeangebot oft alternativ versprochenen noch höheren langfristigen Vermögenszuwächse der Aktionäre nach Abwehr der Übernahme lassen sich jedoch regelmäßig nicht nachweisen.[1205] Gleichwohl kann die Einräumung von Verteidigungskompetenzen für die Anteilseigner von großem Interesse sein. Die Unternehmensleitung kann dann unter Beachtung der gebotenen Sorgfalt zumindest die Angemessenheit des Angebots überprüfen und angebotsoptimierende Maßnahmen ergrei-

---

[1201] Vgl. nur die ausführliche Darstellung bei Jarrell/Brickley/Netter, 2 Journal of Economic Perspectives (1988), 49, 49 ff. Vgl. auch Dann/ DeAngelo, 20 Journal of Financial Economics (1988), 87, 87 ff.; Pound, 30 Journal of Law & Economics, 353, 353 ff. Vgl. dazu auch bereits Mestmäcker, BB 1961, 945, 947 f.

[1202] Vgl. Coffee, in Coffee/Lowenstein/Rose-Ackerman, Knights, Raiders, and Targets, 77, 82; Jarrell/ Brickley/Netter, 2 Journal of Economic Perspectives (1988), 49, 58; Möller, Die Stellung des Aktionärs bei Übernahmen, 46 f. Zu den Berufsaussichten nach der Entlassung als Top-Manager vgl. auch Agrawal/ Walkling, 49 Journal of Finance (1994), 985, 994 ff., 1009.

[1203] So entschieden Pound, 30 Journal of Law & Economics, 353, 366 ff. Dahingehend auch Dann/ DeAngelo, 20 Journal of Financial Economics (1988), 87, 113 f.; Cotter/Zenner, 35 Journal of Financial Economics (1994), 63, 63 ff. Vgl. auch Jarrell/Brickley/Netter, 2 Journal of Economic Perspectives (1988), 49, 58.

[1204] Vgl. dazu Jarrell/Brickley/Netter, 2 Journal of Economic Perspectives (1988), 49, 58; Möller, Die Stellung des Aktionärs bei Übernahmen, 46.

[1205] Vgl. Cotter/Zenner, 35 Journal of Financial Economics (1994), 63, 73, 83, 94 f.; Jarrell/Brickley/ Netter, 2 Journal of Economic Perspectives (1988), 49, 58.

fen.[1206] Im Extremfall kann durch entsprechendes Managementverhalten eine Bieterauktion initiiert werden.[1207] Das Anhängigmachen von Rechtsstreitigkeiten und andere zumindest verzögernde Abwehrmaßnahmen können dem Management die notwendige Zeit verschaffen, um die erforderliche Öffentlichkeitsarbeit zu leisten und die Attraktivität der Zielgesellschaft für ihre Aktionäre bekannt zu machen.[1208] Abwehrkompetenzen können demnach für die Anteilseigner vermögensmehrende Wirkung haben, wenn sie geringe Kosten verursachen oder eine für den Anteilseigner vermögensmindernde Übernahme verhindern. Die Praxis belegt, dass sowohl maßgeblich kurssteigernde Bieterauktionen als auch Angebotsrücknahmen bewirkt werden können.[1209] In diesem Zusammenhang ist der regelmäßige Kursverlauf in Abhängigkeit vom Verhalten der Zielgesellschaft zu untersuchen.

Angaben über die Auswirkungen von Verteidigungsmaßnahmen der Zielgesellschaft lassen sich mittels zweier unterschiedlicher Herangehensweisen gewinnen, einer ereignistypisierenden („event-type") oder einer ergebnistypisierenden Studie („outcomes-type-study").[1210] Bei einer ereignistypisierende Studie geht man davon aus, dass ein effizienter Markt die Möglichkeit von Verteidigungsmaßnahmen antizipiert und ein Unternehmen geringer bewertet, deren Aktionären übernahmebedingte außerordentliche Kursgewinne vorenthalten werden können. Dies gilt insbesondere dann, wenn der Unternehmensleitung das Ergreifen bestimmter Verteidigungsmaßnahmen satzungsgemäß eingeräumt ist oder andere Verteidigungsvorkehrungen bereits getroffen worden sind.[1211] Im Gegensatz dazu werden von der ergebnistypisierenden Untersuchung die aktuellen Auswirkungen von über einen aussagefähigen Zeitraum erfolgten Kontrollkämpfen betrachtet, in denen Verteidigungsmaßnahmen ergriffen wurden.[1212] Die ereignistypisierende Studie untersucht mithin die Aktienkursreaktion auf die Einführung von Verteidigungsvorkehrungen, während die ergebnistypisierende Studie den Gebrauch der Verteidigungsvorkehrungen in Kontrollkämpfen verfolgt, um ihre wirtschaftlichen Auswirkungen auf den Ausgang der Kontrollkämpfe zu ermitteln.[1213]

Teilweise können Verteidigungsmaßnahmen nicht ohne Zustimmung der Anteilseigner ergriffen werden. Solche Maßnahmen können demnach von den Anteilseignern unterbunden werden, wenn sie ihren Interessen zuwiderlaufen. Das Abstim-

---

[1206] Vgl. Jarrell/Brickley/Netter, 2 Journal of Economic Perspectives (1988), 49, 58; Möller, Die Stellung des Aktionärs bei Übernahmen, 46.

[1207] Vgl. Jarrell/Brickley/Netter, 2 Journal of Economic Perspectives (1988), 49, 58.

[1208] Vgl. dazu Jarrell/Brickley/Netter, 2 Journal of Economic Perspectives (1988), 49, 58; Lehnert, Unternehmensübernahmen in den USA, 104.

[1209] Dann/DeAngelo, 20 Journal of Financial Economics (1988), 87, 113 f., gehen von einer insgesamt kursmindernden Wirkung aus.

[1210] Vgl. Jarrell/Brickley/Netter, 2 Journal of Economic Perspectives (1988), 49, 58.

[1211] Vgl. hierzu Ryngaert/Netter, 6 Journal of Law, Economics, and Organization (1990), 253, 253 ff.; Pound, 30 Journal of Law & Economics, 353, 359 ff. Vgl. dazu auch Pound, 30 Journal of Law & Economics, 353, 366 f. mit empirischen Ergebnissen.

[1212] Vgl. Jarrell/Brickley/Netter, 2 Journal of Economic Perspectives (1988), 49, 59.

[1213] Vgl. Jarrell/Brickley/Netter, 2 Journal of Economic Perspectives (1988), 49, 59.

mungsverhalten der Aktionäre hängt von den Kosten der Informationsbeschaffung sowie von der prognostizierten Vermögensveränderung für den einzelnen Aktionär ab.[1214] Im Allgemeinen wird derjenige Aktionär, der nur wenige Aktien besitzt, sich im EntscheidungsProzess nicht übermäßig engagieren, weil sein Vermögen nur marginal betroffen ist.[1215] Sein Abstimmungsverhalten wird im Übrigen auch keinen entscheidungserheblichen Einfluss haben. Ausnahmsweise wird sich aber auch ein Kleinaktionär gegen den Managementvorschlag entscheiden, wenn die individuellen Entscheidungs- und Informationskosten sehr gering sind und er seine Vermögensinteressen beeinträchtigt sieht. Demgegenüber werden sich Großaktionäre stets aktiv engagieren. Gerade bei den institutionellen Investoren ist davon auszugehen, dass sie wegen ihrer beträchtlichen Kapitalbeteiligung in den EntscheidungsProzess eingreifen und sich selbst dann gegen einen Managementvorschlag entscheiden werden, wenn die Informationsbeschaffungs- und Entscheidungskosten hoch sind.[1216] Im Hinblick auf die Stellung der Hauptversammlung lassen sich zwei Kategorien von Verteidigungsmaßnahmen unterscheiden: Zum einen zustimmungsbedürftige Verteidigungsmaßnahmen und zum anderen Verteidigungsmaßnahmen, die die Verwaltung in Alleinkompetenz ergreifen kann. Vor diesem Hintergrund schließen sich die Untersuchungsmöglichkeiten der Kursverläufe infolge Abwehrverhaltens teilweise aus. Lediglich bei Verteidigungsmaßnahmen, die vor ihrer konkreten Anwendung durch die Hauptversammlung eingeräumt werden (Vorratsbeschlüsse), kann der Kurseinfluss nach der Hauptversammlungsentscheidung und bei dessen konkreter Ausnutzung überprüft werden.[1217] Vor diesem Hintergrund sind die vorgenommenen Untersuchungen zu differenzieren.

Zustimmungsbedürftige Verteidigungsmaßnahmen werden regelmäßig auf Vorschlag der Unternehmensleitung von der Hauptversammlung eingeräumt.[1218] Hierfür ist in der Regel die einfache Mehrheit der Stimmen erforderlich.[1219] Ausnahmsweise können aufgrund der Satzung auch qualifizierte Mehrheiten erforderlich sein.[1220] Dies gilt insbesondere für Entscheidungen im Zusammenhang mit Unternehmenszusammenschlüssen.[1221] Solche Satzungsbestimmungen werden wider Erwarten nur äußerst selten abgelehnt, wenn sie zu Abstimmung gestellt werden.[1222] Dies mag zum einen daran liegen, dass die Beschlussvorlagen zu komplex

[1214] Vgl. Jarrell/Brickley/Netter, 2 Journal of Economic Perspectives (1988), 49, 59.

[1215] Vgl. Jarrell/Brickley/Netter, 2 Journal of Economic Perspectives (1988), 49, 59.

[1216] Vgl. Jarrell/Brickley/Netter, 2 Journal of Economic Perspectives (1988), 49, 59. Zur zunehmenden Bedeutung für die Kontrolle des Verwaltungshandelns vgl. auch von Beauvais, Grenzen des Höchststimmrechts, 128 ff. Zur Rolle der Großaktionäre bei Übernahmen vgl. auch Shleifer/Vishny, 94 Journal of Political Economy (1986), 461, 461 ff.

[1217] Vgl. Jarrell/Brickley/Netter, 2 Journal of Economic Perspectives (1988), 49, 59.

[1218] Vgl. Jarrell/Brickley/Netter, 2 Journal of Economic Perspectives (1988), 49, 59.

[1219] Vgl. Jarrell/Brickley/Netter, 2 Journal of Economic Perspectives (1988), 49, 59.

[1220] Vgl. dazu Jarrell/Brickley/Netter, 2 Journal of Economic Perspectives (1988), 49, 59.

[1221] Vgl. Jarrell/Brickley/Netter, 2 Journal of Economic Perspectives (1988), 49, 59.

[1222] Beispielsweise wurden im Jahre 1984 von 288 Vorschlägen des Management mit dem Ziel der Abwehr von möglichen Übernahmen 96% von der Hauptversammlung beschlossen.

sind, als dass die mit ihnen verfolgten Ziele erkannt werden könnten.[1223] Zum anderen mag dies daran liegen, dass die Tragweite der Entscheidung hinsichtlich der Kompetenzverschiebung nicht zutreffend eingeschätzt wird.[1224] Es belegt jedoch den Einfluss des Managements auf das Abstimmungsverhalten der Aktionäre. Die Untersuchungen der Kursverläufe in Abhängigkeit vom Abwehrverhalten der Unternehmensleitung sind auch vor dem Hintergrund der Beschlussvorlagen für die Hauptversammlung und des jeweiligen Abstimmungsverhaltens unterschiedlich zu beurteilen.

Die Kursentwicklung nach Beschlüssen der Hauptversammlung über die Vornahme von übernahmefeindlichen Maßnahmen war Gegenstand verschiedener empirischer Untersuchungen. Nach Entscheidungen, die mit qualifizierter Mehrheit beschlossen wurden, konnte durchschnittlich ein Kursrückgang von rund 3 % beobachtet werden.[1225] Überdies konnte festgestellt werden, dass Gesellschaften, in denen Änderungen mit qualifizierter Mehrheit durchgesetzt wurden, regelmäßig einen relativ geringen Anteil institutioneller Anleger (durchschnittlich 19 %) und einen relativ hohen Anteil von „inside“ Aktionären („insider holdings“) aufwiesen.[1226] Eine derartige Aktionärsstruktur wurde als „hilfreich“ zur Durchsetzung derartiger Beschlüsse angesehen.[1227] Demnach wird angenommen, dass bei solchen Aktionärsstrukturen Veränderungen abwehrenden Charakters trotz der damit verbundenen Beeinträchtigung der Vermögensinteressen der Aktionäre leicht durchgesetzt werden können.[1228] Hinsichtlich der im Streubesitz befindlichen Anteile werden ihre Inhaber regelmäßig als verhältnismäßig uninteressiert klassifiziert. Auch im Hinblick auf Anteilseigner, die durch Vertreter repräsentiert werden, die in einem Verhältnis wechselseitiger Abhängigkeit und persönlicher Verbundenheit mit der Unternehmensleitung der betroffenen Gesellschaft stehen, ist ein solches Abstimmungsverhalten plausibel.[1229] Somit ist festzustellen, dass an Unternehmen, in denen mittels qualifizierter Mehrheiten Verteidigungsvorkehrungen beschlossen wurden, weniger Großaktionäre mit erheblichen eigenen Interessen beteiligt waren. Der Widerstand der Kleinaktionäre gegen ihre Vermögensinteressen beeinträchtigende Maßnahmen wird jedoch im Zeitgeist des *shareholder value* größer werden.[1230] Die Untersuchungen der Kursverläufe sind demnach auch nach der Aktionärsstruktur der Gesellschaft zu differenzieren.

[1223] Vgl. Jarrell/Poulsen, 19 Journal of Financial Economics (1987), 127, 155.

[1224] Vgl. Jarrell/Poulsen, 19 Journal of Financial Economics (1987), 127, 155.

[1225] Vgl. Jarrell/Brickley/Netter, 2 Journal of Economic Perspectives (1988), 49, 60; Jarrell/Poulsen, 19 Journal of Financial Economics (1987), 127, 127 ff. Vgl. hierzu auch Ryngaert/Netter, 6 Journal of Law, Economics, and Organization (1990), 253, 253 ff., die Kursreaktionen auf übernahmefeindliche Gesetzesregelungen untersuchten.

[1226] Vgl. Jarrell/Brickley/Netter, 2 Journal of Economic Perspectives (1988), 49, 60.

[1227] Vgl. Jarrell/Brickley/Netter, 2 Journal of Economic Perspectives (1988), 49, 60.

[1228] Vgl. Ryngaert/Netter, 6 Journal of Law, Economics, and Organization (1990), 253, 254 ff.

[1229] Vgl. Adams, AG-Sonderheft 8/1997, 9, 9 ff.

[1230] Vgl. Jarrell/Brickley/Netter, 2 Journal of Economic Perspectives (1988), 49, 60.

Wegen der drohenden Ungleichbehandlung der Anteilseigner wird in den Vereinigten Staaten die Einführung so genannter *fair price*-Bestimmungen befürwortet, die die Aktionäre schützen.[1231] Außer einem einheitlichen Übernahmepreis wird dabei zunehmend auch ein Mindestpreis festgelegt.[1232] Dieser Preis orientiert sich zumeist an dem von der Bietergesellschaft vor Abgabe des Angebots für die Anteile gezahlten Höchstpreis.[1233] Der empirisch ermittelte Preiseffekt derartiger Bestimmungen ist aber gering. Es wurde ein statistisch nicht signifikanter durchschnittlicher Rückgang zum Zeitpunkt der Einführung solcher Bestimmungen von 0,73 % festgestellt.[1234] Die Beteiligungsstruktur der untersuchten Unternehmen wies in der Gesamtbetrachtung keine signifikante Abweichung auf.[1235] Aus diesem Grund wurde angenommen, dass *fair price*-Regelungen im Vergleich mit anderen Abwehrmaßnahmen, die mit qualifizierter Mehrheit beschlossen werden müssen, leichter durchsetzbar sind.[1236] Angesichts der zum Schutz und im Interesse der Anteilseigner vorzubringenden Begründungen und der erforderlichen Quote erscheint dies nachvollziehbar.

Ferner gibt es Untersuchungen über die Auswirkungen der Einführung von Rekapitalisierungen unter Einbeziehung unterschiedlicher Stimmrechte, der so genannten Zwei-Klassen-Rekapitalisierungen (*Dual-Class-Recapitalizations*).[1237] Mit unterschiedlichen Vorgehensweisen und Methoden soll hierdurch das Management, die Eigentümerfamilie oder eine bestimmte Gruppe von Anteilseignern mit überproportionalen Stimmrechten ausgestattet werden, so dass Abwehrmaßnahmen leichter durchzusetzen sind.[1238] Durch mehrere Studien wurde nachgewiesen, dass Anteile mit Stimmrechten durch den Markt erheblich höher bewertet werden.[1239] Es ist ein Aufschlag von bis zu sieben Prozent ermittelt worden.[1240] Die Höherbe-

---

[1231] Vgl. Jarrell/Poulsen, 19 Journal of Financial Economics (1987), 127, 127 ff.: Aufnahme derartiger Bestimmungen allein zwischen 1979 und Mai 1985 durch 487 Gesellschaften, 90 % davon zwischen 1983 und Mai 1985; Carney, American Bar Foundation Research Journal 1983, 341, 380 f.; Romano, 73 Virginia Law Review (1987), 111, 117 ff., 145 ff.

[1232] Vgl. Carney, American Bar Foundation Research Journal 1983, 341, 380.

[1233] Vgl. Jarrell/Brickley/Netter, 2 Journal of Economic Perspectives (1988), 49, 60.

[1234] Vgl. Jarrell/Brickley/Netter, 2 Journal of Economic Perspectives (1988), 49, 60; Jarrell/Poulsen, 19 Journal of Financial Economics (1987), 127, 138 ff.; Lehnert, Unternehmensübernahmen in den USA, 98.

[1235] Vgl. Jarrell/Brickley/Netter, 2 Journal of Economic Perspectives (1988), 49, 60.

[1236] Vgl. Jarrell/Poulsen, 19 Journal of Financial Economics (1987), 127, 127 ff.; vgl. dazu auch Brickley/Lease/Smith, 20 Journal of Financial Economics (1988), 267, 287.

[1237] Vgl. Jarrell/Brickley/Netter, 2 Journal of Economic Perspectives (1988), 49, 60 f.; Lehn/Netter/Poulsen, 27 Journal of Financial Economics (1990), 557, 557 ff.

[1238] Vgl. dazu Jarrell/Brickley/Netter, 2 Journal of Economic Perspectives (1988), 49, 60 f.

[1239] Vgl. Lease/McConnell/Mikkelson, 11 Journal of Financial Economics (1983), 439, 439 ff., und SEC, OCE-Studie, Office of Chief Economist, The Effects of Dual-Class Recapitalizations on the Wealth of Shareholders, 1987; Im Gegensatz dazu vermochte Partch, 18 Journal of Financial Economics (1987), 313, 313 ff., keine Höherbewertung festzustellen.

[1240] Vgl. Lease/McConnell/Mikkelson, 11 Journal of Financial Economics (1983), 439, 439 ff., und SEC, OCE-Studie, Office of Chief Economist, The Effects of Dual-Class Recapitalizations on the Wealth of Shareholders, 1987, hier ermittelter Aufschlag von vier bis fünf Prozent; vgl.dazu auch Jarrell/Brickley

wertung muss jedoch weder zwangsläufig zur Folge haben, dass die gesamten Anteile summarisch einen geringeren Wert ausmachen, als vor Einführung des unterschiedlichen Stimmrechts, noch dass die nunmehr ohne Stimmrecht oder mit geringerem Stimmrecht versehenen Anteile vom absoluten Wert her geringer bewertet werden, als ein vergleichbarer Anteil vor Einführung der unterschiedlichen Stimmrechte, auch wenn nach der Umstrukturierung die überwiegenden Stimmrechte regelmäßig beim Management und der Gründungsfamilienmitglieder lagen.[1241] Begründet liegt dies möglicherweise in dem als vorteilhaft bewerteten Machtverhältnis in der jeweiligen Gesellschaft mit der Folge, dass kostenintensive und kraftaufwendige Machtkämpfe vermieden werden und das Management sich für langfristige Ausrichtungen in Sicherheit wiegen kann, auch wenn die Vorteile eine Übernahme nicht realisiert werden können.[1242] Gleichwohl ist auch ein leichter regelmäßiger Kursverfall der Aktien mit üblichem Stimmrecht nach Einführung der unterschiedlichen Stimmrechte ermittelt worden.[1243] Hinsichtlich der Struktur der Anteilseigner der betroffenen Unternehmen ist festgestellt worden, dass überwiegend bereits vor Einführung der unterschiedlichen Stimmrechte ein außerordentlich hoher Anteil mit der Unternehmensleitung wirtschaftlich verflochtener Anteilseigner, so genannter *insider holders*, vorhanden war und diese Insiderkontrolle lediglich verstärkt und ausgebaut worden ist.[1244]

In der US-amerikanischen Praxis sind vornehmlich vier Hauptgruppen von Verteidigungsmaßnahmen der Unternehmensleitung zu beobachten, die ohne Zustimmung durch die Anteilseigner ergriffen werden: Das Einleiten von Rechtsstreitigkeiten, der Auskauf des Bieters (*greenmailing*), die Ausgabe von Vorzugstiteln (*poison pill defense*) und die Ausnutzung einzelstaatlicher gesetzlicher *anti-takeover*-Regulierungen.[1245] Mit Ausnahme des Provozierens von Rechtsstreitigkeiten gehen diese Maßnahmen regelmäßig mit negativen Aktienkursreaktionen einher, was belegt, dass sie für die jeweiligen Aktionäre zu wirtschaftlichen Verlusten führen.[1246]

Netter, 2 Journal of Economic Perspectives (1988), 49, 60; im Gegensatz dazu vermochte Partch, 18 Journal of Financial Economics (1987), 313, 313 ff., keine Höherbewertung festzustellen.

[1241] Vgl. dazu DeAngelo/DeAngelo, 14 Journal of Financial Economics (1985), 33, 33 ff.

[1242] Vgl. DeAngelo/DeAngelo, 14 Journal of Financial Economics (1985), 33, 33 ff., die insofern von gesteigertem *human capital* sprechen.

[1243] Vgl. Jarrell/Poulsen, 20 Journal of Financial Economics (1988), 129, 129 ff.: durchschnittlicher außergewöhnlicher Aktienpreiseffekt von -0,82 %; vgl. im Übrigen dazu Jarrell/Brickley/Netter, 2 Journal of Economic Perspectives (1988), 49, 61; gegensätzlich dazu Partch, 18 Journal of Financial Economics (1987), 313, 313 ff., die keine Auswirkungen festgestellt haben will.

[1244] Vgl. dazu Jarrell/Brickley/Netter, 2 Journal of Economic Perspectives (1988), 49, 61; Partch, 18 Journal of Financial Economics (1987), 313, 313 ff.

[1245] Vgl. Jarrell/Brickley/Netter, 2 Journal of Economic Perspectives (1988), 49, 62. Kritisch hierzu Schumann, 19 RAND Journal of Economics (1988), 557, 557 ff.

[1246] Vgl. dazu ausführlich Jarrell/Brickley/Netter, 2 Journal of Economic Perspectives (1988), 49, 62 ff.; vgl. auch Ryngaert/Netter, 6 Journal of Law, Economics, and Organization (1990), 253, 253 ff.

Auch provozierte Rechtsstreitigkeiten zwischen der Bietergesellschaft und der Zielgesellschaft können dazu führen, dass die Aktionäre der Zielgesellschaft beeinträchtigt werden, wenn eine mögliche Übernahme dadurch verhindert wird und der Kursaufschlag somit nicht vereinnahmt werden kann.[1247] Andererseits können Rechtsstreitigkeiten den Aktionären aber auch nützen, weil dem Management die Zeit gegeben wird, um durch ihr weiteres Vorgehen einen zusätzlichen Kursaufschlag zu bewirken.[1248] In diesem Zusammenhang sind mehrere Studien zu zitieren, die die Kursverläufe von Aktien der Zielgesellschaften nach der Einleitung von Rechtsstreitigkeiten untersuchten.[1249] Es handelte sich dabei um Klagen wegen Aktienübervorteilung (Wertpapierbetrug - *securities fraud*),[1250] wegen der Verletzung von Kartellgesetzen[1251] sowie von einzel- oder bundesstaatlichen Übernahmeregulierungen.[1252] Die Studien zeigen auf, dass Rechtsstreitigkeiten den Kontrollkampf regelmäßig entscheidend verzögern und die prozessierenden Zielgesellschaften häufig zu Objekten nachfolgender und aus der Zeitverzögerung resultierender Auktionen wurden.[1253] In 59 derartiger auktionsartiger Übernahmen wurde ein durchschnittlich 17 %iger zusätzlicher Überschussertrag für die Aktionäre erzielt, während in den anderen 21 Fällen die Aktionäre der Zielgesellschaften, die unabhängig blieben, nahezu den gesamten ursprünglichen Kursaufschlag in Höhe von etwa 30 % einbüßten.[1254]

Greenmailing zwecks Vermeidung der Übernahme führte den Studien zufolge bei der Zielgesellschaft zu signifikant negativen Aktienkursreaktionen,[1255] die im diametralen Gegensatz zu den üblicherweise festzustellenden positiven Kursreaktionen beim Erwerb eigener Aktien durch die Gesellschaften stehen, die nicht

[1247] Vgl. dazu Jarrell, 28 Journal of Law & Economics (1985), 151, 171 f.; Jarrell/Brickley/Netter, 2 Journal of Economic Perspectives (1988), 49, 62; Lehnert, Unternehmensübernahmen in den USA, 104.

[1248] Vgl. Jarrell, 28 Journal of Law & Economics (1985), 151, 154 f.; Jarrell/Brickley/Netter, 2 Journal of Economic Perspectives (1988), 49, 62.

[1249] Vgl. Jarrell/Brickley/Netter, 2 Journal of Economic Perspectives (1988), 49, 62.

[1250] Vgl. Jarrell/Brickley/Netter, 2 Journal of Economic Perspectives (1988), 49, 62.

[1251] Vgl. Jarrell/Brickley/Netter, 2 Journal of Economic Perspectives (1988), 49, 62.

[1252] Vgl. Jarrell/Brickley/Netter, 2 Journal of Economic Perspectives (1988), 49, 62.

[1253] Vgl. Jarrell/Brickley/Netter, 2 Journal of Economic Perspectives (1988), 49, 62.

[1254] Vgl. Jarrell, 28 Journal of Law & Economics (1985), 151, 174 f.; Jarrell/Brickley/Netter, 2 Journal of Economic Perspectives (1988), 49, 62.

[1255] Vgl. die Darstellung bei Jensen/Ruback, 11 Journal of Financial Economics (1983), 5, 5 ff.; vgl. weiter Dann/DeAngelo, 11 Journal of Financial Economics (1983), 275, 294 f.; Jarrell/Brickley/Netter, 2 Journal of Economic Perspectives (1988), 49, 63; Lehnert, Unternehmensübernahmen in den USA, 107 f.; Note, 98 Har-vard Law Review (1985), 1045, 1051 ff.; Mikkelson/Ruback, 14 Journal of Financial Economics (1985), 523, 523 ff.: Kursverluste in Höhe von durchschnittlich 2,3 % und mittelfristigen Kursanstiegen; vgl. weiter Holderness/Sheehan, 14 Journal of Financial Economics (1985), 555, 555 ff.: Kursverluste um 2,5 % und mittelfristige Kursanstiege; vgl. weiter SEC, OCE-Studie, Office of the Chief Economist, The Impact of Targeted Share Repurchases (Greenmail) on Stock Prices, 1984: Kursverluste um 5,2 % nach einem Kursanstieg in Höhe von 9,7 %. Differenzierend dazu auch Mikkelson/Ruback, 22 RAND Journal of Economics (1991), 544, 544 ff.

Objekt einer Übernahmeauseinandersetzung sind.[1256] Die Ausgabe von Vorzugstiteln (*poison pill defense*) führt nach den Studien hingegen zu nicht unerheblichen Kursverlusten.[1257]

Zusammenfassend kann trotz der mit den Untersuchungen verbundenen Schwierigkeiten und der Notwendigkeit differenzierter Betrachtungen festgestellt werden, dass Verteidigungsmaßnahmen maßgebliche Kursrückgänge bewirken, auch wenn im Einzelfall solche Maßnahmen den Anteilseignern einer Zielgesellschaft zu einer vorteilhafteren Verhandlungsposition verhelfen können, so dass diese im Anschluss daran höhere Kursaufschläge zu erzielen in der Lage sind. Der Unternehmensleitung fällt mit Ergreifen derartiger Maßnahmen mithin eine große Verantwortung zu.

F. Volkswirtschaftliche Beurteilung des Übernahmeverhaltens

Nach der Darstellung und Untersuchung des Verhaltens der Hauptbeteiligten nach Abgabe eines Übernahmeangebots sollen die volkswirtschaftlichen Folgen von Übernahmevorgängen untersucht werden. Nach Festlegung der Beurteilungskriterien werden die für das Verhalten der beteiligten Marktteilnehmer maßgeblichen Gründe aufgezeigt. Im Anschluss daran wird das Verhalten des Marktes dahingehend untersucht, ob durch den Übernahmemarkt tatsächlich eine volkswirtschaftliche Optimierung bewirkt wird. Daraus ließe sich ableiten, an welchen volkswirtschaftlichen Zielen eine positivrechtliche Übernahmeregelung auszurichten wäre.[1258]

I. Wohlfahrtsökonomische Effizienz

Der Übernahmemarkt hätte wohlstandssteigernde Auswirkungen auf eine Volkwirtschaft, wenn die diesem Markt immanenten potentiellen oder tatsächlichen Übernahmen eine bessere und zweckmäßigere Verteilung der knappen Mittel zur Folge hätten.[1259] Grundsätzlich ist in diesem Zusammenhang zunächst davon auszugehen, dass jede Effektivitätssteigerung in einem Unternehmen aufgrund einer Übernahme auch einen volkswirtschaftlichen Optimierungsvorgang darstellt, sofern die Umstrukturierungs- und Transaktionsaufwendungen geringer als die Effektivitäts-

[1256] Vgl. Jarrell/Brickley/Netter, 2 Journal of Economic Perspectives (1988), 49, 63.

[1257] Vgl. Jarrell/Brickley/Netter, 2 Journal of Economic Perspectives (1988), 49, 63 f.; Ryngaert, 20 Journal of Financial Economics (1988), 377, 377 ff.: durchschnittliche bereinigte Kursrückgänge in Höhe von
3,4 %.Vgl. dazu auch Malatesta/Walkling, 20 Journal of Financial Economics (1988), 347, 356.

[1258] Zum Zusammenhang ökonomischer Erkenntnisse und Gesetzgebung vgl. weitergehend Becker, Verwaltungskontrolle, 13 f. Zum Zusammenhang von ökonomischen Erkenntnissen und einer Takeover-Gesetzgebung vgl. Cook, in Weidenbaum/ Chilton, Public Policy Toward Corporate Takeovers, 1, 16 ff.

[1259] Vgl. auch Behrens, Ökonomische Grundlagen des Rechts, 81 ff. Vgl. ferner zur Ökonomie rechtlicher Regelungen Jost, Effektivität von Recht.

steigerung zu bewerten sind.[1260] Zudem ist es als volkswirtschaftlich effizient zu bewerten, wenn bisher unrentable Unternehmen in ihrer Geschäftstätigkeit auf zukunftsträchtige Marktbereiche ausgerichtet werden und sich aus gesättigten bzw. ertragsschwachen Bereichen zurückziehen.[1261] Beide angesprochenen Optimierungen gelten als das Ziel von Bietern.[1262]

Dem wird entgegengehalten, dass Übernahmen infolge der hohen Schuldenlast einer Zielgesellschaft volkswirtschaftlich nachteilige Folgen hätten.[1263] Die Verschuldung gefährde die Existenz des Unternehmens und berge die Gefahr der Liquidation. Sie habe einen nicht substituierbaren Arbeitsplatzabbau zur Folge. Sie zwinge die Unternehmensleitung, zu Lasten der innovativen Unternehmensbereiche lediglich kurzfristig ertragsversprechende Aktivitäten zu entfalten, und gefährde so die Stabilität der Lebensverhältnisse in der Volkswirtschaft.[1264] Die Verschuldung der Zielgesellschaft wirke sich zudem in den Fällen der Liquidation zu Lasten der Anleger aus, deren Forderungen würden Not leidend.[1265] Die Kreditgeber des mit einem höheren Risiko belasteten Fremdkapitals würden mit einer höheren Rendite bedacht. Die hohe Verschuldung und die hohe Verzinsung destabilisiere den Kapitalmarkt.[1266] Nicht zu vernachlässigen ist bei der Beurteilung von Übernahmen jedoch, dass sowohl die Abgabe eines Übernahmeangebotes als auch die erfolgreiche Übernahme häufig die notwendige Voraussetzung für Effizienzsteigerungen ist. Schon durch die Abgabe eines Übernahmeangebotes wird die Aufmerksamkeit des Marktes und vor allen Dingen auch der Anteilseigner auf die Unternehmenstätigkeit und auf die Bewertung der Zielgesellschaft gelenkt.[1267] Die Abgabe des Übernahmeangebots verstärkt somit die Kontrolle der Unternehmensleitung und setzt sie einem sehr viel stärkeren Rechtfertigungszwang aus.[1268] Der Disziplinierungs- und Leistungsdruck nimmt erheblich zu.[1269] Eine erfolgreiche Übernahme hat darüber hinaus regelmäßig die Optimierung der Organisation des Unternehmens und der

---

[1260] Vgl. dazu Cook, in Weidenbaum/ Chilton, Public Policy Toward Corporate Takeovers, 1, 16.

[1261] Vgl. Adams, AG 1990, 243, 244.

[1262] Vgl. Merkt, US-amerikanisches Gesellschaftsrecht, Rdn. 1069.

[1263] Vgl. dazu die Darstellung bei Adams, AG 1990, 243, 248. Vgl. demgegenüber auch Safieddine/Titman, 54 Journal of Finance (1999), 547, 547 ff.

[1264] Vgl. Die Zeit vom 13. April 2000, 1. Vgl. dazu auch Weidenbaum/Cook, in Weidenbaum/Chilton, Public Policy Toward Corporate Takeovers, 63, 69 ff., 76, die das Verschuldungsproblem für eher nachrangig halten.

[1265] Vgl. hierzu Meier-Schatz, ZHR 149 (1985), 76, 79; Paefgen, AG 1991, 41, 58 f.

[1266] Vgl. dazu Hahn, Übernahme von Aktiengesellschaften, 131 f. Ablehnend Weidenbaum/Cook, in Weidenbaum/Chilton, Public Policy Toward Corporate Takeovers, 63, 64, 76.

[1267] Vgl. Paefgen, AG 1991, 41, 57.

[1268] Vgl. Adams, AG 1990, 243, 244.

[1269] Vgl. Betsch/Groh/Lohmann, Corporate Finance, 327; Brudney, 85 Columbia Law Review (1985), 1403, 1442; Busch, Regelung von Übernahmeangeboten, 82 ff.; Cook, in Weidenbaum/Chilton, Public Policy Toward Corporate Takeovers, 1, 2; Frei, Öffentliche Übernahmeangebote, 130; Safieddine/Titman, 54 Journal of Finance (1999), 547, 547 ff.

Allokation der Ressourcen zur Folge.[1270] Dies zeigt sich am Kursaufschlag und an der höheren Verschuldung. Es ist davon auszugehen, dass diese Entwicklung nicht ohne den erhöhten Kosten- und Leistungsdruck, also ohne die Übernahme, eintreten würde.[1271] Eine ähnliche Korrelation besteht zwischen der Flexibilität des Unternehmens und marktausgerichtetem Verhalten einerseits und Kosten- und Leistungsdruck andererseits.[1272] Während in einem Unternehmen mit üblicher Eigenkapitalquote geschäftliche Fehlausrichtungen durch die erwirtschafteten Erträgen oder Rücklagen finanziert und verdeckt werden können,[1273] steht eine übernommene Gesellschaft infolge des erhöhten Kosten- und Leistungsdrucks unter dem Zwang, durch flexiblere und marktgerechtere Ausrichtung auch Grenzerträge zu erwirtschaften, um den Unternehmensbestand zu sichern, die Zinsen und Tilgungen zu bedienen und die Eigenkapitalquote zu erhöhen.[1274] Auch wenn diesbezüglich nachhaltige Bedenken geäußert werden, wird sogar eine Verschuldung bis zu dem Punkt, an dem die Grenzverzinsung des Fremdkapitals der Grenzrendite aus der Geschäftstätigkeit entspricht, wegen des höchst möglichen Leistungsdrucks auf die Unternehmensleitung als optimal angesehen.[1275] Zu berücksichtigen bleibt bei diesen Überlegungen jedoch, dass wegen des mit einer hohen Verschuldung einhergehenden höheren Insolvenzrisikos zwangsläufig die Agencykosten der Fremdkapitalgeber steigen. Die Eigenkapitalgeber würden nämlich mit steigendem Insolvenzrisiko infolge der für sie nachteiligen Asymmetrie von Risiko- und Ertragsverteilung eine immer risikoreichere Geschäftstätigkeit mit allem zur Verfügung stehenden Einfluss durchzusetzen versuchen und damit die Werthaltigkeit der unzureichenden Sicherheiten zum Nachteil der Kreditgeber weiter beeinträchtigen.[1276] Dem müssen die Kreditgeber durch einen höheren Kontrollaufwand entgegenwirken.

Zutreffend mag sein, dass generell oder im Einzelfall drohende Übernahmen die Unternehmensleitung dazu bewegen, ihre Geschäftstätigkeit kurzfristig auszurichten.[1277] Insofern würden langfristige Investitionen und Forschungstätigkeiten

---

[1270] Dies kann allerdings auch nach erfolgreicher Abwehr so sein, vgl. dazu Safieddine/Titman, 54 Journal of Finance (1999), 547, 548 ff.

[1271] Vgl. Hahn, Übernahme von Aktiengesellschaften, 131 f.

[1272] Vgl. Paefgen, AG 1991, 41, 58.

[1273] Vgl. Adams, AG 1989, 333, 333; von Weizsäcker, Der Markt für unternehmensgebundene Ressourcen, 31, 38.

[1274] Vgl. Gollnick, Beurteilung der Vorstandsleistung, 37 ff.; Hahn, Übernahme von Aktiengesellschaften, 131 f.; Jensen, 2 Journal of Economic Perspectives (1988), 21, 30.

[1275] Vgl. Jensen, 76 American Enonomic Review (1986), 323, 323 ff.; Safieddine/Titman, 54 Journal of Finance (1999), 547, 578 f.

[1276] Zum Verhältnis von Eigenkapital, Fremdkapital und Insolvenzrisiko bei Übernahmen vgl. auch Bästlein, Zur Feindlichkeit offentlicher Übernahmeangebote, 46 ff.

[1277] Vgl. zur kurzfristigen Ausrichtung der Geschäftstätigkeit Adams, AG 1990, 243, 248; Bästlein, Zur Feindlichkeit öffentlicher Übernahmeangebote, 182 ff., 248; Carliner, in Auerbach, Corporate Takeovers, 25, 25 ff.; Caytas/Mahari, Im Banne des Investment Banking, 165; Cook, in Weidenbaum/Chilton, Public Policy Toward Corporate Takeovers, 1, 3, 8 f.; DeAngelo/Rice, 11 Journal of Financial Economics (1983), 329, 329 ff.; Jarrell/Poulsen, 19 Journal of Financial Economics (1987), 127, 127 ff.; Jensen, 2 Journal of Economic Perspectives (1988), 21, 26; Kallmeyer, AG 2000, 553, 553 f.; Lehnert, Unternehmensübernahmöglicherweise vermieden werden.[1278] Darüber, ob die Ausrichtung der Geschäftstätigkeit ohne Übernahmedruck jedoch betriebs- bzw. volkswirtschaftlich vorteilhafter sein würde, lassen sich aber keine gesicherten Erkenntnisse erlangen. Genauso wenig lassen sich Erkenntnisse darüber gewinnen, ob einerseits der Verkauf oder die Verwertung von Unternehmensteilen, wie sie auch von Übernehmern vorgenommen werden, oder aber - andererseits - die Entwicklung zu kartellähnlichen Strukturen betriebs- und volkswirtschaftlich vorteilhaft ist. Eine entsprechende Bewertung in volkswirtschaftlicher Hinsicht hätte zudem unter Berücksichtigung der Folgen für den Steuerhaushalt und für die sich im wirtschaftlichen Umfeld bewegenden Unternehmen sowie unter Einbeziehung der internationalen Wettbewerbssituation zu erfolgen. Gerade darüber lassen sich gesicherte wirtschaftswissenschaftliche Erkenntnisse nicht gewinnen.

Über die Auswirkungen von Übernahmen lassen sich umfängliche Ausführungen machen, die jedoch den Rahmen dieser Untersuchung sprengen würden. Im Ergebnis lässt sich unter wirtschaftswissenschaftlichen Aspekten weder behaupten, dass Übernahmen grundsätzlich schädlich und kontraproduktiv, noch dass Übernahmedrohungen oder Übernahmen für alle Beteiligten bzw. für die Volkswirtschaft vorteilhafte Auswirkungen haben.[1279] Unter dem Aspekt der einzel- oder gesamtwirtschaftlichen Effizienz lassen sich daher keine Kriterien für die Gestaltung rechtlicher Übernahmeregeln gewinnen.

II. Ökonomische Analyse des Managementverhaltens

Die Rolle des Managements bei Übernahmeversuchen ist in der wirtschaftswissenschaftlichen Forschung Gegenstand zahlreicher Untersuchungen gewesen. Abschließende Befunde haben sich noch nicht herauskristallisieren können, jedoch existiert eine Vielzahl von Erklärungsansätzen, die auch für rechtpolitische Überlegungen hilfreich sein können. Im Folgenden sollen die unterschiedlichen wirtschaftswissenschaftlichen Begründungen dargestellt und bewertet werden.

---

men in den USA, 216 ff.; Lowenstein, What's Wrong With Wall Street; Shleifer/Vishny, 2 Journal of Economic Perspectives (1988), 7, 7 ff.; Woolridge, 1 Journal of Applied Corporate Finance (1988), 26, 26 ff.; Die Zeit vom 13. April 2000, 1.

[1278] Vgl. dazu Hall, in Auerbach, Corporate Takeovers, 69, 69 ff.; Mülbert/Birke, WM 2001, 705, 708. Vgl. dazu ferner auch Safieddine/Titman, 54 Journal of Finance (1999), 547, 578.

[1279] Vgl. Mertens, AG 1990, 252, 254; Basaldua, in Assmann/Basaldua/Bozenhardt/Peltzer, Übernahmeangebote, 157, 166 f.; Frei, Öffentliche Übernahmeangebote, 26 f.; Scherer, 2 Journal of Economic Perspectives (1988), 69, 80 f.

1. Ökonomische Analyse der berechtigten Interessen

Insbesondere die Verfechter der ökonomischen Analyse des Rechts (die so genannte *Chicago School*)[1280] befürworten für das Gesellschafts- und Aktienrecht die Setzung von Normen, die geeignet sind, das Management dazu anzuhalten, den Nutzen der Aktionäre zu mehren.[1281] Um solche Normen für die Regulierung von Übernahmen zu erarbeiten, ist daher eine ökonomische Analyse des Managementverhaltens bei Übernahmen vorzunehmen. Im Rahmen von Übernahmeregelungen müssen dann Handlungen des Managements sanktioniert werden, die im Widerspruch zum Interesse der Aktionäre oder anderer berechtigter Interessengruppen stehen.[1282]

Im Vorfeld der Ausarbeitung eines Regelungssystems für Übernahmen muss demnach eine Identifizierung derjenigen Gruppen erfolgen, die ein berechtigtes Interesse an der Leitungstätigkeit des Unternehmens besitzen.[1283] Unzweifelhaft sind dies vorrangig die Aktionäre, da das Management deren Eigentümerinteressen treuhänderisch verwaltet.[1284] Daneben bleibt für die Berücksichtigung anderer Interessen, etwa die der Arbeitnehmer, der Kunden sowie der Öffentlichkeit (so genannte *stake-holder* Interessen) nur dann noch Raum, wenn die Interessen der Anteilseigner dadurch nicht beeinträchtigt werden.[1285]

Da Drittinteressen bei der Bestimmung der Zielvorgaben für die Leitungstätigkeit des Managements als nachrangig angesehen werden, sind zunächst die Interessen der Aktionäre der Zielgesellschaft bei der Anbahnung einer Übernahme zu bestim-men.[1286] Es ist dabei anhand grundsätzlicher Überlegungen und empirischer Befunde vorab zu klären, ob Übernahmen in Einklang mit den Interessen der Aktionäre der Zielgesellschaft stehen.[1287] Wenn dies der Fall sein sollte, wären Abwehrversuche des Managements restriktiv zu regeln und die Aktionäre müssten durch eine entsprechende Regelung geschützt werden.[1288] Sollte dies nicht der Fall sein,

---

[1280] So insbesondere Posner, Economic Analysis of Law; vgl. auch die Ausführungen bei Merkt, US-amerikanisches Gesellschaftsrecht, Rdn. 46 ff. Vgl. ferner dazu auch Ott/Schäfer, JZ 1988, 213, 213 ff.

[1281] Vgl. Jensen/Meckling, 3 Journal of Financial Economics (1976), 305, 305 ff.; Easterbrook/Fischel, 36 Business Lawyer (1981), 1733, 1733 ff.; Posner, Economic Analysis of Law, 389 f.

[1282] Vgl. dazu auch die Ausführungen bei Coffee, in Coffee/Lowenstein/Rose-Ackerman, Knights, Raiders, and Targets, 77, 82 ff.; Weimar/ Breuer, BB 1991, 2309, 2309 ff.

[1283] Vgl. dazu auch Bästlein, Zur Feindlichkeit öffentlicher Übernahmeangebote, 95 ff.; Kirchner, WM 2000, 1821, 1825; Macey, 1989 Duke Law Review, 173, 200 f.

[1284] Vgl. Macey, 1989 Duke Law Review, 173, 200 f.; Kaplan, 31 Business Lawyer (1976), 883, 887 f.; MacIntosh, 43 University of Toronto Law Journal (1993), 425, 425 ff.; Posner, Economic Analysis of Law, 389 f.; vgl. auch die Darstellung bei Merkt, US-amerikanisches Gesellschaftsrecht, Rdn. 46 ff.

[1285] Vgl. Macey, 1989 Duke Law Review, 173, 173 ff. So auch wohl MacIntosh, 43 University of Toronto Law Journal (1993), 425, 465 ff.; Stewart/Kim, 59 Southern Economic Journal (1992), 701, 701 ff. Zurückhaltender Sommer, 16 Delaware Journal of Corporate Law (1991), 33, 33 ff., 55 f.

[1286] Vgl. Lehnert, Unternehmensübernahmen in den USA, 199 f.

[1287] Ausführlich hierzu Lehnert, Unternehmensübernahmen in den USA, 170 ff.

[1288] Vgl. zum weitergehenden Schutz der Aktionäre auch Bebchuk, 98 Harvard Law Review (1985), 1693, 1693 ff.

so würde sich eine „liberalere" Regelung oder überhaupt Verzicht auf Regulierung empfehlen.[1289]

Die grundlegenden Interessen der Anteilseigner an einer Übernahme sind bereits oben in Abschnitt C. I. dargelegt worden. Eine Vielzahl durchgeführter Studien konnte belegen, dass Übernahmen regelmäßig mit Kursgewinnen für die Aktionäre der Zielgesellschaft verbunden sind.[1290] Dieser Befund lässt sich in Anlehnung an Benjamin Franklins Worte „*nothing is certain in life but death and taxes*"[1291] beschreiben und mit Black und Grundfest ergänzen: „*and shareholders gain from takeovers*".[1292] Sämtliche diesbezüglich durchgeführte Studien zeigen jedenfalls positive Renditen, d.h. Abweichungen der tatsächlich realisierten Renditen von den mittels eines Marktmodells prognostizierten Renditen, für die Aktionäre der Zielgesellschaften.[1293] Allein Ankündigungseffekte für die Aktienkurse betrugen zwischen 19 und 40 % mit einem nach Anzahl der Stichproben gewichteten Mittelwert von 30 %.[1294] Keinen Einfluss auf die Entstehung dieser Ergebnisse soll dabei die Art der Übernahme haben.[1295] Unwesentlich für den Gewinn der Aktionäre ist, ob es sich um ein feindliches oder ein freundliches Übernahmeverfahren handelt.[1296] Umstritten ist im wirtschaftswissenschaftlichen Schrifttum allerdings, ob diesen Kursgewinnen auch ein unmittelbarer, tatsächlicher wirtschaftlicher Nutzen der betroffenen Aktionäre entspricht, der die Verluste anderer Beteiligter aufwiegt.[1297] Kritiker von Unternehmensübernahmen führen an, es handele sich um ein „Nullsummenspiel",[1298] denn den Gewinnen der Aktionäre der Zielgesellschaft entsprächen regelmäßig Verluste anderer Gruppen, etwa der Aktionäre der Bietergesellschaft oder der Arbeitnehmer, oder ihnen stünden zukünftige Verluste der Aktionäre selbst gegenüber.[1299] Auf ein direktes Interesse der Aktionäre an

---

[1289] Vgl. Schwartz, 2 Journal of Law, Economics, and Organization (1986), 229, 249 ff. Vgl. dazu auch Ribstein, 61 George Washington Law Review (1993), 984, 1005 f.

[1290] Vgl. Gerke/Garz/Oerke, zfbf 1995, 805, 819; Malatesta/Thompson, 28 Journal of Financial and Quantitative Analysis (1993), 363, 378; Stulz/Walkling/Song, 45 Journal of Finance (1990), 817, 817 ff., diese mit Differenzierung nach der Eigentümerstruktur bei der Zielgesellschaft.

[1291] Vgl. Black/Grundfest, 1 Journal of Applied Corporate Finance (1988), 5, 5.

[1292] Vgl. Black/Grundfest, 1 Journal of Applied Corporate Finance (1988), 5, 5 ff. Vgl. auch Franks/Harris, 23 Journal of Financial Economics (1989), 225, 247; Romano, in Hopt/Wymeersch, European Takeovers, 3, 4 f.; Salinger, in Coffee/Lowenstein/Rose-Ackerman, Knights, Raiders, and Targets, 71, 73.

[1293] Vgl. Bühner, zfbf 1990, 295, 298 ff., 303 f., 314; Gerke/Garz/Oerke, zfbf 1995, 805, 819; Solomon/Palmiter, Corporations, 565 ff.

[1294] Vgl. Bühner, zfbf 1990, 295, 303 f., 314; Jensen/Ruback, 11 Journal of Financial Economics (1983), 5, 11, Tabelle 3; Solomon/Palmiter, Corporations, 565, sprechen gar von 50 bis über 100 %.

[1295] Vgl. dazu Travlos, 42 Journal of Finance (1987), 943, 961.

[1296] Vgl. Huang/Walkling, 19 Journal of Financial Economics (1987), 329, 341 f.; Travlos, 42 Journal of Finance (1987), 943, 961.

[1297] Vgl. Bebchuk, 95 Harvard Law Review (1982), 1028, 1047; Krause, Das obligatorische Übernahmeangebot, 147 f.

[1298] Vgl. Tichy, 43 KYKLOS (1990), 437, 440.

[1299] Vgl. dazu Bühner, zfbf 1990, 295, 300, 306, 309; Stewart/Kim, 59 Southern Economic Journal (1992), 701, 718.

einer Übernahme könne zudem nur dann abgestellt werden, wenn sich das Interesse der Aktionäre in ihrer Gesamtheit an der Steigerung realer Gewinnzuwächse durch die Übernahme und nicht am Erhalt von Spekulationsgewinnen orientiere.[1300] Voraussetzung für die Realisierung tatsächlicher Wertsteigerungspotentiale auf Seiten der Zielgesellschaft und damit auf Seiten ihrer Aktionäre sei, dass die Kurssteigerung auch mit einer realen Wertsteigerung des Unternehmens korreliere.[1301] Dies sei regelmäßig nur der Fall, wenn man der Hypothese des effizienten Kapitalmarkts[1302] folgen würde.[1303]

Nach der Hypothese vom effizienten Kapitalmarkt „stellt der Börsenkurs eines Unternehmens die beste Schätzung des abgezinsten Barwerts der zukünftigen Einnahmen des Unternehmens“ („*discounted value of future cash flows*“) dar, weil sich die hierüber verfügbaren Informationen jederzeit im Aktienkurs vollständig widerspiegeln.[1304] Würde man dieser Hypothese folgen, so könnte man daher mit der Suche nach unbekannten Informationen über eine Kapitalgesellschaft keinen über dem Marktwert liegenden Gewinn erzielen.[1305] Nicht zuletzt aufgrund unrealistischer Annahme wird in der Wirtschaftswissenschaft diese Hypotheorie erheblich relativiert.[1306] Sie existiert im Wesentlichen in drei Ausprägungen: Nach ihrer schwachen Ausprägung sind sämtliche Informationen über frühere Aktienpreise im gegenwärtigen Kurs enthalten.[1307] Nach der mittelstarken Form der Hypothese werden alle öffentlich bekannten Informationen über ein Unternehmen wie Bilanzen, Unternehmensberichte oder generelle Wirtschaftsprognosen unmittelbar im Börsenkurs bewertet.[1308] Nach der starken Ausprägung der Hypothese

---

[1300] Vgl. Rehkugler/Poddig, Bilanzanalyse, 17 ff.; Süchting, Finanzmanagement, 331 f.

[1301] Vgl. dazu Bühner, Zfbf 1990, 295, 306, 309, 311, wonach nach Diversifikation sowie Art und Orientierung der Akquisition zu differenzieren ist.

[1302] Vgl. dazu ausführlich Bästlein, Zur Feindlichkeit öffentlicher Übernahmeangebote, 55 ff.; Daum, Die unkoordinierte Übernahme, 33 f.; Hahn, Die feindliche Übernahme von Aktiengesellschaften, 80 ff., 94 ff.; Brealey/Myers, Principles of Corporate Finance, 290 ff.; Gordon/Kornhauser, 60 New York University Law Review (1985), 761, 770 ff.; Kerler, Mergers & Acquisitions, 48 ff.; Lorie/Hamilton, Stock Market, 70-97; Fama, 25 Journal of Finance (1970), 383, 383 ff.

[1303] Vgl. dazu vor allem die kritisch differenzierte Hypothese bei Shiller, Irrationaler Überschwang, 197 ff. m.w.N. Vgl. auch bereits Gordon/Kornhauser, 60 New York University Law Review (1985), 761, 770 ff. Vgl. dazu auch Daum, Die unkoordinierte Übernahme, 33 f.

[1304] Vgl. Bästlein, Zur Feindlichkeit öffentlicher Übernahmeangebote, 55; Fama, 46 Journal of Finance (1991), 1575, 1575; Gordon/Kornhauser, 60 New York University Law Review (1985), 761, 770; Kerler, Mergers & Acquisitions, 48; Merkt, US-amerikanisches Gesellschaftsrecht, Rdn. 766.

[1305] Vgl. Bästlein, Zur Feindlichkeit öffentlicher Übernahmeangebote, 55; Gordon/Kornhauser, 60 New York University Law Review (1985), 761, 786 ff.

[1306] Vgl. Bästlein, Zur Feindlichkeit öffentlicher Übernahmeangebote, 55 ff.; Hahn, Die feindliche Übernahme von Aktiengesellschaften, 80 ff., 94 ff.; Fama, 25 Journal of Finance (1970), 383, 383 ff.; Kerler, Mergers & Acquisitions, 48 ff.; KölnerKommWpÜG/Hirte, Einleitung, Rdn. 8 ff.

[1307] Vgl. Kerler, Mergers & Acquisitions, 48; Rehkugler/Poddig, Bilanzanalyse, 18.

[1308] Vgl. Bästlein, Zur Feindlichkeit öffentlicher Übernahmeangebote, 56 ff.; Drukarczyk, Theorie und Politik der Finanzierung, 85 ff.; Fama, 25 Journal of Finance (1970), 383, 383 ff.; Fama, 46 Journal of Finance (1991), 1575, 1607; Kerler, Mergers & Acquisitions, 48; Johnson/Millon, 45 Business Lawyer (1990), 2105, 2107; Schwartz, 2 Journal of Law, Economics, and Organization (1986), 229, 233, 241.

sollen alle gegenwärtig bekannten Daten über das Unternehmen - einschließlich des Insiderwissens - in den Aktienkurs eingehen.[1309] Teilweise wird die Richtigkeit der These vom effizienten Kapitalmarkt grundsätzlich, teilweise speziell im Zusammenhang mit Unternehmensübernahmen, bezweifelt.[1310] Teilweise wird auch die Tauglichkeit des Börsenkurses als Gradmesser zur Errechnung der Gewinne der Aktionäre der Zielgesellschaft angezweifelt, denn im Börsenkurs seien weder der Wert der Unternehmenskontrolle noch die anderweitigen Verwendungsmöglichkeiten der Unternehmensaktiva wiedergegeben.[1311]

Gerade in Zeiten, in denen bei den Börsenkursen innerhalb kürzester Zeitspannen große Kursbewegungen zu verzeichnen sind, mag es zutreffend sein, dass mit der Steigerung des Kurses nicht zwangsläufig ein Wertzuwachs des Unternehmens verbunden ist;[1312] auch wenn die Anteilseigner immer noch an genau demselben Unternehmen und damit an demselben Vermögensmasse beteiligt sind, ist ihr Vermögen doch um den Kursgewinn pro Anteil gestiegen. Soweit die Anteilseigner keine über die Kurssteigerung und damit den Wertzuwachs hinausgehenden Interessen verfolgen, die im Übrigen kaum erfassbar und nur summarisch zu bewerten wären, geht ihr Interesse auf die Maximierung des Kurses.[1313] Jedes der Kursteigerung entgegenlaufende Verhalten widerspricht mithin ihren Interessen. Anderen Interessen ist praktisch keine maßgebliche Bedeutung beizumessen.[1314] Nach der ökonomische Analyse der berechtigten Interessen hat somit ein Regelungssystem das Verhalten der Unternehmensleitung so zu kanalisieren, dass die Durchsetzung allein der Interessen der Anteilseigner an Kurs- und Wertsteigerungen gewährleistet ist. Demnach wäre ein Verbot der nachteiligen Einflussnahme der Unternehmensleitung auf die Übernahme und allenfalls eine Verpflichtung zu Verhandlungen über eine Angebotserhöhung vorzusehen.

1309 Vgl. Merkt, US-amerikanisches Gesellschaftsrecht, Rdn. 769; Posner, Economic Analysis of Law, 413 ff.; Hahn, Die feindliche Übernahme von Aktiengesellschaften, 94; Kerler, Mergers & Acquisitions, 48.

1310 Vgl. Bästlein, Zur Feindlichkeit öffentlicher Übernahmeangebote, 58 f.; Gordon/Kornhauser, 60 New York University Law Review (1985), 761, 830 ff.; Kerler, Mergers & Acquisitions, 49; KölnerKomm WpÜG/Hirte, Einleitung, Rdn. 8 ff.; Die Zeit vom 12. Oktober 2000, 27. Aufschlussreich wiederum Shiller, Irrationaler Überschwang, 199, der die These nicht grundsätzlich verwirft, wohl aber auf ihr eigentümliche Einschränkungen hinweist, die „oft übersehen" würden.

1311 Vgl. Lowenstein, 83 Columbia Law Review (1983), 249, 273 ff.; vgl. weiter Leebron, 61 New York University Law Review (1986), 153, 168 ff. Zum Börsenkurs als Bewertungsgrundlage vgl. Reuter, DB 2001, 2483, 2483 ff.; Sinewe, NZG 2002, 314, 316 f. Zur Festlegung des maßgeblichen Zeitfensters vgl. Wenger, EWiR 2001, 605.

1312 Vgl. Hahn, Die feindliche Übernahme von Aktiengesellschaften, 95; so entschieden Shiller, Irrationaler Überschwang, 11, 231. Vgl. auch Die Zeit vom 12. Oktober 2000, 27: „... Der Börsenhandel erscheint zusehends als Glücksspiel, bei dem Zocker und Spekulanten die Regeln bestimmen. ...".

1313 Vgl. Lehnert, Unternehmensübernahmen in den USA, 165 ff.; Kirchner, WM 2000, 1821, 1824.

1314 Vgl. hierzu Kirchner, WM 2000, 1821, 1824.

2. Managementersetzungstheorie

Die Annahme, dass durch infolge einer Übernahme ein ineffizientes Management durch ein effizientes ersetzt wird, geht davon aus, dass feindliche Übernahmen trotz Informations- und Transaktionskosten einen vorteilhaften Disziplinierungsmechanismus darstellen. Die permanente Gefahr einer feindlichen Übernahme kontrolliert und diszipliniert hiernach Unternehmensleitungen generell und sorgt in den Fällen für einen Austausch, in denen Geschäftsführungen nicht effizient arbeiten oder ihre Geschäftstätigkeit nicht an den Interessen der Anteilseigner ausrichten.[1315] Die Substitution eines ineffizienten Managements soll durch die Ausscheidequote nach Übernahmen belegt werden.[1316] Mögliche Bieter verglichen ständig den potentiellen Wert eines Unternehmens mit dem aktuellen Kurswert;[1317] sobald die Differenz zu groß werde, komme es zu einem Übernahmeangebot.[1318] Die Differenz zwischen dem Wert des Unternehmens unter der ursprünglichen Unternehmensleitung und dem Angebots- oder Übernahmepreis belege die Ineffizienz der bisherigen Geschäftsführung und deren Ausmaß.[1319] Die permanente Übernahmedrohung sorge daher für das Streben der Unternehmensführungen nach optimalen Betriebs-

---

[1315] Vgl. Brudney, 85 Columbia Law Review (1985), 1403, 1425 f.; Dann/DeAngelo, 20 Journal of Financial Economics (1988), 87, 87 ff.; Easterbrook/Fischel, 36 Business Lawyer (1981), 1733, 1733 ff.; Easterbrook/Fischel, 94 Harvard Law Review (1981), 1161, 1161 ff.; Fama/Jensen, 26 Journal of Law & Economics (1983), 301, 301 ff.; Fischel, 57 Texas Law Review (1978), 1, 1 ff.; Grossman/Hart, 20 Journal of Financial Economics (1988), 175, 175 ff.; Hamilton, Law of Corporations, 351; Jensen, 76 American Economic Review (1986), 323, 323 ff.; Jensen, 2 Journal of Economic Perspectives (1988), 21, 21 ff.; Jensen, 67 Harvard Business Review (1989), 61, 61 ff.; Jensen/Ruback, 11 Journal of Financial Economics (1983), 5, 5 ff.; Jensen/Warner, 20 Journal of Financial Economics (1988), 3, 4 ff.; Manne, 73 Journal of Political Economy (1965), 110, 110 ff.; Möller, Die Stellung des Aktionärs bei Übernahmen, 31 f. Vgl. auch Betsch/Groh/Lohmann, Corporate Finance, 327 f.; Posner, Economic Analysis of Law, 385 ff. Vgl. weiter auch Bühner, zfbf 1984, 812, 816, 824, der im Rahmen einer kapitalmarktorientierten empirischen Studie zu unterschiedlichen Ergebnissen gelangt - je nach dem, ob die Gesellschaft sich in Streubesitz oder von wenigen Eigentümern bestimmt wird.

[1316] Vgl. Martin/Mc Connell, 46 Journal of Finance (1991), 671, 674: Ausscheidequote in Höhe von knapp 10 % in den fünf Jahren vor der Übernahme - Ausscheidequote in Höhe von knapp 42 % im ersten Jahr und 19 % im zweiten Jahr nach einer Übernahme; vgl. auch Walsh/Ellwood, Mergers, Acquisitions and the Prunning of Managerial Deadwood, 1, 1 ff.; vgl. weiter Agrawal/Walkling, 49 Journal of Finance (1994), 985, 986, 1009; Gollnick, Beurteilung der Vorstandsleistung, 30 ff.; Jensen/Warner, 20 Journal of Financial Economics (1988), 3, 18; Seifert/Voth, in von Rosen/Seifert, Übernahme börsennotierter Unternehmen, 187, 196 ff. Vgl. jedoch auch die differenzierende Aussage von Gerpott, zfbf 1994, 4, 26 f., für die vergleichsweise geringere Ausscheidequote in Deutschland.

[1317] Insofern wird hier von Easterbrook/Fischel von der so genannten effizienten Kapitalmarkthypothese, vgl. auch Fama, 25 Journal of Finance (1970), 383, 383 ff., ausgegangen. Vgl. dazu auch bereits Fama, in Posner/Scott, Economics of Corporation Law, 156, 156 ff. („random walk theory"). Vgl. weiter Fischel, in Posner/Scott, Economics of Corporation Law, 211, 211 ff.

[1318] Vgl. Hamilton, Law of Corporations, 353. Zur Beurteilung dieser Werte unter Zugrundelegung der Effizienz des Managements vgl. Brudney, 85 Columbia Law Review (1985), 1403, 1424 f.

[1319] Vgl. Brudney, 85 Columbia Law Review (1985), 1403, 1424 f.; Holl, in Posner/Scott, Economics of Corporation Law, 205, 205 f.; Röhrich, ZWS 114 (1994), 81, 81 f.

ergebnissen in allen Unternehmen.[1320] Auch die an einer Übernahme Beteiligten würde profitieren: Die Aktionäre der Zielgesellschaft erhielten den Kursaufschlag, der Bieter vereinnahme die Differenz zwischen dem tatsächlichen Wert der Zielgesellschaft und dem gezahlten Preis; den nichtverkaufenden Altaktionären der Zielgesellschaft komme die Kurssteigerung zugute.[1321] Jede Regelung, die Übernahmevorgänge erschwere oder gar verhindere, sei mithin wohlstandsmindernd.[1322] Die Geschäftsführungen von Zielgesellschaften hätten ein substantielles Interesse an der Absicherung ihrer direkten und indirekten Bezüge und damit an der Unabhängigkeit der Gesellschaft. Je weniger effizient sie arbeiteten, desto größer sei ihr Abwehrinteresse. Abwehrmaßnahmen könnten nicht auf ihr ehrliches Interesse an einem höheren Angebot hin überprüft werden, weil jeder Versuch, ein höheres Angebot zu erzielen, und jede Angebotsausschlagung zu einem Scheitern des Verkaufs führen könne.[1323] Daher werde im Ergebnis der Anteilswert, der sich auch unter Berücksichtigung der Wahrscheinlichkeit der Abgabe eines Übernahmeangebots für die Gesellschaft errechne, durch Abwehrmaßnahmen verringert und nicht erhöht.[1324] Zudem seien die direkten und indirekten Kosten von Abwehrmaßnahmen schon allein für die Zielgesellschaft hoch und damit vermögensschädigend;[1325] sie würden regelmäßig unterschätzt.[1326] Den maximalen Nutzen für die Gesamtheit der Anteilseigner, wenngleich auch nicht für jeden einzelnen Anteilseigner in jedem Fall einer Übernahme, bietet mithin eine gesetzliche Regelung von Übernahmen, die jedwede Verteidigungsmaßnahme untersagt.[1327]

Auch in volkswirtschaftlicher Hinsicht haben nach dieser Ansicht Abwehrmaßnahmen keine Wohlstandssteigerung zur Folge. Ein höherer Übernahmepreis, der infolge von Abwehrmaßnahmen möglicherweise erzielt würde, sei vom Bieter und damit zulasten seiner Anteilseigner zu leisten. Es werde lediglich ein volkswirtschaftlich neutraler Wertetransfer vorgenommen.[1328] Auch für die Gesamtheit der Anteilseigner generell handele es sich lediglich um einen rein neutralen Wertetransfer.[1329] Durch die zusätzlichen Kosten der Abwehrmaßnahmen und der

---

[1320] Vgl. Holl, in Posner/Scott, Economics of Corporation Law, 205, 205 ff.; Romano, in Hopt/Wymeersch, European Takeovers, 3, 9 ff.; Seifert/Voth, in von Rosen/Seifert, Übernahme börsennotierter Unternehmen, 187, 199 ff.

[1321] Vgl. Black/Grundfest, Brookings Papers on Economic Activity 1990, 6, 6. Vorsichtiger Gerpott, ZfB 1993, 1271, 1274 f., 1289; Gerpott, zfbf 1994, 4, 5, der das Ausscheiden von Top-Managern als „kostspieligen Humankapitalverlust" bezeichnet.

[1322] Vgl. Grundfest, 27 Journal of Financial Economics (1990), 89, 93 f.; Krause, WM 1996, 893, 895.

[1323] Vgl. Adams, AG 1989, 333, 333 ff.

[1324] Vgl. Easterbrook/Fischel, 94 Harvard Law Review (1981), 1161, 1161 ff.; Gilson, 33 Stanford Law Review (1981), 819, 819 f.

[1325] Vgl. hierzu auch Easterbrook/Fischel, 80 Michigan Law Review (1982), 1155, 1172 f.

[1326] Vgl. Easterbrook/Fischel, 94 Harvard Law Review (1981), 1161, 1174 ff.

[1327] Vgl. Bebchuk, 2 Journal of Law, Economics, and Organization (1986), 253, 254.

[1328] Vgl. Bästlein, Zur Feindlichkeit öffentlicher Übernahmeangebote, 243 ff.; Merkt, US-amerikanisches Gesellschaftsrecht, Rdn. 1182.

[1329] Vgl. Lehnert, Unternehmensübernahmen in den USA, 206 ff.

Verzögerung der Übernahme sowie der damit verbundenen Effizienzverringerung sei demgegenüber von einer Wohlstandseinbuße auszugehen.[1330] Zudem würden andere Übernahmeinteressenten, die eine Übernahme der betroffenen Zielgesellschaft oder eines anderen Unternehmens in Erwägung zögen, generell durch Abwehrmaßnahmen entmutigt, auch wenn sie zu so genannten *auctions* führen und ein höherer Kursaufschlag erzielt würde.[1331] Insofern würden die Kosten für einen Übernahmeversuchs nicht investiert werden,[1332] zumal sie in vielen Fällen ohnehin durch Drittbieter wettbewerbsverzerrend absorbiert würden.[1333] Die Disziplinierungs- und Kontrollwirkung ließe zum Nachteil der Anteilseigner nach und die Gesellschaften würden einem Wertefall ausgesetzt sein.[1334] Auch insofern sei bei Abwehrmaßnahmen regelmäßig von einer volkswirtschaftlichen Wohlstandseinbuße auszugehen, während nach der Substitution ineffizienten Managements eine volkswirtschaftlich vorteilhafte Effizienzsteigerung und daher größerer Wohlstand eintrete.[1335] Die Aktionäre einer Zielgesellschaft würden die Unternehmensleitung demnach grundsätzlich dazu verpflichten, sich passiv zu verhalten und von Abwehrmaßnahmen abzusehen.[1336] Soweit die Rechtsprechung zielgerichtete Verteidigungsmaßnahmen nicht grundsätzlich als rechtswidrig beurteilt, würden im Einzelfall die Interessen der betroffenen Aktionäre der Zielgesellschaft oder sogar anderweitige Interessen zu Unrecht dem Gruppeninteresse der Aktionäre und dem volkswirtschaftlichen Interesse übergeordnet werden.[1337]

3. Markt für Unternehmenskontrolle

Im Vergleich zu der Managementersetzungstheorie betrachtet die Theorie des Marktes für Unternehmenskontrolle die Verminderung der Agencykosten[1338] als

---

[1330] Vgl. die Übersicht bei Cook, in Weidenbaum/Chilton, Public Policy Toward Corporate Takeovers, 1, 12 ff.

[1331] Vgl. Solomon/Palmiter, Corporations, 593 f.

[1332] Vgl. Easterbrook/Fischel, 35 Stanford Law Review (1982), 1, 2 ff.

[1333] Vgl. Bästlein, Zur Feindlichkeit öffentlicher Übernahmeangebote, 229; Pound, 20 Journal of Financial Economics (1988), 237, 237 ff.

[1334] Vgl. dazu auch Asquith, 11 Journal of Financial Economics (1983), 51, 51 ff.; Asquith/Bruner/Mullins, 11 Journal of Financial Economics (1983), 121, 121 ff.; Black, 41 Stanford Law Review (1989), 597, 597 ff.; Herzel/Shepro, Bidders and Targets, 29 ff.; Mitchell/ Lehn, 98 Journal of Political Economy (1990), 372, 372 ff.; Roll, in Coffee/Lowenstein/Rose-Ackerman, Knights, Raiders, and Targets, 241, 241 ff.; Roll, in Thaler, Advances in Behavioral Finance, 437, 437 ff., nach denen unter Berufung auf die so genannten Auktionstheorie schon grundsätzlich in versteigerungsähnlichen Konstellationen gezahlt würde.

[1335] Vgl. Betsch/Groh/Lohmann, Corporate Finance, 353 f.; Bradley/Desai/Kim, 21 Journal of Financial Economics (1988), 3, 32; Gilson, Law and Finance of Corporate Acquisitions, Suppl. 1990, 34; Jensen, 2 Journal of Economic Perspektives (1988), 21, 21 f.; Möller, Die Stellung des Aktionärs bei Übernahmen, 31 f.

[1336] Vgl. Grundfest, 27 Journal of Financial Economics (1990), 89, 90, 93 f., 95 ff.

[1337] So deutlich Schwartz, 2 Journal of Law, Economics, and Organization (1986), 229, 247.

[1338] Vgl. dazu Hamilton, Law of Corporations, 347 ff.; Hansmann, 4 Journal of Law, Economics, and Organization (1988), 267, 275 ff.; Jensen/Meckling, in Posner/Scott, Economics of Corporation Law, 39,

wesentlichen Nutzen von Übernahmen.[1339] Beide Theorien gehen von dem bereits oben dargestellten wohlstandsfördernd wirkenden Disziplinierungs- und Leistungsdruck auf die Geschäftsleitungen aus.[1340] Während die Managementersetzungstheorie jedoch die Substitution der Manager unter dem Aspekt der Verhaltenssteuerung betrachtet, geht die Theorie des Marktes für Unternehmenskontrolle davon aus, dass eine Übernahme wahrscheinlich ist, wenn eine Senkung der Agencykosten um einen Betrag, der den Kursaufschlag und die Transaktionskosten übersteigt,[1341] prognostiziert wird.[1342] Die Höhe der Agencykosten steht nach dieser Theorie im Zusammenhang mit der Leistungsfähigkeit und der Leistungswilligkeit der Geschäftsführung,[1343] sie gilt jedoch nicht als deren einzige Determinante.[1344] Ein maßgeblicher anderer Einflussfaktor soll beispielsweise die Form der Kontrollorganisation und deren Kosten sein.[1345] Die Höhe der Agencykosten und damit der Umfang von relativen Effizienzeinbußen im Vergleich zu einer ertragsmaximierenden Ausrichtung des Unternehmens bestimme in einem effizienten Kapitalmarkt den Börsenkurs.[1346] Der Markt für Unternehmenskontrolle bewirke mit der Sen-

---

39 ff.; Lehnert, Unternehmensübernahmen in den USA, 189 ff.; MacIntosh, 43 University of Toronto Law Journal (1993), 425, 425 ff.

1339 Begründend Manne, 73 Journal of Political Economy (1965), 110, 110 ff. Vgl. auch Posner, Economic Analysis of Law, 386; Burkart/ Gromb/Panunzi, 55 Journal of Finance (2000), 647, 662 ff.; Jensen/Ruback, 11 Journal of Financial Economics (1983), 5, 42 ff.; Holl, in Posner/Scott, Economics of Corporation Law, 205, 205 ff.; Ruback, 11 Journal of Financial Economics (1983), 141, 141 ff.; Adams, AG 1989, 333, 333 ff.; Daum, Die unkoordinierte Übernahme, 30 f.; Hahn, Die feindliche Übernahme von Aktiengesellschaften, 68 ff.; KölnerKommWpÜG/Hirte, Einleitung, Rdn. 15 ff.; Lehnert, Unternehmensübernahmen in den USA, 189 ff.

1340 Vgl. dazu Cook, in Weidenbaum/Chilton, Public Policy Toward Corporate Takeovers, 1, 2; Frei, Öffentliche Übernahmeangebote, 130; Hahn, Die feindliche Übernahme von Aktiengesellschaften, 69; Holl, in Posner/Scott, Economics of Corporation Law, 205, 206; Solomon/Palmiter, Corporations, 565 f.; Schmidt, in Boettcher/Herder-Dorneich/Schenk, Jahrbuch für Neue Politische Ökonomie, 180, 187 f.

1341 Vgl. dazu grundlegend Berle/Means, The Modern Corporation and Privat Property; vgl. weiter Manne, 73 Journal of Political Economy (1965), 110, 113; Hahn, Die feindliche Übernahme von Aktiengesellschaften, 69. Kritisch Stout, 87 Michigan Law Review (1988), 613, 685 ff., 689 ff., 708.

1342 Vgl. Baums, ZIP 1989, 1376, 1376 f.; Lehnert, Unternehmensübernahmen in den USA, 195 f.

1343 Vgl. Black/Wright/Bachmann/Davies, Shareholder Value, 62 f., 66; Hansmann, 4 Journal of Law, Economics, and Organization (1988), 267, 275 ff. Insbesondere müsste hier auch vor dem Hintergrund, dass mißwirtschaftendes Management infolge früherer Erfolge des Unternehmens lange Zeit bestehen könnten, der Differenzbetrag zwischen realisiertem Ertrag und maximalem Betrag erfasst werden, vgl. dazu von Weizsäcker, Der Markt für unternehmensgebundene Ressourcen, 31, 31 ff. Kritisch Krause, WM 1996, 893, 896.

1344 Vgl. McConnell/Muscarella, 14 Journal of Financial Economics (1985), 399, 399 ff.; Adams, AG 1990, 63, 63 ff. Vgl. dazu auch die empirische Untersuchung von Gerpott, die die Theorie von einem Markt für Unternehmenskontrolle zumindest für Deutschland kritisch bewertet. Vielmehr würde auch bei unterdurchschnittlichem Erfolgsniveau des Zielunternehmens häufig am Top-Management festgehalten, Gerpott, ZfB 1991, 5, 12 f.; Gerpott, ZfB 1993, 1271, 1274 f., 1289; Gerpott, zfbf 1994, 4, 26 f.

1345 Vgl. McConnell/Muscarella, 14 Journal of Financial Economics (1985), 399, 399 ff.; Hansmann, 4 Journal of Law, Economics, and Organization (1988), 267, 275 ff.; Adams, AG 1990, 63, 65; Lehnert, Unternehmensübernahmen in den USA, 192 ff.

1346 Vgl. Bergsma, McKinsey Quarterly, Winter 1989, 57, 57 ff.; Gluck, McKinsey Quarterly, Winter 1988, 2, 2 ff.; Jensen, 62 Harvard Business Review (1984), 109, 118; Jensen/Meckling, 3 Journal of Financial

kung der Agencykosten mithin wertsteigernde Unternehmensreformen und infolgedessen steigende Börsennotierungen.[1347] Eine dieser wertsteigernden Unternehmensreformen ist die einer Übernahme fast zwangsläufig folgende Umstrukturierung,[1348] die dann auch zur Substitution des Managements führen kann.[1349] Diese Umstrukturierung bewirke durch die Senkung der Agencykosten grundsätzlich auch den Kursanstieg.[1350]

Hiernach liegt die Abwehr von Übernahmeversuchen keinesfalls im Interesse der Gesamtheit der Aktionäre, weil damit der Disziplinierungs- und Leistungsdruck auf das Management nachlässt.[1351] Dies soll auch unter volkwirtschaftlichen Gesichtspunkten gelten, weil bei Abwehrmaßnahmen der allgemeine Disziplinierungs- und Leistungsdruck nachlasse und dadurch die Bereitschaft potentieller Bieter, sich auf dem Markt für Unternehmenskontrolle zu engagieren, verringert würde.[1352] Auch im Einzelfall widerspräche die Übernahmeabwehr den Interessen der betroffenen Aktionäre, denn eine Übernahme verspricht regelmäßig die Senkung von Agencykosten und damit höhere Erträge und einen Kursanstieg.[1353] Nur für den Fall, dass nach einer aus anderen Gründen bevorstehenden Übernahme zu Lasten der verbleibenden Altaktionäre und des Unternehmens Sondervorteile, beispielsweise durch die Externalisierung von Kosten, für den neuen Mehrheitsaktionär erzielt werden sollen,[1354] seien - so einzelne Stellungnahmen - gegebenenfalls

---

Economics (1976), 305, 352; Fama, 88 Journal of Political Economy (1980), 288, 295; Fama/Jensen, 26 Journal of Law & Economics (1983), 301, 313; Lichtenberg/Siegel, 3 Brooking Papers on Economic Activity (1987), 643, 643 ff.; Hahn, Die feindliche Übernahme von Aktiengesellschaften, 69; Lehnert, Unternehmensübernahmen in den USA, 169 f., 197; demgegenüber Shiller, in Coffee/Lowenstein/Rose-Ackerman, Knights, Raiders, and Targets, 56, 56 ff., der der Annahme der Hypothese vom effizienten Kapitalmarkt widerspricht; demgegenüber weiter Herman/Lowenstein, in Coffee/Lowenstein/Rose-Ackerman, Knights, Raiders, and Targets, 211, 211 ff., die dem Übernahmemotiv der Senkung der Agencykosten widersprechen; vgl. auch Scherer, 2 Journal of Economic Perspektives (1988), 69, 69 ff.

[1347] Vgl. Dennis/McConnell, 16 Journal of Financial Economics (1986), 143, 185; Dodd/Ruback, 5 Journal of Financial Economics (1977), 351, 351 ff.; Kummer/Hoffmeister, 33 Journal of Finance (1978), 505, 515; Malatesta, 11 Journal of Financial Economics (1983), 155, 170. Kritisch Stout, 87 Michigan Law Review (1988), 613, 689 ff.

[1348] Vgl. Lehnert, Unternehmensübernahmen in den USA, 195 f.

[1349] Vgl. Easterbrook/Fischel, 94 Harvard Law Review (1981), 1161, 1173 f.; Adams, AG 1989, 333, 333 ff.; Adams, AG 1990, 63, 64. Kritisch dazu Krause, WM 1996, 893, 896, der darauf hinweist, dass oft gerade die gut geführten, erfolgreichen Unternehmen das Ziel von Übernahmeversuchen darstellten.

[1350] Vgl. Easterbrook/Fischel, 94 Harvard Law Review (1981), 1161, 1165 ff.

[1351] Vgl. Adams, AG 1989, 333, 333 ff.; Bergsma, McKinsey Quarterly, Winter 1989, 57, 57 ff.; Brudney, 85 Columbia Law Review (1985), 1403, 1442; Busch, Regelung von Übernahmeangeboten, 82 ff.; Cook, in Weidenbaum/Chilton, Public Policy Toward Corporate Takeovers, 1, 2; Daum, Die unkoordinierte Übernahme, 32; Jansch, Rolle der Aktionäre, 93 f.

[1352] Vgl. Easterbrook/Fischel, 94 Harvard Law Review (1981), 1161, 1173 f.; Jansch, Rolle der Aktionäre, 93 f.

[1353] Vgl. Adams, AG 1989, 333, 333 ff.

[1354] Vgl. dazu Houben, WM 2000, 1873, 1873; KölnerKommWpÜG/Hirte, Einleitung, Rdn. 20 ff.; von Beauvais, Grenzen des Höchststimmrechts, 139; Weisser, Feindliche Übernahmeangebote und Verhaltenspflichten der Leitungsorgane, 46; Reul, Pflicht zur Gleichbehandlung der Aktionäre, 133-138; Bebchuk, 98 Harvard Law Review (1985), 1693, 1792 f.

Abwehrmaßnahmen effizienzerhaltend und wünschenswert.[1355] Lediglich durch die Externalisierung von Kosten und damit durch die Erzielung von Sondervorteilen bestünde nämlich die Gefahr gesamtwirtschaftlicher Nachteile, der durch gesetzgeberische Schutzmaßnahmen begegnet werden könnte.[1356] Ansonsten habe jeder Eingriff in den Kontrollmarkt durch Verteidigungsmaßnahmen zu unterbleiben.[1357]

Teilweise wird die Auffassung vertreten, dies gelte auch für Verhandlungen mit dem Bieter über eine Angebotserhöhung.[1358] Bei einem Preiskampf sei der Erstbieter im Übrigen infolge höherer Kosten regelmäßig benachteiligt.[1359] Durch eine Förderung des Preiskampfes zwischen mehreren Bietern hätte der bzw. hätten die Verlierer ohne Erfolg erhebliche Kosten aufgewandt.[1360] Das Risiko der Abgabe von Übernahmeangeboten würde somit generell erheblich erhöht und die Aktivität von Bietern auf dem Markt für Unternehmenskontrolle werde erheblich verringert.[1361] Die Erhöhung von Kursaufschlägen in Einzelfällen habe somit generell den Rückgang von Übernahmeversuchen und damit die Verringerung des Disziplinierungs- und Leistungsdrucks zur Folge.[1362] Im Übrigen sei die Preiserhöhung lediglich eine volkswirtschaftlich nutzlose Umverteilung von den Anteilseignern der Bietergesellschaft zu den Anteilseignern der Zielgesellschaft.[1363] Jede abwehrende Handlung, auch Preisverhandlung und die Suche nach Konkurrenzbietern, sei somit zu unterlassen. Demgegenüber wird die Auffassung vertreten, es müsse dem Management verboten werden, durch den Einsatz von Verteidigungsmaßnahmen die Transaktionskosten für den Bieter zu erhöhen; die Unternehmensleitung sei jedoch zu verpflichten, die Aktionäre zu informieren und Konkurrenzangebote einzuholen.[1364] Ein erster Bieter könne sich generell durch den Ankauf von Anteilen vor Angebotsabgabe und den späteren Weiterverkauf zum einem höheren Kurs schadlos halten.[1365] Der Markt für Unternehmenskontrolle würde dadurch nicht beein-

[1355] So wohl van Aubel, Vorstandspflichten bei Übernahmeangeboten, 159 f.

[1356] Vgl. Weisser, Feindliche Übernahmeangebote und Verhaltenspflichten der Leitungsorgane, 47.

[1357] Vgl. Easterbrook/Fischel, 94 Harvard Law Review (1981), 1161, 1161 ff.; Grossman/Hart, 11 Bell Journal of Economics (1980), 42, 59 f. Vgl. auch Daum, Die unkoordinierte Übernahme, 32.

[1358] Vgl. Easterbrook/Fischel, 94 Harvard Law Review (1981), 1161, 1174 ff.

[1359] Vgl. Schwartz, 17 Journal of Legal Studies (1988), 165, 185, Munscheck, Übernahmeregelung, ???

[1360] Vgl. Schwartz, 2 Journal of Law, Economics, and Organization (1986), 229, 230.

[1361] Vgl. Schwartz, 2 Journal of Law, Economics, and Organization (1986), 229, 230.

[1362] Vgl. Easterbrook/Fischel, 94 Harvard Law Review (1981), 1161, 1179, 1189.

[1363] Vgl. Easterbrook/Fischel, 94 Harvard Law Review (1981), 1161, 1175; Mülbert/Birke, WM 2001, 705, 707.

[1364] Vgl. Bebchuk, 35 Stanford Law Review (1982), 23, 30 ff., 42, 47 f.; Bebchuk, 95 Harvard Law Review (1982), 1028, 1054 ff.; Gilson, 33 Stanford Law Review (1981), 819, 845, 865 ff.; Munscheck, Übernahmeregelung, 206 ff., 221 ff.

[1365] Vgl. Bebchuk, 35 Stanford Law Review (1982), 23, 31; Bebchuk, 95 Harvard Law Review (1982), 1028, 1034 ff., Bebchuk, 2 Journal of Law, Economics, and Organization (1986), 253, 255; Gilson, 33 Stanford Law Review (1981), 819, 870 ff.

trächtigt.[1366] Auch für den Fall, dass die Übernahmeversuche infolgedessen generell nachließen, sei eine entsprechende Verpflichtung des Managements festzustellen oder zu begründen.[1367] Es würde so gewährleistet, dass die Zielgesellschaft von demjenigen übernommen wird, der sie aufgrund des höchsten Kostendrucks am effizientesten führe.[1368] So sei den Interessen der Zielgesellschaftsaktionäre gedient und die größtmögliche Wohlstandssteigerung garantiert.[1369]

a. Analyse nach dem Tobin's Q

Die Höhe der so genannten Agencykosten wird versucht, anhand von vergleichenden Betrachtungen des so genannten Tobin's Q zu ermitteln. Als Tobin's Q wird das Verhältnis zwischen dem Marktwert des Unternehmens (Marktwert der Aktien zuzüglich Verbindlichkeiten) und dem Wiederbeschaffungswert seines Sachanlagevermögens bezeichnet.[1370] Eine Übernahme lohnt sich bei Außerachtlassung der vergleichsweise geringen Transaktionskosten theoretisch bereits dann, wenn der Tobin's Q kleiner als 1 ist, weil sich allein aus der Summe der Sachanlagen ein höherer Wert als der Kaufpreis für die Aktien ergibt.[1371] Zu Beginn der Übernahmewelle Ende der 70er Jahre/ Anfang der 80er Jahre war der Tobin's Q in den Vereinigten Staaten durchschnittlich auf einen Wert zwischen 0,5 und 0,6 gefallen.[1372] Unter Berücksichtigung der Kosten einer Übernahme, nämlich des Kursaufschlages und der Transaktionskosten, erwies sich der Übernahmepreis als immer noch erheblich niedriger als die Wiederbeschaffungskosten der Sachanlagen. Bei der Analyse des Tobins's Q handelt es sich zunächst um einen Ansatz, der den Nutzen der gegenwärtigen und zukünftigen Projekte eines Unternehmens bei gegebenem Management erfasst. Diese Größe eignet sich zur Messung der langfristigen

---

1366 Vgl. Bebchuk, 95 Harvard Law Review (1982), 1028, 1034 ff., Gilson, 33 Stanford Law Review (1981), 819, 870 ff.

1367 Vgl. Bebchuk, 95 Harvard Law Review (1982), 1028, 1034 ff., Gilson, 33 Stanford Law Review (1981), 819, 870 ff.

1368 Vgl. Bebchuk, 35 Stanford Law Review (1982), 23, 39 ff.; Gilson, 35 Stanford Law Review (1982), 51, 62 ff.; Munscheck, Übernahmeregelung, 222.

1369 Vgl. Bebchuk, 95 Harvard Law Review (1982), 1028, 1034 ff.; Gilson, 33 Stanford Law Review(1981), 819, 870 ff.

1370 Vgl. Hahn, Die feindliche Übernahme von Aktiengesellschaften, 76; Lang/Stulz/Walkling, 29 Journal of Financial Economics (1991), 315, 316; Lehnert, Unternehmensübernahmen in den USA, 200; McConnell/Servaes, 27 Journal of Financial Economics (1990), 595, 595 f.; Morck/Shleifer/Vishny, 20 Journal of Financial Economics (1988), 293, 296; Morck/Shleifer/Vishny, 79 American Economic Review (1989), 842, 844; Shleifer/Vishny, 2 Journal of Economic Perspectives (1988), 7, 11.

1371 Vgl. dazu Shleifer/Vishny, 2 Journal of Economic Perspectives (1988), 7, 11.

1372 So Chon/Modigliani, Inflation, Rational Valuation and the Market, 24 ff. Vgl. dazu auch Morck/ Shleifer/Vishny, 79 American Economic Review (1989), 842, 844. Siehe auch Tabelle 1 bei Morck/Shleifer/ Vishny, 20 Journal of Financial Economics (1988), 293, 297.

Performance des etablierten Managements eines Unternehmens.[1373] Als Ergebnis derartiger Analysen wurde - wie zu erwarten - festgestellt, dass gut geleitete Bieter in größerem Ausmaß von Übernahmen schlecht geführter Zielgesellschaften profitieren als schlecht geleitete Bieter. Ebenso profitieren gut geführte Zielgesellschaften weniger von Übernahmen als schlecht geführte Zielgesellschaften.[1374]

Der sich aus einer Übernahme ergebende Gesamtgewinn ist am größten, wenn gut geführte Bieter schlecht geleitete Zielgesellschaften übernehmen.[1375] Das Verhältnis der Qualität des Managements von Bieter- und Zielgesellschaft hat daher erheblichen Einfluss auf die verzeichneten Ankündigungseffekte. Eine Übernahme kann sich auch dann lohnen, wenn der Tobin's Q über 1 liegt. In diesem Fall wird der derivative Geschäftswert in Höhe der Differenz zwischen Marktwert und Verbindlichkeiten einerseits und Wert des Anlagevermögens andererseits bewertet. Bei einer maßgeblich auf Umsatz- und Gewinnpotential des eingerichteten Gewerbebetriebes basierenden Bewertung ist die Übernahme lohnend, wenn eine maßgebliche Steigerung des Tobin's Q durch eine geänderte Geschäftsausrichtung oder aber durch eine personelle Änderung der Unternehmensleitung erreicht werden kann. Demnach ist die vergleichende Analyse der Tobin's Qs als Indikator für den so genannten Markt für Unternehmenskontrolle zu verstehen. Durchweg lässt sich für Zielgesellschaften im Branchenvergleich ein signifikant geringer Q-Wert und eine maßgebliche Steigerung des Tobin's Q nach einer Übernahme feststellen.[1376]

b. Analyse von *proxy contests*

Eine weitere Methode zur Errechnung der durch die Abberufung eines ineffizienten Managements anfallenden Gewinne ist die Untersuchung von *proxy contests*, in deren Verlauf Aktionäre durch Ausübung ihrer Stimmrechte das Management abberufen und durch eine ihren Interessen entsprechende Geschäftsführung austauschen.[1377] Bei einer Analyse von 96 *proxy contests* wurde eine abnormale Rendite

---

[1373] Vgl. Lang/Stulz/Walkling, 24 Journal of Financial Economics (1989), 137, 138; Lang/Stulz/Walkling, 29 Journal of Financial Economics (1991), 315, 317; Morck/Shleifer/Vishny, 79 American Economic Review (1989), 842, 842; Servaes, 66 Journal of Finance (1991), 409,409.

[1374] Vgl. Lang/Stulz/Walkling, 24 Journal of Financial Economics (1989), 137, 145 f.; Lang/Stulz/Walkling, 29 Journal of Financial Economics (1991), 315, 333 f.

[1375] Vgl. Kaplan/Weisbach, 47 Journal of Financial Economics (1992), 107, 130; Lang/Stulz/Walkling, 24 Journal of Financial Economics (1989), 137, 152; Morck/Shleifer/Vishny, 45 Journal of Finance (1990), 31, 41, Tabelle III; Servaes, 66 Journal of Finance (1991), 409, 417 f.

[1376] Vgl. Jensen/Ruback, 11 Journal of Financial Economics (1983), 5, 5 ff.; Lang/Stulz/Walkling, 24 Journal of Financial Economcis (1989), 137, 143 ff.; Lowenstein/Herman, in Coffee/Lowenstein/Rose-Ackerman, Knights, Raiders, and Targets, 211, 219; Morck/Shleifer/Vishny, in Auerbach, Corporate Takeovers, 101, 116; Morck/Shleifer/Vishny, 79 American Economic Review (1989), 842, 845 ff.

[1377] Vgl. Roll, in Coffee/Lowenstein/Rose-Ackerman, Knights, Raiders, and Targets, 241, 245; Easterbrook/Fischel, Economic Structure of Corporate Law, 77 ff.; Cary/Eisenberg, Corporations, 330 ff.; DeAngelo/DeAngelo, 23 Journal of Financial Economics (1989), 29, 29 ff.; Herzel/Shepro, Bidders and Targets, 66 f.; Ikenberry/Lakonishok, 66 Journal of Business (1993), 405, 405; Merkt, US-amerikanisches Gesellschaftsrecht, Rdn. 658 ff.; Knoll, Übernahme von Kapitalgesellschaften, 89 f.; Lüttmann, Kontrollvon 11,9 % ermittelt.[1378] Diese Zuwächse liegen jedoch deutlich unter den bei öffentlichen Übernahmeangeboten erzielten Gewinnen. Allerdings sind *proxy contests* von drei Faktoren geprägt, die den nicht zustimmenden Aktionären zusätzliche Kosten und Unsicherheit zumuten.[1379] Zunächst ist es für das bestehende Management leichter, um Stimmen zu werben. Typischerweise stützen externe Großaktionäre, besonders treuhänderisch gebundene, das Management. Außerdem ist es für Dissidenten häufig schwer, sich mit berechtigten Anliegen von den Interessen unseriöser Abweichler zu distanzieren. Diese Umständen erschweren ein Gelingen des *proxy contests*, so dass die um einen Führungswechsel bemühten Aktionäre zusätzliche Kosten, etwa für Aufklärungsarbeit, aufbringen müssen, um den Erfolg des Unterfangens zu gewährleisten bzw. wahrscheinlich zu machen.

c. Analyse nach der zeitlichen Ausrichtung der Geschäftstätigkeit

Der Markt für Unternehmenskontrolle führt trotz oder sogar wegen des für nützlich gehaltenen Disziplinierungs- und Leistungsdrucks zu einer besonderen Problematik. Zum Teil werden Unternehmen den Erwartungen des Kapitalmarktes nicht gerecht, weil die die Unternehmensleitung die Geschäftstätigkeit aus bestimmten Gründen langfristig ausrichtet und so kurzfristige Kursgewinne oder Gewinnausschüttungen unterbleiben.[1380] In derartigen Situationen wird nach der hier behandelten Markttheorie die Geschäftsführung nach einer Übernahme zu Recht ausgewechselt, weil sie den Erwartungen nicht gerecht wurde.[1381] Zu denken ist in diesem Zusammenhang insbesondere an erhebliche langfristige Investitionen, langfristige Innovationen und vom Ergebnis her ungewisse Forschungsarbeiten.[1382] Eine entsprechende Ausrichtung könnte durchaus im Interesse der Anteilseigner, insbe-

---

wechsel in Kapitalgesellschaften, 89 f.; Meier-Schatz, WuR 1987, 16, 18; Meier-Schatz, ZHR 149 (1985), 76, 79; Peltzer, ZfgK 1986, 291, 291; Peltzer, Festschrift Zimmerer, 274, 276; Smith, 58 University of Pittsburgh Law Review (1996), 145, 145 ff.; Weisner, Verteidigungsmaßnahmen gegen unfreundliche Übernahmeversuche, 11; International Business Week vom 11. Juni 1990, 48 f.

[1378] Vgl Dodd/Warner, 11 Journal of Financial Economics (1983), 401, 402 ff.; Ikenberry/Lakonishok, 66 Journal of Business (1993), 405, 405 ff.

[1379] Vgl. Neuwirth, 145 University of Pennsylvania Law Review (1996), 423, 429.

[1380] Vgl. dazu Bästlein, Zur Feindlichkeit öffentlicher Übernahmeangebote, 182 ff., 248; Carliner, in Auerbach, Corporate Takeovers, 25, 25 ff.; Caytas/Mahari, Im Banne des Investment Banking, 165; DeAngelo/Rice, 11 Journal of Financial Economics (1983), 329, 329 ff.; Jarrell/Poulsen, 19 Journal of Financial Economics (1987), 127, 127 ff.; Jensen, 2 Journal of Economic Perspectives (1988), 21, 26; Shleifer/Vishny, 2 Journal of Economic Perspectives (1988), 7, 7 ff.; Hall, in Auerbach, Corporate Takeovers, 69, 93; Scherer, 2 Journal of Economic Perspectives (1988), 69, 80; Lipton, 35 Business Lawyer (1979), 101, 104 ff.; Woolridge, 1 Journal of Applied Corporate Finance (1988), 26, 26 ff.; Die Zeit vom 13. April 2000, 1.

[1381] Vgl. hierzu relativierend Paefgen, AG 1991, 41, 57 f.

[1382] Vgl. Hahn, Übernahme von Aktiengesellschaften, 146 f.; Hall, in Auerbach, Corporate Takeovers, 69, 93; Scherer, 2 Journal of Economic Perspectives (1988), 69, 80.

sondere von institutionellen und eigentümerähnlichen Anlegern, liegen.[1383] Sie könnte offensichtlich auch volkswirtschaftlich sinnvoll sein.[1384] Gleichwohl würde der unreglementierte Markt für Unternehmenskontrolle infolge des kurzzeitig ausgerichteten Leistungs- und Disziplinierungsdrucks solchen Unternehmensorientierungen entgegenwirken.[1385] Verlässliche Untersuchungen über die Auswirkungen von Übernahmen auf die langfristige Geschäftsausrichtung liegen aber nicht vor,[1386] so dass eine wirtschaftswissenschaftliche Bewertung der hier angesprochenen Problematik nicht möglich ist.

4. Arbitragetheorie

Die Arbitragetheorie gründet auf der Annahme, dass die Hypothese vom effizienten Kapitalmarkt nicht im Markt für Unternehmen gilt, sondern dass hier infolge strategischer Entscheidungen weniger Marktteilnehmer besondere Mechanismen zu einem Kursaufschlag führten.[1387] Im Gegensatz zu den Bewertungsmodellen für Unternehmensanteile im effizienten Kapitalmarkt (*capital asset-pricing model - CAPM*[1388] oder *arbitrage price theory - APT*[1389]) orientiere sich der Markt neu, sobald Unternehmen fusionieren oder übernommen, liquidiert, reorganisiert, an den Aktienmarkt gebracht (*going public*) oder diesem entzogen werden (*going private*).[1390] Nach diesem Modell wird es als sachgerecht angesehen, die Unternehmensleitung zu verpflichten, Maßnahmen in Übernahmekämpfen zu ergreifen, die zugunsten der Anteilseigner weitestgehend die Realisierung des Differenzbetrages zwischen Kurs und Arbitragewert, also dem von Spekulanten erzielbaren Zwischengewinn, gewährleisten.[1391] Unter volkswirtschaftlicher Betrachtung ist

---

[1383] Vgl. Bästlein, Zur Feindlichkeit öffentlicher Übernahmeangebote, 248 f.; Kallmeyer, AG 2000, 553, 553 f.

[1384] Vgl. dazu Kallmeyer, AG 2000, 553, 553 f.

[1385] Vgl. Hahn, Übernahme von Aktiengesellschaften, 147.

[1386] Vgl. auch Bästlein, Zur Feindlichkeit öffentlicher Übernahmeangebote, 266. Vgl. dazu auch die Untersuchung von Woolridge, 1 Journal of Applied Corporate Finance (1988), 26, 26 ff.

[1387] Vgl. Leebron, 61 New York University Law Review (1986), 153, 168 ff.; Gordon/Kornhauser, 60 New York University Law Review (1985), 761, 825; Lowenstein, 83 Columbia Law Review (1983), 249, 273 ff.; Shubik, in Coffee/Lowenstein/Rose-Ackerman, Knights, Raiders, and Targets, 31, 41 ff.; Hahn, Die feindliche Übernahme von Aktiengesellschaften, 92 ff.; vgl. zur Rolle der Arbitrageuren bei Übernahmeversuchen auch Merkt, US-amerikanisches Gesellschaftsrecht, Rdn. 1078; Schiessl, RIW 1988, 522, 525.

[1388] Vgl. dazu ausgiebig Conn, 9 Cambridge Journal of Economics (1985), 43, 43 ff.; Pástor, 55 Journal of Finance (2000), 179, 179 ff. Vgl. dazu auch Oehler, ZBB 1992, 97, 99 f. Kritisch Stout, 99 Yale Law Journal (1990), 1235, 1235 ff.

[1389] Vgl. dazu Schmusch, Unternehmensakquisitionen, 134 f.

[1390] Vgl. Gordon/Kornhauser, 60 New York University Law Review (1985), 761, 775 ff.; Shubik, in Coffee/Lowenstein/Rose-Ackerman, Knights, Raiders, and Targets, 31, 41 ff. Zur Bestimmung des Zeitpunktes und der Geschäftsausrichtung eines *Reverse LBO* vgl. Degeorge/Zeckhauser, 48 Journal of Finance (1993), 1323, 1323 ff. Chowdhry/Jegadeesh, 29 Journal of Financial and Quantitative Analysis (1994), 117, 117 ff.

[1391] Vgl. Shubik, in Coffee/Lowenstein/Rose-Ackerman, Knights, Raiders, and Targets, 31, 48. Letztlich erfolgt damit die Lösung des so genannten *prisoner's dilemma*, vgl. dazu Rapoport/Chammah, Prisoner's

nach der Arbitragetheorie lediglich von einer wohlstandsneutralen Umverteilung auszugehen.[1392]

5. Restrukturierungseinsparungen

Ein weiteres Übernahmemotiv stellen zukunftsträchtige Restrukturierungen dar.[1393] Unter Restrukturierungen werden alle Veränderungen der Zusammensetzung der Aktiva (operative Restrukturierung) sowie der Kapitalstruktur (finanzielle Restrukturierung) verstanden, die mit dem Ziel der Verbesserung der Bedingungen für die Vermehrung von Aktionärsvermögen vorgenommen werden.[1394] Finanziell ausgerichtete Bieter beabsichtigen die zumindest kurzfristige Fortsetzung und Ausweitung der Geschäftstätigkeit der restrukturierten Zielgesellschaft. Die infolge der Restrukturierung erreichte Effizienzsteigerung soll eine Gewinn- und Ertragssteigerung bewirken, so dass die Übernahme eine rentable Investition darstellt.[1395] Übernahmeangebote werden auch abgegeben, damit durch Einsparungen infolge von Rationalisierungsmaßnahmen[1396] eine Effizienzsteigerung bewirkt werden kann, die die Übernahmekosten überwiegt.[1397]

In der Nachkriegszeit hat die US-amerikanische Wirtschaft zwei sich voneinander stark unterscheidende Übernahmewellen erlebt.[1398] Die große Übernahmewelle in den 60er Jahren war von dem Glauben bestimmt, es könnten insbesondere durch Diversifikation und durch die Bildung von konglomeraten Konzernen vorteilhaftere Unternehmensstrukturen herausgebildet werden.[1399] Diese Entwicklung

---

Dilemma; Witt, NZG 2000, 809, 811 ff.; Witt, Übernahmen von Aktiengesellschaften, 82 ff.; vgl. auch Assmann/Bozenhardt, in Assmann/Basaldua/Bozenhardt/Peltzer, Übernahmeangebote, 1, 11 f.; Bebchuk, 98 Harvard Law Review (1985), 1693, 1766; Hahn, ZBB 1990, 10, 14; Herkenroth, Konzernierungsprozesse, 336 ff.; Herrmann, Zivilrechtliche Abwehrmaßnahmen gegen unfreundliche Übernahmeversuche, 20; Lüttmann, Kontrollwechsel in Kapitalgesellschaften, 38 ff, 73 ff., 140 ff.; Ott/Schäfer, Ökonomische Analyse des Zivilrechts, 468 ff.; Reul, JbjZRWiss 1990, 11, 26 f.; Röhrich, Feindliche Übernahmeangebote, 84 f.; Sandberger, DZWir 1993, 319, 321; Weimar/Breuer, BB 1991, 2309, 2310 durch das Ergreifen von Abwehrmaßnahmen durch die Unternehmensleitung.

[1392] Vgl. Merkt, US-amerikanisches Gesellschaftsrecht, Rdn. 1078.

[1393] Vgl. dazu die Ausführungen über Restrukturierungsmaßnahmen oben unter C. I. 3. c. Zur Restrukturierung durch *spin-offs* vgl. auch Cusatis/Miles/Woolridge, 33 Journal of Financial Economics (1993), 293, 293 ff.

[1394] Vgl. Huemer, Mergers & Acquisitions, 107. Vgl. dazu auch Donaldson, 27 Journal of Financial Economics (1990), 117, 117 ff.

[1395] Vgl. zu Ertragssteigerungen durch Restrukturierungsmaßnahmen Donaldson, 27 Journal of Financial Economics (1990), 117, 121, 123 f., 134 ff.

[1396] Vgl. dazu ebenfalls die Ausführungen oben unter C. I. 3. c.

[1397] Vgl. Kerler, Mergers & Acquisitions, 62 ff.; Krause, Das obligatorische Übernahmeangebot, 100 f.

[1398] Vgl. Bästlein, Zur Feindlichkeit öffentlicher Übernahmeangebote, 108 ff.; Lehnert, Unternehmensübernahmen in den USA, 51 ff.; Shleifer/Vishny, 4 Journal of Applied Corporate Finance (1991), 49, 51. Vgl. dazu auch Hamilton, Law of Corporations, 368 ff., 353, der zusätzlich die Übernahmewellen der 80er und der späten 90er Jahre voneinander abgrenzt.

[1399] Vgl. Bästlein, Zur Feindlichkeit öffentlicher Übernahmeangebote, 108 f.; Lehnert, Unternehmensübernahmen in den USA, 51 ff.; Porter, 87 Harvard Law Review (1987), 43, 44.

wurde durch die strikte Kontrolle horizontaler und vertikaler Fusionen begünstigt, die eine Expansion durch den Zusammenschluss innerhalb einer Branche erheblich erschwerte.[1400] Dabei stand das Bestreben im Vordergrund, eine Stabilisierung der gesamtunternehmerischen Tätigkeit herbeizuführen. Dem lag das bekannte Konzept der *Boston Consulting Group* zugrunde, nach dem die Schaffung von kapitalmarktunabhängigen Unternehmen oder Unternehmensgruppen ein vorrangiges Ziel sein sollte.[1401] Danach sollten frei verfügbare Gewinne[1402] dort unternehmensextern investiert werden, wo durch Reorganisation und Restrukturierungen Effizienzsteigerungen mit der Folge einer schnellen Steigerung des Unternehmenswertes bewirkt werden könnten.[1403] Dabei sollte der Aufbau eines antizyklischen Portfolios von Unternehmenseinheiten und Produkten angestrebt werden.[1404] Durch die Abschöpfung des Gewinns bei Unternehmen in deren Reifephase und nach Sättigung des durch sie bedienten Marktes und den Transfer des Kapitals zu den jungen Erfolg versprechenden Unternehmen,[1405] den *rising stars*, sowie zu den ineffizient geführten Unternehmen in Wachstumsbranchen[1406] sollte eine konjunkturunabhängige Stabilität geschaffen werden.[1407] Eine derartige Stabilität wurde zudem durch diversifizierende Investitionen in Humankapital bewirkt, da das Risiko von Arbeitsplatzabbau und Kündigungen nach einem solchen Strukturwandel sinkt.[1408] Diese Entwicklung führte zum Entstehen einer Vielzahl von Konglomeraten, die in sich keine einheitliche strategische Ausrichtung hatten.[1409] Hauptsächlich die unterschiedlichen Anforderungen an das Management, die einer schlüssigen Gesamtstrategie widersprechende Ausrichtung der einzelnen Unternehmensbereiche[1410] und das Management überfordernde Entscheidungsprozesse, hatten zur Folge, dass sich die in die Diversifikation gesetzten Erwartungen nicht erfüllten.[1411] Die Diversifikationsweite von Unternehmen ging erheblich zurück.[1412]

[1400] Vgl. Bästlein, Zur Feindlichkeit öffentlicher Übernahmeangebote, 108; Lehnert, Unternehmensübernahmen in den USA, 52.

[1401] Vgl. Bästlein, Zur Feindlichkeit öffentlicher Übernahmeangebote, 109; Jansen, Mergers & Acquisitions, 62 ff.

[1402] Zu den so genannten Free-Cash-Flows vgl. ausführlich unten unter 12.

[1403] Vgl. Lehnert, Unternehmensübernahmen in den USA, 51 ff.

[1404] Vgl. Bästlein, Zur Feindlichkeit öffentlicher Übernahmeangebote, 109; Huemer, Mergers & Acquisitions, 102 f.; Lehnert, Unternehmensübernahmen in den USA, 52.

[1405] Vgl. Kensinger/Martin, 1 Journal of Applied Corporate Finance (1988), 16, 17.

[1406] Vgl. Huemer, Mergers & Acquisitions, 102; Graebner, Die Auseinandersetzung um Leveraged Buyouts, 47 f.

[1407] Vgl. Lehnert, Unternehmensübernahmen in den USA, 52.

[1408] Vgl. Weston/Chung/Hoag, Mergers, Restructuring, and Corporate Control, 216.

[1409] Vgl. Lehnert, Unternehmensübernahmen in den USA, 51 ff.

[1410] Vgl. hierzu Lichtenberg, Corporate Takeovers and Productivity, 109, 113.

[1411] Vgl. Glassman/Stewart, 1 Journal of Applied Corporate Finance (1988), 79, 80 f.; Lehnert, Unternehmensübernahmen in den USA, 53 ff.; Ravenscraft/Scherer, in Coffee/Lowenstein/Rose-Ackerman, Knights, Raiders, and Targets, 194, 207.

[1412] Vgl. Bhagat/Brickley/Loewenstein, 42 Journal of Finance (1987), 965, 965 ff.; Huemer, Mergers & Acquisitions, 105 f.; Kaplan/Weisbach, 47 Journal of Finance (1992), 107, 111, 136 f.; Lehnert, Unterneh-

Gegen Ende der 70er Jahre setzten sich verstärkt rein finanziell begründete Übernahmen durch. Diese Übernahmewelle war vorrangig vom Glauben an rentable, teilweise sehr spekulative, Investitionen geprägt und zeichnete sich durch hohe Fremdfinanzierung und den Einsatz von so genannten *junk bonds*[1413] aus, so dass auch die Übernahme von bisher nicht vom Übernahmedruck betroffener großer Unternehmenseinheiten erfolgen konnte.[1414] Im Zusammenhang mit diesen Übernahmen wurde angenommen, dass Bieter sich Zielgesellschaften aussuchen, die so genannte Substanz- oder Ertragswertdifferenzen[1415] aufweisen.[1416] Solche Differenzen kamen maßgeblich dadurch zustande, dass betriebswirtschaftlich sinnvolle Optimierungen nicht vorgenommen wurden.[1417] Die Ursache hierfür lag vorwiegend in der Inkompetenz des Managements und der mangelnden Transparenz und Kontrolle ihres Handelns.[1418] Zudem stimmte die buchhalterische Bewertung des Anlagevermögens während dieser auch durch Inflation gekennzeichneten Phase häufig nicht mit den tatsächlichen Werten überein. Die Fremdverschuldungsquote war infolgedessen tatsächlich geringer als von der Zielgesellschaft und vom Markt angenommen.[1419] Die inflationäre Entwicklung führte zu relativ geringeren Zinsbelastungen und ungenutzten Steuerbegünstigungen.[1420] Besonders Unternehmen mit relativ hohem Anteil von Anlagevermögen, hohem Eigenkapital und werthaltigen Ressourcen, aber auch Konzerne oder Unternehmensverbände, diese infolge unausgenutzter Synergiepotentiale oder wiederherzustellender Flexibilität, galten als potentiell unterbewertet.[1421] Die Bewertung erfolgte im Auftrag des Bieters oder

---

mensübernahmen in den USA, 53 f.; Lichtenberg, Corporate Takeovers and Productivity, 110 f.; Milgrom/Roberts, Economics, Organization and Management, 68; Weston, 2 Journal of Applied Corporate Finance (1989), 68, 68 ff.; Schmieder, in von Rosen/Seifert, Übernahme börsennotierter Unternehmen, 417, 418.

1413 Vgl. dazu Jensen, in Coffee/Lowenstein/Rose-Ackerman, Knights, Raiders, and Targets, 314, 337 ff.; Lehnert, Unternehmensübernahmen in den USA, 148 ff.; Merkt, US-amerikanisches Gesellschaftsrecht, Rdn. 356 f.; Taggart, in Auerbach, Mergers and Acquisitions, 5, 5 ff.; Bästlein, Zur Feindlichkeit öffentlicher Übernahmeangebote, 165 ff.; Benckendorff, Erwerb eigener Aktien, 61; vgl. im Übrigen hierzu die Ausführungen unter 2. Teil: Grundlagen.

1414 Vgl. Gibbs, 14 Strategic Management Journal (1993), 51, 56; Jensen, 2 Journal of Economic Perspectives (1988), 21, 39; Smiley, 3 Industrial Organization Review (1975), 138, 145; Bästlein, Zur Feindlichkeit öffentlicher Übernahmeangebote, 110 ff.; Hahn, Die feindliche Übernahme von Aktiengesellschaften, 87; Lehnert, Unternehmensübernahmen in den USA, 57 ff.

1415 Vgl. hierzu ausführlich Bästlein, Zur Feindlichkeit öffentlicher Übernahmeangebote, 144 ff.

1416 Vgl. Bästlein, Zur Feindlichkeit öffentlicher Übernahmeangebote, 165.

1417 Vgl. dazu Jensen, 76 American Economic Review (1986), 323, 323 ff.; Jensen, 2 Journal of Economic Perspectives (1988), 21, 21 ff; Mann/Sicherman, 64 Journal of Business (1991), 213, 213 ff.

1418 Vgl. Bästlein, Zur Feindlichkeit öffentlicher Übernahmeangebote, 262 f.; Merkt, US-amerikanisches Gesellschaftsrecht, 652 f.

1419 Vgl. Bästlein, Zur Feindlichkeit öffentlicher Übernahmeangebote, 145 ff.

1420 Vgl. Auerbach/Reishaus, in Auerbach, Corporate Takeovers, 157, 157 ff.; Gilson/Scholes/Wolfson, in Coffee/Lowenstein/Rose-Ackerman, Knights, Raiders, and Targets, 271, 271 ff.; Jensen/Kaplan/Stiglin, 42 Tax Analysts Tax Notes (1989), 727, 727 ff.; Kaplan, 44 Journal of Finance (1989), 611, 611 ff.; Lehnert, Unternehmensübernahmen in den USA, 111 ff.

1421 Vgl. Bästlein, Zur Feindlichkeit öffentlicher Übernahmeangebote, 145 ff.; Lehnert, Unternehmensübernahmen in den USA, 111 ff. Vgl. auch Adams, AG 1989, 333, 333.

durch ihn selbst, um eine Wertdifferenz aufzudecken, die der Markt noch nicht bemerkt, jedenfalls aber nicht berücksichtigt, hatte. Mithin konnte durch Restrukturierungen und Reorganisation eine Effizienzsteigerung bewirkt werden, die infolge der durch die Übernahme erzielten auch mittelfristig anhaltenden Aufmerksamkeit und Transparenz der Umstellungen eine marktgerechte und zudem die vormals vorhandene Unterbewertung nivellierende Wertsteigerung zur Folge hatte. Von besonderem Interesse waren bei derartigen Vorgängen für branchenfremde Bieter Restrukturierungspotentiale, die schnell und ohne branchespezifische Kompetenz zu realisieren waren.[1422] Die beabsichtigten Umstellungen konnten durch neue Entscheidungsträger schneller und erfolgreicher umgesetzt werden, weil diese im Gegensatz zu der alten Geschäftsführung drittbetroffene Interessen (*stakeholder interests*) weniger oder gar nicht zu berücksichtigen hatten und so rücksichtsloser handeln konnten.[1423]

Untersuchungen bestätigen Effizienzsteigerungen durch Rationalisierungen und Einsparungen.[1424] Daneben kann auch die Ausrichtung eines übernommenen Unternehmens auf einen neuen Markt für den Übernehmer eine gewinnversprechende Perspektive sein.[1425] Dies gilt gerade dann, wenn das übernommene Unternehmen aus einem gesättigten und ertragsarmen Tätigkeitsbereich in einen zukunftsträchtigen Geschäftsbereich überführt wird.[1426]

Alles in allem erweisen sich somit gerade Übernahmen, die mit der Absicht der Erzielung von Effizienzsteigerungen durch Restrukturierungen oder Rationalisierungsmaßnahmen oder mit der Absicht der Ausrichtung auf einen zukunftsträchtigen Markt durchgeführt werden, als volkswirtschaftlich sinnvolle Entwicklungen.[1427]

6. Realisierung von Synergieeffekten

Die Realisierung von Synergien nach der Übernahme von Unternehmen[1428] ist volkswirtschaftlich durchaus als wohlstandsfördernd zu beurteilen.[1429] Die durch eine Zusammenlegung bewirkte Einsparung von Aufwendungen sowie sonstige

[1422] Vgl. Bästlein, Zur Feindlichkeit öffentlicher Übernahmeangebote, 146.

[1423] Vgl. Bästlein, Zur Feindlichkeit öffentlicher Übernahmeangebote, 259; Morck/Shleifer/Vishny, in Auerbach, Corporate Takeovers, 101, 101 ff.

[1424] Vgl. Gluck, McKinsey Quarterly, Winter 1988, 2, 4 f.; Hahn, Übernahme von Aktiengesellschaften, 116 f.

[1425] Vgl. Bästlein, Zur Feindlichkeit öffentlicher Übernahmeangebote, 131 f.

[1426] Vgl. Jansen, Mergers & Acquisitions, 62 ff.

[1427] So auch Bradley/Desai/Kim, 21 Journal of Financial Economics (1988), 3, 32; Jensen/Warner, 20 Journal of Financial Economics (1988), 3, 21 f.; Jensen, 67 Harvard Business Review (1989), 61, 61 ff.; Bästlein, Zur Feindlichkeit öffentlicher Übernahmeangebote, 259 ff.; Fama/Jensen, 26 Journal of Law & Economics (1983), 301, 301 ff.

[1428] Vgl. dazu oben unter C. I. 3. h.

[1429] Vgl. Frei, Öffentliche Übernahmeangebote, 32; Gruber, Pflicht zum Übernahmeangebot, 17; Hahn, Die feindliche Übernahme von Aktiengesellschaften, 68; Munscheck, Übernahmeregelung, 48.

Effizienzsteigerungen setzen nämlich Kapital und Kräfte für andere Tätigkeitsbereiche frei, die ihrerseits wohlstandsfördernde Auswirkungen haben.

7. Erzielung steuerlicher Vorteile

Wie bereits aufgezeigt, kann ein weiterer Grund für Übernahmen darin liegen, dass sich für die Zielgesellschaft oder für den Übernehmer Steuervorteile ergeben.[1430] Bei volkswirtschaftlicher Betrachtung sind Steuervorteile von Unternehmen zunächst neutral zu beurteilen. Soweit Steuern dem Staat im Haushalt nicht zur Verfügung stehen, ist davon auszugehen, dass diese Beträge entweder durch das Unternehmen direkt oder aber nach ihrer Ausschüttung mittelbar durch die Anteilseigner in den Wirtschaftskreislauf eingebracht werden. Lediglich unter dem Aspekt der Steuergerechtigkeit und der sozialen Stabilität könnten steuerliche Auswirkungen von Übernahmen mittelbar volkswirtschaftliche Veränderungen zur Folge haben.[1431] Mithin können Übernahmen allein wegen ihrer steuerlichen Auswirkungen weder als nachteilig noch als vorteilhaft bewertet werden.[1432]

Im Übrigen sind die infolge von Übernahmen anfallenden zusätzlichen Steuern nicht zu unterschätzen. In den Vereinigten Staaten haben sich insbesondere die *capital gains tax*[1433], die Besteuerung der Zinserträge der Fremdkapitalgeber und die zusätzlichen Steuern infolge der durch Effizienzzuwächse und einer günstigeren Kapitalallokation bewirkten höheren Betriebsergebnisse[1434] als erhebliche Einnahmequellen des Staates erwiesen.[1435]

8. Erzielung von Zerschlagungsgewinnen

Auch die Realisierung von Zerschlagungsgewinnen ist nicht per se als volkswirtschaftlich kontraproduktiv zu bewerten.[1436] Durch die gewinnbringende Veräußerung der Teile eines Unternehmens werden kleinere Einheiten geschaffen[1437] oder aber bestimmte Einheiten einem anderen Unternehmen angegliedert.[1438] Durch die zu zahlenden hohen Preise ist die nahezu zwingende Folge eines derartigen Vor-

---

[1430] Vgl. dazu oben unter 2. Teil C. I. 3. i.

[1431] Vgl. Merkt, US-amerikanisches Gesellschaftsrecht, 653 ff.

[1432] Vgl. dazu auch Hahn, Die feindliche Übernahme von Aktiengesellschaften, 104 ff.

[1433] Die *capital gain tax* ist eine Art Besteuerung des Vermögenszuwachses. Darunter fällt die Besteuerung der Nettowertsteigerung des Vermögensgegenstandes, hier insbesondere die Besteuerung der Kursgewinne der Aktionäre und der Veräußerungsgewinne der Gesellschaft durch den Verkauf von Aktivvermögen, vgl. dazu und weitergehend Brown/Ryngaert, 46 Journal of Finance (1991), 653, 653 ff. Vgl. dazu ferner auch Conn, 9 Cambridge Journal of Economics (1985), 43, 46.

[1434] Vgl. dazu Jensen, 67 Harvard Business Review (1989), 61, 71.

[1435] Vgl. dazu Hahn, Die feindliche Übernahme von Aktiengesellschaften, 107.

[1436] Vgl. Adams, AG 1990, 243, 244, 248.

[1437] Vgl. Adams, AG 1990, 243, 244.

[1438] Vgl. Bästlein, Zur Feindlichkeit öffentlicher Übernahmeangebote, 132.

gangs eine maßgebliche Effizienzsteigerung,[1439] die volkswirtschaftlich als wohlstandssteigernd zu klassifizieren ist.[1440] Die Effizienzsteigerung wird in vielen Fällen dadurch bewirkt, dass die kleineren Einheiten selbständig produktiver arbeiten können[1441] oder aber die Einbindung in ein anderes Unternehmen Synergien zur Folge hat.[1442] Demgegenüber tritt die wohlstandsmindernde Zerstörung bestehender Produktions- oder Handelsstrukturen zurück, weil ein Übernehmer einen derartigen geldwerten Vermögensbestandteil nicht aufgeben würde, wenn nicht eine vorteilhaftere Allokation geschaffen würde.[1443] In den Vereinigten Staaten ist gleichwohl gerade vor dem Hintergrund der einzelstaatlichen Übernahmeregelungen mit gegensätzlichen Stimmen diskutiert worden, ob die bei Übernahmen drohende Zerschlagung im Ergebnis regionale, überregionale bzw. volkswirtschaftliche Schädigungen zur Folge hat.[1444]

9. Fehlbewertung der Gesellschaft durch den Kapitalmarkt

Soweit Übernahmen die Folge von Fehlbewertungen des Kapitalmarktes[1445] sind, lässt sich die volkswirtschaftlich nachteilige oder vorteilhafte Wirkung nicht beurteilen.[1446] Im Fall der Unterbewertung eines übernommenes Unternehmen realisiert sich der Gewinn des Übernehmers durch die marktgerechte Justierung des Kurses nach der Übernahme infolge der zwangsläufig durch den Übernahmevorgang bewirkten öffentlichen Aufmerksamkeit.[1447] Wenn zusätzlich effizienzsteigernde Maßnahmen ergriffen werden können, würde eine Wohlstandssteigerung die Folge sein. Wenn der Kapitalmarkt während des Übernahmevorgangs oder nach der Übernahme ein Unternehmen wegen der hohen Nachfrage zu hoch bewertet, ließe sich daraus nicht zwangsläufig eine wohlstandsmindernde Wirkung der Übernahme folgern. Lediglich soweit die Kapitalallokation in der Volkswirtschaft nachteilig verändert würde, wäre die Fehlbewertung nachteilig. Erkenntnisse über die nachteilige Veränderung der Kapitalallokation infolge einer Übernahme oder infolge von Übernahmen generell liegen nicht vor.

[1439] Vgl. Adams, AG 1990, 243, 244.

[1440] Vgl. Adams, AG 1990, 243, 244.

[1441] Vgl. Adams, AG 1990, 243, 244.

[1442] Vgl. Bästlein, Zur Feindlichkeit öffentlicher Übernahmeangebote, 127 f.; Betsch/Groh/Lohmann, Corporate Finance, 245 ff.

[1443] Vgl. hierzu Adams, AG 1990, 243, 248, 250.

[1444] Vgl. Trevor, in McKee, Hostile Takeovers, 16, 16 ff.; Vedder, in McKee, Hostile Takeovers, 3, 12.

[1445] Vgl. zum Gelegenheitskauf eines unterbewerteten Unternehmens mit vom Anlagepublikum unerkannten Wachstumsaussichten Cornett/Tehranian, 31 Journal of Financial Economics (1992), 211, 212. Vgl. in diesem Zusammenhang auch Hahn, Die feindliche Übernahme von Aktiengesellschaften, 96 f.; Mülbert/Birke, WM 2001, 705, 707.

[1446] Vgl. dazu Bühner, zfbf, 1990, 295, 296 ff.; Kerler, Mergers & Acquisitions, 252 ff.

[1447] Vgl. dazu KölnerKommWpÜG/Hirte, Einleitung, Rdn. 26.

10. Fehleinschätzung des Bieters

Auch für den Fall, dass Übernahmen aus der Fehleinschätzung des Bieters[1448] resultieren, lässt sich eine volkswirtschaftliche Bewertung nicht vornehmen.[1449] Auch hier wären die Übernahmevorgänge nur dann als nachteilig für die Volkswirtschaft zu bewerten, wenn die Kapitalallokation nachteilig verändert würde.[1450] Erkenntnisse darüber liegen indes nicht vor.

11. Noise Trader-Theorie

Das nach der Noise Trader Theorie[1451] unterstellte Verhalten des Marktes lässt sich weder als volkswirtschaftliche Optimierung noch als volkswirtschaftlich nachteilig feststellen.[1452] Dies liegt darin begründet, dass die Noise Trader Theorie nicht auf wirtschaftliche Parameter abstellt, sondern nach dieser Theorie Öffentlichkeitsarbeit und Medienbewertungen die Kurs- und damit auch die Übernahmeentwicklung bestimmen.

12. Free-Cash-Flow-Theorie

Übernahmen, die infolge eines großen *Free-Cash-Flow* beim Übernehmer vorgenommen werden, können per se weder als volkswirtschaftlich sinnvoll noch als wohlstandsmindernd angesehen werden.[1453] Der *Free-Cash-Flow* eines Übernehmers ist kein tauglicher Indikator für den Sinn und die Folgen von Übernahmen.[1454] Ein anderer Einsatz des *Cash-Flow* durch das Unternehmen selbst oder nach Ausschüttung durch die Anteilseigner kann positivere aber auch nachteiligere Auswirkungen auf die Volkswirtschaft haben, insbesondere wenn die Anteilseigner nach den eigenen Präferenzen einen größeren Nutzen aus der alternativen Verwendung ziehen könnten.[1455] Vor dem bereits oben aufgezeigten Hintergrund[1456] birgt ein hoher *Cash-Flow* jedoch die große Gefahr vorwiegend eigeninteressierter Investitionen zugunsten der Unternehmensleitung des Bieters. Übernahmen, die maßgeblich auf Eigeninteressen der Unternehmensleitung und nicht auf Effizienzsteigerung

[1448] Vgl. hierzu auch die so genannte Hybris Hypothese oben unter C. 3. o.

[1449] Vgl. Bühner, zfbf 1990, 295, 295 f., 314.

[1450] Vgl. hierzu weitergehend Bästlein, Zur Feindlichkeit öffentlicher Übernahmeangebote, 249 ff., der die aus einer hohen Verschuldung resultierenden Nachteile für die Volkswirtschaft ausgiebig behandelt. Vgl. dazu ferner Berkovitch/Narayanan, 28 Journal of Financial and Quantitative Analysis (1993), 347, 348, 350 f.

[1451] Vgl. die Darstellung oben unter C. 3. q.

[1452] Vgl. Bühner, zfbf 1990, 295, 305.

[1453] Vgl. dazu auch Adams, AG 1989, 333, 333.

[1454] Vgl. Jansen, Mergers & Acquisitions, 60, 62; Lehnert, Unternehmensübernahmen in den USA, 199 f.

[1455] Vgl. Bästlein, Zur Feindlichkeit öffentlicher Übernahmeangebote, 135.

[1456] Vgl. zuvor unter C. I. 3. p.

oder Rentabilität der Investition abzielen, sind als nachteilig für die Volkswirtschaft einzustufen.[1457]

13. Umverteilungstheorie

Teilweise wird zur Erklärung von Übernahmevorgängen die Auffassung vertreten, dass es Übernahmen im Ergebnis generell an einer effizienzsteigernden Wirkung fehle. Der Grund für die bei Gesellschaftsübernahmen zu beobachtenden Kursgewinne sei regelmäßig auf Umverteilungsprozesse zurückzuführen.[1458] Die Umverteilungen fänden zunächst zwischen den direkt oder indirekt an der Übernahme Beteiligten statt.[1459] Darüber hinaus würden auch Kosten zu Lasten der Allgemeinheit oder zu Lasten Unbeteiligter externalisiert.[1460]

Die Umverteilung zwischen den direkt Beteiligten umfasse zunächst einen Vermögenstransfer vom Bieter zur Zielgesellschaft und damit mittelbar von den Aktionären des Bieters zu den Anteilseignern der Zielgesellschaft.[1461] Von den Vermögenstransfers unter Einschluss indirekt Betroffener seien die Einsparungen von Personalkosten (durch Beschäftigungsabbau, Lohnkürzungen und Abbau freiwilliger Leistungen)[1462] und Preisverschiebungen in den Leistungsverhältnissen zwischen der Zielgesellschaft und Dritten,[1463] beispielsweise durch niedrigere Einkaufspreise und höhere Verkaufspreise, umfasst.

[1457] Vgl auch Bohrer, Unfriendly Takeovers, 33.

[1458] Vgl. dazu weiter Bästlein, Zur Feindlichkeit öffentlicher Übernahmeangebote, 243 ff.; KölnerKomm WpÜG/Hirte, Einleitung, Rdn. 18 ff.; Merkt, US-amerikanisches Gesellschaftsrecht, Rdn. 1182; Mülbert/Birke, WM 2001, 705, 707.

[1459] Vgl. dazu auch Berkovitch/Narayanan, 28 Journal of Financial and Quantitative Analysis (1993), 347, 350 ff.; Grossman/Hart, 11 Bell Journal of Economics (1980), 42, 42 ff., die letzteren zu Umverteilungen zu *Free-Rider*-Aktionären. Vgl. dazu auch Holmström/Nalebuff, 1 Journal of Economics & Management Strategy (1992), 37, 37 ff.; Nörr/Stiefenhofer, Takeover Law, 11 f.

[1460] Vgl. Solomon/Palmiter, Corporations, 566 f.

[1461] Vgl. Berkovitch/Narayanan, 28 Journal of Financial and Quantitative Analysis (1993), 347, 350 ff.; Hopt, ZHR 161 (1997), 368, 371; Lipton, 35 Business Lawyer (1979), 101, 113. Vgl. dazu jedoch auch Holmström/Nalebuff, 1 Journal of Economics & Management Strategy (1992), 37, 37 ff., die einen Vermögenstransfer von den Aktionäre der Zielgesellschaft zum Bieter festgestellt haben.

[1462] Vgl. dazu Brown/Medoff, in Auerbach, Corporate Takeovers, 9, 17 ff.; Healy/ Palepu/Ruback, 31 Journal of Financial Economics (1992), Tabelle 6 in Verbindung mit 154 f.; Pontiff/Shleifer/Weisbach, 21 RAND Journal of Economics (1990), 600, 612; Rosett, 27 Journal of Financial Economics (1990), 263, 266-279; Solomon/Palmiter, Corporations, 566 f.; vgl. weiter Shleifer/Summers, in Auerbach, Corporate Takeovers, 33, 38.

[1463] Vgl. dazu die so genannte Redestributionshypothese: Akquisitionen mit hohem Verschuldungsgrad bewirken wegen des erhöhten Risikos (Ausfall- und Insolvenzrisikos) nach einer Übernahme durch die höhere Fremdverschuldensquote einen Vermögenstransfer von den Fremdkapitalgebern zu den Anteilseignern. Eine hohe Neuverschuldung führt demnach zur Abwertung von unzureichend besicherten Krediten und zu unverhältnismäßig niedrigen Zinsen, vgl. Adams, AG 1989, 333, 336 f.; Graebner, Die Auseinandersetzung um Leveraged Buyouts, 76; Coffee, 85 Michigan Law Review (1986), 1, 104; vgl. weiter Marias/Schipper/Smith, 23 Journal of Financial Economics (1989), 155, Tabelle 6, 172 f.; Asquith/Wizman, 27 Journal of Financial Economics (1990), 195, 203; zur Abschöpfung von Konsumentenrenten nach Ausbau der Marktmacht vgl. unten Ziffer 14. (Ausbau der Marktmacht).

Zudem werde eine Umverteilung zu Lasten von Altgläubigern der Zielgesellschaft vorgenommen.[1464] Die Übernahme hat nämlich regelmäßig eine Erhöhung der Fremdkapitalquote zur Folge,[1465] die ihrerseits wiederum mit der Erhöhung des Insolvenzrisikos, der Einschränkung der Bonität von Zielgesellschaft und Anteilseignern und einem Kursverlust der Anteile einhergehe.[1466]

Eine Umverteilung zu Lasten der Allgemeinheit werde im Übrigen durch Steuereinsparungen[1467] der betroffenen Gesellschaften und der Inanspruchnahme von Subventionen bewirkt.[1468] Zudem würden nach einer Übernahme Aufwendungen zu Lasten der Allgemeinheit externalisiert werden.[1469] Dies gelte insbesondere für die übermäßige Ausnutzung der Infrastruktur und die infolge einer Kostenvermeidung eintretende Sozial- und Umweltbelastung,[1470] insbesondere durch Arbeitslosigkeit nach Entlassungen.[1471] Daher seien Übernahmen, nach volkswirtschaftlichen Kriterien beurteilt, nachteilig.[1472] Sowohl die entsprechenden Feststellungen als auch die erwähnten Untersuchungen beruhen in erheblichem Umfang auf Prämissen, deren Richtigkeit zweifelhaft ist.[1473] Insofern lassen sich Erkenntnisse über das Vorliegen von Umverteilungen und gegebenenfalls ihres jeweiligen Umfangs nicht oder nur eingeschränkt gewinnen. Umverteilungen nach Übernahmen sind wahrscheinlich, sie sind sehr wahrscheinlich umfangreicher als üblicherweise angenommen. Soweit Übernahmen lediglich Umverteilungen bewirken, sind sie jedoch zwangsläufig als volkswirtschaftlich neutral oder nachteilig zu beurteilen.[1474] Die durch Übernahmen bewirkten volkswirtschaftlichen Vorteile[1475] sind aber sehr wahrscheinlich von erheblich größerem Gewicht, so dass jedenfalls allein die durch Umverteilungen bewirkten Nachteile mehr als aufgewogen werden.

[1464] Vgl Adams, AG 1989, 333, 336 f.; KölnerKommWpÜG/Hirte, Einleitung, Rdn. 19.

[1465] Vgl. Adams, AG 1990, 243, 248.

[1466] Vgl. McDaniel, 13 Journal of Corporate Law (1988), 205, 208 ff.; Bratton, 1989 Duke Law Review, 92, 135 ff., Gilson, The Law and Finance of Corporate Acquisitions, Suppl. 1990, 77. Zum Gläubigerschutz bei Konzernverschmelzungen - vielfach die Folge einer Übernahme - vgl. weitergehend Knott, DB 1996, 2423, 2423 ff.

[1467] Vgl. dazu Black, 41 Stanford Law Review (1989), 597, 612; Gilson, The Law and Finance of Corporate Acquisitons, Suppl. 1990, 78 ff.; Solomon/Palmiter, Corporations, 566 f.

[1468] Vgl. in diesem Zusammenhang auch Solomon/Palmiter, Corporations, 566 ff.

[1469] Vgl. auch Shleifer/Summers, in Auerbach, Corporate Takeovers, 33, 50 f.; Solomon/Palmiter, Corporations, 566 f.

[1470] Vgl. hierzu auch Bästlein, Zur Feindlichkeit öffentlicher Übernahmeangebote, 259 f.

[1471] Vgl. Coffee, 85 Michigan Law Review (1986), 1, 72.

[1472] Vgl. Lipton, 35 Business Lawyer (1979), 101, 113 ff.

[1473] Vgl. Hahn, Übernahme von Aktiengesellschaften, 124 ff.

[1474] Vgl. dazu Berkovitch/Narayanan, 28 Journal of Financial and Quantitative Analysis (1993), 347, 360 f.; Salinger, in Coffee/Lowenstein/Rose-Ackerman, Knights, Raiders, and Targets, 71, 73.

[1475] Dazu vgl. in diesem Zusammenhang Hahn, Übernahme von Aktiengesellschaften, 124 ff.; Hopt, ZHR 161 (1997), 368, 371. Vgl. auch Berkovitch/Narayanan, 28 Journal of Financial and Quantitative Analysis (1993), 347, 360 f.

14. Ausbau der Marktmacht

Marktmacht wird definiert als die Fähigkeit einzelner Unternehmen, über längere Zeit mit Erfolg einen Verkaufspreis für die eigenen Leistungen zu fordern, der über dem Marktpreis liegt.[1476] Unternehmenszusammenschlüsse bedeuten einen Auf- und Ausbau der Marktmacht und gestatten nach der Bildung von Monopolen oder Oligopolen den Erhalt von Monopolrenten.[1477] Derartige Prozesse sind zwar für die beteiligten Unternehmen und deren Aktionäre wertmaximierend,[1478] allerdings ergeben sich daraus keine gesamtwirtschaftlichen Vorteile.[1479] Vielmehr werden - insbesondere bei horizontalen Zusammenschlüssen[1480] - lediglich Konsumentenrenten abgeschöpft und zur Gesellschaft oder deren Aktionären transferiert.[1481] Der Ausbau von Marktmacht hatte Ende des 19. Jahrhunderts große Bedeutung.[1482] Nachdem in den Vereinigten Staaten in den Jahren nach 1950 die *Antitrust*-Gesetzgebung erheblich verschärft wurde,[1483] sind nachteilige Konzentrationsentwicklungen infolge von Unternehmenszusammenschlüssen in den 60er Jahren jedenfalls nicht in erheblichem Ausmaße zu beobachten gewesen.[1484] Allerdings gibt es Anzeichen dafür, dass infolge der Lockerung der *Antitrust*-Gesetzgebung in den 80er Jahren Konzentrationsprozesse wieder - wenn auch keine dominante - Bedeutung erlangten.[1485] Vor diesem Hintergrund sind kartellrechtliche Überlegungen im Zusammenhang mit Übernahmen, die zu wettbewerbshemmenden Oligopolen oder Monopolen führen, durchaus angebracht.[1486] Volkswirtschaftlich gesehen birgt

---

[1476] Vgl. Hahn, Die feindliche Übernahme von Aktiengesellschaften, 102 ff.; Jansen, Mergers & Acquisitions, 55 ff.; Kerler, Mergers & Acquisitions, 42 ff.

[1477] Vgl. Bebchuk, 35 Stanford Law Review (1982), 23, 34; Bästlein, Zur Feindlichkeit öffentlicher Übernahmeangebote, 244 ff.; Jansen, Mergers & Acquisitions, 55 f.; Möller, Die Stellung des Aktionärs bei Übernahmen, 43. Zum Umfang der tatsächlichen Konzentrationswirkungen vgl. Röhrich, Feindliche Übernahmeangebote, 247 ff.

[1478] Vgl. Eckbo, 11 Journal of Financial Economics (1983), 241, 241 ff.; Möller, Die Stellung des Aktionärs bei Übernahmen, 43.

[1479] Vgl. Bästlein, Zur Feindlichkeit öffentlicher Übernahmeangebote, 243; Jansen, Mergers & Acquisitions, 55 ff.; Möller, Die Stellung des Aktionärs bei Übernahmen, 43.

[1480] Vgl. Bästlein, Zur Feindlichkeit öffentlicher Übernahmeangebote, 244 f.; Roll, in Coffee/Lowenstein/Rose-Ackerman, Knights, Raiders, and Targets, 241, 244.

[1481] Vgl. Bästlein, Zur Feindlichkeit öffentlicher Übernahmeangebote, 244. Vgl. zur Aktienkursreaktion Pautler/O'Quinn, 38 Antitrust Bulletin (1993), 741, 745.

[1482] Vgl. Bästlein, Zur Feindlichkeit öffentlicher Übernahmeangebote, 106 f.

[1483] Vgl. Lehnert, Unternehmensübernahmen in den USA, 25, 116.

[1484] Vgl. Pautler/O'Quinn, 38 Antitrust Bulletin (1993), 741, 745.

[1485] Vgl. Mergerstat Review 1993, 71 ff.; Hahn, Die feindliche Übernahme von Aktiengesellschaften, 103; Lehnert, Unternehmensübernahmen in den USA, 116 ff.

[1486] Vgl. Bästlein, Zur Feindlichkeit öffentlicher Übernahmeangebote, 244; Daum, Die unkoordinierte Übernahme, 41; Lehnert, Unternehmensübernahmen in den USA, 37 ff., 116 ff. Vgl. im Übrigen zur Fusionskontrolle weitergehend Bechtold, in von Rosen/Seifert, Übernahme börsennotierter Unternehmen, 485,
485 ff.; Emmerich, AG 1998, 541, 541 ff.; Schulte, AG 1998, 297, 297 ff.; Die Zeit vom 13. Juli 2000, 29.

ein nicht genau zu bestimmender, jedoch wohl eher geringer,[1487] Anteil der Übernahmen die Gefahr wettbewerbswidriger Entwicklungen,[1488] denen schon wegen der Abgrenzungsprobleme zum Verbandsrecht durch das Kartell- und Wettbewerbsrecht zu begegnen ist.[1489] Wettbewerbspolitik liegt im Spannungsfeld zwischen Verhinderung von Marktkonzentration und dem Institutionenschutz des Marktes für Unternehmenskontrolle.[1490] Das in den 1992er *Merger Guidelines* des *Department of Justice* angenommene Ziel, nur gegen Fusionen und Akquisitionen vorzugehen, die Marktmacht hervorrufen, steigern oder deren Ausnutzung wesentlich erleichtern,[1491] ist insofern auch für Übernahmen durchaus relevant.

15. Theorie des eigeninteressierten Verhaltens der Leitung des Bieters

Soweit eine Übernahme generell aus Eigeninteresse der Unternehmensleitung[1492] der Bietergesellschaft vorgenommen wird, ist ihr ein volkswirtschaftlicher Nutzen abzusprechen. Derartige Übernahmen sind nicht effizienzsteigernd, verändern die Kapitalallokation nachteilig und sind daher wohlstandsverringernd.[1493]

16. Empire Building Diversifizierung

Das *Empirebuilding*,[1494] eine eher planlose Diversifikation, die einer sinnvollen betriebswirtschaftlichen Ausrichtung entgegensteht,[1495] ist auch volkswirtschaftlich nicht als vorteilhaft zu beurteilen.[1496] Durch einen derartigen Vorgang wird nämlich weder eine Effizienzsteigerung, ein vorteilhafterer Ressourceneinsatz, ja nicht einmal eine sozialpolitisch oder volkswirtschaftlich sinnvolle Umverteilung der

---

[1487] Vgl. zum eher geringem Umfang wettbewerbsfeindlicher Auswirkungen von Zusammenschlüssen Eckbo, 47 Journal of Finance (1992), 1005, 1005 ff.; Jansen, Mergers & Acquisitions, 55 ff.; Stewart/Kim, 59 Southern Economic Journal (1992), 701, 702 ff.; zur vergleichsweise geringen Bedeutung der abgeschöpften Konsumentenrenten zum Umsatz vgl. Stewart/Kim, 59 Southern Economic Journal (1992), 701, 702 ff. Vgl. zur eher einer Monopolisierung und Kartellierung entgegenlaufenden Entwicklung des Übernahmemarktes durch den Verkauf kleinerer Einheiten Hahn, Die feindliche Übernahme von Aktiengesellschaften, 102 ff.; Roll, in Coffee/Lowenstein/Rose-Ackerman, Knights, Raiders, and Targets, 241, 244; Jensen, 2 Journal of Economic Perspectives (1988), 21, 23; Jensen/Ruback, 11 Journal of Financial Economics (1983), 5, 24 f.

[1488] Vgl. Kerler, Mergers & Acquisitions, 43 f.

[1489] Vgl. Adams, AG 1990, 243, 248; Lehnert, Unternehmensübernahmen in den USA, 116 ff. Vgl. insofern zur Fusionskontrolle weitergehend Bechtold, in von Rosen/Seifert, Übernahme börsennotierter Unternehmen, 485, 485 ff.; Emmerich, AG 1998, 541, 541 ff.; Schulte, AG 1998, 297, 297 ff.

[1490] Vgl. Adams, AG 1990, 243, 248; Lehnert, Unternehmensübernahmen in den USA, 116 ff.

[1491] Vgl. Ordover/Willig, 8 Review of Industrial Organization (1993), 139, 139 f.

[1492] Vgl. dazu die ausführliche Darstellung oben unter C. I. 3. k.

[1493] Vgl. Lehnert, Unternehmensübernahmen in den USA, 192 ff., 216 ff.

[1494] Vgl. dazu oben unter C. I. 3. j.

[1495] Vgl. Adams, AG 1990, 243, 244; Etzbach, Regelung öffentlicher Übernahmeangebote, 30 f.

[1496] Vgl. Adams, AG 1990, 243, 244; Wagner, Standstill Agreements, 33.

Ressourcen vorgenommen.[1497] Im Wesentlichen ist in derartigen Fällen aufgrund der Kursverläufe zunächst eine Umverteilung von Vermögenswerten von den Anteilseignern des Bieters zu denen der Zielgesellschaft festzustellen.[1498] Nach solchen planlosen Diversifikationen durch die Übernahme anderer Unternehmen haben sich in vielen Fällen Effizienzminderungen eingestellt.[1499] Die Gründe sind mutmaßlich in mangelnden Branchenkenntnissen des Managements im Tätigkeitsbereich der Zielgesellschaft und in Größen- und Delegationsproblemen zu suchen.[1500]

17. Schlussfolgerungen

Die Theorien zur Erklärung des Übernahmemarktes lassen eine grundlegende Bewertung der volkwirtschaftlichen Auswirkungen und insbesondere eine Beurteilung der Frage, ob Übernahmen generell volkswirtschaftlich nachteilig oder vorteilhaft sind, nicht zu.[1501] Allein aus einem Kursaufschlag für die Anteilseigner der Zielgesellschaft kann eine volkswirtschaftliche Wohlstandssteigerung nicht gefolgert werden.[1502] Es ist nahe liegend anzunehmen, dass in nahezu keinem Übernahmefall eine der aufgezeigten Theorien allein das Marktgeschehen erklären kann.[1503] Vielmehr ist in fast allen Fällen von einer Gemengelage der Erklärungen auszugehen,[1504] so dass die volkswirtschaftlichen Folgen nur im Einzelfall durch die Abwä-

[1497] Vgl. Adams, AG 1990, 243, 244.

[1498] Vgl. Black, 41 Stanford Law Journal (1989), 597, 614, 647; Roll, in Coffee/Lowenstein/Rose-Ackerman, Knights, Raiders, and Targets, 241, 249.

[1499] Vgl. Adams, AG 1990, 243, 244; Bästlein, Zur Feindlichkeit öffentlicher Übernahmeangebote, 99; Lehnert, Unternehmensübernahmen in den USA, 53 ff.; Ravenscraft/Scherer, in Coffee/Lowenstein/Rose-Ackerman, Knights, Raiders, and Targets, 194, 207; Reul, Pflicht zur Gleichbehandlung der Aktionäre, 194.

[1500] Vgl. Adams, AG 1990, 243, 244; Lehnert, Unternehmensübernahmen in den USA, 55.

[1501] Vgl. Bästlein, Zur Feindlichkeit öffentlicher Übernahmeangebote, 265; Cook, in Weidenbaum/ Chilton, Public Policy Toward Corporate Takeovers, 1, 19; Daum, Die unkoordinierte Übernahme, 42; Gruber, Pflicht zum Übernahmeangebot, 17; Hahn, Die feindliche Übernahme von Aktiengesellschaften, 90; Koch, Hindernisse für öffentliche Übernahmeangebote, 8; Lehnert, Unternehmensübernahmen in den USA, 169 f., 200 ff.; Saller, Aktienrechtliche Minderheitskompetenzen, 70; Schwartze, in Ott/Schäfer, Ökonomische Analyse, 264, 268 f.; Weisner, Verteidigungsmaßnahmen gegen unfreundliche Übernahmeversuche, 71; Weisser, Feindliche Übernahmeangebote und Verhaltenspflichten der Leitungsorgane, 73; Coffee, 85 Michigan Law Review (1986), 1, 104; Coffee, 84 Columbia Law Review (1984), 1145, 1145 ff.; Scherer, 2 Journal of Economic Perspectives (1988), 69, 80 f.

[1502] Vgl. Bästlein, Zur Feindlichkeit öffentlicher Übernahmeangebote, 265; Cook, in Weidenbaum/Chilton, Public Policy Toward Corporate Takeovers, 1, 19; Lehnert, Unternehmensübernahmen in den USA, 200 ff.; Mülbert/Birke, WM 2001, 705, 708.

[1503] Vgl. Bästlein, Zur Feindlichkeit öffentlicher Übernahmeangebote, 265; Mülbert/Birke, WM 2001, 705, 707 ff.; Schwartze, in Ott/Schäfer, Ökonomische Analyse, 264, 267.

[1504] Vgl. Berkovitch/Narayanan, 28 Journal of Financial and Quantitative Analysis (1993), 347, 360 f.; Gollnick, Beurteilung der Vorstandsleistung, 34; Hahn, Die feindliche Übernahme von Aktiengesellschaften, 89 ff.; Lehnert, Unternehmensübernahmen in den USA, 200 ff.; Mülbert/Birke, WM 2001, 705, 707 f.

gung und Gewichtung der im Einzelnen aufgezeigten Konsequenzen beurteilt werden können.[1505]

Zum einen verspricht der durch den Übernahmemarkt ausgeübte Leistungs- und Disziplinierungsdruck sowohl in betriebswirtschaftlicher als auch in volkswirtschaftlicher Hinsicht eine vergleichsweise höhere Effizienz und damit eine Steigerung des Wohlstandes.[1506] Dies gilt insbesondere für die nach Übernahmeversuchen und erfolgreichen Übernahmen durchgeführten Umstrukturierungen für Synergien nach Übernahmen.[1507]

Gegen die positiven Auswirkungen von Übernahmen gibt es drei ernsthafte Bedenken. Einerseits könnte durch die mit Übernahmen einhergehenden Umverteilungen volkswirtschaftlicher Schaden angerichtet werden.[1508] Dies gilt für direkte, durch die jeweilige Übernahme bedingte Vermögensverschiebungen, für indirekte Vermögenstransfers unter Einschluss der nur mittelbar Betroffenen und für Umverteilungen in der Volkswirtschaft zugunsten oder zulasten bestimmter sozialer Gesellschaftsgruppen und Regionen, die zu volkswirtschaftlich nachteiligen sozialen Auseinandersetzungen und wirtschaftlich belastenden Instabilitäten führen können.[1509] Andererseits könnten durch wirtschaftliche Konzentrationsvorgänge, durch die Bildung von Monopolen und Oligopolen in jeglicher Hinsicht, volkswirtschaftlich nachteilige Leistungsbeziehungen entstehen.[1510] Die vorgenannten Gefahren sind jedoch keine übernahmespezifischen Gefahren. Sie gilt es gezielt durch positivrechtliche Vorschriften, die jedoch wegen ihrer Zielrichtung keine übernahmespezifischen Regeln sein dürfen, zu bekämpfen. Die Legislative ist daher aufgerufen, diesen Gefahren durch im weitesten Sinne sozialrechtliche und kartellrechtliche Vorschriften zu begegnen.[1511] Derartige Vorschriften würden zwar Einfluss auf den Übernahmemarkt nehmen, diese Beeinträchtigung ist jedoch zum Schutz höherrangiger Rechtsgüter geboten. Schließlich könnte ein permanenter Übernahmedruck die Unternehmensleitungen zur Bevorzugung kurzfristiger Vor-

---

[1505] Vgl. Gilson, The Law and Finance of Corporate Acquisitions, Suppl. 1990, 74; vgl. auch Berkovitch/Narayanan, 28 Journal of Financial and Quantitative Analysis (1993), 347, 360 f.

[1506] Vgl. Bergsma, McKinsey Quarterly, Winter 1989, 57, 57 ff.; Daum, Die unkoordinierte Übernahme, 38 f.; Easterbrook/Fischel, 94 Harvard Law Review (1981), 1161, 1161 ff.; Jensen, 2 Journal of Economic Perspectives (1988), 21, 21 ff.; Bradley/Desai/Kim, 21 Journal of Financial Economics (1988), 3, 32; Jensen/Warner, 20 Journal of Financial Economics (1988), 3, 21 f.; Jensen, 67 Harvard Business Review (1989), 61, 61 ff., Bästlein, Zur Feindlichkeit öffentlicher Übernahmeangebote, 259 ff.; Fama/Jensen, 26 Journal of Law & Economics (1983), 301, 301 ff.; Seifert/Voth, in von Rosen/Seifert, Übernahme börsennotierter Unternehmen, 187, 215.

[1507] Vgl. Daum, Die unkoordinierte Übernahme, 40 f.; Mülbert/Birke, WM 2001, 705, 707.

[1508] Vgl. dazu Shleifer/Summers, in Auerbach, Corporate Takeovers, 33, 33 ff.

[1509] Vgl. Bästlein, Zur Feindlichkeit öffentlicher Übernahmeangebote, 266.

[1510] Vgl. Bästlein, Zur Feindlichkeit öffentlicher Übernahmeangebote, 244 ff., 265; Immenga/Noll, Feindliche Übernahmen aus wettbewerbspolitischer Sicht; Jansen, Mergers & Acquisitions, 55 ff.

[1511] Vgl. Adams, AG 1990, 243, 248; Lehnert, Unternehmensübernahmen in den USA, 116 ff. Zur Fusionskontrolle vgl. insofern Bechtold, in von Rosen/Seifert, Übernahme börsennotierter Unternehmen, 485, 485 ff.; Emmerich, AG 1998, 541, 541 ff.; Möschel, AG 1998, 561, 561 ff.; Schulte, AG 1998, 297, 297 ff.; Die Zeit vom 13. Juli 2000, 29.

haben drängen, so dass sinnvolle, aber langfristige Ausrichtungen zum Nachteil der Anteilseigner unterbleiben.[1512] Gesicherte Erkenntnisse über die Existenz und gegebenenfalls den Umfang daraus resultierender Nachteile liegen nicht vor. In betriebswirtschaftlicher Hinsicht wäre dem zu entgegnen, dass die Anteilseigner persönlich über eine derartige Geschäftspolitik durch Hauptversammlungsbeschluss und durch die Verkaufsentscheidung nach Abgabe eines Übernahmeangebots entscheiden können. Darüber hinaus ist ein überragendes volkswirtschaftliches Interesse vor dem Grundsatz der Privatautonomie[1513] schon wegen der Zweifelhaftigkeit der Existenz von Nachteilen, aber auch wegen überwiegender volkswirtschaftlicher Verbesserungen durch resultierende Strukturveränderungen nicht zu befürworten, so dass auch aufgrund der geäußerten Bedenken in gesellschafts- und kapitalmarktrechtlicher Hinsicht der Unternehmensleitung ein Abwehrrecht nicht zuzusprechen ist.

Soweit der Gesetzgeber, die Verwaltung und die Gerichte bestimmten Gefahren, die aus Konzentrationsvorgängen resultieren, durch generelle Regelungen begegnen, lassen sich keine spezifischen aus Übernahmen folgende Nachteile für die Volkswirtschaft feststellen, die eine einschränkende Regelung gerade von Übernahmen rechtfertigen würde.[1514] Die aufgezeigte Schrankensystematik kann nicht zum Inhalt des Übernahmerechts als Gesellschafts- und Kapitalmarktrecht gemacht werden. Die Inhalte dieser Rechtsbereiche bezwecken nämlich ausschließlich den Interessensausgleich der in diesen Bereichen direkt Betroffenen und nicht Reglementierungen zum Schutz Dritter - und dazu gehören auch die nur mittelbar Betroffenen.[1515] Mithin lässt sich zusammenfassend festhalten, dass ein funktionierender Übernahmemarkt für eine Volkswirtschaft vorteilhaft ist, wenn bestimmten Gefahren für die übergeordneten Allgemeininteressen begegnet wird.

1512 Vgl. dazu Bästlein, Zur Feindlichkeit öffentlicher Übernahmeangebote, 182 ff., 248, 266; Carliner, in Auerbach, Corporate Takeovers, 25, 25 ff.; Caytas/Mahari, Im Banne des Investment Banking, 165; Cook, in Weidenbaum/Chilton, Public Policy Toward Corporate Takeovers, 1, 3, 8 f.; DeAngelo/Rice, 11 Journal of Financial Economics (1983), 329, 329 ff.; Jarrell/Poulsen, 19 Journal of Financial Economics (1987), 127, 127 ff.; Jensen, 2 Journal of Economic Perspectives (1988), 21, 26; Kallmeyer, AG 2000, 553, 553 f.; Lehnert, Unternehmensübernahmen in den USA, 216 ff.; Lowenstein, What`s Wrong With Wall Street; Shleifer/Vishny, 2 Journal of Economic Perspectives (1988), 7, 7 ff.; Merkt, US-amerikanisches Gesellschaftsrecht, Rdn. 1185; Weisner, Verteidigungsmaßnahmen gegen unfreundliche Übernahmeversuche, 71; Woolridge, 1 Journal of Applied Corporate Finance (1988), 26, 26 ff.; Die Zeit vom 13. April 2000, 1.

1513 Vgl. Bästlein, Zur Feindlichkeit öffentlicher Übernahmeangebote, 241 ff.

1514 Vgl. die Ausführungen bei Coffee, 85 Michigan Law Review (1986), 1, 1 ff.; Coffee, 84 Columbia Law Review (1984), 1145, 1145 ff.; Leebron, 61 New York Law Review (1986), 153, 153 ff.; Lipton, 35 Business Lawyer (1979), 101, 101 ff.; Gruber, Pflicht zum Übernahmeangebot, 17 f.; Hahn, Die feindliche Übernahme von Aktiengesellschaften, 89 ff.; Weisner, Verteidigungsmaßnahmen gegen unfreundliche Übernahmeversuche, 71.

1515 Vgl. Mai, Aktionärsschutz, 22 ff.; kritisch Orts, 61 George Washington Law Review (1992), 14, 128 ff.

III. Ergebnis

Im Ergebnis lässt sich somit feststellen, dass weder aus den allgemein formulierten volkswirtschaftlichen Bedenken gegen Übernahmen, noch aus empirisch gewonnenen Erkenntnissen oder aus den volkswirtschaftlichen Theorien zur Erklärung von Übernahmen Grund für die Verhinderung von Übernahmen abgeleitet werden kann. Dies gilt jedenfalls, sofern der Gesetzgeber den kartell- und im weitesten Sinne sozialrechtlichen Gefahren in gebotener Weise Rechnung trägt. Demgegenüber stellt der in einer Volkswirtschaft vorhandene Übernahmedruck auf die Unternehmensleitungen mutmaßlich einen nicht zu unterschätzenden Disziplinierungsmechanismus dar, der zu höherer Leistung zwingt. Die höhere Leistung dürfte im Ergebnis nicht nur den Anteilseignern, sondern der gesamten Volkswirtschaft, und zwar auch im Sinne ihrer Stärkung im internationalen Wettbewerb, zugute kommen. Wesentlicher Gradmesser für die Effizienz einer Volkswirtschaft ist nämlich die Fähigkeit zum Strukturwandel, die der Markt für Unternehmenskontrolle fördert und gewährleistet.[1516] Das Postulat der volkswirtschaftlichen Wohlstandssteigerung und Effizienz rechtfertigt es keinesfalls, Übernahmen durch gesellschafts- oder kapitalmarktrechtliche Regulierungen einzuschränken oder zu verhindern.[1517]

3. Teil: Verhaltenspflichten und Haftung der Unternehmensleitung bei feindlichen Übernahmen im Recht der Vereinigten Staaten

Anders als im zweigeteilten Leitungssystem aus Vorstand und Aufsichtsrat, wie es in der Bundesrepublik Deutschland praktiziert wird,[1518] sind Leitung und Kontrolle in den US-amerikanischen Kapitalgesellschaften in einem Gremium, nämlich dem *board* vereint.[1519] Die Mitglieder des *board*, die *directors*, werden von den Anteils-

---

1516 Vgl. Adams, AG 1989, 333, 333 ff.; Lehnert, Unternehmensübernahmen in den USA, 196 ff.; Seifert/ Voth, in von Rosen/Seifert, Übernahme börsennotierter Unternehmen, 187, 215; von Weizsäcker, Der Markt für unternehmensgebundene Ressourcen, 31, 31 ff.

1517 Vgl. KölnerKommWpÜG/Hirte, Einleitung, Rdn. 33. Vgl. auch Kirchner, WM 2000, 1821, 1823, der in diesem Zusammenhang von einer Zielidentität von Gesellschaftsrecht und Kapitalmarktrecht spricht. Vgl. im Übrigen zur Kanalisation des Übernahmeverhaltens Bebchuk, 98 Harvard Law Review (1985), 1693, 1693 ff.

1518 Vgl. dazu die vergleichende Darstellung bei Bedkowski, DAJV-NL 1998, 11, 11; Elsing/van Alstine, US-amerikanisches Handels- und Wirtschaftsrecht, Rdn. 594; Kessler, RIW 1998, 602, 602 ff.; Martens, Managementüberwachung durch den Aufsichtsrat, 32 f.; Steindl, US-Board und Aufsichtsrat. Vgl. ferner zu dem Kontrollmechanismus des deutschen Systems Hommelhoff/Mattheus, AG 1998, 249, 250 f. Zur historischen Entwicklung des zweigeteilten Systems vgl. weitergehend Hopt, in Hopt/Wymeersch, Comparative Corporate Governance, 3, 6.

1519 Vgl. hierzu Buxbaum, in Feddersen/Hommelhoff/Schneider, Corporate Governance, 65, 65 ff.; Clark, Corporate Law, 105 ff.; Conard, Corporations, 75 ff.; Elsing/van Alstine, US-amerikanisches Handels- und Wirtschaftsrecht, Rdn. 594; Klein/Coffee, Business Organization And Finance, 126; Bungert, Gesellschaftseignern gewählt.[1520] Ihnen sind sowohl das Recht und die Pflicht zur Leitung der Gesellschaft[1521] als auch das Recht und die Pflicht zur Überwachung der gesamten Geschäftstätigkeit zugewiesen.[1522] Sie werden in der Regel für ein Jahr gewählt und können wiedergewählt werden.[1523] Häufig finden sich in den *statutes* der Einzelstaaten auch Regelungen, nach denen Zahl und Amtszeit der *directors* präzisiert sind.[1524] Die *directors* können von den Anteilseignern mit besonderem Grund, "*for cause*",[1525] und, sofern es das entsprechende *statute* vorsieht, auch ohne Grund,[1526] aus ihrem Amt entlassen werden. Die *directors* sind berechtigt und verpflichtet, über Änderungen der *bylaws*, d.h. der Bestimmungen über die interne Unternehmensorganisation, zu befinden, sofern dieses Recht nicht ausschließlich den Aktionären zusteht.[1527]

Im Folgenden wird die sich für das Management US-amerikanischer Unternehmen ergebende tatsächliche und rechtliche Situation bei Übernahmeversuchen unter besonderer Berücksichtigung der vergleichsweise weiter vorangeschrittenen

---

recht in den USA, 35; Guntz, Treubindungen von Minderheitsaktionären, 27 f.; Herrmann, Funktion, Kontrolle und Haftung der Leitungsorgane, 28 ff.; Holzer/Makowski, DB 1997, 688, 689 f.; Merkt, US-amerikanisches Gesellschaftsrecht, Rdn. 490 ff.; Kessler, RIW 1998, 602, 609; Knoll, Übernahme von Kapitalgesellschaften, 254; Martens, Managementüberwachung durch den Aufsichtsrat, 27 ff.; Steindl, US-Board und Aufsichtsrat, 31 ff.; vgl. auch die vergleichende Darstellung bei Bedkowski, DAJV-NL 1998, 11, 11 ff.; vgl. weitergehend zu den Vor- und Nachteilen des Board-Systems, Loges, ZIP 1997, 437, 437 f.; Martens, Managementüberwachung durch den Aufsichtsrat, 32 f.; Steindl, US-Board und Aufsichtsrat, 217 ff.

[1520] Vgl. Abeltshauser, Leitungshaftung, 22; Bedkowski, DAJV-NL 1998, 11, 15; Elsing/van Alstine, US-amerikanisches Handels- und Wirtschaftsrecht, Rdn. 598; Kessler, RIW 1998, 602, 609; Martens, Managementüberwachung durch den Aufsichtsrat, 28; vgl. auch, ebenso zu den Wahlverfahren, Merkt, US-amerikanisches Gesellschaftsrecht, Rdn. 491; Kessler, RIW 1998, 602, 610 f.; Steindl, US-Board und Aufsichtsrat, 51 ff.

[1521] Vgl. beispielhaft für viele einzelstaatliche Regelungen RMBCA § 8.01(b) (1984); Del.Gen.Corp.L. §141(a) (1983). Vgl. zu den Pflichten weitergehend Merkt, US-amerikanisches Gesellschaftsrecht, Rdn. 497 ff.; Elsing/van Alstine, US-amerikanisches Handels- und Wirtschaftsrecht, Rdn. 600.

[1522] Vgl. Clark, Corporate Law, 106; Merkt, US-amerikanisches Gesellschaftsrecht, Rdn. 488, 497 ff.; Bedkowski, DAJV-NL 1998, 11, 13; Elsing/van Alstine, US-amerikanisches Handels- und Wirtschaftsrecht, Rdn. 600; Herrmann, Funktion, Kontrolle und Haftung der Leitungsorgane, 29; Kessler, RIW 1998, 602, 609 f.; Martens, Managementüberwachung durch den Aufsichtsrat, 28 ff.; Steindl, US-Board und Aufsichtsrat, 65 ff.

[1523] Vgl. Bedkowski, DAJV-NL 1998, 11, 16; Kessler, RIW 1998, 602, 609; Lüttmann, Kontrollwechsel in Kapitalgesellschaften, 89; Martens, Managementüberwachung durch den Aufsichtsrat, 28; Merkt, US-amerikanisches Gesellschaftsrecht, Rdn. 487; Steindl, US-Board und Aufsichtsrat, 52.

[1524] Vgl. Lüttmann, Kontrollwechsel in Kapitalgesellschaften, 89; Steindl, US-Board und Aufsichtsrat, 65 ff.

[1525] Vgl. grundlegend Auer v. Dressel, 118 N.E.2d 590 (N.Y. 1954); Campbell v. Loew's, Inc., 134 A.2d 852 (Del. Ch. 1957); vgl. auch Bedkowski, DAJV-NL 1998, 11, 16; Lüttmann, Kontrollwechsel in Kapitalgesellschaften, 89.

[1526] Vgl. Scott County Tobacco Warehouse, Inc. v. Harris, 201 S.E.2d 780 (Va. 1974); Lüttmann, Kontrollwechsel in Kapitalgesellschaften, 89; Merkt, US-amerikanisches Gesellschaftsrecht, Rdn. 487; vgl. weiter Bedkowski, DAJV-NL 1998, 11, 16.

[1527] Vgl. Kessler, RIW 1998, 602, 609; Lüttmann, Kontrollwechsel in Kapitalgesellschaften, 104; Trockels, ZvglRWiss 89, 56, 57.

wirtschaftlichen und rechtlichen Entwicklung in den Vereinigten Staaten[1528] aufgezeigt.

A. Besondere Bedeutung der US-amerikanischen Rechtslage

Namhafte deutsche Bankiers äußerten bisweilen die Ansicht, bei feindlichen Übernahmeangeboten handele es sich um „Irrwege des amerikanischen Kapitalismus“.[1529] Richtig ist insoweit, dass die sporadisch in der deutschen Wirtschaftspraxis auftretenden Übernahmeofferten sich gegenüber dem gerade seit Mitte der 80er Jahre und zunehmend wieder seit 1993 deutlich an Dynamik gewinnenden Mergers & Acquisitions-Markt in den USA bescheiden ausnehmen.[1530] Zu beobachten ist hingegen, dass auch in Deutschland in der jüngeren Vergangenheit feindliche Übernahmeangebote verstärkt in das Blickfeld der Öffentlichkeit geraten sind.[1531] Die US-amerikanische Wirtschaft ist jedoch gegenüber der deutschen Wirtschaft weitaus reicher an Erfahrungen im Umgang mit dieser Erscheinung, so dass ein Blick auf die in den USA geführte Diskussion vielfältige Erkenntnisse auch für die nationale Wirtschaft und Rechtswissenschaft gestatten dürfte. Die mit der Wahl Ronald Reagans als Präsident der Vereinigten Staaten begründete Änderung der Wirtschaftspolitik führte Anfang der 80er Jahre zu einer Neuordnung der Finanzmärkte und zu einer Liberalisierung des Wirtschaftsgeschehens.[1532] Die Steuerreform 1981 gestattete die Absetzung des vollen Kaufpreises und der Kreditkosten beim Erwerb von Vermögensgegenständen, den eine Übernahme darstellte.[1533] Die optimistische Stimmung zu Beginn des konjunkturellen Aufschwungs und die neue

---

[1528] Vgl. dazu grundsätzlich Becker, Verwaltungskontrolle, 10 ff., speziell auf Unternehmensübernahmen bezogen 11 f.

[1529] So Alfred Herrhausen vgl. nur Frankfurter Allgemeine Zeitung vom 23. Dezember 1988, 12; Maier-Reimer, in Hopt/Wymeersch, European Takeovers, 242, 243.

[1530] Nach einem Artikel des The Economist vom 6. November 1993 wurden bereits bis November 1993 derartige Geschäfte mit einem Volumen von 230 Mrd. US$ zur Ausführung gebracht. Hierauf weist auch ein Bericht der Frankfurter Allgemeinen Zeitung vom 29. August 1994, 17, hin: In den Vereinigten Staaten grassiert wieder das Übernahmefieber. Vgl. zur Anzahl und zum Volumen des US-amerikanischen Übernahmemarktes auch Bästlein, Zur Feindlichkeit öffentlicher Übernahmeangebote, 106 ff. Vgl. dazu auch von Buddenbrock, in von Rosen/Seifert, Übernahme börsennotierter Unternehmen, 277, 279 ff.; Witt, Übernahmen von Aktiengesellschaften, 37.

[1531] Vgl. insoweit die Übernahmeauseinandersetzungen Flick/Feldmühle Nobel (vgl. dazu Burgard, AG 1992, 41, 41 f.; Daum, Die unkoordinierte Übernahme,45 f.), Pirelli/Conti (vgl. dazu Witt, Übernahmen von Aktiengesellschaften, 98 ff.; Immenga, Das Spiel von Conti und Pirelli, Frankfurter Allgemeine Zeitung vom 9. März 1991, 13), Krupp/Hoesch (vgl. dazu Der Spiegel vom 14. Oktober 1991, 156), Aachener und Münchener Beteiligungs-AG (AMB)/Assurances Générals de France (AGF) (vgl. dazu AMB wechselt den Vorstand aus, Süddeutsche Zeitung vom 13. Oktober 1992, 26) und Mannesmann AG/Vodafone AirTouch plc (vgl. dazu Die Zeit vom 27. Januar 2000, 23 f.).

[1532] Vgl. Bästlein, Zur Feindlichkeit öffentlicher Übernahmeangebote, 110 ff.; Ebenroth/Eyles, RIW 1988, 413, 413; Witt, Übernahmen von Aktiengesellschaften, 35.

[1533] Vgl. dazu Auerbach/Reishaus, in Auerbach, Corporate Takeovers, 157, 157 ff.; Gilson/Scholes/Wolfson, in Coffee/Lowenstein/Rose-Ackerman, Knights, Raiders and Targets, 271, 271 ff.; Jensen/Kaplan/Stiglin, 42 Tax Analysts Tax Notes (1989), 727, 727 ff.; Kaplan, 44 Journal of Finance (1989), 611, 611 ff.

Finanzierungsmöglichkeit durch so genannte *junk bonds* begünstigte die Investitionsbereitschaft der Anleger.[1534] Die mit hohen Renditehoffnungen in die Wege geleiteten Übernahmeversuche konkretisierten sich durch die Entwicklung vielschichtiger und komplexer Angebotsvarianten, auf die in weiten Teilen mit ebenbürtiger Komplexität und Geschicklichkeit von Seiten der Zielgesellschaft abwehrend reagiert wurde. Im Oktober 1987 kam es zu maßgeblichen Kurseinbrüchen an der Börse bis 1989 der *junk bond*-Markt einbrach,[1535] was eine erhebliche Reduzierung und ein Auslaufen des Übernahmemarktes bis 1990/91 nach sich zog. Seitdem ist das Vertrauen der Anleger in derartige risikoreiche Anlagearten mit großer Hebelwirkung nachhaltig erschüttert.[1536] Die Erkenntnisse und Erfahrungen dieser Zeit prägen zu Recht die Diskussion der Regulierung von Übernahmen, auch wenn es insbesondere seit 1993 wieder zunehmend zu Übernahmeversuchen und zu Übernahmen gekommen ist. Die seit 1993 gewonnenen Erkenntnisse und die in dieser Zeit entschiedenen Rechtstreitigkeiten ergänzen die Erkenntnisse und Erfahrungen der 80er Jahre, ohne dass es zu einer maßgeblichen Änderung der Bewertung gekommen ist.

Während in den 80er Jahren Übernahmeangebote vorwiegend aus spekulativen Erwägungen abgegeben wurden,[1537] liegen die Gründe für die Abgabe von Übernahmeangeboten seit 1993 vorrangig im strategischen Bereich der Unternehmensexpansion.[1538] Risikoreiche Fremdfinanzierungen sind seitdem von geringer Bedeutung.[1539] Die folgenden Ausführungen sollen nun die in den USA vorkommenden Abwehrmaßnahmen und deren rechtliche Würdigung durch die dortige Rechtsprechung und Literatur aufzeigen, damit im Anschluss der Versuch unternommen werden kann, entsprechende Erfahrungen für die Ausgestaltung auf die deutschen Bedingungen zugeschnittener Regelungsmodelle nutzbar zu machen. Zu diesem Zweck sind die von der US-amerikanischen Rechtsprechung entwickelten Verhaltensregeln darzustellen, welche die Verhaltenspflichten des Managements einer Zielgesellschaft während der Durchführung eines Übernahmevorhabens konkretisieren. Im Anschluss sollen die Grundsätze einer Haftung für die Fälle pflichtwidrigen Handelns dargelegt werden.

[1534] Vgl. Bästlein, Zur Feindlichkeit öffentlicher Übernahmeangebote, 111; Hahn, Die feindliche Übernahme von Aktiengesellschaften, 86 f.; Lehnert, Unternehmensübernahmen in den USA, 21 ff.

[1535] Vgl. dazu weitergehend Bästlein, Zur Feindlichkeit öffentlicher Übernahmeangebote, 111 ff.; Lehnert, Unternehmensübernahmen in den USA, 148 ff.

[1536] Vgl. Bästlein, Zur Feindlichkeit öffentlicher Übernahmeangebote, 111, 113 f., 145 ff.; Merkt, US-amerikanisches Gesellschaftsrecht, Rdn. 357, 926; Milde, ZfB 1990, 647, 661 f.

[1537] Vgl. Bästlein, Zur Feindlichkeit öffentlicher Übernahmeangebote, 110 ff.; von Buddenbrock, in von Rosen/Seifert, Übernahme börsennotierter Unternehmen, 277, 277 f.

[1538] Vgl. Gaughan, Mergers, Acquisitions and Corporate Restructuring, 48; Fabricant, 22 Journal of Corporation Law (1996), 27, 30; Bästlein, Zur Feindlichkeit öffentlicher Übernahmeangebote, 113, 128 f.; Hahn, Die feindliche Übernahme von Aktiengesellschaften, 103; von Buddenbrock, in von Rosen/Seifert, Übernahme börsennotierter Unternehmen, 277, 278.

[1539] Vgl. Bästlein, Zur Feindlichkeit öffentlicher Übernahmeangebote, 113,

B. Bevorzugte Abwehrstrategien

Die Entwicklung in den Vereinigten Staaten während der 80er Jahre war einerseits dadurch gekennzeichnet, dass zum einen Übernahmevorgänge zunehmend komplexer wurden und andererseits der Einfallsreichtum an Vorgehensweisen von Bietern und Zielgesellschaften unerschöpflich zu sein schien. Abwehrmaßnahmen, denen exotische Namen zugewiesen wurden, und undurchsichtige Vorgehensweisen zur Abwehr einer Übernahme waren an der Tagesordnung. Vorab sollen die beliebtesten in der US-amerikanischen Praxis vorzufindenden Verhaltensweisen aufgezeigt werden, derer sich die Leitungsorgane von Zielgesellschaften zur Abwendung feindlicher Unternehmensübernahmen bedienen. Maßnahmen zur Abwehr von unerwünschten Übernahmen lassen sich zunächst in die zwei Hauptgruppen einteilen. Zunächst existieren Maßnahmen, die unabhängig von dem Anstehen einer konkreten Übernahme implementiert werden können (pre-offer-tactics); daneben gibt es Maßnahmen, die in einem unmittelbaren Zusammenhang mit der Durchführung eines konkreten Übernahmevorhabens stehen (post-offer-tactics).

I. Reaktive Abwehrmaßnahmen - post-offer-tactics

Im Wesentlichen sind sieben verschiedenen Arten von Abwehrmaßnahmen zu unterscheiden, die außerordentlich häufig nach Abgabe einer Übernahmeofferte ergriffen werden und denen eine US-amerikanische Prägung zuzusprechen ist.[1540]

1. Inhaltliche Stellungnahmen durch das board - propaganda defense

Zunächst ist zu beobachten, dass Manager häufig in den Medien Erklärungen abgeben, Werbung betreiben oder in anderer Weise auf informeller Basis einer bevorstehenden Übernahme Widerstand entgegenbringen. Diese Art einer "Propaganda-Taktik" wird einhellig als unproblematisch angesehen, manche Stimmen aus dem Schrifttum sprechen sogar von einer Pflicht der *directors* zur argumentativen Auseinandersetzung mit Übernahmeangeboten.[1541] Im Zusammenhang mit der Informationspolitik des *board* ist zu erwähnen, dass sich die Auseinandersetzungen über die Kontrolle von Unternehmen seit Anfang der 90er Jahre verlagert haben. Bis zu dieser Zeit herrschten die Übernahmeangebote, die so genannten *tender offers* vor.[1542] Infolge des Einbruchs der Finanzierungsmärkte für Übernahmen einerseits und der Fortentwicklung des positiven Rechts wie auch der Rechtsprechung andererseits werden seitdem die Auseinandersetzungen zunehmend auf den Hauptver-

---

[1540] Vgl. Clark, Corporate Law, 571 ff.; von Buddenbrock, in von Rosen/Seifert, Übernahme börsennotierter Unternehmen, 277, 279 f.

[1541] Vgl. Clark, Corporate Law, 571 f.; Solomon/Palmiter, Corporations, 593 f.

[1542] Vgl. Lehnert, Unternehmensübernahmen in den USA, 78.

sammlungen über die zur Wahl anstehenden Entscheidungen geführt.[1543] Diese Streitigkeiten werden als *proxy contests* oder *proxy fights* bezeichnet.[1544] In Vorbereitung derartiger Situationen kommt es zum einen mehr und mehr zu Maßnahmen, die dem Willen des *board* entgegenstehende Entscheidungen, wie beispielsweise die Neubesetzung von Schlüsselpositionen, beschränken oder ausschließen.[1545] Zum anderen hängen die Wahlergebnisse - oft entscheidend - von den zuvor ausgegebenen Informationen ab.[1546] Aus diesem Grund könnten beispielsweise Wahlkandidaten durch die Satzung (*bylaws*) verpflichtet werden, als Voraussetzung für ihre Wählbarkeit ihre Absichten zuvor bekannt zu geben.[1547] Im Zusammenhang mit den vom *board* herausgegebenen Informationen und Stellungnahmen und zur sonstigen Vorbereitung einer Hauptversammlung sind besondere Anforderungen zu beachten. Zumindest für Delaware ist entschieden worden, dass Maßnahmen, die die Entscheidungsprozesse in Hauptversammlungen betreffen und einer freien und informierten Stimmrechtsausübung entgegenstehen, lediglich in ganz außergewöhnlichen Fällen rechtmäßig sind.[1548] Insofern greift selbst der Schutz einer qualifizierten *business judgement rule*[1549] nicht.[1550] Zudem wurde

---

[1543] Vgl. dazu Roll, in Coffee/Lowenstein/Rose-Ackerman, Knights, Raiders, and Targets, 241, 245; Easterbrook/Fischel, Economic Structure of Corporate Law, 77 ff.; Cary/Eisenberg, Corporations, 330 ff.; DeAngelo/DeAngelo, 23 Journal of Financial Economics (1989), 29, 29 ff.; Herzel/Shepro, Bidders and Targets, 66 f.; Lehnert, Unternehmensübernahmen in den USA, 78; Lüttmann, Kontrollwechsel in Kapitalgesellschaften, 89 f.; Merkt, US-amerikanisches Gesellschaftsrecht, Rdn. 658 ff.; Knoll, Übernahme von Kapitalgesellschaften, 89 f.; Meier-Schatz, WuR 1987, 16, 18; Meier-Schatz, ZHR 149 (1985), 76, 79; Peltzer, ZfgK 1986, 291, 291; Peltzer, Festschrift Zimmerer, 274, 276; Smith, 58 University of Pittsburgh Law Review (1996), 145, 145 ff.; Weisner, Verteidigungsmaßnahmen gegen unfreundliche Übernahmeversuche, 11; Witt, Übernahmen von Aktiengesellschaften, 28 ff.; International Business Week vom 11. Juni 1990, 48 f.

[1544] Vgl. Easterbrook/Fischel, Economic Structure of Corporate Law, 77 ff.; Herzel/Shepro, Bidders and Targets, 66 f.; Ebke, in Mestmäcker/Behrens, Gesellschaftsrecht der Konzerne, 279, 300 f.; Ikenberry/ Lakonishok, 66 Journal of Business (1993), 405, 405; Lehnert, Unternehmensübernahmen in den USA, 78; Lüttmann, Kontrollwechsel in Kapitalgesellschaften, 89 f.; Merkt, US-amerikanisches Gesellschaftsrecht, Rdn. 658 ff.; Knoll, Übernahme von Kapitalgesellschaften, 89 f.; Meier-Schatz, ZHR 149 (1985), 76, 79; Peltzer, Festschrift Zimmerer, 274, 276; Smith, 58 University of Pittsburgh Law Review (1996), 145, 145 ff.; Weisner, Verteidigungsmaßnahmen gegen unfreundliche Übernahmeversuche, 11; Witt, Übernahmen von Aktiengesellschaften, 28 ff.; International Business Week vom 11. Juni 1990, 48 f. Vgl. im Übrigen zur Abgrenzung von *proxy fights* zu Übernahmen Electronic Specialty Co. v. International Controls Corp., 409 F.2d 937, 948 (2d Cir. 1969).

[1545] Zum Stimmrecht der Anteilseigner und seiner Ausübung vgl. Easterbrook/Fischel, 26 Journal of Law & Economics (1983), 395, 395 ff. Vgl. zu Abwehrmaßnahmen, die Stimmrechtskämpfe ausschließen sollen, beispielsweise Stahl v. Apple Bancorp, Inc., 579 A.2d 1115, 1121 (Del. Ch. 1991).

[1546] Vgl. ausführlich Merkt, US-amerikanisches Gesellschaftsrecht, 379 ff.; Scharf/Shea/Beck, Acquisitions, 251 ff.

[1547] Vgl. Solomon/Palmiter, Corporations, 281, 570 f.

[1548] Vgl. Blasius Industries v. Atlas Corp., 564 A.2d 651 (Del. Ch. 1988).

[1549] Vgl. zur business judgement rule unten unter D. IX. 2.

[1550] Vgl. Stahl v. Apple Bancorp, Inc., 579 A.2d 115 (Del. Ch. 1991): substantially heavier burden than the reasonable grounds burden under Unocal, zur Unocal-Entscheidung vgl. unten unter D. X. 8. D.; siehe auch Stahl v. Apple Bancorp, Inc., Fed. Sec. L. Rep. (CCH) 95,412 (Del. Ch. 1990).

durch eine Änderung in den Vorschriften der *Securities Exchange Commission* (*SEC*) über die Wahlverfahren auf Hauptversammlungen der Schutz der Anteilseigner unter Berücksichtigung des Interesses an „effektiven“ *proxy contests* verstärkt.[1551] Vor dem aufgezeigten Hintergrund ist davon auszugehen, dass inhaltliche Stellungnahmen vor Hauptversammlungsbeschlüssen in deren Vorbereitung besonders sorgfältig erarbeitet und vollständig sowie zutreffend zu sein haben und mit dem Anspruch auf Objektivität abzugeben sind. Insofern heben sich diese Anforderungen deutlich von den Anforderungen an inhaltliche Stellungnahmen zu Übernahmeangeboten ab.

2. Einleiten gerichtlicher Auseinandersetzungen - defensive suits

Ebenfalls eine beliebte Gegenmaßnahme stellt die Einleitung von Gerichtsverfahren zur Abwehr oder zumindest zur Behinderung von Übernahmevorhaben dar.[1552] In diesen Prozessen werden üblicherweise angebliche Verletzungen der Bestimmungen des Wertpapierrechts („*federal securities law*“) und des Kartellrechts („*antitrust law*“) gerügt.[1553] Wegen der regelmäßig bestehenden Aussichtslosigkeit dieser Verfahren haben die Gerichte einen gewissen Zynismus im Umgang mit diesen Klagen entwickelt.[1554] Dennoch wird dieses Vorgehen in der Praxis oft gewählt, denn es ermöglicht dem betroffenen Management der Zielgesellschaft regelmäßig, Stimmungsmache zu betreiben, Zeit zu gewinnen, um alternative Bieter zu finden, oder das Übernahmeobjekt für den ersten Bieter weniger attraktiv werden zu lassen bzw. die Kosten der angestrebten Übernahme insgesamt zu erhöhen.[1555] Eine Besonderheit erfahren die Rechtstreitigkeiten in den USA wegen

---

[1551] Vgl. dazu Knepper/Bailey, Liability of Corporate Officers and Directors, section 13-7.

[1552] Vgl. Frank/Moreland, RIW 1989, 761, 762; Gilson/Black, Law and Finance of Corporate Acquisitions, 752; Lehnert, Unternehmensübernahmen in den USA, 104; Scharf/Shea/Beck, Acquisitions, 246 f.; Weisner, Verteidigungsmaßnahmen gegen unfreundliche Übernahmeversuche, 38.

[1553] Vgl. - auch zur Klagebefugnis und zum Rechtsschutzbedürfnis der Zielgesellschaft - Easterbrook/Fischel, 80 Michigan Law Review (1982), 1155, 1155 ff.; Lehnert, Unternehmensübernahmen in den USA, 104; Merkt, US-amerikanisches Gesellschaftsrecht, Rdn. 1145; Scharf/Shea/Beck, Acquisitions, 246 f.; vgl. weiter Burlington Industries v. Edelman, 666 F.Supp. 799 (M.D.N.C. 1987); Carter Hawley Hale Stores v. the Limited, Inc., 587 F.Supp. 246 (C.D.Cal. 1984); A.D.M.Corp. v. Sigma Instruments, 628 F.2d 753 (1st Cir. 1980).

[1554] Vgl. Clark, Corporate Law, 572; Ebke, in Mestmäcker/Behrens, Gesellschaftsrecht der Konzerne, 279, 306; Scharf/Shea/Beck, Acquisitions, 247; vgl. zudem Electronic Speciality Co. v. International Controls Corp., 409 F.2d 937 (2d Cir. 1969) (Friendly, J.) (arguing that, in view of the stressful, warlike nature of the takeover context, Congress intended to assure „basic honesty and fair dealing, not to impose an unrealistic requirement of laboratory conditions that might make new statute a potent tool for incumbent management to protect its own interests against the desires and welfare of the stockholders.“; Missouri Portland Cement Co. v. Cargill, Inc., 498 F.2d 851 (2d Cir.) (Friendly, J.) (warning against imposition of „a duty of self-flagellation“ on offerers), *cert. Denied*, 419 U.S. 883 (1974). For a contrast in attitude, expressed in the context of a review of a ruling granting a motion for preliminary injunction, see Gulf & Western Indus., Inc., v. Great Atlantic & Pacific Co., 476 F.2d 687 (2d Cir. 1973) (Timbers, J.).

[1555] Vgl. Easterbrook/Fischel, 80 Michigan Law Review (1982), 1155, 1155 ff.; Ebke, in Mestmäcker/Behrens, Gesellschaftsrecht der Konzerne, 279, 306; Frank/Moreland, RIW 1989, 761, 762; Lehnert,

der Zuständigkeit verschiedener Gerichte auf Bundes- und Staatenebene, so dass eine wesentlich breitere Basis für Streitigkeiten gegeben ist.[1556]

3. Zukäufe mit der Folge kartellrechtlicher Probleme - defensive acquisitions

Ebenfalls häufig erwirbt die Zielgesellschaft ihrerseits Unternehmen, deren Kontrolle für die Bietergesellschaft im Falle eines Kontrollerwerbs kartellrechtliche Probleme aufwerfen könnte.[1557] Allerdings verspricht diese Form der Verteidigung in der Regel nur wenig Aussicht auf Erfolg, denn üblicherweise gelingt es der Bietergesellschaft, den geschilderten Rechtsproblemen durch das Versprechen zu entgehen, bei Eintritt des Kontrollerwerbs den problematischen Unternehmensteil zu veräußern.[1558] Dieses Vorgehen begründet deshalb zumeist einen erheblichen Verdacht der Vergeudung von Mitteln der Gesellschaft.[1559] Gleichwohl ist bekannt, dass der US-amerikanische Staat sehr viel intensiver gegen Kartellbildungen vorzugehen pflegt als andere Staaten,[1560] so dass hier zumindest eine gewisse Vorsicht beim Bieter zu erwarten ist.

4. Finden eines Konkurrenzbieters - white knight defense

Eine moderatere Verteidigungsvariante stellt die Suche nach einem alternativen, zur Kooperation mit dem amtierenden Management bereiten Bieter dar, der daneben auch fähig und willens ist, ein höheres Angebot für die Übernahme der Zielgesellschaft abzugeben.[1561] Solchen alternativen Bietern soll die Rolle von „weißen

---

Unternehmensübernahmen in den USA, 104; Scharf/Shea/Beck, Acquisitions, 247; Weisner, Verteidigungsmaßnahmen gegen unfreundliche Übernahmeversuche, 38.

1556 Vgl. dazu und zur vorteilhaften „Auswahl" eines zuständigen Gerichts Clark, Corporate Law, 545 f.; Weisner, Verteidigungsmaßnahmen gegen unfreundliche Übernahmeversuche, 38.

1557 Vgl. Merkt, US-amerikanisches Gesellschaftsrecht, Rdn. 1147; Block/Miller, 11 Securities Regulation Law Journal (1983), 44, 55; Hazen, Law of Securities Regulation, 382 f.; Lehnert, Unternehmensübernahmen in den USA, 103; Lüttmann, Kontrollwechsel in Kapitalgesellschaften, 107; Knoll, Übernahme von Kapitalgesellschaften, 218; Kurth, Aktionärsschutz, 25; Lipton/Steinberger, Takeovers and Freezeouts, § 6.09 [1]; Lehnert, Unternehmensübernahmen in den USA, 106; Scharf/Shea/Beck, Acquisitions, 247; von Falkenhausen, Festschrift Stiefel, 163, 186. Vgl. auch Panther v. Marshall Fields, 646 F.2d 271 (7th Cir. 1984), Crane Company v. Anaconda Company, 411 F.Supp. 1208 (S.D.N.Y. 1975).

1558 Vgl. Knoll, Übernahme von Kapitalgesellschaften, 218.

1559 Vgl. Clark, Corporate Law, 572.

1560 Vgl. dazu die Darstellung bei Lehnert, Unternehmensübernahmen in den USA, 37 ff., 116 ff.

1561 Vgl. Clark, Corporate Law, 572; Lehnert, Unternehmensübernahmen in den USA, 106 f.; Merkt, US-amerikanisches Gesellschaftsrecht, Rdn. 1146; Fleischer, Tender Offers, 139; Hauschka/Roth, AG 1988, 181, 192 f.; Hazen, Law of Securities Regulation, 662; Jansen, Mergers & Acquisitions, 49; Knoll, Übernahme von Kapitalgesellschaften, 220 f.; Lipton/Steinberger, Takeovers and Freezeouts, 6.06 [4]; Merkt, US-amerikanisches Gesellschaftsrecht, Rdn. 1077, 1145; Michalski, AG 1997, 152, 160 f.; Möller, Die Stellung des Aktionärs bei Übernahmen, 182 f.; Peltzer, ZfgK 1986, 291, 296; Stoll, BB 1989, 301, 303; Sünner, AG 1987, 276, 282; vgl. auch Kern County Land Co. v. Occidental Petroleum Corp., 411 U.S. 582, 93 S.Ct. 1736, 36 L.Ed.2d 503 (1973); Buffalo Forge Co. v. Ogden Corp., 717 F.2d 757 (2d Cir. 1983), *cert. denied* 464 U.S. 1018, 104 S.Ct. 550, 78 L.Ed.2d 724 (1983); Dynamics Corp. of America v. CTS Corp.,

Rittern“ zufallen, welche die Manager vor dem Angebot des feindlichen Bieters „retten“ sollen. Die so genannte *white knight defense* korreliert in den USA mit der Pflicht des *board* zur Erzielung des höchstmöglichen Preises unter Einschaltung auch anderer Bieter, sobald feststeht, dass ein Kontrollwechsel stattfinden wird.[1562]

5. Verkauf oder bedingter Verkauf wesentlicher Vermögenswerte - lock up- oder crown jewels defense

Bei den so genannten *lock-ups* räumt die Zielgesellschaft einem bevorzugten Bieter, zu denen regelmäßig die so genannten *white knights* zu zählen sind, oder einem Dritten, vorteilhafte Optionen ein oder aber sie verkauft an ihn besonders bedeutsame Unternehmensteile, ohne die der Erwerb des Unternehmens für einen anderen Bieter uninteressant ist.[1563] Auf diese Weise mindert oder beseitigt das Management der Zielgesellschaft die Attraktivität einer Übernahme. Damit gelingt es ihm regelmäßig, die Transaktion abzuwenden bzw. dem feindlichen Bieter die Übernahme durch die Verwertung der Kronjuwelen (*crown jewels*) zu verschließen (*lock-up*).[1564] Zur Begründung der Bevorzugung des ausgesuchten Bieters wird angeführt, dass sich nur bei Einräumung eines Kosten- und Risikoausgleichs ein zusätzlicher ernsthafter Interessent finden ließe und infolge dessen nur so ein kursmaximierender Bieterwettbewerb oder Höherverkauf zu bewirken sei.[1565] Insbesondere unter Bezugnahme auf die mutmaßlich dadurch erzielten Vorteile für die Anteilseigner ist die Einräumung der Sondervorteile von verschiedenen Gerichten in der

---

635 F.Supp. 1174 (N.D.Ill. 1986) *aff.* 794 F.2d 250 (7th Cir. 1986) *reversed on other grounds* 481 U.S. 69, 107 S.Ct. 1637, 95 L.Ed.2d 67 (1987); Revlon, Inc. v. MacAndrews & Forbes Holdings, Inc. 506 A.2d 173 (Del. Sup. 1986).

[1562] Vgl. Frank/Moreland, RIW 1989, 761, 766; Merkt, US-amerikanisches Gesellschaftsrecht, Rdn. 1146. Vgl. auch Whittaker Corp. v. Edgar, 535 F.Supp. 933 (N:D.Ill. 1982); Revlon, Inc. v. MacAndrews & Forbes Holdings, Inc., 506 A.2d 173 (Del. 1986); Hanson Trust PLC v. ML SCM Acquisition, Inc., 781 F.2d 264 (2d Cir. 1986); Paramount Communications, Inc. v. Time, Inc., Fed.Sec.L.Rep. (CCH) 94,514 (Del.Ch., July 14, 1989).

[1563] Vgl. Note, 96 Harvard Law Review (1983), 1068, 1068; Clark, Corporate Law, 572 f.; Choper/Eisenberg, Corporations, § 1134; Hamilton, Law of Corporations, 548 ff.; Jansen, Mergers & Acquisitions, 49; Lüttmann, Kontrollwechsel in Kapitalgesellschaften, 107; Merkt, US-amerikanisches Gesellschaftsrecht, Rdn. 1146; Knoll, Übernahme von Kapitalgesellschaften, 215 f., 221 f. Vgl. weiter Whittaker Corp. v. Edgar, 535 F.Supp. 933 (N.D.III. 1982); GM Sub Corp. v. Liggest Group Inc., No. 6155 (Del.Ch. 1980); Seagram + Sons Inc. v. Abrams, 510 F.Supp. 860 (S.D.N.Y. 1981) Vgl. auch Bohrer, Unfriendly Takeovers, 137; Hutter/Lawrence, in von Rosen/Seifert, Übernahme börsennotierter Unternehmen, 95, 115 f.; von Buddenbrock, in von Rosen/Seifert, Übernahme börsennotierter Unternehmen, 277, 280.

[1564] Vgl. Clark, Corporate Law, 572 f.; Choper/Eisenberg, Corporations, §§ 1133, 1157; Ebke, in Mestmäcker/Behrens, Gesellschaftsrecht der Konzerne, 279, 306 f.; Fraidin/Hanson, 103 Yale Law Journal (1994), 1739, 1742 f.; Lehnert, Unternehmensübernahmen in den USA, 105; Peltzer, ZfgK 1986, 291, 295; Scharf/Shea/Beck, Acquisitions, 249.

[1565] Vgl. Fraidin/Hanson, 103 Yale Law Journal (1994), 1739, 1802 f., 1828 ff.

jeweiligen Situation als rechtmäßig beurteilt worden.[1566] In anderen Fällen steht die entsprechende Vereinbarung den Interessen der Anteilseigner diametral entgegen. Durch den Ausschluss des benachteiligten Bieters kann der kursmaximierende VersteigerungsProzess abgebrochen werden, ohne dass das Kurspotential ausgeschöpft wurde. In derartigen Fällen haben Gerichte die verantwortlichen *directors* für haftbar gehalten.[1567] Die Beurteilung der Rechtmäßigkeit kann insofern als von den Umständen des Einzelfalles abhängig angesehen werden.[1568] Von besonderem Interesse ist bei der Überprüfung des Einzelfalls der durch die Vereinbarung erzielte Vorteil für die Anteilseigner, insbesondere soweit mit der Vereinbarung die Abgabe eines höheren Angebots in einem Bieterwettbewerb verbunden war.[1569] Zudem ist der Wert des eingeräumten Vorteils, das Verhältnis dieses Wertes zum Angebot sowie die Frage nach der Notwendigkeit der Vorteilsgewährung maßgeblich.

6. Rekapitalisierungsmaßnahmen - share manipulations defense

Oft zu beobachten sind auch Umgruppierungen des Aktieneigentums, etwa die Veräußerung von Anteilen an übernahmeablehnende Personen, damit der Erwerb der Kontrollmehrheit für die Bietergesellschaft erschwert wird.[1570] Zu denken ist auch an den Rückerwerb eigener Aktien[1571] mit der möglichen Folge der Verschuldung oder zumindest der suboptimalen Kapitalallokation zum Nachteil des Bieters und in der Absicht, eine Kontrollmehrheit externer Anleger zu verhindern.[1572] Zu denken ist ferner an die Ausgabe neuer Anteile oder die Umstrukturierung alter Anteile, so dass durch eine Kapitalerhöhung und die Verwässerung alter Anteile eine Übernahme maßgeblich verteuert wird.[1573] In diesem Zusammenhang ist festzustellen, dass ein Bezugsrecht nicht generell besteht und bei Bestehen ein Bezugsrechtsaus-

[1566] Vgl. zum Beispiel Whittaker Corp. v. Edgar, 535 F. Supp. 933 (E.D. III. 1982); Buffalo Forge Co. v. Ogden Corp., 555 F. Supp. 892 (W.D.N.Y.), affirmed, 717 F.2d 757 (2d Cir.), cert. denied, 464 U.S. 1018 (1983).Vgl. dazu auch Deakin/Slinger, 24 Journal of Law and Society (1997), 124, 141.

[1567] Vgl. MacAndrews & Forbes Holding, Inc., v. Revlon, Inc., 501 A.2d 1239 (Del. Ch. 1985), affirmed sub nom. Revlon, Inc. v. Mac-Andrews & Forbes Holding, Inc, 506 A.2d 173 (Del. 1986); Hanson Trust PLC v. ML SCM Acquisition, Inc., 781 F.2d 264 (2d Cir. 1986).

[1568] Vgl. dazu Mills Acquisition Co. v. Macmillan, Inc., 559 A.2d 1261 (Del. 1989).

[1569] Vgl. Fraidin/Hanson, 103 Yale Law Journal (1994), 1739, 1828 ff.

[1570] Vgl. Clark, Corporate Law, 573; Lüttmann, Kontrollwechsel in Kapitalgesellschaften, 106.

[1571] Vgl. GAF Corp. v. Union Carbide Corp., 624 F. Supp. 1016 (S.D.N.Y. 1985); Revlon, Inc. v. Mac Andrews & Forbes Holding, Inc., 506 A.2d 173 (Del. 1986); vgl. auch Clark, Corporate Law, 573; Butz, DAJV-NL 2/98, 29, 33; Günther/Muche/White, RIW 1998, 337, 337 ff.; Knoll, Übernahme von Kapitalgesellschaften, 204 ff.; Lehnert, Unternehmensübernahmen in den USA, 104 f.; von Buddenbrock, in von Rosen/Seifert, Übernahme börsennotierter Unternehmen, 277, 280.

[1572] Vgl. dazu Lehnert, Unternehmensübernahmen in den USA, 104 ff.

[1573] Vgl. dazu schon Helvering v. Southwest Consolidated Corp., 315 U.S. 194 (1941); Barrett v. Denver Tramway Corp., 53 F.Supp. 198 (D.Del. 1943); Kamena v. Janssen Dairy Corp., 31 A.2d 200 (N.J.Ch. 1943); vgl. auch Hirte, DAJV-NL 3/1998, 67, 67 ff.; Merkt, US-amerikanisches Gesellschaftsrecht, Rdn. 1023 ff.; Willamowski, DAJV-NL 2/2000, 40, 40 ff.; Willamowski, DAJV-NL 3/2000, 84, 84 ff.

schluss nach US-amerikanischem Recht in vielen Fällen möglich ist.[1574] Ein selektiver Rückkauf von Aktien ist nach der Entscheidung Unocal Corp. v. Mesa Petroleum Co.[1575] Allerdings von der *SEC* verboten worden.[1576] Als zweckentsprechend und vorteilhaft für das abwehrende *board* ist es grundsätzlich anzusehen, wenn eine Umschichtung von Anteilen in die Hände derer erfolgt, die ebenfalls die drohende Übernahme abwenden wollen. Die Rechtmäßigkeit der Maßnahme wird grundsätzlich in Abhängigkeit von ihrem mutmaßlichem Zweck und ihrer Verhältnismäßigkeit gerichtlich überprüft.[1577]

Gegen Ende der 80er Jahre ist den Anteilseignern der Zielgesellschaft zur Abwehr einer Übernahme in zunehmender Anzahl eine bedingte Sonderzahlung bei gleich bleibenden Beteiligungsverhältnissen zugestanden worden.[1578] Die Addition der Sonderzahlung und des Kurswertes ohne Aufschlag hat in diesen Fällen das Übernahmeangebot erreicht oder überschritten, so dass der Verkauf auch für kurzfristige Anleger nicht von Vorteil gewesen wäre.[1579] Bedenken hinsichtlich derartiger Vorgehensweisen ergeben sich daraus, dass zwar die Machtposition des Managements gestärkt, jedoch möglicherweise den Interessen der Anteilseigner mittelfristig durch die suboptimale Resourcenallokation nicht gebührend Rechnung getragen wird. Ob die Maßnahmen dennoch verhältnismäßig und somit vom unternehmerischen Ermessen gedeckt sind, ist demnach jeweils im Einzelfall zu prüfen.[1580]

Schließlich ist auch die Ausgabe von Vorzugsaktien an Arbeitnehmer[1581] als eine Maßnahme anzusehen, die eine Übernahme erschweren und verhindern kann.[1582] Infolge des regelmäßigen Verlustes von Arbeitsplätzen nach einer Übernahme sind Arbeitnehmer als Gegner eines Kontrollwechsels anzusehen.[1583] Soweit

---

[1574] Vgl. Cary/Eisenberg, Corporations, 133 ff.; Hirte, DAJV-NL 3/1998, 67, 67 ff.; Kübler, ZBB 1993, 1, 2; Lüttmann, Kontrollwechsel in Kapitalgesellschaften, 133 ff.; Weisner, Verteidigungsmaßnahmen gegen unfreundliche Übernahmeversuche, 17 ff.; Willamowski, DAJV-NL 2/2000, 40, 40 ff.; Willamowski, DAJV-NL 3/2000, 84, 84 ff.; vgl. zum Sinn und Zweck eines Bezugsrecht generell Kübler/ Mendelsohn/Mundheim, AG 1990, 461, 461 ff.

[1575] Unocal Corp. v. Mesa Petroleum Co., 493 A.2d 946 (Del. 1985).

[1576] 17 C.F.R. § 240.14d.-10.

[1577] Vgl. nur Chris-Craft Industries, Inc. v. Piper Aircraft Corp., 480 F.2d 341, 365 (2d Cir. 1973); siehe auch Consolidated Amusement Co. v. Rugoff, Fed. Sec. L. Rep. (CCH) 96,584 (S.D.N.Y. 1978); EAC Industries, Inc. v. Frantz Mfg Co., 501 A.2d 401 (Del. 1985); Norlin Corp. v. Rooney, Pace, Inc., 744 F.2d 255 (2d Cir. 1984).

[1578] Vgl. Frank/Moreland, RIW 1989, 761, 765.

[1579] Vgl. Paefgen, AG 1991, 41, 57.

[1580] Vgl. Merkt, US-amerikanisches Gesellschaftsrecht, Rdn. 1171.

[1581] So genannter Employee Stock Option Plan, ESOP.

[1582] Vgl. dazu NCR Corp. v. American Tel. & Tel. Co., 761 F. Supp. 475 (S.D. Ohio 1991), hier ist die Maßnahme als rechtswidrig beurteilt worden. Vgl. dazu auch Lüttmann, Kontrollwechsel in Kapitalgesellschaften, 106.

[1583] Vgl. Bästlein, Zur Feindlichkeit öffentlicher Übernahmeangebote, 302 f., Frank/Moreland, RIW 1989, 761, 764.

das *board* einen so genannten *employee stock ownership plan* (ESOP)[1584] als Abwehrmaßnahme einsetzt, muss es damit rechnen, dass es hinsichtlich dieser Entscheidung nicht den Schutz der *business judgement rule* genießt,[1585] sondern vielmehr persönlich haftet.[1586] In Abhängigkeit von dem Zeitpunkt des Einsatzes, den finanziellen Folgen für das Unternehmen und der personellen Besetzung des Treuhandorgans sowie der Berechtigung zur Ausübung der Stimmrechte[1587] wird überprüft, ob der Sinn und Zweck in der Vorteilsgewährung zu Gunsten der Arbeitnehmer liegt oder die *directors* rechtswidrig gehandelt haben, indem sie allein mit dem Ziel der persönlichen Machterhaltung vorgegangen sind.[1588] Änderungen in der Steuergesetzgebung und den Bewertungsvorschriften im Jahre 1989 lassen die Ausgabe von Aktien an Arbeitnehmer zudem als weniger attraktiv erscheinen als zuvor.[1589] Die Treuhänder eines *plan*, insbesondere auch eines *pension plan* (dort *white squire* genannt),[1590] tun bei Entscheidungen im Zusammenhang mit einem Kontrollwechsel im eigenen Unternehmen gut daran, unabhängige und kompetente Berater, die nicht auch für die Gesellschaft selbst arbeiten, beizuziehen, Investitionsentscheidungen gründlich zu analysieren und Alternativen zu überprüfen und nicht gleichzeitig an Abwehrentscheidungen der Gesellschaft selbst beteiligt zu

---

[1584] Vgl. dazu Chaplinsky/Niehaus, 49 Journal of Finance (1994), 1451, 1451 ff.; Merkt, US-amerikanisches Gesellschaftsrecht, Rdn. 1157; Zetzsche, ZfB 1991, 833, 833 ff., 839 f.

[1585] Vgl. dazu Frantz MfG. Co. v. EAC Industries, 501A.2d 401 (Del. 1985): business judgement rule nicht anwendbar, weil der ESOP nach Angebotsabgabe gegründet wurde und als ein Versuch der Kontrollerhaltung angesehen wurde.

[1586] Zur Beurteilung der Maßnahme als unrechtmäßig und damit haftungsbegründend vgl. NCR Corp. v. American Tel. & Tel. Co., 761 F. Supp. 475 (S.D. Ohio 1991): keine Stimmberechtigung für die betroffenen Anteile. Vgl. hierzu auch Ryan, 64 Tulane Law Review (1989), 3, 37 f.

[1587] Vgl. zur Konfliktsituation der Entscheidungsträger (in dem Endurteil als *corporate insider* bezeichnet) unter Berücksichtigung des *Employee Retirement Income Security Act* (*E.R.I.S.A.*) Donovan v. Bierwirth, 538 F. Supp. 463 (E.D.N.Y. 1981), *aff'd as modified,* 680 F.2d 263 (2d Cir.), *cert. Denied,* 459 U.S. 1069 (1982). Hier hatte das Grumman Corporation *board* ein *tender offer* als nicht im besten Interesse für die Gesellschaft, die Anteilseigner oder die Arbeitnehmer angesehen. Neben anderen Maßnahmen hatten die Treuhänder des Grumman *pension plans* auf dem freien Markt Anteile erworben, die infolge des *tender offer* nur noch mit Kursaufschlägen erworben werden konnten. Die Abwehr war im Ergebnis erfolgreich, der Aktienpreis ging zurück, der *pension plan* erwirtschaftete einen Verlust in Höhe von nahezu 20 Millionen US $. Das Gericht hielt die *trustees* für verpflichtet, in dieser Situation des Interessenskonflikts zurückzutreten, wenngleich auch in der Tätigkeit eines *corporate insiders* während eines Kontrollkampfes (*control contest)* nicht grundsätzlich ein Verstoß gegen den *E.R.I.S.A.* zu sehen sei und nicht nur rein finanzielle Aspekte bei dieser Aufgabenerfüllung berücksichtigt werden könnten.

[1588] Vgl. Klaus v. Hi-Shear Corp., 528 F.2d 225 (9th Cir. 1975); Norlin Corp. v. Rooney, Pace, Inc., 744 F.2d 255 (2d Cir. 1984); Buckhorn, Inc. v. Ropak Corp., 656 F. Supp. 209 (S.D. Ohio 1987); Shamrock Holdings, Inc. v. Polaroid Corp., 559 A.2d 257 (Del. Ch. 1989).

[1589] Vgl. dazu Knepper/Bailey, Liability of Corporate Officers and Directors, 610.

[1590] Vgl. zur Terminologie in Anlehnung an den *white knight* und zur möglichen Rolle des als *Trust* organisierten *pension plan* der Zielgesellschaft in diesem Zusammenhang Merkt, US-amerikanisches Gesellschaftsrecht, Rdn. 1157.

sein; jeder *corporate insider* sollte eine Amtsniederlegung erwägen oder sich jedenfalls bei Entscheidungen der Stimme enthalten.[1591]

7. Auskauf des Bieters - greenmail defense

Ein sehr direkter Weg zur Verhinderung einer feindlichen Übernahme ist darin zu sehen, die Zielgesellschaft zur Zahlung von Geld („*greenbucks*“) für die Einstellung des Übernahmevorhabens zu „erpressen“ („*blackmail*“).[1592] Diese berüchtigte, aber grundsätzlich nicht rechtswidrige,[1593] Abwehrmethode nimmt den Aktionären nicht nur die Chance, ihre Aktien zu einem besonders günstigen Preis zu veräußern, sondern ist sogar geeignet, durch die vielfach unverhältnismäßig hohen *greenmail*-Zahlungen die eigenen Aktien zu entwerten.[1594] Die Zahlungen werden dabei regelmäßig als Kaufpreis für vom Bieter erworbene Anteile geleistet und übersteigen den Kurswert zum Teil exorbitant.[1595] Infolge der direkten Gefährdung von Interessen der Anteilseigner und der dem ersten Anschein nach eigennützigen Vorgehensweise der *directors* verlangt die *SEC* die Offenlegung derartiger Zahlungen, wenn nicht ermächtigende Satzungsbestimmungen vorhanden sind.[1596] Zusätzlich können Börsen-vorschriften in bestimmten Fällen die Zustimmung der Anteilseigner

[1591] Vgl. dazu Knepper/Bailey, Liability of Corporate Officers and Directors, 623 ff.; siehe diesbezüglich auch die Department of Labor Advisory Opinion on Fiduciary Responsibility in Connection with Attempted Corporate Takeovers vom 30. April 1984.

[1592] Vgl. zu diesem Vorgang und zur Wortbildung Clark, Corporate Law, 574; Merkt, US-amerikanisches Gesellschaftsrecht, Rdn. 1153; Jansen, Mergers & Acquisitions, 49; Knoll, Übernahme von Kapitalgesellschaften, 90 f.; Kurth, Aktionärsschutz, 11; Lehnert, Unternehmensübernahmen in den USA, 107 ff.; Lipton/Steinberger, Takeovers and Freezeouts, § 1.06 [7]; Michalski, AG 1997, 152, 162; Sünner, AG 1987, 276, 282; van Aubel, Vorstandspflichten bei Übernahmeangeboten, 19; Trockels, ZvglRWiss 89, 56, 90 ff.; Assmann/Bozenhardt, in Assmann/Basaldua/Bozenhardt/Peltzer, Übernahmeangebote, 1, 147 ff.; Bästlein, Zur Feindlichkeit öffentlicher Übernahmeangebote, 162 ff.; Hauschka/Roth, AG 1988, 181, 194 f.; Macey/McChesney, 95 Yale Law Journal (1988), 13, 13 ff.; Hazen, Law of Securities Regulation, 667; Note, 98 Harvard Law Review (1985), 1045, 1045 ff.; Peltzer, ZfgK 1986, 291, 294; Weisner, Verteidigungsmaßnahmen gegen unfreundliche Übernahmeversuche, 41; vgl. auch Fry v. Trump, 681 F.Supp. 252 (D.N.J. 1988); Good v. Texaco, Inc., Del.Ch., C.A. No. 7501 (May 14, 1984); Heckman v. Ahmanson, 214 Cal.Rep. 177 (1985); Cheffs v. Mathes, 41 Del.Ch. 494, 199 A.2d 548 (1964).

[1593] Vgl. Cheff v. Mathes, 199 A.2d 548 (Del. 1964); Heine v. Signal Cos., Fed. Sec. L. Rep. (CCH) 95,898 (S.D.N.Y. 1977); Kaplan v. Goldsamt, 380 A.2d 556 (Del.Ch. 1977); Polk v. Good, 507 A.2d 531 (Del. 1986); vgl. jedoch auch Heckman v. Ahmanson, 214 Cal.Rep. 177 (1985); Feinberg Testamentary Trust v. Carter, 652 F.Supp. 1066 (S.D.N.Y. 1987). Vgl. auch Ebenroth/Eyles, RIW 1988, 413, 413 ff.; Kurth, Aktionärsschutz, 11 f.; Lehnert, Unternehmensübernahmen in den USA, 108 f.; Lüttmann, Kontrollwechsel in Kapitalgesellschaften, 107; Nörr/Stiefenhofer, Takeover Law, 42 f.; Michalski, AG 1997, 152, 162; Peltzer, ZfgK 1986, 291, 294; Scharf/ Shea/Beck, Acquisitions, 248.

[1594] Vgl. Macey/McChesney, 95 Yale Law Journal (1985), 13, 13 ff.; Clark, Corporate Law, 574; Dann/DeAngelo, 11 Journal of Financial Economics (1983), 275, 294 f.; Kurth, Aktionärsschutz, 12; Lehnert, Unternehmensübernahmen in den USA, 107 f.; Note, 98 Harvard Law Review (1985), 1045, 1045 ff.; Merkt, US-amerikanisches Gesellschaftsrecht, Rdn. 1153.

[1595] Vgl. Clark, Corporate Law, 574; Choper/Eisenberg, Corporations, § 1138; Lehnert, Unternehmensübernahmen in den USA, 107 f.; Michalski, AG 1997, 152, 162; Nörr/Stiefenhofer, Takeover Law, 42.

[1596] Exchange Act Rel. No. 34-15230 (Oct. 13, 1978).

vorschreiben.[1597] In Anbetracht der zunehmend geäußerten Bedenken gegen derartige Zahlungen ist der Empfänger seit 1987 einer 50 %igen Besteuerung auf den erzielten Kursgewinn ausgesetzt.[1598] Zur Rechtfertigung der Zahlungen wird angeführt, dass die Gesellschaft und die Anteilseigner auf vergleichsweise kostengünstige Weise vor Nachteilen geschützt würden.[1599] Der unter Umständen gerechtfertigte Aufschlag müsste insofern in der Summe vom Wert her geringer sein als der zum Vergleich heranzuziehende Nachteil.[1600] Die Rechtsprechung im Zusammenhang mit derartigen Ausgleichszahlungen[1601] orientiert sich an den unten aufgezeigten Rechtmäßigkeitskriterien.

8. Versuch der Zielgesellschaft, den Bieter zu übernehmen - pac man defense

Schließlich ist in den Vereinigten Staaten auch vielfach versucht worden, eine Übernahme durch den Aufkauf von Aktien der Bietergesellschaft zu verhindern.[1602] Diese Vorgehensweise ist in den USA ebenfalls vergleichsweise einfach einzusetzen, weil den Unternehmensleitungen ein weiterer Ermessensspielraum zuerkannt ist.

II. Prophylaktische Verteidigungsmaßnahmen - pre offer tactics

Im Gegensatz zu den genannten Verteidigungsstrategien können Abwehrmaßnahmen auch bereits vor Abgabe eines Übernahmeangebots implementiert werden.[1603] Diese Maßnahmen machen in vielen Fällen Satzungsänderungen und daher eine diesbezügliche Entscheidung der Aktionäre erforderlich und erschweren einen unkoordinierten Kontrollübergang.[1604] Sie werden als *shark repellents* (Haiabwehr, Abwehr von Übernahmehaien) bezeichnet[1605] und sind regelmäßig als rechtmäßig anzusehen.[1606]

[1597] Vgl. NYSE Listed Company Manual § 312.

[1598] Vgl. Section 5881, Internal Revenue Code of 1986. Vgl. dazu auch weiterführend Romano, 9 Yale Journal on Regulation (1992), 119, 176; Scharf/Shea/Beck, Acquisitions, 248.

[1599] Vgl. Michalski, AG 1997, 152, 162.

[1600] Vgl. zur Prognoseentscheidung und Abwägung Polk v. Good, 507 A.2d 531 (Del. 1986).

[1601] Vgl. Condec Corp. v. Lunkenheimer Co., 43 Del. Ch. 353, 230 A.2d 769, 773 ff. (1967); Petty v. Penntech Papers, Inc., 347 A.2d 140, 142 f. (Del. Ch. 1975); Heckman v. Ahmanson, 168 Cal. App. 3d 119, 214 Cal. Rptr. 177 (1985); Pin v. Texaco, Inc., 793 F.2d 1448 (5th Cir. 1986).

[1602] Vgl. Hazen, Law of Securities Regulation, 666; Jansen, Mergers & Acquisitions, 49; Lüttmann, Kontrollwechsel in Kapitalgesellschaften, 107 f.; Scharf/Shea/Beck, Acquisitions, 247; von Buddenbrock, in von Rosen/Seifert, Übernahme börsennotierter Unternehmen, 277, 281; vgl. auch Martin Marietta Corp. v. Bendix Corp., 549 F.Supp. 623 (D.Md.1982).

[1603] Vgl. dazu weitergehend Gilson, 34 Stanford Law Review (1982), 775, 775 ff.

[1604] Vgl. Bebchuk, 98 Harvard Law Review (1985), 1693, 1744 ff.; Merkt, US-amerikanisches Gesellschaftsrecht, Rdn. 1124.

[1605] Zur Terminologie vgl. Gilson, 34 Stanford Law Review (1982), 775, 775 ff.; Carney, American Bar Foundation Research Journal 1983, 341, 373 ff.; Clark, Corporate Law, 576; Ebke, in Mestmäcker/Behrens,

1. Modifizierung der erforderlichen Stimmenmehrheiten - supermajority voting rules

Teilweise sehen die Satzungen eine vom Regelfall abweichende qualifizierte Mehrheit vor, die gegebenenfalls auch unter Nichtbeachtung der Stimmen des Übernehmers für das Eingehen einer Fusion, des Verkaufs von Unternehmensteilen oder bestimmten geschäftlichen Aktivitäten wie beispielsweise etwa die Besetzung des *board* erforderlich sein soll.[1607] Man spricht insoweit von *supermajority voting rules*.[1608]

2. Vetorecht in Übernahmesituationen - veto stock defense

Daneben kann eine Sondergruppe von Aktien gebildet werden, die dem board freundlich gesinnter Aktionäre gehört und ein Vetorecht bezüglich anstehender Fusionen oder anderer organischer Veränderungen (*organic change*) verleiht.[1609]

3. Staffelung der Amtszeiten der directors - staggered board defense

Außerdem wird häufig von der Möglichkeit gebrauch gemacht, die Amtszeiten der *directors* - gegebenenfalls durch Satzungsbestimmung - zu staffeln und eine Abberufung zu erschweren oder zu untersagen, so dass ein die Kontrollmehrheit erwerbender Bieter abwarten müsste, bis er die erforderliche Anzahl der für die Kontrolle der Geschäftspolitik erforderlichen *directors* bestellen und damit das Management unter seine Kontrolle bringen kann.[1610] In der praktischen Umsetzung wird so

---

Gesellschaftsrecht der Konzerne, 279, 307; Scharf/Shea/Beck, Acquisitions, 244; Weisner, Verteidigungsmaßnahmen gegen unfreundliche Übernahmeversuche, 27.

[1606] Vgl. dazu auch Bebchuk, 98 Harvard Law Review (1985), 1693, 1744 ff.

[1607] Vgl. Clark, Corporate Law, 576; Jarrell/Poulsen, 19 Journal of Financial Economics (1987), 127, 129; Knoll, Übernahme von Kapitalgesellschaften, 208 f.; Lehnert, Unternehmensübernahmen in den USA, 95 ff.; Lipton/Steinberger, Takeovers and Freezeouts, § 6.03 [2][a][ii]; Lüttmann, Kontrollwechsel in Kapitalgesellschaften, 104 f.; Trockels, ZvglRWiss 89, 56, 60; von Buddenbrock, in von Rosen/Seifert, Übernahme börsennotierter Unternehmen, 277, 280; Weisner, Verteidigungsmaßnahmen gegen unfreundliche Übernahmeversuche, 30. Vgl. auch Seibert v. Gulton Industries, Civil Action No. 5631 (Del.Ch. 1979); Young v. Valki, 382 A.2d 1372 (Del.Ch. 1978).

[1608] Vgl. Bebchuk, 98 Harvard Law Review (1985), 1693, 1746; Carney, American Bar Foundation Research Journal 1983, 341, 375 ff.; King, 21 Delaware Journal of Corporate Law (1996), 895, 895 ff.; Merkt, US-amerikanisches Gesellschaftsrecht, Rdn. 1125; Knoll, Übernahme von Kapitalgesellschaften, 208; Lehnert, Unternehmensübernahmen in den USA, 95 ff.; Note, 97 Harvard Law Review (1984), 1964, 1975 ff.

[1609] Vgl. Clark, Corporate Law, 576.

[1610] Vgl. dazu Assmann/Bozenhardt, in Assmann/Basaldua/Bozenhardt/Peltzer, Übernahmeangebote, 1, 137 f.; Bebchuk, 98 Harvard Law Review (1985), 1693, 1746; Bungert, AG 1994, 297, 299; Choper/Coffee/Morris, Corporations, 1125; Jansen, Mergers & Acquisitions, 49; Lehnert, Unternehmensübernahmen in den USA, 95 ff.; Lüttmann, Kontrollwechsel in Kapitalgesellschaften, 105; Merkt, US-amerikanisches Gesellschaftsrecht, Rdn. 487, 1128; Clark, Corporate Law, 576; Knoll, Übernahme von Kapitalgesellschaften, 207 f., 239 f.; Menichetti, Wirtschaftsstudium 1990, 521, 521; Michalski, AG 1997, 152, 155 f.; Trockels,

bestimmt, dass lediglich eine bestimmte Anzahl von *directors* zu jeweils gestaffelten Zeitpunkten ersetzt werden kann[1611] und eine vorherige Neubesetzung nicht oder lediglich *for cause only* (aus besonderem Grund) erfolgen kann.[1612] Die Festschreibung entsprechender Bestimmungen ist grundsätzlich rechtmäßig, auch wenn einige einzelstaatliche Regelungen die Anzahl der gestaffelten Positionen reglementieren.[1613]

4. Bedingte Fälligkeitsvereinbarungen für Kredite - accelerated loans defense

Eine weitere Variante stellt eine Vereinbarung dar, nach der (sämtliche) Kredite der Gesellschaft im Falle einer feindlichen Übernahme fällig werden (*loan acceleration clause*).[1614] Eine derartige Vereinbarung fällt unter die Gruppe der so genannten *scorched earth defense*.[1615] Der erfolgreiche Bieter würde in die Lage versetzt, die sofort fälligen Kredite der Zielgesellschaft tilgen zu müssen und infolge dessen sofort erhebliche Summen zu zahlen. In der Praxis allerdings ist diese Abwehrmethode im Vergleich zu den anderen genannten Maßnahmen eher wenig verbreitet, denn sie stößt regelmäßig auf nur wenig Akzeptanz bei den Kreditgebern, die in diesem Vorgehen schließlich auch eigene Interesse beschnitten sehen.[1616]

5. Abfindungsregelungen für die directors - golden parachutes defense

Besonders häufig zu beobachten sind dagegen lukrative Abfindungsregelungen zugunsten des Managements,[1617] die einerseits das Interesse des Managements an der

---

ZvglRWiss 89, 56, 58; von Buddenbrock, in von Rosen/Seifert, Übernahme börsennotierter Unternehmen, 277, 280; Weisner, Verteidigungsmaßnahmen gegen unfreundliche Übernahmeversuche, 28 ff.

[1611] Zur Umsetzung vgl. weitergehend Gilson/Black, The Law and Finance of Corporate Acquisitions, 737; Klein/Coffee, Business Organization and Finance, 186; Knoll, Übernahme von Kapitalgesellschaften, 207; Lehnert, Unternehmensübernahmen in den USA, 96 f.; Möller, Die Stellung des Aktionärs bei Übernahmen, 160 f.; Scharf/Shea/Beck, Acquisitions, 244; Solomon/Palmiter, Corporations, 561; Steindl, US-Board und Aufsichtsrat, 53 f.; Weisner, Verteidigungsmaßnahmen gegen unfreundliche Übernahmeversuche, 28 ff.

[1612] Vgl. Fleischer/Sussmann, Takeover Defenses, § 6.05; Hauschka/Roth, AG 1988, 181, 187; Knoll, Übernahme von Kapitalgesellschaften, 208; Michalski, AG 1997, 152, 156. Vgl. auch In Treco v. Land of Lincoln Savings + Loan, 749 F.2d. 374 (7th Cir. 1984).

[1613] Vgl. Haarmann/Riehmer/Schüppen-Röh, WpUG, § 33, Rdn. 63 f.; Lehnert, Unternehmensübernahmen in den USA, 96 f.; Trockels, ZvglRWiss 89, 56, 58; Weisner, Verteidigungsmaßnahmen gegen unfreundliche Übernahmeversuche, 29.

[1614] Vgl. Clark, Corporate Law, 576 f.; Lüttmann, Kontrollwechsel in Kapitalgesellschaften, 106.

[1615] Scorched earth - verbrannte Erde, es verbleibt nach Rückzahlung der Kredite kein tatsächlicher Vermögenswert.

[1616] Vgl. Clark, Corporate Law, 576 f.

[1617] Vgl. nur In re Damon Corp. Shareholders Litigation, Fed. Sec. L. Rep. (CCH) 94, 040 (Del. Ch., Sept. 16., 1988); Tate & Lyle PLC & RP Acquisition Corp. v. Staley Continental, Inc., Fed. Sec. L. Rep. (CCH) 93,764 (Del. Ch., May 9., 1988); Black & Decker Corp. v. American Standard, Inc., 682 F. Supp. 772 (D. Del. 1988), vgl. dazu auch Clark, Corporate Law, 577; Knoll, Übernahme von Kapitalgesellschaften, 218 f.; Kroeber, 76 American Economic Review (1986), 155, 160; Lambert/Larcker, 7 Journal of Acounting & Economics (1985), 179, 179 ff.; Lehnert, Unternehmensübernahmen in den USA, 101 ff.; Lüttmann, Kon-

Abwendung einer Unternehmensübernahme kompensieren und andererseits die Attraktivität einer möglichen Übernahme durch die Bietergesellschaft deutlich mindern. Die Abfindungszahlungen oder Vorteilsgewährungen werden zwischen Unternehmen und Top-Managern vereinbart. Sie sind meist durch einen Kontrollwechsel bedingt.[1618] Wenngleich derartige Vereinbarungen auch als angemessener Risikoausgleich für die *directors* angesehen werden können[1619] und unabhängige, nicht von Eigeninteressen geleitete, Entscheidungen auch in Übernahmesituationen gewährleisten sollen,[1620] könnte die Aussicht auf die Vorteile der Abfindungsauszahlung die Objektivität der *directors* auch trüben.[1621] Bedenken werden zudem dahingehend vorgebracht, dass Manager für die Erbringung ihrer ohnehin arbeitsvertraglich geschuldeten Leistung, zu der auch die Beachtung der Treue- und Loyalitätspflichten gehöre - mithin ohne Grund - neben den üblichen hohen Vergütungen zusätzliche und überproportionale Leistungen zugestanden würden.[1622] Wie bereits oben festgestellt kann jede prophylaktische Abwehrmaßnahme auch die Reaktion auf eine konkrete Übernahmegefahr sein. Soweit die Abfindungsvereinbarung nach Bekannt werden eines Übernahmevorhabens geschlossen wird, ergeben sich besondere Zweifel hinsichtlich ihrer Rechtmäßigkeit, denn die *directors*

---

trollwechsel in Kapitalgesellschaften, 106; Machlin/Choe/Miles, 36 Journal of Law and Economics (1993), 861, 861 ff.; Merkt, US-amerikanisches Gesellschaftsrecht, Rdn. 523, 1142; Note, 94 Yale Law Journal (1985), 909, 909 ff.; Paefgen, AG 1992, 133, 146; Peltzer, ZIP 1989, 69, 74; Scharf/Shea/Beck, Acquisitions, 248 f.

[1618] Vgl. dazu Gilson/Black, Law and Finance of Corporate Acquisitions, 767; Hahn, Die Übernahme von Aktiengesellschaften, 115 f.; Lehnert, Unternehmensübernahmen in den USA, 101 ff.; Merkt, US-amerikanisches Gesellschaftsrecht, Rdn. 523; Weisner, Verteidigungsmaßnahmen gegen unfreundliche Übernahmeversuche, 45 f.; Knoll, Übernahme von Kapitalgesellschaften, 218; siehe auch Schreiber v. Burlington Northern, Inc., 472 U.S. 1, 105 S. Ct. 2458, 86 L. Ed. 2d 1 (1985). Vgl. auch Jensen, 62 Harvard Business Review (1984), 109, 118; Jensen, 2 Journal of Economic Perspectives (1988), 21, 39; Johnson, 94 Yale Law Review (1985), 909, 909 ff.; Lambert/Larcker, 7 Journal of Accounting and Economics (1985), 179, 179 ff.; Kroeber, 76 American Economic Review (1986), 155, 160; vgl. weiter zur Korrelation zwischen Höhe der Abfindungsversprechen und Verhalten nach Angebotsabgabe Machlin/Choe/Miles, 36 Journal of Law and Economics (1993), 861, 872.

[1619] Vgl. hierzu Clark, 20 John Marshall Law Review (1986), 237, 237 ff.; Coffee, 85 Michigan Law Review (1986), 1, 75; Macey, 1989 Duke Law Review, 173, 186 f.; Koenigs v. Joseph Schlitz Brewing Co., 126 Wis. 2d 349, 377 N.W.2d 593 (1985) und Buckhorn, Inc. v. Ropak Corp., 656 F. Supp. 209 (S.D. Ohio 1987), vgl. auch zur Verhältnismäßigkeitsprüfung einer derartigen Vereinbarung: Worth v. Huntington Bancshares, Inc. 43 Ohio St. 3d 192, 540 N.E.2d 249 (1989).

[1620] Vgl. Clark, 20 John Marshall Law Review (1986), 237, 237 ff.; Gilson/Black, Law and Finance of Corporate Acquisitions, 768; Hazen, Law of Securities Regulation, 665; Knepper/Bailey, Liability of Corporate Officers and Directors, 614; Kroeber, 76 American Economic Review (1986), 155, 160; Johnson, 94 Yale Law Journal (1985), 909, 909 ff.; Lüttmann, Kontrollwechsel in Kapitalgesellschaften, 106; Macey, 1989 Duke Law Review, 173, 186; Paefgen, AG 1992, 133, 146; Peltzer, ZfgK 1986, 291, 295. Vgl. auch Koenigs v. Joseph Schlitz Brewing Co., 377 N.W.2d 593, 599 (Wis. 1985).

[1621] Vgl. Coffee, 84 Columbia Law Review (1984), 1145, 1237; Knepper/Bailey, Liability of Corporate Officers and Directors, 614; Lehnert, Unternehmensübernahmen in den USA, 103; Merkt, US-amerikanisches Gesellschaftsrecht, Rdn. 523; Pitt, 15 Delaware Journal of Corporate Law (1990), 811, 857 ff.; Trockels, ZvglRWiss 89, 56, 63; Weisner, Verteidigungsmaßnahmen gegen unfreundliche Übernahmeversuche, 46.

[1622] Vgl. Federal Savings & Loan Insurance Corp. v. Bass, 576 F. Supp. 848 (N.D. Del. 1983).

müssten sich zu diesem Zeitpunkt schon Gedanken über ihr damit zusammenhängendes grundsätzliches Verhalten gemacht haben.[1623] Insofern wird die Frage der Rechtmäßigkeit derartiger Vereinbarungen auch von ihrem Zweck als Abwehrmaßnahme oder Absicherung der Manager abhängig gemacht.[1624] Als Reaktion auf massive öffentliche Kritik ist 1984 die Zahlung derartiger Abfindungen vom mehr als dem dreifachen durchschnittliche Jahresgehalt, bezogen auf die letzten fünf Jahre, durch den *Tax Reform Act of 1984*[1625] sanktioniert worden, wenngleich diese Vorschrift im Spannungsverhältnis zu einem anderen Gesetz, dem so genannten *E.R.I.S.A.*, dem *Employee Retirement Income Security Act*[1626] steht.[1627] Darüber hinaus von der Gesellschaft geleistete Abfindungszahlungen sind steuerlich nicht absetzbar und werden beim Empfänger mit zusätzlichen 20% besteuert.[1628]

6. Ausgabe besonderer Vorzugstitel - poison pill defense

Besondere Berühmtheit erlangten auch die als so genannte „Giftpillen" (*poison pills*) bezeichneten *share purchase plans*. Hierbei handelt es sich um Abwehrmaßnahmen, bei denen in der Form des genehmigten Kapitals besondere Aktien geschaffen werden, die - oft als Dividende - an die Aktionäre oder Dritte auszuschütten sind und zwar unter der aufschiebenden Bedingung, dass die durch sie vermittelten Rechte erst bei Eintritt eines bestimmten Ereignisses, zumeist der öffentlichen Abgabe eines Übernahmeangebots, initialisiert werden.[1629] Der Bieter hätte insofern im übertragenden Sinne die Giftpille zu schlucken. Insofern verteuert und erschwert diese Abwehrmaßnahme eine Übernahme, der Übernehmer hätte nämlich zudem die Vorzugsrechte zu erwerben oder der Verpflichtung aus diesen

---

[1623] Vgl. dazu Gaillard v. Natomas Co., 256 Cal. Rptr. 702, 208 Cal. App. 3d 1250 (Cal. App. 1989).

[1624] Vgl. Federal Savings & Loan Insurance Corp. v. Bass, 576 F. Supp. 848 (N.D. Del. 1983); Koenigs v. Joseph Schlitz Brewing Co., 126 Wis. 2d 349, 377 N.W.2d 593 (1985); Buckhorn, Inc., v. Ropak Corp., 656 F. Supp. 209 (S.D. Ohio 1987); Black & Decker Corp. v. American Standard, Inc., 682 F. Supp. 772 (D. Del. 1988); Kramer v. Western Pacific Industries, 546 A.2d 348, 352 ff. (Del. 1988); International Insurance Co. v. Johns, 874 F.2d 1447 (11th Cir. 1989); Worth v. Huntington Bancshares, Inc., 43 Ohio St.3d 192, 540 N.E.2d 249 (1989), Gaillard v. Natomas Co., 256 Cal. Rptr. 702, 208 Cal. App. 3d 1250 (Cal. App. 1989)

[1625] Vgl. Sections 280G and 4999, Internal Revenue Code of 1986.

[1626] 29 U.S.C.A. § 1001 et seq.

[1627] Zu diesem Spannungsverhältnis vgl. Purser v. Enron Corp., 1988 U.S. Dist. LEXIS 15516 (W.D. Pa. 1988); Firestone Tire & Rubber Co. v. Bruch, 489 U.S. 101, 109 S. Ct. 948, 103 L. Ed. 2d 80 (1989).

[1628] Vgl. Section 280G (a) IRC, vgl. auch Weisner, Verteidigungsmaßnahmen gegen unfreundliche Übernahmeversuche, 46 f.

[1629] Vgl. dazu die sehr ausführliche Darstellung bei Merkt, US-amerikanisches Gesellschaftsrecht, Rdn. 1131 ff.; vgl. auch Bungert, AG 1994, 297, 299; Choper/Coffee/Morris, Corporations, 1129 ff.; Dawson/Pence/Stone, 42 Business Lawyer (1987), 423, 423 ff.; Ebke, in Mestmäcker/Behrens, Gesellschaftsrecht der Konzerne, 279, 307; Frank/Moreland, RIW 1989, 761, 764; Gitlitz, Corporations, 209; Lehnert, Unternehmensübernahmen in den USA, 98 ff.; Lüttmann, Kontrollwechsel in Kapitalgesellschaften, 106 f. Vgl. im Übrigen hierzu die ausführliche Darstellung oben unter 2. Teil D. I. 1. c.

Rechten nachzukommen.[1630] Üblicherweise ist festgeschrieben, dass die besonderen Rechte von der Gesellschaft eingezogen werden können, wenn das *board* der Übernahme zustimmt.[1631]

Eine spezielle Variante dieser Abwehrmaßnahme, die nicht mit der Ausgabe von Rechten verbunden ist, ist die so genannte *people pill.* Hier verpflichtet sich das höhere Management der Gesellschaft vertraglich, gemeinsam das Unternehmen zu verlassen, wenn eine Person aus ihrem Kreis im Zusammenhang mit der Übernahme entlassen wird oder die Anteilseigner keinen angemessenen Preis, inklusive eines zuvor festgelegten Kursaufschlags, erhalten.[1632]

Eine weitere, der Fälligkeitsvereinbarung für die Rückzahlung von Krediten ähnliche Alternative ist die Einräumung von besonderen Rechten an Kapitalgeber und Investoren für den Fall des Eintritts einer bestimmten Bedingung, beispielsweise der Übernahme der Gesellschaft.[1633]

Die Analyse der *poison pills* erfordert eine gesonderte Betrachtung, denn obgleich die grundsätzliche Zulässigkeit der Implementierung solcher Maßnahmen heute weitgehend unumstritten ist,[1634] bleibt problematisch, unter welchen Umständen die *directors* zur Aufhebung einer solchen Maßnahme verpflichtet sind.[1635] Diese Problematik hebt sich von der Frage der Einrichtung von Abwehrmaßnahmen in systematischer Hinsicht ab, so dass bezüglich weitergehender Erörterungen von Einzelheiten an dieser Stelle auf die Ausführungen unter D. verwiesen wird.

[1630] Vgl. Choper/Eisenberg, Corporations, § 203; Knoll, Übernahme von Kapitalgesellschaften, 210 ff.; Lehnert, Unternehmensübernahmen in den USA, 98 ff.

[1631] Vgl. Lüttmann, Kontrollwechsel in Kapitalgesellschaften, 107; Scharf/Shea/Beck, Acquisitions, 249.

[1632] Vgl.dazu Knepper/Bailey, Liability of Corporate Officers and Directors, 604.

[1633] Vgl. Lüttmann, Kontrollwechsel in Kapitalgesellschaften, 107.

[1634] Vgl. Brown, 14 Delaware Journal of Corporate Law (1989), 537, 537 ff.; Hazen, Law of Securities Regulation, 667; vgl. auch Gearhart Industries, Inc. v. Smith International, Inc., 741 F.2d 707 (5th Cir. 1984); Young v. Colgate-Palmolive Co., 790 F.2d 567 (7th Cir. 1986); Harvard Indus., Inc. v. Tyson, 1986 WL 36295, [1986-87 Transfer Binder] Fed.Sec.L.Rep. (CCH) 93,064 (D.Mich. 1986); Amalgamated Sugar Co. v. NL Industries, Inc., 644 F.Supp. 1229 (S.D.N.Y. 1986); Dynamics Corp. of America v. CTS Corp., 635 F.Supp. 1174 (N.D.Ill. 1986); Newell Co. v. William E. Wright Co., 500 A.2d 974 (Del. Ch. 1985)

[1635] Vgl. dazu Moran v. Household Inernational, Inc., 500 A.2d 1346 (Del. 1985); Unocal Corp. v. Mesa Petroleum, 493, A.2d 946 (Del. 1985); Block/Barton/Radin, Business Judgment Rule, 377 ff.; Brown, 14 Delaware Journal of Corporate Law (1989), 537, 537 ff.; Clemens, 42 Business Lawyer (1987), 747, 755 f.; Dawson/Pence/Stone, 42 Business Lawyer (1987), 423, 435; Easterbrook/Fischel, Economic Structure of Corporate Law, 164 ff.; Frank/Moreland, RIW 1989, 761, 764; Helman/Junewicz, 42 Business Lawyer (1987), 771, 774; Lehnert, Unternehmensübernahmen in den USA, 100; Scharf/Shea/Beck, Acquisitions, 249 f.

C. Bundesrecht

In den USA liegt die Kompetenz zur Ausgestaltung des Gesellschaftsrechts im Grundsatz bei den Einzelstaaten.[1636] Eine gewisse, wenngleich untergeordnete Kompetenz zur Einflussnahme auch auf das Gesellschaftsrecht wird dem Bundesgesetzgeber allerdings durch die so genannte *Commerce Clause* der Bundesverfassung verliehen.[1637] Diese Norm ermächtigt den Bundesgesetzgeber bei Bedarf sowohl das auswärtige als auch das zwischenstaatliche inneramerikanische Recht zu regeln. Art. I § 8 cl. 3 der Bundesverfassung lautet:

> "The Congress shall have the Power ... [t]o regulate commerce with foreign Nations, and among the several States ..."

Diese Vorschrift gestattet es dem Bundesgesetzgeber, Einfluss auf die Ausgestaltung des Wertpapierrechts zu nehmen. Die Korrektur des bundesgesetzlichen *Securities and Exchange Act* von 1934 durch den *Williams Act* aus dem Jahre 1968 spielt vor diesem Hintergrund eine besondere Rolle auch im Hinblick auf die Normierung von Verhaltenspflichten für das sich in einer feindlichen Übernahmesituation befindende Management der Zielgesellschaft. Der *Williams Act* änderte und ergänzte den insoweit einschlägigen *Securities and Exchange Act* von 1934 durch Anfügung der §§ 13 (d), 13 (e), 14 (d), 14 (e) und 14 (f).[1638] Mit der Annahme die-

---

[1636] Vgl. CTS Corp. v. Dynamics Corp. of. America., 481 U.S. 69, 89 (1987) ("No principle of corporation law and practice is more firmly established than a State's authority to regulate domestic corporations ..."); ausführlich Conard, Corporations, 6 ff; vgl. auch Bedkowski, DAJV-NL 1998, 11, 11; vgl. weitergehend Becker, Verwaltungskontrolle, 16; Bungert, Gesellschaftsrecht in den USA, 1; Buxbaum, in Kreuzer, Haftung der Leitungsorgane, 79, 80; Ebke, in Mestmäcker/Behrens, Gesellschaftsrecht der Konzerne, 279, 286; Elsing/van Alstine, US-amerikanisches Handels- und Wirtschaftsrecht, Rdn. 12 ff.; Guntz, Treubindungen von Minderheitsaktionären, 22 ff.; Hamilton, Law of Corporations, 6 ff.; Merkt, US-amerikanisches Gesellschaftsrecht, Rdn. 147 ff.; Lehner, Verantwortlichkeit der Leitungsorgane, 17 f.; Lehnert, Unternehmensübernahmen in den USA, 25 f., 36; Nowak/Rotunda, Constitutional Law, 321 f.; Treumann/Peltzer/Kuehn, US-Amerikanisches Wirtschaftsrecht, 216, 217. Zur Kompetenzverteilung im Einzelnen vgl. Henn/Alexander, Laws of Corporations, 36 ff. Vgl. zu Kollisionsauflösungen Norlin Corp. v. Rooney, Pace, Inc., 744 F.2d 255 (2d Cir. 1984); McDermott, Inc. v. Lewis, 531 A.2d 206 (Del. 1987). Vgl. zur Erörterung einer Kompetenzverschiebung mit ablehnendem Ergebnis Romano, 57 University of Cincinnati Law Review (1988), 457, 457 ff.

[1637] Vgl. zur *Commerce Clause* weitergehend Hazen, Law of Securities Regulation, 681 ff.; Lüttmann, Kontrollwechsel in Kapitalgesellschaften, 85. Vgl. hierzu auch die ausführliche Darstellung bei Nowak/Rotunda, Constitutional Law, 131 ff, 281 ff., 319 ff. Vgl. weiter dazu Edgar v. MITE Corp., 457 U.S. 624 (1982). Vgl. auch Becker, Verwaltungskontrolle, 107 ff.; Bungert, Gesellschaftsrecht in den USA, 1; Elsing/van Alstine, US-amerikanisches Handels- und Wirtschaftsrecht, Rdn. 12 ff.

[1638] Pub.L.No. 90-439, 82 Stat. 454 (1968) hat den Securities Exchange Act von 1934 um die §§ 13 (d)-(e) und 14 (d)-(f), kodifiziert als 15 U.S.C. §§ 78m(d)-(e), 78m(d)-(e), 78n(d)-(f) (1988), ergänzt. Vgl. hierzu ergänzend Ebke, in Mestmäcker/Behrens, Gesellschaftsrecht der Konzerne, 279, 303; Note, 86 Harvard Law Review (1973), 1250, 1253; Clark, Corporate Law, 546 ff.; Hazen, Law of Securities Regulation, 602 ff.; Helmis, RIW 2001, 825, 827; Henn/Alexander, Laws of Corporations, 819 f.; Lehnert, Unternehmensübernahmen in den USA, 28 ff.; Schaaf, RIW 1985, 273, 277; Solomon/Palmiter, Corporations, 579 ff.; Treumann/Peltzer/Kuehn, US-Amerikanisches Wirtschaftsrecht, 276 f.

ses Gesetzes reagierte der Gesetzgeber auf die damals häufig zu beobachtende Praxis, Übernahmeangebote unter Verwendung von Vorgehensweisen durchzuführen, die geeignet waren, die Anteilseigner der Zielgesellschaft zu diskriminieren.[1639] Besondere Berühmtheit erlangten als so genannte *saturday night specials* bekannt gewordene Übernahmeangriffe. Mit dieser Taktik konnte der Bieter üblicherweise den Druck nutzen, dem die Anteilseigner bei überraschendem Erhalt und gleichzeitig kurzer Annahmefrist eines Übernahmeangebots regelmäßig ausgesetzt waren. Üblicherweise wurden diese Angebote an einem Freitag abgegeben und deren Annahme wurde auf den folgenden Montag befristet. Dies zwang unzureichend informierte Aktionäre aus Angst vor dem Verbleib in einer unvorteilhaften Position als Minderheitsaktionär vielfach auch zur Annahme von nach objektiver, sorgfältiger Würdigung der Sachlage unvorteilhafter Angebote.[1640]

I. Williams Act

Der *Williams Act* versucht, dieser Erscheinung mit der Statuierung von Offenlegungspflichten, Verhaltensregeln und Haftungsvorschriften Herr zu werden. Der Gesetzgebung lagen die Erfahrungen der Wertpapier-Regulierungsbehörde, der *Securities and Exchange Commission* (*SEC*),[1641] zugrunde, ohne dass eine umfassende oder gar abschließende Regelung von ihr angeregt worden war.[1642] Der *Williams Act* enthält nicht einmal eine Definition für den Begriff des öffentlichen Übernahmeangebots. Die *SEC* hält acht Faktoren für maßgeblich:[1643]

[1639] Vgl. Busch, Regelung von Übernahmeangeboten, 117 ff.; Leebron, 61 New York University Law Review (1986), 153, 158, Fn. 18; Merkt, US-amerikanisches Gesellschaftsrecht, Rdn. 1080; zur ursprünglichen Motivation der Gesetzgebungsinitiative von 1965 (Schutz der Zielgesellschaften und deren Leitung vor „white collar pirates“) vgl. 111 Cong. Rec. 28, 257 (1965). Die Besserstellung der Zielgesellschaft und deren Leitung wurde infolge nicht genügender Unterstützung der zunächst beabsichtigten Besserstellung des Managements danach mit der Herstellung der erforderlichen Chancengleichheit der Kontrahenten begründet, vgl. 113 Cong. Rec. 24, 664 (1967); vgl. hierzu auch Piper v. Chris-Craft Industries, 430 U.S. 1, 29-31 (1977); Lüttmann, Kontrollwechsel in Kapitalgesellschaften, 83 ff.

[1640] Vgl. dazu die weit reichenden und ausführlich begründeten Vorschläge de lege ferenda bei Bebchuk, 35 Stanford Law Review (1982), 23, 24 f., 35 f., 40, 46; Bebchuk, 98 Harvard Law Review (1985), 1693, 1693 ff. Vgl. weiter Hamilton, Law of Corporations, 584; Lehnert, Unternehmensübernahmen in den USA, 28; Malatesta/Thompson, 28 Journal of Financial and Quantitative Analysis (1993), 363, 363 ff.; Oesterle, 1989 Duke Law Journal, 202, 217 ff.; Olson, 47 Business Lawyer (1992), 1011, 1017; Smiley, 3 Industrial Organization Review (1975), 138, 138 ff.; zur Terminologie vgl. auch Scharf/Shea/Beck, Acquisitions, 223 („blitzkrieg“).

[1641] Zur Funktion dieser Behörde vgl. auch weitergehend Kurth, Aktionärsschutz, 80 ff.; Langhart, Rahmengesetz und Selbstregulierung, 163 ff. Zum Beitrag der SEC zur Markteffizienz vgl. auch Gordon/Kornhauser, 60 New York University Law Review (1985), 761, 810 ff. Vgl. im Zusammenhang auch weitergehend Callcott, 21 Securities Regulation Law Journal (1994), 347, 347 ff.

[1642] Vgl. SEC Rel. 16384 (1979-1980 Transfer Binder) Fed.Sec.L.Rep. (CCH) 82,373, 82,595, Fn. 31; vgl. dazu auch Busch, Regelung von Übernahmeangeboten, 113 ff.; Fabricant, 22 Journal of Corporate Law (1996), 27, 30; Van Alstine, EWS 1993, 8, 10 ff.

[1643] Vgl. Lüttmann, Kontrollwechsel in Kapitalgesellschaften, 101 f.; Merkt, US-amerikanisches Gesellschaftsrecht, Rdn. 1105; vgl. weiter Great Western United Corp. v. Kidwell, 577 F.2d 1256, 1261 n. 2 (5th Cir. 1978), *reversed on other grounds*, 99 S.Ct. 2710 (1979); Hoover v. Fuqua Industries, C. 79-1062A

- die aktive und breitgestreute Nachfrage bei den Publikumsaktionären nach Aktien eines Unternehmens;
- die Nachfrage nach einem bedeutenden Anteil der Aktien des Unternehmens;
- das Angebot zum Erwerb für einen über dem Marktwert liegenden Kurs;
- die Bedingungen des Angebots sind eher fest als verhandelbar;
- das Angebot steht unter der Bedingung des Erwerbs einer bestimmten Anzahl von Aktien, oft in der Höchstzahl begrenzt;
- das Angebot besteht lediglich für einen bestimmten Zeitraum;
- der Angebotsempfänger unterliegt einem Druck zum Verkauf seiner Aktien;
- die öffentliche Bekanntgabe eines Planes zum Kauf von Aktien der Zielgesellschaft geht einer schnellen Ansammlung einer großen Anzahl von Aktien der Zielgesellschaft voraus oder begleitet diese.

Die Gerichte bedienen sich in der Regel dieses Definitionsrahmens. Es ist allerdings zu beobachten, dass sie häufig innerhalb des Rahmens einen sehr flexiblen Umgang mit der Subsumtion pflegen und, ausgehend von den Umständen des Einzelfalls, die aufgezeigten Merkmale vielfach sehr unterschiedlich würdigen.[1644]

Die Pflichten der Beteiligten bei Übernahmeangeboten ergeben sich aus den gesetzlichen Vorschriften des *Williams Act* und den Verwaltungsvorschriften der *SEC*, die in *rules* und *schedules* enthalten sind.[1645] Hervorzuheben ist die mit dem *Williams Act* eingeführte Vorschrift des § 13 (d) des *Securities Exchange Act*, der von dem Bieter nach Erwerb einer 5%igen Beteiligung die Offenlegung seiner Identität und seiner Absichten in einer *Schedule 13D Form* verlangt.[1646] Des

---

(N.D.Ohio 1979); Kennecott Copper Corp. v. Curtiss-Wright Corp., 584 F.2d 1195, 1206 (2d Cir. 1978); Smallwood v. Pearl Brewing Co., 489 F.2d 579 (5th Cir.), *certiorari denied*, 419 U.S. 873 (1974); Cattlemen's Investment Co. v. Fears, 343 F.Supp. 1248, 1251 (W.D.Okl. 1972); vgl. auch Wellman v. Dickinson, 475 F.Supp. 783 (S.D.N.Y. 1979), *aff'd on other grounds*, 682 F.2d 355 (2d Cir. 1982), *cert. denied*, 460 U.S. 1069 (1983).

1644 Vgl. Wellman v. Dickinson, 475 F.Supp. 783 (S.D.N.Y. 1979), *affirmed on other grounds*, 682 F.2d 355 (2d Cir. 1982), *cert. denied*, 460 U.S. 1069 (1983); Hanson Trust PLC v. SCM Corp., 774 F.2d 47 (2d Cir. 1985); SEC v. Carter Hawley Hale Stores, Inc., 760 F.2d 945 (9th Cir. 1985).

1645 Vgl. dazu Bradley/Rosenzweig, 99 Harvard Law Review (1986), 1377, 1384 ff.; Ebke, in Mestmäcker/ Behrens, Gesellschaftsrecht der Konzerne, 279, 297, 305; Fischel, 57 Texas Law Review (1978), 1, 9 ff., 18 ff.; Henn/Alexander, Laws of Corporations, 813 ff.; die *SEC*-Vorschriften bestehen aus 32 *rules* und 5 *schedules*; vgl. dazu Henn/Alexander, Laws of Corporations, 815 ff. Vgl. ferner auch Hutter/ Lawrence, in von Rosen/Seifert, Übernahme börsennotierter Unternehmen, 95, 126 f.; Eth/Dicke, 1 Stanford Journal of Law, Business & Finance (1997), 97, 97 ff. Vgl. ferner auch Ewell, 96 Yale Law Journal (1987), 547, 547 ff., zur Offenlegungspflicht von Fusionsverhandlungen.

1646 Die Anzeigepflichten nach dem Williams Act werden durch den Hart-Scott-Rodino Antitrust Improvements Act von 1976 in wettbewerbsrechtlicher Hinsicht ergänzt, der dem Clayton Act, ebenfalls wettbewerbs- und kartellrechtliche Ergänzungsbestimmungen, einen neuen § 7A hinzufügte, vgl. 15 U.S.C. § 18a (1988); vgl. weitergehend Gilson, The Law and Finance of Corporate Acquisitions, 1079-1094; Clark, Corporate Law, 548 f.; Ebke, RIW 1979, 297, 297 ff.; Ebke, ZGR 1990, 50, 60 ff., 96; Ebke, in Mestmäcker/Behrens, Gesellschaftsrecht der Konzerne, 279, 304; Lüttmann, Kontrollwechsel in Kapitalgesellschaften, 99 ff.; Note, 86 Harvard Law Review (1973), 1250, 1255 f.; Solomon/Palmiter,

Weiteren verpflichtet § 14 (d) (1) den Bieter zur Mitteilung über die Laufzeit des Angebots, das Rücktrittsrecht des Bieters und der Aktionäre der Zielgesellschaft, die Verlängerung des Angebots sowie die Rechte der Aktionäre im Falle seiner Überzeichnung.[1647] Die abverlangten Informationen sind zuerst der *Securities and Exchange Commission* (*SEC*), der Zielgesellschaft und den Börsen bekannt zu geben, wenn mehr als 5 % des Aktienkapitals erworben werden sollen.[1648] Flankiert werden diese Pflichten durch die Vorschrift des § 14 (e), der eine Haftung für pflichtwidriges Verhalten begründet:

> „It shall be unlawful for any person to make any untrue statement of a material fact or omit to state any material fact necessary in order to make the statements made, in the light of the circumstances under which they are made, not misleading or to engage in any fraudulent, deceptive or manipulative acts or practices, in connection with any tender offer request or invitations for tenders, or any solicitation of security holders in opposition to or in favor of any such offer, request, or invitation."

Zu dieser Vorschrift existiert einige Rechtsprechung, welche die Tatbestandsmerkmale konkretisiert hat.[1649] Zu beachten ist zudem, dass die minimale Laufzeit für alle Übernahmeangebote von der *SEC* in *Rule* 14e-1 auf 20 Werktage festgesetzt worden ist, obgleich § 14 (d) (5) nur sieben Tage festschreibt. Nach einer Angebotserhöhung wird diese Frist um weitere zehn Tage verlängert. § 14 (d) (5) räumt

---

Corporations, 580. Vgl. weiter kritisch zu diesen Offenlegungspflichten Fischel, in Posner/ Scott, Economics of Corporation Law, 211, 211 ff. Zu den Auswirkungen des Clayton-Acts vgl. auch Wier, 11 Journal of Financial Economics (1983), 207, 207 ff.

[1647] Gemäß Schedule 14D-1 muss der Bieter seine Pläne offen legen, sofern sie alternativ eine der folgenden Auswirkungen nach sich zieht: - eine Fusion, Reorganisation oder Liquidation der Zielgesellschaft oder seiner Zweigniederlassungen; - den Verkauf eines substantiellen Teils der Zielgesellschaft; - irgendeinem Wechsel des Managements oder des board of directors; - eine substantielle Änderung der Kapitalstruktur, der Dividendenpolitik, der korporativen Struktur oder des Geschäftsbetriebs der Zielgesellschaft; - die Streichung einer Art von Wertpapieren der Zielgesellschaft von einer Liste der National Securities Exchange oder der Verlust der Handelsberechtigung im inter-dealer quotation system. Vgl. hierzu auch weitergehend Clark, Corporate Law, 549; Merkt, US-amerikanisches Gesellschaftsrecht, Rdn. 1086 ff.; Ebke, in Mestmäcker/ Behrens, Gesellschaftsrecht der Konzerne, 279, 304 f.; Lehnert, Unternehmensübernahmen in den USA, 30 f.

[1648] Vgl. Busch, Regelung von Übernahmeangeboten, 120; Henn/Alexander, Laws of Corporations, 819 f.; Ebke, in Mestmäcker/Behrens, Gesellschaftsrecht der Konzerne, 279, 304; Lüttmann, Kontrollwechsel in Kapitalgesellschaften, 99; Scharf/Shea/Beck, Acquisitions, 228; Treumann/Peltzer/Kuehn, US-Amerikanisches Wirtschaftsrecht, 276 ff.

[1649] Vgl. Electronic Specialty Co. v. International Controls Corp., 409 F.2d 937, 946 (2d Cir. 1969); Piper v. Chris-Craft Indus., 430 U.S. 1, 35-37; Flynn v. Bass Bros. Enterprises, Inc., 456 F.Supp. 484, 489-90 (E.D.Pa. 1978); Schreiber v. Burlington Northern, Inc., 472 U.S. 1, 12 (1985). Vgl. auch Clark, Corporate Law, 564 ff. m.w.N.; Note, 97 Harvard Law Review (1984), 1964, 1980 ff.; Scharf/Shea/Beck, Acquisitions, 232; Van Alstine, EWS 1993, 8, 12; weitergehend auch Lüttmann, Kontrollwechsel in Kapitalgesellschaften, 99 ff.

den Aktionären der Zielgesellschaft nur eine siebentägige Rücktrittsfrist ein, die von der *SEC* aber mit *Rule* 14d-7 auf die Gesamtlaufzeit des Übernahmeangebots erweitert wurde. Auch *Rule* 14d-8 geht über den Wortlaut des § 14 (d) (6) hinaus und gewährt den Aktionären der Zielgesellschaft bei Teilangeboten des Bieters das Recht auf anteilige Abnahme ihrer Aktien für die gesamte Laufzeit des Angebots. Beachtenswert ist ebenso die Pflicht zur Gleichbehandlung aller Aktionäre. Nach der 1986 erlassenen *Rule* 14d-10 ist ein inhaltsgleiches Angebot an alle Inhaber der von ihm erfassten Wertpapierkategorie zu richten ("*all holders rule*"). Diese Vorschrift berechtigt die Aktionäre auch zur Erlangung des höchsten angebotenen Preises ("*best price rule*").

Der *Williams Act* kennt kein Zwangsübernahmeangebot. *Rule* 10b-13 enthält aber ein Umgehungsverbot, das es dem Bieter, der ein öffentliches Übernahmeangebot abgegeben hat, untersagt, Aktien der Zielgesellschaft auf anderem Wege zu erwerben. Damit reagierte der Gesetzgeber auf die Ende der achtziger Jahre beliebte Taktik des "*street sweep*".[1650] Dabei erwarb der Bieter während oder kurz nach Ende der Laufzeit des Übernahmeangebots hiervon erfasste Aktien der Zielgesellschaft von Arbitrageuren. Dies geschah gegen Bezahlung eines höheren Zuschlags, aus dem die Aktionäre keinen Gewinn ziehen konnten.

Herausgestellt werden sollen nicht zuletzt die Verhaltenspflichten, die der *Williams Act* für die Geschäftsführung der Zielgesellschaft begründet. Beachtet werden muss insoweit allerdings, dass Zulässigkeit und Inhalt von Abwehrmaßnahmen gegen feindliche Übernahmevorhaben keine Regelung fanden, denn die Befugnis zur gesetzlichen Regelung von Fragen der Unternehmensorganisation („*internal affairs*") ist - wie bereits angesprochen - den Gesetzgebern der Einzelstaaten zugewiesen. Eine entsprechend größere Bedeutung fällt deshalb den Offenlegungs- und Informationspflichten zu, die für die Unternehmensleitung der Zielgesellschaft festgeschrieben wurden. *Rule* 14e-2 verpflichtet die *directors* zur Abgabe einer begründeten Stellungnahme zu dem Übernahmeangebot gegenüber den Anteilseignern innerhalb von zehn Werktagen nach dessen Bekanntgabe. Den *directors* einer Zielgesellschaft stehen dabei drei Varianten offen.[1651] Zunächst sind sie berechtigt, eine Empfehlung zur Annahme oder Ablehnung auszusprechen, von einer Empfehlung Abstand zu nehmen und eine neutrale Position gegenüber dem Angebot einzunehmen oder auf die Unmögichkeit der Abgabe einer Stellungnahme zum gegebenen Zeitpunkt zu verweisen. *Rule* 14d-9 verbietet es den *directors* einer Zielgesellschaft, eine Empfehlung gegenüber den Aktionären abzugeben, ohne sowohl der *SEC* als auch dem Bieter sowie jedem US-amerikanischen Wertpapiermarkt, an

[1650] Vgl. dazu Wellman v. Dickinson, 475 F.Supp. 783 (S.D.N.Y. 1979), *aff'd on other grounds*, 682 F.2d 355 (2d Cir. 1982), *cert. denied*, 460 U.S. 1069 (1983); Lehnert, Unternehmensübernahmen in den USA, 31; Lipton, 136 Pennsylvania University Law Review (1987), 1, 17; Oesterle, 1989 Duke Law Journal, 202, 202 ff.

[1651] Vgl. Rule 14e-2, 17 C.F.R. § 240.14d-9 (1989). Eine Ausnahme hiervon stellen nach Rule 14d-9(e) die so genannten "stop, look and listen"-Mitteilungen dar, in welchen die directors der Zielgesellschaft den Aktionären empfehlen, bis zur Abgabe ihrer Stellungnahme zum Angebot nichts zu unternehmen.

dem die betroffenen Aktien der Zielgesellschaft notiert sind, eine Stellungnahme, ein "*Tender Offer Solicitation/ Recommendation Statement*" nach *Schedule* 14D-9, zuzuleiten. Die *Schedule* 14D-9 *Form* ist im Falle des Auftretens neuer Ereignisse gemäß *Rule* 14d-9(b) zu ergänzen. Insbesondere wird im Zusammenhang mit einem Übernahmevorhaben die Offenlegung von Verhandlungen der Zielgesellschaft über Transaktionen vorgeschrieben, die eine Fusion, einen Verkauf von substantiellen Vermögenswerten, den Erwerb von Wertpapieren oder die Änderung der Kapitalstruktur der Zielgesellschaft zur Folge haben könnten. Nach einer jüngeren Entscheidung des Obersten Bundesgerichts müssen die *directors* dagegen grundsätzlich nicht zu Berichten oder Gerüchten über eine bevorstehende Fusion öffentlich Rechenschaft ablegen, sondern können sich auf eine „*no comment*" Erklärung beschränken.[1652] Durch den *Williams Act* und die *SEC*-Vorschriften wird mithin eine Verzögerung des Übernahmevorgangs durch die Einräumung von bestimmten Fristen gewährleistet, die übereilten Entscheidungen der Anteilseigner vorbeugen und dem Management eine Überprüfung des Angebots und eine Stellungnahme ermöglichen.

Besonders geregelt wurde von der *SEC* im Übrigen der Rückkauf eigener Aktien („*issuer-*" bzw. „*self-tender offer*"). Nach *Rule* 13e-1 muss ein so genanntes „*disclosure statement*" bei der *SEC* hinterlegt und den Aktionären zur Einsichtnahme bereitgestellt werden. Sofern die Zielgesellschaft sich zur Abgabe eines öffentlichen Rückkaufangebots bereitfindet, ist sie zur Befolgung der im Jahre 1986 von der *SEC* angepassten *Rule* 13e-4 verpflichtet. Diese Vorschrift entspricht ihrer Struktur nach den auf der Grundlage der §§ 14(d) und (e) des *Securities Exchange Act* von 1934 erlassenen Verordnungen. Sie ist ihnen nachgebildet. Insbesondere ist die Zielgesellschaft gemäß *Rule* 13e-4(f)(8) zur Einhaltung der "*all holders*"- und der "*best price*"- Regel verpflichtet. Mit dieser Regelung wir nunmehr ein selektiver Rückkauf eigener Aktien unter Ausschluss des Bieters im Rahmen eines öffentlichen Angebots verhindert, obgleich ein solches Vorgehen von dem Obersten Gerichtshof des Staates Delaware in der Unocal-Entscheidung[1653] noch für zulässig gehalten wurde.[1654]

II. Rechtsprechung

In den Vereinigten Staaten ist den Bundesgerichten die Rechtsprechungskompetenz für Streitigkeiten zuerkannt, bei denen es maßgeblich um die Anwendung und Auslegung von Bundesrecht geht.[1655] Bei Streitigkeiten im gesellschaftsrechtlichen

[1652] Vgl. Basic, Inc. v. Levinson, 485 U.S. 224, 241-247 (1988). Vgl. dazu auch Brountas, 92 Columbia Law Review (1992), 1517, 1517 ff.; Ebke, in Mestmäcker/Behrens, Gesellschaftsrecht der Konzerne, 279, 311.

[1653] Unocal Corp. v. Mesa Petroleum Co., 493 A.2d 946 (Del. 1985).

[1654] Vgl. dazu ausgiebig Bradley/Rosenzweig, 99 Harvard Law Review (1986), 1377, 1377 ff.

[1655] Vgl. Ebke, in Mestmäcker/Behrens, Gesellschaftsrecht der Konzerne, 279, 289; Elsing/van Alstine, US-amerikanisches Handels- und Wirtschaftsrecht, Rdn. 25 ff.

Bereich handelt es sich - wie bereits zuvor ausgeführt - um einzelstaatliches Recht.[1656] Insofern liegt die Kompetenz bei den jeweiligen Gerichten der Bundesstaaten.[1657] Lediglich aus der *Commerce Clause* und anderen verfassungs- oder kapitalmarktrechtlichen Vorschriften kann sich eine ausschließliche,[1658] alternative oder konkurrierende[1659] Zuständigkeit von Bundesgerichten ergeben.[1660] Darüber hinaus ist eine Kompetenz eines Bundesgerichts - aus Prozessökonomischen Gründen - nur dann gegeben, wenn bei der Beurteilung von nach Bundesrecht geltend gemachten Ansprüchen auch über nach einzelstaatlichen Vorschriften zu beurteilende Forderungen mitentschieden werden kann.[1661] Auch in den Fällen, in denen Bundesgerichte entschieden haben und entscheiden, geht es im hier betroffenen Rechtsbereich jedoch um gesellschaftsrechtliche Streitfragen, die der Systematik des US-amerikanischen Rechts entsprechend einzelstaatlicher Kompetenz zugeordnet sind[1662] und die auch an dieser Stelle dem einzelstaatlichen Recht untergeordnet werden sollen. Insofern wird auf die nachfolgenden Ausführungen verwiesen.

D. Einzelstaatliches Recht

Maßgebend für die Ausformung des Gesellschaftsrechts insbesondere der internen Angelegenheiten („*internal affairs*") von Unternehmen ist - wie bereits aufgezeigt - das Recht der Einzelstaaten.[1663] Der *United States Supreme Court* begründete dies wie folgt:

[1656] Vgl. dazu ausführlich unten unter D.

[1657] Vgl. Benckendorff, Erwerb eigener Aktien, 100; Hazen, Law of Securities Regulation, 664; Steindl, US-Board und Aufsichtsrat, 31. Vgl. weiter In re United States Shoe Corp. Litigation, 718 F.Supp. 643 (S.D.Ohio 1989).

[1658] Vgl. Knoll, Übernahme von Kapitalgesellschaften, 46 f.

[1659] Das Konkurrenzverhältnis bemisst sich nach den Vorschriften der *diversity jurisdiction*, vgl. näher Ebke, in Mestmäcker/Behrens, Gesellschaftsrecht der Konzerne, 279, 289.

[1660] Vgl. Elsing/van Alstine, US-amerikanisches Handels- und Wirtschaftsrecht, Rdn. 25 ff.

[1661] So genannte „pendent juristiction", vgl. Panter v. Marshall Field & Co., 646 F.2d 271 (7th Cir. 1981); United Mine Workers v. Gibbs, 383 U.S. 715, 725 (1966); Klaxon Co. v. Stentor Elec. MfG., 313 U.S. 487, 496-497; Erie R.R. v. Tomkins, 304 U.S. 64, 73 (1938), nach der Ansprüche infolge bundesrechtlicher Vorschriften behauptet werden können, so dass die Streitigkeit vor einem nach Einschätzung des Anspruchstellers wohlwollenderen Gericht ausgetragen wird, vgl. dazu Panter v. Marshall Field & Co., 646 F.2d 271 (7th Cir. 1981) und Schreiber v. Burlington Northern, Inc., 472 U.S. 1, 11, 12 (1985), letztere mit Ablehnung der bundesgerichtlichen Zuständigkeit, begründet durch die Gesetzgebungshistorie. Vgl. im Übrigen auch Ebke, in Mestmäcker/Behrens, Gesellschaftsrecht der Konzerne, 279, 289.

[1662] Vgl. zur Abgrenzung weiter Ebke, in Mestmäcker/Behrens, Gesellschaftsrecht der Konzerne, 279, 286.

[1663] Vgl. dazu die Ausführungen unter C.

„The internal affairs doctrine is a conflict of laws principle which recognizes that only the State should have the authority to regulate a corporation's internal affairs - matters peculiar to the relationships among or between the corporation and its current officers, directors, and shareholders - because otherwise a corporation could be faced with conflicting demands.“[1664]

Das einzelstaatliche Recht besteht aus gesetzlichen Vorschriften und der einzelstaatlichen Rechtsprechung, denen jeweils staatenübergreifende Bedeutung durch kollisionsrechtliche Regelungen zukommt.

Verschiedene Staaten hatten bereits in der Zeit vor 1982 gesetzliche Bestimmungen zur Regelung von Übernahmen geschaffen.[1665] Diese Vorschriften von insgesamt 37 Staaten wurden weithin als unwirksam angesehen,[1666] nachdem der *United States Supreme Court* in dem Rechtstreit Edgar v. Mite Corporation[1667] das *Illinois anti-takeover statute*, die gesetzliche Regelung des Bundesstaates Illinois, für verfassungswidrig erklärt hatte, weil der zwischenstaatliche Handel beeinträchtigt würde und der Gegenstand bereits durch Bundesvorschriften positivgesetzlich geregelt sei.[1668] Demnach hatte es den Anschein, als ob den Bundesstaaten die konkurrierende Gesetzgebungskompetenz nicht (mehr) zustünde, weil der Bund

[1664] Edgar v. Mite Corp., 457 U.S. 624, 645 (1982).

[1665] Vgl. zur Entwicklung derartiger Regelungen weitergehend Clark, Corporate Law, 568 ff.; Greene, 69 Texas Law Review (1991), 1539, 1557 ff.; Jarrell/Bradley, 23 Journal of Law and Economics (1980), 371, 377 ff.; vgl. auch Busch, Regelung von Übernahmeangeboten, 131 ff.; Chandy/Foster/Braswell/Poe, 32 American Business Law Journal (1995), 399, 403 ff.; Merkt, US-amerikanisches Gesellschaftsrecht, Rdn. 1113; Ebke, in Mestmäcker/Behrens, Gesellschaftsrecht der Konzerne, 279, 309; Kurth, Aktionärsschutz, 33 f.; Lehnert, Unternehmensübernahmen in den USA, 32 ff.; Romano, 57 University of Cincinnati Law Review (1988), 457, 457 f.; Smiley, 19 Economic Inquiry (1981), 426, 426 ff.; Solomon/Palmiter, Corporations, 612; Weisner, Verteidigungsmaßnahmen gegen unfreundliche Übernahmeversuche, 47 ff.; Wilner/Landy, 45 Fordham Law Review (1976), 1, 1 ff. Zur Entwicklung und aktuellen Gesamtschau der einzelstaatlichen Vorschriften vgl. Hecht, 66 Fordham Law Review (1997), 931, 931 ff.

[1666] Vgl. dazu weitergehend Hazen, Law of Securities Regulation, 670, mit der Auflistung dieser Vorschriften aller Staaten; vgl. auch Bebchuk/Ferrell, 99 Columbia Law Review (1999), 1168, 1179; Clark, Corporate Law, 570; Hackl/Testani, 97 Yale Law Journal (1988), 1193, 1196 f.; Karpoff/Malatesta, 25 Journal of Finance (1989), 291, 291; Merkt, US-amerikanisches Gesellschaftsrecht, Rdn. 1113; Romano, 57 University of Cincinnati Law Review (1988), 457, 457 f.; Solomon/Palmiter, Corporations, 612.

[1667] Edgar v. Mite Corp., 457 U.S. 624, 102 S. Ct. 2629, 73 L. Ed. 2d 269 (1982); ausführlich in diesem Zusammenhang besprochen bei Ebenroth/Eyles, RIW 1988, 413, 419 f.; Hazen, Law of Securities Regulation, 685 ff. Vgl. in diesem Zusammenhang auch schon Pike v. Bruce Church, Inc., 397 U.S. 137, 142 (1970).

[1668] Vgl. zu diesem Zusammenhang Chandy/Foster/Braswell/Poe, 32 American Business Law Journal (1995), 399, 406 ff.; Ebke, in Mestmäcker/Behrens, Gesellschaftsrecht der Konzerne, 279, 309; Ebke/Berlstein, RIW 1979, 594, 594 ff.; Garvey/Hanka, 54 Journal of Finance (1999), 519, 521 f.; Solomon/Palmiter, Corporations, 612. Zu diesen positivgesetzlich geregelten Bundesvorschriften vgl. die federal securities law regulation of tender offers im Williams Act. Vgl. dazu auch bereits Wilner/Landy, 45 Fordham Law Review (1976), 1, 1 ff. Vgl. weiter eingehend Prentice, 1988 Columbia Business Law Review, 1, 13 ff.; Scharf/Shea/Beck, Acquisitions, 233 f.

diesen Rechtsbereich durch die Ausgestaltung des Wertpapierrechts im Wege der Kompetenzzuweisung durch die *Commerce Clause* der Verfassung mitgeregelt hatte.[1669]

Nach dem Urteil erließen verschiedene Staaten dennoch neue Gesetze zum Schutz vor feindlichen Übernahmen (*second generation takeover statutes*),[1670] von deren Verfassungsmäßigkeit sie nach Abstimmung mit den Gründen des vorerwähnten Urteils ausgingen.[1671] Gleichwohl haben in der Folgezeit untere bundesstaatliche Gerichte auch diese Bestimmungen aus denselben Gründen als verfassungswidrig angesehen.[1672] Aus diesem Grund wurde von Bieterseite bis auf die bundesgesetzlichen Offenlegungspflichten und Zeitvorgaben ein großer rechtlicher Freiraum für die Durchführung von Übernahmen angenommen.[1673] Viele Gesellschaften führten vorbeugend Satzungsbestimmungen übernahmeabwehrenden Charakters ein.[1674] Diese Bestimmungen wurden weit überwiegend von den *directors* empfohlen oder genehmigt und begründeten deshalb und wegen des daraus mutmaßlich resultierenden persönlichen Vorteils die Gefahr der persönlichen Haftung.[1675]

[1669] Vgl. Merkt, US-amerikanisches Gesellschaftsrecht, Rdn. 1113; vgl. auch Hyde Park Partners, L.P. v. Connolly, 839 F.2d 837 (1st Cir. 1988); L.P.Acquisitions Co. v. Tyson, 772 F.2d 201 (6th Cir. 1985); Cardiff Acqusitions, Inc. v. Hatch, 751 F.2d 906 (8th Cir. 1984); Telvest, Inc. v. Bradshaw, 697 F.2d 576 (4th Cir. 1983); Mesa Petroleum Co. v. Cities Service Co., 715 F.2d 1425 (10th Cir. 1983); Sharon Steel Corp. v. Whaland, 466 A.2d 919 (N.H. 1983).

[1670] Vgl. Busch, Regelung von Übernahmeangeboten, 131 ff.; Ebenroth/Eyles, RIW 1988, 413, 413; Greene, 69 Texas Law Review (1991), 1539, 1559; Hackl/Testani, 97 Yale Law Journal (1988), 1193, 1193 ff.; Hazen, Law of Securities Regulation, 675 ff.; Merkt, US-amerikanisches Gesellschaftsrecht, Rdn. 1114; Hazen, 23 Wake Forest Law Review (1989), 77, 80; Block/Barton/Roth, 13 Securities Regulation Law Journal (1985/86), 332, 332 ff.; Brainbridge, 90 Dickinson Law Review (1985/86), 731, 731 ff.; Ebke, in Mestmäcker/Behrens, Gesellschaftsrecht der Konzerne, 279, 309; Grundfest, 45 Stanford Law Review (1993), 857, 861; Karpoff/Malatesta, 25 Journal of Finance (1989), 291, 291 ff.; Prentice, 1988 Columbia Business Law Review, 1, 22 ff.; Romano, 57 University of Cincinnati Law Review (1988), 457, 457 ff.; Solomon/Palmiter, Corporations, 612 f.; Wouters, Common Market Law Review 1993, 267, 272. Zu den Gründen dieser Gesetzgebungswelle (eher Erweiterung des Schutzbereichs der stakeholder) vgl. weitergehend Lüttmann, Kontrollwechsel in Kapitalgesellschaften, 85 ff.

[1671] Vgl. Ebke, in Mestmäcker/Behrens, Gesellschaftsrecht der Konzerne, 279, 309; Karpoff/Malatesta, 25 Journal of Finance (1989), 291, 291 ff.; Krause, WM 1996, 893, 848 f.; Lehnert, Unternehmensübernahmen in den USA, 34 f.; Merkt, US-amerikanisches Gesellschaftsrecht, Rdn. 1114; Romano, 73 Virginia Law Review (1987), 111, 113 ff.; Weisner, Verteidigungsmaßnahmen gegen unfreundliche Übernahmeversuche, 49.

[1672] Vgl. beispielsweise Mesa Petroleum Co. v. Cities Serv. Co., 715 F.2d 1425 (10th Cir. 1983) und Telvest v. Bradshaw, 697 F.2d 576 (4th Cir. 1983).

[1673] Vgl. Knoll, Die Übernahme von Kapitalgesellschaften, 46 ff.

[1674] Vgl. Bank of New York Co., Inc. v. Irving Bank Corporation, 528 N.Y.S.2d 482, 485 (N.Y.Sup.Ct. 1988); Invacare Corporation v. Healthdyne Technologies, Inc., 968 F.Supp. 1578 (N.D.Ga. 1997); Carmody v. Toll Brothers, Inc. et al., C.A. No. 15983 (Del. Ch., July 24, 1998); AMP, Inc. v. Allied Signal, Inc., C.A. No. 98-4405 (E.D.Pa. Oct. 8, 1998); Mentor Graphics Corporation v. Quickturn Design Systems, Inc., C.A. No. 16584 (Del. Ch. Oct. 9, 1998, Dec. 2, 1998), expedited appeal (Del. 1998).

[1675] Vgl. DeAngelo/Rice, 11 Journal of Financial Economics (1983), 329, 332 ff.

In einer vor diesem Hintergrund überraschenden Entscheidung in dem Rechtstreit CTS Corporation v. Dynamics Corporation of America[1676] entschied der *U.S. Supreme Court* 1987, dass eines der einzelstaatlich neu erlassenen Gesetze, nämlich der *Indiana Control Share Acquisition Act* von 1986, verfassungsgemäß sei.[1677] Dieses Gesetz bestimmt, dass ein Erwerber jeweils bei Überschreiten der 20 %-, 33 1/3 %-, oder 50 %-Grenze an einer im Bundesstaat Indiana inkorporierten Gesellschaft für die Stimmrechtsausübung der neu erworbenen Anteile die Zustimmung der Mehrheit der übrigen Anteilseigner benötigt.[1678] Die *statutes* stünden dem *Williams Act* nicht entgegen und beschränkten auch den Wirtschaftsverkehr zwischen den Staaten nur unerheblich.[1679] In der ersten darauf folgenden *Federal Appeal Court*-Entscheidung ist die bundesstaatliche Regelung Wisconsins als verfassungsgemäß bestätigt worden.[1680] Die Regelung gilt als streng übernahmefeindlich.[1681] Sie sieht vor, dass ein Übernehmer drei Jahre nach dem Erwerb mit der Durchführung einer Fusionierung oder der Übertragung von mehr als 5 % eines Unternehmensteils an sich zu warten hat, wenn nicht zuvor vom *board* der Zielgesellschaft das Einverständnis mit der Übernahme erklärt worden ist.[1682] Im Gegensatz zur Bestimmung in Delaware hat dies auch zu gelten, wenn der Übernehmer mehr als 85 % der Zielgesellschaftsanteile erwirbt.[1683]

Nach diesen Entscheidungen wurden einzelstaatliche Gesetze weitgehend als verfassungskonform und damit als wirksam angesehen.[1684] Verschiedene Staaten, unter ihnen Pennsylvania, Massachusetts und Ohio, erließen im Vertrauen auf die Verfassungskonformität ebenfalls vergleichsweise übernahmefeindliche Gesetze, so

---

[1676] CTS Corp. v. Dynamics Corp. of America, 481 U.S. 69, 107 S.Ct. 1637, 95 L. Ed. 2d 67 (1987).

[1677] Vgl. CTS Corp. v. Dynamics Corp. of America, 481 U.S. 69, 89, 107 S.Ct. 1637, 95 L. Ed. 2d 67 (1987): „... No principle of corporate law and practice is more firmly established than a state's authority to regulate domestic corporations, including the authority to define the voting rights of shareholders ...". Vgl. weiter Chandy/Foster/Braswell/Poe, 32 American Business Law Journal (1995), 399, 409 ff.; Orts, 61 George Washington Law Review (1992), 14, 50 ff.; Prentice, 1988 Columbia Business Law Review, 1, 30 ff.; Scharf/Shea/Beck, Acquisitions, 234.

[1678] Vgl. dazu weitergehend Hackl/Testani, 97 Yale Law Journal (1988), 1193, 1204 f.; Krause, WM 1996, 845, 848 f.; Lüttmann, Kontrollwechsel in Kapitalgesellschaften, 90 ff.; Scharf/Shea/Beck, Acquisitions, 234; vgl. auch zu diesen so genannten Control Share Acquisition Statutes Bachmann, Mehrstufige Übernahmen, 45 f.; Merkt, US-amerikanisches Gesellschaftsrecht, Rdn. 1118 ff.

[1679] Vgl. CTS Corp. v. Dynamics Corp. of America, 481 U.S. 69, 91, 107 S.Ct. 1637, 95 L. Ed. 2d 67 (1987); vgl. auch Ebenroth/Eyles, RIW 1988, 413, 420 f.; Scharf/Shea/Beck, Acquisitions, 234.

[1680] Vgl. Amanda Acquisition Corp. v. Universal Foods Corp., 877 F.2d 496 (7th Cir.), *cert. denied*, 110 S. Ct. 366 (1989). Vgl. dazu auch Scharf/Shea/Beck, Acquisitions, 235.

[1681] Vgl. Johnson/Millon, 87 Michigan Law Review (1989), 846, 851 f.; Lüttmann, Kontrollwechsel in Kapitalgesellschaften, 90 ff.

[1682] Vgl. CTS Corp. v. Dynamics Corp. of America, 481 U.S. 69, 89 ff., 107 S.Ct. 1637, 95 L. Ed. 2d 67 (1987).

[1683] Vgl. CTS Corp. v. Dynamics Corp. of America, 481 U.S. 69, 89 ff., 107 S.Ct. 1637, 95 L. Ed. 2d 67 (1987). Zur Bestimmung in Delaware vgl. weitergehend Ebenroth/Eyles, RIW 1988, 413, 421 f.

[1684] Vgl. Ebke, in Mestmäcker/Behrens, Gesellschaftsrecht der Konzerne, 279, 310; Prentice, 1988 Columbia Business Law Review, 1, 63 ff. Zur Verfassungsgemäßheit derartiger Gesetze vgl. auch Bachmann, Mehrstufige Übernahmen, 46; Ebenroth/Eyles, RIW 1988, 413, 423.

genannte *third generation takeover statutes*, die es einem Bieter bei Erwerb eines Mindestanteils des Kapitals einer Zielgesellschaft - zumeist in Höhe von 10 % - hinaus für drei bis fünf Jahre untersagen, Fusionen durchzuführen oder andere geschäftliche Verflechtungen einzurichten.[1685] Insgesamt hatten bis Mitte 1995 bereits 42 Einzelstaaten *anti-takeover*-Gesetze erlassen.[1686] Seit dem Erlass der *second generation statutes* ist von verschiedenen unteren Gerichten über deren Verfassungskonformität mit unterschiedlichen Ergebnissen - weitgehend in Abhängigkeit von der Regelungsweite und dem Grad der Beeinträchtigung der Vorschriften für Übernahmen - entschieden worden.[1687]

Die einzelstaatlichen Vorschriften der so genannten zweiten und dritten Generation weisen unterschiedliche Regelungsgehalte auf,[1688] die im Folgenden systematisch dargestellt werden. Dabei schließt das Gesellschaftsrecht der meisten Bundesstaaten an einen Modellentwurf an, welcher von der US-amerikanischen Rechtsanwaltsvereinigung (*American Bar Association*) ausgearbeitet und im Jahre 1984 den Gesetzgebern der einzelnen Bundesstaaten zur Prüfung vorgelegt worden ist. Dieser so genannte *Revised Business Model Corporation Act* (*RBMCA*) wurde jedoch nicht vollständig in das Recht der für die Entwicklung des Gesellschaftsrechts besonders

---

[1685] Vgl. Clark, Corporate Law, 570 f.; McDaniel, 89 Dickinson Law Review (1984/85), 401, 401 ff.; Hackl/Testani, 97 Yale Law Journal (1988), 1193, 1207 f.; Hecht, 66 Fordham Law Review (1997), 931, 943 ff.; Helmis, RIW 2001, 825, 832; Paefgen, AG 1991, 41, 41 ff.; vgl. auch Comment, 19 Stetson Law Review (1990), 581, 581 ff.; Karpoff/Malatesta, 25 Journal of Finance (1989), 291, 291 ff.; Solomon/Palmiter, Corporations, 613 ff.; Szewczyk/Tsetsekos, 31 Journal of Financial Economics (1992), 3, 3 ff.

[1686] Vgl. Neuwirth, 145 University of Pennsylvania Law Review (1996), 423, 432. Vgl. weiter Romano, 57 University of Cincinnati Law Review (1988), 457, 457, Fn. 11, nach der eine Kausalität zwischen konkreten Übernahmeversuchen und Gesetzgebung als gegeben anzusehen ist. Vgl. auch Greene, 69 Texas Law Review (1991), 1539, 1563; Lüttmann, Kontrollwechsel in Kapitalgesellschaften, 87. Vgl. dazu weiter auch Hanks, 43 Business Lawyer (1988), 1207, 1209, mit Blick auf die Haftungsbeschränkung bei den directors.

[1687] Als verfassungswidrig beurteilt: Oklahoma (TLX Acquisition Corp. v. Telex Corp., 679 F. Supp. 1022 (W.D. Oklahoma 1987)), Nevada (Batus, Inc. v.McKay, 684 F. Supp. 637 (D. Nevada, 1988)), Ohio (Campeau Corp. v. Federated Department Stores, 679 F. Supp. 735 (S.D. Ohio 1988) - vgl. dazu auch Kaplan, 25 Journal of Financial Economics (1989), 191, 191 ff., Wisconsin (RTE Corp. v. Mark IV Industries, Fed. Sec. L. Rep. (CCH) 93,789 (E.D. Wisconsin, 1988); Amanda Acquisition Corp. v. Universal Foods Corp., 708 F. Supp. 984 (E.D. Wisconsin), *aff'd on other grounds*, 877 F.2d 496 (7th Cir. 1989)), Massachusetts (Hyde Park Ptns. v. Connolly, 839 F.2d 837 (1st Cir. 1988)), Florida (Grand Metro. v. Butterworth, Case No. 88-40317 (M.D. Florida, 1988)), als verfassungsgemäß angesehen: Delaware (City Capital Associates v. Interco, Inc., 696 F. Supp. 1551 (D. Del.), *aff'd*, 860 F.2d 60 (3d Cir. 1988); BNS, Inc. v. Koppers Co., 683 F. Supp. 485 (D. Del. 1988); RP Acquisitions Corp. v. Staley Continental, Inc., 686 F. Supp. 476 (D. Del. 1988)), Ohio (Veere, Inc. v. Firestone Tire & Rubber Co., 685 F. Supp. 1027 (N.D. Ohio 1988)), Georgia (West Point-Pepperell, Inc. v. Farley, Inc., 711 F. Supp. 1096 (N.D. Ga. 1989)), Maryland (Realty Acquisition Corp. v. Property Trust of America, Fed. Sec. L. Rep. (CCH) 95,245 (D. Md. 1989)), New York (Vernitron Corp. v. Kollmorgen Corp., Case No. 89-0241 (S.D.N.Y. 1989)); Virginia (WLR Foods, Inc. v. Tyson Foods, Inc., 65 F.3d 1172 (4th Cir. 1995)).

[1688] Vgl. Busch, Regelung von Übernahmeangeboten, 132 ff.; Hanks, 43 Business Lawyer (1988), 1207, 1210; Hazen, Law of Securities Regulation, 672; Lehnert, Unternehmensübernahmen in den USA, 32 ff.; Lüttmann, Kontrollwechsel in Kapitalgesellschaften, 87 ff.; Prentice, 1988 Columbia Business Law Review, 1, 22 ff. Zur Unterschiedlichkeit einzelstaatlicher Vorschriften vgl. auch Becker, Verwaltungskontrolle, 16; Block/Barton/Roth, 13 Securities Regulation Law Journal (1985/86), 332, 332 ff.

wichtigen Staaten Delaware,[1689] Kalifornien[1690] und New York[1691] transferiert. Dennoch kann beobachtet werden, dass auch das Gesellschaftsrecht dieser Staaten sich vielfach an den Regelungsinhalt des Modellgesetzes anlehnt.[1692] In den Gesetzen einiger Staaten sind die nachfolgend einzeln aufgeführten Regelungsbereiche kumulativ aufgenommen.[1693] Der Regelungsinhalt unterscheidet sich zudem dadurch, dass entweder Berechtigungen zugunsten der *directors* ausgesprochen werden, von denen sie Gebrauch machen können, aber nicht müssen, oder aber Verpflichtungen zur Berücksichtigung definierter Interessen begründet werden. Demnach modifizieren und erweitern die so genannten *stakeholder rules* der Einzelstaaten die im Übrigen ausschließlich auf das Interesse des Unternehmens und der Anteilseigner ausgerichteten Verhaltenspflichten und -rechte der Unternehmensleitung.[1694]

Als maßgebliches Korrektiv für Geschäftsführungsmaßnahmen des Managements dienen nach dem Recht der US-amerikanischen Bundesstaaten besondere Treue- und Sorgfaltspflichten, welche auf die insoweit einschlägigen *statutes* und damit auch auf den *RBMCA* zurückgehen, und die häufig von der Rechtsprechung in Form von *case law* fortentwickelt wurden.

Von besonderer Bedeutung für die Entwicklung des Gesellschaftsrechts in den USA ist die Rechtsprechung und die Gesetzgebung des Staates Delaware,[1695] die in

---

[1689] Delaware General Corporation Law (Del.Gen.Corp.L.) kodifiziert als Del. Code Ann. tit. 8 (1983), vgl. dazu Jahera/Pugh, 7 Journal of Law, Economics, & Organization (1991), 410, 410 ff.

[1690] California General Corporation Law (Cal.Gen.Corp.L.) (West 1990).

[1691] New York Business Corporation Law (N.Y.Bus.Corp.L.) (McKinney 1986). Vgl. dazu weiter auch Schumann, 19 RAND Journal of Economics (1988), 557, 557 ff.

[1692] Zur Rechtsnatur des RBMCA vgl. Ribstein, 61 George Washington Law Review (1993), 984, 1010 f.

[1693] Als Gewinner des race to the bottom, dem Rennen um den Wettbewerb der Inkorporationen zum Nachteil der Anteilseigner, ist Pennsylvania anzusehen, vgl. dazu Paefgen, AG 1991, 41, 41 ff.; Chittur, 10 Delaware Journal of Corporate Law (1985), 505, 527; Lüttmann, Kontrollwechsel in Kapitalgesellschaften, 87 f.; Sommer, 16 Delaware Journal of Corporate Law (1991), 33, 40 f.; New York Times vom 20. Juli 1990, 1.

[1694] Vgl. dazu Neuwirth, 145 University of Pennsylania Law Review (1996), 423, 431; Orts, 61 George Washington Law Review (1992), 14, 24 f.; Lehnert, Unternehmensübernahmen in den USA, 32 ff.; Lüttmann, Kontrollwechsel in Kapitalgesellschaften, 88; Sommer, 16 Delaware Journal of Corporate Law (1991), 33, 55 f.; Weisner, Verteidigungsmaßnahmen gegen unfreundliche Übernahmeversuche, 50 ff., 120 ff.; Wouters, Common Market Law Review 1993, 267, 300; Norfolk Southern Corporation v. Conrail, Inc. C.A. No. 96-CU-7167 (E.D. Nov. 19, 1996/Dec. 17, 1996/Jan. 9, 1997).

[1695] Vgl. dazu Alva, 15 Delaware Journal of Corporate Law (1990), 885, 885 ff.; Ebenroth/Eyles, RIW 1988, 413, 413; Hatzis-Schoch, RIW 1992, 539, 539 ff.; Gordon, 91 Columbia Law Review (1991), 1931, 1969, Paefgen, AG 1992, 133, 136, Bedkowski, DAJV-NL 1998, 11, 11; Bungert, Gesellschaftsrecht in den USA, A-II.; Lehnert, Unternehmensübernahmen in den USA, 36; Lüttmann, Kontrollwechsel in Kapitalgesellschaften, 108; Merkt, US-amerikanisches Gesellschaftsrecht, Rdn. 168; Trockels, AG 1990, 139, 141; Handelsblatt vom 13. November 2002, B 3. Vgl. dazu weitergehend auch Moore, 70 Washington University Law Quarterly (1992), 277, 280, der als Richter des Delaware Supreme Court die weitreichenden Aktivitäten der Delaware-Gerichte mit der Untätigkeit des Bundesgesetzgebers während der Reagan-Zeit in Verbindung bringt. Zur anlegerfreundlichen Tendenz der dortigen Rechtssprechung in jüngster Zeit vgl. Handelsblatt vom 13. November 2002, B 3.

der vorliegenden Untersuchung eine hervorgehobene Stellung einnehmen sollen. Zunächst resultiert dies aus der besonderen Vielzahl von Streitfällen, die sich aus der Menge der in Delaware gegründeten[1696] und ansässigen[1697] Unternehmen ergibt.[1698] Im zweitkleinsten US-Bundesstaat sind weit mehr als 200 der in der *Fortune-500-List* aufgeführten Unternehmen und mehr als 50 % aller an der *New York Stock Exchange* (*NYSE*) notierten Unternehmen ansässig.[1699] Nicht zuletzt dieser Tatsache hat es dieser Bundesstaat zu verdanken, dass er zwischen 1960 und 1980 immerhin 15,8 % seiner Einkünfte aus den Inkorporierungen gewann.[1700] Gerade die besondere Erfahrung dieses Staates im Umgang mit entsprechenden Rechtsstreitigkeiten empfinden viele Unternehmen als besonders attraktiv.[1701] In Delaware gibt es keine *stakeholder statutes*; Rechtsstreitigkeiten werden dort somit allein durch die Ausfüllung und Konkretisierung der Treue- und Sorgfaltspflichten entschieden, wobei der Schutz von Investoren als zu gering erachtet wird.[1702]

1696 Nach der für das angloamerikanische Rechtssystem typischen Gründungstheorie, der auch alle US-amerikanischen Bundesstaaten folgen, unterliegt eine corporation grundsätzlich dem Recht des Bundesstaates, in dem sie gegründet wurde. Vgl. dazu weitergehend Bank of Augusta v. Earle, 38 U.S. (13 Pet.) 519 (1839); Martin Marietta Corp. v. Bendix, 690 F.2d 558, 565 ff. (6th Cir. 1982); Sumitomo Shoji America, Inc. v. Avagliano, 457 U.S. 176 (1982), *on remand*, 103 F.R.D. 562 (S.D.N.Y. 1984); Dan River, Inc. v. Icahn, 701 F.2d 278 (4th Cir. 1983); Teco, Inc. v. Land of Lincoln Savings and Loan, 749 F.2d 374 (7th Cir. 1984); Becker, Verwaltungskontrolle, 105 f.; De Mott, 48 Law and Contemporary Problems (1985), 161, 161 ff.; Hamilton, Law of Corportions, 6; Lehnert, Unternehmensübernahmen in den USA, 36; Lüttmann, Kontrollwechsel in Kapitalgesellschaften, 83.

1697 Abweichend von der Gründungstheorie kann auch die Ansässigkeit zur Bestimmung des Rechts dann maßgeblich, wenn die geschäftlichen Aktivitäten dort entfaltet werden, vgl. dazu und zur Rolle Delawares bei der Sicherung des Rechts von Delaware auch für pseudo-foreign corporations DeMott, 48 Law and Contemporary Problems (1985), 161, 164. Vgl. weiter auch Lehnert, Unternehmensübernahmen in den USA, 36; Merkt, US-amerikanisches Gesellschaftsrecht, Rdn. 156. Vgl. demgegenüber jedoch Edgar v. Mite Corp., 457 U.S. 624 (1982). In dieser Entscheidung werden derartige Bestimmungen von Illinois als verfassungswidrig beurteilt, so dass Zweifel an der Verfassungsmäßigkeit derartiger Bestimmungen angebracht sind, vgl. dazu auch DeMott, 48 Law and Contemporary Problems (1985), 161, 185, jedoch auch CTS Corp. v. Dynamics Corp. of America, 481 U.S. 69, 89 (1987).

1698 Vgl. Benckendorff, Erwerb eigener Aktien, 100; Busch, Regelung von Übernahmeangeboten, 132 f.; Weisner, Verteidigungsmaßnahmen gegen unfreundliche Übernahmeversuche, 12.

1699 Vgl. schon Ebke, in Mestmäcker/Behrens, Gesellschaftsrecht der Konzerne, 279, 290; Merkt, US-amerikanisches Gesellschaftsrecht, Rdn. 168; Netter/Poulsen, 18 Financial Management (1989), 29, 31; Romano, 57 University of Cincinnati Law Review (1988), 457, 461.

1700 Vgl. Benckendorff, Erwerb eigener Aktien, 100; Romano, 8 Cardozo Law Review (1987), 709, 710.

1701 Vgl. Ebke, in Mestmäcker/Behrens, Gesellschaftsrecht der Konzerne, 279, 290; Choi/Kamma/Weintrop, 2 Journal of Law, Economics, and Organization (1989), 375, 391 f.; Henn/Alexander, Laws of Corporations, 185 ff.; Romano, 8 Cardozo Law Review (1987), 709, 721.

1702 Vgl. Ebenroth/Eyles, RIW 1988, 413, 425 ff.; Ebke, ZGR 1990, 50, 103; Macey/Miller, 98 Yale Law Journal (1988/89), 127, 129, 133; Cary, 83 Yale Law Journal (1974), 663, 705.

I. Regelungen über den Erwerb von Anteilen über bestimmte Schwellenwerte hinaus

Zum einen werden Übernahmen dadurch reguliert, dass für die Ausübung des Stimmrechts oder als Wirksamkeitsvoraussetzung für den Kauf von Aktien in einer bestimmten Anzahl oder über bestimmte Beteiligungsgrenzen hinaus die Genehmigung eines bestimmten Anteils der nicht betroffenen Anteilseigner vorgeschrieben ist.[1703] Mit einer derartigen Regulierung wird dem Umstand Rechnung getragen, dass mit dem durch den Aktienübergang bewirkten Kontrollwechsel grundlegende Veränderungen für das Unternehmen verbunden sein können und ähnlich einschneidende Veränderungen, wie beispielsweise Fusionen, ebenfalls der Zustimmung der Anteilseigner bedürfen.[1704] Vor diesem Hintergrund ist von dem die Minderheitsaktionäre schützenden Charakter derartiger Vorschriften auszugehen.[1705] Von einer solchen Regulierung haben nach 1987 vergleichsweise viele Staaten Gebrauch gemacht, weil der *Supreme Court* sie im Rechtsstreit CTS Corporation v. Dynamics Corporation of America[1706] als verfassungsgemäß beurteilt hatte.

II. Regelungen über gleiche und angemessene Preise

Vereinzelt sehen einzelstaatliche Preisregulierungen vor, dass ein Bieter allen Anteilseignern denselben Preis bzw. einen bestimmten Mindestpreis je Anteil zu zahlen hat.[1707] Durch eine derartige Regelung werden zweistufige Angebote weitgehend ausgeschlossen. Dem Bieter ist es mithin verwehrt, die Kontrollmehrheit durch die Zahlung von Aufschlägen zu erlangen und die verbleibenden Anteile im Wege eines *freeze-out*[1708] lediglich zu unangemessen niedrigen Preisen zu erwer-

---

1703 Vgl. Art. 202 Delaware General Corporation Law; §§ 415-171, 415-172 Hawaii Revised Statute; § 23-1-42(1)-(11) Indiana Code Annotated; §§ 351.015, 351.407 Missouri Annotated Statutes; §§ 55-9A-01 et seq. General Statutes of North Carolina; § 1701.832 Ohio Revised Code Annotated; §§ 61-6-1, 61-6-12 Utah Code Annotated; § 180.1150 Wisconsin Statutes Annotated. Vgl. dazu auch weitergehend Hackl/Testani, 97 Yale Law Journal (1988), 1193, 1204 f.; Lüttmann, Kontrollwechsel in Kapitalgesellschaften, 90 ff.; Wouters, Common Market Law Review 1993, 267, 272 f.

1704 Vgl. Lüttmann, Kontrollwechsel in Kapitalgesellschaften, 114.

1705 Vgl. auch Ebke, in Mestmäcker/Behrens, Gesellschaftsrecht der Konzerne, 279, 309 f.; Lüttmann, Kontrollwechsel in Kapitalgesellschaften, 90 ff.

1706 CTS Corp. v. Dynamics Corp. of America, 481 U.S. 69, 89, 107 S. Ct. 1637, 95 L. Ed. 2d 67 (1987).

1707 Vgl. §§ 3-602, 3-603 Maryland Code Annotated, Corporations and Associations; Vgl. auch §§ 2545-2547 Pennsylvania Consolidated Statutes Annotated, wonach die Berechtigung der Aktionäre, den Verkaufspreis von dritter Seite schätzen zu lassen, geregelt ist. Vgl. weiter Easterbrook/Fischel, Economic Structure of Corporate Law, 139; Hackl/Testani, 97 Yale Law Journal (1988), 1193, 1207 f.; Lüttmann, Kontrollwechsel in Kapitalgesellschaften, 97 ff., 114, 125 ff.; Solomon/Palmiter, Corporations, 614; Weisner, Verteidigungsmaßnahmen gegen unfreundliche Übernahmeversuche, 51 f.; Wouters, Common Market Law Review 1993, 267, 273.

1708 Vgl. dazu Peters, BB 1999, 801, 801 ff.; Easterbrook/Fischel, Economic Structure of Corporate Law, 134 ff.; Ebke, in Mestmäcker/ Behrens, Gesellschaftsrecht der Konzerne, 279, 312 ff.; Herzel/Shepro,

ben.[1709] Einige Regelungen sehen dabei ein uneingeschränktes Zwangsangebot, andere die Möglichkeit eines pro-rata-Ankaufs vor.[1710]

III. Festlegung von Ausschlussfristen für Umstrukturierungen

Die Vorschriften einiger Einzelstaaten legen fest, dass ein Bieter für eine bestimmte Zeit nach Erwerb (meist drei oder fünf Jahre) keine wesentlichen Umstrukturierungen, insbesondere keine *business combinations* vornehmen darf, es sei denn, die nicht eigeninteressierten *directors* haben einer solchen vor Erwerb zugestimmt.[1711]

IV. Regelungen über verschärfte Offenlegungspflichten

Andere einzelstaatliche Gesetze verpflichten einen Bieter gegenüber staatlichen Einrichtungen zu besonderen Offenlegungen über ihr Vorhaben.[1712] Mit den Offenlegungen fängt eine feste Frist zu laufen an, vor deren Ablauf das Angebot nicht abgegeben werden darf.[1713] Indes haben derartige Vorschriften an Bedeutung verloren, weil der *United States Supreme Court* sie im Rechtsstreit Edgar v. Mite[1714] als verfassungswidrig angesehen hatte.

V. Regelungen über die Berücksichtigung der Interessen Dritter

In anderen einzelstaatlichen Vorschriften wird dem *board* einer Zielgesellschaft das Recht zugesprochen, bei der Ermessensausübung im Zusammenhang mit Übernahmeangeboten neben den Interessen der Gesellschaft und ihrer Anteilseigner auch

---

Bidders and Targets, 501 f.; Merkt, US-amerikanisches Gesellschaftsrecht, Rdn. 1028 ff.; Seiler, Freezeout, 1 ff.

1709 Vgl. Busch, Regelung von Übernahmeangeboten, 138; Lüttmann, Kontrollwechsel in Kapitalgesellschaften, 98, 125 f.; Weisner, Verteidigungsmaßnahmen gegen unfreundliche Übernahmeversuche, 52. Vgl. zu derartigen Vorgängen in der Bundesrepublik auch Bästlein, Zur Feindlichkeit öffentlicher Übernahmeangebote, 285 ff., mit zahlreichen Beispielen der Ausgrenzung und des anschießenden Aufkaufs, und Wenger/Hecker, ifo Studien 1995, 51, 77.

1710 Vgl. Lüttmann, Kontrollwechsel in Kapitalgesellschaften, 114. Zum pro-rata-Ankauf vgl. auch van Alstine, EWS 1993, 8, 12.

1711 Vgl. §§ 10-1221, 10-1222 Arizona Revised Statutes Annotated; § 203 Delaware General Corporation Law; § 302A.673 Minnesota Statutes Annotated; § 351.459(3)(b) Missouri Annotated Statutes; § 912 New York Business Corporation Law; § 23B.19030 Washington Revised Code Annotated; § 180.1141 Wisconsin Statutes Annotated. Vgl. in diesem Zusammenhang weitergehend Fabricant, 22 Journal of Corporate Law (1996), 27, 35 ff.; Ebenroth/Eyles, RIW 1988, 413, 414 f.; Johnson/Millon, 87 Michigan Law Review (1989), 1862, 1874 ff.; Lüttmann, Kontrollwechsel in Kapitalgesellschaften, 19 ff., 104 f., 121 ff. Vgl. dazu auch BNS, Inc. v. Koppers Co., Inc., 683 F.Supp. 458 (D.Del. 1988); City Capital Associates v. Interco, Inc., C.A. No. 88-424-JJF (D.Del. Sept. 23, 1988); RP Acquisition Corp. v. Staley Continental, Inc., 686 F.Supp. 470 (D.Del. 1988).

1712 Vgl. auch Busch, Regelung von Übernahmeangeboten, 132; Easterbrook/Fischel, Economic Structure of Corporate Law, 304 f.; Paefgen, AG 1991, 41, 49.

1713 Vgl. Clark, Corporate Law, 569.

1714 Edgar v. Mite Corp., 457 U.S. 624, 102 S. Ct. 2629, 73 L. Ed. 2d 269 (1982).

andere Interessen, beispielsweise die der Arbeitnehmer, Zulieferer, Kunden, Kreditgeber, Kommunen, des Staates oder der Volkswirtschaft, zu berücksichtigen.[1715] Derartige Vorschriften sind offensichtlich nicht darauf ausgerichtet, die Anteilseigner gegen unfaire Verhaltensweisen eines Bieters zu schützen,[1716] sondern gewähren den *directors* einen weiten Handlungsspielraum, ohne dass die Eigennützigkeit des Vorgehens überprüfbar wäre.[1717]

VI. Regelungen über gestaffelte Amtszeiten für directors

Der Staat Massachusetts legt gesetzlich fest, dass das *board* jeder Aktiengesellschaft mit *directors* zu besetzen ist, deren Amtszeiten gestaffelt sind.[1718] Höchstens ein Drittel der *directors* sind demnach jedes Jahr zu wählen. Die Absetzung eines *directors* durch die Anteilseigner darf nur bei Vorliegen eines wichtigen Grundes erfolgen. Dem *board* bleibt es vorbehalten, die Vergünstigungen auszuschließen.

VII. Verpflichtung zur Rückführung von durch einen Bieter realisierten Gewinnen

Gesetzliche Vorschriften in Pennsylvania und Ohio bestimmen, dass jeder von einer kontrollierenden Person oder Gruppe durch die Anlage von Wertpapieren innerhalb einer festgelegten Zeitspanne realisierte Gewinn zurückzuzahlen ist.[1719] Demnach werden die Arbitrage und der kurzzeitig ausgerichtete Handel mit Aktien, so auch das *Greenmailing*, diskriminiert.

VIII. Regelungen über Abfindungszahlungen bei Kündigungen von Arbeitnehmern und die Unkündbarkeit von Verträgen mit Arbeitnehmerorganisationen

Im Staat Pennsylvania sehen gesetzliche Vorschriften vor, dass Arbeitnehmern mit mindestens zweijähriger Betriebszugehörigkeit ein Recht auf Zahlung von Abfin-

---

[1715] Vgl. § 309 California Corporation Code; § 23-1-35-1 Indiana Code Annotated; Tit. 13-A. § 716 Maine Revised Statutes; Ch. 172, § 13 Massachussets General Law Annotated; § 032A.251 Minnesota Statutes Annotated; § 351347 Missouri Annotated Statutes; § 14 A, 10A-2 New Jersey Statutes Annotated; § 717(b) New York Business Corporation Law; § 48-35-202 Tennessee Code Annotated; § 180.0827 Wisconsin Statutes Annotated. Vgl. dazu auch weitergehend Chandy/Foster/Braswell/Poe, 32 American Business Law Journal (1995), 399, 399 ff.; Karmel, 21 Wake Forest Law Review (1990), 61, 66 ff.; Paefgen, AG 1991, 41, 48; Weisner, Verteidigungsmaßnahmen gegen unfreundliche Übernahmeversuche, 52 f.

[1716] Vgl. Paefgen, AG 1991, 41, 62; Weisner, Verteidigungsmaßnahmen gegen unfreundliche Übernahmeversuche, 54 f.

[1717] Vgl. Paefgen, AG 1991, 41, 43 ff.

[1718] Vgl. Section 50A, ch. 156B, Massachusetts General Laws.

[1719] Vgl. § 2571-2576 15. Pennsylvania Consolitated Statutes Annotated; § 1707.043 Ohio Revised Code Annotated. Zu den Kursentwicklungen in Abhängigkeit von der Gesetzgebung in Ohio vgl. Ryngaert/Netter, 6 Journal of Law, Economics, and Organization (1990), 253, 253 ff.

dungen zusteht, wenn ihnen in der Zeit von 90 Tagen vor bis zwei Jahre nach einem Kontrollwechsel gekündigt wird.[1720] Zudem sind Verträge, die von Arbeitnehmerorganisationen ausgehandelt worden waren, für die Dauer von fünf Jahren nach einem Kontrollwechsel nicht kündbar.[1721]

IX. Sorgfaltspflichten - duties of care

Die Rechte des Unternehmens und der Anteilseigner werden zudem nach US-amerikanischem Recht maßgeblich durch die Sanktionierung von Sorgfaltspflichtverletzungen geschützt.[1722] Der Inhalt der Sorgfaltspflichten und der gerichtliche Überprüfungsmaßstab werden im Folgenden dargestellt.

1. Inhalt der Sorgfaltspflichten

Wenngleich die Sorgfaltspflicht (*duty of care*) auch in den einzelnen Bundesstaaten, teilweise durch die konkretisierenden *stakeholder statutes*, teilweise durch die Rechtsprechung, unterschiedlich ausgestaltet ist, lässt sich der allgemeinverbindliche Gehalt dieser Pflicht als Verpflichtung der *directors* definieren, soviel Geschick, Fleiß und Sorgfalt (*skill, diligence and care*) aufzuwenden, wie es von einer vernünftigen und umsichtigen Person unter vergleichbaren Umständen zu erwarten ist.[1723] Vereinzelt wird auch vertreten, dass die leitenden Angestellten bei der Ausführung der Geschäftsführungstätigkeit nur diejenige Sorgfalt schulden, die eine vernünftige und umsichtige Person üblicherweise in eigenen Angelegenheiten einzusetzen pflegt.[1724]

[1720] Vgl. Lüttmann, Kontrollwechsel in Kapitalgesellschaften, 87 f.; Paefgen, AG 1991, 41, 41 ff.; Szewczyk/Tsetsekos, 31 Journal of Financial Economics (1992), 3, 6; Weisner, Verteidigungsmaßnahmen gegen unfreundliche Übernahmeversuche, 54. Vgl. hierzu auch Ryan, 64 Tulane Law Review (1989), 3, 3 ff.

[1721] Vgl. dazu Lüttmann, Kontrollwechsel in Kapitalgesellschaften, 87 f.; Paefgen, AG 1991, 41, 41 ff.; Szewczyk/Tsetsekos, 31 Journal of Financial Economics (1992), 3, 6.

[1722] Vgl. dazu grundlegend Clark, Corporate Law, 123 ff., und weiter Dent, 61 Boston University Law Review (1981), 623, 644 ff.; Duesenberg, Company, Financial and Insolvency Law (1997), 201, 201 ff.; Eisenberg, 51 University of Pittsburgh Law Review (1990), 945, 945 ff.; Henn/Alexander, Laws of Corporations, 611 ff., 621 ff.; Lee, 136 Pennsylvania University Law Review (1987), 239, 244 ff., 261 ff. Vgl. auch Abeltshauser, Leitungshaftung, 50 ff.; Kuhn, Aktionärsschutz, 161 ff.; Lehner, Verantwortlichkeit der Leitungsorgane, 20 f.; Lipton, 136 Pennsylvania University Law Review (1987), 1, 50 f.; Merkt, US-amerikanisches Gesellschaftsrecht, Rdn. 672 ff.; Scott, 35 Stanford Law Review (1983), 927, 932 ff.; Simpson, 43 Business Lawyer (1988), 665, 671 ff.; Wagner, Standstill Agreements, 65 f.

[1723] Vgl. Francis v. United Jersey Bank, 87 N.J. 15, 432 A.2d 814 (1981); Atherton v. Anderson, 99 F.2d 883 (6th Cir. 1938); Anderson v. Bundy, 161 Va. 1, 171 S.E. 501 (1933); vgl. auch Abeltshauser, Leitungshaftung, 112 ff.; Block/Barton/Radin, Business Judgment Rule, 52 ff.; Clark, Corporate Law, 123 ff.; Henn/Alexander, Laws of Corporations, 613, 622; Lehner, Verantwortlichkeit der Leitungsorgane, 20 f.; Scott, 35 Stanford Law Review (1983), 927, 932; Steindl, US-Board und Aufsichtsrat, 59, 109 ff.; Wagner, Standstill Agreements, 66.

[1724] Comment to N.Y. § 717, "Duty of Directors and Officers" (Mc Kinney 1963); Selheimer v. Manganese Corp. of America, 224 A.2d 634 (Pa. 1966); vgl. auch Easterbrook/Fischel, Economic Structure of Corporate Law, 103; Henn/Alexander, Laws of Corporations, 613, 622; Simon v. Socony-Vacuum Oil Co., 179 Misc.

Dementsprechend wird die Sorgfaltspflicht in dem von der *American Bar Association* (*ABA*) mit dem Ziel der Vereinheitlichung des Rechts 1984 vorgelegten Mustergesetz für die Einzelstaaten im Bereich des Gesellschaftsrechts (*RMBCA - Revised Model Business Corporation Act*) in § 8.30(a) wie folgt definiert:

> „A director shall discharge his duties as a director ...
> (1) in good faith;
> (2) with the care an ordinarily prudent person in a like position would exercise under similar circumstances; and
> (3) in a manner he reasonably believes to be in the best interests of the corporation."

Das Mustergesetz ist teilweise nicht, und insbesondere nicht in den das US-amerikanische Gesellschaftsrecht maßgeblich beeinflussenden Einzelstaaten Delaware, Kalifornien und New York, umgesetzt worden. Gleichwohl finden sich jedoch in den Einzelstaaten, auch in Delaware, Kalifornien und New York, inhaltsähnliche Regelungen.[1725] Insofern kann die Definition im Mustergesetz als exemplarisch angesehen werden.[1726]

Unabhängig von der Definition der Sorgfaltspflicht in positiv-gesetzlichen Vorschriften wird deren Existenz in der Rechtsprechung schon seit langer Zeit anerkannt.[1727] Die von den Gerichten vorgenommene Konkretisierung der Sorgfaltspflicht gewinnt besondere Bedeutung, soweit in den betroffenen Einzelstaaten keine diese Pflicht anfüllenden *stakeholder statutes* oder anderweitige, die Sorgfaltspflicht konkretisierende, Vorschriften vorhanden sind. So wird in diesen Staaten, zu denen auch Delaware gehört, die rechtliche Zulässigkeit des Verhaltens der *directors* anhand des im *case law* entwickelten Inhalts der Sorgfaltspflicht überprüft.[1728] Die Pflicht zur Beachtung der erforderlichen Sorgfalt umfasst im Detail eine Reihe verschiedener Verhaltenspflichten. Die *directors* haben für die Einsetzung eines den Anforderungen gerecht werdenden Managements und für die Errichtung eines internen Informationssystems Sorge zu tragen, mit dem sichergestellt wird, dass die Leitung und Kontrolle über das Unternehmen in sachgerechter

202, 38 N.Y.S.2d 270 (Sup.Ct.1942) *aff'd mem* 267 App.Div. 890, 47 N.Y.S.2d 589 (1st Dep't 1944); Litwin (Rosemarin) v. Allen, 25 N.Y.S.2d 667, 677-678 (Sup.Ct.1940) - zum Litwin-Fall vgl. eingehend Soderquist, 66 Notre Dame Law Review (1990), 37, 38 ff.

[1725] Vgl. § 309 California General Corporation Law; § 717 New York Business Corporation Law. Vgl. auch Benckendorff, Erwerb eigener Aktien, 101; Ebke, in Mestmäcker/Behrens, Gesellschaftsrecht der Konzerne, 279, 315.

[1726] Vgl. im Einzelnen Duesenberg, Company, Financial and Insolvency Law (1997), 201, 201 ff. Vgl. auch Ebke, in Mestmäcker/Behrens, Gesellschaftsrecht der Konzerne, 279, 315.

[1727] Vgl. Clark, Corporate Law, 123 m.w.N; Solomon/Palmiter, Corporations, 320 f.; Steindl, US-Board und Aufsichtsrat, 127 ff.

[1728] Vgl. Ebenroth/Eyles, RIW 1988, 413, 425; Solomon/Palmiter, Corporations, 320.

Art und Weise ausgeübt werden kann.[1729] Daneben besteht eine Pflicht der *directors* zur aktiven Mitarbeit in der Geschäftsführung und zur Überwachung des Managements.[1730] Die *directors* sind verpflichtet, sich Informationen über die Geschäftstätigkeit des Unternehmens und die betriebs-wirtschaftlichen Auswirkungen und Entwicklungen zu verschaffen und diese zu aktualisieren.[1731] Sie haben an Sitzungen des Geschäftsführungsgremiums teilzunehmen[1732] und sich kontinuierlich mit aktuellen betriebswirtschaftlichen Berichten und Auswertungen zu befassen.[1733] Sofern Unregelmäßigkeiten auftreten, haben sie Ermittlungen einzuleiten, Experten beizuziehen und in letzter Konsequenz ihren Arbeitsplatz zur Disposition zu stellen, sofern den Missständen nicht abgeholfen wird.[1734] In verfahrensrechtlicher Hinsicht tragen die *directors* die Verantwortung für eine fehlerfreie Durchführung der Sitzungen und der Entscheidungsprozesse.[1735] In sachlicher Hinsicht besteht die Verpflichtung, inhaltlich sachgerechte und ermessensfehlerfreie Entscheidungen zu fällen.[1736]

Die Verletzung der Pflichten kann infolge einfacher oder grober Fahrlässigkeit oder aber durch vorsätzliches Vorgehen erfolgen. Der den *directors* zugestandene Ermessensrahmen kann wissentlich überschritten oder infolge persönlichen Unvermögens unwissentlich verkannt werden. Eine Pflichtverletzung kann in aktivem Tun und in reiner Untätigkeit bestehen.[1737] In der Praxis sind am häufigsten Fälle von zumindest grober Fahrlässigkeit, insbesondere durch Untätigkeit, zu verzeichnen.[1738] So wurde das Verhalten von *directors* vor US-amerikanischen Ge-

---

[1729] Vgl. Abeltshauser, Leitungshaftung, 112 ff.; Eisenberg, 51 University of Pittsburgh Law Review (1990), 945, 945 ff.; Merkt, US-amerikanisches Gesellschaftsrecht, Rdn. 680; Manning, 39 Business Lawyer (1984), 1477, 1484; Weisner, Verteidigungsmaßnahmen gegen unfreundliche Übernahmeversuche, 59.

[1730] Vgl. insbesondere Francis v. United Jersey Bank, 87 N.J. 15, 432 A.2d 814 (1981). Vgl. auch Solomon/ Palmiter, Corporations, 320, 328 ff.

[1731] Vgl. Smith v. Van Gorkom 488 A.2d 858, 872 (Del. 1985); Francis v. United Jersey Bank, 432 A.2d 814 (N.J.S.Ct. 1981); De Pinto v. Provident Security Life Insurance Corporation, 347 F.2d 37 (9th Cir. 1967); vgl. hierzu auch Clark, Corporate Law, 128 f.; Solomon/Pal-miter, Corporations, 320; Steindl, US-Board und Aufsichtsrat, 130.

[1732] Vgl. Bungert, Gesellschaftsrecht in den USA, 39.

[1733] Vgl. Steindl, US-Board und Aufsichtsrat, 130

[1734] Vgl. Eisenberg, Company, Financial and Insolvency Law Review (1997), 185, 185 ff.; Eisenberg, 51 University of Pittsburgh Law Review (1990), 945, 945 ff.; Weisner, Verteidigungsmaßnahmen gegen unfreundliche Übernahmeversuche, 59.

[1735] Vgl. eingehend Manning, 39 Business Lawyer (1984), 1477, 1484 ff.

[1736] Vgl. Ebenroth/Eyles, RIW 1988, 413, 425; Eisenberg, Company, Financial and Insolvency Law Review (1997), 185, 185 ff.; Eisenberg, 51 University of Pittsburgh Law Review (1990), 945, 948; Weisner, Verteidigungsmaßnahmen gegen unfreundliche Übernahmeversuche, 59.

[1737] Vgl. dazu ausführlich Merkt, US-amerikanisches Gesellschaftsrecht, Rdn. 677 ff.; vgl. dazu weiter Bates v. Dresser, 251 U.S. 524 (1920); Graham v. Allis-Chalmers Mfg. Co., 188 A.2d 125 (Del.Sup. 1963); Rowen v. Le Mars Mutual Insurance Co. of Iowa, 282 N.W.2d 639 (Iowa 1979); Solash v. The Telex Corporation, Civ.Action No. 9518 (Del.Ch. Jan. 19, 1988).

[1738] Vgl. Rabkin v. Philip A. Hunt Chemical Corporation, Civ. Action No. 7547 (Del.Ch. Dec. 17, 1987); Aronson v. Lewis, 473 A.2d 805, 812 (Del. 1984); Allied Freightways, Inc. v. Cholfin, 91 N.E.2d 765

richten im Einzelnen als sorgfaltswidrig beurteilt, weil sie nicht in dem erforderlichen Umfang an Sitzungen des *board of directors* teilgenommen[1739] oder nicht über grundlegendes Basiswissen hinsichtlich der Geschäftstätigkeit verfügt hatten.[1740] Daneben wurden Pflichtverletzungen festgestellt, weil die *directors* sich in problembeladenen Situationen nicht um Abhilfe bemüht[1741] oder ihre Tätigkeit nicht mit dem erforderlichen Fleiß ausgeübt hatten.[1742] Eine besondere Pflicht besteht mithin darin, sich in angemessener Art und Weise mit Informationen zu versorgen oder versorgen zu lassen und ein dafür geeignetes Informationssystem einzurichten und zu unterhalten.[1743] Ein besonderer Grund für gerade diese Pflicht wird nach dem so genannten "*monitoring model*"[1744] in der übertragenen Verantwortung für das von ihnen zu beherrschende Unternehmen gesehen.[1745] Demgegenüber sind die Fälle einer Haftung der *directors* infolge einfacher Fahrlässigkeit vergleichsweise gering.[1746]

(Mass. 1950); Barnes v. Andrews, 298 F. 614, 616 ff. (S.D.N.Y. 1924); vgl. auch Bishop, 77 Yale Law Journal (1968), 1078, 1099 ff.; Solomon/Palmiter, Corporations, 328 f.

[1739] Vgl. dazu Manning, 39 Business Lawyer (1984), 1477, 1481, 1483, 1487.

[1740] Vgl. Francis v. United Jersey Bank, 432 A.2d 814 (N.J. 1981). Vgl. dazu auch Abeltshauser, Leitungshaftung, 54 f.

[1741] Vgl. Francis v. United Jersey Bank, 432 A.2d 814 (N.J. 1981).

[1742] Vgl. dazu auch Manning, 39 Business Lawyer (1984), 1477, 1481, 1483, 1487; Soderquist, 66 Notre Dame Law Review (1990), 37, 37 ff.

[1743] Vgl. Aronson v. Lewis, 473 A.2d 805 (Del. 1984), Smith v. Van Gorkom, 488 A.2d 858, 872 (Del. 1985), vgl. auch Cohn, 62 Texas Law Review (1983), 591, 591 ff.; Abeltshauser, Leitungshaftung, 117 ff.; Merkt, US-amerikanisches Gesellschaftsrecht, Rdn. 688; Wagner, Standstill Agreements, 66.

[1744] Als hauptsächlicher Vertreter dieses Modells ist Eisenberg zu benennen, vgl. Eisenberg, 63 California Law Review (1975), 375 ff.; Eisenberg, The Structure of the Corporation; vgl. auch Dent, 61 Boston University Law Review (1981), 623, 623 ff.; vgl. dazu auch weitergehend Haft, 80 Michigan Law Review (1981), 1, 1 ff. Vgl. auch die Darstellung bei Merkt, US-amerikanisches Gesellschaftsrecht, Rdn. 57 ff.

[1745] Vgl dazu die prägnante Formulierung in Graham v. Allis-Chalmers Manufacturing Co., 188 A.2d 125 (Del. 1963): "The precise charge made against these director defendants is that, even though they had no knowledge or any suspicion of wrongdoing on the part of the company's employees, they still should have put into effect a system of watchfulness which would have brought such misconduct to their attention in ample time to have brought it to an end. However, ... directors are entitled to rely on the honesty and integrity of their subordinates until something occurs to put them on suspicion that something is wrong. If such occurs and goes unheeded, then liability of the directors might well follow, but absent cause for suspicion there is no duty upon the directors to install and operate a corporate system of espionage to ferret out wrongdoing which they have no reason to suspect exists."

[1746] In einer sich über mehrere Jahrzehnte erstreckende Untersuchung fand Bishop nur vier, vgl. Bishop, 77 Yale Law Journal (1968),1078, 1099-1100. Vgl. auch Cohn, 62 Texas Law Review (1983), 591, 591 ff. Wichtig ist in diesem Zusammenhang auch der an anderer Stelle zu erörternde Smith v. Van Gorkom - Fall, vgl. dazu insgesamt Clark, Corporate Law, 126.

2. Gerichtlicher Überprüfungsmaßstab

Die gerichtliche Überprüfung eines beanstandeten Verhaltens der *directors* erfolgt anhand der so genannten *business judgement rule.*[1747] Die in den meisten Einzelstaaten nicht gesetzlich festgeschriebene Regel[1748] gibt, jedenfalls in Fällen grober Fahrlässigkeit,[1749] eine Beweislastregel vor, nach der die Pflichtverletzung eines *directors* bei geschäftlichen Entscheidungen (*business judgements*) vom Anspruchsteller nachgewiesen werden muss, wenn die Entscheidungen den nachfolgenden Voraussetzungen genügen:[1750]

[1747] Vgl. American Law Institute, Principles of Corporate Governance: Analysis and Recommendations, tent. Draft no. 3 (April 13, 1984), at 1-84 (part on duty of care and business judgment rule). Vgl. auch Chittur, 10 Delaware Journal of Corporate Law (1985), 505, 506 ff.; Clark, Corporate Law, 123 ff.; vgl. auch die ausführliche und übereinstimmende Darstellung bei Easterbrook/Fischel, Economic Structure of Corporate Law, 90 ff.; vgl. weiter Ajemian, 62 Southern California Law Review (1988/89), 645, 651 ff.; Becker, Verwaltungskontrolle, 263 ff.; Block/Barton/Radin, Business Judgment Rule, 8 ff.; Frank/Moreland, RIW 1989, 761, 762 f.; Grass, Business Judgment Rule, 13 ff.; Kurth, Aktionärsschutz, 125 ff.; Merkt, US-amerikanisches Gesellschaftsrecht, Rdn. 673, 682 ff., 1166 ff.; Block/Radin/Ro-senzweig, 45 Business Lawyer (1990), 469, 469 ff.; Fischel/Bradley, 71 Cornell Law Review (1986), 261, 283 f.; Knepper/Bailey, Liability of Corporate Officers and Directors, §§ 6.01-6.17; Lipton/Steinberger, Takeovers and Freezeouts, § 6.01 [1]; Bungert, Gesellschaftsrecht in den USA, 39; Heermann, AG 1998, 201, 204 ff.; Knoll, Übernahme von Kapitalgesellschaften, 255 ff.; Lehnert, Unternehmensübernahmen in den USA, 90 ff.; Lüttmann, Kontrollwechsel in Kapitalgesellschaften, 108 ff.; Simpson, 43 Business Lawyer (1988), 665, 669 ff.; Steindl, US-Board und Aufsichtsrat, 121 ff.; Trockels, AG 1990, 139, 139 ff. Zum Einfluss der *business judgement rule* auf die Rechtsprechung des Bundesgerichtshof vgl. Henze, BB 2001, 53, 57.

[1748] Vgl. dazu Abeltshauser, Leitungshaftung, 84 ff.; Trockels, AG 1990, 139, 140.

[1749] Jedenfalls in dem das Gesellschaftsrecht prägenden Bundesstaat Delaware ist die grobe Fahrlässigkeit ("gross negligence") der Maßstab für die Begründung einer Verantwortlichkeit der directors nach den Kriterien der business judgement rule; im Gegensatz zur duty of care gilt bei Verletzungen der duty of loyalty diese Haftungsvoraussetzung nicht, vgl. dazu: Aronson v. Lewis, 473 A.2d 805, 812 (1984); Smith v. Van Gorkom, 488 A.2d 858, 873 (Del. 1985); Moran v. Household International, Inc., 500 A.2d 1346, 1356 (Del. 1985). Vgl. zu diesem Haftungsmaßstab der business judgement rule weiter Abeltshauser, Leitungshaftung, 114; Becker, Verwaltungskontrolle, 265 ff.; Grass, Business Judgment Rule, 28 ff.

[1750] Vgl. Merkt, US-amerikanisches Gesellschaftsrecht, Rdn. 673; Abeltshauser, Leitungshaftung, 119 f.; Becker, Verwaltungskontrolle, 268 ff.; Bungert, Gesellschaftsrecht in den USA, 39; Grass, Business Judgment Rule, 31 ff.; Knoll, Übernahme von Kapitalgesellschaften, 255; Kurth, Aktionärsschutz, 126; Lüttmann, Kontrollwechsel in Kapitalgesellschaften, 108 f.; Weisner, Verteidigungsmaßnahmen gegen unfreundliche Übernahmeversuche, 60 ff. Vgl. auch Bodell v. General Gas & Electric Corp., 132 A. 442 (Del.Ch. 1926); Warshaw v. Calhoun, 213 A.2d 539 (Del.Ch. 1965); Sinclair Oil Corp. v. Levien, 280 A.2d 717 (Del. 1971); Smith v. Van Gorkom, 488 A.2d 858, 872 (Del. 1985); Unocal v. Mesa Petroleum Co., 493 A.2d 946 (Del. 1985); Buckhorn, Inc. v. Ropak Corporation, 656 F.Supp. 209 (S.D. Ohio 1987); Ivanhoe Partners v. Newmont Mining Corp., 535 A.2d 1334 (Del. 1987); Cottle v. Storer Communications, Inc., 849 F.2d 570 (11th Cir. 1988); Namad Acquisition Corporation v. Damon Corporation, Civ. Action No. 10173 (Del.Ch. Sep. 16, 1988); Mills Acquisition Co. v. Macmillan, Inc., 559 A.2d 1261 (Del. 1988); City Capital Associates v. Interco Incorporated, Civ. Action No. 10105 (Del.Ch. Nov. 1, 1988).

1. Der director hat oder hatte kein persönliches Interesse an der Entscheidung (*disinterested director*).
2. Der *director* war über die entscheidungserheblichen Umstände in angemessenem Umfang informiert, so dass er seine Entscheidung unter den gegebenen Umständen vernünftigerweise als sachgerecht ansehen konnte.
3. Die Entscheidung hat nach Überzeugung des *director*, gemessen an einem Vernünftigkeitsmaßstab, im besten Interesse der Gesellschaft gelegen (*rational belief*).

Die Voraussetzungen für die vielfach einzelstaatlich nicht kodifizierte[1751] *business judgement rule* sind von dem *American Law Institute* (*ALI*) demnach auch wie folgt dargestellt worden:[1752]

> „A director or officer who makes a business judgment in good faith fulfills his duty under this Section if the director or officer:
>
> (1) is not interested [§ 1.23] in the subject of the business judgment;
> (2) is informed with respect to the subject of the business judgment
> to the extent the director or officer reasonably believes to be appropriate under the circumstances; and
> (3) rationally believes that the busines judgment is in the best interests of the corporation."

Die *business judgement rule* ist demnach als managementschützende Vorschrift zu bewerten.[1753] Sie ist nicht anzuwenden, wenn unwissentliche Untätigkeit vorliegt[1754] oder ihm die Kompetenz für ein Verhalten nicht zusteht.[1755]

[1751] Vgl. dazu Block/Barton/Radin, Business Judgment Rule, 4 ff.; Fischel/Bradley, 71 Cornell Law Review (1986), 261, 283 f.; Merkt, US-amerikanisches Gesellschaftsrecht, Rdn. 684, 698 ff.; Lehnert, Unternehmensübernahmen in den USA, 90 ff.; Trockels, AG 1990, 139, 140.

[1752] American Law Institute, Principles of Corporate Governance § 4.01(c); vgl. dazu auch Hansen/Johnston/Alexander, 45 Business Lawyer (1990), 2083, 2083 ff.; Heermann, AG 1998, 201, 205.

[1753] Vgl. auch Becker, Verwaltungskontrolle, 264 f.; Clark, Corporate Law, 123 f.; Easterbrook/Fischel, Economic Structure of Corporate Law, 77 ff., 93 f.; Fischel, 40 Business Lawyer (1985), 1437, 1439 ff.; Fischel/Bradley, 71 Cornell Law Review (1986), 261, 283 f.; Hansen/Johnston/Alexander, 45 Business Lawyer (1990), 2083, 2087 f.; Lüttmann, Kontrollwechsel in Kapitalgesellschaften, 108 f.; Solomon/Palmiter, Corporations, 321; Trockels, AG 1990, 139, 140; Weisner, Verteidigungsmaßnahmen gegen unfreundliche Übernahmeversuche, 64.

[1754] Vgl. Aronson v. Lewis, 473 A.2d 805, 813 (Del. 1984); Francis v. United Jersey Bank, 87 N.J. 15, 34, 432 A.2d. 814, 823 (1981); Gimbel v. Signal Cos., Inc., 316 A.2d 599, 609 (Del.Ch.), *aff'd per curiam*, 316 A.2d 619 (Del. 1974). Vgl. auch Eisenberg, Company, Fi-nancial and Insolvency Law Review (1997), 185,

Durch die Beweislastregelung und die daraus resultierende weit reichende Haftungsfreistellung bei einer möglicherweise erst aus einer ex post-Beurteilung heraus feststellbaren objektiven Sorgfaltspflichtverletzung wird den *directors* der für eine Unternehmensleitung notwendige unternehmerische Handlungsspielraum gesichert.[1756] Infolge unternehmerischer Entscheidungen können sie im Ergebnis lediglich unter erschwerten Voraussetzungen für Fehlentscheidungen haftbar gemacht werden.[1757] Das notwendige Haftungsprivileg wird im deutschen Arbeits- und Unternehmensrecht dadurch gewährt, dass hier rein unternehmerische Entscheidungen vor deutschen Gerichten als grundsätzlich nicht justitiabel angenommen werden.[1758] Im US-amerikanischem Recht gelten rein unternehmerische Entscheidungen infolge der *business judgement rule* jedenfalls als nicht justitiabel und damit auch nicht als haftungsbegründend, solange das Fehlen der Voraussetzungen für die Anwendung der *business judgement rule* nicht mit der erforderlichen, das Gericht überzeugenden Sicherheit vom Anspruchsteller bewiesen werden kann (so genannter *safe harbor* zugunsten des Managements).[1759] Die Regel ist mithin Ausdruck der Überantwortung der Geschäftsführung an die leitenden Angestellten und soll diese von einer Haftung für „ehrliche Fehler" (*honest mistakes*) freistellen.[1760] Bei der Anwendung der Regel wird daher zunächst grundsätzlich davon ausgegangen, dass die *directors* informiert, in gutem Glauben und im ehrlichen Vertrauen darauf gehandelt haben, [1761] dass die Entscheidung dem besten Interesse der Gesell-

---

187; Grass, Business Judgment Rule, 52; Hamilton, Law of Corporations, 387; Trockels, AG 1990, 139, 141; Weisner, Verteidigungsmaßnahmen gegen unfreundliche Übernahmeversuche, 62.

[1755] Vgl. Becker, Verwaltungskontrolle, 265, 276 ff.; Chandy/Foster/Braswell/Poe, 32 American Business Law Journal (1995), 399, 411 ff.; Choper/Coffee/Morris, Corporations, 217; Trockels, AG 1990, 139, 141.

[1756] Vgl. Becker, Verwaltungskontrolle, 265; Block/Radin/Rosenzweig, 45 Business Lawyer (1989), 469, 489; Clark, Corporate Law, 123 f.; Ebenroth/Eyles, RIW 1988, 413, 425; Fischel, 40 Business Lawyer (1985), 1437, 1439; Grass, Business Judgment Rule, 35 f.; Kurth, Aktionärsschutz, 127; Lüttmann, Kontrollwechsel in Kapitalgesellschaften, 109; Merkt, US-amerikanisches Gesellschaftsrecht, Rdn. 683 ff.; Solomon/Palmiter, Corporations, 322. Vgl. auch Sinclair Oil Corp. v. Levien, 280 A.2d 717 (Del. 1971) und schon Percy v. Millaudon, 8 Mart, (n.s.) 68 (La. 1829).

[1757] Vgl. Knoll, Übernahme von Kapitalgesellschaften, 255 f. Zu den Kriterien der Haftung vgl. Clark, Corporate Law, 124. Vgl. auch Auerbach v. Bennett, 393 N.E.2d 994, 1000 (N.Y. 1979); Bucyrus-Erie Co. v. General Prod. Corp., 643 F.2d 413 (6th Cir. 1981); Smith v. Van Gorkom, 488 A.2d 858, 873 (Del. 1985).

[1758] Vgl. Roth, Unternehmerisches Ermessen, 33, 46 ff., 101 ff.

[1759] Vgl. Unocal Corp. v. Mesa Petroleum Co., 493 A.2d 946, 954 (Del. 1985); Moran v. Household International, Inc., 500 A.2d 1346, 1356 (Del. 1985); Smith v. Van Gorkum, 488 A.2d 858, 872 (Del. 1985); Aronson v. Lewis, 473 A.2d 805, 812 (Del. 1984). Vgl. weiter Becker, Verwaltungskontrolle, 268 ff.; Bradbury, 87 Michigan Law Review (1988), 276, 281; Lehnert, Unternehmensübernahmen in den USA, 92; Steindl, US-Board und Aufsichtsrat, 131; Weisner, Verteidigungsmaßnahmen gegen unfreundliche Übernahmeversuche, 61.

[1760] Vgl. Abeltshauser, Leitungshaftung, 112 ff.; Becker, Verwaltungskontrolle, 266 f.; Grass, Business Judgment Rule, 35.

[1761] Vgl. Mills Acquisition Co. v. Macmillan, Inc., A.2d 1261, 1279 (Del. 1989); Priddy v. Edelman, 883 F.2d 438, 493 (6th Cir. 1989); International Ins. Co. v. Johns, 874 F.2d 1447, 1461 (11th Cir. 1989); Grobow v. Perot, 539 A.2d 180, 187 (Del. 1988); Ivanhoe Partners v. Newmont Mining Corp., 535 A.2d 531, 536 (Del. 1986); Hanson Trust PLC v. ML SCM Acquisition, Inc., 781 F.2d 264, 273 (2d Cir. 1986); Smith v. Van Gorkom, 488 A.2d 858, 873 (Del. 1985); vgl. auch Panter v. Marshall Field & Co., 646 F.2d 271, 293

schaft entspricht (... *on an informed basis in good faith and in the honest belief that the action was taken in the best interests of the company ...*).[1762] Sofern die *directors* in der Lage sind, einen (- irgendeinen -) vernünftigen wirtschaftlichen Zweck für die beanstandete Geschäftsführungshandlung vorzubringen und damit darzulegen, dass es sich um eine unternehmerische Entscheidung gehandelt hat, findet eine gerichtliche Nachprüfung auf deren Zweckmäßigkeit grundsätzlich nicht statt.[1763]

Der weitergehende Sinn und Zweck der *business judgement rule* besteht darin, die freie unternehmerische Betätigung der Geschäftsführung, ihre zur Unternehmensleitung gehörende geschäftliche Risikobereitschaft und ihre Investitions- und Innovationsbereitschaft zu schützen und zu fördern.[1764] Mit Hilfe dieser Regel sollen exzessive Rechtsstreitigkeiten innerhalb der Gesellschaft und zwischen Anteilseignern und Geschäftsführung vermieden werden, damit die vom Markt geforderte Dynamik und Flexibilität der geschäftlichen Entscheidungen nicht zum Erliegen gebracht wird.[1765] Zudem würde bei mangelndem Schutz durch die Rechtsordnung die Ausübung der Geschäftsführung mit erheblichen und unangemessenen Haftungsrisiken verbunden sein.[1766] Die Bereitschaft zur Übernahme derartiger Tätigkeiten würde entsprechend beeinträchtigt sein.[1767] Im Einzelnen weitergehend wird der weit reichende Schutz der unternehmerischen Ermessensausübung mit der Problematik begründet, suboptimale Entscheidungen von solchen Entscheidungen abzugrenzen, die lediglich aufgrund besonderer Umstände nicht zu

---

(7th Cir. 1981); Sinclair Oil Corp. v. Levien, 280 A.2d 717, 720 (Del.S.Ct. 1971). Vgl. auch schon Guth v. Loft Inc., 5 A.2d 503, 510 (Del. 1939).

1762 Vgl. Sinclair Oil Corp. v. Levien A.2d 717, 720 (Del. 1971); vgl. auch weiter Gimbel v. The Signal Companies, Inc., 316 A.2d 599 (Del. Ch. 1974), *aff'd*, 316 A.2d 619 (Del. 1974); Aronson v. Lewis, 473 A.2d 805, 812 (Del. 1984); Pogostin v. Rice, 480 A.2d 619 (Del. 1984); Zapata Corp. v. Maldonado, 430 A.2d 779 (Del. 1981).

1763 Vgl. Matter of Reading Co., 711 F.2d 509, 517 (3d Cir. 1983): „... any rational business purpose ..."; Meyers v. Moody, 693 F.2d 1196, 1211 (5th Cir. 1982); Cramer v. General Tel. & Electronic Corp., 582 F.2d 259, 275 (3d Cir. 1978), *certiorari denied*, 439 U.S. 1129 (1979); McDonell v. American Leduc Petroleums, Ltd., 491 F.2d 380, 384 (2d Cir. 1974); Sinclair Oil Corp. v. Levien 280 A.2d 717, 720 (Del.S.Ct. 1971), Selheimer v. Manganese Corp. of America, 224 A.2d 634 (1966); vgl. auch weitergehend Eisenberg, Company, Financial and Insolvency Law Review (1997), 185, 185 ff.

1764 Vgl. Dynamics Corporation of America v. CTS Corp., 637 F.Supp. 406, 418 (N.D.Ill.), *aff'd*, 794 F.2d 250, 256 (7th Cir. 1986), *rev'd on other grounds*, 481 U.S. 69 (1987). Vgl. weiter Abeltshauser, Leitungshaftung, 50 f.; Becker, Verwaltungskontrolle, 266 f.; Solomon/ Palmiter, Corporations, 322. Vgl. zur notwendigen unternehmerischen Gestaltungsfreiheit auch Gawrisch, Ermessensentscheidungen des Aufsichtsrates, 130 ff.

1765 Vgl. Abeltshauser, Leitungshaftung, 51; Ebenroth/Eyles, RIW 1988, 413, 425; Solomon/Palmiter, Corporations, 322.

1766 Vgl. Becker, Verwaltungskontrolle, 266 f.; Weisner, Verteidigungsmaßnahmen gegen unfreundliche Übernahmeversuche, 68.

1767 Vgl. Dynamics Corporation of America v. CTS Corp., 637 F.Supp. 406, 418 (N.D.Ill.), *aff'd*, 794 F.2d 250, 256 (7th Cir. 1986), *rev'd on other grounds*, 481 U.S. 69 (1987). Vgl. auch Solomon/Palmiter, Corporations, 322; Weisner, Verteidigungsmaßnahmen gegen unfreundliche Übernahmeversuche, 68.

dem gewünschten Resultat geführt haben.[1768] Geschäftsführungsmaßnahmen können kaum anhand objektiver Kriterien nachgeprüft werden.[1769] Es besteht deshalb regelmäßig ein besonderes Interesse der Anteilseigner an einer Haftungsfreistellung zugunsten des Managements.[1770] Andernfalls würde den Managern an einer Vermeidung jeglicher Geschäfte gelegen sein, mit denen ein unternehmerisches Risiko verbunden sein könnte; dies würde zu einer weitgehenden Funktionsunfähigkeit der Unternehmenstätigkeit und zu mangelnder Rentabilität führen.[1771]

Im Einzelnen ist umstritten, ob, inwieweit und auf welcher dogmatischen Grundlage bei Vorliegen der Voraussetzungen für die Anwendung der *business judgement rule* die Geschäftsführungsentscheidung inhaltlich überprüft werden kann.[1772] Nach den dargestellten Voraussetzungen könnte das Gericht einerseits die Geschäftsführungsentscheidung objektiv unter Einbeziehung aller bei der Entscheidungsfindung verfügbaren Informationen überprüfen, indem es sich in die Position eines *director* versetzt.[1773] Zu bedenken wäre in diesem Fall, dass menschliches Handeln regelmäßig infolge der menschlichen Natur mit Unzulänglichkeiten behaftet ist und eine ausnahmslose Beweislastumkehr eine möglicherweise zu weit reichende und deshalb nicht sachgerechte Haftungsgefahr begründet.[1774] Andererseits könnte die Geschäftsführungsentscheidung ausschließlich danach zu überprüfen sein, ob der *director* in gutem Glauben (in *good faith*) gehandelt hat und die Entscheidung von seiner Person nicht hätte vorteilhafter gefällt werden können.[1775] Bedenken hinsichtlich dieses Überprüfungsmaßstabes ergeben sich daraus, dass die Gutgläubigkeit eines *director* bis auf Ausnahmefälle nicht anhand objektiver Kriterien überprüfbar ist.[1776] Insofern besteht die Gefahr, dass sich ein *director* als unfähiger darstellt, als es den tatsächlichen Umständen entspricht.[1777] Die Abgrenzung und Feststellung der Bösgläubigkeit wäre von den Gerichten schwer zu beur-

[1768] Vgl. Eisenberg, Company, Financial and Insolvency Law Review 1997, 185, 190; Eisenberg, 51 University of Pittsburgh Law Review (1990), 945, 963 f.; Grass, Business Judgment Rule, 35. Vgl. zudem Joy v. North, 692 F.2d 880, 886 (2d Cir. 1982), *cert. denied*, 460 U.S. 1051 (1983).

[1769] Vgl. Eisenberg, 51 University of Pittsburgh Law Review (1990), 945, 963 f.

[1770] Vgl. Joy v. North, 629 F.2d 880 (2d Cir. 1982); Eisenberg, 51 University of Pittsburgh Law Review (1990), 945, 963 f.; Klein/Coffee, Business Organization and Finance, 146 f.

[1771] Vgl. Eisenberg, 51 University of Pittsburgh Law Review (1990), 945, 963 f.

[1772] Vgl. dazu Becker, Verwaltungskontrolle, 271 f.; Grass, Business Judgment Rule, 57 ff.; Steindl, US-Board und Aufsichtsrat, 123 f.

[1773] Vgl. dazu Zapata Corp. v. Maldonado, 430 A.2d 779 (Del. 1981); Francis v. United Jersey Bank, 432 A.2d 814 (N.J. 1981); Abeltshauser, Leitungshaftung, 54 f., 112 ff.; Becker, Verwaltungskontrolle, 271.

[1774] So auch Becker, Verwaltungskontrolle, 271 f.

[1775] Vgl. Trockels, AG 1990, 139, 142; Weisner, Verteidigungsmaßnahmen gegen unfreundlichen Übernahmeversuche, 59; vgl. auch In re RJR Nabisco, Inc. Shareholders Litigation, [1988-1989 Transfer Binder] Fed.Sec.L.Rep. (CCH) 94,194, 91,710, Fn. 13 (Del.Ch. 1989); Sennheimer v. Manganese Corp. of America , 224 A.2d 634, 640 ff. (Pa. 1966).

[1776] Vgl. dazu Grass, Business Judgment Rule, 64 f.; Abeltshauser, Leitungshaftung, 54; Steindl, US-Board und Aufsichtsrat, 123 f.; Trockels, AG 1990, 139, 142.

[1777] Vgl. Francis v. United Jersey Bank, 87 N.J. 15, 34, 432 A.2d. 814, 823 (1981).

teilen.[1778] Von Seiten der Gesellschaft und der Anteilseigner wäre die Bösgläubigkeit eines *director* im Regelfall nicht zweifelsfrei nachzuweisen.[1779] Gleichwohl geben die Ausbildung, die Erfahrung und die bisherige Berufstätigkeit des *director* Indizien dafür ab, ob und inwieweit trotz einer fehlerhaften Entscheidung von seiner konkreten Gutgläubigkeit ausgegangen werden kann.[1780] Insofern entspräche die Beweislastverteilung unter Zugrundelegung subjektiver Maßstäbe eher dem Auswahl- und Organisationsrisiko der Gesellschaft und damit der Anteilseigner.[1781]

Von Seiten der Gerichte wird zum Tatbestandsmerkmal der Gutgläubigkeit in der Praxis zunächst maßgeblich darauf abgestellt, ob der *director* die Entscheidung unter Zugrundelegung objektiver Kriterien als die optimale Entscheidung ansehen durfte.[1782] Ist dies nicht der Fall oder liegen dem Gericht Hinweise auf die Bösgläubigkeit des *director* vor, so wird sich das Gericht eine Überzeugung über die Motive des *director* bilden und insofern seine Gutgläubigkeit überprüfen.[1783]

Exemplarisch für die Abgrenzung von gutgläubigen Entscheidungen einerseits und andererseits unvernünftigen und nach objektiven Kriterien nicht nachvollziehbaren Entscheidungen, die zur Überzeugung eines Gerichts die Bösgläubigkeit indizieren, ist die Urteilsbegründung des *Court of Chancery* im Fall RJR Nabisco, Inc. Shareholders Litigation:[1784]

> "I can understand no legitimate basis whatsoever to impose damages (or enter an injunction) if truly disinterested directors have in fact acted in good faith and with due care on a question that falls within the directors' power to manage the business and affairs of the corporation. To recognize in courts a residual power to review the substance of business decisions from "fairness" or "reasonableness" or "rationality" where those decisions are made by truly disinterested directors in good faith and appropriate care is to make of courts super-directors."[1785]

[1778] Vgl. Clark, Corporate Law, 126.

[1779] Vgl. Grass, Business Judgment Rule, 65.

[1780] Vgl. American Law Institute, Principles of Corporate Governance: Analysis and Recommendations (Tantative Draft No. 4, 1985) § 4.01 Reporters Note, Comment to § 4.01(a) f.

[1781] Vgl. Solomon/Palmiter, Corporations, 321 ff.

[1782] Vgl. Becker, Verwaltungskontrolle, 272; Lüttmann, Kontrollwechsel in Kapitalgesellschaften, 110; Steindl, US-Board und Aufsichtsrat, 125.

[1783] Vgl. Smith v. Van Gorkum, 488 A.2d 858, 872 (Del. 1985); Aronson v. Lewis, 473 A.2d 805 (Del. 1984); Unocal Corp. v. Mesa Petroleum Co., 493 A.2d 946, 954 (Del. 1985).

[1784] RJR Nabisco, Inc. Shareholders Litigation, [1988-1989 Transfer Binder] Fed.Sec.L.Rep. (CCH) 94,194, 91,710 (Del. Ch. 1989). Vgl. im Übrigen auch zu diesem Rechtstreit DeMott, 1989 Duke Law Journal, 1, 1 ff.

[1785] RJR Nabisco, Inc. Shareholders Litigation, [1988-1989 Transfer Binder] Fed.Sec.L.Rep. (CCH) 94,194, 91,710, Fn. 13 (Del. Ch. 1989).

Obwohl das Gericht augenscheinlich eine inhaltliche Überprüfung einer unternehmerischen Entscheidung grundsätzlich nicht als seine Aufgabe ansieht, führt die Überprüfung des Tatbestandsmerkmals "Gutgläubigkeit" (*good faith*) dann zu einer inhaltlichen Überprüfung - also zur Unanwendbarkeit der *business judgement rule* - wenn die Entscheidung irrational, ungeheuerlich oder offensichtlich unvernünftig[1786] ist:

> "As I conceptualize the matter, such limited substantive review as the rule contemplates (i.e., is the judgment under review 'egregious' or 'irrational' or 'so beyond reason', etc.) really is a way of inferring bad faith."[1787]

Demgegenüber ist des Öfteren auch unter Hinweis auf die besonderen rechtlichen Bindungen der *directors* eine inhaltliche Überprüfung der unternehmerischen Entscheidungen vorgenommen worden.[1788] Mithin bleibt der dogmatische Ansatz für eine solche Überprüfung offen.

Als eine grundlegende und exemplarische Entscheidung zu der Frage, ob die *business judgement rule* anzuwenden ist oder nicht, wird die Gerichtentscheidung im Fall Smith v. Van Gorkom,[1789] auch als Transunion-Entscheidung bekannt, angesehen.[1790] Hier ist das Management zum Schadensersatz verurteilt worden, weil es über einen Unternehmenszusammenschluss entschieden hatte, ohne über ausreichende Sachverhaltskenntnis zu verfügen.[1791] Mit diesem Urteil und dessen allgemeiner Anerkennung wurde die Regel begründet, dass die *business judgement rule* nur dann anzuwenden ist, wenn die *directors* sich vor einer Entscheidung mit allen zugänglichen Informationen versorgt haben, deren Beschaffung von ihnen vernünftigerweise verlangt werden kann.[1792] Von der umfänglichen Informations-

---

1786 "... egregious or irrational or so beyond reason ..."

1787 RJR Nabisco, Inc. Shareholders Litigation, [1988-1989 Transfer Binder] Fed.Sec.L.Rep. (CCH) 94,194, 91,710, Fn. 13 (Del.Ch. 1989).

1788 Vgl. Unocal Corp. v. Mesa Petroleum Co., 493 A.2d 946, 954 (Del. 1985); Sinclair Oil Corp. v. Levien, 280 A.2d 717, 720 (Del. 1971); Quillen, 10 Delaware Journal of Corporate Law (1985), 465, 492.

1789 Smith v. Van Gorkom 488 A.2d 858 (Del. 1985): In diesem Fall erfolgte der Geschäftsabschluss über eine Fusion (merger) nach einer kurzen und ohne Vorankündigung einberufenen zwanzigminütigen mündlichen Präsentation ohne Betrachtung der Fusionsdokumente und ohne Berücksichtigung besonderer Bewertungsstudien (valuation studies). Besondere Bedeutung wurde auch dem Umstand beigemessen, dass Van Gorkom einen autokratischen Führungsstil praktizierte, der gründliche Erörterungen der Angelegenheiten durch die Geschäftsführung aussparte und der Entscheidungen weitgehend unabhängig von den Stellungnahmen anderer leitender Angestellter traf.

1790 Vgl. Abeltshauser, Leitungshaftung, 79 ff.; Grass, Business Judgment Rule, 61 ff.; Kirk, 24 American Business Law Journal (1986), 467, 467 ff.; Manning, 41 Business Lawyer (1985), 1, 8 ff.; Solomon/Palmiter, Corporations, 329 ff.; Steindl, US-Board und Aufsichtsrat, 132 ff.

1791 Vgl. dazu auch Abeltshauser, Leitungshaftung, 55, 79 ff.; Solomon/Palmiter, Corporations, 331; Steindl, US-Board und Aufsichtsrat, 133 ff.

1792 Vgl. Smith v. Van Gorkom 488 A.2d 858, 872 (Del. 1985): "... prior to making a business decision, of all material information reasonably available to them." Vgl. auch Zirn v. VLI Corp., 621 A.2d 773, 777 (Del.

verschaffung ist nicht ohne weiteres auszugehen; sie ist vielmehr vom Management darzulegen und zu beweisen.[1793] Das Urteil lehnt sich insofern inhaltlich deutlich an das *monitoring model*[1794] an und hebt den besonderen Zusammenhang zwischen allgemeiner *duty of care* und der Informationspflicht der *directors* hervor.[1795]

Von besonderer Bedeutung für die Verhaltenspflichten der *directors* in Übernahmesituationen ist die Anwendung der *business judgement rule* deswegen, weil die Beweislastumkehr nur eingreift, wenn der *director* kein persönliches Interesse an der fraglichen Entscheidung hat.[1796] Die *rule* ist dagegen nicht anzuwenden, wenn er auf beiden Seiten der Transaktion steht oder einen persönlichen Nutzen aus der Geschäftsführungsmaßnahme zieht.[1797] Darüber hinaus wurde die *business judgement rule* als unanwendbar angesehen, wenn der zuständige Entscheidungsträger unter dem Einfluss besonderer Emotionen steht, die sich auf die Entscheidung auswirken,[1798] oder wenn er schlicht vorsätzlich gegen die Interessen der Gesellschaft handelt.[1799]

X. Treuepflichten - duties of loyalty

Neben der Sorgfaltspflicht, der *duty of care*, haben die *directors* ihrer Treuepflicht[1800] gegenüber der Gesellschaft und damit auch den Aktionären, der so genannten *duty of loyalty*, zu genügen.[1801]

1993); Hanson Trust v. ML SCM Acquisition Inc., 781 F.2d 264, 275 (2d Cir. 1986); Rosenblatt v. Getty Oil Co., 493 A.2d 929, 944 (Del. 1985); Weinberger v. UOP, Inc., 457 A.2d 701, 710 (Del. 1983); Treadway Companies, Inc. v. Care Corporation, 638 F.2d 357, 384 (2d Cir. 1980). Vgl. auch Abeltshauser, Leitungshaftung, 82 f.; Bebchuk/Kahan, 1989 Duke Law Journal, 27, 28; Block/Barton/Radin, Business Judgment Rule, 63 ff.; Grass, Business Judgment Rule, 58 f.; Lüttmann, Kontrollwechsel in Kapitalgesellschaften, 109; Steindl, US-Board und Aufsichtsrat, 135 f.

1793 Smith v. Van Gorkom 488 A.2d 858 (Del. 1985); vgl. auch Clark, Corporate Law, 128 f.

1794 Vgl. dazu oben unter 1.

1795 Vgl. Abeltshauser, Leitungshaftung, 55, 89 ff.; Clark, Corporate Law, 128 f.

1796 Vgl. Abeltshauser, Leitungshaftung, 112; Merkt, US-amerikanisches Gesellschaftsrecht, Rdn. 1166; Gilson/Kraakman, 44 Business Lawyer (1989), 247, 247 ff.; Solomon/Palmiter, Corporations, 325; Smith v. Van Gorkom, 488 A.2d 858, 873 (Del. 1985); Unocal Corp. v. Mesa Petroleum Co., 493 A.2d 946 (Del. 1985); Moran v. Household International, Inc., 500 A.2d 1346 (Del. 1985); Grand Metropolitan, PLC v. Pillbury Co., Fed.Sec.L.Rep. (CCH) 94,104 (Del.Ch. 1988).

1797 Vgl. exemplarisch Aronson v. Lewis, 473 A.2d 805, 812 (1984); vgl. weiter Smith v. Van Gorkom, 488 A.2d 858, 873 (Del. 1985) und Clark, Corporate Law, 138. Vgl. auch bereits Cheff v. Mathes, 199 A.2d 548 (Del. 1964) und Gries Sports Enters. v. Cleveland Browns Football Co., 26 Ohio St. 3d 15, 496 N.E. 2d 959 (1986). Vgl. ergänzend Solomon/Palmiter, Corporations, 325.

1798 Vgl. RJR Nabisco, Inc. Shareholders Litigation, [1988-1989 Transfer Binder] Fed.Sec.L.Rep. (CCH) 94,194, 91,711 (Del.Ch. 1989): "... hatred, lust, envy, revenge, ... shame or pride ...".

1799 Vgl. Kirk, 24 American Business Law Journal (1986), 467, 468; Solomon/Palmiter, Corporations, 324.

1800 Begründend Tenison v. Patten, 95 Tex. 284, 67 S.W. (1902). Vgl. auch Berle, 45 Harvard Law Review (1932), 1365, 1365 ff.; Dodd, 45 Harvard Law Review (1932), 1145, 1145 ff.; Clark, in Pratt/Zeckhauser, Principals and Agents, 55, 71 ff.; Frankel, 71 California Law Review (1983), 795, 795 ff.; Guntz, Treubindungen von Minderheitsaktionären, 32 ff. Vgl. weiter DeMott, 1988 Duke Law Journal, 879, 879 ff.; Hinnant, 23 Wake Forest Law Review (1988), 163, 163 ff.; Lüttmann, Kontrollwechsel in Kapitalgesellschaften, 116 ff.; Merkt, US-amerikanisches Gesellschaftsrecht, Rdn. 701 ff.

1. Allgemeine Bedeutung und Rechtsnatur

In Ausfüllung ihrer Treuepflicht obliegt den *directors* und vergleichbaren Entscheidungsträgern die Verpflichtung, die Unternehmensleitung im besten Interesse des Unternehmens auszuüben.[1802] Ihnen ist es grundsätzlich verwehrt, im Rahmen ihrer Berufsausübung unmittelbar oder mittelbar persönliche Vorteile zulasten der Gesellschaft zu ziehen, die nicht vertraglich eingeräumt sind.[1803] Wenngleich die genaue Abgrenzung der Pflichten, wie im Folgenden gezeigt werden wird, umstritten ist, gilt dies jedenfalls für betrügerische und unfaire Geschäfte.[1804] Dagegen haben sie die finanziellen Interessen der Anteilseigner als mittelbare Treugeber zu vertreten.[1805] Eine anerkannte allgemeine Beschreibung der positivrechtlich nicht kodifizierten und damit ungeschriebenen Treuepflichten findet sich in dem Urteil Meinhard v. Salmon:[1806]

> "Many forms of conduct permissible in a workday world for those working at arm's length are forbidden to those bound by fiduciary ties. A trustee is held to something stricter than the morals of the market place. Not honesty alone, but the punctilio of an honor the most sensitive, is then the standard of behavior."

1801 Vgl. Abeltshauser, Leitungshaftung, 272 ff.; Duesenberg, Company, Financial and Insolvency Law (1997), 201, 206 ff.; Fischel/Bradley, 71 Cornell Law Review (1986), 261, 290 f.; Henn/Alexander, Laws of Corporations, 625 ff., 651 ff.; Klein/Coffee, Business Organization and Finance, 159; Kurth, Aktionärsschutz, 131 ff.; Lehner, Verantwortlichkeit der Leitungsorgane, 22; Lipton, 136 Pennsylvania University Law Review (1987), 1, 52; Merkt, US-amerikanisches Gesellschaftsrecht, Rdn. 701 ff.; Kessler, RIW 1998, 602, 614; Scott, 35 Stanford Law Review (1983), 927, 937 ff.; Simpson, 43 Business Lawyer (1988), 665, 674 ff.; Smith v. Van Gorkum, 488 A.2d. 1261, 1280 (Del. 1988); Arson v. Lewis, 473 A.2d. 805, 811 (Del. 1984); Litwin (Rosemarin) v. Allen, 25 N.Y.S.2d 667, 677 f. (Sup.Ct.1940); Guth v. Loft, Inc., 5 A.2d 503, 510 (Del. 1939); Meinhard v. Salmon, 249 N.Y. 458, 463 f., 164 N.E. 545, 546, 62 ALR 1, 4 f. (1928). Zu Verhältnis und Abgrenzung dieser Pflichten vgl. auch eingehend Cunningham/Yablon, 49 Business Lawyer (1994), 1593, 1593 ff.

1802 Vgl. dazu ausführlich DeMott, 1988 Duke Law Journal, 879, 879 ff. Vgl. auch Clark, Corporate Law, 141, Berle, 45 Harvard Law Review (1932), 1365, 1365 ff.; Dodd, 45 Harvard Law Review (1932), 1145, 1145 ff.; Ebke, in Mestmäcker/Behrens, Gesellschaftsrecht der Konzerne, 279, 324 ff.; Hamilton, Law of Corporations, 378; Hinnant, 23 Wake Forest Law Review (1988), 163, 163 ff.; Lüttmann, Kontrollwechsel in Kapitalgesellschaften, 116; Mitchell, 43 Duke Law Review (1993), 425, 425 ff.; Guth v. Loft, Inc., 5 A.2d 503, 510 (Del. 1939); Smith v. Van Gorkum, 488 A.2d 858, 872 (Del. 1985); Unocal Corp. v. Mesa Petroleum Co., 493 A.2d 946, 955 (Del. 1985).

1803 Vgl. Guth v. Loft, Inc., 23 Del.Ch. 255, 270 und 5 A.2d 503, 510 (Del. 1939). Vgl. auch Becker, Verwaltungskontrolle, 13; Bungert, Gesellschaftsrecht in den USA, 40; Steindl, US-Board und Aufsichtsrat, 107 ff.; Wagner, Standstill Agreements, 66 f.; Weisner, Verteidigungsmaßnahmen gegen unfreundliche Übernahmeversuche, 56 f.

1804 Vgl. Clark, Corporate Law, 143.

1805 Vgl. Guntz, Treubindungen von Minderheitsaktionären, 39.

1806 Meinhard v. Salmon 249 N.Y. 458, 164 N.E. 544, 546 (N.Y. Ct. App. 1928).

Die Herleitung der Treuepflicht und die Rechtsnatur dieser Pflicht sind umstritten.[1807] Teilweise wird die *duty of loyalty* auf das so genannte *Trust*recht, das Recht der Treuhandverhältnisse, gestützt,[1808] teilweise wird auf die *Agency*-Lehre, das Stellvertretungsrecht, abgestellt.[1809] Beide Begründungsansätze lassen sich nicht vollinhaltlich übertragen.[1810] Das *Trust*recht stellt sehr rigide Anforderungen an den Treuhänder,[1811] während einer Unternehmensleitung unter Berücksichtigung der notwendigen Flexibilität und infolge der sich fortlaufend wandelnden Märkte zwingend ein weiter Handlungsspielraum zuerkannt werden muss.[1812] Das *Agency-Recht* lässt sich nicht uneingeschränkt zur Beurteilung der Verhaltenspflichten der *directors* heranziehen, weil zwischen diesen und den Anteilseignern kein direktes und unmittelbares Weisungsrecht besteht,[1813] während der *agent* den Weisungen des *principals* jederzeit unterworfen ist.[1814]

Gerade die mit der Unternehmensleitung betrauten Angestellten können sich bei der Ausübung ihrer Tätigkeit in Konfliktsituationen befinden, in denen sich die Pflicht zur Ausübung der loyalen Leitungstätigkeit und die Möglichkeit einer persönlichen Vorteilserzielung gegenüberstehen.[1815] Insofern war durch die Begründung und Ausformung der *duty of loyalty* eine Verhaltensvorgabe festzuschreiben, die verhindern soll, dass die *directors* die ihnen eingeräumte Rechtsposition für die Verfolgung eigener Interessen missbrauchen.[1816]

[1807] Vgl. die Darstellung des Streitstandes bei Merkt, US-amerikanisches Gesellschaftsrecht, Rdn. 666 ff. Vgl. auch Guntz, Treubindungen von Minderheitsaktionären, 38 ff.

[1808] Vgl. Berle, 44 Harvard Law Review (1931), 1049, 1049 ff.; DeMott, 1989 Duke Law Journal, 1, 21 f.; DeMott, 1988 Duke Law Journal, 879, 880 f.; Comment, 24 Harvard Journal on Legislation (1987), 527, 536; Abeltshauser, Leitungshaftung, 50, 272; Becker, Verwaltungskontrolle, 13; Kurth, Aktionärsschutz, 115 ff.; Smith v. Van Gorkom, 488 A.2d 858, 873 (Del. 1985); Guth v. Loft, Inc., 23 Del.Ch. 225, 270, 5 A.2d 503, 510 (Del. 1939); Meinhard v. Salmon, 249 N.Y. 458, 464, 164 N.E. 545, 546 (1928); Litwin v. Allen, 25 N.Y.S. 2d 667 (Sup.Ct. 1940) - vgl. dazu auch Soderquist, 66 Notre Dame Law Review (1990), 37, 38 ff.

[1809] Vgl. Ballentine, Corporations, 168, vgl. auch Guntz, Treubindungen von Minderheitsaktionären, 39.

[1810] Zur Übertragungsproblematik und zur Umsetzung vgl. Abeltshauser, Leitungshaftung, 272 f.; Brudney, 85 Columbia Law Review (1985), 1403, 1433 ff.; Clark, in Pratt/Zeckhauser, Principals and Agents, 55, 71 ff. mit der Forderung nach einem Pflichtenkatalog.

[1811] Vgl. dazu bereits eingehend Berle, 44 Harvard Law Review (1931), 1049, 1049 ff.; Guntz, Treubindungen von Minderheitsaktionären, 39; Kaplan, 31 Business Lawyer (1976), 883, 887 f.

[1812] Vgl. bereits Berle, 44 Harvard Law Review (1931), 1049, 1049 f.; vgl. auch Merkt, US-amerikanisches Gesellschaftsrecht, Rdn. 667.

[1813] Vgl. Merkt, US-amerikanisches Gesellschaftsrecht, Rdn. 667.

[1814] Vgl. Bästlein, Zur Feindlichkeit öffentlicher Übernahmeangebote, 95; Ballentine, Corporations, 168.

[1815] Vgl. Clark, Corporate Law, 141; Henn/Alexander, Laws of Corporations, 632 ff.; Merkt, US-amerikanisches Gesellschaftsrecht, Rdn. 702; Procaccia, ZGR 1990, 169, 199 f.

[1816] "Directors owe a duty of highest good faith to the corporation and ist stockholders. It is a cardinal principle of corporate law that a director cannot, at the expense of the corporation, make an unfair profit from his position.", so Remillard Brick Co. v. Remillard-Dandini Co., 109 Cal.App.2d 405, 241 P.2d 66 (1952); vgl. auch Frankel, 71 California Law Review (1983), 795, 809 ff.; Henn/Alexander, Laws of Corporations, 632 ff.

Nach moderner Ansicht wird die Ausgestaltung der *duty of loyalty* deutlich von ökonomischen Vorstellungen mitgeprägt.[1817] Die Treuepflicht präsentiert sich nach diesem Ansatz maßgeblich als das Resultat eines „impliziten" Vertrages, der zwischen Aktionär und Unternehmensleitung im Interesse einer maximalen Gewinnerzielung abgeschlossen wird.[1818] Die für Aktionär und Geschäftsführung aus diesem Vertrag resultierenden *Agency*-Beziehungen und die diesem Rechtsverhältnis immanenten Interessenkonflikte sollen mit Hilfe der Treuepflicht harmonisiert und ausgeglichen werden.[1819] Eigennütziges Verhalten des Managements soll, soweit erforderlich,[1820] sanktioniert werden.[1821] Teilweise wird insofern auf Abschreckung durch Strafe abgestellt.[1822] Die Treuepflicht trägt somit den Charakter einer flexiblen Generalklausel, die geeignet ist, auftretende Spannungslagen weitgehend zu entschärfen.

Zur Konkretisierung der Treuepflicht werden in diesem Zusammenhang teilweise rein ökonomische Gesichtspunkte angeführt.[1823] So könnte die Treuepflicht so auszugestalten sein, dass unter Einbeziehung von *self-dealing*-Vorgängen summarisch für alle Beteiligten (einschließlich des Managements) ein maximaler Gewinn erwirtschaftet wird, wenngleich die einzelnen Beteiligten auch unterschiedlich stark von diesen Geschäften profitieren.[1824] Zwar hat dieser Ansatz die Diskus-

---

[1817] Als Wegbereiter dieses Ansatzes sind vornehmlich Easterbrook/Fischel zu nennen, vgl. insofern Easterbrook/Fischel, 91 Yale Law Journal (1982), 698, 700-703. Vgl. dazu auch - kritisch - Clark, in Pratt/Zeckhauser, Principals and Agents, 55, 56 ff.

[1818] Vgl. etwa Brudney, 85 Columbia Law Review (1985), 1403, 1403 ff.; Coffee, 85 Michigan Law Review (1986), 1, 81 ff.; Easterbrook/ Fischel, 91 Yale Law Journal (1982), 698, 700-703; Procaccia, ZGR 1990, 169, 199 f.; Scott, 35 Stanford Law Review (1983), 927, 937 ff. Die Vorstellung eines „impliziten" Vertrags zwischen Aktionär und Unternehmensleitung beruht auf der Annahme, das Unternehmen bestehe aus einem Netzwerk von Verträgen. Vgl. dazu die Arbeiten von Coase, Economia IV (1937), 386, 386 ff.; Alchian/Demsetz, 62 American Economic Review (1972), 777, 777 ff. Weiterentwickelt wurde dieser Ansatz von Jensen/Meckling, 3 Journal of Financial Economics (1983), 305, 305 ff.; Fama, 88 Journal of Political Economy (1980), 288, 289 ff. Unterstützung erfuhr dieser Ansatz besonders von den Vertretern der ökonomischen Analyse des Rechts, so unter anderem von Posner, Economic Analysis of Law, 292 ff.; Procaccia, ZGR 1990, 169, 171 ff. Dazu kritisch Brudney, 85 Columbia Law Review (1985), 1403, 1403 ff.; Clark, in Pratt/Zeckhauser, Principals and Agents, 55, 59 ff.

[1819] Anders Procaccia, ZGR 1990, 169, 199, demzufolge die sich aus dem *Agency*konflikt ergebenden Kosten durch einen vervollkommneten „impliziten Vertrag" zwischen Aktionär und Unternehmensleitung zu minimieren seien.

[1820] Zur diesbezüglichen Erforderlichkeit unter Abwägung der Kontrollkosten im Vergleich zu den Nachteilen eigennützigen Verhaltens vgl. weitergehend Hansmann, 4 Journal of Law, Economics, and Organization (1988), 267, 276 f.

[1821] Vgl. Abeltshauser, Leitungshaftung, 273.

[1822] Vgl. Easterbrook/Fischel, 91 Yale Law Journal (1982), 698, 702.

[1823] Vgl. Easterbrook/Fischel, 91 Yale Law Journal (1982), 698, 702: Maßstab für den Regelungsgehalt der Treuepflicht sollte der Zustand sein, den Investoren und Management ausgehandelt hätten, wenn die Transaktionskosten nicht vorhanden wären. Vgl. weiter Hansmann, 4 Journal of Law, Economics, and Organization (1988), 267, 276 f.

[1824] Vgl. Easterbrook/Fischel, Economic Structure of Corporate Law, 119 ff.; Hansmann, 4 Journal of Law, Economics, and Organization (1988), 267, 276 f.

sion um die ökonomische Analyse des Aktienhandels mitgeprägt und bereichert,[1825] jedoch fand er wenig Anhänger im Hinblick auf die Konkretisierung der Treuepflicht.[1826] Es mag zutreffend sein, dass infolge der besonderen Interessendivergenz den Aktionären nicht der optimale Vermögenszuwachs zukommt, der durch ein Management bei einer ausschließlich an den Interessen der Anleger orientierten Unternehmensführung erzielt werden könnte.[1827] Ob es allerdings sinnvoll ist, dem Management im Interesse der Erschließung weiterer Gewinnpotentiale einen gewissen, durch die Ausübung von *self-dealing* bedingten, Sonderanteil von vornherein „zuzugestehen", muss angesichts der Missbrauchsgefahr angezweifelt werden.

Für die Regelung von Interessenkonflikten, die im Zuge der Durchführung von Geschäften auftreten, an denen die leitenden Angestellten der Gesellschaft auch ein besonderes persönliches Interesse besitzen, wird in der US-amerikanischen Literatur und Rechtsprechung die *business judgement rule* als zur Kontrolle der unternehmerischen Entscheidungen des Managements ungeeignet angesehen.[1828] Die Rechtmäßigkeit einer Geschäftsführungsmaßnahme wird in diesen Fällen vielmehr an besonderen Regelungsstrukturen für den *conflict of interest* gemessen, die die Treuepflichten konkretisieren.[1829]

2. Begründung für die besondere Regelung von Interessenskonflikten

Die Gründe für die Notwendigkeit einer besonderen Regelung von Geschäften, die mit einem Interessenkonflikt, wie er sich insbesondere in Übernahmefällen zeigt, behaftet sind, werden vornehmlich darin gesehen, dass solche Geschäfte für Gesellschaft und Aktionäre bereits ihrer inneren Struktur nach latent unfair sein können. Für diese Annahme werden unabhängig von der moralisch-ethischen Bewertung derartiger Vorgänge im wesentlichen zwei Argumente angeführt, die im folgenden dargestellt und im Hinblick auf ihre Relevanz für die Ausgestaltung eines Regelungsmodells analysiert werden sollen.

a. Fehlen einer marktbestimmten Verhandlungssituation (monopoly rents)

Die Neigung eines *directors* zur Vornahme unfairer Geschäfte folgt regelmäßig aus der Entscheidungssituation. Das Entscheidungsrecht ist an ihn als Entscheidungsträger delegiert. Die Ausübung des Entscheidungsrechts wird von ihm allein

[1825] Vgl. dazu Mestmäcker, in Raiser/Sauermann/Schneider, Das Verhältnis der Wirtschaftswissenschaft zur Rechtswissenschaft, 103, 105 ff.; Milde, ZfB 1990, 647, 655.

[1826] Vgl. Merkt, US-amerikanisches Gesellschaftsrecht, Rdn. 702 ff.

[1827] Vgl. dazu Hansmann, 4 Journal of Law, Economics, and Organization (1988), 267, 276 f.

[1828] Vgl. Duesenberg, Company, Financial and Insolvency Law (1997), 201, 208; Solomon/Palmiter, Corporations, 346 f.; Steindl, US-Board und Aufsichtsrat, 121 ff.; Wagner, Standstill Agreements, 68 ff.

[1829] Vgl. dazu weitergehend Abeltshauser, Leitungshaftung, 274 ff. Im Fall einer feindlichen Übernahme kann der Interessenskonflikt sich im Übrigen haftungsrechtlich auch auf den die Gesellschaft vertretenden Anwalt ausstrahlen, vgl. dazu eingehend Hechler, 21 Delaware Journal of Corporate Law (1996), 943, 943 ff.

oder aber von einem Gremium von Entscheidungsträgern vorgenommen, deren Interessenslage oft homogen ist. Im Gegensatz zu anderen Angestellten des Unternehmens unterstehen die *directors* keiner unmittelbaren Kontrolle durch Vorgesetzte. Infolge der eingeschränkten und lediglich mittelbaren Kontrolle ist die Gefahr der Aufdeckung unfairer Geschäfte trotz im Einzelfall erheblicher wirtschaftlicher Folgen gering.[1830] Die Gefahr ist darüber hinaus auch deshalb gering, weil die Geschäfte als im besten Interesse des Unternehmens liegend dargestellt werden können.[1831] Die aufgezeigte Entscheidungssituation begünstigt eigenmächtige Handlungen der *directors*, die sich im Ergebnis nicht als sachgerechter Ausgleich von Leistung und Gegenleistung im Verhältnis zwischen Gesellschaft, *director*, Aktionären und gegebenenfalls Dritten verstehen lassen,[1832] wie es für den gewöhnlichen, marktorientierten und zumindest eingeschränkt transparenten Wirtschaftsverkehr typisch ist.[1833] Dabei ist zu berücksichtigen, dass die Vergütung des *directors* regelmäßig vertraglich festgelegt ist und Sondervorteile durch den *director* begünstigende Geschäftsführungsmaßnahmen nicht Bestandteil seiner Vergütung oder eingeräumten Rechte sind.[1834] Vorteile, die das Management sich vertragswidrig selbst gewährt, sind deshalb typischerweise als eine für das Unternehmen nachteilige Erhöhung der Transaktions- und *Agency*kosten anzusehen, denn das Unternehmen muss Aufwendungen zur Vermeidung solcher die *directors* begünstigenden Entscheidungen machen, d.h. kostspielige Überwachungen durchführen, für besondere Garantien und besondere Versicherungen[1835] zusätzliche Mittel aufzuwenden oder die aus den Entscheidungen resultierenden wirtschaftlichen Nachteile hinnehmen.[1836]

[1830] Vgl. dazu Hansmann, 4 Journal of Law, Economics, and Organization (1988), 267, 276 f.; Brudney, 85 Columbia Law Review (1985), 1403, 1433.

[1831] Nach einer bekannten Studie zeigte sich, dass auch der Unterschlagung überführte directors sehr häufig mit einer ganzen Reihe von Entschuldigungen die „Berechtigung" ihrer Handlungen zu erklären vermochten, von deren Richtigkeit die betroffenen Manager offenbar selbst auch tief überzeugt waren, vgl. Cressey, Other People's Money, ch. 4; vgl. weiter Clark, Corporate Law, 143.

[1832] Vgl. Brudney, 85 Columbia Law Review (1985), 1403, 1410 ff.

[1833] Vgl. Clark, Corporate Law, 154; Hansmann, 4 Journal of Law, Economics, and Organization (1988), 267, 276 f.

[1834] Vgl. dazu ausführlich Merkt, US-amerikanisches Gesellschaftsrecht, Rdn. 719 ff.

[1835] Zum Abschluss von so genannten D&O Versicherungen vgl. weitergehend Kiethe, BB 2003, 537, 537 ff.; Hucke, DB 1996, 2267, 2267 ff.; Jula, Haftung von GmbH-Geschäftsführern und Aufsichtsräten, 136 ff.; Romano, 14 Delaware Journal of Corporate Law (1989), 1, 1 ff.; Handelsblatt vom 18. Juni 2003, 25.

[1836] Vgl. Clark, Corporate Law, 152; Hansmann, 4 Journal of Law, Economics, and Organization (1988), 267, 276 f.

b. Betriebswirtschaftlich nachteilige Unsicherheiten über den Umfang unfairer Geschäfte (unproductive uncertainty)

Daneben wird auf die Verteilung der Rechte aus den wirtschaftlichen Chancen und Risiken der am Unternehmen beteiligten Interessengruppen abgestellt. Im Gesellschaftsvertrag bzw. mit Unterwerfung unter die Unternehmenssatzung sind die Rechte der Gesellschafter festgelegt. Infolgedessen nehmen sie ihre Rentabilitätsprognosen vor und kalkulieren ihre geschäftlichen Chancen und Risiken. Im Verhältnis zum *board of directors* werden ihre Rentabilitätsberechnungen durch die Arbeitsverträge zwischen der Gesellschaft und den *directors* bestimmt. Vorteilsnahmen der *directors* sind dagegen für die Anteilseigner nicht bestimmbar und sie haben keine Möglichkeit, die anfallenden Kosten und Gewinne zu kalkulieren.[1837] Da insofern Investitionsberechnungen mit zusätzlicher Unsicherheit belegt sind, muss das Unternehmen zusätzliche Kosten (beispielsweise höhere Zinsen oder Kontrollaufwendungen) aufwenden, um die Anlagemöglichkeit gleich bleibend attraktiv zu gestalten.[1838] Die von einem Anleger oder der Gesellschaft zu beurteilenden Risiken werden im Amerikanischen als *unproductive uncertainty* bezeichnet.[1839] Diese besondere, kostenverursachende "Ungewissheit" ist neben konkreten Schäden auch dann anzunehmen, wenn die Anteilseigner Kenntnis von geheimen persönlichen Vorteilsannahmen durch die Manager oder unfairen Geschäften haben und diese in einem gewissen Rahmen stillschweigend billigen. Auch bei einer beschränkten Billigung derartiger Geschäfte verbleibt beim Unternehmen und bei den Anlegern eine zusätzliche Kalkulationsunsicherheit, die sich kostenerhöhend auswirkt.[1840] Soweit ein *director* zusätzliche Vergütungen infolge besonderer Leistungen beansprucht, hat er diese mit der Gesellschaft auf transparenter Vertragsebene zu verhandeln und nicht durch unfaire Geschäfte zu realisieren.[1841] Insofern wird der Gesellschaft und den Anlegern eine geänderte zuverlässige Kalkulationsgrundlage gewährt. Die Vornahme unfairer Geschäfte ist somit im Ergebnis weder betriebswirtschaftlich noch volkswirtschaftlich wünschenswert.

3. Ausgestaltungen von Interessenskonflikten

Bei der systematischen Bewertung von Interessenskonflikten (*conflict of interests*) werden vier Erscheinungsformen interessenkonfliktbehafteter Geschäfte voneinander abgegrenzt. Es wird zwischen "*executive compensation*", "*taking of corporate or shareholder property*", "*corporate action with mixed motives*" und dem

[1837] Vgl. dazu Hansmann, 4 Journal of Law, Economics, and Organization (1988), 267, 276 f.

[1838] Vgl. dazu auch Hansmann, 4 Journal of Law, Economics, and Organization (1988), 267, 276 f.

[1839] Vgl. Clark, Corporate Law, 156 f.

[1840] Vgl. Hansmann, 4 Journal of Law, Economics, and Organization (1988), 267, 276 f.

[1841] Vgl. auch zur rechtlichen Einordnung von nunmehr vermehrt etablierten Aktienoptionen für Unternehmensleitungen Lutter, ZIP 1997, 1, 1 ff.

sogenannten "*basic self-dealing*" unterschieden.[1842] Das *basic self-dealing*, zu übersetzen mit "Insichgeschäft" im weiteren Sinne, ist von besonderer Bedeutung für die Ausgestaltung der Verhaltenspflichten des Managements während einer Übernahmesituation. Als *basic self-dealing* werden in erster Linie Geschäfte bezeichnet, die zwischen einer Gesellschaft und ihren *directors* oder zwischen zwei Unternehmen abgeschlossen werden, an denen die leitenden Angestellten mindestens einer der beteiligten Gesellschaften ein deutliches direktes oder indirektes wirtschaftliches Interesse haben.[1843] Maßgeblich für die Beurteilung einer unternehmerischen Entscheidung als *self-dealing* ist das eigene wirtschaftliche Interesse; daher sind sowohl Geschäftsführungsmaßnahmen als auch das Unterlassen von Maßnahmen aus eigenem wirtschaftlichen Interesse vom *self-dealing* umfasst.[1844]

4. Abgrenzung zur Sorgfaltspflichtverletzung

Bei der Überprüfung der Anwendbarkeit der *business judgement rule* ist zu untersuchen, ob der *director* ein Eigeninteresse an der streitigen Geschäftsführungsmaßnahme hatte.[1845] Mithin prüft das Gericht zumindest auch, ob ein Fall des *self-dealing* vorgelegen hat. Die gerichtliche Prüfung einer Geschäftsführungsmaßnahme daraufhin, ob eine Sorgfaltspflichtverletzung nach der Beweislastregel der *business judgement rule* zu beurteilen ist und ob eine Treuepflichtverletzung vorgelegen hat, verläuft also bezüglich der Überprüfung des *self-dealing* inhaltsgleich. Fälle des *self-dealing* sind von Außenstehenden zumeist schwer nachzuweisen. Unaufgedeckte Fälle des *self-dealing* lassen infolge einer unvollständigen oder unschlüssigen Erklärung der streitigen Maßnahme eher den Verdacht einer Sorgfaltspflichtverletzung entstehen.[1846] Während der Interessenskonflikt positiv nachzuweisen ist, können die Gerichte Sorgfaltspflichtverletzungen auf vielfältige Weise und damit leichter begründen.[1847] Möglicherweise aus diesen Gründen wird in den Urteilsbegründungen nicht eindeutig zwischen Sorgfaltspflichtverletzungen und Verletzungen der Treuepflicht differenziert.[1848] Eine Geschäftsführungsmaß-

---

[1842] Vgl. Clark, Corporate Law, 142.

[1843] Vgl. weitergehend Henn/Alexander, Laws of Corporations, 637 ff.; Merkt, US-amerikanisches Gesellschaftsrecht, Rdn. 702 ff.; Solomon/Palmiter, Corporations, 344 f. Hierzu gehören auch Geschäfte zwischen Mutter- und Tochtergesellschaft oder zwischen Unternehmen mit einem gemeinsamen oder verbundenen "*interlocking*" Management, vgl. Clark, Corporate Law, 159; Ebke, ZGR 1990, 50, 51 f.

[1844] Vgl. Trockels, AG 1990, 139, 141 f. Vgl. dazu auch Herkenroth, AG 2001, 33, 34, zu Fällen des *self-dealing* nach deutschem Recht unter Verweisung auf eine Entscheidung des Reichsobergerichts von 1877.

[1845] Vgl. Solomon/Palmiter, Corporations, 344 ff.; Trockels, AG 1990, 139, 141 f.

[1846] Vgl. Mahari, SAG 1988, 14, 25.

[1847] Vgl. Merkt, US-amerikanisches Gesellschaftsrecht, Rdn. 675.

[1848] Zu dieser Praxis begründend und beispielhaft Litwin v. Allen 25 N.Y.S.2d 667 (S. Ct. 1940). Der risikobehaftete Geschäftvorgang war der Abschluss eines Umgehungsgeschäftes für einen Kreditvertrag, der aus rechtlichen Gründen (Kreditlimitierung durch die Satzung - borrowing limitation in its charter) nicht abgeschlossen werden konnte. Der Delaware Supreme Court befand das Geschäft "so improvident, so risky, so unusual and unnecessary as to be the contrary to fundamental conceptions of prudent banking practice" und nahm eine Sorgfaltspflichtverletzung an, obwohl es sich infolge des besonderen Eigeninteresses der

nahme, die vom *director* aus besonderem Eigeninteresse vorgenommen wird, kann regelmäßig nicht als ein Geschäft "*for the best interest*" der Gesellschaft angesehen werden, da sich der geldwerte Vorteil des Eigeninteresses zu Lasten der Gesellschaft auswirkt. Insofern ist fraglich, ob *self-dealing* nicht regelmäßig sowohl als Treuepflichtverletzung als auch als Sorgfaltspflichtverletzung einzustufen ist[1849] und die Gerichte aus diesem Grund nicht eindeutig differenzieren.[1850] Auch wenn bei einem *self-dealing*-Vorgang unternehmensfremde Interessen, nämlich die des *director*, berücksichtigt werden, kann die Maßnahme jedoch gleichwohl den Erfordernissen einer sorgfältigen Entscheidung genügen.[1851] Die Rechtsfolgen eines *self-dealing* als Verletzung der Treuepflicht sind zudem, wie aufgezeigt werden wird, streitig und nicht zwingend einer Haftung vorgelagert. Die Rechtsfolgen von Sorgfaltspflichtverletzungen haben dagegen regelmäßig haftungsbegründenden Charakter. Daher ist eine Abgrenzung zwischen Sorgfaltspflicht- und Treuepflichtverletzungen vorzunehmen. Gleichwohl kann in einer Maßnahme neben einer Treuepflichtverletzung aus anderen Gründen auch eine Sorgfaltspflichtverletzung gelegen haben.

Die von der Gerichtspraxis bei einem Interessenkonflikt des *director* vorgenommene Einstufung risikobehafteter Geschäfte als Sorgfaltspflichtverletzung erweist sich deshalb bei näherem Hinsehen als nicht sachgerecht und der aufgezeigten Systematik fremd. Unternehmerische Geschäfte sind stets mit einem Maß an Risiken und damit typischerweise mit der mehr oder weniger großen Wahrscheinlichkeit des Nichtgelingens behaftet. Gerade darin liegt ihre Schwäche aber auch ihre Stärke, denn der Weg zu besonderem wirtschaftlichen Erfolg führt notwendigerweise über das Risiko. Insofern kann zur Begründung einer Sorgfaltspflichtverletzung nachträglich und in Kenntnis aller maßgeblichen Umstände zwar auf die Erfolglosigkeit der Entscheidung abgestellt werden.[1852] Hingegen war die Entscheidungssituation für die betroffenen Entscheidungsträger in der konkreten Geschäftssituation oft erheblich weniger eindeutig. Dieser Umstand hat zur Folge, dass die Gerichte bestrebt sind, eine nachträgliche Überprüfung unternehmerischer Entscheidungen der Geschäftsführung (so genanntes *monday morning quarterbacking*[1853]) zu vermeiden.[1854] Dies erscheint umso verständlicher, als Richter

Geschäftsführung an dem in Rede stehenden Geschäft der Sache nach um einen Fall des conflict of interests und damit um einen Verstoß gegen Loyalitätspflichten handelte. Vgl. weitergehend zur Unterscheidung der Pflichten Duesenberg, Company, Financial and Insolvency Law (1997), 201, 201 ff.; Easterbrook/Fischel, Economic Structure of Corporate Law, 103; Scott, 35 Stanford Law Review (1983), 927, 927 ff.; Soderquist, 66 Notre Dame Law Review (1990), 37, 38 ff.

1849 Vgl. Cunningham/Yablon, 49 Business Lawyer (1994), 1593, 1597 ff.

1850 Vgl. Cunningham/Yablon, 49 Business Lawyer (1994), 1593, 1597 ff.

1851 So genanntes „fair self dealing", vgl. dazu Merkt, US-amerikanisches Gesellschaftsrecht, Rdn. 703.

1852 Vgl. Solomon/Palmiter, Corporations, 321 f.

1853 Vgl. Block/Miller, 11 Securities Regulation Law Journal (1983), 44, 48.

1854 Vgl. Merkt, US-amerikanisches Gesellschaftsrecht, Rdn. 710.

gemeinhin als schlechte Kaufleute gelten,[1855] auch wenn gerade die US-amerikanischen Gerichte in den Entscheidungsbegründungen gelegentlich ein besonderes kaufmännisches Verständnis entwickeln.[1856] Für die besondere Kon-fliktlage, in der sich das Management einer Zielgesellschaft in Kenntnis einer Übernahmeabsicht befindet, ist vorrangig an die Regelung für das *self-dealing*, und damit an die Treuepflichten, anzuknüpfen, auch wenn aus anderen Gründen zudem eine Sorgfaltspflichtverletzung vorliegen kann. Dabei ist der besonderen Situation während eines Übernahmevorgangs Rechnung zu tragen.

Soweit die haftungsbegündenden Umstände eines *self-dealing* zur Überzeugung des Gerichts dargelegt und gegebenenfalls bewiesen sind, ergeben sich zugunsten der Anspruchsteller, wie noch aufgezeigt wird, Beweiserleichterungen hinsichtlich des Haftungsumfangs und der Rechtsfolgen. Im Gegensatz dazu kann der *director* im Streit um eine Sorgfaltspflichtverletzung darlegen und gegebenenfalls beweisen, dass er unter Beachtung der Sorgfaltspflichten entschieden hat, auch wenn die Geschäftsführungsmaßnahme im Ergebnis objektiv nicht im besten Interesse des Unternehmens gelegen hat. Für den Fall des *self-dealing* wird dem Management somit diese Exkulpationsmöglichkeit genommen.[1857]

5. Regelungsmodelle zum self-dealing

Um überprüfen zu können, ob und gegebenenfalls inwieweit sich die Regelung des *self-dealing* auf das Abwehrverhalten des Managements in einer Übernahmesituation anwenden lässt, wird zunächst die rechtsgeschichtliche Entwicklung der Regelung aufgezeigt. Die Rechtsprechung zum *basic self-dealing* ist durch eine Reihe besonderer zeitlicher Handlungsabschnitte gekennzeichnet.[1858] Diese Rechtsentwicklung findet ihren Ausgangspunkt in der zweiten Hälfte des vorvorigen Jahrhunderts und ist in verschiedene Abschnitte zu gliedern, die im Folgenden aufgezeigt werden.

a. Rechtsprechung von 1880 - 1910 (strenge Anfechtbarkeit)

Bereits in einer Gerichtsentscheidung aus dem Jahre 1854 wurde festgestellt, dass es der Geschäftsführung verboten sei, Geschäftsführungsmaßnahmen zu ergreifen, an der die Unternehmensleitung ein persönliches Interesse hat oder haben

[1855] Vgl. dazu auch Easterbrook/Jarrell, 59 New York University Law Review (1984), 277, 278; Manning, 39 Business Lawyer (1984), 1477, 1483; Merkt, US-amerikanisches Gesellschaftsrecht, Rdn. 683.

[1856] Vgl. Merkt, US-amerikanisches Gesellschaftsrecht, Rdn. 1164 ff.

[1857] Vgl. Merkt, US-amerikanisches Gesellschaftsrecht, Rdn. 711 ff.

[1858] Vgl. dazu die umfangreiche Darstellung bei Marsh, Business Lawyer (1966), 35, 35 ff. und Klein/Coffee, Business Organization and Finance, 159 ff. Vgl. auch Abeltshauser, Leitungshaftung, 274 ff.; Merkt, US-amerikanisches Gesellschaftsrecht, Rdn. 703.

könnte.[1859] Ab 1880, nämlich mit dem Urteil Wardell v. Union Pacific Railroad,[1860] verfestigte sich dieses generelle Verbot; gleichzeitig wurde das getätigte Geschäft als von Seiten der Gesellschaft und der Anteilseigner im Außenverhältnis anfechtbar angesehen.[1861] Diese Rechtsprechung hielt sich bis 1910.[1862]

b. Rechtsprechung von 1910 - 1960 (eingeschränkte Anfechtbarkeit)

Eine Einschränkung erfuhr der Grundsatz der uneingeschränkten Anfechtbarkeit um die Jahrhundertwende. Ab 1910 schloss die Rechtsprechung die Anfechtbarkeit dieser Geschäfte aus, wenn eine persönlich nicht besonders am Geschäftsabschluss interessierte Mehrheit der *directors* sich für die Wirksamkeit des fraglichen Rechtsgeschäfts ausgesprochen hat und insofern die Geschäftstätigkeit bestätigte.[1863] Dies galt jedoch schon nach kurzer Zeit nur noch unter dem Vorbehalt, dass das fragliche Geschäft nicht vom Gericht als unfair oder betrügerisch ("*unfair* or *fraudulent*") erachtet wurde.[1864] Ein Geschäft, an dem die Mehrheit der *directors* ein besonderes Interesse besaß, galt unabhängig von einer Fairnessprüfung als anfechtbar.[1865]

[1859] Vgl. Aberdeen Railway v. Blaikie, 1 Macq.H.L.461, 471-472 (H.L.Sc.): Es ist einem director untersagt, " ... to enter into engagements, in which he has, or can have, a personal interest conflicting, or which may possibly conflict, with the interests of those whom he is bound to protect."

[1860] Wardell v. Union Pacific R.R., 103 U.S. 651, 658 (1880).

[1861] Vgl. Wardell v. Union Pacific R.R., 103 U.S. 651, 658 (1880), zum Verbot des self-dealing heißt es hier: "[T]he same person cannot act for himself and at the same time, with respect to the same matter, as the agent for another, whose interests are conflicting ... The two positions impose different obligations, and their union would at once raise a conflict between interest and duty; and 'Constituted as humanity is, in the majority of the cases duty would be overborne in the struggle'."; vgl. auch Burden v. Burden, 159 N.Y. 287, 307 (1899); Munson v. Syracuse, G. & C.Ry.Co., 8 N.E.355, 358 (1886); vgl. dazu auch Merkt, US-amerikanisches Gesellschaftsrecht, Rdn. 703; vgl. weiter Clark, Corporate Law, 160: Eine vergleichbare Regelung galt ebenfalls für Geschäfte zwischen Mutter- und Tochtergesellschaften und Gesellschaften mit ineinandergreifender Geschäftsführung (interlocking directorate).

[1862] Vgl. dazu auch Clark, Corporate Law, 160; Merkt, US-amerikanisches Gesellschaftsrecht, Rdn. 703; Solomon/Palmiter, Corporations, 345.

[1863] Vgl. dazu zunächst die frühen Urteile Curtis v. Salmon River Hydraulic Gold Mining & Dutch Co., 62 P. 552, 554 (1900); Tennison v. Patton, 67 S.W. 92, 95 (1902); Robotham v. Prudential Ins. Co. of America, 53 A. 842 (N.J. 1903); South Side Trust Co. v. Washington Tin Plate Co., 97 A. 450, 451 (Pa 1916); Clark, Corporate Law, 160; Solomon/Palmiter, Corporations, 345 f.

[1864] Vgl. dazu Sanders v. E-Z Park, Inc., 57 Wn.2d 474, 358 P.2d 138 (1960); Skelly v. Dockweiler, 75 F.Supp. 11 (S.D.Calif.1947); Piccard v. Sperry Corp., 48 F.Supp. 465 (S.D.N.Y.1943), *aff'd per curiam*, 152 F.2d 462 (2d Cir. 1946), *cert. denied*, 328 U.S. 845, 66 S.Ct. 1024, 90 L.Ed. 1619 (1946); Crawford v. Mexican Petroleum Co., 130 F.2d 359 (2d Cir. 1942); Briggs v. Scripps, 13 Cal.App.2d 43, 56 P.2d 277 (1936); G O S Cattle Co. v. Bragaw's Heirs, 38 N.M. 105, 28 P.2d 529 (1933); Boston Acme Mines Development Co. v. Clawson, 66 Utah 103, 240 P.165 (1925); Ransome Concrete Machinery Co. v. Moody, 282 F. 29 (2d Cir. 1922); Clark, Corporate Law, 160; Henn/Alexander, Laws of Corporations, 639; Merkt, US-amerikanisches Gesellschaftsrecht, Rdn. 703; Solomon/Palmiter, Corporations, 345 f.

[1865] Vgl. Tennison v. Patton, 67 S.W. 92, 95 (1902); South Side Trust Co. v. Washington Tin Plate Co., 97 A. 450, 451 (Pa. 1916); Curtis v. Salmon River Hydraulic Gold-Mining & Dutch Co., 62 P. 552, 554 (1900); Marsh, Business Lawyer (1966), 35, 39, 49; Merkt, US-ame-rikanisches Gesellschaftsrecht, Rdn. 703.

c. Rechtsprechung ab 1965 (entire fairness test)

Erst in den 60er Jahren setzte sich eine weniger strenge Regelung durch, nach der die grundsätzliche Wirksamkeit von Geschäften trotz *self-dealing* von der Rechtsprechung anerkannt wurde.[1866] Eine Aufhebung konnte dadurch gerichtlich bewirkt werden, dass das zuständige Gericht dieses Geschäft als unfair beurteilte,[1867] wobei den *directors* die Beweislast für die Fairness des Geschäfts oblag.[1868]

d. Corporate Code of California von 1975 und Gesetzesempfehlung des American Law Institute (keine Aufhebungsmöglichkeit wegen Unfairness nach Genehmigung)

Eine vierte Phase der Rechtsentwicklung setzte ein, nachdem in Kalifornien eine neue gesellschaftsrechtliche Vorschrift verabschiedet worden war, der zufolge auch ein ungerechtes und unvernünftiges Geschäft jedenfalls dann nicht gerichtlich aufgehoben werden kann, wenn es von den Anteilseignern genehmigt wurde.[1869] *Section* 310 dieses Gesetzes setzt für die Rechtmäßigkeit und Wirksamkeit eines Geschäfts voraus, dass es gerecht und vernünftig ("*just and reasonable*") und durch das *board of directors* genehmigt ist.[1870] Ersatzweise können die Anteilseigner ihrerseits das Geschäft ratifizieren.[1871]

Inhaltsähnlich ist die Gesetzesempfehlung des *American Law Institute* (*ALI*).[1872] Eine Treuepflichtverletzung soll nach § 5.02 dieses Gesetzesentwurfs dann nicht vorliegen, wenn der *director* den Interessenkonflikt offen gelegt hat und (1) das Geschäft fair ist oder aber (2) dieses von den unbeteiligten *directors* genehmigt

---

1866 Vgl. Murphy v. Washington American League Base Ball Club, Inc., 324 F.2d 394 (D.C.Cir.1963); Holloway v. International Bankers Life Insurance Co., 354 S.W.2d 198 (Tex.Civ.App.1962), *rev'd on other grounds*, 368 S.W.2d 567 (Tex. 1963); Wiberg v. Gulf Coast Land & Development Co., 360 S.W.2d 563 (Tex.Civ.App.1962). Vgl. dazu auch Solomon/Palmiter, Corporations, 346.

1867 Vgl. Ivanhoe Partners v. Newmont Mining Corp., 535 A.2d 1334 (Del. 1987); Weinberger v. UOP, Inc., 457 A.2d 701 (Del. 1983); Murphy v. Washington American League Base Ball Club, Inc., 324 F.2d 394 (D.C.Cir.1963); Holloway v. International Bankers Life Insurance Co., 354 S.W.2d 198 (Tex.Civ.App.1962), *rev'd on other grounds*, 368 S.W.2d 567 (Tex. 1963); Wiberg v. Gulf Coast Land & Development Co., 360 S.W.2d 563 (Tex.Civ.App.1962); Vgl. auch Henn/Alexander, Laws of Corporations, 639; Clark, Corporate Law, 160; Solomon/Palmiter, Corporations, 346.

1868 Vgl. Weinberger v. UOP, Inc., 457 A.2d 701 (Del. 1983); vgl. auch Bebchuk/Kahan, 1989 Duke Law Journal, 27, 27 ff.; Cannon/Tang-ney, 3 Columbia Business Law Review (1995), 725, 734 ff.; Merkt, US-amerikanisches Gesellschaftsrecht, Rdn. 1017; Mitchell, 43 Duke Law Review (1993), 425, 448 ff.; Weisner, Verteidigungsmaßnahmen gegen unfreundliche Übernahmeversuche, 56 f.

1869 Vgl. Ebke, ZGR 1990, 50, 75 f.

1870 Vgl. Henn/Alexander, Laws of Corporations, 640 f.

1871 Vgl. Henn/Alexander, Laws of Corporations, 640 ff.; Clark, Corporate Law, 160; vgl. dazu auch Bulbulia/Pinto, 53 Notre Dame Lawyer (1977), 201, 218-223, und Merkt, US-amerikanisches Gesellschaftsrecht, Rdn. 703.

1872 Vgl. § 5.02 (a) A.L.I. Principles of Corporate Governance.

wurde und vernünftigerweise als fair beurteilt werden konnte[1873] oder aber (3) von der unbeteiligten Mehrheit der Anteilseigner genehmigt wurde und keine Vergeudung von Gesellschaftsmitteln vorgelegen hat.[1874] Dieser Entwurf schließt ebenfalls eine Anfechtbarkeit oder Aufhebung des Geschäfts aus.[1875] In ihm wurden dagegen Verhaltenspflichten für das Management begründet, deren Verletzung eine Schadenersatzpflicht des Managements nach sich zieht, § 7.18.[1876]

e. Die Rechtslage in Delaware seit 1975 (Fairness oder Genehmigung, aber Anfechtungsmöglichkeit trotz Genehmigung bei Unfairness)

Durch Fairness- und Genehmigungskriterien ist auch das *statute* des Staates Delaware gekennzeichnet. Eine Besonderheit besteht in Delaware jedoch darin, dass von der Rechtsprechung eine Fairnessprüfung auch bei Vorliegen einer Genehmigung erfolgt[1877] und insofern das *statute* über seinen Wortlaut hinaus, möglicherweise auch gegen den Wortlaut, ausgelegt wird.[1878]

(1) Die Regelung des Delaware General Corporation Law

Die dem *RMBCA Section* 8.31 und anderen Regelungen verschiedener Bundesstaaten[1879] ähnliche *Section* 144 des *Delaware General Corporation Law* regelt die Wirksamkeit von Geschäften der Gesellschaft, die unter Beteiligung von persönlich interessierten *directors* und leitenden Angestellten abgeschlossen werden. Dabei enthält *Section* 144 augenscheinlich einen Erlaubnisvorbehalt, der eine Anfechtung ausschließt („*safe harbor*"), sofern eine der drei nachstehenden Voraussetzungen erfüllt ist.[1880] *Section* 144 lautet:

> „(a) No contract or transaction between a corporation and one or more of its directors or officers, or between a corporation and any other corporation, partnership, association, or other organization in which one or more of its directors or officers, are directors or officers, or have a financial

[1873] Wörtlich: „... could reasonably have concluded that the transaction was fair ...", mit dieser Formulierung handelte es sich offenbar um einen Neuansatz der Regelung, vgl. ALI, Corporate Governance, Final Draft, comment zu § 5.02, 280. Vgl. hierzu auch Solomon/Palmiter, Corporations, 347.

[1874] Vgl. ALI, Corporate Governance, Final Draft, comment zu § 502, 277. Vgl. hierzu auch Solomon/Palmiter, Corporations, 352 f.

[1875] Vgl. Solomon/Palmiter, Corporations, 352 f. („*safe harbour*").

[1876] Zum Ganzen vgl. auch Guntz, Treubindungen von Minderheitsaktionären, 42.

[1877] Vgl. Henn/Alexander, Laws of Corporations, Suppl. 1986, 7, 36 f.; Weinberger v. UOP, Inc., 457 A.2d 701 (Del. 1983).

[1878] Vgl. Weinberger v. UOP, Inc., 457 A.2d 701 (Del. 1983).

[1879] Vgl. beispielhaft § 713 N.Y.Bus.Corp.L. und § 713 Cal.Gen.Corp.L.

[1880] Vgl. Clark, Corporate Law, 166 ff.; Solomon/Palmiter, Corporations, 347 f.; Weisner, Verteidigungsmaßnahmen gegen unfreundliche Übernahmeversuche, 57.

interest, shall be void or voidable solely for this reason, or solely because the director or officer is present at or participates in the meeting of the board or committee which authorizes the contract or transaction, or solely because his or their votes are counted for such purpose, if:

(1) The financial facts as to the relationship or interest and as to the contract or transaction are disclosed or are known to the board of directors or the committee, and the board or committee in good faith authorizes the contract or transaction by the affirmative votes of a majority of the disinterested directors, even though the disinterested directors be less than a quorum; or

(2) The material facts as to his relationship or interest and as to the contract or transaction are disclosed or are known to the shareholders entitled to vote thereon, and the contract or transaction is specifically approved in good faith by vote of the shareholders.

(3) The contract or transaction is fair as to the corporation as of the time it is authorized, approved or ratified, by the board of directors, a committee, or the share-holders.

(b) Common or interested directors may be counted in determining the presence of a quorum at a meeting of the board of directors or of a committee which authorizes the contract or transaction.

Demnach sind *self-dealing*-Geschäfte im Kern nicht bereits allein (*solely*) deshalb nichtig oder anfechtbar, weil ein Interessenskonflikt vorgelegen hat.[1881] Sofern eine der folgenden drei Voraussetzungen gegeben ist, ist das Geschäft wirksam:[1882]

- Offenlegung des Interessenkonflikts und anschließende Bestätigung des Geschäfts durch uninteressierte *directors*;
- Offenlegung des Interessenkonflikts und anschließende Bestätigung des Geschäfts durch die Anteilseigner;
- Vorliegen eines fairen Geschäfts für das Unternehmen.

1881 Vgl. dazu auch Clark, Corporate Law, 167.

1882 Vgl. auch Clark, Corporate Law, 167 ff.; Weisner, Verteidigungsmaßnahmen gegen unfreundliche Übernahmeversuche, 57.

(2) Die uneingeschränkte Fairnessprüfung durch die Rechtsprechung - case law

Trotz des zuvor inhaltlich dargestellten Regelungsumfangs des *statute* überprüfen die Gerichte in Delaware *self-dealing*-Vorgänge auf ihre Fairness hin, auch wenn Genehmigungen ausgesprochen sind. So entschied der *Delaware Supreme Court* mehrfach, dass zwischen einem *director* und dem von ihm repräsentierten Unternehmen abgeschlossene Geschäfte (nur dann) als wirksam anzusehen seien, wenn der *director* nachweisen könne, dass das Geschäft entsprechend dem „*arm's length*"-Prinzip[1883] als fair anzusehen ist.[1884] In Weinberger v. UOP, Inc.[1885] führte das Gericht beispielhaft aus:

> „There is no safe harbor for ... divided loyalties in Delaware. When directors of a Delaware corporation are on both sides of a transaction, they are required to demonstrate their utmost good faith and the most scrupulous inherent fairness of the bargain."

In Fliegler v. Lawrence[1886] entschied der *Delaware Supreme Court* mit eindeutigen Worten auf den Einwand der *directors*, das Gericht sei zur Überprüfung der Fairness des Geschäfts wegen einer von den Anteilseigern vollzogenen Ratifizierung der Entscheidung des Vorstands zur Einleitung des fraglichen Geschäftsabschlusses nicht befugt, dass gleichwohl auch in diesem Fall eine Fairnessprüfung vorzunehmen sei. Das Gericht befand, dass *Section* 144 eine Fairnessprüfung nicht ausschließe, auch wenn die Absätze 1 und 2 einschlägig seien:

> „[Section 144] merely removes an 'interested director' cloud when its terms are met and provides against invalidation of an agreement "solely" because such a director or officer is involved. Nothing in the statute sanctions unfairness to Agau [das hier betroffene Unternehmen, Anmerkung des Verfassers] or removes the transaction from judicial scrutiny."

1883 Vgl. dazu Allied Chemical & Dye Corp. v. Steel & Tube Co., 120 A.486, 494 (Del.Ch. 1923); Gimbel v. Signal Companies, Inc., 316 A.2d 599 (Del.Ch. 1954); Gomberg v. Midvale Co., 157 F.Supp. 132 (E.D.Pa. 1955); Baron v. Pressed Metals of America, Inc., 123 A.2d 848 (Del. 1956); Merkt, US-amerikanisches Gesellschaftsrecht, Rdn. 1015 f.; Solomon/Palmiter, Corporations, 348; Weisner, Verteidigungsmaßnahmen gegen unfreundliche Übernahmeversuche, 58.

1884 Vgl. Zirn v. VLI Corp., 621 A.2d 773, 777 (Del. 1993); Rosenblatt v. Getty Oil Co., 493 A.2d 929, 944 (Del. 1985); Weinberger v. UOP, Inc., 457 A.2d 701 (Del. 1983). Vgl. dazu auch Ebke, in Mestmäcker/Behrens, Gesellschaftsrecht der Konzerne, 279, 326; Solomon/Palmiter, Corporations, 348.

1885 Weinberger v. UOP, Inc., 457 A.2d 701 (Del. 1983). Vgl. dazu auch Siegel, 36 Hastings Law Journal (1985), 377, 404 ff.

1886 Fliegler v. Lawrence, 361 A.2d 218 (Del. 1976).

Zur Begründung führt demnach das Gericht aus, das *statute* stelle lediglich fest, dass derartige Geschäfte bei Vorliegen der Voraussetzungen nicht (mehr) automatisch anfechtbar seien.[1887] Die Bestätigungs- oder Genehmigungsvorgänge würden zugunsten der *directors* keinen abschließenden Schutz bieten.[1888] Die Geschäfte seien immer anfechtbar, wenn sie unfair seien.[1889] Eine gerichtliche Überprüfung sei insofern durch das *statute* nicht ausgeschlossen.[1890] Dementsprechend dürfte ein Geschäft auch nicht allein deshalb anfechtbar sein, weil der Interessenskonflikt nicht offen gelegt oder aber die Bestätigung oder Genehmigung nicht erteilt wurde. In jedem Fall wäre somit die gerichtlich überprüfbare Fairness des Geschäfts maßgeblich.[1891] Fraglich ist, ob die von den Gerichten offensichtlich vorgenommene Auslegung des Gesetzes zutreffend ist oder die Vorschrift nicht als spezielle und abschließende Regelung zu verstehen ist.[1892] Im Ergebnis stellt sich die gerichtliche Auslegung der Vorschrift als erweiternder Schutz der Minderheitsanteilseigner dar.

Die von den Gerichten vorzunehmende Prüfung der *entire fairness* orientiert sich an den Kriterien des fairen Entscheidungsprozesses und des fairen Preises („*fair dealing and fair price*").[1893] Sämtliche für die anstehende Transaktion relevanten Informationen müssen den übrigen *directors* und gegebenenfalls den Aktionären gegenüber offen gelegt werden („*duty of candor*").[1894] Die Überprüfung des fairen Preises erstreckt sich auf sämtliche wirtschaftlichen und vor allem auf die finanziellen Entscheidungskriterien. Insbesondere ist die Angemessenheit des Preises zu überprüfen.[1895] Zur weiteren Konkretisierung dieses Überprüfungskriteriums wird zumeist das „*arm's-length*"-Verfahren herangezogen. Danach wird ein Geschäft als unfair angesehen, wenn sich aus einem Vergleich mit einem entsprechenden hypothetischen Geschäft, das von einem rationalen, gut informierten und loyalen Geschäftsführer abgeschlossen wird, ergibt, dass das tatsächlich abgeschlossene und mit einem Interessenkonflikt behaftete Geschäft für die Gesellschaft bzw. für die Aktionäre nachteilig ist.[1896] Daneben wird zur Überprüfung der Angemessenheit des Preises auf den vorhandenen Markt, dem das Geschäft zuzuordnen

---

[1887] Fliegler v. Lawrence, 361 A.2d 218 (Del. 1976); vgl. auch Clark, Corporate Law, 169 f.

[1888] Vgl. Clark, Corporate Law, 169 f.; Solomon/Palmiter, Corporations, 348.

[1889] Vgl. Clark, Corporate Law, 169 f.; Mitchell, 43 Duke Law Review (1993), 425, 448 ff.; Solomon/Palmiter, Corporations, 348.

[1890] Vgl. Clark, Corporate Law, 169 f.

[1891] Vgl. Clark, Corporate Law, 169 f.

[1892] Vgl. zur Interpretation des Gesetzes und zu einer alternativen Auslegung und Vorgehensweise Clark, Corporate Law, 170 f.

[1893] Vgl. Cannon/Tangney, 3 Columbia Business Law Review (1995), 725, 735; Regan, 46 Hastings Law Journal (1994), 125, 138 ff.

[1894] Vgl. Mills Acquisition Co. v. Macmillan, Inc., 559 A.2d 1261, 1280 (Del. 1988); Cannon/Tangney, 3 Columbia Business Law Review (1995), 725, 736 f.

[1895] Vgl. Bebchuk/Kahan, 1989 Duke Law Journal, 27, 27 ff.; Cannon/Tangney, 3 Columbia Business Law Review (1995), 725, 738 f.

[1896] Vgl. Clark, Corporate Law, 147 f.; Ebke, in Mestmäcker/Behrens, Gesellschaftsrecht der Konzerne, 279, 326.

ist, abgestellt (*competitive-market-comparison*). Demnach ist ein Geschäft unfair, wenn es gegenüber einem konkreten vergleichbaren Geschäft, das zwischen unabhängigen Parteien auf einem rationalen Kriterien folgenden Wettbewerbsmarkt geschlossen wurde, nachteilig ist.[1897] Dieser Prüfungsmaßstab ist jedoch nicht in jedem Fall brauchbar, weil nur selten ein vergleichbares Geschäft vorzufinden ist.[1898]

(3) Ursachen für die Änderung der Rechtsprechung

Für eine Bewertung der unterschiedlichen Ansätze einer Regelung des *self-dealing* sollen zunächst die Ursachen für die Änderung der Rechtsprechung aufgezeigt werden. Für die Änderung des positiven Rechts und der Rechtsprechung lassen sich den insoweit einschlägigen Urteilen in der Regel kaum aufschlussreiche oder gar erschöpfende Gründe entnehmen. Die Gerichte verwiesen in der ersten Phase der Rechtsentwicklung weitgehend auf formale und teilweise sehr allgemeine Kriterien. Justice Field begründete seine Auffassung damit, dass die menschliche Natur typischerweise darauf ausgerichtet sei, das Individualinteresse in der Mehrheit der Konfliktfälle gegenüber der Pflicht durchzusetzen.[1899] Daneben sahen die Gerichte mit Recht die Aufdeckung von Interessenkonflikten in der Rechtswirklichkeit als äußerst schwierig an.[1900] Sie lehnten ausdrücklich eine Regelung ab, nach der die *directors* in die peinliche Lage versetzt würden, jemanden aus ihren Reihen kontrollieren zu müssen.[1901] Die spätere abweichende Rechtsprechung setzte sich mit diesen Argumenten nicht im Detail auseinander, sondern führte für die Umorientierung zumeist rechtstechnische Begründungen an.[1902] Verwiesen wurde insbesondere auf Parallelen zum *Trust*-Recht.[1903]

Für die sich anschließenden Stadien der Rechtsentwicklung lassen sich im Wesentlichen drei Erklärungsansätze für die Änderung der rechtlichen Beurteilung des *basic self-dealing* aufzeigen. Die beiden ersten Ansätze orientieren sich primär an dem sich ändernden Kräfteverhältnis der auf das Recht einwirkenden Personengruppen während der dritte Ansatz auf das Für und Wider der verschiedenen Regelungen und deren immante Regelungszwecke abstellt.

[1897] Vgl. Cannon/Tangney, 3 Columbia Business Law Review (1995), 725, 739.

[1898] Vgl. dazu Clark, Corporate Law, 148.

[1899] Vgl. Wardell v. Union Pac. R.R., 103 U.S. 651, 658 (1880).

[1900] Vgl. Merkt, US-amerikanisches Gesellschaftsrecht, Rdn. 725 ff.

[1901] Vgl. hierzu ausführlich Weisner, Verteidigungsmaßnahmen gegen unfreundliche Übernahmeversuche, 56 ff.

[1902] Vgl. Clark, Corporate Law, 161.

[1903] Vgl. Berle, 44 Harvard Law Review (1931), 1049, 1049 ff.; Clark, Corporate Law, 163.

(a) Managerial influence theory

Auf eine deutliche Intensivierung des Managementeinflusses auf Gerichte und Gesetzgeber verweist die *managerial influence theory*. Ausgangspunkt dieser Theorie ist die Beobachtung, dass jede Entwicklungsstufe der Regeln zum *self-dealing* durch die US-amerikanische Rechtsprechung von einer zunehmenden Milde gegenüber den leitenden Angestellten gekennzeichnet ist. So würden die von der Rechtsprechung aufgestellten Regeln den Managern die Verwirklichung gerade ihrer persönlichen Ziele auf Kosten sowohl der institutionellen Anleger als auch der Minderheitsaktionäre mehr und mehr erleichtern.[1904] Obgleich die Regelung des dritten Abschnitts der Rechtsentwicklung ab 1960 erfordere, dass *basic self-dealing transactions* „fair" sind, habe auch diese Regelung gestattet, dass sich tatsächlich in erheblichem Umfang unfaire Geschäfte zugetragen hätten, die zum großen Teil unentdeckt oder unkorrigiert geblieben seien.[1905] Der Grund für den besonderen Schutz des Managements liege dabei - so vermut man - in einer gewissen Klassensolidarisierung (*class loyality*) zwischen Gerichten und Managern begründet.[1906]

(b) Lawyers' influence theory

Die so genannte *lawyers' influence theory* stellt auf den Einfluss der Rechtsanwaltschaft bei der Ausarbeitung entsprechender rechtlicher Regeln ab. So seien insbesondere die Anwälte stärker in die Rechtsentwicklung einbezogen worden, da sie zunehmend einflussreicher geworden seien und in der Öffentlichkeit kontinuierlich eine bedeutendere Rolle zu spielen begannen. Es sei ihnen mit fortlaufender Zeit gelungen, die Gerichte für die Unterstützung und Ausarbeitung weniger bestimmter Rechtsregeln zu gewinnen, so dass sie selbst infolge der Rechtsunsicherheit und des erhöhten Streitpotentials höhere Erträge erwirtschaften könnten.[1907]

(c) Judicial enlightenment theory

Der dritte als *judicial enlightenment theory* bezeichnete Ansatz für die Erklärung der das Management begünstigenden Rechtsentwicklung im Bereich des *self-dealing* greift den Gedanken auf, dass sich der ursprünglich von der Rechtsprechung propagierte Grundsatz der Anfechtbarkeit von *self-dealing*-Geschäften als Ausdruck einer unkritischen Anlehnung an das *Trust*recht und einer unzureichenden Hinterfragung allgemeiner Aussagen über die menschliche Natur dargestellt

---

[1904] Vgl. Clark, Corporate Law, 162; Lüttmann, Kontrollwechsel in Kapitalgesellschaften, 112 f.; vgl. auch Groh, DB 2000, 2153, 2154; Herrmann, Funktion, Kontrolle und Haftung der Leitungsorgane, 12, die in diesem Zusammenhang von einem *Race to Laxity* sprechen.

[1905] Vgl. Clark, Corporate Law, 162.

[1906] Vgl. Cary, 83 Yale Law Journal (1974), 663, 690 ff.; Clark, Corporate Law, 162; Hirte, AG 1991, 166, 169; Lüttmann, Kontrollwechsel in Kapitalgesellschaften, 112 f.

[1907] Vgl. Clark, Corporate Law, 163; Romano, 73 Virginia Law Review (1987), 111, 126 ff.

habe.[1908] Der sich seit dieser Zeit rasch entwickelnde Gebrauch korporativer Zusammenschlüsse habe jedoch eine weitaus breitere Spannweite möglicher Gestaltungsformen der *self-dealing*-Geschäfte offenbart, die nicht ausschließlich negative, sondern mitunter auch für die Aktionäre positive Wirkungen hätten.[1909] Es sei daher nicht sachgerecht, eine kategorische negative Beurteilung dieser Geschäfte anzunehmen.[1910] Anlass für eine Distanzierung von der pauschalen Anfechtbarkeit solcher Transaktionen gab vor allem die besondere Situation in den *close corporations*. Die besondere Geschäftssituation in diesen zumeist kleinen und überschaubaren Unternehmen erfordert oftmals die Nutzung von Mitteln, die auf dem Markt nicht erhältlich, wohl aber der Geschäftsführung mit Hilfe des Einsatzes mit ihr persönlich verbundener Unternehmen bzw. Unternehmer zugänglich sind.[1911] Deshalb wird teilweise gefordert, gerade in den *close corporations* das *self-dealing* - wenigstens im Grundsatz und mit entsprechenden "*safeguards*" versehen - zu gestatten.[1912]

6. Haftung des Managements bei unerlaubtem self-dealing

Als die sachgerechte Rechtsfolge eines unfairen *self-dealings* wird die Anfechtbarkeit des getätigten Geschäfts und die Verpflichtung der *interested directors* zur Leistung von Schadenersatz angesehen.[1913] Einige ältere Entscheidungen hatten als exklusive Rechtsfolge die Aufhebung des Vertrages beurteilt.[1914] Dies hatte vielfach zu unbilligen Ergebnissen geführt.[1915] Als eine Gesellschaft einen Vermögensgegenstand behalten wollte, den sie zuvor von einem leitenden Angestellten erworben hatte, führte dies dazu, dass sie den zuvor vereinbarten exorbitanten, nicht marktgerechten Preis zu zahlen verpflichtet war.[1916] Eine eindeutige Regelung zum Haftungsumfang hat sich bisher nicht herauskristallisiert. Dies liegt zum einen

---

[1908] Vgl. Clark, Corporate Law, 164.

[1909] Vgl. Clark, Corporate Law, 164.

[1910] Vgl. Clark, Corporate Law, 164.

[1911] Vgl. Clark, Corporate Law, 164 f.

[1912] So Clark, Corporate Law, 162, 165.

[1913] Vgl. Clark, Corporate Law, 175; Shlensky v. South Parkway Bldg. Corp., 166 N.E.2d 793, 802 (Ill. 1960). Vgl. auch Bliss Petroleum Co. v. McNally, 237 N.W. 53 (Mich. 1931): Die Gesellschaft machte den Vertrag nicht rückgängig, sondern erhielt Schadenersatz in Höhe des Differenzbetrages zwischen gezahltem Preis und fairem Verrechnungspreis; Ripley v. International Rys. of Central America, 171 N.E.2d 443 (N.Y. 1960): Wiedergutmachung nach dem fairen Wert der geleisteten Dienste und Vertragsanpassung für zukünftige Dienstleistungen. Obgleich die Entscheidungen in Bezug auf diesen Punkt nicht eindeutig sind, scheint es, dass der Kläger wahlweise Rückgängigmachung oder Schadenersatz verlangen kann. Allerdings beachte man auch Mariani v. Mariani, 93 N.Y.S 2d 370 (App. Div. 1949): Rückgängigmachung nur bei Betrug, aber Zahlung von Schadensersatz.

[1914] Vgl. Merkt, US-amerikanisches Gesellschaftsrecht, Rdn. 703.

[1915] Vgl. Merkt, US-amerikanisches Gesellschaftsrecht, Rdn. 703; New York Trust Co. v. American Realty Co., 155 N.E. 102, 105 (N.Y. 1926); Barr v. New York L.E. & W.R.R., 26 N. E. 145 (N.Y.) 1891.

[1916] Vgl. New York Trust Co. v. American Realty Co., 155 N.E. 102, 105 (N.Y. 1926); Barr v. New York L.E. & W.R.R., 26 N. E. 145 (N.Y.) 1891.

daran, dass die bekannt gewordenen Gerichtsverfahren zumeist das Grundgeschäft und nicht den SchadensersatzProzess gegen den *director* betrafen, und zum anderen daran, dass die *directors* zumeist versichert sind und nach Feststellung der Rechtsfolgen für das Grundgeschäft eine Einigung über die Schadensersatzzahlung außergerichtlich herbeigeführt wird.[1917]

7. Regelungsmodelle für das Verhalten der directors in einer Übernahmesituation

Nach allgemeiner Auffassung sind die von der Rechtsprechung entwickelten Regeln zum *self-dealing* nicht, jedenfalls aber nicht uneingeschränkt, auf das Verhalten der *directors* in Übernahmesituationen anwendbar. Für die Regelung der Verhaltenspflichten des Managements einer Zielgesellschaft in einer Übernahmesituation werden von Rechtsprechung und Lehre in den USA die nachfolgend dargestellten besonderen Regelungsmodelle vertreten.

a. Strenge Passivität (pure passivity)

Maßgeblich von Vertretern des Schrifttums wird eine Regelung befürwortet, nach der die *directors* der Zielgesellschaft zu reiner Passivität verpflichtet sind. In einer Übernahmephase dürften sie lediglich den Anteilseignern Informationen erteilen und mit diesen oder unter ihnen Diskussionen anregen („*propaganda tactic*").[1918] Von ihnen sei schlicht zu verlangen, dass sie die Anteilseigner ohne weitere Beeinflussung über die Annahme des Angebots entscheiden lassen.[1919] Dieses Regelungsmodell beruht auf der Annahme, dass die Einleitung und Ausführung von Abwehrmaßnahmen Übernahmen verhindert oder zumindest die Übernahmekosten erhöht, so dass sich die durch Übernahmen bewirkten wertsteigernden Effekte nicht einstellen können.[1920] Der gravierende Interessenkonflikt, in dem sich das Management der Zielgesellschaft in dieser speziellen Situation regelmäßig befinde, müsse realistischerweise als kaum steuerbar angesehen werden.[1921] Deshalb sei eine reine Passivität sachgerecht; auch Kurssteigerungen dürften von den *directors* nicht zu erzielen versucht werden, weil jede Einflussnahme auf den Übernahmevorgang, selbst unter dem Vorwand der Preissteigerung, tatsächlich Abwehrmaßnahmen zum

[1917] Vgl. Clark, Corporate Law, 664 ff.

[1918] Vgl. Bebchuk/Ferrell, 99 Columbia Law Review (1999), 1168, 1184; Easterbrook/Fischel, 94 Harvard Law Review (1981), 1161, 1174 ff.; Easterbrook/Fischel, 36 Business Lawyer (1981), 1733, 1750; Schwartz, 2 Journal of Law, Economics, and Organization (1989), 413, 413 ff.

[1919] Vgl. Easterbrook/Fischel, 94 Harvard Law Review (1981), 1161, 1161 ff.; Siehe auch die Darstellung bei Clark, Corporate Law, 580.

[1920] Vgl. Easterbrook/Fischel, 94 Harvard Law Review (1981), 1161, 1174 f.; Easterbrook/Jarell, 59 New York University Law Review (1984), 277, 291 ff.

[1921] Vgl. Clark, Corporate Law, 580. Vgl. demgegenüber auch Oesterle, 71 Cornell Law Review (1985), 53, 53 ff. Zu den daraus resultierenden Problemen für die anwaltliche Beratung in der Übernahmesituation vgl. auch Hechler, 21 Delaware Journal of Corporate Law (1996), 943, 943 ff.

Zweck der Erhaltung der eigenen Arbeitsplätze sein könnten.[1922] Durch unnötige Verhandlungen sowie durch das Bemühen, einen Konkurrenzbieter zu finden, würden die Übernahmekosten gesteigert, so dass die Übernahme schon aus Kostengründen für die Anteilseigner weniger vorteilhaft sein könne.[1923] Die Schaffung der Wettbewerbssituation sei ungerecht, weil der Konkurrenzbieter auf die vorhandenen übernahmerelevanten Informationen zurückgreifen könne, insofern keine oder geringere Kosten aufzuwenden habe und (nur) deshalb einen höheren Preis zu zahlen bereit sei.[1924] Dies wirke sich insgesamt auf den Übernahmemarkt und damit auf die Volkswirtschaft negativ aus.[1925]

Die namhaftesten Vertreter dieses Lösungsmodells mit beachtenswerten Gedanken sind Easterbrook und Fischel.[1926] Sie legen die Hypothese des effizienten Kapitalmarktes ("*Efficient Capital Market Hypothesis*") und das Modell eines Marktes für Unternehmenskontrolle zugrunde und gelangen auf dieser Grundlage im Ergebnis zu der Überzeugung, dass jedes über dem aktuellen Börsenkurs liegende Kaufangebot für die Aktionäre gewinnbringend sei[1927] und jede Einflussnahme der *directors* die Gefahr der Vereitelung der Übernahme und die für die Gruppe der Aktionäre allgemein nachteilige Beeinträchtigung des Marktes für Unternehmenskontrolle berge. Würden nämlich Übernahmen in größerer Anzahl vereitelt, sähen Bieter zukünftig wegen der hohen direkten und indirekten Kosten eines Übernahmeversuchs von derartigen Vorhaben ab.[1928]

b. Eingeschränkte Passivität (modified passivity)

Eine sich an das Modell der reinen Passivität anlehnende Auffassung spricht sich für eine eingeschränkte Passivitätspflicht aus. Danach sind die *directors* einer Zielgesellschaft ausschließlich zur Informationserteilung gegenüber den Anteilseignern und zur inhaltlichen Auseinandersetzung mit den Anteilseignern sowie zum Werben eines Konkurrenzbieters und folgenden Verhandlungen mit beiden Bietern

---

[1922] Vgl. Clark, Corporate Law, 580.

[1923] Vgl. Easterbrook/Fischel, 94 Harvard Law Review (1981), 1161, 1174; vgl. auch Easterbrook/Fischel, 36 Business Lawyer (1981), 1733, 1738.

[1924] Vgl. Easterbrook/Fischel, 94 Harvard Law Review (1981), 1161, 1175; Bainbridge, 75 Minnesota Law Review (1990), 239, 242 f.

[1925] Vgl. Easterbrook/Fischel, 94 Harvard Law Review (1981), 1161, 1173 f.; Mülbert/Birke, WM 2001, 705, 710; vgl. auch Easterbrook/ Fischel, 35 Stanford Law Review (1982), 1, 2.

[1926] Vgl. Easterbrook/Fischel, 94 Harvard Law Review (1981), 1161, 1161 ff. Vgl. im Übrigen dazu auch Schwartz, 2 Journal of Law, Economics, and Organization (1986), 229, 230. Demgegenüber kritisch Oesterle, 71 Cornell Law Review (1985), 53, 53 ff.

[1927] Easterbrook/Fischel, 94 Harvard Law Review (1981), 1161, 1165: „... A cash tender offer at a premium over the market price gives each shareholder the opportunity to obtain, with certainty, a return exeeding the current market value of the target's stock ...". Kritisch dazu Schmidt, in Boettcher/Herder-Dorneich/Schenk, Jahrbuch für Neue Politische Ökonomie, 6. Band, 180, 190 ff.

[1928] Vgl. Clark, Corporate Law, 589 f.; Easterbrook/Fischel, 59 New York University Law Review (1984), 277, 277 ff.

berechtigt und möglicherweise sogar verpflichtet.[1929] Im Gegensatz zu den Befürwortern der reinen Passivität werden von den Vertretern einer eingeschränkten Passivität der Förderung der Wettbewerbssituation in einer Übernahmesituation positive Auswirkungen beigemessen. Regelmäßige Folge einer Versteigerung der Kontrollmacht über die Zielgesellschaft sei eine (zusätzliche) Kurssteigerung.[1930] Jeder Anteilseigner habe insofern die Möglichkeit, einen höheren Kursaufschlag zu realisieren. Andererseits sei es den *directors* verboten, Eigeninteressen zu verfolgen.[1931] Dies gelte jedenfalls, soweit von den *directors* nicht ein so genannter *white knight*[1932] gesucht und gefunden wird.[1933] In diesem Fall wären die Anteilseigner nicht übervorteilt, weil ihnen die Versteigerungssituation und der nachfolgende Verkauf die Realisierung des Kursaufschlags ermöglicht.[1934] Es muss jedoch damit gerechnet werden, dass die *directors* in - nicht nachweisbarer - Verletzung ihrer Pflichten die Versteigerung, die so genannte *auction*, nicht mit dem Ziel der Kursmaximierung betreiben, sondern dem *white knight* lediglich einen geringfügig über dem Konkurrenzangebot liegenden Preis und nicht den maximal zu erzielenden Kurs abverhandeln.[1935] Insofern läge keine beidseitig transparente, sondern lediglich eine einseitig zum Nachteil der Anteilseigner und zugunsten des *white knight* transparente Versteigerungssituation vor.[1936]

Auch die Vertreter dieser Rechtsauffassung schließen an die Theorie des effizienten Kapitalmarktes an.[1937] Sie halten die *business judgement rule* nicht für geeignet, während einer Übernahmephase eine sachgerechte Entscheidungsfindung des Managements zu gewährleisten. Während die *business judgement rule* ihren Zweck in erster Linie bei der Beurteilung von Geschäftsführungsmaßnahmen im Alltagsgeschäft finde, sei sie nicht in der Lage, die für die besonders gelagerten Fälle des *self-dealing*, insbesondere während einer Übernahmephase, erforderliche Kontrollfunktion zu entfalten.[1938] Ebenso könne der nach üblicher gesellschaftsrechtlicher Lehre anwendbare *entire fairness test* in diesen besonderen Fällen nicht

---

[1929] Vgl. Bebchuk, 95 Harvard Law Review (1982), 1028, 1028 ff., 1054 ff.; Berkovitch/Bradley/Khanna, 2 Journal of Law, Economics, and Organization (1989), 395, 395 ff.; Deakin/Slinger, 24 Journal of Law and Society (1997), 124, 145; Fink, 20 Delaware Journal of Corporate Law (1995), 133, 142 ff.; Gilson, 33 Stanford Law Review (1981), 819, 868 ff.; Bebchuk, 35 Stanford Law Review (1982), 23, 23 ff.; Gilson, 35 Stanford Law Review (1982), 51, 51 ff.; Lynch/Steinberg, 64 Cornell Law Review (1979), 901, 901 f. Vgl. dazu ablehnend Schwartz, 2 Journal of Law, Economics, and Organization (1986), 229, 247.

[1930] Vgl. Clark, Corporate Law, 580; Solomon/Palmiter, Corporations, 594.

[1931] Vgl. Fink, 20 Delaware Journal of Corporate Law (1995), 133, 142, 165 ff.; Lynch/Steinberg, 64 Cornell Law Review (1979), 901, 914 f.

[1932] Vgl. dazu die Ausführungen oben unter 2. Teil D. II. 2. b.

[1933] Vgl. Bebchuk, 35 Stanford Law Review (1982), 23, 42, 47 f.; Bebchuk, 98 Harvard Law Review (1985), 1693, 1705, 1742 ff.; Fink, 20 Delaware Journal of Corporate Law (1995), 133, 142, 148 f.; 167 f.

[1934] Einschränkend Merkt, US-amerikanisches Gesellschaftsrecht, Rdn. 1146, 1176 ff.

[1935] Vgl. Fink, 20 Delaware Journal of Corporate Law (1993), 133, 142.

[1936] Vgl. Fink, 20 Delaware Journal of Corporate Law (1993), 133, 170.

[1937] Vgl. Bebchuk, 2 Journal of Law, Economics, and Organization (1986), 253, 259.

[1938] Vgl. Merkt, US-amerikanisches Gesellschaftsrecht, Rdn. 1166 ff.

zu angemessenen Ergebnissen führen. Nicht die Gerichte hätten die Angemessenheit eines Übernahmeangebots zu prüfen, sondern die Aktionäre.[1939]

c. Differenzierende Regulierung (differential regulation)

Weitere publizierte Regelungsmodelle stellen differenzierende, von der jeweiligen Maßnahme abhängige Verhaltenspflichten auf. Unterschiedliche Kategorien von Abwehrstrategien sollen unterschiedlichen Regelungsmustern unterworfen sein.[1940] Die hinter diesem Ansatz stehenden Ideen gehen davon aus, dass die verschiedenen Verteidigungshandlungen eine unterschiedliche Bedrohung des Wohls und der Vermögensinteressen der Aktionäre darstellen. Mit einer differenzierenden Regulierung soll erreicht werden, dass in Abhängigkeit des Gefährdungspotentials der betreffenden Abwehrmaßnahme entweder eine restriktive oder aber eine liberale Regelung Anwendung findet.[1941] So wird beispielsweise das *greenmailing* als unzulässig angesehen,[1942] während das Führen von Rechtsstreitigkeiten mit dem Bieter als von der *business judgement rule* gedeckte zulässige Abwehrmaßnahme beurteilt wird.[1943] *Poison pill plans* stünden im Einklang mit den Verhaltenspflichten, wenn sie dazu bestimmt seien, eine Gleichbehandlung der Aktionäre zu gewährleisten,[1944] während „*backloaded*" *plans* den Verhaltenspflichten entgegenstünden.[1945] Strukturelle Veränderungen (*structural changes*), beispielsweise „*defensive acquisitions*" und „*lock-ups*", seien nicht zulässig,[1946] während andere Maßnahmen nicht grundsätzlich unzulässig seien.[1947]

Die differenzierende Regulierung der Verhaltenspflichten würde ein umfangreiches Regelungswerk erforderlich machen, das angesichts immer wieder neuer und erweiterter Abwehrstrategien niemals abschließend sein könnte. Die Schwäche der Differenzierung liegt somit unabhängig von der inhaltlichen Auseinandersetzung jedenfalls in der verbleibenden Rechtsunsicherheit. Insofern wird zur Eingrenzung der Rechtsunsicherheit auch die Fortentwicklung genereller Regeln durch eine Behörde wie der *SEC* als sachgerecht angesehen,[1948] die ein Regelwerk aufstellen

---

1939 Vgl. Fink, 20 Delaware Journal of Corporate Law (1993), 133, 141.

1940 Vgl. Greene/Junewicz, 132 University of Pennsylvania Law Review (1984), 647, 736 ff.; Coffee, 84 Columbia Law Review (1984), 1145, 1145 ff.; vgl. auch Lowenstein, 83 Columbia Law Review (1983), 249, 317 f.

1941 Vgl. Clark, Corporate Law, 580 f.

1942 Vgl. Note, 98 Harvard Law Review (1985), 1045, 1045 ff.; Coffee, 84 Columbia Law Review (1984), 1145, 1145 ff., der den directors die Initiierung eines „counter bid" einräumt, anderseits aber „partial bids" nicht als rechtmäßig ansieht.

1943 Vgl. hierzu die Ausführungen bei Clark, Corporate Law, 581.

1944 Vgl. Scharf/Shea/Beck, Acquisitions, 249 f.

1945 Vgl. Clark, Corporate Law, 581.

1946 Vgl. dazu Fraidin/Hanson, 103 Yale Law Journal (1994), 1739, 1742 f.

1947 Vgl. Lowenstein, 83 Columbia Law Review (1983), 249, 317 f.

1948 Greene/Junewicz wollen insofern dem SEC plenary „rule making authority" einräumen, vgl. Greene/Junewicz, 132 University of Pennsylvania Law Review (1984), 647, 647 ff.

und fortentwickeln sollte, während ein detailliertes *statute* genauso wenig als geeignet angesehen wird wie die Rechtsfortbildung durch Gerichtsentscheidungen.[1949] Ein differenzierendes Regelungsmodell wird maßgeblich vom *SEC's Advisory Committee*,[1950] Handelsvereinigungen und anderen Interessengemeinschaften sowie den gemäßigteren Vertretern des Schrifttums[1951] propagiert.

d. Beurteilung des Abwehrverhaltens nach Absicht des Managements (primary purpose test)

Nach einem weiteren Regelungsmodell soll das Management verpflichtet sein, im besten Interesse der Gesellschaft zu handeln.[1952] Dieses Interesse könnten sie als Leitungsorgane besser beurteilen.[1953] In gerichtlichen Auseinandersetzungen seien die *directors* der Zielgesellschaft verpflichtet, ihre redliche Absicht bis hin zur Fairness des Geschäfts nachzuweisen.[1954] Dagegen dürften sie nicht zur Durchsetzung eigennütziger Interessen gehandelt haben. Aus diesem Grund wird die eher einer Beweislastregel entsprechende Pflichtenfestschreibung als *primary purpose test* bezeichnet.[1955] Die Befürworter derartiger Verhaltenspflichten stellen maßgeblich auf die Treuhänderstellung der *directors* und die Intensität des Interessenkonflikts ab.[1956] Die Regelung des Problems über die Beweislastregel wird vorwiegend von Gerichten als sachgerecht angesehen[1957] und schließt sich eng an die Regelungen des *basic self-dealing* an.

e. Uneingeschränkte Anwendung der business judgement rule

Ein anderer, maßgeblich von Gerichten vertretener Regelungsansatz hält die *business judgement rule* auch auf Abwehrmaßnahmen des Managements für uneingeschränkt anwendbar.[1958] Auch die Entscheidung über den Einsatz von Mitteln der

[1949] Vgl. Greene/Junewicz, 132 University of Pennsylvania Law Review (1984), 647, 647 ff.

[1950] Vgl. SEC Advisory Committee on Tender Offers, Report of Recommendations (July 8, 1983). Zu beachten ist, dass dieses Komitee shark-repellents als regelungswürdig ansieht, in der Sache jedoch deutlich der business judgement rule zugeneigt ist und de facto eher für die Interessen des Zielgesellschaftsmanagements eintritt.

[1951] Von Clark als „middle-of-the-road-commentators" bezeichnet, vgl. Clark, Corporate Law, 582.

[1952] Vgl. Clark, Corporate Law, 581; Oesterle, 71 Cornell Law Review (1985), 53, 53 ff.

[1953] Vgl. Lipton, 35 Business Lawyer (1979), 101, 101 ff.; Oesterle, 71 Cornell Law Review (1985), 53, 55. Vgl. dazu auch Oesterle, 72 Cornell Law Review (1986), 117, 120 ff.

[1954] Vgl. Clark, Corporate Law, 581; Oesterle, 71 Cornell Law Review (1985), 53, 95; Oesterle, 72 Cornell Law Review (1986), 117, 155 ff.

[1955] Vgl. Chittur, 10 Delaware Journal of Corporate Law (1985), 505, 538 ff.; Lipton, 36 Business Lawyer (1981), 1017, 1022 ff.; Lynch/ Steinberg, 64 Cornell Law Review (1979), 901, 925 ff.

[1956] Vgl. Clark, Corporate Law, 581. Vgl. dazu auch Oesterle, 71 Cornell Law Review (1985), 53, 95; Oesterle, 72 Cornell Law Review (1986), 117, 155 ff.

[1957] Vgl. Clark, Corporate Law, 581; Lynch/Steinberg, 64 Cornell Law Review (1979), 901, 926.

[1958] Vgl. Clark, Corporate Law, 581 f.; Lipton, 55 New York University Law Review (1980), 1231, 1231 ff.; Lipton, 36 Business Lawyer (1981), 1017, 1017.

Gesellschaft zum Zwecke der Verteidigung vor einer drohenden Über-nahme unterfalle dem üblichen Entscheidungsermessen des Managements wie dies auch für herkömmliche geschäftliche Entscheidungen gilt.[1959] Gegen eine Entscheidung der Geschäftsführung könne auch in diesem Fall nicht erfolgreich vorgegangen werden, wenn nicht der Anspruchsteller ernste Verfehlungen nachweise.[1960] Gerade in Zeiten, in denen *directors* infolge der öffentlichen Diskussion - schon wegen der weit reichenden Auswirkungen ihres Verhaltens - und infolge möglicher gerichtlicher Auseinandersetzungen außer-ordentlich umsichtig bei der Vornahme von Abwehrmaßnahmen vorgehen, um später anzuführende Rechtfertigungsumstände zu schaffen und zu dokumentieren, erscheint eine derartige Pflichtenregelung und -kontrolle nicht sachgerecht, wollte man die Rechte der *directors* nicht zum Nachteil der Anteilseigner erheblich ausweiten. Mit der uneingeschränkten Anwendbarkeit der *business judgement rule* würde den *directors* ein Freibrief ausgestellt werden.[1961]

f. Rechtmäßigkeit von Abwehrmaßnahmen zur Sicherung einer angemessenen Beteiligung an den Synergievorteilen

Nach einer in erster Linie von Leebron vertretenen Auffassung sind die *directors* der Zielgesellschaft berechtigt, Abwehrmaßnahmen zu ergreifen, die den Aktionären der Zielgesellschaft (im Ergebnis) eine angemessene Beteiligung an den Synergievorteilen der konglomerierten Unternehmensgruppe aus Bieter- und Zielgesellschaft gewährt.[1962] Das öffentliche Übernahmeangebot sei, wie auch jede andere Form der Übernahme, eine in Konkurrenz zur Fusion stehende Form der Konglomerationsbildung.[1963] Die Übernahme würde im Gegensatz zur Fusion vom Bieter dann gewählt werden, wenn diese ihm besondere Vorteile, insbesondere geringere Kosten, höhere Gewinne oder vorteilhaftere Entscheidungsrechte einräumt.[1964] Die beim Bieter entstehenden besonderen Vorteile stellten sich bei den Aktionären als

---

[1959] Neben Gerichten gilt Lipton als vehementer Vertreter dieser Auffassung. Er hält die directors für berechtigt, Abwehrmaßnahmen im Interesse der Arbeitnehmer, Lieferanten, Verbraucher, Kommunen, der nationalen Ökonomie und der Allgemeinheit nach freier Überzeugung zu ergreifen. Gerade die directors seien mit der Geschäftsführung beauftragt und entsprechend kompetent, während die Anteilseigner nicht fachgerecht entscheiden könnten und Minderheitsaktionäre möglicherweise mit der empfindlichen Beeinträchtigung ihrer „Rechte“ rechnen müssten, vgl. Lipton, 35 Business Lawyer (1979), 101, 101 ff., der sich vor dem Hintergrund seiner Rechtsanwaltstätigkeit zugunsten des Managements zu folgender Frage hinreißen lässt: “Whether the long-term interests of the nation’s corporate system and economy should be jeopardized in order to benefit speculators interested not in the vitality and continued existence of the business enterprise in which they have bought shares, but only in a quick profit on the sales of those shares?“ Vgl. auch - bereits zurückhaltender - Lipton, 36 Business Lawyer (1981), 1017, 1022 ff.

[1960] Vgl. dazu auch Lipton, 36 Business Lawyer (1981), 1017, 1022 ff.

[1961] Vgl. Clark, Corporate Law; 581; Fink, 20 Delaware Journal of Corporate Law (1995), 133, 136 ff.; Oesterle, 71 Cornell Law Review (1985), 53, 83 ff.

[1962] Vgl. Leebron, 61 New York University Law Review (1986), 153, 174 ff.

[1963] Vgl. Leebron, 61 New York University Law Review (1986), 153, 162.

[1964] Vgl. Leebron, 61 New York University Law Review (1986), 153, 177 f.

vom Betrag her nahezu deckungsgleiche Nachteile dar.[1965] Dem könne in zulässiger Weise durch übernahmeerschwerende Satzungsbestimmungen begegnet werden.[1966] Die infolge der stärkeren Verhandlungsposition auf Seiten des Bieters zu erzielenden Vorteile sei das Management der Zielgesellschaft darüber hinaus zugunsten derer Aktionäre auszugleichen berechtigt.[1967] Die Aktionäre seien nämlich infolge mangelnder Markttransparenz und mangelnder Kommunikation untereinander dazu nicht in der Lage.[1968]

Starke Bedenken gegen derartige Rechte der *directors* ergeben sich schon daraus, dass Übernahmen vielfach aus ganz anderen Gründen als zur Erzielung von Synergievorteilen vorgenommen werden und das Regelungsmodell, abgesehen von dem Streitpotential über die tatsächlichen Übernahmemotive, für diese anderen Fälle keine Lösung bietet. Die wirtschaftliche Bewertung von Synergievorteilen bereitet zudem besondere Schwierigkeiten und ist auch unter Experten umstritten. Daher ließe sich das Abwehrverhalten nicht anhand nachvollziehbarer Kriterien überprüfen. Dazu kommt, dass die wirtschaftlichen Folgen eines bestimmten Abwehrverhaltens nicht in zuverlässiger Weise gemessen und prognostiziert werden können. Eine sachgerechte oder gar gerechte Dosierung kann nicht vorgenommen werden. Mit einer Abwehrmaßnahme in der Absicht der Vorteilsverschiebung in bestimmter Höhe kann auch die gesamte Übernahme vereitelt werden. Das in die Diskussion eingeführte Kriterium des Ausgleichs von Synergievorteilen taugt somit nicht zur grundsätzlichen Bestimmung der Verhaltenspflichten der *directors*, auch wenn die Diskussion darüber in Einzelfällen sachgerecht sein mag.

8. Entwicklung der Rechtsprechung

Besondere Bedeutung für die Ausgestaltung der Pflichten des Managements während einer Übernahmephase kommt in den USA dem *case law*, der Rechtsprechung, zu. Vor allem den Gerichten des Bundesstaats Delaware ist eine Vorreiterrolle bei der Entwicklung entsprechender Verhaltensregeln für das Management während einer Übernahmephase zuzugestehen.[1969] Im Gegensatz zu anderen Bundesstaaten erfolgte hier keine Zusammenlegung der für den angelsächsischen Rechtskreis typischen Institute von „*law*" und „*equity*".[1970] Aus diesem Grunde existiert dort ein

---

[1965] Vgl. hierzu die Ausführungen zum so genannten „veto game", einem der Wirtschaftswissenschaft, und hier der Spieltheorie, zuzuordnenden Modell, nach dem Spieler mit unverzichtbaren und nicht substituierbaren Rechten (hier der Bieter) die übrigen Spieler (hier die Aktionäre der Zielgesellschaft) zu übervorteilen in der Lage sind, bei Leebron, 61 New York University Law Review (1986), 153, 190 f.

[1966] Vgl. hierzu Clark, Corporate Law, 591.

[1967] Vgl. Leebron, 61 New York University Law Review (1986), 153, 216.

[1968] Vgl. Leebron, 61 New York University Law Review (1986), 153, 191 f.

[1969] Vgl. dazu nur folgende bedeutungsvolle Urteile: Unocal Corp. v. Mesa Petroleum Co., 493 A.2d 946 (Del. 1985); Moran v. Household Intern., Inc., 500 A.2d 1346 (Del. 1985); Revlon, Inc. v. Mac Andrews & Forbes Holdings, Inc., 506 A2d. 173 (Del. 1986).

[1970] Vgl. dazu James/Hazard, Civil Procedure, 17-19; Becker, Verwaltungskontrolle, 14 f.; Ebke, ZGR 1990, 50, 70; Hatzis-Schoch, RIW 1992, 539, 542; Mestmäcker, BB 1961, 945, 952.

unter anderem für die Beurteilung der Rechtsbeziehungen in Kapitalgesellschaften und zwischen Kapitalgesellschaft und Anteilseignern zuständiges besonderes Gericht, der *Court of Chancery*, der als Ausfluss des *equity*-Instituts als eigenständiges Gericht weitgehend nach Billigkeitserwägungen[1971] entscheidet.[1972] Diesem Gericht hat der einzelstaatliche Gesetzgeber die ausschließliche Rechtsprechungskompetenz für die sich aus dem *State Takeover Statute* ergebenden Streitigkeiten zugewiesen.[1973] Vor allem wegen dieser besonderen Entscheidungsfreiheit reagiert das Gericht besonders flexibel auf die jeweiligen Umstände, reagiert schnell auf neue Forschungserkenntnisse und vorgebrachte Literaturmeinungen und konkretisiert mit seinen Entscheidungen den sich dadurch auch teilweise fortentwickelnden Rechtsbereich. Das im Bereich des (übrigen) Gesellschaftsrechts teilweise zuständige erstinstanzliche Gericht in Delaware ist der *Delaware Superior Court*. Er ist institutionell dem *law*-Bereich unterworfen und für den hier angesprochenen Rechtsbereich weitgehend ohne Bedeutung. Lediglich im Zusammenhang mit anderen Rechtsfragen werden die hier aufgeworfenen Fragen gelegentlich mitentschieden. Das Berufungsgericht in Delaware, der *Supreme Court*, der als Berufungsinstanz in gesellschaftsrechtlichen Streitigkeiten entscheidet, ist ebenfalls als einer der kompetentesten Gerichte, gerade auch im Gesellschaftsrecht, bekannt.[1974]

Abweichend von dieser grundsätzlichen Kompetenzverteilung kann eine Rechtsstreitigkeit von einem Bundesgericht zur Entscheidung der einzelstaatlichen Gerichtsbarkeit entzogen werden, wenn gleichzeitig über einen nach Bundesrecht zu beurteilenden Anspruch zu entscheiden ist.[1975] Aus diesem Grund ist maßgeblich in den 80er Jahren, in denen die weitaus meisten Rechtsstreitigkeiten im Zusammenhang mit Unternehmensübernahmen geführt wurden, auch von Bundesgerichten über diesbezügliche Verhaltenspflichten der *directors* entschieden worden. Die Entscheidung durch ein Bundesgericht konnte und kann, möglicherweise in der Hoffnung auf eine im Vergleich zur einzelstaatlichen Entscheidung günstigeren Beurteilung, wegen Verstößen gegen Bundesrecht in Gestalt des *Williams Act* beansprucht werden.[1976] Daneben ist das Bundesgericht für Sachverhalte zuständig,

[1971] Vgl. dazu die treffende Formulierung des „self-consciously equitable style" bei DeMott, 1988 Duke Law Journal, 879, 881. Vgl. auch Ebke, ZGR 1990, 50, 69; Mestmäcker, BB 1961, 945, 952.

[1972] Vgl. Del. Code Ann. Tit. 10, §§ 341, 342 (1975). Dieses Gericht ist im Übrigen ebenfalls für den Erlass Einstweiliger Verfügungen, denen eine herausragende und des Öfteren entscheidungserhebliche Rolle bei Übernahmen zukommt, zuständig.

[1973] Vgl. Del.Gen.Corp.L. § 203(e) (1988).

[1974] Vgl. nur die vielbeachteten und vieldiskutierten folgenden Entscheidungen: Unocal Corp. v. Mesa Petroleum Co., 493 A.2d 946 (Del. 1985); Moran v. Household Intern., Inc., 500 A.2d 1346 (Del. 1985); Revlon, Inc. v. Mac Andrews & Forbes Holdings, Inc., 506 A2d. 173 (Del. 1986).

[1975] So genannte „pendent jurisdiction", vgl. dazu beispielhaft United Mine Workers v. Gibbs, 383 U.S. 715, 725 (1966).

[1976] Vgl. dazu Panter v. Marshall Field & Co., 646 F.2d 271 (7th Cir. 1981), und die Beeinträchtigung dieser Möglichkeit durch die Entscheidung Schreiber v. Burlington Northern, Inc., 472 U.S. 1, 11 f. (1985).

in denen der Streit nicht einem Einzelstaat zuzuordnen ist.[1977] Vor diesem Hintergrund wird die US-amerikanische Rechtsprechung in erster Linie an Entscheidungen der einzelstaatlichen Gerichte, und hier vorrangig an Entscheidungen des *Delaware Court of Chancery*, zu beurteilen sein. Im Zusammenhang mit Übernahmevorgängen hat sie die Rechtsprechung konkretisiert und verfeinert.[1978] Im Folgenden soll die Entwicklung der Rechtsprechung an exemplarischen Entscheidungen aufgezeigt werden.

a. Cheff v. Mathes (proper purpose test)

Um eine frühe grundlegende Entscheidung des *Delaware Supreme Courts* handelt es sich bei dem Fall Cheff v. Mathes.[1979] Dieser Fall wurde im Jahre 1964 vor Beginn einer Übernahmewelle modernen Zuschnitts entschieden. Die *directors* wurden wegen der Zahlung von Abfindungszahlungen[1980] an einen Aktionär,[1981] der sich intensiv um einen *hostile takeover* bemüht hatte, von anderen Aktionären verklagt.[1982] Das Gericht entschied, dass aufgrund des besonderen Interessenkonflikts, in dem sich das Management befunden hatte, die *directors* beweisen müssten, dass dem fraglichen Geschäft ein legitimes geschäftliches Interesse zugrunde lag,[1983] was sie in diesem konkreten Fall offenbar auch vermochten.[1984]

b. Panter v. Marshall Field & Co. (business judgement rule)

Von besonderer Bedeutung ist des Weiteren der vom Bundesgericht 1981 entschiedene Rechtsstreit Panter v. Marshall Fields & Co.[1985] Das Bundesgericht hatte hier aufgrund seiner Annex (*pendent jurisdiction*)[1986] entschieden und mit dieser Ent-

[1977] So genannte „diversity jurisdiction", Anwendung des in Betracht kommenden Rechts der betroffenen Einzelstaaten durch das Bundesgericht unter Berücksichtigung der einschlägigen Rechtsprechung der jeweils zuständigen Gerichte der betroffenen Einzelstaaten, vgl. dazu oben unter C. II. und Ebke, in Mestmäcker/Behrens, Gesellschaftsrecht der Konzerne, 279, 289.

[1978] Vgl. dazu die Zusammenstellung bei Steindl, US-Board und Aufsichtsrat, 145 ff.; Weisner, Verteidigungsmaßnahmen gegen unfreundliche Übernahmeversuche, 69 ff.

[1979] Cheff v. Mathes, 199 A.2d 548 (Del. 1964). Vgl. auch Bennett v. Propp, 187 A.2d 405 (Del. 1962); Kors v. carey, 158 A.2d 136 (Del. Ch. 1960).

[1980] Heute würde man von greenmailing sprechen, vgl. dazu weitergehend 2. Teil D. II. 1. b. (6).

[1981] „insurgent shareholder", vgl. Clark, Corporate Law, 584.

[1982] Vgl. die Ausführungen bei Clark, Corporate Law, 584.

[1983] Vgl. Cheff v. Mathes, 199 A.2d 548, 554 ff. (Del. 1964). Vgl. dazu auch Siegel, 36 Hastings Law Journal (1985), 377, 391 f.

[1984] Vgl. Cheff v. Mathes, 199 A.2d 548, 554 ff. (Del. 1964).

[1985] Panter v. Marshall Fields & Co., 646 F.2d 271 (7th Cir. 1981).

[1986] Vgl. dazu Panter v. Marshall Field & Co., 646 F.2d 271 (7th Cir. 1981); United Mine Workers v. Gibbs, 383 U.S. 715, 725 (1966); Klaxon Co. v. Stentor Elec. MfG., 313 U.S. 487, 496-497; Erie R.R. v. Tomkins, 304 U.S. 64, 73 (1938).

scheidung bedeutende Impulse gesetzt.[1987] Über mehrere Jahre hatten sich die *directors* der mitverklagten Zielgesellschaft gegen Übernahmeversuche mit dem Erwerb von Unternehmen gewehrt, die für den Bieter zu Schwierigkeiten mit den *Antitrust*-Gesetzen geführt hätten.[1988] Nachdem eine lukrative Übernahmeofferte von einer Bietergesellschaft zurückgezogen wurde, verklagten Anteilseigner die Gesellschaft und die *directors*. Der siebte *Circuit* wandte das Recht des Staates Delaware an und hielt die *business judgement rule* für anwendbar.[1989] Demnach legte das Gericht konsequent den Klägern die uneingeschränkte Beweislast für ein unrechtmäßiges Verhalten des Managements auf.[1990]

c. Pogostin v. Rice (business judgement rule)

Im Jahre 1984 bestätigte der *Delaware Supreme Court* die zuvor dargestellte Rechtsprechung in dem Fall Pogostin v. Rice.[1991] Er entschied, dass die *business jugdment rule* auch für während der Zeit eines Übernahmevorgangs gefällte Entscheidungen uneingeschränkt anwendbar sei.[1992]

d. Unocal Corp. v. Mesa Petroleum Co. (enhanced business judgement rule)

Die mit den vorgenannten Entscheidungen verfestigte Anwendung der *business judgement rule* wurde durch die bekannte und weithin beachtete Unocal Corp. v. Mesa Petroleum Co. Entscheidung[1993] im Jahre 1985 zu Lasten des Managements modifiziert. Mit diesem Urteil verschärfte der *Delaware Supreme Court* die Beweislastregel und definierte so eine erweiterte ("*enhanced*") *business judgement*

[1987] Vgl. dazu Fleischer, Tender Offers, 160-193; Lipton/Steinberger, Takeovers and Freezeouts, § 6.01; die Entscheidungsbefugnis der Bundesgerichte ergibt sich nach der so genannten pendent jurisdiction aus Gründen der Prozessökonomie. Ein Bundesgericht ist berechtigt, gleichzeitig mit einem nach dem Bundesrecht erhobenen Anspruch auch auf dem Recht der Einzelstaaten beruhende Ansprüche zu prüfen, vgl. hierzu auch oben unter C. II.

[1988] Vgl. Panter v. Marshall Fields & Co., 646 F.2d 271, 278 (7th Cir. 1981).

[1989] Vgl. Panter v. Marshall Fields & Co., 646 F.2d 271, 293 (7th Cir. 1981).

[1990] Vgl. Panter v. Marshall Fields & Co., 646 F.2d 271, 297 (7th Cir. 1981); vgl. auch das insoweit interessante Minderheitsvotum von Richter Cudahy: „... one giant step closer to shredding whatever constraints still remain upon the ability of corporate directors to place self-interest before shareholder interest in resisting a hostile tender offer for control of the corporation."; vgl. weiter Johnson v. True-blood, 629 F.2d 287 (3rd Cir. 1980): „... by the very nature of corporate life a director has a certain amount of self-interest in everything he does. The very fact that the director wants to enhance corporate profits is in part attributable to his desire to keep shareholders satisfied so that they will not oust him ..., the plaintiff must make a showing from which a factfinder might infer that impermissible motives predominated in the making of the decision in question"; vgl. zudem Clark, Corporate Law, 583.

[1991] Pogostin v. Rice, 480 A.2d 619 (Del. 1984).

[1992] Vgl. Pogostin v. Rice, 480 A.2d 619, 624 ff. (Del. 1984).

[1993] Unocal Corporation v. Mesa Petroleum Co., 493 A.2d 946 (Del. 1985). Vgl. dazu auch die Darstellung bei Solomon/Palmiter, Corporations, 599. Vgl. im Übrigen auch die Besprechung bei Moore, 70 Washington University Law Quarterly (1992), 277, 282 ff., der seiner Zeit selber Richter am Delaware Supreme Court war und bei dieser Entscheidung mitgewirkt hat.

rule, die nur während der Ausführung eines Übernahmevorhabens anwendbar sei.[1994] Demnach unterliegen die *directors* einer besonderen Pflicht, die gerichtlich nachprüfbar, dem Schutz der *business judgement rule* vorgeschaltet sei.[1995] Die *directors* hätten diesbezüglich darzulegen, dass sie vernünftige Gründe für die Annahme einer Gefährdung der Gesellschaft durch den Anteilserwerb einer Person hatten.[1996] Die *directors* hätten neben den Interessen der Gesellschaft auch die Interessen der Anteilseigner, insbesondere derjenigen der verbleibenden Anteilseigner, zu berücksichtigen.[1997] Darüber hinaus sei die konkrete Abwehrmaßnahme nur rechtmäßig, wenn sie auch verhältnismäßig, also in Abwägung mit der drohenden Gefahr vernünftig, ist.[1998] Bei der Abwägung der Entscheidung über die Abwehrmaßnahme habe das *board* die Auswirkungen des Angebots für das Unternehmen zu berücksichtigen.[1999] Beispiele der zu berücksichtigenden Umstände seien etwa die Art und Angemessenheit des Angebots, die Natur und die zeitlichen Vorgaben desselben und die Belange Dritter.[2000]

Dem Rechtsstreit lag folgender Sachverhalt zu Grunde.[2001] Mesa Petroleum Co., die mit 13 % an der Unocal Corporation beteiligt war, gab ein Übernahmeangebot mit dem erklärten Ziel ab, zunächst weitere 37 % der Aktien der Unocal Corporation zu erwerben. Mesa bot den Aktionären von Unocal an, in einem ersten Schritt jede Aktie zu einem Preis von US $ 54 zu kaufen. Nach entsprechendem

---

[1994] Vgl. Unocal v. Mesa Petroleum Co., 493 A.2d 946, 954 f. (Del. 1985); vgl. dazu auch Ajemian, 62 Southern California Law Review (1988/89), 645, 647 ff.; Block/Barton/Radin, Business Judgment Rule, 121 ff.; Bradbury, 87 Michigan Law Review (1988), 276, 280 ff.; Frank/Moreland, RIW 1989, 761, 763; Kurth, Aktionärsschutz, 148 ff.; Lehnert, Unternehmensübernahmen in den USA, 93 f.; Orts, 61 George Washington Law Review (1992), 14, 101 ff.; Wagner, Standstill Agreements, 75 f.

[1995] Zu dieser Vorprüfung vgl. Unocal v. Mesa Petroleum Co., 493 A.2d 946, 954 f. (Del. 1985). Vgl. weiter dazu auch Benckendorff, Erwerb eigener Aktien, 134.

[1996] Vgl. Unocal v. Mesa Petroleum Co., 493 A.2d 946, 955 (Del. 1985): „... reasonable grounds for believing that a danger to corporate policy and effectiveness existed because of another person's stock ownership."

[1997] Vgl. Unocal v. Mesa Petroleum Co., 493 A.2d 946, 955 (Del. 1985): „... their duty of care extends to protecting the corporation and its owners from perceived harm whether a threat originates from third parties or other shareholders."

[1998] Vgl. Unocal v. Mesa Petroleum Co., 493 A.2d 946, 955 (Del. 1985): „... a defensive measure ... must be reasonable in relation to the thread posed." Die nachrangige Verhältnismäßigkeitsprüfung stößt auf systematische Bedenken. Nach positiver Vorprüfung soll die business judgement rule gelten. Insofern müsste die Geschäftsführungsentscheidung einer gerichtlichen Überprüfung entzogen sein. Gleichwohl nimmt das Gericht augenscheinlich eine Verhältnismäßigkeitsprüfung vor. Dagegen dürfte diese Prüfung lediglich Bestandteil der Vorprüfung sein.

[1999] Vgl. Unocal v. Mesa Petroleum Co., 493 A.2d 946, 955 (Del. 1985).

[2000] Vgl. Unocal v. Mesa Petroleum Co., 493 A.2d 946, 955 (Del. 1985): „Examples of such concerns may include: inadequacy of the price offered, nature and timing of the offer, questions of illegality, the impact on ‚constituencies' other than shareholders (i.e., creditors, customers, employees, and perhaps even the community generally), the risk of nonconsummation, and the quality of securities being offered in the exchange." Vgl. dazu weiter auch Hanks, 43 Business Lawyer (1988), 1207, 1227 ff.

[2001] Zum gesamten Sachverhalt vgl. Unocal v. Mesa Petroleum Co., 493 A.2d 946 ff. (Del. 1985). Vgl. auch die Zusammenfassung bei Steindl, US-Board und Aufsichtsrat, 147 ff.; Weisner, Verteidigungsmaßnahmen gegen unfreundliche Übernahmeversuche, 72.

Beteiligungserwerb beabsichtigte Mesa, im zweiten Schritt alle übrigen von Dritten gehaltenen, Aktien durch einen Tausch von Wertpapieren mit dem vorgegebenen Wert von US $ 54 pro Aktie zu erwerben. Die im Austausch angebotenen Wertpapiere waren eine Zusammenstellung von nachrangigen Schuldverschreibungen und Vorzugsaktien[2002] und insofern von zweifelhaftem Wert.[2003] Für den Fall, dass die verbleibenden Minderheitsaktionäre dem im zweiten Schritt vorgeschlagenen Tausch nicht zustimmen würden, lag ein Ausschluss der nach der beabsichtigten Fusion einzuräumenden Beteiligungsrechte nahe.[2004] Dieser Vorgang wird als *freeze-out*[2005] bezeichnet. Der gesamte Vorgang wird *two tier tender offer* oder *front loaded tender offer*[2006] genannt und setzt die Aktionäre bei Abgabe des Angebots unter zeitlichen Entscheidungsdruck, weil nur die sich schnell verkaufsbereit zeigenden Aktionäre bis zur Überschreitung des angestrebten Beteiligungserwerbs einen höheren Preis erzielen.[2007]

Das *board of directors* von Unocal beurteilte das Angebot als unangemessen.[2008] Die beigezogenen Investmentbanker bewerteten die Aktie mit US $ 60.[2009] Das *board* entschied sich nach intensiver Beratung unter Einschluss einer überwie-

---

[2002] Vgl. Unocal v. Mesa Petroleum Co., 493 A.2d 946, 950 (Del. 1985): „... combination of subordinated debt securities and preferred stocks."

[2003] Vgl. Unocal v. Mesa Petroleum Co., 493 A.2d 946, 950 (Del. 1985). Vgl. auch zur Bewertung Clark, Corporate Law, 584; Bradley/Rosenzweig, 99 Harvard Law Review (1986), 1377, 1377 ff.

[2004] Vgl. Unocal v. Mesa Petroleum Co., 493 A.2d 946, 949 f., 956 (Del. 1985). Vgl. dazu auch Herzel/Shepro, Bidders and Targets, 501 f.

[2005] Vgl. Unocal v. Mesa Petroleum Co., 493 A.2d 946, 946, 948, 949 (Del. 1985). Vgl. dazu allgemein Clark, Corporate Law, 499 ff. und Lipton/Steinberger, Takeovers and Freezeouts, §§ 5.02 nn 25, 28, 37, 5.02 [4] [c]; Herzel/Shepro, Bidders and Targets, 501 f. Vgl. auch Merkt, US-amerikanisches Gesellschaftsrecht, Rdn. 1028 ff.; Peters, BB 1999, 801, 801 ff.; Seiler, Freezeout, 1 ff. Vgl. weiter Matteson v. Ziebarth, 242 P.2d 1025 (Wash. 1952); Kellog v. Georgia Pacific Paper Corp., 227 F.Supp. 719 (W.D.Ark. 1964); Kirtz v. Grossman, 463 S.W.2d 541 (Mo.App. 1971); Bryan v. Brock & Blevins Co., 490 F.2d 563 (5th Cir. 1974); Leader v. Hycor, Inc., 479 N.E.2d 173 (Mass. 1985).

[2006] Von einem two-tier, front-loaded bid spricht man allgemein, wenn die bietende Gesellschaft einen höheren Aktienpreis für einen ersten Beteiligungserwerb und einen niedrigeren Preis für alle weiteren Aktien bietet. Da eine größere Hebelwirkung mit der Erlangung der Kontrollmehrheit erlangt werden kann, liegt der Schwellenwert oft bei 50 oder 51 %. Die Abgabe des Angebots kann dazu führen, dass die Aktionäre faktisch gezwungen werden, ihre Aktien möglichst schnell zu verkaufen, auch wenn der dafür erzielte Preis unangemessen ist. Vgl. dazu weiterführend: Leebron, 61 New York University Law Review (1986), 153, 186-189; Merkt, US-amerikanisches Gesellschaftsrecht, Rdn. 1018, 1031; Knoll, Übernahme von Kapitalgesellschaften, 86 f.; Kurth, Aktionärsschutz, 10 f.; Lipton/Steinberger, Takeovers and Freezeouts, § 1.08 [1]; Peltzer, ZfgK 1986, 291, 292; Peltzer, Festschrift Zimmerer, 274, 280; vgl. dazu auch Alcott v. Hyman, 184 A.2d 90, 94 (Del.Ch. 1962), *affirmed*, 208 A.2d 501 (Del. 1965); Brundage v. Jew Jersey Zinc Co., 226 A.2d 585, 601 (N.J. 1967); Northway, Inc. v. TSC Industries, Inc., 512 F.2d 324, 339 (7th Cir. 1975); Radol v. Thomas, 534 F.Supp. 1302, 1311 (S.D.Ohio 1982).

[2007] Vgl. insbesondere Leebron, 61 New York University Law Review (1986), 153, 186 ff. und die Ausführungen im Urteil Unocal v. Mesa Petroleum Co., 493 A.2d 946, 956 (Del. 1985).

[2008] Vgl. Unocal v. Mesa Petroleum Co., 493 A.2d 946, 950 (Del. 1985).

[2009] Vgl. Unocal v. Mesa Petroleum Co., 493 A.2d 946, 950 (Del. 1985): „... the minimum cash value that could be expected from a sale or orderly liquidation for 100 % of Unocal's stock ...", Bewertung vorgenommen von Goldman Sachs und Dillan Read.

genden Anzahl von *outside directors*[2010] und nach Hinzuziehung kompetenter Berater, das Angebot abzuwehren.[2011] Dazu beabsichtigte das *board* wie angeraten, ein so genanntes "*self-tender*" durchzuführen, bei dem Unocal im Falle des Erwerbs von 37 % der Aktien durch Mesa selbst ein Austauschangebot abgeben wollte. Für jede Aktie im Fremdbesitz sollten im Tausch Schuldverschreibungen mit einem Wert in Höhe von US $ 72 angeboten werden. So würde den verbleibenden Aktionären eine faire Preisalternative geboten. Von diesem Angebot sollten sämtliche von Mesa Petroleum gehaltenen Aktien ausgenommen sein. Zur Rechtfertigung des Angebotsausschlusses wurde von den *directors* der Unocal Corporation angeführt, sie wollten den Aktionären eine sachgerechte Alternative zu dem nachgelagerten Angebot des Übernahmeversuchs, dem so genannten *back-end*, bieten und dieses Ziel lasse sich bei einem Einschluss der Mesa-Aktien in das Angebot nicht erreichen.[2012] Tatsächlich wäre mit der Realisierung des Austauschangebots von Unocal die Fremdkapitalquote der Gesellschaft maßgeblich verändert worden.[2013] Dadurch wäre gleichzeitig die Beteiligung von Mesa in ihrem Wert erheblich gemindert worden.[2014] Darüber hinaus wäre mit hoher Wahrscheinlichkeit faktisch der beabsichtigte weitere Beteiligungserwerb ausgeschlossen worden.[2015] Schließlich hätten infolge der Konstellation auch *greenmail*-Forderungen von Mesa zwanglos zurückgewiesen werden können.[2016] Insgesamt stellte sich das Vorgehen der *directors* von Unocal als wirkungsvolle Maßnahme zur Abwehr der beabsichtigten Übernahme dar.[2017]

Gegen diesen Angebotsausschluss ging Mesa Petroleum als Aktionär der Unocal Corporation gerichtlich vor. Mesa vertrat die Auffassung, die Abgabe eines derartigen diskriminierenden Angebots würde gegen die Treuepflichten der *directors* verstoßen. Insbesondere das Gleichbehandlungsgebot würde nicht beachtet. Bei der Beurteilung des Streits sei die *business judgement rule* nicht anwendbar.[2018] Der *Court of Chancery* erließ die von Mesa begehrte Einstweilige Verfügung.[2019] Der angerufene *Delaware Supreme Court* hob diese Entscheidung auf.[2020]

[2010] Outside directors sind Mitglieder des board, die keine aktive Tätigkeit in der Gesellschaft ausüben und nur überwachende und beratende Funktionen wahrnehmen, vgl. dazu weitergehend Bedkowski, DAJV-NL 1/1998, 11, 13. Zur Bedeutung der outside directors vgl. weitergehend Ajemian, 62 Southern California Law Review (1988/89), 645, 679 ff. - kritisch; Gilson/Kraakman, 43 Stanford Law Review (1991), 863, 863 ff.; Kraakman, in Feddersen/Hommelhoff/Schneider, Corporate Governance, 129, 132 ff.

[2011] Vgl. Unocal v. Mesa Petroleum Co., 493 A.2d 946, 950 (Del. 1985).

[2012] Vgl. Unocal v. Mesa Petroleum Co., 493 A.2d 946, 951 (Del. 1985).

[2013] Vgl. Unocal v. Mesa Petroleum Co., 493 A.2d 946, 950 (Del. 1985).

[2014] Vgl. Unocal v. Mesa Petroleum Co., 493 A.2d 946, 950 (Del. 1985).

[2015] Vgl. Unocal v. Mesa Petroleum Co., 493 A.2d 946, 956 (Del. 1985).

[2016] Vgl. Unocal v. Mesa Petroleum Co., 493 A.2d 946, 956 (Del. 1985).

[2017] Vgl. Unocal v. Mesa Petroleum Co., 493 A.2d 946, 956, 958 f. (Del. 1985).

[2018] Vgl. Unocal v. Mesa Petroleum Co., 493 A.2d 946, 949 (Del. 1985).

[2019] Vgl. zu dieser Entscheidung Unocal v. Mesa Petroleum Co., 493 A.2d 946, 952 f. (Del. 1985).

[2020] Vgl. Unocal v. Mesa Petroleum Co., 493 A.2d 946 (Del. 1985).

Die Entscheidung des vom *Supreme Court* wurde im Wesentlichen wie folgt begründet:
Dem *board* stehe bei der Geschäftsführung ein weiter Handlungsspielraum zur Verfügung,[2021] die Gesellschaft sei grundsätzlich befugt, eigene Aktien anzukaufen.[2022] Solange die *directors* nicht in der vorrangigen Absicht der Übernahmeabwehr handelten, sei die Verhandlung mit einzelnen Anteilseignern über den Verkauf von Anteilen üblich und zulässig.[2023] Bereits in dem Urteil Pogostin v. Rice sei von ihnen festgestellt worden, dass die *business judgement rule* auch auf Übernahmesituationen anwendbar sei. Demnach gelte grundsätzlich zugunsten der *directors* die Vermutung, dass die Geschäftsführungsmaßnahme durch informierte und gutgläubige *directors* in dem ehrlichen Glauben, dass die Maßnahme im besten Interesse der Gesellschaft liege, getroffen worden sei.[2024] Daher werde das Gericht die Maßnahme der *directors* nicht überprüfen, wenn sie mit vernünftiger Zielsetzung vorgenommen worden sei.[2025] Im Falle eines Übernahmeangebots unterliege das *board* der Verpflichtung festzustellen, ob das Angebot im besten Interesse der Gesellschaft und der Anteilseigner liege.[2026]

Infolge der allgegenwärtigen Gefahr, dass das *board* vorrangig in eigenem Interesse und nicht im Interesse der Gesellschaft und seiner Anteilseigner vorgehe, bestehe jedoch eine besondere Pflicht der gerichtlichen Überprüfung ihres Verhaltens, bevor ihnen der Schutz der *business judgement rule* zukommen könne.[2027] Die *directors* stünden notwendigerweise in einem Interessenkonflikt. Infolgedessen sei es für sie schwierig, eine objektive Entscheidung zu fällen.[2028] Vor diesem Hintergrund hätten sie darzulegen, dass vernünftige Gründe für die Annahme vorgelegen hätten, dass infolge der Beteiligung einer anderen Person an dem Unternehmen eine Gefahr für die Geschäftsausrichtung und für die Wirtschaftlichkeit der Unternehmenstätigkeit gegeben sei.[2029] Dieser Darlegungspflicht seien die *directors* in vor-

---

[2021] Vgl. Unocal v. Mesa Petroleum Co., 493 A.2d 946, 953 (Del. 1985) unter Bezugnahme auf 8 Del.C. § 141(a).

[2022] Vgl. Unocal v. Mesa Petroleum Co., 493 A.2d 946, 953 (Del. 1985) unter Bezugnahme auf 8 Del.C. § 160(a).

[2023] Vgl. Unocal v. Mesa Petroleum Co., 493 A.2d 946, 953 f. (Del. 1985).

[2024] Vgl. Unocal v. Mesa Petroleum Co., 493 A.2d 946, 954 (Del. 1985).

[2025] Vgl. Unocal v. Mesa Petroleum Co., 493 A.2d 946, 954 (Del. 1985), unter Bezugnahme auf Sinclair Oil Corp. v. Levien, 280 A.2d 717, 720 (Del. 1971): „A hallmark of the business judgment rule is that a court will not substitute its judgment for that of the board if the latter's decision can be ‚attributed to any rational business purpose'."

[2026] Vgl. Unocal v. Mesa Petroleum Co., 493 A.2d 946, 954 (Del. 1985).

[2027] Vgl. Unocal v. Mesa Petroleum Co., 493 A.2d 946, 954 (Del. 1985): „Because of the omnipresent specter that a board may be acting primarily in its own interests, rather than those of the corporation and its shareholders, there is an enhanced duty which calls for judical examination at the threshold before the protections of the business judgment rule may conferred."

[2028] Vgl. Unocal v. Mesa Petroleum Co., 493 A.2d 946, 955 (Del. 1985).

[2029] Vgl. Unocal v. Mesa Petroleum Co., 493 A.2d 946, 955 (Del. 1985): „In the face of this inherent conflict directors must show that they had reasonable grounds for believing that a danger to corporate policy

liegendem Fall gerecht geworden. Sie hätten ihren guten Glauben und eine vernünftige Entscheidungsfindung dargelegt.[2030] Der Nachweis sei über die bloße Darstellung der Umstände hinaus durch die mehrheitliche Beteiligung von *outside independent directors* bei der Entscheidungsfindung von besonderer Qualität.[2031]

Die von den *directors* ergriffene Abwehrmaßnahme habe zudem im angemessenen Verhältnis zur drohenden Gefahr gestanden.[2032] Nach der vorzunehmenden Abwägung, bei der auch die Interessen Dritter, zum Beispiel die von Gläubigern, Kunden, Arbeitnehmern und der Allgemeinheit berücksichtigt werden könnten, sei das *board* insbesondere bei Berücksichtigung der Interessenlage der Anteilseigner davon ausgegangen, dass das Angebot in einem auffälligen Missverhältnis zum tatsächlichen Wert der Aktie stehe.[2033] Schon das vorgelagerte Angebot sei unverhältnismäßig, das nachgelagerte Angebot sei infolge der mangelnden Werthaltigkeit der im Austausch angebotenen Wertpapiere erst recht unangemessen.[2034] Der nötigende Charakter eines zweistufigen Angebots sei gemeinhin bekannt.[2035] Anteilseigner würden sich wegen des vergleichsweise schlechteren nachgelagerten Angebots gezwungen fühlen, das vorgelagerte Angebot anzunehmen.[2036] Zudem habe das *board* angesichts der Reputation Mesas als *corporate raider* und *greenmailer* zu Recht eine *greenmail*-Forderung befürchtet.[2037] In der Situation habe das *board* gegen das unangemessene Mesa-Angebot insgesamt vorgehen oder aber den möglicherweise mit einer Beteiligungsquote in Höhe von 49 % verbleibenden Anteilseignern eine Schuldverschreibung im Werte von US $ 72 anbieten können.[2038] Das Gericht hielt beide Zielsetzungen für rechtmäßig. Beide Vorgehensweisen seien nur Erfolg versprechend, weil Mesa von dem ausgesprochenen Angebot ausgeschlossen sei. Andernfalls würde Mesa nämlich zusätzlich zur Forcierung ihrer Ankaufsbemühungen motiviert werden, um anschließend den von Unocal angebotenen Kursaufschlag zu realisieren.[2039] Es läge in der Natur der Sache, dass Mesa nicht zu den

---

and effectiveness existed because of another person's stock ownership.“ Vgl. auch Cheff v. Mathes, 199 A.2d 548, 555 (Del. 1964).

[2030] Vgl. Unocal v. Mesa Petroleum Co., 493 A.2d 946, 955 (Del. 1985).

[2031] Vgl. Unocal v. Mesa Petroleum Co., 493 A.2d 946, 955 (Del. 1985): „Furthermore, such proof is materially enhanced, as here, by the approval of a board comprised of a majority of outside independent directors who have acted in accordance with the foregoing standards.“ So in der Tendenz auch Moore Corp. Ltd. v. Wallace Computer Services, Inc., 907 F. Supp. 1545, 1562 f. (D. Del. 1995). Vgl. dazu im Übrigen auch Allen, 45 Business Lawyer (1990), 2055, 2055 f.; Kraakman, in Feddersen/Hommelhoff/Schneider, Corporate Governance, 129, 132 ff.

[2032] Vgl. Unocal v. Mesa Petroleum Co., 493 A.2d 946, 955 (Del. 1985). Vgl. zur Ermessensweite auch Unitrin, Inc. v. American General Corp., 651 A.2d 1361, 1373 f. (Del. 1995); Weisner, Verteidigungsmaßnahmen gegen unfreundliche Übernahmeversuche, 80.

[2033] Vgl. Unocal v. Mesa Petroleum Co., 493 A.2d 946, 956 (Del. 1985).

[2034] Vgl. Unocal v. Mesa Petroleum Co., 493 A.2d 946, 956 (Del. 1985).

[2035] Vgl. Unocal v. Mesa Petroleum Co., 493 A.2d 946, 956 (Del. 1985).

[2036] Vgl. Unocal v. Mesa Petroleum Co., 493 A.2d 946, 956 (Del. 1985).

[2037] Vgl. Unocal v. Mesa Petroleum Co., 493 A.2d 946, 956 (Del. 1985).

[2038] Vgl. Unocal v. Mesa Petroleum Co., 493 A.2d 946, 956 (Del. 1985).

[2039] Vgl. Unocal v. Mesa Petroleum Co., 493 A.2d 946, 956 (Del. 1985).

schutzbedürftigen Anteilseignern gehören könne, denn die Gefahr ginge durch die Abgabe des nötigenden und unangemessenen Angebots gerade von ihr aus.[2040]

Die Ungleichbehandlung der Aktionäre durch den Ausschluss von Mesa sei gerechtfertigt. Zur Abwehr des Angebots hätte man dem Bieter einen Kursaufschlag zukommen lassen und damit im Ergebnis eine *greenmail*-Zahlung leisten können.[2041] Diese Vorteile hätte man den anderen Aktionären vorenthalten müssen, wollte man die Gefahr der Übernahme abwehren.[2042] In Anbetracht des Rufs von Mesa als *greenmailer* trage deren Forderung nach Gleichbehandlung wegen der begünstigten Stellung gerade des *greenmailers* gegenüber anderen Anteilseignern geradezu ironische Züge.[2043] Das Gesellschaftsrecht sei diesbezüglich den tatsächlichen Bedürfnissen anzupassen.[2044]

e. Moran v. Household International, Inc. (enhanced business judgement rule)

Im gleichen Jahr bestätigte der *Delaware Supreme Court* im Rechtsstreit Moran v. Household International, Inc.[2045] die Anwendbarkeit der *business judgement rule* in Übernahmesituationen unter "verschärften" Bedingungen. In diesem Streit ging es um die vom *board* initiierte Konstituierung eines *poison pill plans*, ohne dass zu diesem Zeitpunkt eine konkrete Übernahme drohte. Für den Fall des Eintritts bestimmter Bedingungen (Abgabe eines Übernahmeangebots in der ersten Stufe sowie Überschreiten einer bestimmten Beteiligungsquote durch einen Dritten in der zweiten Stufe) wurden den Anteilseignern der Gesellschaft zunächst Rechte zum Erwerb von Vorzugsaktien und nach Überschreiten einer weiteren Bedingung Rechte zum Erwerb von Anteilen an der Bietergesellschaft eingeräumt.[2046] Über die Ausgabe der Optionsscheine war das *board* im Einzelfall zu entscheiden berechtigt.[2047] Im Wesentlichen konnte das Abwehrverhalten als bedingte Kapitalerhöhung mit anschließender *poison pill*- und *flip-over*-Regelung umschrieben werden.

Das Verhalten des *board* wurde als rechtmäßig beurteilt. Die Anwendbarkeit der *business judgement rule* wurde bestätigt. Die in der Unocal-Entscheidung begründete Vorprüfung ging positiv aus. Die Abwehrmaßnahme wurde für verhältnismäßig befunden. Dem *board* konnte rechtswidriges Verhalten nicht nachgewiesen werden.

[2040] Vgl. Unocal v. Mesa Petroleum Co., 493 A.2d 946, 956 (Del. 1985): „Second, Mesa could not, by definition, fit within the class of shareholders being protected from its own coercive and inadequate tender offer."

[2041] Vgl. Unocal v. Mesa Petroleum Co., 493 A.2d 946, 957 (Del. 1985).

[2042] Vgl. Unocal v. Mesa Petroleum Co., 493 A.2d 946, 957 (Del. 1985).

[2043] Vgl. Unocal v. Mesa Petroleum Co., 493 A.2d 946, 957 (Del. 1985).

[2044] Vgl. Unocal v. Mesa Petroleum Co., 493 A.2d 946, 957 (Del. 1985).

[2045] Moran v. Household International, Inc., 500 A.2d 1346 (Del. 1985); vgl. dazu auch die Darstellungen bei Brown, 14 Delaware Journal of Corporate Law (1989), 537, 541 und Solomon/Palmiter, Corporations, 599 f.

[2046] Vgl. Moran v. Household International, Inc., 500 A.2d 1346, 1346 f. (Del. 1985).

[2047] Vgl. Moran v. Household International, Inc., 500 A.2d 1346, 1347 (Del. 1985).

Bemerkenswert an diesem Urteil ist, dass die Entscheidungskompetenz des *board* bestätigt wurde, obwohl die Abwehrmaßnahme nicht aufgrund einer konkreten Übernahmegefahr ergriffen wurde.[2048] Insofern hätte über die Maßnahme ebenso zwanglos von den Anteilseignern mit der möglichen Folge einer Satzungsänderung entschieden werden können. Die Kompetenzzuweisung wurde damit begründet, dass das *board* im jeweiligen Einzelfall unter Beachtung seiner Treue- und Sorgfaltspflichten über die Ausgabe der Optionsscheine zu entscheiden habe.[2049] Insofern könne und müsse in bestimmten Fällen auch davon abgesehen werden, einer Übernahme oder Fusion entgegenzutreten.[2050]

Zeitgleich mit der Entscheidung Moran v. Household sind in anderen Bundesstaaten abweichende Entscheidungen in ähnlichen Fällen getroffen worden.[2051] Ein mit der Anwendung des Rechts des Staates New Jersey befasstes Bundesgericht entschied, dass ein nur unwesentlich anderer *poison pill plan* eine diskriminierende und illegale *„reclassification"* der gewöhnlichen Aktien darstelle.[2052] Dieses Gericht befand außerdem, dass eine Reihe von *scorched-earth*-Maßnahmen und einige sehr großzügige Abfindungsregelungen infolge des besonderen Interessenkonflikts des *boards* eine Beweislastverteilung zu Lasten des Managements bewirkten.[2053] *Greenmail*-Zahlungen, diskriminierende Rückerwerbsangebote (*discriminatory repurchase offers*),[2054] wurden in einzelnen Einzelstaaten als rechtmäßig angesehen,[2055] während *lock-ups* von einer Reihe von Gerichten, so auch vom *Delaware Supreme Court*, als nicht rechtmäßig angesehen wurden.[2056] Im Übrigen

---

[2048] Vgl. dazu insbesondere Moran v. Household International, Inc., 500 A.2d 1346, 1350 (Del. 1985): „... preplanning, for the contingency of a hostile takeover might reduce the risk that, under the pressure of a takeover bid, management will fail to exercise reasonable judgment ..."

[2049] Vgl. Moran v. Household International, Inc., 500 A.2d 1346, 1352 (Del. 1985): „[The directors] ... will be held to the same fiduciary standards any other board of directors would be held to in deciding to adopt a defensive mechanism, the same standard as they were held to in originally approving the Rights Plan."

[2050] Vgl. dazu weitestgehend Brown, 14 Delaware Journal of Corporate Law (1989), 537, 537 ff.

[2051] Vgl. beispielsweise Minstar Acquiring Corp. v. AMF Inc., [1985] Fed.Sec.L.Rep. (CCH) 92,066 (S.D.N.Y. 1985); vgl. auch Hanson Trust PLC v. ML Acquisition Inc., 781 F.2d 264 (2nd Cir. 1986).

[2052] Vgl. Minstar Acquiring Corp. v. AMF Inc., [1985] Fed.Sec.L.Rep. (CCH) 92,066 (S.D.N.Y. 1985).

[2053] Vgl. Minstar Acquiring Corp. v. AMF Inc., [1985] Fed.Sec.L.Rep. (CCH) 92,066 (S.D.N.Y. 1985).

[2054] Vgl. zu diesem Vorgang und zur Wortbildung Clark, Corporate Law, 574; Merkt, US-amerikanisches Gesellschaftsrecht, Rdn. 1153; Knoll, Übernahme von Kapitalgesellschaften, 90 f.; Kurth, Aktionärsschutz, 11; Lipton/Steinberger, Takeovers and Freezeouts, § 1.06 [7]; Michalski, AG 1997, 152, 162; Sünner, AG 1987, 276, 282; van Aubel, Vorstandspflichten bei Übernahmeangeboten, 19; Trockels, ZvglRWiss 89, 56, 90 ff.; Assmann/Bozenhardt, in Assmann/Basaldua/Bozenhardt/Peltzer, Übernahmeangebote, 1, 147 ff.; Bästlein, Zur Feindlichkeit öffentlicher Übernahmeangebote, 162 ff.; Hauschka/Roth, AG 1988, 181, 194 f.; Macey/McChesney, 95 Yale Law Journal (1988), 13, 13 ff.; Hazen, Law of Securities Regulation, 667; Note, 98 Harvard Law Review (1985), 1045, 1045 ff.; Peltzer, ZfgK 1986, 291, 294; Weisner, Verteidigungsmaßnahmen gegen unfreundliche Übernahmeversuche, 41; vgl. auch Fry v. Trump, 681 F.Supp. 252 (D.N.J. 1988); Good v. Texaco, Inc., Del.Ch., C.A. No. 7501 (May 14, 1984); Heckman v. Ahmanson, 214 Cal.Rep. 177 (1985); Cheffs v. Mathes, 41 Del.Ch. 494, 199 A.2d 548 (1964).

[2055] Vgl. Scharf/Shea/Beck, Acquisitions, 247 ff.

[2056] Vgl. Clark, Corporate Law; 588 m.w.N.; Fraidin/Hanson, 103 Yale Law Journal (1994), 1739, 1748 ff. Vgl. dazu auch Zitter, 66 American Law Reports 4th (1988), 180, 187 ff.

hatte sich die Rechtsprechung mit der Entwicklung einer Vielzahl von Abwehrvarianten auseinanderzusetzen.

f. Paramount Communications v. Time Inc. (further enhanced business judgement rule)

Auch in der Entscheidung Paramount Communications v. Time[2057] wurde an der Anwendbarkeit der *business judgement rule* in Übernahmesituationen grundsätzlich festgehalten. In dieser Entscheidung von 1989 hatte der *Delaware Supreme Court* dem *board* das Recht zugestanden, ein der Natur nach neutrales und angemessenes *all cash - all shares* Angebot abzuwehren. Demnach kann eine Abwehrmaßnahme nicht nur dann gerechtfertigt sein, wenn das Angebot unverhältnismäßig war, nötigenden Charakter entfaltete oder einen Teil der Anteilseigner benachteiligen würde,[2058] sondern auch wenn ein angemessenes Angebot unter den gegebenen Umständen eine Gefahr für das Unternehmen, insbesondere für langfristige unternehmerische Zielsetzungen, darstellt.

Dem Rechtsstreit Paramount Communications v. Time lag folgender Sachverhalt zugrunde:[2059] Erstmals 1983 zog Time eine Expansion in Erwägung. Ab 1987 konkretisierte sich das Vorhaben, zur Verstärkung des audiovisuellen Bereichs Eigentums- und Gestaltungsrechte in der Videobranche als Ergänzung zum überwiegend betriebenen Printsektor zu erwerben. Mit dieser Ergänzung sollte zum einen eine größere Preis- und Qualitätskontrolle für die durch Time mittel- und unmittelbar vertriebenen Produkte gewährleistet werden. Zum anderen sollte der zunehmenden Globalisierung der Weltwirtschaft entsprochen werden. Dagegen wurde innerhalb des *board* von den dem Vorhaben ablehnend gegenüberstehenden *directors* vorgebracht, die journalistische Integrität und Reputation, die so genannte „*Time culture*", würde unter einem derartigen Vorhaben leiden.

Eine Fusion mit Warner war unter der Bedingung in Aussicht genommen worden, dass ein günstiges Austauschverhältnis der Aktien ausgehandelt werden und das *board* von Time die fusionierte Gesellschaft zwecks Erhaltung der journalistischen Integrität kontrollieren könne. Unter Berücksichtigung der journalistischen Ausrichtung und wirtschaftlicher Gründe hatte sich Warner im Gegensatz zu anderen Unternehmen nach Auffassung des *board* als der mutmaßlich geeignetste Fusionspartner erwiesen. Bei allen Verhandlungen, auch mit anderen möglichen Fusionspartnern, hatte das *board* von Time stets zur Bedingung gemacht, dass das *board* der fusionierten Gesellschaft von ihr kontrolliert werden müsse und Time als

---

[2057] In re Time Inc. Shareholders Litigation; Paramount Communications, Inc., et al. v. Time, Inc., et al., [1989] Fed.Sec.L.Rep. (CCH) 94.514 (Del.Ch. 1989); *aff'd*, Paramount Communications, Inc. v. Time Inc., 571 A.2d 1140 (Del.Sup. 1989).

[2058] Vgl. dazu Unocal v. Mesa Petroleum Co., 493 A.2d 946 (Del. 1985); Frank/Moreland, RIW 1989, 761, 763.

[2059] Vgl. dazu umfassend auch Frank/Moreland, RIW 1989, 761, 761 ff.; Solomon/Palmiter, Corporations, 602.

Übernehmer auftreten werde. Bereits in dieser Zeit waren in diesem Zusammenhang innerhalb des *board* Abwehrmaßnahmen zur Absicherung der gesetzten Ziele und in Erwartung der Reaktion des Aktienmarktes diskutiert worden.

Das *board* von Time hatte sich im Ergebnis entschieden, eine nachgebesserte Fusionsvereinbarung mit Warner einzugehen. Dabei wurde ein Aufschlag dafür gezahlt, dass Time das *board* der Gesellschaft kontrollieren würde. Warner sollte demnach eine Tochtergesellschaft von Time werden; die Aktien von Warner sollten in Time-Aktien umgewandelt werden. Nach den Vorschriften der *New York Stock Exchange* (*NYSE*) war für den Austausch der Aktien die Genehmigung der Anteilseigner von Time notwendig. Nach dem *Delaware General Corporation Law* war die Fusion von einer Mehrheit der Warner-Aktionäre zu genehmigen, während eine Entscheidung der Time-Aktionäre nicht erforderlich war.

Zur Absicherung des Fusionierungsverfahrens ergriff das Time-*board* verschiedene Abwehrmaßnahmen. Zunächst ersuchte Time verschiedene Banken gegen Entgelt um schriftliche Zusagen, dass eine Übernahme von Time durch Dritte nicht von ihnen finanziert werde. Zudem wurde mit Warner eine so genannte *no-shop* Bestimmung vereinbart, nach der Time nicht mit anderen Interessenten in Verhandlung treten durfte.

Kurze Zeit später gab Paramount ein überraschendes Übernahmeangebot ab. Paramount bot US $ 175 pro Aktie. Am darauf folgenden Tag stieg der Time Aktienkurs von US $ 126 auf US $ 176. Das Übernahmeangebot war davon abhängig gemacht worden, dass die Abreden mit Warner rückabgewickelt werden, andere Verteidigungsmaßnahme zurückgenommen würden, und *section* 203 des *General Corporate Law of Delaware*[2060] bezüglich einer Fusion zwischen Time und Paramount unanwendbar sei.

Das Angebot wurde vom *board* nach mehreren Sitzungen als unangemessen beurteilt; die in Aussicht genommene Fusion mit Warner wurde wegen prognostizierter langfristiger Vorteile als auch weiterhin vergleichsweise bessere Ausrichtung angesehen. Das *board* lehnte jegliche Verhandlungen mit Paramount ab. Es befürchtete infolge des Paramount-Angebots Probleme bei der Genehmigung des Warner-*mergers* durch die Aktionäre von Time. Deshalb suchte es bei der *New York Stock Exchange* (*NYSE*) um eine Änderung der Bestimmungen nach, so dass das Warner-*merger* auch ohne Genehmigung der Aktionäre von Time vorgenommen werden konnte. Dem Ersuchen wurde nicht stattgegeben. Der Kurs stieg infolgedessen auf US $ 182. Nunmehr wurde das Paramount-Angebot vom *board* als ernstzunehmende Gefahr für Times` Unabhängigkeit und die Beibehaltung der Unternehmensausrichtung (*Time culture*) angesehen, während Times` Finanzberater einem Paramount-Zusammenschluß vergleichsweise größere wirtschaftliche Vorteile beimaßen. Das *board* erwog Abwehrmaßnahmen, beispielsweise ein Gegenangebot für den Kauf von Paramountaktien, eine Kapitalerhöhung, den eines anderen Unternehmens sowie erhebliche Veränderungen der Kapitalstruktur und der

[2060] Verfahrensvorschriften für eine Übernahme.

Dividendenpolitik. Es ließ jedoch von diesen Vorhaben ab und lehnte im Ergebnis das Angebot von Paramount lediglich förmlich ab.

Unter dem zunehmenden Druck des Paramount-Angebots bot Time nunmehr US $ 70 pro Warner-Aktie für 51 % der Aktien und für weitere 49 % der Aktien Geld und Wertpapiere im Gesamtwert von US $ 70 pro Aktie. Dieses Angebot hätte eine erhebliche Verschuldung zur Folge gehabt, die es bei der ursprünglich geplanten Fusion zunächst zu vermeiden gegolten hatte. Zudem stimmte das *board* einer erheblichen zusätzlichen Zahlung an Warner für den Erwerb des derivativen Geschäftswertes zu. Daraufhin gab Paramount ein noch dazu weiter verhandelbares Angebot in Höhe von US $ 200 pro Aktie ab. Dieses Angebot wurde ebenfalls vom *board* förmlich zurückgewiesen. Auch dieses Angebot sei trotz der Steigerung von US $ 25 unangemessen. Die Warner-Übernahme würde langfristig eine höhere Wertsteigerung zur Folge haben und stelle im Gegensatz zum Paramount-Angebot keine Gefahr für die Eigenständigkeit der Gesellschaft und ihre „Kultur" dar. Paramount und Anteilseigner von Time sind gegen dieses Vorgehen des *board* mit dem Antrag auf Erlass einer Einstweiligen Verfügung vorgegangen. Sie sind über beide Instanzen erfolglos geblieben. Zunächst hatte der *Court of Chancery*[2061] und dann der *Delaware Supreme Court*[2062] den Antrag abgewiesen.

In seiner Begründung verwies der *Supreme Court* darauf, dass das Vorgehen des Time-*board* angesichts der zu Lasten von Time drohenden Gefahr durch das Paramount-Angebot unter den gegebenen Umständen vernünftig und verhältnismäßig gewesen sei.[2063] Ein maßgebliches Eigeninteresse des *board* sei nicht anzunehmen, zumal das 16-köpfige *board* mit 12 *outside independent directors* besetzt gewesen sei.[2064] Die Fusionsentscheidung und die anschließende Übernahme von Warner seien ein vernünftiges und nachvollziehbares Vorhaben gewesen, das auf einer zukunftsorientierten und wohlüberlegten Expansionsstrategie aufgebaut habe.[2065] Ein Übernahmeangebot für alle Anteile gegen Geld, wie das Paramount-Angebot, könne auch dann eine abwehrbegründende Gefahr für die Zielgesellschaft darstellen, wenn das Angebot vom Wert her angemessen sei. Unabhängig von dem mit Warner ursprünglich vereinbarten ungleichen Austauschverhältnis der Aktien und dem anschließenden koordinierten Übernahmevorhaben sei das Time *board* weder zur kurzfristigen Kursmaximierung noch zur Suche nach dem meistbietenden

---

[2061] In re Time Inc. Shareholders Litigation; Paramount Communications, Inc., et al. v. Time, Inc., et al., Fed.Sec.L.Rep. (CCH) 94.514 (Del.Ch. 1989).

[2062] In re Time Inc. Shareholders Litigation; Paramount Communications, Inc., et al. v. Time, Inc., et al., 571 A.2d 1140 (Del.Sup. 1989).

[2063] Vgl. Paramount Communications, Inc. v. Time Inc., 571 A.2d 1140, 1153 f. (Del. 1989). Vgl. dazu auch Paefgen, RIW 1991, 103, 106 ff.; Solomon/Palmiter, Corporations, 602.

[2064] Vgl. Paramount Communications, Inc. v. Time Inc., 571 A.2d 1140, 1143 (Del.Sup. 1989). Vgl. dazu auch Solomon/Palmiter, Corporations, 602.

[2065] Vgl. Paramount Communications, Inc. v. Time Inc., 571 A.2d 1140, 1143-1147, 1151 f. (Del.Sup. 1989).

Interessenten[2066] verpflichtet gewesen.[2067] Diese auch als *Revlon-Duty* bezeichnete[2068] Verpflichtung habe nicht vorgelegen, weil weder die Fusionsvereinbarung noch die Übernahme einen Kontrollwechsel zur Folge gehabt hätte.[2069] Das Verhalten des *board* habe dagegen ausschließlich nach den Regeln der *business judgement rule* beurteilt werden müssen.[2070] Dem *board* obliege das Recht und die nicht an die Aktionäre delegierbare Pflicht, die geschäftlichen Aktivitäten zu bestimmen. Davon seien zeitliche Vorgaben zur Verbesserung der Profitabilität umfasst, so dass gerade das *board* die Wirkungszeit der Entscheidungen zu prognostizieren und zu bestimmen berechtigt sei.[2071] Die Verhaltenspflichten orientierten sich nicht an „*long term strategies*" oder „*short term strategies*". Das *board* habe insofern entscheiden dürfen, ob es die schon fortgeschrittenen Verhandlungen mit Warner ihrem erfolgreichen Ende zuführen oder diese Verhandlungen mit dem Risiko des endgültigen Scheiterns und der Kostentragung abbrechen und sich neuorientieren wolle. Es habe sich bezüglich seines Verhaltens nicht an den Kursentwicklungen orientieren müssen. Seine Entscheidung hätte insofern auch nicht in Abhängigkeit davon getroffen werden müssen, ob der Angebotspreis im Vergleich zu einem Kurswert, der in der Zukunft mutmaßlich erreicht würde, höher oder niedriger ist. Dagegen habe das *board* neben der Höhe des Angebots beispielsweise auch den Zeitpunkt des Angebots, die Belange Dritter und das Risiko des Scheiterns bei ihrer Entscheidungsfindung mitberücksichtigen können.[2072]

Im Ergebnis hat der *Delaware Supreme Court* dem *board* damit weit reichende Rechte zuerkannt.[2073] Insbesondere wurde eine Entscheidung der Anteils-eigner nicht als notwendig angesehen, obwohl die nach den Vorschriften der *New York Stock Exchange* (*NYSE*) notwendige Entscheidung zur Vermeidung eines unliebsamen Abstimmungsergebnisses offensichtlich umgangen werden sollte und die Entscheidung für das Unternehmen und damit mittelbar für die Anteilseigner von erheblicher und besonderer Bedeutung war. Im Übrigen wurde in diesem Urteil

---

2066 Vgl. Paramount Communications, Inc. v. Time Inc., 571 A.2d 1140, 1150 f. (Del.Sup. 1989). Vgl. zu der Verpflichtung eine „auction" durchzuführen Quillen, 10 Delaware Journal of Corporate Law (1985), 465, 465 ff.

2067 Vgl. Paramount Communications, Inc. v. Time Inc., 571 A.2d 1140, 1150 f. (Del.Sup. 1989).

2068 Erstmalig festgeschrieben und daher namengebend in Revlon v. MacAndrews & Forbes Holdings, Inc., 506 A.2d 173 (Del. 1986), vgl. dazu ausführlich unten unter 9. a. Vgl. auch Paramount Communications, Inc. v. Time Inc., 571 A.2d 1140, 1150 (Del.Sup. 1989); Bainbridge, 75 Minnesota Law Review (1990), 239, 292 ff.; Frank/Moreland, RIW 1989, 761, 767; Policastro, 16 Delaware Journal of Corporate Law (1991), 187, 187 f.; Reder, 44 Business Lawyer (1989), 275, 275 ff.; Regan, 46 Hastings Law Journal (1994), 125, 152 ff.

2069 Vgl. Paramount Communications, Inc. v. Time Inc., 571 A.2d 1140, 1150 (Del.Sup. 1989). Vgl. dazu auch die eingehende Erörterung bei Johnson/Millon, 45 Business Lawyer (1990), 2105, 2110 ff., 2117 ff.

2070 Vgl. Paramount Communications, Inc. v. Time Inc., 571 A.2d 1140, 1151 (Del.Sup. 1989).

2071 Vgl. Paramount Communications, Inc. v. Time Inc., 571 A.2d 1140, 1153 f. (Del.Sup. 1989). Vgl. dazu auch ausführlich Johnson/Millon, 45 Business Lawyer (1990), 2105, 2112 ff.

2072 Vgl. Paramount Communications, Inc. v. Time Inc., 571 A.2d 1140, 1153 f. (Del.Sup. 1989).

2073 Gordon, 91 Columbia Law Review (1991), 1931, 1979 ff., spricht insofern von der Legitimation einer „just say no" Verteidigung. Vgl. dazu auch Pitt, 15 Delaware Journal of Corporate Law (1990), 811, 873 ff.

noch einmal festgestellt, dass auch die Belange Dritter vom *board* berücksichtigt werden können, obwohl dieser Feststellung hier keine entscheidungserhebliche Bedeutung beizumessen ist. Dem *board* wird somit ein außerordentlich weit reichender und durch die *business judgement rule* geschützter Ermessensrahmen zuerkannt. Eine innerhalb dieses Ermessensbereichs getroffene Entscheidung wird nicht gerichtlich überprüft; die Entscheidungsfreiheit wird mit Eintritt des *Revlon-Mode* erst dann eingeschränkt, wenn die beabsichtigte Unternehmensausrichtung unter keinen Umständen weiterverfolgt werden kann, sondern ein Kontrollwechsel als unvermeidlich anzusehen ist.[2074]

g. Smith v. Van Gorkom - so genannte „Trans Union Entscheidung" (protection of informed business judgement)

Besondere Bedeutung für die Strukturierung der *business judgement rule* kommt der so genannten "Trans Union Entscheidung", dem Urteil in dem Rechtsstreit Smith v. Van Gorkom,[2075] zu, mit welcher der *Supreme Court* von Delaware diese Regel im Jahre 1985 erneut konkretisiert hat.[2076] Aus dieser Entscheidung ergeben sich wertvolle Erkenntnisse für die Anwendbarkeit und die Anwendung der *business judgement rule*, insbesondere durch die Gerichte in Delaware. Die *business judgement rule* wird in diesem Bundesstaat aus dem in 8 Del. C. § 141 (a) niedergelegten Prinzip abgeleitet, nach dem die Geschäfte einer Gesellschaft in Delaware grundsätzlich von ihrem *board of directors* ausgeübt werden.[2077] Wegen ihrer Führungsrolle im Unternehmen wird von den *directors* uneingeschränkte Treue gegenüber der Gesellschaft und deren Aktionären verlangt.[2078] Die *business judgement rule* diene - so das Urteil - dazu, die volle und freie Ausübung der den Managern zukommenden Führungsgewalt zu schützen und zu fördern.[2079] Der Kern der „Regel" bestehe in der Vermutung zugunsten der *directors*, dass diese aufgrund umfangreicher bestmöglicher Informationen in guten Absichten und in dem ehrlichen Glauben daran, dass die Entscheidung oder Maßnahme im besten Interesse der

---

[2074] Vgl. Paramount Communications, Inc. v. Time Inc., 571 A.2d 1140, 1154 (Del.Sup. 1989) unter Berufung auf 8 Del. C. §141 (a). Vgl. dazu auch Gordon, 91 Columbia Law Review (1991), 1931, 1978; Reder, 44 Business Lawyer (1989), 275, 279 ff.

[2075] Smith v. Van Gorkom, 488 A.2d 858 (Del. 1985).

[2076] Vgl. Abeltshauser, Leitungshaftung, 79 ff.; Henn/Alexander, Laws of Corporations and Other Business Enterprises, 661-663 (§ 242); Chittur, 10 Delaware Journal of Corporate Law (1985), 505, 512 ff., 521; Clark, Corporate Law, 123-140; Hamilton, Law of Corporations, 310-321 (§§ 14.4-14.6); Fischel, Business Lawyer (1985), 1437, 1437 ff.; Kirk, 24 American Business Law Journal (1986), 467, 467 ff.; Knepper/ Bailey, Liability of Corporate Officers and Directors, 179-207 (§§ 6.01-6.17); Block/Radin/Rosenzweig, 45 Business Lawyer (1990) 469, 469 ff.; Manning, 41 Business Lawyer (1985), 1, 8 ff.; Merkt, US-amerikanisches Gesellschaftsrecht, Rdn. 682-700; Prickett, 10 Delaware Journal of Corporate Law (1985), 451, 461 f. Vgl. im Übrigen die Besprechung bei Moore, 70 Washington University Law Quarterly (1992), 277, 281 f., der zugleich einer der erkennenden Richter war.

[2077] Vgl. Smith v. Van Gorkom, 488 A.2d 858, 872 ff. (Del. 1985).

[2078] Vgl. Smith v. Van Gorkom, 488 A.2d 858, 872 (Del. 1985).

[2079] Vgl. Smith v. Van Gorkom, 488 A.2d 858, 872 (Del. 1985).

Gesellschaft liegt, gehandelt hätten.[2080] Daraus folge, dass die eine Entscheidung des Managements angreifende Partei die Vermutung, dass die Geschäftsführungsmaßnahme aufgrund umfangreicher Informationen getroffen worden ist, widerlegen müsse.[2081] Ob und wann eine Entscheidung aufgrund ausreichender Informationen getroffen ist oder nicht, richte sich danach, ob die *directors* sich im Vorfeld der Entscheidung unter Verwendung aller ihnen zugänglichen Informationsquellen informiert hätten.[2082] Die *directors*, die eine uninformierte Entscheidung getroffen hätten, würden von der *business judgement rule* nicht geschützt.[2083] Die besondere Informationspflicht der *directors* folge auch aus der treuhänderischen Stellung, aus der heraus sie die Interessen der Gesellschaft und ihrer Aktionäre wahrzunehmen haben.[2084] Der Informationspflicht, die im Urteil eingehend spezifiziert wird, kommt, wie die weiteren Ausführungen zeigen, besondere Bedeutung zu. Dem Urteil lag folgender Sachverhalt zugrunde:[2085]

Bereits in den späten 60er Jahren hatte Trans Union begonnen, zur Steigerung des Gewinns eine Strategie der Akquisition kleiner Unternehmen zu verfolgen. Aus steuerlichen Gründen wurde neben der weiteren Akquisition von Unternehmen über einen Verkauf der Gesellschaft an ein Unternehmen mit einem hohen zu versteuernden Gewinn nachgedacht. Kurz vor seiner Pensionierung hatte sich 1980 der *Chairman* des *board*, ein langjähriger leitender Angestellter und maßgeblicher Aktionär, nämlich Van Gorkom, gegen ein in Erwägung gezogenes *Management Buy-Out* ausgesprochen und seine Absicht zum Verkauf seiner Anteile zum Preis von US $ 55 pro Aktie bekannt gegeben. Ohne Mitwirkung oder Kenntnis des *board* erarbeitete Van Gorkom einen detaillierten Plan zum Verkauf des Unternehmens an einen Bekannten, der gleichzeitig als *Raider* bekannt war, nämlich Jay A. Pritzker. Trans Union sollte nach dem Vorschlag Van Gorkoms vorbehalten bleiben, zu einem höheren Preis an einen Dritten zu verkaufen. Pritzker stimmte der Abgabe eines Übernahmeangebots unter der Bedingung zu, dass seine Organisation zuvor einen Anteil von 1.000.000 Aktien zum niedrigeren Marktpreis kaufen könne, so dass dieser bei Verkauf an einen höher bietenden Dritten mit Gewinn verkauft werden könnte. Zwei Tage vor dem beabsichtigten Vertragsabschluss, nachdem die Verträge bereits gefertigt waren und nachdem unter Mitwirkung von Van Gorkom die Finanzierung in die Wege geleitet war, berief Van Gorkom kurzfristig eine Sitzung des *board* für den folgenden Tag ein. Der Grund für die Einbe-

[2080] Vgl. Smith v. Van Gorkom, 488 A.2d 858, 872 (Del. 1985).

[2081] Vgl. Smith v. Van Gorkom, 488 A.2d 858, 872 (Del. 1985).

[2082] Vgl. Smith v. Van Gorkom, 488 A.2d 858, 872 (Del. 1985). Vgl. dazu auch Kirk, 24 American Business Law Journal (1986), 467, 471 ff.

[2083] Vgl. Smith v. Van Gorkom, 488 A.2d 858, 872 (Del. 1985). Vgl. dazu auch die ausführliche Darstellung bei Reder, 44 Business Lawyer (1989), 275, 279 ff.

[2084] Vgl. Smith v. Van Gorkom, 488 A.2d 858, 872 (Del. 1985).

[2085] Vgl. auch die Darstellung bei Abeltshauser, Leitungshaftung, 79 ff.; Chittur, 10 Delaware Journal of Corporate Law (1985), 505, 512 ff.; Kirk, 24 American Business Law Journal (1986), 467, 470 f.; Kurth, Aktionärsschutz, 166 ff.; Schwartz/Wiles, 10 Delaware Journal of Corporate Law (1985), 429, 431 f.; Steindl, US-Board und Aufsichtsrat, 133 ff.

rufung des Treffens wurde nicht mitgeteilt. In der Sitzung stellte Van Gorkom das Übernahmeangebot erstmalig dem *board* vor, ohne dass er schriftliche Unterlagen so zeitig vorgelegt hätte, dass diese hätten durchgesehen oder bearbeitet werden können. Nach nur zweistündiger Beratung entschied das *board*, das Angebot von Pritzker anzunehmen, obwohl eine Wertberechnung der Gesellschaft oder der Anteile nicht vorgenommen worden war. Die von Van Gorkom vorgenommene Preiskalkulation war nicht offen gelegt worden. Der *Chief Financial Officer* des Unternehmens hielt den gebotenen Preis für zu niedrig. Weitere und erst recht externe Berater waren nicht zugezogen worden. Das Angebot wurde in Kenntnis dessen angenommen, dass einem anderen Interessenten innerhalb der 90tägigen Drittangebotsphase ausschließlich veröffentlichte Informationen und keine spezifischeren Kenntnisse zugetragen werden durften. Bis zum Abschluss der Sitzung hatte das *board* keine, insbesondere keine externen, Spezialisten konsultiert. Die Verkaufspräsentation durch Van Gorkom hatte im Übrigen zu der Frage geführt, ob (nur) ein fairer Preis oder der höchst mögliche Preis durch das *board* zu erzielen versucht werden muss, den die Aktionäre entweder akzeptieren oder ablehnen könnten. Möglicherweise war den *directors* insofern nicht einmal klar, dass sie eine faktisch irreversible Entscheidung treffen würden. Van Gorkom hatte dazu vorgetragen, dass die Angemessenheit des Preises durch die 90-tägige Drittangebotsphase überprüft werde. Zudem hatte ein von Van Gorkom beauftragter Rechtsanwalt dem *board* vorgetragen, dass dieses sich bei Ablehnung des Angebots der rechtlichen Verfolgung und Haftung aussetze und dass die Überzeugung des *board* von der Fairness des Verkaufs nicht vom Gesetz gefordert sei. Nach Annahme des Angebots war das *board* nicht befugt, aus eigenem Antrieb höherbietende Interessenten zu akquirieren.

Am Tag nach Annahme des Angebots gegenüber Pritzker durch Van Gorkom gab Trans Union eine Pressemitteilung darüber ab, dass eine Fusion definitiv vereinbart worden sei. Wenige Wochen danach erging nach einer Ergänzung der Fusionsvereinbarung eine Pressemitteilung darüber, dass Pritzker eine Million Anteile zum Preis von US $ 38 pro Aktie gekauft habe, dass Trans Union Konkurrenzbieter suche und die Aktionäre über die Fusion mit Pritzker nach Ablauf der vereinbarten Frist entscheiden würden, wenn nicht fristgerecht ein besseres Angebot abgegeben werde. Infolge der Vereinbarungen mit Pritzker lehnte ein Interessent (General Electric Credit Corporation) die Abgabe eines Angebots solange ab, bis die Vereinbarungen aufgehoben würden. Da Pritzker dies ablehnte, wurden die Verhandlungen abgebrochen. Ein höheres über Kohlberg, Kravis, Roberts & Co. (KKR) abgegebenes Angebot in Höhe von US $ 60 wurde zurückgezogen, nachdem Van Gorkom mit einem Mitglied der Investorengruppe gesprochen hatte und dieser seine Beteiligungszusage zurückgezogen hatte. Kurze Zeit danach kam es zu rechtlichen Auseinandersetzungen. Acht der zehn *directors*, darunter auch Van Gorkom, wurden abgelöst. Nach Ablauf der Drittangebotsphase wurde auf einer Sitzung des *board* beschlossen, das Fusionsvorhaben mit Pritzker durchzusetzen. Zusätzlich zu dieser Empfehlung des *board* wurden den Anteilseignern kurz vor der

Hauptversammlung alle für die Übernahme relevanten Informationen in einem Zusatz zugänglich gemacht. Mit einer 70%tigen Mehrheit und bei 23 % nichtabgegebenen Stimmen wurde die Fusion von den Anteilseigners schließlich genehmigt. Zu Verhandlungen mit der ernsthaft interessierten General Electric Credit Corporation war es auch im weiteren Verlauf nicht gekommen, weil diese Gesellschaft die Abgabe eines Angebots vor dem Hintergrund der Vereinbarungen mit Pritzker nach wie vor ablehnte.

(1) Keine ex post Beurteilung

Zunächst entschied der *Delaware Supreme Court* im Gegensatz zum *Court of Chancery*, dass eine Geschäftsführungsmaßnahme als uninformiert gelte und nicht der *business judgement rule* unterfalle, auch wenn die Informationsbeschaffung unmittelbar nach der Entscheidung nachgeholt und später noch einmal durch das *board* bestätigt werde.[2086] Eine Beurteilung auf Grundlage einer ex post Betrachtung lehnte das Gericht ab. Das *board* habe sich grundsätzlich aller zugänglichen Informationen zu bedienen, bevor die Entscheidung getroffen wird.[2087] Dennoch stellte das Gericht, weil es sich nicht um eine informierte Entscheidung ("*informed business judgement*") gehandelt hatte, auf die Frage ab, ob der Verstoß gegen die mit der *business judgement rule* aufgestellten Prinzipien durch in der Folgezeit nach der Entscheidung unternommene Handlungen des Managements geheilt worden sei,[2088] wobei sich diese Prüfung wohl bei näherer Betrachtung als Kausalitätsprüfung darstellt.

Die Prüfungsweise des *Supreme Court* von Delaware konkretisiert sich mithin wie folgt: Zunächst besteht eine Vermutungsregel dahingehend, dass die *directors* grundsätzlich im Interesse der Gesellschaft und aufgrund umfänglicher und damit ausreichender Informationen gehandelt haben. Wird diese Vermutung durch die gegnerische Partei wirksam widerlegt, so stellt sich die Frage, ob der Verstoß der *directors* gegen ihre Pflichten aufgrund späteren Verhaltens geheilt worden ist. Ein derartiges Verhalten kann in der Bestätigung und Fortsetzung der vorgenommenen Geschäftsausrichtung oder aber in der Revision der Entscheidung liegen. Das heilende Verhalten liegt somit in der Bestätigung einer „richtigen" oder aber in der Korrektur einer fehlerhaften Entscheidung, soweit die Entscheidung nicht bereits schadensbegründend war. Im Rahmen dieses Urteils stellte der *Supreme Court* von Delaware fest, dass sich die *directors* der beklagten Trans Union Corporation zunächst nicht in hinreichender Weise über die Rolle Van Gorkoms als treibende Kraft beim Verkauf der Gesellschaft und im Zusammenhang mit der Bildung des Aktienpreisangebots informiert hätten.[2089] Sie hätten zudem uniformiert über den

[2086] Vgl. Smith v. Van Gorkom, 488 A.2d 858, 873 f. (Del. 1985).

[2087] Vgl. Smith v. Van Gorkom, 488 A.2d 858, 874 (Del. 1985).

[2088] Vgl. Smith v. Van Gorkom, 488 A.2d 858, 874 (Del. 1985).

[2089] Vgl. Smith v. Van Gorkom, 488 A.2d 858, 874, 877 (Del. 1985).

tatsächlichen Wert der Gesellschaft geurteilt.[2090] Schließlich habe der EntscheidungsProzess am 20. September 1980 über den Verkauf der Gesellschaft ohne jegliche Vorkenntnisse seitens der *directors* lediglich zwei Stunden gedauert und es hätten keine schriftlichen Unterlagen vorgelegen, obwohl keine Krisen- oder Notsituation vorlag. Demnach hätten die *directors* grob fahrlässig handelt.[2091] Das nachfolgende Verhalten der *directors* habe das Fehlverhalten hier nicht geheilt, denn die fehlerhafte Entscheidung sei in vorliegendem Fall zu Unrecht bestätigt worden.[2092]

(2) Indizien für eine informierte Entscheidung

Im Rahmen der Entscheidung untersuchte der *Supreme Court* von Delaware im Einzelnen, unter welchen Voraussetzungen von einem informierten Entscheidungs-Prozess auszugehen ist. Die *directors* trugen diesbezüglich zu ihrer Entlastung eine Reihe von Tatsachen vor, denen indizielle Wirkung für das Vorliegen einer informierten Entscheidung zukommen sollte.[2093]

(a) Irrelevanz der Höhe des Angebotspreises

Zum einen wurde vorgetragen, es habe sich aus Sicht der *directors* um eine informierte Entscheidung schon aus dem Grunde gehandelt, dass der Angebotspreis US $ 55 pro Aktie betrug, während der Marktwert der Aktien lediglich bei US $ 38 pro Aktie lag und somit eine hohe Prämie, ein hoher Kursaufschlag, in Aussicht gestanden habe.[2094] Hierzu stellte das Gericht fest, dass es fehlerhaft sei, den gegenwärtigen Marktpreis zum Nachweis dafür heranzuziehen, dass ein darüber liegender Angebotspreis den tatsächlichen Wert der Gesellschaft widerspiegeln würde. Dies gelte insbesondere dann, wenn - wie im entschiedenen Fall - den *directors* ausreichend Informationen zur Verfügung gestanden hätten, um erkennen zu können, dass der Marktpreis weit unter dem tatsächlichen Wert der Gesellschaft gelegen habe. Auch ein über dem Marktpreis liegendes, mit einem Kursaufschlag versehenes Angebot könne noch weit unter dem tatsächlichen Wert der Gesellschaft liegen. Somit reiche die Berufung auf die Kursdifferenz nicht aus, um die Annahme eines über dem Marktpreis liegenden Angebots zu rechtfertigen.[2095] Vielmehr müssten darüber hinausgehende Informationen eingeholt werden, die den angebotenen Preis

---

[2090] Vgl. Smith v. Van Gorkom, 488 A.2d 858, 874, 877 f. (Del. 1985). Vgl. dazu auch ergänzend Reder, 44 Business Lawyer (1989), 275, 276 ff.

[2091] Vgl. Smith v. Van Gorkom, 488 A.2d 858, 874 (Del. 1985).

[2092] Vgl. Smith v. Van Gorkom, 488 A.2d 858, 888 (Del. 1985).

[2093] Vgl. Smith v. Van Gorkom, 488 A.2d 858, 875 (Del. 1985).

[2094] Vgl. Smith v. Van Gorkom, 488 A.2d 858, 875 (Del. 1985). Vgl. dazu auch Macey/Miller, 98 Yale Law Review (1988/89), 127, 129 f.

[2095] Vgl. Smith v. Van Gorkom, 488 A.2d 858, 876 (Del. 1985).

in Relation zu dem tatsächlichen Wert der Gesellschaft setzen könnten,[2096] was im entschiedenen Fall nicht geschehen sei. Ein Kursaufschlag indiziere deshalb nicht eine informierte Entscheidungsfindung.

(b) Kein höheres Gebot in einer vereinbarten „Markttestphase"

Die *directors* stellten zudem auf die Tatsache ab, dass dem *board* im Rahmen einer "Markttestperiode" vertraglich zugestanden worden sei, jedes höhere Angebot anzunehmen und dieser Umstand für ihre schnelle Entscheidung gesprochen habe, dem Übernahmevertrag zuzustimmen. Es habe sich insofern nicht um eine Impulsiventscheidung oder eine Entscheidung auf uninformierter Grundlage gehandelt, da das Angebot von US $ 55 pro Aktie zunächst dem „Markttest" habe standhalten müssen.[2097] Zudem ergebe sich zwangsläufig, dass die Prämie von US $ 17 pro Aktie dann adäquat sei, wenn sie in der folgenden Periode von 90 bis 120 Tagen auf dem freien Markt nicht überboten würde.[2098] Das Gericht stellte zu diesem Punkt zusammenfassend fest, dass nicht nachgewiesen sei, ob der Vertrag das *board* überhaupt zu einer derartigen Vorgehensweise berechtigt habe und die Gesellschaft im Rahmen eines Auktionsverkaufs an den Höchstbietenden hätte verkauft werden können.[2099] Zudem hätten die vorvertraglichen und vertraglichen Verpflichtungen bereits Erschwernisse für einen Drittverkauf bewirkt, die die Abgabe eines angemessenen Angebots unwahrscheinlich gemacht habe. So sei in der Pressemitteilung von einer definitiven Fusionsvereinbarung gesprochen worden.[2100] Außerdem hätte Pritzker bereits kurz nach Abschluss der Vereinbarung einen maßgeblichen Anteil erworben. Schließlich sei einem Höherverkauf möglicherweise auch durch Van Gorkom entgegengetreten worden.[2101] Das *board* habe dagegen am Tag seiner Entscheidung keinen rationalen Grund für die Annahme gehabt, dass es sich bei der 90tägigen Folgephase tatsächlich um eine Markttestphase handeln würde und das *board* das Recht habe, von dem Vertrag zurückzutreten und jedes über dem Angebotspreis liegende Angebot anzunehmen.[2102] Die behauptete Markttestphase habe mithin keine Heilung der fehlerhaften Entscheidung bewirkt.

[2096] Vgl. Smith v. Van Gorkom, 488 A.2d 858, 877 f. (Del. 1985).

[2097] Vgl. Smith v. Van Gorkom, 488 A.2d 858, 878 (Del. 1985). Vgl. im Übrigen zu einer derartigen Vorgehensweise Barkan v. Amstead Industries, 567 A.2d 1279 (Del. 1989).

[2098] Vgl. Smith v. Van Gorkom, 488 A.2d 858, 878 (Del. 1985).

[2099] Vgl. Smith v. Van Gorkom, 488 A.2d 858, 878 (Del. 1985).

[2100] Vgl. Smith v. Van Gorkom, 488 A.2d 858, 878 (Del. 1985).

[2101] Vgl. Smith v. Van Gorkom, 488 A.2d 858, 879 (Del. 1985).

[2102] Vgl. Smith v. Van Gorkom, 488 A.2d 858, 880 (Del. 1985).

(c) Besondere Berufserfahrung

Des Weiteren führten die *directors* zur Rechtfertigung ihrer Entscheidung ihre Erfahrung als "*inside-*" und "*outside-*"*directors* an.[2103] Hierzu führte das Gericht jedoch nur kurz aus, dass gerade die Behauptung, dass die *directors* in der bereits dargestellten Art und Weise ihre Entscheidung an der zu erwartenden Prämie und dem fraglichen Markttest festgemacht hätten, ihre angebliche gebündelten Erfahrungen entschieden in Frage stelle.[2104] Infolge ausgiebiger beruflicher Erfahrung ist somit nicht zwangsläufig auch von einer informierten Entscheidung auszugehen.[2105]

(d) Befolgung anwaltlichen Rats

Schließlich versuchten die *directors* ihr Verhalten damit zu rechtfertigen, dass sie im Glauben an die Richtigkeit des rechtlichen Rats eines von Van Gorkom beauftragten Rechtsanwalts gehandelt hätten und demnach im Falle einer Ablehnung des Übernahmeangebots für eventuelle Schäden hätten haften müssen.[2106] Das Gericht stellte hierzu fest, dass die Androhung rechtlicher Verfolgung keine uninformierte Entscheidung rechtfertige.[2107] Hätten sich die *directors* dagegen in der erforderlichen Art und Weise informiert und aufgrund dieser Informationen in nachvollziehbarer Weise gehandelt, so wäre infolge der Anwendbarkeit der *business judgement rule* jegliche Haftung ausgeschlossen gewesen.[2108]

(3) Heilung der fehlerhaften Entscheidung

Wie bereits oben beschrieben, folgt als nächster Schritt die Prüfung, ob die Handlungen des *board* in der Folgezeit den Pflichtverstoß nachträglich geheilt haben. Dies ist nach Auffassung des Gerichts dann der Fall, wenn das Verhalten in der Folgezeit auf informierter Basis erfolgt, sich insbesondere nicht weiterhin als grob fahrlässig darstellt und ihrem Gewicht nach dazu ausreicht, den Verstoß des *board* zu heilen.[2109]

Die Pressemitteilung hatte zu Gegenreaktionen des *Senior Managements* und bestimmter Angestellter in Schlüsselpositionen geführt. Anstatt die Situation im *board* zu besprechen, hatte sich Van Gorkom wiederum an Pritzker gewandt. Pritzker hatte vorgeschlagen, die Vereinbarung dahingehend zu ergänzen, dass die Gesellschaft auch aktiv höhere Angebote einholen dürfe. Der Termin der Hauptversammlung solle verschoben werden. Im Gegenzug verlangte er eine Zusage des

---

2103 Vgl. Smith v. Van Gorkom, 488 A.2d 858, 880 (Del. 1985).

2104 Vgl. Smith v. Van Gorkom, 488 A.2d 858, 880 (Del. 1985).

2105 Vgl. Smith v. Van Gorkom, 488 A.2d 858, 880 (Del. 1985).

2106 Vgl. Smith v. Van Gorkom, 488 A.2d 858, 881 (Del. 1985).

2107 Vgl. Smith v. Van Gorkom, 488 A.2d 858, 881 (Del. 1985).

2108 Vgl. Smith v. Van Gorkom, 488 A.2d 858, 881 (Del. 1985).

2109 Vgl. Smith v. Van Gorkom, 488 A.2d 858, 881 (Del. 1985).

Inhalts, dass das *Senior Management* mindestens sechs Monate nach Abschluss der Fusion weiter arbeite.[2110] Ein am 8. Oktober 1980 stattfindendes Treffen des *board* der Trans Union Corporation hatte zum Ziel, die dahingehende Ergänzung des Fusionsvertrages zu genehmigen. Diese am 10. Oktober 1980 wirksam gewordenen Vertragsergänzungen autorisierten die Trans Union Corporation endgültig, konkurrierende Angebote herbeizuführen.[2111] Dennoch ging das Gericht davon aus, dass die Wirkung dieser Ergänzung, von der zweifelhaft sei, ob das *board* sie vollständig gekannt habe, nur sehr eingeschränkt war. Zum einen war es Trans Union nur dann erlaubt vom Vertrag zurückzutreten, wenn vor dem 10. Februar 1981 eine Fusion mit einem Dritten durchgeführt oder aber eine definitive Vereinbarung mit einem Dritten getroffen worden wäre, die für die Aktionäre vorteilhafter als das bestehende Angebot gewesen wäre. Zum anderen war die "Erweiterung" der Markttestphase bis zum 10. Februar 1981 von einer weiteren Vertragsergänzung abhängig. So sollte eine Stellungnahme des *board* zum Fusionsangebot mit Pritzker am 5. Dezember 1980 erfolgen und unter bestmöglichen Anstrengungen am 5. Januar 1981 den Aktionären zugesandt werden.[2112] Das Gericht stellte aufgrund dessen fest, dass die Markttestperiode tatsächlich nicht verlängert, sondern verkürzt worden sei.[2113] Zusammenfassend urteilte das Gericht, dass das Management auch am 8. Oktober grob fahrlässig gehandelt habe und die Vertragsergänzungen die Möglichkeiten, einen Vertrag mit einem Dritten einzugehen und sich von dem Vertrag mit Pritzker zu lösen, erheblich schwieriger gestalteten als nach den Vertragsverhandlungen vom 20. September.[2114]

Zudem sei auch der „letzten" Sitzung des *board* vom 26. Januar 1981 keine heilende Wirkung mit der Folge der Haftungsfreistellung zuzusprechen. Auch nach dieser Sitzung sei die *business judgement rule* nicht anzuwenden, das fehlerhafte Vorgehen des *board* sei hier nicht berichtigt worden.[2115] Das *board* selbst habe sich auf dieser Sitzung drei unterschiedlichen Entscheidungsalternativen ausgesetzt gesehen. Zum einen hätte die Pritzker-Fusion auch weiterhin empfohlen werden können, zum zweiten hätte den Anteilseignern empfohlen werden können, gegen diese Fusion zu stimmen, und zum dritten hätte das *board* den Anteilseignern die Entscheidung ohne Empfehlung überlassen können. Mit der Empfehlung, der Fusion zuzustimmen, habe das *board* erneut fehlerhaft gehandelt. Entgegen der Auffassung des *board* habe ihnen die zweite und dritte Handlungsalternative nicht zugestanden; diese hätten nicht im Einklang mit der Rechtslage gestanden. Das *board* habe dagegen neben der befürwortenden Empfehlung lediglich die Vereinbarung mit Pritzker rückgängig machen, die Genehmigung widerrufen und die Hauptversammlung absagen können. Zwischen diesen beiden einzig mit der

2110 Vgl. Smith v. Van Gorkom, 488 A.2d 858, 882 (Del. 1985).
2111 Vgl. Smith v. Van Gorkom, 488 A.2d 858, 883 (Del. 1985).
2112 Vgl. Smith v. Van Gorkom, 488 A.2d 858, 883 (Del. 1985).
2113 Vgl. Smith v. Van Gorkom, 488 A.2d 858, 883 (Del. 1985).
2114 Vgl. Smith v. Van Gorkom, 488 A.2d 858, 884 (Del. 1985).
2115 Vgl. Smith v. Van Gorkom, 488 A.2d 858, 887 f. (Del. 1985).

Rechtslage vereinbaren Alternativen habe das *board* jedoch nicht abgewogen.[2116] Die Rückgängigmachung der Pritzker Vereinbarung wäre darüber hinaus mit einem großen Risiko verbunden gewesen. Das *board* hätte in diesem Fall angesichts der Vereinbarungen mit Pritzker mit gerichtlichen Auseinandersetzungen und der Geltendmachung von Schadensersatzforderungen rechnen müssen, weil ihm ein derartiges Recht nicht zugestanden habe - es gab keine verbindliche Vereinbarung zu besseren Konditionen mit einem Dritten. Die Entscheidung des *board* auf der Sitzung sei somit nicht das Ergebnis eines logischen, schlüssigen, und vernünftigen Entscheidungsprozesses gewesen, der möglicherweise haftungsausschliessende Auswirkungen hätte haben können.[2117]

(4) Heilung durch Zustimmung der Hauptversammlung

Den grundsätzlich möglichen Haftungsausschluss infolge eines bestätigenden Beschlusses der Hauptversammlung verneinte das Gericht in vorliegendem Fall, weil die Anteilseigner entgegen einer entsprechenden Verpflichtung vor der Wahl nicht vollständig informiert worden waren. Die Anteilseigner seien nämlich nicht darüber informiert worden, dass dem *board* keine nachvollziehbaren und vernünftigen Informationen, etwa Studien oder Analysen, über den Wert des Unternehmens vorgelegen hätten. Dagegen sei der Eindruck erweckt worden, dass die Anteilseigner ausschließlich durch einen Zusammenschluss den wahren Wert realisieren könnten.[2118] Das *board* habe in seiner Stellungnahme auf den erheblichen Aufschlag abgestellt, ohne diesen Kursaufschlag einer Bewertung gegenüberzustellen und die Angemessenheit in Frage zu stellen.[2119] Die Anteilseigner seien über das Vorgehen Van Gorkoms nicht informiert worden. Insbesondere sei nicht darüber informiert worden, dass gerade Van Gorkom den Preis vorgeschlagen habe und dieser Preis auch einen *Leveraged Buy-Out* ermöglicht hätte. Die Preisfindung habe man dagegen anderweitig begründet, ohne offen zu legen, dass dieser Preis Pritzker die Finanzierung des Kaufs und die weitgehende Rückzahlung der Kredite durch Erträge der Gesellschaft ermögliche.[2120]

(5) Bedeutung des Urteils für Übernahmesituationen

Bei genauerer Betrachtung muss festgestellt werden, dass es sich bei dem Trans-Union-Urteil eher um ein Urteil zur Festschreibung der Verhaltenspflichten in Übernahmefällen als um ein solches über die Anwendbarkeit und Anwendung der

[2116] Vgl. Smith v. Van Gorkom, 488 A.2d 858, 888 (Del. 1985).
[2117] Vgl. Smith v. Van Gorkom, 488 A.2d 858, 888 (Del. 1985).
[2118] Vgl. Smith v. Van Gorkom, 488 A.2d 858, 890 f. (Del. 1985).
[2119] Vgl. Smith v. Van Gorkom, 488 A.2d 858, 891 (Del. 1985).
[2120] Vgl. Smith v. Van Gorkom, 488 A.2d 858, 892 (Del. 1985).

business judgement rule handelt.[2121] In dem Urteil ist die Rechtmäßigkeit von Reaktionen des *board* auf eine bestimmte Art von Übernahmeangeboten, nämlich so genannten „*rush*"-Angeboten mit schnell folgenden Fusionsabsichten, geregelt. Die Verhaltenspflichten der *directors* ergeben sich aus den zuvor dargestellten Urteilsgründen. Insbesondere ist festzustellen, dass die *directors* sich auch bei sehr kurz befristeten Übernahmeangeboten umfassend zu informieren und ihre Entscheidung sorgfältig zu überdenken haben, wollen sie einer Haftung entgehen. Bei derartigen Angeboten, so lässt sich aus den Urteilsgründen schließen, ist insbesondere der angebotene Kursaufschlag mit besonderer Sorgfalt zu errechnen und zu bewerten. Die Berechnungsgrundlagen und Bewertungsmethoden sind im *board* offen zu legen, so dass jedem *director* eine logische und unabhängige Entscheidung ermöglicht wird. Die Vereinbarung einer *no-shop*-Klausel ist ausschließlich durch besondere Umstände, insbesondere durch einen außergewöhnlich hohen Kursaufschlag gerechtfertigt.[2122] Die im Urteil aufgezeigten Pflichten sind vor dem Hintergrund der Tragweite der untersuchten Entscheidungen zu verstehen; sie gelten nicht zwingend für jede Geschäftsführungsmaßnahme. Die Anwendbarkeit und die Anwendung der *business judgement rule* ist insofern in jedem Einzelfall in Abhängigkeit von der Schwere und Tragweite der getroffenen Entscheidung zu beurteilen.[2123] Im Ergebnis ist festzustellen, dass das Gericht durchaus mit schlüssigen und nachvollziehbaren Gründen zu einer verständlichen und gerechten Entscheidung gekommen ist.[2124]

Die *business judgement rule* konnte bisher immer als "sicherer Hafen", als so genannter *safe harbour*, für alle *Board*mitglieder angesehen werden, wenn sie 1. nicht ausschließlich eigene Interessen verfolgten, 2. in einer Sache tatsächlich entschieden hatten, anstatt sich eines Versäumnisses schuldig gemacht zu haben, 3. sich umfänglich vor der Entscheidung informiert hatten und 4. ihre Entscheidung zumindest als nicht gänzlich ungerechtfertigt oder irrational anzusehen war.[2125] Die Trans Union-Entscheidung lässt diesen Schutz als nicht so grenzenlos erscheinen, wie er teilweise vom Management gesehen wurde und wie er möglicherweise das Verhalten des Trans Union *board* bestimmt hat.[2126]

[2121] Vgl. dazu auch Chittur, 10 Delaware Journal of Corporate Law (1985), 505, 536 ff.; Macey/Miller, 98 Yale Law Review (1988/89), 127, 135 ff.

[2122] Vgl. Manning, 41 Business Lawyer (1985), 1, 12; Quillen, 10 Delaware Journal of Corporate Law (1985), 465, 498.

[2123] Vgl. Manning, 41 Business Lawyer (1985), 1, 10; Quillen, 10 Delaware Journal of Corporate Law (1985), 465, 503.

[2124] Vgl. auch Chittur, 10 Delaware Journal of Corporate Law (1985), 505, 543. Vgl. auch ablehnend Fischel, 40 Business Lawyer (1985), 1437, 1455 und Manning, 41 Business Lawyer (1985), 1, 1.

[2125] Vgl. Macey/Miller, 98 Yale Law Review (1988/89), 127, 131; Manning, 45 Ohio State Law Review (1984), 615, 615 ff.

[2126] Vgl. dazu Macey/Miller, 98 Yale Law Journal (1988/89), 127, 131.

(6) Auswirkungen auf das Verhalten der directors

Betrachtet und bewertet man die Rechtsprechung in Delaware, bestätigt sich der schon seit langem geltende Ruf der Gerichte von Delaware als vorrangige Schützer der Interessen des Managements.[2127] Die Trans Union-Entscheidung mutet hingegen infolge der persönlichen Haftungsverpflichtung der Mitglieder des *board* eher managementfeindlich an und will sich so recht nicht in die übrigen Entscheidungen der Gerichte einreihen lassen.[2128] Unter diesem Eindruck haben verschiedene Einzelstaaten haftungsbeschränkende Gesetze erlassen[2129] oder den Unternehmen durch Gesetzesänderungen Möglichkeiten der Haftungseinschränkung eingeräumt.[2130] Es erscheint jedoch vordergründig, die Trans Union-Entscheidung nun einfach als einen Ausnahmefall zu charakterisieren, der unerwartet und unvorhergesehen die geltende Rechtsprechung konterkariert und eine konfuse und unbefriedigende Situation hinterlässt, weil der *Delaware Supreme Court* damit etwa einen bis dahin eingeschlagenen und konstant beschrittenen Weg plötzlich und unbegründet wieder verlassen hätte.

Betrachtet man das Trans Union-Urteil als übernahmespezifische Entscheidung, so ergeben sich hinsichtlich dessen Auslegung interessante Alternativen. Das *board* war mit einem sehr kurzfristigen Angebot konfrontiert. Wenn das *board* das Angebot der von Pritzker unterhaltenen Marmon Gruppe nicht innerhalb von drei Tagen angenommen hätte, so hätte Pritzker es zurückgenommen. Das *board* sah sich deshalb einer äußerst schwierigen Ausgangslage gegenüber. Hätte es das Angebot, dessen Angebotspreis auch noch deutlich über dem Marktpreis der Aktien lag, abgelehnt, so hätte hierdurch den Aktionären ein Nachteil entstehen können, für den das *board* möglicherweise zu haften gehabt hätte. Hätte es auf der anderen Seite das Angebot angenommen, so wären die Chance einer möglichen Auktion und damit die Realisierung eines höheren Aktienpreises ausgeschlossen gewesen. Auch insofern hätten die *directors* Haftungsansprüchen ausgesetzt sein können. Das Trans Union-Urteil könnte für derartige Entscheidungslagen als Lösung angesehen werden.[2131] Ein *board,* das einem derart kurzfristigen Angebot ausgesetzt ist,

---

[2127] Vgl. Linsley, 24 Harvard Journal on Legislation (1987), 527, 527 ff.; Macey/Miller, 98 Yale Law Review (1988/89), 127, 127 ff.; Policastro, 16 Delaware Journal of Corporate Law (1991), 187, 192.

[2128] Vgl. Herzel/Katz, 41 Business Lawyer (1986), 1187, 1190 ff.; Olson, 47 Business Lawyer (1992), 1011, 1020 ff.; Weisner, Verteidigungsmaßnahmen gegen unfreundliche Übernahmeversuche, 67. Teilweise wird dies hingegen bestritten, vgl. Burgman/Cox, 11 Journal of Corporate Law (1988), 311, 311 ff.

[2129] Vgl. DeMott, 66 Washington University Law Quarterly (1988), 295, 295 ff.; Gelb, 61 Temple Law Review (1988), 13, 13 ff. Vgl. weiter § 607.1645 Florida General Corporation Act; § 23-1-38 Indiana Code Annotated; § 1701.59 Ohio General Corporation Law; § 180.307 Wisconsin Corporation Law; § 13.1-690 Virginia Corporation Code.

[2130] Vgl. DeMott, 66 Washington University Law Quarterly (1988), 295, 295 ff.; Gelb, 61 Temple Law Review (1988), 13, 13 ff.; Lee, 136 Pennsylvania University Law Review (1987), 239, 272 ff.; Linsley, 24 Harvard Journal on Legislation (1987), 527, 527 ff. Vgl. weiter § 102(b)(7) Delaware General Corporation Law; § 402 New York Business Corporation Law; § 8364 Pennsylvania Consolitated Statutes Annotated.

[2131] Vgl. Macey/Miller, 98 Yale Law Review (1988/89), 127, 141; Schwartz/Wiles, 10 Delaware Journal of Corporate Law (1985), 429, 446 ff.

müsste gegenüber dem Bieter lediglich unter Hinweis auf dieses Urteil erklären, dass es schon aus rechtlichen Gründen nicht in der Lage sei, in einer derart kurzen Zeit auf das Angebot zu reagieren.[2132] Zugleich würde das Urteil, vorausgesetzt diese Interpretation ist zutreffend, die Mitglieder des *board* von jeglichen Haftungsansprüchen der Aktionäre befreien, denen ein Gewinn aufgrund des nicht angenommen Übernahmeangebots entgangen ist. Dementsprechend mag das Urteil hinsichtlich dieses Einzelfalls zwar managementfeindlich erscheinen, es könnte dagegen nützlich für Manager sein, die zukünftig derartigen Situationen ausgesetzt sind. Das Urteil dient dem Management, das sich gegen ein Übernahmeangebot verteidigen möchte, indem es die notwendige Zeit gewährt, um etwaige Verteidigungsmaßnahmen einzuleiten. Zu denken ist beispielsweise an die Suche nach einem "*white knight*", der Annahme einer "*poison pill*", dem An- oder Verkauf von wesentlichen Betriebsteilen oder Vermögensgegenständen oder ähnliche Maßnahmen.[2133]

Entsprechend ausgelegt kann das Trans Union-Urteil dem amtierenden Management einer Gesellschaft auch auf eine andere Weise dienen. Will sich das Management gegen eine Übernahme verteidigen und kommt es zu einem Übernahmekampf, so entstehen dem Management insbesondere dann Rechtfertigungsprobleme, wenn der Angebotspreis weit über dem Marktpreis der Aktien liegt. Das Urteil weist dagegen zutreffend aus, dass der Marktpreis der Aktien den tatsächlichen Wert einer Gesellschaft nicht notwendigerweise widerspiegelt, sondern sogar weit unter dem Wert liegen kann. Somit wird dem Management die Möglichkeit eröffnet, auch gegen ein erheblich über dem Marktpreis liegendes Angebot zu opponieren und sich zur Begründung auch auf das Urteil zu beziehen.[2134]

In einer Reihe vorangegangener Urteilen war der Delaware *Supreme Court* bereits bestrebt, dem amtierenden Management im Rahmen von Übernahmekämpfen gerade hinsichtlich von Verteidigungsmaßnahmen einen größeren Handlungsspielraum zu eröffnen.[2135] Versteht man das Trans Union-Urteil aus vorgenannten Gründen ebenfalls in diesem Sinne, so ließe es sich ohne Schwierigkeiten in die Rechtsprechung der Gerichte von Delaware einreihen. Insofern könnte die Entscheidung als managementfreundlich bezeichnet werden, auch wenn bei verständiger Würdigung des Urteils eher von einer Beeinträchtigung der Entscheidungsfreiheit und von einer Haftungsverschärfung ausgegangen werden muss. Die Urteilsgründe geben dem *board* jedenfalls Gelegenheit, eigene Maßnahmen unter Berufung auf das Urteil zu rechtfertigen und so die Kontrolle über die Gesellschaft auch

---

[2132] Vgl. Macey/Miller, 98 Yale Law Review (1988/89), 127, 136 f.

[2133] So auch Macey/Miller, 98 Yale Law Review (1988/89), 127, 136 f.

[2134] Vgl. Macey/Miller, 98 Yale Law Journal (1988/89), 127, 138.

[2135] Vgl. zum Beispiel Ivanhoe Partners v. Newmont Mining Corp., 535 A.2d 1334 (Del. 1987); Unocal Corp. v. Mesa Petroleum Co., 493 A.2d 946 (Del. 1985); Moran v. Household International, Inc., 500 A.2d 1346 (Del. 1985); Weinberger v. UOP, Inc., 457 A.2d 701 (Del. 1983); Revlon, Inc. v. MacAndrews & Forbes Holdings, Inc., 506 A.2d 173 (Del. 1986).

im Falle eines feindlichen Übernahmeversuchs zu behalten. Insofern verbleibt, die konkretisierende Rechtsprechung abzuwarten.

(7) Auswirkungen für die Anteilseigner

Nachdem nun dargestellt worden ist, dass sich nicht einwandfrei feststellen lässt, ob es sich mit der Entscheidung um ein managementfreundliches oder aber haftungsverschärfendes Urteil handelt, sind die möglichen Auswirkungen dieser Rechtsprechung für die Anteilseigner aufzuzeigen.

(a) Auswirkungen auf das Vermögen

Durch die Beauftragung von Rechtsanwälten, Unternehmensberatern und Investmentbanken, die für den EntscheidungsfindungsProzess im Zusammenhang mit einem Übernahmeangebot nach der Trans Union-Entscheidung nicht hinweggedacht werden können, steigen die Kosten zunächst signifikant an.[2136] Dadurch werden nicht zuletzt die Aktionäre benachteiligt, deren Dividenden geringer ausfallen können. Die höheren Kosten müssen jedoch im Verhältnis zur Bedeutung der zu treffenden Entscheidung als angemessen bezeichnet werden; sie sind im Vergleich zu den Übernahmekosten und auch im Vergleich zu den gebotenen Kursaufschlägen gering. Andererseits bietet das Trans Union-Urteil dem amtierenden Management auch Rechtfertigungshilfe, wenn es ein für die Aktionäre vorteilhaftes Übernahmeangebot abwehren will. Das *board* kann ein Interesse daran haben, ein Übernahmeangebot auch dann abzulehnen und sich gegen einen feindlichen Übernahmeversuch zu wehren, wenn die Annahme des Angebots im Interesse der Aktionäre läge.[2137] Insofern ist damit zu rechnen, dass den Aktionären zumindest in Einzelfällen die Realisierung einer kurzfristigen Vermögensvermehrung vorenthalten wird. Andererseits belegt das Urteil, dass es dem *board* verwehrt ist, die Kontrolle eines Unternehmen zu einem nicht eingehend überprüften Preis abzugeben oder das Unternehmen einer Fusion zuzuführen. Mithin ist zu Gunsten der Aktionäre davon auszugehen, dass ihnen zumindest ein fairer angemessener Preis gezahlt würde und die Anteile nicht unter Preis abgegeben werden müssen. Für den Fall, dass es zu einer Übernahme kommt, ist daher trotz höherer Transaktionskosten regelmäßig mit einem vergleichsweise größeren Vermögenszuwachs zu rechnen.

(b) Optimierung der unternehmerischen Entscheidungsprozesse

Unternehmensintern können für die Aktionäre Vorteile entstehen, die sich mittelbar vermögenssteigernd auswirken. So dient das Urteil dazu, die Qualität der im *board* vorzunehmenden Entscheidungsfindungsprozesse zu verbessern und damit die Un-

[2136] Vgl. Macey/Miller, 98 Yale Law Review (1988/89), 127, 140.
[2137] Vgl. Macey/Miller, 98 Yale Law Review (1988/89), 127, 141.

ternehmensführung insgesamt zu optimieren. dass das höhere Entscheidungsniveau im *board* mit den Vermögensinteressen der Anteilseigner korreliert, kann dagegen nicht zweifelsfrei angenommen werden. Zur Entscheidung dieser Frage wäre zu untersuchen, ob und inwieweit die *directors* den Vermögensinteressen der Anteilseigner gegenläufige eigene Interessen berücksichtigen. Die Erhöhung der Entscheidungsqualität wirkt sich daher nicht zwingend vorteilhaft für die Anteilseigner aus. Möglicherweise wird den *directors* in vielen Fällen gerade ihr Interesse und ihr Ermessensrahmen zu dessen Durchsetzung im Detail transparent. In einer zunehmenden Anzahl von Fällen wird das *board* nach dem Urteil jedoch zu dem Ergebnis kommen, dass die Angemessenheit eines Angebots durch die Einholung von Drittangeboten überprüft werden sollte. Mithin ist vermehrt mit versteigerungsähnlichen Vorgängen in Übernahmesituationen zu rechnen. Dadurch können die Aktionäre einen weit über dem ursprünglichen Angebot liegenden Preis für ihre Aktien erzielen.[2138] Auch volkswirtschaftlich kann eine Auktion dadurch von Vorteil sein, dass im Ergebnis dasjenige Unternehmen die Gesellschaft übernimmt, das den höchsten Preis zu zahlen gewillt ist und - soweit jedenfalls der erste Anschein - auch den produktivsten Gebrauch von den Unternehmensgegenständen macht.[2139] Dennoch ist zweifelhaft, ob eine Auktion immer von Vorteil für die Aktionäre ist. Ein Bieter, der weiß, dass eine Reihe weiterer Bieter ebenfalls gewillt sind, die Gesellschaft zu übernehmen, und der Preis dementsprechend steigen wird, wird schon aus Kostengründen eher von seinem Angebot zurücktreten, als ein Bieter, der der Gesellschaft allein gegenüber steht. Im Extremfall kann dies dazu führen, dass jegliche potentiellen Bieter aufgrund der zu erwartenden großen Preissteigerungen im Rahmen der Auktion von der Übernahme Abstand nehmen.[2140]

h. Gründe für die Ausrichtung der Rechtsprechung

Die in den besprochenen Urteilen deutlich werdende großzügige und managementfreundliche Rechtsprechung der Gerichte in Delaware führte in den USA zu einer Reihe von Spekulationen über deren Auswirkungen auf feindliche Takeoverversuche und deren Auftreten in der Zukunft. Im Rahmen derartiger Spekulationen werden die *„boot-strap, bust-up, highly leveraged*" Transaktionen bereits eher als historische Phänomene eingestuft, denn als Gegenwarts- oder gar Zukunftsphänomene.[2141] Ursächlich dafür seien zum einen das Schrumpfen des Finanzierungs-marktes für Übernahmen und zum anderen und wesentlichen die Rechtsetzung und Rechtsprechung hinsichtlich der Rechte und Verhaltenspflichten der *directors*.[2142] Insbesondere im Rahmen der Befugnis, interne Machtkämpfe von Gesellschaften gesellschaftsrechtlich zu regeln, seien in vielen Staaten erweiterte rechtliche

[2138] Vgl. Macey/Miller, 98 Yale Law Review (1988/89), 127, 141.

[2139] Vgl. Macey/Miller, 98 Yale Law Review (1988/89), 127, 141.

[2140] Vgl. Macey/Miller, 98 Yale Law Review (1988/89), 127, 142.

[2141] Vgl. Gordon, 91 Coumbia Law Review (1991), 1931, 1931 ff.

[2142] Vgl. Oesterle, Duke Law Review 1989, 202, 203 ff.

Grundlagen zugunsten des Managements zur Verteidigung gegen feindliche Übernahmeversuche geschaffen worden.[2143] Von zumindest gleicher Bedeutung sei aber die zunehmend managementfreundliche Auslegung der Treuepflichten des Managements gegenüber den Aktionären durch die einzelnen Gerichte. Insbesondere im Bundesstaat Delaware sei mit dem Urteil Paramount Communications Inc. v. Time Inc. dem Management faktisch die rechtliche Befugnis eingeräumt worden, ohne Begründung gegen feindliche Übernahmeversuche vorzugehen (*"just say no defense"*).[2144] Diese Entscheidung könne aufgrund ihrer weit reichenden Wirkung auf den Takeovermarkt als eines der wegweisenden wirtschaftlichen Ereignisse für die 90er Jahre bezeichnet werden. Infolge des Urteils sei nicht nur ein Rückgang der feindlichen Übernahmeangebote und tatsächlichen Übernahmen, sondern auch ein Rückgang der gesellschaftlichen Umstrukturierungsmaßnahmen als Antwort auf Übernahmeversuche sowie der Anzahl der freundlichen Übernahmen aus Angst vor einem feindlichen Angebot zu erwarten gewesen und noch zu erwarten.[2145] Zeitlich nach den besprochenen Urteilen sei es in der Tat zu einem Rückgang der Übernahmeversuche und somit zu der angenommenen Entwicklung gekommen. Wenngleich nicht zweifelsfrei festgestellt werden könne, ob und zu welchem Anteil diese Entwicklung konjunkturell und damit durch wirtschaftliche Umstände oder aber durch die Gesetzgebung und Rechtsprechung bedingt war, müsse als wahrscheinlich angesehen werden, dass die Gesetzgebung und die Rechtsprechung die Entwicklung nicht unwesentlich beeinflusst haben.[2146] Wegen des weitgehenden Einflusses der gerichtlichen Entscheidungen und deren Ausstrahlungen auf zukünftige Entscheidungen sind die hinter den Urteilen stehenden möglichen Motivationen von Interesse. Sie sollen im Folgenden aufgezeigt werden.

(1) Ökonomische Analysen

Zunächst könnte die Entwicklung der Rechtsprechung das Ergebnis wirtschaftswissenschaftlicher Erkenntnisse oder zumindest ökonomisch begründeter Auffassungen sein. Da Aktionäre in der Regel bei Übernahmeversuchen Kursaufschläge erzielen, kann der Aktionärsschutz keine Begründung für eine entgegenwirkende Rechtsprechung sein. In den Entscheidungen ist dementsprechend eine wertende Beurteilung der Vermögensinteressen der Aktionäre - auch in Abwägung kurzfris-

---

[2143] So hatten beispielsweise zum Ende der 80er Jahre 42 Staaten zumindest eine Form von Antitakeover-Gesetzen eingeführt, vgl. dazu oben unter D. und Neuwirth, 145 University of Pennsylvania Law Review (1996), 423, 432. Vgl. weiter Romano, 57 University of Cincinnati Law Review (1988), 457, 457, Fn. 11, nach der eine Kausalität zwischen konkreten Übernahmeversuchen und Gesetzgebung als gegeben anzusehen ist. Vgl. auch Greene, 69 Texas Law Review (1991), 1539, 1563; Lüttmann, Kontrollwechsel in Kapitalgesellschaften, 87.

[2144] Vgl. dazu Gordon, 91 Columbia Law Review (1991), 1931, 1932, 1936; Pitt, 15 Delaware Journal of Corporate Law (1990), 811, 873 ff.; Subramanian, 23 Delaware Journal of Corporate Law (1998), 375, 398 f.

[2145] Vgl. Paefgen, RIW 1991, 103, 106 ff.

[2146] Vgl. Paefgen, RIW 1991, 103, 110.

tiger und langfristiger Unternehmensausrichtungen - unterblieben. Auch eine Bewertung spezieller oder abstrakter wirtschaftlicher Folgen von Übernahmen wird in den Urteilen nicht zur Begründung herangezogen. Die große Anzahl differenzierender wirtschaftswissenschaftlicher Untersuchungen lässt eine grundsätzliche Bewertung von Übernahmen schlicht nicht zu.[2147] Mutmaßlich aus diesem Grund ist in keinem der Urteile die Entscheidung mit grundsätzlichen wirtschaftswissenschaftlichen Erwägungen begründet worden. Insofern ist davon auszugehen, dass die Gerichte Übernahmen unter ökonomischen Gesichtspunkten nicht grundsätzlich als nachteilig oder vorteilhaft ansehen.

(2) Standortwettbewerb

Als ein Grund für die übernahmefeindliche Rechtsprechung könnte der wirtschaftliche Wettbewerb der Bundesstaaten um die Attraktivität des Staates als Unternehmenssitz[2148] und die damit einhergehenden positiven politischen Auswirkungen angesehen werden.[2149] Die Gesellschaften können ihren Sitz jederzeit ohne besonderen Kostenaufwand verlegen,[2150] wenngleich für eine Sitzverlegung die Zustimmung der Aktionäre erforderlich ist.[2151] Insofern befinden sich die Bundesstaaten in einer andauernden Konkurrenzsituation um den Sitz der Gesellschaften, deren Gründung und Ansiedlung mit einer Vielzahl direkter und indirekter Vorteile verbunden ist.[2152] Zu erwähnen sind hier nur die beträchtlichen Steuereinnahmen[2153] und die Beschäftigungssituation.[2154] Als maßgebliche Entscheidungsträger für die Bestimmung des Unternehmenssitzes sind die *directors* anzusehen.[2155] Während die Anteilseigner sich der möglichen Haftungsfolgen eher nicht bewusst sind, kommt der Beurteilung der Haftungsrisiken der *directors* für ihre Entscheidung

[2147] Vgl. Bästlein, Zur Feindlichkeit öffentlicher Übernahmeangebote, 265; Cook, in Weidenbaum/ Chilton, Public Policy Toward Corporate Takeovers, 1, 19; Daum, Die unkoordinierte Übernahme, 42; Gruber, Pflicht zum Übernahmeangebot, 17; Hahn, Die feindliche Übernahme von Aktiengesellschaften, 90; Koch, Hindernisse für öffentliche Übernahmeangebote, 8; Lehnert, Unternehmensübernahmen in den USA, 169 f., 200 ff.; Sailer, Aktienrechtliche Minderheitskompetenzen, 70; Schwartze, in Ott/Schäfer, Ökonomische Analyse, 264, 268 f.; Weisner, Verteidigungsmaßnahmen gegen unfreundliche Übernahmeversuche, 71; Weisser, Feindliche Übernahmeangebote und Verhaltenspflichten der Leitungsorgane, 73; Coffee, 85 Michigan Law Review (1986), 1, 104; Coffee, 84 Columbia Law Review (1984), 1145, 1145 ff.; Scherer, 2 Journal of Economic Perspectives (1988), 69, 80 f.

[2148] Vgl. dazu Conard, Corporation, 16 ff.; Gordon, 91 Columbia Law Review (1991), 1931, 1957 ff.; Merkt, US-amerikanisches Gesellschaftsrecht, Rdn. 168 ff.

[2149] Vgl. Gordon, 91 Columbia Law Review (1991), 1931, 1957 ff.

[2150] Vgl. Gordon, 91, Columbia Law Review (1991), 1931, 1959.

[2151] Vgl. Gordon, 91 Columbia Law Review (1991), 1931, 1959.

[2152] Vgl. dazu Gordon, 91 Columbia Law Review (1991), 1931, 1957 ff., 1962; Merkt, US-amerikanisches Gesellschaftsrecht, Rdn. 167 ff.; Ribstein, 61 George Washington Law Review (1993), 984, 987 ff.

[2153] Vgl. Gordon, 91 Columbia Law Review (1991), 1931, 1962.

[2154] Vgl. beispielhaft Gordon, 91 Columbia Law Review (1991), 1931, 1962.

[2155] Vgl. Romano, 1 Economics and Organisation (1985), 225, 280.

erhebliche Bedeutung zu.[2156] Insofern könnte ein managementfreundliches Verhalten der Rechtsprechung und der Legislative Ausdruck des Bestrebens sein, Gesellschaften im Bundesstaat zu halten oder aber Sitzverlegungen in den Bundesstaat zu bewirken. Infolge von haftungsrechtlichen Vorteilen für die *directors* könnten den Unternehmen möglicherweise sogar höhere Leistungen zugunsten des Bundesstaates abverlangt werden. So erzielt der Bundesstaat Delaware einen maßgeblichen Teil seines Haushaltes durch die *corporate franchise tax*.[2157]

(3) Soziohistorische Begründung

Als ein weiterer möglicher Grund wird angeführt, dass ein sich selbst regulierender Übernahmemarkt fundamentale soziale Werte wie Loyalität und Kontinuität und damit das Gemeinwesen gefährde.[2158] Die Gerichte würden es zur Aufrechterhaltung und Verstärkung dieser Werte und der gesellschaftlichen Stabilität als ihre Aufgabe ansehen, Takeoveraktivitäten zu zähmen, sie zu verlangsamen und zu verzögern.[2159] Das rein marktwirtschaftlich orientierte Verhalten im Zusammenhang mit Übernahmeversuchen beruhe lediglich auf Eigeninteressen und sei regelungsbedürftig gewesen. Die Unternehmen hätten innerhalb der Gesamtgesellschaft ihrerseits die angesprochenen Werte zu fördern. Systeme, die Innovation, Wettbewerb und Profitstreben freien Lauf ließen, seien mit dem Verständnis eines friedlichen sozialen Gefüges nicht zu vereinen.[2160] Nicht die unsichtbare Hand des Marktes habe über menschliche Schicksale ungesteuert zu bestimmen. Vielmehr seien die

[2156] Vgl. Romano, 73 Virginia Law Review (1987), 111, 113 ff.

[2157] Vgl. Gordon, 91 Columbia Law Review (1991), 1931, 1962.

[2158] Vgl. Gordon, 91 Columbia Law Review (1991), 1931, 1971 ff.

[2159] Vgl. Gordon, 91 Columbia Law Review (1991), 1931, 1987.

[2160] Begründend für die Argumentation sind die Arbeiten von Karl Polanyi, der 1944 in seinem Werk „The Great Transformation" beschreibt, wie der Markt des 19ten Jahrhunderts aus den Fugen geraten sei und Bedingungen hervorgebracht habe, die zu den schrecklichen Kriegen des 20sten Jahrhunderts geführt hätten. Polanyi behauptet, dass es eine dialektische Verbindung zwischen sozialen Bedürfnissen einer Gesellschaft und ihrer wirtschaftlichen Organisation gebe, durch die das wirtschaftliche System gezwungen werde, vielmehr diesen sozialen Bedürfnissen zu dienen als dem reinen materiellen Streben nach Gewinn. Aus diesem Grund müsse das Wachstum des Marktes von erforderlichen staatlichen Regulierungen begleitet werden, damit der Markt sich nicht lediglich selbst reguliere. In derartigen selbstregulierten Märkten würden die Produktionsfaktoren Land, Arbeitskraft und Kapital zu Waren des Marktes werden und ausschließlich diese Marktkräfte würden das Leben der Menschen formen. Aus diesem Grund würde ein sich selbst regulierendes Marktsystem die menschlichen und natürlichen Grundvoraussetzungen einer Gesellschaft zerstören, insbesondere die Beschäftigungssituation und Lebensstrukturen der einzelnen Gesellschaftsmitglieder und das sich daraus entwickelnde Netz der sozialen Beziehungen untereinander. Polanyi argumentiert weiter, dass die Bevölkerung immaterielle Güter, wie die soziale Stellung und relative Werte höher einstufe, als absolute Werte und dass solidarische Werte, wie Loyalität, Gemeinschaft, und Kultur einen zentraleren Stellenwert erhielten, als das reine wirtschaftliche Wachstum. Auf diese Weise beschreibt Polanyi eine generelle sozialmotivierte Reaktion der Gesellschaft auf den markt-orientierten und auf reinen Eigeninteressen und Laissez-fair-Prinzipien beruhenden Individualismus, der in der Bestrebung nach staatlichen Regulierungen seinen Ausdruck findet. Vgl. in diesem Zusammenhang eingehend auch Gordon, 91 Columbia Law Review (1991), 1931, 1972 ff.

Entscheidungen von Menschen, den Richtern und *directors*, zu treffen, die so Entwicklungen auch im Sinne sozialer Werte bestimmen könnten.[2161]

Der *Supreme Court* von Delaware hat die hier maßgebliche Entscheidung zu einem Zeitpunkt getroffen, als die öffentliche Meinung über *takeover* aufgrund ihrer negativen Auswirkungen für die sozialen Gesellschaftswerte bereits auf einem Tiefpunkt angekommen war. Nicht zuletzt die Medien hatten in entscheidendem Maße dazu beigetragen, die öffentliche Meinung zu bestimmen. In diesem Zusammenhang wird auf Filme wie "*Wall Street*", Zeitungsartikel sogar in renommierten Wirtschaftsblättern wie dem *Wall Street Journal* verwiesen, das ihre Artikel erstmals auch hinsichtlich der Folgen von Übernahmen für die Arbeitnehmer und ihre Familien ausgerichtet hatte.[2162]

Die Entwicklung spiegelte sich auch innerhalb der Gesetzgebungsverfahren wider. Zum Zeitpunkt der Paramount-Entscheidung hatte die Mehrzahl der Staaten *anti-takeover*-Gesetze verabschiedet, die sich zumindest formell von dem Gedanken lösten, dass die Wertmaximierung für die Aktionäre der Grundstein des Gesellschaftsrechts sei.[2163]

(4) Eigeninteresse der Richter

Ein weiterer Grund für die dargestellte Rechtsprechung könnte in dem Eigeninteresse der Gerichte liegen. Die Reputation der Richter gerade im Bereich des Gesellschaftsrechts hängt von der Relevanz ihrer Entscheidungen und der Qualität der Entscheidungen ab.[2164] Die Entscheidungen sind umso bedeutender und werden um so mehr beachtet, je mehr große Gesellschaften oder bedeutende Vermögensinteressen betroffen sind. Für den Fall, dass Gesellschaften aus einem Bundesstaat abwandern oder sich bei Gründung schon in anderen Bundesstaaten ansiedeln, schwindet auch die Bedeutung der Entscheidungen der ortsansässigen Gerichte und Richter.[2165] Ihre Urteile würden weder von den Medien noch von den Fachleuten in gewohntem Maß beachtet. Solange kein anderer Staat über eine derart große Anzahl von ansässigen Konzernen und Gesellschaften verfüge, sei demnach der

[2161] Vgl. Gordon, 91 Columbia Law Review (1991), 1931, 1986 ff.

[2162] Gordon, 91 Columbia Law Review (1991), 1931, 1975 f., nimmt hier insbesondere auf einen Artikel von Susan C. Faludi im Wall Street Jounal bezug: Safeway LBO Yields Vast Profits But Exacts A Heavy Human Toll, Wall Street Journal, May 16, 1990.

[2163] Gordon, 91 Columbia Law Review (1991), 1931, 1976 f., verweist hier auf die American Law Institute Principles of Corporate Governance: Analysis and Recommendations, §§ 2.01, 6.02 (Tent. Draft No. 11. 1994). Kritisch dazu Johnson/Millon, 87 Michigan Law Review (1989), 846, etwa 852, 855. Vgl. zu den über die Wertmaximierung für die Aktionäre hinausgehenden Zwecken und Zielen des Gesellschaftsrechts Louis K. Kiggett Co. v. Lee, 288 U.S. 517, 545 (1933), und Hurst, The Legitimacy of the Business Corporation in the Law of the United States 1780-1970, 82, 99, 106-107.

[2164] Vgl. Gordon, 91 Columbia Law Review (1991), 1931, 1969; Ribstein, 61 George Washington Law Review (1993), 984, 1031 f.

[2165] Vgl. Gordon, 91 Columbia Law Review (1991), 1931, 1969; Ribstein, 61 George Washington Law Review (1993), 984, 1031 f.

Supreme Court von Delaware der „nationale" *Supreme Court* für Konzernrecht.[2166] Die anderen Staaten würden von der Rechtsprechung in Delaware maßgeblich beeinflusst, Lehrbücher bezögen sich weiterhin im wesentlichen auf der Rechtsprechung in Delaware, die Richter aus Delaware könnten in nationalen Anwaltskonferenzen vortragen und ihre Arbeit würde fortwährend der intensiven Untersuchung von Praktikern und Akademikern unterzogen, wichtige Fälle würden im Fernsehen ausgestrahlt.[2167] Insofern könnte ein Interesse der Richter bestehen, einer Abwanderung von Gesellschaften durch eine managementfreundliche Rechtsprechung vorzubeugen und die Ansiedlung attraktiv erscheinen zu lassen.[2168] Darüber hinaus könne der *Supreme Court* von Delaware auch sensibler als der Gesetzgeber auf die Gefahr einer möglichen bundesstaatlichen Regelung von *takeover*-Fällen reagiert haben.[2169] Eine bundesstaatliche Einschränkung von Übernahmen würde die Bedeutung des *Supreme Court* von Delaware in entscheidender Weise verringern.[2170]

(5) Politische Interessen

Zudem könnte die Entwicklung der Rechtsprechung genauso wie die Gesetzgebung politisch begründet sein.[2171] Gerichtsprozesse werden ähnlich wie Gesetzgebungsverfahren im Spannungsfeld gegensätzlicher Interessen bestimmter gesellschaftlicher Gruppen ausgetragen. Die Interessensgruppen versuchen jeweils größtmögliche Vorteile zu erlangen. Vor diesem Hintergrund könnte angenommen werden, dass sowohl Gesetzgeber als auch Gerichte als staatliche Entscheidungsorgane tatsächlich nach einer politischen Kosten-Nutzen-Rechnung entsprechend ihren politischen Präferenzen entscheiden. Für die Beteiligten im Gesetzgebungsverfahren gilt dabei umso mehr, dass die Entscheidung gefällt wird, bei der die zu erwartende zusätzliche politische Unterstützung durch die jeweilige Interessengruppe höher ist, als der Verlust politischer Unterstützung von anderer Seite. Dies könnte ebenso mittelbar für Gerichte gelten.[2172] Von besonderem Gewicht könnte für die Gerichte der mittelbare politische Druck der erwerbsorientierten ortsansässigen Anwaltschaft sein, der schon aus finanziellen Interessen neben der Steigerung ihres Bekanntheitsgrades an örtlichen gesellschaftsrechtlichen Auseinandersetzungen gelegen ist.[2173] Gegen eine politische Motivation im weiteren Sinne spricht jedoch der Umstand, dass die Richter des *Supreme Court* von Delaware für einen Zeitraum von zwölf

---

[2166] Vgl. Gordon, 91 Columbia Law Review (1991), 1931, 1969.

[2167] Vgl. Gordon, 91 Columbia Law Review (1991), 1931, 1969.

[2168] Vgl. Gordon, 91 Columbia Law Review (1991), 1931, 1962.

[2169] Vgl. Gordon, 91 Columbia Law Review (1991), 1931, 1970.

[2170] Vgl. Gordon, 91 Columbia Law Review (1991), 1931, 1970; Moore, 70 Washington University Law Quarterly (1992), 277, 280.

[2171] Vgl. Gordon, 91 Columbia Law Review (1991), 1931, 1968.

[2172] Vgl. Gordon, 91 Columbia Law Review (1991), 1931, 1968.

[2173] Vgl. Gordon, 91 Columbia Law Review (1991), 1931, 1964.

Jahren, also für einen vergleichsweise langen Zeitraum, ernannt werden. Sie sind daher nur theoretisch absetzbar und so kaum politischem Druck ausgesetzt.[2174]

9. Die Verhaltenspflichten bei unvermeidbarer Übernahme

Sobald feststeht, dass die Zielgesellschaft entgegen dem Willen des Managements nicht länger in der Lage sein wird, ihre Eigenständigkeit zu bewahren, ändert sich nach in US-amerikanischer Literatur und Rechtsprechung vertretener Auffassung der Charakter der an die Manager zu stellenden Verhaltensanforderungen grundlegend. Die in diesem Zusammenhang bestehenden Pflichten werden im Folgenden dargestellt.

a. Revlon, Inc. v. MacAndrews & Forbes Holdings, Inc.

In der Entscheidung Revlon, Inc. v. MacAndrews & Forbes Holdings, Inc.[2175] Untersagte der *Delaware Supreme Court* dem Management der Zielgesellschaft, zur Abwehr einer feindlichen Übernahme einem *white knight* (weißem Ritter), also einem Dritten als Retter vor einem feindlichen Übernehmer, eine Option zum Kauf einer Reihe von bedeutsamen Unternehmensaktiva ("*lock-up option*") anzubieten oder einzuräumen.[2176] Gleichzeitig missbilligte er eine Vertragsvereinbarung, nicht mit konkurrierenden Bietern zu verhandeln ("*no-shop provision*") und bei Abbruch der Verhandlungen eine Vertragsstrafe zu zahlen.[2177] Zudem sei mit den Pflichten der *directors* nicht in Einklang zu bringen, dass dem *white knight* im Gegensatz zum feindlichen Übernehmer bestimmte Informationen und Daten über das Unternehmen zur Verfügung gestellt worden seien.[2178] Diese Maßnahmen zielten nach Auffassung des Gerichts darauf ab, eine Auktion zu Lasten der Aktionäre zu verhindern.[2179]

Der *Delaware Supreme Court* hat das Entstehen dieser besonderen Pflichten des *board* mit der Unvermeidbarkeit des Kontrollwechsels infolge einer Übernahme

---

[2174] Vgl. Gordon, 91 Columbia Law Review (1991), 1931, 1967.

[2175] Revlon, Inc. v. MacAndrews & Forbes Holdings, Inc., 506 A.2d 173 (Del.Sup. 1986). Vgl. dazu auch die Darstellung bei Solomon/Palmiter, Corporations, 600; Moore, 70 Washington University Law Quarterly (1992), 277, 284 f.; Policastro, 16 Delaware Journal of Corporate Law (1991), 187, 196 ff.

[2176] Vgl. dazu auch Bainbridge, 75 Minnesota Law Review (1990), 239, 239 ff., 250 f., 287 ff., 317 ff.; Fraidin/Hanson, 103 Yale Law Journal (1994), 1739, 1742 f.; Frank/Moreland, RIW 1989, 761, 766.

[2177] Vgl. dazu insbesondere Revlon, Inc. v. MacAndrews & Forbes Holdings, Inc., 506 A.2d 173, 182 (Del. Sup. 1986): „... when the Rev-lon board entered into an auction-ending lock-up agreement with Forstmann on the basis of impermissible considerations at the expense of the shareholders, the directors breached their primary duty of loyalty."

[2178] Vgl. Revlon, Inc. v. MacAndrews & Forbes Holdings, Inc., 506 A.2d 173, 184 (Del.Sup. 1986); vgl. weiter dazu Frank/Moreland, RIW 1989, 761, 766.

[2179] Vgl. Revlon, Inc. v. MacAndrews & Forbes Holdings, Inc., 506 A.2d 173, 183 (Del.Sup. 1986); vgl. weiter dazu Frank/Moreland, RIW 1989, 761, 766; Weisner, Verteidigungsmaßnahmen gegen unfreundliche Übernahmeversuche, 91 ff.

begründet.[2180] Wenn ein derartiger Kontrollwechsel wie hier der Verkauf des Unternehmens unvermeidbar ist, änderten sich die Pflichten des *board* dahingehend, dass nunmehr die Kursmaximierung das Verhalten der *directors* zu determinieren habe.[2181] Die Aufgabe der *directors* liege jetzt - so ausdrücklich - nicht mehr in der Abwehr von Gefahren für die Gesellschaft.[2182] Vielmehr hätten sie allein[2183] dafür Sorge zu tragen, dass die Anteilseigner durch den Verkauf den bestmöglichen Preis für ihre Anteile bekämen.[2184]

Schließlich sei die ergriffene Maßnahme im Vergleich zur drohenden Gefahr im konkreten Fall auch nicht verhältnismäßig gewesen.[2185] Es sei infolgedessen davon auszugehen, dass der Ermessensspielraum der *directors* bei der Einleitung und Durchführung von Abwehrmaßnahmen und der Auswahl von Interessenten und Verhandlungspartnern drastisch reduziert war, wenn die Übernahme unvermeidbar war.

In der Revlon-Entscheidung hielt der *Delaware Supreme Court* im Übrigen an den im Unocal-Urteil aufgestellten Beurteilungskriterien fest.[2186]

Bei der dargestellten Entscheidung handelt es sich um das erste Urteil, das die Verhaltenspflichten der *directors* für den Fall festschreibt, dass ein Übernahmeversuch zwangsläufig zum Verlust der Eigenständigkeit führt und ein Kontrollwechsel stattfinden wird. Die Übernahmephase, in der im Anschluss an die Abgabe eines Angebots ab einem bestimmten Zeitpunkt feststeht, dass die Abgabe der Kontrolle an einen Bieter unabwendbar ist, bezeichnet man seitdem als "*Revlon-Mode*".[2187]

[2180] Vgl. Revlon, Inc. v. MacAndrews & Forbes Holdings, Inc. 506 A.2d 173, 182 (Del. Sup. 1986); kritisch dazu Orts, 61 George Washington Law Review (1992), 14, 104 ff.

[2181] Vgl. Revlon, Inc. v. MacAndrews & Forbes Holdings, Inc. 506 A.2d 173, 182 (Del. Sup. 1986): „... when sale of the company becomes inevitable, duty of board of directors changes from preservation of the corporate entity to maximization."

[2182] Vgl. Revlon, Inc. v. MacAndrews & Forbes Holdings, Inc. 506 A.2d 173, 182 (Del. Sup. 1986). Vgl. auch Weisner, Verteidigungsmaßnahmen gegen unfreundliche Übernahmeversuche, 93.

[2183] Vgl. zu dieser ausschließlichen Pflicht und dem Verbot einer Berücksichtigung von Interessen Dritter Revlon, Inc. v. MacAndrews & Forbes Holdings, Inc. 506 A.2d 173, 182 (Del. Sup. 1986): „A board may have regard for various constituencies in discharging its res-ponsibilities, provided there are rationally related benefits accruing to the shareholders. ... However, such concern for non-stockholders interests is inappropriate when an auction among active bidders is in progress, and the object no longer is to protect or maintain the corporate enterprise but to sell it to the highest bidder." Vgl. dazu weiter auch Hanks, 43 Business Lawyer (1988), 1207, 1227 ff.

[2184] Vgl. Revlon, Inc. v. MacAndrews & Forbes Holdings, Inc. 506 A.2d 173, 182 (Del. Sup. 1986): „The directors' role changed from defenders of the corporate bastion to auctioneers charged with getting the best price for the stockholders at a sale of the company."

[2185] Vgl. zur Verhältnismäßigkeit Revlon, Inc. v. MacAndrews & Forbes Holdings, Inc. 506 A.2d 173, 182 (Del. Sup. 1986): „Under such circumstances we must conclude that the merger agreement with Forstmann was unreasonable in relation to the threat posed."

[2186] Dazu ausführlich Bainbridge, 75 Minnesota Law Review (1990), 239, 295 ff.

[2187] Vgl. Solomon/Palmiter, Corporations, 601.

b. Mills Acquisition Co. v. Macmillan, Inc.

Die im Revlon-Fall spezifizierten Verhaltenspflichten der *directors* bestätigte der *Delaware Supreme Court* im Urteil Mills Acquisition Co. v. Macmillan, Inc[2188]. In diesem Fall hatte das Management es mit zwei rivalisierenden Bietern zu tun. Die *directors* leiteten eine Auktion ein, nahmen in deren Verlauf allerdings eine deutlich protegierende Position für einen Bieter ein, dessen Erwerb einigen *directors* erhebliche wirtschaftliche Vorteile verschafft hätte.[2189] Dabei räumte das *board* dem präferierten Bieter eine Option für den Erwerb einiger Unternehmensteile ein, obwohl der Mitkonkurrent zum Ausdruck gebracht hatte, dass er jedes Angebot seines Konkurrenten überbieten und einen Maximalpreis für das gesamte Unternehmen zahlen würde.[2190] Zudem war ihm eine *no-shop*-Vereinbarung zugestanden worden.[2191] Er war darüber hinaus im Gegensatz zum Konkurrenzbieter von dem Gegenangebot informiert worden und hatte wichtige Informationen erhalten, die dem anderen Bieter nicht einmal auf dessen Angebot hin verkauft worden waren.[2192]

Der *Supreme Court* stellte fest, dass die *lock-up*-Vereinbarung die Auktion beendet habe, bevor der höchst erzielbare Preis für das Unternehmen erreicht war.[2193] Eine Exkulpation der betroffenen, hier sogar teilweise eigeninteressierten, *directors* sei nur dann anzunehmen, wenn ein fairer Preis, der hier - bei Verkauf des Unternehmens - nur der maximal erreichbare Verkaufspreis sein könne, erzielt werde und faire Verhandlungen geführt würden.[2194] Durch die vorzeitige Beendigung des Auktionsprozesses und die dem Gegenbieter absichtlich unvollständig vermittelten Informationen hätten die *directors* im vorliegenden Fall ihre Verhaltenspflichten verletzt.[2195] Zudem hätten sie das *board* über den Verhandlungsverlauf untreffend und unvollständig informiert.[2196] Infolge des Verhaltens zumindest einiger *directors* sei die Vereinbarung zwischen dem *board* und dem bevorteilten Bieter angreifbar.[2197]

[2188] Vgl. Mills Acquisition Co. v. Macmillan, Inc., 559 A.2d 1261, 1272-78 (Del. 1988). Vgl. auch die Darstellung bei Brown, 14 Delaware Journal of Corporate Law (1989), 537, 553 ff.; Regan, 46 Hastings Law Journal (1994), 125, 165.

[2189] Vgl. Mills Acquisition Co. v. Macmillan, Inc., 559 A.2d 1261, 1272, 1272-78 (Del. 1988). Vgl. dazu auch Regan, 46 Hastings Law Journal (1994), 125, 165 ff.; Weisner, Verteidigungsmaßnahmen gegen unfreundliche Übernahmeversuche, 105.

[2190] Vgl. Mills Acquisition Co. v. Macmillan, Inc., 559 A.2d 1261, 1273, 1286 (Del. 1988).

[2191] Vgl. Mills Acquisition Co. v. Macmillan, Inc., 559 A.2d 1261, 1284 (Del. 1988).

[2192] Vgl. Mills Acquisition Co. v. Macmillan, Inc., 559 A.2d 1261, 1282 f. (Del. 1988).

[2193] Vgl. Mills Acquisition Co. v. Macmillan, Inc., 559 A.2d 1261, 1264 (Del. 1988); vgl. dazu weiter Frank/Moreland, RIW 1989, 761, 766 ff.

[2194] Vgl. Mills Acquisition Co. v. Macmillan, Inc., 559 A.2d 1261, 1280, 1284 (Del. 1988).

[2195] Vgl. Mills Acquisition Co. v. Macmillan, Inc., 559 A.2d 1261, 1282 f. (Del. 1988).

[2196] Vgl. Mills Acquisition Co. v. Macmillan, Inc., 559 A.2d 1261, 1280 f, 1283 f. (Del. 1988).

[2197] Vgl. Mills Acquisition Co. v. Macmillan, Inc., 559 A.2d 1261, 1284 (Del. 1988). Vgl. dazu aber auch Bainbridge, 75 Minnesota Law Review (1990), 239, 331.

Für den Fall, dass grundsätzlich zulässige[2198] Verteidigungsmaßnahmen, hier eine *no-shop-* und eine *lock-up*-Vereinbarung, angewandt würden, dürfe dies ausschließlich zur Verschaffung eines maßgeblichen und verhältnismäßigen Vorteils bei den Verhandlungen zu Gunsten der Anteilseigner geschehen.[2199] Die Rechtmäßigkeit derartiger Maßnahmen beurteile sich für den Fall, dass kein Eigeninteresse der *directors* gegeben sei, nach den im Unocal-Urteil festgelegten Kriterien.[2200] Insofern fielen sie unter den Schutz der *business judgement rule*.[2201] Diese Kriterien würden ebenfalls für die Art und Weise der Durchführung einer *auction* gelten.[2202] Auch bei einem anstehenden Kontrollwechsel würden die Kriterien gelten. Die *directors* unterstünden auch in dieser Situation dem Schutz der *business judgement rule*.[2203]

Im Zusammenhang mit den Verhaltenspflichten der *directors* im *Revlon-Mode* stellte das Gericht fest, dass es für die Bestimmung dieser Pflichten keinen Unterschied mache, ob das Unternehmen durch eine aktive *auction*, durch ein *Management Buy-Out*, oder durch eine Restrukturierung mittels Anteilsverschiebungen einen Kontrollwechsel erfährt. In jedem Fall seien die besonderen im Revlon-Urteil festgelegten Pflichten zu befolgen.[2204]

Im Ergebnis erließ der *Delaware Supreme Court* nach Aufhebung der Entscheidung des *Court of Chancery* eine Einstweilige Verfügung zu Gunsten des benachteiligten Bieters, einer von Robert Maxwell kontrollierten Unternehmensgruppe im Kommunikationsbereich.

10. Die Revlon-Pflichten bei Rekapitalisierungsmaßnahmen

Wie zuvor aufgezeigt, verändern sich die Verhaltenspflichten der *directors* im *Revlon-Mode*. In dieser Situation wird ihr Entscheidungsermessen erheblich eingeschränkt; sie haben ihr Vorgehen ausschließlich auf die Kursmaximierung auszurichten.[2205] Unproblematisch ist die Bestimmung des *Revlon-Modes*, wenn das Übernahmeangebot von einem unbeteiligten Dritten abgegeben worden ist oder ein Übernahmekampf zwischen unbeteiligten Dritten ausgefochten wird.[2206] Eine besondere Situation liegt dagegen vor, wenn der Erwerb der Kontrollmehrheit und damit die Fortführung des Unternehmens durch einen bereits beteiligten Anteilseigner, möglicherweise auch unter Beteiligung des bisherigen *board*, zur Disposition

---

[2198] Vgl. Mills Acquisition Co. v. Macmillan, Inc., 559 A.2d 1261, 1284 (Del. 1988).

[2199] Vgl. Mills Acquisition Co. v. Macmillan, Inc., 559 A.2d 1261, 1284 (Del. 1988).

[2200] Vgl. Mills Acquisition Co. v. Macmillan, Inc., 559 A.2d 1261, 1287 (Del. 1988).

[2201] Vgl. Mills Acquisition Co. v. Macmillan, Inc., 559 A.2d 1261, 1287 (Del. 1988).

[2202] Vgl. Mills Acquisition Co. v. Macmillan, Inc., 559 A.2d 1261, 1285, 1287 f. (Del. 1988).

[2203] Vgl. Mills Acquisition Co. v. Macmillan, Inc., 559 A.2d 1261, 1287 (Del. 1988).

[2204] Vgl. Mills Acquisition Co. v. Macmillan, Inc., 559 A.2d 1261, 1287 f. (Del. 1988).

[2205] Vgl. Revlon, Inc. v. MacAndrews & Forbes Holdings, Inc. 506 A.2d 173 (Del. Sup. 1986).

[2206] Vgl. Frank/Moreland, RIW 1989, 761, 767.

steht.[2207] Eine derartige Situation könnte sich aus dem eigenständigen Begehren des Anteilseigners oder des *board* ergeben oder aber der Abwehr eines feindlichen Übernahmeversuchs dienen. Ein solcher Kontrollerwerb sichert nämlich genauso wie die Übernahme durch einen *white knight* regelmäßig weitgehend die Rechte der bisherigen *directors*.[2208] Die Verhaltensverpflichtungen der *directors* im so genannten *Revlon-Mode* gelten jedoch, wie bereits in der Darstellung des Mills Acquisition-Urteils erörtert, ebenso in Fällen der Restrukturierung durch Anteilsverschiebungen, wenn diese einen Kontrollwechsel im Unternehmen zur Folge haben.[2209] In diesem Zusammenhang sind die nachfolgend besprochenen Urteile von grundsätzlicher Bedeutung ergangen. Zudem wird die Entwicklung der diesbezüglichen Rechtsprechung aufgezeigt.

a. Ivanhoe Partners v. Newmont Mining Corp.

Zunächst hatte der *Delaware Supreme Court* die Auslösung der *Revlon*-Pflichten im Zusammenhang mit Rekapitalisierungsmaßnahmen in der Ivanhoe-Entscheidung[2210] abgelehnt. Hier stand die Übernahme von Newmont durch zwei von dem bekannten US-amerikanischem *Raider* (Ivanhoe) kontrollierte Gesellschaften zu befürchten, der das Newmont *board* mit einem Rekapitalisierungsvorhaben begegnete. Demnach sollte eine durch den Verkauf von nachrangigem Unternehmensvermögen finanzierte Sonderdividende ausgeschüttet werden. Im Anschluss daran war der Aufkauf von Aktien durch einen Anteilseigner bis zu einem Anteil in Höhe von knapp 50 % vorgesehen und vereinbart, so dass ein Kontrollwechsel abgewendet und somit die Unabhängigkeit gewahrt worden wäre. Die Ablehnung der *Revlon*-Pflichten wurde mit der ungefährdeten Eigenständigkeit des Unternehmens begründet.[2211]

[2207] Vgl. Frank/Moreland, RIW 1989, 761, 767.

[2208] Vgl. Frank/Moreland, RIW 1989, 761, 767.

[2209] Vgl. dazu oben unter 9. b.

[2210] Invanhoe Partners v. Newmont Mining Corp., 535 A.2d 1334 (Del. 1987). Vgl. dazu auch Policastro, 16 Delaware Journal of Corporate Law (1991), 187, 208 ff.; Solomon/Palmiter, Corporations, 601.

[2211] Der Delaware Supreme Court lehnte in dieser Entscheidung das Eingreifen der Revlon-Pflichten ab, weil ein Kontrollwechsel weder zwingend hätte erfolgen müssen noch tatsächlich erfolgt sei. Vgl. Invanhoe Partners v. Newmont Mining Corp., 535 A.2d 1334, 1335 (Del. 1987): "... here was neither a bidding contest, nor a sale. The only bidder for Newmont was Ivanhoe. Gold Field was not a bidder, but wished only to protect its already substantial interest in the company. It did so through the street sweep. Thus, the Newmont board did not „sell" the company to Gold Fields ... Even though Newmont's declaration of the dividend faciliated the street sweep, it did not constitute a „sale" of the company by Newmont. ..." Vgl. dazu auch Frank/Moreland, RIW 1989, 761, 767; Wagner, Standstill Agreements, 77 f.

b. Black & Decker Corp. v. American Standard, Inc.

In der Entscheidung Black & Decker Corp. v. American Standard, Inc.[2212] stellte ein erstinstanzliches Bundesgericht unter Anwendung des im Bundesstaat Delaware geltenden Rechts fest, dass ein Rekapitalisierungsvorhaben rechtswidrig sei, weil es einen Kontrollwechsel zur Folge gehabt hätte.[2213] Das *board* der Zielgesellschaft hatte eine Rekapitalisierung beabsichtigt, nach der sich der Anteil der sich im Streubesitz gehaltenen Aktien von nahezu 90 % auf unter 50 % verringert und das *board* einen Eigenanteil in Höhe von ungefähr 24 % und zusätzlich Arbeitnehmeranteile in Höhe von ungefähr 30 % kontrolliert hätte.[2214] Das Gericht verbot das Vorhaben, weil die Maßnahme zu einem Kontrollwechsel und damit zu einer verkaufsähnlichen Situation geführt hätte, in der die *Revlon*-Pflichten zu beachten seien.[2215] Die Auktionspflichten des *boards* würden auch hier eingreifen und nicht nur entstehen, wenn der Verkauf sämtlicher Aktien der Zielgesellschaften in Rede stehe.[2216]
Seit dieser Entscheidung kann es als gesichert angesehen werden, dass auch Maßnahmen zur Rekapitalisierung eines Unternehmens mit der Folge des Kontrollwechsels genau wie bei einer Veräußerung die so genannten *Revlon*-Pflichten begründen.[2217] Offen bleibt allerdings, ob insoweit der Übergang der effektiven Kontrolle oder der Übergang der absoluten Kapitalmehrheit maßgeblich ist.[2218]

c. Mills Acquisition Co. v. Macmillan, Inc.

Wie bereits oben aufgezeigt[2219] stellte der *Delaware Supreme Court* im Streit Mills Acquisition Co. v. Macmillan, Inc.[2220] im Zusammenhang mit den Verhaltenspflichten der *directors* im *Revlon-Mode* fest, dass es für die Bestimmung dieser Pflichten keinen Unterschied ausmache, ob das Unternehmen durch eine aktive *auction*, durch ein *Management Buy-Out*, oder im Wege einer Restrukturierung durch Anteilsverschiebungen einen Kontrollwechsel erfährt. In jedem Fall seien die veränderten - im Revlon-Urteil festgelegten - Pflichten zu befolgen.[2221]

[2212] Black & Decker Corp. v. American Standard, Inc., 682 F.Supp. 772 (D.Del. 1988).

[2213] Vgl. dazu Bainbridge, 75 Minnesota Law Review (1990), 239, 303.

[2214] Vgl. Black & Decker Corp. v. American Standard, Inc., 682 F.Supp. 772, 782 (D.Del. 1988).

[2215] Vgl. Black & Decker Corp. v. American Standard, Inc., 682 F.Supp. 772, 783 (D.Del. 1988).

[2216] Vgl. Black & Decker Corp. v. American Standard, Inc., 682 F.Supp. 772, 781 ff. (D.Del. 1988).

[2217] Vgl. Cannon/Tangney, 1995 Columbia Business Law Review, 725, 772 f.; Bainbridge, 75 Minnesota Law Review (1990), 239, 304 ff.

[2218] Vgl. Weisser, Feindliche Übernahmeangebote und Verhaltenspflichten der Leitungsorgane, 160 f.

[2219] Vgl. dazu oben unter 9. b.

[2220] Mills Acquisition Co. v. Macmillan, Inc., 559 A.2d 1261 (Del 1988). Vgl. dazu auch Solomon/ Palmiter, Corporations, 601.

[2221] Vgl. Mills Acquisition Co. v. Macmillan, Inc., 559 A.2d 1261, 1287 f. (Del 1988).

d. Bass Group, Inc. v. Evans

In dem des *Delaware Court of Chancery* in Sachen Bass Group, Inc. v. Evans[2222] ist darüber hinaus festgestellt worden, dass die geplante Erhöhung des Anteils der *directors* an den Aktien auf nicht einmal 40 % im konkreten Fall den Verkauf der effektiven Kontrolle, und damit (wohl) die Auslösung der *Revlon*-Pflichten, zur Folge haben würde.[2223] Insofern ist weder auf die Kontrollmehrheit noch auf die Kapitalmehrheit abgestellt worden, sondern auf kaum greifbare faktische Machtverhältnisse.[2224] Ob das maßgebliche Kriterium zur Auslösung der *Revlon*-Pflichten nunmehr die Erlangung der Kontrollmehrheit, die Erlangung der Kapitalmehrheit oder die Ausübung einer faktischen Kontrolle ist, ist seither offen.[2225] Als gesichert kann nach wie vor die Auslösung der *Revlon*-Pflichten infolge des Wechsels der Stimmmehrheit und damit eines Kontrollwechsels angesehen werden.[2226]

11. Eingreifen der Revlon-Pflichten bei Fusionen

Wie zuvor aufgezeigt, ändern sich die Verhaltenspflichten der *directors* jedenfalls, wenn die Gesellschaft nicht länger in der Lage ist, ihre Eigenständigkeit und Unabhängigkeit zu bewahren. Die Festlegung dieses Schwellenwertes ist insbesondere bei Fusionen problematisch.[2227] Zu untersuchen verbleibt daher, in welchen Fällen einer Verschmelzung die *Revlon*-Pflichten eingreifen. Die Kriterien zur Beantwortung dieser Frage ergeben sich aus den im Folgenden aufgezeigten Gerichtsurteilen.

a. Paramount Communications, Inc. v. Time Inc.

In der bereits zuvor ausführlich dargestellten Time-Entscheidung[2228] hatte der *Delaware Supreme Court* den *directors* das Recht zugestanden, zur Durchsetzung eines langfristigen Fusionsplans ein weit über dem Börsenkurs liegendes Übernahmeangebot abzuwehren. Im Zentrum der Time-Entscheidung stand die Frage, ob die Geschäftsführung das Unternehmen infolge ihrer eigenen Fusionspläne zum Verkauf freigegeben hatte und insofern die *Revlon*-Pflichten eingreifen würden. Aufgrund einer zwischen Time und Warner bestehenden Fusionsvereinbarung sollten die Warner-Aktionäre 62 % der Anteile am fusionierten Unternehmen erhalten.[2229] Die Kläger vertraten dazu die Auffassung, dass die Kapitalmärkte in

---

[2222] Bass Group, Inc. v. Evans, 552 A.2d 1227 (Del.Ch. 1988).

[2223] Vgl. Bass Group, Inc. v. Evans, 552 A.2d 1227, 1243 (Del.Ch. 1988).

[2224] Vgl. Bass Group, Inc. v. Evans, 552 A.2d 1227, 1243 (Del.Ch. 1988).

[2225] Vgl. Cannon/Tangney, 1995 Columbia Business Law Review, 725, 728 f.; Cunningham/Yablon, 49 Business Lawyer (1994), 1593, 1614 ff.

[2226] Vgl. Bainbridge, 75 Minnesota Law Review (1990), 239, 304 f.

[2227] Vgl. Bainbridge, 75 Minnesota Law Review (1990), 239, 306 ff.

[2228] Vgl. dazu oben unter 8. f.

[2229] Vgl. Paramount Communications, Inc. v. Time Inc., 571 A.2d 1140, 1146 (Del. 1989).

einer solchen Vereinbarung eine "Manifestation eines Verkaufswillens" sehen würden.[2230] Deshalb würden die *Revlon*-Pflichten ausgelöst und das Management müsse entgegen der Fusionsvereinbarung eine Auktion einleiten.[2231]

Der *Chancery Court* ging dagegen nicht von einem zwangsläufigen Kontrollwechsel aus; die Kontrolle über das im Streubesitz stehende Unternehmen befinde sich unverändert in den Händen eines "großen, liquiden und veränderlichen Aktienmarkts".[2232] Der *Delaware Supreme Court* stützte im Ergebnis diese Entscheidung, wenngleich die Begründung vom erstinstanzlichen Urteil abwich. Das Gericht stellte nämlich ausdrücklich fest, dass die *Revlon*-Pflichten auch in Fällen zu beachten seien, die über den bloßen Kontrollwechsel hinausgingen. Dies sei der Fall, wenn die *directors* einer Zielgesellschaft eine Auktion oder eine Reorganisation, die zu einem *break-up* führt, einleiten oder wenn sie ihre Zielsetzungen zugunsten einer alternativen Transaktion aufgeben, die eine Zerschlagung der Zielgesellschaft und ihrer einzelnen Unternehmensteile zur Folge hat.[2233] Der Times-Fall sei jedoch insofern anders gelagert gewesen, als das *board* stets das unternehmerische Ziel einer Fusion mit Warner verfolgt habe. Eine derart konsequente langfristige Unternehmensplanung von Seiten des *board* löse nicht die *Revlon*-Pflichten aus;[2234] diese würden auch nicht von der Möglichkeit der Realisierung eines erheblichen Kursaufschlages ausgelöst.[2235]

Das Time-Urteil des *Delaware Supreme Court* schränkte demnach die Anwendbarkeit der *Revlon*-Grundsätze erheblich ein.[2236] Den *directors* war ein vergleichsweise weiter Ermessenspielraum für die Ergreifung verschiedener, die Erfolgsaussichten des konkurrierenden Bieters beschneidender Maßnahmen zugestanden worden, ohne dabei Gefahr zu laufen, die Grenze zur Anwendung der *Revlon*-Pflichten zu überschreiten.[2237] Der durch die *business judgement rule* zugestandene unternehmerische Ermessensbereich wird erst eingeschränkt, wenn von dem unternehmerisch angelegten Vorhaben abgewichen werden soll.[2238] Die unternehmerische Ermessensausübung als solche ist gerichtlich nicht überprüfbar. Mit diesen Ausführungen geht somit eine Einschränkung und Konkretisierung der mit dem *Revlon*-Urteil entwickelten Grundsätze über einen Vorrang der Vermögensinte-

---

[2230] Vgl. Paramount Communications, Inc. v. Time Inc., 571 A.2d 1140, 1149 ff. (Del. 1989).

[2231] Vgl. Paramount Communications, Inc. v. Time Inc., 571 A.2d 1140, 1149 ff. (Del. 1989). Eingehend dazu auch Policastro, 16 Delaware Journal of Corporate Law (1991), 187, 218 ff.

[2232] Vgl. *In re* Time Inc. Shareholders Litig., [1989 Transfer Binder] Fed.Sec.L.Rep. (CCH) 94,514, 93, 279 ff. (Del.Ch. 1989).

[2233] Vgl. Paramount Communications, Inc. v. Time Inc., 571 A.2d 1140, 1150 (Del. 1989).

[2234] Vgl. Paramount Communications, Inc. v. Time Inc., 571 A.2d 1140, 1151 (Del. 1989).

[2235] Vgl. Paramount Communications, Inc. v. Time Inc., 571 A.2d 1140, 1153 (Del. 1989).

[2236] Vgl. Olson, 47 Business Lawyer (1992), 1011, 1013 f.; Weisser, Feindliche Übernahmeangebote und Verhaltenspflichten der Leitungsorgane, 163.

[2237] Vgl. Paramount Communications, Inc. v. Time Inc., 571 A.2d 1140, 1153 f. (Del. 1989).

[2238] Vgl. Paramount Communications, Inc. v. Time Inc., 571 A.2d 1140, 1150 f., 1154 (Del. 1989).

ressen der Aktionäre und der darauf beruhenden Pflicht der Geschäftsführung zur Maximierung des Verkaufswertes der Zielgesellschaft einher.[2239]

b. Paramount Communications, Inc. v. QVC Network Inc.

In dem Rechtsstreit Paramount Communications, Inc. v. QVC Network Inc.[2240] Entschied der *Delaware Supreme Court* in der Rechtsmittelinstanz, dass die Paramount-*directors* bei den Fusionsverhandlungen mit Viacom die *Revlon*-Pflichten zu beachten hätten.[2241] In diesem Eilverfahren ist QVC als Konkurrenzbieter gegen die Fusionvereinbarungen zwischen Paramount und Viacom vorgegangen. Paramount und Viacom hatten im Jahre 1993 eine Fusionsabrede vereinbart. Der Vertrag enthielt einige Bestimmungen zur Abwehr eines eventuellen Konkurrenzangebots. Im Einzelnen war es Paramount untersagt, aus eigenem Antrieb mit weiteren Bietern zu verhandeln (*no-shop provision*), zudem wurde Viacom für den Fall des Scheiterns der Fusion eine Aktienoption und die Zahlung eines Betrages in Höhe von 100 Millionen US $ zugesagt (*lock-up* Vereinbarung). Im Übrigen war Viacom ein Anspruch auf Zahlung der Differenz zwischen Kaufpreis und tatsächlichem Marktwert der Aktien eingeräumt worden.[2242] Nach Unterzeichnung des Fusionsvertrages und Bekanntgabe der Verschmelzung am 12. September 1993 unterbreitete QVC Paramount ein höheres Angebot. Nach verzögernden Nachverhandlungen erhob QVC Klage im Eilverfahren vor dem *Court of Chancery* und gab ein öffentliches kombiniertes Übernahme- und Fusionsangebot ab. Dieses Angebot sollte unter der Bedingung gelten, dass Bestimmungen im Fusionsvertrag mit Viacom aufgehoben würden.[2243] Im Ergebnis entschied sich das *board* von Paramount für die Annahme eines nachverhandelten Angebots von Viacom, obgleich ein nominal höheres Angebot von QVC vorlag.[2244] Bei dieser Entscheidung lagen keine angemessenen Kursbewertungen vor;[2245] die vorgelegten Informationen benachteiligten QVC im Bieterwettbewerb.[2246] Zudem bezog sich das *board* bei seiner Entscheidung mutmaßlich auf die Urteilsbegründung des Time-Urteils und stellte fest, dass die zukünftige Geschäftstätigkeit nach einer Fusion mit Viacom sich als vorteilhafter für das Unternehmen darstellen würde.[2247]

[2239] Vgl. Paramount Communications, Inc. v. Time Inc., 571 A.2d 1140, 1153 (Del. 1989).

[2240] Paramount Communications, Inc. v. QVC Network Inc., 637 A.2d 34 (Del. 1993).

[2241] Vgl. dazu umfangreich Bungert, AG 1994, 297, 297 ff.; Fink, 20 Delaware Journal of Corporate Law (1995), 133, 136 ff.; Regan, 46 Hastings Law Journal (1994), 125, 125 ff.

[2242] Vgl. Paramount Communications, Inc. v. QVC Network Inc., 637 A.2d 34, 39 (Del. 1993). Vgl. zur Vereinbarung mit Viacom auch Bungert, AG 1994, 297, 298.

[2243] Vgl. zum Angebot von QVC ebenfalls Bungert, AG 1994, 297, 298.

[2244] Vgl. Paramount Communications, Inc. v. QVC Network Inc., 637 A.2d 34, 41 (Del. 1993).Vgl. auch Bungert, AG 1994, 297, 298.

[2245] Vgl. Paramount Communications, Inc. v. QVC Network Inc., 637 A.2d 34, 49 f. (Del. 1993).

[2246] Vgl. Paramount Communications, Inc. v. QVC Network Inc., 637 A.2d 34, 50 f. (Del. 1993).

[2247] Vgl. Paramount Communications, Inc. v. QVC Network Inc., 637 A.2d 34, 46 f. (Del. 1993).

Heftig umstritten war in diesem Verfahren, ob Paramounts *directors* in der gegebenen Situation zur Erzielung des höchstmöglichen Erlöses für die eigenen Aktionäre den *Revlon*-Pflichten unterlagen oder ob sie die vorgeblichen langfristigen Erfolgsaussichten der Viacom-Vereinbarung präferieren durften.[2248] Insofern gab es hier durchaus Parallelen zur Time-Entscheidung.[2249] Der *Court of Chancery* hatte zunächst den Rechtsschutz gewährt und die Auslösung der *Revlon*-Pflichten mit dem zwingenden Kontrollwechsel begründet.[2250] Der *Delaware Supreme Court* wies das von Paramount eingelegte Rechtsmittel zurück. Die Paramount-*directors* hätten sich bereits, wenngleich unabsichtlich, in einem Versteigerungsverfahren befunden, daher würden die *Revlon*-Pflichten gelten.[2251] Die Zerschlagung der Gesellschaft sei für das Eingreifen der Pflichten nicht notwendig.[2252] Entscheidend sei hier der zwingende Kontrollwechsel.[2253] Als maßgeblich für diese Entscheidung wurde die drohende Einschränkung für die Stimmrechte der Minderheitsgesellschafter nach Übergang der Kontrollrechte an Viacom angesehen.[2254] Als ausschlagebendes Abgrenzungskriterium zu der scheinbar divergierenden Paramount-Time-Entscheidung wird ebenfalls dieser Umstand herangezogen.[2255] Im Time-Rechtsstreit waren die Kontrollrechte nämlich nach wie vor im Streubesitz verblieben.[2256]

In dieser Entscheidung hat der *Delaware Supreme Court* auf den zwingenden Kontrollwechsel abgestellt, während er im Time-Paramount-Urteil nicht den Kontrollwechsel, sondern die konsequente langfristige Unternehmensplanung, eine Fusion durchzuführen, als maßgeblich angesehen hatte. Insofern sind die Entscheidungen widersprüchlich.[2257] Der Widerspruch ist nur vor dem Hintergrund auflösbar, dass maßgebliche Anteile des fusionierten Time-Warner-Unternehmens im Streubesitz verbleiben sollten, während die Kontrolle von Paramount an Viacom abgegeben werden sollte und sich so keine eigenständige Unternehmensausrichtung

---

[2248] Vgl. Paramount Communications, Inc. v. QVC Network Inc., 637 A.2d 34, 46 f. (Del. 1993). Vgl. dazu auch Bungert, AG 1994, 297, 306.

[2249] Vgl. Paramount Communications, Inc. v. QVC Network Inc., 637 A.2d 34, 46 f. (Del. 1993). Vgl. dazu weiter Bungert, AG 1994, 297, 306; Cunningham/Yablon, 49 Business Lawyer (1994), 1593, 1603.

[2250] Vgl. QVC Network, Inc. v. Paramount Communications, Inc., 635 A.2d 1245, 1245 ff. (Del.Ch. 1993). Vgl. dazu auch Paramount Communications, Inc. v. QVC Network Inc., 637 A.2d 34, 41, 47 (Del. 1993).

[2251] Vgl. Paramount Communications, Inc. v. QVC Network, Inc., 637 A.2d 34, 46 ff. (Del. 1993). Vgl. dazu auch Cunningham/Yablon, 49 Business Lawyer (1994), 1593, 1601 ff.

[2252] Vgl. Paramount Communications, Inc. v. QVC Network, Inc., 637 A.2d 34, 47 (Del. 1993).

[2253] Vgl. Paramount Communications, Inc. v. QVC Network, Inc., 637 A.2d 34, 48 (Del. 1993).

[2254] Vgl. Paramount Communications, Inc. v. QVC Network, Inc., 637 A.2d 34, 42, 47 f. (Del. 1993).

[2255] Vgl. Paramount Communications, Inc. v. QVC Network, Inc., 637 A.2d 34, 47 f. (Del. 1993). Vgl. dazu auch Arnold v. Society for Sav. Bancorp., Inc., 650 A.2d 1270, 1290 (Del. 1994), mit genau diesem Abgrenzungskriterium und Knepper/Bailey, Liability of Corporate Officers and Directors, 225.

[2256] Vgl. Paramount Communications, Inc. v. QVC Network Inc., 637 A.2d 34, 46 (Del. 1993).

[2257] Vgl. Paramount Communications, Inc. v. QVC Network Inc., 637 A.2d 34, 46 f. (Del. 1993). Vgl. auch Cunningham/Yablon, 49 Business Lawyer (1994), 1593, 1626.

für Paramount hätte ergeben können.[2258] Vor diesem Hintergrund ist eine verbleibende Eigenständigkeit, die von der Kontrolle des Unternehmens abhängt, als maßgebliches Abgrenzungskriterium anzusehen.[2259] Die Abgrenzung zwischen Verkauf und Kontrollwechsel bleibt jedoch fließend;[2260] der Kontrollwechsel bleibt undefiniert.[2261]

12. Vorrangige Schutzrichtung der Rechtsprechung

Nachdem die rechtliche Systematik der Verhaltenspflichten von Leitungsorganen aufgezeigt worden ist, gilt es nun, deren Schutzwirkung zu bewerten.

a. Anlegerschutz

Gerade in der Unocal-Entscheidung bekräftigte der *Delaware Supreme Court* den aktionärsschützenden Charakter der Rechtsprechung.[2262] Als ein vornehmliches Ziel der Delaware-Gerichte, dies zeigt die Entwicklung der Rechtsprechung, muss es angesehen werden, den Aktionären eine freie Entscheidung über Annahme und Ablehnung des Übernahmeangebots zu ermöglichen.[2263] Dies ist einerseits bei einem *two tiered*- oder auch *front-end-loaded*-Angebot in der Regel nicht gewährleistet, denn die Aktionäre sind dabei zu einem koordinierten Vorgehen im Interesse einer Gewinnmaximierung nicht in der Lage.[2264] Der *Delaware Supreme Court* hat deshalb entschieden, dass aus derartigen Übernahmeangeboten Zwangssituationen resultieren, denn die Aktionäre müssen im Falle der Ankündigung einer solchen Maßnahme fürchten, später einen schlechteren Verkauf zu realisieren oder von ihren Mitwirkungsrechten ausgeschlossen zu werden (*freeze-out*).[2265] Sie sind

---

[2258] Vgl. Paramount Communications, Inc. v. QVC Network Inc., 637 A.2d 34, 46 f. (Del. 1993). Vgl. auch Bungert, AG 1994, 297, 304.

[2259] Vgl. Bungert, AG 1994, 297, 308 f.; Cunningham/Yablon, 49 Business Lawyer (1994), 1593, 1593 ff.; Weisner, Verteidigungsmaßnahmen gegen unfreundliche Übernahmeversuche, 102; Weisser, Feindliche Übernahmeangebote und Verhaltenspflichten der Leitungsorgane, 167. Vgl. weiter dazu auch Arnold v. Society for Sav. Bancorp., Inc., 650 A.2d 1270 (Del. 1994).

[2260] Vgl. dazu auch Paramount Communications, Inc. v. QVC Network Inc., 637 A.2d 34, 46 f. (Del. 1993).

[2261] Vgl. Gilson/Kraakman, 25 Wake Forest Law Review (1990), 37, 37 ff.

[2262] Vgl. Unocal Corp. v. Mesa Petroleum Co., 493 A.2d 946, 956 f. (Del. 1985).

[2263] Vgl. Unocal v. Mesa Petroleum Co., 493 A.2d 946, 946 ff. (Del. 1985)

[2264] Vgl. Unocal Corp. v. Mesa Petroleum Co., 493 A.2d 946, 956 (Del. 1985). Vgl. auch Busch, Regelung von Übernahmeangeboten, 141; Leebron, 61 New York University Law Review (1986), 153, 186-189; Lüttmann, Kontrollwechsel in Kapitalgesellschaften, 37 ff.; Merkt, US-amerikanisches Gesellschaftsrecht, Rdn. 1018, 1031; Knoll, Übernahme von Kapitalgesellschaften, 86 f.; Kurth, Aktionärsschutz, 10 f.; Lipton/Steinberger, Takeovers and Freezeouts, § 1.08 [1]; Peltzer, ZfgK 1986, 291, 292; Peltzer, Festschrift Zimmerer, 274, 280; vgl. dazu weiter Alcott v. Hyman, 184 A.2d 90, 94 (Del.Ch. 1962), *affirmed*, 208 A.2d 501 (Del. 1965); Brundage v. Jew Jersey Zinc Co., 226 A.2d 585, 601 (N.J. 1967); Northway, Inc. v. TSC Industries, Inc., 512 F.2d 324, 339 (7th Cir. 1975); Radol v. Thomas, 534 F.Supp. 1302, 1311 (S.D.Ohio 1982).

[2265] Vgl. Unocal v. Mesa Petroleum Co., 493 A.2d 946, 956 (Del. 1985). Vgl. im Übrigen zu *freeze-out*-Vorgängen Herzel/Shepro, Bidders and Targets, 501 f.; Seiler, Freezeout, 1 ff. Zu derartigen Vorgängen in

daher zur Angebotsannahme auch dann genötigt, wenn sie das Angebot für unvorteilhaft und zu niedrig halten.[2266] Vor diesem Hintergrund ist ein Abwehrverhalten des *board* grundsätzlich rechtmäßig.[2267]

Der Angemessenheit des Angebotspreises kommt für die Rechtsprechung des Gerichts besondere Bedeutung zu.[2268] Problematisch ist insoweit, ob jedes über dem aktuellen Börsenkurs liegende Angebot das Wohl der Aktionäre begünstigt. Die Vertreter der Hypothese der Effizienz des Kapitalmarktes vertreten die Auffassung, dass der Aktienwert durch die Börsennotierung korrekt wiedergegeben wird und diese für die Bestimmung der Angemessenheit des Angebotspreises maßgebend ist.[2269] Nach anderer Ansicht reflektiert der Börsenkurs den Unternehmenswert nur unvollständig, denn bestimmte, nur dem Management zugängliche, Informationen über das Unternehmen könne der Wertpapiermarkt nicht aufnehmen. So könne der Informationsvorsprung der *directors* die Nichtbeachtung des Börsenkurses rechtfertigen, so dass dem *board* eine vom Börsenkurs abweichende Bewertung des Unternehmens zuzugestehen sei.[2270] Dementsprechend bewertete das Time-*board* in der gerichtlich nicht beanstandeten Entscheidung im Zusammenhang mit der Warner-Fusion den Zusammenschluss gegenüber einem sofortigen Verkauf an Paramount als voraussichtlich wirtschaftlich vorteilhafter.[2271] Gegen die abweichende Bewertung wird geltend gemacht, dass es in einem effizienten Aktienmarkt keinen relativen Unterschied zwischen jetzigem und zukünftigem Aktienwert geben könne, denn auch die Erfolgsprognosen derartiger Vorhaben würden im aktuellen Börsenkurs zum gegenwärtigen abgezinsten Barwert reflektiert.[2272]

Der *Delaware Supreme Court* lehnte in der Smith v. Van Gorkom Entscheidung die Anwendung der *Efficient Capital Market Hypothese* in Kontrollwechselsituationen ab, denn der Aktienkurs sei nur ein Parameter unter vielen für die Bewertung von Minderheitsanteilen. Der Aktienkurs gäbe (nur) den Wert einzelner Aktien, nicht aber den anteiligen konsolidierten Wert des gesamten Unternehmens wider.[2273] In diesem Zusammenhang wird eine Verpflichtung des *board* gefordert,

---

der Bundesrepublik vgl. Bästlein, Zur Feindlichkeit öffentlicher Übernahmeangebote, 285 ff., mit zahlreichen Beispielen der Ausgrenzung und des anschießenden Aufkaufs; Peters, BB 1999, 801, 801 ff., und Wenger/Hecker, ifo Studien 1995, 51, 77. Vgl. dazu auch ergänzend BVerfG 14, 263 - Feldmühle; BVerfG, NJW 2001, 279 - MotoMeter; BGH, BB 1988, 577 - Linotype; OLG Stuttgart, ZIP 1995, 1515 - MotoMeter I; OLG Stuttgart, ZIP 1997, 362 - MotoMeter II; BayObLG, ZIP 1998, 2002 - Magna Media ./. WEKA.

[2266] Vgl. statt vieler Unocal Corp. v. Mesa Petroleum Co. A.2d 946, 956 (Del. 1985): "Such offers are a classic coercive measure designed to stampede shareholders into tendering at the first tier, even if the price is inadequate, out of fear of what they will receive at the back end of the transaction."; vgl. dazu auch Amanda Acquisition Corp. v. Universal Foods Corp., 877 F.2d 496, 501 (7th Cir. 1989).

[2267] Vgl. Unocal v. Mesa Petroleum Co., 493 A.2d 946, 956 (Del. 1985).

[2268] Vgl. Unocal v. Mesa Petroleum Co., 493 A.2d 946, 955 (Del. 1985).

[2269] Vgl. Bästlein, Zur Feindlichkeit öffentlicher Übernahmeangebote, 55 ff.

[2270] Vgl. Leroy, 27 Journal of Economic Literature (1989), 1583, 1613 ff.

[2271] Vgl. Paramount Communications, Inc. v. Time Inc. 571 A.2d 1140, 1149 (Del. 1989).

[2272] Vgl. dazu Bästlein, Zur Feindlichkeit öffentlicher Übernahmeangebote, 248 f.

[2273] Vgl. Smith v. Van Gorkom, 488 A.2d 858, 875 f. (Del. 1985).

den Gerichten im Streit einen Unternehmensplan vorzulegen, der in nachvollziehbarer Weise offenbare, wie die *directors* den zukünftigen Wert des Unternehmens noch über den konsolidierten angebotenen Preis hinaus zu steigern beabsichtigen, und insofern ihre Prognose der gerichtlichen Schlüssigkeitsprüfung zu unterziehen.[2274] Dazu stünden dem *board* im Wesentlichen drei verschiedene Varianten zur Verfügung. Zunächst komme die Aushandlung eines besseren Preises mit dem gegenwärtigen Bieter in Betracht; daneben tritt die Suche nach anderen Bietern, die zur Zahlung eines höheren Kaufpreises bereit seien; oder aber das *board* legt schlüssig eine erfolgreiche eigenständige Weiterführung des Unternehmens in einer Weise dar, die zur Erhöhung des Börsenkurses noch über das Niveau des von dem Bieter getätigten Angebots führt. Die Ablehnung eines Angebotes allein wegen der ungenügenden Höhe solle daher nicht mehr zur Rechtfertigung von Defensivmaßnahmen taugen.[2275] Demgegenüber lehnte der *Delaware Supreme Court* die gerichtliche Überprüfung langfristiger gegenüber kurzfristigen Investitionsentscheidungen ab.[2276]

Besonders deutlich wird der Anlegerschutz in den Fällen, in denen ein Kontroll-Wechsel feststeht und die *directors* ihr Verhalten einzig und allein auf die Kurs-Maximierung auszurichten haben.[2277]

Im Ergebnis lässt sich feststellen, dass die Rechtsprechung vor dem Hinterrund der Gesetzesbestimmungen anlegerschützenden Charakter aufzeigt. Soweit Abwehrmaßnahmen in den Vereinigten Staaten gerichtlich nicht als rechtswidrig beurteilt worden sind, waren sie ausnahmslos zum Schutz der Anteilseigner ergriffen worden.[2278] Dies gilt auch soweit sie zwecks Fortsetzung der Geschäftstätigkeit und der Geschäftsausrichtung, wie in der Paramount-Time-Entscheidung, vorgenommen wurden, weil die Abwehrmaßnahmen ein langfristig beschlossenes Fusionsvorhaben schützend begleiten und eine derartige Vorgehensweise und langfristige Ausrichtung den Anteilseignern nützen.[2279] Mangels umfänglichen Schutzes von Alt- und Minderheitsaktionären in den Vereinigten Staaten - gerade auch im Vergleich zur Bundesrepublik Deutschland - werden den *directors* besondere Abwehrrechte zuerkannt.[2280]

Der Anlegerschutz findet auch bei verbleibenden Abgrenzungsschwierigkeiten, die sich aus der Natur der Problematik zwangsläufig ergeben, dort seine Grenzen, wo ein ausgewogener Interessensausgleich und die zu gewährleistende Funk-

---

2274 Vgl. Gilson/Kraakman, 44 Business Lawyer (1989), 247, 268.

2275 Vgl. Gilson/Kraakman, 44 Business Lawyer (1989), 247, 267.

2276 Vgl. Paramount Communications, Inc. v. Time Inc. 571 A.2d 1140, 1150, 1151, 1153 (Del. 1989).

2277 Vgl. Revlon, Inc. v. MacAndrews & Forbes Holdings, Inc. 506 A.2d 173 (Del. Sup. 1986); Vgl. dazu auch Moore, 70 Washington University Law Quarterly (1992), 277, 283.

2278 Vgl. Unocal v. Mesa Petroleum Co., 493 A.2d 946, 946 ff. (Del. 1985).

2279 Vgl. Paramount Communications, Inc. v. Time Inc. 571 A.2d 1140, 1154 (Del. 1989).

2280 Vgl. Ebke, in Mestmäcker/Behrens, Gesellschaftsrecht der Konzerne, 279, 279 ff.; Knoll, Übernahme von Kapitalgesellschaften, 190.

tionsfähigkeit des Wirtschaftsgeschehens, insbesondere des Kapitalmarkts, die Beachtung schützenswerter Rechte Dritter, insbesondere der *directors*, verlangen.[2281]

b. Schutz des Unternehmens

Gerade infolge der Time-Entscheidung wird zur Begründung eines Abwehrverhaltens die Gefährdung der Gesellschaft selbst diskutiert.[2282] Eine von der Rechtsprechung vorgenommene Rechtfertigung durch die Interessen der Gesellschaft anzunehmen, im Time-Fall durch die Beibehaltung der *Time-culture*,[2283] führt jedoch zu weit. Das Gericht hatte zwar die vom *board* vorgenommene langfristige Ausrichtung zur Begründung dafür herangezogen, dass Abwehrmaßnahmen gegen ein Übernahmeangebot vorgenommen werden dürften.[2284] Es ist jedoch davon auszugehen, dass die strategische Ausrichtung im Interesse der Anteilseigner lag.[2285] In der Entscheidung ist somit eher konstatiert worden, dass Geschäftsführungsmaßnahmen nicht nach einer höheren Angebotsabgabe aufgegeben werden müssen, sondern dem *board* die weitergehende Verfolgung der im Interesse der Anteilseigner festgelegten Ziele zuzugestehen ist.[2286] Auch danach ist in den Vereinigten Staaten im Gegensatz zum deutschen Rechtsverständnis nicht von einem über dem Interesse der Anteilseigner stehenden eigenen Gesellschaftsinteresse auszugehen.[2287]

c. Drittschutz

Von fundamentaler Bedeutung für die Beurteilung des Verhaltens der *directors* in Übernahmesituationen und damit für dessen Rechtfertigung gegenüber den Anteilseignern und den Gerichten ist die Frage, ob über die Interessen der Anteilseigner und der Gesellschaft hinaus auch Interessen Dritter zu schützen sind oder geschützt werden können. Wenngleich auch nahezu ausnahmslos anerkannt ist, dass das Management und das *board* vorrangig im Interesse der Aktionäre zu handeln hat,[2288] gibt es doch Gerichtsentscheidungen, nach denen neben Eignerinteressen auch andere Interessen von den *directors* berücksichtigt werden können.[2289]

[2281] Vgl. Lipton, 35 Business Lawyer (1979), 101, 105 f., 122 f.

[2282] Vgl. In re Time Inc. Shareholders Litigation, [1989 Transfer Binder] Fed.Sec.L.Rep. (CCH) 94,514, 93, 267 (Del.Ch. July 14, 1989), Weisser, Feindliche Übernahmeangebote und Verhaltenspflichten der Leitungsorgane, 153 f.

[2283] Vgl. dazu Paramount Communications, Inc. v. Time Inc. 571 A.2d 1140, 1148 f. (Del. 1989).

[2284] Vgl. Paramount Communications, Inc. v. Time Inc. 571 A.2d 1140, 1154 (Del. 1989).

[2285] Vgl. Paramount Communications, Inc. v. Time Inc. 571 A.2d 1140, 1149 (Del. 1989).

[2286] Vgl. Paramount Communications, Inc. v. Time Inc. 571 A.2d 1140, 1154 (Del. 1989).

[2287] Vgl. Groh, DB 2000, 2153, 2153; Merkt, US-amerikanisches Gesellschaftsrecht, 72; Wymeersch, AG 1995, 299, 309.

[2288] Vgl. MacIntosh, 43 University of Toronto Law Journal (1993), 425, 428.

[2289] Vgl. dazu MacIntosh, 43 University of Toronto Law Journal (1993), 425, 451 f. Vgl. jedoch demgegenüber die grundlegende Entscheidung zu dieser Frage Dodge v. Ford Co., 204 Mich. 459, 507, 170 N.W. 668, 664 (1919).

In dem Rechtsstreit Herald Co. v. Seawell ist eine Abwehrmaßnahme einer Zeitung gegen einen *Raider* wegen dessen bekanntermaßen schlechtem Verhältnis zu Arbeitnehmern für rechtmäßig angesehen worden. [2290] In dem Rechtstreit GAF Corp. v. Union Carbide Corp. ist der Schutz der Arbeitnehmer unter Einschluss des Managements ausdrücklich vom Gericht berücksichtigt worden.[2291] In dem Streit Gelco Corp. v. Coniston Partners ist ganz allgemein festgestellt worden, dass das *board* auch andere Umstände als den Preis unter Einschluss der Interessen Dritter bei der Beurteilung der Angemessenheit eines Angebots berücksichtigen dürfe.[2292]

In der Unocal-Entscheidung lehnte sich der *Delaware Supreme Court* deutlich an den weiten Gefahrenbegriff von Lipton[2293] an und nannte eine ganze Vielzahl unterschiedlicher Gefahrenmomente, die ein Abwehrverhalten rechtfertigen könnten. Dazu rechnete das Gericht auch die Belange von Nichtaktionären, so unter anderen die der Gläubiger, Verbraucher, Arbeitnehmer und unter Umständen auch die des Gemeinwesens.[2294] Diese Entscheidung lässt insofern auf einen weiten Ermessensspielraum der *directors* schließen.[2295] In der Revlon-Entscheidung stellte dasselbe Gericht dagegen kurze Zeit später klar, dass dem Interesse der Aktionäre an der Erzielung eines höchtsmöglichen Preises der absolute Vorrang gebühre.[2296] Interessen Dritter könnten berücksichtigt werden, wenn damit ebenso Vorteile für die Anteilseigner verbunden seien.[2297] Im konkreten Fall äußerte das Gericht große Zweifel daran, dass andere Interessen als die der Anteilseigner hätten berücksichtigt werden dürfen, jedenfalls habe ein Verkauf an den meistbietenden Interessenten vorgenommen werden müssen.[2298] Hinsichtlich der Berücksichtigung der Interessen Dritter liest sich das Urteil Mills Acquisition Co. v. Macmillan, Inc.[2299] ähnlich. Eine Berücksichtigung setze die Konformität dieser Interessen mit denen der Anteilseigner voraus.[2300] Ohne diese Rechtssprechung inhaltlich aufzugeben,[2301] stellte

---

[2290] Vgl. Herald Co. v. Seawell, 472 F.2d 1081 (10th Cir. 1972).

[2291] Vgl. GAF Corp. v. Union Carbide Corp., 624 F.Supp.1016 (S.D.N.Y. 1985).

[2292] Vgl. Gelco Corp. v. Coniston Partners, 652 F. Supp. 829, 850 f. (D. Minn. 1986), *in part affirmed and vacated in part*, 811 F.2d 414 (8th Cir. 1987).

[2293] Vgl. Lipton, 35 Business Lawyer (1979), 101, 122 f.

[2294] Vgl. Unocal Corp. v. Mesa Petroleum Co., 493 A.2d 946, 955 (Del. 1985).

[2295] Vgl. Ajemian, 62 Southern California Law Review (1988/89), 645, 647 ff.; Block/Barton/Radin, Business Judgment Rule, 121 ff.; Bradbury, 87 Michigan Law Review (1988), 276, 280 ff.; Frank/Moreland, RIW 1989, 761, 763; Kurth, Aktionärsschutz, 148 ff.; Lehnert, Unternehmensübernahmen in den USA, 93 f.; Orts, 61 George Washington Law Review (1992), 14, 101 ff.; Wagner, Standstill Agreements, 75 f.

[2296] Vgl. Revlon, Inc. v. Mac Andrews & Forbes Holdings, Inc., 506 A.2d 173, 182 (Del. 1986).

[2297] Vgl. Revlon, Inc. v. Mac Andrews & Forbes Holdings, Inc., 506 A.2d 173, 182 (Del. 1986): „... if there are rationally related benefits accruing to the stockholders."

[2298] Vgl. Revlon, Inc. v. Mac Andrews & Forbes Holdings, Inc., 506 A.2d 173, 182 (Del. 1986).

[2299] Mills Acquisition Co. v. Macmillan, Inc., 559 A.2d 1261 (Del. 1989).

[2300] Vgl. Mills Acquisition Co. v. Macmillan, Inc., 559 A.2d 1261, 1282 (Del. 1989): „... provided that it bears some reasonable relationship to general shareholder interest; ..."; Vgl. dazu auch in selbiger Prüfungsabfolge Cf. Amanda Acquisition Corp. v. Universal Foods Corp., 708 F. Supp. 984 (E.D. Wis.), *affirmed on other grounds*, 877 F.2d 496 (7th Cir. 1989): Hier begründete das Gericht seine Entscheidung damit, dass die Rechtmäßigkeit der Abwehrmaßnahme aus der Unangemessenheit des Preises folge, prüfte daneben die

dieses Gericht in der Entscheidung Paramount Communications, Inc. v. Time, Inc.[2302] erneut allgemein fest, dass eine Berücksichtigung erfolgen dürfe.[2303]

Inzwischen haben wenigstens 29 Staaten den Schutz der Interessen Dritter in Übernahmefällen in unterschiedlicher Ausgestaltung positivgesetzlich geregelt.[2304] Insofern sind das kurzfristige und langfristige Interesse der Gesellschaft selbst, die Interessen der Arbeitnehmer, Zulieferer, Kreditgeber und Kunden, der nationalen und bundesstaatlichen Wirtschaft sowie kommunale und soziale Belange genannt.[2305] Diesen positivgesetzlichen Regelungen wird entgegengehalten, sie stünden nicht im Einklang mit dem geltenden Gesellschaftsrecht und böten keine festen Verfahrensregeln.[2306] Möglicherweise würden den Dritten sogar Rechte gegen die *directors* eingeräumt; die Regelungen seien politisch gerade durchsetzbar gewesen und stünden Investitionsentscheidungen entgegen.[2307]

Den geforderten Schutz der Inhaber von Unternehmensanleihen durch die Verwaltung der Zielgesellschaft[2308] lehnten die Gerichte in Delaware wegen einer insoweit fehlenden treuhänderischen Verpflichtung der *directors* ab.[2309] Mit dem Argument, dass die durch einen Schutz verursachten Kosten größer als die für die Begünstigten erzielten Vorteile seien,[2310] und mit dem Einwand, dass die Inhaber von Anleihen sich ebenso gut durch vertragliche Vereinbarungen schützen könnten,[2311] wird auch in der Literatur ein Schutz abgelehnt. Teilweise wird gefordert, dass gerade auch die Altgläubiger der Zielgesellschaft vor den Folgen "feindlicher Unternehmensübernahmen" geschützt werden müssten.[2312] Obgleich die Manager den Altgläubigern nach Treu und Glauben verpflichtet seien, stünden sie nach herkömmlicher Lesart nicht in einem treuhänderischen Pflichtenverhältnis zu ihnen.[2313]

Folgen für die Gesellschaft und Dritte, nämlich Kunden, Zulieferer und Arbeitnehmer, und stellte fest, dass das Angebot auch diesbezüglich Anlass zur Beunruhigung gäbe.

2301 Anderer Auffassung ohne Begründung Kepper/Bailey, Liability of Corporate Officers and Directors, 620.

2302 Vgl. Paramount Communications, Inc. v. Time, Inc., 571 A.2d 1140 (Del. 1989).

2303 Vgl. Paramount Communications, Inc. v. Time, Inc., 571 A.2d 1140, 1150 (Del. 1989).

2304 Vgl. Orts, 61 George Washington Law Review (1992), 14, 16.

2305 Vgl. beispielhaft Ohio Rev. Code Ann. § 1701.59(E).

2306 Vgl. Hanks, 43 Business Lawyer (1988), 1207, 1219 ff.

2307 Vgl. statt vieler Hanks, Non-Stockholder Constituency Statutes: An Idea Whose Time Should Never Have Come, Insights, Dec. 1989, 20.

2308 Vgl. Mc Daniel, 41 Business Lawyer (1986), 413, 442 ff.

2309 Vgl. Simons v. Cogan, 542 A.2d 785, 786 (Del.Ch. 1987), *aff'd* 549 A.2d 300, 303 (Del. 1988); Katz v. Oak Indus., Inc., 508 A.2d 873, 880 (Del.Ch. 1986); vgl. weiter Metropolitan Life Ins. Co. v. RJR Nabisco, 716 F.Supp. 1504, 1506 (S.D.N.Y. 1989).

2310 Vgl. Bratton, 1984 Wisconsin Law Review, 667, 738 f.

2311 Vgl. Bratton, 1984 Wisconsin Law Review 667, 670, vgl. weiter Metropolitan Life Ins. Co. v. RJR Nabisco, 716 F.Supp. 1504, 1506 (S.D.N.Y. 1989).

2312 Vgl. dazu Bratton, 1989 Duke Law Review, 92, 149 f. Zum Gläubigerschutz bei Konzernverschmelzungen - vielfach die Folge einer Übernahme - vgl. weitergehend Knott, DB 1996, 2423, 2423 ff.

2313 Vgl. MacIntosh, 43 University of Toronto Law Journal (1993), 425, 451.

Wegen der bei den Gläubigern in Übernahmefällen regelmäßig entstehenden Verluste wird jedoch die Anerkennung einer "*fiduciary duty*" der *directors* gegenüber den Gläubigern verlangt.[2314] Eine konkrete Entscheidung darüber steht aus. Die im Zusammenhang mit dem Schutz der Anleiheninhaber zitierte Entscheidung indiziert, dass ein darauf begründetes Abwehrverhalten als rechtswidrig beurteilt würde.[2315]

Dagegen wurde die im Wege der Ausgabe von Belegschaftsaktien vorgenommene Begünstigung der Arbeitnehmer anerkannt. In dem Fall Shamrock Holding, Inc. v. Polaroid Corp. richtete die Verwaltung der Zielgesellschaft einen *Employee Stock Ownership Plan* (*ESOP*) etwa einen Monat nach Bekannt werden eines etwa 5%igen Anteilserwerbs durch einen potentiell feindlichen Bieter ein. Der *ESOP*-Anteil sollte etwa 14 % der umlaufenden Aktien ausmachen, an der Börse erworben und durch Lohnzugeständnisse der Arbeitnehmer finanziert werden.[2316] Folglich entstand den Arbeitnehmern mittelbar kein wirtschaftlicher Nachteil. Das Gericht befand, dass mit der Einrichtung dieses *ESOP* langfristig eher positive Auswirkungen auf die Ertragskraft des Unternehmens zu erwarten seien, denn mit der Einrichtung eines solchen Plans seien Verbesserungen im Bereich der Arbeitsmoral und der Arbeitsproduktivität zu erwarten.[2317] Aus diesem Grund sei die Maßnahme auch vor dem Hintergrund rechtmäßig, dass einem Übernehmer hier auf drei Jahre eine Fusion mit der Zielgesellschaft verwehrt sei. Er hielte bereits nach dem ersten Aufkauf von Anteilen 85 % der stimmberechtigten Aktien.[2318]

Mit der Time-Entscheidung stellte sich zudem die Frage, ob auch die Wahrung der spezifischen Unternehmenskultur einer Zielgesellschaft ein bei der Einleitung von Abwehrmaßnahmen zu berücksichtigender Aspekt ist. Insofern wären möglicherweise konkrete oder abstrakte Interessen nicht zu benennender Dritter oder der Allgemeinheit zu berücksichtigen. Da das Gericht im konkreten Fall auf die wirtschaftlichen Aspekte der Eigenständigkeit und langfristigen wirtschaftlichen Ausrichtung abgestellt hat, wäre ein entsprechend begründetes Abwehrverhalten eher als rechtswidrig einzustufen. Nicht unerwähnt bleiben soll im Zusammenhang mit der Berücksichtigung von Drittinteressen, dass die strukturellen Besonderheiten des *Agency*-Rechts den Stellvertreter, den *Agent*, als den das US-amerikanische Gesellschaftsrecht das *board* versteht, dazu verpflichten, nur im Interesse des Vertretenen zu handeln.[2319]

2314 So dezidiert McDaniel, 41 Business Lawyer (1986), 413, 442 ff. Vgl. auch Bratton, 1989 Duke Law Review, 92, 149 f. Kritisch dazu Bainbridge, 75 Minnesota Law Review (1990), 239, 332 f.

2315 A.A. McDaniel, 41 Business Lawyer (1986), 413, 443 ff.

2316 Vgl. Shamrock Holdings, Inc. v. Polaroid Corp., 559 A.2d 257 (Del. Ch. 1989) ("Polaroid I").

2317 Vgl. Shamrock Holdings, Inc. v. Polaroid Corp., 559 A.2d 257, 271 ff. (Del. Ch. 1989) ("Polaroid I").

2318 Vgl. Shamrock Holdings, Inc. v. Polaroid Corp., 559 A.2d 257, 271 ff. (Del. Ch. 1989) ("Polaroid I") und 8 Del.C. § 203.

2319 Vgl. dazu Second Restatement of Agency, § 394 (1958): „... A manager responsible to two conflicting interests is in fact answerable to neither ...". Vgl. dazu ergänzend auch Groh, DB 2000, 2153, 2153.

Zusammenfassend lässt sich feststellen, dass Interessen Dritter bei der den *directors* obliegenden Ermessensentscheidung nicht unberücksichtigt bleiben müssen. Sie sind bei der Gewichtung der Argumente zu berücksichtigen, wenn sie mit den Interessen des Unternehmens und damit mittelbar mit den Interessen der Anteilseigner korrelieren.[2320] Soweit diese Interessen den Interessen des Unternehmens und denen der Anteilseigner entgegenlaufen, dürfen sie berücksichtigt werden bzw. sie sind zu berücksichtigen, wenn einzelstaatliches Recht eine entsprechende Berechtigung oder Verpflichtung festschreibt.[2321] Ob die Interessen auch berück-sichtigt werden können, wenn es keine positivrechtliche Berechtigung dazu gibt, kann nur an den zitierten Entscheidungen des *Delaware Supreme Court* gemessen werden. Demnach steht den *directors* ein weiter Ermessensspielraum zu. Den Interessen der Anteilseigner steht ein absoluter Vorrang zu. Je stärker ihre finanziellen oder wirtschaftlichen Interessen gefährdet werden, desto mehr haben anderweitige Interessen zurückzutreten. Sobald die Verpflichtung besteht, an einen meistbietenden Dritten zu veräußern, treten die Interessen Dritter vollständig zurück.

d. Schutz allgemeiner Interessen

Ob (feindliche) Unternehmensübernahmen schädliche Auswirkungen auf die Volkswirtschaft nach sich ziehen, entzieht sich einer abschließenden Stellungnahme.[2322] Eingeräumt wird, dass das Management vieler vermeintlich von Übernahmen bedrohter US-amerikanischer Unternehmen gerade in den 80er Jahren auf eine Ausrichtung der Unternehmensplanung an langfristigen Zielsetzungen verzichtet hat.[2323] Dabei ist zweifelhaft, ob die mit Hilfe von Übernahmen erzielten Spekulationsgewinne sich auf dem Aktienmarkt bzw. dem Markt für Unternehmenskontrolle sozial sinnvoll ausgewirkt haben.[2324] Ähnlich einleuchtend ist, dass die bei manchen Unternehmensübernahmen gezahlten erheblichen Zuschläge nur auf Kosten anderer Betroffener möglich ist.[2325] Somit muss die nicht in unmittelbarem Zusammenhang mit den aufgezeigten Befunden stehende Frage, ob sich aus den häufig zu beobachtenden Nebenwirkungen feindlicher Übernahmeangebote rechtspolitische Notwendigkeiten zur Regelung von Übernahmen ableiten lassen, unbeantwortet bleiben. Soweit entsprechende positiv-rechtliche Regelungen vorhanden sind, kann oder muss die Berücksichtigung allgemeiner Interessen, gleich ob volkswirtschaftlicher, regionaler oder sozialer Art, erfolgen. In allen anderen

[2320] Vgl. MacIntosh, 43 University of Toronto Law Journal (1993), 425, 425.

[2321] Vgl. MacIntosh, 43 University of Toronto Law Journal (1993), 425, 426. Kritisch zu derartigen Gesetzen Becker, Verwaltungskontrolle, 13.

[2322] Vgl. dazu auch Moore, 70 Washington University Law Quarterly (1992), 277, 284; Salje, JA 1990, 321, 325, 327.

[2323] So auch wohl Moore, 70 Washington University Law Quarterly (1992), 277, 278 f.

[2324] Vgl. Moore, 70 Washington University Law Quarterly (1992), 277, 284; Stout, 87 Michigan Law Review (1988), 613, 703.

[2325] Vgl. Stout, 87 Michigan Law Review (1988), 613, 703.

Fällen hat sie jedenfalls dann zu unterbleiben, wenn diese den Interessen des Unternehmens und damit der Anteilseigner widersprechen.[2326] Sind die Interessen gleichläufig, können sie bei der Gewichtung von Ermessensentscheidungen berücksichtigt werden.

E. Zusammenfassende Würdigung der Haftung der Leitungsorgane

Ebenso wie in der Bundesrepublik Deutschland und in anderen Ländern sind die Leitungsorgane einer US-amerikanischen Zielgesellschaft an weichenstellender Position in einen Übernahmevorgang eingebunden. Kraft ihres gesetzlichen und arbeitsvertraglichen Auftrages haben sie das Übernahmeangebot jedenfalls im Interesse des Unternehmens und der Anteilseigner zu prüfen, zu analysieren, und innerhalb des ihnen zustehenden Ermessensspielraumes zu reagieren. Schon aus diesen allgemeinen Verhaltenspflichten folgt, dass Manager, die mit den konkreten Pflichten nicht konform gehen, Haftungsrisiken ausgesetzt sind. Fast zwangsläufig folgt schon aus den unterschiedlichen Interessenslagen der Anteilseigner, des Bieters und der Aufsichtsbehörden ein gegenüber üblichen unternehmerischen Entscheidungen erhöhtes Haftungspotential.

Anfang der 80er Jahre war die vorherrschende Auffassung der Gerichte in den USA, dass zu Gunsten der *directors* die *business judgement rule* uneingeschränkt eingreift, solange nicht der alleinige oder vorherrschende Grund für die Maßnahme in der Erhaltung der eigenen Kontrolle zu sehen ist.[2327] Solange die *directors* in gutem Glauben davon ausgehen durften, dass die Übernahme nicht im besten Interesse der Gesellschaft und der Anteilseigner liege, konnten sie mithin zulässigerweise fast jede Gegenmaßnahme ergreifen, und zwar auch dann, wenn die Anteilseigner offensichtlich den Kursaufschlag zu realisieren wünschten.[2328] Die Ablehnung eines Übernahmeangebots wurde daher auch dann nicht dem ersten Anschein nach als Verletzung der Treuepflichten beurteilt, wenn ein erheblicher Kursaufschlag angeboten worden war.[2329]

Mit der zunehmenden Anzahl der gerichtlichen Verfahren, den zunehmend umfangreicheren Streitständen, und der größer werdenden Bedeutung der Entscheidungen wurden die Bedenken gegen die uneingeschränkte Anwendung der *business judgement rule* in Übernahmesituationen in den 80er Jahren immer stär-

[2326] So auch pointiert MacIntosh, 43 University of Toronto Law Journal (1993), 425, 451 f. Vgl. dazu weiter auch Hanks, 43 Business Lawyer (1988), 1207, 1227 ff., der sich mit bundesstaatlichen Regelungen auseinandersetzt, die die Berücksichtigung der Interessen Dritter gestatten.

[2327] Vgl. Frank/Moreland, RIW 1989, 761, 763.

[2328] Vgl. Crouse-Hinds Co. v. InterNorth, Inc., 634 F.2d. 690 (2d Cir. 1980); Treadway Cos., Inc. v. Care Corp., 638 F.2d. 357 (2d Cir. 1980); Buffalo Forge Co. v. Ogden Corp., 717 F.2d 757 (2d Cir. 1983). Vgl. dazu auch Abeltshauser, Leitungshaftung, 112 ff.

[2329] Vgl. Pogostin v. Rice, 480 A.2d. 619, 627 (Del. 1982).

ker.[2330] Der sich gerade in diesen Situationen zeigende Interessenskonflikt, dem die *directors* ausgesetzt sind, stellte ihren guten Glauben und ihre Unabhängigkeit immer mehr in Frage und ihr Eigeninteresse gewann in den Diskussionen an Bedeutung.[2331] Insofern kamen vor dem Hintergrund, dass die *directors* ein erhebliches Interesse an der Fortsetzung ihres Arbeitsverhältnisses und der Erhaltung ihrer Machtposition haben, erhebliche Zweifel an ihrer Objektivität bei übernahmerelevanten Entscheidungen auf.[2332] Die Vorbehalte betrafen nicht nur die sich im Management befindlichen *directors*, sondern infolge der in der Regel gut honorierten Tätigkeit für das Unternehmen und der Verbundenheit mit dem Management durch die bisherige Tätigkeit auch die *independent outside directors*.[2333]

Obwohl schon zuvor vereinzelt von den Gerichten eine Konkretisierung der Verhaltenspflichten in Übernahmesituationen vorgenommen worden war,[2334] führten die zunehmend aufgekommenen Bedenken grundlegend erst 1985/1986 durch die vielbeachteten und gewichtigen Entscheidungen des *Delaware Supreme Court* zu einer konkretisierten Rechtsprechung.[2335] Erst jetzt wurden die folgenden (zusätzlichen) Rechtmäßigkeitskriterien bestimmt, die der besonderen Stellung der *directors* in Übernahmesituationen Rechnung tragen.[2336] Demnach haben die *directors* sich bestmöglich zu informieren, bevor eine Entscheidung getroffen wird.[2337] Sie haben Verfahren und Methoden in Übernahmesituationen zu entwickeln und anzuwenden, die ihnen eine Überprüfung aller entscheidungsrelevanten Umstände ermöglicht. Insbesondere hat eine Bewertung des Angebots unter Berücksichtigung von zukünftigen Entwicklungen und Wachstumspotentialen zu

---

[2330] Vgl. dazu Moore, 70 Washington University Law Quarterly (1992), 277, 289.

[2331] Vgl. Scharf/Shea/Beck, Acquisitions, 243.

[2332] Vgl. Scharf/Shea/Beck, Acquisitions, 243.

[2333] Vgl. dazu Zapata Corp. v. Maldonado, 430 A.2d 779, 787 (Del. 1981); Norlin Corp. v. Rooney, Pace, Inc., 744 F.2d 255, 258 (2d Cir. 1984); vgl. demgegenüber jedoch auch Unocal Corp. v. Mesa Petroleum Co., 493 A.2d 946, 955 (Del. 1985), und Moore Corp. Ltd. v. Wallace Computer Services, Inc., 907 F. Supp. 1545, 1562 f. (D. Del. 1995), hier wurde die Beteiligung einer Mehrheit von outside directors als Indiz für eine vernünftige Entscheidungsfindung gewertet. Zur Rolle der outside directors in Übernahmesituationen vgl. auch Ajemian, 62 Southern California Law Review (1988/89), 645, 679 ff. (kritisch zur Rolle als *watchdog*); Allen, 45 Business Lawyer (1990), 2055, 2055 ff.

[2334] Vgl. beispielshaft Norlin Corp. v. Rooney, Pace, Inc., 744 F.2d 255, 258 (2d Cir. 1984).

[2335] Vgl. Brown, 14 Delaware Journal of Corporate Law (1989), 537, 544 ff.; Frank/Moreland, RIW 1989, 761, 763; Weisner, Verteidigungsmaßnahmen gegen unfreundliche Übernahmeversuche, 69 ff.; Wouters, Common Market Law Review 1993, 267, 298.

[2336] Vgl. zur besonderen Situation der directors in Übernahmesituationen Unocal Corp. v. Mesa Petroleum Co., 493 A.2d 946, 954 (Del. 1985): „... that a board may be acting primarily in its own interests, rather than those of the corporation and its shareholders ...". Vgl. dazu auch Brown, 14 Delaware Journal of Corporate Law (1989), 537, 544 ff.; Soderquist, 66 Notre Dame Law Review (1990), 37, 44 ff.

[2337] Vgl. hierzu maßgeblich und richtungsvorgebend Smith v. Van Gorkom, 488 A.2d 858 ff. (Del. 1985); vgl. zudem die spätere Fortsetzung dieser Rechtsprechung beispielsweise in Barkan v. Amstead Industries, 567 A.2d 1279, 1286 f. (Del. 1989); Cede & Co. v. Technicolor, Inc., 634 A.2d 345 (Del. 1993), und Paramount Communications, Inc. v. QVC Network, Inc., 637 A.2d 34 (Del. 1994); Unitrin, Inc. v. American General Corporation, 651 A.2d 1361 (Del. 1994). Vgl. auch Brown, 14 Delaware Journal of Corporate Law (1989), 537, 546.

erfolgen.[2338] Die Inanspruchnahme unabhängiger und kompetenter Berater ist dabei regelmäßig angeraten.[2339] Abwehrmaßnahmen sind in besonderen Situationen ausnahmsweise rechtmäßig, wenn sie zur Abwendung konkreter Gefahren dienen.[2340] Die Abwehrmaßnahme hat zudem im Vergleich zur drohenden Gefahr verhältnismäßig zu sein.[2341] Gerade die Verhältnismäßigkeitsprüfung gewährt den *directors* einen Ermessensspielraum zum Schutz der Alt- und Minderheitsaktionäre.[2342] Ein derartiger Schutz wird in den USA ansonsten nicht gewährt,[2343] so dass ein angemessener Schutzmechanismus durch die Leitungsrechte des *board* auch als sachgerecht anzusehen ist.[2344] Außerhalb dieses Schutzbereiches dürften bei richtigem Verständnis der US-amerikanischen Rechtsprechung Abwehrmaßnahmen nur dann ergriffen werden, wenn einzelstaatliche Gesetze den *directors* darüber hinausgehende Rechte ausdrücklich zuweisen.[2345] Insbesondere ist dem US-amerikanischen Ge-

---

[2338] Vgl. Paramount Communications, Inc. v. QVC Network, Inc., 637 A.2d 34, 44 (Del. 1994).

[2339] Vgl. Paramount Communications, Inc. v. QVC Network, Inc., 637 A.2d 34, 45 (Del. 1994); Abeltshauser, Leitungshaftung, 107; Brown, 14 Delaware Journal of Corporate Law (1989), 537, 566; Soderquist, 66 Notre Dame Law Review (1990), 37, 44; Weisner, Verteidigungsmaßnahmen gegen unfreundliche Übernahmeversuche, 109.

[2340] Vgl. Unocal Corp. v. Mesa Petroleum Co., 493 A.2d 946, 955 (Del. 1985); AC Acquisitions Corp. v. Anderson, Clayton & Co., 519 A.2d 103, 112 (Del.Ch. 1986); City Capital Associates Ltd. Partnership v. Interco, Inc., 551 A.2d 787, 799 (Del.Ch. 1988); Unitrin, Inc. v. American General Corp., 651 A.2d 1361, 1373 ff. (Del. 1995); Moore Corp. Ltd. v. Wallace Computer Services, Inc., 907 F. Supp. 1545, 1562 f. (D. Del. 1995). Vgl. auch Gilson/Kraakman, 44 Business Lawyer (1989), 247, 267. Bezeichnenderweise sprechen Frank/ Moreland, RIW 1989, 761, 763, in diesem Zusammenhang nur von einer Gefährdung der Aktionärsinteressen.

[2341] Vgl. Unocal v. Mesa Petroleum Co., 493 A.2d 946, 955 (Del. 1985); Brown, 14 Delaware Journal of Corporate Law (1989), 537, 546; Frank/Moreland, RIW 1989, 761, 764 ff.; Merkt, US-amerikanisches Gesellschaftsrecht, Rdn. 1171; Lüttmann, Kontrollwechsel in Kapitalgesellschaften, 110; Wouters, Common Market Law Review 1993, 267, 298. Vgl. dazu weiter insbesondere Unitrin, Inc. v. American General Corporation, 651 A.2d 1361, 1373 f. (Del. 1995); Grand Metropolitan, PLC v. Pillsbury Co., 558 A.2d 1049, 1049 ff. (Del. Ch. 1988); Moran v. Household International, Inc., 500 A.2d 1346, 1356 (Del. 1985); siehe auch Moore Corp. Ltd. v. Wallace Computer Services, Inc., 907 F. Supp. 1545, 1562 (Del. 1995).

[2342] Vgl. Unitrin, Inc. v. American General Corp., 651 A.2d 1361, 1388 (Del. 1995): „... The ratio decidendi for the range of reasonableness standard is a need of the board of directors for latitude in discharging ist fiduciary duties to the corporation and its shareholders when defending against perceived threats. ... ." Vgl. dazu weiter Helmis, Regulierung von Unternehmensübernahmen, 45; Merkt, US-amerikanisches Gesellschaftsrecht, Rdn. 1167 ff.; Weisner, Verteidigungsmaßnahmen gegen unfreundliche Übernahmeversuche, 89 f. Zu undifferenziert Mülbert/Birke, WM 2001, 705, 705 f.

[2343] Vgl. dazu ausgiebig Helmis, Regulierung von Unternehmensübernahmen, 45; Knoll, Übernahme von Kapitalgesellschaften, 290 ff., 294 ff., 372 ff.; Seiler, Freezeout, 72 ff. Vgl. auch Ebke, in Mestmäcker/ Behrens, Gesellschaftsrecht der Konzerne, 279, 279 ff.; Lüttmann, Kontrollwechsel in Kapitalgesellschaften, 116 ff., 174.

[2344] Vgl. Knoll, Übernahme von Kapitalgesellschaften, 190, 279 ff., 373. Vgl. dazu auch Gordon, AG 2002, 670, 672 ff. und Harbarth, DAJV-NL 3/2001, 94, 94 ff.

[2345] Vgl. Norfolk Southern Corporation v. Conrail, Inc. C.A. No. 96-CU-7167 (E.D. Nov. 19, 1996/Dec. 17, 1996/Jan. 9, 1997); Hanks, 43 Business Lawyer (1988), 1207, 1227 ff.; Weisner, Verteidigungsmaßnahmen gegen unfreundliche Übernahmeversuche, 120 ff. Kritisch zu derartigen Gesetzen Becker, Verwaltungskontrolle, 13. A.A. Kirchner, AG 1999, 481, 489; Wiese/Demisch, DB 2001, 849, 851. Zu undifferenziert dazu Mülbert/Birke, WM 2001, 705, 705 f.

sellschaftsrecht ein von den Interessen der Anteilseigner abweichendes verselbständigtes Gesellschaftsinteresse fremd,[2346] so dass den *directors* eine Berufung darauf verwehrt ist.[2347]

Wenn die *directors* eine *auction* des Unternehmens betreiben oder eine langfristig ausgerichtete Unternehmensstrategie infolge eines Übernahmeangebots aufgeben und ein Kontrollwechsel als unausweichlich angesehen wird, hat das *board* dementsprechend einen offenen[2348] und grundsätzlich unbeeinflussten[2349] VersteigerungsProzess mit dem ausschließlichen Ziel der Kursmaximierung zu betreiben.[2350] Die Berücksichtigung gegenläufiger Interessen Dritter ist ihnen verwehrt.[2351] Dabei kann das *board* versuchen, den VersteigerungsProzess zu

---

2346 Vgl. Merkt, US-amerikanisches Gesellschaftsrecht, Rdn. 44, 1167 ff.; Butz, DAJV-NL 2/98, 29, 32; Cary/Eisenberg, Corporations, 206 f.; Easterbrook/Fischel, Economic Structure of Corporate Law, 15 ff.; Groh, DB 2000, 2153, 2153; Körner, DB 2001, 367, 370; Wymeersch, AG 1995, 299, 309.

2347 Vgl. Butz, DAJV-NL 2/98, 29, 32; Groh, DB 2000, 2153, 2153; Mülbert, ZGR 1997, 129, 161; Wouters, Common Market Law Review 1993, 267, 274 f. Vgl. auch Schilling, BB 1997, 373, 379 f.

2348 Vgl. zur Verletzung der Pflicht, den VersteigerungsProzess offen zu halten, Revlon, Inc. v. MacAndrews & Forbes Holdings, Inc., 506 A.2d 173, 182, 184 (Del. Sup. 1986). Merkt, US-amerikanisches Gesellschaftsrecht, Rdn. 1176 ff., umschreibt im Übrigen dieses Erfordernis mit *Level Playing Field Rule.* So im Übrigen auch Weisner, Verteidigungsmaßnahmen gegen unfreundliche Übernahmeversuche, 94. Vgl. schließlich dazu auch In re RJR Nabisco Inc. Shareholder Litigation [1988-1989 Transfer Binder] Fed.Sec.L.Rep. (CCH) 94,194 (Del.Ch. Jan. 31, 1989), app. ref., 556 A.2d 1070 (Del. Feb. 2, 1989) (erhältlich über 1989 Del. LEXIS 42 und 1989 WL 16907).

2349 Vgl. Mills Acquisition Co. v. Macmillan, Inc., 559 A.2d 1261, 1286 ff. (Del. 1989): Jedem Bieter ist Zugang zu denselben Informationen einzuräumen, im Gegensatz zu einem anderen Bieter darf ein Interessent nicht bevorzugt werden, es sei denn, ein maßgeblicher und verhältnismäßiger Vorteil zu Gunsten der Anteilseigner wird erzielt. Vgl. auch Revlon, Inc. v. Mac Andrews & Forbes Holdings,Inc., 506 A.2d 173, 184 (Del. 1986). Zur Überwachung und Kontrolle des Bieterwettbewerbs durch unabhängige Dritte vgl. Mills Acquisition Co. v. Macmillan, Inc., 559 A.2d 1261, 1281 ff. (Del. 1989).

2350 Vgl. zur Anwendung der erweiterten business judgement rule im Revlon-Mode insbesondere Revlon, Inc. v. MacAndrews & Forbes Holdings, Inc., 506 A.2d 173, 182 (Del. 1986); Paramount Communications, Inc. v. QVC Network, Inc., 687 A.2d 34, 43 (Del. 1993), Mills Acquisition Co. v. Macmillan, Inc., 559 A.2d 1261, 1680 (Del. 1989); In re RJR Nabisco Inc. Shareholder Litigation [1988-1989 Transfer Binder] Fed. Sec.L.Rep. (CCH) 94,194 (Del.Ch. Jan. 31, 1989), app. ref., 556 A.2d 1070 (Del.Feb. 2, 1989) (erhältlich über 1989 Del. LEXIS 42 und 1989 WL 16907); vgl. auch Brown, 14 Delaware Journal of Corporate Law (1989), 537, 555; Frank/Moreland, RIW 1989, 761, 766; Hopt, Festschrift Lutter, 1361, 1371; Kirchner, BB 2000, 105, 108; Wouters, Common Market Law Review 1993, 267, 298; vgl. aber auch Yanow v. Scientific Leasing, Inc., Fed. Sec. L. Rep. (CCH) 96, 189 (Del.Ch.Ct. 1992), hier sind die directors dem Schutz der Regel unterstellt worden, obwohl sie einen Bieter präferierten, indem gerade zum Schutz der Anteilseigner von einer Suche nach anderen Bietern und von einer Bekanntmachung der Verkaufsabsicht abgesehen worden und diese Maßnahme angesichts des erwarteten Vorteils als verhältnismäßig angesehen werden konnte. Vgl. zur - hier mutmaßlich fehlgeschlagenen - Kursmaximierung Cede & Co. v. Technicolor, Inc., 634 A.2d 345 (Del. 1993). Die beschriebene Verhaltenspflicht im Revlon-Mode wird nicht in allen Staaten angenommen, vgl. beispielsweise die diesbezüglich ablehnenden Urteile in Ohio, Stepak v. Schey, 51 Ohio St. 3d 8 (1990); Lewis v. Celina Financial Corporation, 101 Ohio App. 3d 464 (3d Dist. Ct. App., 1995); Abrahamson v. Waddell, 63 Ohio Misc. 2d 270, 624 N.D.2d 1118 (Ct. C. Pl. Oh. 1992).

2351 Vgl. Mills Acquisition Co. v. Macmillan, Inc., 559 A.2d 1261, 1282 (Del. 1988); Revlon, Inc. v. Mac Andrews & Forbes Holdings, Inc., 506 A.2d 173, 182 (Del. 1986). Vgl. auch mit Bedenken Weisner, Verteidigungsmaßnahmen gegen unfreundliche Übernahmeversuche, 94.

forcieren; es unterliegt nicht der Passivitätspflicht.[2352] Unter einem Kontrollwechsel ist nach der QVC-Paramount-Entscheidung[2353] und Folgeentscheidungen[2354] wohl der Übergang an einen anderen Anteilseigner[2355] gemeint, während ein Kontrollwechsel nicht anzunehmen ist, wenn die Anteile im - wenngleich auch personenverschiedenen - Streubesitz verbleiben.[2356] Eine Ungleichbehandlung von Bietern (beispielsweise durch *lock-ups*- und *no-shop*-Abreden) ist nur dann gestattet, wenn dadurch eine maßgebliche Besserstellung der Anteilseigner zu erwarten und die ungleiche Behandlung im Vergleich zum erwarteten Vorteil verhältnismäßig ist.[2357] Aus wirtschaftlichen und im Interesse der Anteilseigner liegenden Gründen kann von einem Versteigerungsverfahren abgesehen werden, wenn dadurch ein höherer Preis erzielt wird.[2358] Gleichwohl haben die *directors* gegebenenfalls nachzuweisen, dass sie die bestmögliche Vorgehensweise gewählt haben.[2359] In Anbetracht der immanenten Gefahr einer Pflichtenverletzung als Folge des Interessenskonflikts fällt die diesbezügliche Beweislast im Gegensatz zur herkömmlichen Anwendung der *business judgement rule* auf die *directors*.[2360] Kommt das Gericht nach der Darlegung der *directors* und gegebenenfalls nach einer Beweiserhebung zu der Überzeugung, dass diese ihren zuvor aufgezeigten Pflichten nachgekommen sind, wird

---

2352 Vgl. Revlon, Inc. v. MacAndrews & Forbes Holdings, Inc., 506 A.2d 173, 184 (Del. 1986); Ebenroth/Eyles, RIW 1988, 413, 426.

2353 Paramount Communications Inc. v. QVC Network Inc., 687 A.2d 34 (Del. 1993).

2354 Vgl. Arnold v. Society for Savings Bancorp., Inc., 650 A.2d 1270 (Del. 1994); Santa Fe Pacific Corporation Shareholder Litigation, 669 A.2d 59 (Del. 1995).

2355 Vgl. zum diesbezüglich notwendigen Anteil in Einzelfällen Paramount Communication, Inc. v. Time, Inc., 571 A.2d 1140, 1150 f. (Del. 1989); Citron v. Fairchild Camera Instrument Corporation, 569 A.2d 53, 67 ff. (Del. 1989); In re Tri-Star Pictures, Inc. Litigation, 634 A.2d 319 (Del. 1993): 36 %; Kahn v. Lynch, 638 A.2d 1110 (Del. 1994): less than 50 %.

2356 Vgl. Paramount Communications, Inc. v. Time, Inc., 571 A.2d 1140, 1151 (Del. 1989); Arnold v. Society for Savings Bancorp., Inc., 650 A.2d 1270, 1290 (Del. 1994).

2357 Vgl. Revlon, Inc. v. Mac Andrews & Forbes Holdings,Inc., 506 A.2d 173, 184 (Del. 1986); Mills Acquisition Co. v. Macmillan, Inc., 559 A.2d 1261, 1288 (Del. 1988); In re RJR Nabisco Inc. Shareholder Litigation [1988-1989 Transfer Binder] Fed.Sec.L.Rep. (CCH) 94,194 (Del. Ch. Jan. 31, 1989), app. ref., 556 A.2d 1070 (Del. Feb. 2, 1989) (erhältlich über 1989 Del. LEXIS 42 und 1989 WL 16907); In re Santa Fe Pacific Corporation Shareholder Litigation, 669 A.2d 59, 72 (Del. 1995). Vgl. auch Brown, 14 Delaware Journal of Corporate Law (1989), 537, 566; Gaughan, Mergers, Acquisitions, And Corporate Restructuring, 201 ff.; Zitter, 66 American Law Reports 4th (1988), 180, 187 ff.

2358 Vgl. Barkan v. Amsted Industries, 567 A.2d 1279 (Del. 1989); Herd v. Major Realty Corp., Fed. Sec. L. Rep. (CCH) 95, 772 (Del.Ch. 1990).

2359 Vgl. dazu Braunschweiger v. American Home Shield Corp., Fed. Sec. L. Rep. (CCH) 94, 779 (Del.Ch. 1989): Von dem Versuch des meistbietenden Verkaufs durfte rechtmäßigerweise abgesehen werden, weil das Risiko der Vereitelung der Fusion bestanden habe und zu Gunsten der Anteilseigner davon ausgegangen werden konnte, dass die beabsichtigte Fusion das bestmögliche Angebot darstelle; RJR Nabisco, Inc. Shareholders Litigation, Fed. Sec. L. Rep. (CCH) 94, 194 (Del.Ch. 1989): Keine Verpflichtung zur Nachverhandlung bei Stillstand der Verhandlung und einer 30-minütigen Befristung eines Angebots.

2360 Vgl. Wells Fargo v. First Interstate, 1996 Del.Ch. Lexis 3 (Del.Ch. 1996), Weisner, Verteidigungsmaßnahmen gegen unfreundliche Übernahmeversuche, 90.

die unternehmerische Entscheidung im Übrigen nicht überprüft,[2361] während sie anderenfalls auf ihre *entire fairness* hin zu überprüfen wäre.[2362]

Die insofern für Übernahmesituationen[2363] modifizierte und erweiterte *business judgement rule* ist auch zeitlich nach den angesprochenen Entscheidungen weiterhin in gleicher Systematik geprüft und gegebenenfalls angewandt worden,[2364] auch wenn einige Gerichte die Beweislast für die Beachtung der speziellen Pflichten nicht den *directors* auferlegt haben.[2365] Auch insofern wäre jedoch möglicherweise von einer Beweislastumkehr in jeweils speziellen Situationen auszugehen.[2366]

Infolge der aufgezeigten Regelungssystematik können zunächst langfristige Unternehmensziele unbeeinträchtigt weiterverfolgt werden, auch wenn ein Übernahmeangebot vorliegt.[2367] Insofern besteht der Schutz der *business judgement rule* uneingeschränkt, es sei denn, an dem Vorhaben wird nicht festgehalten.[2368] Diese jedenfalls für die Anteilseigner grundsätzlich nicht als negativ einzustufende Entscheidungsfreiheit der *directors* birgt allerdings die Gefahr der Abwehr von Übernahmeangeboten ohne Begründung oder unter vorgeblicher Berufung auf derartige Zielsetzungen.[2369] Infolge dieser Problematik wird gerade in letzter Zeit vermehrt versucht, zur Vorbereitung einer Übernahme die Kontrolle über das *board* durch so genannte *proxy fights* zu erlangen.[2370]

[2361] Vgl. Paramount Communications v. Time, Inc., 571 A.2d 1140, 1146 ff. (Del. 1990); In re RJR Nabisco Inc. Shareholder Litigation [1988-1989 Transfer Binder] Fed.Sec.L.Rep. (CCH) 94,194 (Del.Ch. Jan. 31, 1989), app. ref., 556 A.2d 1070 (Del. Feb. 2, 1989) (erhältlich über 1989 Del. LEXIS 42 und 1989 WL 16907). Demgegenüber hatte der Delaware Chancery Court vor der erstgenannten Supreme Court-Urteil in mehreren Entscheidungen die jeweilige unternehmerische Entscheidung vollinhaltlich überprüft, vgl. dazu City Capital Associates v. Interco, Inc., 551 A.2d 787 (Del.Ch. 1988) und Grand Metropolitan, PLC v. Pillbury Co., 558 A.2d 1049 (Del.Ch. 1988).

[2362] Vgl. Unitrin, Inc. v. American General Corp., 651 A.2d 1361, 1377 (Del. 1995); Weisner, Verteidigungsmaßnahmen gegen unfreundliche Übernahmeversuche, 91.

[2363] Vgl. dazu, dass die Erweiterungen der business judgement rule lediglich in Übernahmesituationen und nicht in anderen Fällen gelten soll, insbesondere Stroud v. Grace, 606 A.2d 75 (1992). Vgl. auch Frank/ Moreland, RIW 1989, 761, 763.

[2364] Vgl. nur Hanson Trust PLC v. ML SCM Acquisitions, Inc., 781 F.2d 264 (2d Cir. 1986); Dynamics Corporation of America v. CTS Corporation, 805 F.2d 705 (7th Cir. 1986); vgl. zur Revlon-Pflicht Edelman v. Fruehauf Corp., 798 F.2d 882 (6th Cir. 1986).

[2365] Vgl beispielhaft Hanson Trust PLC v. ML SCM Acquisitions, Inc., 781 F.2d 264 (2d Cir. 1986).

[2366] Vgl. Merkt, US-amerikanisches Gesellschaftsrecht, Rdn. 687, 1166 ff.; Orts, 61 George Washington Law Review (1992), 14, 101 ff.

[2367] Vgl. Paramount Communications, Inc. v. Time, Inc., 571 A.2d 1140, 1150 ff. (Del. 1989); In re Santa Fe Pacific Corporation Shareholder Litigation, [1995 Transfer Binder] Fed.Sec.L.Rep. (CCH) 98,845; 93,089 (Del.Ch. 1995).

[2368] Vgl. Paramount Communications, Inc. v. Time, Inc., 571 A.2d 1140, 1150 (Del. 1989). Vgl. dazu auch Weisner, Verteidigungsmaßnahmen gegen unfreundliche Übernahmeversuche, 97.

[2369] Vgl. Weisner, Verteidigungsmaßnahmen gegen unfreundliche Übernahmeversuche, 98 f. Zu den möglichen Haftungsfreistellungen der directors vgl. ergänzend auch Veasy/Finkelstein/Bigler, 42 Business Lawyer (1987), 399, 399 ff.

[2370] Vgl. Knepper/Bailey, Liability of Corporate Officers and Directors, 600; Roll, in Coffee/Lowenstein/ Rose-Ackerman, Knights, Raiders, and Targets, 241, 245; Easterbrook/Fischel, Economic Structure of Corporate Law, 77 ff.; Cary/Eisenberg, Corporations, 330 ff.; DeAngelo/DeAngelo, 23 Journal of Financial

Gleichwohl bietet die in den Vereinigten Staaten entwickelte Systematik einen sachgerechten Ausgleich der Interessen aller Beteiligten und gewährleistet zugleich einen funktionierenden betriebswirtschaftlichen und volkswirtschaftlichen Mechanismus, der zu dem erforderlichen dauernden Leistungsdruck und dem Streben nach Effizienzsteigerungen anhält.

Die Verletzung von Verhaltenspflichten wird im Übrigen vornehmlich durch die so genannte *derivative suit*, die Aktionärsklage, geltend gemacht. Das Einzelklagerecht des Aktionärs, das gemessen an der Häufigkeit seines Gebrauchs der Beschlussanfechtungsklage im deutschen Recht entspricht,[2371] wurde von der *equity*-Rechtsprechung als Gegengewicht zur Leitungsmacht des *board* und zum Entscheidungsrecht der Mehrheit entwickelt und dient der effektiven Durchsetzung der *fiduciary duties*.[2372]

4. Teil: Verhaltenspflichten und Haftung der Unternehmensleitung bei feindlichen Übernahmen nach europäischem Gemeinschaftsrecht

Die Regelung der Verhaltenspflichten von Unternehmensleitungen bei feindlichen Übernahmen ist seit der Vorlage des Pennington Entwurfs von 1974[2373] vielfach Gegenstand des Gesetzgebungsverfahrens geworden. Die im Jahre 1997 geänderten

---

Economics (1989), 29, 29 ff.; Herzel/Shepro, Bidders and Targets, 66 f.; Lehnert, Unternehmens-Übernahmen in den USA, 78; Lüttmann, Kontrollwechsel in Kapitalgesellschaften, 89 f.; Merkt, US-amerikanisches Gesellschaftsrecht, Rdn. 658 ff.; Smith, 58 University of Pittsburgh Law Review (1996), 145, 145 ff.; Weisner, Verteidigungsmaßnahmen gegen unfreundliche Übernahmeversuche, 11; Witt, Übernahmen von Aktiengesellschaften, 28 ff.

2371 Vgl. Becker, Verwaltungskontrolle, 83; Lutter, ZGR 1998, 191, 200 f. Den Unterschied zwischen amerikanischer derivative suit und deutscher Aktionärsklage (aus eigenem Recht) erklärt Habersack, DStR 1998, 533, 533 ff. Zum unzulänglichen Klagerecht des deutschen Aktionärs im internationalen Vergleich siehe Wiedemann, Organverantwortung und Gesellschafterklagen, 40 ff.

2372 Vgl. Dodge v. Woolsey, 18 Howard 331, 1 U.S. 284, 292 (1855); Hawes v. City of Oakland, 104 U.S. 450 (1855); Bamford v. Bamford [1969] 2 W.L.R. 1107 (C.A.), Ross v. Bornhard, 396 U.S. 531, 90 S.Ct. 733 (1970); Becker, Verwaltungskontrolle, 83 ff., 113 ff.; Bühring-Uhle/Nelle, AG 1989, 41, 42 (zum equity-Gedanken), 52 f. (zum derivative suit); Fischel/Bradley, 71 Cornell Law Review (1986), 261, 262. Vgl. weitergehend auch Abeltshauser, Leitungshaftung, 408 ff.; Coffee, in Feddersen/Hommelhoff/Schneider, Corporate Governance, 165, 165 ff.; Ebke, ZGR 1990, 50, 69 ff.; Herrmann, Funktion, Kontrolle und Haftung der Leitungsorgane, 202 ff.; Sailer, Aktienrechtliche Minderheitskompetenzen, 155 ff.; Ulmer, ZHR 163 (1999), 290, 302 ff. Zur entsprechenden Rechtslage in Deutschland vgl. Raiser, ZHR 153 (1989), 1, 1 ff. Vgl. dazu auch Lutter, ZGR 1998, 191, 200 f., 211, der auch für eine Aktionärsklage in Deutschland eintritt. Zu Sammelklagen im Kapitalmarktrecht im internationalen Vergleich siehe Heß, AG 2003, 113, 113 ff.

2373 Pennington-Report, Kommissionsdokument XI/56/74-E, Nr. 73. Vgl. dazu ergänzend Behrens, ZGR 1975, 433, 433 ff.; Bess, AG 1976, 169, 169 ff. und 206, 206 ff.; Etzbach, Regelung öffentlicher Übernahmeangebote, 119 f.; Geibel/Süßmann-Zehetmeier-Müller, WpÜG, Einl., Rdn. 15 ff.

Vorgaben des EU-Richtlinienvorschlags vom Februar 1996[2374] stellten im Vergleich zum Richtlinienvorschlag vom September 1990,[2375] der schon im Rat nicht die erforderliche Mehrheit gefunden hatte, eine weniger einschneidende und den nationalen Gesetzgebern größeren Gestaltungsspielraum zubilligende Regelung dar.[2376] Die ursprünglichen Vorgaben sollten bis Anfang 1998 in das nationale Recht der Mitgliedsstaaten umgesetzt sein.[2377] Nachdem schon der Richtlinienvorschlag vom September 1990 auf Kritik gestoßen war,[2378] gab der neuere Richtlinienvorschlag ebenfalls Anlass zu Kritik und wissenschaftlicher Auseinandersetzung.[2379] Die unterschiedlichen nationalen Interessen führten zu dem letztendlich umgesetzten Richtlinienvorschlag vom Juni 2000.

A. Geänderter Richtlinienvorschlag vom November 1997

Seit vielen Jahren versucht die EU-Kommission, eine einheitliche Regelung des Übernahmerechts vorzugeben.[2380] In jüngerer Zeit scheinen sich die Bemühungen zu konkretisieren. Im November 1997 hatte der Rat den Mitgliedstaaten den geänderten Richtlinienvorschlag der Kommission für Übernahmeangebote vom 10. November 1997[2381] zugeleitet. Die Änderung der Fassung vom Februar 1996[2382]

[2374] Vgl. Geänderter Vorschlag für eine Richtlinie des Europäischen Parlaments und des Rates auf dem Gebiet des Gesellschaftsrechts über Übernahmeangebote - KOM (97) 565 endg. v. 10.11.1997, AblEG v. 13.12.1997, Nr. C 378, 10, abgedruckt in ZIP 1997, 2173 ff.

[2375] Vorschlag für eine Dreizehnte Richtlinie des Rates auf dem Gebiet des Gesellschaftsrechts über Übernahmeangebote vom 14.09.1990, Abl.EG vom 26.09.1990, Nr. C 240, 7 ff.; vgl. dazu Kirchner/Ehricke, AG 1998, 105, 108.

[2376] Vgl. Kirchner/Ehricke, AG 1998, 105, 106.

[2377] Vgl. Kirchner/Ehricke, AG 1998, 105, 107.

[2378] Vgl. Baums, ZIP 1989, 1376, 1376 ff.; Berger, ZIP 1991, 1644, 1644 ff.; Depser, RIW 1992, 351, 351 ff.; Grunewald, WM 1991, 1361, 1361 ff.; Richter, Übernahmeregelung in Europa, 123 ff.; Röhrich, RIW 1993, 93, 93 ff. Vgl. dazu auch Daum, Die unkoordinierte Übernahme, 203 ff.

[2379] Vgl. Mülbert, IStR 1999, 83, 83 ff.; Krause, AG 1996, 209, 209 ff.; Neye, DB 1996, 1121, 1121 ff.; Beckmann, DB 1995, 2407, 2407 ff.

[2380] Vgl. Vorschlag für eine dreizehnte Richtlinie des Rates auf dem Gebiet des Gesellschaftsrechts über Übernahmeangebote v. 19.01.1989, AblEG v. 14.03.1989, Nr. C 64, 8 ff., abgedruckt in ZIP 1989, 606 ff., 675 ff.; Geänderter Vorschlag für eine dreizehnte Richtlinie des Rates auf dem Gebiet des Gesellschaftsrechts über Übernahmeangebote v. 14.09.1990, AblEG v. 26.09.1990, Nr. C 240, 7 ff.; vgl. weiter Baums, in Rengeling, Europäisierung des Rechts, 91, 93 ff.; zum Vorschlag von 1989 vgl. Stoll, BB 1989, 1489, 1489 ff.; zum Vorschlag von 1990 vgl. auch Immenga, EuZW 1991, 577, 577 ff.; zur Chronologie vgl. Berger, ZIP 1991, 1644, 1644 ff.; Hopt, ZHR 161 (1997), 368, 373 f.; Krause, Das obligatorische Angebot, 26 ff.; Neye, DB 1996, 1121, 1121; Pötzsch/Möller, WM-Beil. 2/2000, 3, 4 f.; Richter, Chancen für eine Übernahmeregelung in Europa, 15 ff.; Witt, EWS 1998, 318, 318 f.; Zinser, EWS 1999, 133, 133 f.

[2381] Geänderter Vorschlag für eine Dreizehnte Richtlinie des Europäischen Parlaments und des Rates auf dem Gebiet des Gesellschaftsrechts über Übernahmeangebote - KOM (97) 565 endg. v. 10.11.1997, AblEG v. 13.12.1997, Nr. C 378, 10, abgedruckt in ZIP 1997, 2173 ff. Vgl. dazu ergänzend auch die Kommentierungen von Zinser, EWS 1999, 133, 133 ff.; Schander, NZG 1998, 799, 805 ff.

[2382] Vorschlag für eine Dreizehnte Richtlinie des Europäischen Parlaments und des Rates auf dem Gebiet des Gesellschaftsrechts über Übernahmeangebote v. 07.02.1996, AblEG v. 16.06.1996, Nr. C 162, 5, abgewar auf die nach ausführlicher Beratung geäußerten Änderungswünsche des Europäischen Parlaments[2383] und des Wirtschafts- und Sozialausschusses[2384] hin erfolgt.[2385] Die Änderungswünsche des Parlaments waren über ein Jahr beraten worden, weil zunächst im federführenden Ausschuss für Recht und Bürgerrechte und im Anschluss im Plenum strittig war, ob statt einer Richtlinie nicht nur eine Empfehlung ausgesprochen werden sollte.[2386] Insbesondere das dem Einfluss des britischen *Takeover Panel* ausgesetzte Großbritannien hatte sich bemüht, das Parlament zu einem Votum gegen eine Richtlinie zu veranlassen.[2387] Das Parlament hatte 22 Änderungen vorgeschlagen, zwei Änderungswünsche betrafen die Erwägungsgründe, die verbleibenden den Verfügungsteil.[2388] Den überwiegenden Teil hatte die Kommission - jedenfalls inhaltlich - übernommen.

Einen scheinbar gewichtigen Punkt der Änderungen hatte auf Wunsch des EP-Ausschusses für soziale Angelegenheiten und Beschäftigung[2389] die scheinbare Verstärkung der Arbeitnehmerinteressen ausgemacht.[2390] Die aufgenommenen Informationspflichten gegenüber den Arbeitnehmern hätten jedoch die Durchsetzungsfähigkeit ihrer Interessen nicht tatsächlich gestärkt, sondern nur ein Informationsrecht begründet. Demgegenüber hätte jedoch aus der Festschreibung des Ermessensrahmens für das Verhalten der Unternehmensleitung in Artikel 5 1. c), die Berücksichtigung sämtlicher Interessen der Gesellschaft, einschließlich der Interessen der Beschäftigten,[2391] eine Stärkung der Arbeitnehmerinteressen resultieren können. Entgegen ersten Stellungnahmen[2392] hätten gerade diese Änderungen mit deutschem Gesellschafts- und Kapitalmarktrecht kollidieren können.[2393]

---

druckt in BR-Drs. 162/96 v. 29.02.1996, AG 1996, 217 ff. und EWS 1996, 240 ff. Vgl. dazu ergänzend Krause, AG 1996, 209, 209 ff.; Neye, DB 1996, 1121, 1121 ff.; Peltzer, AG 1997, 145, 145 ff.; Roos, WM 1996, 2177, 2177 ff.

2383 Stellungnahme des Europäischen Parlaments v. 26. Juni 1997, AblEG v. 21.07.1997, Nr. C 222, 20 ff.

2384 Stellungnahme des Wirtschafts- und Sozialausschusses v. 10.07.1996, AblEG v. 07.10.1996, Nr. C 295, 1 ff.

2385 Vgl. Hopt, EuZW 1997, 481, 481 ff.; Neye, ZIP 1997, 2172, 2172; Zinser, EWS 1999, 133, 134.

2386 Vgl. Neye, ZIP 1997, 2172, 2172.

2387 Vgl. Neye, ZIP 1997, 2172, 2172; vgl. auch den Bericht des Abgeordneten Fontaine, Ausschuss für Recht und Bürgerrechte, Dokument A4-0204/97 v. 04.06.1997, 15 ff. Vgl. weiter dazu auch Bittner, RIW 1997, 182, 187 ff.; Hopt, ZHR 161 (1997), 368, 405 f.

2388 Stellungnahme des Europäischen Parlaments v. 26. Juni 1997, Abl Nr. C 222 v. 21. Juni 1997, 20 ff. Vgl. dazu auch Hopt, Festschrift Zöllner, 253, 257; Neye, ZIP 1997, 2172, 2172 ff.

2389 Vgl. Neye, ZIP 1997, 2172, 2172.

2390 Vgl. Artikel 6 Absatz 1 Satz 2 - Unterrichtung der Arbeitnehmer oder ihrer Vertreter, Artikel 6 Absatz 2 Satz 3 - Übermittlung der vollständigen Angebotsunterlagen und Artikel 7 Absatz 2 - Offenlegung aller erforderlicher Informationen oder Unterlagen gegenüber den Arbeitnehmervertretern der Zielgesellschaft oder in Ermangelung solcher Vertreter den Arbeitnehmern selbst gegenüber.

2391 Artikel 5 1. c): „Das Leitungs- oder Verwaltungsorgan der Zielgesellschaft muss bei ihrem Vorgehen sämtliche Interessen der Gesellschaft, einschließlich der Beschäftigung, berücksichtigen."

2392 Vgl. Habersack/Mayer, ZIP 1997, 2141, 2141; Neye, ZIP 1997, 2172, 2173; Weber, EuZW 1998, 464, 465; Witt, EWS 1998, 318, 320.

2393 Vgl. dazu Mülbert, IStR 1999, 83, 83 ff.; vgl. im Übrigen weiter unten unter 5. Teil VII.

I. Anwendungsbereich

Wie der Richtlinienvorschlag vom September 1990[2394] hat auch der im November 1997 geänderte Vorschlag vom Februar 1996 die Harmonisierung der Übernahmeregelungen auf börsennotierte Aktiengesellschaften beschränkt.[2395] Er definiert seinen Anwendungsbereich auf Wertpapiere, deren Handel in mindestens einem Mitgliedsstaat zugelassen ist.[2396] Zweifelhaft ist, ob sich der Regelungsbereich lediglich auf den Handel mit Wertpapieren beschränkte, die zum amtlichen Handel oder zum geregelten Markt zugelassen sind,[2397] oder er auch den Handel von Wertpapieren der im Freiverkehr notierten Gesellschaften mitumfasste.[2398] Wenn der Richtlinienvorschlag den Handel mit den letztgenannten Wertpapieren nicht einbeziehen sollte, so ließen sich daraus aber dennoch Verhaltenspflichten für den Fall von Übernahmen im Freiverkehr notierter Gesellschaften herleiten.[2399]

II. Regelung für grenzüberschreitende Übernahmeaktivitäten

Nach Artikel 4 ist für die Überwachung eines Übernahmevorhabens jeweils das Aufsichtsorgan des Staates zuständig, in dem die Zielgesellschaft ihren Sitz hat, wenn die Wertpapiere der Gesellschaft auf einem geregelten Markt dieses Staates zum Handel zugelassen sind.[2400] Andernfalls ist das Aufsichtsorgan des Mitgliedstaates zuständig, auf dessen geregeltem Markt die Wertpapiere der Gesellschaft zum ersten Mal zum Handel zugelassen worden sind und nach wie vor gehandelt werden.[2401] Ist auch diese Voraussetzung nicht erfüllt, so ist das Aufsichtsorgan des Mitgliedstaates zuständig, auf dessen geregeltem Markt die Wertpapiere der Gesellschaft während des Zeitraums des Erwerbs der Wertpapiere, durch den die Kontrolle über diese Gesellschaft übertragen wird, überwiegend gehandelt werden.[2402]

2394 Vgl. Vorschlag für eine Dreizehnte Richtlinie des Rates auf dem Gebiet des Gesellschaftsrechts über Übernahmeangebote vom 14.09.1990, Abl.EG vom 26.09.1990, Nr. C 240, 7 ff.

2395 Die Beschränkung erscheint vor dem Hintergrund, dass gerade bei nichtbörsennotierten Gesellschaften der Schutz der Minderheitsaktionäre von besonderer Bedeutung ist, weil sie ihre Aktien nicht auf einem funktionsfähigen Markt jederzeit verkaufen könnten, nicht sachgerecht, vgl. dazu weiter Hopt, ZHR 161 (1997), 368, 275; Mülbert, IStR 1999, 83, 85 f.

2396 Artikel 1 des Richtlinienvorschlags.

2397 Vgl. Peltzer, AG 1997, 145, 146. Vgl. dazu im Übrigen die Formulierung in der so genannten Insider-Richtlinie, Richtlinie 89/592/EWG vom 13. November 1989, ABl. EG Nr. L 334 (18. November 1989), 30 ff., und die hierzu vertretenen Auffassungen zum Regelungsbereich: Kümpel, in Assmann/Schneider, WpHG, § 15, Rdn. 32; Caspari, ZGR 1994, 530, 530 ff. Zur Insiderproblematik in diesem Zusammenhang vgl. eingehend Hopt, ZGR 1991, 17, 17 ff.

2398 Vgl. dazu Hopt, ZHR 161 (1997), 368, 375; Krause, AG 1996, 209, 209; Roos, WM 1996, 2177, 2181; Schuster, EuZW 1997, 237, 238; Weisner, Verteidigungsmaßnahmen gegen unfreundliche Übernahmeversuche, 300.

2399 Vgl. Neye, AG 2000, 289, 290.

2400 Artikel 4 Absatz 2 Satz 1 des Richtlinienvorschlags.

2401 Artikel 4 Absatz 2 Satz 2 des Richtlinienvorschlags.

2402 Artikel 4 Absatz 2 Satz 3 des Richtlinienvorschlags.

Für die beiden letzteren Fälle ist festgehalten, dass jeweils das nationale Recht des Mitgliedstaats gilt, dessen Aufsichtsorgan zuständig ist.[2403] Die Systematik des Richtlinienvorschlags lässt sich entnehmen, dass dies auch für den erstgenannten Fall gelten soll.[2404] Die Anwendung von unterschiedlichen nationalen sich möglicherweise widersprechenden Vorschriften ist mithin aus Gründen der Rechtssicherheit[2405] und zur Vermeidung von Rechtsstreitigkeiten[2406] ausgeschlossen worden. Die Folge der Anwendung unterschiedlichen nationalen Rechts könnte die Ungleichbehandlung von Aktionären und die nationale Begrenzung von Aufkaufangeboten sein. Sachgerecht erscheint es daher, dass die Kommission von einer Anwendung desjenigen nationalen Rechtssystems für Bieter und Zielgesellschaft ausgeht, dessen Aufsichtsorgan zuständig ist.[2407] Jedenfalls innerhalb der Europäischen Union ist so die einheitliche Regelung eines grenzüberschreitenden Übernahmevorgangs gewährleistet. Die Aktionäre der Zielgesellschaft würden sich mit ihrer Beteiligung an der Gesellschaft sehenden Auges dem jeweiligen Rechtssystem unterwerfen.[2408] Die Anwendung nach den Regelungen über die Zuständigkeit des Aufsichtsorgans zu bestimmen, steht auch im Einklang mit Artikel 3 Absatz 2, nach dem die Berechnung der Stimmrechtskontrolle nach eben diesem nationalen Recht zu erfolgen hat.

III. Umsetzung in nationales Recht

Der geänderte Richtlinienvorschlag beinhaltete entgegen dem Regelungsvorschlag vom Februar 1996[2409] keine zeitliche Vorgabe zur Umsetzung in nationales Recht. Richtlinien verpflichten die Mitgliedsstaaten jedoch grundsätzlich zum Erlass allgemeinverbindlicher Regelungen.[2410] Auch die verabschiedete Richtlinie würde - dies gilt jedenfalls bis zur jeweiligen Transformation oder für die Dauer der Transformationsfrist[2411] - keine unmittelbare Rechtswirkung entfalten.[2412] Ob eine den

2403 Artikel 4 Absatz 2 Satz 2 und 3 Richtlinienvorschlags.

2404 Vgl. dazu Krause, AG 1996, 209, 211 ff.

2405 Vgl. dazu Greene, 69 Texas Law Review (1991), 1539, 1580 ff.

2406 Vgl. Krause, AG 1996, 209, 210.

2407 So auch Krause, AG 1996, 209, 210. Demgegenüber ist nach den dortigen Regelungen das Bundesrecht der USA immer anwendbar, wenn die Aktien der Zielgesellschaft dort zum Börsenhandel zugelassen sind oder wenn als Gegenleistung Aktien des Bieters angeboten werden und dieses Tauschangebot auch gegenüber den in den USA ansässigen Aktionäre abgeben wird, §§ 12, 14 (d) (1) Securities Exchange Act 1934, 15 U.S.C. § 3 781, 78 n.

2408 Vgl. dagegen § 305 Absatz 2 AktG, nach dem ein Aktionär als Gegenleistung Aktien einer ausländischen Gesellschaft nicht akzeptieren muss.

2409 Vgl. dort Artikel 1 und 11 Absatz 1 zur Umsetzung in Nationales Recht durch Rechts- oder Verwaltungsvorschriften oder durch „sonstige Verfahren oder Regelungen“ bis zum 01. April 1998.

2410 Vgl. EuGH, Francovich and others v. Italian Republik, C-6/90 und C-9/90 (19. November 1991); Fischer, WiB 1997, 673, 673.

2411 Vgl. EuGH, Francovich and others v. Italian Republik, C-6/90 und C-9/90 (19. November 1991); Fischer, WiB 1997, 673, 674.

Pflichten des jeweiligen Mitgliedstaates entsprechende Umsetzung erfolgen würde, war zweifelhaft.[2413] Schon infolge der Formulierung im Richtlinienvorschlag vom Februar 1996[2414] war damit zu rechnen, dass nicht jeder Mitgliedstaat die Richtlinie in Rechts- und Verwaltungsvorschriften umsetzt.[2415]

IV. Aufsichtsorgane

Nach Artikel 4 Absatz 1 Satz 1 bleibt es den Mitgliedstaaten überlassen, ob sie ein oder mehrere Aufsichtsorgane benennen und ob diese staatlich oder privat sind.[2416] Die Aufsicht durch private Organe hätte aus Gründen der Fachkompetenz und infolge der personellen Beteiligung der betroffenen Interessensgruppen zu einer breiteren Akzeptanz führen können.[2417] Es hätten in Konfliktfällen schnelle und praxisnahe Entscheidungen gefällt werden können, ohne dass das Übernahmegeschehen durch einen Rechtsstreit suspendiert wird.[2418] Auch die Zusammenlegung legislativer und exekutiver Befugnisse beim Aufsichtsorgan könnte von Vorteil sein, damit die jeweiligen Übernahmeregeln aufgrund der gewonnenen Erfahrungen ständig fortgebildet werden können,[2419] wie dies auch im Übernahmekodex vorgesehen war.[2420] Zu bedenken ist aber grundsätzlich, dass die Durchsetzbarkeit der Entscheidungen des Aufsichtsorgans zwingend zu gewährleisten wäre und ob nicht zumindest eine eingeschränkte gerichtliche Kontrolle vorgesehen werden sollte. Zumindest eine eingeschränkte gerichtliche Kontrolle erscheint in Anbetracht der Wertigkeit der widerstreitenden Interessen jedenfalls angebracht. Insofern stößt die Aufsicht durch private Organisationen, die grundsätzlich nicht mit hoheitlichen

[2412] Vgl. hierzu EuGH, Slg. 1982, 53 = NJW 1982, 499 - Becker; EuGH, Slg. 1986, 723 - Marshall; EuGH, Slg. 1989, 1839 = EuZW 1990, 296 - Canstanzo; EuGH, EuZW 1994, 498 - Dori; EuGH, EuZW 1997, 126 - Cooperativa Agricola. Vgl. weitergehend zur Transformation einer Richtlinie Fischer, WiB 1997, 673, 674; BVerfG 75, 223.

[2413] Vgl. dazu Fischer, WiB 1997, 673, 674 ff.

[2414] Vgl. dort Artikel 1 und 11 Absatz 1 zur Umsetzung in Nationales Recht durch Rechts- oder Verwaltungsvorschriften oder durch „sonstige Verfahren oder Regelungen" bis zum 01. April 1998. Im Gegensatz zu vorherigen Richtlinienvorschlägen sollte mit dieser Formulierung gerade dem Willen Großbritanniens entsprechend eine Umsetzung auch durch vertragliche Unterwerfungen und Selbstkontrollen erfolgen können.

[2415] Vgl. Weisner, Verteidigungsmaßnahmen gegen unfreundliche Übernahmeversuche, 303 ff.

[2416] Die Regelung scheint auf die britischen und deutschen Gegebenheiten (City Code on Take-overs and Mergers and the Rules Governing Substantial Acquisitions of Shares/Übernahmekodex) abzustellen, vgl. dazu Bohrer, Unfriendly Takeovers, 58; Hopt, Festschrift Zöllner, 253, 257; Hopt, ZHR 161 (1997), 368, 392; Mülbert, IStR 1999, 83, 84.

[2417] So Frazer, in Coffee/Lowenstein/Rose-Ackerman, Knights, Raiders, and Targets, 436, 440; Lee, EWS 1990, 241, 241 f.

[2418] Vgl dazu Artikel 4 Absatz 5, nach dem auch die Anrufung der Gerichte gegen die Entscheidungen privater Aufsichtsorgane durch nationales Recht versagt werden kann, wenn ein ausreichender Rechtsbehelf, und zwar zur Interessensvertretung und zur Erlangung von Schadensersatz, bei sonstigen Behörden geltend gemacht werden kann, vgl. dazu ergänzend Hopt, ZHR 161 (1997), 368, 392.

[2419] Vgl. dazu die Ausführungen zur Entwicklung des britischen City Code bei Krause, Das obligatorische Übernahmeangebot, 42 ff.

[2420] Vgl. dazu die Einleitung des Übernahmekodex.

Befugnissen ausgestattet werden können, auf Bedenken.[2421] Demnach ist für Deutschland zumindest eine staatliche Aufsicht mit exekutiven Kompetenzen unter personeller Beteiligung der betroffenen Interessensgruppen geboten.[2422] Hinsichtlich des Aufsichtsorgans ist sicherzustellen, dass sie über alle Befugnisse verfügen, die für die Erfüllung ihrer Aufgaben notwendig sind; sie sorgen insbesondere dafür, dass die Parteien des Übernahmevorgangs die nach der Richtlinie erlassenen Vorschriften beachten (Artikel 4 Absatz 4 Satz 1). Nach Artikel 4 Absatz 5 lässt die Richtlinie die Befugnis der Mitgliedstaaten unberührt, die gerichtlichen und sonstigen Behörden zu benennen, die für Rechtstreitigkeiten zuständig sind und sich zu den während des Angebotsverfahrens auftretenden Unregelmäßigkeiten äußern. Eine geschädigte Partei muss aber über einen geeigneten und ausreichenden Rechtsbehelf zur Vertretung ihrer Interessen und zur Erlangung von Schadensersatz für alle verursachten Schäden verfügen.

V. Offenlegung und Verfahrensregeln

Nach Artikel 7 Absatz 1 haben die Mitgliedstaaten dafür zu sorgen, dass nach ihrem nationalen Recht das Angebot in der Weise bekanntzumachen ist, dass keine Marktverzerrungen im Handel mit Wertpapieren der Ziel- oder der Bietergesellschaft geschaffen werden. Sie haben zudem zu gewährleisten, dass nach ihrem Recht alle erforderlichen Informationen oder Unterlagen in der Weise offen gelegt werden, dass sie den Empfängern des Angebots und direkt oder indirekt den Arbeitnehmern umgehend zur Verfügung stehen (Artikel 7 Absatz 2). Nach Artikel 9 haben die Mitgliedstaaten durch nationales Recht das Verfahren bei Rücknahme oder Nichtigkeit des Angebots, bei dessen Änderung, bei konkurrierenden Angeboten und zur Offenlegung des Ergebnisses des Angebots zu regeln.

VI. Inhaltliche Vorgaben

Im materiellrechtlichen Bereich gibt der Vorschlag allgemeine Grundsätze vor (Artikel 5 Absatz 1), die in den nachfolgenden Artikeln inhaltlich als Mindestanforderungen konkretisiert werden (Artikel 6-10). Damit setzt sich der Richtlinienvorschlag deutlich von den Vorschlägen von 1989 und 1990 mit ihren detaillierten Vorschriften ab.

1. Allgemeine Grundsätze

Die allgemeinen Grundsätze des Artikels 5 stellen das Fundament der Übernahmerichtlinie dar. Sie werden durch die als Mindestanforderungen formulierten Regelungen der Artikel 6-10 konkretisiert.

[2421] Vgl. Knoll, Übernahme von Kapitalgesellschaften, 196 f.

[2422] A.A. Krause, AG 1996, 209, 210.

Nach diesen Grundsätzen müssen alle Inhaber von gleichartigen Wertpapieren der Zielgesellschaft gleich behandelt werden. Die Empfänger des Angebots müssen zudem über genügend Zeit und hinreichend Information verfügen, um in voller Kenntnis der Sachlage entscheiden zu können. Das Leitungs- oder Verwaltungsorgan der Zielgesellschaft muss bei seinem Vorgehen sämtliche Interessen der Gesellschaft, einschließlich der Interessen der Beschäftigten, berücksichtigen (Artikel 5 Absatz 1 c). Aus der Erläuterungen für diese Änderung gegenüber dem Richtlinienvorschlag vom Februar 1996 geht hervor, dass das Europäische Parlament bewusst die Berücksichtigung der Interessen der Aktionäre, der Gläubiger und der Arbeitnehmer vorzuschreiben beabsichtigt und insbesondere die Sicherung der Arbeitsplätze sichergestellt sehen will.[2423] Beim Handel mit den Wertpapieren der Zielgesellschaft, der Bietergesellschaft und anderer durch das Angebot betroffener Gesellschaften dürfen keine Marktverzerrungen dahingehend geschaffen werden, dass eine künstliche Hausse oder Baisse der Wertpapierkurse entsteht und das normale Funktionieren der Märkte gestört wird.[2424] Schließlich darf die Zielgesellschaft durch ein Übernahmeangebot in ihrer Geschäftstätigkeit nicht über einen angemessenen Zeitraum hinaus behindert werden (Artikel 5 Absatz 1 e)).

Die als allgemeine Grundsätze bezeichneten Vorgaben waren auch schon im Richtlinienvorschlag 1990 aufgeführt, dort aber als Grundsätze zur Wahrnehmung der Aufgaben der Aufsichtsbehörden.[2425] Sie wurden auch vom Übernahmekodex weitgehend beachtet.[2426]

2. Pflichten des Bieters

Die Pflichten des Bieters sind in Artikel 6 wie folgt festgelegt: Die Entscheidung zur Abgabe eines Angebots ist nach dem geltenden Recht des jeweiligen Mitgliedstaates bekanntzumachen (Absatz 1 Satz 1). Ob dies über den Bieter, das Aufsichtsorgan oder die Zielgesellschaft zu erfolgen hat, ist den nationalen Regelungen vorbehalten.[2427] Das jeweilige Aufsichtsorgan und die Leitungs- oder Verwaltungsorgane der Zielgesellschaft sind vor Bekanntmachung des Angebots zu unterrichten (Absatz 1 Satz 1). Der Bieter hat eine Angebotsunterlage mit den notwendigen Anlagen zu erstellen und diese rechtzeitig offen zu legen, damit die Empfänger des Angebots in voller Kenntnis der Sachlage entscheiden können (Absatz 2 Satz 1). Die Angebotsunterlage hat der Bieter vor Offenlegung dem Aussichtsorgan zu übermitteln (Absatz 2 Satz 2). Die Angebotsunterlage muss nach Absatz 3 den Inhalt des Angebots darlegen. Sie muss die Personalien des Bieters, bei Gesellschaften die Rechtsform, die Firma und den Sitz, aufführen und die betroffenen Wertpapiere oder die jeweilige Gattung oder Gattungen bezeichnen. Der Bieter

[2423] Vgl. Artikel 5, Begründung, Richtlinienvorschlag.

[2424] Artikel 5 Absatz 1 d) des Richtlinienvorschlags.

[2425] Vgl. dort Artikel 6 a.

[2426] Vgl. dort Artikel, 1, 3, 7, 11.

[2427] Vgl. Neye, AG 2000, 289, 293 f.

muss die für jedes Wertpapier oder jede Gattung von Wertpapieren gebotene Gegenleistung sowie die bei der Bestimmung der Gegenleistung angewandte Bewertungsmethode bestimmen und Angaben über die Erbringung der Gegenleistung machen. Insbesondere sind die Modalitäten der Zahlungen an Aktionäre mit Wohnsitz in einem anderen Mitgliedstaat als dem des Sitzes der Zielgesellschaft oder der Börsennotierung der Wertpapiere anzugeben. Beabsichtigt er die Erbringung der Gegenleistung in Form von Wertpapieren, hat er Angaben zu diesen Wertpapieren zu machen. Er muss den prozentualen Mindest- und Höchstanteil oder die Mindest- und Höchstanzahl der Wertpapiere, für die sein Angebot gilt, die Bedingungen für sein Angebot, die Frist für sein Angebot, die vorbehaltlich einer ausreichend begründeten Genehmigung des Aufsichtsorgans für eine abweichende Befristung grundsätzlich von vier bis zehn Wochen seit Offenlegung des Angebots reichen darf, und die Höhe seines bereits vorhandenen Anteils an der Zielgesellschaft bekannt geben. Schließlich ist der Bieter verpflichtet, seine Absichten in Bezug auf die künftige Tätigkeit der Zielgesellschaft, auf ihre Beschäftigten und das Management einschließlich aller Veränderungen der Beschäftigungsbedingungen zu beschreiben. Darüber hinaus sind die Parteien des Angebots gegenüber dem nationalen Aufsichtsorgan nach Absatz 4 in der Pflicht, auf Anfrage jederzeit alle verfügbaren Informationen über das Angebot zu übermitteln, die zur Erfüllung seiner Aufgaben notwendig sind.

Für den Fall, dass der jeweilige Mitgliedstaat ein obligatorisches Angebot zum Schutz der Minderheitsaktionäre vorsieht, hat der Bieter sein Angebot allen Aktionären für alle oder einen wesentlichen Teil ihrer Wertpapiere zu einem Preis zu unterbreiten, der die Gleichbehandlung der Aktionäre sicherstellt (Artikel 10 Absatz 1 Satz 1). Der Begriff „wesentlicher Teil" ist dabei so auszulegen, dass eine Schwelle von 70% der Wertpapiere nicht unterschritten wird, es sei denn, dass eine ausreichend gegründete Genehmigung des Aufsichtsorgans vorliegt (Artikel 10 Absatz 1 Satz 2). Die Höhe des Preises ist für die Kalkulation des Übernehmers von ausschlaggebender Bedeutung.[2428] Im Gegensatz zur Höhe der Ausgleichs- und Abfindungszahlungen bei Beherrschungs- und Gewinnabführungsverträgen (§§ 304 f. AktG)[2429] ist der Anteilspreis Grundlage der Überlegungen zur Rentabilität der Übernahme und nicht ein objektiv zu ermittelnder Schadensausgleichsbetrag.[2430]

[2428] Zur Berechnung des Preises vgl. weitergehend OLG Hamburg, DB 2000, 2008; OLG Düsseldorf, DB 2000, 1854.

[2429] Zu Streitigkeiten über die Höhe der Ausgleich- und Abfindungszahlungen bei Beherrschungs- und Gewinnabführungsverträgen und zur Dauer des Verfahrens nach § 306 AktG vgl. OLG Hamburg, DB 2000, 2008; OLG Düsseldorf, AG 1984, 216; OLG Düsseldorf, AG 1990, 397; OLG Düsseldorf, DB 2000, 1854; Busch, AG 1993, 1, 2.

[2430] Auch dieser Schadensausgleichsbetrag ist nach dem neueren Urteil des Bundesverfassungsgerichts, BVerfG 100, 289 - DAT/Altana, allerdings in Anlehnung an den Börsenpreis zu bestimmen. Vgl. dazu auch BGH, ZIP 2001, 734, 734 f. - DAT/Altana; OLG Düsseldorf, NZG 2000, 1074 - DAT/Altana II; LG Dortmund, ZIP 2001, 739, 739 ff. Vgl. weiter Bungert, BB 2001, 1163, 1163 ff.; Busse von Colbe, Festschrift Lutter, 1101, 1053 ff.; Henze, Festschrift Lutter, 1101, 1101 ff.; Vetter, ZIP 2000, 561, 561 ff.; Vetter, DB 2001, 1347, 1347 ff.; Wenger, EWiR BGH § 305 AktG 1/01, 605, 605 f.; Wilm, NZG 2000, 1070, 1070 ff.

Für die Kalkulierbarkeit von Unternehmensübernahmen und zur Vermeidung diesbezüglicher Rechtsunsicherheit ist die Berechenbarkeit des Preises geboten.[2431] Im Gegensatz zum Richtlinienvorschlag konkretisierte der Übernahmekodex die Berechnung des Preises weitergehend. Der vom Mehrheitsaktionär zu zahlende Preis muss in angemessenem Verhältnis zum höchsten Börsenkurs der letzten drei Monate vor Erreichen der Kontrolle liegen und darf den „gewogenen" Durchschnittspreis der nach Erreichen der Kontrolle und vor Abgabe des Pflichtangebots getätigten Käufe nicht unterschreiten.[2432] Fraglich war gleichwohl, ob der Übernahmekodex mit dieser Regelung dem Schutz des Minderheitsaktionärs nach dem Richtlinienvorschlag gerecht würde.[2433]

Erstreckt sich das obligatorische Angebot nur auf einen Teil der Wertpapiere der Zielgesellschaft und bieten die Aktionäre dem Bieter mehr Wertpapiere an als das Teilangebot umfasst, so ist die Gleichbehandlung der Aktionäre dadurch zu gewährleisten, dass sie entsprechend ihrem prozentualen Anteil an der Gesellschaft berücksichtigt werden. Vom Übernehmer ist insofern zu gewährleisten, dass der Ankauf von Anteilen zügig und paritätisch erfolgt, ohne dass die Frist ausnutzende Anteilseigner benachteiligt werden. Als problematisch anzusehen ist für den Fall des paritätischen Anteilserwerbs der Schutz der verbleibenden Minderheitsaktionäre.[2434]

3. Pflichten der Leitungsorgane der Zielgesellschaft

Neben der Regelung zum Schutz der Minderheitsaktionäre in Artikel 3 kommt der Regelung der Pflichten der Leitungsorgane der Zielgesellschaft in Artikel 8 überragende Bedeutung zu. Danach haben die Mitgliedstaaten sicherzustellen, dass sich das Leitungs- und Verwaltungsorgan der Zielgesellschaft nach Erhalt der Mitteilung über das Angebot und bis zur Offenlegung des Ergebnisses jeder Handlung zu enthalten hat, durch die das Angebot vereitelt würde. Insbesondere gilt dies für die Ausgabe von Wertpapieren, durch die der Bieter auf Dauer an der Erlangung der Kontrolle über die Zielgesellschaft gehindert werden könnte,[2435] sowie für den Erwerb eigener Aktien zur Abwendung eines schweren unmittelbar bevorstehenden

[2431] Vgl. Hopt, Festschrift Zöller, 253, 259 f.; Hopt, ZHR 161 (1997), 368, 389.

[2432] Zum Börsenkurs als angemessenen Preis vgl. auch Busse von Colbe, Festschrift Lutter, 1101, 1053 ff.; Houben, WM 2000, 1873, 1880 f.; Munscheck, Übernahmeregelung, 139 ff.; Reuter, DB 2001, 2483, 2483 ff.; Sinewe, NZG 2002, 314, 316 f. Zur Festlegung des maßgeblichen Zeitfensters vgl. Wenger, EWiR 2001, 605, 605 f.

[2433] Vgl. dazu Krause, AG 1996, 209, 211 ff.

[2434] Dieses Problem wird durch die Entscheidungen BVerfG 14, 263 - Feldmühle; BVerfG, NJW 2001, 279 - MotoMeter; BGH, BB 1988, 577 - Linotype; OLG Stuttgart, ZIP 1995, 1515 - MotoMeter I; OLG Stuttgart, ZIP 1997, 362 - MotoMeter II; BayObLG, ZIP 1998, 2002 - Magna Media ./. WEKA; siehe auch Peters, BB 1999, 801, 801 ff., offenkundig. Vgl. dazu weiter Lüttmann, Kontrollwechsel in Kapitalgesellschaften, 24 ff.; Schneider/Burgard, DB 2001, 963, 965. Ihm ist mit weitergehenden, hier nicht zu erarbeitenden, Schutzmechanismen zu begegnen.

[2435] So Artikel 8 a). Vgl. dazu auch Wolf, AG 1998, 212, 219.

Schadens (Artikel 19 Absätze 1 a) und 2).[2436] Eine Ausnahme sieht die Regelung lediglich für den Fall vor, dass die Hauptversammlung hierfür während der Frist für die Annahme des Angebots ihre Zustimmung erteilt (Artikel 8 a)). Gleichzeitig ist in Artikel 5 1. c) festgelegt, dass das Leitungs- oder Verwaltungsorgan der Zielgesellschaft bei seinem Vorgehen sämtliche Interessen der Gesellschaft, einschließlich des Interesses der Beschäftigten, berücksichtigen muss. Aus der Erläuterung für die Änderung dieses Artikels geht hervor, dass - wie vom Europäischen Parlament gewünscht - sichergestellt werden sollte, dass die Unternehmensleitung die gesamten Interessen der Gesellschaft, einschließlich der Interessen der Aktionäre, Gläubiger und Arbeitnehmer, berücksichtigt und insbesondere die Arbeitsplätze gesichert würden.[2437] Das Leitungs- und Verwaltungsorgan der Zielgesellschaft hat zu dem Angebot im Übrigen eine mit Gründen versehene Stellungnahme zu veröffentlichen (Artikel 8 b)).

4. Schutz der Minderheitsaktionäre

Der Schutz von Minderheitsaktionären ist in Artikel 3 vorgesehen. Erwirbt eine natürliche oder juristische Person Wertpapiere, die ihr unter Hinzuzählung der von ihr bereits gehaltenen Wertpapiere unmittelbar einen die Kontrolle über die Gesellschaft begründenden Anteil an den Stimmrechten dieser Gesellschaft im Sinne von Artikel 1 verschaffen, haben die Mitgliedstaaten dafür zu sorgen, dass Vorschriften oder sonstige Verfahren oder Regelungen in Kraft sind, die diese Person entweder zur Abgabe eines obligatorischen Angebots nach Artikel 10 verpflichten oder andere geeignete und mindestens gleichwertige Vorkehrungen[2438] zum Schutz der Minderheitsaktionäre dieser Gesellschaft vorsehen. Ob diese Regelung allein - ohne flankierende Schutzvorschriften - dem Schutz von Minderheitsaktionären gerecht wird, muss bezweifelt werden.[2439] Nach der Übernahme eines wesentlichen Teils des Kapitals kann der Mehrheitsaktionär nämlich auf vielfältige Weise Minderheitsaktionäre benachteiligen,[2440] so dass ein Vollangebot oder anderweitige dem Vollangebot gleichwertige Schutzvorschriften festzuschreiben wären.

[2436] So Artikel 8, Begründung.

[2437] Vgl. Artikel 5, Begründung.

[2438] So auch in Hinblick auf den konzernrechtlichen Minderheitsschutz nach dem deutschen Recht, vgl. Hopt, ZHR 161 (1997), 368, 384; Mülbert, IStR 1999, 83, 84; Neye, DB 1996, 1121, 1122. Vgl. auch Wolf, AG 1998, 212, 219.

[2439] So auch Mülbert, IStR 1999, 83, 93. Vgl. dazu auch Knoll, Übernahme von Kapitalgesellschaften, 376; Schneider/Burgard, DB 2001, 963, 965; Wolf, AG 1998, 212, 215, 219. Vgl. in diesem Zusammenhang auch weitergehend von Beauvais, Grenzen des Höchststimmrechts, 97 ff.

[2440] Vgl. dazu Lüttmann, Kontrollwechsel in Kapitalgesellschaften, 24 ff.; Munscheck, Übernahmeregelung, 59 ff.; Schneider/Burgard, DB 2001, 963, 965; von Beauvais, Grenzen des Höchststimmrechts, 98 f.; Wolf, AG 1998, 212, 215; Bästlein, Zur Feindlichkeit öffentlicher Übernahmeangebote, 285 ff., mit zahlreichen Beispielen der Ausgrenzung und des anschließenden Aufkaufs von Beteiligungen. Vgl. dazu auch BVerfG 14, 263 - Feldmühle; BVerfG, NJW 2001, 279 - MotoMeter; BGH, BB 1988, 577 - Linotype; OLG Stuttgart, ZIP 1995, 1515 - MotoMeter; OLG Stuttgart, ZIP 1997, 362 - MotoMeter II; BayObLG, ZIP 1998, 2002 - Magna Media ./. WEKA; Peters, BB 1999, 801, 801 ff.

Der Anteil der Stimmrechte, der die Kontrolle begründet, und die Art und Weise seiner Berechnung bestimmen sich nach dem Recht des Mitgliedstaates, in dem sich das Aufsichtsorgan befindet (Artikel 3 Absatz 2 Satz 1).[2441] Dieses Aufsichtsorgan hat nach Artikel 3 Absatz 2 Satz 2 zu bestimmen, ob und in welchem Umfang die Schutzvorschriften auf den zeitweiligen Besitz von Wertpapieren oder den Erwerb der Mehrheit ohne Anspruch auf Ausübung der Kontrolle über die Gesellschaft Anwendung finden. Für den Fall, dass das Angebot nach Artikel 10 Absatz 1 Satz 1 nicht für sämtliche Wertpapiere unterbreitet werden sollte, sondern lediglich für einen „wesentlichen Teil", wird in Satz 2 klargestellt, dass die Schwelle von 70% der Wertpapiere zwangsläufig zu überwinden ist.[2442] Die Zuteilung hat gegebenenfalls pro rata zu erfolgen.[2443]

Die Richtlinienvorschläge von 1989 und 1990 sahen den Minderheitsaktionärsschutz durch die Verpflichtung zur Abgabe eines obligatorischen Angebots vor, ohne dass die Möglichkeit einer Substitution durch andere Maßnahmen nationales Rechts gestattet werden sollte.[2444] Das obligatorische Angebot war für den Fall des Erwerbs von mindestens 33,3 % der Stimmrechte für sämtliche verbleibenden Aktien vorgesehen.[2445] Die bedingte Verpflichtung zur Abgabe eines Angebots an sämtliche Aktionäre ist im deutschen Schrifttum kontrovers diskutiert worden.[2446] Im Wesentlichen wurde gegen eine Verpflichtung vorgebracht, sie sei der Struktur des deutschen Gesellschaftsrechts fremd, der Minderheitenschutz sei durch das Konzernrecht zu gewährleisten.[2447] Dagegen ist jedoch vorzubringen, dass die konzernrechtlichen Vorschriften zum Schutz von Minderheitsaktionären von einer überholten Aktionärsstruktur der Kleinaktionäre[2448] herrühren und ein an der wirt-

---

[2441] Zu dieser Art der Festlegung der Kontrollschwelle vgl. kritisch Hopt, ZHR 161 (1997), 368, 389 f.

[2442] Eine Ausnahme ist lediglich für den Fall der „ausreichend begründeten Genehmigung durch das Aufsichtsorgan" vorgesehen, Artikel 10 Absatz 1 Satz 2. Vgl. zu der angesetzten Grenzziehung Hopt, Festschrift Zöller, 253, 259; Krause, AG 1996, 209, 213; Sandberger, DZWir 1993, 319, 319; Zinser, EWS 1999, 133, 135.

[2443] Artikel 10 Absatz 2.

[2444] Vgl. jeweils Artikel 4 der Richtlinienvorschläge. Vgl. auch Kuhr, Minderheitenschutz bei Übernahmeangeboten, 81 ff., 86 ff.; Hommelhoff/Kleindiek, AG 1990, 106, 107; Hopt, ZHR 161 (1997), 368, 373.

[2445] Vgl. Richtlinienvorschläge 1989 und 1990, jeweils Artikel 4 Absatz 1.

[2446] Ablehnend: Assmann, AG 1995, 563, 571; Assmann/Bozenhardt, in Assmann/Basaldua/Bozenhardt/Peltzer, Übernahmeangebote, 1, 37 ff. und 48 ff.; Depser, RIW 1992, 351, 359 f.; Hahn, ZBB 1990, 10, 17 f.; Hommelhoff/Kleindiek, AG 1990, 106, 108 ff.; Kuhr, Minderheitenschutz bei Übernahmeangeboten, 82 ff. 200 ff.; Lutter, Europäisches Unternehmensrecht, 282 ff.; Sandberger, DZWir 1993, 319, 322 ff.; relativierend mit befürwortender Tendenz: Adams, AG 1990, 243, 248 ff.; Van Alstine, EWS 1993, 8, 14 ff.; Reul, Die Pflicht zur Gleichbehandlung der Aktionäre; Otto, AG 1994, 167, 172 ff.; Stoll, BB 1989, 1489, 1490 f.

[2447] Vgl. Assmann, AG 1995, 563, 571; Grunewald, WM 1991, 1361, 1361 f.; Hommelhoff/Kleindiek, AG 1990, 106, 108 ff.; Lutter, Europäisches Unternehmensrecht, 282 ff.; Roos, WM 1996, 2177, 2184; Sandberger, DZWir 1993, 319, 325 f.; Timm, ZHR 153 (1989), 60, 60 ff. Vgl. dazu im Übrigen schon Behrens, ZGR 1975, 433, 438 ff.

[2448] Vgl. Wiedemann, Gesellschaftsrecht I, 478; Schwank, Anlegerschutz durch Wirtschaftsrecht, 153. Vgl. auch Fischer, SZW 1998, 231, 237. Zum Wandel dieser Struktur vgl. auch Handelsblatt vom 2. November 2000, 1. Offenkundig wurde der mangelnde Schutz der Minderheitsaktionäre gerade unter diesem Gesichtsschaftlichen Realität orientierter Aktionärsschutz[2449] vonnöten ist. Insofern ist jedenfalls eine Erweiterung des Schutzbereichs vorzunehmen.

VII. Schutzrichtung der Regelung

Die Regelung umfasst ausdrücklich die Gleichbehandlung aller Anteilseigner, die Inkenntnissetzung von Anteilseignern und Arbeitnehmern, die Verpflichtung der Leitungsorgane zur Neutralität und zur Berücksichtigung der Interessen von Gesellschaft, Anteilseignern und Arbeitnehmern, die Verhinderung von Marktverzerrungen und den Schutz der Gesellschaft vor langen Annahmefristen. Demnach sind durch die Mindestanforderungen an nationale Regelungen ausdrücklich die Gesellschaft, die Anteilseigner, die Arbeitnehmer und der Kapitalmarkt vom Schutz umfasst. Aus der Begründung zu Artikel 5 geht zudem hervor, dass unter die Interessen der Gesellschaft auch die Interessen von Gläubigern fallen, die demnach ebenfalls als durch den Vorschlag geschützt anzusehen sind.[2450]

VIII. Bewertung der Regelung und inhaltliche Umsetzung in nationales Recht

Der Regelungsvorschlag räumt den Mitgliedstaaten einen erheblichen Ermessensspielraum zur Umsetzung in nationales Recht ein. Die Umsetzung in deutsches Recht wäre gleichwohl problembehaftet gewesen.[2451] Von entscheidender Bedeutung sind zwei Regelungsausschnitte: Zum einen die Rechte und Pflichten der Unternehmensleitungen nach Ankündigung eines Übernahmeangebots und die angemessene Sicherung der Rechte von Minderheitsaktionären.

Die Pflichten der Leitungsorgane sind in Artikel 5 Nr. 1. lit. c) und Artikel 8 festgeschrieben. Zum einen ist in Artikel 5 die Berücksichtigung der Interessen „der Beschäftigung", andererseits in Artikel 8 eine Neutralitätspflicht begründet. Aus der Begründung des Artikels 8 geht weiter hervor, dass nicht nur die Interessen der Arbeitnehmer, sondern auch die Interessen der Gläubiger zu berücksichtigen seien. Gerade die Neutralitätspflicht dürfte regelmäßig den Interessen der Arbeitnehmer

---

punkt auch in BVerfG 14, 263 - Feldmühle; BVerfG, NJW 2001, 279 - MotoMeter; BGH, BB 1988, 577 - Linotype, OLG Stuttgart, ZIP 1995, 1515 - MotoMeter I; OLG Stuttgart, ZIP 1997, 362 - MotoMeter II; BayObLG, ZIP 1998, 2002 - Magna Media ./. WEKA; Peters, BB 1999, 801, 801 ff.

[2449] Vgl. Adams, AG 1989, 333, 334 ff.; Hopt, Festschrift Zöllner, 253, 258; Krause, Das obligatorische Übernahmeangebot, 121 ff.; Munscheck, Übernahmeregelung; 59 ff.; Reul, Die Pflicht zur Gleichbehandlung der Aktionäre, 213 ff., 238 ff.; Schneider/Burgard, DB 2001, 963, 965; von Beauvais, Grenzen des Höchststimmrechts, 97 ff. Vgl. dazu auch schon Behrens, ZGR 1975, 433, 438 ff. Vgl. weiter auch Zink, Schweizerische Zeitschrift für Volkswirtschaft und Statistik 127 (1991), 55, 75, der dafür eintritt, den Minderheitenschutz im Interesse effizienter Übernahmen zu vermindern.

[2450] Vgl. dazu Mülbert, IStR 1999, 83, 86, der sogar von einem gleichberechtigtem Schutz von Anteilseignern, Gläubigern und Arbeitnehmern ausgeht. Zum Gläubigerschutz bei Konzernverschmelzungen - vielfach die Folge einer Übernahme - vgl. weitergehend Knott, DB 1996, 2423, 2423 ff.

[2451] Vgl. Mülbert, IStR 1999, 83, 85 ff. Vgl. dazu auch Hecker, Regulierung von Unternehmensübernahmen, 707 ff.

und Gläubiger entgegenlaufen. Nicht geregelt ist hier die Frage, welche Pflicht bei Interessen- und Pflichtengegensätzen vorrangig zu befolgen wäre.[2452] Da weder aus den Begründungen noch aus der Systematik eine eindeutige Priorität hergeleitet werden kann,[2453] hätte der nationale Gesetzgeber bei der Umsetzung in nationales Recht hinsichtlich der Gestaltung dieser Pflichten und Rechte vor einer schwierigen Aufgabe gestanden. Bei einer Prioritätenbestimmung liefe er Gefahr, gegen die Richtlinie zu verstoßen.[2454] Beließe er es hingegen bei der allgemeinen und widersprüchlichen Formulierung des Richtlinienvorschlags, so bliebe es bei der unklaren Regelung und dem weitgehend der Kontrolle weitgehend entzogenen großen Ermessensspielraum der Unternehmensleitungen[2455] und der damit einhergehenden Unsicherheit. Gerade bei feindlichen Übernahmen wäre die Interessendefinition und -gewichtung von besonderer Bedeutung. Nur durch die Prioritätenbestimmung ist ein gerechter, ermessensfehlerfreier und kontrollierbarer Abwägungsvorgang gewährleistet, ohne dass die entscheidungserhebliche Berücksichtigung von Eigeninteressen der Unternehmensleitung unter Berufung auf die faktisch immer in Betracht kommende Berücksichtigung der Interessen einer der Betroffenen erfolgen könnte.[2456] Wollte die Kommission an der positiven Bewertung von Übernahmevorgängen festhalten,[2457] so wären die Aktionärsinteressen im Konfliktfall als vorrangig zu klassifizieren.

Die mangelnde Bestimmtheit des Art. 8 erstreckt sich - reduziert auf den Wortlaut - nicht auf die von der Hauptversammlung vor Abgabe eines Übernahmeangebots ausdrücklich eingeräumte Kompetenz zur Ergreifung von Abwehrmaßnahmen. Nach Artikel 8 lit. a) sind Abwehrmaßnahmen durch die Unternehmensleitung nämlich (nur) dann erlaubt, wenn die Hauptversammlung während der Frist für die Annahme des Angebots dazu ihre Zustimmung erteilt hat.[2458] Problematisch

[2452] Vgl. diesbezüglich Mülbert, IStR 1999, 83, 85 und 86, der mit zweifelhafter Begründung uneingeschränkt von einem gleichberechtigtem Schutz von Anteilseignern, Gläubigern und Arbeitnehmern ausgeht. Vgl. dazu auch Kirchner, BB 2000, 105, 109.

[2453] Vgl. dazu Kirchner, AG 1999, 481, 490 (wohl Vorrang des Neutralitätsgebots als lex specialis); Mülbert, IStR 1999, 83, 85 ff. (Modifizierende Überlagerung des Neutralitätsgebots durch die in Artikel 5 festgelegte Berücksichtigung von Interessen) und Weisner, Verteidigungsmaßnahmen gegen unfreundliche Übernahmeversuche, 308.

[2454] So bei der von Mülbert unterstellten Festlegung der Interessen von Anteilseignern, Gläubigern und Arbeitnehmern als gleichrangig, vgl. Mülbert, IStR 1999, 83, 86.

[2455] Vgl. Mülbert, ZGR 1997, 129, 166 ff.; Mülbert, IStR 1999, 83, 86.

[2456] So auch Mülbert, IStR 1999, 83, 86.

[2457] Vgl. dazu das so genannte Bangemann-Memorandum von 1990, Commission Communication of May 14. 1990 relating to hindrances of public takeover or exchange bids: Europe/Documents (17 May 1990), No. 1619; Punkt 6 der allgemeinen Begründung zum Vorschlag für eine Dreizehnte Richtlinie des Europäischen Parlaments und des Rates auf dem Gebiet des Gesellschaftsrechts über Übernahmeangebote v. 07.02.1996, AblEG v. 16.06.1996, Nr. C 162, 5, BR-Drs. 162/96 v. 29.02.1996, 2. Hier wird von einem geeigneten Mittel für die Restrukturierung im Binnenmarkt und von einer Stärkung der internationalen Wettbewerbsfähigkeit der europäischen Unternehmen ausgegangen.

[2458] Diese Regelung, nach der die Hauptversammlung nur während der Annahmefrist bindend über Abwehrmaßnahmen entscheiden kann, geht auf die Anregung des Europäischen Parlaments zurück und soll den Aktionären eine Entscheidung in voller Kenntnis des Angebots ermöglichen, vgl. Artikel 8, Begründung;

ist eine derartige Zustimmung nach deutschem Recht ungeachtet der Äußerungspflicht des Aufsichtsrats zu allen Punkten der Tagesordnung[2459] schon deshalb, weil die Hauptversammlung nach § 123 Absatz 1 AktG mindestens einen Monat vor dem Termin einzuberufen ist. Aus diesem Grund kann faktisch eine Zustimmung aus zeitlichen Gründen auch dann nicht erteilt werden, wenn der Vorstand eine Entscheidung nach § 119 Absatz 2 AktG sofort herbeizuführen beabsichtigt.[2460] Zur Einberufung hält er sich möglicherweise durch eine richtlinienkonforme Auslegung des § 119 Absatz 2 AktG verpflichtet.[2461] Insofern schließt die Regelung faktisch jegliche Verteidigungsmaßnahmen nach Ankündigung eines Angebots aus. Deshalb wird zu Recht gefordert, dass die Einberufungsfrist für eine Hauptversammlung nach Abgabe eines Übernahmeangebots maßgeblich, etwa auf eine Woche, verkürzt wird.[2462] Soweit die Hauptversammlung bereits vor Angebotsankündigung und Angebotsabgabe dem Vorstand durch einen Beschluss eine entsprechende Verhaltensvorgabe gemacht hat, zeichnen sich auch hier Streitigkeiten darüber ab, welche Regelung hier vorrangig zu beachten ist.[2463] Unverständlich ist, warum nicht auch ein zuvor gefasster hinreichend konkreter Beschluss zur Berechtigung von Abwehrmaßnahmen bindend sein soll.[2464] Streitpotential würde im Übrigen auch dadurch vorgegeben, dass das deutsche Gesellschafts- und Kapitalmarktrecht von einem zumindest abweichenden, wenn nicht sogar gegensätzlichen Verständnis des Gesellschaftsinteresses ausgeht.[2465] Ob eine Umsetzung in deutsches Recht ohne grundlegende Änderungen und ohne geändertes Verständnis vom Gesellschafts- und Kapitalmarktrecht in der Bundesrepublik Deutschland möglich wäre, ist zweifelhaft.[2466] Insbesondere die Ausrichtung der Unternehmensleitung in Über-

---

vgl. dazu weiter Artikel 8 Absatz 1 des Richtlinienvorschlags von 1990 und Artikel 8 a) mit Begründung des Vorschlags von 1996. Vgl. weiter kritisch dazu Grunewald, AG 2001, 288, 290; Schneider/Burgard, DB 2001, 963, 968.

2459 Vgl. dazu MüKoAktG-Kubis, § 124, Rdn. 45.

2460 Vgl. Körner, DB 2001, 367, 370; Martens, Festschrift Beusch, 529, 552 f.; Mülbert, IStR 1999, 83, 91; Schneider/Burgard, DB 2001, 963, 968; Weisner, Verteidigungsmaßnahmen gegen unfreundliche Übernahmeversuche, 306 f.; Wolf, AG 1998, 212, 220.

2461 Vgl. dazu Mülbert, IStR 1999, 83, 91, unter Bezugnahme auf die Holzmüller-Entscheidung des Bundesgerichtshofs, BGHZ 83, 123.

2462 Vgl. Weisner, Verteidigungsmaßnahmen gegen unfreundliche Übernahmeversuche, 303 ff.; vgl. im Übrigen die Einberufungsfristen im Übrigen Europa: Belgien-16 Tage, Dänemark-8 Tage, Griechenland-20 Tage, Irland-21 Tage, Italien-15 Tage, Luxemburg-16 Tage, Niederlande-15 Tage, Österreich-14 Tage, Spanien-15 Tage, Großbritannien-21 Tage, Frankreich-15 Tage/30 Tage aber für börsengängige Gesellschaften mit einer Veröffentlichungspflicht im Bulletin des Annonces Légales Obligatoire, die noch einmal bis zu 2 Wochen beanspruchen kann; relevant erscheint die Regelung in Artikel 8 vor diesem Hintergrund vor allem für die Bundesrepublik und Frankreich, weil hier eine Zustimmung zu Abwehrmaßnahmen faktisch nicht erteilt werden kann.

2463 Vgl. dazu Grunewald, AG 2001, 288, 290 f.; Mülbert, IStR 1999, 83, 91.

2464 Vgl. dazu weitergehend Wolf, AG 1998, 212, 219. Vgl. dazu auch Grunewald, AG 2001, 288, 290.

2465 Vgl. dazu unten 5. Teil D. I. In diesem Zusammenhang vgl. hierzu auch Wouters, Common Market Law Review 1993, 267, 293.

2466 Vgl. dazu Mülbert, IStR 1999, 83, 85. Vgl. dazu auch Kirchner, AG 1999, 481, 490, der hier eine Höherrangigkeit des umgesetzten Gemeinschaftsrechts anspricht.

nahmesituationen an Arbeitnehmer- und Gläubigerinteressen ist mit den deutschen Rechtsstrukturen nämlich unvereinbar.[2467] Das in Artikel 8 festgeschriebene Neutralitätsgebot würde für sich betrachtet die Geschäftsführungstätigkeit im Vergleich zu den Vorschriften des deutschen Aktienrechts gleichwohl ganz erheblich einschränken.[2468]

Die Vorgaben des Richtlinienvorschlags bezüglich der Schutzvorschriften zugunsten von Minderheitsaktionären erscheinen demgegenüber in sich schlüssig und nachvollziehbar und geben den Mitgliedstaaten einen angemessenen Rahmen zur Entwicklung geeigneter Schutzmechanismen.

IX. Entwicklung und Umsetzungsbemühungen

Über die einzelnen Vorschriften des geänderten Richtlinienvorschlages war wiederholt in den zuständigen Arbeitsgruppen des Rates beraten worden. Erste Beratungen hatten bereits im Dezember 1997 mit überwiegend positiver Resonanz[2469] unter luxemburgischer Präsidentschaft stattgefunden. Eine Verabschiedung des Richtlinienvorschlages ist jedoch nicht, auch nicht später unter britischem, hier wegen der offenen Vorbehalte erwartungsgemäß, österreichischem und deutschem Vorsitz erfolgt. Die Verabschiedung der Richtlinie war lange Zeit unter vorgeblicher Berufung auf die - mit der Richtlinie unzusammenhängende - Streitigkeit zwischen Großbritannien und Spanien über Gibraltar verzögert worden.[2470] Nach unverbindlichen Auskünften der EU-Kommission sollte die Richtlinie Anfang des Jahres 2000 verabschiedet werden. Nachdem im Sommer 2000 ein neuer Richtlinienvorschlag vorgelegt wurde, gilt der Richtlinienvorschlag 1997 als obsolet.

B. Gemeinsamer Standpunkt des Rates zur 13. Richtlinie vom Juni 2000

Am 19. Juni 2000 verabschiedete der Europäische Rat einen gemeinsamen Standpunkt zur übernahmeregelnden 13. Richtlinie.[2471] Nachdem die Verhandlungen über die Regelung von Übernahmen unter österreichischer Präsidentschaft wieder

[2467] Vgl. Mülbert, IStR 1999, 83, 85. Vgl. ferner auch Busch, Regelung von Übernahmeangeboten, 31 f.; Munscheck, Übernahmeregelung, 36.

[2468] Vgl. unten unter 5. Teil D. VIII. 4.

[2469] Vgl. Neye, ZIP 1997, 2172, 2173.

[2470] Vgl. Begründung des Bundesfinanzministeriums zum Referentenentwurf eines Gesetzes zur Regelung von öffentlichen Angeboten zum Erwerb von Wertpapieren und von Unternehmensübernahmen vom 12. März 2001 (über Internet abzurufen über „www.bundesfinanzministerium.de"), 61 f.; Neye, ZIP 2001, 1120, 1121; Wiesner, ZIP 2000, 1792, 1792; Handelsblatt vom 14. Juni 2000, 9.

[2471] Geänderter Vorschlag für eine Richtlinie des Europäischen Parlaments und des Rates auf dem Gebiet des Gesellschaftsrechts betreffend Übernahmeangebote, in einer unvollständig geänderten Fassung abgedruckt in AG 2000, 296 ff., zutreffend abgedruckt in WM-Beil. 2/2000, Anlage 1. Vgl. dazu Hopt, Festschrift Lutter, 1361, 1363 ff.; Krause, NZG 2000, 905, 905 ff.; Monti, in von Rosen/Seifert, Übernahme börsennotierter Unternehmen, 15, 15 ff.; Pötzsch/Möller, WM-Beil. 2/2000, 3, 4 ff.

aufgenommen und unter deutscher Präsidentschaft fortgesetzt worden waren, hatten die Beratungen im Wesentlichen ein Festhalten an der Rahmenrichtlinie von 1996 ergeben.[2472]

I. Anwendungsbereich

Der Anwendungsbereich der Richtlinie beschränkt sich abermals auf Übernahmevorgänge bei Aktiengesellschaften, die dem Recht eines Mitgliedstaates unterliegen und deren Wertpapiere[2473] zum Handel auf einem geregelten Markt in einem oder mehreren Mitgliedstaaten zugelassen sind.[2474] Hinsichtlich dieses sachlichen Anwendungsbereichs gelten hier die schon zum Richtlinienvorschlag 1996/1997 geäußerten Bedenken.[2475] Dies gilt auch, soweit die Rahmenregelungen als Mindestvorgaben gefasst und die Mitgliedstaaten berechtigt sind, den Anwendungsbereich auch auf andere Wertpapiere auszudehnen.[2476] In Artikel 1 ist weiterhin vorgesehen, dass die Übernahmeregeln nicht zwingend gesetzlich zu normieren sind. Als Voraussetzung für die Geltung anderer Verhaltensregeln soll allerdings die amtliche Befugnis der jeweiligen Marktregulierungsstelle dienen (vgl. Artikel 1 Absatz 1). Die Klausel berücksichtigt so den britischen Regelungsmechanismus nach dem positiv-rechtlich eingebundenen *City-Code*.[2477]

II. Regelung für grenzüberschreitende Übernahmeaktivitäten

Die Regelung der Zuständigkeiten von mitgliedstaatlichen Aufsichtsorganen war Kernpunkt der Ratsverhandlungen und Gegenstand heftiger und langwieriger Verhandlungen.[2478] In der Fassung vom Juni 2000 ist geregelt, dass für die Beaufsichtigung des Angebotsvorgangs das Aufsichtsorgan des Mitgliedstaates zuständig ist,

---

[2472] Vgl. Neye, AG 2000, 289, 289 f.; Pötzsch/Möller, WM-Beil. 2/2000, 3, 4 ff. Zu den Verhandlungen vgl. weitergehend Neye, AG 2000, 289, 289 f.

[2473] Nach der in Artikel 2 e) vorgegebenen Definition fallen nach deutschem Recht nur stimmberechtigte Aktien unter diesen Begriff. Den Mitgliedstaaten bleibt es jedoch vorbehalten, Vorzugsaktien ohne Stimmrecht miteinzubeziehen. Dies wird für den Bereich der Pflichtangebote auch ausdrücklich im achten Erwägungsgrund angeführt. Die Inanspruchnahme dieses Recht wurde mit dem Diskussionsentwurf in Aussicht genommen, vgl. § 22 des Diskussionsentwurfs.

[2474] Maßgeblich ist hier die Richtlinie 93/22/EWG des Rates vom 10. Mai 1993, ABl.EG Nr. L 141 vom 11. Juni 1993, 27. Die aktuelle Liste der geregelten Märkte ist im Abl.EG Nr. C 151 vom 29. Mai 1999, 19, abgedruckt. Im Ergebnis wird damit die Anwendung der Richtlinie auf die Märkte begrenzt, die europaweit bestimmte einheitliche Mindestanforderungen erfüllen.

[2475] Vgl. C. I. Vgl. im Übrigen dazu auch Pötzsch/Möller, WM-Beil. 2/2000, 3, 5 f.

[2476] Vgl. Neye, AG 2000, 289, 290.

[2477] Vgl. dazu ausführlich unter B. IX.

[2478] Vgl. Neye, AG 2000, 289, 291, und die fünf Protokollerklärungen zu Artikel 4, abgedruckt in AG 2000, 296, 300 f.; Pötzsch/Möller, WM-Beil. 2/2000, 3, 10. Die Umsetzung ist zunächst nicht vorgesehen und gegebenenfalls soll nachgebessert werden, wenn die Richtlinie verabschiedet werden soll, vgl. Pötzsch/Möller, WM-Beil. 2/2000, 3, 11. Vgl. im Übrigen dazu auch Monti, in von Rosen/Seifert, Übernahme börsennotierter Unternehmen, 15, 21 f.

in dem die Zielgesellschaft ihren Sitz hat, wenn die Wertpapiere dieser Gesellschaft auf einem geregelten Markt dieses Mitgliedstaates zum Handel zugelassen sind (Artikel 4 Absatz 2 lit. a). Sind die Wertpapiere lediglich auf einem geregelten Markt eines anderen Mitgliedstaates zum Handel zugelassen, so ist für die Beaufsichtigung dessen Aufsichtsorgan zuständig (Artikel 4 Absatz 2 lit. B). Für den Fall, dass die Papiere in mehreren Staaten entsprechend zum Handel zugelassen sind, gilt die Zuständigkeit des Staates, in dem die Zulassung zuerst erfolgte, bei gleichzeitiger Zulassung nach Wahl der Zielgesellschaft (Artikel 4 Absatz 2 lit. b, c). Dies gilt nach Artikel 4 Absatz 2 lit. e jedoch nicht für alle gesellschaftsrechtlichen Fragestellungen, insbesondere für die Festlegung der Kontrollschwelle und für abweichende Regelungen für die Verpflichtung zur Abgabe eines Angebots sowie für die Bedingungen, unter denen das Leitungs- und Verwaltungsorgan der Zielgesellschaft Verteidigungsmaßnahmen ergreifen darf. Insofern ist der Sitz der Zielgesellschaft maßgeblich. Die Zuständigkeitsregeln bei Auseinanderfallen von Sitzstaat und Staat des Handelsortes sind letztlich unter Voranstellung von kapitalmarktlichen und kapitalmarktrechtlichen Erwägungen nach erbitterten Diskussionen und Beratungen festgelegt worden.[2479] Schließlich sind die multilaterale Koordination und Zusammenarbeit der Aufsichtsorgane festgeschrieben (Artikel 4 Absatz 4) und Ausnahmebefugnisse für die Aufsichtsorgane eingeräumt worden (Artikel 4 Absatz 5). Von besonderem Interesse ist in diesem Zusammenhang, dass auf massiven Druck Spaniens Ausnahmebefugnisse eingeräumt wurden,[2480] die nicht abstrakt-generell in den Umsetzungsvorschriften berücksichtigt werden dürfen, sondern lediglich im konkreten Fall, bzw. für typische Fallgruppen Anwendung finden können.[2481] Der Wunsch Spaniens lag darin begründet, unter bestimmten Bedingungen die nach nationalem Recht eingeräumte Möglichkeit der Abgabe von Teilangeboten beibehalten zu können.[2482] Vor diesem Hintergrund kann nur davon ausgegangen werden, dass das Aufsichtsorgan jedes Mitgliedstaates derartige fallgruppenbezogene Ausnahmetatbestände zu beschließen berechtigt ist. Demnach wäre insbesondere die gemeinschaftsweite Geltung der Neutralitätspflicht und das obligatorische Angebot ungesichert.

[2479] Vgl. dazu eingehend von Hein, AG 2001, 213, 214 ff.; Pötzsch/Möller, WM-Beil. 2/2000, 3, 11. Vgl. auch Neye, AG 2000, 289, 290.

[2480] Vgl. Neye, AG 2000, 289, 292.

[2481] Vgl. dazu Neye, AG 2000, 289, 292; Pötzsch/Möller, WM-Beil. 2/2000, 3, 12.

[2482] Vgl. Neye, AG 2000, 289, 292. Vgl. im Übrigen auch den in diesem Zusammenhang von der italienischen Delegation zu Protokoll erklärten unverbindlichen Vorbehalt, demnach eine modifizierte Bestimmung für Teilangebote im italienischen Recht vorgesehen werden soll, vgl. dazu weitergehend Pötzsch/Möller, WM-Beil. 2/2000, 3, 12. Zum italienischen Übernahmerecht vgl. weitergehend Diemer/Hasselbach, NZG 2000, 824, 824 ff.

III. Umsetzung in nationales Recht

Die Transformation der Richtlinie in nationales Recht der Mitgliedstaaten sollte nach Artikel 11 innerhalb von vier Jahren nach Inkrafttreten der Richtlinie zu erfolgen. Schon wegen der vorzusehenden Transformationsfrist war nicht damit zu rechnen, dass die Richtlinie in den Folgejahren Rechtswirkungen entfaltet hätte.[2483]

IV. Aufsichtsorgane

Die Mitgliedstaaten haben nach Artikel 4 Absatz 1 ein Aufsichtsorgan zu bestimmen, das entweder eine Behörde oder aber eine private Vereinigung oder Einrichtung sein kann. Sie muss nach dem einzelstaatlichen Recht oder von den Behörden, die dazu gesetzlich ausdrücklich befugt sind, anerkannt sein.[2484] Diese Bestimmung gewährt Großbritannien das Recht, sein über einen Zeitraum von mehr als 30 Jahren bestehendes Regulierungssystem mit dem *Takeover Panel* beizubehalten. Die deutsche Umsetzung sieht eine Beaufsichtigung durch das Bundesaufsichtsamt für den Wertpapierhandel vor. Die Bestimmungen des Übernahmekodex genügen diesen Vorgaben offensichtlich nicht.

V. Offenlegung und Verfahrensregeln

Nach den Artikeln 6, 7 Absatz 1 sorgen die Mitgliedstaaten dafür, dass nach ihrem geltenden Recht der Bieter eine umfassende Angebotsunterlage zu erstellen und in der Weise das Angebot bekanntzumachen hat,[2485] dass im Handel mit Wertpapieren der Zielgesellschaft, der Bietergesellschaft oder jeglicher anderen von dem Angebot betroffenen Gesellschaft die Markttransparenz und -integrität gewahrt bleibt[2486] und insbesondere die Veröffentlichung oder Verbreitung falscher oder irreführender Angaben unterbleibt. Nach Artikel 6 Absatz 2 sind zudem die Wertpapierinhaber und die Arbeitnehmervertretungen bzw. die Arbeitnehmer selbst zu informieren. Im

---

[2483] Vgl. zur direkten Anwendung des Richtliniengehalts bei fehlender Transformation nach Ablauf der hierfür gesetzten Frist EuGH, Francovich and others v. Italien Republik, C-6/90 (19. November 1991); EuGH, Wagner Miret, C-334/92 (16. Dezember 1993); EuGH, Francovich II, C-479/93 (9. November 1995); EuGH, Brasserie du Pècheur, C-46/93 und C-48/93 (5. März 1996); EuGH, MP Travel Line, C-178/94, C-179/94, C-180/94 (8. Oktober 1996).

[2484] Vgl. zur Überwachung des Übernahmeverfahrens nach dem Richtlinienvorschlag ausführlich Krause, NZG 2000, 905, 906 f. Zur Zuständigkeit des Aufsichtsorgans und zum anwendbaren Recht vgl. Monti, in von Rosen/Seifert, Übernahme börsennotierter Unternehmen, 15, 21 f.

[2485] Vgl. dazu Pötzsch/Möller, WM-Beil. 2/2000, 3, 9. Die Umsetzung ist durch die §§ 12, 17 des Diskussionsentwurfs angedacht.

[2486] Vgl. dazu die vorgehende Umsetzung schon in § 17 des Diskussionsentwurfs und die ergänzenden Vorschriften §§ 14, 38 WpHG und § 88 BörsenG.

Übrigen sind die Mitteilungspflichten für den Bieter ergänzt worden (Artikel 5 in Verbindung mit der so genannten Transparenzrichtlinie).[2487]

VI. Inhaltliche Vorgaben

Im materiellrechtlichen Bereich gibt der Richtlinienvorschlag wiederum allgemeine Grundsätze vor (Artikel 3 Absatz 1), die in den Artikeln 5-8 als Mindestanforderungen konkretisiert werden. Nach diesen Grundsätzen ist eine Gleichbehandlung aller Inhaber von Wertpapieren der Zielgesellschaft sowie die Gewährleistung sachlich zutreffender und zeitnaher Informationserteilung gegenüber den Angebotsempfängern[2488] sowie die Vermeidung von Marktverzerrungen[2489] zu sichern. Zudem ist geregelt, dass das Leitungs- oder das Verwaltungsorgan einer Zielgesellschaft im Interesse der gesamten Gesellschaft[2490] zu handeln hat und den Inhabern von Wertpapieren nicht die Möglichkeit vorenthalten darf, das Angebot selbst zu beurteilen.[2491]

1. Pflichten des Bieters

Die Pflichten des Bieters sind in den Artikeln 5-7 geregelt. Artikel 5 Absatz 1 bestimmt die Verpflichtung des Bieters zur Abgabe eines angemessenen Vollangebots, wenn unter Einberechnung der Beteiligungen der gemeinsam mit ihm handelnden Personen[2492] unmittelbar oder mittelbar ein die Kontrolle begründender

---

[2487] Richtlinie 88/627/EWG v. 12.12.1988, Abl.EG Nr. L 348 v. 17.12.1988, 62 ff. Vgl. im Übrigen zu den Mitteilungs- und Veröffentlichungspflichten nach dem WpHG weitergehend Burgard, WM 2000, 611, 611 ff.; Cahn, AG 1997, 502, 502 ff.; Knoll, Übernahme von Kapitalgesellschaften, 141 ff.; Riehmer/ Schröder, BB-Sonderbeil. 5/2001, 1, 16 f.; Sudmeyer, BB 2002, 685, 685 ff.; Witt, AG 2001, 233, 233 ff.; Witt, Übernahmen von Aktiengesellschaften, 159 ff.; Wittich, in von Rosen/Seifert, Übernahme börsennotierter Unternehmen, 377, 388 ff.

[2488] Vgl. dazu weitergehend Pötzsch/Möller, WM-Beil. 2/2000, 3, 9. Die Umsetzung war im Diskussionsentwurf in § 11 vorgehen.

[2489] Vgl. dazu § 88 BörsenG, §§ 14, 38 WpHG. Vor dem Hintergrund dieser Vorschriften war eine Aufnahme in den Diskussionsentwurf nicht erforderlich.

[2490] Diese Vorgabe entspricht wieder dem Richtlinienvorschlag 1996, die im Geänderten Vorschlag 1997 enthaltene herausstellende, und daher missverständliche, Formulierung „Interessen der Beschäftigung" ist mit Recht fallengelassen worden. Die Vorgabe entspricht im Übrigen der Terminologie des deutschen Gesellschaftsrechts in § 76 AktG. Zu dieser Formulierung vgl. im Übrigen Kirchner, WM 2000, 1821, 1828, der die ausgesprochene Neutralitätspflicht mit dem Interesse der gesamten Gesellschaft, dem „Unternehmensinteresse", als unvereinbar feststellt. Vgl. dazu auch Kirchner, BB 2000, 105, 109 f.

[2491] Die konkrete Ausgestaltung dieses Grundsatzes erfolgt in Artikel 9 Absatz 1 a). Die Umsetzung im Diskussionsentwurf erfolgte in § 3 Absatz 3. Kritisch dazu Grunewald, AG 2001, 288, 290.

[2492] Vgl. dazu Pötzsch/Möller, WM-Beil. 2/2000, 3, 6 f. Vgl. auch The City Code on Take-overs and Mergers, C 1 - Definitions - Acting in concert. Vgl. weiter die Definition in Artikel 2 Absatz 6 des Diskussionsentwurfs. Vgl. im Übrigen dazu auch die Umsetzung im Diskussionsentwurf über Artikel 5 Absatz 1 Satz 1 und Artikel 6 Absatz 3 f) und l).

Anteil an den Stimmrechten dieser Gesellschaft übertragen wird.[2493] Die Kontrollschwelle ist nicht festgelegt und bestimmt sich nach den Vorschriften des Mitgliedstaates (Artikel 5 Absatz 3). Diese Angebotspflicht gilt nach einem schleichenden Erwerb über dem Kapitalmarkt insbesondere auch nach zulässigen Übernahmeangeboten für einen Teil der Anteile. Das Zwangsangebot entfällt nach Artikel 5 Absatz 2 nur dann, wenn das freiwillige Übernahmeangebot sich bereits auf sämtliche Anteile bezog.[2494] Wenn die Gegenleistung dabei nicht aus liquiden, zum Handel auf einem geregelten Markt zugelassenen, Wertpapieren besteht,[2495] hat der Bieter - zumindest auch - Barzahlung eines angemessenen Preises anzubieten (Artikel 5 Absatz 1).

Die grundsätzliche Verpflichtung zur Abgabe eines Vollangebots war von deutscher Seite wegen der im deutschen Recht vorgesehenen Schutzvorschriften für Minderheitsaktionäre abgelehnt worden, so dass bisher ein gleichwertiger Schutz ebenfalls genügen sollte.[2496] Eine derartige Schutzsystematik stieß im Rat auf Unverständnis und Kritik,[2497] obwohl nach portugiesischem Recht ein ähnlicher Schutzmechanismus besteht[2498] und sich während der Verhandlungen andere Staaten, nämlich Schweden, die Niederlande und Finnland, einem derartigen Schutzsystem anzunähern vermochten.[2499] Infolge der anhaltenden Kritik und des Unverständnisses rückte Deutschland nach Übernahme der Präsidentschaft zum Beginn des Jahres 1999 von der Vorstellung eines anderweitigen Schutzes ab und signalisierte Einverständnis mit der Vorgabe eines Vollangebots.[2500] Das Einlenken Deutschlands in dieser wichtigen Frage liegt zum Teil auch in der im Land selbst geäußerten Kritik begründet, nach der der konzernrechtliche Schutzmechanismus

[2493] Vgl. dazu weitergehend Pötzsch/Möller, WM-Beil. 2/2000, 3, 8. Vgl. zur Bewertung der Bestimmung als Minderheitenschutz Brüls, RIW 2000, 889, 891. Vgl. zudem die beabsichtigte Umsetzung durch die §§ 33, 22, 16, 39 des Diskussionsentwurfs.

[2494] Zum einen ist die Bestimmung sinnvoll, weil das freiwillige Angebot in diesem Fall dem Pflichtangebot in der Schutzweite gleichgestellt ist, vgl. Pötzsch/Möller, WM-Beil. 2/2000, 3, 8. Andererseits haben die Aktionäre keine Kenntnis darüber, ob ein Kontrollwechsel stattfindet, sie sind einem *prisoner's dilemma*, vgl. dazu Rapoport/Chammah, Prisoner's Dilemma; Witt, NZG 2000; 809, 811; Witt, Übernahmen von Aktiengesellschaften, 82 ff.; Lüttmann, Kontrollwechsel in Kapitalgesellschaften, 140 ff.; Ott/Schäfer, Ökonomische Analyse des Zivilrechts, 468 ff., ausgesetzt. Ein angemessener Schutz würde insofern bei Vermeidung eines folgenden Zwangsangebots nur durch eine - im Übrigen im Diskussionsentwurf vorgesehene - Nachfristgewährung zum Verkauf ihrer Aktien gewährt werden können.

[2495] Vgl. dazu ausführlich Krause, NZG 2000, 905, 909.

[2496] Vgl. Heiser, Interessenskonflikte in der Aktiengesellschaft, 359 ff.; Mertens, AG 1990, 252, 256 ff.; Neye, AG 2000, 289, 292 f.; Zinser, NZG 2001, 391, 392; Beschlussempfehlungen und Berichte des Rechtsausschusses, BT-Drucks. 11/6612 und 12/1465; Beschluss des Bundesrats, BR-Drucks. 136/89. Verfassungsrechtliche Bedenken hegen Loritz/Wagner, WM 1991, 709, 709 ff. A.A. Krause, WM 1996, 893, 898 f.

[2497] Vgl. Neye, AG 2000, 289, 293; Pötzsch/Möller, WM-Beil. 2/2000, 3, 8.

[2498] Vgl. Das Portugiesische Gesetz über die Handelsgesellschaften und das Recht des Handelsregisters, Berichte und Dokumente zum ausländischen Wirtschafts- und Steuerrecht Nr. 214, Bundesstelle für Außenhandelsinformation.

[2499] Vgl. Neye, AG 2000, 289, 293; Pötzsch/Möller, WM-Beil. 2/2000, 3, 8. Zum schwedischen Übernahmerecht, vgl. weiter Kasche, RIW 2002, 87, 87 ff.

[2500] Vgl. Neye, AG 2000, 289, 290, 293.

Deutschlands nicht ausreichend sei,[2501] ohne dass allerdings eine Nachbesserung dieser Schutzvorschriften erwogen wurde. In Artikel 5 Absatz 2 lit. a ist geregelt, dass die Mitgliedstaaten neben der Verpflichtung zur Abgabe eines Vollangebots ergänzend an ihren Schutzvorschriften festhalten oder derartige Vorschriften erlassen können. Soweit derartige ergänzende Schutzvorschriften gelten, kann allerdings leicht eine maßgebliche Verteuerung und Erschwerung von Übernahmevorgängen etabliert werden. Dies gilt auch für die von den Mitgliedstaaten vorzunehmende abstrakte Bestimmung des „angemessenen Preises". Insofern birgt die Umsetzung des Vorschlages die Gefahr einer der EU-weiten Harmonisierung entgegenwirkenden Entwicklung der Kapitalmärkte.

Die Annahmefrist für das Angebot ist vom Bieter mit nicht weniger als zwei und nicht mehr als zehn Wochen zu bestimmen (Artikel 6 a Absatz 1). Die Mitgliedstaaten können bei der Umsetzung in nationales Recht bestimmen, dass die Frist von zehn Wochen unter der Bedingung verlängert wird, dass der Bieter die Schließung des Angebots mindestens zwei Wochen zuvor ankündigt.[2502] Zudem können die Mitgliedstaaten nach Artikel 6 a Absatz 2 Vorschriften zur Änderung der in Absatz 1 genannten Frist vorsehen, wenn dies im Einzelfall angemessen erscheint. Die Mitgliedstaaten können überdies das Aufsichtsorgan ermächtigen, eine Abweichung von der Frist zu gestatten, damit die Zielgesellschaft eine Hauptversammlung zur Prüfung des Angebots veranstalten kann. Die Einfügung erfolgte nach dem Wunsch Deutschlands.[2503]

2. Pflichten der Leitungsorgane der Zielgesellschaft[2504]

Nach Artikel 8 haben die Mitgliedstaaten dafür Sorge zu tragen, dass ihr geltendes Recht eine Stillhalteverpflichtung der Leitung der Zielgesellschaft gewährleistet. Demnach haben die Leitungsorgane spätestens nach Erhalt der Angebotsinforma-

---

[2501] Vgl. dazu Baums, ZIP 1997, 1310, 1310; Benner-Heinacher, DB 1997, 2521, 2521; Habersack/Mayer, ZIP 1997, 2141, 2143 ff.; Hopt, Festschrift Zöllner, 253, 257 f.; Hopt, ZHR 161 (1997), 368, 387 ff.; Kallmeyer, ZHR 161 (1997), 435, 437 ff.; Kallmeyer, ZIP 1997, 2147, 2147; Knoll, Übernahme von Kapitalgesellschaften, 376; Krause, WM 1996, 893, 893 ff.; Mülbert, IStR 1999, 83, 94; Weber, EuZW 1998, 464, 468. Vgl. dazu auch Bästlein, Zur Feindlichkeit öffentlicher Übernahmeangebote, 285 ff., mit zahlreichen Beispielen der Ausgrenzung und des anschießenden Aufkaufs; vgl. hierzu auch Wenger/Hecker, ifo Studien 1995, 51, 77.

[2502] Diese Regelung ist auf Wunsch der britischen Delegation aufgenommen und sollte dem Vereinigten Königreich die Beibehaltung der Regelung in Rule 31.4 City Code ermöglichen, vgl. Pötzsch/Möller, WM-Beil. 2/2000, 3, 9.

[2503] Demnach soll auch deutschen Gesellschaften trotz der im internationalen Vergleich langen Einberufungsfristen die Durchführung einer Hauptversammlung ermöglicht werden. Die beabsichtigte Umsetzung in § 19 Absatz 1 des Diskussionsentwurfs beschränkte die Annahmefrist auf vier bis sechs Wochen, um die Zielgesellschaft nicht über Gebühr zu belasten, vgl. hierzu Pötzsch/Möller, WM-Beil. 2/2000, 3, 9. Gleichzeitig wollte die Bundesrepublik jedoch die Ausnahmeregelungen des Absatz 2 in Anspruch nehmen, um bei einer Einberufung über die von ihr gesetzte Frist zu gelangen. Demgegenüber ist jedoch eine Verkürzung der Einberufungsfrist sachgerecht.

[2504] Die Umsetzung war in den §§ 31, 30 des Diskussionsentwurfs vorgesehen.

tionen[2505] und bis zur Ergebnismitteilung oder Hinfälligkeit des Angebots jegliche Handlungen zu unterlassen, durch die das Angebot vereitelt würde. Abweichend hiervon ist die Unternehmensleitung verpflichtet, eine umfassende Stellungnahme abzugeben, Absatz 1 lit. b. Es ist den Leitungsorganen darüber hinaus generell erlaubt, aktiv einen Konkurrenzbieter zu suchen. Ausnahmsweise dürfen Abwehrmaßnahmen nach Zustimmung der Hauptversammlung ergriffen werden, wenn diese während der Frist für die Annahme des Angebots ausgesprochen wird.[2506] Unabhängig von der konkreten Zustimmung durch die Hauptversammlung können die Mitgliedstaaten dem Leitungs- oder dem Verwaltungsorgan der Zielgesellschaft auch eine nicht früher als 18 Monate vor Beginn der Annahmefrist durch die Hauptversammlung beschlossene Kapitalerhöhung während der Annahmefrist gestatten, allerdings ohne dass das Bezugsrecht ausgeschlossen werden kann (Artikel 8 Absatz 2).

VII. Verabschiedung der Richtlinie und Umsetzung in nationales Recht

Mit der inhaltlichen Ausgestaltung eines gemeinsamen Standpunktes durch den Rat ist einmal mehr ein erster Schritt hin zu einer einheitlichen Regelungsvorgabe erfolgt. Die Richtlinie in der Fassung des gemeinsamen Standpunktes ist nach Artikel 251 dem Europäischen Parlament zugeleitet worden. Schon nach ersten Informationen war zu erwarten, dass das Europäische Parlament den Richtlinienverschlag nicht ohne Änderungen annehmen würde.[2507] Der Berichterstatter im Parlament, der deutsche Abgeordnete Lehne, hatte schon unmittelbar nach Zuleitung des Vorschlags öffentlich erklärt, weit reichende Änderungen durchsetzen zu wollen.[2508] Inzwischen war von ihm der Entwurf einer Empfehlung für die zweite Lesung mit weit reichenden Änderungen vorgelegt worden.[2509] Am 13. Dezember 2000 hat das Parlament über die Änderungsempfehlungen abgestimmt und insbesondere die Neutralitätspflicht deutlich relativiert.[2510] Daraufhin hat - wie erwartet[2511] - ein

---

[2505] Genauer bei Kenntniserlangung bzw. nach Ankündigung, vgl. dazu ausführlich Krause, NZG 2000, 905, 911.

[2506] Zu den Bedenken dieser Beschränkung und der Ausgrenzung vorheriger genügend eindeutiger Hauptversammlungsbeschlüsse vgl. weitergehend Grunewald, AG 2001, 288, 290; Kirchner, WM 2000, 1821, 1830; Schneider/Burgard, DB 2001, 963, 968; Wolf, AG 1998, 212, 219.

[2507] Vgl. Witte, BB 2000, 2161, 2161.

[2508] Vgl. Neye, AG 2000, 289, 295 f.; Neye, ZIP 2001, 1120, 1121; Handelsblatt vom 14. Juni 2000, 9; Handelsblatt vom 16. Oktober 2000, 57. Vgl. dazu auch Kirchner, WM 2000, 1821, 1827 f.; Wiesner, ZIP 2000, 1792, 1795 f.

[2509] Art. 44 EG sieht als Rechtsgrundlage des Kommissionsvorschlages das so genannte Mitentscheidungsverfahren gemäß Art. 251 EG vor. Demnach verfügt das Parlament über die gleichen Befugnisse wie der Rat. Vgl. im Übrigen zu der Vorlage von Lehne Entwurf einer Empfehlung für die zweite Lesung betreffend den Gemeinsamen Standpunkt des Rates im Hinblick auf den Erlass der Richtlinie des Europäischen Parlaments und des Rates auf dem Gebiet des Gesellschaftsrechts über Übernahmeangebote (8129/1/2000 - C5-0327/ 2000 - 1995/ 0341 (COD)) des Ausschusses für Recht und Binnenmarkt vom 27. September 2000.

[2510] Vgl. dazu weiter unten in diesem Abschnitt.

langwieriges und inhaltlich schwieriges Vermittlungsverfahren nach Artikel 251 Absätze 3-7 EG Vertrag stattgefunden.[2512] Insofern war zu Recht davon ausgegangen worden, dass sich das Verfahren zumindest bis weit in das Jahr 2001 hinziehen würde.[2513] Obwohl - wie angesichts der zwischenzeitlich vorgelegten Stellungnahme der Kommission[2514] zunächst indiziert und auch angedroht[2515] - eine Einigung nicht zu erwarten war, ist es dann im gemeinsamen Vermittlungsausschuss des Europarlaments und des Ministerrats in der Nacht zum 6. Juni 2001 doch zu einer Verständigung gekommen.[2516] Es blieb aber abzuwarten, ob das Parlamentsplenum mit absoluter Mehrheit und der Rat mit qualifizierter Mehrheit nach der Verfahrensvorschrift des Art. 251 EG das Verständigungsergebnis fristgerecht innerhalb von regelmäßig sechs oder höchstens acht Wochen[2517] billigen und damit die Richtlinie endgültig verabschieden würde. Nach ersten Stellungnahmen war bereits einer Billigung durch das Parlament mit Skepsis entgegenzusehen.[2518]

VIII. Bewertung des Standpunktes

Die Diskussionen in den Sitzungen des Rates lassen darauf schließen, dass eine allen Mitgliedstaaten vollumfänglich zufrieden stellende Ausgestaltung der Richtlinie nicht möglich ist. Der Verzicht auf eine einheitliche Regelung ist andererseits aufgrund eines der EU-internen Wettbewerbsverzerrungen und unterschiedlicher Kapitalmarktvorgänge nicht nur für alle Mitgliedstaaten nachteilig, sondern benachteiligt auch den europäischen Wirtschaftsraum im internationalen Vergleich.[2519] Es

---

[2511] Vgl. Begründung des Bundesfinanzministeriums zum Referentenentwurf eines Gesetzes zur Regelung von öffentlichen Angeboten zum Erwerb von Wertpapieren und von Unternehmensübernahmen vom 12. März 2001 (über Internet abzurufen über „www.bundesfinanzministerium.de"), 62; vgl. dazu weiter Handelsblatt vom 14. Dezember 2000, 12. Vgl. dazu auch Frankfurter Allgemeine Zeitung vom 08. Dezember 2000, 13; Handelsblatt vom 7. Dezember 2000, 1, 10.

[2512] Vgl. Altmeppen, ZIP 2001, 1073, 1073; Neye, ZIP 2001, 1120, 1120 f.

[2513] So der Diskussionsstand auf der Anhörung zum Übernahmegesetz am 25. Juli 2000 im Bundesfinanzministerium und in der Begründung des Bundesfinanzministeriums zum Referentenentwurf eines Gesetzes zur Regelung von öffentlichen Angeboten zum Erwerb von Wertpapieren und von Unternehmensübernahmen vom 12. März 2001 (über Internet abzurufen über „www.bundesfinanzministerium. de"), 62. Vgl. auch Kirchner, WM 2000, 1821, 1828.

[2514] Stellungnahme der Kommission gemäß Artikel 251 Absatz 2 Buchstabe c) des EG-Vertrages zu den Abänderungen des Europäischen Parlaments des gemeinsamen Standpunkts des Rates betreffend den Vorschlag für eine Richtlinie des Europäischen Parlaments und des Rates auf dem Gebiet des Gesellschaftsrechts über Übernahmeangebote vom 12. Februar 2001.

[2515] Vgl. dazu die Stellungnahme des EU-Binnenmarktkommissars Bolkestein im Handelsblatt vom 7. Dezember 2000, 1, 10. Vgl. dazu weiter Handelsblatt vom 31. Mai 2001, 6.

[2516] Vgl. Altmeppen, ZIP 2001, 1073, 1073; Neye, ZIP 2001, 1120, 1120; Handelsblatt vom 7. Juni 2001, 1, 2.

[2517] Vgl. dazu Neye, ZIP 2001, 1120, 1120.

[2518] Vgl. Handelsblatt vom 28. Juni 2001, 3.

[2519] Vgl. Dimke/Heiser, NZG 2001, 241, 257 ff.; Monti, in von Rosen/Seifert, Übernahme börsennotierter Unternehmen, 15, 16. Vgl. im Übrigen zu der Erwartungshaltung international agierender Anleger Schneider, DB 2000, 2413, 2414 ff. Zum Wettbewerb der Finanzmärkte vgl. weitergehend Dietl/Pauli/Royer, Internatiowar daher zu wünschen, dass das Parlamentsplenum und der Rat das Verständigungsergebnis fristgerecht billigen und damit die Richtlinie endgültig erlassen würden. Gleichwohl rechtfertigten erhebliche Bedenken eine erneute Überarbeitung des Richtlinienvorschlags.

Die Bedenken betreffen zunächst das obligatorische Vollangebot.[2520] Zwar beugt ein derartiges Vollangebot einer schleichenden oder auch plötzlichen Übervorteilung der Minderheitsgesellschafter durch den Mehrheitsgesellschafter vor.[2521] Infolge eines Vollangebots wäre auch eine kapitalmarktrechtlich möglicherweise wünschenswerte[2522] Gleichbehandlung gewährleistet. Demgegenüber verteuert ein Pflichtangebot für alle Anteile - auch im Vergleich zu einem pro-rata-Angebot - eine Übernahme zwangsläufig ganz erheblich.[2523] In den Fällen mangelnder Finanzierung eines derartigen Angebots würde die Übernahme unterbleiben.[2524] Daher ist von einem relativen Rückgang von Übernahmeversuchen und des gegenüber den Unternehmensleitungen aufgebauten Leistungs- und Disziplinierungsdrucks auszugehen.[2525] Das wäre ein volkswirtschaftlicher Nachteil, der im Übrigen auch die

---

naler Finanzplatzwettbewerb. Zur Integration des Unternehmensrechts in Europa vgl. weitergehend Lutter, Europäisches Unternehmensrecht.

2520 Zu den international geäußerten Bedenken gegen das Zwangsangebot vgl. Dimke/Heiser, NZG 2001, 241, 257 f.; Hopt, ZHR 161 (1997), 368, 386 f.; Wymeersch, in Hopt/Wymeersch, European Takeovers, 351, 351 ff.; Heiser, Interessenskonflikte in der Aktiengesellschaft, 303 ff.; Letzel, NZG 2001, 260, 260 ff.; Möller, Die Stellung des Aktionärs bei Übernahmen, 115 ff.; Wouters, Common Market Law Review 1993, 267, 280 ff. Vgl. im Übrigen dazu auch ausgiebig Altmeppen, ZIP 2001, 1073, 1080 ff.; Frei, Öffentliche Übernahmeangebote, 147 ff. A.A. Krause, WM 1996, 893, 898 f. Vgl. weiter Van Alstine, EWS 1993, 8, 14 ff., der das Pflichtangebot positiv bewertet.

2521 Vgl. dazu besonders weitgehend Houben, WM 2000, 1873, 1876 ff. Vgl. weiter Munscheck, Übernahmeregelung, 184 ff. Vgl. dazu auch Dimke/Heiser, NZG 2001, 241, 257 f.; Monti, in von Rosen/Seifert, Übernahme börsennotierter Unternehmen, 15, 20 f. Zur Benachteiligung der Minderheitsaktionäre vgl. auch Schneider/Burgard, DB 2001, 963, 965. Zum Pflichtangebot als Konzerneingangsschutz vgl. Kleindiek, ZGR 2002, 546, 554 ff.; Wymeersch, ZGR 2002, 520, 540 f.

2522 Vgl. dazu die Ausführungen unter F. VII. 3. Vgl. in diesem Zusammenhang auch Hommelhoff/Hopt/Lutter/Doralt/Druey/Wymeersch, ZGR 1998, 672, 725; Kleindiek, ZGR 2003, 546, 560; Letzel, NZG 2001, 260, 261, Wymeersch, ZGR 2002, 520, 539.

2523 Vgl. Bohrer, Unfriendly Takeovers, 55; Brüls, RIW 2000, 889, 891; Dimke/Heiser, NZG 2001, 241, 257; Frei, Öffentliche Übernahmeangebote, 147; Heiser, Interessenskonflikte in der Aktiengesellschaft, 355 ff.; Houben, WM 2000, 1873, 1878; Krause, Das obligatorische Übernahmeangebot, 91 f.; Letzel, NZG 2001, 260, 261; Möller, Die Stellung des Aktionärs bei Übernahmen, 115 f., Munscheck, Übernahmeregelung, 188 ff.; Koch, Hindernisse für öffentliche Übernahmeangebote, 220. Im Übrigen wird durch eine derartige Regelung auch die Privatautonomie beeinträchtigt, so dass sich auch nach deutschem Recht verfassungsrechtliche Bedenken ergeben, vgl. dazu weitergehend Altmeppen, ZIP 2001, 1073, 1080 ff.

2524 Vgl. Assmann, AG 1995, 563, 570; Bohrer, Unfriendly Takeovers, 55; Daum, Die unkoordinierte Übernahme, 83; Frei, Öffentliche Übernahmeangebote, 147; Manne, 73 Journal of Political Economy (1965), 110, 114; Hahn, Die feindliche Übernahme von Aktiengesellschaften, 70; Houben, WM 2000, 1873, 1878; Krause, Das obligatorische Übernahmeangebot, 92; Möller, Die Stellung des Aktionärs bei Übernahmen, 116; Koch, Hindernisse für öffentliche Übernahmeangebote, 220. Die Schwierigkeit der Finanzierung sollte dabei entgegen Houben, WM 2000, 1873, 1878, nicht unterschätzt werden.

2525 Vgl. dazu bereits oben unter 2. Teil F. II. 2. Vgl. ergänzend Dimke/Heiser, NZG 2001, 241, 257; Easterbrook/Fischel, Economic Structure of Corporate Law, 127; Frei, Öffentliche Übernahmeangebote, 147 ff.; Grunewald, WM 1991, 1361, 1361 ff.; Hommelhoff/Klein-diek, AG 1990, 106, 108; Kallmeyer, ZIP

europäischen Kapitalmärkte gegenüber dem Kapitalmarkt der Vereinigten Staaten diskriminiert.[2526] Der Schutz von Minderheitsgesellschaftern könnte stattdessen durch geeignete Schutzvorschriften gewährleistet werden.[2527] Eine weitergehende Gleichbehandlung der Aktionäre im Wege des Vollangebots ist kapitalmarktrechtlich jedenfalls nicht geboten, wenn eine pro-rata-Zuteilung vorgeschrieben würde.[2528] Auch eine pro-rata-Zuteilung gewährt eine weitgehende Gleichbehandlung der Anteilseigner und verhindert zugleich eine Benachteiligung von Aktionären durch die Übernahme. Sie schließt insbesondere so genannte *two tier offers*[2529] aus.[2530] Die Gefahr auch nach einer Vervollkommnung der Schutzvorschriften für Minderheitsaktionäre verbleibender faktischer Benachteiligungen wiegt nicht schwerer als die Beeinträchtigung des Leistungs- und Disziplinierungszwangs der Unternehmensleitungen durch ein Zwangsangebot für sämtliche Aktien. Vor diesem Hintergrund sollte die Verpflichtung zur Abgabe eines Vollangebots in die Verpflichtung zur Abgabe eines pro-rata-Angebots abgeändert werden.

1997, 2147, 2148; Röhrich, RIW 1993, 93, 98; Wymeersch, ZGR 2002, 520, 542 f. Vgl. demgegenüber auch Bebchuk, 12 Delaware Journal of Corporate Law (1987), 911, 944. Vgl. dazu auch Daum, Die unkoordinierte Übernahme, 82 f.

[2526] Vgl. Wouters, Common Market Law Review 1993, 267, 284.

[2527] Vgl. Dimke/Heiser, NZG 2001, 241, 257; Heiser, 11 European Business Law Review (2000), 60, 74; Heiser, Interessenskonflikte in der Aktiengesellschaft, 359 ff.; Hirsch/Hertig, in Hopt/Wymeersch, European Takeovers, 430, 435; Hommelhoff, Festschrift Semler, 455, 455 ff.; Hommelhoff/Kleindiek, AG 1990, 106, 108; Hopt, ZHR 161 (1997), 368, 387; Knoll, Übernahme von Kapitalgesellschaften, 200 f., 376; Letzel, NZG 2001, 260, 261; Loehr, in von Rosen/Seifert, Übernahme börsennotierter Unternehmen, 149, 154; Roos, WM 1996, 2177, 2184; Wouters, Common Market Law Review 1993, 267, 284 f.; Wymeersch, in Hopt/Wymeersch, European Takeovers, 351, 358. Zur grundsätzlichen Notwendigkeit der Vervollständigung der Schutzvorschriften vgl. auch Bästlein, Zur Feindlichkeit öffentlicher Übernahmeangebote, 285 ff., mit zahlreichen Beispielen der Ausgrenzung und des anschießenden Aufkaufs; vgl. dazu auch Schneider/Burgard, DB 2001, 963, 965; Wenger/Hecker, ifo Studien 1995, 51, 77. Die Verstärkung des Minderheitenschutzes ist weitgehend ausgeblendet bei Houben, WM 2000, 1873, 1876 ff., der das Pflichtangebot auf Vorzugsaktien, Genuss-Scheine, Gewinn- und Wandelschuldverschreibungen und Optionsanleihen erstrecken will. Zum Wettbewerb der Finanzmärkte vgl. weitergehend Dietl/Pauli/Royer, Internationaler Finanzplatzwettbewerb.

[2528] Vgl. dazu Dimke/Heiser, NZG 2001, 241, 257; Kallmeyer, ZIP 1997, 2147, 2148; Möller, Die Stellung des Aktionärs bei Übernahmen, 116. Darüber hinaus ist mit Recht davon auszugehen, dass eine Ungleichbehandlung jedenfalls dann für die Allokationsvorgänge des Kapitalmarktes vorteilhaft ist, wenn man eine dadurch verursachte mögliche Vertrauenseinbuße der Investoren unberücksichtigt lässt, vgl. dazu Manne, 73 Journal of Political Economy (1965), 110, 110 ff.; Easterbrook/Fischel, 91 Yale Law Journal (1982), 698, 698 ff.; Cheffins, Company Law, 488; Steinberg, Understanding Securities Law, 312. Vgl. dazu auch Van Alstine, EWS 1993, 8, 12.

[2529] Vgl. dazu Baums, ZIP 1989, 1376, 1378; Clark, Corporate Law, 545 f.; Frank/Moreland, RIW 1989, 761, 763; Hommelhoff/Kleindiek, AG 1990, 106, 107; Leebron, 61 New York University Law Review (1986), 153, 186-189; Merkt, US-amerikanisches Gesellschaftsrecht, Rdn. 1018, 1031; Note, 97 Harvard Law Review (1984), 1964, 1966; Knoll, Übernahme von Kapitalgesellschaften, 86 f.; Kurth, Aktionärsschutz, 10 f.; Lipton/Steinberger, Takeovers and Freezeouts, § 1.08 [1]; Peltzer, ZfgK 1986, 291, 292; Peltzer, Festschrift Zimmerer, 274, 280; vgl. dazu auch Alcott v. Hyman, 184 A.2d 90, 94 (Del.Ch. 1962), *affirmed*, 208 A.2d 501 (Del. 1965); Brundage v. Jew Jersey Zinc Co., 226 A.2d 585, 601 (N.J. 1967); Northway, Inc. v. TSC Industries, Inc., 512 F.2d 324, 339 (7th Cir. 1975); Radol v. Thomas, 534 F.Supp. 1302, 1311 (S.D.Ohio 1982).

[2530] Vgl. Dimke/Heiser, NZG 2001, 241, 257; Möller, Die Stellung des Aktionärs bei Übernahmen, 116.

Im Zusammenhang mit dem Minderheitenschutz steht auch die Bestimmung des für die Abgabe eines Vollangebots maßgeblichen Schwellenwertes. Gerade wenn lediglich das Vollangebot für den Minderheitenschutz maßgeblich sein soll, ist die Bestimmung eines Schwellenwertes erforderlich, der unter Berücksichtigung der Präsenzen auf den Hauptversammlungen einen innerhalb der EU geltenden einheitlichen Grenzwert darstellt und um die 30 % liegen sollte.[2531] Im Zusammenhang mit der Verpflichtung zur Abgabe eines Vollangebots ist es zudem als bedenklich anzusehen, dass den Mitgliedstaaten die Etablierung eines weitergehenden Schutzes der Minderheitsgesellschafter eingeräumt ist. Die Schaffung eines Schutzsystems kann so weit gehen, dass Übernahmen noch weiter verteuert oder erschwert würden. So kann beispielsweise im nationalen Recht ein Vollangebot gegen Barzahlung vorgesehen werden, während der Aktientausch ausgeschlossen würde. Außerdem könnte der „angemessene" Preis von den Mitgliedstaaten vergleichsweise hoch festgelegt werden.[2532] Auch dies würde einer wünschenswerten Harmonisierung entgegenstehen. Weitergehende Erschwernisse sind folglich zu verbieten. Richtig erscheint allerdings, dass die Frage des Schutzes von Minderheitsaktionären im Anschluss an den Kontrollerwerb infolge eines Vollangebots

---

[2531] Vgl. dazu Baums, in von Rosen/Seifert, Übernahme börsennotierter Unternehmen, 165, 170 f.; Baums/Fraune, AG 1995, 97, 102; Dimke/Heiser, NZG 2001, 241, 258; Drukarczyk, Theorie und Politik der Finanzierung, 635; Hopt, Festschrift Zöllner, 253, 269; Houben, WM 2000, 1873, 1878 f.; Klein/Stucki, RIW 2001, 488, 491; Lüttmann, Kontrollwechsel in Kapitalgesellschaften, 19 f.; Begründung des Bundesfinanzministeriums zum Referentenentwurf eines Gesetzes zur Regelung von öffentlichen Angeboten zum Erwerb von Wertpapieren und von Unternehmensübernahmen vom 12. März 2001 (über Internet abzurufen über „www.bundesfinanzministerium.de"), 70, 130; Begründung der Bundesregierung zum Entwurf eines Gesetzes zur Regelung von öffentlichen Angeboten zum Erwerb von Wertpapieren und von Unternehmensübernahmen (über Internet abzurufen über „www.bundesfinanzministerium.de"), 69, 129 f. Zu dem Ziel und dem Zweck eines einheitlichen *level playing field* vgl. weitergehend Dimke/Heiser, NZG 2001, 241, 256 f. Dass eine EU-einheitliche Regelung vor dem Offenlassen einer verbindlichen Kontrollschwelle mehr als bedenklich ist, ergibt sich schon aus den unterschiedlichen Vorstellungen vom Schwellenwert innerhalb der EU. So sieht Belgien einen Schwellenwert bei 10 %, während Finnland die Grenze bei 66,6 % setzt. Überwiegend, so in Großbritannien, Irland, Österreich, Italien, Frankreich, Deutschland und der Schweiz wird die Grenze um 30 % angesetzt. Durch die Bestimmung des Schwellenwertes könnte gleichwohl die Umsetzung des Vollangebots gezielt unterlaufen werden. So könnte Deutschland beispielsweise des Schwellenwert ebenfalls bei 66,6 % ansetzen und den Schutz der Minderheitsgesellschafter ergänzen. Auch wenn dies als vorteilhaft für die Volkswirtschaft Deutschlands angesehen würde, wäre dadurch wiederum die Einheitlichkeit europäischer Kapitalmarktabläufe gefährdet. Vgl. dazu auch Pötzsch/Möller, WM-Beil. 2/2000, 3, 12. Vgl. im Übrigen auch den Entwurf einer Empfehlung für die zweite Lesung betreffend den Gemeinsamen Standpunkt des Rates im Hinblick auf den Erlass der Richtlinie des Europäischen Parlaments und des Rates auf dem Gebiet des Gesellschaftsrechts über Übernahmeangebote (8129/1/2000 - C5-0327/2000 - 1995/0341 (COD)) des Ausschusses für Recht und Binnenmarkt vom 27. September 2000, 11/22, 19/22, dem zur Folge die Schwelle einheitlich auf 30% festgelegt werden sollte.

[2532] Vgl. Dimke/Heiser, NZG 2001, 241, 258. Vgl. zur Bewertung des „angemessenen Preises" Krause, NZG 2000, 905, 909. Zur Konkretisierung der Preisbestimmung durch die Mitgliedstaaten vgl. Grunewald, WM 1991, 1361, 1363; Hommelhoff/Kleindiek, AG 1990, 106, 107; Krause, NZG 2000, 905, 909; Lüttmann, Kontrollwechsel bei Kapitalgesellschaften, 219; Reul, Pflicht zur Gleichbehandlung der Aktionäre, 238 f., 306. Zur Bedeutung des Austauschmediums (Aktien oder cash) vgl. auch Jennings/ Mazzeo, 6 Review of Financial Studies (1993), 883, 892 f.; Peterson/Peterson, 15 Journal of Banking and Finance (1991), 383, 383 ff.

nicht durch ein erneutes Zwangsangebot für alle in den Händen der Altaktionäre verbleibenden Aktien beantwortet wird.

Auch die Berechtigung zur Einholung von Konkurrenzangeboten begegnet Bedenken. Zwar würden die Anteilseigner im Einzelfall einen höheren Kursaufschlag erzielen,[2533] der Übernahmemarkt als Ganzes würde jedoch beeinträchtigt werden. Auch insofern entstünde volkswirtschaftlicher Schaden.[2534] Schließlich beeinträchtigen die Möglichkeiten zur Verlängerung der Annahmefrist den Bieter wegen höherer Kosten in seinem Übernahmevorhaben und die Zielgesellschaft in ihrem operativen Geschäft. Insoweit wird von einer lähmenden Wirkung gesprochen. Soweit in Deutschland die Einberufung einer Hauptversammlung nicht rechtzeitig erfolgen könnte, sollte vielmehr die im Aktiengesetz festgeschriebene Frist zumindest für die betroffene Ausnahmesituation verkürzt werden.[2535] Zudem ist nicht einzusehen, warum die Hauptversammlung die Leitungsorgane nicht auch schon vor Ankündigung oder Abgabe eines Übernahmeangebots zur Vornahme von Abwehrmaßnahmen zu ermächtigen berechtigt sein soll.[2536]

Entgegen den hier geäußerten Vorbehalten wandte sich der berichterstattende deutsche Abgeordnete Lehne aus vorgeblich anderen Gründen gegen den Richtlinienvorschlag.[2537] Der Vorschlag sei insbesondere zu überarbeiten, weil die Neutralitätspflicht der Unternehmensleitung der Zielgesellschaft im Vergleich zu den in den Vereinigten Staaten bestehenden Verhaltenspflichten nachteilig sei und Drittinteressen unberücksichtigt blieben.[2538] Hinsichtlich seiner Kritik hatte Lehne von

---

[2533] Vgl. Daum, Die unkoordinierte Übernahme, 86; Dimke/Heiser, NZG 2001, 241, 258; Jarrell/Bradley, 23 Journal of Law and Economics (1980), 371, 388 ff.; Lehnert, Unternehmensübernahmen in den USA, 31 f.; Wouters, Common Market Law Review 1993, 267, 306.

[2534] Vgl. Dimke/Heiser, NZG 2001, 241, 258; Koch, Hindernisse für öffentliche Übernahmeangebote, 238 ff.; Mülbert/Birke, WM 2001, 705, 712. Vgl. dazu auch unten unter 5.Teil D. VIII. 3.

[2535] So zu recht aber nicht weit reichend genug § 19 Absatz 4 des Übernahmegesetzentwurfs. Vgl. im Übrigen auch zur bedenkenswerten Abstimmung des Leitungsverhaltens über Internet/elektronische Abstimmungen Kirchner, WM 2000, 1821, 1830; Thaeter/Barth, NZG 2001, 545, 548 f.

[2536] So auch Dimke/Heiser, NZG 2001, 241, 258; Grunewald, AG 2001, 288, 290; Weisner, Verteidigungsmaßnahmen gegen unfreundliche Übernahmeversuche, 237.Vgl. dazu auch Kirchner, WM 2000, 1821, 1830.

[2537] Vgl. Arbeitsdokument über den Vorschlag für eine 13. Richtlinie des Europäischen Parlaments und des Rates auf dem Gebiet des Gesellschaftsrechts über Übernahmeangebote, PE 285.995 vom 17. April 2000 (Berichterstatter: Klaus-Heiner Lehne, EVP). Demnach fordert Lehne neben der Flexibilisierung der Neutralitätspflicht deutlich präzisierte Regelungen unmittelbar durch die Richtlinie und eine weit reichende Einschränkung der Neutralitätspflicht. Vgl. auch Dimke/Heiser, NZG 2001, 241, 257 ff.; Wiesner, ZIP 2000, 1792, 1795 f.; Frankfurter Zeitung vom 14. März 2000, 11 (Bericht von Lehne); Handelsblatt vom 14. Juni 2000, 9; Handelsblatt vom 16. Oktober 2000, 57; Handelsblatt vom 7. Dezember 2000, 1, 10; Frankfurter Allgemeine Zeitung vom 8. Dezember 2000, 13.

[2538] Vgl. Dimke/Heiser, NZG 2001, 241, 257 ff.; Handelsblatt vom 14. Juni 2000, 9; Frankfurter Allgemeine Zeitung vom 20. Juni 2000, 17; Handelsblatt vom 16. Oktober 2000, 57; Handelsblatt vom 7. Dezember 2000, 10. Vgl. zu dieser Forderung im Übrigen auch Antrag der CDU/CSU-Bundestags-Fraktion, BT-Drs. 14/3776 vom 4. Juli 2000; Kirchner, WM 2000, 1821, 1829; vgl. hierzu auch Börsen-Zeitung vom 12. Juli 2000, 5; Neye, ZIP 2001, 1120, 1121 f.; Kirchner, AG 1999, 481, 481 ff.; Witte, BB 2000, 2161, 2165; Börsen-Zeitung vom 27. Juli 2000, 6 (Gegenwehr der Mehrheit der Spitzenverbände); Handelsblatt vom 8./9. Dezember 2000, 1, 8 (BDI fordert Mittel gegen feindliche Übernahmen). Zum

anderen Abgeordneten Unterstützung erfahren.[2539] Zuzustimmen ist Lehne zunächst darin, dass in Zeiten enger zusammenwachsender Kapitalmärkte und schneller und international reagierender Anleger darauf zu achten ist, dass der europäische Kapitalmarkt bzw. die Kapitalmärkte der Mitgliedstaaten nicht gegenüber konkurrierenden Kapitalmärkten diskriminiert werden.[2540] Demgegenüber wäre ein Wettbewerbsvorteil unbedenklich, weil er für die Mitgliedstaaten im internationalen Vergleich nur eine zusätzliche Wohlstandssteigerung bedeuten könnte. Im Zusammenhang mit Übernahmeregeln bedeutet dies, dass die dem jeweiligen Kapitalmarkt angeschlossenen Unternehmen im Wettbewerb um die Investitionen der Anleger keinen Nachteilen ausgesetzt sein dürfen. Als Nachteil haben Regeln zu gelten, die Investoren von der Anlage im betroffenen Rechtsraum abhalten oder Anlagen unwahrscheinlicher machen. Hinsichtlich der Verpflichtung zur Abgabe eines Vollangebots war schon festgestellt worden, dass eine Diskriminierung stattfände, weil in den Vereinigten Staaten diese Verpflichtung grundsätzlich nicht besteht.[2541] Soweit diese Pflicht eine Übernahme verteuert und erschwert, verringert sich jedenfalls der generell und in konkreten Fällen bestehende Leistungs- und Disziplinierungsdruck für die Unternehmensleitungen. Darüber hinaus würde die möglicherweise aus einer Übernahme resultierende Allokationsoptimierung nicht

---

Wettbewerb der Rechtssysteme vgl. weitergehend Hopt, ZHR 161 (1997), 368, 381 ff. So wohl auch Schneider/Burgard, DB 2001, 963, 965.

[2539] Vgl. Land/Hasselbach, DB 2000, 1747, 1747; Handelsblatt vom 7. Dezember 2000, 1, 10; Frankfurter Allgemeine Zeitung vom 8. Dezember 2000, 13.

[2540] Vgl. Dimke/Heiser, NZG 2001, 241, 257 ff.; Gordon, AG 2002, 670, 671; Monti, in von Rosen/Seifert, Übernahme börsennotierter Unternehmen, 15, 16; Pötzsch/Möller, WM-Beil. 2/2000, 3, 4; Wiesner, ZIP 2000, 1792, 1795 f., der in der Abschaffung von Höchst- und Mehrfachstimmrechten eine Verstärkung des Ungleichgewichts zu Lasten der deutschen Aktiengesellschaften festzustellen glaubt, während doch unter kapitalmarktlicher Betrachtung genau das Gegenteil der Fall ist. Vgl. in diesem Zusammenhang auch die Begründung des Bundesfinanzministeriums zum Referentenentwurf eines Gesetzes zur Regelung von öffentlichen Angeboten zum Erwerb von Wertpapieren und von Unternehmensübernahmen vom 12. März 2001 (über Internet abzurufen über „www.bundesfinanzministerium. de"), 59, 60; Begründung der Bundesregierung zum Entwurf eines Gesetzes zur Regelung von öffentlichen Angeboten zum Erwerb von Wertpapieren und von Unternehmensübernahmen (über Internet abzurufen über „www.bundesfinanzministerium.de"), 62; Die Zeit vom 27. April 2000, 21 f. Vgl. im Übrigen zu der Erwartungshaltung international agierender Anleger Schneider, DB 2000, 2413, 2414 ff. Zur Integrationsbewegung internationaler Kapitalmärkte vgl. Jandura, Integration internationaler Finanzmärkte. Vgl. im Übrigen zur Problematik des so genannten *level playing field* Dimke/Heiser, NZG 2001, 241, 256 f.; missverständlich Becker, ZHR 165 (2001), 280, 283; Rühland, NZG 2003, 1150, 1150 ff.; Handelsblatt vom 13. Juni 2001, R 2. Zum Wettbewerb der Finanzmärkte vgl. weitergehend Dietl/Pauli/ Royer, Internationaler Finanzplatzwettbewerb. Zur europarechtlichen Rechtslage von *golden shares* vgl. in diesem Zusammenhang auch EuGH (Plenum), Urteil vom 4. Juni 2002 - Rs. C-367/98 - Kommission der EG ./. Portugiesische Republik; EuGH (Plenum), Urteil vom 4. Juni 2002 - Rs. C-483/99 - Kommission der EG ./. Französische Republik; EuGH (Plenum), Urteil vom 4. Juni 2002 - Rs. C-503/99 - Kommission der EG ./. Königreich Belgien; EuGH, Urteil vom 13. Mai 2003 - Rs. C-463/00 - Kommission der EG ./. Königreich Spanien; EuGH, Urteil vom 13. Juni 2003 - Rs. C-98/01 - Kommission der EG ./. Vereinigtes Königreich Großbritannien und Nordirland; Armbrüster, JuS 2003, 224, 224 ff.; Kilian, NJW 2003, 2653, 2653 ff.; Krause, NJW 2002, 2747, 2747 ff.

[2541] Section 14(d)(6) Williams Act schreibt eine pro-rata-Berücksichtigung fest. Siehe dazu auch Van Alstine, EWS 1993, 8, 12.

einsetzen, so dass eine Wohlstandssteigerung nicht bewirkt werden könnte. Die Investoren sind so eher gehindert, einen Kursaufschlag zu realisieren.

Dem wird entgegnet, dass Bieter ein Vollangebot ohnehin abgeben würden, um ihren Gewinn zu maximieren.[2542] Wenn dem tatsächlich regelmäßig so ist, könnte die Verpflichtung zugunsten eines pro-rata-Angebots zwanglos abgeändert werden. So bliebe es den Finanzierungsmöglichkeiten des Bieters überlassen, wie weit sich sein Angebot erstreckt. Andererseits wird vorgebracht, dass so Übernahmen vorgebeugt würde, die nicht auf Effizienzsteigerungen, sondern auf Kostenexternalisierungen zulasten der Minderheitsaktionäre abzielten.[2543] Die richtige Antwort auf derartige nicht übernahmespezifische Konstellationen ist dagegen einmal mehr einzig und allein die Etablierung eines sachgerechten und angemessenen Schutzes der Minderheitsaktionäre.[2544] dass der relativen Effizienzverringerung der EU-weiten Kapitalmärkte mit der Aufhebung der Vollangebotsverpflichtung und mit der Begründung eines pro-rata-Angebots zu begegnen ist, war bereits zuvor ausgeführt worden.

Hinsichtlich des Neutralitätsgebots liegt demgegenüber jedoch gerade keine Diskriminierung der europäischen Kapitalmärkte vor. Soweit das US-amerikanische Recht in bestimmten Fällen Verteidigungsmaßnahmen zum Schutz der Aktionäre und von gegebenenfalls verbleibenden Minderheitsaktionären erlaubt, könnte zwar bei oberflächlicher Betrachtung behauptet werden, dass amerikanischen Firmen die Übernahme europäischer Unternehmen leichter gemacht würde als umgekehrt. Für die Kapitalmarkttransaktionen bedeutet dies jedoch einen entgegengesetzten Vorteil, weil Investoren wegen der positiven Auswirkungen einer Neutralitätsverpflichtung eher geneigt wären, sich im europäischen Kapitalmarkt zu betätigen.[2545] Die so bewirkte Effizienzsteigerung der europäischen Kapitalmärkte wäre mit den „leichteren" Übernahmebedingungen abzuwägen und würde mutmaßlich schon für sich diesen Vorteil kompensieren. Darüber hinaus ist festzustellen, dass in den Vereinigten Staaten ein sachgerechter und angemessener Schutz von Minderheitsaktionären nicht besteht. Nur ausnahmsweise dürften Verteidigungsmaßnahmen erlaubt sein, vorrangig zum Schutz der Aktionäre der Zielgesellschaft und nur subsidiär, zumeist infolge einzelstaatlicher Spezialregelungen zum Schutz so

---

[2542] Vgl. dazu auch kritisch Dimke/Heiser, NZG 2001, 241, 257 f.

[2543] Vgl. Reul, Pflicht zur Gleichbehandlung der Aktionäre, 130 ff., 238 ff., 250; KölnerKommWpÜG/Hirte, Einleitung, Rdn. 20 ff.; Krause, Das obligatorische Übernahmeangebot, 119 ff., 161; Krause, WM 1996, 893, 893 ff.; Herkenroth, Konzernierungsprozesse, 297 ff.; Houben, WM 2000, 1873, 1873; von Beauvais, Grenzen des Höchststimmrechts, 139.

[2544] Vgl. dazu Dimke/Heiser, NZG 2001, 241, 258; Fleischer, WpÜG, 28 f., Hopt, ZHR 161 (1997), 368, 386 f., Roos, WM 1996, 2177, 2184; Schneider/Burgard, DB 2001, 963, 965 ff.; Zink, Schweizerische Zeitschrift für Volkswirtschaft und Statistik 127 (1991), 55, 55 ff. Vgl. dazu auch Beckmann, DB 1995, 2407, 2416; Loehr, in von Rosen/Seifert, Übernahme börsennotierter Unternehmen, 149, 154.

[2545] Vgl. Dimke/Heiser, NZG 2001, 241, 258. Vgl. zu den Kapitalflüssen zwischen USA und Eurozone infolge von M&A-Aktivitäten, der Entwicklung dieser Ströme und den volkswirtschaftlichen Folgen Handelsblatt vom 07. Februar 2001, 33. Zum Wettbewerb der Finanzmärkte vgl. weitergehend Dietl/ Pauli/ Royer, Internationaler Finanzplatzwettbewerb.

genannter *stakeholder*.[2546] Infolge der festgeschriebenen Schutzvorschriften für Aktionäre und *stakeholder* würde regelmäßig in Europa eine Übernahme in den Fällen ohnehin nicht in Betracht kommen, in denen in den USA Verteidigungsmaßnahmen erlaubt sind. Die Neutralitätspflicht erweist sich im Zusammenwirken mit in Europa weitergehend etablierten Schutzvorschriften für Minderheiten, zu denen auch die Verpflichtung zur Abgabe des Vollangebots gehören kann, als den US-amerikanischen Verhaltenspflichten zumindest gleichwertig. Soweit US-amerikanische Bieter leichter europäische Unternehmen übernehmen könnten als europäische Bieter US-amerikanische Unternehmen, verhindern Schutzmechanismen viel eher die gewünschte Umstrukturierung europäischer Unternehmen, während europäische Firmen in den USA eher mit Abwehrmaßnahmen konfrontiert sind, aber im Anschluss leichter und schneller die Umstrukturierung durchführen können. Hinsichtlich der Neutralitätspflicht und des ergänzenden Schutzsystems für Aktionäre und *stakeholder* erweisen sich die Rechtssysteme der EU-Staaten jedenfalls auf lange Sicht als überlegen. Während in den USA vielfach mehr, länger und kostenaufwendiger über Abwehrmaßnahmen gestritten wird, beugt das europäische Regelungssystem derartigen Streitigkeiten und Kosten vor und gewährleistet gleichzeitig eine Effizienzsteigerung unter ausgewogener Berücksichtigung der relevanten Interessen, wobei der Trennung des Übernahmevorgangs und der anschließenden Verwendung des übernommenen Unternehmens unter dem Blickwinkel des Minderheitenschutzes entscheidende Bedeutung beizumessen ist.

IX. Vom Parlament bestimmte Änderungen

Mit dem inzwischen vorgelegten Entwurf einer Empfehlung für die zweite Lesung[2547] hatte der Ausschuss für Recht und Binnenmarkt eine Reihe von Änderungen vorgeschlagen. Am 13. Dezember 2000 hat das Parlament über die Änderungsvorschläge abgestimmt.[2548] Eine Reihe von Änderungsvorschlägen sind befürwortet worden, den so geänderten Gemeinsamen Standpunkt hat das Parlament gebilligt.[2549] Zunächst wird eine Verschiebung der nationalen Zuständigkeiten des Aufsichtsorgans dahingehend befürwortet, dass generell das Aufsichtsorgan des Mitgliedstaates zuständig sein soll, in dem die Zielgesellschaft ihren Sitz hat.[2550]

[2546] Vgl. Dimke/Heiser, NZG 2001, 241, 259. Vgl. hierzu auch Gordon, AG 2002, 670, 672 f. Dies scheinen Lehne und Kirchner, WM 2000, 1821, 1829, und BB 2000, 105, 112, zu übersehen.

[2547] Vgl. Entwurf einer Empfehlung für die zweite Lesung betreffend den Gemeinsamen Standpunkt des Rates im Hinblick auf den Erlass der Richtlinie des Europäischen Parlaments und des Rates auf dem Gebiet des Gesellschaftsrechts über Übernahmeangebote (8129/1/ 2000 - C5-0327/2000 - 1995/0341 (COD)) des Ausschusses für Recht und Binnenmarkt vom 27. September 2000.

[2548] Vgl. dazu Sitzungsprotokoll des Europäischen Parlaments vom 13. Dezember 2000 - Dok. PE 298 924; Neye, ZIP 2001, 1120, 1121; Handelsblatt vom 14. Dezember 2000, 12.

[2549] Vgl. Sitzungsprotokoll des Europäischen Parlaments vom 13. Dezember 2000 - Dok. PE 298 924.

[2550] Vgl. Entwurf einer Empfehlung für die zweite Lesung betreffend den Gemeinsamen Standpunkt des Rates im Hinblick auf den Erlass der Richtlinie des Europäischen Parlaments und des Rates auf dem Gebiet des Gesellschaftsrechts über Übernahmeangebote (8129/1/ 2000 - C5-0327/2000 - 1995/0341 (COD)) des

Die Ansetzung des angemessenen Preises wird mindestens in Höhe des Höchstpreises befürwortet, der für Wertpapiere in den zurückliegenden drei Monaten vor der Bekanntmachung des Angebots gezahlt worden ist.[2551] Eine zwingende Barzahlungsalternative ist jedenfalls dann vorzusehen, wenn der Bieter zusammen mit weiteren gemeinsam handelnden Personen in den 12 Monaten vor Angebotsabgabe insgesamt mehr als 10% der Stimmrechte erworben hat oder dies vor Ablauf der Angebotsfrist tut.[2552] Die Festlegung der Kontrollschwelle auf einheitlich 30% wird befürwortet.[2553] Der Bieter soll bei Erwerb einer mehr als 95%tigen Beteiligung zur Übernahme der verbleibenden Anteile zum Angebotspreis berechtigt werden.[2554] Die Angebotsfrist soll auf maximal drei Monate verlängert werden.[2555] Hinsichtlich der Neutralitätspflicht sollen nunmehr Handlungen rechtmäßig sein, die gesell-

---

Ausschusses für Recht und Binnenmarkt vom 27. September 2000, 6/22-9/22; Sitzungsprotokoll des Europäischen Parlaments vom 13. Dezember 2000.

[2551] Vgl. Entwurf einer Empfehlung für die zweite Lesung betreffend den Gemeinsamen Standpunkt des Rates im Hinblick auf den Erlass der Richtlinie des Europäischen Parlaments und des Rates auf dem Gebiet des Gesellschaftsrechts über Übernahmeangebote (8129/1/ 2000 - C5-0327/2000 - 1995/0341 (COD)) des Ausschusses für Recht und Binnenmarkt vom 27. September 2000, 10/22; ZIP 43/2000, VIII.; Sitzungsprotokoll des Europäischen Parlaments vom 13. Dezember 2000.

[2552] Vgl. Entwurf einer Empfehlung für die zweite Lesung betreffend den Gemeinsamen Standpunkt des Rates im Hinblick auf den Erlass der Richtlinie des Europäischen Parlaments und des Rates auf dem Gebiet des Gesellschaftsrechts über Übernahmeangebote (8129/1/ 2000 - C5-0327/2000 - 1995/0341 (COD)) des Ausschusses für Recht und Binnenmarkt vom 27. September 2000, 10/22; ZIP 43/2000, VIII.; Sitzungsprotokoll des Europäischen Parlaments vom 13. Dezember 2000.

[2553] Vgl. Entwurf einer Empfehlung für die zweite Lesung betreffend den Gemeinsamen Standpunkt des Rates im Hinblick auf den Erlass der Richtlinie des Europäischen Parlaments und des Rates auf dem Gebiet des Gesellschaftsrechts über Übernahmeangebote (8129/1/ 2000 - C5-0327/2000 - 1995/0341 (COD)) des Ausschusses für Recht und Binnenmarkt vom 27. September 2000, 11/22; Sitzungsprotokoll des Europäischen Parlaments vom 13. Dezember 2000. Vgl. dazu im Übrigen auch Begründung des Bundesfinanzministeriums zum Referentenentwurf eines Gesetzes zur Regelung von öffentlichen Angeboten zum Erwerb von Wertpapieren und von Unternehmensübernahmen vom 12. März 2001 (über Internet abzurufen über „www. bundesfinanzministerium.de"), 70, 130; Begründung der Bundesregierung zum Entwurf eines Gesetzes zur Regelung von öffentlichen Angeboten zum Erwerb von Wertpapieren und von Unternehmensübernahmen (über Internet abzurufen über „www.bundesfinanzministerium.de"), 69, 129 f.

[2554] Vgl. Entwurf einer Empfehlung für die zweite Lesung betreffend den Gemeinsamen Standpunkt des Rates im Hinblick auf den Erlass der Richtlinie des Europäischen Parlaments und des Rates auf dem Gebiet des Gesellschaftsrechts über Übernahmeangebote (8129/1/ 2000 - C5-0327/2000 - 1995/0341 (COD)) des Ausschusses für Recht und Binnenmarkt vom 27. September 2000, 12/22; Sitzungsprotokoll des Europäischen Parlaments vom 13. Dezember 2000. Vgl. im Übrigen dazu auch Begründung des Bundesfinanzministeriums zum Referentenentwurf eines Gesetzes zur Regelung von öffentlichen Angeboten zum Erwerb von Wertpapieren und von Unternehmensübernahmen vom 12. März 2001 (über Internet abzurufen über „www. bundesfinanzministerium.de"), 74 ff.; Begründung der Bundesregierung zum Entwurf eines Gesetzes zur Regelung von öffentlichen Angeboten zum Erwerb von Wertpapieren und von Unternehmensübernahmen (über Internet abzurufen über „www.bundesfinanzministerium.de"), 73 ff.; 182 f.; Neye, ZIP 2001, 1120, 1121.

[2555] Vgl. Entwurf einer Empfehlung für die zweite Lesung betreffend den Gemeinsamen Standpunkt des Rates im Hinblick auf den Erlass der Richtlinie des Europäischen Parlaments und des Rates auf dem Gebiet des Gesellschaftsrechts über Übernahmeangebote (8129/1/ 2000 - C5-0327/2000 - 1995/0341 (COD)) des Ausschusses für Recht und Binnenmarkt vom 27. September 2000, 12/22; ZIP 43/2000, VIII.; Sitzungsprotokoll des Europäischen Parlaments vom 13. Dezember 2000.

schaftsrechtlich zulässig sind, die Frist für die Ermächtigung zu Kapitalerhöhungen soll von 18 auf 60 Monate angehoben werden, generell sollen auch Ermächtigungen der Hauptversammlung innerhalb von 60 Monaten vor Angebotsabgabe zur Abwehrmaßnahmen berechtigen. Darüber hinaus ist eine Delegationsmöglichkeit derartiger Ermächtigungen von der Hauptversammlung auf den Aufsichtsrat innerhalb derselben Frist befürwortet worden.[2556] Im Übrigen wird die Verkürzung der Transformationsfrist von vier auf zwei Jahre befürwortet.[2557]

Zu befürworten wäre die einheitliche Festlegung der Kontrollschwelle auf 30%. Abzulehnen ist demgegenüber die Abänderung der Vorschriften über die Neutralitätspflicht. Demgegenüber erscheinen die Ausweitung der Befugnisse der Hauptversammlung dahingehend, dass eine Ermächtigung zur Vornahme von Abwehrmaßnahmen auch schon vor Angebotsabgabe ausgesprochen werden kann, sowie die Höchstpreisregelung sinnvoll. Im Übrigen sind Bedenken hinsichtlich der weiteren übernahmeerschwerenden Änderungen angebracht.

Die Kommission der Europäischen Gemeinschaft hat zu den Änderungen des Gemeinsamen Standpunktes am 12. Februar 2001 Stellung bezogen.[2558] Den Grundsatz der Neutralitätsverpflichtung wollte eine überragende Mehrheit im Rat zu Recht keinesfalls aufgeben.[2559]

X. Vom Vermittlungsausschuss gebilligte Änderungen und Bewertung

Wider Erwarten[2560] kam es - wohl infolge einer kurzfristigen Änderung der Zusammensetzung der Delegation des Europäischen Parlaments[2561] - in der Nacht zum 6. Juni 2001 zu einer Verständigung im Vermittlungsausschuss. Der Ausschuss hat sich auf folgende Änderungen verständigt.[2562]

[2556] Vgl. Entwurf einer Empfehlung für die zweite Lesung betreffend den Gemeinsamen Standpunkt des Rates im Hinblick auf den Erlass der Richtlinie des Europäischen Parlaments und des Rates auf dem Gebiet des Gesellschaftsrechts über Übernahmeangebote (8129/1/ 2000 - C5-0327/2000 - 1995/0341 (COD)) des Ausschusses für Recht und Binnenmarkt vom 27. September 2000, 13/22-15/22; ZIP 43/2000, VIII.; Sitzungsprotokoll des Europäischen Parlaments vom 13. Dezember 2000. Vgl. dazu auch Handelsblatt vom 7. Dezember 2000, 10.

[2557] Vgl. Entwurf einer Empfehlung für die zweite Lesung betreffend den Gemeinsamen Standpunkt des Rates im Hinblick auf den Erlass der Richtlinie des Europäischen Parlaments und des Rates auf dem Gebiet des Gesellschaftsrechts über Übernahmeangebote (8129/1/ 2000 - C5-0327/2000 - 1995/0341 (COD)) des Ausschusses für Recht und Binnenmarkt vom 27. September 2000, 17/22; Sitzungsprotokoll des Europäischen Parlaments vom 13. Dezember 2000.

[2558] Vgl. Stellungnahme der Kommission zu den Abänderungen des Europäischen Parlaments betreffend den Vorschlag für eine Richtlinie auf dem Gebiet des Gesellschaftsrechts über Übernahmeangebote vom 12. Februar 2001.

[2559] Vgl. Neye, ZIP 2001, 1120, 1122.

[2560] Vgl. Neye, ZIP 2001, 1120, 1122; Handelsblatt vom 29. Mai 2001, 8; Handelsblatt vom 31. Mai 2001, 6; Handelsblatt vom 7. Juni 2001, 2. Vgl. dazu auch Die Welt vom 8. Juni 2001, 13.

[2561] Vgl. Neye, ZIP 2001, 1120, 1122; Handelsblatt vom 7. Juni 2001, 2.

[2562] Der geänderte Entwurf (Dok. PE-CONS 3629/01) ist abgedruckt in ZIP 2001, 1123, 1123 ff.

An der Festschreibung der Neutralitätspflicht ist uneingeschränkt festgehalten worden. Es sind Fristenregelung geringfügig verändert und ergänzend klarstellende und konkretisierende Regelungen aufgenommen worden, ohne dass diesen grundsätzliche Bedeutung zugeschrieben werden könnte. Die Ladungsfrist für die Hauptversammlung wird auf mindestens zwei Wochen festgesetzt. Die Umsetzung der Bestimmung über die Neutralitätspflicht ist abweichend von der sonst vorgesehenen Vierjahresfrist mit einer Frist von fünf Jahren bemessen worden.[2563] Hinsichtlich des Pflichtangebots hat der Bieter nach Art. 5 Absatz 1 auch eine Geldleistung anzubieten, wenn er in der Angebotsphase außerhalb des Übernahmeverfahrens mehr als 5 % der Aktien oder der Stimmrechte an der Zielgesellschaft gegen Barzahlung erworben hat, wobei der Mitgliedstaat die Schwelle auch niedriger anzusetzen berechtigt ist. Im Übrigen sind die Informationspflichten gegenüber den Arbeitnehmern erweitert worden.

XI. Erneutes Scheitern der Richtlinie

Am 4. Juli 2001 stimmte das Europaparlament endgültig über die vom gemeinsamen Vermittlungsausschuss verabschiedete Fassung der Richtlinie ab.[2564] Vorgeblich infolge ungleicher Rahmenbedingungen in den unterschiedlichen europäischen Staaten[2565] kam im Parlament - maßgeblich nach dem Meinungsumschwung der

[2563] Die Verlängerung der Umsetzungsfrist erfolgte insbesondere wegen der Einsetzung eines Ausschusses von Gesellschaftsrechtsexperten, die die Harmonisierung des Gesellschaftsrechts auf EU-Ebene überprüfen und konkretisierende Vorschläge unterbreiten sollen. Aus deutscher Sicht ist von besonderer Bedeutung, dass es in innerhalb der Gemeinschaft ein *level playing field* für Übernahmevorgängen gibt, vgl. dazu insgesamt Neye, ZIP 2001, 1120, 1123; mißverständlich Becker, ZHR 165 (2001), 280, 283; Rühland, NZG 2003, 1150, 1150 ff.; Handelsblatt vom 13. Juni 2001, R 2. Zur europarechtlichen Rechtslage von *golden shares* vgl. in diesem Zusammenhang EuGH (Plenum), Urteil vom 4. Juni 2002 - Rs. C-367/98 - Kommission der EG ./. Portugiesische Republik; EuGH (Plenum), Urteil vom 4. Juni 2002 - Rs. C-483/99 - Kommission der EG ./. Französische Republik; EuGH (Plenum), Urteil vom 4. Juni 2002 - Rs. C-503/99 - Kommission der EG ./. Königreich Belgien; EuGH, Urteil vom 13. Mai 2003 - Rs. C-463/00 - Kommission der EG ./. Königreich Spanien; EuGH, Urteil vom 13. Juni 2003 - Rs. C-98/01 - Kommission der EG ./. Vereinigtes Königreich Großbritannien und Nordirland; Armbrüster, JuS 2003, 224, 224 ff.; Kilian, NJW 2003, 2653, 2653 ff.; Krause, NJW 2002, 2747, 2747 ff.

[2564] Vgl. Neye, NZG 2002, 1144, 1144; Handelsblatt vom 4. Juli 2001, 3, 8.

[2565] So Höchst- und Mehrfachstimmrechte und *golden shares* in einigen Staaten, vgl. dazu Begründung zum Richtlinienvorschlag 2002, NZG 2002, 1151, 1152; Armbrüster, JuS 2003, 224, 224 ff.; Kilian, NJW 2003, 2653, 2653 ff.; Krause, NJW 2002, 2747, 2747 ff.; Land, DB 2001, 1707, 1707; Handelsblatt vom 4. Juli 2001, 3, 8. Auch Neye, NZG 2002, 1144, 1145, geht offenbar von einer Benachteiligung der Staaten aus, die keine Höchst-, Mehrfachstimmrechte oder *golden shares* zulassen. Das Gegenteil ist der Fall. Die betroffenen Staaten diskreditieren sich im internationalen Kapitalmarkt und werden Wettbewerbsnachteilen ausgesetzt sein. Zur europarechtlichen Rechtslage der *golden shares* vgl. EuGH (Plenum), Urteil vom 4. Juni 2002 - Rs. C-367/98 - Kommission der EG ./. Portugiesische Republik; EuGH (Plenum), Urteil vom 4. Juni 2002 - Rs. C-483/99 - Kommission der EG ./. Französische Republik; EuGH (Plenum), Urteil vom 4. Juni 2002 - Rs. C-503/99 - Kommission der EG ./. Königreich Belgien; EuGH, Urteil vom 13. Mai 2003 - Rs. C-463/00 - Kommission der EG ./. Königreich Spanien; EuGH, Urteil vom 13. Juni 2003 - Rs. C-98/01 - Kommission der EG ./. Vereinigtes Königreich Großbritanien und Nordirland; Armbrüster, JuS 2003, 224, 224 ff.; Kilian, NJW 2003, 2653, 2653 ff.; Krause, NJW 2002, 2747, 2747 ff.

Bundesrepublik Deutschland - keine Mehrheit zustande.[2566] Die Verabschiedung und Umsetzung der Richtlinie ist somit einmal mehr gescheitert.

C. Richtlinie 2004

Nachdem die Ergebnisse einer von der EU-Kommission eingesetzten Expertengruppe zur Entwicklung von Übernahmeregelungen in einem europäischen *level playing field*[2567] vorlagen,[2568] hatte die Kommission am 02. Oktober 2002 einen neuen „Vorschlag für eine Richtlinie des Europäischen Parlaments und des Rates betreffend Übernahmeangebote" verabschiedet.[2569]

Der Vorschlag lehnte sich weitgehend an den im Vermittlungsauschuß im Jahre 2001 konsentierten Text an. Abweichend ist zunächst in Artikel 5 der angemessene Preis dahingehend definiert worden, dass der höchste sechs bis zwölf Monate vor dem Angebot gezahlte Preis maßgeblich ist.[2570] Die Informationspflicht wird weiter auch auf die Arbeitnehmer der Bietergesellschaft erstreckt. Die zuvor in Artikel 9 Absatz 2 vorgesehene Möglichkeit der Mitgliedstaaten, bei der Zielgesellschaft Vorratsbeschlüsse zur Kapitalerhöhung ohne Bezugsrechtsausschluss zuzulassen, entfällt. Nach Artikel 19 sollten die Mitgliedstaaten berechtigt sein, die Anwendung der Vorschrift noch bis zu drei Jahren nach dem vorgesehenen Umsetzungstermin zum 01. Januar 2005 auszusetzen.

[2566] Vgl. Land, DB 2001, 1707, 1707; Neye, ZIP 2001, 1120, 1120 ff.; Neye, NZG 2002, 1144, 1145.

[2567] Vgl. Dauner-Lieb/Lamandini, BB 2003, 265, 265 ff.; Krause, BB 2002, 2341, 2342 f.; Krause, NJW 2002, 2747, 2751; Neye, NZG 2002, 1144, 1144; Rühland, NZG 2003, 1150, 1150 ff.; Seibt/Heiser, ZIP 2002, 2193, 2193. Zur europarechtlichen Rechtslage von *golden shares* vgl. EuGH (Plenum), Urteil vom 4. Juni 2002 - Rs. C-367/98 - Kommission der EG ./. Portugiesische Republik; EuGH (Plenum), Urteil vom 4. Juni 2002 - Rs. C-483/99 - Kommission der EG ./. Französische Republik; EuGH (Plenum), Urteil vom 4. Juni 2002 - Rs. C-503/99 - Kommission der EG ./. Königreich Belgien; EuGH, Urteil vom 13. Mai 2003 - Rs. C-463/00 - Kommission der EG ./. Königreich Spanien; EuGH, Urteil vom 13. Juni 2003 - Rs. C-98/01 - Kommission der EG ./. Vereinigtes Königreich Großbritanien und Nordirland; Armbrüster, JuS 2003, 224, 224 ff.; Kilian, NJW 2003, 2653, 2653 ff.; Krause, NJW 2002, 2747, 2747 ff.

[2568] Die Ergebnisse lagen am 10. Januar 2002 vor. Der Bericht ist abrufbar unter http://europa.eu.int / comm/internalmarket/en/company/ news/hlg01-2002.de.pdf. Zum Inhalt des Berichts vgl. weiter Kölner KommWpÜG/Hirte, Einleitung, Rdn. 67 f.; Hopt, ZHR 166 (2002), 383, 387; Neye, NZG 2002, 1144, 1144 f.; Seibt/Heiser, ZIP 2002, 2193, 2193 ff.

[2569] Dokument KOM (2002) 534 endg., auch veröffentlicht als Ratsdokument 12864/02 und als BR-Dr. 800/02, abgedr. in NZG 2002, 1146, 1146 ff. und ZIP 2002, 1863, 1863 ff. Vgl. weiter zur Bewertung und Entwicklung der Richtlinie Dauner-Lieb/Lamandini, BB 2003, 265, 265 ff.; Krause, ZGR 2002, 500, 517 ff.; Krause, NJW 2002, 2747, 2751; Rühland, NZG 2003, 1150, 1150 ff.; Handelsblatt vom 4./5. Oktober 2002, 5; Handelsblatt vom 12. November 2002, 5; Handelsblatt vom 29. Januar 2003, 3; Handelsblatt vom 14./15. März 2003, 4. Vgl. hierzu weiter den so genannten „italienischen Kompromissvorschlag" vom Oktober 2003, nach dem nationale Abwehrmechanismen weitgehend erhalten bleiben können, kommentiert im Handelsblatt vom 13. Oktober 2003, 1, 9, und den so genannten „italienisch-griechisch-portugiesischen Kompromiss" vom November 2003, nach dem wahlweise nationale Abwehrmechanismen erhalten bleiben können oder die Entscheidung an die Unternehmen delegiert werden kann.

[2570] Zur Preisbestimmung vgl. weiter Seibt/Heiser, ZIP 2002, 2193, 2195; Seibt, Frankfurter Allgemeine Zeitung vom 9. Oktober 2002, 19.

Kernpunkt des Vorschlags ist die in Artikel 11 geregelte umfassende Unwirksamkeit von Übertragungs- und Stimmrechtsbeschränkungen nach Abgabe eines Übernahmeangebots für die Zeit während der Annahmefrist und im Zusammenhang mit der ersten Hauptversammlung.[2571] Nach der Begründung zu Artikel 11 sollen davon allerdings die in den skandinavischen Ländern und in Frankreich verbreiteten Doppel- und Mehrstimmrechte nicht erfasst sein.[2572] In Artikel 14 ist eine Squeeze-out Option nach einem Übernahmeangebot für alle Aktien für den Fall vorgesehen, dass die Bietergesellschaft mindestens 90 % der Aktien erworben hat. Die Mitgliedstaaten sind den Grenzwert bis auf maximal 95 % anzuheben berechtigt. Für Dauer von 3 Monaten ist dabei der Übernahmepreis maßgeblich, wenn infolge dieses Angebots die festgelegte Erwerbsquote erreicht wird. Spiegelbildlich ist in Artikel 15 unter denselben Bedingungen eine Andienungsrecht der Aktionäre vorgesehen.

Das Europäische Parlament hat am 16. Dezember 2003 mit 321:219 Stimmen den Kommissionsvorschlag für die Übernahmerichtlinie mit wesentlichen Änderungen angenommen.[2573] Am 30. März 2004 hat der Rat den Kompromissvorschlag endgültig angenommen.[2574] Die Richtlinie gilt ab 20. Mai 2004. Die Mitgliedstaaten haben die Richtlinie innerhalb von zwei Jahren in nationales Recht umzusetzen.

Die wesentlichen Änderungen führen dazu, dass für die Mitgliedstaaten und Unternehmen wichtige und streitbefangene Regelungen optional sind. Zum Schutz der Minderheitsaktionäre ist in allen Fällen der höchste Preis zu zahlen, den der Bieter nach der Bekanntgabe des Übernahmeangebots und vor der Annahme gezahlt hat.

Vor dem Ergreifen von Verteidigungsmaßnahmen müssen die Unternehmensleitungen die Zustimmung der Aktionäre einholen. Gegen diese Regelung ist es jedoch den Mitgliedsstaaten erlaubt zu optieren. Hiergegen wiederum können die Aktiengesellschaften für die strengere Regelung optieren. Für diesen Fall können sie erneut - jeweils im Einzelfall - von der Konsultationspflicht vom Mitgliedstaat befreit werden. Als Voraussetzung für die Befreiung gilt, dass der Bieter seinerseits nicht die betreffenden Übernahmeregeln anwendet.

Im Übrigen gelten Mehrstimmrechte und Stimmrechtsbeschränkungen nicht, im laufenden Übernahmeverfahren gelten alle Stimmen gleich. Auch gegen diese Regelung ist es jedoch den Mitgliedsstaaten erlaubt zu optieren. Hiergegen wiederum können die Aktiengesellschaften für die strengere Regelung optieren. Für diesen Fall können sie erneut - jeweils im Einzelfall - von der Konsultationspflicht vom Mitgliedstaat befreit werden. Als Voraussetzung für die Befreiung gilt, dass der Bieter seinerseits nicht die betreffenden Übernahmeregeln anwendet.

[2571] Vgl. dazu Rühland, NZG 2003, 1150, 1150 ff.; Seibt/Heiser, ZIP 2002, 2193, 2199.

[2572] Mit Recht kritisch Krause, BB 2002, 2341, 2342, 2347; Seibt/Heiser, ZIP 2002, 2193, 2199; Seibt, Frankfurter Allgemeine Zeitung vom 9. Oktober 2002, 19.

[2573] Vgl. genauso wie zu den Änderungen NZG 2004, VII, f. Dazu auch Maul/Muffat-Jeandet, AG 2004, 221, 221 ff., 306, 306 ff.; Wiesner, ZIP 2004, 343, 343 ff.

[2574] Vgl. ZIP 13/2004, VI. Die Richtlinie ist abgedruckt in NZG 2004, 651, 651 ff.

Schließlich bleiben Mitbestimmungsrechte unberührt.

Die gerade in der letzten Zeit umstrittenen und vom EuGH beurteilten *golden shares* sollen durch die Richtlinie nicht betroffen sein und eine Regelung in einer anderen Richtlinie erfahren.

D. Ergebnis

Das europäische Gemeinschaftsrecht gibt erst ab 20. Mai 2006 Verhaltenspflichten für die Unternehmensleitung bei feindlichen Übernahmen vor.

5. Teil: Verhaltenspflichten und Haftung der Unternehmensleitung bei feindlichen Übernahmen im Recht der Bundesrepublik Deutschland

Die Verhaltenspflichten und die aus fehlerhaftem Verhalten resultierende Haftung der Unternehmensleitung stellen sich in der Bundesrepublik Deutschland im Vergleich zur Situation in den Vereinigten Staaten als sehr unterschiedlich dar. Zum einen ist die wirtschaftliche Situation hier verschieden, zum anderen ist die Rechtslage nicht derart ausgereift wie in den USA.

A. Rahmenbedingungen

Die Problematik der Verhaltenspflichten der Leitungsorgane von Kapitalgesellschaften wurde in der Bundesrepublik Deutschland erstmals mit Vorlage des Pennington-Entwurfs 1974 zur einheitlichen europäischen Regelung von Übernahmeangeboten[2575] und dann insbesondere durch die sich in den Vereinigten Staaten von Amerika abspielenden Übernahmekämpfe deutlich, die in den 80er Jahren erheblichen Einfluss auf den US-amerikanischen Unternehmensmarkt ausgeübt und die Medien und die Öffentlichkeit beschäftigt hatten.[2576] Die Zulässigkeit bestimmter Abwehrmaßnahmen war in den USA immer wieder Gegenstand wirtschaftswissenschaftlicher und juristischer Abhandlungen sowie etlicher gerichtli-

[2575] Pennington Report, Kommissionsdokument XI/56/74-E, Nr. 73. Vgl. ergänzend dazu Behrens, ZGR 1975, 433, 433 ff.; Bess, AG 1976, 169, 169 ff. und 206, 206 ff.; Etzbach, Regelung öffentlicher Übernahmeangebote, 119 f.; Geibel/Süßmann-Zehetmeier-Müller, WpÜG, Einl., Rdn. 15 ff.

[2576] Vgl. dazu die Ausführungen bei Assmann/Bozenhardt, in Assmann/Basaldua/Bozenhardt/Peltzer, Übernahmeangebote, 1 ff.; Hirte, ZIP 1989, 1233, 1233 ff.

cher Überprüfungen.[2577] Die US-amerikanischen Erfahrungen lassen sich jedoch nur eingeschränkt auf den deutschen Unternehmensmarkt übertragen.[2578]

I. Der Übernahmemarkt

Die unterschiedlichen Auswirkungen der Rahmenbedingungen für Übernahmekämpfe in Deutschland im Vergleich zu den USA zeigen sich schon daran, dass dem deutschen Unternehmensmarkt Übernahmekämpfe nach amerikanischem Stil bisher weitgehend fremd waren,[2579] sowie daran, dass im deutschen Recht bis vor kurzer Zeit[2580] keine verbindlichen Regelungen für das Verfahren zur Durchführung von Übernahmen und für die diesbezüglichen Rechte und Pflichten von Leitungsorganen festgeschrieben waren bzw. durch die Rechtsprechung herausgebildet worden sind.[2581] Während 1997 lediglich 18 öffentliche Übernahmeangebote abgegeben worden waren, stieg ihre Anzahl im Jahre 1999 auf bereits 37 an.[2582] Im Jahre 2002 sind 14 öffentliche Übernahmeangebote abgegeben worden.[2583] Der um die Jahrtausendwende geführte Übernahmekampf zwischen der Mannesmann AG und der vodafone Airtouch plc.[2584] hat auf eindrucksvolle Weise gezeigt, welch

---

[2577] Vgl. dazu oben unter 3. Teil D.

[2578] Vgl. Bebchuk, 109 Quarterly Journal of Economics (1994), 957, 957 ff.; Bungert, ZHR 159 (1995), 261, 266; Busch, Regelung von Übernahmeangeboten, 147 ff.; Grundfest, 27 Journal of Financial Economics (1990), 89, 104 ff.; Habersack, DStR 1998, 533, 536; Hauschka/Roth, AG 1988, 181, 195 f.; Salje, JA 1990, 321, 325; Weimar/Breuer, BB 1991, 2309, 2311 ff. Zu den tief greifenden Unterschieden zwischen markt- und unternehmensorientiertem Modell vgl. Wymeersch, AG 1995, 299, 308 ff., 311 f.

[2579] Vgl. Adams, AG 1990, 63, 66; Bästlein, Zur Feindlichkeit öffentlicher Übernahmeangebote, 271 ff.; Dahm/Müller-Stewens, in Hanzel/ Wunderbaldinger, Mergers & Acquisitions, 327, 329; Daum, Die unkoordinierte Übernahme, 11; Hopt, ZHR 161 (1997), 368, 369; Kirchner, BB 2000, 105, 105; Knoll, Übernahme von Kapitalgesellschaften, 36; Körner, DB 2001, 367, 367; Land/Hasselbach, DB 2000, 1747, 1747; Weisner, Verteidigungsmaßnahmen gegen unfreundliche Übernahmeversuche, 129; vgl. jedoch den Übernahmekampf zwischen der Continental AG und dem Pirelli-Konzern, dargestellt bei Ebenroth/Daum, DB 1991, 1157, 1157 ff.; Witt, Übernahmen von Aktiengesellschaften, 98 ff.; vgl. dazu auch Frankfurter Allgemeine Zeitung vom 19. September 1990, 19. Vgl. zudem auch Handelsblatt vom 23. Mai 2000, B 4. Im Übrigen lag ein Übernahmekampf klassischer Dramaturgie bereits den Urteilen BGHZ 21, 354, und dann BGHZ 33, 175, zugrunde. Vgl. dazu die eingehende kritische Analyse bei Mestmäcker, BB 1961, 945, 945 ff.

[2580] Vgl. dazu das WpÜG, BGBl I 2001, 3833; Letzte Änderungen in BT-Drucks. 14/7477 vom 14. November 2001, auszugsweise veröffentlicht in ZIP 2001, 2102, 2102 ff. Vgl. hierzu auch Krause, NJW 2002, 705, 705 ff. Vgl. zusammenfassend Pötzsch, Übernahmerecht.

[2581] Vgl. dazu auch Busch, Regelung von Übernahmeangeboten, 149 ff.; Sieben/Stein, Unternehmensakquisitionen, 23, 30.

[2582] Vgl. Land/Hasselbach, DB 2000, 1747, 1747; Wymeersch, AG 1995, 299, 307.

[2583] Die Liste der Angebote sowie der Angebotsunterlagen wird mit Zustimmung der Bieter auf der Homepage der BAFin (www.bafin.de) bekannt gegeben.

[2584] Die feindliche Übernahme der Mannesmann AG durch vodafone AirTouch plc war mit einem sich aus dem angebotenen Tauschverhältnis der Aktien ergebenden Transaktionsvolumen von teilweise - je nach Aktienkurs - über 240 Mrd. DM das bislang höchste Übernahmeangebot der Wirtschaftsgeschichte, vgl. dazu weitergehend Die Welt vom 08. Dezember 1999, 11; Frankfurter Allgemeine Zeitung vom 07. Dezember

hohe Relevanz der Pflichtenbindung der Unternehmensleitung in Übernahmesituationen zuzuschreiben ist. Mit für deutsche Verhältnisse beispielslosen Werbekampagnen und Informationsveranstaltungen, maßgeblich vor Großaktionären und Analysten, hatte der Mannesmann-Vorstand versucht, die Übernahme durch vodafone zu vereiteln,[2585] bevor er unter zweifelhafter Berufung auf geänderte Angebotsbedingungen den Aktionären den Aktientausch und damit die Übernahme doch noch empfohlen hat.[2586] Zuvor hatte bereits der Versuch Pirellis, Continental zu übernehmen,[2587] und der Versuch der Übernahme der Thyssen AG durch die Krupp AG[2588] Zweifel an der Rechtmäßigkeit des Vorstandsverhaltens hervorgerufen.[2589] Die von Continental ergriffenen Abwehrmaßnahmen lassen sich heute nur noch als schlicht verboten einstufen, während der Übernahmeversuch Krupps nicht zuletzt an der vom Thyssen-Vorstand forcierten und ausgenutzten öffentlichen Reaktion gescheitert ist.[2590]

Eine Erklärung für die bisher vergleichsweise geringe Anzahl von Übernahmekämpfen auf dem deutschen Markt[2591] liegt in der relativ geringen[2592] Größe

---

1999, 30; Financial Times vom 09. Dezember 1999, 49; Frankfurter Allgemeine Zeitung vom 5. Februar 2000, 13.

[2585] Vgl. Altmeppen, ZIP 2001, 1073, 1076; Burgard, WM 2000, 611, 612; Handelsblatt vom 11. Januar 2000, 12; Frankfurter Allgemeine Zeitung vom 5. Februar 2000, 13 (Werbeaufwendungen in Höhe von 700 Mio. DM); Frankfurter Allgemeine Zeitung vom 9. Februar 2000, 29; Süddeutsche Zeitung vom 10. Februar 2000, 25. Vgl. in diesem Zusammenhang auch LG Düsseldorf, AG 2000, 233 - Dimke/Heiser ./. Mannesmann AG, worin das Gericht trotz einer veröffentlichten Entscheidung des Vorstandes, die Übernahme abzuwehren, lediglich übliche Geschäftsführungsmaßnahmen seiner Entscheidung zugrunde legte. Vgl. dazu auch ergänzend mit berechtigter Kritik Altmeppen, ZIP 2001, 1073, 1075; Baums, Neuregelung des aktienrechtlichen Anfechtungs- und Organhaftungsrechts, F 213 f.; Dimke/ Heiser, NZG 2001, 241, 241; Hirte, NJW 2000, 3321, 3325; Kiem, EWiR 2000, 413, 413 f.; Handelsblatt vom 13. Juni 2001, R 2.

[2586] Vgl. Dimke/Heiser, NZG 2001, 241, 248 f.

[2587] Vgl. dazu Bästlein, Zur Feindlichkeit öffentlicher Übernahmeangebote, 281 ff.; Burgard, AG 1992, 41, 42 ff.; Daum, Die unkoordinierte Übernahme, 45 ff.; Ebenroth/Daum, DB 1991, 1105, 1106; Ebenroth/ Daum, DB 1991, 1157, 1157 ff.; Wagner, Standstill Agreements, 52 f.; Witt, Übernahmen von Aktiengesellschaften, 98 ff.; Frankfurter Allgemeine Zeitung vom 19. September 1990, 19.

[2588] Vgl. dazu Hopt, Festschrift Zöllner, 253, 253 f.; Schilling, BB 1997, 1909, 1909 ff.; Schmid, AG 1999, 402, 403; Witt, Übernahmen von Aktiengesellschaften, 54 ff. Vgl. auch Frankfurter Allgemeine Zeitung vom 26. März 1997, 21, 28.

[2589] Vgl. zur Kritik des Vorstandsverhaltens der Thyssen AG Hopt, Festschrift Zöllner, 253, 253 f.; Witt, Übernahmen von Aktiengesellschaften, 54 ff.

[2590] Vgl. dazu Hopt, Festschrift Zöllner, 253, 253 f.; Hopt, ZHR 161 (1997), 368, 369 f.; Schilling, BB 1997, 1909, 1909 ff.; Witt, Übernahmen von Aktiengesellschaften, 54 ff. Vgl. auch Frankfurter Allgemeine Zeitung vom 26. März 1997, 21, 28; Manager Magazin 5/1997, 46, 54.

[2591] Vgl. hierzu weitergehend von Buddenbrock, in von Rosen/Seifert, Die Übernahme börsennotierter Unternehmen, 277, 278; Hopt, ZHR 161 (1997), 368, 369 f.; Jansen, Mergers & Acquisitions, 47 f.; Peltzer, ZIP 1989, 69, 72; Hauschka/Roth, AG 1988, 181, 186; Michalski, AG 1997, 152, 152; Jansen, Mergers & Acquisitions, 20 ff.; Knoll, Übernahme von Kapitalgesellschaften, 36; Bästlein, Zur Feindlichkeit öffentlicher Übernahmeangebote, 271 ff.; Wymeersch, AG 1995, 299, 307; Handelsblatt vom 23. Mai 2000, B 4. Vgl. auch Kirchner, BB 2000, 105, 105.

[2592] Vgl. Claussen, AG-Sonderausgabe 8/1997, 108, 109; Groh, DB 2000, 2153, 2154; Sieben/Stein, Unternehmensakquisitionen, 23, 28; Hopt, ZHR 161 (1997), 368, 370; Mackensen, Institutionelle Anleger, 123 f., 195 f.; Michalski, AG 1997, 152, 152; Bästlein, Zur Feindlichkeit öffentlicher Übernahmeangebote, 274 ff.;

und in der Struktur des deutschen Kapitalmarktes. Ende des Jahres 1998 gab es in Deutschland lediglich 5468 Aktiengesellschaften, von denen lediglich ca. 13 %, mithin ungefähr 700, amtlich börsennotiert waren.[2593] Mittlerweile gibt es über 7350 Aktiengesellschaften,[2594] 1016 inländische Unternehmen sind börsennotiert.[2595] Die Anzahl der von einer aktiven Einflussnahme und Kontrollausübung ausgeschlossenen und vorrangig an einer Gewinnrealisierung interessierten und deshalb potentiell verkaufswilligen Aktionäre erhöht sich mit zunehmender Streubreite der Anteile.[2596] Von nicht unmaßgeblichem Einfluss ist daher, dass der Anteil der sich im Streubesitz befindlichen Aktien - vor dem aufgezeigtem Hintergrund ein wesentlicher Indikator für den Erfolg eines feindlichen Übernahmeversuchs durch die Abgabe eines Öffentlichen Übernahmeangebots - in der Bundesrepublik Deutschland im Gegensatz zu den Vereinigten Staaten absolut und relativ gering ist.[2597] Darüber hinaus werden in Deutschland Aktien öfter mit dem Ziel der unternehmensstrategischen Einflussnahme und der gegenseitigen Verflechtung von Unternehmen gehalten; sie werden daher weitaus überwiegend nicht als reines Handelsobjekt zur Vermögensvermehrung angesehen.[2598] Daher werden größere

---

Schneider/Burgard, DB 2001, 963, 965; Witt, Übernahmen von Aktiengesellschaften, 47 f.; Wouters, Common Market Law Review 1993, 267, 269; Handelsblatt vom 23. Mai 2000, B 4. Zur weiteren Entwicklung des deutschen Kapitalmarktes vgl. auch Funke, WM 1998, 758, 758 f.

[2593] Vgl. AG-Report 1999, R 67; Baums, ZIP 1997, 1942, 1943; Claussen, AG-Sonderausgabe 8/1997, 108, 108 ff.; Deutsche Börse Fact Book 1997; Weisner, Verteidigungsmaßnahmen gegen unfreundliche Übernahmeversuche, 129.

[2594] Vgl. Deutsche Bundesbank, Kapitalmarktstatistik vom Februar 2000, Statistisches Beiheft zum Monatsbericht 2, 46, Tabelle IV 3.

[2595] Vgl. Begründung des Bundesfinanzministeriums zum Diskussionsentwurf des „Gesetzes zur Regelung von Unternehmensübernahmen“ vom 29. Juni 2000 (über Internet abzurufen über „www.bundesfinanzministerium.de“), 61; Begründung des Bundesfinanzministeriums zum Referentenentwurf eines Gesetzes zur Regelung von öffentlichen Angeboten zum Erwerb von Wertpapieren und von Unternehmensübernahmen vom 12. März 2001 (über Internet abzurufen über „www.bundesfinanzministerium.de“), 60; Begründung der Bundesregierung zum Entwurf eines Gesetzes zur Regelung von öffentlichen Angeboten zum Erwerb von Wertpapieren und von Unternehmensübernahmen (über Internet abzurufen über „www.bundesfinanzministerium.de“), 63.

[2596] Vgl. Bästlein, Zur Feindlichkeit öffentlicher Übernahmeangebote, 221, 274; Daum, Die unkoordinierte Übernahme, 21 ff.; Immenga/Noll, Feindliche Übernahmen aus wettbewerbspolitischer Sicht, 152; Koch, Hindernisse für öffentliche Übernahmeangebote, 11 f. Vgl. ferner auch Mackensen, Institutionelle Anleger, 40 ff.

[2597] Vgl. Wymeersch, AG 1995, 299, 302: 1990 befanden sich lediglich 17 % der Aktien an deutschen Unternehmen in der Hand Privater, während Unternehmen, Banken und Versicherungen 74 % der Aktien gehalten haben; vgl. dazu weiter Assmann/Bozenhardt, in Assmann/Basaldua/Bozenhardt/Peltzer, Übernahmeangebote, 1, 12; Bästlein, Zur Feindlichkeit öffentlicher Übernahmeangebote, 274; Groh, DB 2000, 2153, 2154; La Porta/Lopez-De-Silanes/Shleifer, 54 Journal of Finance (1999), 471, 472 f., 483 ff.; Sieben/Stein, Unternehmensakquisitionen, 23, 28; Michalski, AG 1997, 152, 152; Werner, Probleme „feindlicher“ Übernahmeangebote im Aktienrecht, 18 ff.; Weisner, Verteidigungsmaßnahmen gegen unfreundliche Übernahmeversuche, 129.

[2598] Vgl. Adams, AG 1994, 148, 148 ff.; Koch, Hindernisse für öffentliche Übernahmeangebote, 12 f.; Mertens, AG 1990, 252, 254; Peltzer, ZIP 1989, 69, 72; Bästlein, Zur Feindlichkeit öffentlicher Übernahmeangebote, 274 f.; La Porta/Lopez-De-Silanes/Shleifer, 54 Journal of Finance (1999), 471, 483 ff.; Weisner,

Anteilspakete nicht selten langfristig von einem Unternehmen gehalten, ohne dass auf eine kurzfristige Kurserhöhung abgestellt wird.[2599]

Die Emission der Telekom-Aktie im Jahre 1996 hat gleichwohl eine immer noch zunehmende Anzahl von Privatpersonen veranlasst, Aktien zu kaufen.[2600] Insofern wird der Anteil der sich im Streubesitz befindlichen Aktien aller Voraussicht nach steigen,[2601] auch wenn diese Veränderung die in Deutschland verfestigte Struktur nicht aufzubrechen vermag[2602] und die in den Vereinigten Staaten vorhandene Streubreite auf absehbare Zeit nicht erreicht werden dürfte.[2603] Im Gegensatz gerade zu der Struktur in den Vereinigten Staaten geht die zunehmende Streubreite der Aktien in Deutschland jedoch mit zunehmenden Depotstimmrechten der Banken einher,[2604] die die aus der zunehmenden Streubreite resultierenden übernahme-

---

Verteidigungsmaßnahmen gegen unfreundliche Übernahmeversuche, 130. Zu der US-amerikanischen Struktur vgl. demgegenüber Cary/Eisenberg, Corporations, 213 ff.

2599 Vgl. Adam, AG 1990, 63, 71; Adams, AG 1994, 148, 150; Adams, AG 1994, 148, 148 ff. Vgl. dazu auch Bästlein, Zur Feindlichkeit öffentlicher Übernahmeangebote, 274 ff.

2600 Vgl. zur Entwicklung der deutschen Aktionärskultur auch Butz, DAJV-NL 2/1998, 29, 30 f.; Groh, DB 2000, 2153, 2157; Hansen, AG-Report 1997, R 415, R 415 ff.; Schuster, Feindliche Übernahmen, 82 ff.; Statistisches Jahrbuch 1999 für die Bundesrepublik Deutschland, 342; Die Bank 1999, 722. Nach einer vom Deutschen Aktieninstitut in Auftrag gegebenen Studie besaßen Mitte des Jahres 2000 bereits 11,32 Millionen Bundesbürger Aktien, vgl. Wittich, BB 2000, Heft 41, Die erste Seite; Handelsblatt vom 2. August 2000, 1. Vgl. im Übrigen zur Entwicklung der Depotbestände in Deutschland Hansen, AG-Report 2000, R 399. Zum Angebot der Telekom an ihre Aktionäre, deren Stimmrechte auf der Hauptversammlung „kostenlos" wahrnehmen zu lassen vgl. von Randow, ZIP 1998, 1564, 1564 ff.

2601 So auch Begründung des Bundesfinanzministeriums zum Diskussionsentwurf des „Gesetzes zur Regelung von Unternehmensübernahmen" vom 29. Juni 2000 (über Internet abzurufen über „www.bundesfinanzministerium.de"), 61; Begründung des Bundesfinanzministeriums zum Referentenentwurf eines Gesetzes zur Regelung von öffentlichen Angeboten zum Erwerb von Wertpapieren und von Unternehmensübernahmen vom 12. März 2001 (über Internet abzurufen über „www.bundesfinanzministerium.de"), 59; Begründung der Bundesregierung zum Entwurf eines Gesetzes zur Regelung von öffentlichen Angeboten zum Erwerb von Wertpapieren und von Unternehmensübernahmen (über Internet abzurufen über „www.bundesfinanzministerium.de"), 60; Riehmer/Schröder, NZG 2000, 820, 820; Hopt, ZHR 1997, 368, 369; Heermann, WM 1997, 1689, 1689; Schander/Posten, ZIP 1997, 1534, 1534; Pötzsch/Möller, WM-Beil. 2/2000, 3, 4; Witte, BB 2000, 2161, 2161.

2602 So auch Butz, DAJV-NL 2/98, 29, 30 f. Vgl. dazu auch Bästlein, Zur Feindlichkeit öffentlicher Übernahmeangebote, 277; Götz, AG 1997, 219, 221; Adams, AG 1989, 333, 334 f.; Adams, AG 1994, 148, 148 ff.

2603 Vgl. Butz, DAJV-NL 2/98, 29, 30; Ernst, Aktionärsstruktur, 63 ff.; Scheller, Performance of Corporate Acquisitions, 13 f.

2604 Vgl. Adams, AG 1989, 333, 335 f.; Adams, ZIP 1996, 1590, 1590; Bästlein, Zur Feindlichkeit öffentlicher Übernahmeangebote, 275; Baums, AG-Sonderheft 8/1997, 26, 29; Drukarczyk, Theorie und Politik der Finanzierung, 635; Hahn, Übernahme von Aktiengesell-schaften, 188 ff.; Hansen, AG-Report 1997, R 415, R 415 ff.; Hansen, AG-Report 2000, R 399, R 399 ff.; Hopt, in Feddersen/Hommelhoff/Schneider, Corporate Governance, 243, 256 ff.; Michalski, AG 1997, 152, 152; Singhof, NZG 1998, 670, 670 f.; Stoll, BB 1989, 301, 304 f.; Weisner, Verteidigungsmaßnahmen gegen unfreundliche Übernahmeversuche, 130; Westermann, in Feddersen/Hommelhoff/Schneider, Corporate Governance, 264, 264 ff. Zum Abstimmungsverhalten von Banken auch hinsichtlich dieser Depotstimmrechte vgl. weitergehend Brickley/Lease/Smith, 20 Journal of Financial Economics (1988), 267, 267 ff.; Adams, AG 1989, 333, 335 f.; Adams, AG-Sonderheft 8/1997, 9, 11 ff.; Hahn, Die feindliche Übernahme von Aktiengesellschaften, 52; Hopt, in Feddersen/Hommelhoff/Schneider, Corporate Governance, 243, 257; Jansch, Rolle der Aktionäre, 75 ff.; Kübler, AGfreundlichen Auswirkungen teilweise kompensieren.[2605] In der Hauptversammlung ist in der Regel noch immer ein AbstimmungsProzess zu beobachten, der vom Stimmverhalten relativ weniger Personen bestimmt wird.[2606]

Schließlich gibt es trotz der erheblich gestiegenen Anzahl[2607] immer noch relativ wenige Unternehmen, die börsennotierte Aktien neu ausgeben (so genanntes *going public*).[2608] Ein großer Teil der börsennotierten Aktiengesellschaften ist außerdem in Konzerne eingebunden, so dass deren Anteile dem Freihandel entzogen sind.[2609] Auch wenn sich Übernahmekämpfe nicht nur bei börsennotierten Aktiengesellschaften abspielen, sondern die Rechtsform der Gesellschaft im Gegensatz zur Fungibilität der Anteile vielmehr grundsätzlich gleichgültig ist, ist die Übertragung eines Anteils an einen nicht involvierten Dritten bei nicht konsortialgebundenen börsennotierten Inhaberaktien im Wege eines Übernahmekampfes weitaus typischer.[2610] Daher ist verständlich, dass bisher Übernahmekämpfe weitgehend unterblieben sind.

Deutsche Aktiengesellschaften haben zudem in vielen Fällen einen geringen Eigenkapitalanteil.[2611] Dadurch sind sie für Übernahmen nach amerikanischem Stil ungeeignet, denn hier wäre ein Großteil der Übernahmekosten mit dem Eigenkapital der Zielgesellschaft abzusichern.[2612] Auf Seiten des Übernehmers schränken die deutschen Kapitalerhaltungsregelungen die notwendige Schuldenaufnahme

---

Sonderausgabe 8/1997, 48, 50; Lüttmann, Kontrollwechsel in Kapitalgesellschaften, 152 f.; Westermann, in Feddersen/Hommelhoff/Schneider, Corporate Governance, 264, 264 f. Zur bis vor kurzer Zeit rechtlich bedingten Trennung von Geschäfts- und Investmentbanken in den Vereinigten Staaten vgl. weitergehend Frankfurter Allgemeine Zeitung vom 14. September 1998, 17; Frankfurter Allgemeine Zeitung vom 25. Oktober 1999, 17; Handelsblatt vom 2. November 2000, 46; Lehnert, Unternehmensübernahmen in den USA, 160 ff.; Weisner, Verteidigungsmaßnahmen gegen unfreundliche Übernahmeversuche, 130. Vgl. zur grundsätzlichen Kritik an Vollmachtsstimmrechten der Banken Baums, AG 1996, 11, 11 ff. Zur Rolle der Banken in Deutschland in diesem Zusammenhang vgl. auch Hopt, in Hopt/Wymeersch, Comparative Corporate Governance, 3, 10 ff.

2605 Vgl. Adams, AG 1989, 333, 335 f.; Baums/Fraune, AG 1995, 97, 111; Hahn, Übernahme von Aktiengesellschaften, 188 ff.; Hauschka/ Roth, AG 1988, 181, 186; Knoll, Übernahme von Kapitalgesellschaften, 36; Michalski, AG 1997, 152, 152; Weisner, Verteidigungsmaßnahmen gegen unfreundliche Übernahmeversuche, 130.

2606 Vgl. Adams, AG-Sonderheft 8/1997, 9, 11 ff.; Baums/Fraune, AG 1995, 97, 111; Singhof, NZG 1998, 670, 670 ff.

2607 Im Jahre 1998 waren 80 Börsengänge zu verzeichnen, vgl. Picot/Land, DB 1999, 570, 570, im Jahre 1999 waren demgegenüber 179 Börsengänge zu verzeichnen, vgl. Jäger, NZG 2000, 1049, 1052.

2608 Vgl. dazu weitergehend Picot/Land, DB 1999, 570, 570 ff. Zur Wahl der Aktiengesellschaft als Rechtsform für mittelständische Unternehmen vgl. weitergehend Kindler, NJW 1994, 3041, 3041 ff.

2609 Vgl. Scheller, Performance of Corporate Acquisitions, 13 f.; Vetter, DB 2001, 743, 743.

2610 Vgl. Peltzer, ZIP 1989, 69, 72.

2611 Vgl. Bästlein, Zur Feindlichkeit öffentlicher Übernahmeangebote, 216, 277; Baums, ZIP 1997, 1942, 1945; Hahn, Übernahme von Aktiengesellschaften, 159; Hopt, WM-Festgabe Heinsius, 22, 23; Michalski, AG 1997, 152, 163; Schander, BB 1997, 1801, 1804; Weisner, Verteidigungsmaßnahmen gegen unfreundliche Übernahmeversuche, 130.

2612 Vgl. von Falkenhausen, FS-Stiefel, 163, 193 f.

ein.[2613] Auch die Einflussmöglichkeiten eines Großaktionärs auf die Unternehmensaktivitäten sind nach deutschem Recht deutlich geringer als in den USA.[2614]

In der Bundesrepublik Deutschland ist also (noch) von einem absolut und relativ kleinen Übernahmemarkt auszugehen; das freie Marktgeschehen wird maßgeblich durch die hier typischen Aktionärsstrukturen, die typischen Kapitalstrukturen deutscher Gesellschaften und die Rechtslage beeinträchtigt.[2615]

II. Rechtliche Strukturvorgaben

Spezielle gesetzliche Übernahmeregelungen gab es in der Bundesrepublik Deutschland bis 2002 nicht. Die rechtlichen Rahmenbedingungen wurden durch gesetzliche Regelungen definiert, die in anderem Zusammenhang und mit anderer Zielrichtung geschaffen wurden, gleichwohl jedoch in den Bereich von Übernahmevorgängen ausstrahlen.[2616] Das neue Gesetz zur Regelung von Übernahmen[2617] greift nur begrenzt in das bestehende Rahmenwerk ein. Insbesondere wird eine Übernahme nach wie vor dadurch erschwert, dass die regelmäßig für notwendig erachtete Neubesetzung des Vorstandes nach deutschem Recht nur durch eine Entscheidung des Aufsichtsrats zu bewirken ist.[2618] Der Übernehmer müsste folglich zunächst die Neubesetzung des Aufsichtsrates abwarten oder aber versuchen, die (arbeitgebervertretenden) Aufsichtsratsmitglieder nach § 103 AktG abzuberufen, wozu er nach § 103 Absatz 1 Satz 2 AktG vorbehaltlich einer Satzungsänderung gemäß § 103 Absatz 1 Satz 3 AktG eine Dreiviertelmehrheit der in der Hauptversammlung abgegebenen

---

[2613] Vgl. Lutter/Wahlers, AG 1989, 1, 1 ff.; Weisner, Verteidigungsmaßnahmen gegen unfreundliche Übernahmeversuche, 131.

[2614] Vgl. Lüttmann, Kontrollwechsel in Kapitalgesellschaften, 150 ff.

[2615] Vgl. KölnerKommWpÜG/Hirte, Einleitung, Rdn. 37; Adams, AG 1994, 148, 148 ff.; Bästlein, Zur Feindlichkeit öffentlicher Übernahmeangebote, 277; Baums, AG-Sonderheft 8/1997, 26, 29; Daum, Die unkoordinierte Übernahme, 12 ff.; Götz, AG 1997, 219, 221; Hansen, AG-Report 1997, R 415, R 418; Knoll, Übernahme von Kapitalgesellschaften, 36 ff.; Michalski, AG 1997, 152, 152, 163; Schander, BB 1997, 1801, 1804; Scheller, Performance of Corporate Acquisitions, 13 ff.; Schuster, Feindliche Übernahmen, 66 ff.; Witt, Übernahmen von Aktiengesellschaften, 49 ff.

[2616] Vgl. dazu Lüttmann, Kontrollwechsel in Kapitalgesellschaften, 149; Witt, Übernahmen von Aktiengesellschaften, 51 ff.

[2617] Gesetz zur Regelung von öffentlichen Angeboten zum Erwerb von Wertpapieren und von Übernahmeangeboten, BGBl I 2001, 3833; Letzte Änderungen in BT-Drucks. 14/7477 vom 14. November 2001, auszugsweise veröffentlicht in ZIP 2001, 2102, 2102 ff. Vgl. hierzu auch Hopt, ZHR 166 (2002), 383, 383 ff.; Krause, NJW 2002, 705, 705 ff.

[2618] Vgl. Gawrisch, Ermessensentscheidungen des Aufsichtsrates, 12 f., 235 ff.; Hopt, in Sieben/Stein, Unternehmensakquisitionen, 39, 43; Lüttmann, Kontrollwechsel in Kapitalgesellschaften, 150 ff.; Lutter/Krieger, Rechte und Pflichten des Aufsichtsrats, Rdn. 332 ff.; Michalski, AG 1997, 152, 156; von Buddenbrock, in von Rosen/Seifert, Übernahme börsennotierter Unternehmen, 277, 281; Weisner, Verteidigungsmaßnahmen gegen unfreundliche Übernahmeversuche, 230 f.; Witt, Übernahmen von Aktiengesellschaften, 59 f. Vgl. dazu auch Handelsblatt vom 13. Juni 2001, R 2.

Stimmen benötigen würde.[2619] Hätte der Übernehmer nun die Mehrheit des Aufsichtsrates mit Mitgliedern seines Vertrauens besetzt, so bedürfte es zur Abberufung der Vorstandsmitglieder nach § 84 AktG weiter eines wichtigen Grundes. Selbst wenn dieser bei mangelnder Kooperationsbereitschaft oder -fähigkeit von Vorstand und Aufsichtsrat vorläge[2620] oder aber der Entzug des Ver-trauens durch die Hauptversammlung mit einfacher Mehrheit festgestellt würde[2621] und ein Übernehmer so schlussendlich eine Neubesetzung des Vorstandes erreichen könnte,[2622] ist dieses Verfahren zur Neubesetzung des Vorstandes aufwendig und vor allem zeitintensiv und kann so entscheidungserhebliche Auswirkungen haben.[2623] Es wird auch davon gesprochen, dass die zügige Neubesetzung des Aufsichtsrats und des Vorstandes in Deutschland de facto nicht möglich sei,[2624] während im US-amerikanischen Recht derartige Verfahrenshindernisse nicht gegeben sind.[2625]

Praktikabel und erfolgreich für den Bieter könnte vor diesem Hintergrund allerdings eine Ergänzung des Vorstandes sein.[2626] Eine gesetzlich vorgegebene Begrenzung der Anzahl von Vorstandsmitgliedern gibt es nicht. Demnach können, jedenfalls bei regelmäßig fehlenden gegenläufigen Satzungsbestimmungen, weitere Vorstandsmitglieder bestellt werden, so dass sich die Mehrheitsverhältnisse im Vorstand zugunsten des neuen Kontrollinhabers verschieben.[2627] Voraussetzung ist allerdings auch hier die Kontrolle über den Aufsichtsrat.[2628]

Mit der Mannesmann-Übernahme hat sich eine neuartige Lösung der hier aufgezeigten Problematik weiter etabliert. Die Neubesetzung des Aufsichtsrats erfolgte hier mittels Bestellung durch das Gericht auf Antrag und Vorschlag des Vorstandes

---

[2619] Vgl. Hopt, in Sieben/Stein, Unternehmensakquisitionen, 39, 43; Michalski, AG 1997, 152, 156; Weisner, Verteidigungsmaßnahmen gegen unfreundliche Übernahmeversuche, 230; Witt, Übernahmen von Aktiengesellschaften, 60.

[2620] Vgl. Hüffer, AktG, § 84, Rdn. 28; Daum, Die unkoordinierte Übernahme, 106 f.; Semler, Leitung und Überwachung der Aktiengesellschaft, 132 f., Rdn. 234; Münchener Hdb GesellschaftsR/AG-Wiesner, § 20, Rdn. 44.

[2621] Vgl. § 84 Absatz 3 Satz 2 AktG; vgl. weitergehend Gawrisch, Ermessensentscheidungen des Aufsichtsrates, 243 f.; Michalski, AG 1997, 152, 156; Hauschka/Roth, AG 1988, 181, 188; Weisner, Verteidigungsmaßnahmen gegen unfreundliche Übernahmeversuche, 230 f. Nach § 84 Absatz 3 Satz 2 AktG dürfte das Vertrauen jedoch nicht aus offenbar unsachlichen Gründen entzogen werden. Der Vertrauensentzug dürfte auch nicht rechtsmißbräuchlich sein, vgl. dazu Daum, Die unkoordinierte Übernahme, 107. Der mehrheitlich in Hauptversammlung festgestellte Vertrauensentzug nach veränderten Mehrheiten dürfte jedoch regelmäßig einer rechtlichen Überprüfung standhalten, so auch Schanz, NZG 2000, 337, 342.

[2622] Vgl. Michalski, AG 1997,152, 156 f.

[2623] Vgl. Daum, Die unkoordinierte Übernahme, 13; Michalski, AG 1997, 152, 156.

[2624] Vgl. Schanz, NZG 2000, 337, 342.

[2625] Vgl. von Falkenhausen, FS-Stiefel, 163, 193 f.; Weisner, Verteidigungsmaßnahmen gegen unfreundliche Übernahmeversuche, 230; Witt, Übernahmen von Aktiengesellschaften, 59 f.

[2626] Vgl. Schanz, NZG 2000, 337, 342; Weisner, Verteidigungsmaßnahmen gegen unfreundliche Übernahmeversuche, 232.

[2627] Vgl. Hüffer, AktG, § 76, Rdn. 22.

[2628] Vgl. Hüffer, AktG, § 76, Rdn. 22.

nach § 104 AktG.[2629] Der Vorstandsvorsitzende erhielt im Zusammenhang mit der Aufgabe seiner Tätigkeit[2630] eine Abfindung in Höhe von über 60 Mio. DM.[2631] Insofern zeigen sich hier Umgehungsmöglichkeiten bei der Neusetzung der Leitungsgremien zu Lasten der Aktionäre, zumindest der Minderheitsaktionäre, die jedenfalls im Grenzbereich des rechtlich Zulässigen liegen dürften.[2632]

Zudem ist eine zweite maßgebliche Rahmenregelung richtunggebend. Eine schuldenübertragende Fusion ist in der Bundesrepublik Deutschland im Gegensatz zu den USA nach § 65 UmwG nur möglich, wenn eine Kapitalmehrheit von mindestens Dreivierteln einen entsprechenden Beschluss fasst[2633] und eine Überprüfung der Angemessenheit des Umtauschverhältnisses vorgenommen werden kann.[2634] Daneben können Rechte der Altgläubiger auf Sicherheitsleistung nach den § 22 UmwG, 33, 26 KapErhG bestehen.[2635] Eine Mehrheitsumwandlung[2636] ist lediglich nach einer mehr als 90%igen Beteiligung möglich, jedoch wiewohl nach § 1 Absatz 2 Satz 2 UmwG ausgeschlossen, wenn der Übernehmer eine Kapitalgesellschaft ist.[2637] Nicht unerwähnt bleiben soll demgegenüber jedoch, dass es nach deutschem Recht - und das wirkt sich für Bieterunternehmen positiv aus - keine börsenrechtliche Verpflichtung gibt, das Erreichen oder Überschreiten bestimmter Beteiligungsquoten zu melden.[2638] Die kapitalmarktrechtlichen Vorschriften nach dem Wertpapierhandelsgesetz (WpHG)[2639] haben sich in Übernahmekonstellationen

---

[2629] Vgl. Hoffmann/Preu, Aufsichtsrat, Rdn. 706.

[2630] Zu bemerken ist hier allerdings, dass sich der hier verwandte Begriff der Aufgabe von dem in § 87 Absatz 1 AktG verwandten Begriff der Aufgaben des Vorstandsmitglieds unterscheidet. Es ist nicht anzunehmen, dass die beteiligten Aufsichtsräte und Vorstandsmitglieder den § 87 AktG missverstanden haben.

[2631] Vgl. Burgard, WM 2000, 611, 612; Frankfurter Allgemeine Zeitung vom 12. Februar 2000, 20; Der Spiegel vom 14. Februar 2000, 96; Die Zeit vom 01. August 2002, 20; Handelsblatt vom 8. August 2002, 3.

[2632] So geht auch Weisner, Verteidigungsmaßnahmen gegen unfreundliche Übernahmeversuche, 231 f., davon aus, dass sich „die faktische Trennung vom Vorstand in der Praxis nicht als so schwierig erweist, wie es bei der Durchsicht der gesetzlichen Anforderungen den Anschein erwecken kann." Vgl. dazu auch Peltzer, ZIP 1989, 69, 76; Schneider/Burgard, DB 2001, 963, 967.

[2633] Vgl. dazu Jansen, Mergers & Acquisitions, 38.

[2634] Vgl. Kallmeyer-Zimmermann, UmwG, § 65, Rdn. 8.

[2635] Vgl. Lutter/Wahlers, AG 1989, 1, 12.

[2636] Vgl. Dehmer, Umwandlungsrecht, § 1, Rdn. 2.

[2637] Vgl. dazu auch Handelsblatt vom 13. Juni 2001, R 2.

[2638] Vgl. eingehend Brondics/Mark, AG 1989, 339, 339 ff.; Weisner, Verteidigungsmaßnahmen gegen unfreundliche Übernahmeversuche, 134 ff. Vgl. jedoch auch § 44a BörsG mit der Ausnahme des § 44a Absatz 1 Satz 3 BörsG. Im Zusammenhang mit § 44a BörsG dürfte eine Mitteilung des Bieters nicht notwendig sein, vgl. dazu weiter Knoll, Übernahme von Kapitalgesellschaften, 149.

[2639] Vgl. dazu Assmann/Schneider, WpHG, Vor § 21; Burgard, WM 2000, 611, 611 ff.; Cahn, AG 1997, 502, 502 ff.; vgl. weiter - auch zu dem Sanktionsmechanismus - Knoll, Übernahme von Kapitalgesellschaften, 141 ff.; Riehmer/Schröder, BB-Sonderbeil. 5/2001, 1, 16 f.; Weisner, Verteidigungsmaßnahmen gegen unfreundliche Übernahmeversuche, 134 ff.; Witt, AG 2001, 233, 233 ff.; Witt, Übernahmen von Aktiengesellschaften, 159 ff.; Wittich, in von Rosen/Seifert, Übernahme börsennotierter Unternehmen, 377, 388 ff.

als bedeutungslos erwiesen. Verstöße sind folgenlos geblieben.[2640] Daher kann ein größerer Teil von Aktien der Zielgesellschaft unerkannt erworben werden, auch wenn für Unternehmen eine weitergehende aktienrechtliche Verpflichtung nach den §§ 20 Absatz 1, 20 Absatz 4 AktG dahingehend besteht, einen Erwerb von mehr als einem Viertel der Aktien und den Erwerb einer Mehrheit der Zielgesellschaft mitzuteilen.[2641]

Aus der nach deutschem Recht im Vergleich zum amerikanischen Recht grundsätzlich stärkeren rechtlichen Stellung der Arbeitnehmer[2642] resultiert darüber hinaus für einen Übernehmer eine eingeschränkte Verwendbarkeit der Zielgesellschaft.[2643] Insbesondere die Einstellung eines Geschäftsbereichs,[2644] der Verkauf von wertvollen Unternehmensteilen[2645] und die Rationalisierung durch Entlassung von Arbeitskräften[2646] ist durch die Arbeitnehmerschutzgesetze in Deutschland stark eingeschränkt.[2647] Die neue spezialgesetzliche Regelung von Unternehmensübernahmen wird im Übrigen einer gesonderten Untersuchung am Schluss dieser Arbeit unterstellt.[2648]

III. Zukünftige Entwicklung des Marktgeschehens

Auch wenn aus den vorgenannten Gründen Übernahmen in Deutschland nur unter erschwerten Bedingungen versucht werden können, sind sowohl nach Anzahl[2649]

[2640] So dürfte beispielsweise vodafone im Zusammenhang mit der Mannesmann-Übernahme ihren Mitteilungspflichten nicht genügt haben. Der Verstoß ist folgenlos geblieben. Vgl. dazu weiter- und eingehend Burgard, WM 2000, 611, 611 ff. Kritisch auch Schander/Lucas, DB 1997, 2109, 2109 ff.; Witt, AG 1998, 171, 171 ff., der daher eine Zusammenlegung des § 20 AktG mit den §§ 21 ff. WpHG vorschlägt.

[2641] Zur Bedeutung der Mitteilungspflichten bei der Abwehr unfreundlicher Übernahmeversuche vgl. Burgard, AG 1992, 41, 44; Daum, Die unkoordinierte Übernahme, 70 ff.; Weisner, Verteidigungsmaßnahmen gegen unfreundliche Übernahmeversuche, 134 ff.; Witt, AG 2001, 233, 233 ff.; LG Hannover, ZIP 1992, 1236 - Continental. Vgl. auch ablehnend zu der Frage, ob sich weitergehende Offenlegungspflichten aus der Treuepflicht des Aktionärs ergeben könnten, Joussen, BB 1992, 1075, 1078 ff. Vgl. im Übrigen auch Rittner, ZGR 1990, 203, 210 f., der § 20 AktG auch mit Blick auf Übernahmevorgänge für ausreichend hält.

[2642] Vgl. dazu Adams, AG 1990, 243, 250; Bästlein, Zur Feindlichkeit öffentlicher Übernahmeangebote, 302 f.; Koch, Hindernisse für öffentliche Übernahmeangebote, 161 ff.; von Buddenbrock, in von Rosen/Seifert, Übernahme börsennotierter Unternehmen, 277, 279.

[2643] Vgl. dazu Adams, AG 1990, 243, 250; Bästlein, Zur Feindlichkeit öffentlicher Übernahmeangebote, 302 f.; Daum, Die unkoordinierte Übernahme, 13; Hopt, in Sieben/Stein, Unternehmensakquisitionen, 39, 44; Handelsblatt vom 13. Juni 2001, R 2.

[2644] Vgl. Mertens, AG 1990, 252, 255.

[2645] Vgl. Mertens, AG 1990, 252, 255.

[2646] Vgl. dazu Bästlein, Zur Feindlichkeit öffentlicher Übernahmeangebote, 303; Hopt, in Sieben/Stein, Unternehmensakquisitionen, 39, 44.

[2647] Vgl. dazu Bästlein, Zur Feindlichkeit öffentlicher Übernahmeangebote, 302 f.; Mertens, AG 1990, 252, 255; Handelsblatt vom 21. Januar 1987, 12.

[2648] Vgl. dazu unten unter 6. Teil.

[2649] Die Anzahl der so genannten „Großübernahmen“, Übernahmen unter Beteiligung von Zielgesellschaften mit jeweils mehr als einer Mrd. DM Umsatz, hatte 1997 mit 60 Übernahmen gegenüber 31 Übernahmen aus dem Jahr 1996 stark zugenommen, vgl. dazu Frankfurter Allgemeine Zeitung vom

als auch nach den Volumina[2650] zunehmend Übernahmevorgänge zu beobachten und zu erwarten.[2651] Vorstände und Aufsichtsräte von deutschen Gesellschaften haben die zunehmende Wahrscheinlichkeit von Übernahmen und mutmaßlich auch die Gefahr für ihren eigenen Besitzstand längst erkannt.[2652] Nur vor diesem Hintergrund ist zu erklären, dass immer mehr Vorstände und Aufsichtsräte prophylaktische VerteidungsMaßnahmen zum Schutz vor Übernahmen ergreifen.[2653] In jüngster Vergangenheit wurden insbesondere Inhaberaktien vermehrt in Namensaktien umgewandelt,[2654] auf Verlangen die zwischenzeitlich erweiterte[2655] Befugnis zu

---

27. Dezember 1997, 15. Im Jahre 1999 hatte es im ersten Halbjahr 746 Fusionen und Übernahmen gegeben, im ersten Halbjahr 2000 bereits 847 Transaktionen, vgl. Frankfurter Allgemeine Zeitung vom 6. Juli 2000. 23. Vgl. zur diesbezüglichen Entwicklung des M&A-Marktes weiter Jansen, Mergers & Acquisitions, 20 ff. Vgl. im Übrigen auch Handelsblatt vom 15. Januar 2001, 14, demnach sich die Anzahl der Transaktionen im Jahre 2000 auf 1.972 erhöht hat.

[2650] Das Marktvolumen für Unternehmensübernahmen mit deutscher Beteiligung wurde für 1997 auf 150 Mrd. DM geschätzt, so Frankfurter Allgemeine Zeitung vom 27. Dezember 1997, 11. Für das Jahr 1999 wurde dieses Volumen bereits auf 500 Mrd. EURO angegeben, vgl. Börsen-Zeitung vom 12. Februar 2000, 9. In Deutschland soll sich das Volumen von Übernahmen und Fusionen im ersten Halbjahr 2000 gegenüber dem ersten Halbjahr 1999 verzehnfacht haben, vgl. Frankfurter Allgemeine Zeitung vom 6. Juli 2000, 23. Vgl. auch Witte, BB 2000, 2161, 2161, und Frankfurter Allgemeine Zeitung vom 8. September 2000, 20, denen zur Folge sich das M&A-Volumen 1989 auf 480 Milliarden US $ und im ersten Halbjahr 2000 auf 1, 8 Billionen US $ belief. In Deutschland werde für das Jahr 2000 ein Volumen in Höhe von 400 Milliarden US $ angenommen, während das Volumen 1996 noch 15 Milliarden US $ betragen habe. Vgl. weiter zur diesbezüglichen Entwicklung des M&A-Marktes Beckmann/Kersting/Mielke, Übernahmerecht, A 2; Jansen, Mergers & Acquisitions, 22. Vgl. zudem auch Handelsblatt vom 15. Januar 2001, 14, demzufolge sich das Übernahmevolumen für das Jahr 2000 auf 935 Mrd. DM beläuft.

[2651] Vgl. Begründung des Bundesfinanzministeriums zum Diskussionsentwurf des „Gesetzes zur Regelung von Unternehmensübernahmen" vom 29. Juni 2000 (über Internet abzurufen über „www.bundesfinanzministerium.de"), 61; Begründung des Bundesfinanzministeriums zum Referentenentwurf eines Gesetzes zur Regelung von öffentlichen Angeboten zum Erwerb von Wertpapieren und von Unternehmensübernahmen vom 12. März 2001 (über Internet abzurufen über „www.bundesfinanzministerium.de"), 59; Begründung der Bundesregierung zum Entwurf eines Gesetzes zur Regelung von öffentlichen Angeboten zum Erwerb von Wertpapieren und von Unternehmensübernahmen (über Internet abzurufen über „www.bundesfinanzministerium.de"), 61.Vgl. auch Bästlein, Zur Feindlichkeit öffentlicher Übernahmeangebote, 271 ff.; Baums, AG-Sonderheft 8/1997, 26, 34; Daum, Die unkoordinierte Übernahme, 14 f.; Hahn, Die feindliche Übernahme von Aktiengesellschaften, 154; Hopt, Festschrift Zöllner, 253, 273; Horn, ZIP 2000, 473, 473; Körner, DB 2001, 367, 367; Michalski, AG 1997, 152, 153; Picot, in Picot, Mergers & Acquisitions, 91, 138; Pötzsch/ Möller, WM-Beil. 2/2000, 3, 4; Schander/Posten, ZIP 1997, 1534, 1534; Schander, NZG 1998, 799, 799; Scheller, Performance of Corporate Acquisitions, 9; von Hein, AG 2001, 213, 213; Weisner, Verteidigungsmaßnahmen gegen unfreundliche Übernahmeversuche, 131; Wiese/Demisch, DB 2001, 849, 849; Witt, Übernahmen von Aktiengesellschaften, 64; Wolf, AG 1998, 212, 212; Handelsblatt vom 5. Oktober 2000, 15; Handelsblatt vom 23. Mai 2000, B 4; Handelsblatt vom 15. Januar 2001, 14; Handelsblatt vom 22. Januar 2001, 1, 2, 20; Handelsblatt vom 29. Januar 2003, 3; Handelsblatt vom 26. Juni 2003, 1, 17; Handelsblatt vom 4. August 2003, 18. Zur internationalen Entwicklung des Übernahmemarktes vgl. Kerler, Mergers & Acquisitions, 1.

[2652] Vgl. auch Hopt, in Sieben/Stein, Unternehmensakquisitionen, 39, 41.

[2653] Vgl. Jansen, Mergers & Acquisitions, 48 ff.; Michalski, AG 1997, 152, 154 ff.

[2654] So ist diese Umwandlung beispielsweise bei der DaimlerChrysler AG, Deutsche Bank AG, Deutsche Telekom AG, Dresdner Bank AG, Lufthansa AG, Mannesmann AG und Siemens AG erfolgt. Vgl. auch Riehmer/Schröder, BB-Sonderbeil. 5/2001, 1, 2. Zur Problematik der Stimmrechtsvertretung bei Namensaktien vgl. weitergehend Bachmann, WM 1999, 2100, 2100 ff.

Kapitalerhöhungen mit Bezugsrechtausschluss eingeräumt[2656] und der Erwerb eigener Aktien nach § 71 Absatz 1 Nr. 8 AktG vorgenommen.[2657] Die weltweit festzustellenden, immer stärker werdenden Globalisierungsbestrebungen der Wirtschaft[2658] werden sich gleichwohl in Europa und Deutschland auswirken; sie werden sehr wahrscheinlich eine erhebliche, über Staatsgrenzen hinweggehende Konzentrationsbewegung zur Folge haben, die ihrerseits von Übernahmen begleitet, wenn nicht sogar maßgeblich und entscheidend bestimmt wird.[2659] Die fortschreitende Harmonisierung der europäischen Wirtschafts- und Währungsunion und die Einführung des EURO werden diese Entwicklung beschleunigen.[2660] Die Erschließung des europäischen Marktes durch US-amerikanische Firmen ist ebenfalls Teil der zunehmenden Globalisierung.[2661] Insbesondere die zunehmende Etablierung US-amerikanischer Unternehmen in Deutschland und im restlichen Europa wird durch den Transfer betriebswirtschaftlicher Kenntnisse und Erfahrungen und höhe-

---

[2655] Vgl. BGHZ 125, 239, 244 ff. (Deutsche Bank-Urteil).

[2656] Vgl. dazu Hofmeister, NZG 2000, 713, 713 ff.

[2657] Vgl. Günther/Muche/White, RIW 1998, 337, 337; Frankfurter Allgemeine Zeitung vom 9. Dezember 1998, 22.

[2658] Vgl. Förschle/Glaum/Mandler, DB 1998, 889, 889; Hirte, WpÜG, 1; Horn, ZIP 2000, 473, 473 f.; Jansen, Mergers & Acquisitions, 1 ff.; Koch, Globalisierung der Wirtschaft, 3 ff.; Ludwig, Globalisierung der Märkte, 17 ff.; Die Zeit vom 27. April 2000, 21 f.; Handelsblatt vom 4. Oktober 2000, 11. Zur Entwicklung des deutschen Gesellschaftsrechts vor dem Hintergrund der Globalisierung vgl. Schulze-Osterloh, ZIP 2001, 1433, 1433 ff.

[2659] Vgl. KölnerKommWpÜG/Hirte, Einleitung, Rdn. 1; Begründung des Bundesfinanzministeriums zum Diskussionsentwurf des „Gesetzes zur Regelung von Unternehmensübernahmen" vom 29. Juni 2000 (über Internet abzurufen über „www.bundesfinanzministerium. de"), 61; Begründung des Bundesfinanzministeriums zum Referentenentwurf eines Gesetzes zur Regelung von öffentlichen Angeboten zum Erwerb von Wertpapieren und von Unternehmensübernahmen vom 12. März 2001 (über Internet abzurufen über „www. bundesfinanzministerium.de"), 59; Begründung der Bundesregierung zum Entwurf eines Gesetzes zur Regelung von öffentlichen Angeboten zum Erwerb von Wertpapieren und von Unternehmensübernahmen (über Internet abzurufen über „www.bundesfinanzministerium.de"), 61; Hirte, in von Rosen/Seifert, Übernahme börsennotierter Unternehmen, 341, 342; von Buddenbrock, in von Rosen/Seifert, Übernahme börsennotierter Unternehmen, 277, 284; Witt, Übernahmen von Aktiengesellschaften, 64; Handelsblatt vom 4. Oktober 2000, 11.

[2660] Vgl. Begründung des Bundesfinanzministeriums zum Diskussionsentwurf des „Gesetzes zur Regelung von Unternehmensübernahmen" vom 29. Juni 2000 (über Internet abzurufen über „www.bundesfinanzministerium.de"), 61; Begründung des Bundesfinanzministeriums zum Referentenentwurf eines Gesetzes zur Regelung von öffentlichen Angeboten zum Erwerb von Wertpapieren und von Unternehmensübernahmen vom 12. März 2001 (über Internet abzurufen über „www.bundesfinanzministerium.de"), 59; Begründung der Bundesregierung zum Entwurf eines Gesetzes zur Regelung von öffentlichen Angeboten zum Erwerb von Wertpapieren und von Unternehmensübernahmen (über Internet abzurufen über „www.bundesfinanzministerium.de"), 61; Hirte, WpÜG, 1; KölnerKommWpÜG/Hirte, Einleitung, Rdn. 1; Pötzsch/Möller, WM-Beil. 2/2000, 3, 4; Bästlein, Zur Feindlichkeit öffentlicher Übernahmeangebote, 272; Dahm/Müller-Stewens, in Hanzel/Wunderbaldinger, Mergers & Acquisitions, 327, 332 f.; Witt, Übernahmen von Aktiengesellschaften, 64.

[2661] Vgl. KölnerKommWpÜG/Hirte, Einleitung, Rdn. 1; Die Zeit vom 27. April 2000, 21 f. Zur Entwicklung ausländischer Direktinvestitionen in Deutschland vgl. auch Jansen, Mergers & Acquisitions, 4 f.; Handelsblatt vom 4. Oktober 2000, 11. Zur Globalisierung vgl. weiter Koch, Globalisierung der Wirtschaft, 3 ff.; Ludwig, Globalisierung der Märkte, 17 ff.

rer Risikobereitschaft eher eine Forcierung der Übernahmetransaktionen bewirken.[2662] Darüber hinaus wird auch weiterhin - und vermutlich in zunehmendem Ausmaß - die Liberalisierung, Vereinheitlichung und Zusammenführung des europäischen Marktes den internationalen Wettbewerb verschärfen und somit das Interesse an Übernahmen steigern.[2663] Diese Entwicklung wird zusätzlich durch das zunehmende Interesse der Bevölkerung an und die zunehmende Investitionsbereitschaft in Kapitalmarkt und Aktienhandel, maßgeblich geweckt durch die anfängliche Kursentwicklung der Telekom-Aktie, gefördert.[2664] Infolge dieses Wandels steht nämlich einerseits mehr Kapital zu relativ niedrigen Kapitalkosten und andererseits - begründet durch die Hoffnungen auf außerordentlich hohe Renditen - mehr und relativ preiswertes Risikokapital zur Verfügung.[2665] Mithin ist die für eine Übernahme erforderliche Kapitalaufbringung für den jeweiligen Bieter weniger problembehaftet.[2666]

IV. Notwendigkeit der Regelung des Verhaltens

Die zuvor dargestellten Rahmenbedingungen lassen in den nächsten Jahren einen erheblich zunehmenden Übernahmemarkt in den nächsten Jahren erwarten. Aus der eher ziellosen und weitgehend ungeregelten Entscheidungslage in Deutschland resultierte ein hohes persönliches Haftungsrisiko für die Entscheidungsträger der Zielgesellschaft.[2667] Es ist davon auszugehen, dass in der Zielgesellschaft interner Streit, Unentschlossenheit, Ängstlichkeit und außerordentliche Stresssituationen

[2662] Vgl. Michalski, AG 1997, 152, 153; Handelsblatt vom 23. Mai 2000, B 4.

[2663] Vgl. Pötzsch/Möller, WM-Beil. 2/2000, 3, 4; Bästlein, Zur Feindlichkeit öffentlicher Übernahmeangebote, 272; von Buddenbrock, in von Rosen/Seifert, Übernahme börsennotierter Unternehmen, 277, 284; Witt, Übernahmen von Aktiengesellschaften, 64; Handelsblatt vom 4. Oktober 2000, 11.

[2664] Vgl. Begründung des Bundesfinanzministeriums zum Diskussionsentwurf des „Gesetzes zur Regelung von Unternehmensübernahmen“ vom 29. Juni 2000 (über Internet abzurufen über „www.bundesfinanzministerium.de“), 61; Begründung des Bundesfinanzministeriums zum Referentenentwurf eines Gesetzes zur Regelung von öffentlichen Angeboten zum Erwerb von Wertpapieren und von Unternehmensübernahmen vom 12. März 2001 (über Internet abzurufen über „www.bundesfinanzministerium.de“), 59, Begründung der Bundesregierung zum Entwurf eines Gesetzes zur Regelung von öffentlichen Angeboten zum Erwerb von Wertpapieren und von Unternehmensübernahmen (über Internet abzurufen über „www.bundesfinanzministerium.de“), 61; Bästlein, Zur Feindlichkeit öffentlicher Übernahmeangebote, 139 f.; Baums, Neuregelung des aktienrechtlichen Anfechtungs- und Organhaftungsrechts, F 13; von Buddenbrock, in von Rosen/Seifert, Übernahme börsennotierter Unternehmen, 277, 282; Witt, Übernahmen von Aktiengesellschaften, 66 f. Nach einer vom Deutschen Aktieninstitut in Auftrag gegebenen Studie besaßen Mitte des Jahres 2000 bereits 11, 32 Millionen Bundesbürger Aktien, vgl. Wittich, BB 2000, Heft 41, Die erste Seite.

[2665] Vgl. Pötzsch/Möller, WM-Beil. 2/2000, 3, 4; Bästlein, Zur Feindlichkeit öffentlicher Übernahmeangebote, 139 f.; Jäger, NZG 2000, 1049, 1051 ff.

[2666] Vgl. Pötzsch/Möller, WM-Beil. 2/2000, 3, 4; Bästlein, Zur Feindlichkeit öffentlicher Übernahmeangebote, 139 f.

[2667] Vgl. GroßkommentarAktG/Hopt, § 93, Rdn. 122 ff.; Hopt, Festschrift Lutter, 1361, 1376; Körner, DB 2001, 367, 371; Thümmel, DB 2000, 461, 461 ff.

nach der Abgabe eines Übernahmeangebots entstehen.[2668] Ein Bieter könnte infolgedessen von einer Besserstellung seiner Verhandlungsposition ausgehen und zusätzlich motiviert sein. In dieser speziellen Situation kann nun gerade auf Seiten der Zielgesellschaft, aber auch auf Seiten des Bieters, in Kenntnis oder in Unkenntnis der Sach- und Rechtslage eine Verhaltensausrichtung erfolgen, die der Gesellschaft und den jeweiligen Anteilseignern zum Nachteil gereicht, die Volkswirtschaft schädigt und die politisch unerwünscht ist.[2669] Gerade wegen der zunehmenden wirtschaftlichen und auch politischen Bedeutung von Übernahmen war daher eine Regelung von Übernahmevorgängen zwecks Stärkung der internationalen Wettbewerbsfähigkeit - auch des deutschen und europäischen Finanzmarktes - notwendig.[2670] Nach Erlass der neuen deutschen Übernahmeregelung ist zu überprüfen, ob die gesetzliche Regelung im Einklang mit anderen gesetzlichen Regelungen steht und den Erfordernissen der Praxis gerecht wird.

V. Aktuelle Entwicklungen

Für die Bundesrepublik Deutschland hat die Diskussion im Zusammenhang mit Unternehmensübernahmen und von den Leitungsorganen inszenierten Abwehrmaßnahmen in den letzten Jahren durch verschiedene Ereignisse an Aktualität gewonnen.

Zunächst hatte die Börsensachverständigenkommission beim Bundesministerium der Finanzen im Juli 1995 ein eigenes als „Übernahmekodex“ bezeichnetes

[2668] Vgl. dazu auch Baums, in von Rosen/Seifert, Übernahme börsennotierter Unternehmen, 165, 166; Hopt, Festschrift Lutter, 1361, 1369.

[2669] Vgl. dazu Bästlein, Zur Feindlichkeit öffentlicher Übernahmeangebote, 273. Vgl. ferner auch Körner, DB 2001, 367, 367.

[2670] So im Ergebnis auch Begründung des Bundesfinanzministeriums zum Diskussionsentwurf des „Gesetzes zur Regelung von Unternehmensübernahmen“ vom 29. Juni 2000 (über Internet abzurufen über „www. bundesfinanzministerium.de“), 61 f.; Begründung des Bundesfinanzministeriums zum Referentenentwurf eines Gesetzes zur Regelung von öffentlichen Angeboten zum Erwerb von Wertpapieren und von Unternehmensübernahmen vom 12. März 2001 (über Internet abzurufen über „www.bundesfinanzministerium.de“), 60; Begründung der Bundesregierung zum Entwurf eines Gesetzes zur Regelung von öffentlichen Angeboten zum Erwerb von Wertpapieren und von Unternehmensübernahmen (über Internet abzurufen über „www.bundesfinanzministerium.de“), 62. Vgl. auch Empfehlung der vom Bundeskanzler eingesetzten Expertenkommission vom 17. Mai 2000, abgedruckt bei Pötzsch/Möller, WM-Beil. 2/2000, 3, Anhang 2, Einleitung; Adams, AG-Sonderheft 8/1997, 9, 18 f.; Bästlein, Zur Feindlichkeit öffentlicher Übernahmeangebote, 273 f., 314; Baums, AG-Sonderheft 8/1997, 26, 34; Baums, in von Rosen/Seifert, Übernahme börsennotierter Unternehmen, 165, 166; Busch, Regelung von Übernahmeangeboten, 204 ff.; Dimke/Heiser, NZG 2001, 241, 241 f.; Gruber, Pflicht zum Übernahmeangebot, 18; Hopt, ZHR 161 (1997), 368, 374; Hopt, Festschrift Zöllner, 253, 255, 266 f.; Horn, ZIP 2000, 473, 485; Kiem, EWiR 2000, 413, 414; Kirchner, WM 2000, 1821, 1830; KölnerKommWpÜG/Hirte, Einleitung, Rdn. 38; Körner, DB 2001, 367, 367; Kort, Festschrift Lutter, 1421, 1422; Land/Hasselbach, DB 2000, 1747, 1747; Mackensen, Institutionelle Anleger, 282; Schander BB 1997, 1801, 1804; Weber, NJW 2000, 3461, 3472; Witte, BB 2000, 2161, 2161; Zinser, NZG 2001, 391, 397. Zum Wettbewerb internationaler Finanzmärkte vgl. weitergehend Dietl/Pauli/Royer, Internationaler Finanzplatzwettbewerb.

Regelwerk verabschiedet,[2671] das am 01. Oktober 1995 für die beteiligten Parteien in Kraft getreten ist. Der von der Börsensachverständigenkommission verabschiedete Übernahmekodex war an die Stelle der „Leitsätze für Übernahmeangebote" aus dem Jahre 1979 getreten.[2672] Er beruht wie diese auf dem Grundsatz der freiwilligen Selbstverpflichtung, weist jedoch zur Diskussion anregende, erhebliche Änderungen auf.[2673] Möglicherweise war lange Zeit durch den Übernahmekodex eine gesetzliche Regelung verhindert worden.[2674] Der Übernahmekodex ist nämlich maßgeblich von Bankenvertretern mit der Begründung propagiert worden, er mache eine gesetzliche Regelung überflüssig.[2675] Gleichwohl hatte die Börsensachverständigenkommission bereits im Februar 1999 einen formulierten Gesetzesvorschlag vorgelegt,[2676] nachdem nach der aufsehenserregenden Mannesmann-Übernahme[2677] verstärkt eine gesetzgeberische Initiative gefordert worden war.[2678]

Auf europäischer Ebene hatte der Rat der Europäischen Union am 19. Juni 2000 einen neu verfassten „geänderten Vorschlag für eine dreizehnte Richtlinie des Europäischen Parlaments und des Rates auf dem Gebiet des Gesellschaftsrechts

---

2671 Übernahmekodex vom 14. Juli 1995, abgedruckt in AG 1995, 572 ff., ZIP 1995, 1467 ff.; in der neuesten Fassung vom 28. November 1997 abgedruckt in NZG 2000, 390 ff.; auch im Internet abzurufen über „www.kodex.de". Vgl. zu der ersten Fassung des Kodexes weitergehend Assmann, AG 1995, 563, 563 ff.; Baumann, WM 1996, 901, 901 f.; Diekmann, WM 1997, 897, 897 ff.; Groß, DB 1996, 1909, 1909 ff.; Kallmeyer, AG 1996, 169, 169 ff.; Neye, ZIP 1995, 1464, 1464 ff.; Schuster, Die Bank 1995, 609, 609 ff.; Thoma, ZIP 1996, 1725, 1725 ff.

2672 „Leitsätze für öffentliche freiwillige Kauf- und Umtauschangebote bzw. Aufforderungen zur Abgabe derartiger Angebote in amtlich notierten oder im geregelten Freiverkehr gehandelten Aktien bzw. Erwerbsrechten", abgedruckt in Baumbach/Hopt, HGB, 29. Auflage 1995, 2. Teil, Nr. 18. Vgl. zur Entwicklung dieser Regelungen auch Loehr, in von Rosen/Seifert, Übernahme börsennotierter Unternehmen, 149, 149 f.

2673 Vgl. die Kommentierungen bei Assmann, AG 1995, 563, 563 ff.; Baumann, WM 1996, 901, 901 f.; Kallmeyer, AG 1996, 169, 169 ff.; Neye, ZIP 1995, 1464, 1464 ff.; Schuster, Die Bank 1995, 609, 609 ff.

2674 Vgl. Adams, AG-Sonderheft 8/1997, 9, 18.

2675 Vgl. Heinsius, früherer Chefsyndikus der Dresdner Bank AG, in Schmitthoff/Gorè/Heinsius, Übernahmeangebote im Aktienrecht, 35, 58 ff.; Werner, früherer Chefsyndikus der Deutschen Bank AG, Problem „feindlicher" Übernahmen, 10; Hopt, ZGR 1991, 17, 20 ff. Vgl. dazu auch Roos, WM 1996, 2177, 2178 f.; Stellungnahme des BDI und anderer Spitzenorganisationen der deutschen Wirtschaft vom 29. März 1996 (Az. RV 47/96).

2676 Vgl. Standpunkte der Börsensachverständigenkommission zur künftigen Regelung von Unternehmensübernahmen, im Internet unter „www.kodex.de" abzufragen; Begründung des Bundesfinanzministeriums zum Diskussionsentwurf des „Gesetzes zur Regelung von Unternehmensübernahmen" vom 29. Juni 2000 (über Internet abzurufen über „www.bundesfinanzministerium.de"), 63; Begründung des Bundesfinanzministeriums zum Referentenentwurf eines Gesetzes zur Regelung von öffentlichen Angeboten zum Erwerb von Wertpapieren und von Unternehmensübernahmen vom 12. März 2001 (über Internet abzurufen über „www. bundesfinanzministerium. de"), 61; Begründung der Bundesregierung zum Entwurf eines Gesetzes zur Regelung von öffentlichen Angeboten zum Erwerb von Wertpapieren und von Unternehmensübernahmen (über Internet abzurufen über „www.bundesfinanzministerium.de"), 64. Vgl. auch die Pressemitteilung Nr. 237/00 des Bundespresseamtes vom 18. Mai 2000 über zehn Eckpunkte eines zukünftigen Übernahmegesetzes.

2677 Vgl. dazu Dimke/Heiser, NZG 2001, 241, 249 ff.; Mülbert, IStR 1999, 83, 88 ff.; Krause, AG 2000, 217, 221; LG Düsseldorf im Beschluss vom 14. Dezember 1999, AG 2000, 233, 235 - Dimke/Heiser ./. Mannesmann AG; zu dieser Entscheidung vgl. in diesem Zusammenhang auch Hirte, NJW 2000, 3321, 3325; Kiem, EWiR 2000, 413, 413 f.

2678 Vgl. Krause, NZG 2000, 905, 905.

betreffend Übernahmeangebote"[2679] vorgelegt.[2680] Am 13. Dezember 2000 stimmte das Europäische Parlament über die vom Berichterstatter empfohlene Änderungen ab.[2681] In der Nacht zum 6. Juni hatte sich der gemeinsame Vermittlungsausschuss des Europaparlaments und des Ministerrats auf eine Regelung verständigt,[2682] die das Parlament jedoch nicht mitgetragen hat, so dass die Verabschiedung der Richtlinie letztendlich scheiterte.[2683]

Das zuständige deutsche Bundesfinanzministerium arbeitete in dieser Zeit an einem Referentenentwurf für ein Übernahmegesetz. Zunächst sollte ein Übernahmegesetz als Teil des geplanten 4. Finanzmarktförderungsgesetzes erlassen werden.[2684] Offenbar infolge der Mannesmann-Übernahme[2685] wurde die in Aussicht genommene Regelung nunmehr als eigenständiges Gesetz (WpÜG) verabschiedet.[2686] Zur weiteren Vorbereitung des Gesetzesentwurfs hatte der Bundeskanzler eine so bezeichnete Expertenrunde unter Beteiligung aller maßgeblichen gesell-

---

[2679] Geänderter Vorschlag für eine dreizehnte Richtlinie des Europäischen Parlaments und des Rates auf dem Gebiet des Gesellschaftsrechts betreffend Übernahmeangebote, abgedruckt in: AG 2000, 296 ff. und WM-Beil. 2/2000, Anlage 1.

[2680] Mit diesem Vorschlag setzt sich die Entwicklung der Übernahmeregelungen nach dem Pennington-Entwurf von 1974, Kommissions-Dokument XI/56/74, vgl. hierzu Behrens, ZGR 1975, 433, 433 ff.; Bess, AG 1976, 169, 169 ff., Krause, Das obligatorische Übernahmeangebot, 29 ff., dem Vorentwurf einer 13. Richtlinie von 1987, Kommissions-Dokument XV/63/87-DE rev. 1., dem Richtlinienvorschlag von 1989, Abl.EG Nr. C 64/8 (14. März 1989), dem geänderten Vorschlag vom September 1990, Abl.EG Nr. C 240/7 (26. September 1990) und dem geänderten Richtlinienvorschlag vom 07. Februar 1996 - KOM (95) 655, endg., Abl.EG Nr. C 162 v. 06.06.1996, 5 ff.; abgedruckt in AG 1996, 217 ff., zuletzt geändert am 10. November 1997, - KOM (97) 565 endg. v. 10.11.1997, Abl.EG v. 13.12.1997, Nr. C 378, 10 ff., abgedruckt in ZIP 1997, 2173 ff., fort.

[2681] Vgl. Sitzungsprotokoll der Sitzung des Europäischen Parlaments vom 13. Dezember 2000.

[2682] Vgl. Altmeppen, ZIP 2001, 1073, 1073; Neye, ZIP 2001, 1120, 1120.

[2683] Vgl. dazu oben 4. Teil B. XI.

[2684] Vgl. Weber, NJW 2000, 3461, 3472.

[2685] Vgl. Körner, DB 2001, 367, 367; Weber, NJW 2000, 3461, 3472; Witt, NZG 2000, 809, 809; Handelsblatt vom 8./9. Dezember 2000, 8.

[2686] Gesetz zur Regelung von öffentlichen Angeboten zum Erwerb von Wertpapieren und von Übernahmeangeboten, BGBl I 2001, 3833; Letzte Änderungen in BT-Drucks. 14/7477 vom 14. November 2001, auszugsweise veröffentlicht in ZIP 2001, 2102, 2102 ff. Vgl. hierzu auch Hopt, ZHR 166 (2002), 383, 383 ff.; Krause, NJW 2002, 705, 705 ff. Vgl. weiter zur Entwicklung dieses Gesetzes den vom Bundesfinanzministerium veröffentlichten Diskussionsentwurf des „Gesetzes zur Regelung von Unternehmensübernahmen" vom 29. Juni 2000 (über Internet abzurufen über „www.bundesfinanzministerium.de"), den vom Bundesfinanzministerium vorgelegten Referentenentwurf eines Gesetzes zur Regelung von öffentlichen Angeboten zum Erwerb von Wertpapieren und von Unternehmensübernahmen vom 12. März 2001 (über Internet abzurufen über „www.bundesfinanzministerium.de") und den Gesetzesentwurf der Bundesregierung zur Regelung von öffentlichen Angeboten zum Erwerb von Wertpapieren und von Unternehmensübernahmen vom 11. Juli 2001 (über Internet abzurufen über „www.bundesfinanzministerium.de"). Vgl. dazu weitergehend vor allem Möller/Pötzsch, ZIP 2001, 1256, 1256 ff.; ferner Hopt, ZHR 166 (2002), 383, 383 ff.; Mülbert, ZIP 2001, 1221, 1221 ff.; Oechsler, NZG 2001, 817, 817 ff.; Strenger, WM 2000, 952, 952 f.; Thaeter, NZG 2001, 789, 789 ff.; Zinser, NZG 2001, 391, 391 ff.; Frankfurter Allgemeine Zeitung vom 06. März 2000, 17, 20, 21; Frankfurter Allgemeine Zeitung vom 09. März 2000, 19; Frankfurter Allgemeine Zeitung vom 17. Mai 2000, 17; Handelsblatt vom 16. November 2000, 46.

schaftlichen Gruppen einberufen.[2687] Der Diskussionsentwurf sollte zunächst im Frühjahr 2000 vorgelegt werden und ist tatsächlich am 29. Juni 2000 veröffentlicht worden.[2688] Ein erweiterter Referentenentwurf datiert vom 12. März 2001,[2689] das Bundeskabinett hat einem geänderten Entwurf zugestimmt.[2690] Das „Gesetz zur Regelung von öffentlichen Angeboten zum Erwerb von Wertpapieren und von Übernahmeangeboten" (WpÜG)[2691] ist am 15. November 2001 verabschiedet worden, das Gesetz gilt ab dem 01. Januar 2002. Mit dem geforderten Gesetzgebungsverfahren trug die Bundesrepublik der notwendigen Kanalisation von Übernahmevorgängen Rechnung. Inhaltlich lehnte sich der Gesetzesentwurf genauso wie das am 15. November 2001 vom Bundestag verabschiedete Gesetz in wesentlichen Teilen an den Richtlinienvorschlag an.

Mit dem WpÜG eilt die Bundesrepublik Deutschland der einheitlichen europäischen Entwicklung voraus. Die im Jahre 1997 geänderten Vorgaben des EU-Richtlinienvorschlags vom Februar 1996[2692] stellten im Vergleich zum Richtlinienvorschlag vom September 1990,[2693] der schon im Rat nicht die erforderliche Mehrheit gefunden hatte, eine weniger einschneidende und den nationalen Gesetzgebern größeren Gestaltungsspielraum zubilligende Regelung dar.[2694] Die ursprünglichen Vorgaben sollten bis Anfang 1998 in das nationale Recht der Mitgliedsstaaten um-

[2687] Vgl. zur Besetzung und zum Zweck der Expertenkommission weitergehend die Begründung des Bundesfinanzministeriums zum Diskussionsentwurf des „Gesetzes zur Regelung von Unternehmensübernahmen" vom 29. Juni 2000 (über Internet abzurufen über „www. bundesfinanzministerium.de"), 66 f.; Begründung des Bundesfinanzministeriums zum Referentenentwurf eines Gesetzes zur Regelung von öffentlichen Angeboten zum Erwerb von Wertpapieren und von Unternehmensübernahmen vom 12. März 2001 (über Internet abzurufen über „www.bundesfinanzministerium.de"), 64 f.; Begründung der Bundesregierung zum Entwurf eines Gesetzes zur Regelung von öffentlichen Angeboten zum Erwerb von Wertpapieren und von Unternehmensübernahmen (über Internet abzurufen über „www.bundesfinanzministerium.de"), 64.

[2688] Vgl. Diskussionsentwurf des „Gesetzes zur Regelung von Unternehmensübernahmen" vom 29. Juni 2000 (über Internet abzurufen über „www.bundesfinanzministerium.de").

[2689] Vgl. Referentenentwurf eines Gesetzes zur Regelung von öffentlichen Angeboten zum Erwerb von Wertpapieren und von Unternehmensübernahmen vom 12. März 2001 (über Internet abzurufen über „www. bundesfinanzministerium.de"). Vgl. dazu auch Fleischer, WpÜG, 11; Pluskat, DStR 2001, 897, 897 ff.; Thaeter/Barth, NZG 2001, 545, 545 ff.

[2690] Vgl. Gesetzesentwurf der Bundesregierung zur Regelung von öffentlichen Angeboten zum Erwerb von Wertpapieren und von Unternehmensübernahmen vom 11. Juli 2001 (über Internet abzurufen über „www.bundesfinanzministerium.de").

[2691] BGBl I 2001, 3833; Letzte Änderungen in BT-Drucks. 14/7477 vom 14. November 2001, auszugsweise veröffentlicht in ZIP 2001, 2102, 2102 ff. Vgl. hierzu auch Hopt, ZHR 166 (2002), 383, 383 ff.; Krause, NJW 2002, 705, 705 ff.

[2692] Vgl. Geänderter Vorschlag für eine Richtlinie des Europäischen Parlaments und des Rates auf dem Gebiet des Gesellschaftsrechts über Übernahmeangebote - KOM (97) 565 endg. v. 10.11.1997, AblEG v. 13.12.1997, Nr. C 378, 10, abgedruckt in ZIP 1997, 2173 ff.

[2693] Vorschlag für eine Dreizehnte Richtlinie des Rates auf dem Gebiet des Gesellschaftsrechts über Übernahmeangebote vom 14.09.1990, ABl.EG vom 26.09.1990 Nr. C 240, 7 ff.

[2694] Vgl. Kirchner, AG 1998, 105, 106, 108.

gesetzt sein.[2695] Nachdem schon der Richtlinienvorschlag vom September 1990 auf Kritik gestoßen war,[2696] gab der neue Richtlinienvorschlag ebenfalls Anlass zur wissenschaftlichen Auseinandersetzung.[2697] Die unterschiedlichen nationalen Interessen führten zu dem neuen Richtlinienvorschlag vom Juni 2000. Nach dessen Scheitern wurde die Vorlage eines neuen Vorschlags zu Recht relativ zeitnah erwartet.[2698] Der neue Vorschlag vom 02. Oktober 2002[2699] wird auch nach der Annahme durch das Europäische Parlament am 16. Dezember 2003 - allerdings mit wesentlichen Änderungen[2700] - immer wieder diskutiert.[2701] Am 30. März 2004 hat der Rat den Kompromissvorschlag endgültig angenommen.[2702]

Infolge der schleppenden Entwicklung einer gesetzlichen Übernahmeregelung in der Bundesrepublik erscheint es somit sinnvoll, sich nach der Mannesmann-Übernahme bereits im Vorfeld möglicher weiterer zukünftiger Übernahmekämpfe auch auf deutschen Märkten einer Debatte über die Vor- und Nachteile von Übernahmen zu stellen und daraus eventuelle Schlüsse für neue Regelungsmodelle im deutschen und europäischen Recht zu ziehen.[2703] Besondere Bedeutung hat dabei die Frage, inwieweit der Vorstand der Zielgesellschaft nach deutschem Recht Maßnahmen ergreifen darf, feindliche Übernahmeangebote abzuwehren und ob dazu dessen Handlungsmöglichkeiten erweitert oder eingeschränkt werden sollten.

B. Der Übernahmekodex der Börsensachverständigenkommission

Der ab dem 01. Oktober 1995 geltende, zuletzt mit Wirkung zum 01. Januar 1998 geänderte und nach Erlass des neuen Übernahmegesetzes für unwirksam erklärte[2704] Übernahmekodex der Börsensachverständigenkommission[2705] hatte die wenig

---

[2695] Vgl. Geänderter Vorschlag für eine Richtlinie des Europäischen Parlaments und des Rates auf dem Gebiet des Gesellschaftsrechts über Übernahmeangebote - KOM (97) 565 endg. v. 10.11.1997, AblEG v. 13.12.1997, Nr. C 378, 10.

[2696] Vgl. Baums, ZIP 1989, 1376; 1376 ff.; Berger, ZIP 1991, 1644, 1644 ff.; Depser, RIW 1992, 351, 351 ff.; Grunewald, WM 1991, 1361, 1361 ff.; Richter, Übernahmeregelung in Europa, 123 ff.; Röhrich, RIW 1993, 93, 93 ff. Vgl. dazu auch Daum, Die unkoordinierte Übernahme, 203 ff.

[2697] Vgl. Mülbert, IStR 1999, 83 ff.; Krause, AG 1996, 209, 209 ff.; Neye, DB 1996, 1121, 1121 ff.; Beckmann, DB 1995, 2407, 2407 ff.

[2698] Vgl. Handelsblatt vom 5. September 2001, 8.

[2699] Dokument KOM (2002) 534, auch veröffentlicht als Ratsdokument 12864/02 und als BR-Dr. 800/02, abgedr. in NZG 2002, 1146, 1146 ff.

[2700] Vgl. genauso wie zu den Änderungen NZG 2004, VII f.

[2701] Vgl. Neye, NZG 2002, 1144, 1145

[2702] Vgl. ZIP 2004, VI.

[2703] Vgl. auch Körner, DB 2001, 367, 367; Otto, DB-Beil. 12/1988, 1, 5; Assmann/Bozenhardt, in Assmann/Basaldua/Bozenhardt/Peltzer, Übernahmeangebote, 1, 55 ff.; Hopt, Festausgabe Heinsius, 22, 23.

[2704] Vgl. Bekanntmachung in ZIP 9/2002, A 20.

[2705] Übernahmekodex vom 14. Juli 1995, abgedruckt in AG, 1995, 572 ff., WM 1995, 2011 ff. und ZIP 1995, 1467 ff., in der neuesten Fassung vom 28. November 1997 abgedruckt in NZG 2000, 390 ff. und AG 1998, 133 ff.; auch im Internet abzurufen über „www.kodex. de". Zur aktuellen Fassung und zur Kommenpraxisrelevanten[2706] Leitsätze von 1979[2707] ersetzt. Bei der „Börsensachverständigenkommission beim Bundesministerium der Finanzen" handelt es sich lediglich um eine Institution unabhängiger Sachverständiger,[2708] auch wenn die Bezeichnung etwas anderes vermuten lässt. Eine Auflistung der den von ihr fixierten Kodex anerkennenden Unternehmen wird regelmäßig veröffentlicht.[2709] Die trotz nachteiliger Auswirkungen[2710] eher geringe Anerkennung des Kodex wurde in Praxis und Literatur gerügt.[2711] Am 11. Juli 2001 hatten von den 1016 börsennotierten inländischen Aktiengesellschaften lediglich 755 Gesellschaften, darunter 86 Unternehmen des DAX-100, den Kodex anerkannt.[2712]

---

tierung der Änderungen zum 1. Januar 1998 vgl. weitergehend Hopt, Festschrift Zöller, 253, 263 ff. Zur Übergangsregelung für die zum 1.1.1998 in Kraft getretenen Änderungen des Übernahmekodex vgl. AG-Report 1998, R 220.

2706 Vgl. dazu Hopt, ZHR 161 (1997), 368, 393; Kirchner/Ehricke, AG 1998, 105, 105; Pötzsch/Möller, WM-Beil. 2/2000, 3, 13; Schander, NZG 1998, 799, 799; Weisgerber, ZHR 161 (1997), 421, 421 ff.

2707 „Leitsätze für öffentliche freiwillige Kauf- und Umtauschangebote bzw. Aufforderungen zur Abgabe derartiger Angebote in amtlich notierten oder im geregelten Freiverkehr gehandelten Aktien bzw. Erwerbsrechten" vom Januar 1979, abgedruckt in Baumbach/Hopt, HGB, 29. Aufl., 1398 ff. Vgl. dazu auch die Kommentierung bei Assmann, AG 1995, 563, 563; Schander, NZG 1998, 799, 799 f.; Loehr, in von Rosen/Seifert, Übernahme börsennotierter Unternehmen, 149, 149 f.; Thoma, ZIP 1996, 1725, 1725 ff.

2708 Vgl. dazu Diekmann, WM 1997, 897, 897; Groß, DB 1996, 1909, 1909; Schander, NZG 1998, 799, 799.

2709 Im jeweiligen aktuellen Stand abzurufen über „www.kodex.de".

2710 Die Börsensachverständigenkommission versuchte, die Anerkennung zu forcieren. So wurden trotz Kritik, vgl. dazu Wirth/Weiler, DB 1998, 117, 118; Arbeitskreis Aktienindizes, AG-Report 1997, R 420, seit Januar 1998 nur anerkennende Unternehmen in den DAX, den MDAX und später auch in den SDAX aufgenommen. Im Übrigen hat sich eine Kennzeichnung der anerkennenden Unternehmen in der Börsen-Zeitung durchgesetzt, vgl. dazu weitergehend Loehr, WM 1997, 1374, 1374; Loehr, in von Rosen/Seifert, Übernahme börsennotierter Unternehmen, 149, 160; Hopt, Festschrift Zöllner, 253, 264; Weisgerber, ZHR 161 (1997), 421, 423 f.; kritisch dazu Benner-Heinacher, DB 1997, 2521, 2523 f.

2711 Vgl. dazu die Stellungnahme des Vorsitzenden der Börsensachverständigen, Karl-Hermann Baumann, im Pressegespräch am 02. Februar 1999 auf der Homepage der Übernahmekommission (www.kodex.de); vgl. weiter beispielsweise Baums, AG-Sonderheft 8/1997, 26, 34; Baums, ZIP 1997, 1310, 1310; Hopt, ZHR 161 (1997), 368, 395 f.; Picot, in Picot, Mergers & Acquisitions, 91, 142; Pötzsch/Möller, WM-Beil. 2/2000, 3, 13; Than, Festschrift Claussen, 405, 407; Weisgerber, ZHR 161 (1997), 421, 424 ff.; Weisner, Verteidigungsmaßnahmen gegen unfreundliche Übernahmeversuche, 277.

2712 Vgl. Begründung des Bundesfinanzministeriums zum Diskussionsentwurf des „Gesetzes zur Regelung von Unternehmensübernahmen" vom 29. Juni 2000 (über Internet abzurufen über „www.bundesfinanzministerium.de"), 62; Begründung des Bundesfinanzministeriums zum Referentenentwurf eines Gesetzes zur Regelung von öffentlichen Angeboten zum Erwerb von Wertpapieren und von Unternehmensübernahmen vom 12. März 2001 (über Internet abzurufen über „www.bundesfinanzministerium.de"), 60; Begründung der Bundesregierung zum Entwurf eines Gesetzes zur Regelung von öffentlichen Angeboten zum Erwerb von Wertpapieren und von Unternehmensübernahmen (über Internet abzurufen über „www.bundesfinanzministerium.de"), 63; Pötzsch/Möller, WM-Beil. 2/2000, 3, 13. Vgl. zur Entwicklung der Anerkennungsquote weiter Hopt, ZHR 161 (1997), 368, 395; Weisgerber, ZHR 161 (1997), 421, 424.

I. Schutzbereich der Regelung

Der Übernahmekodex besteht zunächst aus einer Einleitung, die klarstellt, dass es sich um eine von der Kommission erstellte „Empfehlung von Verhaltensnormen" für die Beteiligten handele und der Kodex als „flexibles Instrument" - unbeschadet gesetzlicher Regelungen - konzipiert sei, so dass eine Anpassung den in der Praxis gewonnenen Erfahrungen entsprechend erfolgen könne.[2713] Der Kodex solle - wie weiter einleitend erwähnt wird - Marktmanipulationen vorbeugen und sicherstellen, dass alle Beteiligten die Grundsätze von Treu und Glauben beachten, weshalb der Kodex nicht nur nach seinem Wortlaut, sondern auch nach dem verfolgten Zweck zu beachten sei.

II. Begriffsbestimmungen

Im Kodex erfolgt zunächst die inhaltliche Bestimmung von Begriffen. Öffentliche Angebote sind demnach öffentliche Kauf- oder Umtauschangebote, sowie Aufforderungen an Inhaber von Wertpapieren zur Abgabe von Angeboten. Eine Zielgesellschaft wird für den Kodex als jede Aktiengesellschaft oder Kommanditgesellschaft auf Aktien mit Sitz im Inland definiert, deren Wertpapiere Gegenstand eines öffentlichen Angebots sind und die an einer inländischen Börse zum Handel zugelassen oder mit ihrer Zustimmung in den Freiverkehr einbezogen sind. Wertpapiere sind danach alle Rechte, deren Erwerb der Bieter anstrebt und die unmittelbar oder mittelbar Stimmrechte in der Hauptversammlung der Zielgesellschaft einräumen. Dazu zählten Stammaktien, Aktien mit mehrfachem Stimmrecht und solche Vorzugsaktien, die im Zeitpunkt der Veröffentlichung des Angebots Stimmrechte begründen, sowie Surrogate derartiger Wertpapiere. Wertpapiere sind auch solche Rechte, die den Bezug jener Aktien zum Gegenstand haben, die durch eine einseitige Willenserklärung des Rechtsinhabers neu zur Entstehung gebracht werden können. Der Kodex gilt auch für Angebote zum Erwerb von Wertpapieren einer Emission, die nicht zum Börsenhandel zugelassen oder in Freiverkehr einbezogen sind, wenn andere Wertpapiere dieser Emission an der Börse gehandelt werden. Soweit sich ein öffentliches Angebot auf stimmrechtslose Vorzugsaktien bezieht, gelten die Regeln des Kodex analog. Der Übernahmekommission obliegt vor allem eine Schiedsfunktion.[2714] Die Mitglieder werden von der Börsensachverständigenkommission berufen. Die Geschäftsstelle der Übernahmekommission ist das Exekutivorgan dieses Gremiums. Sie überwacht die Einhaltung des Kodex.

[2713] Vgl. dazu Hopt, Festschrift Zöller, 253, 266.

[2714] Vgl. auch Kallmeyer, ZHR 161 (1997), 435, 451; Peltzer, AG 1997, 145, 150.

III. Grundsätze

Im Anschluss an die Begriffsbestimmungen folgt die Darstellung grundsätzlicher Verhaltensregeln. Artikel 1 legt fest, dass der Bieter im Rahmen seines öffentlichen Angebots alle Inhaber von Wertpapieren derselben Gattung gleich zu behandeln hat. Nach Artikel 2 haben der Bieter und die Zielgesellschaft alle Inhaber von Wertpapieren, die vom öffentlichen Angebot betroffen sind, mit den gleichen Informationen zu versorgen. Die Informationen müssen den zur Beurteilung des Angebots maßgeblichen Sachverhalt korrekt und angemessen wiedergeben. Nach Abgabe eines öffentlichen Angebots ist der Vorstand der Zielgesellschaft nach pflichtgemäßem Ermessen und im Interesse der Wertpapierinhaber nach Artikel 2 Absatz 2 verpflichtet, anderen Personen, die ihrerseits ein ernsthaftes Interesse an der Übernahme der Zielgesellschaft glaubhaft gemacht haben, die gleichen Informationen wie dem ursprünglichen Bieter zu Verfügung zu stellen. Über die Ernsthaftigkeit des Interesses entscheidet auf Antrag der Zielgesellschaft die Übernahmekommission (Artikel 2 Absatz 2).
Während der Angebotsphase sind sowohl der Bieter als auch die Zielgesellschaft nach Artikel 3 verpflichtet, alles zu unterlassen, was außergewöhnliche Kursbewegungen der Wertpapiere der Zielgesellschaft oder der im Tausch angebotenen Wertpapiere auslösen könnte. Insbesondere gilt dies für irreführende Erklärungen.

Nach Artikel 5 hat der Bieter vor Abgabe des Angebots die Zielgesellschaft, die inländischen Börsen, an denen die Wertpapiere der Zielgesellschaft sowie gegebenenfalls die zum Tausch angebotenen Wertpapiere notiert sind, das Bundesaufsichtsamt für den Wertpapierhandel und die Geschäftsstelle der Übernahmekommission über den Inhalt des Angebots zu unterrichten. Danach ist von ihm das Angebot unverzüglich in mindestens einem überregionalem Pflichtblatt zu veröffentlichen.

IV. Inhalt des Angebots und Angebotsfrist

In Artikel 7 sind Inhaltsangaben für das Angebot aufgeführt. Nach Artikel 11 muss die Angebotsfrist mindestens 28 Tage und darf höchstens 60 Tage betragen.

V. Pflichten des Bieters

Nach Artikel 12 hat der Bieter bis zum nächstfolgenden Geschäftstag der Geschäftsstelle die getätigten Geschäfte zu melden und diese öffentlich bekannt zu geben. Nicht zu melden ist der Erwerb von Aktien, die als Belegschaftsaktien angeboten werden sollen.

Nach Artikel 13 gilt ein verbessertes Angebot auch für Inhaber von Wertpapieren derselben Gattung, die das ursprüngliche Angebot bereits angenommen hatten. Ein entsprechendes Nachbesserungsangebot des Bieters, insbesondere für den Fall, dass nach Veröffentlichung des Angebots seitens Dritter ein höheres Angebot abgegeben wird, ist in Artikel 14 geregelt. Für diesen Fall kann die Angebotsfrist um eine mit der Geschäftsstelle abzustimmende Frist verlängert werden. Insofern hat der Bieter für eine nachträgliche Gleichbehandlung derjenigen Wertpapierinhaber zu sorgen, die das Angebot bereits angenommen haben. Diesen Wertpapierinhabern steht das Recht zu, von dem bereits angenommenen Angebot zurückzutreten, um das bessere Angebot anzunehmen. Nach Artikel 15 ist der Bieter verpflichtet, denjenigen, die von einem ursprünglichen Angebot Gebrauch gemacht haben, eine entsprechende Nachbesserung zu gewähren, wenn innerhalb einer von ihm im ursprünglichen Angebot zu benennenden Frist, die nicht kürzer als 12 Monate sein darf, ein besseres freiwilliges Angebot unterbreitet wird und innerhalb dieser Frist kein Angebot eines Dritten vorliegt.

Nach Artikel 16 hat ein Wertpapierinhaber, der unter Einschluss der nach § 22 Absatz 1 WpHG zuzurechnenden Stimmrechte mehr als 50 % der Stimmrechte hält oder mit diesen Stimmrechten in den letzten drei ordentlichen Hauptversammlungen jeweils mindestens ¾ des präsenten stimmberechtigten Grundkapitals repräsentiert hat, allen anderen Wertpapierinhabern unverzüglich ein Angebot zur Übernahme der restlichen Wertpapiere zu unterbreiten. Dies gilt nicht, wenn der Bieter innerhalb von 18 Monaten nach Überschreiten dieser Schwelle Beschlüsse über einen Unternehmensvertrag mit der Zielgesellschaft, die Eingliederung der Zielgesellschaft, den Formwechsel der Zielgesellschaft, die Verschmelzung der Zielgesellschaft oder über die Befreiung von der Abgabe eines Pflichtangebots unter Ausschluss der Stimmrechte des Bieters herbeizuführen beabsichtigt und dies erklärt. Weiter gilt dies nicht, wenn die Schwelle lediglich zum Zwecke der Weiterplatzierung an Dritte überschritten wurde oder ein unbeabsichtigter schwellenüberschreitender Erwerb erfolgt und unverzüglich der Stimmrechtsanteil wieder auf höchstens 50 % gesenkt wird.

Nach Artikel 17 muss der Preis für das Pflichtangebot in angemessenem Verhältnis zum höchsten Börsenpreis der letzten drei Monate vor Erreichen der Kontrolle liegen, wenn der Mehrheitsaktionär nach Überschreiten der Schwelle und vor Abgabe des Pflichtangebots keine weiteren Käufe von Wertpapieren der Zielgesellschaft vorgenommen hat.[2715] Hat der Bieter weitere Käufe getätigt, so muss bei der Ermittlung des Preises für das Pflichtangebot der gewogene Durchschnittspreis dieser Käufe dann zugrunde gelegt werden, wenn dieser höher als der höchste Börsenpreis ist. Diese Regelung gilt auch dann sinngemäß, wenn Wertpapiere im Wege des Tausches angeboten werden.

VI. Pflichten der Zielgesellschaft

Nach Artikel 18 hat die Zielgesellschaft unverzüglich, spätestens jedoch zwei Wochen nach Veröffentlichung eines Angebots, eine begründete Stellungnahme zum Angebot zu veröffentlichen.

[2715] Kritisch zu dieser Preisfestlegung Benner-Heinacher, DB 1997, 2521, 2521 f.

Nach Artikel 19 darf das Verwaltungs- oder Leitungsorgan der Zielgesellschaft einschließlich der Verwaltungs- und Leitungsorgane der mit der Zielgesellschaft verbundenen Unternehmen nach Bekanntgabe eines öffentlichen Angebots und bis zur Offenlegung des Ergebnisses des Angebots keine Maßnahmen ergreifen, die dem Interesse der Wertpapierinhaber, von dem Angebot Gebrauch zu machen, zuwiderlaufen. Hierzu können unter anderem Beschlüsse über die Ausgabe neuer Wertpapiere, die Änderung des Aktiv- oder Passivbestandes der Zielgesellschaft in erheblichem Umfang sowie den Abschluss von Verträgen, die außerhalb des gewöhnlichen Geschäftsbetriebes liegen, zählen. Dies gilt jedoch nicht bei laufenden Kapitalmaßnahmen und bei der Erfüllung von abgeschlossenen Verträgen oder einer ausdrücklichen Genehmigung der Hauptversammlung für diese Maßnahmen im Falle eines öffentlichen Angebots.

VII. Die Übernahmekommission

In Artikel 20 ist insbesondere festgelegt, dass bei der Zusammensetzung der Übernahmekommission die Gruppe der Emittenten, der institutionellen Anleger, der Privatanleger und der Kreditinstitute und Wertpapierdienstleistungsunternehmen berücksichtigt werden sollen. Die Mitglieder der Übernahmekommission, deren Vorsitzender und seine Stellvertreter, werden von der Börsensachverständigenkommission berufen und für eine Amtszeit von fünf Jahren bestellt. Diese erlässt auch eine Geschäfts- und Verfahrensordnung für die Übernahmekommission und die Geschäftsstelle. Die Übernahmekommission beruft den Leiter der Geschäftsstelle.

In Artikel 21 werden zunächst die Beteiligten aufgefordert, die Regelung dieses Kodex anzuerkennen. Die Geschäftsstelle veröffentlicht regelmäßig eine Liste der Unternehmen und Personen, die diese Regelung anerkannt haben. Bei Zuwiderhandlung gegen diesen Kodex kann die Geschäftsstelle ihre Bemerkungen, Empfehlungen und Entscheidungen zu dem jeweiligen Fall veröffentlichen.

Nach Artikel 23 kann die Übernahmekommission den Bieter oder die Zielgesellschaft von einzelnen Vorschriften des Kodex ganz oder teilweise befreien, wenn durch deren Anwendung den berechtigten Interessen des Bieters, der Zielgesellschaft oder der Wertpapierinhaber der Zielgesellschaft geschadet würde. Dies gilt auch für die Pflicht zur Abgabe eines Angebots gemäß Artikel 16.

VIII. Zwangsangebot und Kontrollschwelle

Nach Artikel 16 Übernahmekodex löst jedenfalls der Erwerb einer 50 % übersteigenden Beteiligung an der Zielgesellschaft die Verpflichtung zur Abgabe eines Angebots zum Kauf aller Aktien aus. Dagegen weist der geänderte Richtlinienentwurf der EG von 1997 keinen Schwellenwert aus, der Verhaltenspflichten begründet; die genaue Bestimmung bleibt den Mitgliedsstaaten überlassen.[2716] Der Richtlinienentwurf 1990 hatte diesen Anteil in Anlehnung an den 30%tigen Schwellenwert im britischen *CityCode*[2717] mit einem Drittel festgelegt. Die Festschreibung der Beherrschungsschwelle weit unter 50 % ist infolge der Präsenzen auf den Hauptversammlungen börsennotierter Aktiengesellschaften unumgänglich.[2718] Eine beherrschende Stellung wird schon bei faktischer Stimmrechtsmehrheit auf der Hauptversammlung eingenommen. Im Schnitt ist der Schwellenwert bei höchstens 30 % anzusetzen,[2719] so dass lediglich durch den Richtlinienentwurf 1990 und den *City-Code*, nicht hingegen durch den Übernahmekodex, von einer annähernd realistischen Bestimmung des Wertes ausgegangen werden kann.[2720] Dies gilt erst recht für Aktiengesellschaften, deren Anteile sich in weitaus überwiegender Anzahl in Streubesitz befinden.[2721] Nur am Rande sei bemerkt, dass der Wegfall der Verpflichtung zur Abgabe eines Zwangsangebots bei der Absicht, Unternehmensverträge abzuschließen, den Missbrauch der Regelung wahrscheinlich erscheinen lässt.

[2716] Vgl. Geänderter Vorschlag für eine Dreizehnte Richtlinie des Europäischen Parlaments und des Rates auf dem Gebiet des Gesellschaftsrechts über Übernahmeangebote - KOM (97) 565 endg. v. 10.11.1997, AblEG v. 13.12.1997, Nr. C 378, 10, abgedruckt in ZIP 1997, 2173, 2174, dort Artikel 3 Absatz 2.

[2717] Vgl. zu dieser Kontrollschwelle im City-Code on Takeovers and Mergers weitergehend De Mott, in Coffee/Lowenstein/Rose-Ackerman, Knights, Raiders, and Targets, 398, 408 f.; Kallmeyer, ZHR 161 (1997), 435, 442 ff.; Lee, EWS 1990, 241, 243; Möller, Die Stellung des Aktionärs bei Übernahmen, 53 ff.; Thoma, ZIP 1996, 1725, 1727 f.; Zinser, RIW 2001, 481, 484.

[2718] Vgl. auch Bästlein, Zur Feindlichkeit öffentlicher Übernahmeangebote, 307; Benner-Heinacher, DB 1997, 2521, 2521 ff.; Drukarczyk, Theorie und Politik der Finanzierung, 635; Lüttmann, Kontrollwechsel in Kapitalgesellschaften, 19 f.; Frankfurter Allgemeine Zeitung vom 3. Februar 1998, 26.

[2719] So auch unter Berufung auf die Hauptversammlungspräsenzen Baums, ZIP 1997, 1310, 1311; Lüttmann, Kontrollwechsel in Kapitalgesellschaften, 19 f.; Begründung des Bundesfinanzministeriums zum Referentenentwurf eines Gesetzes zur Regelung von öffentlichen Angeboten zum Erwerb von Wertpapieren und von Unternehmensübernahmen vom 12. März 2001 (über Internet abzurufen über „www.bundesfinanzministerium.de"), 70, 130; Begründung der Bundesregierung zum Entwurf eines Gesetzes zur Regelung von öffentlichen Angeboten zum Erwerb von Wertpapieren und von Unternehmensübernahmen (über Internet abzurufen über „www.bundesfinanzministerium.de"), 69, 129 f. Einer empirischen Untersuchung zur Folge waren 1992 auf den Hauptversammlungen der 24 größten deutschen Unternehmen durchschnittlich lediglich 58 % der Aktionäre vertreten, vgl. Baums/Fraune, AG 1995, 97, 103. Vgl. auch Mülbert, ZIP 2001, 1221, 1225 f.

[2720] So auch Munscheck, RIW 1995, 998, 1003; Thoma, ZIP 1996, 1725, 1727 f. Vgl. dazu auch Krause, WM 1996, 893, 894, 899, der in diesem Zusammenhang darauf hinweist, dass allein schon ein Aufgreifen des Zwangsangebots im Übernahmekodex angesichts der überwiegenden Ablehnung dieses Regulierungsgegenstandes bemerkenswert sei.

[2721] Vgl. dazu auch Bästlein, Zur Feindlichkeit öffentlicher Übernahmeangebote, 100; Hahn, Die feindliche Übernahme von Aktiengesellschaften, 20 ff.; Knoll, Übernahme von Kapitalgesellschaften, 77 f.

IX. Verhaltenspflichten nach dem Übernahmekodex

Bei dem Kodex handelt es sich um ein für die sich freiwillig unterwerfenden Beteiligten maßgebliches „Vertragswerk“,[2722] das möglicherweise (auch) zur Vermeidung schärferer gesetzlicher Vorschriften entwickelt wurde.[2723] Es ist jedoch festzuhalten, dass eine Pflicht zur Anerkennung des Kodex de lege lata nicht besteht[2724] und der Kodex für Verstöße keine Rechtsfolgen mit Sanktionscharakter ausweist und derartige ordnungsrechtliche Vorschriften wegen fehlender Berechtigung der Kommission zur Rechtssetzung auch kein positives Recht begründen könnten.[2725] Verstöße gegen den Kodex wären demnach einer gerichtlichen Kontrolle und einer staatlichen Sanktionierung entzogen.[2726] Dies gilt sowohl für Unternehmen, die sich dem Kodex unterworfen haben, und deren Bedienstete, als auch - erst recht - für Unternehmen und Beteiligte, die sich nicht entsprechend verpflichtet haben.[2727]

Dem Kodex fehlt es jedoch nicht nur an einem hoheitlichen Kontroll- und Sanktionsmechanismus, er bestimmt darüber hinaus auch keine privatrechtlichen Rechtsfolgen und Ansprüche bei Verstößen.[2728] Die verbindliche Festlegung von Verpflichtungen und Ansprüchen kann gegenüber unverpflichteten Dritten nicht rechtswirksam erfolgen, weil die hoheitliche Regelungskompetenz hierfür fehlt und vertragliche Beziehungen nicht unterhalten werden.[2729] Soweit privatrechtliche

---

[2722] Vgl. dazu Assmann, AG 1995, 563, 564; Dürig, RIW 1999, 746, 747; Groß, DB 1996, 1909, 1909; Kallmeyer, ZHR 161 (1997), 435, 450; Kirchner/Ehricke, AG 1998, 105, 107 f.; Neye, ZIP 1995, 1464, 1465; Schander, NZG 1998, 799, 800 f., Wirth/Weiler, DB 1998, 117, 118.

[2723] Vgl. dazu Hommelhoff/Hopt/Lutter/Doralt/Druey/Wymeersch, ZGR 1998, 672, 727; Hopt, Festschrift Zöller, 253, 260, 264.

[2724] Vgl. Assmann, AG 1995, 563, 564; Daum, Die unkoordinierte Übernahme, 52; Dimke/Heiser, NZG 2001, 241, 241; Dürig, RIW 1999, 746, 747; Groß, DB 1996, 1909, 1909; Kallmeyer, AG 1996, 169, 169; Kirchner/Ehricke, AG 1998, 105, 108; Krause, ZGR 2002, 500, 504; Letzel, NZG 2001, 260, 260; Picot, in Picot, Mergers & Acquisitions, 91, 142; Schander, NZG 1998, 799, 800; Weisner, Verteidigungsmaßnahmen gegen unfreundliche Übernahmeversuche, 277; Wirth/Weiler, DB 1998, 117, 118.

[2725] Vgl. Baums, ZIP 1997, 1310, 1310; Groß, DB 1996, 1909, 1909 f.; Hopt, ZHR 161 (1997), 368, 410; Kallmeyer, ZHR 161 (1997), 435, 450; Kirchner/Ehricke, AG 1998, 105, 108; Krause, ZGR 2002, 500, 504; Loehr, in von Rosen/Seifert, Übernahme börsennotierter Unternehmen, 149, 156; Lüttmann, Kontrollwechsel in Kapitalgesellschaften, 149; Neye, DB 1996, 1121, 1125; Peltzer, AG 1997, 145, 150; Picot, in Picot, Mergers & Acquisitions, 91, 142; Weisner, Verteidigungsmaßnahmen gegen unfreundliche Übernahmeversuche, 277.

[2726] Vgl. Baums, ZIP 1997, 1310, 1310; Groß, DB 1996, 1909, 1910; Kirchner/Ehricke, AG 1998, 105, 108; Loehr, in von Rosen/Seifert, Übernahme börsennotierter Unternehmen, 149, 160; Picot, in Picot, Mergers & Acquisitions, 91, 142; Schander, NZG 1998, 799, 800.

[2727] Vgl. Kirchner/Ehricke, AG 1998, 105, 109; Kallmeyer, ZHR 161 (1997), 435, 451; Weisner, Verteidigungsmaßnahmen gegen unfreundliche Übernahmeversuche, 280; demgegenüber jedoch Assmann, AG 1995, 563, 564.

[2728] Vgl. Diekmann, WM 1997, 897, 897; Groß, DB 1996, 1909, 1909; Kirchner/Ehricke, AG 1998, 105, 107; Knoll, Übernahme von Kapitalgesellschaften, 151.

[2729] Vgl. Groß, DB 1996, 1909, 1909; Wirth/Weiler, DB 1998, 117, 118. Insbesondere ist auch für gewohnheitsrechtliche Ansprüche oder Verhaltenspflichten aus Handelsbrauch kein Raum, vgl. dazu Kirchner/Ehricke, AG 1998, 105, 107; Weisner, Verteidigungsmaßnahmen gegen unfreundliche Übernahmeversuche, 280.

Rechtsfolgen und Schadensersatzansprüche gegen unterworfene juristische und natürliche Personen normiert würden,[2730] könnte eine gerichtliche Geltendmachung, Durchsetzung und Vollstreckung durch den Kodex ebenfalls verpflichtete Personen allenfalls wegen Verletzung vertraglicher Pflichten in Betracht kommen.[2731] Dritten, die gleichwohl ein wirtschaftliches Interesse haben können, wie etwa Anteilseignern, dürften dagegen weder Verpflichtungen noch Anspruchsgrundlagen im Kodex nützen; auch wenn die beidseitige Unterwerfung ein Vertragsverhältnis begründen würde, könnten vertragliche Pflichtenverletzungen hier mangels Schutzwirkung zugunsten Dritter nicht vorliegen.[2732]

Die im Kodex enthaltenen Pflichten und Verbote sind demnach zunächst einmal rechtlich nur als reine Verhaltensempfehlungen zu klassifizieren. Mangels Kontroll- und Sanktionsmechanismus unterliegt die Beachtung und Befolgung der Empfehlungen - jedenfalls im Verhältnis zur Übernahmekommission - der grundsätzlich freien Disposition. Vertragliche oder vertragsähnliche Rechtsverhältnisse könnten demgegenüber durch die Unterwerfungserklärung allein zwischen den Unternehmen, die sich freiwillig verpflichtet haben, begründet werden.[2733] Eine aussichtsreiche Geltendmachung von Ansprüchen, die nur mit der Verletzung vertraglicher Pflichten begründet werden könnte,[2734] käme mithin nur innerhalb der gebundenen Gruppe von Unternehmen in Betracht.[2735] Demnach könnten Ansprüche eines kodexunterworfenen Unternehmens allenfalls gegen ein ebenfalls verpflichtetes Unternehmen gerichtlich geltend gemacht und festgestellt werden,[2736]

[2730] Mit durchaus nachvollziehbaren Gründen wird schon bezweifelt, dass schuldrechtliche Pflichten für die Anerkennenden begründet werden, vgl. dazu Groß, DB 1996, 1909, 1910; Kirchner/Ehricke, AG 1998, 105, 107; demgegenüber jedoch Assmann, AG 1995, 563, 564. Im Übrigen wird ein Vertragsabschluss deshalb ab-gelehnt, weil die Übernahmekommission weder rechts- noch geschäftsfähig sei, vgl. dazu Groß, DB 1996, 1909, 1910; Kirchner/Ehricke, AG 1998, 105, 107; vgl. dazu auch Hopt, ZHR 161 (1997), 368, 402; Weisgerber, ZHR 161 (1997), 421, 426.

[2731] Vgl. dazu Dieckmann, WM 1997, 897, 903; Hopt, ZHR 161 (1997), 368, 400 ff.; Weisgerber, ZHR 161 (1997), 421, 426; Groß, DB 1996, 1909, 1911; Mayer/Zschocke, ÖBA 1996, 711, 712; Riehmer/ Schröder, BB-Sonderbeil. 5/2001, 1, 8; Thoma, ZIP 1996, 1725, 1725 f.; Assmann, AG 1995, 563, 564.

[2732] Vgl. Groß, DB 1996, 1909, 1910 f.; Weisgerber, ZHR 161 (1997), 421, 426; Weisner, Verteidigungsmaßnahmen gegen unfreundliche Übernahmeversuche, 281; Wirth/Weiler, DB 1998, 117, 118; vgl. jedoch auch Diekmann, WM 1997, 897, 903; Groß, DB 1996, 1909, 1911, Hopt, ZHR 161 (1997), 368, 402; Michalski, AG 1997, 152, 154; Schander, NZG 1998, 799, 801; Weisgerber, ZHR 161 (1997), 421, 426, die bezüglich Schadensersatzansprüchen auf Ansprüche aus pVV und cic verweisen.

[2733] Vgl. Dieckmann, WM 1997, 897, 903; Hopt, ZHR 161 (1997), 368, 400 ff.; Mayer/Zschocke, ÖBA 1996, 711, 712; Thoma, ZIP 1996, 1725, 1725 f.; Assmann, AG 1995, 563, 564. Teilweise wird ein privatrechtlicher Vertrag mit der Übernahmekommission angenommen, vgl. Assmann, AG 1995, 563, 564, andererseits zutreffend eine derartige Vertragskonstellation mangels Rechtsfähigkeit der Übernahmekommission abgelehnt, vgl. insbesondere Groß, DB 1996, 1909, 1909 f.; Hopt, ZHR 161 (1997), 368, 401; Mayer/ Zschocke, ÖBA 1996, 711, 712.

[2734] Vgl. OLG München, DB 2001, 1297, 1297 f. (Unterwerfung im konkreten Angebot); Assmann, AG 1995, 563, 563 ff.; Riehmer/Schröder, BB-Sonderbeil. 5/2001, 1, 8.

[2735] Vgl. Kirchner/Ehricke, AG 1998, 105, 107; Weisner, Verteidigungsmaßnahmen gegen unfreundliche Übernahmeversuche, 281 f.

[2736] Vgl. Assmann, AG 1995, 563, 564.

wenn ein Vertragsabschluss,[2737] eine vertragsähnliche Bindung[2738] oder eine Vertragsauslegung nach dem Kodexinhalt[2739] angenommen würde. Im Ergebnis ließe sich also auch unter den Unternehmen der Anspruch auf Einhaltung der im Kodex festgelegten Verfahrens- und Verhaltensvorschriften möglicherweise nicht durchsetzen, wenn sie sich dazu verpflichtet haben.[2740]

Vorschriften, nach denen bei regelwidrigem Verhalten innerhalb der Gruppe Schadensersatz, Ausgleichszahlungen oder Vertragsstrafen zu leisten sind, sind im Kodex nicht enthalten. Wenngleich derartige Bestimmungen aus den zuvor dargelegten Gründen Ansprüche Dritter und nichtunterworfener Unternehmen ohnehin nicht verbindlich regeln könnten und ihre Verbindlichkeit selbst für Unterworfene als zweifelhaft beurteilt werden muss, hätten wenigstens die Ansprüche der verpflichteten Unternehmen untereinander nach Verstößen geregelt werden können.[2741] Die daraus resultierende weitere Konkretisierung von Sanktionen und die weitergehende Sensibilisierung Betroffener hätte durchaus einen erheblich weitergehenden Anreiz zu regelkonformem Verhalten bewirken können.[2742] Demgegenüber ist dem Kodex – gerade auch wegen fehlender Anspruchsregelungen - eine Vorbildfunktion für eine gesetzliche Regelung abzusprechen.[2743] Auch wenn in Streitfällen nach Verstößen gegen den Kodex ergänzend allgemeine Vorschriften angewandt werden könnten und müssten, würde eine gesetzliche Regelung ohne spezielle anspruchsbegründende und -ausfüllende Normen den Anforderungen nicht gerecht.[2744] Gleichwohl wurde einer gesetzlichen Regulierung zu Unrecht entgegengehalten, dass der Übernahmekodex den Regelungsbedarf entfallen lässt.[2745] Der Kodex sei eine ausreichende Regelung, die tatsächlich das Verfahren und das Verhalten

[2737] So OLG München, DB 2001, 1297, 1297; Assmann, AG 1995, 563, 564.

[2738] Vgl.dazu unter Verweis auf cic Groß, DB 1996, 1909, 1911. Insofern wird eine entsprechende Verpflichtung der Unternehmensleitungen angenommen, vgl. dazu auch Schuster, Die Bank 1995, 609, 614.

[2739] So Schwark, Festschrift Stimpel, 1087, 1109; Letzel, NZG 2001, 260, 266; Groß, DB 1996, 1909, 1911; Kuhr, Minderheitenschutz bei Übernahmeangeboten, 67 ff. In diesem Zusammenhang wird auch das Rechtsinstitut des Gewohnheitsrechts und des Handelsbrauchs angesprochen, vgl. dazu Kirchner/Ehricke, AG 1998, 105, 108. Insbesondere ist jedoch von einer entsprechenden Vertragsauslegung auszugehen, wenn die Anerkennung der Kodexregeln im Angebot erklärt ist, vgl. dazu OLG München, DB 2001, 1297, 1297 f.; Riemer/Schröder, BB-Sonderbeil. 5/2001, 1, 8.

[2740] Vgl. Kirchner/Ehricke, AG 1998, 105, 107, 110; Groß, DB 1996, 1909, 1910; Weisner, Verteidigungsmaßnahmen gegen unfreundliche Übernahmeversuche, 280.

[2741] Vgl. dazu weitergehend Kirchner/Ehricke, AG 1998, 105, 110; Loehr, in von Rosen/Seifert, Übernahme börsennotierter Unternehmen, 149, 160. Vgl. dazu auch Groß, DB 1996, 1909, 1910.

[2742] Vgl. dazu Zinser, NZG 2001, 391, 392.

[2743] Vgl. Baums, ZIP 1997, 1310, 1310; Baums, in von Rosen/Seifert, Übernahme börsennotierter Unternehmen, 165, 166 f.; Liebscher, ZIP 2001, 853, 854; Zinser, RIW 1999, 844, 844.

[2744] Vgl. dazu auch Loehr, in von Rosen/Seifert, Übernahme börsennotierter Unternehmen, 149, 161; Riehmer/Schröder, BB-Sonderbeil. 5/2001, 1, 8.

[2745] Vgl. Baumann, WM 1996, 901, 901 f.; Loehr, WM 1997, 1374, 1375; Handelsblatt vom 27. August 1997, 12; Börsen-Zeitung vom 28. Oktober 1997, 18. Vgl. auch die Ausführungen bei Schander, NZG 1998, 799, 807. Ebenfalls kritisch Daum, Die unkoordinierte Übernahme, 52.

Betroffener wie eine gesetzliche Regelung determiniere.[2746] Am 11. Juli 2001 hatten aber lediglich 755 von 1016 börsennotierten inländischen Gesellschaften den Kodex anerkannt,[2747] so dass tatsächlich von einer gesetzesgleichen Wirkung keine Rede sein kann.[2748]

Angesichts der gesetzlichen Regelung von Übernahmevorgängen und des Auslaufens des Übernahmekodex nach dem 01. Januar 2002[2749] soll nicht weiter diskutiert werden, ob die Übernahmekommission und die Rechtsprechung die ihr zur Verfü-gung stehenden Mittel zur Durchsetzung der Regelungen weitergehend ausschöpfen könnte,[2750] sofern entgegen der bisherigen Entwicklung eine weiterge-

---

[2746] Vgl. dazu die Stellungnahmen des BDI und des BDA vom 29. März 1996 (Aktz. RV 47/96); tendenziell wohl auch Loehr, WM 1997, 1374, 1375; Loehr, in von Rosen/Seifert, Übernahme börsennotierter Unternehmen, 149, 158 ff., und Baumann, WM 1996, 901, 901 f. Vgl. weiter dazu Hopt, Festschrift Zöller, 253, 265; Neye, DB 1996, 1121, 1124 ff.; Peltzer, AG 1997, 145, 150; Roos, WM 1996, 2177, 2180. Vgl. im Übrigen Schander, NZG 1998, 799, 807, der sogar kontraproduktive Auswirkungen einer gesetzlichen Regelung befürchtet. Vgl. ferner auch Hecker, Regulierung von Unternehmensübernahmen, 695 ff.

[2747] Vgl. Begründung des Bundesfinanzministeriums zum Diskussionsentwurf des „Gesetzes zur Regelung von Unternehmensübernahmen" vom 29. Juni 2000 (über Internet abzurufen über „www.bundesfinanzministerium.de"), 62; Begründung des Bundesfinanzministeriums zum Referentenentwurf eines Gesetzes zur Regelung von öffentlichen Angeboten zum Erwerb von Wertpapieren und von Unternehmensübernahmen vom 12. März 2001 (über Internet abzurufen über „www.bundesfinanzministerium.de"), 60; Begründung der Bundesregierung zum Entwurf eines Gesetzes zur Regelung von öffentlichen Angeboten zum Erwerb von Wertpapieren und von Unternehmensübernahmen (über Internet abzurufen über „www.bundesfinanzministerium.de"), 63; Geibel/Süßmann-Zehetmeier-Müller, WpÜG, Einl., Rdn. 5; Pötzsch/Möller, WM-Beil. 2/2000, 3, 13. Vgl. zur Entwicklung und Bewertung der Anerkennungsquote auch Hopt, Festschrift Zöller, 253, 264; Schander, NZG 1998, 799, 799.

[2748] So auch Begründung des Bundesfinanzministeriums zum Diskussionsentwurf des „Gesetzes zur Regelung von Unternehmensübernahmen" vom 29. Juni 2000 (über Internet abzurufen über „www.bundesfinanzministerium.de"), 62; Begründung des Bundesfinanzministeriums zum Referentenentwurf eines Gesetzes zur Regelung von öffentlichen Angeboten zum Erwerb von Wertpapieren und von Unternehmensübernahmen vom 12. März 2001 (über Internet abzurufen über „www.bundesfinanzministerium.de"), 61; Begründung der Bundesregierung zum Entwurf eines Gesetzes zur Regelung von öffentlichen Angeboten zum Erwerb von Wertpapieren und von Unternehmensübernahmen (über Internet abzurufen über „www.bundesfinanzministerium.de"), 62 f. So weiter Assmann/Pötzsch/Schneider-Pötzsch, WpÜG, Einl., Rdn. 21 f.; Baums, in von Rosen/Seifert, Übernahme börsennotierter Unternehmen, 165, 167; Dimke/Heiser, NZG 2001, 241, 241 f., Liebscher, ZIP 2001, 853, 854; Loehr, in von Rosen/Seifert, Übernahme börsennotierter Unternehmen, 149, 160; Zinser, RIW 1999, 844, 850, und Handelsblatt vom 14. Juni 2000, 35, unter Berufung auf Helmut Loehr, Vorsitzender der Übernahmekommission und Mitglied der Börsensachverständigenkommission; Zinser, NZG 2001, 391, 392.

[2749] Der Übernahmekodex soll nach dem 1. Januar 2002 nur noch beschränkte Geltung behalten. Der Kodex wird nach Auskünften der Börsensachverständigenkommission weiterhin gelten für Angebote zum Erwerb von Wertpapieren und Übernahmeangebote, die bis zum 31. Dezember 2001 veröffentlicht worden sind. Dasselbe gilt für einen bis zu diesem Zeitpunkt erfolgten Kontrollerwerb. Zur Begründung wird angegeben, dass das WpÜG keine Übergangsvorschriften vorsieht. Vgl. dazu ZIP 9/2002, A 2; ZIP 9/2002, A 20.

[2750] Vgl. dazu Kallmeyer, ZHR 161 (1997), 435, 451, der bereits zum jetzigen Zeitpunkt bei einer Veröffentlichung von gravierenden Folgen für das Unternehmen und seine Aktionäre ausgeht. Dass derartige Veröffentlichungen in Kauf genommen werden, zeigt der Widerruf der Anerkennung durch die Metallgesellschaft vor dem Versuch, AGIV zu übernehmen, vgl. dazu Frankfurter Allgemeine Zeitung vom 25. Februar 1997, AG-Report 1997, R 136, und Hopt, ZHR 161 (1997), 368, 396. Insgesamt sind bis Anfang 1999 in 25 Fällen Vorgaben des Übernahmekodex nicht beachtet worden, vgl. dazu die Pressemitteilung der Börsenhende Aner-kennung die Erstarkung des Kodex zu einem generell anerkannten Regelungswerk zur Folge hätte.[2751] Zurzeit kann aus allen Blickwinkeln lediglich von einem empfehlenden Charakter ausgegangen werden, der die Zielsetzung eines alloka-tionsoptimierenden Kapitalmarktes nicht zu unterstützen in der Lage wäre.[2752]

Mit dem Übernahmekodex liegt eine auf freiwilliger Unterwerfung basierende Regelung in Anlehnung an den britischen *City-Code*[2753] vor,[2754] der wegen der nur eingeschränkten gerichtlichen Überprüfbarkeit von Kommissionsentscheidungen als gegenüber einer gesetzlichen Regelung vorteilhaft beurteilt wird.[2755] Obwohl die

---

sachverständigenkommission vom 02. Februar 1999, abzurufen über deren Homepage („www.kodex.de"). Vgl. im Übrigen zur weitergehenden faktischen Durchsetzung der Regelungen Assmann, AG 1995, 563, 565; Groß, DB 1996, 1909, 1910 ff.; Hopt, ZHR 161 (1997), 368, 403 f.; Kirchner/Ehricke, AG 1998, 105, 108 f.; Schander, NZG 1998, 799, 803, die letzteren mit dem Vorschlag, die Wertpapierdienstleistungsunternehmen ebenfalls zum „Beitritt" anzuhalten; Krause, AG 1996, 209, 215 f. Die letzte Zeit wurden die den Kodex anerkennenden Unternehmen in der Börsen-Zeitung gekennzeichnet. Seit Januar 1998 erfolgt eine Aufnahme in den DAX, in den M-DAX und danach auch in den SMAX und den Neuen Markt nur, wenn der Kodex anerkannt war, vgl. Hansen, AG-Report, R 415, R 420; Hopt, Festschrift Zöllner, 253, 264; Hopt, ZHR 161 (1997), 368, 402 ff.; vgl. auch zu weitergehenden Konsequenzen, wenn nicht anerkannt wurde, Hopt, ZHR 161 (1997), 368, 402. Diese „Druckmittel" sind allerdings auf Kritik gestoßen, vgl. dazu Wirth/Weiler, DB 1998, 117, 118; Arbeitskreis Aktienindizes, AG-Report 1997, R 420; a.A. Hopt, ZHR 161 (1997), 368, 404.

2751 Zur Anerkennung und Bewertung der Anerkennung des Kodexes vgl. weitergehend Benner-Heinacher, DB 1997, 2521, 2524; Hopt, ZHR 161 (1997), 368, 395 f., 400; Kallmeyer, ZHR 161 (1997), 435, 454; Kirchner/Ehricke, AG 1998, 105, 105, 113 f., - mit Verweis auf eine Ungleichbehandlung mit der Folge von Asymmetrien im Markt -; Krause, AG 1996, 209, 216; Loehr, in von Rosen/Seifert, Übernahme börsennotierter Unternehmen, 149, 159 f.; Schander, NZG 1998, 799, 807; Than, Festschrift Claussen, 405, 407; Weisgerber, ZHR 161 (1997), 421, 424 ff.

2752 Vgl. dazu auch Assmann, AG 1995, 563, 563 ff.; Baumann, WM 1996, 901, 901 f.; Baums, ZIP 1997, 1310, 1310 ff.; Dieckmann, WM 1997, 897, 897 ff.; Habersack/Mayer, ZIP 1997, 2141, 2146; Hopt, ZHR 161 (1997), 368, 368 ff.; Kallmeyer, ZIP 1997, 2147, 2147 ff.; Kirchner/Ehricke, AG 1998, 105, 106; Knoll, Übernahme von Kapitalgesellschaften, 197; Krause, AG 1996, 209, 209 ff.; Krause, WM 1996, 893, 893 ff.; Neye, DB 1996, 1121, 1126; Peltzer, AG 1997, 145, 150; Thoma, ZIP 1996, 1725, 1725 ff.; Zinser, NZG 2001, 391, 392.

2753 City Code on Take-overs and Mergers and the Rules Governing Substantial Acquisitions of Shares, abgedruckt in Schuster/Zschocke, Takeover Law, 292 ff., auch abzufordern über „The secretary of the Panel on Take-overs and Mergers", PO-Box No. 226; The Stock Exchange Building, London EC2P 2JX. Vgl. dazu weitergehend Frazer, in Coffee/Lowenstein/Rose-Ackerman, Knights, Raiders, and Targets, 436, 436 ff.; Frei, Öffentliche Übernahmeangebote, 88 ff.; Krause, Das obligatorische Übernahmeangebot, 42 ff.; Lee, EWS 1990, 241, 241 ff.; Möller, Die Stellung des Aktionärs bei Übernahmen, 53 ff.; Schmidt, in Boettcher/Herder-Dorneich/Schenk, Jahrbuch für Neue Politische Ökonomie, 6. Band, 180, 183 f.; Schmitthoff, in Schmitthoff/Gorè/Heinsius, Übernahmeangebote im Aktienrecht, 7, 16 ff.; Zinser, RIW 1999, 844, 846. Vgl. ferner auch Defriez, in von Rosen/Seifert, Übernahme börsennotierter Unternehmen, 29, 29 ff.

2754 Vgl. Assmann, AG 1995, 563, 564; Baums, in von Rosen/Seifert, Übernahme börsennotierter Unternehmen, 165, 166; Kirchner/Ehricke, AG 1998, 105, 106 f.; Langhart, Rahmengesetz und Selbstregulierung, 201 f.; Michalski, AG 1997, 152, 154; Peltzer, AG 1997, 145, 150.

2755 Insofern könne gerade in Übernahmesituationen von einer höheren Rechtssicherheit ausgegangen werden, wenn von einer Selbstregulierungsinstanz schnell, flexibel und endgültig entschieden würde, vgl. dazu die Darstellung der Guinness- und Datafin-Entscheidung in: House of Lords Select Committee on The European Communities, Takeover Bids, Session 1995-96, 13th Report, 9 f. Vgl. dazu Lee, EWS 1990, 241, 245; Zinser, RIW 2001, 241, 487 f. Vgl. zur Behauptung der Vorteilhaftigkeit einer derartigen Regelung

Umsetzungsmechanismen und die Organisationsform an den *City-Code* entlehnt sind,[2756] bleibt der deutsche Kodex mit seiner Schutzweite deutlich hinter dem *City-Code* zurück.[2757] Zwar basiert der Kodex ebenso wie der *City-Code* auf einer freiwilligen Unterwerfung unter die Übernahmeempfehlungen.[2758] Der *City-Code* ist jedoch trotz seines bewusst in Kauf genommenen rein privatautonomen Charakters rechtstatsächlich der Wirkungsweise einer gesetzlichen Vorschrift weitestgehend angenähert worden,[2759] so dass faktisch von einer gesetzesgleichen Wirkung ausgegangen werden kann.[2760] Während nach dem Kodex die Nichtbeachtung unsanktioniert bleibt, kann die Verletzung des *City-Code* nicht nur zu öffentlicher Kritik, sondern auch zu Sanktionen bis hin zum Ausschluss vom Börsenhandel führen.[2761] Im Gegensatz zum *City-Code*[2762] ist die Anwendung des Kodex zudem auf inländische Zielgesellschaften beschränkt.[2763] Selbst für den Fall, dass sich die

---

auch im deutschen Bereich Assmann, AG 1995, 563, 564 ff.; Baums, in von Rosen/ Seifert, Übernahme börsennotierter Unternehmen, 165, 166 f.; Hahn, ZBB 1990, 10, 20; Grunewald, WM 1989, 1233, 1238; Knoll, Übernahme von Kapitalgesellschaften, 194 f.; Loehr, WM 1997, 1374, 1375; Schander, NZG 1998, 799, 806. Vgl. dazu ferner auch Black/Kraakman, 109 Harvard Law Review (1996), 1912, 1917 ff.

[2756] Vgl. Diekmann, WM 1997, 897, 897; Hecker, Regulierung von Unternehmensübernahmen, 26, 39 ff.; Kirchner/Ehricke, AG 1998, 105, 107; Picot, in Picot, Mergers & Acquisitions, 91, 141.

[2757] Vgl. Baums, in von Rosen/Seifert, Übernahme börsennotierter Unternehmen, 165, 167; Daum, Die unkoordinierte Übernahme, 52; Hecker, Regulierung von Unternehmensübernahmen, 39 ff.; Kirchner/ Ehricke, AG 1998, 105, 110 ff.; Pötzsch/Möller, WM-Beil. 2/2000, 2, 13; Witte, BB 2000, 2161, 2161.

[2758] Vgl. dazu Blank/Weinberg, On Take-overs and Mergers, 3-505: „The Code does not, nor apparently does it seek to, have the force of law.“ Vgl. dazu auch Hecker, Regulierung von Unternehmensübernahmen, 26, 39 f.; Lee, EWS 1990, 241, 241; Zinser, RIW 1999, 844, 846.

[2759] Die Bestimmungen des *City-Code* sind in die Interpretation der *section 459* des *Companies Act* von 1985 einbezogen worden, der *Court of Appeal* hat erstmals 1987 im *Datafin-case*, vgl. [1987] G. B. 815 (Datafin), vgl. weiter [1989] 1 All E. R. 509 (Guiness) und R. v. Panel on Takeovers and Mergers, ex p. Guinness plc [1990] 1 Q. B. 146, C.A., über die gerichtliche Überprüfbarkeit der Maßnahmen des *Panel* positiv entschieden und die Anerkennung des *City-Code* ist im *Financial Services Act* 1986 festgeschrieben worden. Die Überprüfung des Verhaltens der Unternehmensleitung durch die Gerichte erfolgt bei Übernahmen nach *section* 459 des *Companies Act*, und zwar jeweils unter Zugrundelegung der Regelungen des *City-Code*. Zudem ist der Aufsichtsbehörde *FSA* (*Financial Services Authority*) in *section* 47 A des *Financial Services Act* von 1986 mit dessen Änderung 1995 die Kompetenz eingeräumt worden, durch die Anerkennung von Kodizes Verstöße gegen diese zu maßregeln. Demnach hat der *City-Code* - zumindest nach der Anerkennung durch die *FSA* - faktisch die Wirkungen eines Gesetzes.

[2760] Vgl. dazu Blank/Weinberg, On Take-overs and Mergers, 3-506; Baums, in von Rosen/Seifert, Übernahme börsennotierter Unternehmen, 165, 167; Bittner, RIW 1992, 182, 183 ff.; Frazer, in Coffee/ Lowenstein/Rose-Ackerman, Knights, Raiders, and Targets, 436, 437 f.; Frei, Öffentliche Übernahmeangebote, 88; Hecker, Regulierung von Unternehmensübernahmen, 26; Hopt, ZHR 161 (1997), 368, 400; Krause, WM 1996, 845, 846; Lüttmann, Kontrollwechsel in Kapitalgesellschaften, 149 f.; Möller, Die Stellung des Aktionärs bei Übernahmen, 53 ff. Zur besonderen Funktionsweise angelsächsischer *self-regulation* im allgemeinen sowie des *City-Code* im besonderen, vgl. eingehend Koopmann, Voluntary action of business and industry, 163 ff., 197 ff.

[2761] Vgl. Blank/Weinberg, On Take-overs and Mergers, 3-516. Vgl. auch Hecker, Regulierung von Unternehmensübernahmen, 26 f.; Herrmann, Abwehrmaßnahmen gegen unfreundlichen Übernahmeversuche, 146 f.; Knoll, Übernahme von Kapitalgesellschaften, 114 f.; Michalski, AG 1997, 152, 154.

[2762] Vgl. Hecker, Regulierung von Unternehmensübernahmen, 39 f.; Zinser, RIW 2001, 481, 482.

[2763] Vgl. dazu Assmann, AG 1995, 563, 567; Kirchner/Ehricke, AG 1998, 105, 114; Lüttmann, Kontrollwechsel in Kapitalgesellschaften, 149 f.; Schander, NZG 1998, 799, 800; Schuster, Die Bank 1995, 609,

börsennotierten deutschen Unternehmen unterwerfen, besteht somit eine Anwendungslücke für nichtbörsennotierte deutsche Unternehmen oder Privatpersonen sowie für ausländische Bieter.[2764]

C. Grundsätzliche Kompetenzverteilung in der deutschen Aktiengesellschaft

Zur Beurteilung der im Zusammenhang mit Übernahmeverfahren den Leitungsorganen obliegenden Pflichten wird zunächst die grundsätzliche Kompetenzverteilung in einer deutschen Aktiengesellschaft dargestellt und kritisch gewürdigt. Insofern ist festzustellen, welche Kompetenzen dem Vorstand, dem Aufsichtsrat und der Hauptversammlung zustehen[2765] und wo Kompetenzabgrenzungen vorzunehmen sind. Das Aktiengesetz beschreibt für die Hauptversammlung, den Vorstand und den Aufsichtsrat grundsätzlich jeweils eigene Zuständigkeiten. Bezeichnend für die Beschreibung der unterschiedlichen Zuständigkeiten im Aktiengesetz ist die gesetzlich intendierte und ausdrücklich in § 23 Absatz 5 vorgeschriebene Gleichrangigkeit und wechselseitige Kontrolle zwischen Vorstand, Aufsichtsrat und Hauptversammlung.[2766] Im Anschluss an die Darstellung der Kompetenzen sollen die Pflichten der Leitungsorgane in der Übernahmesituation analysiert werden. Das Besondere der Übernahmesituation im Vergleich zu üblichen Kompetenzzuordnungen ist der kapitalmarktliche Vorgang des Übergangs der Anteile. Während die Kompetenzzuordnung regelmäßig allein unter gesellschafts- und aktienrechtlichen Gesichtspunkten erfolgt, muss sie bei Übernahmevorgängen unter Einbeziehung kapitalmarktlicher und kapitalmarktrechtlicher Betrachtungen beurteilt werden.[2767]

---

610. Vgl. zu der resultierenden Problematik des Fehlens eines *level playing field* auch Dimke/Heiser, NZG 2001, 241, 256 f.; mißverständlich Becker, ZHR 165 (2001), 280, 283; Rühland, NZG 2003, 1150, 1150 ff.; Weisner, Verteidigungsmaßnahmen gegen unfreundliche Übernahmeversuche, 291. Zu den Zuständigkeiten internationaler Übernahmevorgänge und zu den Anknüpfungstatbeständen derartiger Übernahmevorgänge vgl. weitergehend Dürig, RIW 1999, 746, 746 ff.

2764 Vgl. Assmann, AG 1995, 563, 567; Vgl. Bästlein, Zur Feindlichkeit öffentlicher Übernahmeangebote, 306; Baums, ZIP 1997, 1310, 1310; Hopt, ZHR 161 (1997), 368, 375; Kirchner/Ehricke, AG 1998, 105, 107, 113 f., mit ausführlichem Verweis auf die aus möglichen Diskriminierungen folgenden Asymmetrien im Markt; Lüttmann, Kontrollwechsel in Kapitalgesellschaften, 149 f. Zur diesbezüglichen Kritik auch Handelsblatt vom 16. November 2000, 46.

2765 Wegen der weitgehenden Abgrenzung der jeweiligen Kompetenzen wird auch von einem „System der Gewaltenteilung“ gesprochen, vgl. Schmidt, Gesellschaftsrecht, 770 f.; Heller, Unternehmensführung und Unternehmenskontrolle, 1; Kessler, RIW 1998, 602, 604. Vgl. dazu auch Abeltshauser, Leitungshaftung, 405; Becker, Verwaltungskontrolle, 600 ff.; Bernhardt, DB 2000, 1873, 1873 ff.; Henze, BB 2000, 209, 209 ff.

2766 Vgl. Hüffer, AktG, § 118, Rdn. 4; Bernhardt, DB 2000, 1873, 1873 ff.; Heller, Unternehmensführung und Unternehmenskontrolle, 1. Vgl. dazu auch Schmidt-Leithoff, Verantwortung der Unternehmensleitung, 374 ff.; Wastl/Wagner, AG 1997, 241, 244.

2767 Vgl. Dimke/Heiser, NZG 2001, 241, 242; Kirchner, WM 2000, 1821, 1821; Knoll, Übernahme von Kapitalgesellschaften, 282 f.; KölnerKommWpÜG/Hirte, Einleitung, Rdn. 79 ff.; Körner, DB 2001, 367, 369. Zu den Wechselwirkungen zwischen Kapitalmarktrecht und Gesellschaftsrecht vgl. Heiser, Interessens-

I. Kompetenz des Vorstandes

Die Kompetenz des Vorstandes zur eigenverantwortlichen Leitung der Gesellschaft[2768] ergibt sich aus § 76 Absatz 1 AktG. Diese Vorschrift regelt nicht, welche Ziele der Vorstand bei seiner Geschäftstätigkeit zu verfolgen und wessen Interessen er gerecht zu werden hat.[2769] Im Vergleich zu anderen deutschen Gesellschaftsformen hat der Vorstand der Aktiengesellschaft nicht den Weisungen der Gesellschafter zu folgen.[2770] Demnach fällt es in den Kompetenzbereich des Vorstandes, die Gesellschaft eigenverantwortlich und unabhängig zu führen,[2771] soweit Entscheidungen nicht ausdrücklich der Kompetenz anderer Organe, insbesondere der Hauptversammlung oder dem Aufsichtsrat, zuerkannt sind.[2772]

II. Kompetenzen der Hauptversammlung

Die Kompetenz der Hauptversammlung ist maßgeblich in § 119 Absatz 1 AktG geregelt. Danach entscheidet die Hauptversammlung in den in Gesetz oder Satzung ausdrücklich bestimmten Fällen durch Beschluss. Die ausdrücklich in § 119 Absatz 1 AktG aufgeführten Entscheidungszuständigkeiten der Hauptversammlung lassen sich in die üblichen turnusmäßigen Entscheidungen einerseits und Strukturierungs-

---

konflikte in der Aktiengesellschaft, 12 ff.; Kirchner, WM 2000, 1821, 1823; Mai, Aktionärsschutz, 22 ff.; Möllers, AG 1999, 433, 433 ff. Zur Abgrenzung von Verbands- und Kapitalmarktrecht vgl. Assmann/Schütze, Handbuch des Kapitalanlagerechts, § 1, Rdn. 3; Hopt, ZHR 141 (1977), 389, 420. Zur Abgrenzung der Rechtsgebiete im Zusammenhang mit Übernahmesituationen vgl. Dimke/Heiser, NZG 2001, 241, 242 ff.; Kirchner, WM 2000, 1821, 1823.

[2768] Tatsächlich hat der Vorstand nicht die Gesellschaft, sondern das Unternehmen zu leiten, vgl. dazu Abeltshauser, Leitungshaftung, 31 f.; Henze, BB 2000, 209, 209; Kindler, ZHR 162 (1998), 101, 105 ff.; Kossen, DB 1988, 1785, 1785 f.; Schaefer/Missling, NZG 1998, 441, 442; Semler, Leitung und Überwachung der Aktiengesellschaft, 5 ff., Rdn. 3 ff. Vgl. im Übrigen zur Verantwortung der Unternehmensleitung auch Fleischer, ZIP 2003, 1, 1 ff.; Summer, Der unternehmensethische Begriff der „Verantwortung".

[2769] Im Gegensatz dazu sprach § 70 Absatz 1 Aktiengesetz 1937, von einer Leitung wie „das Wohl des Betriebes und seiner Gefolgschaft und der gemeine Nutzen von Volk und Reich es erfordern"; vgl. dazu weitergehend Rittner, Festschrift Gessler, 139, 139 ff.; Schmidt, Gesellschaftsrecht, 804 ff. Vgl. zum Zusammenhang einer derartigen „Gemeinwohlklausel" mit Unternehmensübernahmen Schander/Posten, ZIP 1997, 1534, 1536. Vgl. zur Entwicklung der Leitungsrechte weitergehend Abeltshauser, Leitungshaftung, 140 ff.; Groh, DB 2000, 2153, 2154 ff.; Laux, Die Lehre vom Unternehmen an sich.

[2770] Vgl. Becker, Verwaltungskontrolle, 600 ff.; Groh, DB 2000, 2153, 2155; Hüffer, Gesellschaftsrecht, 282 ff.; Kirchner, WM 2000, 1821, 1824; Schaefer/Missling, NZG 1998, 441, 442.

[2771] Vgl. zur Begründung der eigenverantwortlichen und unabhängigen Leitung durch wenige sachkundige Personen die Begründung des Regierungsentwurfs zu § 76 AktG bei Kropff, AktG (1965), 14. Vgl. weiter Abeltshauser, Leitungshaftung, 9 ff., 28 ff.; Becker, Verwaltungskontrolle, 600 ff.; Busch, Regelung von Übernahmeangeboten, 168 ff.; Groh, DB 2000, 2153, 2155; Herrmann, Funktion, Kontrolle und Haftung der Leitungsorgane, 34 ff.; Jansch, Rolle der Aktionäre, 29 ff.; Schaefer/Missling, NZG 1998, 441, 442; Schmidt-Leithoff, Verantwortung der Unternehmensleitung, 376 ff. Vgl. dazu auch im Zusammenhang mit Übernahmevorgängen Kirchner, WM 2000, 1821, 1824. Vgl. im Übrigen ergänzend von Werder/Maly/Pohle/Wolff, DB 1998, 1193, 1193 ff.

[2772] Vgl. dazu auch Dimke/Heiser, NZG 2001, 241, 242; Kessler, RIW 1998, 602, 605.

oder Grundlagenentscheidungen andererseits aufteilen.[2773] Im Gesetz sind besonders wichtige und regelmäßig zu treffende Entscheidungskompetenzen aufgeführt, ohne dass damit eine abschließende Kompetenzzuweisung erfolgt.[2774] Hinsichtlich der so genannten Grundlagenentscheidungen verdrängt die Kompetenz der Hauptversammlung die Entscheidungsbefugnis des Vorstandes (§ 83 Absatz 2 AktG).[2775]

Die im Turnus zu treffenden Entscheidungen sind insbesondere in § 119 Absatz 1 Nummer 1 bis 4 AktG dargestellt. Zu ihnen gehören die Entlastung der Vorstands-mitglieder und des Aufsichtsrats oder die Bestellung des Abschlussprüfers. Zu den Grundlagenentscheidungen gehören insbesondere die in § 119 Absatz 1 Nummer 5, 6 und 8 AktG erwähnten Beschlüsse über Satzungsänderungen, Kapitalbeschaffung und -herabsetzung sowie die Auflösung der Gesellschaft. Darüber hinaus ist die Hauptversammlung für die Abberufung von Aufsichtsratsmitgliedern nach § 103 Absatz 1 AktG zuständig, nach § 65 Absatz 1 und § 73 UmwG für Maßnahmen im Zusammenhang mit einer Verschmelzung, nach den §§ 176, 179 und 65 UmwG für Vermögensübertragungen, nach den §§ 125, 135 und 65 UmwG für Spaltungen oder nach den §§ 293 Absatz 1, 295 Absatz 1 AktG für die Zustimmung zum Abschluss eines Unternehmensvertrages.

Demgegenüber ist die Hauptversammlung nach § 119 Absatz 2 AktG für die (laufende) Geschäftsführung nicht zuständig. Lediglich für den Fall, dass der Vorstand, nicht jedoch ein einzelnes Vorstandsmitglied oder der Aufsichtsrat, die Entscheidung der Hauptversammlung über eine Angelegenheit der Geschäftsführung verlangt, wird die Zuständigkeit der Hauptversammlung ausnahmsweise begründet (§ 119 Absatz 2 AktG). Über die Entscheidungsvorlage entscheidet der Vorstand grundsätzlich nach eigenverantwortlichem Ermessen.[2776] In derartigen Fällen ist die Entscheidung der Hauptversammlung ebenfalls verdrängend für den insofern weisungsabhängigen Vorstand verbindlich.[2777] Vor diesem Hintergrund kann auch die Satzung der Gesellschaft die Kompetenz der Hauptversammlung nur in Grenzen erweiternd festlegen.[2778] Die positivgesetzlich festgeschriebene Kompetenz anderer Organe kann der Hauptversammlung nicht übertragen werden.[2779]

[2773] Vgl. KölnerKommAktG/Zöllner, § 119, Rn. 13 ff.; Lutter/Leinekugel, ZIP 1998, 225, 230; Raiser, Recht der Kapitalgesellschaften, § 16, Rn. 2 ff.; Grunewald, AG 1990, 133, 133; Kessler, RIW 1998, 602, 607 f.; Schaaf, Praxis der Hauptversammlung, 4 ff.

[2774] Vgl. Schaaf, Praxis der Hauptversammlung, 6. A.A. Wastl/Wagner, AG 1997, 241, 244. Vgl. auch weitergehend zur Zuständigkeit und die den Einflussnahmemöglichkeiten der Hauptversammlung Bernhardt, DB 2000, 1873, 1873 ff.

[2775] Vgl. Münchener Hdb GesellschaftsR/AG-Semler, § 34, Rdn. 9 ff.; Bernhardt, DB 2000, 1873, 1873.

[2776] Vgl. Hüffer, AktG, § 119, Rdn. 13; Bernhardt, DB 2000, 1873, 1873; Schaaf, Praxis der Hauptversammlung, 7. Vgl. jedoch BGHZ 83, 122 - Holzmüller. Vgl. auch weitergehend zu den Einflussnahmemöglichkeiten der Hauptversammlung Bernhardt, DB 2000, 1873, 1873 ff.

[2777] Vgl. Dimke/Heiser, NZG 2001, 241, 249 ff.; der Zustimmungsvorbehalt des Aufsichtsrats nach § 111 Absatz 4 Satz 2 AktG bliebe gegebenenfalls daneben in solchen Fällen bestehen, in denen die Hauptversammlung nicht mit der nach § 111 Absatz 4 Satz 4 AktG erforderlichen Dreiviertelmehrheit entscheiden würde.

[2778] Vgl. Dimke/Heiser, NZG 2001, 241, 242; Steiner, Die Hauptversammlung der AG, 38.

[2779] Vgl. Dimke/Heiser, NZG 2001, 241, 242; Steiner, Die Hauptversammlung der AG, 38.

Weiter zu untersuchen ist in diesem Zusammenhang, wo die Grenzen der ausschließlichen Kompetenzen liegen und inwieweit ungeschriebene Hauptversammlungskompetenzen zu den gesetzlich normierten Kompetenzen hinzutreten. Die zuvor dargestellten, gesetzlich fixierten Kompetenzen der Hauptversammlung sind durch die deutsche Rechtsprechung weitergehend konkretisiert worden.[2780] So hat nach einer Entscheidung des Bundesgerichtshofs die Hauptversammlung einer beherrschenden Aktiengesellschaft über einen mit einer abhängigen GmbH abgeschlossenen Beherrschungsvertrag zu entscheiden.[2781] Nach dem Holzmüller-Urteil des Bundesgerichtshofs[2782] hat der Vorstand bei Ausgliederungen, die von seiner Geschäftsführungskompetenz mitumfasst sind, gleichwohl die Zustimmung der Hauptversammlung einzuholen, wenn es sich um so bedeutsame Entscheidungen handelt, dass der Vorstand vernünftigerweise nicht annehmen konnte, er dürfe sie ausschließlich in eigener Verantwortung treffen.[2783]

Im neuen Umwandlungsrecht ist durch den Gesetzgeber in Fortsetzung der aufgezeigten Rechtsprechung die Hauptversammlungskompetenz weiter dahingehend konkretisiert worden, dass die Anteilseigner der beteiligten Rechtsträger über Umstrukturierungen zu entscheiden haben (vgl. beispielsweise § 125 in Verbindung mit § 13 Absatz 1 UmwG). Die Entscheidungskompetenz der Hauptversammlung umfasst auch vergleichbare Entscheidungen, so zum Beispiel die Gründung von Tochterunternehmen oder den Verkauf wesentlicher Beteiligungen.[2784] Der Vorstand ist bei derartigen, besonders gewichtigen Grundlagenentscheidungen verpflichtet, die Entscheidung der Hauptversammlung zu überlassen.[2785]

Obwohl für die Aktiengesellschaft keine strikt hierarchische Ordnung der unterschiedlichen Organe vorgesehen ist, wird die Hauptversammlung infolge der aktienrechtlichen Kompetenzverteilung als „oberstes Organ" der Aktiengesellschaft angesehen.[2786]

III. Kompetenz des Aufsichtsrats

Der Aufsichtsrat hat nach § 111 Absatz 1 AktG die Geschäftsführung des Vorstands zu überwachen.[2787] Maßnahmen der Geschäftsführung können nach § 111

[2780] Vgl. u.a. BGH-Beschluss vom 30. Januar 1992 - II ZB 15/91, ZIP 1992, 395 = DB 1992, 828; OLG Düsseldorf, Beschluss vom 04. September 1991 - 3 Wx 66/91, AG 1992, 60. Vgl. dazu auch Henze, BB 2001, 53, 60 f.

[2781] BGH, Beschluss vom 30. Januar 1992 - II ZB 15/91, ZIP 1992, 395.

[2782] BGH, Urteil vom 25. Februar 1992 - II ZR 174/80, BGHZ 83, 122, 131 = ZIP 1982, 568, 571.

[2783] BGHZ 83, 122, 131.

[2784] Vgl. Hüffer, Gesellschaftsrecht, Rdn. 290.

[2785] Vgl. Lutter/Leinekugel, ZIP 1998, 225, 226, 230.

[2786] Vgl. Münchener Hdb GesellschaftsR/AG-Semmler, § 34, Rn. 2; KölnerKommAktG/Zöllner, § 119, Rdn. 2; MüKoAktG-Kubis, § 118, Rdn. 10; vgl. auch Fischer, SZW 1998, 231, 231 f., 237; Jansch, Rolle der Aktionäre, 48; Schaaf, Praxis der Hauptversammlung, 4.

[2787] Vgl. dazu weitergehend Hoffmann/Preu, Der Aufsichtsrat, Rdn. 100 ff.; Henze, BB 2000, 209, 213 ff. Vgl. auch Abeltshauser, Leitungs-haftung, 34 ff.; Förschle/Glaum/Mandler, DB 1998, 889, 891; Gawrisch,

Absatz 4 Satz 1 AktG dem Aufsichtsrat nicht übertragen werden. Nach § 111 Absatz 4 Satz 2 AktG können die Satzung oder der Aufsichtsrat die Vornahme bestimmter Geschäftstätigkeiten jedoch von der Zustimmung des Aufsichtsrats abhängig machen. Die Kompetenz des Aufsichtsrats folgt abschließend aus den gesetzlichen Bestimmungen.

IV. Resümee

Nach der aufgezeigten Kompetenzverteilung in einer deutschen Aktiengesellschaft könnte der Vorstand eigenverantwortlich über die Vornahme von Verteidigungsmaßnahmen und über deren Ausgestaltung entscheiden, wenn derartige Maßnahmen seiner Kompetenz nach § 76 Absatz 1 AktG unterliegen. Zu prüfen bleibt, ob im Zusammenhang mit Übernahmeversuchen zu treffende Abwehrentscheidungen der im Aktiengesetz festgestellten Leitungskompetenz unterfallen oder aber wegen ihrer Tragweite und infolge eines mutmaßlichen Interessenskonfliktes zwischen Vorstand, Gesellschaft und Aktionären der Beteiligung der Hauptversammlung unterliegen. Die Tragweite des Verhaltens in einer Übernahmesituation wird besonders deutlich, wenn man bedenkt, dass der Vorstand durch die Abwehr einer Übernahme entweder indirekt oder direkt auf die Zusammensetzung der Aktionärsstruktur Einfluss nimmt. Fraglich ist insofern insbesondere, ob die eigenverantwortliche Leitungskompetenz des Vorstandes so weit reichend ist, dass er die personelle Zusammensetzung und die Anzahl der Anteilseigner aktiv mitzubestimmen befugt ist.

Ermessensentscheidungen des Aufsichtsrates, 9 ff., 19 ff.; Götz, NJW 1997, 3275, 3275 ff.; Gollnick, Beurteilung der Vorstandsleistung, 47 ff.; Heller, Unternehmensführung und Unternehmenskontrolle, 29 ff., 36 ff.; Herrmann, Funktion, Kontrolle und Haftung der Leitungsorgane, 83 ff.; Holzer/Makowski, DB 1997, 688, 689; Hommelhoff/Mattheus, AG 1998, 249, 252 ff.; Horn, ZIP 1997, 1129, 1136 ff.; Jäger, WiB 1997, 10, 10 ff., Kau/Kukat, DB 2000, 1045, 1045, 1048; Kessler, RIW 1998, 602, 605 f.; Kindler, ZHR 162 (1998), 101, 102 ff., 107 ff.; Kossen, DB 1988, 1785, 1786 f.; Kromschröder/Lück, DB 1998, 1573, 1576; Lutter, ZHR 159 (1995), 287, 289 ff.; Lutter/Krieger, Rechte und Pflichten des Aufsichtsrats, Rdn. 61 ff.; Martens, Managementüberwachung durch den Aufsichtsrat, 17 ff.; Mutter, Haftung des Aufsichtsrats, 24 ff.; Potthoff/Trescher, Das Aufsichtsratsmitglied, 61 ff.; Priester, EWiR 1997, 677, 677 f.; Schaefer/Missling, NZG 1998, 441, 445; Schander/Posten, ZIP 1997, 1534, 1536; Semler, Leitung und Überwachung der Aktiengesellschaft, 53 ff., Rdn. 85 ff.; Timm, DB 1980, 1201, 1201 ff.; LG Stuttgart, AG 2000, 237, 239. Zu Interessenkollisionen des Aufsichtsrats in Übernahmesituationen vgl. auch Heermann, WM 1997, 1689, 1689 ff.; Schilling, BB 1997, 1909, 1909 ff. Zur Organisation des Aufsichtsrats vgl. weitergehend Dreher, in Feddersen/Hommelhoff/Schneider, Corporate Governance, 33, 33 ff. Zur faktischen Effizienz der Kontrolle vgl. auch Jansch, Rolle der Aktionäre, 78 ff.; Lutter, AG 1994, 176, 176 f. Zu möglichen Kontrollbeschränkungen für Aufsichtsratsmitglieder bei Interessenskonflikten in Übernahmesituationen vgl. Herkenroth, AG 2001, 33, 39 f. Zur laufenden Informationserteilung des Vorstandes an den Aufsichtsrat vgl. von Schenck, NZG 2002, 64, 64 ff.

D. Reichweite des § 76 Absatz 1 AktG in Bezug auf Abwehrmaßnahmen

Um zu überprüfen, ob die Kompetenz des Vorstandes zur eigenverantwortlichen Leitung der Gesellschaft die aktive Einflussnahme auf die Anzahl der Aktionäre und auf die personelle Aktionärsstruktur ausschließt, ist die Gesetzesvorschrift auszulegen. Zur inhaltlichen Auslegung der Vorschrift ist zu untersuchen, in wessen Interesse der Vorstand die Gesellschaft zu leiten hat. Gerade die öffentliche Diskussion im Zusammenhang mit Übernahmekämpfen legt den Schluss nahe, dass der Vorstand bei der Ausübung seiner Leitungskompetenz den Ausgleich verschiedener Interessen zu berücksichtigen hat.[2788]

I. Interesse der Gesellschaft

Obwohl sich dem Wortlaut des § 76 Absatz 1 AktG nicht entnehmen lässt, dass der Vorstand im Interesse der Gesellschaft als wirtschaftliche und soziale Organisations- und Wirkungseinheit, deren rechtliche und soziale Identität durch die Rechtsfigur der juristischen Person begründet wird,[2789] zu handeln hat, wird zu Recht, wenn auch ohne weitere Begründung, davon ausgegangen, dass der Vorstand der Gesellschaft gegenüber unmittelbar verpflichtet ist.[2790] Mit dem Begriff der Gesellschaft ist daher nicht der Gesellschafterverband, sondern das verselbständigte Unternehmen gemeint.[2791] Das Gesellschafts- bzw. Unternehmensinteresse[2792] ergibt sich vorrangig aus dem satzungsgemäßen Unternehmenszweck und -

[2788] Vgl. dazu beispielhaft Daum, Die unkoordinierte Übernahme, 47; Roth, Unternehmerisches Ermessen, 23 ff.; Frankfurter Allgemeine Zeitung vom 25. September 1990, 21; Handelsblatt vom 25. September 1990, 13: Rechtfertigung der Verteidigungsmaßnahmen durch den Vorstand der Continental AG gegen die Übernahme durch den Pirelli-Konzern mit dem gegenteiligen Interesse der Gesellschaft, ihrer Beschäftigten, der Aktionäre und den Kunden der Gesellschaft.

[2789] Vgl. KölnerKommAktG/Mertens, § 76, Rdn. 6, 9; MüKoAktG-Hefermehl/Spindler, § 76, Rdn. 15.

[2790] Vgl. KölnerKommAktG/Mertens, § 76, Rdn. 9; Dimke/Heiser, NZG 2001, 241, 244; Heermann, ZIP 1998, 761, 763 ff.; Heiser, Interessenskonflikte in der Aktiengesellschaft, 106 ff.; Henze, BB 2000, 209, 212; vgl. auch Butz, DAJV-NL 2/98, 29, 32; Kossen, DB 1988, 1785, 1785 f.; Schander/Posten, ZIP 1997, 1534, 1535; Schlechtriem, in Kreuzer, Haftung der Leitungsorgane, 9, 24 ff.; von Beauvais, Grenzen des Höchststimmrechts, 162; Wiese/Demisch, DB 2001, 849, 849.

[2791] Vgl. dazu Heermann, ZIP 1998, 761, 763 f.; Henze, BB 2000, 209, 209; Kirchner, BB 2000, 105, 109; Kirchner, WM 2000, 1821, 1824; Mertens, AG 1990, 49, 53 f.; Semler/Stengel, NZG 2003, 1, 3. Zum Prozess der Verselbständigung in der Rechtsgeschichte Deutschland vgl. weitergehend Groh, DB 2000, 2153, 2154 ff.

[2792] Vgl. zur Abgrenzung des Gesellschaftsinteresses vom Unternehmensinteresse Heiser, Interessenskonflikte in der Aktiengesellschaft, 93 ff. Demnach ist das Gesellschaftsinteresse als maßgeblich anzusehen. Vgl. zum Eigeninteresse der Gesellschaft im Übrigen auch Adams, AG 1989, 333, 337 f.; Adams, Eigentum, Kontrolle und Beschränkte Haftung. Vgl. hierzu weiter Gawrisch, Ermessensentscheidungen des Aufsichtsrates, 206 ff.; Kallmeyer, AG 1997, 107; Mertens, AG 1990, 49, 53 f.; Semler/Stengel, NZG 2003, 1, 3; Stoll, BB 1989, 301, 302; Tieves, Unternehmensgegenstand der Kapitalgesellschaft, 90 ff. Zum Unternehmensinteresse vgl. weitergehend Geibel/Süßmann-Schwennicke, WpÜG, § 33, Rdn. 41; Roth, Unternehmerisches Ermessen, 27 f.; Schmidt-Leithoff, Verantwortung der Unternehmensleitung, 45 ff.

gegenstand[2793] und ist in der Regel auf Gewinnerzielung und -maximierung ausgerichtet.[2794] Im Einzelnen wird dabei in Schrifttum und Rechtsprechung einheitlich von einem überindividuellen interessenpluralistischen Unternehmensinteresse ausgegangen.[2795] Der Inhalt dieses Interesses wird jedoch sehr unterschiedlich definiert und konkretisiert.[2796]

II. Interesse der Aktionäre

Unstreitig hat der Vorstand bei der eigenverantwortlichen Leitung des Unternehmens auch die Aktionärsinteressen zu berücksichtigen.[2797] Schwierigkeiten bereitet jedoch die Beurteilung der Interessenslage der Aktionäre.[2798] Infolge unterschiedlicher persönlicher Präferenzen ist nicht davon auszugehen, dass das Interesse jedes Aktionärs gleich ist.[2799] Vielmehr können die Interessen in Einzelfällen sogar gegensätzlich sein,[2800] wie dies auf den Hauptversammlungen bei Abstimmungen

---

[2793] Vgl. Gawrisch, Ermessensentscheidungen des Aufsichtsrates, 203 ff.; Groh, DB 2000, 2153, 2158; Semler, Leitung und Überwachung der Aktiengesellschaft, 24, Rdn. 33; Tieves, Unternehmensgegenstand der Kapitalgesellschaft, 11 ff.

[2794] Vgl. Hüffer, AktG, § 76, Rdn. 13; KölnerKommAktG/Mertens, § 76, Rdn. 22; Ballerstedt, Festschrift Duden, 15, 22; Bokelmann, Personelle Verflechtungen über Aufsichtsräte, 44 ff.; Dimke/Heiser, NZG 2001, 241, 244; Gawrisch, Ermessensentscheidungen des Aufsichtsrates, 214 f.; Groh, DB 2000, 2153, 2153 ff.; Mülbert, ZGR 1997, 129, 141; Raiser, Kapitalgesellschaften, § 14, Rdn. 11; Rittner, JZ 1980, 113, 117; Schmidt-Leithoff, Verantwortung der Unternehmensleitung, 85 ff.; Semler, Leitung und Überwachung der Aktiengesellschaft, 24 ff., Rdn. 34 ff.; von Beauvais, Grenzen des Höchststimmrechts, 162; Westermann, ZGR 1976, 219, 225 f.; Wiedemann, Gesellschaftsrecht I, 338 f. Missverstanden wohl bei Geibel/Süßmann-Schwennicke, WpÜG, § 33, Rdn. 41.

[2795] Vgl. Bokelmann, Personelle Verflechtungen über Aufsichtsräte, 46 ff.; Gawrisch, Ermessensentscheidungen des Aufsichtsrates, 206 ff.; Groh, DB 2000, 2153, 2156; Henze, BB 2000, 209, 212; Mülbert, IStR 1999, 83, 84; Roth, Unternehmerisches Ermessen, 23 ff.; Schmidt-Leithoff, Verantwortung der Unternehmensleitung, 92 f.; Semler, Leitung und Überwachung der Aktiengesellschaft, 33 f., Rdn. 51 f.; BVerfG 50, 290, 343; BVerfG, DB 1999, 2203; BGHZ 69, 334, 339.

[2796] Vgl. Adams, AG 1989, 333, 337 f.; Adams, AG 1990, 243, 245 ff.; Gawrisch, Ermessensentscheidungen des Aufsichtsrates, 206 ff.; Heermann, ZIP 1998, 761, 763 f.; Lutter/Wahlers, AG 1989, 1, 11 ff.; Mertens, AG 1990, 49, 54; Tieves, Unternehmensgegenstand der Kapitalgesellschaft, 90 ff.

[2797] Vgl. KölnerKommAktG/Mertens, § 76, Rdn. 18; Adams, AG 1989, 333, 337 f.; Adams, AG 1990, 243, 245 ff.; Butz, DAJV-NL 2/98, 29, 32; Dimke/Heiser, NZG 2001, 241, 244; Gawrisch, Ermessensentscheidungen des Aufsichtsrates, 215; Groh, DB 2000, 2153, 2153 ff.; Heermann, ZIP 1998, 761, 764 f., Kau/Kukat, BB 2000, 1045, 1045; Schaefer/Missling, NZG 1998, 441, 442; Schilling, BB 1997, 1909, 1910; Schlechtriem, in Kreuzer, Haftung der Leitungsorgane, 9, 41 f.; Semler/Stengel, NZG 2003, 1, 3; Thümmel, Persönliche Haftung von Managern und Aufsichtsräten, Rdn. 138; von Werder, ZGR 1998, 69, 77; Wellkamp, Haftung und Haftungsbeschränkung im Gesellschaftsrecht, 203. Zum Wandel der Gesellschafterorientierungen in der Rechtsgeschichte Deutschlands vgl. weitergehend Groh, DB 2000, 2153, 2154 ff.

[2798] Vgl. Weisner, Verteidigungsmaßnahmen gegen unfreundliche Übernahmeversuche, 143; Wolf, AG 1998, 212, 216.

[2799] Vgl. dazu Busch, Regelung von Übernahmeangeboten, 28; Gawrisch, Ermessensentscheidungen des Aufsichtsrates, 215; Heiser, Interessenskonflikte in der Aktiengesellschaft, 91; Kessler, AG 1995, 61, 63; Butz, DAJV-NL 2/98, 29, 32; Roth, Unternehmerisches Ermessen, 26; Schilling, BB 1997, 373, 379; Schlechtriem, in Kreuzer, Haftung der Leitungsorgane, 9, 41 f.; Wolf, AG 1998, 212, 216.

[2800] Vgl. Dimke/Heiser, NZG 2001, 241, 244; Wolf, AG 1998, 212, 216.

immer wieder offenbar wird.[2801] Ein Aktionär könnte zunächst dieselben Interessen verfolgen wie die Gesellschaft selbst.[2802] In der Regel ist davon auszugehen, dass dieses Interesse dahingeht, eine optimierte Wertschöpfung des Unternehmens und damit des Anteils jedes Aktionärs zu bewirken.[2803] Dagegen könnte ein Aktionär jedoch das Ziel der spekulativen kurzfristigen Gewinnerzielung durch eine Aktienkurssteigerung oder durch eine hohe Dividendenausschüttung verfolgen,[2804] während der Gesellschaft an einer langfristigen Ausrichtung gelegen ist. Auch die Verfolgung ideeller Ziele durch die Unternehmenstätigkeit ist in Betracht zu ziehen.[2805]

Soweit in der Satzung nicht anderweitige Zielvorgaben festgelegt sind, hat der Vorstand in erster Linie für einen Vermögenszuwachs des Unternehmens Sorge zu tragen.[2806] Die Wertvarianz des Unternehmens wird durch die Kursbewegung der Aktie indiziert.[2807] Ein Ausgleich anderweitiger Aktionärsinteressen, etwa durch die Vornahme von Gewinnausschüttungen oder die Ausrichtung einer kurz- oder langfristigen Unternehmensstrategie liegt im pflichtgemäßen Ermessen des Vorstandes.[2808] Gleichwohl wird es als Pflicht des Vorstandes verstanden, sich um die Attraktivität der Aktie am Markt, das heißt hauptsächlich um die Kurssteigerung und Kurspflege, und um ein gutes Ansehen des Unternehmens auf dem Kapitalmarkt zu bemühen.[2809] Mithin steht der Vorstand ständig in der Pflicht, über die Verlagerung des Unternehmensinteresses zu den Investoreninteressen, zum *shareholder value*,[2810] hin zu entscheiden.[2811] Jedenfalls insofern korreliert regelmäßig das Unternehmensinteresse mit den Aktionärsinteressen.

[2801] Vgl. Hommelhoff, Konzernleitungspflicht, 45; Butz, DAJV-NL 2/98, 29, 31 f.

[2802] Vgl. Wolf, AG 1998, 212, 216.

[2803] Vgl. Dimke/Heiser, NZG 2001, 241, 244; Gawrisch, Ermessensentscheidungen des Aufsichtsrates, 215; Kessler, AG 1995, 61, 63; Thümmel, Persönliche Haftung von Managern und Aufsichtsräten, Rdn. 138; von Werder, ZGR 1998, 69, 77; Wolf, AG 1998, 212, 216.

[2804] Vgl. dazu Dimke/Heiser, NZG 2001, 241, 244 f.; Heiser, Interessenskonflikte in der Aktiengesellschaft, 91; Kessler, AG 1995, 61, 63; Wolf, AG 1998, 212, 216.

[2805] Vgl. Dimke/Heiser, NZG 2001, 241, 245.

[2806] Vgl. Butz, DAJV-NL 2/98, 29, 32; Drukarczyk, Theorie und Politik der Finanzierung, 19; Groh, DB 2000, 2153, 2153 ff., 2158; Henze, BB 2000, 209, 212; Thümmel, Persönliche Haftung von Managern und Aufsichtsräten, Rdn. 138; Wöhe, Betriebswirtschaftslehre, 131. Zur Auslegung der Satzung vgl. BGHZ 14, 25, 36 f.; BGHZ 36, 296, 314; BGHZ 48, 141, 143 f.; Hirte, Kapitalgesellschaftsrecht, Rdn. 131 f.

[2807] Vgl. hierzu Luttermann, ZIP 2001, 869, 869 ff.; Luttermann, ZIP 1999, 45, 45 ff.

[2808] Vgl. Martens, Festschrift Beusch, 529, 544; Butz, DAJV-NL 2/98, 29, 32; Schlechtriem, in Kreuzer, Haftung der Leitungsorgane, 9, 41 f.; Weisner, Verteidigungsmaßnahmen gegen unfreundliche Übernahmeversuche, 151; Wolf, AG 1998, 212, 216.

[2809] Vgl. Dimke/Heiser, NZG 2001, 241, 245; Fuchs, DB 1997, 661, 661; Gawrisch, Ermessensentscheidungen des Aufsichtsrates, 96 ff.; Groh, DB 2000, 2153, 2158; Herdt, WM 1998, 648, 648; Schilling, BB 1997, 1909, 1910.

[2810] Vgl. dazu weitergehend Schilling, BB 1997, 373, 373 ff.; Butz, DAJV-NL 2/98, 29, 29 ff.; Groh, DB 2000, 2153, 2153 ff.; Herdt, WM 1998, 648, 648; McConnell/Muscarella, 14 Journal of Financial Economics (1985), 399, 399 ff.; Mülbert, ZGR 1997, 129, 172; Zimmermann/Wortmann, DB 2001, 289, 289 ff.

[2811] Vgl. KölnerKommAktG/Mertens, § 76, Rdn. 18; MüKoAktG-Hefermehl/Spindler, § 76, Rdn. 63 ff.; Martens, Festschrift Beusch, 529, 544; Benckendorff, Erwerb eigener Aktien, 59 f.; Butz, DAJV-NL 2/1998,

Auch wenn auf den ersten Blick davon auszugehen ist, dass sich die Unternehmens- und Aktionärsinteressen in der regelmäßig auf Gewinnerzielung ausgerichteten Ge-sellschaft entsprechen,[2812] hat sich der Vorstand jedoch grundsätzlich vorrangig, dass heißt insbesondere bei gegenläufigen Interessen, am Unternehmensinteresse auszurichten.[2813]

III. Interesse der Arbeitnehmer

Hinsichtlich der Unternehmensausrichtung und der Ergebnisverteilung im Unternehmen vertreten auch die Arbeitnehmer bestimmte Interessen, die der Vorstand zur Gewährleistung eines ordnungsgemäßen Geschäftsablaufs zu beachten hat.[2814] Da zur Gewährleistung des ordnungsgemäßen Geschäftsablaufes die bestehenden gesetzlichen Arbeitnehmerschutzvorschriften die Interessen der Arbeitnehmer ausreichend konkretisieren,[2815] sind darüber hinausgehende Forderungen generell als subsidiär gegenüber den Gesellschafts- und Aktionärsinteressen anzusehen.[2816] Le-

---

29, 32 f.; Dimke/Heiser, NZG 2001, 241, 245; Förschle/ Glaum/Mandler, DB 1998, 889, 889; Fuchs, DB 1997, 661, 661; Gawrisch, Ermessensentscheidungen des Aufsichtsrates, 226 ff.; Groh, DB 2000, 2153, 2158; Kort, Festschrift Lutter, 1421, 1441 f.; Schilling, BB 1997, 373, 377 ff.; Schilling, BB 1997, 1909, 1909 ff.; Thümmel, Persönliche Haftung von Managern und Aufsichtsräten, Rdn. 138.

[2812] Vgl. jedoch BVerfG 50, 290, 343 (Entscheidung zum Mitbestimmungsgesetz). Vgl. dazu weitergehend Adams, AG 1989, 333, 333 ff.; Adams, AG 1990, 243, 245 ff.; Gawrisch, Ermessensentscheidungen des Aufsichtsrates, 215; Groh, DB 2000, 2153, 2153 ff.; die die Interessen als deckungsgleich voraussetzt. Vgl. dazu auch Körner, DB 2001, 367, 369.

[2813] Vgl. KölnerKommAktG/Mertens, § 76, Rdn. 16 ff.; MüKoAktG-Hefermehl/Spindler, § 76, Rdn. 77; vgl. auch BGHZ 138, 71, 81 (Sachsenmilch-Entscheidung), in der eine Abwägung zu Lasten der Minderheitsaktionäre und zugunsten des Fortbestandes der Gesellschaft als rechtmäßig festgestellt wurde. Vgl. weiter Dimke/Heiser, NZG 2001, 241, 245; Schilling, BB 1997, 1909, 1909 ff.; Kirchner, WM 2000, 1821, 1824; Kort, Festschrift Lutter, 1421, 1426; Mertens, AG 1990, 49, 53 f.; Wiese/Demisch, DB 2001, 849, 849 f.

[2814] Vgl. Butz, DAJV-NL 2/98, 29, 32; Heermann, ZIP 1998, 761, 763 f.; Jansch, Rolle der Aktionäre, 35; Kau/Kukat, BB 2000, 1045, 1045; Kossen, DB 1988, 1785, 1786; Möller, Die Stellung des Aktionärs bei Übernahmen, 48 f.; Schaefer/Missling, NZG 1998, 441, 442; Schlechtriem, in Kreuzer, Haftung der Leitungsorgane, 9, 40 f.; Thümmel, Persönliche Haftung von Managern und Aufsichtsräten, Rdn. 138; von Werder, ZGR 1998, 69, 88.

[2815] Vgl. dazu Bärtlein, Zur Feindlichkeit öffentlicher Übernahmeangebote, 302 f.; Baums, in von Rosen/ Seifert, Übernahme börsennotierter Unternehmen, 165, 180; Dimke/Heiser, NZG 2001, 241, 245; Kessler, AG 1995, 61, 63; Schlechtriem, in Kreuzer, Haftung der Leitungsorgane, 9, 40 f.; Munscheck, Übernahmeregelung, 36. Vgl. dazu auch Busch, Regelung von Übernahmeangeboten, 31 f.

[2816] Insbesondere ist mit den Arbeitnehmerschutzvorschriften als Inhaltsbestimmung Art. 14 Absatz 2 GG genüge getan. Zur Begründung der besonderen weitergehenden Berücksichtigung taugt auch nicht die Bezugnahme auf § 70 Absatz 1 AktG 1937 oder auf das Mitbestimmungsgesetz; vgl. in diesem Zusammenhang auch die mitbestimmungsrechtlichen Grundlagen und die Aussagen des Bundesverfassungsgerichts im Mitbestimmungsurteil, BVerfG 50, 290; vgl. weiter KölnerKommAktG/Mertens, § 76, Rdn. 18; Baums, in von Rosen/ Seifert, Übernahme börsennotierter Unternehmen, 165, 180; Dimke/Heiser, NZG 2001, 241, 245; Groh, DB 2000, 2153, 2156 f.; Heiser, Interessenskonflikte in der Aktiengesellschaft, 137 ff.; Kessler, AG 1995, 61, 63; Schlechtriem, in Kreuzer, Haftung der Leitungsorgane, 9, 40 f.; Semler/Stengel, NZG 2003, 1, 3; von Werder, ZGR 1998, 69, 77; unklar Kort, Festschrift Lutter, 1421, 1435; Wiese/Demisch, DB 2001, 849, 850.

diglich in besonders ausgestalteten Ausnahmefällen können den Gesellschafts- und Aktionärsinteressen entgegenstehende Arbeitnehmerinteressen zur Vermeidung von unverhältnismäßigen gesellschaftsschädigenden Konflikten der Vorrang eingeräumt werden.[2817] Dem Vorstand ist es somit generell verwehrt, zugunsten von Arbeitnehmerinteressen für das Gesellschaftsinteresse relativ nachteilige Entscheidungen zu treffen.[2818] Darüber hinaus ist es dem Vorstand erst recht verwehrt, zugunsten von Arbeitnehmerinteressen die Struktur des Aktionärskreises zu beeinflussen.[2819]

IV. Nationale volkswirtschaftliche Interessen, Interessen des gemeinen Wohls und Interessen Dritter

Die Leitungsorgane einer Aktiengesellschaft sind über die positivrechtlich normierten Verhaltenspflichten hinaus nicht verpflichtet, nationale volkswirtschaftliche Interessen, Interessen des gemeinen Wohls oder Interessen Dritter im Rahmen ihrer Ermessensausübung bei der Leitungsausübung zu berücksichtigen.[2820] Zweifelhaft ist die Rechtmäßigkeit der Ermessensausübung, wenn der Vorstand dabei solche dem Gesellschaftsinteresse zuwiderlaufende Interessen berücksichtigt, weil das Unternehmen sich infolge dessen bei der Öffentlichkeit möglicherweise beliebter macht und sich damit einen guten Namen verschafft.[2821] Mit einem guten Ruf kann auch eine betriebswirtschaftliche Zielsetzung möglicherweise effektiver erreicht werden, so dass beispielsweise das Verbleiben in einer strukturschwachen Region, das Ausrichten der Geschäftstätigkeit auf politische Ziele oder die Schaffung von Arbeitsplätzen, gleichwohl als dem Ziel der Umsatz- oder Gewinnoptimierung

[2817] Zur Konkretisierung der diesbezüglichen Ermessensausübung vgl. Dimke/Heiser, NZG 2001, 241, 245. Vgl. dazu auch Kessler, AG 1995, 61, 63.

[2818] Vgl. KölnerKommAktG/Mertens, § 76, Rdn. 27; Dimke/Heiser, NZG 2001, 241, 245; Semler/Stengel, NZG 2003, 1, 3.

[2819] Vgl. Dimke/Heiser, NZG 2001, 241, 245; Hopt, ZGR 1993, 534, 552. Vgl. dazu auch Busch, Regelung von Übernahmeangeboten, 31 f.

[2820] Vgl. Dimke/Heiser, NZG 2001, 241, 245; Jansch, Rolle der Aktionäre, 35 f.; Mülbert, IStR 1999, 83, 84; Schlechtriem, in Kreuzer, Haftung der Leitungsorgane, 9, 26 ff.; von Werder, ZGR 1998, 69, 80 ff.; vgl. dazu weiter die gegensätzliche Aussage des § 70 Absatz 1 Aktiengesetz von 1937, „Nachdem der Vorstand die Gesellschaft so zu leiten habe", wie „der gemeine Nutzen von Volk und Reich es erfordern". Vgl. dazu weitergehend Gawrisch, Ermessensentscheidungen des Aufsichtsrates, 209 ff.; Groh, DB 2000, 2153, 2153 ff.; Heermann, ZIP 1998, 761, 763 f.; Schilling, BB 1997, 373, 377 ff. A.A. Roth, Unternehmerisches Ermessen, 26; Schaefer/Missling, NZG 1998, 441, 444, und Witte, BB 2000, 2161, 2163, allerdings unter unzutreffender Berufung auf BGHZ 125, 239, 246, aber zutreffender Berufung auf Hüffer, AktG, § 76, Rdn. 12, der allerdings keine Verpflichtung, sondern lediglich eine Berechtigung entnommen werden kann. Vgl. dazu weiter Hahn, Die feindliche Übernahme von Aktiengesellschaften, 27 ff., unklar Wiese/Demisch, DB 2001, 849, 850.

[2821] Vgl. Kölner Kommentar/Mertens, § 76, Rdn. 32; MüKoAktG-Kalss, § 76, Rdn. 97; Dimke/Heiser, NZG 2001, 241, 245; Hahn, Die feindliche Übernahme von Aktiengesellschaften, 29; Heermann, ZIP 1998, 761, 763 f.; Schlechtriem, in Kreuzer, Haftung der Leitungsorgane, 9, 36 ff.

dienlich angesehen werden kann.[2822] Bei der Berücksichtigung derartiger anderweitiger Interessen hat der Vorstand jedoch stets die Gesellschafts- und Aktionärsinteressen zu beurteilen und im Zweifel zugunsten dieser Interessen und zulasten der Drittinteressen zu handeln.[2823] Ob darüber hinaus auch nationale volkswirtschaftliche Interessen oder Interessen des gemeinen Wohls zu berücksichtigen sein können, wenn der Vorstand dem Unternehmen nicht zu höherem Anse-hen verhelfen will, sondern aus ideologischen Gründen derartige Interessen zu berücksichtigen beabsichtigt, darf mit Recht bestritten werden.[2824] Insofern sind stets Gesellschafts- und Aktionärsinteressen in den Vordergrund zu stellen.[2825] Liefe demnach die Berücksichtigung bestimmter volkswirtschaftlicher Interessen oder Interessen des gemeinen Wohls diesen Interessen zuwider, sind erstere regelmäßig bei der Ermessensausübung unberücksichtigt zu lassen.[2826] Dies gilt auch für Interessen Dritter.[2827]

V. Interessen der Unternehmensleitung

Im Rahmen der Ermessensausübung bei der Geschäftsführung ist es den Leitungsorgnen verwehrt, dem Unternehmensinteresse widersprechende persönliche Interessen zu berücksichtigen. Die Leitungsorgane sind zur Vertretung ausschließlich fremder Interessen angehalten, so dass die Berücksichtigung abweichender eigener Interessen pflichtwidrig wäre.[2828] Die Berücksichtigung eigener Interessen ist den Leitungsorganen auch verboten, weil sie infolge ihrer Treuepflicht gegenüber der Gesellschaft diese nicht als Werkzeug bei der Wahrnehmung eigener Interessen,

---

[2822] Vgl. KölnerKommAktG/Mertens, § 76, Rn. 32; Hahn, Die feindliche Übernahme von Aktiengesellschaften, 29; Heermann, ZIP 1998, 761, 764 f.; Kau/Kukat, BB 2000, 1045, 1045; Schlechtriem, in Kreuzer, Haftung der Leitungsorgane, 9, 37 f.

[2823] Vgl. Dimke/Heiser, NZG 2001, 241, 245; Heiser, Interessenskonflikte in der Aktiengesellschaft, 152; Hahn, Die feindliche Übernahme von Aktiengesellschaften, 29; Mülbert, ZGR 1997, 129, 161 ff.; Hopt, ZGR 1993, 534, 553; Semler/Stengel, NZG 2003, 1, 3; unklar Wiese/Demisch, DB 2001, 849, 850.

[2824] Vgl. zum Ermessensrahmen Dimke/Heiser, NZG 2001, 241, 245. A.A. wohl von Werder, ZGR 1998, 69, 86 ff.

[2825] Vgl. Groh, DB 2000, 2153, 2158; MüKoAktG-Hefermehl/Spindler, § 76, Rdn. 77. Vgl. auch Schlechtriem, in Kreuzer, Haftung der Leitungsorgane, 9, 40; Semler/Stengel, NZG 2003, 1, 3; Wiese/Demisch, DB 2001, 849, 850.

[2826] Vgl. Adams, AG 1989, 333, 336 f.; Dimke/Heiser, NZG 2001, 241, 245; Groh, DB 2000, 2153, 2158; Hopt, ZGR 1993, 534, 553; Heermann, ZIP 1998, 761, 764 f.; unklar Wiese/Demisch, DB 2001, 849, 851.

[2827] Vgl. Dimke/Heiser, NZG 2001, 241, 245; Groh, DB 2000, 2153, 2158; Mülbert, IStR 1999, 83, 84; Schlechtriem, in Kreuzer, Haftung der Leitungsorgane, 9, 41; Semler/Stengel, NZG 2003, 1, 3; unklar Wiese/Demisch, DB 2001, 849, 850 f.

[2828] Vgl. Hüffer, AktG, § 76, Rdn. 12; GroßkommentarAktG/Hopt, § 93, Rdn. 122; Dimke/Heiser, NZG 2001, 241, 245; Hartmann, in Sieben/Stein, Unternehmensakquisitionen, 23, 25; Heermann, ZIP 1998, 761, 764; Hopt, Festschrift Lutter, 1361, 1377; Hopt, ZGR 1993, 534, 541; Horn, ZIP 2000, 473, 481; Kirchner, WM 2000, 1821, 1822; Martens, Festschrift Beusch, 529, 530; Möller, Die Stellung des Aktionärs bei Übernahmen, 46 f.; Schlechtriem, in Kreuzer, Haftung der Leitungsorgane, 9, 24; Semler/Stengel, NZG 2003, 1, 3; Wiese/Demisch, DB 2001, 849, 850.

insbesondere nicht durch Inanspruchnahme von Gesellschaftsmitteln, benutzen dürfen.[2829]

VI. Allgemeine Ermessensausübung durch die Unternehmensleitung

Der Vorstand hat bei der Leitung der Gesellschaft im Rahmen seiner Ermessensausübung[2830] das Gesellschafts- und das Aktionärsinteresse zwingend zu berücksichtigen.[2831] Darüber hinaus ist auch die Berücksichtigung weiterer Interessen vom Ermessensspielraum, der den Leitungsorganen zusteht, gedeckt.[2832] Dies gilt für die Interessen der Arbeitnehmer, anderer Vertragspartner, Interessen Dritter, nationale volkswirtschaftliche Interessen und eigene Interessen. Die Berücksichtigung anderer Interessen als diejenigen der Gesellschaft sind von der Ermessensreichweite der Leitungsorgane dagegen jedenfalls dann nicht mitumfasst, wenn sie dem Gesellschaftsinteresse entgegenlaufen.[2833] Berücksichtigen die Leitungsorgane gleichwohl diese Interessen, überschreiten sie ihren Ermessensrahmen.[2834] Jede Entscheidungs-

---

[2829] Vgl. KölnerKommAktG/Mertens, § 76, Rdn. 17; Daum, Die unkoordinierte Übernahme, 142; Ebenroth/Daum, DB 1991, 1157, 1158; Heermann, ZIP 1998, 761, 764; Knoll, Übernahme von Kapitalgesellschaften, 167; Michalski, AG 1997, 152, 159; Sieger/Hasselbach, BB 2000, 625, 639 f.; Wiedemann, Festschrift Heinsius, 949, 957 ff. Vgl. auch allgemein zur Treuepflicht im Aktienrecht, Henze, BB 1996, 489, 489; Henze, ZHR 162 (1998), 186, 186 ff.; Lutter, ZHR 162 (1998), 164, 164 ff.; Wiedemann, in Lutter/Wiedemann, Gestaltungsfreiheit im Gesellschaftsrecht, 5, 20 f.

[2830] Zur Ermessensausübung durch die Unternehmensleitung vgl. weitergehend BGHZ 69, 207, 213; BGHZ 135, 244, 253; Abeltshauser, Leitungshaftung im Kapitalgesellschaftsrecht, 50 ff.; Götz, AG 1997, 219, 220; Götz, NJW 1997, 3275, 3276; Heermann, ZIP 1998, 761, 762 ff.; Henze, BB 2000, 209, 209 ff.; Horn, ZIP 1997, 1129, 1129 ff.; Jäger, WiB 1997, 10, 10 ff.; Kessler, RIW 1998, 602, 613; Kiethe, NZG 1999, 976, 981; Kindler, ZHR 162 (1998), 101, 103 ff.; Kock/Dinkel, NZG 2004, 441, 442 f.; Schaefer/Missling, NZG 1998, 441, 444; Schilling, BB 1997, 373, 377 ff.; Schlechtriem, in Kreuzer, Haftung der Leitungsorgane, 9, 28 ff.; Schroeder, DB 1997, 2161, 2162 f.; Semler, Leitung und Überwachung der Aktiengesellschaft, 40 f., Rdn. 57 ff., 46 ff., Rdn. 72 ff.; Thümmel, Persönliche Haftung von Managern und Aufsichtsräten, Rdn. 139 ff.; Ulmer, ZHR 163 (1999), 290, 297 f. Vgl. ferner Gawrisch, Ermessensentscheidungen des Aufsichtsrates, 129 ff.; Scharpf, DB 1997, 737, 737 f.

[2831] Vgl. Dimke/Heiser, NZG 2001, 241, 244 f.; Körner, DB 2001, 367, 369; Semler/Stengel, NZG 2003, 1, 3.

[2832] Vgl. Heermann, ZIP 1998, 761, 764 f.; Hüffer, ZHR 161 (1997), 214, 217; Schilling, BB 1997, 373, 377 ff.; Semler/Stengel, NZG 2003, 1, 3. Insgesamt wird insofern von einem interessenpluralistischen Unternehmensinteresse gesprochen, vgl. beispielhaft Mülbert, IStR 1999, 83, 84; Schilling, BB 1997, 373, 377 ff. Vgl. ferner auch Schroeder, DB 1997, 2161, 2162.

[2833] Vgl. dazu KölnerKommAktG/Mertens, § 76, Rdn. 17; MüKoAktG-Hefermehl/Spindler, § 76, Rdn. 77; Bästlein, Zur Feindlichkeit öffentlicher Übernahmeangebote, 267; Dimke/Heiser, NZG 2001, 241, 245 ff.; Hopt, Festschrift Lutter, 1361, 1377; Kindler, ZHR 162 (1998), 101, 106; Kirchner, WM 2000, 1821, 1822; Mülbert, ZGR 1997, 129, 155 f. Relativierend Roth, Unternehmerisches Ermessen, 26 f. Vgl. jedoch auch Kirchner, WM 2000, 1821, 1827, und Kirchner, BB 2000, 105, 109 f., der hier wegen der Nichtberücksichtigung von *stakeholder*-Interessen bei feindlichen Übernahmevorgängen eine Diskriminierung gegenüber freundlichen Übernahmevorgängen erblickt. Nach den hier vorgetragenen Ergebnissen hätte jedoch auch bei freundlichen Übernahmeversuchen eine Berücksichtigung derartiger Interessen zu unterbleiben.

[2834] Vgl. Hopt, Festschrift Lutter, 1361, 1377; Semler/Stengel, NZG 2003, 1, 3. Zur Ermessensüberschreitung vgl. Gawrisch, Ermessensentscheidungen des Aufsichtsrates, 149, van Aubel, Vorstandspflichten bei Übernahmeangeboten, 65 f.

findung der Leitungsorgane hat im Rahmen der aufgezeigten Ermessensgrenzen aufgrund einer sachgerechten Abwägung der unterschiedlichen Interessen zu erfolgen.[2835]

Schwierigkeiten bereitet allgemein - wie insbesondere in Übernahmekonstellationen - oft schon die Erfassung und Beurteilung der Interessen, insbesondere des Gesellschaftsinteresses und des Aktionärsinteresses.[2836] Soweit sich diese Interessen eindeutig beurteilen lassen, haben anderweitige Interessen, die berücksichtigt werden könnten, zurückzutreten, es sei denn, sie sind positivrechtlich konkretisiert.[2837] Stehen also beispielsweise die Interessen von Arbeitnehmern, Gläubigern oder sonstigen Dritten, volkswirtschaftliche Interessen, Interessen des gemeinen Wohls oder aber Interessen der Leitungsorgane einerseits einem kongruenten Interesse der Gesellschaft und der Aktionäre andererseits entgegen, so haben die Leitungsorgane einzig und allein im Gesellschafts- und Aktionärsinteresse zu handeln.[2838] Für den Fall einer anstehenden sich für das Unternehmen und die Aktionäre positiv auswirkenden Übernahme wären die Leitungsorgane demnach unter Beachtung ihrer Kompetenzen verpflichtet, die Übernahme unter Optimierung der Interessen der Gesellschaft und der Aktionäre zu unterstützen.[2839] Dies gilt auch, soweit die Entlassung vieler Arbeitnehmer zu erwarten ist und die Leitungsorgane zudem mit ihrer eigenen Freisetzung zu rechnen haben.[2840] Die Aktionäre könnten so nämlich beispielsweise erhebliche Gewinne durch die Veräußerung ihrer Anteile realisieren, während für die Gesellschaft die Übernahme zu betriebswirtschaftlich wünschenswerten Synergien führen würde. Probleme bereitet die Orientierung des Verhaltens der Leitungsorgane, wenn sich das Gesellschaftsinteresse bzw. die Aktionärsinteressen nicht eindeutig definieren lassen.[2841] Dies könnte insbesondere dann der Fall sein, wenn die Aktionäre mit der Annahme des

---

2835 Vgl. van Aubel, Vorstandspflichten bei Übernahmeangeboten, 67 f.

2836 Vgl. Horn, ZIP 2000, 473, 481; Kirchner, WM 2000, 1821, 1824; Körner, DB 2001, 367, 369; Kort, Festschrift Lutter, 1421, 1426; Krause, NZG 2000, 905, 910 f.; Schlechtriem, in Kreuzer, Haftung der Leitungsorgane, 9, 42; Witte, BB 2000, 2161, 2164. Vgl. ferner Götz, AG 1997, 219, 221 f.

2837 Vgl. Dimke/Heiser, NZG 2001, 241, 245; Groh, DB 2000, 2153, 2158; Hopt, Festschrift Lutter, 1361, 1377; Horn, ZIP 2000, 473, 481; Kirchner, WM 2000, 1821, 1824 f.

2838 Vgl. Dimke/Heiser, NZG 2001, 241, 245; van Aubel, Vorstandspflichten bei Übernahmeangeboten, 65 ff., 147; Groh, DB 2000, 2153, 2158; Hopt, Festschrift Lutter, 1361, 1377; Horn, ZIP 2000, 473, 481; LG Aachen, AG 1992, 369, 373. Relativierend Roth, Unternehmerisches Ermessen, 26 f.

2839 Vgl. Dimke/Heiser, NZG 2001, 241, 245; Schlechtriem, in Kreuzer, Haftung der Leitungsorgane, 9, 45. Vgl. ergänzend auch die US-amerikanische Begründung für diese Pflicht, nach der dieses Drittinteressen überlagernde Bestimmungsrecht mit dem im Gegensatz zu dem Risiko Dritter erfolgsabhängigen und von daher besonderem - jedenfalls ungleich größerem - Risiko der Aktionäre begründet wird, dazu Fama/Jensen, 26 Journal of Law & Economics (1983), 301, 302 f.; Easterbrook/Fischel, The Economic Structure of Corporate Law, 67 f. Vgl. demgegenüber auch Deakin/Slinger, 24 Journal of Law and Society (1997), 124, 129 ff.

2840 Vgl. Dimke/Heiser, NZG 2001, 241, 245.

2841 Vgl. dazu Dietz, Ausgliederung, 23; Dimke/Heiser, NZG 2001, 241, 245 ff.; Kirchner, WM 2000, 1821, 1824; Körner, DB 2001, 367, 369; Kort, Festschrift Lutter, 1421, 1426; van Aubel, Vorstandspflichten bei Übernahmeangeboten, 148 ff.; Witte, BB 2000, 2161, 2164.

Übernahmeangebots infolge der Differenz zwischen dem Angebotspreis und dem Aktienkurs einen außerordentlichen Gewinn realisieren könnten, die vom Vorstand selbst vorgeschlagene Geschäftsausrichtung jedoch als mittel- oder langfristig erfolgreicher prognostiziert wird[2842] oder der Bieter die Zerschlagung des Unternehmens beabsichtigt.[2843] In diesen beispielhaften Fällen müssten die Leitungsorgane - wie sonst auch - ihr Ermessen unter Abwägung der Gesellschafts- und Aktionärsinteressen ausüben.[2844] Unter Beachtung welcher Erwägungen eine ermessensfehlerfreie Entscheidungsfindung in diesen Fällen vorzunehmen ist, bedarf der einer besonderen Prüfung.

VII. Ermessensausübung in einer Übernahmesituation

Bei der Interessensabwägung im Rahmen der Ermessensausübung haben die Leitungsorgane eines Unternehmens nach Ankündigung oder Abgabe eines Übernahmeangebots zunächst uneingeschränkt die Satzung zu beachten.[2845] Die Anteilseigner haben somit - zumindest bei Gründung ihrer Gesellschaft[2846] oder später durch Satzungsänderung, gegebenenfalls in Abstimmung mit dem die Tagesordnung und Beschlussvorlage mitbestimmenden Vorstand,[2847] - die Möglichkeit, eine Regelung über die Art und Weise der Ermessensausübung in bestimmten Situationen, etwa in Übernahmesituationen, in die Satzung aufzunehmen und den Leitungsorganen damit Verhaltenspflichten aufzuerlegen.[2848] Entsprechende Verhaltenspflichten ließen sich möglicherweise auch durch die Festlegung des Unternehmenszwecks oder -gegenstandes in der Satzung konkretisieren.[2849] Zu beachten ist dabei allerdings, dass dem Vorstand dadurch eine sinnvolle Ausübung selbstverantwortlicher Leitungsmacht nicht praktisch unmöglich gemacht werden darf[2850] und dass derartige Festschreibungen auf eigene Initiative der Anteilseigner vorrangig bei Neugründungen und nur eingeschränkt später erfolgen können. Die Schwierigkei-

---

2842 Vgl. Lüttmann, Kontrollwechsel in Kapitalgesellschaften, 27 ff.

2843 Vgl. dazu Joussen, BB 1992, 1075, 1077; Lüttmann, Kontrollwechsel in Kapitalgesellschaften, 27 ff.

2844 Zum Ermessensfehlgebrauch vgl. van Aubel, Vorstandspflichten bei Übernahmeangeboten, 66 ff.

2845 Vgl. Gawrisch, Ermessensentscheidungen des Aufsichtsrates, 203 ff.; Merkt, Internationaler Unternehmenskauf, 111, Rdn. 387; Mülbert, ZGR 1997, 129, 164 f. Zur Auslegung der Satzung vgl. BGHZ 14, 25, 36 f.; BGHZ 36, 296, 314; BGHZ 48, 141, 143 f.; Hirte, Kapitalgesellschaftsrecht, Rdn. 131 f.

2846 Vgl. Schmidt, Gesellschaftsrecht, 785 ff.

2847 Vgl. Schmidt, Gesellschaftsrecht, 919 ff.

2848 Vgl. Weisner, Verteidigungsmaßnahmen gegen unfreundliche Übernahmeversuche, 151.

2849 Vgl. dazu und insbesondere auch zum Spannungsverhältnis zu § 23 Absatz 5 Satz 1 AktG wegen der eigenverantwortlichen Leitung der Gesellschaft durch den Vorstand KölnerKommAktG/Mertens, § 82, Rdn. 14; Hirte, in Lutter/Wiedemann, Gestaltungsfreiheit im Gesellschaftsrecht, 61, 67 ff.; Mülbert, ZGR 1997, 129, 165; Semler, Leitung und Überwachung der Aktiengesellschaft, 26, Rdn. 39; Tieves, Unternehmensgegenstand der Kapitalgesellschaft, 11 ff.; Reuter, ZGR 1987, 475, 583; Beuthien, BB 1987, 6, 7; Weisner, Verteidigungsmaßnahmen gegen unfreundliche Übernahmeversuche, 151.

2850 Vgl. KölnerKommAktG/Mertens, § 82, Rdn. 14; Dimke/Heiser, NZG 2001, 241, 246; Hirte, in Lutter/Wiedemann, Gestaltungsfreiheit im Gesellschaftsrecht, 61, 67; Tieves, Unternehmensgegenstand der Kapitalgesellschaft, 142 ff.

ten bei der nachträglichen Änderung von Satzungsbestimmungen, die den Vorstand an Verhaltensvorgaben binden, ergeben sich daraus, dass die Anteilseigner selbst nur bei der Gründung die Satzungsbestimmungen festlegen.[2851] Später gibt der Vorstand nach § 124 AktG auch für etwaige Satzungsänderungen die Tagesordnung vor, während die diesbezügliche Rechtsausübung durch die Anteilseigner beschränkt ist. Ohne die Vorgabe des Vorstandes erfolgt praktisch keine Beschlussfassung und damit auch keine Satzungsänderung.[2852]

Da Bestimmungen über die Abwägung entsprechender Interessen in der Regel nicht in die Satzung aufgenommen werden, ist zu prüfen, wie die Leitungsorgane sich zu verhalten haben, wenn diesbezügliche unternehmensinterne Regelungen fehlen. Im Schrifttum werden im Falle widersprüchlicher Interessen die Verhaltenspflichten der Leitungsorgane unterschiedlich beurteilt. Die verschiedenen Beurteilungskriterien und die Begründungen für die entsprechenden Interessensabwägungen werden im Folgenden aufgeführt und untersucht.

1. Verbot der Einflussnahme auf die Zusammensetzung der Aktionäre

Eine im Zusammenhang mit einer Übernahme zu fällende Entscheidung der Leitungsorgane kann und soll Einfluss darauf haben, ob ein Bieter Anteile kauft, in welchem Umfang er Anteile erwirbt und zu welchem Preis. Insofern üben die Leitungsorgane direkten oder indirekten Einfluss auf die Zusammensetzung des Aktionärskreises aus.[2853] Demnach ist die Abwehr einer Übernahme die interessensgerichtete Einwirkung auf die Aktionärsstruktur.[2854] Dem kann nicht ernsthaft entgegengesetzt werden, dass der Vorstand weder das auf Angebotsabgabe gerichtete Recht des Bieters noch die Verfügungsbefugnis der Anteilseigner beschränke und insofern gar keinen Einfluss ausüben könne.[2855] Der Vorstand kann nämlich sehr wohl einen Übernahmeversuch durch tatsächliche oder rechtliche Veränderungen faktisch abwehren.[2856] Gerade Übernahmen sind sehr sensible Vorgänge, bei denen für den Bieter die wirtschaftliche Situation der Zielgesellschaft und die Schnellig-

[2851] Vgl. §§ 23, 28 AktG, vgl. dazu auch Schmidt, Gesellschaftsrecht, 785 f.

[2852] Vgl. Wolff, WiB 1997, 1009, 1009.

[2853] Vgl. Adams, AG 1989, 333, 333 f.; Adams, AG 1990, 243, 245 f.; Dimke/Heiser, NZG 2001, 241, 243; Geibel/Süßmann-Schwennicke, WpÜG, § 33, Rdn. 13; Lüttmann, Kontrollwechsel in Kapitalgesellschaften, 24 ff.

[2854] Vgl. Adams, AG 1990, 243, 243 ff.; Dimke/Heiser, NZG 2001, 241, 243; Grunewald, AG 2001, 288, 290.

[2855] So aber die Mannesmann AG sowohl - jedenfalls tendenziell - im von Aktionären beantragten Einstweiligen Verfügungsverfahren wegen der drohenden Verletzung der Neutralitätspflicht im Übernahmekampf gegen vodafone vor dem Landgericht Düsseldorf, die Entscheidung ist abgedruckt in AG 2000, 233 ff., als auch explizit auf der Hauptversammlung der Mannesmann AG am 04. Juni 2000, wo der Vorstandsvorsitzende Dr. Klaus Esser auf Angriffe der Aktionäre das Verhalten des Vorstandes mit genau dieser Argumentation rechtfertigte. Vgl. dazu auch ergänzend Baums, Neuregelung des aktienrechtlichen Anfechtungs- und Organhaftungsrechts, F 213 f.; Dimke/Heiser, NZG 2001, 241, 243; Kiem, EWiR 2000, 413, 413 f.; Körner, DB 2001, 367, 369.

[2856] Vgl. Dimke/Heiser, NZG 2001, 241, 243; van Aubel, Vorstandspflichten bei Übernahmeangeboten, 67.

keit der Umsetzung der eigener Unternehmenspolitik von herausragender Bedeutung ist.[2857] Diese Zielparameter lassen sich durch die Leitung der Zielgesellschaft in vielen Fällen leicht ändern, so dass die Übernahme unrentabel würde und der Bieter von dem Vorhaben ablässt.[2858] Mithin kann der Vorstand häufig auf die zukünftige Gestaltung des Aktionärskreises einwirken, ohne die Verfügungsrechte der Anteilseigner oder das Angebotsabgaberecht des Bieters zu beeinträchtigen.[2859]

Nach dem mittlerweile überwiegenden Teil des Schrifttums besteht für den Vorstand einer Aktiengesellschaft das generelle Verbot, auf die Aktionärsstruktur einzuwirken.[2860] Danach ist der Vorstand gerade in Übernahmesituationen zur strikten Neutralität verpflichtet.[2861] Ob die Neutralitätspflicht dabei aus der diesbezüglich beschränkten Geschäftsführungsbefugnis[2862] oder aus einem verbandsver-fassungsrechtlichen Grundsatz[2863] resultiert, kann dahinstehen. Das Verbot der Einflussnahme auf den Aktionärskreis wird damit begründet, dass der Vorstand das Interesse der Gesellschaft zu vertreten habe, es ihm jedoch darüber hinaus nicht zustehe, die eigenen Aktionäre und damit die Stimmberechtigten auf der Hauptver-

---

[2857] Vgl. Dimke/Heiser, NZG 2001, 241, 243; Lüttmann, Kontrollwechsel in Kapitalgesellschaften, 25; Johnson/Millon, 87 Michigan Law Review (1989), 1862, 1880.

[2858] Vgl. Dimke/Heiser, NZG 2001, 241, 243; van Aubel, Vorstandspflichten bei Übernahmeangeboten, 67.

[2859] Vgl. zur Vielfältigkeit von Maßnahmen abwehrenden Charakters, durch die im Wege wirtschaftlicher oder rechtlicher Gestaltungsformen auf den Übernahmevorgang Einfluss genommen werden kann, Assmann/Bozenhardt, in Assmann/Basaldua/Bozenhardt/Peltzer, Übernahmeangebote, 1, 115 ff.; Kessler, AG 1995, 120, 122.

[2860] Begründend Mestmäcker, Verwaltung, Konzerngewalt und Rechte der Aktionäre, 14 ff. und 139 ff.; vgl. auch Schanz, NZG 2000, 337, 340; Knoll, Die Übernahme von Kapitalgesellschaften, 167, 274 f.; Adams, AG 1990, 243, 243 ff.; Assmann/Bozenhardt, in Assmann/ Basaldua/Bozenhardt/Peltzer, Übernahmeangebote, 1, 113 f.; Baums, ZIP 1997, 1310, 1313 f.; Ebenroth/Daum, DB 1991, 1157, 1157 ff.; Emmerich/Sonnenschein, Konzernrecht, 13 f.; Immenga, AG 1992, 79, 81; Knoll, Übernahme von Kapitalgesellschaften, 273 ff.; Lüttmann, Kontrollwechsel in Kapitalgesellschaften, 168; Michalski, AG 1997, 152, 159; Otto, DB-Beil. 12/1988, 1, 9; Rümker, in Lüthje, Bankbetrieb und Eigenkapitalfinanzierung, 253, 253 ff.; Rümker, Festschrift Heinsius, 683, 683 ff., 688 ff.

[2861] Vgl. KölnerKommAktG/Mertens, § 76, Rdn. 26; Adams, AG 1990, 243, 243 ff.; Assmann/Bozenhardt, in Assmann/Basaldua/Bozen-hardt/Peltzer, Übernahmeangebote, 1, 113 f.; Baums, ZIP 1997, 1310, 1313; Fuchs, DB 1997, 661, 667; Immenga, AG 1992, 79, 81; Immenga/Noll, Feindliche Übernahmen aus wettbewerbspolitischer Sicht, 101, 117 f.; Otto, DB-Beil. 12/1988, 1, 9; Rümker, in Lüthje, Bankbetrieb und Eigenkapitalfinanzierung, 253, 253 ff.; ablehnend demgegenüber Bungert, NJW 1998, 488, 492; Bungert, ZHR 159 (1995), 261, 267; Martens, Festschrift Beusch, 529, 542 ff.; Müller, Festschrift Semler, 195, 210 f.; Werner, Probleme „feindlicher" Übernahmen im Aktienrecht, 16; vgl. im Übrigen auch Artikel 19 Übernahmekodex und Artikel 8 des neuesten Richtlinienvorschlags; vgl. zur Frage, ob die Neutralitätspflicht eine echte Organpflicht nach § 76 AktG darstellt oder als Zuständigkeitsregel - als schlicht negative Zuständigkeitsregel oder als solche zugunsten der Hauptversammlung - zu verstehen ist, Mülbert, IStR 1999, 83, 88; Hopt, ZGR 1993, 534, 548 f.; van Aubel, Vorstandspflichten bei Übernahmeangeboten, 155 ff; Winter/Harbarth, ZIP 2002, 1, 1 f.

[2862] Vgl. Adams, AG 1990, 243, 245 ff.

[2863] So Hopt, ZHR 1993, 534, 551; Hüffer, AktG, § 118, Rdn. 3; vgl. weitergehend Geßler/Hefermehl-Eckardt, AktG, Vorb., Rdn. 5 und § 119, Rdn. 10 f.; Adams, AG 1990, 243, 243 ff.

sammlung auszuwählen.[2864] Der Hauptversammlung komme über das Recht, den Aufsichtsrat zu besetzen, hinaus eine maßgebliche Kontrollfunktion zu. Die Hauptversammlung über demnach eine indirekte Kontrolle über den Vorstand aus. Der Vorstand dürfe vor diesem Hintergrund nicht vom Angestellten der Anteilseigner zu deren Herrn gemacht werden.[2865] Die Anteilseigner seien die Kontrolleure, die gerade nicht der Vorstand auszuwählen und damit zu kontrollieren habe; die Einflussnahme des Vorstandes auf den Aktionärskreis sei vom Aktienrecht nicht gedeckt[2866] und somit disfunktional.

Die strikte Trennung von Leitungsrechten und Einflussnahme auf die Zusammensetzung des Aktionärskreises ist jedoch problematisch. Der immanente Einfluss der Unternehmensleitung auf die Struktur des Aktionärskreises wird durch folgende Überlegung deutlich. Der Kurs einer Aktie wird - jedenfalls zu einem erheblichen Teil - von der Geschäftsausrichtung und -tätigkeit bestimmt.[2867] Mit der Bestimmung der Geschäftsausrichtung und Geschäftstätigkeit, die eine ureigensten Aufgabe des Vorstandes ist,[2868] wird auch der Kurswert maßgeblich von der Unternehmensleitung mitbeeinflusst.[2869] Die Kursentwicklung wiederum bestimmt das Anlageverhalten der Investoren.[2870] Demnach beeinflusst das Verhalten des Vorstandes das Anlageverhalten der jeweiligen Investoren und damit die Zusammensetzung der Aktionärsstruktur mit.[2871] Mithin lassen sich die Pflichtenerfüllung des Vorstandes und das strikte Verbot der Einflussnahme auf die Zusammensetzung des Aktionärskreises nicht miteinander vereinbaren. Eine generelles Verbot der Einflussnahme kann demnach nicht angenommen werden.

Das Einflussnahmeverbot könnte lediglich auf die ziel- und zweckgerichtete Einflussnahme beschränkt sein. Zu untersuchen bleibt, ob sich ein derartiges Ver-

---

[2864] Vgl. Mestmäcker, Verwaltung, Konzerngewalt und Rechte der Aktionäre, 14 ff., 139 ff.; vgl. auch Mestmäcker, BB 1961, 945, 946; vgl. darüber hinaus auch insbesondere, Assmann/Bozenhardt, in Assmann/Basaldua/Bozenhardt/Peltzer, Übernahmeangebote, 1, 113.

[2865] So Adams, AG 1990, 243, 245; vgl. auch Adams, AG 1989, 333, 336 f.; Adams, Eigentum, Kontrolle und Beschränkte Haftung, 14 ff.; Ebenroth/Daum, DB 1991, 1157,1158.

[2866] Vgl. Ebenroth/Daum, DB 1991, 1157, 1158. Schon in diesem Zusammenhang soll jedoch nicht unerwähnt bleiben, dass der Vorstand nach § 68 Absatz 2 AktG die Zustimmung zur Übertragung vinkulierter Namensaktien zu erteilen hat und insofern schon über den Beitritt eines neuen Aktionärs zu entscheiden hat Diesbezüglich sieht das Aktienrecht (ausnahmsweise?) sehr wohl die Möglichkeit der Einflussnahme durch den Vorstand auf den Aktionärskreis vor.

[2867] Vgl. dazu weitergehend Dimke/Heiser, NZG 2001, 241, 243; Fama, 25 Journal of Finance (1970), 383, 383 ff.; Fuller/Farrell, Modern Investment and Security Analysis, 96 ff.

[2868] Zum Leitungsermessen der Verwaltung für Handlungen im so genannten Grundlagenbereich vgl. Becker, Verwaltungskontrolle durch Gesellschafterrechte, 276 ff. Zu den diesbezüglichen Aufgaben des Vorstandes vgl. Abeltshauser, Leitungshaftung im Kapitalgesellschaftsrecht, 28; Dimke/Heiser, NZG 2001, 241, 243; Henze, BB 2000, 209, 210; Martens, Festschrift Beusch, 529, 544. Zum aktienrechtlich vorgegebenen Entscheidungsspielraum vgl. weitergehend Abeltshauser, Leitungshaftung im Kapitalgesellschaftsrecht, 33; Dimke/Heiser, NZG 2001, 241, 243; Gawrisch, Ermessensentscheidungen des Aufsichtsrates, 129 ff.

[2869] Vgl. Dimke/Heiser, NZG 2001, 241, 243.

[2870] Vgl. Dimke/Heiser, NZG 2001, 241, 243.

[2871] Vgl. dazu auch Kirchner, WM 2000, 1821, 1825.

halten von einem pflichtgemäßen Verhalten abgrenzen lässt. Eine Reihe von ausdrücklich zulässigen GeschäftsführungMaßnahmen des Vorstandes nimmt auch Einfluss auf die Zusammensetzung des Aktionärskreises. Das gilt insbesondere für die Ausübung genehmigten Kapitals, der Erwerb eigener Aktien, die Zustimmung oder Verweigerung zur Übertragung vinkulierter Namensaktien, die Veranlassung zum Aktienerwerb durch ein verbundenes Unternehmen und die Veräußerung von Vermögensteilen, an denen ein Interesse bestimmter Aktionäre besteht. Solche Maßnahmen eignen sich auch besonders zur Abwehr einer Übernahme.[2872] Vor diesem Hintergrund lässt sich auch die ziel- und zweckgerichtete Einflussnahme auf die Aktionärszusammensetzung nicht generell von der pflichtgemäßen Leitung abgrenzen.[2873]

Eine Trennung könnte gleichwohl dort erfolgen, wo die Einflussnahme ohne betriebswirtschaftliche Rechtfertigung durch eine sinnvolle Geschäftsausrichtung im Rahmen üblicher Tätigkeiten erfolgen würde[2874] und stattdessen unerwünschten Hauptversammlungsbeschlüssen oder einer Neubesetzung des Aufsichtsrats und des Vorstandes vorgebeugt werden soll. Wenn aber auch infolge einer geänderten Aktionärsstruktur keine anderen Maßnahmen veranlasst würden, wäre diese Tatsache als Indiz für rein betriebswirtschaftlich motiviertes Verhalten zu werten.[2875] Insofern ließen sich auch spezifisch übernahmebezogene Entscheidungen abgrenzen, denn hier ist die Absicht des Bieters nach veränderten Vorgaben offensichtlich. Eine Abgrenzung lässt sich dagegen nicht vornehmen, wenn sich bestimmte Entscheidungen sowohl betriebswirtschaftlich begründen lassen als auch zur Abwehr einer Übernahme taugen.[2876] Auch die gezielte und zweckgerichtete Einflussnahme auf die Aktionärsstruktur lässt sich meist betriebswirtschaftlich begründen. Eine

---

[2872] Vgl. Dimke/Heiser, NZG 2001, 241, 243 f.

[2873] Vgl. Bayer, ZGR 2002, 588, 598 f. Dem entspricht auch die Schlussfolgerung, dass unter Leitung im Sinne des § 76 Absatz 1 AktG mehr als Geschäftsführung und Vertretung zu verstehen ist. Aus der Begründung des 1965 eingeführten § 308 AktG geht nämlich hervor, dass das sich die Weisungsbefugnis des herrschenden Unternehmens nicht nur auf die Geschäftsführung, sondern auf den gesamten Bereich erstreckt, in dem der Vorstand die Gesellschaft gemäß § 76 Absatz 1 AktG zu leiten hat, vgl. dazu die Begründung zum Regierungsentwurf des AktG bei Kropff, AktG, 403; vgl. weiter KölnerKommAktG/Mertens, § 76, Rdn. 4; Grunewald, AG 2001, 288, 288, 290; Hüffer, AktG, § 76, Rdn. 7 f.; Henze, BB 2000, 209, 209 f.; Immenga, AG 1992, 79, 81; Kirchner, WM 2000, 1821, 1825; Martens, Festschrift Beusch, 529, 544; Dose, Die Rechtsstellung der Vorstandsmitglieder einer Aktiengesellschaft, 37 ff., Raiser, Recht der Kapitalgesellschaften, 59; Schwark, ZHR 142 (1978), 203, 215; Wöhe, Betriebswirtschaftslehre, 136 ff. Vor diesem Hintergrund wird im Übrigen auch eine „abstrakte" von einer „konkreten" Neutralitätspflicht unterschieden, vgl. dazu Hopt, ZGR 1993, 534, 546 ff.; von Beauvais, Grenzen des Höchststimmrechts, 161.

[2874] Eine diesbezügliche ausschließende Grenzziehung dürfte nach den unterschiedlichen Auffassungen zum Umfang der Leitungsrechte nach § 76 Absatz 1 AktG jedenfalls eine sachgerechte Beschreibung des Ermessensrahmens sein. Vgl. zur Setzung dieses Ermessensrahmens weitergehend Abeltshauser, Leitungshaftung im Kapitalgesellschaftsrecht, 28; Dimke/Heiser, NZG 2001, 241, 244; Dose, Die Rechtsstellung der Vorstandsmitglieder einer Aktiengesellschaft, 37; GroßkommentarAktG/Kort, § 76, Rdn. 38; Henze, BB 2000, 209, 209; Hüffer, AktG, § 76, Rdn. 7; Mielke, Die Leitung der unverbundenen Aktiengesellschaft, 33 ff.; Raiser, Recht der Kapitalgesellschaften, 59; Schwark, ZHR 142 (1978), 203, 215.

[2875] Vgl. Hirte, Bezugsrechtsausschluss, 43 f.

[2876] Vgl. Dimke/Heiser, NZG 2001, 241, 243 f.; Ehricke/Ekkenga/Oechsler, WpÜG, § 33, Rdn. 46.

breite Kapitalstreuung bedeutet für die Leitung eine größere Unsicherheit bei Abstimmungen in der Hauptversammlung und damit bezüglich der Aussichten eigener Beschlussvorschläge. Insofern könnte der Vorstand unter Beachtung betriebswirtschaftlicher Vorgaben bestrebt sein, größere und verlässlichere Aktionärsgruppen zu bilden und so eine homogenere Struktur zu schaffen, die seine Geschäftsausrichtung unterstützt.[2877] Gerade ein derartiges Vorgehen ist offensichtlich ebenso zur Abwehr einer Übernahme geeignet.[2878] Zudem könnten auch strategische Allianzen, insbesondere der Verbund mit einem freundlich gesinnten Unternehmen, auch im Wege wechselseitiger Beteiligungen, betriebswirtschaftlich vorteilhaft sein[2879] und gleichzeitig zur Abwehr einer Übernahme taugen.[2880] Schließlich kann auch die internationale Platzierung von Kapital der internationalen Ausrichtung des Unternehmens in Zeiten zunehmender Globalisierung und damit den wirtschaftlichen Interessen des Unternehmens genauso dienen[2881] wie der Abwehr einer Übernahme.[2882] In diesen Fällen greift der Vorstand jeweils gezielt in die Beteiligungsverhältnisse ein, lässt sich dabei möglicherweise jedoch allein oder zusätzlich von betriebswirtschaftlichen Begründungen leiten. Insbesondere bezüglich der internationalen Platzierung von Aktienkapital hat der Bundesgerichtshof es als rechtmäßig beurteilt, dass eine Bank neue Aktien gezielt an im Ausland ansässige private und institutionelle Investoren abgibt, wenn damit eine Erweiterung der Geschäftstätigkeit im betreffenden ausländischen Staat verbunden ist.[2883] Vor diesem Hintergrund lassen sich auch der Abwehr von Übernahmen dienende zweckgerichtete Einflussnahmen auf die Aktionärsstruktur nicht von betriebswirtschaftlich begründeten Einwirkungen abgrenzen. Demnach lässt sich eine Trennung von zulässigen Leitungshandlungen und verbotenen Einflussnahmen auf die Struktur des Aktionärskreises nicht nach dem Kriterium der ziel- und zweckgerichteten Abwehr von Übernahmen vornehmen. Nur am Rande sei erwähnt, dass auch die Suche nach einem *white knight* eine gezielte Veränderung des Aktionärskreises ist

---

[2877] Vgl. dazu Assmann/Bozenhardt, in Assmann/Basaldua/Bozenhardt/Peltzer, Übernahmeangebote, 1, 115; Benckendorff, Erwerb eigener Aktien, 89 f.; Dimke/Heiser, NZG 2001, 241, 244; Hopt, ZGR 1993, 534, 559, 560; Martens, Festschrift Beusch, 529, 543 ff.; Müller, Festschrift Semler, 195, 210 f.

[2878] Vgl. zu diesem Zusammenhang Dimke/Heiser, NZG 2001, 241, 243 f.

[2879] Vgl. dazu Wöhe, Betriebswirtschaftslehre, 404 ff.; Hanzel, in Hanzel/Wunderbaldinger, Mergers & Acquisitions, 49, 55 ff.; Jansen, Mergers & Acquisitions, 105 ff.; Kley, in von Rosen/Seifert, Übernahme börsennotierter Unternehmen, 395, 395 ff.; Kübler, AG-Sonderausgabe 8/1997, 48, 51; Martens, ZIP 1992, 1677, 1696; Martens, Festschrift Beusch, 529, 547; Münchener Hdb GesellschaftsR/AG-Krieger, Bd. 4, § 68, Rdn. 92 ff.; Barthelmeß/Braun, AG 2000, 172, 175; Frankfurter Allgemeine Zeitung vom 10. November 1998, 2; Handelsblatt vom 10. November 1998, 13 (Commerzbank/Generali). Kritisch Adams, AG-Sonderheft 8/1997, 9, 9 ff.

[2880] Vgl. Barthelmeß/Braun, AG 2000, 172, 175; Maier-Reimer, ZHR 165 (2001), 258, 259; von Beauvais, Grenzen des Höchststimmrechts, 165.

[2881] Vgl. BGHZ 125, 239, 246 ff. (Deutsche Bank-Urteil); Dimke/Heiser, NZG 2001, 241, 244; Martens, Festschrift Beusch, 329, 347; Röhricht, in Hommelhoff/Röhricht, Gesellschaftsrecht, 191, 218 ff.

[2882] Vgl. dazu Dimke/Heiser, NZG 2001, 241, 243 f.

[2883] Vgl. BGHZ 125, 239, 246 ff. (Deutsche Bank-Urteil).

und dessen Befürwortung in Übernahmesituationen gegen das hier behandelte Verbot verstieße.[2884]

Diese Feststellung korreliert mit der weitgehenden sowohl rechtlichen als auch betriebswirtschaftlichen Verselbständigung der Aktiengesellschaft, die nur im Rahmen der satzungsbestimmten Vorgaben und Hauptversammlungsbeschlüsse gebunden, ansonsten jedoch als ihr eigener Herr zu verstehen ist.[2885] Die Aktionäre können ihren Einfluss im wesentlichen nur in der Hauptversammlung und zwar nur im Rahmen der Tagesordnung geltend machen;[2886] sie haben die Art und Weise, wie mit dem Kapital der Gesellschaft umgegangen wird, dem insofern weitestgehend weisungsunabhängigen Vorstand zu überlassen.[2887] Grenzen ergeben sich im Wesentlichen aus Gesetz, Satzung und den Sorgfaltspflichten des Vorstandes.[2888] Hieraus erklärt sich auch die in Rechtsprechung[2889] und Literatur[2890] durchgängig

---

[2884] Mit diesem Einwand zu Recht die Auffassungen der Vertreter des Einflussnahmeverbots, die gleichzeitig eine Berechtigung zur Suche eines *white knight* befürworten, relativierend Grunewald, AG 2001, 288, 289, und Weisner, Verteidigungsmaßnahmen gegen unfreundliche Übernahmeversuche, 145, Vgl. im Übrigen auch Kirchner, WM 2000, 1821, 1825 f., der ebenfalls zu Recht diese ungleiche Verhaltensbewertung kritisiert. Vgl. dazu im Übrigen auch Kirchner, BB 2000, 105, 109 f. Vgl. weiter Picot, in Picot, Mergers & Acquisitions, 91, 145.

[2885] Vgl. zur Verselbständigung der Aktiengesellschaft weitergehend Becker, Verwaltungskontrolle, 401 ff.; Dietz, Ausgliederung, 13 ff.; Flume, Allgemeiner Teil des Bürgerlichen Rechts, die juristische Person, 59; Gawrisch, Ermessensentscheidungen des Aufsichtsrates, 28 ff.; Groh, DB 2000, 2153, 2154 ff.; Herrmann, Funktion, Kontrolle und Haftung der Leitungsorgane, 48 ff.; Schmidt, BB 1987, 556, 558; Wiedemann, Gesellschaftsrecht I, 10; Zöllner, Die Schranken mitgliedschaftlicher Stimmrechtsmacht bei den privatrechtlichen Personenverbänden, 29. Im Übrigen ist insofern die von Adams, AG 1990, 243, 245, vertretene Auffassung, der Vorstand dürfe nicht zum Herrn anstatt zum Angestellten der Anteilseigner gemacht werden, lediglich untechnisch zu verstehen. So unterscheidet auch Henn, Hdb Aktienrecht, Rdn. 701, zwischen wirtschaftlichem und juristischem Eigentum.

[2886] Selbst für die Verhaltensbindung des Vorstandes über die Festlegung des Unternehmenszwecks und -gegenstands ist allgemein anerkannt, dass die Auflösung des Spannungsverhältnisses zur Leitungsmacht nicht dazu führen darf, dass dem Vorstand eine sinnvolle Ausübung eigenverantwortlicher Leitungsmacht faktisch ausgeschlossen wird, vgl. dazu KölnerKommAktG/Mertens, § 82, Rdn. 15; Tieves, Unternehmensgegenstand der Kapitalgesellschaft, 142 ff.

[2887] Vgl. Altmeppen, ZIP 2001, 1073, 1075; Gawrisch, Ermessensentscheidungen des Aufsichtsrates, 129 ff.; Münchener Hdb Gesellschaftsrechts/AG-Wiesner, § 19, Rdn. 2.

[2888] Vgl. Dimke/Heiser, NZG 2001, 241, 246; Gawrisch, Ermessensentscheidungen des Aufsichtsrates, 120 ff., Herrmann, Funktion, Kontrolle und Haftung der Leitungsorgane, 48 ff. Zur Auslegung der Satzung vgl. BGHZ 14, 25, 36 f.; BGHZ 36, 296, 314; BGHZ 48, 141, 143 f.; Hirte, Kapitalgesellschaftsrecht, Rdn. 131 f.

[2889] Vgl. BGHZ 14, 25, 38; BGHZ 18, 351, 365; BGHZ 44, 40, 41; BGHZ 64, 253, 257; BGHZ 98, 276; BGHZ 103, 184, 195 - Linotype; BGHZ 129, 136, 143 ff. - Girmes.

[2890] Vgl. Becker, Verwaltungskontrolle, 17 ff.; Dietz, Ausgliederung, 22 ff.; Fillmann, Treuepflicht der Aktionäre, 45; Guntz, Treubindungen von Minderheitsaktionären, 84 ff.; Henze, Festschrift Kellermann, 141, 141 ff.; Henze, BB 1996, 489, 489 ff.; Henze, ZHR 162 (1998), 186, 186 ff.; Jilg, Treuepflicht des Aktionärs; Kort, ZIP 1990, 294, 294 ff.; Kuhr, Minderheitenschutz bei Übernahmeangeboten, 54 f.; Lüttmann, Kontrollwechsel in Kapitalgesellschaften, 155; Lutter, JZ 1976, 225, 225 f.; Lutter, AcP 1980, 84, 84 ff.; Lutter, ZHR 153 (1989), 446, 452 f.; Lutter, ZHR 162 (1998), 164, 164 ff.; Piepenburg, Mitgliedschaftliche Treupflichten; Raiser, Recht der Kapitalgesellschaften, 46; Sailer, Aktienrechtliche Minderheitskompetenzen, 5 ff.; Schmidt, Gesellschaftsrecht, 587 ff.; Timm, WM 1991, 481, 481 ff.; Wellkamp, Aktionärsschutz,

anerkannte Treuepflicht des Aktionärs gegenüber der Gesellschaft, die mit dem Eintritt eines neuen Aktionärs bereits durch die vorgegebene Gestalt und Ausformung der Gesellschaft konkretisiert worden ist.[2891]

Dem Vorstand einer Aktiengesellschaft ist es somit nicht generell verboten, auf die Aktionärsstruktur der von ihm geleiteten Gesellschaft Einfluss zu nehmen. Ihm ist es auch nicht generell untersagt, die Zusammensetzung des Aktionärskreises ziel- und zweckgerichtet zu beeinflussen.

2. Verbandsrechtliches Gleichbehandlungsgebot auch gegenüber dem Bieter

Eine Neutralitätspflicht des Vorstandes bei einer anstehenden Übernahme könnte sich weiter aus dem im Aktienrecht normierten Gleichbehandlungsgebot nach § 53a AktG ergeben.[2892] Nach der Vorschrift des § 53a AktG sind Aktionäre unter gleicher Voraussetzung auch gleich zu behandeln.[2893] Es könnte insofern die Auffassung vertreten werden, dass der Vorstand auch den Bieter gegenüber den anderen Aktionären nicht ungleich behandeln darf und sich ihm gegenüber insofern neutral zu verhalten hat.[2894]

Sofern ein Bieter noch keine Anteile der Zielgesellschaft hält, müsste § 53a AktG eine Verhaltenspflicht gegenüber einem mutmaßlich zukünftigen Aktionär begründen. Der Gleichbehandlungsgrundsatz des § 53a AktG liegt jedoch in der mitgliedschaftlichen Treuebindung unter den Aktionären innerhalb einer Gesellschaft begründet.[2895] Die in der Treuebindung zum Ausdruck kommende gegenseitige Abhängigkeit und Verbundenheit der Anteilseigner soll gerade nicht durch unterschiedliche Behandlungen anderer Organe der Gesellschaft besonderen Belastungen ausgesetzt sein.[2896] Dementsprechend ist das aktienrechtliche Gleichbehandlungsgebot nicht etwa auf zukünftige Aktionäre anzuwenden.[2897] Insofern scheidet eine verbandsrechtliche Gleichbehandlungsverpflichtung gegenüber dem Bieter aus.

---

18 ff.; Wiedemann, Festschrift Heinsius, 949, 953 ff.; Wiedemann, in Lutter/Wiedemann, Gestaltungsfreiheit im Gesellschaftsrecht, 5, 20 ff.

[2891] Vgl. Münchener Hdb GesellschaftsR/AG-Wiesner, § 17, Rdn. 14 ff.; § 19, Rdn. 2.

[2892] Vgl. Hopt, Festschrift Lutter, 1361, 1376; Hopt, ZGR 1993, 534, 546.

[2893] Zum Umfang der Gleichbehandlungspflicht vgl. weitergehend Peltzer, in Assmann/Basaldua/Bozenhardt/Peltzer, Übernahmeangebote, 179, 187 ff. Vgl. dazu auch Rhein, Interessenskonflikt der Manager beim Management Buy-out, 151, 235 f.

[2894] Vgl. dazu Geibel/Süßmann-Schwennicke, WpÜG, § 33, Rdn. 13; Hopt, Festschrift Lutter, 1361, 1376; Hopt, ZGR 1993, 534, 546; Lutter, ZHR 153 (1989), 446, 460 ff., 466 f.

[2895] Vgl. Geibel/Süßmann-Schwennicke, WpÜG, § 33, Rdn. 13; Hüffer, AktG, § 53a, Rdn. 2; Witte, BB 2000, 2161, 2164.

[2896] Vgl. Hüffer, AktG, § 53a, Rdn. 3 f.

[2897] Vgl. Geibel/Süßmann-Schwennicke, WpÜG, § 33, Rdn. 13; Hopt, Festschrift Lutter, 1361, 1376; Hopt, ZHR 161 (1997), 368, 411; Hopt, ZGR 1993, 534, 546; Lutter, ZHR 153 (1989), 446, 460; Rhein, Interessenskonflikt der Manager beim Management Buy-out, 235; Witte, BB 2000, 2161, 2164.

Auch soweit der Bieter bereits Anteile der Zielgesellschaft hält, bestünde nicht zwangsläufig ein zur Neutralitätspflicht führender Gleichbehandlungsanspruch. Ein derartiger Anspruch setzt eine Gleichheit der Aktionäre voraus und verbietet lediglich eine Ungleichbehandlung ohne eine der Verhältnismäßigkeit entsprechende sachliche Rechtfertigung.[2898] In Übernahmesituationen wäre eine Ungleichbehandlung jedoch nicht zwangsläufig willkürlich, sondern möglicherweise gerechtfertigt, wenn die Abwehr der Übernahme geeignet und erforderlich ist, um das vorrangige Interesse der Gesellschaft zu wahren, und wenn sie unter Berücksichtigung der Aktionärsinteressen verhältnismäßig ist.[2899]

3. Kapitalmarktrechtliches Gleichbehandlungsgebot

Des Weiteren wird vereinzelt eine Neutralitätspflicht des Vorstandes bei übernahmerelevanten Entscheidungen aus einem kapitalmarktrechtlichen Gleichbehandlungsgebot heraus begründet.[2900] Zum Verständnis dieser Begründung ist die Herleitung einer derartigen Verpflichtung aus dem Kapitalmarktrecht zu erklären. Unternehmensübernahmen sind Vorgänge des Kapitalmarkts, weil die Anteile auf dem Markt für Kapitalbeteiligungen transferiert werden.[2901] Das Kapitalmarktrecht dient der Sicherstellung aller Funktionen des Marktes; dieser Rechtsbereich hat demnach - zumindest vorrangig[2902] - im öffentlichen Interesse den Schutz und die Effizienzoptimierung eines funktionsfähigen Kapitalmarktes zu gewährleisten.[2903] Unter Effizienzoptimierung wird die Sicherung und Förderung der institutionellen, operationalen und allokativen Effizienz des Kapitalmarktes verstanden.[2904] Zur

[2898] Vgl. Hüffer, AktG, § 53 a, Rdn. 4, 10; KölnerKommAktG/Lutter/Zöllner, § 53 a, Rdn. 13 ff.; Münchener Hdb GesellschaftsR/AG-Wiesner, § 17, Rdn. 11.

[2899] Vgl. hierzu auch Hüffer, AktG, § 53 a, Rdn. 10; Hueck, Der Grundsatz der gleichmäßigen Behandlung im Privatrecht, 183.

[2900] Vgl. Geibel/Süßmann-Schwennicke, WpÜG, § 33, Rdn. 11; Hopt, ZGR 1993, 534, 546; Hopt, ZHR 161 (1997), 368, 376 f. Vgl. dazu auch Cook, in Weidenbaum/ Chilton, Public Policy Toward Corporate Takeovers, 1, 17 f.

[2901] Vgl. Brudney, 71 California Law Review (1983), 1072, 1122; Dimke/Heiser, NZG 2001, 241, 242; Johnson/Millon, 87 Michigan Law Review (1989), 1862, 1880; Lüttmann, Kontrollwechsel in Kapitalgesellschaften, 24 ff.; Zimmer, Internationales Gesellschaftsrecht, 97.

[2902] Ob das Kapitalmarktrecht neben dem Schutz öffentlicher Interessen auch individuelle Rechte zu schützen bestimmt ist oder ob der Individualschutz nur ein Reflex des Funktionenschutzes im öffentlichen Interesse darstellt, wird im rechtswissenschaftlichen Schrifttum unterschiedlich beurteilt, vgl. dazu Heiser, Interessenskonflikte in der Aktiengesellschaft, 19 ff.; Hopt, ZHR 141 (1977), 389, 429, 431; Lenz/Linke, AG 2002, 361, 361; Mülbert, Aktiengesellschaft, Unternehmensgruppe und Kapitalmarkt, 152.

[2903] Vgl. Dimke/Heiser, NZG 2001, 241, 242, 252; Hirte, in Lutter/Wiedemann, Gestaltungsfreiheit im Gesellschaftsrecht, 61, 72 ff.; Kümpel/Ott, Kapitalmarktrecht, 050, 38; Schwark, Festschrift Stimpel, 1087, 1091; Zimmer, Internationales Gesellschaftsrecht, 42 ff.; vgl. zudem die Bestimmung der Schutzgüter in den Gesetzesmaterialien zum Zweiten Finanzmarktförderungsgesetz, BT-Drucksache 12/7918, 102.

[2904] Vgl. GroßkommentarAktG/Assmann, Einl., Rdn. 358 ff.; Assmann, in Nörr, 40 Jahre Bundesrepublik Deutschland, 251, 263 f.; Dimke/Heiser, NZG 2001, 241, 252; Hirte, in Lutter/Wiedemann, Gestaltungsfreiheit im Gesellschaftsrecht, 61, 72; Kübler, Gesellschaftsrecht, 372; Kübler, ZHR 145 (1981), 204, 205 f.;

Sicherung und Förderung eines institutionell effizienten Kapitalmarktes bedarf es des langfristigen Vertrauens der Anleger in dessen Stabilität und Integrität. Nur wenn dieses Vertrauen vorhanden ist, werden die Anleger auf diesem Markt investieren und so den Aktiengesellschaften die Kapitalsammelfunktion zugestehen.[2905] Vor diesem Hintergrund sind anlegerschützende Regelungen nicht nur im gesellschaftsrechtlichen Sinne als aktionärsschützende Vorschriften zu verstehen, sondern auch als Funktionenschutz im Kapitalmarktrecht.[2906] Der Zweck gesellschaftsrechtlichen Individualschutzes unterscheidet sich dabei erheblich vom kapitalmarktrechtlichen Funktionenschutz.[2907] Insofern sind die kapitalmarktlichen und wirtschaftlichen Interdependenzen zu untersuchen, die das Anlageverhalten der Investoren bestimmen.[2908]

Die vom Kapitalmarktrecht mitumfassten Bereiche des Anlegerschutzes beinhalten die für Übernahmevorgänge relevante Beschränkung und Kanalisation des Verwaltungs- und Liquidationsrisikos. Mit dem Verwaltungsrisiko ist die für den Anleger bestehende Gefahr umschrieben, der suboptimalen Geschäftsführung oder gar der Misswirtschaft durch das Management ausgesetzt zu sein.[2909] Die Vornahme von Abwehrmaßnahmen gegen eine drohende Übernahme erhöht die Gefahr

---

Kübler, AG 1977, 85, 89; Kümpel/Ott, Kapitalmarktrecht, 050, 38 ff.; Zimmer, Internationales Gesellschaftsrecht, 42 ff.

[2905] Vgl. Großkommentar zum AktG/Assmann, Einl., Rdn. 356; Dimke/Heiser, NZG 2001, 241, 252; Heiser, Interessenskonflikte in der Aktiengesellschaft, 15 ff.; Kleindiek, ZGR 2003, 546, 560; Zimmer, Internationales Gesellschaftsrecht, 43; vgl. weiter Herdt, WM 1998, 648, 648; Kohlhaussen, WM 1998, 20, 20.

[2906] Vgl. Dimke/Heiser, NZG 2001, 241, 252. Vgl. dazu auch Hirte, in Lutter/Wiedemann, Gestaltungsfreiheit im Gesellschaftsrecht, 61, 74 ff.; Zimmer, Internationales Gesellschaftsrecht, 40 ff.

[2907] Vgl. Dimke/Heiser, NZG 2001, 241, 252; Heiser, Interessenskonflikte in der Aktiengesellschaft, 230; Hirte, in Lutter/Wiedemann, Gestaltungsfreiheit im Gesellschaftsrecht, 61, 74 ff.; Zimmer, Internationales Gesellschaftsrecht, 44.

[2908] Vgl. Dimke/Heiser, NZG 2001, 241, 252; Mai, Aktionärsschutz, 22 ff.; Mülbert, Aktiengesellschaft, Unternehmensgruppe und Kapitalmarkt, 98.

[2909] Vgl. GroßkommentarAktG/Assmann, Einl., Rdn. 370; Dimke/Heiser, NZG 2001, 241, 252; Hopt, Kapitalanlegerschutz, 88 ff., 304 ff.; Seifert/Voth, in von Rosen/Seifert, Übernahme börsennotierter Unternehmen, 187, 196. Das Verwaltungsrisiko im kapitalmarktrechtlichen Sinne wird in betriebswirtschaftlichem Zusammenhang als *agency-problem* bearbeitet, vgl. dazu oben unter 2. Teil C. I. 3. b. (1). Vgl. hierzu grundlegend auch Berle/Means The Modern Corporation and Private Property; ausführlich auch Easterbrook/Fischel, Economic Structure of Corporate Law, 110 ff. Vgl. weiter dazu Posner, Economic Analysis of Law, 382 ff.; Ang/Cole/Wuh Lin, 55 Journal of Finance (2000), 81, 81 ff.; Bästlein, Zur Feindlichkeit öffentlicher Übernahmeangebote, 38 f., 95 ff.; Betsch/Groh/Lohmann, Corporate Finance, 248 ff.; Bratton, 41 Stanford Law Review (1989), 1471, 1471 ff.; Brudney, 85 Columbia Law Review (1985), 1403, 1403 ff.; Jensen/Meckling, 3 Journal of Financial Economics (1976), 305, 305 ff.; Fama, 88 Journal of Political Economy (1980), 288, 288 ff.; Fama/Jensen, 26 Journal of Law & Economics (1983), 301, 301 ff.; Fama/Jensen, 26 Journal of Law & Economics (1983), 327, 327 ff.; Gollnick, Beurteilung der Vorstandsleistung, 21 ff.; Hansmann, 4 Journal of Law, Economics, and Organization (1988), 267, 275 ff.; Jensen/Ruback, 11 Journal of Financial Economics (1983), 5, 5 ff.; Jensen, 62 Harvard Business Review (1984), 109, 109 ff.; Jensen, 76 American Economic Review (1986), 323, 323 ff.; Jensen/Warner, 20 Journal of Financial Economics (1988), 3, 3 ff.; Mann/Sicherman, 64 Journal of Business (1991), 213, 213 ff.; Pratt/Zeckhauser, in Pratt/Zeckhauser, Principals and Agents, 1, 1 ff.; Solomon/Palmiter, Corporations, 312 ff.; Wenger/Terberger, WiSt 1988, 506, 506 ff.; Zimmermann/Wortmann, DB 2001, 289, 290 ff.; Dimke/Heiser, NZG 2001, 241, 254.

und Wahr-scheinlichkeit der suboptimalen Geschäftsführung und Misswirtschaft, denn da-durch kann sich der Vorstand dem durch den Wettbewerb um die Kontrollmehrheit in einer Aktiengesellschaft bestehenden Leistungs- und Disziplinierungsdruck entziehen.[2910] Das Liquidationsrisiko besteht in der Gefahr, dass der Anleger sich unter veränderten Rahmenbedingungen vom dem mit der Investition übernomme-nen Vermögenswert nicht oder nicht zu unbeeinflussten Bedingungen lösen kann. [2911] Mit der erfolgreichen Abwehr eines Übernahmeversuchs realisiert sich diese Gefahr, denn dem Anleger wird die Realisierung des Kursaufschlages vorenthalten.

Vor diesem Hintergrund wird ein kapitalmarktrechtliches Gleichbehandlungsgebot angenommen, das auch die Neutralitätspflicht in Übernahmesituationen begründet.[2912] Das Gleichbehandlungsgebot selbst ergäbe sich aus dem Umstand, dass die Anleger nur dann langfristiges Vertrauen in den Kapitalmarkt gewinnen würden, wenn sie bei kapitalmarktlichen Vorgängen auch gleich behandelt werden.[2913] Würden sie nicht gleich behandelt, so würden sich die Anleger vom Kapitalmarkt zurückziehen und beeinträchtigten dessen Funktion als Kapitalsammelinstitution.[2914] Abwehrmaßnahmen würden das Gleichbehandlungsgebot unterlaufen, da bestimmte Marktteilnehmer gegenüber anderen benachteiligt würden.[2915] Nach diesem Ansatz gilt dies sowohl für unterschiedliche Bieter, für bei einem Unternehmen investierende Anleger eines Unternehmens, als auch für Anleger, die Beteiligungen bei unterschiedlichen Unternehmen halten.

Über die Existenz eines generell geltenden kapitalmarktrechtlichen Gleichbehandlungsgebots werden schon grundsätzlich unterschiedliche Auffassungen vertreten.[2916] Im Zusammenhang mit Übernahmevorgängen wird in der US-amerikanischen Literatur gegen ein Gleichbehandlungsgebot angeführt, dass gerade das Recht zur ungleichen Behandlung verschiedener Aktionäre effizienzsteigernde Übernahmen fördere und deshalb die Allokationswirkung des Kapitalmarktes verstärke.[2917] Die hieraus resultierende Forcierung effizienzsteigernder Übernahmevor-

---

[2910] Vgl. Dimke/Heiser, NZG 2001, 241, 252. Vgl. dazu auch Brudney, 85 Columbia Law Review (1985), 1403, 1443.

[2911] Vgl. Dimke/Heiser, NZG 2001, 241, 252; Immenga, Aktiengesellschaft, Aktionärsinteressen und institutionelle Anleger, 28; Schwark, Anlegerschutz durch Wirtschaftsrecht, 11.

[2912] Vgl. Hopt, ZGR 1993, 534, 546; Hopt, ZHR 161 (1997), 368, 376 ff. Vgl. auch Cook, in Weidenbaum/Chilton, Public Policy Toward Corporate Takeovers, 1, 17 f.; Zimmer, Internationales Gesellschaftsrecht, 97.

[2913] Vgl. Hopt, ZGR 1993, 534, 546; Hopt, ZHR 161 (1997), 368, 376 ff. Vgl. dazu kritisch Dimke/Heiser, NZG 2001, 241, 253.

[2914] Vgl. Reul, Die Pflicht zur Gleichbehandlung der Aktionäre, 134 ff. Vgl. dazu kritisch Dimke/Heiser, NZG 2001, 241, 253.

[2915] Vgl. Dimke/Heiser, NZG 2001, 241, 253.

[2916] Vgl. dazu Dimke/Heiser, NZG 2001, 241, 253.

[2917] Vgl. Easterbrook/Fischel, 91 Yale Law Review (1982), 698, 698 ff.; Easterbrook/Fischel, 94 Harvard Law Review (1981), 1161, 1161 ff.; Manne, 73 Journal of Political Economy (1965), 110, 110 ff.; Vgl. zum Insiderhandel, der vergleichbar das Ergebnis einer ungleichen Behandlung ist, Easterbrook/Fischel, The Economic Structure of Corporation Law, 266; McVea, 15 Legal Studies (1995), 390, 390 ff.; Steinberg,

gänge wirke sich auch für die Gruppe der Aktionäre vorteilhaft aus, weil regelmäßig Kursaufschläge gezahlt würden und der Disziplinierungs- und Leistungsdruck auf die Geschäftsführungen zunehme.[2918] Mithin läge ein Gleichbehandlungsgebot weder im Interesse der Aktionäre noch fördere es die Funktion des Kapitalmarktes.

Andererseits ist nicht zu verkennen, dass die Anleger Ungleichbehandlungen als ungerecht beurteilen und subjektiv als Willkür empfundene Vorgänge eine Verlagerung des Anlageverhaltens in andere Bereiche zur Folge haben können. Sollten die Anleger Ungleichbehandlungen demnach als so einschneidend wahrnehmen, dass sie tatsächlich ihr Anlageverhalten verändern, so wäre die Tatsache, dass ihr Verhalten irrational wäre, für das Ausmaß etwaiger Effizienzeinbußen des Kapitalmarktes unmaßgeblich. Ein Recht zur Ungleichbehandlung würde im Übrigen durch die Möglichkeiten zur Vorteilsverschiebung auch die *agency*-Kosten[2919] erhöhen.[2920] Vor diesem Hintergrund, insbesondere wegen der Gefahr für die Kapitalmärkte wegen des aus der Ungleichbehandlung möglicherweise resultierenden Vertrauensverlustes, ist die kapitalmarktrechtliche Gleichbehandlungspflicht jedenfalls in Übernahmesituationen zunächst zu bestätigen.[2921] Sichere Erkenntnisse über die verschiedenen Auswirkungen des Rechts zur Ungleichbehandlung bzw. einer Gleichbehandlungsverpflichtung lassen sich jedoch lediglich über empirischen Untersuchungen gewinnen, die - soweit ersichtlich - nicht vorliegen.[2922]

4. Verbot der Einflussnahme auf den Markt für Unternehmensleitungen

Ein Verbot der Einflussnahme von Leitungsorganen in Übernahmesituationen wird darüber hinaus unter betriebs- und volkswirtschaftlichen Erwägungen bei Annahme eines funktionierenden freien Marktes für die „Kontrolle" von Unternehmen[2923]

Understanding Security Law, 267 ff.; Carlton/Fischel, 35 Stanford Law Review (1983), 857, 867 ff.; Manne, 23 Vanderbilt Law Review (1970), 547, 574.

2918 Vgl. Bergsma, McKinsey Quarterly, Winter 1989, 57, 57 ff.; Betsch/Groh/Lohmann, Corporate Finance, 327; Easterbrook/Fischel, 91 Yale Law Review (1982), 698, 698 ff.; Frei, Öffentliche Übernahmeangebote, 130; Jansch, Rolle der Aktionäre, 93 f.

2919 Hiermit ist eine Verschiebung der Kontrollkosten gemeint, vgl. dazu *agency*-Kosten ausführlich Hansmann, 4 Journal of Law, Economics, and Organization (1988), 267, 275 ff.; Jensen/Meckling, 3 Journal of Financial Economics (1976), 305, 305 ff.; Bästlein, Zur Feindlichkeit öffentlicher Übernahmeangebote, 98 ff.; Betsch/Groh/Lohmann, Corporate Finance, 248; Brudney, 85 Columbia Law Review (1985), 1403, 1427 f.; Lehnert, Unternehmensübernahmen in den USA, 189 ff.; Zimmermann/Wortmann, DB 2001, 289, 290.

2920 So auch Bästlein, Zur Feindlichkeit öffentlicher Übernahmeangebote, 267; Dimke/Heiser, NZG 2001, 241, 253.

2921 Zur Abgrenzung verschiedener Kapitalmarkttransaktionen in Bezug auf den Gleichbehandlungsgrundsatz vgl. Macey, 89 Columbia Law Review (1989), 1692, 1697 f.; Cheffins, Company Law, 490 f.; Dimke/Heiser, NZG 2001, 241, 253.

2922 Ebenso Hopt, ZGR 1993, 534, 546; vgl. weiter im Gesamtzusammenhang auch GroßkommentarAktG/Assmann, Einl., Rdn. 343 ff.

2923 Begründend Manne, 73 Journal of Political Economy (1965), 110, 110 ff. Vgl. weiter Coffee, 84 Columbia Law Review (1984), 1145, 1202 ff.; Davies, in Baums/Buxbaum/Hopt, Institutional Investors and Corporate Governance, 257, 266; Easterbrook/Fischel, 94 Harvard Law Review (1981), 1161, 1161 ff.;

angenommen.[2924] Demnach wird die Kontrolle eines Unternehmens als selbständiges wirtschaftliches Handelsgut auf einem transparenten Markt betrachtet.[2925] Der transparente Markt gewährleiste die optimierende Allokation der im betroffenen Unternehmen vorhandenen Unternehmensressourcen.[2926] Durch optimierte Allokation werde neben den betriebswirtschaftlichen Auswirkungen auch die Volkswirtschaft als Ganzes begünstigt, weil durch den Wettbewerbsdruck auf dem freien Markt die Leitungsorgane eines Unternehmens sich grundsätzlich des Wettbewerbs bewusst und so stets um eine optimierende Geschäftsführung bemüht seien.[2927] Stünde die Kontrolle und somit mittelbar die Geschäftsführung eines Unternehmens auf dem freien Markt zur Disposition, so sei die Kontrolle der Leitungsorgane suboptimal ausgeübt worden.[2928] Das von den Anteilseignern zur Kontrollausübung bereitgestellte Unternehmen werde dann nicht effizient geführt.[2929] Zugunsten der Anteilseigner müssten somit ineffektiv arbeitende Leitungsorgane durch effizient arbeitende Unternehmensführungen ersetzt werden.[2930] Eine feindliche Übernahme sei somit vorrangig durch die unzureichende Leistung des Managements begründet.[2931]

Die soeben vorgenommene Beschreibung der Theorie des so genannten „Marktes für Unternehmenskontrolle" hat gezeigt, dass tatsächlich nicht der Kontrollerwerb das Marktgeschehen bestimmt, sondern ausschließlich auf die Neubesetzung der Unternehmensleitung bzw. auf die Neuausrichtung der Geschäftstätigkeit abzustellen ist. Lediglich durch eine derartige Einflussnahme lässt sich das angenommene Marktgeschehen erklären. Demnach sind Unternehmensleitungen und nicht Unternehmenskontrollen Objekte auf dem Markt. Somit stellt sich die gebräuchliche Terminologie „Markt für Unternehmenskontrolle" als ungenau dar. Demgegenüber sollte allgemein, so wie in dieser Untersuchung, von einem „Markt für Unternehmensleitungen" gesprochen werden.[2932]

Easterbrook/Fischel, 91 Yale Law Journal (1982), 698, 698 ff.; Easterbrook/Fischel, The Economic Structure of Corporate Law, 109 ff.

2924 Vgl. Easterbrook/Fischel, 91 Yale Law Journal (1982), 698, 698 ff.; Easterbrook/Fischel, The Economic Structure of Corporate Law, 109 ff.; Adams, AG 1989, 333, 333 ff.; Hopt, ZGR 1993, 534, 544 f.; vgl. auch Romano, in Hopt/Wymeersch, European Takeovers, 3, 3 ff.

2925 Vgl. Manne, 73 Journal of Political Economy (1965), 110, 112.

2926 Vgl. dazu Dimke/Heiser, NZG 2001, 241, 254; Easterbrook/Fischel, Economic Structure of Corporate Law, 112 f.; Hopt, ZGR 1993, 534, 544; Jansch, Rolle der Aktionäre, 92 ff.

2927 Vgl. Easterbrook/Fischel, The Economic Structure of Corporate Law, 112 ff.; Hopt, ZGR 1993, 534, 544.

2928 Vgl. dazu Dimke/Heiser, NZG 2001, 241, 254; Jensen, 2 Journal of Economic Perspectives (1988), 21, 21 ff.; Lehmeit, Unternehmensübernahmen in den USA, 195 f.; Röhrich, Feindliche Übernahmeangebote, 42 f. Vgl. auch Michalski, AG 1997, 152, 163.

2929 Vgl. Dimke/Heiser, NZG 2001, 241, 254; Jansch, Rolle der Aktionäre, 93.

2930 Vgl. Adams, AG 1989, 333, 333; Röhrich, Feindliche Übernahmeangebote, 42 f.; Meier-Schatz, WuR 1987, 16, 32; Jensen, 2 Journal of Economic Perspectives (1988), 21, 21 ff.

2931 Vgl. Easterbrook/Fischel, The Economic Structure of Corporate Law, 112 ff.

2932 Vgl. dazu schon Berle, 58 Columbia Law Review (1958), 1212, 1212 („... Control may be defined as the capacity to choose directors ..."); Hansmann, 4 Journal of Law, Economics, and Organization (1988),

Demgemäß wird die Auffassung vertreten, es sei in erster Linie betriebswirtschaftlich und daraus folgend auch rechtlich nicht sachgerecht, sondern geradezu widersinnig, wenn die Leitung der Zielgesellschaft Einfluss auf den freien Markt nehmen dürfe und so einen nach freien unbeeinflussten Marktgesetzen fälligen Kontrollwechsel verhindern könnte.[2933] Die Vereitelung des Kontrollwechsels stünde weder im Interesse der Gesellschaft noch im Interesse der Anteilseigner, sondern erfolgte einzig und allein im Interesse des bisherigen Managements der Zielgesellschaft.[2934] Eine Einflussnahme stünde auch der kapitalmarktlichen Effizienzoptimierung entgegen, weil nur durch die freien Kräfte des Marktes der höchst mögliche Disziplinierungs- und Leistungsdruck aufgebaut und die effizienteste Leitung bestimmt würde.[2935] Von daher sei dem Management jede Einflussnahme verwehrt.[2936]

Zweifel im Zusammenhang mit einem Markt für Unternehmensleitungen ergeben sich - dessen Existenz unterstellt[2937] - hinsichtlich der Auswirkungen des Marktgeschehens.[2938] Zunächst wird bezweifelt, dass eine Übernahme nur für den Fall attraktiv ist, dass das Management der Zielgesellschaft ineffizient arbeitet und eine vom Übernehmer eingesetzte Leitung die Zielgesellschaft nach einer Übernahme zwangsläufig effizienter führt, so dass regelmäßig von einer optimierten Allokation gesprochen werden kann.[2939] Dem ist zwar insofern zuzustimmen, als die Arbeitsweise des Managements über einen vergleichsweise geringen Aktienkurs in vielen Fällen zu einer andauernden Unterbewertung der Gesellschaft führt und dies der Grund für eine Übernahme ist.[2940] Liegt eine Übernahme in der suboptimalen Ar-beitsweise des Managements begründet, so kann regelmäßig aufgrund der wirtschaftswissenschaftlichen Untersuchungen des Übernehmers, seiner beratenden Fachleute, und infolge der Beratung durch die finanzierenden Banken davon aus-

---

267, 269; Jensen/Ruback, 11 Journal of Financial Economics (1983), 5, 5 ff. Vgl. zur Maßgeblichkeit der Vorgaben für die operative Geschäftsausrichtung auch ausführlich Adams, Eigentum, Kontrolle und Beschränkte Haftung; Munscheck, Übernahmeregelung, 27 ff.; Frei, Öffentliche Übernahmeangebote, 27 f. Vgl. insgesamt dazu Dimke/Heiser, NZG 2001, 241, 254. Der sprachliche Transfer von *corporate control* ist insofern unzureichend. *To control* bedeutet nicht nur kontrollieren, sondern auch leiten/steuern.

[2933] Vgl. Dimke/Heiser, NZG 2001, 241, 254; Easterbrook/Fischel, The Economic Structure of Corporate Law, 173; Hopt, ZGR 1993, 534, 545.

[2934] Vgl. Dimke/Heiser, NZG 2001, 241, 254; Ebenroth/Daum, DB 1991, 1157, 1158.

[2935] Vgl. Bergsma, McKinsey Quarterly, Winter 1989, 57, 57 ff.; Brudney, 85 Columbia Law Review (1985), 1403, 1443; Busch, Regelung von Übernahmeangeboten, 82 ff.; Cook, in Weidenbaum/Chilton, Public Policy Toward Corporate Takeovers, 1, 2; Deakin/Slinger, 24 Journal of Law and Society (1997), 124, 128; Jansch, Rolle der Aktionäre, 93 f.

[2936] Vgl. Deakin/Slinger, 24 Journal of Law and Society (1997), 124, 128.

[2937] Vgl. zur Existenz des Marktes Lenel, in Gröner, Der Markt für Unternehmenskontrollen, 9, 27.

[2938] Vgl. Reul, Die Pflicht zur Gleichbehandlung der Aktionäre bei privaten Kontrolltransaktionen, 133 ff; Meier-Schatz, WuR 1987, 16, 33 ff.; Lehnert, Unternehmensübernahmen in den USA, 196 ff.

[2939] Vgl. Cook, in Weidenbaum/Chilton, Public Policy Toward Corporate Takeovers, 1, 15; Black, 41 Stanford Law Review (1989), 597, 616 f.

[2940] Vgl. Dimke/Heiser, NZG 2001, 241, 254; Mitchell/Lehn, 89 Journal of Political Economy (1990), 372, 396 ff.; Lehnert, Unternehmensübernahmen in den USA, 197.

gegangen werden, dass die Produktionsmittel der Zielgesellschaft nach einer Übernahme gewinnerhöhend und somit effizienter genutzt werden.[2941] Insofern würden der Unternehmenswert der Zielgesellschaft und schließlich auch der Aktienkurs steigen.[2942] Tatsächlich belegen Untersuchungen aus den Vereinigten Staaten den andauernden Kursanstieg bei Bieter- und Zielgesellschaft während eines erfolgreichen Übernahmevorgangs,[2943] auch wenn durch diesen Umstand nicht zwangsläufig die Markttheorie belegt ist.[2944]

Wenngleich die Optimierung der Geschäftsführungsentscheidungen auch in vielen Fällen den maßgeblichen Grund für eine Übernahme darstellt, ist eine betriebs- und volkswirtschaftliche Effizienzsteigerung nicht zwingend Folge einer Übernahme.[2945] Es gibt vielmehr auch andere Übernahmemotive, die nicht zwingend eine betriebs- und volkswirtschaftliche Allokationsoptimierung zur Folge haben.[2946] Unzutreffenderweise werden als derartige, nicht effizienzsteigernde Übernahmegründe auch die hohe Liquidität der Zielgesellschaft, deren hohes beleihbares Vermögen, gut veräußerbare Tochtergesellschaften und erheblicher Immobilienbesitz beziehungsweise vergleichbare Vermögenswerte angesehen.[2947] Dagegen indizieren derartige Zustände die Ineffizienz des Managements.[2948] Der betriebswirtschaftlich als effizient beurteilte Fremdkapitalanteil eines Unternehmens ist in diesen Fällen nicht gegeben, so dass sich die Unternehmensleitung sehr wahrscheinlich nicht in der Lage sieht, sinnvolle vermögensvermehrende Investitionen zu tätigen.[2949]

Die Übernahme durch einen so genannten *Raider* bietet jedoch ein augenfälliges Beispiel dafür, dass eine Übernahme nicht notwendigerweise mit einer Optimierung von Geschäftsführungsentscheidungen verbunden sein muss.[2950] Der *Raider* beabsichtigt die Realisierung eines Gewinns durch die Zerschlagung der Zielgesellschaft und den anschließenden separaten Verkauf der einzelnen Vermögenswerte.[2951] Zur größtmöglichen Verminderung des Risikos finanziert ein *Raider* den Kaufpreis für Aktien der Zielgesellschaft über einen möglichst großen Anteil an Fremdkapital.[2952] Aus diesem Grund aufgenommene Kredite werden dabei

---

[2941] Vgl. Black/Grundfest, 1 Journal of Applied Corporate Finance (1988), 5, 5 ff.; Dimke/Heiser, NZG 2001, 241, 254; Jensen, 2 Journal of Economic Perspectives (1988), 21, 21 ff.; Jensen/Ruback, 11 Journal of Financial Economics (1983), 5, 5 ff.

[2942] Vgl. Dimke/Heiser, NZG 2001, 241, 254; Meier-Schatz, WuR 1987, 16, 33.

[2943] Vgl. Black/Grundfest, 1 Journal of Applied Corporate Finance (1988), 5, 5 ff.; Jensen, 2 Journal of Economic Perspektives (1988), 21, 21 ff.; Jensen/Ruback, 11 Journal of Financial Economics (1983), 5, 5 ff.

[2944] Vgl. weitergehend zur Erklärung der Kursanstiege Cheffins, Company Law, 55 ff.

[2945] Vgl. Dimke/Heiser, NZG 2001, 241, 255; Lehnert, Unternehmensübernahmen in den USA, 196 ff.

[2946] Vgl. Dimke/Heiser, NZG 2001, 241, 255; Romano, in Hopt/Wymeersch, European Takeovers, 3, 3 ff.

[2947] Vgl. von Falkenhausen, Festschrift Stiefel, 163, 167.

[2948] Vgl. Dimke/Heiser, NZG 2001, 241, 255.

[2949] Vgl. Adams, AG 1990, 243, 248.

[2950] Vgl. Dimke/Heiser, NZG 2001, 241, 255; von Falkenhausen, Festschrift Stiefel, 163, 167.

[2951] Vgl. Liebscher, ZIP 2001, 853, 855.

[2952] Vgl. Liebscher, ZIP 2001, 853, 855.

regelmäßig weitestgehend durch die Vermögenswerte der Zielgesellschaft abgesichert.[2953] Der *Raider* ist dabei oft nicht einmal in der Lage, die Kredite persönlich zu bedienen, geschweige denn zurückzuzahlen.[2954] Zur größtmöglichen Verminderung des Risikos der Verantwortlichen wurden dazu in den USA regelmäßig mit wenig Eigenkapital ausgestattete abhängige Kapitalgesellschaften, so genannte „*Shell Corporations*", gegründet, die in Zusammenarbeit mit risikobereiten Investmentbanken die Übernahme betreiben und zudem durch die Ausgabe so genannter *junk bonds* die Finanzierung unterstützen.[2955] Selbst wenn in diesen Fällen die ursprünglichen Aktionäre der Zielgesellschaft mit einem über dem ursprünglichen Aktienkurs liegenden Betrag befriedigt werden, ist doch sehr zweifelhaft, ob es sich bei einem derartigen Vorgang um eine betriebswirtschaftliche oder gar volkswirtschaftliche Allokationsoptimierung handelt.[2956] Auch wenn damit verkrustete Strukturen aufgebrochen werden können,[2957] gehen langfristige unternehmensspezifische Investitionen und der derivative Geschäftswert nahezu vollständig verloren.[2958] Von ähnlich zweifelhaftem Charakter im Hinblick auf Effizienzsteigerungen durch den Markt für Unternehmensleitungen sind Übernahmen mit dem Ziel, einen Mitbewerber auszuschalten.[2959]

Auch soweit die Erzielung von Synergien oder die Erzielung von Sondervorteilen zugunsten des Kontrollinhabers und zulasten des Zielunternehmens das Übernahmemotiv darstellen, kann nicht zwangsläufig von einer Effizienzsteigerung ausgegangen werden.[2960] Dies gilt insbesondere, soweit der durch die geänderte Unternehmensausrichtung erzielte Vorteil des Kontrollinhabers den seinem Anteil entsprechenden Nachteil infolge der Vermögensverringerung bei der Zielgesellschaft übersteigt.[2961] Insofern liegt trotz der diesbezüglichen aktienrechtlichen Schutzvorschriften nicht nur die Gefahr einer Externalisierung von Kosten und nichtrealisierten Gewinnen zum Nachteil der Gesellschaft und damit letztlich

---

[2953] Vgl. Liebscher, ZIP 2001, 853, 855.

[2954] Vgl. zu den Finanzierungsvorgängen Bästlein, Zur Feindlichkeit öffentlicher Übernahmeangebote, 152 f.

[2955] Vgl. Bästlein, Zur Feindlichkeit öffentlicher Übernahmeangebote, 165 ff.; Lutter/Wahlers, AG 1989, 1, 3, 12. Zur Rolle der Investmentbank bei Übernahmen vgl. weitergehend Peters, in von Rosen/Seifert, Übernahme börsennotierter Unternehmen, 269, 269 ff.

[2956] Vgl. zur Unterscheidung zwischen Schaden der Gesellschaft und Schaden der Aktionäre van Aubel, Vorstandspflichten bei Übernahmeangeboten, 39 f.; vgl. dazu weiter Mertens, Festschrift Lange, 561, 569 ff.

[2957] Vgl. Mertens, AG 1990, 252, 252.

[2958] Vgl. Bästlein, Zur Feindlichkeit öffentlicher Übernahmeangebote, 249; Merkt, US-amerikanisches Gesellschaftsrecht, 652 f.

[2959] Vgl. den so genannten Minimax-Total-Fall, BGHZ 33, 175 ff., hier war der maßgebliche Übernahmegrund die Ausschaltung eines Mitbewerbers. Vgl. dazu auch - bereits kritisch - Mestmäcker, BB 1961, 945, 945 ff.

[2960] Vgl. Bästlein, Zur Feindlichkeit öffentlicher Übernahmeangebote, 130; Scharf/Shea/Beck, Acquisitions, 92.

[2961] Vgl. Dimke/Heiser, NZG 2001, 241, 255; Reul, Die Pflicht zur Gleichbehandlung der Aktionäre bei privaten Kontrolltransaktionen, 134 ff.

zulasten der übrigen Aktionäre,[2962] sondern auch diejenige einer volkswirtschaftlich nachteiligen Entwicklung nahe, die auch in der steigenden Kostenlast für die so genannten *stakeholder* begründet liegen kann.[2963]

Der Optimierungsfunktion des Marktes für Unternehmensleitungen könnte sogar entgegenstehen, dass von Unternehmensführungen Effizienzsteigerungen trotz entsprechenden Potentials nicht herbeigeführt werden. Es könnte sich nämlich auf dem Markt eine Tendenz durchsetzen, dass infolge der permanenten Gefahr einer feindlichen Übernahme lediglich kurzfristige und kurzatmige Gewinne realisiert werden und von Investitionen mit mittel- und langfristiger, aber gleichwohl effizienter, Zielsetzung Abstand genommen wird.[2964] Eine daraus folgende Innovationsfeindlichkeit der Unternehmen könnte sich nicht nur für das Unternehmen selbst und seine Anteilseigner sondern auch im internationalen Wettbewerb nachteilig für das gemeine Wohl auswirken.[2965]

Auch im Zusammenhang mit der Diskussion über die Existenz und die Wirksamkeit des Marktes für Unternehmensleitungen ergibt sich somit das Problem der Abgrenzung zwischen betriebswirtschaftlich begründetem Verhalten des Managements und der Verfolgung ausschließlich eigener Besitzstandsinteressen der Leitungsorgane.[2966] Insofern liegt es auch hier nahe, den Leitungsorganen zumindest für derartige Maßnahmen die Kompetenz vorzuenthalten.[2967] Dagegen wird angeführt, dass der Vorstand infolge besseren Wissens und höherer Kompetenz effektiver als andere Entscheidungsorgane vorgehen könne.[2968] Dem ist entgegenzuhalten, dass er alle ihm vorliegenden Informationen und Beurteilungen weitergeben und zur Diskussion stellen kann.

Zudem wird gegen die Markttheorie vorgebracht, dass das deutsche Aktienrecht wirksame Sanktionen gegen den Vorstand biete, so dass ein Handeln aus-

[2962] Vgl. dazu Dimke/Heiser, NZG 2001, 241, 255; Houben, WM 2000, 1873, 1873; Krause, Das obligatorische Übernahmeangebot, 119 ff.

[2963] Vgl. Deakin/Slinger, 24 Journal of Law and Society (1997), 124, 124; Dimke/Heiser, NZG 2001, 241, 255.

[2964] Vgl. dazu Bästlein, Zur Feindlichkeit öffentlicher Übernahmeangebote, 182 ff., 248; Carliner, in Auerbach, Corporate Takeovers, 25, 25 ff.; Caytas/Mahari, Im Banne des Investment Banking, 165; Cook, in Weidenbaum/Chilton, Public Policy Toward Corporate Takeovers, 1, 3, 8 f.; DeAngelo/Rice, 11 Journal of Financial Economics (1983), 329, 329 ff.; Dimke/Heiser, NZG 2001, 241, 255; Jarrell/ Poulsen, 19 Journal of Financial Economics (1987), 127, 127 ff.; Jensen, 2 Journal of Economic Perspectives (1988), 21, 26; Kallmeyer, AG 2000, 553, 553 f.; Shleifer/Vishny, 2 Journal of Economic Perspectives (1988), 7, 7 ff.; Merkt, US-amerikanisches Gesellschaftsrecht, Rdn. 1185; von Falkenhausen, Festschrift Stiefel, 163, 167; Weisner, Verteidigungsmaßnahmen gegen unfreundliche Übernahmeversuche, 71; Hall, in Auerbach, Corporate Takeovers, 69, 69 ff.; Woolridge, 1 Journal of Applied Corporate Finance (1988), 26, 26 ff.; Die Zeit vom 13. April 2000, 1.

[2965] Vgl. zu der Erwartungshaltung international agierender Anleger Schneider, DB 2000, 2413, 2414 ff.

[2966] Vgl. dazu ausgiebig Adams, AG 1989, 333, 333 ff.; Adams, AG 1990, 243, 243 ff. Vgl. dazu auch bereits Mestmäcker, BB 1961, 945, 947 f.

[2967] So wohl auch schon Mestmäcker, BB 1961, 945, 947; ausdrücklich Hopt, ZGR 93, 534, 548 f.

[2968] Vgl. Bästlein, Zur Feindlichkeit öffentlicher Übernahmeangebote, 186 f.

schließlich im Eigeninteresse nahezu ausgeschlossen sei.[2969] So hafte der Vorstand aus § 93 Absatz 2 AktG, wenn er pflichtwidrig im Eigeninteresse zum Schaden der Gesellschaft handele.[2970] Die Beweislast für eine pflichtgemäße Unternehmensleitung treffe gemäß 93 Absatz 2 Satz 3 AktG nach ganz überwiegender Auffassung den Vorstand.[2971] Darüber hinaus könne der Vorstand den Aktionären auch aus § 823 BGB haften.[2972] Die Praxis zeigt dagegen, dass in Übernahmesituationen regelmäßig von Seiten der Unternehmensleitung zumindest ermessensfehlerhaft, wenngleich auch nicht notwendigerweise im Ergebnis außerhalb des Ermessensrahmens, vorgegangen wird.[2973] Schon das regelmäßig ermessensfehlerhafte Vorgehen des Vorstandes spricht für eine andere Kompetenzzuweisung. Für eine Entscheidung der Hauptversammlung und damit der Anteilseigner über Maßnahmen in Übernahmesituationen sprechen empirische Untersuchungen aus den Vereinigten Staaten. Übernahmen führen demnach regelmäßig zu Kurssteigerungen sowohl bei der Zielgesellschaft als auch bei der Bietergesellschaft.[2974] Somit würde sich ein freier, unbeeinflusster Markt für Unternehmensleitungen infolge des Verbots von Abwehrmaßnahmen durch den Vorstand zugunsten der Aktionäre auswirken, wenngleich damit möglicherweise in Einzelfällen die Gesellschaft auch in ihrem Bestand betroffen ist. Für eine überwiegende Berücksichtigung der Interessen der Anteilseigner gegebenenfalls sogar gegenüber dem Bestandsinteresse der Gesellschaft spricht deren gesetzlich anerkanntes Recht, mit qualifizierter Mehrheit die Auflösung der Gesellschaft zu beschließen.[2975] Wenn die Anteilseigner berechtigt sind, die Gesellschaft aufzulösen, so müssten sie erst recht über die Unterlassung von Abwehrmaßnahmen mit der möglichen Folge der Auflösung durch den Bieter entscheiden dürfen.[2976] Dem wird gleichwohl entgegengehalten, dass der Vorstand einer Aktiengesellschaft im Rahmen seiner Ermessensausübung den Interessen der Gesellschaft gegenüber den Interessen der Anteilseigner den Vorrang einzuräumen habe.[2977] Insofern gehe das Bestandsinteresse der Gesellschaft gegebenenfalls auch den Interessen der Anteilseigner an einer Gewinnrealisierung vor.[2978]

[2969] Vgl. hierzu Weisner, Verteidigungsmaßnahmen gegen unfreundliche Übernahmeversuche, 272 f.

[2970] Vgl. nur KölnerKommAktG-Mertens, § 93, Rdn. 67.

[2971] Vgl. KölnerKommAktG/Mertens, § 93, Rdn. 100 ff.

[2972] Vgl. KölnerKommAktG/Mertens, § 93, Rdn. 170; Assmann, in Hopt/Wymeersch, European Takeovers, 268, 287.

[2973] Vgl. auch Posner, Economic Analysis of Law, 374 f.

[2974] Vgl. Black/Grundfest, 1 Journal of Applied Corporate Finance (1988), 5, 5 ff.; Jensen, 2 Journal of Economic Perspectives (1988), 21, 21 ff.; Jensen/Ruback, 11 Journal of Finanical Economics (1983), 5, 5 ff.

[2975] Vgl. von Beauvais, Grenzen des Höchststimmrechts, 91. Der Auflösungsbeschluss ist dabei an keine weiteren Voraussetzungen gebunden, vgl. dazu weitgehend unter Berufung auf die so genannte „Linotype-Entscheidung" des Bundesgerichtshofs, BGHZ 103, 184 ff.; Hopt, WM-Festausgabe Heinsius, 22, 26 f.; Hopt, ZGR 1993, 534, 549 f.; Rümker, Festschrift Heinsius, 683, 688; vgl. demgegenüber jedoch noch BGHZ 33, 175, 186 - Minimax II.

[2976] Vgl. dazu Hopt, Festschrift Lutter, 1361, 1392.

[2977] Vgl. Schmidt, Gesellschaftsrecht, 805 f.

[2978] Vgl. Lutter/Wahlers, AG 1989, 1, 11 ff.; kritisch Adams, AG 1989, 333, 337 ff.

Zutreffend erscheint trotz alledem, dass der aktienrechtliche Anlegerschutz und die Rechte der Hauptversammlung allein einen genügenden Disziplinierungs- und Leistungsdruck nicht auszulösen vermögen.[2979] Gerade bei geringen Beteiligungen werden die *agency*-Kosten des einzelnen Aktionärs so hoch, dass er eher auf andere Anlagen ausweicht als den unverhältnismäßigen Kontroll- und Mitbestimmungsaufwand zu betreiben.[2980] Infolge dieser Entwicklung wird diskutiert, ob nicht in der heutigen Zeit in weiten Teilen institutionelle Anleger die Kontrollfunktionen über die Unternehmensleitungen übernommen haben.[2981] Gerade die von den Unternehmensleitungen in Deutschland in Zeiten zunehmender Attraktivität von Aktien durchgeführte oder geplante breite Streuung der Aktien[2982] indiziert die zunehmende Verwässerung der Kontrolle und des Disziplinierungs- und Leistungsdrucks in deutschen Gesellschaften. Diese Entwicklung wird zusätzlich durch die immer stärker werdende Ausrichtung der Anleger auf eine risikoarme Diversifikation ihrer Investitionen[2983] beschleunigt. Eine derartige Ausrichtung bedingt eher eine Korrektur des Portfolios als die Ausübung von Kontroll- und Mitbestimmungsrechten.[2984] So ist auch verständlich, dass das KonTraG[2985] den Aktionären zusätzliche Rechte einräumt[2986] und insofern dieser schädlichen Entwicklung entgegensteuert.[2987]

2979 Vgl. Adams, AG 1989, 333, 333 ff.; Brudney, 85 Columbia Law Review (1985), 1403, 1443; Dimke/Heiser, NZG 2001, 241, 254; Jansch, Rolle der Aktionäre, 93 f.; Lehnert, Unternehmensübernahmen in den USA, 192 ff. Vgl. dazu und insbesondere zu den Grenzkosten der Aktionäre für die Ausübung der Kontrolle und Mitbestimmungsrechte die bereits 1932 erstmals veröffentlichte Studie von Berle/Means, The Modern Corporation and Private Property, 110; vgl. zudem Adams, AG 1990, 63, 64 f.

2980 Vgl. Cheffins, Company Law, 62; Davies, in Baums/Buxbaum/Hopt, Institutional Investors and Corporate Governance, 257, 262; Florence, Ownership, Control and Success of Large Companies; Adams, AG 1990, 243, 244; Bästlein, Zur Feindlichkeit öffentlicher Übernahmeangebote, 100, 152 ff.; Dimke/ Heiser, NZG 2001, 241, 254; Hommelhoff/Hopt/Lutter/Doralt/Druey/Wymeersch, ZGR 1998, 672, 686; Jansch, Rolle der Aktionäre, 65 ff.; Lehnert, Unternehmensübernahmen in den USA, 192 ff.; Lüttmann, Kontrollwechsel in Kapitalgesellschaften, 20; Nörr/Stiefenhofer, Takeover Law, 11 f. Damit korrelieren die empirisch gewonnenen Ergebnisse von Bühner, zfbf 1984, 812, 814, 816, 824, wonach Agencykosten größer sind, wenn sich die Gesellschaft in Streubesitz befindet.

2981 Vgl. die Beiträge in Baums/Buxbaum/Hopt, Institutional Investors and Corporate Governance; Cheffins, Company Law, 64. Vgl. auch Adams, AG 1989, 333, 333 ff.; Adams, AG 1990, 243, 244 ff.; Dimke/Heiser, NZG 2001, 241, 254; Jansch, Rolle der Aktionäre, 68 f.; von Beauvais, Grenzen des Höchststimmrechts, 128 ff.

2982 Vgl. Adams, AG 1989, 333, 334 ff.; Dimke/Heiser, NZG 2001, 241, 254.

2983 Vgl. dazu Betsch/Groh/Lohmann, Corporate Finance, 55 ff.; Note, 88 Yale Law Journal (1979), 1238, 1239 ff.; Markowitz, 7 Journal of Finance (1952), 77, 77 ff.; Markowitz, Portfolio Selection; Mossin, 34 Econometrica 1966, 768, 768 ff.; Sharpe, 19 Journal of Finance (1964), 425, 425 ff.; Sharpe, Portfolio Theory And Capital Markets; Tobin, 25 Review of Economic Studies (1958), 65, 65 ff.

2984 Vgl. Cheffins, Company Law, 62; Davies, in Baums/Buxbaum/Hopt, Institutional Investors and Corporate Governance, 257, 262; Heiser, 11 European Business Law Review (2000), 60, 71; Hirte, Kapitalgesellschaftsrecht, Rdn. 362.

2985 Gesetz zur Kontrolle und Transparenz im Unternehmensbereich vom 27. April 1998, BGBl. I, 786.

2986 Vgl. dazu Thümmel, DB 1997, 261, 263.

2987 Vgl. Begründung des Regierungsentwurfs vom 28. Januar 1998, BT-Drs. 13/9712; Dimke/Heiser, NZG 2001, 241, 254; Münchener Hdb GesellschaftsR/AG-Hoffmann-Becking, § 1, Rdn. 23.

Infolge des aufgezeigten zunehmenden Nachlassens der Kontrolle von Unternehmensleitungen einerseits und des Disziplinierungs- und Leistungsdrucks gegenüber diesen auf der anderen Seite erscheint es sachgerecht, ein Verbot der Einflussnahme auf den Markt für Unternehmensleitungen auszusprechen. Auch wenn der Kontrollübergang nicht regelmäßig zu betriebs- und volkswirtschaftlich wünschenswerten Effizienzsteigerungen führt, werden durch Übernahmevorgänge doch grundsätzlich Strukturveränderungen und Flexibilität gefördert, die die Unternehmensleitungen vielfach vermissen lassen.[2988] Gleichwohl können ein Einflussnahmeverbot und eine Verpflichtung zur Neutralität nicht angenommen werden, weil es derartige kapitalmarktrechtliche Bestimmungen im gegenwärtigen Recht nicht gibt und die Herleitung einer entsprechenden Verpflichtung unter Bezugnahme auf Effizienzsteigerungen von Übernahmevorgängen allein nicht zur Begründung einer rechtlichen Verpflichtung taugt.

5. Berücksichtigung einer überlagernden Hauptversammlungskompetenz

Nach den bisherigen Ausführungen besteht eine Neutralitätspflicht weder nach Verbands- noch nach Kapitalmarktrecht. Zu untersuchen ist, ob es für die Leitungsorgane für Übernahmevorgänge besondere Verhaltenspflichten oder Ermessensausübungsvorgaben gibt, die aus einem Entscheidungsvorbehalt zugunsten der Hauptversammlung resultieren.[2989] Eine Neutralitätspflicht für den Vorstand bestünde jedenfalls, wenn die Entscheidungskompetenz für das Ergreifen von Maßnahmen im Zusammenhang mit Übernahmevorgängen der Hauptversammlung zustünde. Der Vorstand einer Aktiengesellschaft wäre insofern darauf beschränkt, die Beschlüsse der Hauptversammlung auszuführen.[2990] Soweit die oben analysierten Verteidigungsmaßnahmen nicht bereits grundsätzlich der ausdrücklich positiv gesetzlich festgeschriebenen Hauptversammlungskompetenz unterfallen, könnte eine Kompetenz der Hauptversammlung aus der Natur der Sache, aus der erweiterten Auslegung des § 119 Absatz 2 AktG oder aber aus § 179a AktG bzw. § 121 Absatz 1 AktG folgen.

a. Kompetenz der Hauptversammlung nach § 121 Absatz 1 AktG

Eine Pflicht des Vorstandes, die Hauptversammlung einzuberufen, wenn das Wohl der Gesellschaft dies erfordert, ergibt sich aus § 121 Absatz 1 AktG. Fraglich ist

---

[2988] So - jedenfalls im Ergebnis - insbesondere Schanz, NZG 2000, 337, 338, der von einer „Sprengung verkrusteter Strukturen" spricht. Vgl. weiter auch Bradley/Desai/Kim, 21 Journal of Financial Economics (1988), 3, 32; Jensen/Warner, 20 Journal of Financial Economics (1988), 3, 21 f.; Jensen, 67 Harvard Business Review (1989), 61, 61 ff.; Adams, AG 1989, 333, 333 ff.; Adams, AG 1990, 243, 245 ff.; Bästlein, Zur Feindlichkeit öffentlicher Übernahmeangebote, 259 ff.; Dimke/Heiser, NZG 2001, 241, 254 f.; Fama/Jensen, 26 Journal of Law & Economics (1983), 301, 301 ff.; Liebscher, ZIP 2001, 853, 854.

[2989] Vgl. dazu Dimke/Heiser, NZG 2001, 241, 249 ff.; Hopt, ZGR 1993, 534, 548 f.; Timm, ZHR 153 (1989), 60, 68 f.; van Aubel, Vorstandspflichten bei Übernahmeangeboten, 155 ff.

[2990] Vgl. Dimke/Heiser, NZG 2001, 241, 249.

demnach, ob das Wohl der Gesellschaft nach Ankündigung oder Abgabe eines Übernahmeangebots eine Einberufung erfordert. In der Begründung zum Regierungsentwurf eines Aktiengesetzes sind weder konkrete Gründe noch abstrakte Fallgestaltungen aufgeführt.[2991] Aus dem Wortlaut der Vorschrift ist zu schließen, dass die Regelung zunächst ausschließlich dem Schutz der Gesellschaft und damit nur mittelbar auch dem Schutz der Anteilseigner dient.[2992] Schon hinsichtlich des Schutzes der Gesellschaft ist der Regelungsgehalt und die Regelungsweite der Vorschrift umstritten.[2993] Der Regelung wird in Rechtsprechung und Literatur wenig praktische Bedeutung beigemessen.[2994] Es wird die Auffassung vertreten, dass die Regelung mit der Abkehr vom basisdemokratischen System in der Aktiengesellschaft und den konkreten Kompetenzzuweisungen im Aktiengesetz obsolet geworden sei.[2995] Es wird ferner behauptet, dass die Regelung nur Fälle umfasse, in denen die Hauptversammlung ohnehin zuständig sei, wenn im Interesse der Gesellschaft Maßnahmen dringend erforderlich sind.[2996] Es wird aber auch die Ansicht vertreten, dass die Vorschrift lediglich auf Fälle anzuwenden sei, in denen gerade keine Hauptversammlungskompetenz nach anderen Vorschriften besteht. Nur wenn eine Situation gegeben sei, in der die Hauptversammlung nicht schon nach Gesetz oder Satzung einzuberufen ist, komme der Vorschrift Bedeutung zu.[2997]

Vor diesem Hintergrund muss zunächst offen bleiben, ob eine Einberufungspflicht des Vorstandes nach § 121 Absatz 1 AktG entfällt, wenn es sich um eine Entscheidung der Geschäftsführung handelt, die zwar von herausragender Bedeutung für das Wohl der Gesellschaft ist, für die der Vorstand aber dennoch eine Entscheidung der Hauptversammlung nicht für erforderlich hält. Der Bundesgerichtshof ist in dem für diese Streitfrage exemplarischen Fall Holzmüller nicht auf den § 121 Absatz 1 AktG eingegangen.[2998] Hierzu wird die Auffassung vertreten, dass er in diesem Fall nicht von einer das Wohl der Gesellschaft berührenden Maßnahme ausging.[2999] Festzuhalten ist, dass im Rahmen übernahmerelevanter Entscheidungen der Unternehmensleitung nicht notwendigerweise das Wohl der Gesellschaft berührt sein muss, auch wenn der Entscheidung überaus wichtige und richtungweisende Bedeutung für die Gesellschaft und damit auch für die Anteilseigner beizumessen ist. Eine Übernahme kann nämlich sehr wohl positive Auswirkungen für die Gesellschaft haben, so dass das Wohl der Gesellschaft eine Einberufung nicht erfordert. Da die Vorschrift keinen direkten Schutz zugunsten der Anteilseigner entfaltet, ist grundsätzlich nicht von einer Einberufungsverpflichtung

[2991] Vgl. Kropff, AktG, § 121, Rdn. 168 f.; vgl. hierzu MüKoAktG-Hefermehl/Spindler, § 76, Rdn. 31 ff.
[2992] Vgl. Hüffer, AktG, § 121, Rdn. 5.
[2993] Vgl. Gessler, Festschrift Stimpel, 771, 777.
[2994] Vgl. Hüffer, AktG, § 121, Rdn. 5.
[2995] Vgl. Martens, ZHR 1983, 377, 384.
[2996] Vgl. Zöllner, AG 2002, 585, 587 ff.
[2997] Vgl. GroßkommentarAktG/Mülbert, § 119, Rdn. 25 f.
[2998] Vgl. BGHZ 83, 122, 122 ff.
[2999] So auch Gessler, Festschrift Stimpel, 771, 777.

nach dieser Vorschrift auszugehen, wenn eine Entscheidung über Abwehrmaßnahmen ansteht.[3000]

b. Kompetenz der Hauptversammlung nach § 179 a AktG

Nach § 179 a AktG bedarf ein Vertrag, durch den sich eine Aktiengesellschaft zur Übertragung ihres gesamten Vermögens verpflichtet, einer qualifizierten Mehrheit in der Hauptversammlung. Dem Wortlaut nach findet § 179 a AktG keine Anwendung, wenn zwar Vermögensteile von erheblichem Wert veräußert werden, aber das der Gesellschaft verbleibende Restvermögen noch einen beträchtlichen Vermögenswert ausmacht und dieses die Fortsetzung einer, wenn auch reduzierten, satzungsmäßigen Unternehmenstätigkeit ermöglicht.[3001] Im Übrigen wird § 179 a AktG wegen der einschneidenden Konsequenzen für die Vertretungsbefugnis des Vorstandes im Außenverhältnis nur sehr restriktiv angewandt.[3002] Eine Hauptversammlungskompetenz, die sich auf § 179 a AktG stützt, kommt demnach im Zusammenhang mit der Abwehr feindlicher Unternehmensübernahmen kaum in Betracht.[3003] Selbst für den Fall des Verkaufs wesentlicher Vermögensteile zwecks Abwehr eines Übernahmeangebots würde regelmäßig lediglich ein Teil des Unternehmens ausgegliedert, so dass § 179 a AktG keine Anwendung finden würde.[3004]

c. Kompetenz der Hauptversammlung nach § 119 Absatz 2 AktG

§ 119 Absatz 2 AktG bestimmt, dass die Hauptversammlung über Fragen der Geschäftsführung nur entscheiden kann, wenn der Vorstand es verlangt. Zu prüfen ist, ob der Vorstand im Zusammenhang mit Übernahmeentscheidungen verpflichtet ist, die Hauptversammlung entscheiden zu lassen.[3005] In der so genannten Holzmüller-Entscheidung des Bundesgerichtshofs[3006] ist die Vorschrift des § 119 Absatz 2 AktG erheblich erweiternd ausgelegt worden. Dem Urteil des Bundesgerichtshofs entsprechend gibt es grundlegende Entscheidungen für eine Gesell-

---

[3000] Vgl. auch Dimke/Heiser, NZG 2001, 241, 249.

[3001] So BGHZ 83, 122, 128 - Holzmüller; vgl. weiter OLG München, AG 1995, 232, 232 - EKATIT ./. Riedinger Verwaltungs-AG; LG Bonn, AG 2001, 150, 151; Hüffer, AktG, § 179a, Rdn. 5; Bernhardt, DB 2000, 1873, 1874; Lutter/Leinekugel, ZIP 1998, 225, 226; Wollburg/Gehling, Festschrift für Lieberknecht, 133, 146. Zu den Informationspflichten des Vorstandes in diesen Fällen vgl. BGH, AG 2001, 261, 261 ff.

[3002] Vgl. dazu BGHZ 83, 122, 130 - Holzmüller.

[3003] Vgl. hierzu auch Hüffer, AktG, § 179a, Rdn. 23.

[3004] Vgl. Lutter/Leinekugel, ZIP 1998, 225, 226. Vgl. zur - angenommenen - entsprechenden Anwendung des § 179a AktG LG Hannover, AG 2001, 150, 150 ff., relativierend OLG Celle, AG 2001, 745, 745 ff.

[3005] Vgl. dazu Baums, Neuregelung des aktienrechtlichen Anfechtungs- und Organhaftungsrechts, F 213 f.; Dimke/Heiser, NZG 2001, 241, 249; Krause, AG 2000, 217, 221; Mülbert, IStR 1999, 83, 88 ff.; LG Düsseldorf, AG 2000, 233, 235 - Dimke/Heiser ./. Mannesmann AG. Zu den Informationspflichten des Vorstandes in diesen Fällen vgl. BGH, AG 2001, 261, 261 ff.

[3006] BGHZ 83, 122 - Holzmüller.

schaft, die weder durch die Aussenvertretungsmacht des Vorstandes, noch durch seine gemäß § 82 Absatz 2 AktG eingeschränkte Geschäftsführungsbefugnis bzw. durch die Satzung gedeckt sind, weil sie so tief in die Anteilsrechte der Aktionäre und deren im Anteilseigentum verkörperten Vermögensinteressen eingreifen, dass der Vorstand vernünftigerweise nicht annehmen kann, er dürfe ausschließlich in eigener Verantwortung handeln, ohne die Hauptversammlung zu beteiligen.[3007] In derartigen Fällen wird das im Ermessen des Vorstandes liegende Vorlagerecht nach § 119 Absatz 2 AktG ausnahmsweise zur Vorlagepflicht verdichtet, so dass die Hauptversammlung über die Ergreifung der Maßnahme zu beschließen hat.[3008] Kommt der Vorstand dieser Verpflichtung nicht nach, so verletzt er seine Sorgfaltspflicht.[3009] In der Holzmüller-Entscheidung hat der Bundesgerichtshof eine Vorlagepflicht für die Entscheidung über die Ausgliederung eines wesentlichen Betriebsteils auf eine Tochtergesellschaft festgestellt.[3010] Vor diesem Hintergrund könnte die Vorlagepflicht bei einem Kontrollwechsel erst recht gelten.[3011] Das ist im Folgenden näher zu untersuchen.

Der Bundesgerichtshof hat aus § 119 Absatz 2 AktG eine Vorlagepflicht des Vorstandes gegenüber der Hauptversammlung abgeleitet,[3012] die vom Wortlaut der Vorschrift nicht gedeckt ist.[3013] Von direkter Bedeutung war diese Entscheidung vor allem für die Fälle, in denen sich der Vorstand mit der Übertragung von wesentlichen Vermögensgegenständen noch unterhalb der Schwelle des inzwischen aufgehobenen § 361 AktG bewegte.[3014] Wollte man den Rechtsgedanken dieser

[3007] Vgl. BGHZ 83, 122, 131 - Holzmüller.

[3008] Vgl. BGHZ 83, 122, 131 - Holzmüller. Vgl. dazu auch OLG Celle, AG 2001, 745, 745 ff.; LG Hannover, AG 2001, 150, 150 ff.; LG Frankfurt/ Main, DB 2001, 751, 752.

[3009] Vgl. BGHZ 83, 122, 131 - Holzmüller.

[3010] Vgl. BGHZ 83, 122, 132. Nach den §§ 123 Absatz 3, 13 UmwG ist das Zustimmungserfordernis der Hauptversammlung nunmehr für die Ausgliederung von Betriebsteilen festgelegt. Insofern konkretisiert die Regelung im Umwandlungsrecht die Entscheidung des Bundesgerichtshofs. Vgl. in diesem Zusammenhang auch Adolff/Meister/Randell/Stephan, Takeovers, 19 ff.; Lutter/Leinekugel, ZIP 1998, 225, 225 ff.; Lutter/ Leinekugel, ZIP 1998, 805, 805 ff.; Wagner, Standstill Agreements, 160 ff.; Wollburg/Gehling, Festschrift Lieberknecht, 133, 147 ff.

[3011] Vgl. dazu Dimke/Heiser, NZG 2001, 241, 249 ff.; Mülbert, IStR 1999, 83, 88 ff.; Krause, AG 2000, 217, 221; LG Düsseldorf im Beschluss vom 14. Dezember 1999, AG 2000, 233, 235 - Dimke/Heiser ./. Mannesmann AG; zu diesem Urteil vgl. in diesem Zusammenhang auch Hirte, NJW 2000, 3321, 3325; Kiem, EWiR 2000, 413, 413 f.

[3012] Nach Selmer ist dieser Gedanke im Ansatz nicht neu. 1895 habe bereits das Reichsgericht ähnlich entschieden (RG, 28.5.1895 - Rep. II 69/95, RGZ 35, 83) und seine Rechtsmeinung später ausdrücklich wiederholt (RG, 3.5.1902 - Rep. I 20/1902, Holdheim, MS 11, 266 und ausführlich Holdheim, MS 12, 197). Die Rechtslage sei seitdem jedoch einem Wandel unterlegen. Während die Hauptversammlung damals noch oberstes Organ auch in Geschäftsführungsfragen gewesen sei, habe sie heute eine entsprechende Kompetenz nur noch im Rahmen des § 119 Absatz 2 AktG, vgl. Semler, BB 1983, 1566, 1570.

[3013] Vgl. KölnerKommAktG/Mertens, § 76, Rdn. 51; Ebenroth, AG 1988, 1, 3; Ebenroth/Daum, DB 1991, 1105, 1108; Gessler, Festschrift Stimpel, 771, 773 ff.; Hirte, Bezugsrechtsausschluss, 160 ff.; Mecke, Konzernstruktur und Aktionärsentscheid, 152 f.; Raiser, Recht der Kapitalgesellschaften, 160; Rehbinder, ZGR 1983, 92, 97 f.

[3014] Vgl. Götz, AG 1984, 85, 89, 92; Gross, AG 1994, 266, 271.

Entscheidung auf die Entscheidungskompetenz der Hauptversammlung im Zusammenhang mit feindlichen Übernahmeangeboten übertragen, so müsste die Entscheidung des BGH Ausdruck eines allgemeingültigen Prinzips sein.[3015] Es müsste sich also auch bei Abwehrmaßnahmen gegen Übernahmen um derart grundlegende Entscheidungen des Vorstandes handeln, dass er nicht davon ausgehen kann, sie ohne Zustimmung der Hauptversammlung treffen zu dürfen.[3016]

(1) Holzmüller-Urteil als Grundsatzurteil

Die allgemeine Anwendung der im Holzmüller-Urteil des Bundesgerichtshofs zugrunde gelegten Grundsätze käme lediglich dann in Betracht, wenn es sich bei dieser Entscheidung um ein übertragbares und allgemeinverbindliches Grundsatzurteil und nicht um eine spezifische Einzelfallentscheidung gehandelt hat.[3017] Obwohl der Bundesgerichtshof die Revision im Ergebnis aus anderen Gründen zurückgewiesen hat,[3018] befassen sich die Urteilsgründe ausführlich mit der Vorschrift des § 119 Absatz 2 AktG, aus der der Bundesgerichtshof eine Vorlagepflicht hergeleitet hat, obwohl diese Ausführungen nicht entscheidungserheblich waren.[3019] Schon dieser Umstand deutet darauf hin, dass der BGH Prinzipien festschreiben wollte. In seiner Urteilsbegründung hat der Bundesgerichtshof zunächst den generellen gesellschaftsrechtlichen Grundsatz aufgestellt, hergeleitet und umfangreich begründet und sich nur nachrangig mit der Subsumtion des zu entscheidenden Falles befasst.[3020] Dieses Verhalten spricht in hohem Maße dafür, dass sich der Bundesgerichtshof grundsätzlich mit der Frage der erweiterten Hauptversammlungskompetenz befassen wollte und befasst hat.[3021] Bei dem Holzmüller-Urteil hat es sich mithin in der Tat um ein Grundsatzurteil gehandelt.[3022] Der Grundsatz, dass

---

[3015] Vgl. Dimke/Heiser, NZG 2001, 241, 250.

[3016] Vgl. Dimke/Heiser, NZG 2001, 241, 250.

[3017] So jedoch der überwiegende Anteil der Kritik in der Literatur, vgl. dazu Beusch, Festschrift Werner, 1, 1 ff.; Ebenroth, Konzernbildungs- und Konzernleitungskontrolle, 35 ff.; Ebenroth, AG 1988, 1, 3 ff.; Groß, 1994, 266, 272; Heinsius, ZGR 1984, 383, 393 ff.; Hübner, Festschrift Stimpel, 791, 795; Martens, ZHR 147 (1983), 377, 417, 423 f.; Werner, ZHR 147 (1983), 429, 443 f.; Westermann, ZGR 1984, 352, 364.

[3018] Vgl. BGHZ 83, 122, 135 f. - aus Gründen der Verspätung bzw. wegen Widerspruchs zu früherem Verhalten, vgl. auch Dimke/Heiser, NZG 2001, 241, 250, Werner, ZHR 147 (1983), 429, 432, und Westermann, ZGR 1984, 352, 364.

[3019] Vgl. BGHZ 83, 122, 128 ff.

[3020] So auch Grossfeld/Bondics, JZ 1982, 589, 592. Demgegenüber nehmen kritische Stimmen eine Einzelfallentscheidung an, vgl. Beusch, Festschrift Werner, 1, 1 ff.; Ebenroth, Konzernbildungs- und Konzernleitungskontrolle, 35 ff.; Ebenroth, AG 1988, 1, 3 ff.; Heinsius, ZGR 1984, 383, 393 ff.; Hübner, Festschrift Stimpel, 791, 795; Martens, ZHR 1983, 377, 417, 423 f.; Werner ZHR 147 (1983), 429, 443 f.; Westermann, ZGR 1984, 352, 364.

[3021] Vgl. Dimke/Heiser, NZG 2001, 241, 250; Kessler, AG 1995, 61, 70; Lutter/Leinekugel, ZIP 1998, 225, 229 ff.; Werner, ZHR 147 (1983), 429, 432.

[3022] Vgl. KölnerKommAktG/Koppensteiner, Vorb. § 291, Rdn. 36; MüKoAktG-Hefermehl/Spindler, § 76, Rdn. 32; Schmidt, Gesellschaftsrecht, 871 ff.; Brandes, WM 1984, 289, 293 f.; Dietz, Ausgliederung, 247 ff.; Grossfeld/Bondics, JZ 1982, 589, 592; Grunewald, AG 1990, 133, 139; Heinsius, ZGR 1984, 383,

Entscheidungen mit außerordentlicher Bedeutung für die Gesellschaft, den Anteilsrechten der Aktionäre und deren Vermögensinteressen, von der Hauptversammlung zu treffen sind, ist somit grundsätzlich auch für Entscheidungen im Zusammenhang mit Übernahmen anwendbar.[3023]

(2) Anwendbarkeit des Holzmüller-Prinzips auf Abwehrmaßnahmen

Der Holzmüller-Grundsatz wäre dann auf Abwehrmaßnahmen übertragbar, wenn Entscheidungen des Vorstands zur Abwehr eines Übernahmeangebots ebenso wie die Ausgliederung von Unternehmensteilen so tief in die Anteilsrechte der Aktionäre eingreifen, dass der Vorstand auch hier nicht davon ausgehen kann, er dürfe die Entscheidungen selbst fällen. Abwehrmaßnahmen müssten sich demnach unter die vom BGH aufgestellten Grundsätze subsumieren lassen.[3024] Dagegen wird vorgebracht, dass die Geltung der Holzmüller-Entscheidung allein auf Konzernrechtssachverhalte beschränkt sei.[3025] Nur der Entzug der Mitbestimmungsrechte der Aktionäre und die Ausschaltung der Kontrollrechte des Aufsichtsrats und der Hauptversammlung durch die Verschiebung von Vermögenswerten, d.h. die Macht- und Entscheidungsverlagerung zum die Muttergesellschaft auf der Hauptversammlung der Tochtergesellschaft vertretenden Vorstand begründe als konzernspezifische Problematik die Entscheidungskompetenz der Hauptversammlung.[3026] Andererseits wird das Urteil als eine allgemeingültige Entscheidung über Eingriffe des Vorstandes in Aktionärsrechte und daher als allgemeine kompetenzfeststellende Entscheidung verstanden.[3027] Der Bundesgerichtshof hat in der Tat den vom ihm festgestellten Grundsatz ausdrücklich allgemein für alle Eingriffstatbestände formu-

---

390; Henze, BB 2000, 209, 212; Hopt/Hehl/Vollrath, Handels- und Gesellschaftsrecht - Gesellschaftsrecht, Rdn. 1217 ff.; Kessler, AG 1995, 61, 70; Kuhr, Minderheitenschutz bei Übernahmeangeboten, 187; zur diesbezüglichen Rechtsprechung vgl. LG Karlsruhe, NZG 1998, 385, 393 - Badenwerk AG; LG Hamburg, AG 1997, 238 - Wünsche AG; LG Frankfurt, ZIP 1997, 1698 - Altana ./. Milupa; OLG München, WM 1996, 1462 - Gebr. März AG ./. Bavaria-St. Pauli-Brauerei; OLG Köln, ZIP 1993, 110, 113 - Winterthur ./. Nordstern; LG Frankfurt, ZIP 1993, 830 - Hornblower Fischer AG; zur Anwendung der Holzmüller-Doktrin auf Delisting-Vorgänge vgl. Schwark/Geiser, ZHR 161 (1997), 739, 761 ff.; a.A. Gross, AG 1994, 266, 272. Zurückhaltender Götz, AG 1984, 85, 94.

[3023] Vgl. Dimke/Heiser, NZG 2001, 241, 250; Henze, BB 2000, 209, 212; Kessler, AG 1995, 61, 70. Zur Anerkennung von Aktionärsklagen durch die Holzmüller-Entscheidung vgl. Raiser, ZHR 153 (1989), 1, 29 f.

[3024] Vgl. Dimke/Heiser, NZG 2001, 241, 250.

[3025] Vgl. Gessler, Festschrift Stimpel, 771, 786; Heinsius, ZGR 1984, 383, 397; Münchener Hdb GesellschaftsR/AG-Krieger, § 69, Rdn. 6; Westermann, ZGR 1984, 352, 372; Wiedemann, Die Unternehmensgruppe im Privatrecht; 52; so im Übrigen auch LG Frankfurt, ZIP 1997, 1698, 1700 - Altana ./. Milupa. Vgl. zu den konzernrechtlichen Auswirkungen der Entscheidung Altmeppen, DB 1998, 49, 50 f.

[3026] Vgl. dazu Kropff, ZGR 1984, 112, 116 ff.; Liebscher, Konzernbildungskontrolle, 44 ff.; Lutter, Festschrift Stimpel, 825, 838 f.; Mecke, Konzernstruktur und Aktionärsentscheid, 60 ff.; Semler, BB 1983, 1566, 1571; Wahlers, Konzernbildungskontrolle; Westermann, ZGR 1984, 352, 372; Wiedemann, Die Unternehmensgruppe im Privatrecht, 12 f., 52.

[3027] Vgl. Emmerich/Sonnenschein, Konzernrecht, 86; Gross, AG 1994, 266, 273; Heiser, Interessenskonflikte in der Aktiengesellschaft, 181 f.; Lutter/Leinekugel, ZIP 1998, 225, 229 ff.; unklar Weißhaupt, NZG 1999, 804, 806.

liert und gerade nicht auf konzernrechtsrelevante Tatbestände beschränkt.[3028] Der vom Bundesgerichtshof hervorgehobene Anknüpfungstatbestand ist der Eingriff in Mitgliedschaftsrechte[3029] und Vermögensinteressen[3030] der Aktionäre. Solche Eingriffe sind nicht auf Konzernrechtstatbestände beschränkt. Demnach bezieht sich die Holzmüller-Entscheidung nicht allein auf Konzernrechtstatbestände.[3031] Die Holzmüller-Entscheidung stellt also bei qualifizierten Eingriffen in die Mitgliedschaftsrechte und Vermögensinteressen allgemein die Kompetenz der Hauptversammlung fest.[3032]

Damit die Entscheidung über Abwehrhandlungen gegen Übernahmen ebenfalls der Kompetenz der Hauptversammlung unterliegt, müssen sie derart einschneidend in die Mitgliedsrechte der Aktionäre und in deren im Anteilseigentum verkörperte Vermögensinteressen eingreifen, dass der Vorstand vernünftigerweise nicht annehmen kann, er dürfe sie in ausschließlich eigener Verantwortung vornehmen. Als maßgebliches Beurteilungskriterium taugt in diesem Zusammenhang nicht, ob die Abwehrmaßnahme selbst direkten Einfluss auf die personelle Zusammensetzung der Anteilseigner ausübt. Es kann lediglich auf das Gewicht der mit der Maßnahme - als conditio sine qua non - intendierten Folge, der erfolgreichen Abwehr,

---

[3028] Vgl. BGHZ 83, 122, 131: tiefer Eingriff in die Mitgliedschaftsrechte der Aktionäre und deren im Anteilseigentum verkörpertes Vermögensinteresse.

[3029] Hier sieht Timm, Die Aktiengesellschaft als Konzernspitze, 85, den überwiegenden Ansatzpunkt für die Begründung der Hauptversammlungskompetenz; vgl. hierzu auch KölnerKommAktG/Kraft, § 11, Rdn. 11 f.; Dietz, Ausgliederung, 34 ff.; Henze, BB 2000, 209, 212; Schmidt, Gesellschaftsrecht, 797 f.

[3030] Das Vermögensinteresse stellt demgegenüber Mülbert, Aktiengesellschaft, Unternehmensgruppe und Kapitalmarkt, 259 ff., in das Zentrum seiner Überlegungen zur Kompetenz der Hauptversammlung. Vgl. auch Beusch, Festschrift für Werner, 1, 15; Dietz, Ausgliederung, 36 ff.; Mecke, Konzernstruktur und Aktionärsentscheid, 227 f.; LG Frankfurt, ZIP 1997, 1698, 1701 - Altana ./. Milupa.

[3031] Vgl. die Ausführungen bei Dimke/Heiser, NZG 2001, 241, 250; Sailer, Aktienrechtliche Minderheitskompetenzen, 56, 134; Weißhaupt, NZG 1999, 804, 805 ff.

[3032] So auch Altmeppen, DB 1998, 49, 50; Dimke/Heiser, NZG 2001, 241, 250; Hopt/Hehl/Vollrath, Handels- und Gesellschaftsrecht - Gesellschaftsrecht, Rdn. 1242; Lutter/Leinekugel, ZIP 1998, 225, 229 f.; Sailer, Aktienrechtliche Minderheitskompetenzen, 134 f.; Sünner, AG 1983, 169, 170; Weißhaupt, NZG 1999, 804, 806; Werner, ZHR 147 (1983), 429, 439. Zur Übertragbarkeit der Holzmüller-Entscheidung vgl. Götz, AG 1984, 85, 88 (Unternehmensverkauf); Münchener Hdb GesellschaftsR/AG-Krieger, § 69, Rdn. 48 (Unternehmensverkauf); Wiedemann, Die Unternehmensgruppe im Privatrecht, 57 (Unternehmensverkauf); Wollburg/Gehling, Festschrift für Lieberknecht, 133, 147 (Unternehmensverkauf); Gross, AG 1994, 266, 271 f. (ablehnend bei Unternehmensverkäufen); Sünner, AG 1983, 169, 170 (ablehnend bei Unternehmensverkäufen); Werner, ZHR 147 (1983), 429, 447 (ablehnend bei Unternehmensverkäufen); LG Stuttgart, AG 1992, 236, 237 f. (Unternehmenskauf); Heinsius, ZGR 1984, 383, 402 (Unternehmenskauf); Lutter, Festschrift Stimpel, 825, 851 (Unternehmenskauf); Gessler, Festschrift Stimpel, 771, 786 f. (Unternehmenskauf); Hirte, Bezugsrechtsausschluss, 162 ff. (Unternehmenskauf); Münchener Hdb GesellschaftsR/AG-Krieger, § 69, Rdn. 6; Mecke, Konzernstruktur und Aktionärsentscheid, 178 ff. (Unternehmenskauf); Mülbert, Aktiengesellschaft, Unternehmensgruppe und Kapitalmarkt, 371 (Unternehmenskauf); Wahlers, Konzernbildungskontrolle (Unternehmenskauf); KölnerKommAktG/Koppensteiner, Vorb. § 291, Rdn. 24 ff. (ablehnend bei Unternehmenskäufen); Beusch, Festschrift für Werner, 1, 15 (ablehnend bei Unternehmenskäufen); Gross, AG 1994, 266, 271 (ablehnend bei Unternehmenskäufen); Lutter/Drygala, Festschrift Raisch, 239, 240 f. (Börsenemission); Grupp, Börseneintritt und Börsenaustritt, 191 (*Going Privat*); Schwark/Geiser, ZHR 1997, 739, 762 (*Going Privat*). Zur Abgrenzung vgl. auch Lutter/Leinekugel, ZIP 1998, 805, 805 ff.; Wollburg/ Gehling, Festschrift Lieberknecht, 133, 147 ff.

für die Vermögensinteressen und Mitgliedschaftsrechte der Anteilseigner ankommen.[3033] Insofern ist festzustellen, dass sich schon aus dem Sinn der Abwehrmaßnahme, nämlich der Verhinderung der Übernahme, die erhebliche Bedeutung der Entscheidung für die Vermögensinteressen der Anteilseigner ergibt. Eine Übernahme oder deren Verhinderung dürfte in vielen Fällen die Entscheidungsbefugnisse der Anteilseigner mindestens so intensiv berühren wie die Übertragung von wesentlichen Vermögensteilen auf eine Tochtergesellschaft.[3034] Nur untaugliche Maßnahmen hätten somit keine erheblichen Auswirkungen auf das Vermögen der Gesellschaft und damit mittelbar auf die Rechte und Interessen der Anteilseigner. Jede Abwehrmaßnahme ist somit im konkreten Fall daraufhin zu untersuchen, ob sie entscheidungserheblich für das Gelingen der Übernahme sein kann und mithin genügend intensiv ist.[3035] Im Ergebnis kann festgestellt werden, dass jede Maßnahme, die in der Absicht ergriffen wird, eine Übernahme zu verhindern, und die auch dazu geeignet ist, so einschneidend in die Mitgliedsrechte der Anteilseigner eingreift, dass die Hauptversammlung darüber zu entscheiden hat.[3036]

[3033] So jedoch nicht LG Düsseldorf, Beschluss vom 14. Dezember 1999, AG 2000, 233, 235 - Dimke/Heiser ./. Mannesmann AG. In diesem Zusammenhang spricht Kirchner, WM 2000, 1821, 1821, zu Recht davon, dass diese Entscheidung nur bedingt zur Lösung beigetragen habe. Vgl. weiter auch kritisch Dimke/Heiser, NZG 2001, 241, 250; Hirte, NJW 2000, 3321, 3325; Kiem, EWiR 2000, 413, 413 f.; unklar Kort, Festschrift Lutter, 1421, 1445 f.

[3034] Vgl. auch zu ähnlich einschneidenden Vorgängen Brandes, WM 1984, 289, 294; vgl. weiter mit gegenteiliger Auffassung Krause, AG 2000, 217, 220 f.

[3035] Zur erforderlichen Intensität vgl. BGHZ 83, 122, 131 ff. - Holzmüller, bejahend bei 80 % der Aktiva; LG Frankfurt, ZIP 1997, 1698, 1701 - Altana ./. Milupa, bejahend bei 23 % der Konzernbilanzsumme und 30 % des Konzernumsatzes; LG Frankfurt, ZIP 1993, 830, 832 - Hornblower Fischer AG, bejahend bei 10 % des Grundkapitals oder der Aktiva; OLG Köln, ZIP 1993, 110, 114 - Winterthur ./. Nordstern, ablehnend bei 8,25 % des Beitragsvolumens eines Versicherungskonzerns. Vgl. dazu weiter Lutter, AG 2000, 342, 342; Lutter, Festschrift Stimpel, 825, 850 f.; Geßler/Hefermehl/Eckardt/Kropff-Hefermehl/Bungeroth, § 182, Rdn. 16.

[3036] Vgl. Dimke/Heiser, NZG 2001, 241, 250. [3036] So jedoch nicht LG Düsseldorf, Beschluss vom 14. Dezember 1999, AG 2000, 233, 235 - Dimke/Heiser ./. Mannesmann AG. In diesem Zusammenhang spricht Kirchner, WM 2000, 1821, 1821, zu Recht davon, dass diese Entscheidung nur bedingt zur Lösung beigetragen habe. Vgl. weiter auch kritisch Dimke/Heiser, NZG 2001, 241, 250; Hirte, NJW 2000, 3321, 3325; Kiem, EWiR 2000, 413, 413 f.; unklar Kort, Festschrift Lutter, 1421, 1445 f.

[3036] Vgl. auch zu ähnlich einschneidenden Vorgängen Brandes, WM 1984, 289, 294; vgl. weiter mit gegenteiliger Auffassung Krause, AG 2000, 217, 220 f

[3036] Zur erforderlichen Intensität vgl. BGHZ 83, 122, 131 ff. - Holzmüller, bejahend bei 80 % der Aktiva; LG Frankfurt, ZIP 1997, 1698, 1701 - Altana ./. Milupa, bejahend bei 23 % der Konzernbilanzsumme und 30 % des Konzernumsatzes; LG Frankfurt, ZIP 1993, 830, 832 - Hornblower Fischer AG, bejahend bei 10 % des Grundkapitals oder der Aktiva; OLG Köln, ZIP 1993, 110, 114 - Winterthur ./. Nordstern, ablehnend bei 8,25 % des Beitragsvolumens eines Versicherungskonzerns. Vgl. dazu weiter Lutter, AG 2000, 342, 342; Lutter, Festschrift Stimpel, 825, 850 f.; Geßler/Hefermehl/Eckardt/Kropff-Hefermehl/Bungeroth, § 182, Rdn. 16.

(3) Inhaltliche Überprüfung der Entscheidung

Die durch die unterschiedlichen Interpretationen der rechtlichen Ausführungen in der Holzmüller-Entscheidung verursachte Rechtsunsicherheit mit einer erheblichen Wirkungsweite für Vorstandsentscheidungen[3037] und Übernahmevorgänge ist ineffizient.[3038] Tatsächlich kann eine Hauptversammlungskompetenz für besonders bedeutungsvolle Entscheidungen nur dann angenommen werden, wenn die Holzmüller-Entscheidung des Bundesgerichtshofs einer inhaltlichen Überprüfung standhält. Die Entscheidung ist trotz vereinzelter Zustimmungen[3039] weit überwiegend kritisiert worden.[3040] Dem Bundesgerichtshof wurde vorgeworfen, den Wortlaut des § 119 Absatz 2 AktG erheblich überdehnt zu haben.[3041] Die Vorschrift ist vom Bundesgerichtshof tatsächlich erweiternd und damit ergänzend ausgelegt wor-

---

3037 So auch Werner, ZHR 147 (1983), 429, 447 f.; Sünner, AG 1983, 169, 170; Götz, AG 1984, 85, 86; Heinsius, ZGR 1984, 383, 394; Hübner, Festschrift Stimpel, 791, 795; Semler, BB 1983, 1566, 1571, der anhand einer Reihe von aufgeworfenen Fragen die entstandene Rechtsunsicherheit dokumentiert und weiter die Frage aufwirft, warum der Vorstand die Hauptversammlung bei einer Ausgliederung eines Betriebsteils auf eine Tochtergesellschaft anzurufen hat, wenn er den Verkauf eines derartigen Betriebsteils ohne Mitwirkung der Hauptversammlung hätte vornehmen können, da es sich nicht um eine Vermögensübertragung im Sinne des § 361 AktG handle und er ihn somit dem Einfluss der Aktionäre gänzlich entziehen könnte; diesbezüglich anderer Ansicht Hommelhoff, Die Konzernleitungspflicht, 65 ff., weil die Pflicht zur Ausfüllung des Satzungsgegenstandes verletzt würde.

3038 Vgl. Gessler, Festschrift Stimpel, 771, 781; Werner, ZHR 147 (1983), 428, 433 ff.

3039 Vgl. Hüffer, AktG, 119, Rdn. 18; Gessler, Festschrift Stimpel, 771, 776; Grossfeld/Brondics, JZ 1982, 589, 591; Lutter, ZHR 151 (1987), 444, 453 f.

3040 Vgl. Ebenroth, AG 1988, 1, 3; Ebenroth/Daum, DB 1991, 1105, 1108; Ebenroth, Konzernbildungs- und Konzernleitungskontrolle, 34 ff.; Emmerich/Sonnenschein, Konzernrecht, 383 ff.; Gessler, Festschrift Stimpel, 771, 773; Götz, AG 1984, 85, 94; Heinsius, ZGR 1984, 383, 393 ff.; Hirte, Bezugsrechtsausschluss, 160; Hübner, Festschrift Stimpel, 791, 794 f.; Kuhr, Minderheitenschutz bei Übernahmeangeboten, 195 f.; Liebscher, Konzernbildungskontrolle, 80; Martens, ZHR 147 (1983), 377, 383, 394; Mecke, Konzernstruktur und Aktionärsentscheid, 152 f.; Mülbert, Aktiengesellschaft, Unternehmensgruppe und Kapitalmarkt, 368 f.; Raiser, Kapitalgesellschaften, § 16, Rdn. 13; Rehbinder, ZGR 1983, 92, 98 ff.; Ballerstedt, ZHR 135 (1971), 479, 509; Schmidt, Gesellschaftsrecht, 871; Werner, ZHR 147 (1983), 429, 437 ff., mit weiteren Ausführungen zur systemwidrigen Beurteilung der Rechtsfolgen einer Pflichtenverletzung des Vorstandes – Rückgängigmachung statt tatsächlich zu leistendem Schadensersatz - durch den Bundesgerichtshof; Westermann, ZGR 1984, 352, 364; Wiedemann, Die Unternehmensgruppe im Privatrecht, 52. Die Rechtsunsicherheit ist vor dem Hintergrund der mutmaßlichen Reichweite der Kompetenzzuweisung nach dem Verständnis des Bundesgerichtshofs von erheblichem Ausmaß. Die Ausklammerung nur verhältnismäßig bedeutungsloser Fälle von der Hauptversammlungskompetenz lässt auf eine ganz erhebliche Kompetenzzuweisung nach dem Verständnis des Bundesgerichtshofs schließen, ohne dass die Zuweisung genügend genau bestimmt und konkretisiert wäre vgl. BGHZ 83, 122, 131 ff.; vgl. hierzu ebenfalls Werner, ZHR 147 (1983), 429, 334. Ergänzend verweist Werner auch darauf, dass bei einer derart weiten Kompetenz die Vielzahl der Entscheidungen durch Hauptversammlungsbeschlüsse praktisch kaum zu bewältigen sei, weil es einer Vielzahl von Hauptversammlungen bedürfe und sich eine solche Kompetenzzuweisung hinsichtlich der unternehmerischen Aktivitäten lähmend auswirke.

3041 Vgl. Bernhardt, DB 2000, 1873, 1881; Dietz, Ausgliederung, 343; Kessler, AG 1995, 61, 70. Mit anderer Begründung Ebenroth, AG 1988, 1, 3, der zur Folge § 119 Abs. 2 AktG keine Ermessensnorm, sondern einen unbestimmten Rechtsbegriff enthält, der gerichtlich nicht nachprüfbar sei.

den.[3042] Eine ergänzende Auslegung des § 119 Absatz 2 AktG ist dann zu billigen, wenn sich der vom BGH formulierte Rechtsgedanke tatsächlich aus der Vorschrift herauslesen ließe. § 119 Absatz 2 AktG müsste die vom BGH angenommene Schutzwirkung zugunsten der Anteilseigner entnommen werden können.[3043]

Im Gegensatz zum früheren § 246 Absatz 2 ADHGB, nach der der Vorstand zur Einberufung einer Hauptversammlung in bestimmten Fällen verpflichtet war,[3044] begründete § 103 Absatz 2 AktG 1937 die „unternehmenspolitische zentrale Gewalt zugunsten des Vorstandes".[3045] Mit der Vorschrift des § 103 Absatz 2 AktG von 1937, so wird behauptet, sei von der Legislative somit bewusst die Verpflichtung des Vorstandes zur Einberufung einer Hauptversammlung aufgehoben und die Gewaltenteilung innerhalb der Aktiengesellschaft konkretisiert worden.[3046] Die Vorschrift des § 119 Absatz 2 AktG 1965 sei dann bewusst inhaltsgleich formuliert worden.[3047] Sie sei demnach als Konkretisierung der Kompetenzzuweisung zugunsten des Vorstandes und als Entlastungsvorschrift ebenfalls zugunsten des Vorstandes zu verstehen.[3048] Die Entlastung des Vorstandes für die Geschäftsführungsentscheidungen diene der haftungsrechtlichen Einschränkung zugunsten des Vorstandes.[3049] Die Vorschrift entfalte somit - richtig interpretiert - Schutzwirkungen ausschließlich zugunsten des Vorstandes und mithin keine Schutzwirkung für die Anteilseigner.[3050] Diese würden auch nicht etwa neben dem Vorstand durch die

[3042] Die Ausklammerung nur verhältnismäßig bedeutungsloser Fälle von der Hauptversammlungskompetenz lässt wie gesagt auf eine ganz erhebliche Kompetenzzuweisung nach dem Verständnis des Bundesgerichtshofs schließen, vgl. BGHZ 83, 122, 131 ff.

[3043] Vgl. Gessler, Festschrift Stimpel, 771, 781 f.

[3044] Vgl. Gessler, Festschrift Stimpel, 771, 772 f.

[3045] Vgl. Die Begründung zum Regierungsentwurf des Aktiengesetzes bei Kropff, AktG, 165, siehe auch Gessler, Festschrift Stimpel, 771, 773 f.; Martens, ZHR 147 (1983), 377, 384; Lutter/Leinekugel, ZIP 1998, 225, 230.

[3046] Vgl. KölnerKommAktG/Koppensteiner, Vorb. § 291, Rdn. 21; Hirte, Bezugsrechtsausschluss, 160 ff.; Westermann, ZGR 1984, 352, 364 ff.; a.A. Gessler, Festschrift Stimpel, 771, 774.

[3047] Vgl. dazu Gessler, Festschrift Stimpel, 771, 773 f.

[3048] Vgl. Ebenroth, AG 1988, 1, 3; Ebenroth, Konzernbildungs- und Konzernleitungskontrolle, 34 ff.; Ebenroth/Daum, DB 1991, 1105, 1108; Hirte, Bezugsrechtsausschluss, 160; Hübner, Festschrift Stimpel, 791, 795; Liebscher, Konzernbildungskontrolle, 79; Martens, ZHR 147 (1983), 377, 384; Wahlers, Konzernbildungskontrolle, 166; Westermann, ZGR 1984, 352, 358, 364.

[3049] Vgl. Ebenroth, AG 1988, 1, 3; Ebenroth, Konzernbildungs- und Konzernleitungskontrolle, 34 ff.; Emmerich/Sonnenschein, Konzernrecht, 383 ff.; Heinsius, ZGR 1984, 383, 393 ff.; Liebscher, Konzernbildungskontrolle, 80; Martens, ZHR 147 (1983), 377, 383; Mecke, Konzernstruktur und Aktionärsentscheid, 152 f.;Werner, ZHR 147(1983); 429, 437 ff.; Wiedemann, Die Unternehmensgruppe im Privatrecht, 52; vgl. demgegenüber Gessler, Festschrift Stimpel, 771, 774, der eine ausschließlich haftungsentlastende Funktion mit der systematischen Stellung der Vorschrift im Aktiengesetz ablehnt. Die Vorschrift wäre für diesen Fall nämlich im Rahmen der Sorgfaltspflichten und Verantwortlichkeiten der Vorstandsmitglieder geregelt worden. Vielmehr sei die Vorschrift eine praktikable Kompetenzzuweisung, die daneben haftungsentlastenden Charakter habe, eine Einberufungsverpflichtung jedoch nicht begründen könne; vgl. im Übrigen Ballerstedt, ZHR 135 (1971), 479, 509, der einen teleologischen Zusammenhang mit § 93 Absatz 4 Satz 1 AktG annimmt.

[3050] Vgl. Ebenroth, AG 1988, 1, 3; Ebenroth, Konzernbildungs- und Konzernleitungskontrolle, 34 ff.; Emmerich/Sonnenschein, Konzernrecht, 383 ff.; Heinsius, ZGR 1984, 383, 393 ff.; Martens, ZHR 147

Vorschrift begünstigt.[3051] Auch das inhaltliche Zusammenspiel des § 119 Absatz 2 AktG mit der in § 93 Absatz 4 Satz 1 AktG enthaltenen Bestimmung, die eine Haftungsfreistellung bei einem gesetzmäßigen Beschluss der Hauptversammlung vorsieht, lasse eine Aktionärsbegünstigung als ausgeschlossen erscheinen.[3052] Die erweiternde Auslegung einer Gesetzesvorschrift ist durch die teleologische Grundkonzeption der betroffenen Norm begrenzt,[3053] so dass die Entscheidung des Bundesgerichtshofs jedenfalls in ihrer Begründung, wenngleich auch nicht notwendigerweise im Ergebnis, wegen Überschreitung der teleologischen Grundkonzeption des § 119 Absatz 2 AktG fehlerhaft sei.[3054] In der Tat ist § 119 Absatz 2 AktG eine ermessenseinräumende vorstandsbegünstigende Norm, die eine Haftungsfreistellung ermöglicht. Die teleologische Grundkonzeption lässt die Annahme einer aktionärsbegünstigenden Ermessensverdichtung zur Vorlagepflicht hin schlicht nicht zu.[3055] Eine Hauptversammlungskompetenz für im Zusammenhang mit Übernahmen anfallende Entscheidungen kann demnach aus § 119 Absatz 2 AktG nicht resultieren.

(4) Ergebnis

Der Vorstand ist nicht nach § 119 Absatz 2 AktG verpflichtet, die Hauptversammlung über Abwehrmaßnahmen beschließen zu lassen.

d. Ungeschriebene Hauptversammlungskompetenz

Streitigkeiten über die Bedeutung der Holzmüller-Entscheidung des Bundesgerichtshofs im Zusammenhang mit übernahmeabwehrenden Entscheidungen des Vorstandes erübrigen sich, wenn eine Hauptversammlungskompetenz in derartigen Fällen aus ungeschriebenem Recht bzw. aus den durch das geschriebene Recht

(1983), 377, 383; Hübner, Festschrift Stimpel, 791, 795; Gessler, Festschrift Stimpel. 771, 774; Ballerstedt, ZHR 135 (1971), 479, 509; Schmidt, Gesellschaftsrecht, 870 f.; Werner, ZHR 147 (1983), 429, 437 ff.; Westermann, ZGR 1984, 352, 364.

[3051] Vgl. Hübner, Festschrift Stimpel, 791, 795; Martens, ZHR 147 (1983), 377, 384; Westermann, ZGR 1984, 352, 364 f.; vgl. auch mit anderer Begründung Gessler, Festschrift Stimpel, 771, 774 ff.

[3052] Vgl. Kessler, AG 1995, 61, 70 f.

[3053] Vgl. BVerfG 47, 920 f.; vgl. auch Larenz, Methodenlehre der Rechtswissenschaft, 285 f.; Canaris, Die Feststellung von Lücken im Gesetz, 39.

[3054] Vgl. dazu auch Bernhardt, DB 2000, 1873, 1881; Dietz, Ausgliederung, 342 ff; Gessler, Festschrift Stimpel, 771, 774 f.; Kessler, AG 1995, 61, 70 f.; Mecke, Konzernstruktur, 153. A.A. Lutter, ZHR 151 (1987), 444, 453 f., der die Verdichtung eines Ermessens als dem öffentlichen Recht entstammende Denkfigur der Gesamtrechtsordnung hier gelten lassen will.

[3055] Vgl. hierzu BGH, AG 2004, 384 - Gelatine: Stützung weder auf § 119 Absatz 2 AktG noch auf eine Analogie zu gesetzlichen Zustimmungserfordernissen (§§ 179a, 293 ff. AktG), sondern auf eine „beide Elemente berücksichtigende offene Rechtsfortbildung“. Vgl. hierzu auch Bungert, BB 2004, 1345, 1345 ff.; Schmidt, Gesellschaftsrecht, 871.

ausdrücklich geregelten Schutzbedürfnissen der Aktionäre resultiert[3056] und insofern die Frage der Anwendung des § 119 Absatz 2 AktG dahinstehen kann.[3057] Ob die Kompetenzverteilung nach dem Aktienrecht den Schutz der Anteilseigner verlangt, insbesondere ob der Hauptversammlung ein Entscheidungsrecht bei Strukturmaßnahmen zusteht und die Aktionäre insbesondere auch so zu schützen sind, dass sie Gewinne infolge einer anstehenden Übernahme aus der Aktienkurssteigerung realisieren können, wird unterschiedlich beurteilt.

Insbesondere dem § 119 Absatz 1 AktG könnte entnommen werden, dass die Legislative bewusst die Hauptversammlungskompetenzen abschließend auf die gesetzlich fixierten Fälle beschränken wollte.[3058] Daher wird der Existenz und Begründung einer ungeschriebenen Hauptversammlungskompetenz mit Kritik begegnet.[3059] Es erscheine weder sachgerecht noch mit rechtsstaatlichen Prinzipien vereinbar, dass die Intention des Gesetzgebers aus praktischen Gründen unberücksichtigt bleibe.[3060] Auch wenn sich die wirtschaftlichen und tatsächlichen Umstände in der Konjunktur seit Erlass des Aktiengesetzes verändert haben,[3061] könne nicht fehlinterpretiertes geschriebenes Recht an die Stelle notwendiger Gesetzesänderungen treten, ohne dass die verfassungsrechtlich vorgeschriebene Gewaltenteilung verletzt würde.[3062] Hauptversammlungszuständigkeiten ließen sich auch sehr wohl abstrakt formulieren.[3063] Gegen die Notwendigkeit einer gesetzlichen Kompetenzzuweisung an die Hauptversammlung wird weiter angeführt, dass die Hauptversammlung durch eine entsprechende Bestimmung in der Satzung bestimmte Handlungen ausschließen[3064] und so auch Verteidigungsmaßnahmen gegen Übernahmen der Hauptversammlungskompetenz unterwerfen[3065] oder nach § 111 Absatz 4 AktG

[3056] Vgl. Dimke/Heiser, NZG 2001, 241, 246 f.; Gessler, Festschrift Stimpel, 771, 782; Henze, BB 2000, 209, 211 f.; Kessler, AG 1995, 61, 70 f.; Lutter, Festschrift Barz, 199, 199 ff.; Lutter, Festschrift Stimpel, 825, 850; Mertens, AG 1978, 309, 309 ff.; Ulmer, AG 1975, 15, 15 f.; Weißhaupt, NZG 1999, 804, 807; LG Frankfurt, AG 2001, 431, 433.

[3057] So von der Konzeption her ähnlich Rehbinder, ZGR 1983, 92, 92 ff.

[3058] Vgl. dazu die Begründung zum Regierungsentwurf des Aktiengesetzes bei Kropff, AktG, 192; vgl. weiter Gessler, Festschrift Stimpel, 771, 781; Kessler, AG 1995, 61, 70. Mit demselben Ergebnis, aber unter Verweis auf § 23 Absatz 5 AktG, Wastl/Wagner, AG 1997, 241, 244.

[3059] Vgl. Ebenroth/Daum, DB 1991, 1105, 1108 ff.; Kessler, AG 1995, 61, 69 f.; Werner, ZHR 147 (1983), 429, 440 ff. Vgl. dazu auch weitergehend Lutter/Leinekugel, ZIP 1998, 225, 225 ff.; Lutter/Leinekugel, ZIP 1998, 805, 811 ff.

[3060] So jedoch in seitenverkehrter Argumentation - keine ergänzende Auslegung des § 119 Absatz 2 AktG -, weil lediglich irrelevante Ausnahmefälle betroffen wären, Werner, ZHR 147 (1983), 429, 437 ff.

[3061] So zur Begründung der Möglichkeit ungeschriebener Hauptversammlungszuständigkeiten Gessler, Festschrift Stimpel, 771, 780 f.

[3062] Vgl. dazu BVerfG 2, 380, 398 ff.

[3063] Kritisch KölnerKommAktG/Koppensteiner, Vorb. § 291, Rdn. 38; Hommelhoff, Konzernleitungskontrolle, 90; Mecke, Konzernstruktur, 165; Seydel, Konzernbildungskontrolle, 406, 428; Strohn, Verfassung der Aktiengesellschaft, 61; Timm, Aktiengesellschaft als Konzernspitze, 64.

[3064] Vgl. Werner, ZHR 1983, 429, 450 ff., der eine weitergehende Hauptversammlungskompetenz ablehnt, weil die Aktionäre durch Satzungsbestimmung den Vorstand reglementieren könnten.

[3065] Vgl. hierzu auch Werner, ZHR 147 (1983), 428, 441.

von der Zustimmung des Aufsichtsrats abhängig machen kann.[3066] Zudem könnte dem Vorstand das Vertrauen entzogen,[3067] § 84 Absatz 3 AktG, oder die Mitglieder des Aufsichtsrats könnten abberufen werden,[3068] § 103 Absatz 1 AktG.

Dem muss jedoch entgegengehalten werden, dass eine nachträgliche Satzungsbestimmung von den Aktionären nicht aus eigener Initiative beschlossen werden könnte. Eine entsprechende Beschlussvorlage kommt grundsätzlich nur auf Initiative des Vorstandes[3069] oder unter besonders qualifizierten Bedingungen[3070] zustande. Zudem ist zu beachten, dass die Hauptversammlung jeweils im Einzelfall die eine oder andere Entscheidung zu treffen berechtigt wäre und eine vorherige verbindliche Grundsatzentscheidung die mögliche Einzelfallentscheidung nicht zu ersetzen vermag.[3071] Es ist ferner darauf hinzuweisen, dass eine Hauptversammlung möglicherweise die Notwendigkeit des Vertrauensentzuges bzw. der Abberufung von Organmitgliedern oder die Einführung entsprechender Satzungsbestimmungen in einer unbelasteten wirtschaftlichen Situation, in der keine Übernahme droht, nicht im voraus erkennt.[3072] Daher ist nicht davon auszugehen ist, dass die Hauptversammlung bewusst auf diese Maßnahmen verzichtet.[3073] Im Übrigen würde sich auch die Unternehmensleitung unter Berufung auf besonders gelagerte Fälle gegen derartige Handlungsanweisungen wehren.[3074] Schließlich werden auch die aufzuwendende Vorbereitungszeit zur Einberufung einer Hauptversammlung, die daraus resultierende Entscheidungsträgheit und die aufzubringenden Kosten zur Ablehnung einer Entscheidungskompetenz der Hauptversammlung aufgeführt.[3075] Diese praktischen Probleme sind in der Tat erheblich. Sie betreffen jedoch die praktische Handhabung einer Hauptversammlungskompetenz, die einer Lösung zuzuführen ist, und nicht die Entscheidung über die Kompetenz selbst.

Somit ist eine Kompetenz der Hauptversammlung immer dann gegeben, wenn der Bedeutung der in § 119 Absatz 1 AktG aufgeführten Zuständigkeiten vergleichbare Entscheidungslagen auftreten.[3076] Eine ungeschriebene Hauptversammlungs-

---

3066 So Werner, ZHR 147 (1983), 429, 441.

3067 So Werner, ZHR 147 (1983), 429, 441; Westermann, ZGR 1984, 352, 365.

3068 Vgl. Werner, ZHR 147 (1983), 429, 441; Westermann, ZGR 1984, 352, 365.

3069 Vgl. KölnerKommAktG/Mertens, Vorb. § 76, Rdn. 2; Schmidt, Gesellschaftsrecht, 839 f.

3070 Vgl. KölnerKommAktG/Mertens, § 111, Rdn. 62 ff

3071 Vgl. hierzu auch Gessler, Festschrift Stimpel, 771, 786.

3072 So für den Fall der Vermögensübertragung/Ausgliederung Gessler, Festschrift Stimpel, 771, 788 ff.

3073 Vgl. Gessler, Festschrift Stimpel, 771, 785 ff.

3074 Vgl. Gessler, Festschrift Stimpel, 771, 788 ff.

3075 Vgl. Beusch, Festschrift Werner, 1, 19.

3076 So wohl auch Bernhardt, DB 2000, 1873, 1873; Dietz, Ausgliederung, 353 ff.; Weißhaupt, NZG 804, 807; LG Bonn, AG 2001, 150, 151. Vgl. dazu auch MüKoAktG-Kubis, § 119, Rdn. 43 ff.; Münchener Hdb GesellschaftsR/AG-Semler, § 34, Rdn. 34 ff.; Münchener Hdb GesellschaftsR/AG-Krieger, § 69, Rdn. 8; Lutter, Festschrift Barz, 199, 210; Lutter, Festschrift Stimpel, 825, 840 ff.; Lutter/Leine-Kugel, ZIP 1998, 225, 230; Gessler, Festschrift Stimpel, 771, 786 ff.; Raiser, Recht der Kapitalgesellschaften, 160; Timm, ZHR 153 (1989), 60, 68 ff.; Wahlers, Konzernbildungskontrolle, 184; Wiedemann, Unternehmensgruppe im Privatrecht, 50 ff.; LG Frankfurt, AG 2001, 431, 433. Vom BGH wurde jüngstens als Rechtsgrundlage in

kompetenz in Bezug auf Abwehrmaßnahmen in Übernahmesituationen müsste sich demnach aus den materiellrechtlichen Vorschriften, insbesondere aus den aktionärsbegünstigenden Vorschriften, zu denen auch § 119 Absatz 1 AktG zu rechnen ist, herleiten lassen. Zur Begründung einer ungeschriebenen Kompetenz der Hauptversammlung wird angeführt, dass auch mit Abwehrmaßnahmen Schutzbereiche der Anteilseigner verletzt würden, die sich ihrerseits aus den positivgesetzlichen Kompetenzregelungen zugunsten der Hauptversammlung konkretisieren ließen.[3077] Aus den zugunsten der Hauptversammlung festgeschriebenen Kompetenzvorschriften ergebe sich eine generelle Kompetenzverteilung, nach der die Hauptversammlung über alle mit dem wirtschaftlichen und rechtlichen Aufbau der Gesellschaft zusammenhängenden Fragen zu entscheiden habe,[3078] auch wenn der Gesetzgeber sich in § 119 Absatz 1 AktG auf eine Zuständigkeitsauflistung beschränkt hat.[3079]

Zu den grundlegenden Entscheidungen in einer Aktiengesellschaft gehören strukturverändernde Maßnahmen erheblichen Gewichts, wie sie beispielsweise in der Holzmüller-Entscheidung des Bundesgerichtshofs zu beurteilen waren.[3080] Die in Abwehrentscheidungen gegen Übernahmen enthaltenen Strukturmaßnahmen sind in der Regel ebenso gewichtig und daher keine in die ausschließliche Zuständigkeit des Vorstandes fallenden Geschäftsführungsentscheidungen.[3081] Vielmehr ist die Zustimmung der Hauptversammlung notwendig, wenn diese Entscheidungen zugleich die wirtschaftliche und rechtliche Stellung der Aktionäre erheblich verändern und sie in Situationen zu fällen sind, die von der Legislative wegen der schnellen Veränderungen im Wirtschaftsleben nicht erfasst werden können.[3082]

---

einem ansatzweise vergleichbaren Fall vom Ergebnis einer offener Rechtsfortbildung gesprochen, vgl. BGH, NZG 2004, 541, 573, und BGH, NZG 2004, 575, 578 - jeweils Gelatine. Insoweit wird das Ergebnis dieser Arbeit hier bestätigt. Vgl. zu diesen Urteilen auch Götze, NZG 2004, 585, 585 ff.; Pentz, BB 2005, 1397, 1401 ff.

[3077] Vgl. Gessler, Festschrift Stimpel, 771, 782, vgl. auch weitergehend Mülbert, IStR 1999, 83, 88, der von einer, aus § 311 hergeleiteten, ungeschriebenen Hauptversammlungskompetenz ausgeht, wenn sich die Defensivmaßnahmen allein gegen die zur faktischen Abhängigkeit führende Übernahme wenden. Dem ist jedoch zu entgegnen, dass die Schutzmechanismen gegen eine faktische Abhängigkeit im Konzernrecht zu finden, wenn tatsächlich Einfluss ausgeübt wird, und nicht über die Kompetenzzuweisung zu erreichen wären, vgl. zu diesem Gedanken Heiser, Interessenskonflikte in der Aktiengesellschaft, 268 und 135 ff.

[3078] Vgl. Gessler, Festschrift Stimpel, 771, 786; vgl. weiter Henze, BB 2000, 209, 211 f.; Rehbinder, ZGR 1983, 92, 98; LG Frankfurt, AG 2001, 431, 433; so auch die Begründungen zum AktG von 1937, vgl. hierzu Matthes, Aktienrecht, 192, und zum AktG von 1965, vgl. hierzu Kropff, AktG, § 119, BegrRegE, Rdn. 165.

[3079] Vgl. Mecke, Konzernstruktur und Aktionärsentscheid, 163 f.

[3080] Vgl. Bernhardt, DB 2000, 1873, 1873 ff.; Henze, BB 2000, 209, 211 f.; Knoll, Übernahme von Kapitalgesellschaften, 156; Lutter, Festschrift Stimpel, 825, 850 f.; Lutter, Festschrift Barz, 199, 214; Lutter/Leinekugel, ZIP 1998, 225, 230; Lutter/Leinekugel, ZIP 1998, 805, 805 ff.; Gessler, Festschrift Stimpel, 771, 786; LG Frankfurt, AG 2001, 431, 433; LG Bonn, AG 2001, 150, 151.

[3081] Vgl. zur Konzernbildungskontrolle weitergehend Binnewies, Die Konzerneingangskontrolle in der abhängigen Gesellschaft; Ebenroth, Konzernbildungs- und Konzernleitungskontrolle; Groß, AG 1996, 111, 112 ff.; Kessler, AG 1995, 61, 66 ff.; Mecke, Konzernstruktur und Aktionärsentscheid.

[3082] Vgl. auch Henze, BB 2000, 209, 212.

Insofern liegt eine planwidrige Unvollständigkeit des Aktiengesetzes vor.[3083] Demnach ist grundsätzlich für jede Einzelfallentscheidung zu prüfen, ob eine die Anteilseigner in ihrer wirtschaftlichen und rechtlichen Stellung erheblich beeinträchtigende Strukturmaßnahme vorliegt.[3084] Diese Beurteilung wird teilweise davon abhängig gemacht, dass eine Grenze von 25 % der Aktivseite der Bilanz überschritten wird.[3085] Insofern können sich in jedem Einzelfall Abgrenzungsprobleme ergeben.

Jede Verteidigungsmaßnahme kann jedoch unabhängig von derartigen Abgrenzungszuordnungen erheblichen Einfluss auf die wirtschaftliche und rechtliche Stellung der Anteilseigner und auf die Aktionärszusammensetzung haben.[3086] Infolge einer geänderten Aktionärsstruktur können nämlich einschneidende und außerordentlich tief greifende Strukturveränderungen vom Kontrollinhaber veranlasst werden.[3087] Die Abgrenzung und der Kausalitätsnachweis bereiten gleichwohl Schwierigkeiten. Probleme ergeben sich insbesondere deshalb, weil nicht die Erheblichkeit oder Schwere der Auswirkungen auf die wirtschaftliche oder rechtliche Stellung der Aktionäre in Bezug auf die einzelne Entscheidung zu beurteilen sind, sondern die zum Zeitpunkt der Entscheidung prognostizierten Auswirkungen auf den Übernahmevorgang.[3088] Auch wirtschaftlich für die Gesellschaft oder die

---

[3083] Vgl. Weißhaupt, NZG 1999, 804, 807. Vgl. zur Lehre von den Gesetzeslücken weiter Larenz/Canaris, Methodenlehre der Rechtswissenschaft, 194, 198 ff.

[3084] Vgl. Ebenroth, Konzernbildungs- und Konzernleitungskontrolle, 48 f.; Fuhrmann, AG 2004, 339, 341 f.; Gessler, Festschrift Stimpel, 771, 787; Henze, BB 2000, 209, 212; Hirte, Bezugsrechtsausschluss, 181; Kessler, AG 1995, 61, 69; Lutter, Festschrift Stimpel, 825, 850 f.; Wahlers, Konzernbildungskontrolle, 203 ff.; LG Frankfurt, AG 2001, 431, 433. Vgl. auch Bungert, BB 2004, 1345, 1345 ff.; Knoll, Übernahme von Kapitalgesellschaften, 157. Vgl. hierzu auch jetzt BGH, AG 2004, 384 - Gelatine: Stützung weder auf § 119 Absatz 2 AktG noch auf eine Analogie zu gesetzlichen Zustimmungserfordernissen (§§ 179a, 293 ff. AktG), sondern auf eine „beide Elemente berücksichtigende offene Rechtsfortbildung". Vgl. dazu auch Pentz, BB 2005, 1397, 1403.

[3085] Vgl. Lutter, Festschrift Stimpel, 825, 850 f.; Lutter, Festschrift Barz, 199, 214.

[3086] Zutreffend ist daher von der Kausalitätsregel der conditio sine qua non auszugehen, vgl. dazu Unitrin, Inc. v. American General Corp., 651 A.2d 1361, 1387 (Del. 1995); Weisner, Verteidigungsmaßnahmen gegen unfreundliche Übernahmeversuche, 84. Vgl. dazu auch Knoll, Übernahme von Kapitalgesellschaften, 157 f.; Begründung des Bundesfinanzministeriums zum Referentenentwurf eines Gesetzes zur Regelung von öffentlichen Angeboten zum Erwerb von Wertpapieren und von Unternehmensübernahmen vom 12. März 2001 (über Internet abzurufen über „www.bundesfinanzministerium.de"), 142; Begründung der Bundesregierung zum Entwurf eines Gesetzes zur Regelung von öffentlichen Angeboten zum Erwerb von Wertpapieren und von Unternehmensübernahmen (über Internet abzurufen über „www.bundesfinanzministerium.de"), 141 f. Demgegenüber hat das Landgericht Düsseldorf in dem Einstweiligen Verfügungsverfahren von Aktionären der Mannesmann AG eine drohende Verletzung der Neutralitätspflicht mit der Begründung verneint, jede isoliert getroffene Maßnahme sei eine „gewöhnliche" Geschäftsführungsmaßnahme und gehe erst recht nicht über die in der Holzmüller-Entscheidung geforderte Intensität des Eingriffs hinaus, ohne allerdings die Gesamtwirkung der Maßnahmen zugrundezulegen, vgl. LG Düsseldorf, AG 2000, 233, 234 - Dimke/Heiser ./. Mannesmann AG, vgl. dazu auch kritisch Hirte, NJW 2000, 3321, 3325. Wie das LG Düsseldorf wohl trotz der ansonsten geäußerten Kritik auch Kiem, EWiR 2000, 413, 413 f.; Körner, DB 2001, 367, 369.

[3087] Vgl. Kessler, AG 1995, 61, 69; Lutter, Festschrift Barz, 199, 209 ff.; Lutter, Festschrift Stimpel, 825, 850 ff.

[3088] Vgl. Geibel/Süßmann-Schwennicke, WpÜG, § 33, Rdn. 19.

Anteilseigner unbedeutende Einzelentscheidungen abwehrenden Charakters können sich in ihrer Summe, aber auch für sich genommen - abhängig von den Bieterpräferenzen -, als entscheidungserheblich für den Übernahmevorgang herausstellen.[3089] Somit kann es einzig und allein darauf ankommen, ob die Einzelmaßnahme als conditio sine qua non, gleichgültig ob im Zusammenwirken mit anderen Maßnahmen oder allein, die Übernahme zu vereiteln geeignet ist. Dies kann regelmäßig für jede nicht völlig untaugliche Abwehrmaßnahme angenommen werden.

Von entscheidungserheblicher Bedeutung ist somit, ob der Abwehrversuch Strukturveränderungen erheblichen Gewichts für die Aktionäre nach sich ziehen kann. Die Abwehr dient gerade dazu, vom Bieter beabsichtigte Strukturveränderungen zu verhindern. Die Strukturveränderung liegt demgegenüber jedoch in den Folgen der Abwehr. Insofern verkehrt sich hier das aktive Herbeiführen einer Strukturveränderung und das aktive Verhindern einer bei unbeeinflusstem Fortgang des Geschehens erwarteten Strukturveränderung. Beide Alternativen sind offensichtlich gleich zu gewichten. Insofern bedarf es keiner besonderen Begründung dafür, eine derartig gewichtige Verhinderung von Strukturveränderungen der aktiven Herbeiführung einer entsprechenden Veränderung gleichzusetzen. Das Verhindern von Strukturveränderungen lässt sich wie folgt konkretisieren.

(1) Beschränkung der Fungibilität der Aktie

Zum einen wird den Aktionären die Möglichkeit genommen, durch die Annahme eines Ankaufsangebots einen Kursaufschlag zu realisieren. Demnach wird in den freien Handel mit den Anteilen der Gesellschaft und damit in die unbeschränkte Fungibilität der Anteile als strukturellem Fundament jeder Aktiengesellschaft[3090] eingegriffen. Durch diese Beschränkung der Fungibilität wird gleichzeitig in die anerkannten[3091] und vom Bundesverfassungsgericht bestätigten,[3092] aus der mitgliedschaftlichen Stellung des Aktionärs resultierenden, vermögensrechtlichen Ansprüche eingegriffen.

Im Regelfall wird das Vermögensinteresse der Aktionäre durch die folgende Struktur definiert. Die Aktionäre stellen zunächst auf den Wert ihres investierten und über den anteiligen Wert am eingerichteten und funktionierenden Unternehmen abgesicherten Kapitals und dessen Steigerung ab. Ihre Rechtsposition wird vom Bundesverfassungsgericht als Recht auf Teilhabe am Liquidationserlös[3093] oder auch als (Teil-)Wert der gesellschaftlichen Beteiligung an dem arbeitenden Unter-

[3089] Vgl. dazu Geibel/Süßmann-Schwennicke, WpÜG, § 33, Rdn. 19.

[3090] Vgl. Baums, Neuregelung des aktienrechtlichen Anfechtungs- und Organhaftungsrechts, F 214; Knoll, Übernahme von Kapitalgesellschaften, 198; von Beauvais, Grenzen des Höchststimmrechts, 135.

[3091] Vgl. dazu bereits KölnerKommAktG/Kraft, § 11, Rdn. 11, 12; Becker, Verwaltungskontrolle, 17 ff.; Dietz, Ausgliederung, 34 ff.; Schmidt, Gesellschaftsrecht, 797; Zöllner/Hanau, AG 1997, 206, 207 ff.

[3092] Vgl. BVerfG, NJW 1999, 3769, 3770 - Altana; BVerfG, NZG 2000, 1117, 1118 - MotoMeter; BVerfG, NJW 2001, 279, 279 -MotoMeter.

[3093] Vgl. BVerfG, NJW 1999, 3769, 3770 - Altana; BVerfG, NZG 2000, 1117, 1118 - MotoMeter.

nehmen[3094] verstanden. Zudem verkörpert sich das Vermögensinteresse der Aktionäre in der Berechtigung zur Ausübung des Bezugsrechts im Rahmen einer Kapitalerhöhung und an der Teilhabe an der Dividendenausschüttung.[3095] Gerade für Kleinaktionäre steht der sich durch diese Rechte definierte Vermögenswert im Vordergrund ihrer Anlageüberlegungen, während ihre Einflussmöglichkeiten auf die Geschäftsführung unmaßgeblich sind.[3096] Der individuelle Freiraum des Aktionärs bezüglich seiner Anlageentscheidung fußt auf der besonders ausgeprägten Verkehrsfähigkeit von Aktien.[3097] Gerade durch die ausgeprägte Verkehrsfähigkeit unterscheidet sich diese Anlageform von anderen Unternehmensbeteiligungen;[3098] das Recht und die Möglichkeit des Aktionärs, seinen Kapitalanteil jederzeit zum jeweiligen Marktwert verkaufen zu können, ist demnach ein wesentliches Strukturmerkmal der börsennotierten Aktiengesellschaft.[3099] Der Marktwert der Aktie wird dabei durch Angebot und Nachfrage determiniert. An dieser Wertbestimmung orientieren die Aktionäre ihre Investitionsentscheidung.[3100]

Bei der Abwehr eines Übernahmeversuchs wird durch den Vorstand die Möglichkeit der Aktionäre beschnitten, ihre Kapitalanteile zum Marktpreis, der hier den Aktienkurs regelmäßig um einen erheblichen Kursaufschlag übersteigt,[3101] zu veräußern. Durch den Vorstand ergriffene Verteidigungsmaßnahmen bedeuten damit nicht nur einen erheblichen Eingriff in die Vermögensinteressen der Aktionäre, sondern stellen darüber hinaus eine einschneidende Veränderung der Struktur einer Aktiengesellschaft durch die partielle Aufhebung der freien Fungibilität der Aktien dar.[3102] Ein derartiger Eingriff lässt sich ohne Zustimmung der Hauptversammlung

---

3094 Vgl. BVerfG, NJW 1999, 3769, 3770 - Altana; BVerfG 14, 263, 283 f. - Feldmühle.

3095 Vgl. BVerfG, NJW 1999, 3769, 3770 - Altana; BVerfG 14, 263, 276 f. - Feldmühle. Vgl. dazu auch Mai, Aktionärsschutz, 33 f., und ausgiebig Zöllner, AG 2002, 585, 585 ff.

3096 Vgl. BVerfG, NJW 1999, 3769, 3771 - Altana; BVerfG, NZG 2000, 1117, 1118 f. - MotoMeter ; BGHZ 120, 141, 151; Easterbrook/ Fischel, 26 Journal of Law & Economics (1983), 395, 402, 420; Adams, AG 1989, 333, 334 f.; Baums, Neuregelung des aktienrechtlichen Anfechtungs- und Organhaftungsrechts, F 24 f.; Dimke/Heiser, NZG 2001, 241, 250; Hahn, Die feindliche Übernahme von Aktiengesellschaften, 50; Mai, Aktionärsschutz, 32; von Beauvais, Grenzen des Höchststimmrechts, 125 ff.

3097 Vgl. BVerfG, NJW 1999, 3769, 3771 - Altana; BVerfG, NZG 2000, 1117, 1119 - MotoMeter.

3098 Vgl. BVerfG, NJW 1999, 3769, 3771, 3772 - Altana.

3099 Vgl. BVerfG, NJW 1999, 3769, 3771 - Altana. Vgl. auch Baums, Neuregelung des aktienrechtlichen Anfechtungs- und Organhaftungsrechts, F 214; Dimke/Heiser, NZG 2001, 241, 250; Knoll, Übernahme von Kapitalgesellschaften, 274 f., unter Verweis auf die Vertrags- und Dispositonsfreiheit des § 305 BGB; von Beauvais, Grenzen des Höchststimmrechts, 135. Vgl. weiter Endell, NZG 2000, 1160, 1161, die in der Etablierung von Höchststimmrechten eine Beschränkung der Allokationswirkung des Kapitalmarktes sieht - eine ähnliche Gedankenführung.

3100 Vgl. BVerfG, NJW 1999, 3769, 3771 - Altana.

3101 Vgl. Kirchner, WM 2000, 1821, 1821.

3102 Vgl. Dimke/Heiser, NZG 2001, 241, 250. Dieser Vorgang ist nicht mit Konzernierungsvorgängen vergleichbar, nach denen lediglich eine Abfindungsanspruch der Altaktionäre besteht, dessen Höhe ohne Berücksichtigung von Paketzuschlägen und Kontrollprämien zu bestimmen ist. In einem derartigen Fall geht es um einen Ausgleich der Interessen der Minderheitsaktionäre und die des herrschenden Unternehmens, nach dem in der Vergangenheit ausgelassene Chancen nicht zu berücksichtigen sind, vgl. dazu weitergehend Dimke/Heiser, NZG 2001, 241, 250 f. Im Gegensatz dazu ist der Kursaufschlag nach Abgabe eines Übernahnicht legitimieren. Eine entsprechende Strukturveränderung ist mit der in der Holzmüller-Entscheidung behandelten Ausgliederung durchaus vergleichbar und stellt einen ebenso erheblichen Eingriff dar.[3103] Das hier festgestellte Ergebnis steht demnach mit der Entscheidung des Bundesgerichtshofs im Einklang.

(2) Eingriff in die Kontrollinteressen der Aktionäre

Aus den mitgliedschaftlichen Rechten der Aktionäre resultieren nicht nur vermögenswirksame Ansprüche, sondern unter Beachtung der gesetzlichen Vorschriften und der Satzung auch restliche Leitungsbefugnisse.[3104] Die verbleibenden Mitverwaltungsrechte, denen die restlichen Leitungsbefugnisse und Kontrollrechte zuzurechnen sind, gehören ebenfalls zum Kernbereich der Mitgliedschaftsrechte.[3105] Das Recht eines jeden Aktionärs, durch die Ausübung seiner Mitverwaltungsrechte das Vorstandsverhalten zu kanalisieren und zu kontrollieren, bestimmt mithin einen wesentlichen Inhalt des Mitgliedschaftsrechts.[3106] In diese Mitverwaltungsrechte wird nicht nur durch die Beschränkung von unmittelbar durch die Aktionäre - etwa in der Hauptversammlung - ausgeübte Rechte eingegriffen, sondern darüber hinaus durch jede Maßnahme, durch die sich der Vorstand der Kontrolle durch die Aktionäre entzieht oder die Kontrollausübung erschwert. Über Mitbestimmungsrechte in der Hauptversammlung und die Geltendmachung individueller Rechte hinaus üben die Aktionäre auch durch die Vornahme von Kapitalmarkttransaktionen, durch Anlage und Desinvestition, eine Kontrolle über die Unternehmensleitung aus. Bei Unzufriedenheit über die Vorstandsleistung oder nach Angebot eines maßgeblichen Kursaufschlages durch einen Bieter, der jedenfalls eine Effizienzsteigerung für die Zeit nach der Übernahme indiziert, geben sie ihre Mitverwaltungsrechte ab und verschaffen damit dem Bieter entsprechende Leitungs- und Kontrollrechte, die dieser mit besserem Ergebnis realisieren kann.[3107] Mit derartigen Vorgängen ist im Vergleich zur Kontrolle durch unternehmensinterne Vorgänge eine Außenkontrolle gegeben,[3108] da auf dem Kapitalmarkt ein Wettbewerb

---

meangebots konkret realisierbar. Vgl. dazu ferner Baums, Neuregelung des aktienrechtlichen Anfechtungs- und Organhaftungsrechts, F 214.

[3103] Vgl. auch Dimke/Heiser, NZG 2001, 241, 251; Ebenroth/Daum, DB 1991, 1157, 1158.

[3104] Vgl. BVerfG, NJW 1999, 3769, 3770 - Altana; BVerfG, NZG 2000, 1117, 1119 - MotoMeter; Ehricke/Ekkenga/Oechsler, WpÜG, § 33, Rdn. 12. Vgl. bereits Becker, Verwaltungskontrolle, 17 ff.; Dietz, Ausgliederung, 35 f.; Dimke/Heiser, NZG 2001, 241, 246, 251; Münchener Hdb GesellschaftsR/AG-Wiesner, § 17, Rdn. 5; Wellkamp, Aktionärsschutz, 1; Zöllner/Hanau, AG 1997, 206, 207 ff.

[3105] Vgl. Becker, Verwaltungskontrolle, 17 ff.; Dietz, Ausgliederung, 35 f.; Zöllner/Hanau, AG 1997, 206, 207 ff.

[3106] Vgl. Becker, Verwaltungskontrolle, 17 ff., 407 ff.; Dimke/Heiser, NZG 2001, 241, 251.

[3107] Im Amerikanischen *Wall Street Option* genannt, vgl. dazu Mackensen, Institutionelle Anleger, 44 f.; Merkt, US-amerikanisches Gesellschaftsrecht, Rdn. 659; Hahn, Die feindliche Übernahme von Aktiengesellschaften, 20 ff.; Lehnert, Unternehmensübernahmen in den USA, 195 f.; von Beauvais, Grenzen des Höchststimmrechts, 135 ff. Vgl. dazu ferner Betsch/Groh/ Lohmann, Corporate Finance, 55 ff.

[3108] Im Amerikanischen auch *Voting by Selling* genannt, vgl. dazu ebenfalls Merkt, US-amerikanisches Gesellschaftsrecht, Rdn. 659. Vgl. in diesem Zusammenhang auch Adams, AG 1989, 333, 335; Adams, AG

zwischen Anlegern über die effektivste Kontrolle stattfindet und vor dessen Hintergrund eine Preisbildung an der Börse erfolgt. Bei dieser Kontrollfunktion des Kapitalmarkts handelt es sich um die konsequente Folge der freien Fungibilität der Aktien eines börsennotierten Unternehmens. Indem der Vorstand Verteidigungsmaßnahmen gegen eine beabsichtigte Übernahme ergreift, beeinträchtigt er also gleichzeitig die Kontrolle seines Verhaltens durch die Aktionäre über die Vornahme von Kapitalmarkttransaktionen. Diese Beeinträchtigung stellt ebenfalls eine einschneidende Strukturveränderung dar, die dem der Holzmüller-Entscheidung zugrunde liegenden Eingriff gleichgesetzt werden kann, und die ebenfalls nur nach Beschluss der Hauptversammlung umgesetzt werden darf.

e. Ergebnis

Sowohl die Beeinträchtigung der Vermögensinteressen der Aktionäre über die Eingriffe in die freie Preisbildung auf dem Kapitalmarkt und damit in die freie Fungibilität der Aktie, als auch die Beeinträchtigung der Kontrollmechanismen des Vorstandsverhaltens über Kapitalmarkttransaktionen begründen eine ungeschriebene Hauptversammlungskompetenz bezüglich der Vornahme von Abwehrmaßnahmen.[3109] Ohne einen Beschluss der Hauptversammlung, der zur Vornahme von Verteidigungsmaßnahmen ermächtigt, ist der Vorstand zu strikt neutralem Verhalten verpflichtet.

6. Teleologische Reduktion der Leitungskompetenz

Nach den bisherigen Ausführungen lässt sich feststellen, dass sich ein grundsätzliches Verbot der Einflussnahme durch die Leitungsorgane in Übernahmesituationen bereits aus der überlagernden Hauptversammlungskompetenz ergibt. Eine Kanalisation des Managementverhaltens könnte darüber hinaus aus einer teleologischen Reduktion der Leitungskompetenz resultieren.

1990, 243, 244; Bästlein, Zur Feindlichkeit öffentlicher Übernahmeangebote, 140, 278; Becker, Verwaltungskontrolle, 17 ff., 780 ff.; Dietz, Ausgliederung, 64; Dimke/Heiser, NZG 2001, 241, 251; Frei, Öffentliche Übernahmeangebote, 130; Hahn, Die feindliche Übernahme von Aktiengesellschaften, 30, 160 f.; Jansch, Rolle der Aktionäre, 91 f.; Jensen, 76 American Economic Review (1986), 323, 323 ff.; Knoll, Übernahme von Kapitalgesellschaften, 274 f.; Lehnert, Unternehmensübernahmen in den USA, 195 f.; Mann/Sicherman, 64 Journal of Business (1991), 213, 213 ff.; von Beauvais, Grenzen des Höchststimmrechts, 135 ff.

[3109] Vgl. Dimke/Heiser, NZG 2001, 241, 251. Im Ergebnis, aber mit anderer Begründung, genauso Gessler, Festschrift Stimpel, 771, 782; Kallmeyer, AG 2000, 553, 553 f.; Kessler, AG 1995, 120, 122; Mülbert, IStR 1999, 83, 88; Lutter, Festschrift Barz, 199, 244; Lutter, Festschrift Stimpel, 825, 850; Ulmer, AG 1975, 15, 16; Weißhaupt, NZG 1999, 804, 807. Vgl. im Übrigen auch die Ausführungen von Kallmeyer, AG 2000, 553, 553 f., der wegen dessen möglicher Anfechtbarkeit infolge Treuepflichtverletzungen der zustimmenden Aktionäre einen Hauptversammlungsbeschluss über die Übernahmeentscheidung fordert und Einstweiligen Rechtsschutz unter Ausschluss des Vollstreckungsrisikos, § 945 ZPO, gewährt wissen will.

a. Weitergehende Reduktion nach Verbandsrecht

Eine weitergehende Reduktion der Leitungskompetenz könnte sich aus dem Verbandsrecht, insbesondere aus dem Aktienrecht, ergeben.

(1) Verbot der Antizipation von Entscheidungen der Hauptversammlung

Ein Verbot der Einflussnahme durch die Geschäftsleitung in Übernahmesituationen ließe sich möglicherweise aus dem besonders prägnanten Interessenkonflikt der Unternehmensleitung und aus der positivgesetzlichen Struktur der Aktiengesellschaft ableiten, falls sich daraus die Pflicht zur vorrangigen Berücksichtigung der Anteilseignerinteressen im Gegensatz zu den Interessen der Gesellschaft als eigener Rechtsträger ergeben sollte.[3110] Weil allein die Aktionäre in der Hauptversammlung jederzeit ohne weitergehende Inhaltskontrolle und ohne weitergehende Voraussetzungen durch qualifizierten Mehrheitsbeschluss die Auflösung beschließen können, ohne dass dem Vorstand ein Mitbestimmungsrecht zukommt,[3111] steht dem Vorstand möglicherweise auch nicht das Recht zu, Einfluss auf die Aktionärsstruktur und damit auf künftige Umstrukturierungen zu nehmen.[3112] Daher wird die Auffassung vertreten, dass zu einer derartigen Einflussnahme allein die Aktionäre berechtigt seien, so dass der Vorstand nicht etwa zur autonomen Entscheidung über Abwehrmaßnahmen berechtigt sei.[3113] Wenn der Vorstand nämlich Abwehrmaßnahmen ergreife, so beabsichtige er gerade den Ausschluss eines zukünftigen Aktionärs von der Ausübung seiner Rechte. Eine derartig gezielte Einflussnahme auf die Willensbildung in der Hauptversammlung liege demnach außerhalb des aus dem Leitungsrecht resultierenden Ermessensrahmens.[3114] Diese Rechtsauffassung mit einer bloßen Kompetenzüberlagerung zugunsten der Hauptversammlung zu begründen, erscheint jedoch unzureichend. Beschlüsse der Hauptversammlung können auch dem Gesellschaftsinteresse zuwiderlaufen und würden insofern als Schädigung der Gesellschaft zu verstehen sein.[3115] Den ausdrücklich zugestandenen Rechten der Aktionäre kann jedoch nicht entnommen werden, dass ihnen ein generelles Recht zur Schädigung der Gesellschaft zusteht. Sie sind vielmehr als besondere Ausnahmen von der Verpflichtung der Aktionäre zur Wahrung der Interessen

---

[3110] Vgl. insofern Hopt, ZGR 1993, 534, 551.

[3111] Der Vorstand ist diesbezüglich durch Gesetze von jeder Mitwirkung ausgeschlossen, vgl. dazu weitergehend Hopt, ZGR 1993, 534, 551; Hüffer, AktG, § 118, Rdn. 3.

[3112] Vgl. Altmeppen, ZIP 2001, 1073, 1076; Altmeppen, BB 2001, Heft 25, Die erste Seite; Hopt, ZGR 1993, 534, 551; Krause, AG 1996, 209, 214.

[3113] Vgl. Altmeppen, ZIP 2001, 1073, 1076; Altmeppen, BB 2001, Heft 25, Die erste Seite; Hopt, ZGR 1993, 534, 551.

[3114] Vgl. Altmeppen, ZIP 2001, 1073, 1076; Hopt, ZGR 1993, 534, 551. Vgl. dazu auch - bedingt zustimmend - Dimke/Heiser, NZG 2001, 241, 246.

[3115] Vgl. GroßkommentarAktG/Wiedemann, § 179, Rdn. 175; Dimke/Heiser, NZG 2001, 241, 247 f.; Seydel, Konzernbildungskontrolle, 364 f.; Zöllner, Die Schranken mitgliedschaftlicher Stimmrechtsmacht bei den privatrechtlichen Personenverbänden, 344.

des Unternehmens und von der Treuepflicht der Aktionäre zu verstehen.[3116] Vor diesem Hintergrund lässt sich auch nicht die Verpflichtung des Vorstandes zur Duldung von Schädigungen durch Aktionäre ableiten. Lediglich in den enumerativ aufgeführten Fällen überlagern Beschlüsse der Hauptversammlung die Leitungsrechte des Vorstandes unabhängig davon, ob aus ihnen eine Schädigung des Unternehmens resultiert.[3117] Eine immanente Reduktion der Leitungskompetenz kann demnach aus der Antizipation von Entscheidungen der Hauptversammlung nicht grundsätzlich folgen.[3118]

Allerdings geht es nach einer Übernahme in der Regel nicht um die Wahrnehmung von die Gesellschaft schädigenden Sonderrechten, sondern um die Bestimmung der zukünftigen Geschäftsausrichtung. Derartige Entscheidungen sind regelmäßig nicht als die Gesellschaft schädigende Handlungen der Aktionäre zu qualifizieren.[3119] Eine Schädigungsabsicht kann im Regelfall erst recht nicht angenommen werden.[3120] Stattdessen ist im Zusammenhang mit entsprechenden Entscheidungen grundsätzlich davon auszugehen, dass der Übernehmer die Effizienz des Unternehmens zu steigern versucht und sich insofern die Interessen der Gesellschaft und der Aktionäre decken.[3121] Die Änderung der Geschäftsstrategie kann nach dem Aktiengesetz legitimerweise über die Willensbildung in der Hauptversammlung durch die Neubesetzung des Aufsichtsrats und die abgestimmte Bestellung neuer Vorstände realisiert werden.[3122] Würde dem Vorstand eine Einflussnahme auf diese vom Aktienrecht vorgesehenen Entscheidungsprozesse zustehen, so wäre damit zwangsläufig eine erhebliche Beschneidung von zentralen Aktionärsrechten verbunden.[3123] Dem Vorstand ist eine solche Einflussnahme strikt verboten. Dieses Verbot muss sich schon wegen der gegebenen Umgehungs- und Missbrauchsgefahren auch auf eine zeitlich vorverlegte Einflussnahme erstrecken.[3124] Dem Vorstand ist es mithin auch verboten, schon im Voraus auf die Beschlussfassung der Hauptversammlung über die Besetzung des Aufsichtsrats Einfluss zu nehmen, um dadurch eine Änderung der Geschäftsausrichtung und -strategie zu verhindern. Aus alledem folgt bereits eine immanente Beschränkung der Leitungskompetenz des

[3116] Vgl. Dimke/Heiser, NZG 2001, 241, 247 f.; Heiser, Interessenskonflikte in der Aktiengesellschaft, 242 f.; Lutter, ZHR 153 (1989), 446, 452 f.

[3117] Vgl. Dimke/Heiser, NZG 2001, 241, 247.

[3118] Vgl. Dimke/Heiser, NZG 2001, 241, 247. In diesem Zusammenhang weitergehend nimmt Thümmel wohl sogar eine Verpflichtung des Vorstandes der Zielgesellschaft zur Abwehr an, vgl. Thümmel, DB 2000, 461, 463, vgl. demgegenüber jedoch noch Thümmel, Persönliche Haftung von Managern und Aufsichtsräten, Rdn. 159, wo er eine strikte Neutralitätspflicht annimmt.

[3119] Vgl. Dimke/Heiser, NZG 2001, 241, 246 f.

[3120] Vgl. dazu auch Dimke/Heiser, NZG 2001, 241, 246.

[3121] Vgl. hierzu oben unter D. I.

[3122] Vgl. Peltzer, ZfgK 1988, 577, 578, 580 ff.

[3123] Vgl. Dimke/Heiser, NZG 2001, 241, 251.

[3124] Vgl. Dimke/Heiser, NZG 2001, 241, 251. So - jedenfalls im gleichen Zusammenhang mit gleichem Ergebnis, wenngleich auch mit anderer Begründung - ebenfalls Hopt, ZGR 1993, 534, 551.

Vorstandes, so dass die Vornahme von Abwehrmaßnahmen vom Leitungsrecht der Unternehmensleitung nicht umfasst ist.

(2) Ermessensbindung durch die Berücksichtigung legitimer Interessen

Bereits zuvor ist im Rahmen dieser Untersuchung festgestellt worden, in wessen Interesse der Vorstand einer Aktiengesellschaft nach deutschem Recht zu handeln berechtigt ist und wessen Interessen er bei Konflikten vorrangig zu verfolgen hat.[3125] Demnach hat er in jedem Fall vorrangig die Gesellschaftsinteressen zu vertreten. Gleichwohl gibt es fundamentale Interessen der Aktionäre, die den Wesensgehalt der Mitgliedschaftsrechte ausmachen und deren Nichtberücksichtigung nicht vertretbar wäre. Dazu gehören, wie bereits festgestellt, insbesondere die Interessen der Aktionäre an der uneingeschränkten Fungibilität der Aktie und die Kontrollinteressen der Aktionäre.[3126] Diese Interessen begründen infolge ihres Gewichts für die Unternehmensstruktur eine ungeschriebene Kompetenz der Hauptversammlung. Spiegelbildlich resultiert aus der Kompetenz der Hauptversammlung in der besonderen Situation nach Ankündigung oder Abgabe eines Übernahmeangebots eine Reduktion der Leitungsrechte des Vorstandes in Hinblick auf Abwehrmaßnahmen.

b. Ermessensreduktion nach Kapitalmarktrecht

Über das Verbot der Einwirkung auf den Markt für Unternehmensleitungen[3127] hinaus könnte auch eine Reduktion der Leitungsrechte des Vorstandes aus kapitalmarktrechtlichen Gründen geboten sein. Unternehmensübernahmen beeinflussen nicht nur in nationaler - volkswirtschaftlicher - Hinsicht die Vorgänge auf dem Kapitalmarkt. Darüber hinaus wird die Allokationsfunktion des Kapitalmarktes in internationaler Hinsicht durch jeweils unterschiedliches Recht verschiedener Nationen beeinträchtigt. Die angedeutete Problematik wird gerade in den Bemühungen der Europäischen Union, eine weitgehende Angleichung der Übernahmeregelungen zu bewirken,[3128] deutlich. Für eine kapitalmarktliche Funktionsoptimierung ist zu gewährleisten, dass Übernehmer international gleiche rechtliche Bedingungen bei einem Übernahmeversuch vorfinden.[3129] Nur so können international effiziente Allokationsvorgänge stattfinden. Verhindern nationale Rahmenbedingungen, zu denen auch rechtliche Vorgaben gehören, derartige allokative Transaktionen, so

[3125] Vgl. dazu die Ausführungen oben unter I.-VI.

[3126] Vgl. dazu die Ausführungen oben unter 5. d. (1) und (2). Nach einem anderen Ansatz werden diese überlagernden Interessen aus dem so genannten „residual risk“ der Aktionäre hergeleitet. Gerade ihnen stünden vor dem Hintergrund des eingesetzten Kapitals die Kontrollrechte und das Recht zur Vereinnahmung der Gewinne zu, vgl. dazu Hansmann, 4 Journal of Law, Economics, and Organization (1988), 267, 269.

[3127] Vgl. dazu oben unter 4.

[3128] Vgl. dazu oben unter 4. Teil.

[3129] Vgl. zu diesem „level playing field“ und dem Wettbewerb der Systeme weitergehend Dimke/Heiser, NZG 2001, 241, 256 f.; Hopt, ZHR 161 (1997), 368, 381 ff.; Krause, Das obligatorische Übernahmeangebot, 21.

führte ein derartiger Protektionismus zu einer relativ nachteiligen Entwicklung der betroffenen Volkswirtschaft.[3130] Gerade in Hinblick auf die europäische Entwicklung eines zunehmend einheitlichen Wirtschaftsraumes sollte einem derartigen Protektionismus international agierenden Anlegern gegenüber entgegengewirkt werden.[3131] Der Kapitalsammelfunktion der europäischen wie internationalen Kapitalmärkte wäre demgegenüber am besten gedient, wenn die Anleger auf gleiche rechtliche Vorgaben träfen und so das Kapital internationaler Investoren dort angelegt wird, wo es am nützlichsten, am effizientesten, eingesetzt werden kann und (auch aus diesem Grund) zugleich die höchsten Renditen einbringt.[3132]

In Europa nimmt der britische Kapitalmarkt die bedeutendste Rolle, zudem mit Vorbildfunktion, ein.[3133] In Großbritannien gilt die Neutralitätspflicht seit langer Zeit als fundamentaler Grundsatz.[3134] Die hier bestehende Verhaltenspflicht hat die europäische Entwicklung zu einer Übernahmerichtlinie maßgeblich mitbestimmt.[3135] Die Entwicklung des Übernahmerechts in den anderen europäischen Staaten orientiert sich ebenfalls an britischen Vorgaben und sieht weitgehend eine Neutralitätspflicht vor.[3136] In Anbetracht der volkswirtschaftlichen Erwägungen sollte in der Bundesrepublik ebenfalls die Neutralitätspflicht gelten. Eine rechtlich begründete Reduktion der Leitungsrechte kann jedoch mangels rechtlicher Herleitungsmöglichkeit nicht angenommen werden, auch wenn die Rahmenbedingungen des internationalen Kapitalmarkts eine entsprechende Verpflichtung wünschenswert erscheinen ließen.

[3130] Vgl. Dimke/Heiser, NZG 2001, 241, 256; Pötzsch/Möller, WM-Beil. 2/2000, 3, 4. Vgl. im Übrigen zu der Erwartungshaltung international agierender Anleger Schneider, DB 2000, 2413, 2414 ff. Zum Wettbewerb der Finanzmärkte vgl. weitergehend Dietl/Pauli/Royer, Internationaler Finanzplatzwettbewerb.

[3131] Vgl. dazu Dimke/Heiser, NZG 2001, 241, 256; Hopt, ZHR 161 (1997), 368, 384; Schneider, DB 2000, 2413, 2414 ff.

[3132] Vgl. zur Forderung nach einem so genannten „level playing field" in Europa auch Dimke/Heiser, NZG 2001, 241, 256 f.; Hopt, ZHR 161 (1997), 368, 375; Rühland, NZG 2003, 1150, 1150 ff.; Handelsblatt vom 13. Juni 2001, R 2. Zu dieser Problematik vgl. weitergehend auch Jandura, Integration internationaler Finanzmärkte. Zur europarechtlichen Rechtslage von *golden shares* vgl. in diesem Zusammenhang auch EuGH (Plenum), Urteil vom 4. Juni 2002 - Rs. C-367/98 - Kommission der EG ./. Portugiesische Republik; EuGH (Plenum), Urteil vom 4. Juni 2002 - Rs. C-483/99 - Kommission der EG ./. Französische Republik; EuGH (Plenum), Urteil vom 4. Juni 2002 - Rs. C-503/99 - Kommission der EG ./. Königreich Belgien; EuGH, Urteil vom 13. Mai 2003 - Rs. C-463/00 - Kommission der EG ./. Königreich Spanien; EuGH, Urteil vom 13. Juni 2003 - Rs. C-98/01 - Kommission der EG ./. Vereinigtes Königreich Großbritannien und Nordirland; Armbrüster, JuS 2003, 224, 224 ff.; Kilian, NJW 2003, 2653, 2653 ff.; Krause, NJW 2002, 2747, 2747 ff.

[3133] Vgl. Hopt, ZHR 161 (1997), 368, 372.

[3134] Vgl. dazu Blank/Weinberg, On Take-overs and Mergers, 4-7001 ff.

[3135] Vgl. dazu den 13. Report des House of Lords, Select Commitee on the European Communities, Takeover Bids, Session 1995-96, 11 ff. und 40 ff.; vgl. weiter Richter, Chancen für eine Übernahmeregelung in Europa, 26 ff. und 99 ff.

[3136] Vgl. dazu Baums, ZIP 1989, 1376, 1376 ff.; Schuster/Rudolf, in: von Rosen/Seifert, Die Übernahme börsennotierter Unternehmen, 41, 65; Zschocke, in: von Rosen/Seifert, Die Übernahme börsennotierter Unternehmen, 77, 87 ff.

c. Kollidierende Verpflichtungen des Vorstandes

Der festgestellten Reduktion des dem Vorstand zustehenden Leitungsermessens könnten im Einzelfall überragende Rechte oder Pflichten entgegenstehen, die ihn dennoch zur Vornahme von Abwehrmaßnahmen berechtigen oder gar verpflichten. Insbesondere die Abwehr von erheblichen Schädigungen des Unternehmens könnte Abwehrmaßnahmen rechtfertigen.[3137] Wie bereits festgestellt, hat der Vorstand bei der Ausübung der Leitungspflichten grundsätzlich das Gesellschaftsinteresse vor etwaige anderweitige Interessen zu stellen.[3138] Eine Ermessensreduzierung ist dann anzunehmen, wenn die Beschlussfassung der Hauptversammlung das Entscheidungsrecht des Vorstandes nach § 83 Absatz 2 AktG bindet. Hat die Hauptversammlung im Rahmen ihrer Zuständigkeit beschlossen, und dazu gehört auch die Beschlussfassung über Fragen der Geschäftsführung, soweit der Vorstand es verlangt (§ 119 Absatz 2 AktG), so hat gegebenenfalls das Gesellschaftsinteresse hinter dem Interesse der Aktionäre zurückzustehen.[3139] In allen anderen Fällen ist der Vorstand verpflichtet, vorrangig die Interessen des Unternehmens durchzusetzen. Stellt der Vorstand nach sorgfältiger Prüfung der Sach- und Rechtslage fest, dass der Anteilserwerb eines Investors der Gesellschaft schaden würde, könnte er verpflichtet sein, den Beteiligungserwerb zu verhindern. Insofern würde die zumindest gebotene Zurückhaltung bei der Einflussnahme auf die Aktionärsstruktur[3140] hinter der Durchsetzung überragender Interessen der Gesellschaft zurücktreten.[3141]

(1) Sicherung der Autonomie der Gesellschaft

Der Vorstand könnte berechtigt oder sogar verpflichtet sein, die Unabhängigkeit der Gesellschaft zu sichern.[3142] Im Schrifttum wird hierzu vertreten, dass die Autonomie der Gesellschaft Bestandteil ihres Verbandszwecks und damit Teil des Gesellschaftsinteresses sei,[3143] so dass der Eintritt einer Abhängigkeitslage zu einer Änderung des Verbandszwecks führe.[3144] Der Vorstand sei demnach gehalten, im

3137 Vgl. Geibel/Süßmann-Schwennicke, WpÜG, § 33, Rdn. 16; KölnerKommAktG/Mertens, § 76, Rdn. 26; Mülbert, IStR 1999, 82, 89; Hopt, ZGR 1993, 534, 553 ff.; Mertens, AG 1990, 252, 258 f.; van Aubel, Vorstandspflichten bei Übernahmeangeboten, 158 ff.

3138 Vgl. dazu die Ausführungen oben unter VI.

3139 Vgl. dazu oben unter VII. 5. C.

3140 Vgl. dazu oben unter VII. 1.

3141 So ist wohl Thümmel, DB 2000, 461, 463, zu verstehen.

3142 Vgl. Müller, Festschrift Semler, 195, 212 f.; Schander/Posten, ZIP 1997, 1534, 1535; Horn, ZIP 2000, 473, 482; Schmidt-Leithoff, Verantwortung der Unternehmensleitung, 88 f.; vgl. auch LG Aachen, AG 1992, 410, 413 f. Vgl. dazu auch Dimke/Heiser, NZG 2001, 241, 247.

3143 Vgl. Lutter, Festschrift Barz, 199, 212 f.; Mülbert, Aktiengesellschaft, Unternehmensgruppe und Kapitalmarkt, 157; Sonnenberg, Die Änderung des Gesellschaftszwecks, 33 f., 73; Timm, Die Aktiengesellschaft als Konzernspitze, 28.

3144 Vgl. Mülbert, Aktiengesellschaft, Unternehmensgruppe und Kapitalmarkt, 280 ff.

Unternehmensinteresse eine Änderung des Verbandszwecks, und damit eine Abhängigkeitslage, zu verhindern.[3145] Dem ist entgegenzuhalten, dass die Unabhängigkeit der Gesellschaft nicht per se als Verbandszweck zu klassifizieren ist.[3146] Der Verbandszweck umschreibt die Leitidee der Gesellschaft, die grundlegenden Kerninhalte, die das unverzichtbar Charakteristische des Unternehmens ausmachen, zu deren Umsetzung sich die Gesellschafter zusammen getan haben.[3147] Der Verbandszweck beinhaltet aber nur bei ausdrücklicher Festschreibung der Unabhängigkeit der Gesellschaft eine Bestimmung darüber, von wem die Entscheidungen auf Seiten der Anteilseigner faktisch bestimmt werden dürfen.[3148] Der Verbandszweck, der durch Ausübung eigener Tätigkeit für eigene Rechnung gekennzeichnet ist,[3149] wird durch einen Kontrollübergang durch Anteilserwerb nicht berührt, denn auch eine abhängige Gesellschaft hat grundsätzlich vorrangig im eigenen Interesse zu handeln.[3150] Änderungen des Verbandszwecks fallen im Übrigen nach der Grundkonzeption des Aktiengesetzes generell in den Kompetenzbereich der Hauptversammlung.[3151] Würde gleichwohl in der Aufgabe der Unabhängigkeit eine Änderung des Verbandszwecks zu sehen sein, hätte die Hauptversammlung zu entscheiden. Nur am Rande sei in diesem Zusammenhang bemerkt, dass die Aufgabe der Unabhängigkeit nicht generell als Schädigung der Gesellschaft anzusehen ist.[3152] Dem Vorstand wäre insofern aus kompetenzrechtlichen Gründen eine eigenständige Verteidigung der Unabhängigkeit als Bestandteil des Verbandszwecks untersagt.[3153]

(2) Abwehr verbotenen Verhaltens

Der Vorstand könnte zur Abwehr eines Übernahmeversuchs verpflichtet sein, wenn der Bieter Maßnahmen zu ergreifen beabsichtigt, die nicht einmal in die Kompetenz der Hauptversammlung fallen und insofern zulässigerweise nicht beschlossen

[3145] Vgl. dazu auch Aha, AG 1992, 218, 220.

[3146] Vgl. dazu Dimke/Heiser, NZG 2001, 241, 247; Heiser, Interessenskonflikte in der Aktiengesellschaft, 135 ff.; Kessler, AG 1995, 120, 122; Schneider, AG 1990, 56, 61 f.; von Beauvais, Grenzen des Höchststimmrechts, 89.

[3147] Vgl. Reuter, ZGR 1987, 475, 583; Beuthien, BB 1987, 6, 7, Dimke/Heiser, NZG 2001, 241, 247; Sonnenberg, Die Änderung des Gesellschaftszwecks, 6.

[3148] Vgl. Dimke/Heiser, NZG 2001, 241, 247.

[3149] Vgl. insoweit Mülbert, Aktiengesellschaft, Unternehmensgruppe und Kapitalmarkt, 157.

[3150] Vgl. MüKoAktG/Koppensteiner, § 311, Rdn. 26; Dimke/Heiser, NZG 2001, 241, 247; Kropff, ZGR 1984, 112, 117; Strohn, Verfassung der Aktiengesellschaft, 19.

[3151] Vgl. Dimke/Heiser, NZG 2001, 241, 247; Mülbert, IStR 1999, 82, 88; Krause, AG 2000, 217, 221; Thümmel, DB 2000, 461, 463; Otto, DB-Beil. 12/1988, 1, 8.

[3152] Vgl. Dimke/Heiser, NZG 2001, 241, 247; Hommelhoff/Kleindiek, AG 1990, 106, 109 f.; Hopt, ZGR 1993, 534, 563; Kessler, AG 1995, 120, 122; Michalski, AG 1997, 152, 155; Mülbert, IStR 1999, 82, 89; von Beauvais, Grenzen des Höchststimmrechts, 90. Zum Schädigungspotential der Abhängigkeit im Konzern vgl. jedoch auch Emmerich, AG 1987, 1, 3 ff.

[3153] Vgl. Dimke/Heiser, NZG 2001, 241, 247; im Ergebnis auch Thümmel, DB 2000, 461, 463.

werden können oder die schlicht verboten sind.[3154] Teilweise wird eine derartige Schädigungsabsicht an der Person des Bieters festgemacht.[3155] In einem solchen Fall würde möglicherweise eine verbandsverfassungsrechtlich gebotene Reduktion des Leitungsermessens des Vorstandes ausscheiden. Darüber hinaus wird auch die Auffassung vertreten, dass der Vorstand generell zur (verhältnismäßigen)[3156] Abwehr berechtigt sei, wenn der Bieter eine Schädigung des Unternehmens herbeizuführen beabsichtigt.[3157] Auch insofern könnte die festgestellte Reduktion ausnahmsweise nicht Platz greifen.

Zu bedenken ist bei der Annahme derartiger Abwehrverpflichtungen des Vorstandes jedoch, dass nur in extremen Ausnahmesituationen eine derartige Gefahr für die Gesellschaft erkennbar ist.[3158] In vielen Fällen wird die Gefahr bestehen, dass der Vorstand vom Bieter beabsichtigte Veränderungen ohne Grund als unternehmensschädigend erklärt und so Abwehrmaßnahmen zu rechtfertigen versucht.[3159] Dem Vorstand fällt es wegen der Komplexität der Entscheidung und in-

---

[3154] Vgl. KölnerKommAktG/Mertens, § 76, Rdn. 26; Hopt, ZGR 1993, 534, 555; von Aubel, Vorstandspflichten bei Übernahmeangeboten, 158 ff. In diesem Zusammenhang ist in der Literatur immer wieder die beispielhaft aufgeführte Übernahme eines Unternehmens durch eine Mafia-Organisation oder eine extreme Staatsmacht vorzufinden - eine Fallkonstellation, die praktisch nicht relevant ist. Ebenso Maier-Reimer, ZHR 165 (2001), 258, 271.

[3155] Vgl. Hopt, ZGR 1993, 534, 555; van Aubel, Vorstandspflichten bei Übernahmeangeboten, 158 ff.; KölnerKommAktG/Mertens, § 76, Rdn. 26; Mertens, AG 1990, 252, 258 f.; vgl. auch weitergehend Rümker, in Lüthje, Bankbetrieb und Eigenkapitalfinanzierung, 253, 263.

[3156] Wohl als Ausdruck der Verhältnismäßigkeit wird in diesem Zusammenhang auch von einer zugunsten des Vorstandes anzuwendenden „äußerst flexiblen business judgement rule" nach US-amerikanischem Vorbild gesprochen, vgl. Kirchner, AG 1999, 481, 484; Kirchner, BB 2000, 105, 112 f.; Kirchner, WM 2000, 1821, 1830; undifferenziert hierzu auch Mülbert/Birke, WM 2001, 705, 705 f. Vgl. dazu auch ergänzend Geibel/Süßmann-Schwennicke, WpÜG, § 33, Rdn. 15; Weisner, Verteidigungsmaßnahmen gegen unfreundliche Übernahmeversuche, 151; Wiese/Demisch, DB 2001, 849, 851; Witte, BB 2000, 2161, 2165. Allen ist insgesamt allerdings entgegenzuhalten ist, dass in der US-amerikanischen Rechtsprechung sehr strenge Voraussetzungen für die Anwendung der *business judgement rule* aufgestellt sind und insofern der Ausschluss einer gerichtlichen Überprüfbarkeit von Abwehrmaßnahmen lediglich die Ausnahme und nicht die Regel darstellt, vgl. dazu die Ausführungen oben unter 3. Teil D. IX. Vgl. im Übrigen mit ähnlichem Ansatz wohl auch Thümmel, DB 2000, 461, 463, der die Entscheidung von einer „sorgfältigen Analyse des Angebots im Hinblick auf seinen strategischen Wert für das Unternehmen und sein Geschäft sowie bezüglich entstehender Transaktionskosten" abhängig machen will. Dabei soll die erlaubte Intensität von Abwehrmaßnahmen sich an den vom Bieter aufgewandten Kräften und dem Ausmaß des Nachteils der Übernahme für das Unternehmen orientieren.

[3157] Vgl. Geibel/Süßmann-Schwennicke, WpÜG, § 33, Rdn. 16; KölnerKommAktG/Mertens, §76, Rdn. 26.

[3158] So auch Dimke/Heiser, NZG 2001, 241, 247; Lüttmann, Kontrollwechsel in Kapitalgesellschaften, 146; van Aubel, Vorstandspflichten bei Übernahmeangeboten, 43 f.

[3159] Vgl. Dimke/Heiser, NZG 2001, 241, 247. Ein eindrucksvolles Beispiel derartiger Rechtfertigungen stellte das Verhalten des Vorstandes der Mannesmann AG Ende 1999/Anfang 2000 im Übernahmekampf gegen die Vodafone AirTouch plc. dar. Beide Unternehmen begründeten ihre Position mit schlüssigem Vortrag, der durch international anerkannte Beraterteams, Investmentbanken und Rechtsanwälte, gestützt wurde. Kurz vor Ablauf der Annahmefrist entschloss sich der Vorstand der Mannesmann AG dazu, den Zusammenschluss zu empfehlen, obwohl dieser nach wie vor nach den von ihm selbst angeführten Erwägungen eindeutig nachteilig für das Unternehmen und die Aktionäre war. Durch diesen Sinneswandel ist offenbar geworden, dass die von ihm angeführten Gründe für die Abwehr entweder nur zum Schein, möglicherweise zur

folge seiner Kenntnisse über die Zielgesellschaft regelmäßig nicht schwer, die Notwendigkeit von Abwehrmaßnahmen mit einer drohenden Schlechterstellung des Unternehmens und mit nachteiligen Auswirkungen für das Vermögen der Aktionäre schlüssig und nachvollziehbar zu begründen. Eine auch nur ausnahmsweise Berechtigung des Vorstandes zur Vornahme von Abwehrmaßnahmen wäre jedoch nicht nur - auch für ihn selbst - mit erheblichen Abgrenzungsproblemen verbunden, sondern darüber hinaus faktisch nicht zu kontrollieren.[3160]

Unabhängig von der Kontrolle des Vorstandes wäre jeder Aktionär, auch der Bieter nach Beteiligungserwerb, den durch Gesetz und Rechtsprechung festgelegten Aktionärspflichten unterworfen.[3161] Demnach ist sein Verhalten gerichtlich überprüfbar.[3162] Auf seine Veranlassung hin gefasste Beschlüsse der Hauptversammlung unterliegen ebenfalls der gerichtlichen Überprüfung.[3163] Die Annahme einer Schädigungsabsicht von der Person des Bieters abhängig zu machen, begründet die Gefahr von Diskriminierungen bestimmter Einzelpersonen und Personengruppen.[3164] Eine derartige Diskriminierung ist wegen der Missbrauchsgefahr weder generell zu akzeptieren, noch dem Ermessen des Vorstandes zu unterwerfen. Auch

---

Kaschierung eigener Interessen, vorgebracht worden oder schlicht inhaltlich unzutreffend waren. Vgl. dazu auch Weisner, Verteidigungsmaßnahmen gegen unfreundliche Übernahmeversuche, 141 ff.

3160 Vgl. Dimke/Heiser, NZG 2001, 241, 247. Vgl. dazu auch Geibel/Süßmann-Schwennicke, WpÜG, § 33, Rdn. 15 f.; Rhein, Interessenskonflikt der Manager beim Management Buy-out, 100 ff. Vgl. weiter zu den mit den Abgrenzungsschwierigkeiten einhergehenden Haftungsrisiken des Vorstandes Thümmel, DB 2000, 461, 462, der allerdings - und hier kann ihm nicht gefolgt werden - die Haftungsrisiken bei Bestehen einer Neutralitätspflicht höher ansiedelt.

3161 Vgl. auch Assmann/Bozenhardt, in Assmann/Basaldua/Bozenhardt/Peltzer, Übernahmeangebote, 1, 113; Dimke/Heiser, NZG 2001, 241, 248.

3162 Vgl. Dimke/Heiser, NZG 2001, 241, 248.

3163 Zur Beschlusskontrolle vgl. Heiser, Interessenskonflikte in der Aktiengesellschaft, 209 ff. Entgegen der Behauptung von Kirchner, AG 1999, 481, 484, und BB 2000, 105, 109 f., ist die feindliche Übernahme gegenüber anderen Formen des Zusammenschlusses gerade nicht positiv diskriminiert, wenn sich der Vorstand neutral zu verhalten hat. Auch der vom Übernehmer über die Besetzung des Aufsichtsrats bestimmte Vorstand ist allein dem Gesellschaftsinteresse unterworfen. Für den Fall der Einflussnahme sind durch das deutsche Recht Ausgleichsmechanismen vorgesehen. Die Beschlussfassung der vom Übernehmer bestimmten Hauptversammlung unterliegt ebenso der gerichtlichen Kontrolle wie das Verhalten des Übernehmers, der als Aktionär ebenfalls mitgliedschaftlichen Pflichten, insbesondere Treuepflichten, unterworfen ist. Der Übergang der Kontrolle selbst, gleichgültig ob im Wege der feindlichen Übernahme oder auf andere Art und Weise, so beispielhaft durch einen sukzessiven Mehrheitserwerb über die Börse, ist ein reiner Erwerbsvorgang, der die Rechte und Pflichten der Organe und der Aktionäre nicht verändert. Die vom Gesetzgeber vorgesehenen Handlungsalternativen für einen kontrollierenden Aktionär und die von der Legislative vorgegebenen Ausgleichsmechanismen konkretisieren die notwendige Kanalisierung des Einflusses eines kontrollierenden Gesellschafters im Unternehmensverbund. Soweit Kirchner in der unzureichenden Kontrolle und Begrenzung der Fremdbestimmung nach einer Übernahme im Vergleich zu gleichberechtigten Fusionsverhandlungen eine positive Diskriminierung sieht, ist er auf die Konkretisierung und gegebenenfalls erforderliche Verschärfung der Vorschriften über die Einflussnahme beherrschender Mehrheitsaktionäre - gerade im Unternehmensverbund - zu verweisen. Vgl. zu der hier aufgezeigtem Gesamtproblematik bereits Lüttmann, Kontrollwechsel in Kapitalgesellschaften, 24 ff. Vgl. dazu auch Altmeppen, ZIP 2001, 1073, 1075.

3164 Vgl. Dimke/Heiser, NZG 2001, 241, 247; Rhein, Interessenskonflikt der Manager beim Management Buy-out, 102.

zurückliegende Verhaltensweisen des Bieters oder seine Erklärungen zu der anstehenden Übernahme vermögen nicht eine andere Bewertung zu begründen. Demgegenüber bestünde wiederum die Gefahr, dass der Vorstand der Zielgesellschaft die Verhaltensweisen des Bieters und die angekündigten Veränderungen im Eigeninteresse als gesellschaftsschädigend darstellt. Durch dieses offensichtlich bestehende Gefahrenpotential ergäbe sich ein besonderes kostenverursachendes *agency problem*.[3165] Daher ist eine auch nur ausnahmsweise Durchbrechung der Reduktion des Leitungsermessens des Vorstandes abzulehnen.[3166]

Für die somit eindeutige Verhaltenspflicht des Vorstandes im Hinblick auf die Unterlassung von Abwehrmaßnahmen sprechen auch haftungsrechtliche Überlegungen. Die Gefahr, dass der Vorstand zur vorgeblichen Schadensabwehr zu Unrecht Verteidigungsmaßnahmen ergreift, dürfte ungleich größer sein, als eine etwaige Haftung infolge der unbeschränkten Beachtung der Neutralitätspflicht. Für den Vorstand ergäben sich unzumutbare und kaum lösbare Abgrenzungsprobleme, wenn zur Abwehr von Schädigungsgefahren Ausnahmen von der Neutralitätspflicht zugelassen würden.[3167] Nicht zu verkennen ist in diesem Zusammenhang, dass sich auf anderer Ebene für den Vorstand ähnliche Abgrenzungsprobleme auftun. Die Neutralitätspflicht verbietet zielgerichtete Maßnahmen zur Abwendung der Übernahme. Viele Geschäftsführungsmaßnahmen haben aber ohnehin mittelbar Einfluss auf die Zusammensetzung des Aktionärskreises. Demnach befindet sich der Vorstand nach Ankündigung eines Übernahmeangebots ohnehin in einer Situation, in der ihm - zu Recht oder zu Unrecht - vorgeworfen werden kann, dass er pflichtwidrig zielgerichtet auf die Aktionärsstruktur eingewirkt habe und in der er schon allein aus diesem Grund Haftungsrisiken ausgesetzt ist.[3168] Die Zulassung von Ausnahmen vergrößert diese ohnehin bestehende Gefahr der Haftung maßgeblich.[3169] Daher ist auch aus haftungsrechtlichen Gründen eine Durchbrechung der Reduktion der Leitungskompetenz des Vorstandes nicht sachgerecht.

[3165] Vgl. dazu bereits die Ausführungen oben unter 2. Teil C. I. 3. b. (1). Vgl. weitergehend Jensen/ Meckling, 3 Journal of Financial Economics (1976), 305, 305 ff.; Lüttmann, Kontrollwechsel in Kapitalgesellschaften, 169.

[3166] Vgl. dazu Adams, AG 1990, 243, 246; Daum, Die unkoordinierte Übernahme, 147 f.; Dimke/Heiser, NZG 2001, 241, 247, 249; Rhein, Interessenskonflikt der Manager beim Management Buy-out, 100 ff.; von Beauvais, Grenzen des Höchststimmrechts, 90.

[3167] Vgl. Dimke/Heiser, NZG 2001, 241, 248. Vgl. weiter zu den Abgrenzungsschwierigkeiten bei haftungsrelevantem Verhalten des Vorstandes in Übernahmesituationen, Thümmel, DB 2000, 461, 462, der allerdings die Haftungsgefahren für den Vorstand bei unbeschränkter Beachtung der Neutralitätspflicht als größer bewertet.

[3168] Vgl. Dimke/Heiser, NZG 2001, 241, 248; Krause, AG 2000, 217, 219; Michalski, AG 1997, 152, 159; Mülbert, IStR 1999, 83, 89.

[3169] Vgl. Dimke/Heiser, NZG 2001, 241, 248. Die Auflösung der aufgezeigten Problematik kann auch nicht, wie von Kirchner, AG 1999, 481, 484, und BB 2000, 105, 112 f., vorgeschlagen, über die „Anwendung einer „äußert flexiblen business judgement rule" nach US-amerikanischem Vorbild erfolgen. Das kostenerhöhende *agency problem* wird gerade nicht notwendigerweise - wie von ihm wohl angenommen - durch Nachteile für Anteilseigner und *stakeholder* überkompensiert, zumal nach der hier vertretenen Rechtsauffassung vom Verbandsrecht eine Berücksichtigung von *stakeholder*-Interessen ohne gesetzliche

(3) Verhinderung von Zwangslagen für Aktionäre

Gerade im US-amerikanischen Recht werden Verteidigungsmaßnahmen als rechtmäßig beurteilt, wenn vom Bieter Zwangslagen für einen Teil der Aktionäre geschaffen werden.[3170] Dies gilt insbesondere für zweiteilige Angebote, bei denen nach Erwerb der Kontrollmehrheit ein wesentlich geringerer Preis für die restliche Aktien geboten wird und eine Benachteiligung der Minderheitsaktionäre droht.[3171] Derartige Vorgänge können in der Tat zu einem Wettlauf um die Annahme des Angebots führen, obwohl der Verkauf unvorteilhaft ist, weil die Aktionäre ihr Vorgehen in der Gruppe nicht koordinieren können.[3172] Im Vergleich zum amerikanischen Recht ist im deutschen Gesellschaftsrecht dem Minderheitenschutz jedoch weitergehender Rechnung getragen worden. Ein Schutzmechanismus zugunsten der Aktionäre wird hier durch das Konzernrecht gewährt,[3173] so dass hier für die Aktionäre eine im US-amerikanischen Rechtssystem mögliche Zwangslage nicht entstehen kann.[3174] Soweit gleichwohl Schutzlücken verbleiben,[3175] ist eine Lücken-

---

Verpflichtung generell zu unterbleiben hat. Insofern entstünden ausschließlich Nachteile für die Anteilseigner. Im Übrigen ist kein sachgerechtes Gewichtungskriterium von Kirchner vorgegeben. Insgesamt führt die Umsetzung der von Kirchner vertretenen Auffassungen zu einer Verschärfung des *agency problems* und nicht zu einer Lösung der Problematik. Vgl. in diesem Zusammenhang auch die Ausführungen Thümmel in DB 2000, 461, 463, der die zulässige Intensität der Abwehr in Abhängigkeit von den Unternehmungen des Bieters und von der Attraktivität des Angebots für das Unternehmen beurteilen will. Die Kontrollierbarkeit des Vorstandshandelns würde dadurch erheblich beeinträchtigt; der Vorstand würde jederzeit eine plausible und schlüssige Erklärung für Abwehrmaßnahmen liefern. Augenfällig wurde diese Gefahr in der Übernahmeschlacht um Mannesmann zum Jahrtausendwechsel. Sowohl der Mannesmann-Vorstand als auch der Vodafone-Vorstand hatten unter Zuhilfenahme internationaler Beraterteams plausibel ihre gegenteiligen Auffassungen dargestellt und hatten gleichwohl plötzlich und zur Überraschung Aller den Aktionären einen Zusammenschluss empfohlen. Vgl. im Zusammenhang dazu auch Dimke/Heiser, NZG 2001, 241, 248 f. Vgl. zum Meinungsumschwung beim Vorstandsvorsitzenden der Mannesmann AG auch Burgard, WM 2000, 611, 611 ff.; Frankfurter Allgemeine Zeitung vom 9. Februar 2000, 29.

[3170] Vgl. zu den sogenannten *coercive tender offers* Easterbrook/Fischel, The Economic Structure of Corporate Law, 220. Zur generellen Zwangslage der Zielgesellschaftsaktionäre bei Übernahmevorgängen, zum so genannten *prisoner's dilemma*, vgl. weitergehend Rapoport/Chammah, Prisoner's Dilemma; Witt, NZG 2000, 809, 811 ff.; Witt, Übernahmen von Aktiengesellschaften, 82 ff.; vgl. auch Assmann/Bozenhardt, in Assmann/Basaldua/Bozenhardt/Peltzer, Übernahmeangebote, 1, 11 f.; Bebchuk, 98 Harvard Law Review (1985), 1693, 1766 ff.; Dimke/Heiser, NZG 2001, 241, 256; Hahn, ZBB 1990, 10, 14; Herkenroth, Konzernierungsprozesse, 336 ff.; Herrmann, Zivilrechtliche Abwehrmaßnahmen gegen unfreundliche Übernahmeversuche, 20; Lüttmann, Kontrollwechsel in Kapitalgesellschaften, 38 ff, 73 ff., 140 ff.; Ott/Schäfer, Ökonomische Analyse des Zivilrechts, 468 ff.; Reul, JbjZRWiss 1990, 11, 26 f.; Röhrich, Feindliche Übernahmeangebote, 84 f.; Sandberger, DZWir 1993, 319, 321; Weimar/Breuer, BB 1991, 2309, 2310.

[3171] Vgl. dazu oben unter 3. Teil D. X. 8. d.

[3172] Vgl. dazu Bebchuk, 12 Delaware Journal of Corporate Law (1987), 911, 917 ff.; vgl. auch Lüttmann, Kontrollwechsel in Kapitalgesellschaften, 37 ff.; van Aubel, Vorstandspflichten bei Übernahmeangeboten, 46 ff.

[3173] Vgl. dazu die Ausführungen oben unter C. X. Zur Schwierigkeit der praktischen Feststellung und Durchsetzung vgl. Adams, AG 1990, 243, 249.

[3174] Vgl. Hüffer, AktG, § 311, Rdn. 9; Altmeppen, ZIP 1996, 693, 693 ff.; Dimke/Heiser, NZG 2001, 241, 256; Heiser, Interessenskonflikte in der Aktiengesellschaft, 335 ff.; Hommelhoff, ZHR 156 (1992), 295,

füllung geboten. Im Übrigen ist aber auch insoweit wiederum von einer Missbrauchsgefahr und von der Unkontrollierbarkeit der Maßstäbe mit der Folge auszugehen, dass dem Vorstand kein Recht zur Abwehr von Übernahmen einzuräumen ist.[3176]

d. Ergebnis

Die Untersuchung der teleologischen Reduktion der Leitungskompetenz hat ergeben, dass der Vorstand einer Zielgesellschaft in seinen durch § 76 Absatz 1 AktG eingeräumten Leitungsrechten dahingehend beschränkt ist, dass ihm die Vornahme von Abwehrmaßnahmen untersagt ist. Wegen der nicht zu gewährleistenden Kontrollierbarkeit des Vorstandshandelns in Übernahmesituationen ist es ihm auch verboten, ausnahmsweise in besonderen Situationen vom Neutralitätsgebot abzuweichen.

7. Ergebnis

Die Untersuchung hat gezeigt, dass die Beurteilung des Verhaltens der Unternehmensleitungen in Übernahmesituationen sowohl nach kapitalmarktrechtlichen, als auch nach gesellschaftsrechtlichen Überlegungen vorzunehmen ist.[3177] Gesellschaftsrecht ist als Organisationsrecht zu verstehen, das die verbandsinterne Abstimmung der an der gemeinsamen Zweckverfolgung beteiligten Interessensträger sowie die Ordnung des verbandseigenen Sondervermögens vornimmt.[3178] Das Kapitalmarktrecht dient dem Schutz der Funktionsfähigkeit dieses Marktes und

---

312 ff.; Lutter, ZHR 151 (1987), 444, 460; Mülbert, Aktiengesellschaft, Unternehmensgruppe und Kapitalmarkt, 474; Rittner, ZGR 1990, 203, 214, 218; Schmidt, JZ 1992, 856, 859; eher kritisch dagegen Kölner Komm AktG/Koppensteiner, § 311, Rdn. 49, 56; Bälz, AG 1992, 277, 283 ff.; Emmerich, AG 1987, 1, 1 ff.; Henze, BB 1996, 489, 489 f.; Immenga, Festschrift Böhm, 253, 253 ff.; Reul, Die Pflicht zur Gleichbehandlung der Aktionäre, 278 ff.

[3175] Vgl. dazu weitergehend Witt, NZG 2000, 809, 811 ff.; Wolf, AG 1998, 212, 215, 219 f.; Roos, WM 1996, 2177, 2184 f.; Schneider/ Burgard, DB 2001, 963, 965 ff. Vgl. auch Kirchner, WM 2000, 1821, 1824, der eine Besserstellung der Aktionäre bei einer Neutralitätspflicht anzweifelt. Die Offenkundigkeit von Schutzlücken erweist sich auch vor dem Hintergrund BVerfG 14, 263 - Feldmühle; BVerfG, NJW 2001, 279 - MotoMeter; BGH, BB 1988, 577 - Linotype; OLG Stuttgart, ZIP 1995, 1515 - MotoMeter I; OLG Stuttgart, ZIP 1997, 362 - MotoMeter II; BayObLG, ZIP 1998, 2002 - Magna Media ./. WEKA.

[3176] So jedenfalls im Ergebnis auch Dimke/Heiser, NZG 2001, 241, 256.

[3177] Zur den Schwierigkeiten der Abgrenzung von Kapitalmarkt- und Verbandsrecht vgl. Assmann/Schütze, Handbuch des Kapitalmarkt-rechts, § 1, Rdn. 3; Hopt, ZHR 141 (1977), 389, 420; Heiser, Interessenskonflikte in der Aktiengesellschaft, 12 ff.; Heiser, 11 European Business Law Review (2000), 60, 60 ff. Zur Abgrenzung im Zusammenhang mit Übernahmevorgängen vgl. Dimke/Heiser, NZG 2001, 241, 241 ff.; Hirte, in von Rosen/Seifert, Übernahme börsennotierter Unternehmen, 341, 343; Kirchner, WM 2000, 1821, 1823; Mai, Aktionärsschutz, 22 ff.; Meier-Schatz, WuR 1987, 16, 20; Merkt, AG 2003, 126, 133 ff.; von Hein, AG 2001, 213, 219; Zimmer, Internationales Gesellschaftsrecht, 85 ff.

[3178] Vgl. dazu weitergehend Dimke/Heiser, NZG 2001, 241, 242 ff; Schwark, Festschrift Stimpel, 1097, 1090 f.; Großkommentar/Assmann, Einl., Rdn. 353, 356; von Hein, AG 2001, 213, 219.

damit vorrangig dem Vertrauensschutz der Anleger.[3179] Vor dem Hintergrund der verschiedenen Schutzrichtungen dieser Rechtsgebiete ergeben sich des Öfteren Überschneidungen, die einem harmonisierenden Ausgleich zuzuführen sind.[3180] Insofern hätte erwartet werden können, dass die Untersuchungen der Leitungspflichten diesbezüglich zu widersprechenden Ergebnissen führen. Es hat sich hier allerdings gezeigt, dass sowohl aus dem Gesellschaftsrecht als auch aus dem Kapitalmarktrecht übereinstimmend eine Verpflichtung der Unternehmensleitungen von Zielgesellschaften zur Wahrung der Neutralität in Übernahmesituationen folgt.

Im Gesellschaftsrecht folgt die Neutralitätspflicht aus einer ungeschriebenen Kompetenz der Hauptversammlung und aus einer entsprechenden Reduktion der Leitungskompetenz des Vorstandes. Im Kapitalmarktrecht folgt diese Verpflichtung aus dem Verbot der Einflussnahme auf den Markt durch Unternehmensleitungen, aus dem Verbot der Beschränkung der Fungibilität der Aktien und aus dem Verbot des Eingriffs in die Kontrollrechte der Aktionäre. Das Verbot der Beschränkung der Anteilsfungibilität und das Verbot des Eingriffs in Kontrollrechte der Aktionäre führt im Ergebnis sowohl unter kapitalmarkt- als auch unter gesellschaftsrechtlichen Betrachtungen zur Neutralitätspflicht. Demnach korreliert die gesellschafts- und kapitalmarktrechtliche Begründung für die Reduktion der Leitungsrechte des Vorstandes bzw. für die überlagernde Kompetenz der Hauptversammlung, über das Verhalten des Vorstandes in Übernahmesituationen zu entscheiden, auch wenn die Kompetenzordnung des Aktienrechts keine grundsätzlich strikte Kompetenzabgrenzung vorsieht, sondern vielmehr von Kompetenzüberschneidungen geprägt ist.[3181]

VIII. Umfang der Neutralitätspflicht

Die Neutralitätspflicht enthebt den Vorstand nicht bestimmter Reaktionen, die im Interesse der Aktionäre liegen. Sie sind im Folgenden abzugrenzen.

1. Pflicht zur Stellungnahme

Trotz des Verbots, eigenmächtig Abwehrmaßnahmen zu ergreifen, hat die Geschäftsleitung nach Abgabe eines Übernahmeangebots eine umfassende, wertende und begründete Stellungnahme zum Angebot abzugeben.[3182] Sie kann grundsätzlich

[3179] Vgl. die Schutzbestimmungen in den Gesetzesmaterialien zum Zweiten Finanzmarktförderungsgesetz, in: BT-Drs. 12/7918, 102; vgl. auch Dimke/Heiser, NZG 2001, 241, 242; Hirte, in Lutter/Wiedemann, Gestaltungsfreiheit im Gesellschaftsrecht, 61, 74 ff.; Kümpel/Ott, Kapitalmarktrecht, 050, 38; von Hein, AG 2001, 213, 219; Zimmer, Internationales Gesellschaftsrecht, 42 ff.

[3180] Vgl. Heiser, 11 European Business Law Review (2000), 60, 60 ff.; Hirte, in Lutter/Wiedemann, Gestaltungsfreiheit im Gesellschaftsrecht, 61, 74 ff; Merkt, AG 2003, 126, 126 ff.; Mülbert, ZGR 1997, 129, 129 ff.; Kirchner, AG 1999, 481, 481 ff.; Zimmer, Internationales Gesellschaftsrecht, 85 ff.

[3181] Vgl. Dimke/Heiser, NZG 2001, 241, 241 ff.; vgl. dazu ferner Martens, Festschrift Beusch, 529, 544.

[3182] Einhellige Meinung, vgl. beispielhaft Baums, in von Rosen/Seifert, Übernahme börsennotierter Unternehmen, 165, 177; Bozenhardt, Freiwillige Übernahmeangebote, 143; Busch, Regelung von Übernahmeangeboten, 108 ff.; Daum, Die unkoordinierte Übernahme, 144 f.; Dimke/Heiser, NZG 2001, 241, 249;

auch geeignet sein, die Mehrheit der Aktionäre zur Ablehnung des Angebots zu veranlassen[3183] und hat insofern abwehrenden Charakter.[3184] Diese inzwischen unstreitige Verpflichtung geht über den verbandsrechtlichen Anspruch der Aktionäre aus § 131 AktG hinaus[3185] und stellt insofern eine § 76 AktG überlagernde und aus der besonderen wirtschaftlichen Bedeutung der Entscheidung für das Unternehmen und das Vermögen der Aktionäre resultierende[3186] Sonderpflicht dar, die gleichzeitig eine Treuepflicht unmittelbar gegenüber den Aktionären begründet.[3187] Mit der Verpflichtung zur Stellungnahme kommt die Unternehmensleitung im Übrigen der kapitalmarktrechtlich aus Gründen des Anlegerschutzes gebotenen Minimie-

---

Mülbert, IStR 1999, 83, 88 f.; Ebenroth/ Daum, DB 1991, 1157, 1158 ff.; Haarmann/Riehmer/Schüppen-Röh, WpÜG, § 33, Rdn. 42; Hirte, in von Rosen/Seifert, Übernahme börsennotierter Unternehmen, 341, 346; Hopt, ZHR 161 (1997), 368, 411; Hopt, ZGR 1993, 534, 556; Hopt, Festschrift Rittner, 187, 203; Hopt, ZHR 161 (1997), 368, 411; Knoll, Übernahme von Kapitalgesellschaften, 167; Martens, Festschrift Beusch, 529, 549; Rümker, Festschrift Heinsius, 683, 687; Assmann/Bozenhardt, in Assmann/Basaldua/Bozenhardt/Peltzer, Übernahmeangebote, 1, 103 ff.; KölnerKommAktG/Mertens, § 76, Rdn. 26; Pötzsch/Möller, WM-Beil. 2/2000, 3, 24 f.; van Aubel, Vorstandspflichten bei Übernahmeangeboten, 32 ff., 172 ff.; Weisner, Verteidigungsmaßnahmen gegen unfreundliche Übernahmeversuche, 155; Witt, Übernahmen von Aktiengesellschaften, 78 f.; Witte, BB 2000, 2161, 2163. Vgl. dazu auch die Bestimmung des § 27 WpÜG, WÜG-E und Begründung des Bundesfinanzministeriums zum Referentenentwurf eines Gesetzes zur Regelung von öffentlichen Angeboten zum Erwerb von Wertpapieren und von Unternehmensübernahmen vom 12. März 2001 (über Internet abzurufen über „www.bundesfinanzministerium.de"), 127 f.; Begründung der Bundesregierung zum Entwurf eines Gesetzes zur Regelung von öffentlichen Angeboten zum Erwerb von Wertpapieren und von Unternehmensübernahmen (über Internet abzurufen über „www.bundesfinanzministerium.de"), 126 f.

[3183] Vgl. Baums, in von Rosen/Seifert, Übernahme börsennotierter Unternehmen, 165, 177; Dimke/Heiser, NZG 2001, 241, 249; Grunewald, AG 2001, 288, 288; Hopt, Festschrift Lutter, 1361, 1366; Körner, DB 2001, 367, 370; Thümmel, DB 2000, 461, 463.

[3184] Vgl. Dimke/Heiser, NZG 2001, 241, 249; Körner, DB 2001, 367, 370; Weisner, Verteidigungsmaßnahmen gegen unfreundliche Übernahmeversuche, 155.

[3185] Vgl. Mülbert, IStR 1999, 83, 88; van Aubel, Vorstandspflichten bei Übernahmeangeboten, 172.

[3186] Vgl. dazu Assmann/Bozenhardt, in Assmann/Basaldua/Bozenhardt/Peltzer, Übernahmeangebote, 1, 104; Daum, Die unkoordinierte Übernahme, 144; Dimke/Heiser, NZG 2001, 241, 249, 252; Ebenroth/Daum, DB 1991, 1157, 1159; Koch, Hindernisse für öffentliche Übernahmeangebote, 238; Krause, AG 2000, 217, 220; Mülbert, IStR 1999, 83, 88; Hopt, ZGR 1993, 534, 556; Begründung des Bundesfinanzministeriums zum Referentenentwurf eines Gesetzes zur Regelung von öffentlichen Angeboten zum Erwerb von Wertpapieren und von Unternehmensübernahmen vom 12. März 2001 (über Internet abzurufen über „www.bundesfinanzministerium.de"), 127 f.; Begründung der Bundesregierung zum Entwurf eines Gesetzes zur Regelung von öffentlichen Angeboten zum Erwerb von Wertpapieren und von Unternehmensübernahmen (über Internet abzurufen über „www.bundesfinanzministerium.de"), 127.

[3187] Vgl. Daum, Die unkoordinierte Übernahme, 144; Hirte, in von Rosen/Seifert, Übernahme börsennotierter Unternehmen, 341, 348; Mülbert, IStR 1999, 83, 88 f.; van Aubel, Vorstandspflichten bei Übernahmeangeboten, 172 f., 128 ff. So wohl auch Hopt, Festschrift Lutter, 1361, 1380; Witte, BB 2000, 2161, 2163. Vgl. dazu weiter die missverständliche Erklärung in der Begründung des Bundesfinanzministeriums zum Referentenentwurf eines Gesetzes zur Regelung von öffentlichen Angeboten zum Erwerb von Wertpapieren und von Unternehmensübernahmen vom 12. März 2001 (über Internet abzurufen über „www.bundesfinanzministerium.de"), 127, und der Begründung der Bundesregierung zum Entwurf eines Gesetzes zur Regelung von öffentlichen Angeboten zum Erwerb von Wertpapieren und von Unternehmensübernahmen (über Internet abzurufen über „www.bundesfinanzministerium.de"), 127. Vgl. weiter zu Treuepflichten und ihre Anwendungsprobleme auch Lutter, ZHR 162 (1998), 164, 164 ff. A.A. Kort, Festschrift Lutter, 1421, 1438 f.

rung des so genannten Informationsrisikos[3188] nach.[3189] Die Abgabe der Stellungnahme soll die Anteilseigner gerade bei dieser schwierigen und für die zukünftige Geschäftsausrichtung wegweisenden Entscheidung in die Lage versetzen, ihre persönliche Entscheidung unter Zugrundelegung umfassender Information nach Abwägung aller sachlich relevanten Gründe zu treffen.[3190] Im Rahmen dieser Sonderpflicht darf der Vorstand auch Alternativen der Wertsteigerung, beispielsweise durch Umstrukturierungen oder Ausschüttungen, präsentieren,[3191] die er der Hauptversammlung als Alternative zur Annahme des Übernahmeangebots zur Beschlussfassung nach § 119 Absatz 2 AktG vorlegen kann.[3192] Wegen des regelmäßig abwehrenden Charakters der Stellungnahme und der insofern als Sonderpflicht statuierten Durchbrechung der Neutralitätspflicht unterliegt der Vorstand bei der Abgabe der Stellungnahme besonders strengen Regeln.[3193] Es ist ihm untersagt, irreführende oder unzutreffende Angaben zu machen. Die erteilten Informationen sind sorgfältig zu recherchieren und haben so genau wie möglich zu sein.[3194] Sie sind mit angemessener Zurückhaltung zu präsentieren, insbesondere sind reißerische und werbende Maßnahmen als rechtswidrig anzusehen.[3195]

3188 Vgl. GroßkommentarAktG/Assmann, Einl., Rdn. 373 ff.; Dimke/Heiser, NZG 2001, 241, 252; Hopt, Kapitalanlegerschutz, 88 ff., 304 ff. Zu den Informationspflichten des Vorstandes in den Fällen nach § 119 Absatz 2 AktG vgl. BGH, AG 2001, 261, 261 ff.

3189 Vgl. dazu Dimke/Heiser, NZG 2001, 241, 252; Rümker, Festschrift Heinsius, 683, 687; Weber, NJW 2000, 3461, 3463; Weisner, Verteidigungsmaßnahmen gegen unfreundliche Übernahmeversuche, 155. Vgl. zum weitergehenden Informationsanspruch des Aktionärs auch BVerfG, NJW 2000, 349 - Wenger ./. Daimler-Benz.

3190 Vgl. KölnerKommAktG/Mertens, § 76, Rdn. 26; Daum, Die unkoordinierte Übernahme, 144 f.; Dimke/Heiser, NZG 2001, 241, 249, 252; Witt, Übernahmen von Aktiengesellschaften, 79.

3191 Vgl. dazu Ebenroth/Daum, DB 1991, 1157, 1159; Mülbert, IStR 1999, 83, 92.

3192 Vgl. hierzu auch Hopt, ZGR 1993, 534, 556 ff.

3193 Vgl. GroßkommentarAktG/Hopt, § 93, Rdn. 130; Dimke/Heiser, NZG 2001, 241, 249; Ebenroth/Daum, DB 1991, 1157, 1158 ff.; Thümmel, DB 2000, 461, 463; Assmann/Bozenhardt, in Assmann/Basaldua/Bozenhardt/Peltzer, Übernahmeangebote, 1, 103 ff.; van Aubel, Vorstandspflichten bei Übernahmeangeboten, 173.

3194 Vgl. Dimke/Heiser, NZG 2001, 241, 249; Hopt, Festschrift Lutter, 1361, 1379.

3195 Diesen Rahmen haben die „Werbemaßnahmen“ von Mannesmann zur Abwehr des Übernahmeversuchs von vodafone offensichtlich gesprengt (vgl. Altmeppen, ZIP 2001, 1073, 1076; Burgard, WM 2000, 611, 612); diese Werbeaufwendungen sind mit 400 Mio. DM (vgl. Frankfurter Allgemeine Zeitung vom 9. Februar 2000, 29) und 700 Mio. DM (vgl. Frankfurter Allgemeine Zeitung vom 5. Februar 2000, 13) angegeben. Das Landgericht Düsseldorf hatte in diesem Zusammenhang von üblichen Geschäftsführungsmaßnahmen gesprochen, vgl. Landgericht Düsseldorf, AG 2000, 233, 233 f. - Dimke/Heiser ./. Mannesmann, ebenso wohl Hopt, Festschrift Lutter, 1361, 1382 f.; Kiem, EWiR 2000, 413, 413 f.; Körner, DB 2001, 367, 369; Witte, BB 2000, 2161, 2163. Derartige Maßnahmen sind zutreffenderweise nach Altmeppen, ZIP 2001, 1073, 1078 f. auch dann verboten, wenn Vorratsbeschlüsse erlaubt wären und ein entsprechender Beschluss der Hauptversammlung vorläge.

2. Abforderung eines angemessenen Preises

Die Praxis zeigt, dass sich der Vorstand zur Abwehr einer Übernahme für berechtigt, wenn nicht sogar verpflichtet, hält, wenn der Bieter den Aktionären einen unangemessen niedrigen Kursaufschlag anbietet.[3196] Die zunehmend vertretene *Shareholder Value Theorie* verlangt die Ausrichtung des Verhaltens des Vorstandes an den Interessen der Aktionäre.[3197] Demnach hätte der Vorstand nach einer unangemessen niedrigen Angebotsabgabe im Interesse der Aktionäre mit dem Bieter nachzuverhandeln, um den höchstmöglichen Kursaufschlag zu erzielen.[3198] Zur Vorbereitung oder im Zusammenhang mit derartigen Verhandlungen könnte der Vorstand Abwehrmaßnahmen ergreifen. Auch wenn dadurch in Einzelfällen eine Angebotserhöhung erreicht werden kann,[3199] besteht doch immer die Gefahr des Missbrauchs durch den Vorstand.[3200] Darüber hinaus kann sich der Vorstand durch Abwehrmaßnahmen der Außenkontrolle durch den Kapitalmarkt[3201] und dem

---

[3196] Vgl. dazu die Rechtfertigung der Mannesmann-Abwehr gegen den Vodafone-Übernahmeversuch, dargestellt bei Dimke/Heiser, NZG 2001, 241, 247. Im Übrigen entspricht dies wohl auch der Auffassung von Weisner, Verteidigungsmaßnahmen gegen unfreundliche Übernahmeversuche, 146, 148, und Wiese/Demisch, DB 2001, 849, 850. Vgl. auch Kirchner, WM 2000, 1821, 1822; Kirchner, BB 2000, 105, 105 ff. Vgl. im Übrigen dazu auch äußerst kritisch Dimke/Heiser, NZG 2001, 241, 256.

[3197] Vgl. dazu Betsch/Groh/Lohmann, Corporate Finance, 236 ff.; Copeland/Koller/Murrin, Valuation; Groh, DB 2000, 2153, 2153 ff.; McConnell/Muscarella, 14 Journal of Financial Economics (1985), 399, 399 ff.; Mülbert, ZGR 1997, 129, 132; Rappaport, Creating Shareholder Value; Werner, ZGR 1998, 69, 71 f.; Pellens/Tomaszewski/Weber, DB 2000, 1825, 1825 ff.; Schilling, BB 1997, 373, 373 ff.; Zimmermann/Wortmann, DB 2001, 289, 289 ff. Vgl. dazu in diesem Zusammenhang Dimke/Heiser, NZG 2001, 241, 256.

[3198] Soweit und durch das Ergreifen von Abwehrmaßnahmen zur Stärkung der Verhandlungsposition würde dem so genannten *prisoner's dilemma*, vgl. dazu ausführlich Rapoport/Chammah, Prisoner's Dilemma; Witt, NZG 2000, 809, 811 ff.; Witt, Übernahmen von Aktiengesellschaften, 82 ff.; vgl. auch Assmann/Bozenhardt, in Assmann/Basaldua/Bozenhardt/ Peltzer, Übernahmeangebote, 1, 11 f.; Bebchuk, 98 Harvard Law Review (1985), 1693, 1766 ff.; Dimke/Heiser, NZG 2001, 241, 256; Hahn, ZBB 1990, 10, 14; Herkenroth, Konzernierungsprozesse, 336 ff.; Herrmann, Zivilrechtliche Abwehrmaßnahmen gegen unfreundliche Übernahmeversuche, 20; Lüttmann, Kontrollwechsel in Kapitalgesellschaften, 38 ff, 73 ff., 140 ff.; Ott/Schäfer, Ökonomische Analyse des Zivilrechts, 468 ff.; Reul, JbjZRWiss 1990, 11, 26 f.; Röhrich, Feindliche Übernahmeangebote, 84 f.; Sandberger, DZWir 1993, 319, 321; Weimar/Breuer, BB 1991, 2309, 2310; begegnet werden.

[3199] Als ein derartiger Fall sind entgegen der Behauptung von Horn, ZIP 2000, 473, 482, nicht die Werbemaßnahmen der Mannesmann AG im Abwehrkampf gegen vodafone zu verstehen. Hier ging es erklärtermaßen nicht um die Erzielung eines höheren Preises, sondern schlicht um die Abwehr der Übernahme. Die unmaßgebliche Angebotserhöhung folgte so auch lediglich durch das plötzliche und unerwartete Umschwenken des Mannesmann-Vorstandes, vgl. hierzu Burgard, WM 2000, 611, 612, hin zu einer einvernehmlichen Übernahme. Im Übrigen wird eine Kompetenz zum Ergreifen von Abwehrmaßnahmen genau hierin von Weisner, Verteidigungsmaßnahmen gegen unfreundliche Übernahmeversuche, 148, begründet.

[3200] Vgl. Dimke/Heiser, NZG 2001, 241, 256. Vgl. zu dieser Argumentation des Vorstandes selbst im Verlauf des Übernahmekampfes Mannesmann/Vodafone Die Welt vom 08. Dezember 1999, 11; Frankfurter Allgemeine Zeitung vom 07. Dezember 1999, 30; Financial Times vom 09. Dezember 1999, 49; Die Zeit vom 27. Januar 2000, 23 f. Im Übrigen wird die Missbrauchsgefahr von Weisner, Verteidigungsmaßnahmen gegen unfreundliche Übernahmeversuche, 148, völlig übersehen.

[3201] Vgl. dazu die Ausführungen oben unter VII. 5. d. 2.

Disziplinierungs- und Leistungsdruck des Marktes für Unternehmensleitung[3202] mit den aufgezeigten Konsequenzen[3203] entziehen. Demnach berechtigt auch die Forderung eines „angemessenen Preises" den Vorstand nicht, auch nicht als Vorstufe entsprechender Verhandlungen, zu Abwehrmaßnahmen, die der Vorstand aus eigener Kompetenz ergreifen könnte.[3204]

3. Einholung von Konkurrenzangeboten

Darüber hinaus ist die Berechtigung des Vorstandes zu untersuchen, sich um alternative Übernahmeangebote zu bemühen.[3205] Hierzu wird er teilweise nicht nur als berechtigt,[3206] sondern sogar als verpflichtet angesehen, wenn feststeht, dass die Anteilseigner ein Übernahmeangebot annehmen wollen.[3207] Die Unternehmensleitung sei infolge ihrer Treuhänderstellung für die Anteilseigner verpflichtet, in deren Interesse den höchst möglichen Preis zu erzielen.[3208] Konkurrenzangebote stellten, so wird weiter vorgebracht, einen sinnvollen und erwünschten Mechanismus zur Kontrolle des Übernahmepreises dar.[3209] Das Führen von Verhandlungen mit

---

[3202] Vgl. dazu in diesem Zusammenhang Brudney, 85 Columbia Law Review (1985), 1403, 1442; Busch, Regelung von Übernahmeangeboten, 82 ff.; Cook, in Weidenbaum/Chilton, Public Policy Toward Corporate Takeovers, 1, 2; Frei, Öffentliche Übernahmeangebote, 130; Jansch, Rolle der Aktionäre, 93 f.

[3203] Vgl. dazu die Ausführungen oben unter 2. Teil C. 3.

[3204] Vgl. Dimke/Heiser, NZG 2001, 241, 256.

[3205] Vgl. zur so genannten *auction defense* die Ausführungen oben unter 2. Teil II. 1. B. (7). Zu den Verschwiegenheitspflichten gegenüber einem Drittinteressenten vgl. weitergehend Bihr, BB 1998, 1198, 1198 ff.; Schander/Posten, ZIP 1997, 1534, 1535.

[3206] So Mülbert, IStR 1999, 83, 89; Hopt, Festschrift Lutter, 1361, 1383; Krause, NZG 2000, 905, 911; Baums, in von Rosen/Seifert, Übernahme börsennotierter Unternehmen, 165, 178; van Aubel, Vorstandspflichten bei Übernahmeangeboten, 172; vgl. weitergehend Bebchuk, 95 Harvard Law Review (1982), 1028, 1028 ff.; Bebchuk, 2 Journal of Law, Economics, and Organization (1986), 253, 257; Gilson, 35 Stanford Law Review (1982), 51, 51 ff.; Coffee, 84 Columbia Law Review (1984), 1145, 1145 ff.; Schwartz, 17 Journal of Legal Studies (1988), 165, 165 ff.; Wouters, Common Market Law Review 1993, 267, 306. So im Übrigen auch § 31 Absatz 3 Nr. 1 des Diskussionsentwurfs eines Übernahmegesetzes, vgl. in diesem Zusammenhang und dazu Pötzsch/Möller, WM-Beil. 2/2000, 3, 26.

[3207] Vgl. dazu Busch, Regelung von Übernahmeangeboten, 109. Hopt, Festschrift Lutter, 1361, 1383 f., spricht in diesem Zusammenhang in Anlehnung an eine derartige Verpflichtung im US-amerikanischen Recht von einer „Verdichtung" dieser Pflicht, wenn an dem Verlust der Unabhängigkeit kein Weg vorbeiführt.

[3208] Vgl. Choper/Coffee/Morris, Corporations, 1072; Dimke/Heiser, NZG 2001, 241, 255; Lüttmann, Kontrollwechsel in Kapitalgesellschaften, 142.

[3209] Vgl. Bess, AG 1976, 169, 174; Immenga, SAG 1975, 89, 99; Kübler/Schmidt, Gesellschaftsrecht und Konzentration, 220; Otto, DB- Beil. 12/1988, 1, 4; vgl. auch Posner, Economic Analysis of Law, 388. Zu den Entwicklungen des Übernahmekurses nach Einholung weiterer Angebote vgl. Easterbrook/Fischel, 35 Stanford Law Review (1982), 1, 1 ff. Auch in diesem Zusammenhang wird vorgebracht, dass eine derartige Delegation auf die Unternehmensleitung notwendig sei, weil sich die Anteilseigner selbst in einem so genannten *prisoner's dilemma*, einer aus mangelnden Koordinationsmöglichkeiten ihres Vorgehens resultierenden Zwangslage, vgl. dazu Rapoport/Chammah, Prisoner's Dilemma; Witt, NZG 2000, 809, 811 ff.; Witt, Übernahmen von Aktiengesellschaften, 82 ff.; vgl. auch Assmann/ Bozenhardt, in Assmann/Basaldua/ Bozenhardt/Peltzer, Übernahmeangebote, 1, 11 f.; Bebchuk, 98 Harvard Law Review (1985), 1693, 1766 ff.; Hahn, ZBB 1990, 10, 14; Herkenroth, Konzernierungsprozesse, 336 ff.; Herrmann, Zivilrechtliche Abwehrmaßnahmen gegen unfreundliche Übernahmeversuche, 20; Lüttmann, Kontrollwechsel in Kapitalgesellmehreren Bietern oder das Initiieren eines Bieterwettbewerbs birgt dagegen schon für die Anteilseigner die Gefahr, dass beide Bieter aus Verärgerung über das Verhalten oder aber wegen der Preistreiberei von dem beabsichtigten Übernahmevorhaben wieder Abstand nehmen.[3210] Darüber hinaus gebieten es die schädigenden Auswirkungen auf den Kapitalmarkt,[3211] dem Vorstand die Aufforderung weiterer Interessenten oder die Aufnahme zusätzlicher Verhandlungen zu verbieten. Ein Bieterwettbewerb würde lediglich in den Fällen zu einer wünschenswerten Optimierung der Kapitalallokation führen, in denen der meistbietende Interessent gleichzeitig auch der effektivste Ressourcennutzer ist.[3212] Für diese Annahme spricht zunächst der aus dem höheren Übernahmepreis folgende höhere Kostendruck.[3213] Eine derartige Korrelation von Kostendruck und Effizienzsteigerung hat sich demgegenüber jedoch empirisch nicht nachweisen lassen.[3214] Die Motive für einen Übernahmeversuch sind so vielfältig, dass oberhalb eines bestimmten Schwellenwertes, den viele Bieter zu zahlen bereit sein dürften, nicht vom Kostendruck auf den Grad der Effizienzsteigerung geschlossen werden kann.[3215] Mithin würden höhere Übernahmepreise lediglich Vermögensverschiebungen von den Bietern zu den Aktionären der Zielgesellschaft bedeuten, die keine Effizienzsteigerung auf dem Kapitalmarkt bewirken.[3216] Infolge regelmäßig steigender Transaktionskosten wären zudem immer mehr Bieter geneigt, von dem Versuch effizienzsteigernder Übernahmen abzusehen.[3217] Dies gilt erst recht, weil sich die für jeden Bieter bestehende Gefahr, dass ein weiterer Interessent von den eigenen Informationen und damit von den eigenen Kostenaufwendungen profitiert, mit größerer Wahrscheinlichkeit realisiert.[3218] Diese Entwicklungen können Über-

---

schaften, 38 ff, 73 ff., 140 ff.; Ott/Schäfer, Ökonomische Analyse des Zivilrechts, 468 ff.; Reul, JbjZRWiss 1990, 11, 26 f.; Röhrich, Feindliche Übernahmeangebote, 84 f.; Sandberger, DZWir 1993, 319, 321; Weimar/Breuer, BB 1991, 2309, 2310; befinden. Vgl. im Übrigen auch Bebchuk, 2 Journal of Law, Economics, and Organization (1986), 253, 256 ff., 268 f., der durch *auctions* eine makroökonomisch sinnvolle Regulierung von Übernahmevorgängen annimmt.

3210 Vgl. Posner, Economic Analysis of Law, 388; Wouters, Common Market Law Review 1993, 267, 295, 306.

3211 Vgl. dazu Dimke/Heiser, NZG 2001, 241, 255 f.; Easterbrook/Fischel, 94 Harvard Law Review (1981), 1161, 1177; Koch, Hindernisse für öffentliche Übernahmeangebote, 239; Schwartz, 2 Journal of Law, Economics, and Organization (1986), 229, 230, 248.

3212 Vgl. Bebchuk, 2 Journal of Law, Economics, and Organization (1986), 253, 265 ff.; Dimke/Heiser, NZG 2001, 241, 255; Schwartz, 2 Journal of Law, Economics, and Organization (1986), 229, 242 ff.; Schwartz, 17 Journal of Legal Studies (1988), 165, 191 ff.

3213 Vgl. Bebchuk, 2 Journal of Law, Economics, and Organization (1986), 253, 265 ff.

3214 Vgl. dazu auch Cook, in Weidenbaum/Chilton, Public Policy Toward Corporate Takeovers, 1, 16 ff.

3215 Vgl. auch Dimke/Heiser, NZG 2001, 241, 255 f.

3216 Vgl. Dimke/Heiser, NZG 2001, 241, 255; Easterbrook/Fischel, The Economic Structure of Corporate Law, Chapter 7.

3217 Vgl. Dimke/Heiser, NZG 2001, 241, 255; Easterbrook/Fischel, 94 Harvard Law Review (1981), 1161, 1177 ff.; Koch, Hindernisse für öffentliche Übernahmeangebote, 239; Lüttmann, Kontrollwechsel in Kapitalgesellschaften, 142; Wouters, Common Market Law Review 1993, 267, 306.

3218 Vgl. Bebchuk, 95 Harvard Law Review (1982), 1028, 1034; Cook, in Weidenbaum/ Chilton, Public Policy Toward Corporate Takeovers, 1, 16 ff.; Dimke/Heiser, NZG 2001, 241, 255; Easterbrook/Fischel, 94

nahmeversuche grundsätzlich für einen Erstbieter unrentabel machen und tendenziell effizienzsteigernde Übernahmen verhindern.[3219] Dem wird entgegengehalten, dass der Erstbieter durch den freien Kauf über die Börse vor Ankündigung des Übernahmeangebots genügend profitieren könne,[3220] obwohl ein Bieter durch den Vorerwerb über die Börse Kurssteigerungen bewirken und somit die Übernahme insgesamt verteuern dürfte.[3221] Höhere Kursaufschläge für die Aktionäre werden im Einzelfall aber jedenfalls durch makroökonomisch nachteilige Entwicklungen auf dem Übernahmemarkt und damit hinsichtlich des Disziplinierungs- und Leistungsdrucks überkompensiert.[3222] Schon allein aus diesem Grund und unabhängig von der Gefahr des Scheiterns von Versteigerungsverhandlungen ist dem Vorstand das eigenständige Verhandeln mit Drittinteressenten verboten, solange er nicht nach § 83 Absatz 2 AktG durch einen Hauptversammlungsbeschluss dazu verpflichtet worden ist.[3223] Im Übrigen sei hier am Rande erwähnt, dass die Einholung von Konkurrenzangeboten durch Zugeständnisse zulasten von Gesellschaftsmitteln aus Eigeninteresse des Vorstandes erfolgen könnte und insofern eine Missbrauchsgefahr bestünde.

Harvard Law Review (1981), 1161, 1178 f.; Easterbrook/Fischel, The Economic Structure of Corporate Law, 187 ff.; Posner, Economic Analysis of Law, 388; Schwartz, 2 Journal of Law, Economics, and Organization (1986), 229, 230, 232 ff.; Schwartz, 17 Journal of Legal Studies (1988), 165, 184 f., 193; Wouters, Common Market Law Review 1993, 267, 306; vgl. in diesem Zusammenhang weiter Immenga, SAG 1975, 89, 99, der ein Konkurrenzangebot berücksichtigt wissen will, wenn es um „eine gewisse Quote" besser ist, vgl. dazu wiederum Hopt, ZGR 2002, 333, 358 f.; Kerber, WM Sonderbeil. 3/1988, 3, 11 f.; Lüttmann, Kontrollwechsel in Kapitalgesellschaften, 142. Kritisch dazu Assmann, AG 1994, 237, 253, der einen Erwerb durch einen solchen Bieters als Insiderhandel zur Disposition stellt.

3219 Vgl. Dimke/Heiser, NZG 2001, 241, 255; Easterbrook/Fischel, The Economic Structure of Corporate Law, 187 ff.; a.A. Bebchuk, 95 Harvard Law Review (1982), 1028, 1028 ff.; Gilson, 33 Stanford Law Review (1981), 819, 868-875; Lüttmann, Kontrollwechsel in Kapitalgesellschaften, 142.

3220 Vgl. Bebchuk, 95 Harvard Law Review (1982), 1028, 1035; eingehend Bebchuk, 2 Journal of Law, Economics, and Organization (1986), 253, 255 ff.; Bebchuk, 12 Delaware Journal of Corporate Law (1987), 918, 938 f.; Koch, Hindernisse für öffentliche Übernahmeangebote, 240; Lüttmann, Kontrollwechsel in Kapitalgesellschaften, 142; Munscheck, Übernahmeregelung, 224 f. Vgl. dazu und zum betriebswirtschaftlich schlüssigen Vorerwerb über die Börse im Übrigen auch ausgiebig Chowdhry/Jegadeesh, 29 Journal of Financial and Quantitative Analysis (1994), 117, 117 ff.

3221 Vgl. dazu eingehend Chowdhry/Jegadeesh, 29 Journal of Financial and Quantitative Analysis (1994), 117, 117 ff.

3222 Vgl. dazu weitergehend Easterbrook/Fischel, 94 Harvard Law Review (1981), 1161, 1177, 1179; Easterbrook/Fischel, The Economic Structure of Corporate Law, 204 f.; Lüttmann, Kontrollwechsel in Kapitalgesellschaften, 142, und - mit anderem Ergebnis - Bebchuk, 12 Delaware Journal of Corporate Law (1987), 911, 918, 938 f.; Koch, Hindernisse für öffentliche Übernahmeangebote, 240.

3223 So im Ergebnis ebenfalls Dimke/Heiser, NZG 2001, 241, 255 f.; Easterbrook/Fischel, The Economic Structure of Corporate Law, 220.

4. Fortsetzung der Geschäftstätigkeit

Der Vorstand einer Aktiengesellschaft ist gehalten, seine laufende Geschäftstätigkeit auch in Übernahmesituationen fortzusetzen.[3224] Dies gilt zunächst unabhängig vom Neutralitätsgebot auch für Maßnahmen, die den Interessen eines Bieters widersprechen,[3225] so zum Beispiel für beschlossene und unabhängig vom Übernahmeangebot beabsichtigte Kapitalerhöhungen unter Ausschluss des Bezugsrechts oder für den Rückkauf und die Veräußerung eigener Aktien, soweit die Zweckbindung[3226] oder die Ermessensbindung[3227] eingehalten wird.[3228] In der Praxis hat sich allerdings gezeigt, dass die Handlungsfähigkeit von Vorständen während eines Übernahmevorgangs faktisch erheblich eingeschränkt ist. Auch wenn dies psychologisch verständlich ist, bleibt die Fortsetzung der laufenden Geschäftstätigkeit eine fundamentale Verpflichtung der Vorstände und die Konzentration ihres Handelns auf die Abwehr eines Übernahmeversuchs stellt eine grobe Verletzung der Leitungspflichten dar.[3229] Auch wenn immer wieder erklärt wird, das Unternehmen werde „belagert“ oder „blockiert“,[3230] ist klarzustellen, dass eine Abkehr von der laufenden und beabsichtigten Geschäftsausrichtung nicht durch die Angebotsab-

---

[3224] So auch Altmeppen, ZIP 2001, 1073, 1077; Baums, ZIP 1997, 1310, 1313; Baums, in von Rosen/Seifert, Übernahme börsennotierter Unternehmen, 165, 176; Ehricke/Ekkenga/Oechsler, WpÜG, § 33, Rdn. 45; Geibel/Süßmann-Schwennicke, WpÜG, § 33, Rdn. 45 f.; Hopt, Festschrift Lutter, 1361, 1391; Kallmeyer, DB 2001, Heft 26, I; Witt, Übernahmen von Aktiengesellschaften, 77 f. Diese nach Aktienrecht bestehende Pflicht ist im WpÜG ausdrücklich berücksichtigt. Im Übrigen gehört hierzu auch die Erfüllung vertraglicher oder sonstiger Rechtspflichten. Vgl. zur Abgrenzung der laufenden Geschäftsführung von der Neutralitätspflicht Kirchner, WM 2000, 1821, 1829. Zuzugestehen ist die Problematik der Abgrenzung, nicht hingegen eine Unvereinbarkeit.

[3225] Vgl. Mülbert, IStR 1999, 83, 89; Baums, in von Rosen/Seifert, Übernahme börsennotierter Unternehmen, 165, 176; Geibel/Süßmann-Schwennicke, WpÜG, § 33, Rdn. 41 ff.; Kallmeyer, DB 2001, Heft 26, I; vgl. auch die wohl gegenläufige Regelung in Artikel 8 a) des Richtlinienvorschlages 1997, nach der derartige Maßnahmen nur erlaubt sein dürften, wenn die Hauptversammlung während der Frist für die Annahme des Angebots ihre Zustimmung erteilt hat.

[3226] Bei der Kapitalerhöhung hat die Zweckbindung Gegenstand des Hauptversammlungsbeschlusses zu sein, vgl. dazu oben unter 2. Teil D. II. 1. a. (4); beim Beschluss über den Rückkauf eigener Aktien nach § 71 Absatz 1 Nr. 8 AktG ist nicht notwendigerweise eine Zweckbindung vorzusehen, vgl. RegBeg zu Artikel 1 Nr. 5 des Entwurfs eines Gesetzes zur Kontrolle und Transparenz im Unternehmensbereich (KonTraG) v. 06.11.1998.

[3227] Für den Fall, dass der Beschluss über den Rückkauf eigener Aktien eine Zweckbindung nicht vorsieht, handelt der Vorstand im eigenen Ermessen, das er unter Berücksichtigung des Übernahmeangebots pflichtgemäß auszuüben hätte. Zur Ermessenüberprüfung in derartigen Fällen vgl. Haarmann/Riehmer/Schüppen-Röh, WpÜG, § 33, Rdn. 115 f.

[3228] Vgl. Altmeppen, ZIP 2001, 1073, 1077; Mülbert, IStR 1999, 83, 89; a.A. Krause, AG 1996, 209, 214.

[3229] Vgl. Bästlein, Zur Feindlichkeit öffentlicher Übernahmeangebote, 314.

[3230] Zur tatsächlichen Beeinträchtigung der üblichen Geschäftstätigkeit vgl. weitergehend Bästlein, Zur Feindlichkeit öffentlicher Übernahmeangebote, 181; Ravenscraft/Scherer, in Coffee/Lowenstein/Rose-Ackerman, Knights, Raiders, and Targets, 194, 194 ff.; Scherer, 2 Journal of Economic Perspectives (1988), 69, 69 ff.

gabe, sondern einzig und allein durch die abwehrende Reaktion des betreffenden Vorstandes eingeleitet und weiterverfolgt wird.[3231]

5. Neutralitätsverpflichtung auch bei drohender Schädigung der Gesellschaft

In weiten Teilen des Schrifttums wird die Auffassung vertreten, die Neutralitätsverpflichtung gelte ausnahmsweise nicht bei einer drohenden Schädigung der Gesellschaft,[3232] wobei die Aufgabe der Unabhängigkeit selbst durchweg nicht als Schädigung angesehen wird.[3233] Eine entsprechende Schädigung wird beispielhaft angenommen, wenn der Erwerber gesetzeswidrige Aktivitäten, wie Rüstungsproduktion oder Geldwäsche, plane, der Erwerber eine Mafia-Organisation oder ein totalitärer Staat sei oder aber der Übernehmer unter Verstoß der Kapitalerhaltungsvorschriften die Ausplünderung des Unternehmens vorzunehmen beabsichtige.[3234]

Zur Abwehr verbotenen Verhaltens ist in dieser Untersuchung bereits zuvor Stellung bezogen worden.[3235] Um Wiederholungen zu vermeiden wird hier auf diese Ausführungen Bezug genommen. Im Ergebnis bleibt festzustellen, dass die angesprochene Problematik weitgehend theoretischer Natur ist[3236] und die Neutralitätspflicht auch nicht ausnahmsweise dann verletzt werden dürfte, wenn eine Schädigung der Gesellschaft droht. Dies gilt mangels geeigneter Abgrenzungskriterien und vor dem Hintergrund der Missbrauchsgefahr auch dann, wenn für die Zielgesellschaft infolge der Beteiligung einer Person zu Recht Nachteile am Markt befürchtet würden.[3237]

[3231] Vgl. dazu auch Bästlein, Zur Feindlichkeit öffentlicher Übernahmeangebote, 181. Zuzugestehen ist demgegenüber, dass ein feindlicher Übernahmeversuch die Unternehmensleitung regelmäßig zu einer verstärkten Fokussierung auf die kurzfristige Geschäftsausrichtung veranlasst, vgl. dazu Marquardt, WiB 1994, 537, 537.

[3232] Vgl. Hopt, ZGR 1993, 534, 554, 563; KölnerKommAktG/Mertens, § 76, Rdn. 26; Mertens, AG 1990, 252, 258 f.; van Aubel, Vorstandspflichten bei Übernahmeangeboten, 43 ff.; Rümker, Festschrift Heinsius, 683, 691 f.; Ebenroth/Daum, DB 1991, 1157, 1160; Krause, AG 1996, 209, 215; Otto, DB-Beil. 12/1988, 1, 9; Horn, ZIP 2000, 473, 482; Michalski, AG 1997, 152, 155; Müller, Festschrift Semler, 195, 214.

[3233] Vgl. Hopt, ZGR 1993, 534, 550 f., 563; KölnerKommAktG/Mertens, § 76, Rdn. 26; Mertens, Festschrift Lange, 561, 565; Mertens, AG 1990, 252, 258 f.; van Aubel, Vorstandspflichten bei Übernahmeangeboten, 158 ff.; von Beauvais, Grenzen des Höchststimmrechts, 90; a.A. Rümker, Festschrift Heinsius, 683, 691 f.; Ebenroth/Daum, DB 1991, 1157, 1160; Krause, AG 1996, 209, 215.

[3234] Vgl. KölnerKommAktG/Mertens, § 76, Rdn. 26; van Aubel, Vorstandspflichten bei Übernahmeangeboten, 42 ff.; Hopt, ZGR 1993, 534, 553 ff.; Mertens, AG 1990, 252, 259.

[3235] Vgl. dazu die Ausführungen oben unter VII. 6. c. (2).

[3236] Vgl. dazu weitergehend van Aubel, Vorstandspflichten bei Übernahmeangeboten, 42 ff. Vgl. im Übrigen auch Lüttmann, Kontrollwechsel in Kapitalgesellschaften, 146.

[3237] Vgl. dazu Daum, Die unkoordinierte Übernahme, 147 f.; Ebenroth/Daum, DB 1991, 1157, 1160; van Aubel, Vorstandspflichten bei Übernahmeangeboten, 44 f.; Lüttmann, Kontrollwechsel in Kapitalgesellschaften, 169.

6. Haftungsrechtliche Erwägungen

Den aus der Neutralitätspflicht resultierenden haftungsrechtlichen Konsequenzen kommt für die Begründung der entsprechenden Verpflichtung für den Vorstand keine entscheidungserhebliche Bedeutung zu. Gleichwohl werden die haftungsrechtlichen Auswirkungen in die Diskussion um die Neutralitätspflicht einbezogen.[3238] Nach § 93 Absatz 2 Satz 1 AktG haftet der Vorstand im Falle einer Pflichtenverletzung für den entstandenen Schaden. Bestünde eine Neutralitätspflicht nicht, hätte der Vorstand bei einem Übernahmeversuch über die Vor- und Nachteile der Übernahme und gegebenenfalls über die Verhältnismäßigkeit der in Aussicht genommenen Abwehrhandlungen zu entscheiden. Derartige Beurteilungen und Entscheidungsfindungsprozesse sind schon wegen der Komplexität der Sach- und Rechtslage problembehaftet und begründen ein hohes Haftungsrisiko.[3239] Der Vorstand wäre insofern vor schwer lösbare und nicht zumutbare Aufgaben gestellt. Auch die bestehende Neutralitätspflicht begründet Haftungsrisiken. Die Befolgung der Neutralitätspflicht könnte nämlich immer dann in Frage gestellt werden, wenn in der Ausführung üblicher Geschäftsführungsmaßnahmen, die auch immer irgendeinen Einfluss auf die Struktur der Aktionäre haben können,[3240] die ziel- und zweckgerichtete Unterbindung des Beteiligungserwerbs eines Bieters gesehen werden kann.[3241] Gleichwohl ist die Verhaltensausrichtung auch bezüglich der bestehenden Haftungsrisiken bei Annahme einer Neutralitätspflicht einfacher und transparenter. Somit spräche auch die Feststellung haftungsbegründenden Verhaltens für die Neutralitätspflicht.[3242]

IX. Ergebnis

Die Untersuchung der Leitungspflichten und -rechte des Vorstandes in Übernahmesituationen hat ergeben, dass er schon nach dem geltenden Aktienrecht verpflichtet ist, sich neutral zu verhalten. Die Neutralitätspflicht resultiert zum einen aus der teleologischen Reduktion der nach § 76 Absatz 1 AktG bestehenden Leitungsbefugnisse des Vorstandes. Darüber hinaus resultiert die Neutralitätspflicht des Vorstandes auch aus einer ungeschriebenen Kompetenz der Hauptversammlung, über Abwehrentscheidungen zu befinden. Die gesellschaftsrechtlich begründete Neutralitätspflicht des Vorstandes wird durch die Struktur und die Funktionen des Kapitalmarktes sowie die Verhaltensausrichtung der Marktteilnehmer bestätigt. Die Neutralitätspflicht dient auch der Allokationsoptimierung des Kapitalmarkts. Daher decken sich die Ergebnisse gesellschaftsrechtlicher und kapitalmarktrechtlicher Untersuchungen, ohne dass es infolge inkongruenter Resultate eines harmoni-

[3238] Vgl. dazu insbesondere Thümmel, DB 2000, 461, 462. Vgl. dazu auch Kessler, AG 1995, 120, 129.

[3239] Vgl. dazu auch Götz, NJW 1997, 3275, 3276.

[3240] Vgl. dazu die Ausführungen oben unter VII. 1.

[3241] Vgl. auch hierzu die Ausführungen oben unter VII. 1.

[3242] Vgl. Kessler, AG 1995, 120, 129. A.A. Thümmel, DB 2000, 461, 465.

sierenden Ausgleichs bedürfte. Der Vorstand ist jedoch unbeschadet der Neutralitätspflicht nicht nur berechtigt, sondern sogar verpflichtet, die Aktionäre umfassend und zutreffend zu informieren und eine wertende Stellungnahme zum Übernahmeangebot abzugeben.

E. Rechtliche Bewertung der Einzelmaßnahmen

Da die Unternehmensleitung nach Ankündigung eines Übernahmeangebots einer Neutralitätspflicht unterliegt, hat sie alle Maßnahmen zu unterlassen, die den Anteilseignern eine freie Entscheidung über die Annahme des Angebots erschwert. Insofern hat sie Maßnahmen zu unterlassen, die die Abgabe des Angebots verhindern oder die Übernahme scheitern lassen.
Demnach sind insbesondere Maßnahmen, durch die ein maßgeblicher Teil des Vermögens veräußert wird,[3243] genauso verboten wie vertragliche Abreden mit Dritten, die eine Übernahme durch einen Bieter faktisch ausschließen.[3244] Dies gilt auch für die Abgabe eines Übernahmeangebots für den Bieter[3245] und die Kapitalerhöhung unter Ausschluss des Bezugsrechts - jedenfalls soweit keine abstrakte Ermächtigung des Vorstands zur Abwehr nach § 202 Absatz 1 AktG vorliegen würde.[3246] Ebenso wie der Vorstand unterliegt auch der Aufsichtsrat dem Neutralitätsgebot.[3247] Insofern sind Abfindungsversprechen zugunsten des Vorstandes und die zeitliche Umgestaltung der Anstellungsverträge unzulässig.[3248]

F. Zusammenfassende Würdigung der Verhaltenspflichten der Leitungsorgane

Die hier dargestellten und entwickelten Rechte und Pflichten der Leitungsorgane in Übernahmesituationen stellen ein in sich schlüssiges und widerspruchsfreies System dar. Besondere Angebotskonstellationen, die in den USA Abwehrmaßnahmen der Unternehmensleitung der Zielgesellschaft zum Schutz der Alt- bzw. Minder-

---

3243 So genannte *crown jewels defense*, vgl. oben unter 2. Teil D. II. 1. a. (7).

3244 So genannte *lock up defense*, vgl. dazu oben unter 3. Teil B. I. 5.

3245 So genannte *pac man defense*, vgl. dazu oben unter 2. Teil D. II. 1. b. (2); vgl. zur Unzulässigkeit derartiger Maßnahmen van Aubel, Vorstandspflichten bei Übernahmeangeboten, 170; Assmann/Bozenhardt, in Assmann/Basaldua/Bozenhardt/Peltzer, Übernahmeangebote, 1, 146; a.A. Hauschka/Roth, AG 1988, 181, 194; Ebenroth/Daum, DB 1991, 1157, 1160.

3246 Vgl. dazu Mülbert, IStR 1999, 83, 89, nach der ein Bezugsrechtsausschluss jedenfalls wegen des Verbandszwecks als Folge der Beteiligung an einer unabhängigen Gesellschaft zulässig ist, wenn die qualifizierte Kapitalmehrheit an dieser Gesellschaftsform festhalten will; vgl. auch Wolf, AG 1998, 212, 216 f.

3247 Vgl. Mülbert, IStR 1999, 83, 89. Vgl. dazu auch Herkenroth, AG 2001, 33, 39 f., für die Neutralitätspflicht eines Aufsichtsratsmitgliedes der Zielgesellschaft, das ein Eigeninteresse am Erfolg einer Übernahme hat.

3248 Vgl. Peltzer, AG 1997, 145, 149.

heitsaktionäre ausnahmsweise rechtfertigen, sind in der Bundesrepublik Deutschland weitestgehend positivrechtlich ausgeschlossen. Demnach sind Bedenken gegen die Neutralitätspflicht unter Hinweis auf das US-amerikanische Recht unangebracht. Schutzvorschriften für Minderheitsaktionäre sind unabhängig von Übernahmeverfahren getroffen und zu konkretisieren; sie stellen ein allgemeines Problem dar, das sich nach einem Kontrollwechsel durch Übernahme nur mit höherer Wahrscheinlichkeit realisiert. Die bisher vorherrschende Unsicherheit und die drohende Verletzung der Neutralitätspflicht der Vorstände von Zielgesellschaften machten trotz der bestehenden Rechtslage eine klarstellende gesetzliche Übernahmeregelung erforderlich.

G. Haftung der Leitungsorgane

Im Fall einer Pflichtverletzung durch Leitungsorgane, insbesondere bei Verstößen gegen die Neutralitätspflicht kommt neben der Geltendmachung von Unterlassungsansprüchen gegen die Gesellschaft[3249] eine persönliche Haftung der Organmitglieder in Betracht.[3250] Insoweit ist nach unterschiedlichen Geschädigten zu differenzieren. Führen rechtswidrige Abwehrmaßnahmen zum Scheitern der Übernahme und konnten die Aktionäre daher den Kursaufschlag nicht realisieren, so sind sie als Geschädigte anzusehen. Neben den Aktionären kommt die Zielgesellschaft selbst als Geschädigte in Betracht. Ihr Schaden liegt in der Differenz zwischen dem Gesellschaftsvermögen bei rechtmäßigem Verhalten und dem nach rechtswidrigem Verhalten. Sie liegt mindestens in den Kosten der Abwehrmaßnahmen und möglicherweise in entgangenen Gewinnen wegen der abwehrbedingten Beeinträchtigung ihrer gewöhnlichen Geschäftsführung. Daneben kann weiter auch der Bieter geschädigt sein. Sein Schaden besteht in aller Regel in den vergeblichen Aufwendungen und im entgangenen Gewinn.

Die Zielgesellschaft selbst kann ihre Schäden im Wege der Innenhaftung nach den §§ 93, 116 AktG ersetzt verlangen.[3251] Die Aktionäre und der Bieter könnten

[3249] Vgl. Ehricke/Ekkenga/Oechsler, WpÜG, § 33, Rdn. 41; Bayer, NJW 2000, 2609, 2611; Haarmann/Riehmer/Schüppen-Röh, WpÜG, § 33, Rdn. 136; Hopt, Festschrift Lutter, 1361, 1386; Kiem, ZIP 2000, 1509, 1513, Kort, Festschrift Lutter, 1421, 1441, Krieger, ZHR 163 (1999), 343, 358; MüKoWpÜG-Schlitt, § 33, Rdn. 236.

[3250] Vgl. weitergehend Geibel/Süßmann-Schwennicke, WpÜG, § 33, Rdn. 87 ff.; Ehricke/Ekkenga/Oechsler, WpÜG, § 33, Rdn. 36; Götz, AG 1997, 219, 220; Heermann, ZIP 1998, 761, 767 ff.; Horn, ZIP 1997, 1129, 1129 ff.; Schaefer/Missling, NZG 1998, 441, 442. Vgl. zu der Möglichkeit von Abwehr- und Schadensersatzklagen und zu notwendigen Erweiterungen weitergehend Baums, AG-Sonderheft 8/1997, 26, 27; Bayer, NJW 2000, 2609, 2614 ff.; Lutter, ZHR 159 (1995), 287, 304 ff.; Lutter, ZGR 1998, 191, 210; Wellkamp, Haftung und Haftungsbeschränkung im Gesellschaftsrecht, 207 ff.

[3251] Vgl. Baums, AG-Sonderheft 8/1997, 26, 27; Gawrisch, Ermessensentscheidungen des Aufsichtsrates, 71 ff.; Jaeger/Trölitzsch, WiB 1997, 684, 684 ff.; Mutter, Haftung des Aufsichtsrats, 164; Sailer, Aktienrechtliche Minderheitskompetenzen, 145; Thümmel, Persönliche Haftung von Managern und Aufsichtsräten, Rdn. 73 ff., 192 ff.; Thümmel, DB 1999, 885, 885 f.; Weisner, Verteidigungsmaßnahmen gegen unfreundliche Übernahmeversuche, 272 ff.

demgegenüber Ansprüche allenfalls nach den Regelungen über die Außenhaftung geltend machen.[3252] Mangels Spezialregelung ist insofern auf die deliktsrechtliche Begründung des Anspruchs abzustellen.[3253] Der Aktionär kann insofern eine Schädigung seines Mitgliedschaftsrecht als ein absolut geschütztes Rechtsgut nach § 823 Absatz 1 BGB geltend machen,[3254] während sich der Bieter auf die Verletzung eines Schutzgesetzes im Sinne des § 823 Absatz 2 BGB berufen müsste.[3255]

Während die Annahme der Kausalität beim Vorstand keine Schwierigkeiten bereitet, käme es zur Beurteilung des Aufsichtsratsverhaltens darauf an, ob er die Maßnahmen unterstützt hat.[3256] Dabei kann auch die Verletzung der ihm obliegenden Überwachungspflichten durch Unterlassen für die Schadensentstehung kausal sein.[3257] Der Aufsichtsrat wird regelmäßig informiert sein und Abwehrmaßnahmen durch Beschlussfassung unterstützen.[3258]

I. Haftung gegenüber der Zielgesellschaft

Vorstand und Aufsichtrat haften bei schuldhaften Pflichtverletzungen gegenüber der Gesellschaft nach den §§ 93, 116 AktG.[3259] Zu berechnen ist der Schaden durch

---

[3252] Vgl. dazu weitergehend Bayer, NJW 2000, 2609, 2614 ff.; Lutter, ZHR 159 (1995), 287, 304 ff.; Lutter, ZGR 1998, 191, 210; Thümmel, Persönliche Haftung von Managern und Aufsichtsräten, Rdn. 283 ff.; Thümmel, DB 1999, 885, 886 f. Vgl. auch Adams, AG 1994, 148, 155, der in diesem Zusammenhang zu Recht von einer „faktischen Haftungsfreistellung“ der Unternehmensleitungen spricht. Zum rechtspolitischen Bedarf einer Aktionärsklage im deutschen Aktienrecht vgl. weitergehend Bühring-Uhle/Nelle, AG 1989, 41, 52 f.; Ulmer, ZHR 163 (1999), 290, 318 ff. Vgl. dazu ferner auch Raiser, ZHR 153 (1989), 1, 1 ff. Ablehnend dazu Zöllner, ZGR 1988, 392, 430 f., 435 ff., der das geltende Recht für ausreichend hält. Krieger, ZHR 163 (1999), 343, 343 ff., 362 f., hält die bestehende Rechtslage gar für zu weitgehend und regt eine Beschneidung der Aktionärsrechte an. Zu den Kosten von Aktionärsklagen vgl. die ökonomische Analyse von Adams, AG 2000, 396, 396 ff.

[3253] Vgl. Thümmel, Persönliche Haftung von Managern und Aufsichtsräten, Rdn. 283 ff.; Thümmel, DB 1999, 885, 887. Vgl. ferner dazu Mutter, Haftung des Aufsichtsrats, 166 ff.; Sailer, Aktienrechtliche Minderheitskompetenzen, 145 ff.

[3254] Vgl. BGHZ 110, 323, 327 f., 334; Abeltshauser, Leitungshaftung, 421; Brondics, Aktionärsklage, 94 ff.; Geibel/Süßmann-Schwennicke, WpÜG, § 33, Rdn. 89; Herrmann, Funktion, Kontrolle und Haftung der Leitungsorgane, 187 f.; Knoll, Übernahme von Kapitalgesellschaften, 276 f.; Münchener Hdb GesellschaftsR/AG-Wiesner, § 18, Rdn. 7; Thümmel, Persönliche Haftung von Managern und Aufsichtsraten, Rdn. 284 ff., 298. Zu Ansprüchen aus § 826 BGB vgl. auch Thümmel, DB 1997, 261, 262.

[3255] Vgl. dazu Thümmel, Persönliche Haftung von Managern und Aufsichtsräten, Rdn. 287 f.

[3256] Vgl. allgemein zur Außenhaftung des Aufsichtsrats Thümmel, DB 1999, 885, 886 ff. Vgl. auch Lutter, ZHR 159 (1995), 287, 304 ff.

[3257] Vgl. hierzu auch Götz, AG 1997, 219, 221: „Kontrollmängel des Aufsichtsrats“; Thümmel, Persönliche Haftung von Managern und Aufsichtsräten, Rdn. 285.

[3258] Vgl. insofern die Aufsichtsratsentscheidung der Mannesmann AG hinsichtlich vom Vorstand beabsichtigter Abwehrmaßnahmen, veröffentlicht von Mannesmann über deren *Homepage*. Unter Haftungsaspekten stellt sich eine derartige Veröffentlichung als nicht interessensgerecht dar.

[3259] Vgl. dazu weitergehend Hüffer, AktG, § 93, Rdn. 11 ff., § 116, Rdn. 2 ff.; KölnerKommAktG/Mertens, § 116, Rdn. 57 ff.; Baums, Neuregelung des aktienrechtlichen Anfechtungs- und Organhaftungsrechts, F 228 ff.; Brondics, Aktionärsklage, 52 f.; Kau/Kukat, BB 2000, 1045, 1045 f., 1048 f.; Gawrisch, Ermessensentscheidungen des Aufsichtsrates, 71 ff.; Götz, AG 1997, 219, 220; Heermann, ZIP 1998, 761, 765 ff.;

den Vergleich des aktuellen Gesellschaftsvermögens mit dem Wert des Gesellschaftsvermögen bei pflichtgemäßem Verhalten.[3260] Er besteht zumindest in Höhe der für die Abwehrmaßnahmen aufgewandten Mittel und gegebenenfalls in Höhe eines infolge der Abwehrmaßnahmen entgangenen Gewinns bzw. einer eingetretenen Vermögensverringerung.[3261] Gerade nach der außerordentlich intensiven Werbeschlacht der Mannesmann AG gegen die Übernahme durch Vodafone AirTouch plc[3262] ist offenbar geworden, dass für Abwehrmaßnahmen regelmäßig hohe Kosten aufgewandt werden. Auch der Verkauf eines Unternehmensteils unter Preis wäre ein Schaden für die Zielgesellschaft.[3263] Für das Fehlen der Kausalität trägt die Unternehmensleitung entsprechend der gesetzlichen Regelung des § 93 Absatz 2 Satz 2 AktG die Beweislast.[3264] Dies gilt nach allgemeiner Auffassung nicht hinsichtlich des Pflichtenverstoßes sondern auch für die Frage des Verschuldens.[3265]

Henze, BB 2000, 209, 213 ff.; Henze, Aktienrecht, Rdn. 47 b; Hoffmann/Preu, Der Aufsichtsrat, Rdn. 511 ff.; Holzer/Makowski, DB 1997, 688, 689; Hommelhoff/Mattheus, AG 1998, 249, 258; Horn, ZIP 1997, 1129, 1129 ff.; Kiethe, NZG 1999, 976, 976; Kindler, ZHR 162 (1998), 101, 104 ff.; Knoll, Übernahme von Kapitalgesellschaften, 277 f.; Jaeger/Trölitzsch, WiB 1997, 684, 684 ff.; Lehner, Verantwortlichkeit der Leitungsorgane, 30 f.; Martens, Managementüberwachung durch den Aufsichtsrat, 26 f.; Schaefer/Missling, NZG 1998, 441, 441 ff.; Thümmel, DB 1997, 261, 261 ff.; Thümmel, Persönliche Haftung von Managern und Aufsichtsräten, Rdn. 193; Thümmel, DB 1997, 261, 261; Thümmel, DB 1999, 885, 885 ff.; Thümmel, DB 2000, 461, 461 ff. Vgl. dazu auch LG Stuttgart, AG 2000, 237, 239; LG Bielefeld, BB 1999, 2630 - Balsam AG; OLG Düsseldorf, AG 1995, 416 - ARAG AG; OLG Düsseldorf, AG 1996, 373; OLG Düsseldorf, AG 1997, 231; BGH, AG 2003, 361, 361 ff.; BGH, AG 1997, 377, 377 ff.

[3260] Vgl. Haarmann/Riehmer/Schüppen-Röh, WpÜG, § 33, Rdn. 145; Thümmel, Persönliche Haftung von Managern und Aufsichtsräten, Rdn. 163; Thümmel, DB 2000, 461, 462.

[3261] Vgl. Ehricke/Ekkenga/Oechsler, WpÜG, § 33, Rdn. 36; Haarmann/Riehmer/Schüppen-Röh, WpÜG, § 33, Rdn. 145; MüKoWpÜG-Schlitt, § 33, Rdn. 243.

[3262] Vgl. Frankfurter Allgemeine Zeitung vom 5. Februar 2000, 13 - Werbeaufwendungen in Höhe von 700 Mio. DM. Vgl. auch Frankfurter Allgemeine Zeitung vom 9. Februar 2000, 29; Handelsblatt vom 11. Januar 2000, 12. Vgl. dazu auch Handelsblatt vom 13. Juni 2001, R 2, mit diesbezüglich kritischem Inhalt.

[3263] Vgl. Haarmann/Riehmer/Schüppen-Röh, WpÜG, § 33, Rdn. 145.

[3264] Vgl. BGH, AG 2003, 361, 361 f.; Heermann, AG 1998, 201, 206; Heermann, ZIP 1998, 761, 765 ff.; Kau/Kukat, BB 2000, 1045, 1046; Kindler, ZHR 162 (1998), 101, 104; Lutter, ZHR 159 (1995), 287, 305; Martens, Managementüberwachung durch den Aufsichtsrat, 26 f.; Schaefer/Missling, NZG 1998, 441, 444 f.; Scharpf, DB 1997, 737, 738; Thümmel, DB 1997, 261, 261 ff.; Thümmel, DB 1999, 885, 885 ff.; Weisner, Verteidigungsmaßnahmen gegen unfreundliche Übernahmeversuche, 272. Vgl. im Übrigen zu dieser Beweislastverteilung auch nach der *business judgement rule* im US-amerikanischen Recht auch Heermann, AG 1998, 201, 204 f. Vgl. allgemein zur Beweislast auch Horn, ZIP 1997, 1129, 1135.

[3265] Vgl. BGH, DB 1974, 1619; BGH, NJW 1986, 54; KölnerKommAktG/Mertens, § 93, Rdn. 102; GroßkommentarAktG/Hopt, § 93, Rdn. 285; Hüffer, AktG, § 93, Rdn. 16; Heermann, AG 1998, 201, 206; Heermann, ZIP 1998, 761, 768; Horn, ZIP 1997, 1129, 1135; Jansch, Rolle der Aktionäre, 86; Kau/Kukat, BB 2000, 1045, 1046; Kiethe, NZG 1999, 976, 976; Kindler, ZHR 162 (1998), 101, 103 ff.; Lutter, ZHR 159 (1995), 287, 305; Roth, Unternehmerisches Ermessen, 139 ff.; Schaefer/Missling, NZG 1998, 441, 442; Thümmel, DB 1997, 261, 261 ff.; Thümmel, Persönliche Haftung von Managern und Aufsichtsräten, Rdn. 167 ff.; Thümmel, DB 1999, 885, 885 ff.; Wellkamp, Haftung und Haftungsbeschränkung im Gesellschaftsrecht, 211 f., 222 f.

Der Anspruch der Zielgesellschaft gegen den eigenen Vorstand ist nach § 112 AktG vom Aufsichtsrat geltend zu machen.[3266] Ihm obliegt nach der Rechtsprechung des Bundesgerichtshofs die Verpflichtung zur eigenständigen Prüfung und Geltendmachung von Haftungsansprüchen gegenüber dem Vorstand.[3267] In den Fällen, in denen der Aufsichtsrat die Abwehr unterstützt oder mitgetragen hat,[3268] wäre ein besonderer Vertreter gemäß § 147 Absatz 2 AktG zu bestellen.[3269] Die Hauptversammlung oder eine 5- bzw. 10%ige Minderheit von Aktionären[3270] kann ebenfalls verlangen, dass Schadensersatzansprüche durchgesetzt werden.[3271] Nach einer

3266 Vgl. Hüffer, AktG, § 112, Rdn. 2 ff.; Adams, ZIP 1996, 1590, 1596; Baums, Neuregelung des aktienrechtlichen Anfechtungs- und Organhaftungsrechts, F 241; Bork, in Hommelhoff/Röhricht, Gesellschaftsrecht, 53, 53; Gawrisch, Ermessensentscheidungen des Aufsichtsrates, 12, 75 ff., 261 ff.; Götz, NJW 1997, 3275, 3275 ff.; Heermann, AG 1998, 201, 201 ff.; Henze, BB 2000, 209, 215; Herrmann, Funktion, Kontrolle und Haftung der Leitungsorgane, 193; Jaeger/Trölitzsch, WiB 1997, 684, 685; Kau/Kukat, BB 2000, 1045, 1046; Kiethe, NZG 1999, 976, 977; Kindler, ZHR 162 (1998), 101, 107 ff.; Lehner, Verantwortlichkeit der Leitungsorgane, 33; Martens, Managementüberwachung durch den Aufsichtsrat, 22 f.; Thümmel, DB 1997, 1117, 1117 ff.; Thümmel, Persönliche Haftung von Managern und Aufsichtsräten, Rdn. 174; Thümmel, DB 1999, 885, 887; Wellkamp, Haftung und Haftungsbeschränkung im Gesellschaftsrecht, 208, 218. Vgl. dazu ferner auch Jula, Haftung von GmbH-Geschäftsführern und Aufsichtsräten, 125.

3267 Vgl. BGHZ 135, 244 ff.; OLG Düsseldorf, ZIP 1995, 1183, 1183 ff.; LG Düsseldorf, ZIP 1994, 628, 628 ff.; Baums, Neuregelung des aktienrechtlichen Anfechtungs- und Organhaftungsrechts, F 241; Gawrisch, Ermessensentscheidungen des Aufsichtsrates, 261 ff.; Heermann, AG 1998, 201, 201 ff.; Henze, BB 2000, 209, 215; Horn, ZIP 1997, 1129, 1136 ff.; Jaeger/Trölitzsch, WiB 1997, 684, 685; Kau/ Kukat, BB 2000, 1045, 1046; Kindler, ZHR 162 (1998), 101, 107 ff.; Boujong, DZWir 1997, 326, 326 ff.; Dreher, JZ 1997, 1074, 1074 ff.; Götte, DStR 1997, 883, 883 ff.; Götz, NJW 1997, 3275, 3275 ff.; Horn, ZIP 1997, 1129, 1129 ff.; Priester, EWiR 1997, 677, 677 f.; Röhricht, in Hommelhoff/Röhricht, Gesellschaftsrecht, 191, 201 ff.; Schaefer/Missling, NZG 1998, 441, 446; Schiessl, AG 1999, 442, 448 f.; Thümmel, DB 1997, 1117, 1117 ff.; Ulmer, ZHR 163 (1999), 290, 296 ff.

3268 So zum Beispiel bei dem Versuch der Abwehr durch Mannesmann, vgl. dazu die Meldung auf der Homepage von Mannesmann vom 02. Dezember 1999, nach der der Aufsichtsrat einstimmig die Entscheidung des Vorstandes, die Übernahme abzuwehren, unterstütze.

3269 So auch Thümmel, DB 2000, 461, 464; Kau/Kukat, BB 2000, 1045, 1049. Zur Aufgabe und Problematik derselben vgl. weitergehend Baums, Neuregelung des aktienrechtlichen Anfechtungs- und Organhaftungsrechts, F 253 f.; Kübler, AG-Sonderausgabe 8/1997, 48, 49; Sailer, Aktienrechtliche Minderheitskompetenzen, 151 f.; Weisner, Verteidigungsmaßnahmen gegen unfreundliche Übernahmeversuche, 273 f.; Wellkamp, Aktionärsschutz, 123.

3270 Der erforderlichen Anteil der Minderheit in Höhe von 10 % des Grundkapitals ergibt sich aus § 147 Absatz 1 Satz 1 AktG. Darüber hinaus reicht ein Anteil in Höhe von 5 % des Grundkapitals oder von 500.000 EURO nach § 147 Absatz 3 Satz 1 AktG aus, wenn Tatsachen vorliegen, die den dringenden Verdacht rechtfertigen, dass der Gesellschaft durch Unredlichkeiten oder grobe Verletzungen des Gesetzes oder der Satzung Schaden zugefügt wurde, vgl. Hommelhoff/Mattheus, AG 1998, 249, 258 f.; Kallmeyer, AG 1997, 107, 107 ff.; Kau/ Kukat, BB 2000, 1045, 1047; Martens, Managementüberwachung durch den Aufsichtsrat, 27; Thümmel, Persönliche Haftung von Managern und Aufsichtsräten, Rdn. 177 ff.; Thümmel, DB 1999, 885, 887. Vgl. weiter Adams, AG 1994, 148, 155, der aufgrund der Bedingungen von einer „faktischen Haftungsfreistellung" spricht. Vgl. auch Adams, AG-Sonderheft 8/1997, 9, 10. Vgl. insofern kritisch auch Kübler, AG-Sonderausgabe 8/1997, 48, 49; Sailer, Aktienrechtliche Minderheitskompetenzen, 151 ff. Zur von der Bundesregierung durch den Maßnahmekatalog zur Aktienrechtsreform vorgesehenen Verbesserung des Klagerechts vgl. Kiethe, ZIP 2003, 707, 707 ff.

3271 Vgl. Gawrisch, Ermessensentscheidungen des Aufsichtsrates, 78 f.; Herrmann, Funktion, Kontrolle und Haftung der Leitungsorgane, 193; Jaeger/Trölitzsch, WiB 1997, 684, 685; Röhricht, in Hommelhoff/ Röhricht, Gesellschaftsrecht, 191, 203; Thümmel, DB 1997, 1117, 1119; Thümmel, Persönliche Haftung von

erfolgreichen Übernahme ergeben sich hinsichtlich der Geltendmachung des Schadens keine besonderen Probleme. Der Übernehmer kann über die Bestellung der Aufsichtsräte für die Geltendmachung der Schadensersatzansprüche Sorge tragen oder eine Verpflichtung gemäß § 147 Absatz 1 AktG begründen. Ist die Abwehr jedoch erfolgreich, wird der Aufsichtsrat wegen der engen personellen Verflechtung der deutschen Unternehmensleitungen[3272] faktisch eher von der Geltendmachung von Schadensersatzansprüchen gegen den Vorstand absehen.[3273] Für diesen Fall kann angesichts der regelmäßig geringen Hauptversammlungspräsenzen und der Stimmrechtsvollmachten auch keineswegs als gesichert angesehen werden, dass die nach § 147 Absatz 1 AktG erforderliche Minderheit die Geltendmachung von Schadensersatzansprüchen verlangt.[3274]

II. Haftung gegenüber den Aktionären

Eine Haftung gegenüber den Aktionären ergibt sich regelmäßig trotz der Gefahr der Doppelhaftung[3275] aus § 823 Absatz 1 BGB, seitdem von der Rechtsprechung[3276]

Managern und Aufsichtsräten, Rdn. 175 ff.; Thümmel, DB 1999, 885, 887; Weisner, Verteidigungsmaßnahmen gegen unfreundliche Übernahmeversuche, 273; Wellkamp, Aktionärsschutz, 120 ff. Im allgemeinen Zusammenhang dazu kritisch Jansch, Rolle der Aktionäre, 87; Ulmer, ZHR 163 (1999), 290, 292 ff.

[3272] Vgl. dazu Götz, AG 1997, 219, 221: „ausgedehnte Ringverflechtung"; Adams, AG 1989, 333, 334 f.; Adams, AG 1994, 148, 148 ff.; Adams, AG-Sonderheft 8/1997, 9, 19 f.; Bästlein, Zur Feindlichkeit öffentlicher Übernahmeangebote, 277; Hahn, Die feindliche Übernahme von Aktiengesellschaften, 43 f., 50 f.; Heermann, AG 1998, 201, 201; Heller, Unternehmensführung und Unternehmenskontrolle, 32 f.; Horn, ZIP 1997, 1129, 1130; Jansch, Rolle der Aktionäre, 70 f.; Lutter, ZHR 159 (1995), 287, 304.

[3273] Vgl. Baums, Neuregelung des aktienrechtlichen Anfechtungs- und Organhaftungsrechts, F 241 f.; Bork, in Hommelhoff/Röhricht, Gesellschaftsrecht, 53, 54; Heermann, AG 1998, 201, 201; Hirte, Kapitalgesellschaftsrecht, Rdn. 235; Horn, ZIP 1997, 1129, 1130; Mertens, in Feddersen/Hommelhoff/Schneider, Corporate Governance, 155, 157 f.; Thümmel, DB 1999, 885, 887; Weisner, Verteidigungsmaßnahmen gegen unfreundliche Übernahmeversuche, 272; so auch Bästlein, Zur Feindlichkeit öffentlicher Übernahmeangebote, 277, der von einer Aufhebung der Kontrollfunktion infolge gegenseitiger Abhängigkeiten spricht. Vgl. auch Adams, AG 1994, 148, 155, der von einer „faktischen Haftungsfreistellung" spricht. Jansch, Rolle der Aktionäre, 87, spricht von einem „Kartell des Schweigens". Vgl. ferner Gawrisch, Ermessensentscheidungen des Aufsichtsrates, 76 ff.; Götz, AG 1997, 219, 221; Hommelhoff/Mattheus, AG 1998, 249, 258; Kindler, ZHR 162 (1998), 101, 113 f.; Thümmel, Persönliche Haftung von Managern und Aufsichtsräten, Rdn. 173. Zur Ermessensweite einer derartigen Entscheidung vgl. Hirte, Kapitalgesellschaftsrecht, Rdn. 231; Thümmel, DB 1997, 1117, 1117 ff.

[3274] Vgl. Adams, ZIP 1996, 1590, 1596; Kau/Kukat, BB 2000, 1045, 1049; Thümmel, DB 1999, 885, 887. Zur grundsätzlichen Kritik an dieser Vorschrift vgl. Baums, Neuregelung des aktienrechtlichen Anfechtungs- und Organhaftungsrechts, F 243 ff.; Becker, Verwaltungskontrolle, 604 ff.

[3275] Vgl. dazu weitergehend Godin/Wilhelmi/Wilhelmi, AktG, § 93, Anm. 32; GroßkommentarAktG/Hopt, § 93, Rdn. 484 ff.; KölnerKommAktG/Mertens, § 93, Rdn. 175; MüKoAktG-Hefermehl/Spindler, § 93, Rdn. 184 f.; Schlechtriem, in Kreuzer, Haftung der Leitungsorgane, 9, 61 ff.; Schmitz, Haftung des Vorstands, 20 f.; Thümmel, Persönliche Haftung von Managern und Aufsichtsräten, Rdn. 300; van Aubel, Vorstandspflichten bei Übernahmeangeboten, 103 ff.; Kau/Kukat, BB 2000, 1045, 1047; BGHZ 129, 136, 166. Die Doppelhaftung bestünde regelmäßig in den Fällen, in denen der Gesellschaft ein Schaden zugefügt wird, der gleichzeitig, so beispielsweise durch den Kursverfall, zu einem Schaden der Aktionäre führt. Hier kann der Aktionär grundsätzlich nur Ausgleich an die Gesellschaft verlangen, vgl. BGHZ 129, 136, 166. Im Zusammenhang mit Abwehrmaßnahmen dürfte jedoch der in Höhe der Prämie bestehende Schaden - entgangener

das Mitgliedschaftsrecht der Aktionäre als absolut geschütztes Rechtsgut im Sinne dieser Vorschrift anerkannt ist.[3277] Das Mitgliedschaftsrecht wird nicht nur durch materiell satzungswidrige Handlungen verletzt, sondern auch durch die Verletzung von Kompetenznormen, die bestimmte Entscheidungen der Hauptversammlung vorbehalten.[3278] Die Reichweite des Mitgliedschaftsrechts ist jedoch umstritten; dies hat sich insbesondere an der kontroversen Diskussion der Holzmüller-Entscheidung gezeigt.[3279] Vor diesem Hintergrund käme zwar eine Haftung des Vorstandes bei der Veräußerung wesentlicher Vermögensteile,[3280] beim Erwerb eigener Aktien[3281] und bei der Kapitalerhöhung mit Bezugsrechtsausschluss[3282] in Betracht, als unumstritten kann diese Haftung jedoch nicht angesehen werden.[3283]

Zudem könnte die Unternehmensleitung den Aktionären aus § 823 Absatz 2 BGB in Verbindung mit Schutzvorschriften des Aktienrechts haften.[3284] Als derar-

---

Gewinn - nicht mit einem Schaden der Gesellschaft identisch sein. Darüber hinaus entstehen regelmäßig weitere schwer berechenbare Schäden sowohl für die Gesellschaft als auch für den Aktionär. Vgl. dazu auch Baums, Neuregelung des aktienrechtlichen Anfechtungs- und Organhaftungsrechts, F 228 ff.; Ehricke/Ekkenga/Oechsler, WpÜG, § 33, Rdn. 39.

3276 Begründend dafür die so genannte „Holzmüller-Entscheidung" des Bundesgerichtshofs, vgl. BGHZ 83, 122, 133 ff. Vgl. auch BGHZ 110, 323, 327 f., 334.

3277 Vgl. MüKoAktG-Hefermehl/Spindler, § 93, Rdn. 169; Baums, Neuregelung des aktienrechtlichen Anfechtungs- und Organhaftungsrechts, F 203, F 228 ff.; Becker, Verwaltungskontrolle, 394 ff., 405 ff., 533 ff.; Knoll, Übernahme von Kapitalgesellschaften, 276 f.; Rhein, Interessenskonflikt der Manager beim Management Buy-out, 163 ff.; Sailer, Aktienrechtliche Minderheitskompetenzen, 145 f.; Schlechtriem, in Kreuzer, Haftung der Leitungsorgane, 9, 62 f.; van Aubel, Vorstandspflichten bei Übernahmeangeboten, 89 ff. A.A. Haarmann/Riehmer/Schüppen-Röh, WpÜG, § 33, Rdn. 149; MüKoWpÜG-Schlitt, § 33, Rdn. 246. Zur so genannten Durchgriffshaftung vgl. weitergehend - auch im direkten Vergleich zum US-amerikanischem Recht -, von Arnim, NZG 2000, 1001, 1001 ff.

3278 Vgl. dazu MüKoAktG-Hefermehl/Spindler, § 93, Rdn. 171; Becker, Verwaltungskontrolle, 407 ff. Zur anlegerfeindlichen Streitwertfestsetzung bei Verletzung dieser Rechte durch Aktionäre vgl. OLG Düsseldorf, AG 2001, 267, 267 f.

3279 Vgl. dazu Baums, Neuregelung des aktienrechtlichen Anfechtungs- und Organhaftungsrechts, F 203 ff.

3280 Ein derartiger Fall lag der „Holzmüller-Entscheidung" zugrunde, vgl. BGHZ 83, 122, 133 ff.

3281 Vgl. van Aubel, Vorstandspflichten bei Übernahmeangeboten, 79 f., 93 f.

3282 Vgl. Baums, Neuregelung des aktienrechtlichen Anfechtungs- und Organhaftungsrechts, F 211 f.; van Aubel, Vorstandspflichten bei Übernahmeangeboten, 76 ff., 92 f.; KölnerKommAktG/Mertens, § 93, Rdn. 172.

3283 Vgl. Geibel/Süßmann-Schwennicke, WpÜG, § 33, Rdn. 89; Haarmann/Riehmer/Schüppen-Röh, WpÜG, § 33, Rdn. 149; Großfeld/Bondics, JZ 1982, 589, 590 f.; Rehbinder, ZGR 1983, 92, 103 ff.; Schmidt, Gesellschaftsrecht, 645 ff.; Thümmel, Persönliche Haftung von Managern und Aufsichtsräten, Rdn. 298; Werner, ZHR 147 (1983), 429, 437; Weisner, Verteidigungsmaßnahmen gegen unfreundliche Übernahmeversuche, 275; Zöllner, ZGR 1988, 392, 425 ff. Vgl. dazu ferner auch Gawrisch, Ermessensentscheidungen des Aufsichtsrates, 79 ff.

3284 Vgl. dazu MüKoAktG-Hefermehl/Spindler, § 93, Rdn. 175; Thümmel, Persönliche Haftung von Managern und Aufsichtsräten, Rdn. 299; Thümmel, DB 2000, 461, 464; Baums, Neuregelung des aktienrechtlichen Anfechtungs- und Organhaftungsrechts, F 229; Herrmann, Funktion, Kontrolle und Haftung der Leitungsorgane, 188 f.; Kau/Kukat, BB 2000, 1045, 1047; Rhein, Interessenskonflikt der Manager beim Management Buy-out, 166 ff.; Schaefer/Missling, NZG 1998, 441, 448; Schlechtriem, in Kreuzer, Haftung der Leitungsorgane, 9, 63; Geßler/Hefermehl/Eckardt/Kropff-Hefermehl, § 93, Rdn. 90; Baumbach/Hueck, AktG, § 93, Rdn. 3; Godin/Wilhelmi/Wilhelmi, AktG, § 93, Rdn. 2.

tige Schutzvorschriften sind zwar nicht die Regelungen über die Leitungspflichten anzusehen, weil sie lediglich die Gesellschaft zu schützen bestimmt sind.[3285] Allerdings sind die Vorschriften des neuen WpÜG als Schutzvorschriften zu beurteilen, obwohl die Schutzgesetzqualität nicht im Gesetz ausgewiesen ist und die BAFin lediglich von einer ausschließlich dem Schutz des Kapitalmarktes dienenden und daher den Schutz Einzelner ausschließenden Regelung ausgeht.[3286] Außerdem sind andere aktionärsschützenden Vorschriften des Aktienrechts, etwa die Bestimmungen zu falschen Angaben (§§ 399 ff. AktG, insbesondere § 400 AktG), sowie über die Geheimhaltung von Betriebs- und Geschäftsgeheimnissen (§ 404 AktG) als Schutzvorschriften anzusehen.[3287] Ein Verstoß gegen diese Vorschriften ist im Zusammenhang mit Übernahmevorgängen nicht selten.[3288] Darüber hinaus stellen die Sanktionsvorschriften für die Fälle des Betruges und der Untreue Schutzvorschriften dar, die in Übernahmesituationen relevant werden können.[3289]

Trotz der möglichen Haftung der Unternehmensleitung gegenüber den Aktionären ist die Durchsetzung eines Anspruchs unter dem Gesichtspunkt der Kausalität und hinsichtlich der Höhe problematisch. Zunächst müsste die Pflichtverletzung des Vorstandes oder des Aufsichtsrats für den Schadenseintritt kausal gewesen sein. Schon der Nachweis des Schadenseintritts ist nicht oder nur schwer zu führen, weil der hypothetische Geschehensverlauf ohne rechtswidrige Abwehr häufig nicht beweisbar ist.[3290] Die Höhe des Schadens für den einzelnen Aktionär lässt sich ebenso schwer beweisen. Dieser Schaden entspricht nicht etwa anteilig dem Schaden der

---

der Leitungsorgane, 9, 63; Geßler/Hefermehl/Eckardt/Kropff-Hefermehl, § 93, Rdn. 90; Baumbach/Hueck, AktG, § 93, Rdn. 3; Godin/Wilhelmi/Wilhelmi, AktG, § 93, Rdn. 2.

[3285] Vgl. Thümmel, DB 2000, 461, 464; Thümmel, Persönliche Haftung von Managern und Aufsichtsräten, Rdn. 299; Weisner, Verteidigungsmaßnahmen gegen unfreundliche Übernahmeversuche, 275; Geibel/Süßmann-Schwennicke, WpÜG, § 33, Rdn. 88; Hüffer, AktG, § 93, Rdn. 19.

[3286] Vgl. § 4 Absatz 2 WpÜG und weiter Begründung WpÜG, B. Besonderer Teil, 84 f.; Aha, AG 2002, 160, 161; Ehricke/Ekkenga/Oechsler, WpÜG, § 33, Rdn. 40; Haarmann/Riehmer/Schüppen-Röh, WpÜG, § 33, Rdn. 150; KölnerKommWpÜG/Hirte, § 33, Rdn. 159 f.; Hirte, ZGR 2002, 623, 654 f.; Nietsch, BB 2003, 2581, 2582 ff.; Seibt/Heiser, ZHR 2001, 466, 484 f.; Schnorbus, ZHR 166 (2002), 72, 86 f.; Seibt, ZIP 2003, 1865, 1868; Verse, ZIP 2004, 199, 199 ff.; Wagner, NZG 2003, 718, 718 ff. A.A. Assmann/ Pötzsch/ Schneider-Krause/Pötzsch, WpÜG, § 33, Rdn. 50, 312; Geibel/Süßmann-Schwennicke, WpÜG, § 33, Rdn. 88; MüKoWpÜG-Schlitt, § 33, Rdn. 240. Vgl. dazu auch OLG Frankfurt, ZIP 2003, 1392, 1392 ff.; OLG Frankfurt, ZIP 2003, 1977, 1980; OLG Frankfurt, DB 2003, 1373, 1374 f.; OLG Frankfurt, DB 2003, 2537, 2538 ff.; OLG Frankfurt, ZIP 2003, 2254, 2256 f.; OLG Frankfurt, BB 2003, 2589, 2590 ff.

[3287] Vgl. Thümmel, Persönliche Haftung von Managern und Aufsichtsräten, Rdn. 299; Thümmel, DB 2000, 461, 464; van Aubel, Vorstandspflichten bei Übernahmeangeboten, 110 f.; BGH, BB 1988, 1983; Godin/ Wilhelmi/Wilhelmi, AktG, § 93, Anm. 8; Großkommentar/Hopt, § 93, Rdn. 479; KölnerKommAktG/ Mertens, § 93, Rdn. 171; Kau/Kukat, BB 2000, 1045, 1047. Zur Geheimhaltungspflicht vgl. auch eingehend Ziemons, AG 1999, 492, 492 ff.

[3288] Vgl. Thümmel, DB 2000, 461, 464; Ziemons, AG 1999, 492, 493 ff.

[3289] Vgl. Thümmel, DB 2000, 461, 464.

[3290] Vgl. van Aubel, Vorstandspflichten bei Übernahmeangeboten, 106 f.

Gesellschaft.[3291] Auch die Wertverringerung der Aktien durch Abwehrmaßnahmen ließe sich wegen der vielen anderen kursbeeinflussenden Faktoren nicht zuverlässig bestimmen.[3292] Zu denken wäre allerdings an die Differenz zwischen Börsenkurs und Angebotspreis inklusive Kursaufschlag;[3293] allerdings fällt auch hier der Nachweis, dass bei pflichtgemäßem Verhalten die Übernahme erfolgreich gewesen wäre, schwer.[3294]

III. Haftung gegenüber dem Bieter

Eine Schadensersatzhaftung gegenüber dem Bieter kommt allein aus § 823 Absatz 2 BGB in Verbindung mit einem Schutzgesetz in Betracht.[3295] Demnach war bisher allenfalls in extremen Situationen an einen Anspruch aus den §§ 823 Absatz 2 BGB in Verbindung mit § 263 StGB oder § 826 BGB zu denken,[3296] wobei der Schadensersatzanspruch immer auf durch die Täuschung veranlasste Schäden begrenzt wäre und mangels Beweisbarkeit ein Anspruch auf etwa entgangenen Gewinn wohl nicht erfolgreich durchgesetzt werden könnte.[3297] Seit Geltung des WpÜG ist dessen Vorschriften Schutzgesetzqualität auch für den Bieter beizumessen, auch wenn die Schutzgesetzqualität nicht im Gesetz ausgewiesen ist und die BAFin lediglich von einer ausschließlich dem Schutz des Kapitalmarktes dienenden und daher den Schutz Einzelner ausschließenden Regelung ausgeht.[3298]

[3291] Vgl. Ehricke/Ekkenga/Oechsler, WpÜG, § 33, Rdn. 39; Geibel/Süßmann-Schwennicke, WpÜG, § 33, Rdn. 91; Thümmel, Persönliche Haftung von Managern und Aufsichtsräten, Rdn. 300; Thümmel, DB 2000, 461, 464; van Aubel, Vorstandspflichten bei Übernahmeangeboten, 103 ff.

[3292] Vgl. zu diesem „Reflexschaden" BGH, WM 1987, 13 ff.; Baums, ZGR 1987, 554, 554 ff.; Brandes, Festschrift Fleck, 13, 13 ff.; Mertens, Festschrift Lange, 561, 569 ff.; Müller, Festschrift Kellermann, 317, 320 ff., 333 f.; Thümmel, Persönliche Haftung von Managern und Aufsichtsräten, Rdn. 300.

[3293] Vgl. dazu weitergehend van Aubel, Vorstandspflichten bei Übernahmeangeboten, 106 f.; Haarmann/Riehmer/Schüppen-Röh, WpÜG, § 33, Rdn. 151; Schmitz, Haftung des Vorstands, 314 f.

[3294] So auch Thümmel, DB 2000, 461, 464; Godin/Wilhelmi/Wilhelmi, AktG, § 93, Anm. 32; Haarmann/Riehmer/Schüppen-Röh, WpÜG, § 33, Rdn. 151; KölnerKommAktG/Mertens, § 93, Rdn. 104; van Aubel, Vorstandspflichten bei Übernahmeangeboten, 106 f. Zur Umkehrung der Beweislast in diesen Fällen vgl. Schmitz, Haftung des Vorstands, 315. Vgl. allgemein zum pflichtgemäßen Alternativverhalten Heermann, ZIP 1998, 761, 767.

[3295] Vgl. Ehricke/Ekkenga/Oechsler, WpÜG, § 33, Rdn. 40; Geibel/Süßmann-Schwennicke, WpÜG, § 33, Rdn. 88, 90; MüKoWpÜG-Schlitt, § 33, Rdn. 249; Thümmel, DB 2000, 461, 464.

[3296] So auch Geibel/Süßmann-Schwennicke, WpÜG, § 33, Rdn. 90; Thümmel, DB 2000, 461, 464.

[3297] So auch Thümmel, DB 2000, 461, 464.

[3298] Vgl. § 4 Absatz 2 WpÜG und weiter Begründung WpÜG, B. Besonderer Teil, 84 f.; Ehricke/Ekkenga/Oechsler, WpÜG, § 33, Rdn. 40; Hirte, ZGR 2002, 623, 654 f.; Nietsch, BB 2003, 2581, 2582 ff.; Seibt/Heiser, ZHR 2001, 466, 484 f.; Schnorbus, ZHR 166 (2002), 72, 86 f.; Seibt, ZIP 2003, 1865, 1868; Verse, ZIP 2004, 199, 199 ff.; Wagner, NZG 2003, 718, 718 ff. A.A. Assmann/Pötzsch/Schneider-Krause/Pötzsch, WpÜG, § 33, Rdn. 50, 307, 313; Geibel/Süßmann-Schwennicke, WpÜG, § 33, Rdn. 88, 92; Haarmann/Riehmer/Schüppen-Röh, WpÜG, § 33, Rdn. 155; MüKoWpÜG-Schlitt, § 33, Rdn. 249. Vgl. dazu auch die die BAFin bestätigenden Urteile OLG Frankfurt, ZIP 2003, 1392, 1392 ff.; OLG Frankfurt, ZIP 2003, 1977, 1980; OLG Frankfurt, DB 2003, 1373, 1374 f.; OLG Frankfurt, DB 2003, 2537, 2538 ff.; OLG Frankfurt, ZIP 2003, 2254, 2256 f.; OLG Frankfurt, BB 2003, 2589, 2590 ff.

6. Teil: Gedanken zur Weiterentwicklung des deutschen Rechts unter Berücksichtigung des WpÜG

Im Folgenden soll unter Berücksichtigung des am 15. November 2001 vom Deutschen Bundestag beschlossenen „Gesetzes zur Regelung von öffentlichen Angeboten zum Erwerb von Wertpapieren und von Übernahmeangeboten“ (WpÜG) die Entwicklung einer sachgerechten deutschen Übernahmeregelung diskutiert werden.

A. Unzulänglichkeit des deutschen Rechts vor dem WpÜG

Auch wenn sich nationale gesellschafts-, kartell- und kapitalmarktrechtliche Vorschriften in vielen europäischen Ländern, insbesondere in der Bundesrepublik, auf Verhaltenspflichten und Verfahrensweisen vor und während eines Übernahmevorganges erstrecken oder sich jedenfalls entsprechend auslegen lassen, obwohl der Regelungsgehalt und -umfang derartige Situationen möglicherweise nicht erfassen sollte,[3299] fehlen weitgehend - und so bis vom kurzem auch noch in Deutschland – konkrete Verfahrensregeln für Übernahmevorgänge und konkrete Verhaltensregeln für die Entscheidungsträger und Verantwortlichen.[3300] Im deutschen Recht waren Übernahmen - wie bereits aufgezeigt - bis zum jüngsten Beschluss des Bundestages vom 15. November 2001 über die Verabschiedung das „Gesetz zur Regelung von öffentlichen Angeboten zum Erwerb von Wertpapieren und von Übernahmeangeboten“ (WpÜG)[3301] nicht spezifisch geregelt. Obwohl die Unternehmensleitung bei Übernahmevorgängen - wie diese Ausarbeitung bereits darstellte - nach richtiger Auffassung schon de lege lata einer Neutralitätspflicht unterliegt[3302] und darüber hinaus das nunmehr beschlossene Gesetz eine solche in § 33 WpÜG ausdrücklich als Grundsatz normiert, wird die Frage nach den Verhaltenspflichten in Übernahmesituationen nach wie vor kontrovers diskutiert.[3303]

Zur Vermeidung betriebs- und volkswirtschaftlicher Nachteile sind den Betroffenen bei einem Übernahmeangebot klare Verhaltensvorschriften, Verfahrensvorschriften und damit auch Verfahrensgarantien vorzugeben.[3304] Nur so kann die

---

[3299] Eine Kurzübersicht der europäischen Regelungssysteme bringt Zinser, RIW 1999, 844, 844 ff. Zum Zusammenspiel des neuen WpÜG mit anderen Rechtsbereichen vgl. Fleischer, NZG 2002, 545, 545 ff.

[3300] Vgl. Baums, ZIP 1997, 1942, 1948.

[3301] BGBl I 2001, 3833; Letzte Änderungen in BT-Drs. 14/7477 vom 14. November 2001, auszugsweise veröffentlicht in ZIP 2001, 2102, 2102 ff. Vgl. hierzu auch Hopt, ZHR 166 (2002), 383, 383 ff.; Krause, NJW 2002, 705, 705 ff.

[3302] Vgl. dazu oben unter 5. Teil VII., VIII. und IX. Vgl. insbesondere auch Dimke/Heiser, NZG 2001, 241, 241 ff.

[3303] Vgl. inhaltlich dazu oben unter 5. Teil D. VII. Zusammenfassend auch Merkt, ZHR 165 (2001), 224, 232 ff. Vgl. auch Hopt, ZHR 166 (2002), 383, 418 ff., und die Kritik bei Drygala, ZIP 2001, 1861, 1861 ff.

[3304] Vgl. Baums, AG-Sonderheft 8/1997, 26, 33 f.; Baums, ZIP 1997, 1310, 1310 ff.; Hopt, ZHR 161 (1997), 368, 374, 404 f.; Kirchner, WM 2000, 1821, 1830; Kirchner/Ehricke, AG 1998, 105, 116; Knoll, Übernahme von Kapitalgesellschaften, 199.

anderenfalls bestehende Unsicherheit für die agierenden Personen beseitigt werden. Die Verhaltensbindungen und die Einräumung individualschützender Rechtspositionen der Betroffenen werden dabei nicht allein den einzelnen Beteiligten geschuldet, sie dienen darüber hinaus auch dem gesamtwirtschaftlichen Ziel, im Einklang globaler Entwicklungen solche konzentrationsfördernden Konzernierungsmaßnahmen zu kanalisieren, die zu einer Optimierung des effizienten Einsatzes der Unternehmensressourcen und damit auch der Ressourcen der gesamten Volkswirtschaft führen.[3305] Gleichzeitig können durch eine gezielte Kanalisierung als nachteilig feststehende, prognostizierte oder schlicht politisch unerwünschte Entwicklungen unterbunden werden.[3306]

Obwohl feindliche Unternehmensübernahmen in Deutschland bis auf wenige Ausnahmefälle - zu erinnern ist insbesondere an die Mannesmann-Übernahme - bisher ausgeblieben sind, wird auch in Deutschland mit Übernahmeangeboten zukünftig gerade im Hinblick auf einen integrierten EU-Binnenmarkt und der voranschreitenden Globalisierung der Weltwirtschaft zunehmend zu rechnen sein.[3307] Deutsche Gerichte haben zwar wiederholt ihre Bereitschaft gezeigt, privat- und gesellschaftsrechtliche Bestimmungen unter kapitalmarktrechtlichen Gesichtspunkten fortzuentwickeln.[3308] Urteile deutscher Gerichte, die die vorhandenen Vorschriften im Hinblick auf die Verhaltenspflichten in Übernahmesituationen auslegen, liegen mit Ausnahme einer inhaltlich unergiebigen Entscheidung des Landgerichts Düsseldorf im Zusammenhang mit der Mannesmann-Übernahme[3309] dagegen noch nicht vor. Demnach ist die Rechtslage auch durch die Rechtsprechung nicht weitergehend konkretisiert worden. Wegen der bereits oben ausführlich beschriebenen Besonderheit einer Übernahmesituation sind rechtliche Ausführungen in Urteilen, denen keine Übernahmesituation zugrunde lag, nur eingeschränkt übertragbar.[3310] Eine auch nur von der Tendenz her sichere Festlegung der Verhal-

---

[3305] Vgl. Koch, Globalisierung der Wirtschaft, 111 ff.; Pötzsch/Möller, WM-Beil. 2/2000, 3, 4.

[3306] Vgl. Bästlein, Zur Feindlichkeit öffentlicher Übernahmeangebote, 265; Pötzsch/Möller, WM-Beil. 2/2000, 3, 4.

[3307] Vgl. Begründung des Bundesfinanzministeriums zum Diskussionsentwurf des „Gesetzes zur Regelung von Unternehmensübernahmen" vom 29. Juni 2000 (über Internet abzurufen über „www.bundesfinanzministerium.de"), 61; Begründung des Bundesfinanzministeriums zum Referentenentwurf eines Gesetzes zur Regelung von öffentlichen Angeboten zum Erwerb von Wertpapieren und von Unternehmensübernahmen vom 12. März 2001 (über Internet abzurufen über „www.bundesfinanzministerium.de"), 59; Begründung der Bundesregierung zum Entwurf eines Gesetzes zur Regelung von öffentlichen Angeboten zum Erwerb von Wertpapieren und von Unternehmensübernahmen (über Internet abzurufen über „www.bundesfinanzministerium. de"), 61; Pötzsch/Möller, WM-Beil. 2/2000, 3, 4; von Hein, AG 2001, 213, 213; Handelsblatt vom 5. Oktober 2000, 15; Handelsblatt vom 23. Mai 2000, B 4; Handelsblatt vom 15. Januar 2001, 14; Handelsblatt vom 22. Januar 2001, 1, 2, 20.

[3308] Vgl. Hopt, 141 ZHR (1977), 398, 398 ff.

[3309] LG Düsseldorf, AG 2000, 233 - Dimke/Heiser ./. Mannesmann AG. Vgl. dazu auch Baums, Neuregelung des aktienrechtlichen Anfechtungs- und Organhaftungsrechts, F 213 f.; Dimke/Heiser, NZG 2001, 241, 243.

[3310] Vgl. oben unter 3. Teil E.

tenspflichten durch die Rechtsprechung kann daher - jedenfalls zum gegenwärtigen Zeitpunkt - nicht erfolgen.

Die Grenzen und Probleme derartiger Rechtsfortbildungen sind durch die sich unterschiedlichen Entscheidungen anschließenden Diskussionen vielfach offensichtlich geworden. Die mit einer Rechtsfortbildung durch Richterrecht verbundenen Schwierigkeiten liegen vor allem darin begründet, dass in dem für die Regelung von Übernahmeangeboten erforderlichen Verfahrensrecht die Interessen einer Vielzahl von Beteiligten zu berücksichtigen sind und diese nicht oder nur schwer aus den auf Zwei-Parteien-Beziehungen zugeschnittenen Rechtsnormen des Zivilrechts zu entwickeln sind.[3311] Die bestehende Lückenhaftigkeit der deutschen Regelungen und Rechtsprechung gewährte zwar den Unternehmensleitungen trotz der nicht hinnehmbaren Unsicherheiten eine größere Flexibilität, die sich jedoch zu Lasten schutzbedürftiger Aktionäre auswirken konnte,[3312] zumal gerade den Kleinaktionären die Koordination ihres Vorgehens nicht möglich ist.[3313] Da die größere Flexibilität nicht zuletzt auch zur stärkeren Durchsetzung von Eigeninteressen führt und Aktionärsinteressen vielfach zu Unrecht beeinträchtigt werden, bedarf es einer rechtlich verbindlichen Regelung.

Die im wissenschaftlichen Schrifttum vertretenen Auffassungen zu den Verhaltenspflichten des Vorstandes der Zielgesellschaft ergeben ein höchst uneinheitliches Bild.[3314] Mit teilweise guten Begründungen wird nahezu die gesamte Bandbreite möglicher Rechtsmeinungen vertreten.[3315] Diese reichen von der Annahme der Rechtmäßigkeit aller Abwehrmaßnahmen des Vorstandes, soweit sie nicht durch positives Recht ausdrücklich und eindeutig verboten sind,[3316] über die Verpflichtung des Vorstands, ein Übernahmevorhaben nur dann nicht zu behindern oder sogar zu fördern, wenn sich ein hoher Kursaufschlag für die eigenen Aktionäre

[3311] Vgl. dazu Assmann, AG 1995, 563, 571 f.; Heiser, Interessenskonflikte in der Aktiengesellschaft, 91 ff.; Schnorbus, ZHR 166 (2002), 72, 72 ff.

[3312] Vgl. dazu auch Adams, AG 1989, 333, 334 f.

[3313] Zum so genannten *prisoner's dilemma*, in dem sich die Aktionäre der Zielgesellschaft hinsichtlich der Koordination ihres Vorgehens befinden, vgl. Rapoport/Chammah, Prisoner's Dilemma; Witt, NZG 2000, 809, 811; Witt, Übernahmen von Aktiengesellschaften, 82 ff.; vgl. weiter Assmann/Bozenhardt, in Assmann/ Basaldua/Bozenhardt/Peltzer, Übernahmeangebote, 1, 11 f.; Bebchuk, 98 Harvard Law Review (1985), 1693, 1766 ff.; Hahn, ZBB 1990, 10, 14; Herkenroth, Konzernierungsprozesse, 336 ff.; Herrmann, Zivilrechliche Abwehrmaßnahmen gegen unfreundliche Übernahmeversuche, 20; Lüttmann, Kontrollwechsel in Kapitalgesellschaften, 38 ff, 73 ff., 140 ff.; Ott/Schäfer, Ökonomische Analyse des Zivilrechts, 468 ff.; Reul, JbjZR Wiss 1990, 11, 26 f.; Röhrich, Feindliche Übernahmeangebote, 84 f.; Sandberger, DZWir 1993, 319, 321; Weimar/Breuer, BB 1991, 2309, 2310.

[3314] Vgl. eingehend Merkt, ZHR 165 (2001), 224, 224 ff.

[3315] Vgl. dazu die Ausführungen oben unter 2. Teil C. I. 3. und F.

[3316] Vgl. Bungert, ZHR 159 (1995), 261, 267; Hauschka/Roth, AG 1988, 181, 195 f.; Salje, JA 1990, 321, 327. Weitgehend auch Zöllner/ Noack, AG 1991, 117, 130, die Abwehrmaßnahmen gegen fernöstliche Überfremdung in Form kulturell-zivilisatorischer Einwirkungen für geboten halten. Vgl. dazu auch – differenzierend - Bandte, Jura 1987, 465, 468, der Abwehrmaßnahmen dann erlauben will, wenn der Übernehmer das Zielunternehmen beseitigen oder schädigen will.

realisieren lässt,[3317] bis hin zu einer strikten und umfassenden Neutralitätspflicht.[3318] Obwohl die Stellungnahmen vielfach zu unterschiedlichen, teilweise sogar diametral gegensätzlichen, Ergebnissen führen, waren nur wenige der Auffassungen gänzlich unvertretbar.[3319] Vielmehr ließ sich gerade mangels konkretisierender Regelung der größere Teil des Meinungsspektrums mit schlüssigen Begründungen vertreten,[3320] auch wenn die Argumentationen in einigen Einzelfällen nur schwer nachvollziehbar erscheinen.[3321] Begründet liegt dies darin, dass hier eine politische und volkswirtschaftliche Entscheidung unter Berücksichtigung betriebswirtschaftlicher Bewertungen zu treffen ist, deren Ergebnis auch nach gründlicher Abwägung aller Argumente maßgeblich von den persönlichen Präferenzen und Wertvorstellungen des Entscheidungsträgers bestimmt wird.[3322] Gerade auch wegen dieser Bandbreite der vertretbar erscheinenden Beurteilungen war eine hinreichend konkrete Regelung dringend von Nöten.

Die weitgehend ungeregelte Situation und das daraus resultierende persönliche Haftungsrisiko der Entscheidungsträger in einer Zielgesellschaft begründete die Gefahr, zu internem Streit, Unentschlossenheit, Ängstlichkeit und somit zu außerordentlichen Stresssituationen zu führen. Ein Bieter konnte infolgedessen von einer Besserstellung seiner Verhandlungsposition ausgehen und zusätzlich motiviert sein. In gleicher Weise bestand die Gefahr, dass von Seiten der Zielgesellschaft - gleichviel ob in Kenntnis oder Unkenntnis der bestehenden Risiken - rechtswidrige Maßnahmen ergriffen werden, die nicht nur die Übernahme endgültig vereitelt, sondern darüber hinaus die Gesellschaft, die Anteilseignern und die Volkswirtschaft erheblich geschädigt hätten.[3323]

Abgesehen von dem nur eingeschränkt zu erfassenden, teilweise sicher nicht messbaren und wegen der großen Bandbreite hypothetischer Geschehensabläufe nach rechtmäßigen Alternativverhalten auch nicht mit vertretbarer Sicherheit einzuschätzenden Schadensumfang, wäre vielfach schon die Kausalität des rechtswidrigen Verhaltens für den Eintritt des Schadens nicht schlüssig und ausreichend substantiiert darzulegen.[3324] Die mögliche Beweisführung in einem streitigen Gerichtsverfahren hätte regelmäßig jedenfalls den prozessualen Anforderungen nicht genügt,[3325] so dass die erfolgreiche Durchsetzung von Schadensersatzansprüchen

---

[3317] Vgl. dazu Weisner, Verteidigungsmaßnahmen gegen unfreundliche Übernahmeversuche, 147 ff.

[3318] Vgl. Beckmann, DB 2407, 2408; Kessler, AG 1995, 120, 122, 129; Mertens, AG 1990, 252, 258 f.

[3319] Vgl. hierzu auch Hopt, ZGR 1993, 534, 545 ff.

[3320] Vgl. zu Bewertungen auch Hirte, in von Rosen/Seifert, Übernahme börsennotierter Unternehmen, 341, 348; Kirchner, AG 1999, 481, 490 f.; Mertens, AG 1990, 252, 258 f.

[3321] So zum Beispiel die Darstellung und Kritik von Mertens, AG 1990, 252, 258, an Adams, AG 1990, 243, 245 ff.

[3322] Vgl. Bästlein, Zur Feindlichkeit öffentlicher Übernahmeangebote, 265.

[3323] Vgl. hierzu die Ausführungen oben unter 2. Teil F.

[3324] Vgl. dazu Bayer, NJW 2000, 2609, 2609 ff.; Weisner, Verteidigungsmaßnahmen gegen unfreundliche Übernahmeversuche, 271 ff.

[3325] Vgl. Weisner, VerteidungsMaßnahmen gegen unfreundliche Übernahmeversuche, 150 f., mit Bezugnahme auf die Kali + Salz- und Holzmann-Entscheidung des BGH.

wegen des hohen Prozessrisikos die überaus seltene Ausnahme geblieben wäre.[3326] Aus diesem Grund war nicht damit zu rechnen, dass die Verhaltenspflichten durch richtungweisende Entscheidungen der Judikative eine hinreichende Konkretisierung erfahren und die gegebene Rechtssicherheit hätten herstellen können. Für den Fall einer zwar erfolgreichen, jedoch durch rechtswidriges Verhalten bewirkten Abwehr einer Übernahme wäre die erfolgreiche Durchsetzung von Ansprüchen für die Bieterseite noch unwahrscheinlicher gewesen, weil die Geltendmachung vertraglicher Ansprüche offensichtlich ausscheidet.[3327] Umso wichtiger war und ist vor diesem Hintergrund die Regelung der Verhaltenspflichten bei Unternehmensübernahmen zur Begründung von Unterlassungs- oder Handlungsansprüchen, die auch im Eilverfahren sachgerecht durchgesetzt werden können.

Verbindliche Feststellungen darüber, ob die ungeregelte Rechtslage in der Bundesrepublik Deutschland Einfluss auf Übernahmeentscheidungen und auf Übernahmeabläufe genommen hat, wie groß dieser Einfluss gegebenenfalls war, und wie sich die Einflussnahme auf das Wirtschaftsgeschehen, bei den Betroffenen sowie in gesamtwirtschaftlicher Hinsicht, ausgewirkt hat, lassen sich kaum treffen. Diesbezüglich liegen - wie nicht anders zu erwarten - weder Untersuchungsergebnisse noch bewertende Veröffentlichungen vor. Darüber hinaus liegen ebenso wenig auf die deutsche Wirtschaft bezogene oder diese wenigstens einbeziehende Daten, Untersuchungsergebnisse oder bewertende Veröffentlichungen darüber vor, ob und gegebenenfalls welche Auswirkungen infolge von Unternehmensübernahmen regelmäßig oder im Einzelfall festgestellt werden konnten, so dass eine Bewertung derartiger Auswirkungen hier nicht vorgenommen werden kann.

Soweit der Gesetzgeber bislang von einer allgemeinverbindlichen Regelung abgesehen hatte, erübrigen sich nunmehr Spekulationen über die hierfür maßgeblichen Gründe. Die Politik und damit auch die Legislative haben nunmehr die Notwendigkeit einer gesetzlichen Regelung von Übernahmevorgängen erkannt, öffentlich eingestanden und mit dem WpÜG ein entsprechendes Gesetz beschlossen.

B. Europarechtliche Vorgaben

Nach § 3 b des Vertrages über die Europäische Union[3328] gilt auf europäischer Ebene das so genannte Subsidiaritätsprinzip. Demnach wird die Gemeinschaft nur tätig, soweit die Ziele der in Betracht gezogenen Maßnahmen auf Ebene der Mitgliedsstaaten nicht ausreichend und daher wegen ihres Umfanges oder ihrer Wirkungen besser auf Gemeinschaftsebene erreicht werden können.[3329] Offensichtlich

---

[3326] Vgl. Weisner, Verteidigungsmaßnahmen gegen unfreundliche Übernahmeversuche, 272.

[3327] Vgl. Heiser, Interessenskonflikte in der Aktiengesellschaft, 293 ff.

[3328] BGBl. II 1992, 1251, 1253. Vgl. dazu auch weiterführend Schön, ZGR 1995, 1, 1 ff.

[3329] Vgl. BGBl. II 1992, 1251, 1256.Vgl. dazu auch Baums, in Rengeling, Europäisierung des Rechts, 91, 97 ff.; Heintzen, JZ 1991, 317, 317 ff.; Konow, DÖV 1993, 405, 405 ff.; Möschel, NJW 1993, 3025,

würde sich eine einheitliche Regelung von Übernahmevorgängen auf europäischer Ebene aus denselben überzeugenden Gründen positiv auswirken, die für eine Regelung auf jeweiliger nationaler Ebene gelten.[3330] Die durch die Einheitlichkeit einer Regelung im europäischen Raum zu bewirkende Rechtssicherheit und die daraus resultierende Wettbewerbsstärkung der angeschlossenen Staaten gerade im Verhältnis zu den Vereinigten Staaten würde zu einer nicht unerheblichen Stärkung des gesamten europäischen Wirtschaftsraumes führen.[3331] Gleichwohl waren hinsichtlich des zuletzt 1997 geänderten Richtlinienvorschlages lange Zeit keine weitergehenden Bestrebungen oder Aktivitäten zur Verabschiedung einer einheitlichen Regelung der Europäischen Union zu erkennen. Dagegen war zu befürchten, dass unter Berufung auf das geltende Subsidiaritätsprinzip weder der geänderte Richtlinienvorschlag von 1997 noch ein anderer Richtlinienvorschlag verabschiedet wird und somit auch eine Umsetzung in nationales Recht unterbleibt.

Widerstand erfuhr der Richtlinienvorschlag von 1997 vor allem von Deutschland und Großbritannien.[3332] Großbritannien fürchtete um den Bestand des *City-Code* und des *Takeover Panel*.[3333] Deutschland hatte sich am 1996er-Vorschlag wegen des dort vorgeschriebenen Vollangebots gestört.[3334] Infolge des geänderten Richtlinienvorschlages und des Regierungswechsels im Jahr 1998 ist in Deutschland - und dies gilt umso stärker nach der Mannesmann-Übernahme - die politische Stimmung zugunsten einer einheitlichen Regelung umgeschlagen.[3335] Die endgültige Verabschiedung der Richtlinie hatte sich zeitweilig gleichwohl wegen Meinungsverschiedenheiten zwischen Großbritannien und Spanien über Gibraltar, die in keinem Zusammenhang mit der Regelung von Übernahmevorgängen steht, verzögert.[3336] Nachdem dieser Streit beigelegt wurde ist, erfolgte die Billigung eines 2000er-Richtlinienvorschlags mit Änderungen durch das europäische Parlament am 13. Dezember 2000.[3337] Bereits Anfang des Jahres 2001 war jedoch absehbar, dass die in der 2. Lesung im Europäischen Parlament befürworteten substan-

3025 ff.; Schön, ZGR 1995, 1, 2. Zu den Auswirkungen des Subsidiaritätsprinzips auf das Konzernrecht vgl. Hommelhoff/Hopt/Lutter/Doralt/Druey/Wymeersch, ZGR 1998, 672, 685 ff.

[3330] Vgl. van Alstine, EWS 1993, 8, 13; Baums, in Rengeling, Europäisierung des Rechts, 91, 104 ff.; Goppel, EuZW 1993, 367, 369 f.

[3331] Vgl. Kirchner/Ehricke, AG 1998, 105, 105 ff.

[3332] Vgl. nur Kirchner/Ehricke, AG 1998, 105, 105 f.; Zinser, EWS 1999, 133, 133 ff.

[3333] Vgl. Lee, EWS 1990, 241, 241 f. Indes dürfte der Bestand dieser 1968 gegründeten Institution derzeit kaum tatsächlich gefährdet sein, vgl. dazu Zinser, RIW 2001, 481, 487 f.

[3334] Vgl. Weber, EuZW 1998, 464, 464 ff.

[3335] Vgl. Zinser, NZG 2001, 391, 391 ff.

[3336] Vgl. Begründung des Bundesfinanzministeriums zum Referentenentwurf eines Gesetzes zur Regelung von öffentlichen Angeboten zum Erwerb von Wertpapieren und von Unternehmensübernahmen vom 12. März 2001 (über Internet abzurufen über „www.bundesfinanzministerium.de"), 61 f.; Neye, ZIP 2001, 1120, 1121; Wiesner, ZIP 2000, 1792, 1792; Handelsblatt vom 14. Juni 2000, 9.

[3337] Vgl. Sitzungsprotokoll des Europäischen Parlaments vom 13. Dezember 2000. Vgl. dazu auch Begründung des Bundesfinanzministeriums zum Referentenentwurf eines Gesetzes zur Regelung von öffentlichen Angeboten zum Erwerb von Wertpapieren und von Unternehmensübernahmen vom 12. März 2001 (über Internet abzurufen über „www.bundesfinanzministerium.de"), 62; Zinser, NZG 2001, 391, 392.

tiellen Änderungen nicht die Zustimmung des Rates erfahren und der Vermittlungsausschuss beraten würde.[3338] Auch als nach erfolgreicher Tätigkeit des Vermittlungsausschusses zu hoffen war, dass die Richtlinie, zumindest hinsichtlich des Neutralitätsgebots in ungeänderter Fassung, zeitnah umgesetzt werden würde, scheiterte die Richtlinie nach ausgeglichener Abstimmung im Parlament am 04. Juli 2001 mangels der erforderlichen Mehrheit dennoch endgültig.[3339]

Eine einheitliche europäische Regelung von Übernahmen ist gleichwohl von großer Bedeutung für die Allokationsoptimierung im europäischen Binnenmarkt und für die Wettbewerbsfähigkeit im Vergleich zu anderen Wirtschaftsmärkten.[3340] Um eine effiziente Allokation zu fördern, wären für Bieter gleiche rechtliche Übernahmebedingungen und wirtschaftliche Rahmenbedingungen, insbesondere gleichwertige Regelungen der Kapitalmarkttransaktionen, im gesamten europäischen Markt förderlich.[3341] Entgegenstehende übernahmefeindliche Regelungen auf nationaler Ebene stehen einer Allokationsoptimierung im Wege, weil so eine Abschottung des jeweiligen nationalen Kapitalmarktes forciert und damit die internationale Allokationsfunktion unterlaufen wird. Die Auswirkungen einer derartigen Entwicklung für die Kapitalaufnahme deutscher Unternehmen sind nicht zu unterschätzen. Wenn durch den internationalen, zumindest aber europaweiten, Kapitalmarkt nicht weitgehend gewährleistet werden kann, dass Kapital dorthin fließt, wo es am effizientesten verwandt werden könnte, gerät die europäische Binnenwirtschaft und dadurch mittelbar auch jede beteiligte nationale Volkswirtschaft in einen Wettbewerbsnachteil. Die Forderung nach einheitlichen europäischen Regelungen von Übernahmevorgängen stellt demnach eine Förderung des Funktionenschutzes des europäischen Kapitalmarktes dar.[3342]

Vor dem aufgezeigten Hintergrund war die Bundesrepublik an keine europarechtlichen Vorgaben gebunden. Gleichwohl hatte es sich empfohlen, die Reformbestrebungen auf europäischer Ebene zu berücksichtigen. Am 30. März 2004 ist der

---

[3338] Vgl. zu dieser Problematik auch Begründung des Bundesfinanzministeriums zum Referentenentwurf eines Gesetzes zur Regelung von öffentlichen Angeboten zum Erwerb von Wertpapieren und von Unternehmensübernahmen vom 12. März 2001 (über Internet abzurufen über „www.bundesfinanzministerium.de"), 61; Wiesner, ZIP 2000, 1792, 1792; Zinser, NZG 2001, 391, 392.

[3339] Vgl. Neye, NZG 2002, 1144, 1144; Handelsblatt vom 4. Juli 2001, 3, 8.

[3340] Vgl. Hopt, ZHR 161 (1997), 368, 374 f.; Pötzsch/Möller, WM-Beil. 2/2000, 3, 31; Wiesner, ZIP 2000, 1792, 1792. Vgl. dazu auch Bästlein, Zur Feindlichkeit öffentlicher Übernahmeangebote, 315. Zum Wettbewerb der Finanzmärkte vgl. weitergehend Dietl/Pauli/ Royer, Internationaler Finanzplatzwettbewerb.

[3341] Vgl. Hopt, ZHR 161 (1997), 368, 375; Baums, ZIP 1997, 1942, 1948; Wiesner, ZIP 2000, 1792, 1792. Vgl. im Übrigen zu übernahmerechtlichen Regelungen der Mitgliedstaaten weitergehend Hopt, ZHR 161 (1997), 368, 372 f.; zum österreichischen Übernahmerecht vgl. weitergehend Kalis, NZG 1999, 421, 421 ff.; Karollus/Geist, NZG 2000, 1145, 1145 ff.; Stockenhuber, RIW 1999, 752, 752 ff.; zu öffentlichen Übernahmevorgängen in Italien vgl. weitergehend Schmid, AG 1999, 402, 402 ff. Zur Neutralitätspflicht nach den Regelungen anderer Mitgliedstaaten vgl. auch Bernet, Regelung öffentlicher Kaufangebote, 273 ff.; Frei, Öffentliche Übernahmeangebote, 227 ff.; Assmann/Pötzsch/Schneider-Krause/Pötzsch, WpÜG, § 33, Rdn. 341 ff.; Geibel/Süßmann-Schwennicke, WpÜG, § 33, Rdn. 6 ff.; Kirchner, BB 2000, 105, 107, 111 f.

[3342] Vgl. Hopt, ZHR 161 (1997), 368, 375; Wiesner, ZIP 2000, 1792, 1795 f.

geänderte Richtlinienvorschlag auch durch den Ministerrat angenommen worden. Die Mitgliedstaaten haben die Richtlinie nunmehr bis 20. Mai 2006 umzusetzen.

C. „Gesetz zur Regelung von öffentlichen Angeboten zum Erwerb von Wertpapieren und von Übernahmeangeboten“ (WpÜG)

Schon Mitte 1997 hatte die SPD einen Entwurf für eine gesetzliche Regelung von Übernahmevorhaben unter Berücksichtigung eines Pflichtangebots vorgelegt.[3343] Im Februar 1999 hat die Börsensachverständigenkommission dem Gesetzgeber empfohlen, die allgemeine Verbindlichkeit von Übernahmeregeln durch ein Gesetz sicherzustellen.[3344] Dieses Regelungsvorhaben wurde von der Bundesregierung insbesondere unter dem Eindruck der Mannesmann-Übernahme vom Februar 2000 verstärkt angegangen und forciert. In einem ersten Schritt erfolgte die Einsetzung einer mit führenden Vertretern aus Wirtschaft, Gewerkschaften und Wissenschaft besetzten Expertenkommission durch die Bundesregierung unmittelbar infolge des Übernahmekampfes um Mannesmann[3345].[3346] Die Expertenkommission erzielte im Mai 2000 Einvernehmen über die wesentlichen Inhalte eines Übernahmegesetzes, das der Bundesregierung und dem deutschen Bundestag zur Umsetzung empfohlen

[3343] Entwurf eines Gesetzes zur Regelung von Unternehmensübernahmen v. 25.06.1997, BT-Drs. 13/8164 v. 02. Juli 1997, vgl. dazu ergänzend Adams, AG-Sonderheft 8/1997, 9, 18 f.; Baums, AG-Sonderheft 8/1997, 26, 33 f.; Schander, NZG 1998, 799, 803 ff., Schiessl, AG 1999, 442, 449 f.; Frankfurter Allgemeine Zeitung vom 3. November 1998, 19, und weitergehend Hopt, Festschrift Zöllner, 253, 267 ff. Vgl. im Übrigen den von der SPD-Bundestagsfraktion vorgelegten Entwurf eines „Transparenz- und Wettbewerbsgesetzes“ aus dem Januar 1995, dessen Artikel 3 eine Regelung zu Übernahmevorgängen enthielt, BT-Drs. 13/367 v. 20. Januar 1995.

[3344] Vgl. Begründung des Bundesfinanzministeriums zum Diskussionsentwurf des „Gesetzes zur Regelung von Unternehmensübernahmen“ vom 29. Juni 2000 (über Internet abzurufen über „www.bundesfinanzministerium.de“), 63; Begründung des Bundesfinanzministeriums zum Referentenentwurf eines Gesetzes zur Regelung von öffentlichen Angeboten zum Erwerb von Wertpapieren und von Unternehmensübernahmen vom 12. März 2001 (über Internet abzurufen über „www.bundesfinanzministerium.de“), 61, und die Standpunkte der Börsensachverständigenkommission zur künftigen Regelung von Unternehmensübernahmen, abzurufen über Internet unter „www.kodex.de“, 9. Vgl. im Übrigen Kossmann, NZG 1999, 1198, 1198 ff.; Pötzsch/Möller, WM-Beil. 2/2000, 3, 13; Schiessl, AG 1999, 442, 449.

[3345] Vgl. Frankfurter Allgemeine Zeitung vom 21. Februar 2000, 8. Mitglied dieser Expertenrunde ist auch Dr. Klaus Esser, nach seinem überraschenden Einverständnis zur Fusion mit Vodafone mit einem *golden handshake* in Höhe von über 60 Mio. DM verabschiedeter Vorstandsvorsitzender der Mannesmann AG. Die vollständige Besetzung der Expertenkommission findet sich bei Land/Hasselbach, DB 2000, 1747, 1747, Fn. 7. Vgl. zum Hintergrund und zur Aufgabe der Expertenkommission auch Pötzsch/Möller, WM-Beil. 2/2000, 3, 13 f.; Begründung der Bundesregierung zum Entwurf eines Gesetzes zur Regelung von öffentlichen Angeboten zum Erwerb von Wertpapieren und von Unternehmensübernahmen (über Internet abzurufen über „www.bundesfinanzministerium.de“), 64.

[3346] Vgl. Kiem, ZIP 2000, 1509, 1509; Krause, NZG 2000, 905, 905; Riehmer/Schröder, NZG 2000, 820, 820; Weber, NJW 2000, 3461, 3472; Begründung des Bundesfinanzministeriums zum Referentenentwurf eines Gesetzes zur Regelung von öffentlichen Angeboten zum Erwerb von Wertpapieren und von Unternehmensübernahmen vom 12. März 2001 (über Internet abzurufen über www.bundesfinanzministerium.de“), 64 f.; Handelsblatt vom 16. November 2000, 46; Handelsblatt vom 8./9. Dezember 2000, 8.

wurde.[3347] Unterstützt wurde die Gesetzgebungsinitiative zudem von einem Positionspapier der Börsensachverständigenkommission vom Februar 1999.[3348] Eine Regelung war vor diesem Hintergrund als selbständige Regelung oder aber als Bestandteil des geplanten 4. Finanzmarktförderungsgesetzes zu erwarten[3349] und vom Bundesjustizministerium für das erste Halbjahr 2000 angekündigt worden.

Am 29. Juni 2000 legte das Bundesfinanzministerium einen „Diskussionsentwurf eines Gesetzes zur Regelung von Unternehmensübernahmen"[3350] vor. Nach ausführlicher Diskussion in Fachkreisen mit zahlreichen Anregungen und Änderungsvorschlägen legte das Bundesfinanzministerium am 12. März 2001 einen weitergehenden Referentenentwurf eines Wertpapiererwerbs- und Übernahmegesetzes[3351] vor. In Abänderung dieses Entwurfes - und insbesondere im Gegensatz zu der auch aufgrund des diesbezüglichen heftigen Widerstandes der Bundesregierung gescheiterten EU-Richtlinie - hatte die Bundesregierung schon zeitnah angekündigt, dass „Vorratsbeschlüsse" der Hauptversammlung zugelassen werden sollten, nach denen der Vorstand befristet ermächtigt werden kann, Abwehrmaßnahmen gegen Übernahmeangebote zu ergreifen.[3352] Das Bundeskabinett hat daraufhin einen

---

[3347] Vgl. Pressemitteilung des Bundespresseamtes vom 17. Mai 2000 (Nr. 237/2000) - „Expertenkommission verabschiedet Eckpunkte eines Gesetzes zur Regelung von Unternehmensübernahmen". Vgl. ergänzend auch Begründung des Bundesfinanzministeriums zum Referentenentwurf eines Gesetzes zur Regelung von öffentlichen Angeboten zum Erwerb von Wertpapieren und von Unternehmensübernahmen vom 12. März 2001 (über Internet abzurufen über „www.bundesfinanzministerium.de"), 64 f.; Begründung der Bundesregierung zum Entwurf eines Gesetzes zur Regelung von öffentlichen Angeboten zum Erwerb von Wertpapieren und von Unternehmensübernahmen (über Internet abzurufen über „www.bundesfinanzministerium.de"), 64; Frankfurter Allgemeine Zeitung vom 19. Mai 2000, 12; Handelsblatt vom 19. Mai 2000, 14.

[3348] Abzurufen über deren Homepage unter „www.kodex.de"; abgedruckt beispielsweise in Börsen-Zeitung vom 03. Februar 1999, 1, 3, und bei Pötzsch/Möller, WM-Beil. 2/2000, 3, Anlage 2. Vgl. dazu auch Kossmann, NZG 1999, 1198, 1198 ff.

[3349] Vgl. Frankfurter Allgemeine Zeitung vom 09. Februar 2000, 10; Koch-Weser, Rede anlässlich des Eurobörsentages der Börsen-Zeitung vom 15. Juni 2000, veröffentlicht im Internet unter „www.bundesfinanzministerium.de", 6; Land/Hasselbach, DB 2000, 557, 562.

[3350] Der Diskussionsentwurf ist abgedruckt in NZG 2000, 844 ff., und über Internet vom Bundesfinanzministerium unter „www.bundesfinanzministerium.de" abrufbar. Vgl. dazu auch Land/Hasselbach, DB 2000, 1747, 1747 ff.; Pötsch/Möller, WM 2000, Sonderbeil. 2; Riehmer/Schröder, NZG 2000, 820, 820 ff.; Witte, BB 2000, 2161, 2161 ff.; Börsen-Zeitung vom 30. Juni 2000, 1 und 7; Handelsblatt vom 30. Juni 2000, 6; Süddeutsche Zeitung vom 30. Juni 2000, 25.

[3351] Vgl. RefE eines „Gesetzes zur Regelung von öffentlichen Angeboten zum Erwerb von Wertpapieren und von Unternehmensübernahmen" vom 12. März 2001, aufrufbar über www.bundesfinanzministerium.de/fach/index.htm. Vgl. dazu auch Liebscher, ZIP 2001, 853, 853 ff.; Pluskat, DStR 2001, 897, 897 ff.; Riehmer/Schröder, BB-Sonderbeil. 5/2001, 1, 1 ff.; Thaeter/Barth, NZG 2001, 545, 545 ff.; Zinser, NZG 2001, 391, 391 ff.; Frankfurter Allgemeine Zeitung vom 13. März 2001, 9; Frankfurter Allgemeine Zeitung vom 17. März 2001, 15.

[3352] Vgl. Altmeppen, ZIP 2001, 1073, 1075; Kallmeyer, DB 2001, Heft 26, I; Krause, ZGR 2002, 500, 507; Pluskat, DStR 2001, 897, 900; Handelsblatt vom 22. Mai 2001, 4; Handelsblatt vom 8/9. Juni 2001, 1, 13; Die Welt vom 08. Juni 2001, 1; Handelsblatt vom 13. Juni 2001, R 2. Zur Reichweite derartiger Beschlüsse vgl. weitergehend Altmeppen, ZIP 2001, 1073, 1078 ff.; ferner Krause, AG 2002, 133, 136 f.

entsprechenden eigenen Gesetzesentwurf positiv beschieden.[3353] An der Schnelligkeit der gesetzgeberischen Initiative wurde zunächst vielfach Kritik geübt.[3354] Insbesondere wurde das Abwarten der Verabschiedung einer europäischen Regelung verlangt.[3355] Nachdem eine Umsetzung einer EU-Richtlinie in näherer Zukunft aber nicht mehr zu erwarten war, hat das Parlament am 15. November 2001 den vom Finanzausschuss modifizierten Gesetzesentwurf der Bundesregierung als „Gesetz zur Regelung von öffentlichen Angeboten zum Erwerb von Wertpapieren und von Übernahmeangeboten“[3356] (WpÜG) beschlossen. Dabei hat das Parlament den vom Finanzausschuss eingebrachten Änderungsvorschlägen entsprochen und Verteidigungsmaßnahmen des Vorstandes der Zielgesellschaft schon für den Fall zugelassen, dass der Aufsichtsrat der Zielgesellschaft zugestimmt hat. Damit kann der Vorstand der Zielgesellschaft auch für die eigenen Aktionäre vorteilhafte Übernahmen verhindern, wenn er die Zustimmung seines Aufsichtsrates erhält. Mit dem europäischen Vereinheitlichungsbestrebungen im Übernahmerecht lässt sich diese Regelung schon deswegen nicht vereinbaren, weil die überwiegende Anzahl der europäischen Staaten zu Recht für eine uneingeschränkte Neutralitätspflicht eintritt. Im Übrigen verfügen nur die wenigsten europäischen Gesellschaftsrechtssysteme über ein wie in Deutschland bestehendes, zweigeteiltes Boardsystem.

Im Folgenden soll nach der Darstellung des wesentlichen Inhalts dieses WpÜG eine kritische Beurteilung der einzelnen Regelungen - insbesondere im Hinblick auf die Zulässigkeit von Abwehrmaßnahmen der Zielgesellschaft - erfolgen.

I. Der wesentliche Inhalt des WpÜG

Im Wesentlichen ist das neue Übernahmegesetz wie folgt darzustellen.[3357]

[3353] Gesetzesentwurf zur Regelung von öffentlichen Angeboten zum Erwerb von Wertpapieren und von Unternehmensübernahmen vom 11. Juli 2001 (im Internet über „www.bundesfinanzministerium.de“ abzurufen). Vgl. dazu weitergehend vor allem Möller/Pötzsch, ZIP 2001, 1256, 1256 ff.; ferner Mülbert, ZIP 2001, 1221, 1221 ff.; Oechsler, NZG 2001, 817, 817 ff.; Strenger, WM 2000, 952, 952 f.; Thaeter, NZG 2001, 789, 789 ff.; Zinser, NZG 2001, 391, 391 ff.

[3354] Vgl. Kirchner, WM 2000, 1821, 1829 f.; Wiesner, ZIP 2000, 1792, 1795 f.; Witte, BB 2000, 2161, 2161 ff.; Börsen-Zeitung vom 12. Juli 2000, 5; Handelsblatt vom 9. Oktober 2000, 7 - Gastbeitrag Kirchner.

[3355] Vgl. Kirchner, WM 2000, 1821, 1829 f.; Wiesner, ZIP 2000, 1792, 1795 f.; Witte, BB 2000, 2161, 2161 ff.; Frankfurter Allgemeine Zeitung vom 3. August 2000, 15; Handelsblatt vom 9. Oktober 2000, 7 - Gastbeitrag Kirchner. Zur „Vorwirkung“ der geplanten bzw. gescheiterten Übernahmerichtlinie auf nationale Gesetzgebungsvorhaben, vgl. Ehricke, ZIP 2001, 1311, 1311 ff.; vgl. ferner Hommelhoff/ Witt, RIW 2001, 561, 561 ff.; Krause, NJW 2002, 705, 705.

[3356] BGBl. I 2001, 3833; Letzte Änderungen in BT-Drs. 14/7477 vom 14. November 2001, auszugsweise veröffentlicht in ZIP 2001, 2102, 2102 ff. Vgl. hierzu auch Hopt, ZHR 166 (2002), 383, 383 ff.; Krause, NJW 2002, 705, 705 ff.

[3357] Überblick bei KölnerKommWpÜG/Hirte, Einl., Rdn. 85 ff.; Krause, NJW 2002, 705, 705 ff.; Krause, ZGR 2002, 500, 509 ff.; Pötzsch, Übernahmerecht; Thoma, NZG 2002, 105, 105 ff. Kritisch und pointiert Schneider, AG 2002, 125, 125 ff.

1. Anwendungsbereich

Im Gegensatz zum ersten Entwurf eines Übernahmegesetzes, nach dem dessen Anwendungsbereich auf reine Übernahmetransaktionen beschränkt werden sollte, sieht das WpÜG in § 1 nunmehr einen Anwendungsbereich vor, der sich auf alle Angebote zum Erwerb von Wertpapieren erstreckt, die von einer Zielgesellschaft ausgegeben wurden und zum Handel an einem organisierten Markt zugelassen sind.[3358] Als Angebote in diesem Sinne definiert das WpÜG in § 2 Absatz 1 „freiwillige oder auf Grund einer Verpflichtung nach diesem Gesetz erfolgende öffentliche Kauf- oder Tauschangebote zum Erwerb von Wertpapieren einer Zielgesellschaft". Damit findet das WpÜG nicht nur auf Übernahmeangebote Anwendung, also auf solche Angebote, die auf die Erlangung der Kontrollmehrheit in einer Gesellschaft gerichtet sind, sondern gilt vielmehr für sämtliche öffentliche Angebote zum Erwerb von Wertpapieren.[3359] Damit greift das Gesetz auch bei solchen Angeboten ein, die auf den Erwerb von Anteilen unterhalb der Kontrollschwelle oder einen zusätzlichen Erwerb nach bereits erfolgter Überschreitung der Kontrollschwelle abzielen.

2. Die Struktur des WpÜG

Im Hinblick auf die Verfahrens- und Verhaltenspflichten der an einer Übernahmetransaktion Beteiligten unterteilt das WpÜG in drei unterschiedliche Angebotstypen: Einfache Angebote, Übernahmeangebote und Pflichtangebote.[3360] Diesen drei Angebotstypen lassen sich die Abschnitte 3 bis 5 des WpÜG zuordnen, auf die im Folgenden zusammenfassend eingegangen wird.

[3358] Die in Artikel 2 enthaltenen Änderungen des WpHG regeln die Einbeziehung von Mitteilungs- und Veröffentlichungspflichten bei Veränderungen des Stimmrechtsanteils an börsennotierten Gesellschaften an geregelten Märkten im Sinne von Artikel 1 Nr. 13 der Wertpapierdienstleistungsrichtlinie, Richtlinie 93/22/EWG des Rates vom 10. Mai 1993, ABl.EG Nr. L 141 vom 11. Juni 1993, 27, die Liste der geregelten Märkte ist im ABl.EG Nr. C 151 vom 29. Mai 1999, 19 f., abgedruckt. So wird den Vorgaben des Richtlinienvorschlages genügt. Zur Bewertung dieser Regelungen vgl. Witt, AG 2001, 233, 233 ff. Zum Anwendungsbereich der Regelung und zur notwendigen Modifikation bei Verabschiedung des Richtlinienvorschlages 2000 vgl. weitergehend Pötzsch/Möller, WM-Beil. 2/2000, 3, 14 f. Zur Bewertung dieser Anwendungsregel bei grenzüberschreitenden Vorgängen vgl. von Hein, AG 2001, 213, 231 ff.; Zimmer, ZGR 2002, 731, 731 ff.

[3359] Vgl. zur Erweiterung des Anwendungsbereichs Begründung des Bundesfinanzministeriums zum Referentenentwurf eines Gesetzes zur Regelung von öffentlichen Angeboten zum Erwerb von Wertpapieren und von Unternehmensübernahmen vom 12. März 2001 (über Internet abzurufen über „www.bundesfinanz ministerium.de"), 66 f.; Begründung der Bundesregierung zum Entwurf eines Gesetzes zur Regelung von öffentlichen Angeboten zum Erwerb von Wertpapieren und von Unternehmensübernahmen (über Internet abzurufen über „www.bundesfinanzministerium.de"), 65 f., 78 ff.; Begründung der Bundesregierung zum Entwurf eines Gesetzes zur Regelung von öffentlichen Angeboten zum Erwerb von Wertpapieren und von Unternehmensübernahmen (über Internet abzurufen über „www.bundesfinanzministerium.de"), 66; Fleischer, ZIP 2001, 1653, 1660; Thaeter/Barth, NZG 2001, 545, 546.

[3360] Dazu eingehend Assmann, AG 2002, 114, 114 ff.

a. Abschnitt 3: Angebote zum Erwerb von Wertpapieren

In Abschnitt 3 enthält das Gesetz die generellen Anforderungen an alle öffentlichen Angebote zum Erwerb von Wertpapieren einer Aktiengesellschaft oder Kommanditgesellschaft auf Aktien mit Sitz im Inland, die zum Handel an einem organisierten Markt zugelassen sind.[3361] Dieser Abschnitt legt die wesentlichen Verfahrensanforderungen an ein öffentliches Angebot fest. Hierzu zählen insbesondere:

- Die Pflicht eines Bieters zur unverzüglichen Veröffentlichung seiner Entscheidung, ein öffentliches Angebot abzugeben (§ 10 Absatz 1 WpÜG), diese Entscheidung noch vor ihrer Veröffentlichung den Geschäftsführungen der Börsen und dem Bundesaufsichtsamt (§ 10 Absatz 2 WpÜG) sowie nach ihrer Veröffentlichung dem Vorstand der Zielgesellschaft mitzuteilen (§ 10 Absatz 5 Satz 1 WpÜG), wobei letzterer unverzüglich seinen Betriebsrat zu unterrichten hat (§ 10 Absatz 5 Satz 2 WpÜG).
- Die inhaltlichen Anforderungen denen die Angebotsunterlage zu entsprechen hat (§ 11 WpÜG).
- Die Pflicht, die Finanzierung des Angebots - bei Barangeboten durch Bestätigung eines vom Bieter unabhängigen Wertpapierdienstleistungsunternehmen – sicherzustellen (§ 13 WpÜG).
- Die Pflicht des Bieters, die Angebotsunterlage innerhalb von vier Wochen nach der Veröffentlichung seiner Entscheidung zur Abgabe des Angebots dem Bundesaufsichtsamt zu übermitteln (§ 14 Absatz 1 WpÜG) und unmittelbar nach dessen Gestattung, spätestens aber zehn Werktage seit dem Eingang der Angebotsunterlage, ohne dass das Aufsichtsamt das Angebot untersagt hat, zu veröffentlichen (§ 14 Absatz 2 WpÜG).
- Die Pflicht des Bieters, die Angebotsunterlage dem Vorstand der Zielgesellschaft unverzüglich nach ihrer Veröffentlichung zu übermitteln (§ 14 Absatz 4 Satz 1 WpÜG), wobei letzterer diese unverzüglich seinem Betriebsrat zu übermitteln hat (§ 14 Absatz 4 Satz 2 WpÜG).
- Die Festlegung der Frist für die Annahme des Angebots von mindestens vier Wochen und höchstens zehn Wochen von der Veröffentlichung der Angebotsunterlage („Annahmefrist"; § 16 Absatz 1 WpÜG) sowie einer „weiteren Annahmefrist" von zwei Wochen für Übernahmeangebote innerhalb derer die Aktionäre der Zielgesellschaft, die das Angebot nicht angenommen haben, das Angebot noch annehmen können (§ 16 Absatz 2 WpÜG).
- Die Regelung der Anforderungen an die Einberufung einer Hauptversammlung der Zielgesellschaft im Zusammenhang mit dem Angebot (§ 16 Absatz 3 und 4 WpÜG).

[3361] Zur Anwendung des WpÜG bei Übernahmen mit Auslandsbezug vgl. Hahn, RIW 2002, 741, 741 ff. Zu den US-amerikanischen Regelungen für Übernahmen mit Auslandsbezug vgl. Aha, AG 2002, 313, 313 ff.

- Bestimmungen über Bedingungen des Angebots (§§ 18 und 26 WpÜG),[3362] über die Zuteilung der Aktien bei einem Teilangebot (§ 19 WpÜG), über Befreiungen von bestimmten Pflichten des Bieters (§ 20 WpÜG), über die Änderung des Angebots (§ 21 WpÜG), über Werbemaßnahmen während der Angebotsphase (§ 28 WpÜG), über konkurrierende (§ 22 WpÜG) und grenzüberschreitende Angebote (§ 24 WpÜG).
- Die Pflicht des Bieters zur Veröffentlichung der von ihm gehaltenen und der ihm zuzurechnenden Wertpapiere wöchentlich während der gesamten Annahmefrist, täglich während der letzten Woche der Annahmefrist sowie endgültig nach Ablauf der Annahmefrist und der weiteren Annahmefrist (§ 23 WpÜG).
- Die Pflicht des Vorstandes und des Aufsichtsrates der Zielgesellschaft zur Abgabe einer begründeten Stellungnahme zum Angebot sowie zu jeder seiner Änderungen (§ 27 WpÜG).

b. Abschnitt 4: Übernahmeangebote

Der Abschnitt 4 des WpÜG enthält Bestimmungen, die zusätzlich zu den Vorschriften des Abschnitts 5 bei der Abgabe eines Übernahmeangebotes zur Anwendung kommen (§ 34 WpÜG). Als Übernahmeangebote definiert das WpÜG alle Angebote, die auf den Erwerb der Kontrolle, also das Halten von mindestens 30 % der Stimmrechte der Zielgesellschaft gerichtet sind (§ 29 Absatz 1 und 2 WpÜG).[3363] Beabsichtigt ein Bieter diese Kontrollschwelle zu überschreiten, so hat er sein Übernahmeangebot auf alle Aktien der Zielgesellschaft zu erstrecken (Vollangebotspflicht). Teil-Übernahmeangebote sind nach § 32 WpÜG ausdrücklich unzulässig.

§ 30 WpÜG enthält diesbezüglich die Regelung der dem Bieter zuzurechnenden Stimmrechte. Hierzu zählen nach § 30 Absatz 1 WpÜG neben den von dem Bieter unmittelbar gehaltenen Stimmrechte insbesondere die Stimmrechte,

- die einem Tochterunternehmen des Bieters gehören,
- die einem Dritten gehören und von diesem für Rechnung des Bieters gehalten werden,
- die der Bieter einem Dritten zur Sicherheit übertragen hat, es sei denn, der Dritten ist zur Ausübung der Stimmrechte aus diesen Aktien befugt und bekundet die Absicht, die Stimmrechte unabhängig von den Weisungen des Bieters auszuüben,

[3362] Hierzu eingehend Busch, AG 2002, 145, 145 ff.

[3363] Zur Angemessenheit dieser Grenzziehung vgl. Begründung des Bundesfinanzministeriums zum Referentenentwurf eines Gesetzes zur Regelung von öffentlichen Angeboten zum Erwerb von Wertpapieren und von Unternehmensübernahmen vom 12. März 2001 (über Internet abzurufen über „www.bundesfinanzministerium. de"), 70, 130; Begründung der Bundesregierung zum Entwurf eines Gesetzes zur Regelung von öffentlichen Angeboten zum Erwerb von Wertpapieren und von Unternehmensübernahmen (über Internet abzurufen über „www.bundesfinanzministerium.de"), 69, 129 f.; Baums, in von Rosen/Seifert, Übernahme börsennotierter Unternehmen, 165, 170; kritisch Mülbert, ZIP 2001, 1221, 1225 f.

- an denen zugunsten des Bieters ein Nießbrauch bestellt ist,
- die der Bieter durch eine Willenserklärung erwerben kann,
- die dem Bieter anvertraut sind, sofern er die Stimmrechte aus diesen Aktien nach eigenem Ermessen ausüben kann, wenn keine besonderen Weisungen des Aktionärs vorliegen.

Darüber hinaus werden dem Bieter auch Stimmrechte eines Dritten zugerechnet, mit dem der Bieter oder sein Tochterunternehmen sein Verhalten in Bezug auf die Zielgesellschaft auf Grund einer Vereinbarung oder in sonstiger Weise abstimmt (§ 30 Absatz 2 WpÜG).[3364]

Für den Fall eines Übernahmeangebots enthält das WpÜG in § 31 auch eine Regelung der vom Bieter zu erbringenden Gegenleistung. So hat der Bieter den Aktionären der Zielgesellschaft eine angemessene Gegenleistung[3365] anzubieten, die grundsätzlich in einer Geldleistung in Euro oder liquiden Aktien, die zum Handel an einem organisierten Markt zugelassen sind, zu bestehen hat. Eine Ausnahme hiervon sieht § 31 Absatz 3 WpÜG vor, wonach die Gegenleistung jedenfalls auch als Geldleistung in Euro anzubieten ist, wenn der Bieter, mit ihm gemeinsam handelnden Personen oder deren Tochterunternehmen in den drei Monaten vor der Veröffentlichung der Entscheidung zur Abgabe eines Übernahmeangebotes insgesamt mindestens fünf Prozent oder nach dieser Veröffentlichung und vor Ablauf der Annahmefrist insgesamt mindestens ein Prozent der Aktien oder Stimmrechte an der Zielgesellschaft gegen Zahlung einer Geldleistung erworben haben. Weitere Bestimmungen, nach denen sich die Gegenleistung unterer bestimmten Bedingungen erhöht, sind in § 31 Absatz 4 und 5 WpÜG enthalten. Gemäß § 31 Absatz 7 WpÜG kann das Bundesministerium für Finanzen durch Rechtsverordnung nähere Bestimmungen über die Angemessenheit der Gegenleistung erlassen. Die aufgrund dieser Ermächtigung erlassene Verordnung bestimmt in § 4, dass die Gegenleistung mindestens dem Wert der höchsten vom Bieter, einer mit ihm gemeinsam handelnden Person oder deren Tochterunternehmen gewährten oder vereinbarten Gegenleistung für den Erwerb innerhalb der letzten drei Monate vor der Veröffentlichung zu entsprechen hat. Nach § 5 der Verordnung muss die Gegenleistung mindestens dem gewichteten Börsenkurs der Aktien während der letzten drei Monate vor Veröffentlichung entsprechen.

Schließlich enthält der Abschnitt 4 in § 33 WpÜG die Festlegung der Verhaltenspflichten des Vorstands und des Aufsichtsrats der Zielgesellschaft nach

[3364] Zu den Zurechnungstatbeständen vgl. OLG München, BB 2005, 1411, 1411 ff.; Krause, ZGR 2002, 500, 511 ff.; Liebscher, ZIP 2002, 1005, 1005 ff. Zur ausnahmsweise Nichtzurechnung und Befreiung vom Pflichtangebot vgl. weitergehend Holzborn/Blank, NZG 2002, 948, 948 ff.

[3365] Zur Angemessenheit der Gegenleistung bei Übernahmeangeboten vgl. Habersack, ZIP 2003, 1123, 1123 ff.; Rodewald/Siems, ZIP 2002, 926, 926 ff.; Frankfurter Allgemeine Zeitung vom 09. Oktober 2002, 19.

Veröffentlichung der Entscheidung eines Bieters zur Abgabe eines Übernahmeangebots. Hierauf wird noch gesondert einzugehen sein.[3366]

c. Abschnitt 5: Pflichtangebote

Abschnitt 5 schließlich enthält weitere Regelungen für den dritten Typ von Angeboten, für die Pflichtangebote. Auch diese Bestimmungen kommen ergänzend zu den Vorschriften der Abschnitte 3 und 4 (abzüglich einiger in § 39 WpÜG genannter Vorschriften) zur Anwendung.

Nach § 35 Absatz 1 WpÜG hat derjenige, der unmittelbar oder mittelbar die Kontrolle über eine Zielgesellschaft erlangt, dies unter Angabe der Höhe seines Stimmrechtsanteils unverzüglich, spätestens innerhalb von sieben Kalendertagen zu veröffentlichen und gemäß § 35 Absatz 2 WpÜG innerhalb von vier Wochen nach dieser Veröffentlichung dem Bundesaufsichtsamt eine Angebotsunterlage zu übermitteln und ein Angebot zu veröffentlichen. Absatz 3 bestimmt ausdrücklich, dass diese Verpflichtung denjenigen nicht trifft, der die Kontrolle über die Zielgesellschaft auf Grund eines Übernahmeangebotes erworben hat. Dies ist vor dem Hintergrund zu rechtfertigen, dass derjenige bereits mit dem Übernahmeangebot zwingend allen Aktionären der Zielgesellschaft ein Angebot unterbreitet hat.

In den §§ 36 und 37 enthält das WpÜG des weiteren Bestimmungen nach denen auf Antrag eines Aktionärs bestimmte Stimmrechte bei der Berechnung seines Stimmrechtsanteils unberücksichtigt bleiben sowie Befreiungen vom Pflichtangebot durch das Bundesaufsichtsamt ausgesprochen werden können.

3. Verhaltenspflichten und die Rechte des Bieters

Nach § 3 Absatz 1 WpÜG (Allgemeine Grundsätze) sind alle Inhaber von Wertpapieren der Zielgesellschaft, die derselben Gattung angehören gleich zu behandeln.[3367] Nach dessen Absatz 2 müssen die Inhaber von Wertpapieren über genügend Zeit und ausreichende Information verfügen, um in Kenntnis der Sachlage über das Angebot entscheiden zu können. Der Bieter und die Zielgesellschaft haben das Übernahmeverfahren rasch durchzuführen, die Zielgesellschaft darf nicht über einen angemessenen Zeitraum hinaus in ihrer Geschäftstätigkeit behindert werden, Absatz 4.[3368]

[3366] Vgl. unten unter 3.

[3367] Ohne dass dies vor dem Hintergrund des Gleichheitssatzes selbstverständlich wäre, wird in diesem Zusammenhang eine Staffelung der vom Bieter zu erbringenden Gegenleistung nach dem Zeitpunkt der Annahmeerklärung als Verstoß beurteilt, vgl. Pötzsch/Möller, WM-Beil. 2/2000, 3, 15. Konkretisierungen des Gleichheitssatzes finden sich beispielsweise in den §§ 16 Absatz 2 Nr. 2, 27 Absätze 1, 2.

[3368] Diese Regelung dient dem Schutz der Gesellschaft vor Wettbewerbsbehinderung durch ein Übernahmeverfahren, vgl. Pötzsch/Möller, WM-Beil. 2/2000, 3, 15. Vgl. zu den faktischen Auswirkungen eines Übernahmeversuchs weitergehend Bästlein, Zur Feindlichkeit öffentlicher Übernahmeangebote, 181; Ravenscraft/Scherer, in Coffee/Lowenstein/Rose-Ackerman, Knights, Raiders, and Targets, 194, 194 ff.; Scherer, 2 Journal of Economic Perspectives (1988), 69, 69 ff.

Nach § 32 WpÜG hat sich ein Übernahmeangebot grundsätzlich auf sämtliche Aktien[3369] zu erstrecken (Vollangebot), diesbezügliche Teilangebote sind unzulässig - die Verpflichtung zur Abgabe eines Vollangebots erstreckt sich im Übrigen auf jeden Kontrollerwerber (§ 35 WpÜG - Zwangsangebotsregelung),[3370] wobei diese Verpflichtung regelmäßig nach Kontrollerwerb im Zusammenhang mit der Abgabe eines freiwilligen Übernahmeangebots entfällt.[3371] Die Kontrollschwelle ist für das Zwangsangebot auf 30 % der Stimmrechte festgesetzt (§ 29 Absatz 2 WpÜG).[3372] Bezüglich der Verpflichtung zur Abgabe eines Vollangebots ist in § 24 WpÜG vorgesehen, dass das Bundesaufsichtsamt bei grenzüberschreitenden Angeboten und Unzumutbarkeit für den Bieter Ausnahmen zulassen kann.[3373] Das Ange-

---

[3369] Vom Anwendungsbereich werden insofern über die Regelung des Richtlinienvorschlages hinaus Stamm- und Vorzugsaktien erfasst. Diese Erstreckung wird als sachgerecht angesehen, so den Inhabern - bis auf das Stimmrecht - gleiche Mitgliedsrechte zustehen, vgl. dazu Pötzsch/Möller, WM-Beil. 2/2000, 3, 15; Begründung des Bundesfinanzministeriums zum Referentenentwurf eines Gesetzes zur Regelung von öffentlichen Angeboten zum Erwerb von Wertpapieren und von Unternehmensübernahmen vom 12. März 2001 (über Internet abzurufen über „www.bundesfinanzministerium.de“), 141.

[3370] Die Regelung ist dem Schutz der nach einem Kontrollerwerb ohne Übernahmeangebot, so regelmäßig über einen Anteilserwerb über die Börse, verbleibenden Minderheitsaktionäre zu dienen beabsichtigt, sie erscheint vor dem Hintergrund einer Verpflichtung zur Abgabe eines Vollangebots bei Übernahmeangeboten systemschlüssig, vgl. dazu auch Harbarth, ZIP 2002, 321, 321 f.; Pötzsch/Möller, WM-Beil. 2/2000, 3, 17. Verfassungsrechtliche Bedenken ergeben sich allerdings infolge der Beeinträchtigung der Privatautonomie, vgl. dazu weitergehend Altmeppen, ZIP 2001, 1073, 1080 ff. Vgl. weiter auch Loritz/Wagner, WM 1991, 709, 709 ff. mit weitergehenden verfassungsrechtlichen Bedenken.

[3371] Die Befreiung ist sachgerecht, weil ein weitergehender Altaktionärsschutz bei gleichen Bedingungen für freiwilliges Übernahmeangebot und Zwangsangebot nicht denkbar ist und demnach nur die Transaktionskosten erhöht würden, so auch Begründung des Bundesfinanzministeriums zum Referentenentwurf eines Gesetzes zur Regelung von öffentlichen Angeboten zum Erwerb von Wertpapieren und von Unternehmensübernahmen vom 12. März 2001 (über Internet abzurufen über „www.bundesfinanzministerium.de“), 70, 148; Begründung der Bundesregierung zum Entwurf eines Gesetzes zur Regelung von öffentlichen Angeboten zum Erwerb von Wertpapieren und von Unternehmensübernahmen (über Internet abzurufen über „www.bundesfinanzministerium.de“), 69 f., 148; Pötzsch/ Möller, WM-Beil. 2/2000, 3, 20; Thaeter/Barth, NZG 2001, 545, 547.

[3372] Zur Festlegung der Kontrollschwelle vgl. Baums/Fraune, AG 1995, 97, 102; Harbarth, ZIP 2002, 321, 323; Hopt, Festschrift Zöllner, 253, 268 f.; Hopt, ZHR 161 (1997), 368, 389 f.; Houben, WM 2000, 1873, 1878 f.; Munscheck, RIW 1995, 998, 1000; Pötzsch/Möller, WM-Beil. 2/2000, 3, 17; Begründung des Bundesfinanzministeriums zum Referentenentwurf eines Gesetzes zur Regelung von öffentlichen Angeboten zum Erwerb von Wertpapieren und von Unternehmensübernahmen vom 12. März 2001 (über Internet abzurufen über „www.bundesfinanzministerium.de“), 70, 130; Begründung der Bundesregierung zum Entwurf eines Gesetzes zur Regelung von öffentlichen Angeboten zum Erwerb von Wertpapieren und von Unternehmensübernahmen (über Internet abzurufen über „www.bundesfinanzministerium.de“), 69, 129 f. Die hier vorgenommene Festsetzung soll den regelmäßigen Präsenzen auf Hauptversammlungen börsennotierter Unternehmen Rechnung tragen. Sie erscheint auch vor dem Hintergrund der Festlegung ähnlich hoher Kontrollschwellen in Europa treffend. So sehen Frankreich (Artikel 5-5-2 Generalverordnung der CMF vom 5. November 1998), Österreich (§ 2 Absatz 2 Übernahmeverordnung), die Schweiz (§ 32 Absatz 1 Schweizer Börsengesetz) und Großbritannien (Rule 9.1. City Code) Schwellen von 30 % oder 1/3 der Stimmrechte vor. Vgl. hierzu jedoch mit Bedenken Harbarth, ZIP 2002, 321, 323.

[3373] Vgl. dazu Begründung der Bundesregierung zum Entwurf eines Gesetzes zur Regelung von öffentlichen Angeboten zum Erwerb von Wertpapieren und von Unternehmensübernahmen (über Internet abzurufen über „www.bundesfinanzministerium.de“), 124 f.

bot des Bieters erstreckt sich für die Aktionäre der Zielgesellschaft, die das Übernahmeangebot nicht angenommen haben, auf weitere zwei Wochen nach Veröffentlichung des Übernahmeergebnisses (§ 16 Absatz 2 WpÜG). Dies gilt nur dann nicht, wenn ein bedingtes Übernahmeangebot wegen Nichterreichens des Mindestanteils hinfällig ist (§ 16 Absatz 2 WpÜG).

Ein Übernahmeangebot darf nach § 18 Absatz 1 WpÜG vorbehaltlich Entscheidungen der Hauptversammlung nicht von Bedingungen abhängig gemacht werden, deren Eintritt auf Seiten des Bieters herbeigeführt werden kann, es darf auch nicht unter dem Vorbehalt des Rücktritts abgegeben werden (§ 18 Absatz 2 WpÜG).[3374] Nach den §§ 10, 14 WpÜG hat der Bieter seine Entscheidung zur Abgabe eines Übernahmeangebots unverzüglich zu veröffentlichen.[3375] Zuvor hat er den Geschäftsführungen der relevanten Börsen und dem Bundesaufsichtsamt die Entscheidung mitzuteilen, den Vorstand der Zielgesellschaft hat der Bieter unverzüglich nach Veröffentlichung schriftlich zu unterrichten. Er hat vor der Veröffentlichung der Entscheidung zur Angebotsabgabe sicherzustellen und nachzuweisen, dass ihm die zur Angebotserfüllung notwendigen Mittel zur Verfügung stehen,[3376] für diesbezüglich und im Übrigen falsche Angaben haftet der Bieter vorbehaltlich einer Exculpationsmöglichkeit auf Schadensersatz (§ 12 WpÜG). Der Bieter hat nach den §§ 11, 14 WpÜG innerhalb von vier Wochen nach Veröffentli-

---

[3374] Vgl. dazu weitergehend Land, DB 2001, 1707, 1711; Pötzsch/Möller, WM-Beil. 2/2000, 3, 21 f.; Riehmer/Schröder, BB-Sonderbeil. 5/2001, 1, 6; Begründung des Bundesfinanzministeriums zum Referentenentwurf eines Gesetzes zur Regelung von öffentlichen Angeboten zum Erwerb von Wertpapieren und von Unternehmensübernahmen vom 12. März 2001 (über Internet abzurufen über „www.bundesfinanzministerium.de"), 117 f.; Begründung der Bundesregierung zum Entwurf eines Gesetzes zur Regelung von öffentlichen Angeboten zum Erwerb von Wertpapieren und von Unternehmensübernahmen (über Internet abzurufen über „www.bundesfinanzministerium.de"), 116. Kritisch dazu Thaeter/Barth, NZG 2001, 545, 548.

[3375] Zu den Schwierigkeiten der unverzüglichen Veröffentlichung und des anschließenden zeitlich fixierten Verfahrens vgl. Liebscher, ZIP 2001, 853, 859 f.; Riehmer/Schröder, NZG 2000, 820, 820 f. Vgl. im Übrigen hierzu und zur Konkretisierung des Zeitpunktes Hopt, ZGR 2002, 333, 338 ff.; Liebscher, ZIP 2001, 853, 860; Pötzsch/Möller, WM-Beil. 2/2000, 3, 16; Riehmer/Schröder, BB-Sonderbeil. 5/2001, 1, 3; Begründung des Bundesfinanzministeriums zum Diskussionsentwurf, 97, und Begründung des Bundesfinanzministeriums zum Referentenentwurf eines Gesetzes zur Regelung von öffentlichen Angeboten zum Erwerb von Wertpapieren und von Unternehmensübernahmen vom 12. März 2001 (über Internet abzurufen über „www.bundesfinanzministerium.de"), 96 ff., 110 f.; Begründung der Bundesregierung zum Entwurf eines Gesetzes zur Regelung von öffentlichen Angeboten zum Erwerb von Wertpapieren und von Unternehmensübernahmen (über Internet abzurufen über „www.bundesfinanzministerium.de"), 93 ff.; 108 f. Bei einer deutschen Bietergesellschaft bedeutet dies regelmäßig eine Veröffentlichungspflicht nach Zustimmung durch den Aufsichtsrat, die Entscheidung der Hauptversammlung sei dagegen nicht abzuwarten, so jedenfalls mit weitergehenden Ausführungen dazu Pötzsch/Möller, WM-Beil. 2/2000, 3, 16.

[3376] Mit dieser Regelung soll Artikel 6 Absatz 3 k) des Richtlinienvorschlags 2000 Rechnung getragen werden, vgl. weitergehend zum Zweck der Bestimmung Begründung des Bundesfinanzministeriums zum Referentenentwurf eines Gesetzes zur Regelung von öffentlichen Angeboten zum Erwerb von Wertpapieren und von Unternehmensübernahmen vom 12. März 2001 (über Internet abzurufen über „www.bundesfinanzministerium.de"), 107 f.; Begründung der Bundesregierung zum Entwurf eines Gesetzes zur Regelung von öffentlichen Angeboten zum Erwerb von Wertpapieren und von Unternehmensübernahmen (über Internet abzurufen über „www.bundesfinanzministerium.de"), 106; Pötzsch/Möller, WM-Beil. 2/2000, 3, 20. Zum Testat und der Haftung des Wertpapierdienstleistungsunterneh-mens vgl. Vogel, ZIP 2002, 1421, 1421 ff.

chung der Übernahmeabsicht eine umfassende Angebotsunterlage zu erstellen,[3377] nach Genehmigung durch das Bundesaufsichtsamt zu veröffentlichen und der Zielgesellschaft zuzuleiten.[3378]

Der Bieter hat den Aktionären der Zielgesellschaft zumindest wahlweise als Gegen-leistung eine Geldleistung oder liquide stimmberechtigten Aktien anzubieten (§ 31 Absatz 2 WpÜG).[3379] Er hat ihnen zumindest wahlweise eine Gegenleistung in Euro anzubieten, wenn er, mit ihm gemeinsam handelnden Personen oder deren Tochterunternehmen[3380] in den drei Monaten vor Veröffentlichung der Übernahmeentscheidung insgesamt mehr als fünf Prozent der Aktien oder Stimmrechte an der Zielgesellschaft oder danach und vor Ablauf der Annahmefrist insgesamt mindestens ein Prozent der Aktien oder Stimmrechte gegen Geldzahlung erworben haben (§ 31 Absatz 3 WpÜG).[3381] Der Aktienpreis muss sich an durchschnittlichen Börsenkurs und dem Erwerb durch den Bieter orientieren[3382] (§ 31 Absatz 1 WpÜG),

---

[3377] Zum notwendigen Inhalt dieser Angebotsunterlage vgl. weitergehend Assmann, AG 2002, 153, 153 ff.; Hamann, ZIP 2001, 2249, 2249 ff.; Hopt, ZGR 2002, 333, 352 ff.; Liebscher, ZIP 2001, 853, 861 ff.; Pötzsch/Möller, WM-Beil. 2/2000, 3, 20; Riehmer/Schröder, BB-Sonderbeil. 5/2001, 1, 4.

[3378] Der hiervon betroffene weitergehende Zweck ist die umfängliche Informationserteilung gegenüber den Betroffenen, insbesondere den Aktionären, vgl. dazu Liebscher, ZIP 2001, 853, 861; Pötzsch/Möller, WM-Beil. 2/2000, 3, 16.

[3379] Zur Angemessenheit der Gegenleistung bei Übernahmeangeboten vgl. Rodewald/Siems, ZIP 2002, 926, 926 ff.; Frankfurter Allgemeine Zeitung vom 09. Oktober 2002, 19. Vgl. in diesem Zusammenhang die Kritik an der Tauschoption bei Houben, WM 2000, 1873, 1879 f. Zum Tauch vgl. weiter Krause, ZGR 2002, 500, 514 ff. Vgl. weiter zur ggf. erforderlichen Unternehmensbewertung Lappe/Stafflage, BB 2002, 2185, 2185 ff.

[3380] Die hier definierte Zurechnung von Stimmrechten ist für den gesamten Entwurf, insbesondere auch für die Berechnung der Kontrollschwelle, maßgeblich, vgl. weitergehend zur Zurechnung von Stimmrechten im Diskussionsentwurf in Anlehnung und Änderung von § 22 WpHG Munscheck, Übernahmeregelung, 160 ff.; Pötzsch/Möller, WM-Beil. 2/2000, 3, 17; Witt, AG 2001, 233, 236 ff.; Begründung des Bundesfinanzministeriums zum Diskussionsentwurf, 142 f., 84 f., 132; Begründung des Bundesfinanzministeriums zum Referentenentwurf eines Gesetzes zur Regelung von öffentlichen Angeboten zum Erwerb von Wertpapieren und von Unternehmensübernahmen vom 12. März 2001 (über Internet abzurufen über „www.bundesfinanzministerium.de"), 130 ff.; Begründung der Bundesregierung zum Entwurf eines Gesetzes zur Regelung von öffentlichen Angeboten zum Erwerb von Wertpapieren und von Unternehmensübernahmen (über Internet abzurufen über „www.bundesfinanzministerium.de"), 130 ff.

[3381] Insoweit soll ein „Anschleichen" an die Zielgesellschaft unter Ausgrenzung der Minderheitsaktionäre verhindert werden, vgl. Begründung des Bundesfinanzministeriums zum Referentenentwurf eines Gesetzes zur Regelung von öffentlichen Angeboten zum Erwerb von Wertpapieren und von Unternehmensübernahmen vom 12. März 2001 (über Internet abzurufen über „www.bundesfinanzministerium. de"), 71, 136 f.; Begründung der Bundesregierung zum Entwurf eines Gesetzes zur Regelung von öffentlichen Angeboten zum Erwerb von Wertpapieren und von Unternehmensübernahmen (über Internet abzurufen über „www.bundesfinanzministerium.de"), 70, 136 f.

[3382] Zur Begründung der Zugrundelegung des durchschnittlichen Börsenkurses innerhalb eines Zeitfensters vgl. weitergehend Busse von Colbe, Festschrift Lutter, 1101, 1053 ff.; Houben, WM 2000, 1873, 1880 f.; Munscheck, Übernahmeregelung, 139 ff. Nach WÜG-E/WpÜG soll die Orientierung nach den umwandlungsrechtlichen Regelungen zur Barabfindung erfolgen, vgl. dazu weiter Begründung des Bundesfinanzministeriums zum Referentenentwurf eines Gesetzes zur Regelung von öffentlichen Angeboten zum Erwerb von Wertpapieren und von Unternehmensübernahmen vom 12. März 2001 (über Internet abzurufen über „www.bundesfinanzministerium. de"), 135; Begründung der Bundesregierung zum Entwurf eines Gesetzes zur Regelung von öffentlichen Angeboten zum Erwerb von Wertpapieren und von Unternehmensüberjedoch mindestens dem gewichteten durchschnittlichen Börsenkurs entsprechen § 5 WpÜO). Nach § 16 Absatz 3 ÜG-E durfte er den vom Bieter oder gemeinsam mit ihm handelnden Personen in dieser Zeit gezahlten Höchstpreis für Aktien nicht um mehr als 15 % unterschreiten,[3383] nach den durch das WpÜG im Wege einer Verordnung vorgeschlagenen Änderungen wird die Frist auf drei Monate verkürzt, als Mindestpreis wird hier der vom Bieter an einem organisierten Markt innerhalb dieser Zeitspanne gezahlte Höchstpreis vorgeschrieben (§ 4 WpÜO). Eine entsprechende Regelung ist somit im WpÜG nicht enthalten. Hinsichtlich der Verpflichtung zur Abgabe eines Pflichtangebots und der Berücksichtigung von Stimmrechten sind in begründeten Fällen Ausnahmeregelungen eingeräumt.[3384]

Die vom Bieter bestimmte Annahmefrist durfte nach § 19 Absatz 1 ÜG-E nicht weniger als vier Wochen und nicht mehr als sechs Wochen betragen, nach § 16 Absatz 1 WpÜG ist die Frist auf zehn Wochen ausgedehnt worden. Sie beginnt

---

nahmen (über Internet abzurufen über „www.bundesfinanzministerium.de"), 138 f. Zum Börsenkurs als Bewertungsgrundlage vgl. Reuter, DB 2001, 2483, 2483 ff.; Sinewe, NZG 2002, 314, 316 f. Zur Festlegung des Zeitfensters vgl. Wenger, EWiR 2001, 605.

[3383] Diese Preisbestimmung soll die „besondere ökonomische Leistung" von Paketankäufen berücksichtigen, vgl. dazu und zur Preisberechnung bei Tauschgeschäften weitergehend Houben, WM 2000, 1873, 1882 f.; Pötzsch/Möller, WM-Beil. 2/2000, 3, 23; Traugott/Schaefer, NZG 2004, 158, 158 ff. Vgl. ferner allgemein zur Festlegung derartiger Preisregelungen Daum, Die unkoordinierte Übernahme, 230 f.; Baums, in von Rosen/Seifert, Übernahme börsennotierter Unternehmen, 165, 173 f. Hinsichtlich dieser Regelung ist von Fondgesellschaften heftige Kritik unter Berufung auf die Ungleichbehandlung von Aktionären geäußert worden, vgl. Handelsblatt vom 6./7. Oktober 2000, 6. Vgl. auch § 26 Absatz 1 des österreichischen Übernahmegesetzes mit einer vergleichbaren Regelung unter Ansetzung derselben Untergrenze. Vgl. im Übrigen auch den Entwurf einer Empfehlung für die zweite Lesung betreffend den Gemeinsamen Standpunkt des Rates im Hinblick auf den Erlass der Richtlinie des Europäischen Parlaments und des Rates auf dem Gebiet des Gesellschaftsrechts über Übernahmeangebote (8129/1/2000 - C5-0327/2000 - 1995/0341 (COD)) des Ausschusses für Recht und Binnenmarkt vom 27. September 2000, 10/22, demnach eine Höchstpreisfestschreibung ohne Abschlag empfohlen wird. Vgl. zur Verteilung von Paketzuschlägen grundsätzlich auch weitergehend Behrens, ZGR 1975, 433, 446 f.; Lüttmann, Kontrollwechsel in Kapitalgesellschaften, 33 f., 128 ff., 180 f.; Traugott/Schaefer, NZG 2004, 158, 158 ff. Vgl. in diesem Zusammenhang auch Adams, AG-Sonderheft 8/1997, 9, 18. Zur Angemessenheit der Preisbestimmung für Vorzugsaktien, Genussscheinen, Gewinn- und Wandelschuldverschreibungen und Optionsanleihen in diesem Zusammenhang vgl. Houben, WM 2000, 1873, 1880.

[3384] Vgl. §§ 35 Absatz 1 Nr. 1 ÜG-E, 36 Nr. 1 WÜG-E/WpÜG (erb- und familienrechtliche Sachverhalte), §§ 35 Absatz 1 Nr. 2, 3, 36 Nr. 2, 3 WÜG-E/WpÜG (Rechtsformwechsel, Umstrukturierungen innerhalb des Konzerns) und § 35 Absatz 2 ÜG-E (Wertpapierhandelsunternehmen) bei gleichzeitiger Ausübungssperre hinsichtlich der unberücksichtigten Stimmen und fehlender Absicht der Einflussnahme auf die Geschäftsführung in den Fällen des Absatzes 2, im WÜG-E/WpÜG ersatzlos entfallen. Vgl. weiter zu Ausnahmeregelungen bezüglich des Pflichtangebots § 36 ÜG-E/§ 37 WÜG-E/WpÜG als Ermessensvorschrift in besonderen Fällen, vgl. dazu weiterführend Pötzsch/Möller, WM-Beil. 2/2000, 3, 19 f.; Begründung des Bundesfinanzministeriums zum Referentenentwurf eines Gesetzes zur Regelung von öffentlichen Angeboten zum Erwerb von Wertpapieren und von Unternehmensübernahmen vom 12. März 2001 (über Internet abzurufen über „www. bundesfinanzministerium.de"), 150 f.; Begründung der Bundesregierung zum Entwurf eines Gesetzes zur Regelung von öffentlichen Angeboten zum Erwerb von Wertpapieren und von Unternehmensübernahmen (über Internet abzurufen über „www.bundesfinanzministerium.de"), 150 ff. Ferner Assmann, AG 2002, 114, 118.

mit der Veröffentlichung der Angebotsunterlage.[3385] Wird innerhalb von zwei Wochen nach dieser Veröffentlichung bei der Zielgesellschaft wegen des Übernahmeangebots eine Hauptversammlung einberufen, so beträgt die Annahmefrist nach § 16 Absatz 3 WpÜG automatisch zehn Wochen, allerdings ohne die Voraussetzung der Einhaltung der zweiwöchigen Einberufungsfrist. Nachdem der Bieter von der Zielgesellschaft über die Einberufung der Hauptversammlung unterrichtet worden ist, hat er die Mitteilung unter Angabe des Fristablaufs zu veröffentlichen (§ 16 Absatz 3 WpÜG). Den Aktionären der Zielgesellschaft ist es gegebenenfalls vorbehalten, ihre Aktien auch noch innerhalb von zwei Wochen nach der Veröffentlichung über den vom Bieter erworbenen Anteil mit ihm zu tauschen oder an ihn zu verkaufen (§ 16 Absatz 2 WpÜG).[3386]

Dem Bieter ist eingeräumt, das Übernahmeangebot bezüglich der Art und Höhe der Gegenleistung, der Verringerung der als Bedingung erklärten Beteiligungshöhe und des Verzichts auf Bedingungen bis zu einem Werktag vor Ablauf der Annahmefrist zu verändern (§ 21 Absatz 1 WpÜG).[3387] Eine Änderung innerhalb der letzten zwei Wochen der Annahmefrist ist nur einmal zulässig (§ 21 Absatz 6 WpÜG). Die Aktionäre der Zielgesellschaft, die das frühere Angebot bereits angenommen haben, können nach Angebotsänderung vom Vertrag zurücktreten (§ 21 Absatz 4 WpÜG). Die Annahmefrist verlängert sich mit einer Angebotsänderung um zwei Wochen, wenn die Änderung innerhalb der letzten zwei Wochen vor Fristablauf erfolgt (§ 21 Absatz 5 WpÜG).

Für den Fall der Abgabe eines konkurrierenden Übernahmeangebots innerhalb der Annahmefrist für das erste Übernahmeangebot verlängert sich die Annahmefrist für das erste Angebot auf das Fristende für das Konkurrenzangebot (§ 22 Absatz 2 WpÜG). Aktionäre der Zielgesellschaft, die das erste Übernahmeangebot vor Veröffentlichung der Angebotsunterlage des Konkurrenzbieters angenommen haben,

---

[3385] Zu bedenken ist allerdings, dass die Abgabe eines Angebots zumeist vorher angekündigt wird und diese Ankündigung ebenfalls einer Veröffentlichung der Angebotsunterlage ähnliche Wirkungen hat. So hatte beispielsweise vodafone AirTouch plc. am 19. November 1999 bekannt gegeben, ein Übernahmeangebot für die Mannesmann AG abgeben zu wollen. Die Angebotsabgabe ist am 23. Dezember 1999 erfolgt. Bereits im November 1999 konzentrierte sich der Mannesmann-Vorstand anstelle der Geschäftsführung auf Investorengespräche zwecks Abwehr der drohenden Übernahme. Insofern ist zur Vermeidung der Beeinträchtigung der Geschäftstätigkeit auch diese Zeitspanne zu regeln, vgl. dazu auch Riehmer/Schröder, BB Sonderbeil. 5/2001, 1, 3.

[3386] So wird in sachgerechter Weise der mangelnden Koordinationsmöglichkeit des Vorgehens der Zielgesellschaftsaktionäre, vgl. zu dem so genannten *prisoner's dilemma* Rapoport/Chammah, Prisoner`s Dilemma; Witt, NZG 2000, 809, 811; Witt, Übernahmen von Aktiengesellschaften, 82 ff.; Lüttmann, Kontrollwechsel in Kapitalgesellschaften, 140 ff.; Ott/Schäfer, Ökonomische Analyse des Zivilrechts, 468 ff., Rechnung getragen, vgl. Pötzsch/Möller, WM-Beil. 2/2000, 3, 17.

[3387] Ein Änderungsrecht ist notwendig, um dem Bieter ein Nachbessern bei ungenügender Attraktivität oder bei Vorlage eines höheren Konkurrenzangebots zu ermöglichen, vgl. dazu Begründung des Bundesfinanzministeriums zum Referentenentwurf eines Gesetzes zur Regelung von öffentlichen Angeboten zum Erwerb von Wertpapieren und von Unternehmensübernahmen vom 12. März 2001 (über Internet abzurufen über „www. bundesfinanzministerium.de"), 120 f.; Begründung der Bundesregierung zum Entwurf eines Gesetzes zur Regelung von öffentlichen Angeboten zum Erwerb von Wertpapieren und von Unternehmensübernahmen (über Internet abzurufen über „www.bundesfinanzministerium.de"), 121 f.

können bis Ende der Annahmefrist vom Vertrag zurücktreten (§ 22 Absatz 3 WpÜG). Der Bieter ist nach den § 23 Absatz 1 WpÜG verpflichtet, in regelmäßigen Abständen die Annahmequote zu veröffentlichen.[3388] Dies gilt nach den § 23 Absatz 2 WpÜG auch hinsichtlich des Erwerbs von Aktien innerhalb eines Jahres nach Veröffentlichung der Angebotsunterlage. Wird für einen derartigen Erwerb ein höherer Gegenwert gezahlt, gilt nach § 31 Absatz 5 WpÜG der Unterschiedsbetrag als die allen Angebotsempfängern zusätzlich geschuldete Gegenleistung.[3389] Im Übrigen gilt die Veröffentlichungspflicht auch für den Fall, dass die Kontrolle über ein Unternehmen auf andere Weise als durch eine so genannte freiwillige Übernahme erworben wird (§ 35 Absatz 1 WpÜG).

Dem Bieter ist es nach § 33 Absatz 3 WpÜG verboten, Vorstands- und Aufsichtsratsmitgliedern der Zielgesellschaft im Zusammenhang mit der Übernahme Geldleistungen oder andere geldwerte Vorteile zu gewähren oder in Aussicht zu stellen.

Nach Artikel 7 Absatz 2 WpÜG wird ein § 327 a in das Aktiengesetz eingefügt. Demnach kann die Hauptversammlung einer Aktiengesellschaft auf Verlangen eines Aktionärs, dem Aktien der Gesellschaft in Höhe von 95 % des Grundkapitals gehören, die Übertragung der Aktien der übrigen Aktionäre auf ihn gegen Gewährung einer angemessenen Barabfindung beschließen (Squeeze-out).[3390] Der Haupt-

---

[3388] Vgl. zur Notwendigkeit und zum Umfang derartiger „Wasserstandsmeldungen" weitergehend Witt, Übernahmen von Aktiengesellschaften, 69 ff.; Witt, NZG 2000, 809, 810.Vgl. in diesem Zusammenhang ergänzend Hägele, NZG 2000, 726, 726 ff.; Pötzsch/Möller, WM-Beil. 2/2000, 3, 22 f.; Schander/Lucas, DB 1997, 2109, 2109 ff.; Weisner, Verteidigungsmaßnahmen gegen unfreundliche Übernahmeversuche, 134 ff., der die Meldepflichten zutreffend für übernahmeerschwerend erklärt. Vgl. im Übrigen zu den Mitteilungs- und Veröffentlichungspflichten nach dem WpHG weitergehend Burgard, WM 2000, 611, 611 ff.; Cahn, AG 1997, 502, 502 ff.; Knoll, Übernahme von Kapitalgesellschaften, 141 ff.; Riehmer/Schröder, BB-Sonderbeil. 5/2001, 1, 16 f.; Sudmeyer, BB 2002, 685, 685 ff.; Witt, AG 2001, 233, 233 ff.; Wittich, in von Rosen/ Seifert, Übernahme börsennotierter Unternehmen, 377, 388 ff. Zu den Publizitätspflichten nach HGB vgl. weitergehend Drobeck, Prognosepublizität. Zu den durch den WÜG-E/WpÜG-E beabsichtigten Änderungen des WpHG vgl. weitergehend Begründung des Bundesfinanzministeriums zum Referentenentwurf eines Gesetzes zur Regelung von öffentlichen Angeboten zum Erwerb von Wertpapieren und von Unternehmensübernahmen vom 12. März 2001 (über Internet abzurufen über „www. bundesfinanzministerium. de"), 176 ff.; Begründung der Bundesregierung zum Entwurf eines Gesetzes zur Regelung von öffentlichen Angeboten zum Erwerb von Wertpapieren und von Unternehmensübernahmen (über Internet abzurufen über „www.bundesfinanzministerium.de"), 176 ff.

[3389] Auch diese Bestimmung gilt als Ausformung des Gleichbehandlungsgrundsatzes, vgl. hierzu und zur praktischen Abwicklung weiter Pötzsch/Möller, WM-Beil. 2/2000, 3, 24; Henze, ZHR 162 (1998), 186, 193 f.; Begründung des Bundesfinanzministeriums zum Referentenentwurf eines Gesetzes zur Regelung von öffentlichen Angeboten zum Erwerb von Wertpapieren und von Unternehmensübernahmen vom 12. März 2001 (über Internet abzurufen über „www.bundesfinanzministerium.de"), 137 f.; Begründung der Bundesregierung zum Entwurf eines Gesetzes zur Regelung von öffentlichen Angeboten zum Erwerb von Wertpapieren und von Unternehmensübernahmen (über Internet abzurufen über „www.bundesfinanzministerium. de"), 138 f. Zur Notwendigkeit dieser Regelung vgl. weitergehend Bästlein, Zur Feindlichkeit öffentlicher Übernahmeangebote, 285 ff., mit zahlreichen Beispielen des *freeze-out* und der nachfolgenden Abfindung zur vergleichbar niedrigen Preisen. Vgl. auch die bestätigende Untersuchung Wenger/Hecker, ifo Studien 1995, 51, 77.

[3390] Vgl. dazu weiterführend mit Berücksichtigung der Grundgesetzproblematik des Artikels 14 GG Hanau, NZG 2002, 1040, 1040 ff.; Heidel, DB 2001, 2031, 2031 ff.; Pötzsch/Möller, WM-Beil. 2/2000, 3,

aktionär legt nach dem ebenfalls neu einzufügenden § 327 b die, gegebenenfalls gerichtlich zu überprüfende, Höhe der Abfindung unter Berücksichtigung der Verhältnisse der Gesellschaft fest.[3391]

4. Verhaltenspflichten/Rechte der Unternehmensleitung auf Seiten der Zielgesellschaft

Nach § 3 WpÜG (Allgemeine Grundsätze) müssen der Vorstand und der Aufsichtsrat im Interesse der Zielgesellschaft handeln.[3392] Die Zielgesellschaft und der

29 f.; Vetter, DB 2001, 743, 743 ff.; Wirth/Arnold, AG 2002, 503, 503 ff.; ferner Grunewald, ZIP 2002, 18, 18 ff.; Habersack, ZIP 2001, 1230, 1230 ff.; Krieger, BB 2002, 53, 53 f.; Vetter, AG 2002, 176, 180 ff.; Wolf, ZIP 2002, 153, 153 ff.; Begründung des Bundesfinanzministeriums zum Referentenentwurf eines Gesetzes zur Regelung von öffentlichen Angeboten zum Erwerb von Wertpapieren und von Unternehmensübernahmen vom 12. März 2001 (über Internet abzurufen über „www.bundesfinanzministerium.de"), 74 ff., 181 f.; Begründung der Bundesregierung zum Entwurf eines Gesetzes zur Regelung von öffentlichen Angeboten zum Erwerb von Wertpapieren und von Unternehmensübernahmen (über Internet abzurufen über „www.bundesfinanzministerium.de"), 73 ff., 182 ff. Vgl. im Übrigen in diesem Zusammenhang den Beschluss des Bundesverfassungsgerichts vom 23. August 2000 - BvR 68/95, 1 BvR 147/97, BB 2000, 2011, - MotoMeter, demnach die Minderheitsaktionäre nicht vor dem Hintergrund des Artikels 14 GG davor geschützt seien, gegen ihren Willen aus der Gesellschaft hinausgedrängt zu werden, soweit der Preis entsprechend sei. Insofern würde das Bundesverfassungsgericht die Bestimmung mutmaßlich als verfassungsgemäß beurteilen, vgl. hierzu jedoch Hanau, NZG 2002, 1040, 1040 ff. Vgl. dazu weiter die Begründung des Bundesfinanzministeriums zum Referentenentwurf eines Gesetzes zur Regelung von öffentlichen Angeboten zum Erwerb von Wertpapieren und von Unternehmensübernahmen vom 12. März 2001 (über Internet abzurufen über „www.bundesfinanzministerium.de"), 76 ff.; Baums, in von Rosen/ Seifert, Übernahme börsennotierter Unternehmen, 165, 181 f.; Bungert/Eckert, BB 2000, 1845; Kossmann, NZG 1999, 1198, 1199 f., 1202; Land/Hasselbach, DB 2000, 557, 561 f.; Neye, EWiR 2000, 913, 913 f.; Vetter, DB 2001, 743, 746; besonders ausführlich Vetter, ZIP 2000, 1817, 1817 ff., und Fleischer, ZGR 2002, 757, 757 ff. Vgl. im Übrigen dazu auch Schiessl, AG 1999, 442, 443, 451. Vgl. zum Börsenkurs als gesellschaftsrechtliche Bewertungsgrundlage Busse von Colbe, Festschrift Lutter, 1101, 1053 ff.; Houben, WM 2000, 1873, 1876, 1880 f.; Kossmann, NZG 1999, 1198, 1202; Luttermann, ZIP 2001, 869, 869 ff.; Luttermann, ZIP 1999, 45, 45 ff.; Munscheck, Übernahmeregelung, 139 ff.; Reuter, DB 2001, 2483, 2483 ff.; Sinewe, NZG 2002, 314, 316 f. Zum Missbrauch der Regelung vgl. Halasz/Kloster, DB 2002, 1253, 1255 ff. Zur Festlegung des maßgeblichen Zeitfensters vgl. Wenger, EWiR 2001, 605. Zur Anfechtbarkeit von Squeeze-out- und Eingliederungsbeschlüssen wegen abfindungswertbezogener Informationsmängel vgl. Wilsing/Kruse, DB 2002, 1539, 1539 ff. Zum Squeeze-out im ausländischen Recht vgl. Sieger/Hasselbach, NZG 2001, 926, 926 ff.

[3391] Zur Preisbestimmung in derartigen Fällen vgl. den vorgenannten Beschluss des Bundesverfassungsgerichts; BVerfG 100, 289, 304 f. - DAT/Altana; BVerfG, ZIP 1999, 1806, 1806 f.; BGH, ZIP 2001, 734, 734 f. - DAT/Altana; OLG Düsseldorf, NZG 2000, 1074 - DAT/ Altana II; OLG Düsseldorf, DB 2000, 1854; OLG Stuttgart, BB 2000, 1313; LG München, DB 2000, 1016; LG Dortmund, ZIP 2001, 739, 739 ff. Vgl. auch hierzu Bungert, BB 2001, 1163, 1163 ff.; Bungert/Eckert, BB 2000, 1845; Großfeld, BB 2000, 261, 261 ff.; Henze, BB 2000, 2053, 2059; Henze, Festschrift Lutter, 1101, 1101 ff.; Kossmann, NZG 1999, 1198, 1202 f.; Land, DB 2001, 1707, 1713; Schiessl, AG 1999, 442, 451; Vetter, ZIP 2000. 1817, 1821 f.; Vetter, DB 2001, 743, 746; Vetter, DB 2001, 1347, 1347 ff.; Wenger, EWiR BGH § 305 AktG 1/01, 605, 605 f.; Wilm, NZG 2000, 1070, 1070 ff. Nach Artikel 6 des WÜG-E/WpÜG-E ist bei Erwerb der Stellung als Hauptaktionär in den letzten sechs Monaten vor der Beschlussfassung durch ein Übernahmeangebot der Übernahmepreis maßgeblich, wenn das Angebot von mindestens 90 % der Aktionäre angenommen worden ist.

Bieter haben das Übernahmeverfahren rasch durchzuführen, die Zielgesellschaft darf nicht über einen angemessenen Zeitraum hinaus in ihrer Geschäftstätigkeit behindert werden. Nach schriftlicher Unterrichtung vom Übernahmeangebot durch den Bieter (§ 10 Absatz 5 WpÜG) und nach Eingang der Angebotsunterlage (§ 14 Absatz 4 WpÜG) hat der Vorstand der Zielgesellschaft jeweils die Vertreter der Arbeitnehmer, gegebenenfalls diese direkt, zu unterrichten.

Die Zielgesellschaft ist nach § 16 Absatz 4 WpÜG bis spätestens zwei Wochen vor dem Tag der Versammlung berechtigt, eine Hauptversammlung zur Beschlussfassung über Abwehrmaßnahmen einzuberufen.[3393] Wird wegen der Übernahme von der Zielgesellschaft eine Hauptversammlung einberufen und verlängert sich so automatisch die Annahmefrist, so hat der Vorstand der Zielgesellschaft die Einberufung der Hauptversammlung unverzüglich dem Bieter und dem Bundesaufsichtsamt mitzuteilen (§ 16 Absatz 3 WpÜG). Die Anmelde- und Hinterlegungsfristen und die Frist nach § 125 Absatz 1 Satz 1 AktG betragen vier Tage, wenn die Monatsfrist nach § 123 Absatz 1 AktG unterschritten wird (§ 16 Absatz 4 WpÜG).

Der Vorstand und der Aufsichtsrat der Zielgesellschaft haben nach § 27 WpÜG eine umfassende und begründete Stellungnahme zum Übernahmeangebot sowie zu jeder Änderung, insbesondere hinsichtlich der Interessen der Zielgesellschaft einschließlich der Beschäftigten und der vom Bieter verfolgten Ziele, abzugeben und zu veröffentlichen.[3394] Sie haben in ihrer Stellungnahme die Position der Arbeitnehmervertreter, gegebenenfalls der Arbeitnehmer selbst, aufzunehmen, wenn ihnen diese übermittelt wird. Darüber hinaus darf der Vorstand nach Veröffentlichung der Entscheidung über die Abgabe eines Übernahmeangebots[3395] bis

[3392] Hierbei handelt es sich um die gängige Terminologie des Aktienrechts, insbesondere zu § 76 AktG, so dass eine Kommentierung dahingehend, dass auch die Interessen der Arbeitnehmer zu berücksichtigen seien, so die Begründung des Diskussionsentwurfs, 86, 135, 139, und Pötzsch/Möller, WM-Beil. 2/2000, 3, 15, nicht zu der Annahme verleiten sollte, dass die Unternehmensleitung hier speziell ermächtigt werden soll, ein Übernahmeangebot im Interesse der Arbeitnehmer abzulehnen. Nach Pötzsch/Möller, WM-Beil. 2/2000, 3, 24 f., vgl auch die Erklärungen dazu in der Begründung des Diskussionsentwurfs, 135, und des Regierungsentwurfs, 127, habe der Vorstand seiner Verpflichtung zur sachgerechten Wahrung der in der Gesellschaft zusammentreffenden gegebenenfalls divergierender Interessen, deren Träger neben den Aktionären die Arbeitnehmer und das Gemeinwohl seien, durch den Ausgleich im Wege „praktischer Konkordanz“ gerecht zu werden. Vgl. dazu die Ausführungen oben unter 4. Teil F. VII. Vor diesem Hintergrund sind auch die Ausführungen Kirchners, WM 2000, 1821, 1829, verfehlt, der eine Unvereinbarkeit von Unternehmensinteresse und Neutralitätspflicht für gegeben hält.

[3393] Zu dem Hauptversammlungsentscheid zur Legitimation von Abwehrmaßnahmen nach dieser Regelung, insbesondere zu den Stimmrechten und Mehrheitserfordernissen unter Beachtung der Holzmüller-Entscheidung des Bundesgerichtshofs, vgl. weitergehend Kiem, ZIP 2000, 1509, 1509 ff.

[3394] Vgl. zu dieser Pflicht weitergehend Harbarth, ZIP 2004, 3, 3 ff.; Hopt, ZGR 2002, 333, 354 ff.; Pötzsch/Möller, WM-Beil. 2/2000, 3, 24 f.; Begründung des Bundesfinanzministeriums zum Referentenentwurf eines Gesetzes zur Regelung von öffentlichen Angeboten zum Erwerb von Wertpapieren und von Unternehmensübernahmen vom 12. März 2001 (über Internet abzurufen über „www.bundesfinanzministerium.de“), 127 f.; Begründung der Bundesregierung zum Entwurf eines Gesetzes zur Regelung von öffentlichen Angeboten zum Erwerb von Wertpapieren und von Unternehmensübernahmen (über Internet abzurufen über „www.bundesfinanzministerium.de“), 126 f.

[3395] Ob das Verhinderungsverbot sich auch auf die Zeit der Kenntnis vom Übernahmeangebot vor Veröffentlichung erstreckt, ist unklar, vgl. dazu Assmann/Pötzsch/Schneider-Krause/Pötzsch, WpÜG, § 33,

zur Veröffentlichung des Ergebnisses keine Handlungen vornehmen, durch die der Erfolg des Angebots verhindert werden könnte (§ 33 Absatz 1 Satz 1 WpÜG).[3396] Als ein derartiger Verstoß gelten indes nach § 33 Absatz 1 Satz 2, Absatz 2 WpÜG nicht

1. Handlungen, die auch ein ordentlicher und gewissenhafter Geschäftsleiter einer Gesellschaft, die nicht von einem Übernahmeangebot betroffen ist, vorgenommen hätte;[3397]
2. die Suche nach einem konkurrierenden Angebot;
3. Handlungen, denen der Aufsichtsrat der Zielgesellschaft zugestimmt hat;
4. Handlungen, die in die Zuständigkeit der Hauptversammlung fallen und ihrer Art nach bestimmt sind, aufgrund eines mit drei Vierteln des bei der Beschlussfassung vertretenen Grundkapitals entschiedenen Hauptversammlungsbeschlusses, der vor Veröffentlichung der Angebotsunterlage getroffen wurde und höchstens 18 Monate gilt.[3398] Für derartige Handlungen gilt ebenfalls, dass sie nur vorgenommen werden dürfen, wenn der Aufsichtsrat zugestimmt hat.

Rdn. 62 ff.; Haarmann/Riehmer/Schüppen-Röh, WpÜG, § 33, Rdn. 52 f.; KölnerKommWpÜG/Hirte, § 33, Rdn. 32 ff. Jedenfalls aber gilt hier das aktienrechtliche Neutralitätsgebot, vgl. Haarmann/Riehmer/Schüppen-Röh, WpÜG, § 33, Rdn. 52 f.

[3396] Dies entspricht der ohnehin bestehenden Rechtslage, vgl. dazu die Ausführungen oben unter 4. Teil F. VII./VIII. Unzutreffend ist es demnach, wenn Pötzsch/Möller, WM-Beil. 2/2000, 3, 25, erklärt, dem Vorstand blieben präventive Verteidigungsstrategien „weiterhin unbenommen". Auch von einer positivrechtlich vorgesehenen Erlaubnis zum Ergreifen präventiver Abwehrmaßnahmen durch das beabsichtigte Übernahmegesetz ist nicht auszugehen. Demgegenüber ist der Diskussionsentwurf als uneingeschränkte Bestätigung der bestehenden Rechtslage zu verstehen. Vor diesem Hintergrund ist auch mit Pötzsch/Möller, WM-Beil. 2/2000, 3, 25, davon auszugehen, dass es Regelungskonflikte zwischen Aktien- und Übernahmerecht nach dem Diskussionsentwurf nicht gibt. A.A. Kirchner, WM 2000, 1821, 1829. Vgl. zur Diktion der Regelung und zur Kritik an dieser Festschreibung der ohnehin bestehenden Rechtslage vor dem Hintergrund rechtspolitischer Erwägungen Witte, BB 2000, 2161, 2164. Vgl. auch kritisch zur Formulierung Kallmeyer, DB 2001, Heft 26, I. Vgl. im Übrigen zu dieser Regelung aus internationaler Sicht auch Gordon, AG 2002, 670, 670 ff., der in dem Gesetz eine „Anti"-Übernahmeregelung sieht.

[3397] Diese Handlungen und die im Vorentwurf aufgeführten „Ausnahmen" sind auch nach der in dieser Arbeit vertretenen Auffassung von den Pflichten der Leitungsorgane weitgehend unproblematisch. Nach den oben unter 4. Teil F. VII. und VIII. ausgearbeiteten Feststellungen verstehen sich diese Pflichten größtenteils als Fortsetzung der üblichen Geschäftstätigkeit und jedenfalls nicht als Verstoß von Treuepflichten der Unternehmensleitung.

[3398] Hinsichtlich des Vorentwurfs - Beschluss nach Veröffentlichung der Entscheidung - wurde zu Recht kritisiert, dass diese Abwehrmaßnahmen wegen Zeitablaufs nicht ergriffen werden können, jedenfalls aber nicht greifen würden, vgl. Schneider/Burgard, DB 2001, 963, 968; Witte, BB 2000, 2161, 2165. Vgl. im Übrigen bereits in diesem Zusammenhang die Forderung, anstelle eines Beschlusses der Hauptversammlung auch die Entscheidung des Aufsichtsrats ausreichen zu lassen, Witte, BB 2000, 2161, 2165; Stellungnahme des Arbeitsausschusses des Bundesverbandes der deutschen Industrie, des Deutschen Industrie- und Handelstages, der Bundesvereinigung der Deutschen Arbeitgeberverbände und des Gesamtverbandes der Deutschen Versicherungswirtschaft vom 30. Juli 2000, vgl. dazu auch Frankfurter Allgemeine Zeitung vom 3. August 2000, 15. Ungeregelt verbleibt in diesem Zusammenhang, wie spätere Hauptversammlungsbeschlüsse zu bewerten sind. Zur Abwehr aufgrund von Ermächtigungsbeschlüssen vgl. weitergehend Krause, BB 2002, 1053, 1053 ff.

Die Bundesregierung hatte in diesem Zusammenhang bereits im Frühjahr 2001 angekündigt, es würden „Vorratsbeschlüsse" der Hauptversammlung zugelassen, nach denen der Vorstand befristet ermächtigt werde könne, Abwehrmaßnahmen gegen Übernahmeangebote zu ergreifen.[3399] Nach § 33 Absatz 1 WpÜG sind dementsprechend solche Handlungen ausdrücklich erlaubt worden, für die eine Ermächtigung durch die Hauptversammlung ausgesprochen wurde[3400] und denen der Aufsichtsrat zugestimmt hat, die auch ein ordentlicher und gewissenhafter Geschäftsleiter einer Gesellschaft, die nicht von einem Übernahmeangebot betroffen ist, vorgenommen hätte, sowie die Suche nach einem konkurrierenden Angebot. Nach § 33 Absatz 2 WpÜG sind die Handlungen, die durch die Hauptversammlung im Wege der Ermächtigung für zulässig erklärt werden, der Art nach zu bestimmen.[3401] Die Ermächtigung darf für höchstens 18 Monate erteilt werden. Der Beschluss bedarf der Mehrheit von Dreivierteln des vertretenen Grundkapitals;[3402] die Satzung kann eine größere Kapitalmehrheit und weitere Erfordernisse bestimmen. Entsprechende Handlungen des Vorstandes bedürfen im Übrigen der Zustimmung des Aufsichtsrates.

Am weitestgehendsten ist jedoch in diesem Zusammenhang die Einräumung von Abwehrmaßnahmen nach Ziffer 3., soweit ihnen der Aufsichtsrat zustimmt. Die Vorschrift des WpÜG könnte als Regelung verstanden werden, nach der Abwehrmaßnahmen nunmehr ungeachtet der verbandsrechtlichen Schranken zugelassen sind.

Nach § 28 WpÜG kann das Bundesaufsichtsamt bestimmte Arten der Werbung untersagen, um Missständen bei der Werbung im Zusammenhang mit Übernahmeangeboten zu begegnen.

[3399] Vgl. Altmeppen, ZIP 2001, 1073, 1075; Kallmeyer, DB 2001, Heft 26, I; Thaeter/Barth, NZG 2001, 545, 548; Wiese/Demisch, DB 2001, 849; 849; Handelsblatt vom 8./9. Juni 2001, 1, 13; Die Welt vom 8. Juni 2001, 1; Handelsblatt vom 13. Juni 2001, R 2. Zur zulässigen Reichweite derartiger Beschlüsse vgl. weitergehend Altmeppen, ZIP 2001, 1073, 1078 ff.

[3400] Dies entspricht der festgestellten Rechtslage, vgl. dazu 4. Teil F. VII./VIII. Zur Begründung vgl. weitergehend Begründung der Bundesregierung zum Entwurf eines Gesetzes zur Regelung von öffentlichen Angeboten zum Erwerb von Wertpapieren und von Unternehmensübernahmen (über Internet abzurufen über „www.bundesfinanzministerium.de"), 71 f., 141 ff. Zur Abwehr aufgrund von Ermächtigungsbeschlüssen vgl. weitergehend Krause, BB 2002, 1053, 1053 ff.

[3401] Mit dieser Regelung sollen „Blanketermächtigungen" aufgrund der „sehr weitreichenden Folgen" ausgeschlossen werden, vgl. Begründung der Bundesregierung zum Entwurf eines Gesetzes zur Regelung von öffentlichen Angeboten zum Erwerb von Wertpapieren und von Unternehmensübernahmen (über Internet abzurufen über „www.bundesfinanzministerium.de"), 144. Aus welchem Grund nicht auch generelle Ermächtigungen - ohne Einschränkungen der Privatautonomie - zulässig sein sollen, wird nicht weiter konkretisiert.

[3402] Gerade wenn die Bundesregierung infolge politischer Vorgaben Vorratsbeschlüsse praktikabel durchsetzen wollte, ist der Ansatz der hohen Mehrheitsbestimmung unverständlich. Das Mehrheitserfordernis hätte zwanglos mit der einfachen Mehrheit festgesetzt werden können. Ob es sich hier um ein Redaktionsversehen oder eine gewollte Entscheidung gehandelt hat, ist nicht ersichtlich.

5. Aufsicht

Nach § 4 WpÜG beaufsichtigt das Bundesaufsichtsamt für den Wertpapierhandel die ordnungsgemäße Durchführung der Übernahmeverfahren.[3403] Es hat im Rahmen der ihm zugewiesenen Aufgaben Missständen entgegenzuwirken. Das Amt kann im öffentlichen Interesse Anordnungen treffen, die geeignet und erforderlich sind, die Missstände zu verhindern oder zu beseitigen. Beim Bundesaufsichtsamt wird nach § 5 WpÜG ein Beirat gebildet, dem 15 fachlich geeignete Vertreter der Emittenten, der institutionellen und privaten Anleger, der Wertpapierdienstleistungsunternehmen, der Arbeitnehmer und der Wissenschaft angehören.[3404] Der Beirat schlägt drei ehrenamtlichen Beisitzer des Widerspruchsausschusses und deren Vertreter vor, die letztlich nach § 6 WpÜG vom Präsidenten des Bundesaufsichtsamts bestimmt werden.[3405] Ansonsten besteht der Widerspruchsausschuss aus drei Vertretern des Bundesaufsichtsamts (§ 6 WpÜG).

Dem Bundesaufsichtsamt sind umfangreiche Ermittlungsbefugnisse und Zwangsbefugnisse eingeräumt (§§ 40, 47 WpÜG).[3406] Dem Rechtmittel der Beschwerde ist ein Widerspruchsverfahren vorgelagert (§ 41 WpÜG). Der Widerspruch hat keine aufschiebende Wirkung (§ 43 WpÜG). Über die Beschwerde entscheidet das nach dem Sitz des Bundesaufsichtsamt zuständige Oberlandesgericht (§ 49 Absatz 3, 4 WpÜG).[3407] Auch die Beschwerde hat regelmäßig keine

---

[3403] Vgl.dazu ausgiebig Möller, AG 2002, 170, 170 ff.; Pötzsch/Möller, WM-Beil. 2/2000, 3, 27 f. Vgl. ferner auch Liebscher, ZIP 2001, 853, 858. Zur Problematik der Drittklagen im Verwaltungsrechtsschutzsystem des WpÜG vgl. Schnorbus, ZHR 166 (2002), 72, 72 ff.

[3404] Der Übernahmerat/Beirat gleicht einem Gremium im Versicherungsrecht, vgl. § 92 VersicherungsaufsichtsG in Verbindung mit der 3. Durchführungsverordnung zum Gesetz über die Errichtung eines Bundesaufsichtsamts für das Versicherungswesen, und soll dort wie im Übernahmerecht sachverständige und praxisnahe Beratungen vorzunehmen, vgl. auch Pötzsch/Möller, WM-Beil. 2/2000, 3, 27; Begründung des Bundesfinanzministeriums zum Referentenentwurf eines Gesetzes zur Regelung von öffentlichen Angeboten zum Erwerb von Wertpapieren und von Unternehmensübernahmen vom 12. März 2001 (über Internet abzurufen über „www.bundesfinanzministerium.de"), 73 f., 88 ff.; Begründung der Bundesregierung zum Entwurf eines Gesetzes zur Regelung von öffentlichen Angeboten zum Erwerb von Wertpapieren und von Unternehmensübernahmen (über Internet abzurufen über „www.bundesfinanzministerium.de"), 72 f., 85 ff.

[3405] Nach Pötzsch/Möller, WM-Beil. 2/2000, 3, 28, handelt es sich bei § 5 Absatz 3 Satz 3 ÜG-E um ein Redaktionsversehen

[3406] Vgl. zur Verfahrenssicherheit und -transparenz ausgiebig Begründung des Bundesfinanzministeriums zum Referentenentwurf eines Gesetzes zur Regelung von öffentlichen Angeboten zum Erwerb von Wertpapieren und von Unternehmensübernahmen vom 12. März 2001 (über Internet abzurufen über „www.bundesfinanzministerium.de"), 68 f., 154 ff.; Begründung der Bundesregierung zum Entwurf eines Gesetzes zur Regelung von öffentlichen Angeboten zum Erwerb von Wertpapieren und von Unternehmensübernahmen (über Internet abzurufen über „www.bundesfinanzministerium.de"), 66 ff., 154 ff.

[3407] Zum gerichtlichen Schutz vgl. weitergehend Pötzsch/Möller, WM-Beil. 2/2000, 3, 29. Die Zuständigkeitsregel ist den Verfahrensregeln des Gesetzes gegen Wettbewerbsbeschränkungen (GWB) angelehnt. Ausschlaggebend war dafür die Sachnähe von Übernahmeverfahren zu Fusionskontrollverfahren und die besondere Sachkunde der Oberlandesgerichte bei der Beurteilung wirtschaftlicher Sachverhalte und die langjährige Bewährung dieser Regelungen, so Begründung des Bundesfinanzministeriums zum Referentenentwurf eines Gesetzes zur Regelung von öffentlichen Angeboten zum Erwerb von Wertpapieren und von Unternehmensübernahmen vom 12. März 2001 (über Internet abzurufen über „www.bundesfinanzaufschiebende Wirkung (§ 50 WpÜG).[3408] Das Beschwerdegericht kann die aufschiebende Wirkung von Widerspruch oder Beschwerde ganz oder teilweise anordnen oder wiederherstellen, wenn ernstliche Zweifel an der Rechtmäßigkeit der angefochtenen Verfügung bestehen oder die Vollziehung für den Betroffenen eine unbillige, nicht durch überwiegende öffentliche Interessen gebotene, Härte zur Folge hätte (§ 51 Absatz 3 WpÜG). Für das Beschwerdeverfahren ist eine mündliche Verhandlung vorgesehen, es gilt der Untersuchungsgrundsatz (§§ 55, 56 WpÜG).

6. Sanktionen[3409]

Nach § 15 WpÜG untersagt das Bundesaufsichtsamt „das Übernahmeangebot", gemeint ist offensichtlich die Durchführung der Übernahme oder die Angebotsannahme, der regelmäßig bedingten Kaufanträge,[3410] wenn der Bieter gegen die inhaltsbezogenen Vorschriften zur Veröffentlichung der Angebotsunterlage verstößt.[3411] Wenn die Veröffentlichung nicht in der nach § 14 Absatz 3 WpÜG vorgeschriebenen Form erfolgt, kann das Bundesaufsichtsamt das Angebot untersagen. Nach einer Untersagung ist es dem Bieter verwehrt, vor Ablauf eines Jahres ein erneutes Übernahmeangebot abzugeben (§ 26 WpÜG). Nach § 47 WpÜG kann das Bundesaufsichtsamt Verfügungen, die nach dem Übernahmegesetz ergehen, mit Zwangsmitteln nach dem Verwaltungsvollstreckungsgesetz durchsetzen. Nach § 61 WpÜG können Verstöße gegen das Gesetz mit Bußgeldern geahndet werden

---

ministerium.de"), 69, 163; Begründung der Bundesregierung zum Entwurf eines Gesetzes zur Regelung von öffentlichen Angeboten zum Erwerb von Wertpapieren und von Unternehmensübernahmen (über Internet abzurufen über „www.bundesfinanzministerium.de"), 161 f.; Pötzsch/Möller, WM-Beil. 2/2000, 3, 29.

[3408] Zu Ausnahmetatbeständen vgl. Möller, AG 2002, 170, 170 f.; Pötzsch/Möller, WM-Beil. 2/2000, 3, 29.

[3409] Vgl. dazu weitergehend Möller, AG 2002, 170, 170 ff.; ferner die Kommentierung bei Pötzsch/Möller, WM-Beil. 2/2000, 3, 28; Begründung des Bundesfinanzministeriums zum Referentenentwurf eines Gesetzes zur Regelung von öffentlichen Angeboten zum Erwerb von Wertpapieren und von Unternehmensübernahmen vom 12. März 2001 (über Internet abzurufen über „www.bundesfinanzministerium.de"), 171 f.; Begründung der Bundesregierung zum Entwurf eines Gesetzes zur Regelung von öffentlichen Angeboten zum Erwerb von Wertpapieren und von Unternehmensübernahmen (über Internet abzurufen über „www.bundesfinanzministerium.de"), 171 ff.

[3410] Vgl. § 20 des Diskussionsentwurfs, nach dem eine invitatio ad offerendum unzulässig ist. Vgl. weiter dazu Riehmer/Schröder, BB-Sonderbeil. 5/2001, 1, 4, 6; Witt, Übernahmen von Aktiengesellschaften, 22 ff.; Witt, NZG 2000, 809, 811.

[3411] Vgl. zu den Untersagungstatbeständen weitergehend Begründung des Bundesfinanzministeriums zum Referentenentwurf eines Gesetzes zur Regelung von öffentlichen Angeboten zum Erwerb von Wertpapieren und von Unternehmensübernahmen vom 12. März 2001 (über Internet abzurufen über „www.bundesfinanzministerium.de"), 111 f.; Begründung der Bundesregierung zum Entwurf eines Gesetzes zur Regelung von öffentlichen Angeboten zum Erwerb von Wertpapieren und von Unternehmensübernahmen (über Internet abzurufen über „www.bundesfinanzministerium.de"), 110 f. Vgl. dazu auch Aha, AG 2002, 160, 160 ff.

II. Kritik

Die in der hier gebotenen Konzentration und Focusierung angebrachte Kritik an dem vorgeschlagenen Übernahmegesetz wird bereits an anderer Stelle in dieser Arbeit inhaltlich erschöpfend behandelt und soll hier nur kurz dargestellt und kommentiert werden. Soweit das Gesetz die Neutralitätspflicht grundsätzlich normiert hat, entspricht das Gesetz der augenblicklichen Rechtslage,[3412] so wie sie in der vorliegenden Ausarbeitung dargestellt und verstanden wird. Indem dem Vorstand in § 33 Absatz 1 Satz 2 WpÜG das Recht zuerkannt wird, nach Zustimmung des Aufsichtsrats auch Handlungen vorzunehmen, durch die der Erfolg des Angebots verhindert werden kann, stößt die gesetzliche Regelung jedoch auf erhebliche Bedenken. Wie bereits oben aufgezeigt, war der Vorstand aus überzeugenden Gründen nach bisherigem Recht zu derartigen Handlungen nicht befugt. Für den Aufsichtsrat gilt nicht anderes. Auch wenn der Aufsichtsrat zumindest zum entscheidenden Teil mit Aktionärsvertretern besetzt ist, kann eine Beeinträchtigung von Kontrollinteressen der Hauptversammlung nicht hingenommen werden. Dies gilt um so eher, als bei den faktisch gegebenen Personalverflechtungen nicht von uneinheitlichen Entscheidungen über die Frage der Abwehr und das Abwehrverhalten auszugehen ist.

Nach verständiger Betrachtung der Ermessensvorschrift des § 33 WpÜG ist jedoch festzustellen, dass durch Aktien- und Kapitalmarktrecht fixierte Verhaltenspflichten des Vorstandes einer Aktiengesellschaft keineswegs neu definiert oder abändernd festgeschrieben wurden,[3413] auch wenn das WpÜG als lex specialis gilt.[3414] Die dem Vorstandshandeln zugrundezulegenden Ermessensregeln und -grenzen gelten uneingeschränkt wie vor Erlass der Übernahmeregelung. Soweit durch diese Arbeit das strikte Neutralitätsgebot als Ausfluss des Geschäftsfüh-

[3412] So hinsichtlich der Neutralitätspflicht explizit auch Begründung des Bundesfinanzministeriums zum Referentenentwurf eines Gesetzes zur Regelung von öffentlichen Angeboten zum Erwerb von Wertpapieren und von Unternehmensübernahmen vom 12. März 2001 (über Internet abzurufen über „www.bundesfinanzministerium.de“), 142; Begründung der Bundesregierung zum Entwurf eines Gesetzes zur Regelung von öffentlichen Angeboten zum Erwerb von Wertpapieren und von Unternehmensübernahmen (über Internet abzurufen über „www.bundesfinanzministerium.de“), 141; Altmeppen, BB 2001, Heft 25, Die erste Seite; Altmeppen, ZIP 2001, 1073, 1075 ff.; Hopt, ZHR 166 (2002), 383, 421 f. Pointiert dazu Binz, BB 2002, Heft 3, Die erste Seite, der in der genauen gesetzlichen Regelung der Neutralitätspflicht einen Rückschritt erblickt.

[3413] Vgl. dazu - mit tendenziell ähnlichem Ergebnis - Geibel/Süßmann-Schwennicke, WpÜG, § 33, Rdn. 17, 43 f.; KölnerKommWpÜG/ Hirte, § 33, Rdn. 79 ff., 84 f.; MüKoWpÜG-Schlitt, § 33, Rdn. 52; Bayer, ZGR 2002, 588, 617; Hirte, ZGR 2002, 623, 640 ff.; Hopt, ZHR 166 (2002), 383, 421 ff., 425, 427; Krause, AG 2002, 133, 136; Krause, BB 2002, 1053, 1055, 1061; Seibt/Heiser, ZIP 2002, 2193, 2196; Frankfurter Allgemeine Zeitung vom 09. Oktober 2002, 19. A.A. wohl Assmann/Pötzsch/Schneider-Pötzsch, WpÜG, § 33, Rdn. 50; Haarmann/Riehmer/Schüppen-Röh, WpÜG, § 33, Rdn. 38, 45 f., widersprüchlich jedoch zu Rdn. 109, und Mai, Aktionärsschutz, 179 f. Vor dem aufgezeigtem Hintergrund stellt sich auch nicht die Frage nach der Verfassungsmäßigkeit der Regelung, vgl. dazu Assmann/Pötzsch/Schneider-Pötzsch, WpÜG, § 33, Rdn. 53; Haarmann/Riehmer/Schüppen-Röh, WpÜG, § 33, Rdn. 39.

[3414] Vgl. MüKoWpÜG-Schlitt, § 33, Rdn. 52; Bayer, ZGR 2002, 588, 605; Hopt, ZHR 166 (2002), 383, 425. In konsequenter Anwendung Mai, Aktionärsschutz, 183 ff.

rungsermessens festgestellt wurde, hat dies auch in Bezug auf § 33 WpÜG zu gelten. Vorstand und Aufsichtsrat sind somit bei der Vornahme bzw. Erteilung der Zustimmung durch das strikte Neutralitätsgebot in ihrem Ermessen gebunden. Das Ermessen ist dahingehend reduziert, dass Abwehrmaßnahmen nicht ergriffen werden dürfen bzw. dass ihnen nicht zugestimmt werden darf. Der durch das WpÜG vorgegebene Vorbehalt kann sich allenfalls auf die Beurteilung, Abgrenzung und Gewichtung des Verhaltens als Geschäftsführung im herkömmlichen Sinne oder aber als abwehrintendiertes Verhalten beziehen. Die Regelung gibt somit zu Missverständnissen Anlass und ist klarzustellen.

Weiter sollte auf die Verpflichtung zur Abgabe eines Voll- und Zwangsangebots zugunsten einer pro-rata-Regelung bei gleichzeitiger Stärkung des Minderheitenschutzes - auch hinsichtlich der Inhaber anderer Wertpapiergattungen[3415] - verzichtet werden.[3416] Dies gilt auch auf die abweichend von der Neutralitätspflicht eingeräumte Berechtigung zur aktiven Suche eines Konkurrenzbieters.[3417] Die Verkürzung der Frist zur Einberufung einer Hauptversammlung für den Fall der Angebotsabgabe ist sachgerecht, wenngleich auch nicht weitgehend genug - sie sollte lediglich eine Woche betragen, so dass die maximale Annahmefrist auch unverändert bestehen bleiben kann.[3418] Schließlich sollte die Unternehmensleitung zur Vornahme von Abwehrmaßnahmen auch dann berechtigt sein, wenn die Hauptversammlung sie vor Angebotsankündigung oder -abgabe dazu im Rahmen des gesetzlich Zulässigen ermächtigt hat.[3419] Dies gilt obwohl die Aktionäre ein Über-

---

[3415] Vgl. zur möglichen Schlechterstellung der Inhaber von Vorzugsaktien, Genuss-Scheinen, Gewinn- und Wandelschuldverschreibungen und Optionsanleihen weitergehend Houben, WM 2000, 1873, 1874 f.

[3416] Vgl. dazu die Ausführungen oben unter 4. Teil B. VIII. Vgl. im Übrigen in diesem Zusammenhang auch die Warnung des Deutschen Instituts für Wirtschaftsforschung, in dem Gesetz nicht zu hohe Hürden einzu-bauen, ansonsten könne das Gesetz zum „Übernahmeverhinderungsgesetz" mutieren, vgl. dazu Handelsblatt vom 31. August 2000, 4. Vgl. im Übrigen zum vorgesehenen Pflichtangebot Letzel, NZG 2001, 260, 260 ff. Zur weitergehenden Kritik am Pflichtangebot unter Berufung auf die verfassungsrechtlich garantierte Privat-autonomie vgl. auch Altmeppen, BB 2001, Heft 25, Die erste Seite; Altmeppen, ZIP 2001, 1073, 1082 f. Zur relativen Wertigkeit von Konzernrecht und Übernahmerecht vgl. auch Loehr, in von Rosen/Seifert, Übernahme börsennotierter Unternehmen, 149, 154.

[3417] Vgl. dazu die Ausführungen oben unter 2. Teil F. II. 3. Vgl. im Übrigen den Entwurf einer Empfehlung für die zweite Lesung betreffend den Gemeinsamen Standpunkt des Rates im Hinblick auf den Erlass der Richtlinie des Europäischen Parlaments und des Rates auf dem Gebiet des Gesellschaftsrechts über Übernahmeangebote (8129/1/2000 - C5-0327/2000 - 1995/0341 (COD)) des Ausschusses für Recht und Binnenmarkt vom 27. September 2000, 13/22 ff., der zur Folge eine Pflicht zur Neutralität nicht ausgesprochen werden sollte.

[3418] Zur Kritik an unnötig langen Annahmefrist vgl. Diekmann, WM 1997, 897, 903; Martens, Festschrift Beusch, 529, 552 f.; Weisner, Verteidigungsmaßnahmen gegen unfreundliche Übernahmeversuche, 289 f., 306; Weisgerber, ZHR 161 (1997), 421, 429. Vgl. demgegenüber jedoch auch den Entwurf einer Empfehlung für die zweite Lesung betreffend den Gemeinsamen Standpunkt des Rates im Hinblick auf den Erlass der Richtlinie des Europäischen Parlaments und des Rates auf dem Gebiet des Gesellschaftsrechts über Übernahmeangebote (8129/1/2000 - C5-0327/2000 - 1995/0341 (COD)) des Ausschusses für Recht und Binnenmarkt vom 27. September 2000, 12/22 f.

[3419] So auch Dimke/Heiser, NZG 2001, 241, 259; Grunewald, AG 2001, 288, 290 f.; Weisner, Verteidigungsmaßnahmen gegen unfreundliche Übernahmeversuche, 289. Vgl. auch Kirchner, WM 2000, 1821, 1830. Vgl. im Übrigen den Entwurf einer Empfehlung für die zweite Lesung betreffend den Gemeinsamen

nahmeangebot schlicht nicht wahrzunehmen bräuchten, wenn sie einen Kontroll- und Leitungswechsel ablehnen. Als wirtschaftliche Eigentümer soll es ihnen jedoch unbenommen bleiben, auch über kostspielige Abwehrmaßnahmen im Vorwege zu entscheiden, möglicherweise auch vor dem Hintergrund der Maximierung des Übernahmepreises. Dies soll zumindest solange gelten, bis sich die Gefahr des Missbrauchs der Beschlussfassung in der Hauptversammlung durch personelle Verflechtungen nicht konkretisiert.

Im Übrigen dürfte die Klagebefugnis von durch Übernahmeverfahren Betroffenen nicht hinreichend konkret geregelt sein. Für das WpÜG wird insofern einerseits angenommen, der Schutz Dritter sei ein bloßer Rechtsreflex des WpÜG, die eigene subjektive Rechte seien nicht begründet.[3420] Andererseits wird vertreten, dass Aktionäre und Bieter gegen die Verletzung eigener Rechte sehr wohl im Rahmen des Aufsichtsverfahrens erfolgreich vorgehen können.[3421] Vor diesem Hintergrund scheint auch die nahe liegende Durchsetzung der Rechte von Aktionären im Zivilprozess unter Berufung auf die Übernahmeregelungen zweifelhaft. Demnach sind die Haftungsregelungen zu konkretisieren. Diese Feststellung wird durch die Erfahrungen mit den Übernahmeregelungen anderer Staaten bestätigt.

Die konkrete Regelung von Haftungs- und Rechtschutzfragen hat im Spannungsverhältnis von Verfahrenseffizienz und Anlegerschutz unter Optimierung des Funktionenschutzes des Kapitalmarkts zu erfolgen. Dem Anspruch nach Gestaltung und Konkretisierung einer verfahrenseffizienten und möglichst weit reichend anlegerschützenden Rechtsordnung ist das WpÜG nicht gerecht geworden.

Nach dem ausdrücklichen Willen des Gesetzgebers wird die BAFin durch ihr Verwaltungshandeln ausschließlich im öffentlichen Interesse tätig.[3422] Lediglich Personen, die nach dem WpÜG mit eigenen Antragsrechten ausgestattet sind und von der BAFin abschlägig beschieden werden, sind widerspruchs- und beschwerdeberechtigt. Aktionären steht demnach im Regelfall kein Anspruch auf oder Rechtsschutz gegen ein bestimmtes Verwaltungshandeln der BAFin zu.[3423] Eine Auswei-

---

Standpunkt des Rates im Hinblick auf den Erlass der Richtlinie des Europäischen Parlaments und des Rates auf dem Gebiet des Gesellschaftsrechts über Übernahmeangebote (8129/1/2000 - C5-0327/2000 - 1995/0341 (COD)) des Ausschusses für Recht und Binnenmarkt vom 27. September 2000, 13/22 ff. Zur Reichweite derartiger Beschlüsse vgl. weitergehend Altmeppen, ZIP 2001, 1073, 1078 ff.

[3420] Vgl. Seibt/Heiser, ZHR 165 (2001), 466, 484 f.

[3421] Vgl. Schnorbus, ZHR 166 (2002), 72, 82 ff.

[3422] Vgl. § 4 Absatz 2 WpÜG und weiter Begründung WpÜG, B. Besonderer Teil, 84 f.; Aha, AG 2002, 160, 161; Lenz/Linke, AG 2002, 361, 361; Nietsch, BB 2003, 2581, 2582; Seibt/Heiser, ZHR 2001, 466, 484 f.; Schnorbus, ZHR 166 (2002), 72, 86 f.; Seibt, ZIP 2003, 1865, 1868; Verse, ZIP 2004, 199, 199 ff.; Wagner, NZG 2003, 718, 718 f. Vgl. dazu auch OLG Frankfurt, ZIP 2003, 1392, 1392 ff.; OLG Frankfurt, ZIP 2003, 1977, 1980; OLG Frankfurt, DB 2003, 2537, 2538 ff.; OLG Frankfurt, ZIP 2003, 2254, 2256 f.; OLG Frankfurt, DB 2003, 1373, 1374 f.; OLG Frankfurt, BB 2003, 2589, 2590 ff.

[3423] Vgl. OLG Frankfurt, ZIP 2003, 1392, 1393 ff.; OLG Frankfurt, ZIP 2003, 1977, 1980; OLG Frankfurt, DB 2003, 1373, 1374 f.; OLG Frankfurt, DB 2003, 2537, 2538 ff.; OLG Frankfurt, ZIP 2003, 2254, 2256 f.; OLG Frankfurt, BB 2003, 2589, 2590 ff.; OLG Frankfurt, AG 2004, 36, 36 ff.; Verse, ZIP 2004, 199, 199 ff. A.A. wohl Aha, AG 2002, 160, 160 ff.; Nietsch, BB 2003, 2581, 2582 ff.; Seibt, ZIP 2003, 1865, 1871 ff.; Wagner, NZG 2003, 718, 718 ff.

tung dieses öffentlichrechtlichen Schutzsystems ist im Interesse der Verfahrenseffizienz nicht geboten und auch grundgesetzlich oder europarechtlich nicht erforderlich.

Im Zusammenhang mit dem zivilrechtlichen Rechtschutz weist das WpÜG Lücken auf, die zu Spekulationen über die Reichweite des Anlegerschutzes Anlass geben. Das WpÜG enthält lediglich eine Bestimmung über die Zuständigkeit des Landgerichts am Sitz der Zielgesellschaft für alle zivilrechtlich durchsetzbaren Ansprüche, die sich aus dem WpÜG ergeben. Eine Konkretisierung dieser Ansprüche erfolgt nicht. Unbestritten können Vertragserfüllungsansprüche, Ansprüche infolge vorvertraglicher Vertrauensverhältnisse und deliktische und wettbewerbsrechtliche Ansprüche zivilrechtlich durchgesetzt werden. Die Schutzgesetzqualität der Vorschriften des WpÜG unabhängig von der Gewährung subjektiver Rechte gegenüber der BAFin ist demgegenüber nicht klargestellt.[3424] Insbesondere den Aktionären der Zielgesellschaft und dem Bieter ist im Übernahmegesetz ausdrücklich zivilrechtlicher Rechtschutz zuzuschreiben, insbesondere da wegen der regelmäßig gegebenen Eilbedürftigkeit die Geltendmachung der Ansprüche ausschließlich in Einstweiligen Verfügungsverfahren erfolgen würde.[3425] Der Rechtschutz hat Schadensersatz-, Unterlassungs- und Handlungsansprüche infolge rechtswidriger Vereitelung der Übernahme oder fehlerhafter Stellungnahme zum Übernahmeangebot zu umfassen.

D. Konzeptionierung einer Regelung

Nachdem zuvor festgestellt worden ist, dass eine konkretisierende Regelung von Übernahmeverfahren und Verhaltenspflichten sachgerecht, soll nun eine derartige Regelung entwickelt werden. Hierbei stehen die Verhaltenspflichten der Leitung der Zielgesellschaft im Mittelpunkt, weil die Themen- und Fragestellung dieser Arbeit eine Focusierung darauf gebieten, obwohl sich neben den hier angesprochenen offenkundigen Problemen zusätzlich eine Reihe anderer Fragestellungen ergeben.[3426]

I. Vereinbarkeit mit Europarecht

Für die deutsche Regelung für Unternehmensübernahmen gilt die gleiche Problematik wie für die europarechtliche Lösung von Übernahmeverfahren. Insofern bietet sich wegen der Einfachheit der Umsetzung der europäischen Vorschriften, aber auch aus Gründen der Arbeitsersparnis, die Anlehnung an die vorgesehene

[3424] Vgl. dazu Aha, AG 2002, 160, 160 ff.; Hirte, ZGR 2002, 623, 654 f.; Wagner, NZG 2003, 718, 718 ff. Vgl. dazu weiter KölnerKomm WpÜG/Hirte, § 33, Rdn. 159 ff.

[3425] Vgl. hierzu Hirte, ZGR 2002, 623, 650 ff.

[3426] Vgl. Riehmer/Schröder, NZG 2000, 820, 820 ff.

europarechtliche Regelung an.[3427] Wie aufgezeigt[3428] und wie aus der Darstellung der deutschen Rechtslage hervorgeht,[3429] ist die vorgesehene europarechtliche Regelung jedoch mit dem deutschen Gesellschaftsrecht in Teilbereichen unvereinbar.[3430] Gleichwohl müsste die deutsche Übernahmeregelung bei Verabschiedung einer Übernahmerichtlinie vorgabengetreu umgesetzt werden. Soweit das Sekundärrecht der Europäischen Union ein Umsetzungsermessen[3431] gewährt, bestehen lediglich rechtspolitische Spielräume, unvereinbar sind dagegen Brüche zwischen den Rechtsvorschriften.[3432] Ein derartiger Bruch wäre bezüglich des Richtlinienvorschlages 1997 zweifellos in der Nichtberücksichtigung von Drittinteressen zu sehen.[3433] Bezüglich des ursprünglichen Richtlinienvorschlages 2000 wäre ein Verbot jeglicher Abwehrmaßnahmen unvereinbar, wenn die Hauptversammlung vor Ankündigung des Übernahmeangebots diese genehmigt hat. Die Richtlinie 2002 zwingt zu diversen Änderungen des WpÜG,[3434] die jedoch hier nicht im Detail aufgezeigt und diskutiert werden sollen. Die aus verschiedenen Gründen notwendige Abänderung der Richtlinie ist bereits an anderer Stelle angesprochen worden.[3435]

II. Regelungsalternativen

Die in der Literatur vertretenen Stellungnahmen zu den Verhaltenspflichten von Unternehmensleitungen decken die gesamte Bandbreite möglicher Verhaltensweisen ab. Von der Verpflichtung zur strikten Passivität in Übernahmesituationen bis zu Gestattung weit reichender Abwehrmaßnahmen wird eine Vielzahl von Regelungsinhalten befürwortet.

Unter Berufung auf den funktionierenden Markt für Unternehmenskontrolle wird auch von der deutschen Literatur vertreten, nach Abgabe eines Übernahmean-

---

[3427] So auch Begründung des Bundesfinanzministeriums zum Diskussionsentwurf des „Gesetzes zur Regelung von Unternehmensübernahmen" vom 29. Juni 2000 (über Internet abzurufen über „www.bundesfinanzministerium.de"), 62; Begründung des Bundesfinanzministeriums zum Referentenentwurf eines Gesetzes zur Regelung von öffentlichen Angeboten zum Erwerb von Wertpapieren und von Unternehmensübernahmen vom 12. März 2001 (über Internet abzurufen über „www.bundesfinanzministerium.de"), 64; Grunewald, AG 2001, 288, 290. Zur „Vorwirkung" der geplanten bzw. gescheiterten Übernahmerichtlinie auf nationale Gesetzgebungsvorhaben, vgl. Ehricke, ZIP 2001, 1311, 1311 ff.; ferner Hommelhoff/Witt, RIW 2001, 561, 561 ff.; Krause, NJW 2002, 705, 705.

[3428] Vgl. dazu oben unter 4. Teil B. VIII.

[3429] Vgl. dazu oben unter 5. Teil D. VII. und VIII.

[3430] Vgl. insgesamt zur Korrelation von Richtlinienvorschlag und Diskussionsentwurf für das Übernahmegesetz Krause, NZG 2000, 905, 905 ff. Vgl. zu einer spiegelbildlichen Unvereinbarkeit des zur Umsetzung anstehenden Übernahmegesetzes mit dem EU-Recht wegen angeblicher Verletzung der Niederlassungsfreiheit Handelsblatt vom 11. Dezember 2000, 51 (Gastbeitrag Mülbert).

[3431] Vgl. hierzu auch Krause, NZG 2000, 905, 906.

[3432] Vgl. hierzu Kirchner, AG 1999, 481, 485 f.

[3433] Vgl. Kirchner, AG 1999, 481, 485; Kirchner, BB 2000, 105, 109.

[3434] Vgl. hierzu im Einzelnen Mülbert, NZG 2004, 633, 633 ff.; Wiesner, ZIP 2004, 343, 349.

[3435] Vgl. 4. Teil D. B. VIII.

gebots dem Management strikt passives Verhalten aufzuerlegen.[3436] Übernahmeangebote seien Marktinstrumente zur Erlangung der Unternehmenskontrolle als eigenständiges wirtschaftliches Gut.[3437] Die Möglichkeit des Kontrollerwerbs mittels Übernahmeangebot sei ein maßgeblicher Anreiz für das Management eines Unternehmens, die ihm zustehende Leitungsbefugnis so einzusetzen, dass der Nutzen der Anteilseigner in Bezug auf die zur Verfügung gestellten Einlagen maximiert werde, da die Unternehmenskontrolle als wirtschaftliches Gut demjenigen zufalle, der es am besten nutzen könne.[3438] Mit der Abgabe eines Übernahmeangebots komme zum Ausdruck, dass der bisherige Inhaber der Unternehmenskontrolle - das sei bei einer Publikumsgesellschaft mit breiter Aktienstreuung das von den Anlegern getragene Management - die von den Anteilseignern zur Verfügung gestellten Ressourcen nicht effizient genutzt habe.[3439] So wird auch in der deutschen Literatur die Auffassung vertreten, im Börsenpreis der zu erwerbenden Aktien spiegelten sich alle vorhandenen Informationen über das fragliche Unternehmen, die Leistungsfähigkeit seines Managements und die zu erwartende zukünftige Entwicklung wieder, so dass man sich hinsichtlich der Preisbildung für den Kontrollerwerb in Bezug auf die einzelne Gesellschaft auf den Börsenpreis als Orientierungspunkt verlassen könne.[3440] Demnach wird jede Regulierung abgelehnt, die über die Schaffung des marktrechtlichen Rahmens hinausgehe und die Kosten von Transaktionen auf dem Unternehmenskontrollmarkt erhöhen würde.[3441] Konsequenterweise seien danach auch alle vorbeugenden Abwehrmaßnahmen seitens des Managements des Zielunternehmens, die lediglich der Verteuerung des Angebots dienten, ohne die Produktivität des Unternehmens zu steigern, abzulehnen.[3442] Jede Einflussnahme auf diesen Markt verringere nicht nur die Wahrschein-lichkeit einer effizienzsteigernden Übernahme, sondern auch die Anzahl zukünftiger Übernahmeversuche und damit den allgemeinen Leistungsdruck auf Unternehmensleitungen.

3436 Begründend Manne, 73 Journal of Political Economy (1965), 110, 110 ff.; vgl. weitergehend Easterbrook/Fischel, 94 Harvard Law Review (1981), 1161, 1201 ff.; und für die deutsche Literatur KölnerKomm AktG/Mertens, § 76, Rdn. 26; Adams, AG 1989, 333, 333 ff.; Adams, AG 1990, 243, 245 f.; Assmann/Bozenhardt, in Assmann/Basaldua/Bozenhardt/Peltzer, Übernahmeangebote, 1, 112 ff.; Ebenroth/Daum, DB 1991, 1157, 1158; Hopt, ZGR 1993, 534, 548 f.; Kessler, AG 1995, 120, 130; Mestmäcker, Verwaltung, Konzerngewalt und Rechte der Aktionäre, 146 ff.; Rümker, Festschrift Heinsius, 683, 688 ff.

3437 Vgl. neben Manne auch: Jensen/Ruback, 11 Journal of Financial Economics (1983), 5, 5 ff.; Fischel, 57 Texas Law Review (1978), 1, 1 ff.; Easterbrook/Fischel, 94 Harvard Law Review (1981), 1161, 1161 ff.; Cook, in Weidenbaum/Chilton Public Policy Toward Corporate Takeovers, 1, 2 ff.

3438 Vgl. Adams, AG 1989, 333, 333 ff.

3439 Vgl. Adams, AG 1989, 333, 333 ff.

3440 Vgl. Assmann, Prospekthaftung, 180 f.; Reuter, Aktienmarkt und Aktieninformationsmarkt, 58 ff.

3441 Zu den Vertretern dieser Position vgl. die Hinweise bei Cook, in Weidenbaum/Chilton, Public Policy Toward Corporate Takeovers, 1, 16 f.; Meier-Schatz, ZHR 149 (1985), 76, 84 f.; Assmann/Bozenhardt, in Assmann/Basaldua/Bozenhardt/Peltzer, Übernahmeangebote, 1, 113.

3442 Vgl. vor allem Easterbrook/Fischel, 94 Harvard Law Review (1981), 1161, 1161 ff.; weitere Nachweise bei Cook, in Weidenbaum/Chilton, Public Policy Toward Corporate Takeovers, 1, 14 f.; Meier-Schatz, WuR 1987, 16, 23 f., 28 f.

[3443] Mit denselben Zielvorstellungen wird vertreten, die Geschäftsführungen zur umfassenden Informationserteilung gegenüber den Anteilseignern und zur Einholung von Konkurrenzgeboten und daneben zu strikt passivem Verhalten zu verpflichten.[3444]

Demgegenüber wird vorgeschlagen, den Unternehmensleitungen Abwehrmaßnahmen insoweit zu erlauben, als dadurch den Anteilseignern eine gerechte Beteiligung an den zu erwartenden Synergiezuwächsen gesichert[3445] oder dadurch eine schwere Schädigung der Gesellschaft abgewandt wird.[3446] Andererseits wird die Unternehmensleitung zur Vornahme von Abwehrmaßnahmen nur dann für berechtigt gehalten, wenn die Hauptversammlung der konkreten Abwehrmaßnahme[3447] oder dem Abwehrverhalten generell[3448] zugestimmt hat oder aber wenn die Abwehr verhältnismäßig ist.[3449] Im Gegensatz zu einschränkenden Verhaltensvorschriften wird teilweise die Auffassung vertreten, die Leitung der Zielgesellschaft weitgehend frei und unbeschränkt über das Ergreifen, die Auswahl und Durchführung von Abwehrmaßnahmen entscheiden zu lassen.[3450] Infolge der aus der Unternehmensführung resultierenden Kompetenz der Geschäftsführung dürfte sie auch im Interesse der Zielgesellschaft, den Arbeitnehmern, Lieferanten, Verbrauchern und öffentlichen Stellen den Willen zur unabhängigen Fortführung der Geschäftstätigkeit offenkundig machen und Abwehrmaßnahmen ergreifen.[3451]

Für die freie Entscheidung der Unternehmensleitungen wird weiter angeführt, der ungehinderte Zugriff auf das Konzernierungsmittel der Übernahmeangebote verhindere zum Schaden der Anteilseigner und der gesamten Wirtschaft eine langfristig Erfolg versprechende Unternehmensführung, während aus dem Übernahmedruck resultierende laufende kurzfristige Rechnungslegungen und unterbleibende

---

[3443] Vgl. Kirchner, AG 1999, 481, 488.

[3444] Vgl. Gilson, 25 Wake Forest Law Review (1990), 121, 121 ff.; Bebchuk, 98 Harvard Law Review (1982), 1693, 1764 ff.

[3445] Vgl. Leebron, 61 New York University Law Review (1986), 153, 216.

[3446] Vgl. KölnerKommAktG/Mertens, § 76, Rdn. 26; Hopt, ZGR 1993, 534, 548 f.

[3447] Vgl. Assmann/Bozenhardt, in Assmann/Basaldua/Bozenhardt/Peltzer, Übernahmeangebote, 1, 114; Kessler, AG 1995, 120, 130; Knoll, Übernahme von Kapitalgesellschaften, 275; Rümker, Festschrift Heinsius, 683, 690.

[3448] Vgl. nur Weisner, Verteidigungsmaßnahmen gegen unfreundliche Übernahmeversuche, 147 f., 153 f.

[3449] Vgl. dazu Thümmel, DB 2000, 461, 462 f., Weisner, Verteidigungsmaßnahmen gegen unfreundliche Übernahmeversuche, 150, die die Verhältnismäßigkeit unter Berücksichtigung des Unternehmensinteresses, auch der *stakeholder*-Interessen, als maßgeblich ansehen.

[3450] Hier wird meistens ein weiter Ermessensraum angenommen, innerhalb dessen verschiedener Interessen gegeneinander abzuwägen und zum Ausgleich zu bringen sind. Das Ergebnis ist und soll dann wohl einer gerichtlichen Überprüfung nicht oder nur eingeschränkt unterliegen, so wohl Thümmel, DB 2000, 461, 463 (Thümmel fordert allerdings fehlendes Eigeninteresse, das bei Übernahmeversuchen grundsätzlich nicht angenommen werden kann); vgl. weiter Martens, Festschrift Beusch, 529, 550 f.; Müller, Festschrift Semler, 195, 212; Kirchner, AG 1999, 481, 491; Kirchner, BB 2000, 105, 110 ff.; Werner, Probleme „feindlicher" Übernahmeangebote im Aktienrecht, 16; vgl. weiter Lipton, 35 Business Lawyer (1979), 101, 101 ff.

[3451] Vgl. Lipton, 35 Business Lawyer (1979), 101, 110; so wohl im faktischen Ergebnis auch Thümmel, DB 2000, 461, 462 f., Weisner, Verteidigungsmaßnahmen gegen unfreundliche Übernahmeversuche, 150.

Rückstellungen für Krisenzeiten negative Folgen hätten.[3452] Weiter wird in diesem Zusammenhang vor allem auch das Ausbleiben von Investitionen, die sich - wie etwa bei Ausgaben für Forschung und Entwicklung - erst langfristig amortisieren, befürchtet.[3453] Übernahmekämpfe würden zudem auf beiden Seiten enorme finanzielle Ressourcen verzehren und wegen der regelmäßig hohen Kreditfinanzierung des Übernahmepreises die Liquidität der Bieter und ihre unternehmerische Beweglichkeit beeinträchtigen.[3454] Die Berücksichtigung langfristiger Aktionärs- und Unternehmensinteressen und die Berücksichtigung der Interessen Dritter läge im Interesse der Allgemeinheit, weil die Realisierung von kurzfristigen Gewinnen durch Spekulanten sinnvolle Unternehmensausrichtungen, insbesondere effiziente Langzeitinvestitionen und langfristige Innovationen, verhindere.[3455] Zudem könnten aufgrund von Betriebsverlagerungen und Arbeitsplatzvernichtungen ganze Regionen zu Krisengebieten werden.[3456]

Neben der grundsätzlichen Bestimmung der Verhaltenspflichten in Übernahmesituationen bestehen darüber hinaus unterschiedliche Auffassungen darüber, ob die Geschäftsführung grundsätzlich in derartigen Situationen oder zumindest, sobald feststeht, dass ein Kontrollwechsel stattfindet, verpflichtet ist, Verhandlungen mit Konkurrenzbietern aufzunehmen und Nachverhandlungen mit dem Erstbieter zu führen.[3457] Die Entwicklung zu einer versteigerungsähnlichen Situation könne den Kursaufschlag für die Anteilseigner der Zielgesellschaft noch einmal

---

[3452] Vgl. zu dieser Problematik weitergehend Bästlein, Zur Feindlichkeit öffentlicher Übernahmeangebote, 182 ff., 248; Carliner, in Auerbach, Corporate Takeovers, 25, 25 ff.; Caytas/Mahari, Im Banne des Investment Banking, 165; DeAngelo/Rice, 11 Journal of Financial Economics (1983), 329, 329 ff.; Jarrell/Poulsen, 19 Journal of Financial Economics (1987), 127, 127 ff.; Jensen, 2 Journal of Economic Perspectives (1988), 21, 26; Kallmeyer, AG 2000, 553, 553 f.; Lehnert, Unternehmensübernahmen in den USA, 216 ff.; Scherer, 2 Journal of Economic Perspectives (1988), 69, 78 ff.; Shleifer/Vishny, 2 Journal of Economic Perspectives (1988), 7, 7 ff.; Merkt, US-amerikanisches Gesellschaftsrecht, Rdn. 1185; Weisner, Verteidigungsmaßnahmen gegen unfreundliche Übernahmeversuche, 71; Hall, in Auerbach, Corporate Takeovers, 69, 69 ff.; Woolridge, 1 Journal of Applied Corporate Finance (1988), 26, 26 ff.; Die Zeit vom 13. April 2000, 1.

[3453] Vgl. dazu Bästlein, Zur Feindlichkeit öffentlicher Übernahmeangebote, 182; Hall, in Auerbach, Corporate Takeovers, 69, 69 ff.

[3454] Vgl. Bästlein, Zur Feindlichkeit öffentlicher Übernahmeangebote, 181 f.; Schiessl, RIW 1988, 522, 525.

[3455] Vgl. Hall, in Auerbach, Corporate Takeovers, 69, 93; Scherer, 2 Journal of Economic Perspectives (1988), 69, 80; Kallmeyer, AG 2000, 553, 553 f.; Lehnert, Unternehmensübernahmen in den USA, 216 ff.; Lipton, 35 Business Lawyer (1979), 101, 104 ff.; Woolridge, 1 Journal of Applied Corporate Finance (1988), 26, 26 ff.; Die Zeit vom 13. April 2000, 1.

[3456] Vgl. Cook, in Weidenbaum/Chilton, Public Policy Toward Corporate Takeovers, 1, 3 f.; Dietrich, Tender Offer, 59 ff.; Otto, DB-Beil. 12/1988, 1, 2; Meier-Schatz, ZHR 149 (1985), 76, 101 f.; Meier-Schatz, WuR 1987, 16, 35.

[3457] Vgl. Berkovitch/Bradley/Khanna, 2 Journal of Law, Economics, and Organization (1989), 395, 395 ff.; Schwartz, 2 Journal of Law, Economics, and Organization (1989), 413, 413 ff.

zusätzlich erheblich steigern[3458] und berge demgegenüber kaum das Risiko, dass deswegen eine Übernahme scheitere.[3459]

III. Auswahl

Unter den zuvor aufgezeigten Regelungsalternativen ist nun für die Konzeptionierung einer deutschen Regelung eine Auswahl vorzunehmen, die sachgerechten Kriterien für eine Gesetzgebungsauswahl unter Berücksichtigung der betroffenen Interessen am ehesten gerecht wird.[3460]

1. Auswahlkriterien

Die sachgerechten Kriterien zur Auswahl einer Übernahmeregelung richten sich nach rechtlichen, wirtschaftlichen und politischen Gegebenheiten und Vorgaben aus. Sie sind entsprechend zu gewichten.

a. Volkswirtschaftliche Effizienzsteigerung

Primäre Zielsetzung einer Regelung ist die volkswirtschaftliche Effizienzsteigerung im internationalen Wettbewerb eines zunehmend globalisierten Wirtschaftsgeschehens.[3461] Demnach ist die Gewährung einer Effizienzoptimierung zu versuchen. Vor dem Hintergrund immer schnelllebigerer Umstrukturierungsprozesse im inter-

---

[3458] Vgl. hierzu Schwartz, 2 Journal of Law, Economics and Organization (1986), 229, 233.

[3459] Vgl. Bästlein, Zur Feindlichkeit öffentlicher Übernahmeangebote, 230 f.

[3460] Vgl. Begründung des Bundesfinanzministeriums zum Diskussionsentwurf des „Gesetzes zur Regelung von Unternehmensübernahmen“ vom 29. Juni 2000 (über Internet abzurufen über „www.bundesfinanzministerium.de“), 62; Begründung des Bundesfinanzministeriums zum Referentenentwurf eines Gesetzes zur Regelung von öffentlichen Angeboten zum Erwerb von Wertpapieren und von Unternehmensübernahmen vom 12. März 2001 (über Internet abzurufen über „www.bundesfinanzministerium.de“), 60; Begründung der Bundesregierung zum Entwurf eines Gesetzes zur Regelung von öffentlichen Angeboten zum Erwerb von Wertpapieren und von Unternehmensübernahmen (über Internet abzurufen über „www.bundesfinanzministerium.de“), 61 f.

[3461] So auch Begründung des Bundesfinanzministeriums zum Diskussionsentwurf des „Gesetzes zur Regelung von Unternehmensübernahmen“ vom 29. Juni 2000 (über Internet abzurufen über „www.bundesfinanzministerium.de“), 67; Begründung des Bundesfinanzministeriums zum Referentenentwurf eines Gesetzes zur Regelung von öffentlichen Angeboten zum Erwerb von Wertpapieren und von Unternehmensübernahmen vom 12. März 2001 (über Internet abzurufen über „www.bundesfinanzministerium.de“), 60, 65; Begründung der Bundesregierung zum Entwurf eines Gesetzes zur Regelung von öffentlichen Angeboten zum Erwerb von Wertpapieren und von Unternehmensübernahmen (über Internet abzurufen über „www.bundesfinanzministerium.de“), 61; KölnerKommWpÜG/Hirte, Einl., Rdn. 84. Vgl. auch Die Zeit vom 27. April 2000, 21 f. Vgl. im Übrigen dazu Busch, Regelung von Übernahmeangeboten, 85 ff.; Frei, Öffentliche Übernahmeangebote, 111; Krause, Das obligatorische Übernahmeangebot, 119; Liebscher, ZIP 2001, 853, 854; Munscheck, Übernahmeregelung, 35 ff.; Schneider, DB 2000, 2413, 2413 ff.; Seifert/Voth, in von Rosen/Seifert, Übernahme börsennotierter Unternehmen, 187, 215; Wiese/Demisch, DB 2001, 849, 849. Vgl. dazu weiter allgemein Koch, Globalisierung der Wirtschaft, 3 ff.; Ludwig, Globalisierung der Märkte, 17 ff.

nationalen Wirtschaftsgeschehen ist dabei zwingend die Flexibilisierung der nationalen Marktteilnehmer zu maximieren, denn die Wettbewerbsfähigkeit nationaler Volkswirtschaften wird sich zukünftig immer mehr an deren jeweiliger Flexibilität orientieren. Diejenigen Teilmärkte, die sich nicht immer schneller auf geänderte Rahmenbedingungen einstellen, werden im internationalen Vergleich mit der Folge zunehmender - jedenfalls relativ zunehmender - Wohlstandseinbußen zurückbleiben.[3462] Gemessen an diesen Kriterien gilt die Bundesrepublik Deutschland im internationalen Systemvergleich der Kapitalmärkte als provinziell.[3463] Eine Regelung hat demnach effizienzsteigernde Veränderungen nicht zu unterbinden.[3464]

Durch zahlreiche Studien und empirische Untersuchungen sind die wirtschaftlichen Folgen von Übernahmevorgängen und Abwehrmaßnahmen festzustellen versucht worden.[3465] Gesicherte Ergebnisse, auf die sich gesetzgeberisches Handeln stützen könnte, liegen indes nicht vor.[3466] Schon die Hypothese annähernd effizienter Kapitalmärkte wird in Frage gestellt.[3467] Vor diesem Hintergrund kann mit Recht bezweifelt werden, ob gerade für den begrenzten deutschen Markt, aber auch für den europäischen Markt, mit den jeweiligen Eigenarten und ungefestigten Konturen gerade der Kapitalmarkt zur Grundlage einer gesetzgeberischen Vorgabe gemacht werden sollte. Gleichwohl könnten zwei Tatsachen festgestellt werden: Zum einen gewinnen jedenfalls die Anteilseigner der Zielgesellschaft regelmäßig

---

[3462] Vgl. Baums, ZIP 1997, 1942, 1948; Butz, DAJV-NL 2/98, 29, 41. Vgl. weitergehend auch Bradley/Desai/Kim, 21 Journal of Financial Economics (1988), 3, 32; Jensen/Warner, 20 Journal of Financial Economics (1988), 3, 21 f.; Jensen, 67 Harvard Business Review (1989), 61, 61 ff.; Bästlein, Zur Feindlichkeit öffentlicher Übernahmeangebote, 259 ff.; Fama/Jensen, 26 Journal of Law & Economics (1983), 301, 301 ff. Zum Wettbewerb der Finanzmärkte vgl. weitergehend Dietl/Pauli/Royer, Internationaler Finanzplatzwettbewerb.

[3463] Vgl. Assmann, AG 1995, 563, 563; Bästlein, Zur Feindlichkeit öffentlicher Übernahmeangebote, 274 ff.; Baums, ZIP 1997, 1310, 1310; Baums, Neuregelung des aktienrechtlichen Anfechtungs- und Organhaftungsrechts, F 14; Gawrisch, Ermessensentscheidungen des Aufsichtsrates, 98 ff.; Hopt, ZGR 161 (1997), 368, 404 f.; Kirchner/Ehricke, AG 1998, 105, 105; Michalski, AG 1997, 152, 156; Neye, ZIP 1995, 1464, 1464; Die Zeit vom 27. April 2000, 21 f.

[3464] Vgl. Begründung des Bundesfinanzministeriums zum Diskussionsentwurf des „Gesetzes zur Regelung von Unternehmensübernahmen" vom 29. Juni 2000 (über Internet abzurufen über „www.bundesfinanzministerium.de"), 62, 67; Begründung des Bundesfinanzministeriums zum Referentenentwurf eines Gesetzes zur Regelung von öffentlichen Angeboten zum Erwerb von Wertpapieren und von Unternehmensübernahmen vom 12. März 2001 (über Internet abzurufen über „www.bundesfinanzministerium.de"), 60, 65; Begründung der Bundesregierung zum Entwurf eines Gesetzes zur Regelung von öffentlichen Angeboten zum Erwerb von Wertpapieren und von Unternehmensübernahmen (über Internet abzurufen über „www.bundesfinanzministerium.de"), 62. Vgl. weiter Hopt, ZHR 161 (1997), 368, 371; Liebscher, ZIP 2001, 853, 854.

[3465] Vgl. dazu oben unter 2. Teil F.

[3466] Vgl. dazu oben unter 2. Teil F. 17.; vgl. weiter die Zusammenfassungen und Beurteilungen bei Cook, in Weidenbaum/Chilton, Public Policy Toward Corporate Takeovers, 1, 19; vgl. auch das Ergebnis des von der *SEC* eingesetzten *Advisory Committee on Tender Offers*, „that there is insufficient basis for concluding that takeovers are either per se beneficial or detrimental to the economy or the securities market in general, or to issuers or their shareholders, specifically", Advisory Committee on Tender Offers, Report of Recommendations, July 8. 1983, XVII.

[3467] Vgl. 2. Teil F. II. 1.

an einem Übernahmevorgang.[3468] Zum anderen gewinnt der Markt durch Übernahmeversuche an Flexibilität, maßgeblich weil der Leistungs- und Disziplinierungsdruck auf die Unternehmensleitungen durch die abstrakte Übernahmedrohung steigt.[3469]

Vor diesem Hintergrund und dem Bekenntnis der sozialen Marktwirtschaft zur Vertragsfreiheit sind Einschränkungen nur dann in Erwägung zu ziehen, wenn die Legislative bewusst andere Zielvorgaben, etwa soziale Belange, festschreibt und insofern das freie Marktgeschehen beschränkt. Derartige legislative Vorgaben sind nicht vorgegeben oder zu erkennen. Schon aus diesem Grund verbietet sich nach ökonomischer Betrachtung eine Einschränkung von Übernahmevorgängen aus betriebs- oder volkswirtschaftlichen Gründen.[3470] Darüber hinaus verbietet sich eine derartige Einschränkung auch deshalb, weil die Erhaltung und Verfestigung des Vertrauens gerade der internationalen Anleger, aber auch der inländischen Anleger, in die Stabilität und Integrität des Kapitalmarkts immer mehr zur Voraussetzung eines im internationalen Vergleich wettbewerbsfähigen Wachstums geworden ist.[3471] Geht dieses Vertrauen verloren, so resultiert aus der daraus folgenden Kapitalverschiebung ein einschneidender Wettbewerbsnachteil für Deutschland. Schon vor diesem Hintergrund sind jedwede Beschränkungen des freien Wettbewerbs jedenfalls dann mit erheblichen Nachteilen verbunden, wenn eine Einschränkung durch die Legislative nicht infolge übergewichtiger sozialer Belange oder wegen der konkreten Gefahr von Kartellbildungen erforderlich ist.

Noch gehören Übernahmen oder Fusionen in der europäischen Wirtschaft nicht zum Tagesgeschäft. In den USA und in Großbritannien sind dagegen Effizienzsteigerungen und Ertragszuwächse durch den Zukauf von Unternehmen und Unternehmensteilen genauso fester Bestandteil des Managements wie Abspaltungen von Betriebsteilen.[3472] Was sich in diesen Volkswirtschaften durchgesetzt hat, wird sich - so die jahrzehntelange Erfahrung - auch in Deutschland und Europa durchsetzen. Gerade der *New Economy*, jungen, vorrangig in den Geschäftsbereichen Biotechnologie, Internet und Telekommunikation, tätigen Unternehmen ist ein organisches Wachstum verwehrt.[3473] Den durch hohe Börsenkurse offenbarten Er-

---

[3468] Vgl. Hopt, ZHR 161 (1997), 368, 371.

[3469] Vgl. Herkenroth, Konzernierungsprozesse, 315 ff., der weitergehend annimmt, dass der Leistungs- und Disziplinierungsdruck mit einem wirksamen Rechtsrahmen im Übernahmerecht zunimmt. Vgl. auch Adams, AG-Sonderheft 8/1997, 9, 10; Hopt, ZHR 161 (1997), 368, 371; Betsch/Groh/Lohmann, Corporate Finance, 327; Busch, Regelung von Übernahmeangeboten, 82 ff.; Cook, in Weidenbaum/ Chilton, Public Policy Toward Corporate Takeovers, 1, 2; Daum, Die unkoordinierte Übernahme, 38 f.; Michalski, AG 1997, 152, 163; Bergsma, McKinsey Quarterly, Winter 1989, 57, 57 ff.

[3470] Vgl. Hopt, ZHR 161 (1997), 368, 371.

[3471] Vgl. auch Butz, DAJV-NL 2/98, 29, 41; Bästlein, Zur Feindlichkeit öffentlicher Übernahmeangebote, 269 ff.; Kohlhaussen, WM 1998, 20, 20 f. Vgl. im Übrigen zu der Erwartungshaltung international agierender Anleger Schneider, DB 2000, 2413, 2413 ff.

[3472] Vgl. Hopt, ZHR 161 (1997), 368, 370.

[3473] Vgl. Handelsblatt vom 23. Mai 2000, B 4; Handelsblatt vom 23. Oktober 2000, N 6. Vgl. zu den Wachstumsstrategien Bästlein, Zur Feindlichkeit öffentlicher Übernahmeangebote, 123 f.

wartungen der Anleger können diese Unternehmen nur durch besondere Akquisitionsmaßnahmen gerecht werden. Nur so lassen sich durch hohe Investitionen die zur Sicherung zukünftiger Vorgaben erforderlichen große Marktanteile sichern. Wollen diese Unternehmen am Markt bestehen und wettbewerbsfähig bleiben, so sind sie gezwungen, ihr Wachstum durch Zukäufe und Fusionen zu gewährleisten.[3474] Jede Behinderung derartiger Marktmechanismen schwächt die internationale Wettbewerbsfähigkeit der Volkswirtschaft, die Unternehmenszusammenschlüsse und so auch Übernahmevorgänge einschränkt.[3475]

b. Geringe Transaktionskosten

Ein gewichtiges Ziel einer Übernahmeregelung ist die geringstmögliche Kostenbelastung der Übernahmeverfahren, soweit sie nicht behindert oder verboten werden sollen. Niedrigstmögliche Transaktionskosten sind sowohl für den Bieter als auch für die Zielgesellschaft und die Gesamtwirtschaft wünschenswert. Insofern würden die Investitionsentscheidung des Bieters und die Desinvestitionsentscheidung der Anleger weitgehend ohne individuelle und volkswirtschaftliche Effizienzverluste möglich sein.[3476] Vor diesem Hintergrund ist es angezeigt, durch gesetzliche Regelungen auf möglichst zügige Übernahmeverfahren hinzuwirken.[3477]

Dem Gebot zur Minimierung der Transaktionskosten wird die WpÜG vorgesehene Verpflichtung zur Abgabe eines Voll- und Pflichtangebots nicht gerecht. Derartige Angebote verteuern offensichtlich eine Übernahme ganz erheblich, obwohl die Gleichbehandlung aller Aktionäre ebenso durch eine pro-rata-Zuteilung sichergestellt werden und Schutzvorschriften zugunsten von Minderheitsaktionären spätere Benachteiligungen ausschließen könnten.[3478] Kapitalmarktrechtlich ist schon zweifelhaft, ob eine Gleichbehandlung durch eine pro-rata-Zuteilung der Effizienzsteigerung und des Funktionenschutzes der Kapitalmärkte dienlich ist.[3479] Wenn gleichwohl auch hier wegen des Vertrauensschutzes der Anleger in die Kapitalmärkte und die Fairness der Transaktionen eine Gleichbehandlung als

---

3474 Vgl. Horn, ZIP 2000, 473, 473; Schander BB 1997, 1801, 1804.

3475 Vgl. Pötzsch/Möller, WM-Beil. 2/2000, 3, 4. Vgl. in diesem Zusammenhang auch Die Zeit vom 27. April 2000, 21 f.

3476 Vgl. Schwartze, in Ott/Schäfer, Ökonomische Analyse, 264, 276 f. Vgl. zum Zusammenhang von positivrechtlichen Übernahmeregelungen und Kostenerhöhung weitergehend Cook, in Weidenbaum/Chilton, Public Policy Toward Corporate Takeovers, 1, 16 ff.

3477 So auch Begründung des Bundesfinanzministeriums zum Diskussionsentwurf des „Gesetzes zur Regelung von Unternehmensübernahmen" vom 29. Juni 2000 (über Internet abzurufen über „www.bundesfinanzministerium.de"), 69 f.; Begründung des Bundesfinanzministeriums zum Referentenentwurf eines Gesetzes zur Regelung von öffentlichen Angeboten zum Erwerb von Wertpapieren und von Unternehmensübernahmen vom 12. März 2001 (über Internet abzurufen über „www.bundesfinanzministerium.de"), 68; Begründung der Bundesregierung zum Entwurf eines Gesetzes zur Regelung von öffentlichen Angeboten zum Erwerb von Wertpapieren und von Unternehmensübernahmen (über Internet abzurufen über „www.bundesfinanzministerium.de"), 67 f.; Schwartze, in Ott/Schäfer, Ökonomische Analyse, 264, 276 f.

3478 Vgl. dazu oben unter 4. Teil B. VIII.

3479 Vgl. dazu ausführlich oben 4. Teil D. VII. 3.

sachgerecht und stabilitätsschaffend beurteilt wird, so ist zumindest sicherzustellen, dass Übernahmen gleichwohl kostengünstigst stattfinden können. Insofern ist die Verpflichtung zur Abgabe von Voll- und Pflichtangeboten nicht zielführend. Stattdessen ist zur Sicherung der Gleichbehandlung eine pro-rata-Berücksichtigung mit einem Schwellenwert in Höhe von 30 % der Stimmrechte[3480] bei freiwilligen Übernahmevorgängen zu statuieren.

Weiter ist sicherzustellen, dass die Zielgesellschaft nicht länger als unbedingt notwendig in ihrer Geschäftstätigkeit belastet wird. Dies gilt auch, soweit sie eine Hauptversammlung einzuberufen beabsichtigt. Die Durchführung der Hauptversammlung sollte daher nicht zu einer Verlängerung der maximal vorgesehenen Annahmefrist führen, sondern lediglich diese Frist als verbindlich begründen können. Dem entspricht das WpÜG mit seiner Regelung in § 16 Absatz 3 mit der Annahmefrist von zehn Wochen nicht.[3481]

Entsprechend sind zudem eine weit reichende Handlungsbefugnis des Aufsichtsorgans zur Sicherstellung der Verhaltenspflichten und kurze Rechtswege erforderlich. Diesen Erfordernissen wird das WpÜG gerecht.[3482]

[3480] Zur Angemessenheit dieses Schwellenwertes auch Begründung des Bundesfinanzministeriums zum Diskussionsentwurf des „Gesetzes zur Regelung von Unternehmensübernahmen" vom 29. Juni 2000 (über Internet abzurufen über „www.bundesfinanzministerium.de"), 82; Begründung des Bundesfinanzministeriums zum Referentenentwurf eines Gesetzes zur Regelung von öffentlichen Angeboten zum Erwerb von Wertpapieren und von Unternehmensübernahmen vom 12. März 2001 (über Internet abzurufen über „www. bundesfinanzministerium.de"), 70, 129 f.; Begründung der Bundesregierung zum Entwurf eines Gesetzes zur Regelung von öffentlichen Angeboten zum Erwerb von Wertpapieren und von Unternehmensübernahmen (über Internet abzurufen über „www.bundesfinanzministerium.de"), 69, 129 f. Vgl. im Übrigen auch zuletzt Houben, WM 2000, 1873, 1878 f., und Baums, in von Rosen/Seifert, Übernahme börsennotierter Unternehmen, 165, 170; kritisch Mülbert, ZIP 2001, 1221, 1225 f. Zur darüber hinausgehenden Kritik am Pflichtangebot unter Berufung auf die verfassungsrechtlich garantierte Privatautonomie vgl. auch Altmeppen, BB 2001, Heft 25, Die erste Seite.

[3481] Vgl. demgegenüber jedoch Begründung des Bundesfinanzministeriums zum Referentenentwurf eines Gesetzes zur Regelung von öffentlichen Angeboten zum Erwerb von Wertpapieren und von Unternehmensübernahmen vom 12. März 2001 (über Internet abzurufen über „www.bundesfinanzministerium.de"), 114, und Begründung der Bundesregierung zum Entwurf eines Gesetzes zur Regelung von öffentlichen Angeboten zum Erwerb von Wertpapieren und von Unternehmensübernahmen (über Internet abzurufen über „www.bundesfinanzministerium.de"), 112, nach der die Einberufung, Durchführung und Umsetzung von Beschlüssen die 10-Wochenfrist erfordert. Im Übrigen ist auch sicherzustellen, dass die Ankündigung der Abgabe eines Übernahmeangebots unabhängig von der tatsächlichen Abgabe nicht zu einer Lähmung der Geschäftstätigkeit führt, insofern ist auch diese Zeitspanne zu regeln, vgl. dazu Riehmer/Schröder, BB-Sonderbeil. 5/2001, 1, 3.

[3482] Vgl. dazu auch Begründung des Bundesfinanzministeriums zum Diskussionsentwurf des „Gesetzes zur Regelung von Unternehmensübernahmen" vom 29. Juni 2000 (über Internet abzurufen über „www.bundesfinanzministerium.de"), 69 f.; Begründung des Bundesfinanzministeriums zum Referentenentwurf eines Gesetzes zur Regelung von öffentlichen Angeboten zum Erwerb von Wertpapieren und von Unternehmensübernahmen vom 12. März 2001 (über Internet abzurufen über „www.bundesfinanzministerium.de"), 68 f.; Begründung der Bundesregierung zum Entwurf eines Gesetzes zur Regelung von öffentlichen Angeboten zum Erwerb von Wertpapieren und von Unternehmensübernahmen (über Internet abzurufen über „www.bundesfinanzministerium.de"), 67 f. Vgl. auch Michalski, AG 1997, 152, 163.

c. Verfahrenssicherheit

Eine Zielsetzung für die Übernahmeregelung hat die Sicherung eines Verfahrens zu sein, das allen Beteiligten eine rationale Entscheidungsfindung erlaubt.[3483] Dies hat wegen der außerordentlichen Wichtigkeit für das Wirtschaftsgeschehen insbesondere für Fragen der Investition oder Desinvestition in der bei Übernahmevorgängen vorzufindenden Größenordnung zu gelten, weil der Verfahrenssicherheit und -transparenz gerade für derartige Investitionsentscheidungen erhebliche Bedeutung zukommt und durch sie leicht eine Optimierung der Entscheidungsfindungsprozesse gewährleistet werden kann.[3484] Durch die Transparenz des Übernahmeverfahrens würde ein großer wirtschaftlicher Unsicherheitsfaktor mithin erheblich verringert werden. Insofern wird den Betroffenen die Festschreibung individualschützender Rechtspositionen gerade für derartig außergewöhnliche und erhebliche wirtschaftliche Vorgänge geschuldet. Darüber hinaus dienen Verfahrenssicherheit und -transparenz der Kanalisation und Erfüllung politischer und gesamtwirtschaftlicher Zielvorgaben. Die Verfahrenssicherheit wird durch das WpÜG hinreichend gewährleistet.[3485]

[3483] So auch Begründung des Bundesfinanzministeriums zum Diskussionsentwurf des „Gesetzes zur Regelung von Unternehmensübernahmen" vom 29. Juni 2000 (über Internet abzurufen über „www.bundesfinanzministerium.de"), 67, 68; Begründung des Bundesfinanzministeriums zum Referentenentwurf eines Gesetzes zur Regelung von öffentlichen Angeboten zum Erwerb von Wertpapieren und von Unternehmensübernahmen vom 12. März 2001 (über Internet abzurufen über „www.bundesfinanzministerium.de"), 67 f.; Begründung der Bundesregierung zum Entwurf eines Gesetzes zur Regelung von öffentlichen Angeboten zum Erwerb von Wertpapieren und von Unternehmensübernahmen (über Internet abzurufen über „www.bundesfinanzministerium.de"), 66; KölnerKommWpÜG/Hirte, Einl., Rdn. 87. Vgl. dazu auch Busch, Regelung von Übernahmeangeboten, 96 ff.; Frei, Öffentliche Übernahmeangebote, 116, 132 f.; Gruber, Pflicht zum Übernahmeangebot, 19; Hopt, ZHR 161 (1997), 368, 376 f.; Knoll, Übernahme von Kapitalgesellschaften, 199; Pötzsch/ Möller, WM-Beil. 2/2000, 3, 15 f.; Witt, NZG 2000, 809, 809 ff.; Bästlein, Zur Feindlichkeit öffentlicher Übernahmeangebote, 267. Zur Gegenläufigkeit von Transparenz und geringen Transaktionskosten beim Übernahmeverfahren vgl. weitergehend Cook, in Weidebaum/Chilton, Public Policy Toward Corporate Take-overs, 1, 16 ff.

[3484] Vgl. auch Begründung des Bundesfinanzministeriums zum Diskussionsentwurf des „Gesetzes zur Regelung von Unternehmensübernahmen" vom 29. Juni 2000 (über Internet abzurufen über „www.bundesfinanzministerium.de"), 62; Begründung des Bundesfinanzministeriums zum Referentenentwurf eines Gesetzes zur Regelung von öffentlichen Angeboten zum Erwerb von Wertpapieren und von Unternehmensübernahmen vom 12. März 2001 (über Internet abzurufen über „www.bundesfinanzministerium.de"), 60, 67; Begründung der Bundesregierung zum Entwurf eines Gesetzes zur Regelung von öffentlichen Angeboten zum Erwerb von Wertpapieren und von Unternehmensübernahmen (über Internet abzurufen über „www.bundesfinanzministerium.de"), 66. Vgl. auch Frei, Öffentliche Übernahmeangebote, 132 f.; Munscheck, Übernahmeregelung, 206 ff.; Pötzsch/Möller, WM-Beil. 2/2000, 3, 4, 16; Witt, Übernahmen von Aktiengesellschaften, 69 ff.

[3485] Vgl. dazu ausgiebig Begründung des Bundesfinanzministeriums zum Referentenentwurf eines Gesetzes zur Regelung von öffentlichen Angeboten zum Erwerb von Wertpapieren und von Unternehmensübernahmen vom 12. März 2001 (über Internet abzurufen über „www. bundesfinanzministerium.de"), 68 f., 87 ff.; Begründung der Bundesregierung zum Entwurf eines Gesetzes zur Regelung von öffentlichen Angeboten zum Erwerb von Wertpapieren und von Unternehmensübernahmen (über Internet abzurufen über „www.bundesfinanzministerium.de"), 66 f., 83 f.

d. Schutz von Minderheitsaktionären

Im Zusammenhang mit der Regelung von Unternehmensübernahmen stellt sich zwangsläufig die Frage nach dem Schutz von Minderheitsaktionären. In der Tat besteht die übernahmespezifische Gefahr der ungleichen Behandlung während des Übernahmevorgangs und der Benachteiligung von Minderheitsaktionären durch den Übernehmer nach Erwerb der Kontrollmehrheit.[3486] Der drohenden Ungleichbehandlung von Aktionären während des Übernahmevorgangs ist wegen des Vertrauens der Anleger in den Kapitalmarkt Rechnung zu tragen. Ihr ist mit einer gleichmäßigen Berücksichtigung beim Erwerb der Aktien durch den Bieter, durch eine Verpflichtung zu einer pro-rata-Berücksichtigung, zu begegnen. Eine darüber hinausgehende Verpflichtung zur Abgabe eines Vollangebots ist hingegen nicht notwendig, sondern stellt lediglich eine unnötige Behinderung von Übernahmevorgängen dar. Da sowohl bei einer pro-rata-Zuteilung als auch beim Vollangebot von einer Gleichbehandlung aller Aktionäre auszugehen ist, ist das Vollangebot wegen seiner weitergehenden Beeinträchtigung von Übernahmevorgängen nicht mit dem Gleichbehandlungsgebot zu rechtfertigen.

Demgegenüber ist das Vollangebot genauso wie das Zwangsangebot geeignet, einer dem Kontrollwechsel drohenden Benachteiligung von Minderheitsaktionären vorzubeugen. Der Schutz von Minderheitsaktionären ist jedoch kein übernahmespezifisches Problem, sondern eine allgemeine aktienrechtliche Problematik, auch wenn eine derartige Benachteiligung nach einem Kontrollwechsel besonders wahrscheinlich ist. Eine Ausgrenzung anderer benachteiligender Konstellationen - ohne einen vorausgehenden Kontrollwechsel - bedeutet eine Diskriminierung derjenigen Aktionäre, die durch Handlungen eines Mehrheitsgesellschafters in ihren Mitgliedschaftsrechten beeinträchtigt werden, ohne dass der Mehrheitsgesellschafter die Benachteiligungen nach einem Kontrollwechsel veranlasst. Die Diskriminierung gilt im Übrigen auch für die Inhaber anderer Wertpapiergattungen.[3487] Aus diesem Grund ist der drohenden Benachteiligung von Minderheitsaktionären nach einem Kontrollwechsel einzig und allein durch gesellschaftsrechtliche Schutzvorschriften zu begegnen, die nicht allein auf den Kontrollwechsel abstellen.[3488] Demnach ist

[3486] Vgl. Adams, AG-Sonderheft 8/1997, 9, 18 f.; Altmeppen, ZIP 2001, 1073, 1075; Bästlein, Zur Feindlichkeit öffentlicher Übernahmeangebote, 285 ff., Brüls, RIW 2000, 889, 889 ff.; Busch, Regelung von Übernahmeangeboten, 87 ff., 104 ff.; Frei, Öffentliche Übernahmeangebote, 115, 134 f., 145 f.; Knoll, Übernahme von Kapitalgesellschaften, 274 f.; mit zahlreichen eindrucksvollen Beispielen; Munscheck, Übernahmeregelung, 23 ff.; Roos, WM 1996, 2177, 2184 f.; Schneider/Burgard, DB 2001, 963, 965; Wolf, AG 1998, 212, 215. Vgl. in diesem Zusammenhang auch BVerfG 14, 263 - Feldmühle; BVerfG, NJW 2001, 279 – Moto Meter; BGH, BB 1988, 577 - Linotype; OLG Stuttgart, ZIP 1995, 1515 - MotoMeter I; OLG Stuttgart, ZIP 1997, 362 - MotoMeter II; BayObLG, ZIP 1998, 2002 - Magna Media ./. WEKA; Peters, BB 1999, 801, 801 ff.

[3487] Vgl. zur möglichen Ausgrenzung der Inhaber von Vorzugsaktien, Genuss-Scheinen, Gewinn- und Wandelschuldverschreibungen und Optionsanleihen weitergehend Houben, WM 2000, 1873, 1874 f.

[3488] Vgl. dazu auch Altmeppen, ZIP 2001, 1073, 1082 f.; Daum, Die unkoordinierte Übernahme, 57; Dimke/Heiser, NZG 2001, 241, 259; Fleischer, WpÜG, 28 f.; Knoll, Übernahme von Kapitalgesellschaften, 200 f., 274 f., 376; Liebscher, ZIP 2001, 853, 868; Loehr, in von Rosen/Seifert, Übernahme börsennotierter

bei der Regelung von Unternehmensübernahmen zwar auf die Gleichbehandlung der Aktionäre durch eine pro-rata-Zuteilung abzustellen, der weitergehende Schutz der Minderheitsaktionäre nach einem Kontrollwechsel jedoch unberücksichtigt zu lassen. Dem steht nicht entgegen, zeitgleich mit der Übernahmeregelung auch den weitergehenden Schutz von Minderheitsaktionären zu konkretisieren.

e. Soziale und politische Erwägungen

Durch diese Untersuchung ist festgestellt worden, dass der Unternehmensleitung sowohl die Berücksichtigung sozialer oder politischer Interessen als auch die Berücksichtigung von Drittinteressen zur Begründung von Abwehrmaßnahmen aus guten Gründen verwehrt ist, soweit diese den Unternehmens- und Aktionärsinteressen entgegenstehen.[3489] Gleichwohl wird nicht nur in der politischen, sondern sogar in der rechtswissenschaftlichen Diskussion vorgebracht, dass die Nichtberücksichtigung von so genannten *stakeholder*-Interessen politisch nicht zu vertreten sei.[3490] Vor diesem Hintergrund wird auch im rechtswissenschaftlichen Schrifttum angenommen, dass eine Berücksichtigung der Interessen Dritter zu erfolgen habe und diese Interessen mit den Unternehmensinteressen und den Interessen der Anteilseigner in Ausgleich zu bringen seien.[3491] Dem ist entgegenzuhalten, dass ein derartiger Ausgleich contra legem wäre. Drittinteressen sind nach den verbands- und kapitalmarktrechtlichen Vorschriften und dem dahinter stehenden Sinn und Zweck außerhalb eng umgrenzter Ausnahmeregelungen nicht zu berücksichtigen.[3492] Die Festschreibung einer Berechtigung oder Verpflichtung zur Berücksichtigung derartiger Interessen und von Regeln für die Gewichtung unterschiedlicher Interessen könnte allenfalls im Rahmen des politischen Ermessens im Gesetzgebungsverfahren erfolgen und wäre im Betriebsverfassungs- und Mitbestimmungsrecht oder in sonstigen Schutzvorschriften zugunsten Dritter bei weitem besser aufgehoben.[3493] Im WpÜG ist ein über die Information hinausgehender übernahmespezifischer Schutz von Drittinteressen, insbesondere von Arbeitnehmerinteressen folgerichtig

---

Unternehmen, 149, 154; Roos, WM 1996, 2177, 2184 ff.; Schwartze, in Ott/Schäfer, Ökonomische Analyse, 264, 278 f. Kritisch wohl Houben, WM 2000, 1873, 1875. Zur Notwendigkeit der Vervollständigung derartiger Vorschriften vgl. auch Bästlein, Zur Feindlichkeit öffentlicher Übernahmeangebote, 285 ff., mit zahlreichen Beispielen der Ausgrenzung und des anschießenden Aufkaufs, und Wenger/Hecker, ifo Studien 1995, 51, 77. Vgl. im Übrigen zur Erweiterung des Schutzsystems auch Munscheck, Übernahmeregelung, 137 ff.

[3489] Vgl. dazu die Ausführungen oben unter 5. Teil D.

[3490] Vgl. zu dieser Problematik auch Bästlein, Zur Feindlichkeit öffentlicher Übernahmeangebote, 249 ff.

[3491] So sind wohl die Ausführungen Kirchners, AG 1999, 482, 484, und BB 2000, 105, 109 ff., zu verstehen.

[3492] Vgl. Hopt, ZHR 161 (1997), 368, 371 f.; Horn, ZIP 2000, 473, 481. Vgl. dazu auch Busch, Regelung von Übernahmeangeboten, 31 f.; Munscheck, Übernahmeregelung, 36.

[3493] Vgl. Baums, in von Rosen/Seifert, Übernahme börsennotierter Unternehmen, 165, 180; Hopt, ZHR 161 (1997), 368, 412; Hahn, Die feindliche Übernahme von Aktiengesellschaften, 29; Horn, ZIP 2000, 473, 481; Munscheck, Übernahmeregelung, 36 ff. Vgl.dazu auch Die Zeit vom 27. April 2000, 21 f.

auch nicht vorgesehen.[3494] Verfehlt sind vor diesem Hintergrund die - lediglich deklaratorischen - Ausführungen in der Begründung des Diskussions-, Referenten- und Regierungsentwurfs,[3495] nach denen der Vorstand seiner gesellschaftsrechtlichen Verpflichtung zur sachgerechten Wahrnehmung der in der Gesellschaft zusammentreffenden Interessen nachzukommen hätte, deren Träger neben den Aktionären die Arbeitnehmer und das Gemeinwohl seien und „deren ggf. divergierende Interessen im Wege praktischer Konkordanz auszugleichen" wären.

f. Kartell- und wettbewerbsrechtliche Erwägungen

Die vorstehenden Ausführungen belegen, dass eine Verletzung der Neutralitätspflicht nicht mit der Gefahr von Kartellbildungen gerechtfertigt werden kann. In der Tat sind Kartellbildungen jedoch durchaus eine große Gefahr für die wirtschaftliche, politische und soziale Stabilität und für effizienzsteigernden Wettbewerb.[3496] Zum Schutz vor nachteiligen und unerwünschten Entwicklungen bei Zusammenschlüssen sind daher kartell- und wettbewerbsrechtliche Regelungen auf nationaler und internationaler Ebene entwickelt worden.[3497] Diese Regelungen sowie deren Durchsetzung sind zu optimieren und haben so ausreichenden Schutz zu gewährleisten.[3498] Kartellrechtliche Erwägungen sind im Übernahmerecht dagegen fehl am Platz, weil sich ein kartellrechtlicher Schutz im Wege genereller Regelungen im

---

[3494] Vgl. insbesondere Begründung des Bundesfinanzministeriums zum Diskussionsentwurf des „Gesetzes zur Regelung von Unternehmensübernahmen" vom 29. Juni 2000 (über Internet abzurufen über „www.bundesfinanzministerium.de"), 67; Begründung des Bundesfinanzministeriums zum Referentenentwurf eines Gesetzes zur Regelung von öffentlichen Angeboten zum Erwerb von Wertpapieren und von Unternehmensübernahmen vom 12. März 2001 (über Internet abzurufen über „www.bundesfinanzministerium.de"), 68; Begründung der Bundesregierung zum Entwurf eines Gesetzes zur Regelung von öffentlichen Angeboten zum Erwerb von Wertpapieren und von Unternehmensübernahmen (über Internet abzurufen über „www.bundesfinanzministerium.de"), 71 f. Vergleiche weitergehend zu den arbeitsrechtlichen Aspekten des WpÜG Seibt, DB 2002, 529, 529 ff.

[3495] Vgl. Begründung des Bundesfinanzministeriums zum Diskussionsentwurf des „Gesetzes zur Regelung von Unternehmensübernahmen" vom 29. Juni 2000 (über Internet abzurufen über „www.bundesfinanzministerium.de"), 135; Begründung des Bundesfinanzministeriums zum Referentenentwurf eines Gesetzes zur Regelung von öffentlichen Angeboten zum Erwerb von Wertpapieren und von Unternehmensübernahmen vom 12. März 2001 (über Internet abzurufen über „www.bundesfinanzministerium.de"), 127; Begründung der Bundesregierung zum Entwurf eines Gesetzes zur Regelung von öffentlichen Angeboten zum Erwerb von Wertpapieren und von Unternehmensübernahmen (über Internet abzurufen über „www.bundesfinanzministerium.de"), 127.

[3496] Vgl. dazu Bästlein, Zur Feindlichkeit öffentlicher Übernahmeangebote, 244 ff.; Emmerich, AG 1998, 541, 541 ff.; Horn, ZIP 2000, 473, 479 ff.; Lehnert, Unternehmensübernahmen in den USA, 116 ff.; Möschel, AG 1998, 561, 561 ff.; Schulte, AG 1998, 297, 297 ff.; Werner, Festschrift Lieberknecht, 607, 607 ff. Vgl. in diesem Zusammenhang auch Die Zeit vom 27. April 2000, 21 f.; Die Zeit vom 13. Juli 2000, 29.

[3497] Vgl. Emmerich, AG 1998, 541, 541 ff.; Horn, ZIP 2000, 473, 479 ff.; Lehnert, Unternehmensübernahmen in den USA, 116 ff.; Möschel, AG 1998, 561, 561 ff.; Werner, Festschrift Lieberknecht, 607, 607 ff.

[3498] Vgl. Adams, AG 1990, 243, 248; Emmerich, AG 1998, 541, 541 ff.; Horn, ZIP 2000, 473, 479 ff.; Möschel, AG 1998, 561, 561 ff. Vgl. in diesem Zusammenhang auch Schulte, AG 1998, 297, 297 ff.; Die Zeit vom 13. Juli 2000, 29.

Übernahmerecht nicht finden lässt.[3499] Mithin haben kartell- und wettbewerbsrechtliche Erwägungen keinen Einfluss auf die Regelung von Übernahmeverfahren zu nehmen. Nur am Rande sei bemerkt, dass durch Übernahmen nicht nur konzentrationsfördernde Entwicklungen forciert werden. Übernahmen durch *raider* mit anschließenden *bust-ups*, also Verkäufen von Unternehmensteilen, sind gegenläufige Prozesse.[3500] Insofern wäre hier möglicherweise ein Ansatz für das - in Hinblick auf betriebs- und volkswirtschaftliche Determinanten - Auffinden optimaler Betriebsgrößen zu sehen.

2. Festschreibung der zukünftigen Regelung/Änderung des Gesetzes

Da, wie aufgezeigt, im Einklang mit dem deutschen Gesellschafts-, Aktien- und Kapitalmarktrecht an der Neutralitätspflicht festzuhalten ist, hat eine deutsche Regelung eine entsprechenden Prioritätenfestsetzung zu beinhalten. Eine Zustimmung der Hauptversammlung zu Abwehrmaßnahmen während der Annahmefrist erscheint nicht notwendig, auch die nach Ankündigung, aber vor konkreter Angebotsabgabe, erteilte Zustimmung muss wirksam sein.[3501] Soweit die Hauptversammlung die Unternehmensleitung zur Vornahme einzelner Abwehrmaßnahmen oder zur Abwehr von Übernahmen generell ausdrücklich ermächtigt hat, ist sie entsprechend § 119 Absatz 2 AktG von der Neutralitätspflicht entbunden. Eine derartige Ermächtigung kann mit qualifizierter Mehrheit beschlossen werden[3502] und sollte bis längstens zur nächsten Hauptversammlung ausgesprochen werden können.

[3499] Vgl. Behrens, ZGR 1975, 433, 449 ff.; Hopt, ZHR 161 (1997), 368, 413; Beckmann, DB 1995, 2407, 2411; Munscheck, Übernahmeregelung, 36; Schuster, Die Bank 1995, 609, 610.

[3500] Vgl. dazu weitergehend die Ausführungen oben unter 2. Teil F. II. 8. Vgl. im Übrigen zu von der Tendenz im Ergebnis eher einer Kartellierung oder Monopolisierung entgegenlaufenden Entwicklung durch den Übernahmemarkt, Daum, Die unkoordinierte Übernahme, 40; Hahn, Die feindliche Übernahme von Aktiengesellschaften, 102 ff.; Jensen, 2 Journal of Economic Perspectives (1988), 21, 23; Jensen/ Ruback, 11 Journal of Financial Economics (1983), 5, 24 ff.; Roll, in Coffee/Lowenstein/Rose-Ackerman, Knights, Raiders, and Targets, 241, 244;

[3501] Vgl. dazu bereits Wolf, AG 1998, 212, 219. Vgl. auch Grunewald, AG 2001, 288, 290; Kirchner, WM 2000, 1821, 1830; Witte, BB 2000, 2161, 2165. Vgl. dazu auch Vgl. Entwurf einer Empfehlung für die zweite Lesung betreffend den Gemeinsamen Standpunkt des Rates im Hinblick auf den Erlass der Richtlinie des Europäischen Parlaments und des Rates auf dem Gebiet des Gesellschaftsrechts über Übernahmeangebote (8129/1/2000 - C5-0327/2000 - 1995/0341 (COD)) des Ausschusses für Recht und Binnenmarkt vom 27. September 2000, 13/22 ff. Zu weitgehend Krause, BB 2002, 1053, 1053 ff., der auch den Einsatz von Abwehrmaßnahmen aufgrund einfacher (nicht ausdrücklich zum Zwecke der Abwehr benannter) Ermächtigungen der Hauptversammlung für zulässig hält.

[3502] So insbesondere vor dem Hintergrund, dass ein Kontrollerwerb ebenfalls mit einem entsprechenden Anteil erfolgen kann, überzeugend Kiem, ZIP 2000, 1509, 1514. Vgl. dazu auch KölnerKommAktG/ Koppensteiner, Vorb. § 291, Rdn. 21; Knoll, Übernahme von Kapitalgesellschaften, 158 f.; Lutter, Festschrift Fleck, 169, 181 f.; a.A. mit ausführlicher Begründung und zahlreichen Nachweisen Altmeppen, DB 1998, 49, 50 f. Bedenkenswert erscheint im Übrigen auch eine Ermächtigung durch die einfache Mehrheit der Anteilseigner auf Anregung der Unternehmensleitung oder Eigeninitiative über Internet/ elektronische Verfahren, vgl. dazu ergänzend Hanloser, NZG 2001, 355, 355 ff.; Kirchner, WM 2000, 1821, 1830; Thaeter/Barth, NZG 2001, 545, 548 f.; Weber, NZG 2001, 337, 337 ff.; Zetsche, ZIP 2001, 682, 682 ff.

Die Regelung in § 33 WpÜG sollte abändernd wie folgt lauten:

> Nach Mitteilung des Angebots und bis zur Offenlegung des Ergebnisses hat sich das Leitungs- oder Verwaltungsorgan der Zielgesellschaft jeder Handlung zu enthalten, durch die das Angebot vereitelt werden könnte, es sei denn, die Hauptversammlung hat einzelnen Abwehrmaßnahmen oder generell der Abwehr solcher Angebote mit einfacher Mehrheit zugestimmt. Die Satzung kann eine größere Kapitalmehrheit und weitere Erfordernisse bestimmen. Die Ermächtigung darf längstens für die Dauer von 15 Monaten, längstens jedoch bis zur folgenden Hauptversammlung, ausgesprochen werden.

Damit die Hauptversammlung nach Ankündigung eines Übernahmeangebots konkreten Abwehrmaßnahmen zustimmen und insofern die Unternehmensleitung von der Neutralitätspflicht entbinden kann,[3503] ist für den Fall eines Übernahmeangebots die Frist zur Einberufung einer Hauptversammlung auf eine Woche festzulegen. Die Äußerung des Aufsichtsrats sollte in diesem Fall unterbleiben können.[3504] Die Regelung sollte lauten:

> Nach Ankündigung eines Übernahmeangebots kann die Hauptversammlung zur Beschlussfassung über Abwehrmaßnahmen oder Verhandlungen mit dem Bieter oder Dritten binnen einer Woche einberufen werden. Einer Äußerung des Aufsichtsrats bedarf es nicht. Wird die Monatsfrist des § 123 Absatz 1 AktG unterschritten, so betragen die Anmelde- und Hinterlegungsfristen und die Frist nach § 125 Absatz 1 Satz 1 AktG drei Tage. Wird die Hauptversammlung innerhalb einer Woche nach Angebotsabgabe einberufen, so beträgt die Frist zur Annahme des Angebots sechs Wochen. Dies gilt nicht, wenn aus anderen gesetzlich bestimmten Gründen eine längere Annahmefrist festgelegt ist.

Auch soweit die Neutralitätspflicht ausdrücklich positivrechtlich normiert würde, darf nicht verkannt werden, dass sich selbst durch gerichtliche Eilentscheidungen ein abweichendes Verhalten der Unternehmensleitungen faktisch nicht verhindern ließe. Dies dürfte für eine konkrete Handlung und erst recht für die Vielzahl anderer zweckentsprechender Vorgehensweisen gelten. Schon die Vornahme einer konkreten Handlung und erst recht mehrere Handlungen zusammen können eine Übernahme unwiederbringlich vereiteln. Das konkrete Abwehrverhalten lässt sich nicht mit genügender Sicherheit prognostizieren. Die große Bandbreite abwehrenden Verhaltens lässt sich außerdem nicht hinreichend genau und abschließend

[3503] Befürwortend auch Baums, ZIP 1997, 1310, 1313; Kirchner, WM 2000, 1821, 1830. Vgl. auch Witte, BB 2000, 2161, 2165.

[3504] Vgl. Dimke/Heiser, NZG 2001, 241, 258; Grunewald, AG 2001, 288, 290; Weisner, Verteidigungsmaßnahmen gegen unfreundliche Übernahmeversuche, 237.Vgl. dazu auch Kirchner, WM 2000, 1821, 1830.

substantiieren. Auch wenn gerichtliche Entscheidungen trotz der regelmäßig komplexen Sach- und Rechtslage kurzfristig, möglicherweise auch schon vor einem Verstoß,[3505] vorgelegt werden könnten, ließen sich die Pflichten und Verbote nicht so konkret und abschließend ausschließen, dass die Übernahme nicht gleichwohl durch unerfasste Maßnahmen erschwert oder vereitelt werden könnte. Jeder tatsächlich übernahmeerschwerenden Handlung kann in dieser besonderen Situation entscheidungserhebliche Bedeutung zukommen. Ein einziger, dem Regelungsgehalt einer gerichtlichen Entscheidung entgegenstehender, jedoch nicht konkret erfasster und somit nicht gerichtlich ausdrücklich reglementierter, Verstoß könnte so eine Übernahme scheitern lassen.

Wegen der sofort oder zumindest sehr kurzfristig einsetzenden Reaktionen der Öffentlichkeit und politischer Gruppen, vor allem aber infolge der Tragweite bedeutender geschäftlicher Entscheidungen - für die Zielgesellschaft oder den Bieter - und dem hieraus resultierenden Verhalten anderer Marktteilnehmer, wäre eine dem Verstoß nachfolgende Gerichtsentscheidung wirkungslos. Die verursachten Veränderungen und Entwicklungen könnten nicht rückgängig gemacht werden, so dass eine nachträgliche, erstmalige oder ergänzende Entscheidung nur der Pflichten- und Verbotskonkretisierung zu dienen geeignet ist.

Selbst für den Fall einer Eilentscheidung vor Ergreifen beabsichtigter Abwehrmaßnahmen könnte die Vornahme oder Unterlassung einer Handlung nicht unmittelbar durch eine Vollstreckungsmaßnahme, etwa durch Ersatzvornahme, erzwungen werden. Der Anspruch wäre lediglich durch die Verhängung von Zwangsmaßnahmen, etwa die Anordnung der Zahlung von Zwangsgeldern, vollstreckbar.[3506] Die gerichtliche Entscheidung und derartige Maßnahmen bewirkten zwar im Regelfall die Erfüllung des Anspruchs. Der Anspruch auf ein Tun oder Unterlassen per se ist dagegen schlicht nicht durchsetzbar.[3507] Die erfolgreiche Geltendmachung eines Handlungsanspruchs vor Gericht kann demnach keineswegs den Eintritt des beabsichtigten Erfolges sichern.

Neben den Schwierigkeiten bei der Erfassung und Bemessung sich verändernder Abwehrmaßnahmen würde zudem die notwendige Überprüfung der Kausalität nur zu eher ungewissen Vermutungen führen. Schon durch die große Menge von Einflussfaktoren ist die Varianzbreite alternativer Geschehensabläufe gerade in Übernahmesituationen regelmäßig viel zu groß, als dass die Auswirkungen einzelner Handlungen beurteilt werden könnten.[3508]

Vor diesem Hintergrund sind zur Vermeidung von großen Haftungslücken[3509] schließlich die Drittschutzqualität des WpÜG und die Anspruchsgrundlagen zur

---

[3505] Vgl. Zöller/Vollkommer, ZPO, § 938, Rdn. 12 f., § 940, Rdn. 2 ff.

[3506] Vgl. dazu auch Gruber, Pflicht zum Übernahmeangebot, 18; Zöllner/Stöber, § 888, Rdn. 7.

[3507] Vgl. hierzu nur Zöller/Vollkommer, ZPO, § 935, Rdn. 6.

[3508] Vgl. KölnerKommAktG-Mertens, § 93, Rdn. 175; van Aubel, Vorstandspflichten bei Übernahmeangeboten, 106 f.

[3509] Vgl. dazu Adams, AG-Sonderheft 8/1997, 9, 10; van Aubel, Vorstandspflichten bei Übernahmeangeboten, 116, 128 ff.; vgl. ergänzend die Bemühungen, Ansprüche aus Vertrag, so Baums, Geschäftsleiter-

Durchsetzung von Verhaltenspflichten und Schadensersatzzahlungen positivrechtlich zu fixieren. Die ausdrückliche Normierung der Anspruchsgrundlagen würde restliche Unsicherheiten über die Rechtslage beseitigen und hätte klarstellende und abschreckende Funktion. Darüber hinaus sind Beweislastregeln zu etablieren, die bei der Verletzung der Neutralitätspflicht der Unternehmensleitung die Darlegungs- und Beweislast dafür auferlegen, dass ein Schaden nicht eingetreten ist. Hinsichtlich der Schadenshöhe, deren Bemessung ebenfalls regelmäßig mit Schwierigkeiten behaften sein dürfte, sollte der Gesetzgeber als Mindestschaden den Kursaufschlag festlegen.

Die Regelung in § 35 Absatz 4 WpÜG sollte demnach wie folgt lauten:

> Der Vorstand der Zielgesellschaft haftet nach einer Verletzung des Neutralitätsgebots den Aktionären auf Schadensersatz. Er trägt die Darlegungs- und Beweislast dafür, dass kein Schaden eingetreten ist. Der Schaden für die Aktionäre ist durch den Betrag bestimmt, um den das Angebot den Börsenkurs übersteigt, sofern nicht ein abweichender Schadensumfang nachgewiesen wird.

§ 66 Absatz 1 Satz 1 WpÜG sollte folgendermaßen geändert werden:

> Für bürgerliche Rechtstreitigkeiten wegen der Verletzung von Schutzvorschriften, die sich aus diesem Gesetz ergeben, sind ohne Rücksicht auf den Wert des Streitgegenstandes die Landgerichte ausschließlich zuständig.

Lediglich fragmentarisch und ohne die Schwerpunktsetzung dieser Arbeit zu verschieben, soll an dieser Stelle auch eine andere gewichtige sachdienliche Änderung angesprochen werden.[3510]

Ergänzend wird insofern vorgeschlagen, aus dem WpÜG die Verpflichtung zur Abgabe des obligatorischen Angebots zu streichen und eine pro-rata-Berücksichtigung beim Ankauf vorzusehen. Ein obligatorisches Vollangebot verteuert jede Übernahmetransaktion und lässt schon aus diesem Grund eine Reihe von Übernahmeversuchen scheitern. Insofern ist davon auszugehen, dass so manche allokationsoptimierende Umstrukturierung unterbleibt und der allgemeine Leistungs- und

---

vertrag, 243 ff., 258 f., weitergehend aus Deliktsrecht, so KölnerKommAktG/Mertens, § 93, Rdn. 170 f., oder aus der Treuepflicht als Gesellschafter, vgl. dazu Lutter, ZHR 153 (1989), 446, 458 f. und van Aubel, Vorstandspflichten bei Übernahmeangeboten, 128 ff., zu begründen. Vgl. im Übrigen Kau/Kukat, BB 2000, 1045, 1045, 1049, und Bernhardt, DB 2000, 1873, 1881, der es wichtig findet, generell die Geltendmachung und Durchsetzung von Schadensersatzansprüchen der Aktionäre gegen Vorstände und Aufsichtsräte zu erleichtern.

[3510] Neben den angeführten Schwerpunkten vgl. zur weitergehenden Konkretisierung und Änderung des Gesetzesvorhabens auch Kiem, ZIP 2000, 1509, 1509 ff.

Disziplinierungsdruck sinkt.[3511] Vor dem Hintergrund, dass zum weitergehenden Schutz der Minderheitsaktionäre nach einem pro-rata-Ankauf ergänzende Schutzvorschriften erlassen werden können, ist einzig und allein dieser Minderheitsschutz geeignet, einen ausgewogenen Schutz im Verhältnis zu sinnvollen kapitalmarktlichen Vorgängen zu gewährleisten.[3512]

3. Vereinbarkeit mit der europäischen Regelung

Deutschland hätte als Mitgliedstaat der Europäischen Union europarechtliche Regelungen zu transformieren. Die Richtlinie 2004 ist bis 20. Mai 2006 zu transformieren. Eine deutsche Regelung von Unternehmensübernahmen hat demnach soweit wie möglich die Vorgaben des europäischen Gesetzgebers zu berücksichtigen. Bei der hier vorgeschlagenen Regelung korrespondiert zunächst die Ausgrenzung der Verpflichtung zur Abgabe eines Voll- und Pflichtangebots nicht mit der Richtlinie.[3513] Die Bundesrepublik sollte gleichwohl von einer solchen Regelung vorerst absehen, da sie gesamtwirtschaftlich nachteilig ist. Zum Mai 2006 hin sollte Deutschland vor dem Hintergrund eines verbesserten und im Vergleich besseren Schutzsystems für Minderheitsaktionäre eine abweichende Ausnahmeregelung für typisierte Fallgruppen durchzusetzen versuchen.[3514]

Hinsichtlich der Vornahme von Abwehrmaßnahmen, deren Vornahme von der Hauptversammlung bereits vor Angebotsabgabe hinreichend konkret eingeräumt wurde, gilt, dass die Bundesrepublik die Richtlinienvorgabe erst gegen Ende der Transformationsfrist umsetzen sollte, wenn bis dahin keine abweichende Regelung eingeräumt wird. Bezüglich des generellen Vereitelungsverbots sollte die vorgeschlagene Änderung des WpÜG umgesetzt werden. Allein mit der in dieser Ausarbeitung angebotenen einschränkenden Auslegung des § 33 WpÜG dürfte dem Umsetzungsbedarf nicht genügt werden.[3515]

[3511] Vgl. auch Assmann, AG 1995, 563, 565, 570; Kallmeyer, ZIP 1997, 2147, 2148; Peltzer, AG 1997, 145, 151; Thoma, ZIP 1996, 1725, 1731 ff.

[3512] Vgl. dazu weitergehend Hommelhoff, Festschrift Semler, 455, 455 ff.; Hopt, ZHR 161 (1997), 368, 386 f.; Knoll, Übernahme von Kapitalgesellschaften, 376; Peltzer, AG 1997, 145, 150.

[3513] Vgl. Art. 5 Absatz 1 RL und dazu Maul/Muffat-Jeandet, AG 2004, 221, 229 f.; vgl. im Übrigen zur Korrelation von Richtlinienvorschlag und Diskussionsentwurf für das Übernahmegesetz Krause, NZG 2000, 905, 905 ff.

[3514] Vgl. dazu die auf Wunsch Spaniens aufgenommene Ausnahmebefugnis nach Artikel 4 Absatz 4 Richtlinienvorschlag 2000; vgl. weiter die Ausführungen dazu unter D. II. Ausnahmebestimmungen, deren Rechtsgrundlage nach Verabschiedung der Richtlinie nur Artikel 4 Absatz 5 sein könnte, finden sich bereits in § 35 des Diskussionsentwurfs, vgl. dazu Pötzsch/Möller, WM-Beil. 2/2000, 3, 12.

[3515] Die von Assmann/Pötzsch/Schneider-Krause/Pötzsch, WpÜG, § 33, Rdn. 40, vorgeschlagene Ergänzung ist vor dem Hintergrund der aufgezeigten Unvereinbarkeit mit dem deutschen Aktienrecht unzureichend

7. Teil: Zusammenfassung

Die vorstehende Ausarbeitung hat ergeben, dass Übernahmevorgänge weder nachteilig für die Aktionäre, noch für die Zielgesellschaft oder die Volkswirtschaft sind. Durch Übernahmevorgänge wird demgegenüber eine Flexibilität und Strukturanpassung gefördert, die Wohlstandssteigerungen, vor allem aber einen maßgeblichen Disziplinierungs- und Leistungsdruck gegenüber den Unternehmensleitungen, verspricht. Schon allein aus diesem Grund, unabhängig von weitergehenden wirtschaftlichen Bewertungen von Übernahmevorgängen, ist es nicht geboten, Übernahmevorgänge positivrechtlich zu reglementieren. Unter dem Aspekt der Rechtssicherheit ist im Übernahmerecht uneingeschränkt an der Neutralitätspflicht festzuhalten, auch wenn der Festschreibung lediglich deklaratorische Bedeutung zukommen dürfte. Die rechtsvergleichende Betrachtung hat ergeben, dass die Rechtslage in den USA im Ergebnis vergleichbar ist, weil weitergehende Rechte des *board* im wesentlichen mit weniger weitgreifenden Schutzmechanismen zu Gunsten der Minderheitsaktionäre korrelieren. Nicht zuletzt deswegen ist auf europarechtlicher Ebene an der Neutralitätspflicht festzuhalten, so dass eine Benachteiligung des europäischen Wirtschaftsgeschehens gegenüber dem US-amerikanischem Markt nicht zu befürchten wäre. Diese Beurteilung erfährt seine Bestätigung durch die von Gesetzgeber in Deutschland vorgegebene Gewaltenteilung in der Aktiengesellschaft, die das WpÜG in Bezug auf Übernahmevorgänge nicht zu relativieren in der Lage ist. Mit § 33 WpÜG handelt es sich mithin um eine misslungene Regelung, deren Abänderung nicht nur unter gesellschafts- und kapitalmarktrechtlichen Gesichtspunkten geboten, sondern auch nach europarechtlichen Vorgaben in Einklang mit den Ergebnissen dieser Arbeit umzusetzen ist.

Literaturverzeichnis

Abeltshauser, Thomas E.: Leitungshaftung im Kapitalgesellschaftsrecht - Zu den Sorgfalts- und Loyalitätspflichten von Unternehmensleitern im deutschen und im US-amerikanischen Kapitalgesellschaftsrecht, Köln/Berlin/Bonn/ München 1998.

Achatz, Helmut: Der Shareholder Value im gesellschaftlichen Disput, in: Müller, Michael/Leven, Franz-Josef (Hrsg.): Shareholder Value Reporting: Veränderte Anforderungen an die Berichterstattung börsennotierter Unternehmen, Wien/Frankfurt 1998, Seiten 13-26.

Adams, Michael: Der Markt für Unternehmenskontrolle und sein Missbrauch, in: Die Aktiengesellschaft (AG) 1989, Seiten 333-338.

Adams, Michael: Höchststimmrechte, Mehrfachstimmrechte und sonstige wundersame Hindernisse auf dem Markt für Unternehmenskontrolle, in: Die Aktiengesellschaft (AG) 1990, Seiten 63-78.

Adams, Michael: Was spricht gegen eine unbehinderte Übertragbarkeit der in Unternehmen gebundenen Ressourcen durch ihre Eigentümerin: Die Aktiengesellschaft (AG) 1990, Seiten 243-252.

Adams, Michael: Eigentum, Kontrolle und Beschränkte Haftung, Baden-Baden 1991.

Adams, Michael: Die Usurpation von Aktionärsbefugnissen mittels Ringverflechtungen in der „Deutschland AG", in: Die Aktiengesellschaft (AG) 1994, Seiten 148-158.

Adams, Michael: Bankenmacht und Deutscher Juristentag, in: Zeitschrift für Wirtschaftsrecht (ZIP) 1996, Seiten 1590-1602.

Adams, Michael: Stellungnahme zur Aktienrechtsreform 1997, in: Die Aktiengesellschaft-Sonderheft (AG-Sonderheft) 8/1997 - Die Aktienrechtsreform 1997, Seiten 9-26.

Adams, Michael: Reform des Kostenersatzrechts bei Aktionärsklagen mit Drittwirkung, in: Die Aktiengesellschaft (AG) 2000, Seiten 396-412.

Adams, Michael: Aktienoptionspläne und Vorstandsvergütungen, in: Zeitschrift für Wirtschaftsrecht (ZIP) 2002, Seiten 1325-1344.

Adams, Walter: Merger-Mania: An Empirical Critique, in: McKee, David L. (Hrsg.): Hostile Takeovers, New York 1989, Seiten 32-43.

Adler, Hans/Düring, Walter/Schmaltz, Kurt: Rechnungslegung und Prüfung der Unternehmen, 6. Auflage, Stuttgart 1997.

Adolff, Johannes/Meister, Burkhardt/Randell, Charles/Stephan: Public Company Takeovers in Germany, München 2002.

Agrawal, Anup/Jaffe, Jeffrey F./Mandelker, Gershon N.: The Post-Merger Performance of Acquiring Firms: A Re-examination of an Anomaly, in: 47 Journal of Finance (1992), Seiten 1605-1621.

Agrawal, Anup/Walking, Ralph A.: Executive Careers and Compensation Surrounding Takeover Bids, in: 49 Journal of Finance (1994), Seiten 985-1014.

Aha, Christof: Verbot des Erwerbs eigener Aktien nach den §§ 71 ff. AktG und eigener Genußscheine nach § 10 Abs. 5 S. 5 KWG, in: Die Aktiengesellschaft (AG) 1992, Seiten 218-227.

Aha, Christof: Rechtsschutz der Zielgesellschaft bei mangelhaften Übernahmegeboten, in: Die Aktiengesellschaft (AG) 2002, Seiten 160 - 169.

Aha, Christof: Die Cross-Border Rules der SEC und ihre Bedeutung für das deutsche Kapitalmarktrecht, in: Die Aktiengesellschaft (AG) 2002, Seiten 313-328.

Ajemian, Robert Bruce: Outside Directors and the Modified Business Judgement Rule in Hostile Takeovers: A New Test for Directors Liability, in: 62 Southern California Law Review (1988/89), Seiten 645-684.

Albach, Horst: Strategische Allianzen, strategische Gruppen und strategische Familien, in: Zeitschrift für Betriebswirtschaft (ZfB) 1992, Seiten 663-670.

Alchian, Armen A./Demsetz, Harold: Production, Information Cost, and Economic Organization, in: 62 American Economic Review (1972), Seiten 777-795.

Allen, William T.: Independent Directors in MBO Transactions: Are They Fact or Fantasy?, in: 45 Business Lawyer (1990), Seiten 2055-2063.

Altman, Edward I.: Measuring Corporate Bond Mortality and Performance, in: 44 Journal of Finance (1989), Seiten 909-922.

Altman, Edward I./Nammacher, S. A.: The Anatomy of the High Yield Dept Market: 1985 Update, in: Morgan Stanley & Co. Report 6/1986, Seiten 12-25.

Altmeppen, Holger: Zur Vermögensbindung einer faktisch abhängigen AG, in: Zeitschrift für Wirtschaftsrecht (ZIP) 1996, Seiten 693-698.

Altmeppen, Holger: Die Haftung des Managers im Konzern, München 1998.

Altmeppen, Holger: Ausgliederung zwecks Organschaftsbildung gegen Sperrminorität?, in: Der Betrieb (DB) 1998, Seiten 49-54.

Altmeppen, Holger: Gutes und Schlechtes im neuen Übernahmerecht, in: Betriebs-Berater (BB) 2001, Heft 25, Die erste Seite.

Altmeppen, Holger: Neutralitätspflicht und Pflichtangebot nach dem neuen Übernahmerecht, in: Zeitschrift für Wirtschaftsrecht (ZIP) 2001, Seiten 1073-1084.

Alva, Curtis: Delaware and the Market for Corporate Charters: History and Agency, in: 15 Delaware Journal of Corporation Law (1990), Seiten 885-920.

American Law Institute: Principles of Corporate Governance: Analysis and Recommendations, Volume I, St. Paul/Minnesota 1994.

Amihud, Yakov/Lev, Baruch: Risk reduction as a managerial motive for conglomerate mergers, in: 12 Bell Journal of Economics (1981), Seiten 605-617.

Ang, James S./Cole, Rebel A./Wuh Lin, James: Agency Costs and Ownership Structure, in: 55 Journal of Finance (2000), Seiten 81-106.

Armbrüster, Christian: RWS Forum Gesellschaftsrecht 1997, in: Zeitschrift für Wirtschaftsrecht (ZIP) 1997, Seiten 1984-1990.

Armbrüster, Christian:„Golden Shares" und die Grundfreiheiten des EG-Vertrags - EuGH, NJW 2002, 2303, 2305, 2306, in: Juristische Schulung (JS) 2003, Seiten 224-227.

Arnold, Arnd: Entschädigung von Mehrstimmrechten bei Übernahmen, in: Betriebs-Berater 2003, Seiten 267-270.

Asquith, Paul: Merger Bids, Uncertainty, and Stockholder Returns, in: 11 Journal of Financial Economics (1983), Seiten 51-83.

Asquith, Paul/Bruner, Robert F./Mullins, David W. Jr.: The Gains to Bidding Firms from Merger, in: 11 Journal of Financial Economics (1983), Seiten 121-139.

Asquith, Paul/Kim, E. Han: The Impact of Merger Bids on the Participating Firms` Security Holders, in: 37 Journal of Finance (1982), Seiten 1209-1228.

Asquith, Paul/Wizman, Thierry A.: Event risk, covenants, and bondholder returns in leveraged buyouts, in: 27 Journal of Financial Economics (1990), Seiten 195-213.

Assmann, Heinz-Dieter: Prospekthaftung als Haftung für die Verletzung kapitalmarktbezogener Informationsverkehrspflichten nach deutschem und US-amerikanischem Recht, Köln 1985.

Assmann, Heinz-Dieter: Kapitalmarktrecht - Zur Formation eines Rechtsgebiets in der vierzigjährigen Rechtsentwicklung der Bundesrepublik Deutschland, in: Nörr, Knut Wolfgang (Hrsg.): Vierzig Jahre Bundesrepublik Deutschland: 40 Jahre Rechtsentwicklung, Tübingen 1990, Seiten 251-291.

Assmann, Heinz-Dieter: Directors` Duties and Liabilities in Transfers of Control under the Continental Legal System, in: Hopt, Klaus J./Wymeersch, Eddy (Hrsg.): European Takeovers - Law and Practice, London/Boston/Brussels/Dublin/Edinburgh/Hato Rey/Kuala Lumpur/ Singapore/Sydney/Toronto/Wellington 1992, Seiten 268-293.

Assmann, Heinz-Dieter: Das künftige deutsche Insiderrecht, in: Die Aktiengesellschaft (AG) 1994, Teil I: Seiten 196-206, Teil II: Seiten 237-258.

Assmann, Heinz-Dieter: Verhaltensregeln für freiwillige öffentliche Übernahmeangebote - Der Übernahmekodex der Börsensachverständigenkommission, in: Die Aktiengesellschaft (AG) 1995, Seiten 563-572.

Assmann, Heinz-Dieter: Erwerbs-, Übernahme- und Pflichtangebote nach dem Wertpapiererwerbs- und Übernahmegesetz aus der Sicht der Bietergesellschaft, in: Die Aktiengesellschaft (AG) 2002, Seiten 114 - 125.

Assmann, Heinz-Dieter: Die Haftung für die Richtigkeit und Vollständigkeit der Angebotsunterlage nach § 12 WpÜG, in: Die Aktiengesellschaft (AG) 2002, Seiten 153 - 160.

Assmann, Heinz-Dieter/Bozenhardt, Friedrich: Übernahmeangebote als Regelungsproblem zwischen gesellschaftsrechtlichen Normen und zivilrechtlich begründeten Verhaltensgeboten, in: Assmann, Heinz-Dieter/Basaldua, Nathalie/Bozenhardt, Friedrich/Peltzer, Martin (Hrsg.): Übernahmeangebote, ZGR-Sonderheft 9, Berlin/New York 1990, Seiten 1-156.

Assmann, Heinz-Dieter/Pötzsch, Thorsten/Schneider, Uwe H.: Wertpapiererwerbs- und Übernahmegesetz, Kommentar, Köln 2005.

Assmann, Heinz-Dieter/Schneider, Uwe: Wertpapierhandelsgesetz, 3. Auflage, Köln 2003, zitiert: Assmann/Schneider-Bearbeiter, WpHG.

Assmann, Heinz-Dieter/Schütze, Rolf A.: Handbuch des Kapitalanlagerechts, München 1997.

Astrachan, Joseph H.: Mergers, Acquisitions, and Employee Anxiety, New York 1990.

Aubel, Stephan: Der vereinfachte Bezugsrechtsausschluss: Aktionärs- und Gesellschaftsinteressen beim vereinfachten Bezugsrechtsausschluss nach Maßgabe des § 186 Absatz 3 Satz 4 AktG, Frankfurt am Main/Berlin/Bern/New York Paris/Wien 1998.

Auerbach, Alan J./Reishus, David: The Effects of Taxation on the Merger Decision, in: Auerbach, Alan J. (Hrsg.): Corporate Takeovers: Causes and Consequences, Chicago/London 1988, Seiten 157-189.

Auerbach, Alan J./Reishus, David: The Impact of Taxation on Mergers and Acquisitions, in: Auerbach, Alan J. (Hrsg.): Mergers and Acquisitions, Chicago/London 1988, Seiten 69-85.

Bachmann, Gregor: Namensaktie und Stimmrechtsvertretung, in: Wertpapiermitteilungen (WM) 1999, Seiten 2100-2108.

Bachmann, Raoul-Philip: Mehrstufige Übernahmen schweizerischer Publikumsgesellschaften unter besonderer Berücksichtigung der Zielaktionäre, Zürich 1992.

Bachmann, Walter: Management-Buyout-Leveraged Buyout-Management-Buyin, in: Hanzel, Nikolaus/Wunderbaldinger, Ernst (Hrsg.): Mergers & Acquisitions in Austria, Wien 1993, Seiten 87-106.

Bälz, Ulrich: Verbundene Unternehmen, in: Die Aktiengesellschaft (AG) 1992, Seiten 277-311

Bästlein, Hanno M.: Zur Feindlichkeit öffentlicher Übernahmeangebote - Eine ökonomische Betrachtung von Ursachen und Auswirkungen unter besonderer Berücksichtigung der deutschen Situation -, Frankfurt am Main/Berlin/Bern/New York/Paris/Wien 1997.

Baetge, Jörg: Akquisition & Unternehmensbewertung, Düsseldorf 1992.

Bainbridge, Stephen M.: Exclusive Merger Agreements and Lock-Ups in Negotiate Corporate Acquisitions, in: 75 Minnesota Law Review (1990), Seiten 239-334.

Baker, George P./Wruck, Karen H.: Organizational Changes and Value Creation in Leveraged Buyouts: The Case of the O.M. Scott & Sons Company, in: 25 Journal of Financial Economics (1989), Seiten 163-190.

Ballentine, Henry Winthrop: On Corporations, Chicago 1946.

Ballerstedt, Kurt: GmbH-Reform, Mitbestimmung, Unternehmensrecht, in: Zeitschrift für das gesamte Handelsrecht und Wirtschaftsrecht (ZHR) 135 (1971), Seiten 479-510.

Ballerstedt, Kurt: Was ist Unternehmensrecht?, in: Pawlowski, H.-M./Wiese, Günter/Wüst, Günther (Hrsg.): Festschrift für Konrad Duden zum 70. Geburtstag, München 1977, Seiten 15-36.

Ballwieser, Wolfgang: Unternehmensbewertung und Komplexitätsreduktion, 3. Auflage, Wiesbaden 1990.

Ballwieser, Wolfgang: Alternative Ansätze zur Unternehmensbewertung, Rottach Egern 1993.

Ballwieser, Wolfgang/Schmid, Helmut: Charakteristika und Problembereiche von Management Buy-Outs (I), in: Das Wirtschaftsstudium (WISU) 1990, Seiten 299-305.

Bamberger, Burkhard: Der Erfolg von Unternehmensakquisitionen in Deutschland - eine theoretische und empirische Untersuchung, Bergisch-Gladbach/Köln 1994.

Bandte, Jürgen: Der Erwerb eigener Aktien - eine Waffe der Aktiengesellschaften gegen Übernahmeattacken?, in: Jura 1987, Seiten 465-469.

Barthelmeß, Stephan/Braun, Yvonne: Zulässigkeit schuldrechtlicher Verfügungsbeschränkungen über Aktien zugunsten der Aktiengesellschaft, in: Die Aktiengesellschaft (AG) 2000, Seiten 172-177.

Bartlett, Sarah: The Money Machine: How KKR manufactured power and profits, New York 1992.

Basaldua, Nathalie: Der Vorschlag für eine dreizehnte Richtlinie des Rates auf dem Gebiet des Gesellschaftsrechts über öffentliche Übernahmeangebote, in: Assmann, Heinz-Dieter/Basaldua, Nathalie/Bozenhardt, Friedrich/ Peltzer, Martin (Hrsg.): Übernahmeangebote, ZGR-Sonderheft 9, Berlin/New York 1990, Seiten 157-177.

Basedow, Jürgen/Jung, Christian: Strategische Allianzen, München 1993.

Bastuck, Burkhard: Enthaftung des Managements - Corporate Indemnification im amerikanischen und deutschen Recht, Köln 1986.

Baum, Harald: Der Markt für Unternehmen und die Regelung von öffentlichen Übernahmeangeboten in Japan, in: Die Aktiengesellschaft (AG) 1996, Seiten 399-416.

Baumann, Karl-Hermann: Der neue Verhaltenskodex für Unternehmensübernahmen sorgt für größere Transparenz am Kapitalmarkt, in: Wertpapiermitteilungen (WM) 1996, Seiten 901-902.

Baumbach, Adolf/Hueck, Alfred/Hueck, Götz: Aktiengesetz, 13. Auflage, München 1968.

Baums, Theodor: Der Geschäftsleitervertrag, Köln 1987.

Baums, Theodor: Ersatz von Reflexschäden in der Kapitalgesellschaft, in: Zeitschrift für Unternehmens- und Gesellschaftsrecht (ZGR) 1987, Seiten 554-562.

Baums, Theodor: Übernahmeregeln in der Europäischen Gemeinschaft, in: Zeitschrift für Wirtschaftsrecht (ZIP) 1989, Seiten 1376-1381.

Baums, Theodor: Höchststimmrechte, in: Die Aktiengesellschaft (AG) 1990, Seiten 221-242.

Baums, Theodor: Zur Harmonisierung des Rechts der Unternehmensübernahmen in der EG, in: Rengeling, Hans-Werner (Hrsg.): Europäisierung des Rechts, Köln/Berlin/Bonn/München 1995, Seiten 91-112.

Baums, Theodor: Vollmachtsstimmrecht der Banken - Ja oder Nein?, in: Die Aktiengesellschaft (AG) 1996, Seiten 11-26.

Baums, Theodor: Stellungnahme zur Aktienrechtsreform 1997, in: Die Aktiengesellschaft-Sonderheft (AG-Sonderheft) 8/1997 - Die Aktienrechtsreform 1997, Seiten 26-38.

Baums, Theodor: Vorschlag eines Gesetzes zu öffentlichen Übernahmeangeboten, in: Zeitschrift für Wirtschaftsrecht (ZIP) 1997, Seiten 1310-1315.

Baums, Theodor: Aktienmarkt und Finanzierung kleiner Unternehmen, in: Zeitschrift für Wirtschaftsrecht (ZIP) 1997, Seiten 1942-1948.

Baums, Theodor: Notwendigkeit und Grundzüge einer gesetzlichen Übernahmeregelung, in: von Rosen, Rüdiger/Seifert, Werner G. (Hrsg.): Die Übernahme börsennotierter Unternehmen, Frankfurt am Main 1999, Seiten 165-186.

Baums, Theodor: Empfiehlt sich eine Neuregelung des aktienrechtlichen Anfechtungs- und Organhaftungsrechts, insbesondere der Klagemöglichkeiten von Aktionären?, Gutachten F zum 63. Deutschen Juristentag, Leipzig/München 2000.

Baums, Theodor/Fraune, Christian: Institutionelle Anleger und Publikumsgesellschaft: Eine empirische Untersuchung, in: Die Aktiengesellschaft (AG) 1995, Seiten 97-112.

Bayer, Walter: Aktionärsklagen de lege lata und de lege ferenda, in: Neue Juristische Wochenschrift (NJW) 2000, Seiten 2609-2619.

Bayer, Walter: Vorsorge- und präventive Abwehrmaßnahmen gegen feindliche Übernahmen, in: Zeitschrift für Unternehmens- und Gesellschaftsrecht (ZGR) 2002, Seiten 588-622.

BDI (Bundesverband der Deutschen Industrie): Abteilung Recht und Versicherung: Vermerk - Zu den wesentlichen Änderungen des überarbeiteten Vorschlags einer 13. gesellschaftsrechtlichen Richtlinie über Übernahmeangebote, 15. November 1990.

Bebchuk, Lucian A.: The Case of Faciliating Competing Tender Offers, in: 95 Harvard Law Review (1982), Seiten 1028-1056.
Bebchuk, Lucian A.: The Case of Facilitating Competing Tender Offers: A Reply and Extention, in: 35 Stanford Law Review (1982), Seiten 23-50.
Bebchuk, Lucian A.: Toward Undistorted Choice and Equal Treatment in Corporate Takeovers, in: 98 Harvard Law Review (1985), Seiten 1693-1808.
Bebchuk, Lucian A.: The Case of Facilitating Competing Tender Offers: A Last (?) Reply, in: 2 Journal of Law, Economics, and Organization (1986), Seiten 253-271.
Bebchuk, Lucian A.: The Pressure to tender: An Analysis and a Proposed Remedy, in: 12 Delaware Journal of Corporate Law (1987), Seiten 911-949.
Bebchuk, Lucian A.: Corporate Law and Economic Analysis, Cambridge/New York 1990.
Bebchuk, Lucian Arye: Efficient and Inefficient Sales of Corporate Control, in: 109 Quarterly Journal of Economics (1994), Seiten 957-993.
Bebchuk, Lucian A./Kahan, Marcel: Fairness Opinions: How Fair Are They and What Can Be Done About It?, in: 1989 Duke Law Journal, Seiten 27-53.
Bebchuk, Lucian Arye/Ferrel, Allen: Federalism and Corporate Law: The Race to Protect Managers from Takeovers, in: 99 Columbia Law Review (1999), Seiten 1169-1199.
Bechtold, Rainer: Das neue Kartellgesetz, in: Neue Juristische Wochenschrift (NJW) 1998, Seiten 2769-2774.
Bechtold, Rainer: Fusionskontrolle bei Übernahme von börsennotierten Unternehmen, in: von Rosen, Rüdiger/Seifert, Werner G. (Hrsg.): Die Übernahme börsennotierter Unternehmen, Frankfurt am Main 1999, Seiten 485-501.
Becker, Dietrich: Verhaltenspflichten des Vorstands der Zielgesellschaft bei feindlichen Übernahmen, in: Zeitschrift für das gesamte Handelsrecht und Wirtschaftsrecht (ZHR) 165 (2001), Seiten 280 - 287.
Becker, Michael: Verwaltungskontrolle durch Gesellschafterrechte: Eine vergleichende Studie nach deutschem Verbandsrecht und dem amerikanischen Recht der corporation, Tübingen 1997.
Beckmann, Ralph: Der Richtlinienvorschlag betreffend Übernahmeangebote auf dem Weg zu einer europäischen Rechtsangleichung, in: Der Betrieb (DB) 1995, Seiten 2407-2411.
Beckmann, Ralph/Kersting, Mark Oliver/Mielke, Werner: Das neue Übernahmerecht, München 2003.
Bedkowski, Dorothea: Das deutsche Aufsichtsratssystem in der Reformdiskussion und im Vergleich zum Board-System, in: Newsletter der Deutsch-Amerikanischen Juristen-Vereinigung (DAJV-NL) 1998, Seiten 11-18.
Behrens, Peter: Rechtspolitische Grundsatzfragen zu einer Europäischen Regelung für Übernahmeangebote, in: Zeitschrift für Unternehmens- und Gesellschaftsrecht (ZGR) 1975, Seiten 433-458.

Behrens, Peter: Die ökonomischen Grundlagen des Rechts - Politische Ökonomie als rationale Jurisprudenz, Tübingen 1986.

Benckendorff, Andreas: Erwerb eigener Aktien im deutschen und US-amerikanischen Recht, Baden-Baden 1998.

Benner-Heinacher, Jella S.: Mindeststandards für Übernahmeregeln in Deutschland, in: Der Betrieb (DB) 1997, Seiten 2521-2524.

Berens, Wolfgang/Brauner, Hans U.: Due Diligence bei Unternehmensakquisitionen, 2. Auflage, Stuttgart 1999.

Berger, Christian: Die Klage auf Zustimmung zur Übertragung vinkulierter Namensaktien - Verfahrensrechtliche Bemerkungen zum AMB-Urteil des LG Aachen, in: Zeitschrift für das gesamte Handelsrecht und Wirtschaftsrecht (ZHR) 1993, Seiten 31-47.

Berger, Klaus Peter: Unternehmensübernahmen in Europa, in: Zeitschrift für Wirtschaftsrecht (ZIP) 1991, Seiten 1644-1660.

Bergmann, Eckhard/Butzlaff, Jörg-Matthias: Institutionelles Anlegerverhalten und Shareholder Value, in: Müller, Michael/ Leven, Franz-Josef: Shareholder Value Reporting: Veränderte Anforderungen an die Berichterstattung börsennotierter Unternehmen, Wien/Frankfurt 1998, Seiten 203-212.

Bergmann, Helmut: Settlements in EC Merger Control Proceedings: A Summary of EC Enforcement Practice and a Comparison with the United States, in: Newsletter der Deutsch-Amerikanischen Juristen-Vereinigung (DAJV-NL) 1994, Seiten 25-31 (Teil 1), Seiten 59-66
(Teil 2).

Bergmann, Helmut: Zusammenschlusskontrolle, in: Picot, Gerhard: Handbuch Mergers & Acquisitions - Planung Durchführung Integration, Stuttgart 2000, Seiten 289-332.

Bergsma, Ennius E.: Managing value: the new corporate strategie, in: The McKinsey Quarterly, Winter 1988, Seiten 57-72.

Berkovitch, Elazar/Bradley, Michael/Khanna, Naveen: Tender Offer Auctions, Resistance Strategies, and Social Welfare, in: 2 Journal of Law, Economics, and Organization (1989), Seiten 395-412.

Berkovitch, Elazar/Narayanan, M. P.: Motives for Takeovers: An Empirical Investigation, in: 28 Journal of Financial and Quantitative Analysis (1993), Seiten 347-361.

Berle, A. A. Jr.: Corporate Powers as Powers in Trust, in: 44 Harvard Law Review (1931), Seiten 1049-1074.

Berle, Adolf A.: For Whom Corporate Managers Are Trustees: A Note, in: 45 Harvard Law Review (1932), Seiten 1365-1372.

Berle, Adolf A.: „Control“ in Corporate Law, in: 58 Columbia Law Review (1958), Seiten 1212-1225.

Berle, Adolf A./Means, Gardiner C.: The Modern Corporation and Private Property, New York 1932, überarbeitet 1967, neu erschienen New York 1968.

Bernet, Robert: Die Regelung öffentlicher Kaufangebote im neuen Börsengesetz (BEHG): Eine Darstellung der Pflichten des Anbieters und des Verwaltungsrats der Zielgesellschaft unter Einschluss sämtlicher Verordnungen, Bern 1998.

Bernhardt, Wolfgang: Unternehmensführung und Hauptversammlung - Holzmüller und die Folgen -, in: Der Betrieb (DB) 2000, Seiten 1873-1881.

Bess, Jürgen: Eine europäische Regelung für Übernahmeangebote, in: Die Aktiengesellschaft (AG) 1976, Teil I: Seiten 169-176, Teil II: Seiten 206-210.

Betsch, Oskar/Groh, Alexander P./Lohmann, Lutz G. E.: Corporate Finance: Unternehmensbewertung, M & A und innovative Kapitalmarktfinanzierung, München 2000.

Beusch, Karl: Die Aktiengesellschaft - eine Kommanditgesellschaft in der Gestalt einer juristischen Person? - Betrachtungen zum so genannten Holzmüller-Urteil des Bundesgerichtshofs -, in: Hadding, Walter/Immenga, Ulrich/Mertens, Hans-Joachim/Pleyer, Klemens/Schneider, Uwe H. (Hrsg.): Festschrift für Winfried Werner zum 65. Geburtstag am 17. Oktober 1984, Berlin/New York 1984, Seiten 1-21.

Beuthien, Volker: Mehrheitsprinzip und Minderheitenschutz im Vereinsrecht – Grenzen der Mehrheitsherrschaft bei Vereinszweckänderung und Pflichtenmehrung, in: Betriebs-Berater 1987, Seiten 6-12.

Bezzenberger, Tilman: Vorzugsaktien ohne Stimmrecht, Köln/Berlin/Bonn/München 1991.

Bezzenberger Tilman: Das Bezugsrecht der Aktionäre und sein Ausschluss, in: Zeitschrift für Wirtschaftsrecht (ZIP) 2002, Seiten 1917-1930.

Bhagat, Sanjai/Brickley, James A./Loewenstein, Uri: The Pricing Effects of Interfirm Cash Tender Offers, in: 42 Journal of Finance (1987), Seiten 965-986.

Bhagat, Sanjai/Carey, Dennis C./Elson, Charles M.: Director Ownership, Corporate Performance, and Management Turnover, in: 54 Business Lawyer (1999), Seiten 885-919.

Bhagat, Sanjai/Shleifer, Andrei/Vishny, Robort W.: Hostile Takeovers in the 1980´s: The Return to Corporate Specialization, in: Brookings Papers on Economic Activity, Microeconomics, 1990, Seiten 1-84.

Bihr, Dietrich: Due Dilligence: Geschäftsführungsorgane im Spannungsfeld zwischen Gesellschafts- und Gesellschafterinteressen, in: Betriebs-Berater (BB) 1998, Seiten 1198-1201.

Bilstein, Jürgen: Die Bewertung eines Unternehmens, in: von Rosen, Rüdiger/Seifert, Werner G. (Hrsg.): Die Übernahme börsennotierter Unternehmen, Frankfurt am Main 1999, Seiten 223-251.

Binnewies, Burkhard: Die Konzerneingangskontrolle in der abhängigen Gesellschaft, Köln 1996.

Binz, Mark/Sorg, Martin: Das neue Übernahmegesetz: Enteignung der Aktionäre?, in: Betriebs-Berater (BB) 2002, Heft 3, Die erste Seite.

Binz, Mark/Sorg, Martin: Erfolgsabhängige Vergütungen von Vorstandsmitgliedern einer Aktiengesellschaft auf dem Prüfstand, in: Betriebs-Berater (BB) 2002, Seiten 1273-1278.

Bishop, Joseph W.: Sitting Ducks and Decoy Ducks: New Trends in the Indemnification of Corporate Directors and Officers, in: 77 Yale Law Journal (1968), Seiten 1078-1103.

Bittner, Claudia: Die EG-Übernahme-Richtlinie aus englischer Sicht - Die Verteidigung der Selbstregulierung durch den Panel on Takeovers and Mergers, in: Recht der Internationalen Wirtschaft (RIW) 1992, Seiten 182-189.

Black, Andrew/Wright, Philip/Bachmann, John E./Davies, John: In search of shareholder value: Managing the drivers of performance, London 1998.

Black, Bernard S.: Bidder Overpayment in Takeovers, in: 41 Stanford Law Review (1989), Seiten 597-660.

Black, Bernard S./Grundfest, Josepf A.: Shareholder Gains from Takeovers and Restructurings between 1981 and 1986: $ 162 Billion is a Lot of Money, in: 1 Journal of Applied Corporate Finance (1988), Seiten 5-15.

Black, Bernard S./Grundfest, Josepf A.: Shareholders gains from Takeovers in 1980`s: The Return to Corporate Specialization, in: Brookings Papers on Economic Activity, Microeconomics, ohne Jahrgang, Washington D.C. 1990, Seiten 6-58.

Black, Bernard S./Kraakman, Reinier: A self-enforcing model of Corporate Law, in: 109 Harvard Law Review (1996), Seiten 1912-1982.

Blank, Maurice Victo/Weinberg, Mark Aubrey: On Take-Overs and Mergers, London 1989.

Block, Dennis J./Barton, Nancy E./Roth, Andrea J.: State Takeover Statutes: The "Second Generation", in: 13 Security Regulation Law Journal (1985/86), Seiten 332-355.

Block, Dennis J./Barton, Nancy E./Radin, Stephen A.: The Business Judgment Rule - Fiduciary Duties of Corporate Directors, 4. Auflage, Engelwood Cliffs 1993, 1995 Supplement.

Block, Dennis J./Hoff, Axel: The business judgment rule: Fiduciary Duties of corporate Directors, in: Aspen Law & Business, Nancy E. Barton, Dennis J. Block, Stephen A. Radin, April 18, 1996, at 5, col. 1.

Block, Dennis J./Miller, Yvette: The Responsibilities and Obligations of Corporate Directors in Takeover Contests, in: 11 Securities Regulation Law Journal (1983), Seiten 44-72.

Block, Dennis J./Radin, Stephen A./Rosenzweig, James P.: The Role of the Business Judgment Rule in Shareholder Litigation at the Turn of the Decade, in: 45 Business Lawyer (1990), Seiten 469-510.

Blume, Marshall E./Donald, B. Keim: Risk and return characteristics of lower grade bonds, in: 43 Financial Analysts Journal (1987), Seiten 26-33.

Böhm, Klaus-Jürgen: Der Rückkauf eigener Aktien und Übernahmetransaktionen, in: von Rosen, Rüdiger/Seifert, Werner G. (Hrsg.): Die Übernahme börsennotierter Unternehmen, Frankfurt am Main 1999, Seiten 327-340.

Böning, Uwe/Fritschle, Brigitte: Herausforderung Fusion - Die Integration entscheidet!, Frankfurt/Main 2001.

Bohrer, Andreas: Unfriendly Takeovers - Unfreundliche Unternehmensübernahmen nach schweizerischem Kapitalmarkt- und Aktienrecht, Zürich 1997.

Bokelmann, Bettina: Personelle Verflechtungen über Aufsichtsräte – Aufsichtsratsmitglieder mit hauptberuflicher Vorstandsfunktion, Frankfurt am Main/ Berlin/Bern/Bruxelles/New York/ Oxford/Wien 2000.

Bork, Reinhard: Das „Klageerzwingungsverfahren" nach § 147 Abs. 3 RefE AktG - Auf dem Weg zur „Aktionärsklage"?, in: Hommelhoff, Peter/Röhricht, Volker: Gesellschaftsrecht 1997, Seiten 53-68.

Bosse, Christian: Zulässigkeit des individuell ausgehandelten Rückkaufs eigener Aktien ("Negotiated repurchase") in Deutschland, in: Neue Zeitschrift für Gesellschaftsrecht (NZG) 2000, Seiten 16-20.

Bosse, Christian: Probleme des Rückkaufs eigener Aktien - Kommentar zu LG Berlin, NZG 2000, 944, in: Neue Zeitschrift für Gesellschaftsrecht (NZG) 2000, Seiten 923-925.

Bosse, Christian: Informationspflichten des Vorstandes beim Bezugsrechtsausschluss im Rahmen des Beschlusses und der Ausnutzung eines genehmigten Kapitals, in: Zeitschrift für Wirtschaftsrecht (ZIP) 2001, Seiten 104-108.

Boujong, Karlheinz: Anmerkung zum ARAG-Urteil des BGH, in: Deutsche Zeitschrift für Wirtschaftsrecht (DZWir) 1997, Seiten 326-329.

Bozenhardt, Friedrich: Freiwillige Übernahmeangebote im deutschen Recht, Tübingen 1990.

Bradbury, Steven G.: Corporate Auctions and Directors` Fiduciary Duties: A Third-Generation Business Judgment Rule, in: 87 Michigan Law Review (1988), Seiten 276-313.

Bradley, Michael: Interfirm Tender Offers and the Market for Corporate Control, in: 53 Journal of Business (1980), Seiten 345-376, auch abgedruckt in: Posner, Richard A./Scott, Kenneth E.: Economics of Corporation Law and Securities Regulation, Boston/Toronto 1980, Seiten 222-231.

Bradley, Michael/Desai, Anand/Kim E. Han: Specialized Resources and Competition in the Market for Corporate Control, University of Michigan Working Paper 1982.

Bradley, Michael/Desai, Anand/Kim, E. Han: The Rationale behind Interfirm Tender Offers - Information or Synergy?, in: 11 Journal of Financial Economics (1983), Seiten 183-206.

Bradley, Michael/Desai, Anand/Kim, E. Han: Synergistic Gains from Corporate Acquisitions and their Division between the Stockholders of Target and

Acquiring Firms, in: 21 Journal of Financial Economics (1988), Seiten 3-40.

Bradley, Michael/Rosenzweig, Michael: Defensive Stock Repurchases, in: 99 Harvard Law Review (1986), Seiten 1377-1430.

Brainbridge, Stephen: State Takeover and Tender Offer Regulations Post-MITE: The Maryland, Ohio and Pennsylvania Attempts, in: 90 Dickinson Law Review (1985/86), Seiten 731-775.

Brandes, Helmut: Die Rechtsprechung des Bundesgerichtshofs auf dem Gebiet des Aktienrechts, in: Wertpapiermitteilungen (WM) 1984, Seiten 289-300.

Brandes, Helmut: Ersatz von Gesellschafts- und Gesellschafterschaden, in: Goerdeler, Reinhard/Hommelhoff, Peter/Lutter, Marcus/Wiedemann, Herbert (Hrsg.): Festschrift für Hans-Joachim Fleck zum 70. Geburtstag am 30. Januar 1988, ZGR-Sonderheft 7, Berlin/New York 1988, Seiten 13-22.

Braschler, Christoph: Abwehrmaßnahmen gegenüber Unfriendly Takeover Bids in den USA und in der Schweiz, St. Gallen 1992.

Bratton, William W. Jr.: The Economics and Jurisprudence of Convertible Bonds, in: 1984 Wisconsin Law Review, Seiten 667-740.

Bratton, William W. Jr.: The New Economic Theory of the Firm: Critical Perspectives from History, in: 41 Stanford Law Review (1989), Seiten 1471-1527.

Bratton, William W. Jr.: Corporate Debt Relationships: Legal Theory in a Time of Restructuring, in: 1989 Duke Law Journal, Seiten 92-172.

Brealey, Richard A./Myers, Stewardt C.: Principles of Corporate Finance, 5rd Edition, New York 1996.

Breiding, Wolf-Dieter: Übernahmeangebote (Take-Over Bids) im amerikanischen Börsen- und Gesellschaftsrecht, Kiel 1975.

Breuer, Rolf-E.: Stock options in Deutschland: One size fits all?, in: Betriebs-Berater (BB) 1998, Heft 45, Die erste Seite.

Brickley, James A./Lease, Ronald C./Smith, Clifford W.: Owner-ship Structure and Voting on Antitakeover Amendments, in: 20 Journal of Financial Economics (1988), Seiten 267-291.

Brondics, Klaus: Die Aktionärsklage, Berlin 1988.

Brondics, Klaus/Mark, Jürgen: Die Verletzung von Informationspflichten im amtlichen Markt nach der Reform des Börsengesetzes, in: Die Aktiengesellschaft (AG) 1989, Seiten 339-347.

Brountas, Paul P. Jr.: Rule 10b-5 and Voluntary Corporate Disclosures to Securities Analysts, in: 92 Columbia Law Review (1992), Seiten 1517-1549.

Brown, Charles/Medoff, James L.: The Impact of Firm Acquisitions on Labor, in: Auerbach, Alan J. (Hrsg.): Corporate Takeovers: Causes and Consequences, Chicago/London 1988, Seiten 9-31.

Brown, David T./Ryngaert, Michael D.: The Mode of Acquisition in Takeovers: Taxes and Asymmetric Information, in: 46 Journal of Finance (1991), Seiten 653-669.

Brown, Ronald A. Jr.: Note - An Examination of a Board of Directors` Duty to redeem the rights issued pursuant to a Stockholder Rights Plan, in: 14 Delaware Journal of Corporate Law (1989), Seiten 537-566.

Browne, Lynn E./Rosengren, Eric S.: Are Hostile Takeovers Different?, in:Browne, Lynn E./Rosengren, Eric S. (Hrsg.), The Merger Boom, Boston 1987, Seiten 199-229.

Brudney, Victor: Equal Treatment of Shareholders in Corporate Distributions and Reorganizations, in: 71 California Law Review (1983), Seiten 1072-1133.

Brudney, Victor: Corporate Governance, Agency Costs, and the Rhetoric of Contract, in: 85 Columbia Law Review (1985), Seiten 1403-1444.

Brüls, Christine: Minderheitenschutz nach der Take-Over-Richtlinie, in: Recht der Internationalen Wirtschaft (RIW) 2000, Seiten 889-892.

Bühner, Rolf: Rendite-Risiko-Effekte der Trennung von Eigentum und Leitung im diversifizierten Großunternehmen, in: Schmalenbachs Zeitschrift für beriebswirtschaftliche Forschung (zfbf) 1984, Seiten 812-824.

Bühner, Rolf: Managen wie die Raider, in: HARVARDmanager 1990, Seiten 36-41.

Bühner, Rolf: Reaktionen des Aktienmarktes auf Unternehmenszusammenschlüsse - Eine empirische Untersuchung, in: Schmalenbachs Zeitschrift für betriebswirtschaftliche Forschung (zfbf) 1990, Seiten 295-316.

Bühner, Rolf: Unternehmenszusammenschlüsse: Ergebnisse empirischer Analysen, Stuttgart 1990.

Bühring-Uhle, Christian/Nelle, Andreas: Aktionärsklage und Konzernklage im amerikanischen Recht - ein Modell?, in: Die Aktiengesellschaft (AG) 1989, Seiten 41-53.

Bulbulia, Ahmed/Pinto, Arthur R.: Statutory Responses to Interested Directors` Transactions: A Watering Down of Fiduciary Standards?, in: 53 Notre Dame Lawyer (1977), Seiten 201-228.

Bundesverbände: Gemeinsamer Arbeitsausschuss des Bundesverbandes der Deutschen Industrie, des Bundesverbandes Deutscher Banken, der Bundesvereinigung der Deutschen Arbeitgeberverbände, des Deutschen Industrie- und Handelstages, des Gesamtverbandes der Deutschen Versicherungswirtschaft für Fragen des Unternehmensrechts (zitiert: „Bundesverbände“): Stellungnahme zum Vorschlag einer 13. gesellschaftsrechtlichen Richtlinie über Übernahmeangebote, 21. Juni 1989.

Bungert, Hartwin: Pflichten des Managements bei der Abwehr von Übernahmeangeboten nach US-amerikanischem Gesellschaftsrecht, in: Die Aktiengesellschaft (AG) 1994, Seiten 297-311.

Bungert, Hartwig: Buchbesprechung, in: Zeitschrift für das gesamte Handelsrecht und Gesellschaftsrecht ZHR 159 (1995), Seiten 261-273.

Bungert, Hartwin: Die Liberalisierung des Bezugsrechtsausschlusses im Aktienrecht, in: Neue Juristische Wochenschrift (NJW) 1998, Seiten 488-492.

Bungert, Hartwin: Gesellschaftsrecht in den USA: Eine Einführung mit vergleichenden Tabellen, 2. Auflage, München 1999.

Bungert, Hartwin: DAT/Altana: Der BGH gibt der Praxis Rätsel auf – Vorgaben aus Karlsruhe zur Ermittlung des Börsenwerts für Ausgleichszahlungen und Barabfindungsangebot beim Unternehmensvertrag/Zugleich eine Anmerkung zu BGH, BB 2001, 1053, in: Betriebs-Berater (BB) 2001, Seiten 1163-1166.

Bungert, Hartwin: Festschreibung der ungeschriebenen „Holzmüller"-Hauptversammlungszuständigkeiten bei der Aktiengesellschaft, in: Betriebs-Berater (BB) 2004, Seiten 1345-1352.

Bungert, Hartwin:/Eckert, Jan: Unternehmensbewertung nach Börsenwert: Zivilgerichtliche Umsetzung der BVerfG-Rechtsprechung, in: Betriebs-Berater (BB) 2000, Seiten 1845-1849.

Burgard, Ulrich: Die Offenlegung von Beteiligungen bei der Aktiengesellschaft, in: Die Aktiengesellschaft (AG) 1992, Seiten 41-55.

Burgard, Ulrich: Kapitalmarktrechtliche Lehren aus der Übernahme Vodafone-Mannesmann - Zur Verletzung der Mitteilungspflicht nach §§ 21 Abs. 1, 22 Abs. 1 Nr. 6 WpHG und den sich daraus ergebenden Folgerungen für ein Viertes Finanzmarktförderungsgesetz -, in: Wertpapiermitteilungen (WM) 2000, Seiten 611-616.

Burgman, Diedre A./Cox, Paul N.: Corporate Directors, Corporate Realities and Deliberative Prozess: An Analysis of the Trans Union Case, in: 11 Journal of Corporate Law (1986), Seiten 311-369.

Burkart, Mike/Gromb, Denis/Panunzi, Fausto: Agency Conflicts in Public and Negotiated Transfers of Corporate Control, in: 55 Journal of Finance (2000), Seiten 647-677.

Burrough, Bryan/Helyar, John: Barbarians at the Gate: The Fall of RJR Nabisco, New York 1990.

Busch, Torsten: Der Zinsanspruch des Aktionärs bei unangemessenen Bar-Kompensationsansprüchen gem. §§ 304 Abs. 3 S. 3, 305 Abs. 5 S. 2 AktG, in: Die Aktiengesellschaft (AG) 1993, Seiten 1-12.

Busch, Hans Wilhelm: Die Notwendigkeit der spezialgesetzlichen Regelung von öffentlichen Übernahmeangeboten in Deutschland, Sinzheim 1996.

Busch, Torsten: Bezugsrecht und Bezugsrechtsausschluss bei Wandel- und Optionsanleihen, in: Die Aktiengesellschaft (AG) 1999, Seiten 58-66.

Busch, Torsten: Bedingungen in Übernahmeangeboten, in: Die Aktiengesellschaft (AG) 2002, Seiten 145 - 152.

Busse von Colbe, Walther: Berücksichtigung von Synergien versus Stand-alone-Prinzip bei der Unternehmensbewertung, in: Zeitschrift für Unternehmens- und Gesellschaftsrecht (ZGR) 1994, Seiten 595-609.

Busse von Colbe, Walther: Der Vernunft eine Gasse: Abfindung von Minderheitsaktionären nicht unter dem Börsenkurs ihrer Aktien, in: Schneider, Uwe

H./Hommelhoff, Peter/Schmidt, Karsten/Timm, Wolfram/Grunewald, Barbara/ Drygala, Tim: Festschrift für Marcus Lutter zum 70. Geburtstag, Köln 2000, Seiten 1053-1067.

Butz, Oliver: Shareholder Value - Eine vergleichende Betrachtung zwischen Deutschland und den USA, in: Newsletter der Deutsch-Amerikanischen Juristen-Vereinigung (DAJV-NL) 2/1998, Seiten 29-41.

Buxbaum, Richard M.: Corporate Legitimacy, Economic Theory, and Legal Doctrine, in: 45 Ohio State Law Journal (1984), Seiten 515-543.

Buxbaum, Richard M.: The Duty of Care and the Business Judgement Rule in American Law. Recent Developments and Current Problems, in: Kreuzer, Karl (Hrsg.): Die Haftung der Leitungsorgane von Kapitalgesellschaften: Verhandlungen der Fachgruppe für Vergleichendes Handels- und Wirtschaftsrecht anlässlich der Tagung der Gesellschaft für Rechtsvergleichung in Würzburg vom 13.-16.9.1989, Baden-Baden 1991, Seiten 79-102.

Buxbaum, Richard M.: Die Leitung von Gesellschaften - Strukturelle Reformen im amerikanischen und deutschen Gesellschaftsrecht, in: Feddersen, Dieter/ Hommelhoff, Peter/ Schneider, Uwe H.: Corporate Governance – Optimierung der Unternehmensführung und der Unternehmenskontrolle im deutschen und amerikanischen Aktienrecht, Köln 1996, Seiten 65-90.

Byrd, John W./Hickman, Kent A.: Do outside directors monitor managers? Evidence from tender offer bids, in: 32 Journal of Financial Economics (1992), Seiten 195-221.

Cahn, Andreas: Probleme der Mitteilungs- und Veröffentlichungspflichten nach dem WpHG bei Veränderungen des Stimmrechtsanteils an börsennotierten Gesellschaften, in: Die Aktiengesellschaft (AG) 1997, Seiten 502-512.

Cahn, Andreas/Farrenkopf, Stefan: Abschied von der qualifiziert wechselseitigen Beteiligung?, in: Die Aktiengesellschaft (AG) 1984, Seiten 178-181.

Canaris, Claus-Wilhelm: Die Feststellung von Lücken im Gesetz, 2. Auflage, Berlin 1983.

Cannon, Kimble C./Tangney, Patrick J.: Protection of Minority Share-holder Rights Under Delaware Law: Reinforcing Shareholders as Residual Claimants and Maximizing Long-Term Share Value by Restricting Directiorial Discretion, in: 1995 Columbia Business Law Review, Seiten 725-784.

Carliner, Geoffrey: Comment to Brown, Charles/Medoff, James L.: The impact of firm acquisitons on labor, in: Auerbach, Alan J. (Hrsg.): Corporate Takeovers: Causes and Consequences, Chicago/London 1988, Seiten 25-28.

Carlton, Dennis W./Fischel, Daniel R.: The Regulation of Insider Trading, in: 35 Stanford Law Review (1983), Seiten 857-895.

Carney, William J.: Shareholder Coordination Costs, Shark Repellents, and Takeout Mergers: The Case Against Fiduciary Duties, in: American Bar Foundation Research Journal 1983, Seiten 341-392.

Cary, William L.: Federalism and Corporate Law: Reflections upon Delaware, in: 83 Yale Law Journal (1974), Seiten 663-705.

Cary, William L./Eisenberg, Melvin Aron: Cases and materials on corporations, New York 1997.

Caspari, Karl-Burkhard: Die geplante Insiderregelung in der Praxis, in: Zeitschrift für Unternehmens- und Gesellschaftsrecht (ZGR) 1994, Seiten 530-546.

Caves, Richard E.: Effects of Mergers and Acquisitions on the Economy: An Industrial Organization Perspective, in: Browne, Lynn/Rosengren, Eric S. (Hrsg.): The Merger Boom, Boston 1987, Seiten 149-168.

Caytas, Ivo G./Mahari, Julian I.: Im Banne des Investment Banking, Stuttgart 1988.

Chandy, P.R. / Foster, Charles Charles M. JR. / Braswell, Michael K./Poe, Stephen L.: The Shareholder Wealth Effects of the Pennsylvania Fourth Generation Anti-Takeover Law, in: 32 American Business Law Journal (1995), Seiten 399-445.

Chang, Saeyoung / Mayers, David: Managerial vote ownership and shareholder wealth: Evidence from employee stock ownership plans, in: 32 Journal of Financial Economics (1992), Seiten 103-131.

Chaplinsky, Suan/Niehaus, Greg: The Role of ESOPs in Takeover Contests, in: 49 Journal of Finance (1994), Seiten 1451-1470.

Cheffins, Brian R.: Company Law: Theory, Structure and Operation, Oxford 1997.

Chittur, Krishnan: The Corporate Director`s Standard of Care: Past, Present, and Future, in: 10 Delaware Journal of Corporate Law (1985), Seiten 505-543.

Choi, Dosoung/Kamma, Sreenivas/Weintrop, Joseph: The Delaware Courts, Poison Pills, and Shareholder Wealth, in: 2 Journal of Law, Economics, and Organization (1989), Seiten 375-393.

Choper, Jesse H./Coffee, John C./Morris, C. Robert: Cases and Materials on Corporations, 3. Auflage, Boston 1989.

Choper, Jesse H./Eisenberg, Melvin A.: Corporations, 14th Edition, Chicago/Dallas/ Los Angeles/ New York/Washington D.C. 1996.

Chowdhry, Bhagwan/Jegadeesh, Narasimhan: Pre-Tender Offer Share Acquisition Strategy in Takeovers, in: 29 Journal of Financial and Quantitative Analysis (1994), Seiten 117-129.

Callcott, W. Hardy: Patterns of SEC Enforcement Under the 1990 Remedies Act: Officer-and-Director Bars, in: 21 Securities Regulation Law Journal (1994), Seiten 347-386.

Clark, Robert C.: Agency Costs versus Fiduciary Duties, in: Pratt, John W./Zeckhauser, Richard J.: Principals and Agents: The Structure of Business, Boston 1985, Seiten 55-79.

Clark, Robert Charles: Golden Parachutes: Ripcords of Ripp Offs? in: 20 John Marshall Law Review (1986), Seiten 237-260.

Clark, Robert Charles: Corporate Law, Boston/Toronto 1986.

Claussen, Carsten Peter: Aktienrechtsreform 1997, in: Die Aktiengesellschaft (AG) 1996, Seiten 481-494.

Claussen, Carsten Peter: Anstöße für die nächste Aktienrechtsreform, in: Die Aktiengesellschaft (AG), Sonderheft 8/1997 - Die Aktienrechtsreform 1997, Seiten 108-115.

Claussen, Carsten Peter: Wie ändert das KonTraG das Aktiengesetz? in: Der Betrieb (DB) 1998, Seiten 177-186.

Clemens, Richard G.: Poison Debt: The New Takeover Defense, in: 42 Business Lawyer (1987), Seiten 747-760.

Coase, Ronald H.: The Nature of the Firm, in: Economica 1937, New Series IV, Seiten 386-405, Nachdruck in: Stigler, George J./Boulding, Kenneth E. (Hrsg.): Readings in Price Theory, London 1964, Seiten 331-351.

Coffee, John C. Jr.: Regulating the Market for Corporate Control: A Critical Assessment of the Tender Offer's Role in Corporate Governance, in: 84 Columbia Law Review (1984), Seiten 1145-1296.

Coffee, John C. Jr.: Shareholders Versus Managers: Strains in the Corporate Web, in: 85 Michigan Law Review (1986), Seiten 1-109.

Coffee, John C. Jr.: Shareholders Versus Managers: The Strain in the Corporate Web, in: Coffee, John C. Jr./Lowenstein, Louis/Rose-Ackerman, Susan (Hrsg.): Knights, Raiders, and Targets: The Impact of the Hostile Takeover, Oxford/New York 1988, Seiten 77-134.

Coffee, John C. Jr.: Organhaftung im amerikanischen Recht, in: Feddersen, Dieter/ Hommelhoff, Peter/Schneider, Uwe H.: Corporate Governance – Optimierung der Unternehmensführung und der Unternehmenskontrolle im deutschen und amerikanischen Aktienrecht, Köln 1996, Seiten 165-208.

Cohn, Stuart R.: Demise of the Director's Duty of Care: Judicial Avoidance of Standards and Sanctions Through the Business Judgement Rule, in: 62 Texas Law Review (1983), Seiten 591-638.

Comment, Robert: Price and Volume Before Tender Offers: Market Anticipation Activity or Insider Trading, Working Paper New York University 1986.

Comment, Robert: Achieving a Proper Economic Balance: Nonshareholder Constituency Statutes, in: 19 Stetson Law Review (1990), Seiten 581-632.

Comment, Robert: Does Corporate Culture Justify Defensive Measures to Takeover Attempts?, in: 42 Baylor Law Review (1990), Seiten 791-824.

Comment, Robert/Jarrel, Gregg A.: Two-Tier and Negotiated Tender Offers: The Imprisonment of the Freeriding Shareholder, in: 19 Journal of Financial Economics (1987), Seiten 283-310.

Conard, Alfred: Corporations in Perspective, Mineola/N.Y. 1976.

Conn, Robert L.: A re-examination of merger studies that use the capital asset pricing model methodology, in: 9 Cambridge Journal of Economics (1985), Seiten 43-56.

Cook, Richard E.: What the Economics Literature Has to Say about Takeovers, in: Weidenbaum, Murray L./Chilton, Kenneth W. (Hrsg.): Public Policy Toward Corporate Takeovers, New Brunswick/Oxford 1988, Seiten 1-24.

Copeland, Tom/Koller, Tim/Murrin, Jack: Valuation: Measuring and Managing the Value of Companies, 3. Auflage, New York 2000.

Cornett, Marcia Millon/Tehranian, Hassan: Changes in corporate performance associated with bank acquisitions, in: 31 Journal of Financial Economics (1992), Seiten 211-234.

Cotter, James F./Zenner, Marc: How managerial wealth affects the tender offer process, in: 35 Journal of Financial Economics (1994), Seiten 63-97.

Cox, Laura L.: Poison Pills: Recent Developments in Delaware Law, in: 58 University of Cincinnaty Law Review (1989/90), Seiten 611-651.

Craven, John A.: Ad-hoc-Maßnahmen zur Abwehr von Übernahme- und Beteiligungsversuchen am praktischen Beispiel, in: Sieben, Günter/Stein, Gerd-Heinz: Unternehmensakquisitionen - Strategien und Abwehrstrategien, Stuttgart 1992, Seiten 57-66.

Cressey, Donald R.: Other People`s Money, Boston 1953.

Cunningham, Lawrence A:/Yablon, Charles M.: Delaware Fiduciary Duty Law After QVC And Technicolor: A Unified Standard (and the End of Revlon Duties?), in: 49 Business Lawyer (1994), Seiten 1593-1628.

Cusatis, Patrick J./Miles, James A./Woolridge, J. Randall: Restructuring through spinoffs: The stock market evidence, in: 33 Journal of Financial Economics (1993), Seiten 293-311.

Dahm, Hans/Müller-Stewens, Günter: Besonderheiten des M & A-Geschäftes in der Bundesrepublik Deutschland, in: Hanzel, Nikolaus/Wunderbaldinger, Ernst (Hrsg.): Mergers & Acquisitions in Austria, Wien 1993, Seiten 327-369.

Dann, Larry Y./DeAngelo, Harry: Standstill Agreements, Privately Negotiated Stock Repurchases, and the Market for Corporate Control, in: 11 Journal of Financial Economics (1983), Seiten 275-300.

Dann, Larry Y./DeAngelo, Harry: Corporate Financial Policy and Corporate Control: A Study of Defensive Adjustments in Asset and Ownership Structure, in: 20 Journal of Financial Economics (1988), Seiten 87-127.

Daum, Thomas: Die unkoordinierte Übernahme einer Aktiengesellschaft nach deutschem Recht, Frankfurt am Main/Berlin/Bern/New York/Paris/Wien 1993.

Dauner-Lieb, Barbara/Lamandini, Marco: Der neue Kommissionsvorschlag einer EU-Übernahmerichtlinie - Stellungnahme der Gutachter des EU-Parlaments, in: Betriebs-Berater (BB) 2003, Seiten 265-267.

Dawson, Suzanne S./Pence, Robert J./Stone, David S.: Poison Pill Defensive Measures, in: 42 Business Lawyer (1987), Seiten 423-439.

Deakin, Simon/Slinger, Giles: Hostile Takeovers, Corporate Law, and the Theory of the Firm, in: 24 Journal of Law and Society (1997), Seiten 124-151.

Deal, Terrence E./Kennedy, Allan A.: Corporate Cultures: The Rites and Rituals of Corporate Life, Reading 1982.

DeAngelo, Harry/DeAngelo, Linda: Managerial Ownership of Voting Rights: A Study of Public Corporations with Dual Classes of Common Stock, in: 14 Journal of Financial Economics (1985), Seiten 33-69.

DeAngelo, Harry/DeAngelo, Linda: Proxy Contests and the Governance of Publicly Held Corporations, in: 23 Journal of Financial Economics (1989), Seiten 29-59.

DeAngelo, Harry/DeAngelo, Linda/Rice, Edward M.: Going Private: Minority Freezeouts and Stockholder Wealth, in: 27 Journal of Law & Economics (1984), Seiten 367-401.

DeAngelo, Harry/Rice, Edward M.: Antitakeover Charter Amendments and Stockholder Wealth, in: 11 Journal of Financial Economics (1983), Seiten 329-359.

Defriez, Alistair: Takeover regulation in the United Kingdom, in: Von Rosen, Rüdiger/Seifert, Werner G. (Hrsg.): Die Übernahme börsennotierter Unternehmen, Frankfurt am Main 1999, Seiten 29-39.

Degeorge, Francois/Zeckhauser, Richard: The Reverse LBO Decision and Firm Performance: Theorie and Evidence, in: 48 Journal of Finance (1993), Seiten 1323-1348.

Dehmer, Hans: Umwandlungsrecht - Umwandlungssteuerrecht: Umwandlung - Verschmelzung - Spaltung - Einbringung, München 1994.

De Long, J. Bradford/Shleifer, Andrei/Summers, Lawrence H./Waldmann, Robert J.: Noise Trader Risk in Financial Markets, in: 98 Journal of Political Economy (1990), Seiten 703-738.

DeMott, Deborah A.: Perspectives on Choice of Law for Corporate Internal Affairs, in: 48 Law and Contemporary Problems (1985), Seiten 161-198.

DeMott, Deborah A.: Beyond Metaphor: An Analysis of Fiduciary Obligation, in: 1988 Duke Law Journal, Seiten 879-924.

DeMott, Deborah A.: Limiting Directors` Liability, in: 66 Washington University Law Quarterly (1988), Seiten 295-323.

DeMott, Deborah A.: Comparative Dimensions of Takeover Regulation, in: Coffee, John C./Lowenstein, Louis/Rose-Ackerman, Susan (Hrsg.): Knights, Raiders and Targets, New York/Oxford 1988, Seiten 398-435.

DeMott, Deborah A.: Introduction - The Biggest Deal Ever, in: 1989 Duke Law Journal, Seiten 1-26.

Dennis, Debra K./McConnell, John J.: Corporate Mergers and Security Returns, in: 16 Journal of Financial Economics (1986), Seiten 143-187.

Dent, George W. JR.: The Revolution in Corporate Governance, the Monitoring Board, and the Director`s Duty of Care, in: 61 Boston University Law Review (1981), Seiten 623-681.

Depser, Ingrid: Der Vorschlag der EG-Kommission zur Takeover-Richtlinie im Spiegel der amerikanischen Takeover-Erfahrung, in: Recht der Internationalen Wirtschaft (RIW) 1992, Seiten 351-361.

Dhillon, Upinder S./Ramirez, Gabriel G.: Employee stock ownership and corporate control: An empirical study, in: 18 Journal of Banking and Finance (1994), Seiten 9-26.

Dibelius, Alexander: Mergers & Acquisitions aus Sicht der Kapitalmärkte, in: Picot, Gerhard: Handbuch Mergers & Acquisitions - Planung Durchführung Integration, Stuttgart 2000, Seiten 33-51.

Diekmann, Hans: Hinweise zur Anwendung des Übernahmekodexes der Börsensachverständigenkommission, in: Wertpapiermitteilungen (WM) 1997, Seiten 897-904.

Diekmann, Hans: Namensaktien bei Publikumsgesellschaften, in: Betriebs-Berater (BB) 1999, Seiten 1985-1990.

Diemer, Frank/Hasselbach, Kai: Öffentliche Übernahmeangebote in Italien, in: Neue Zeitschrift für Gesellschaftsrecht (NZG) 2000, Seiten 824-830.

Dietl, Helmut/Pauli, Markus/ Royer, Susanne: Internationaler Finanzplatzwettbewerb: Ein ressorcenorientierter Vergleich, Wiesbaden 1999.

Dietrich, Hartmut: Die Tender Offer im Bundesrecht der Vereinigten Staaten, Frankfurt 1975.

Dietz, Steffen: Die Ausgliederung nach dem UmwG und nach Holzmüller – Zugleich eine Untersuchung zur Rechtsstellung des Aktionärs, Franfurt am Main/Berlin/Bern/Bruxelles/New York/Wien 2000.

Dietz, Steffen: Zulässigkeit einer Blockabstimmung der Hauptversammlung der AG, in: Betriebs-Berater (BB) 2004, Seiten 452-457.

Dimke, Andreas W./Heiser, Kristian J.: Neutralitätspflicht, Übernahmegesetz und Richtlinienvorschlag 2000, in: Neue Zeitschrift für Gesellschaftsrecht (NZG) 2001, Seiten 241-259.

Dodd, E. Merrick: For Whom Are Corporate Managers Trustees?, in: 45 Harvard Law Review (1932), Seiten 1145-1163.

Dodd, Peter: Merger Proposals, Management Discretion and Stockholder Wealth, in: 8 Journal of Financial Economics (1980), Seiten 105-137.

Dodd, Peter/Ruback, Richard S.: Tender Offers and Stockholder Returns: An Empirical Analysis, in: 5 Journal of Financial Economics (1977), Seiten 351-373.

Dodd, Peter/Warner Jerold B.: On Corporate Governance: A Study of Proxy Contests, in: 11 Journal of Financial Economics (1983), Seiten 401-438.

Donaldson, Gordon: Voluntary restructuring: The Case of General Mills, in: 27 Journal of Financial Economics (1990), Seiten 117-141.

Dose, Stefan: Die Rechtstellung der Vorstandsmitglieder einer Aktiengesellschaft, 3. Auflage , Köln 1975.

Dreher, Meinrad: Die Organisation des Aufsichtsrats, in: Feddersen, Dieter/ Hommelhoff, Peter/Schneider, Uwe H.: Corporate Governance – Optimierung der Unternehmensführung und der Unternehmenskontrolle im deutschen und amerikanischen Aktienrecht, Köln 1996, Seiten 33-60.

Dreher, Meinrad: Anmerkung zu BGH, Urteil vom 21.4.1997 - II ZR 175/95 (OLG Düsseldorf), in: Juristenzeitung (JZ) 1997, Seiten 1074-1076.

Drobeck, Jörg: Prognosepublizität: Die Berichterstattung über die voraussichtliche Entwicklung der Kapitalgesellschaft in den Lageberichten deutscher Aktiengesellschaften gem. § 289 Abs. 2 Nr. 2 HGB, Frankfurt am Main 1998.

Drüke, Heiner: Die Haftung der Muttergesellschaft für Schulden der Tochtergesellschaft: Eine Untersuchung nach deutschem und US-amerikanischem Recht, Köln/Berlin/Bonn/München 1990.

Drukarczyk, Jochen: Theorie und Politik der Finanzierung, 2. Auflage, München 1993.

Drygala, Tim: Die neue deutsche Übernahmeskepsis und ihre Auswirkungen auf die Vorstandspflichten nach § 33 WpÜG, in: Zeitschrift für Wirtschaftsrecht (ZIP) 2001, Seiten 1861-1871.

Duden, Konrad: Zur Mitbestimmung in Konzernverhältnissen nach dem Mitbestimmungsgesetz, in: Zeitschrift für das gesamte Handelsrecht und Wirtschaftsrecht (ZHR) 141 (1977), Seiten 145-189.

Duggal, R./Cudd, M.: Successful Antitakeover Defenses, Top Management Turnover and Stock Prices, in: 14 Managerial and Decision Economics (1993), Seiten 509-517.

Dürig, Markus: Kollisionsrechtliche Anknüpfung bei öffentlichen Übernahmeangeboten, in: Recht der Internationalen Wirtschaft (RIW) 1999, Seiten 746-750.

Duesenberg, Richard W.: Duty of Care, Duty of Loyalty and the Business Judgement Rule in American Courts, in: Company, Financial and Insolvency Law Review (1997), Seiten 201-210.

Easterbrook, Frank H./Fischel, Daniel R.: The Proper Role of a Target`s Management in Responding to a Tender Offer, in: 94 Harvard Law Review (1981), Seiten 1161-1204.

Easterbrook, Frank H./Fischel, Daniel R.: Takeover Bids, Defensive Tactics, and Shareholder Welfare, in: 36 Business Lawyer (1981), Seiten 1733-1750.

Easterbrook, Frank H./Fischel, Daniel R.: Corporate Control Transactions, in: 91 Yale Law Journal (1982), Seiten 698-737.

Easterbrook, Frank H./Fischel, Daniel R.: Auctions and Sunken Costs in Tender Offers, in: 35 Stanford Law Review (1982), Seiten 1-21.

Easterbrook, Frank H./Fischel, Daniel R.: Antitrust Suits by Targets of Tender Offers, in: 80 Michigan Law Review (1982), Seiten 1155-1178.

Easterbrook, Frank H./Fischel, Daniel R.: Voting in Corporate Law, in: 26 Journal of Law & Economics (1983), Seiten 395-427.

Easterbrook, Frank H./Fischel, Daniel R.: The Economic Structure of Corporate Law, Cambridge (Mass.)/London 1991.

Easterbrook, Frank H./Jarrell, Gregg A.: Do Targets Gain From Defeating Tender Offers?, in: 59 New York University Law Review (1984), Seiten 277-299.

Ebenroth, Carsten Thomas: Konzernbildungs- und Konzernleitungskontrolle - Ein Beitrag zu den Kompetenzen von Vorstand und Hauptversammlung, Konstanz 1987.

Ebenroth, Carsten Thomas: Die Kompetenzen des Vorstands und der Aktionärsschutz in der Konzernobergesellschaft, in: Die Aktiengesellschaft (AG) 1988, Seiten 1-7.

Ebenroth, Carsten Thomas/Daum, Thomas: Die Kompetenzen des Vorstands einer Aktiengesellschaft bei der Durchführung und Abwehr unkoordinierter Übernahmen, in: Der Betrieb (DB) 1991, Teil I: Seiten 1105-1111, Teil II: Seiten 1157-1161.

Ebenroth, Carsten Thomas/Eyles, Uwe: Die Beschränkungen von Hostile Takeovers in Delaware, in: Recht der Internationalen Wirtschaft (RIW) 1988, Seiten 413-427.

Ebenroth, Carsten Thomas/Rapp, Angela: Abwehr von Unternehmensübernahmen, in: Deutsche Zeitschrift für Wirtschaftsrecht (DWiR) 1991, Seiten 2-10.

Ebenroth, Carsten Thomas/Wilken, Oliver: Zum Auskunftsrecht des Aktionärs im Konzern, in: Betriebs-Berater (BB) 1993, Seiten 1818-1823.

Ebke, Werner F.: Erweiterte Anzeigepflichten bei Unternehmenszusammenschlüssen in den USA, in: Recht der Internationalen Wirtschaft (RIW) 1979, Seiten 297-302.

Ebke, Werner F.: Interlocking Directorates, in: Zeitschrift für Unternehmens- und Gesellschaftsrecht (ZGR) 1990, Seiten 50-106.

Ebke, Werner F.: Die Konzernierung im US-amerikanischen Recht, in: Mestmäcker, Ernst Joachim/Behrens, Peter (Hrsg.): Das Gesellschaftsrecht der Konzerne im internationalen Vergleich, Baden-Baden 1991, Seiten 279-327.

Ebke, Werner F.: Management Buy-Outs, in: Zeitschrift für das gesamte Handelsrecht und Wirtschaftsrecht (ZHR) 155 (1991), Seiten 132-162.

Ebke, Werner F./Berlstein, George: Ende der State Take-over Statutes in den USA?, in: Recht der Internationalen Wirtschaft (RIW) 1979, Seiten 594-599.

Eckbo, B. Espen: Horizontal Mergers, Collusion, and Stockholder Wealth, in: 11 Journal of Financial Economics (1983), Seiten 241-273.

Eckbo, B. Espen: Valuation Effects of Corporate Debt Offerings, in: 15 Journal of Financial Economics (1986), Seiten 119-151.

Eckbo, B. Espen: Mergers and the Value of Antitrust Deterrence, in: 47 Journal of Finance (1992), Seiten 1005-1029.

Ehricke, Ulrich: Vorwirkungen von EU-Richtlinien auf nationale Gesetzgebungsvorhaben, in: Zeitschrift für Wirtschaftsrecht (ZIP) 2001, Seiten 1311 - 1317.

Ehricke, Ulrich/Ekkenga, Jens /Oechsler, Jürgen: WpÜG – Wertpapiererwerbs- und Übernahmegesetz - Kommentar, München 2003, zitiert: Ehricke/ Ekkenga/Oechsler-Bearbeiter, WpÜG.

Eisenberg, Melvin Aron: The Structure of the Corporation: A Legal Analysis, Boston/Toronto 1976.

Eisenberg, Melvin A.: The Duty of Care of Corporate Directors and Officers, in: 51 University of Pittsburgh Law Review (1990), Seiten 945-972.

Eisenberg, Melvin A.: The Duty of Care and the Business Judgment Rule in American Corporate Law, in: Company, Financial and Insolvency Law Review (1997), Seiten 185-200.

Ekkenga, Jens: Kapitalmarktrechliche Aspekte des Bezugsrechts und Bezugsrechtsausschlusses, in: Die Aktiengesellschaft 1994, Seiten 59-66.

Elsing, Siegfried H./Van Alstine, Michael P.: US-amerikanisches Handels- und Wirtschaftsrecht, 2. Auflage, Heidelberg 1999.

Emmerich, Volker: Der heutige Stand der Lehre vom GmbH-Konzernrecht, in: Die Aktiengesellschaft (AG) 1987, Seiten 1-7.

Emmerich, Volker: Fusionskontrolle 1997/1998, in: Die Aktiengesellschaft (AG) 1998, Seiten 541-546.

Emmerich, Volker/Habersack, Mathias: Aktienkonzernrecht - Kommentar zu den §§ 15-22 und 291-328 AktG, München 1998.

Emmerich, Volker/Sonnenschein, Jürgen: Konzernrecht, 7. Auflage, München 1997.

Endell, Antje: Volkswagen im Angebot - VW-Gesetz bietet keinen dauerhaften Schutz vor feindlicher Übernahme, in: Neue Zeitschrift für Gesellschaftsrecht (NZG) 2000, Seiten 1160-1162.

Endres, Dieter/Eckstein, Hans-Martin: Die steuerliche Gestaltung von Übernahmen, in: Von Rosen, Rüdiger/Seifert, Werner G. (Hrsg.): Die Übernahme börsennotierter Unternehmen, Frankfurt am Main 1999, Seiten 289-311.

Ernst, Christian: Die Aktionärsstruktur deutscher und amerikanischer Unternehmen, Ulm 2001.

Eschenbach, Walter: Akquisition als Führungsaufgabe, in: Hanzel, Nikolaus/ Wunderbaldinger, Ernst (Hrsg.): Mergers & Acquisitions in Austria, Wien 1993, Seiten 75-85.

Eth, Jordan/Dicke, Michael: Insider Stock Sales in Rule 10b-5 Corporate Disclosure Cases: Separating the Innocent from the Suspicious, in: 1 Stanford Journal of Law, Business & Finance (1994), Seiten 97-132.

Etzbach, Peter: Die Regelung öffentlicher Übernahmeangebote, Frankfurt am Main/Berlin/Bern/Brüssel/New York/Oxford/Wien 2002.

Ewell, C. Daniel: Rule 10b-5 and the Duty To Disclose Merger Negotiations in Corporate Statements, in: 96 Yale Law Journal (1987), Seiten 547-568.

Fabricant, Neil: Hostile Tender Offers: Can States Shut Them Down?, in: 22 Journal of Corporate Law (1996), Seiten 27-38.

Fama, Eugene F.: Efficient Capital Markets: A Review of Theory and Empirical Work, in: 25 Journal of Finance (1970), Seiten 383-417.

Fama, Eugene F.: Agency Problems and the Theory of the Firm, in: 88 Journal of Political Economy (1980), Seiten 288-307.

Fama, Eugene F.: Random Walks in Stock Market Prices, in: Posner, Richard A./ Scott, Kenneth E.: Economics of Corporation Law and Securities Regulation, Boston/Toronto 1980, Seiten 156-164.

Fama, Eugene F.: Efficient Capital Markets: II, in: 46 Journal of Finance (1991), Seiten 1575-1617.

Fama, Eugene F./Jensen, Michael C.: Separation of Ownership and Control, in: 26 Journal of Law & Economics (1983), Seiten 301-325.

Fama, Eugene F./Jensen, Michael C.: Ageny Problems and Residual Claims, in: 26 Journal of Law & Economics (1983), Seiten 327-349.

Feddersen, Dieter/Hommelhoff, Peter/Schneider, Uwe H.: Corporate Governance: Optimierung der Unternehmensführung und der Unternehmenskontrolle im deutschen und amerikanischen Aktienrecht, Köln 1996.

Feddersen, Dieter: Aktienoptionsprogramme für Führungskräfte aus kapitalmarktrechtlicher und steuerlicher Sicht, in: Zeitschrift für das gesamte Handelsrecht und Wirtschaftsrecht 161 (1997), Seiten 269-304.

Feddersen, Dieter/Pohl, Marcus: Die Praxis der Mitarbeiterbeteiligung seit Einführung des KonTraG, in: Die Aktiengesellschaft (AG) 2001, Seiten 26-32.

Fezer, Karl-Heinz: Aspekte einer Rechtskritik an der economic analysis of law und am property rights approach, in: Juristen-Zeitung (JZ) 1986, Seiten 817-824.

Fillmann, Andreas: Treuepflichten der Aktionäre, Frankfurt am Main/Bern/New York/Paris 1991.

Fink, Steven J.: The Rebirth of the Tender Offer? Paramount Communications, Inc. v. QVC Network, Inc., in: 20 Delaware Journal of Corporate Law (1995), Seiten 133-181.

Fischel, Daniel R.: Efficient Capital Market Theory, the Market for Corporate Control, and the Regulation of Cash Tender Offers, in: 57 Texas Law Review (1978), Seiten 1-46, teilweise auch abgedruckt in: Posner, Richard A./Scott,

Kenneth E.: Economics of Corporation Law and Securities Regulation, Boston/Toronto 1980, Seiten 211-214.

Fischel, Daniel R.: The Business-Judgement-Rule and the Trans Union Case, in: 40 Business Lawyer (1985), Seiten 1437-1455.

Fischel, Daniel R./Bradley, Michael: The Role of Liability Rules and the Derivative Suit in Corporate Law: A Theoretical and Empirical Analysis, in: 71 Cornell Law Review (1986), Seiten 261-297.

Fischer, Hans-Georg: Folgen mangelnder oder unvollständiger Umsetzung von EG-Richtlinien, in: Wirtschaftsrechtliche Beratung (WiB) 1997, Seiten 673-679.

Fischer, Konrad: Oberstes Organ der Aktiengesellschaft ist die Generalversammlung der Aktionäre, in: Schweizerische Zeitschrift für Wirtschaftsrecht (SZW) 1998, Seiten 231-237.

Flassak, Hansjörg: Der Markt für Unternehmenskontrolle - eine ökonomische Analyse vor dem Hintergrund des deutschen Gesellschaftsrechts, Bergisch-Gladbach 1995.

Fleischer, Arthur, Jr.: Tender Offers: Defenses, Responses, and Planning, 2d Edition, New York 1983.

Fleischer, Holger: Zum Begriff des öffentlichen Angebots im Wertpapiererwerbs- und Übernahmegesetz, in: Zeitschrift für Wirtschaftsrecht (ZIP) 2001, Seiten 1653 - 1660.

Fleischer, Holger: Schnittmengen des WpÜG mit benachbarten Rechtsmaterien - eine Problemskizze, in: Neue Zeitschrift für Gesellschaftsrecht (NZG) 2002, 545-551.

Fleischer, Holger: Das neue Recht des Squeeze out, in: Zeitschrift für Unternehmens- und Gesellschaftsrecht (ZGR) 2002, Seiten 757-789.

Fleischer, Holger: Zur Leitungsaufgabe des Vorstandes im Aktienrecht, in: Zeitschrift für Wirtschaftsrecht (ZIP) 2003, Seiten 1-11.

Fleischer, Holger/Kalss, Susanne: Das neue Wertpapiererwerbs- und Übernahmegesetz, München 2002.

Fleischer, Holger/Körber, Torsten: Der Rückerwerb eigener Aktien und das Wertpapiererwerbs- und Übernahmegesetz, in: Betriebs-Berater (BB) 2001, Seiten 2589 - 2595.

Fleischer, Holger/Körber, Torsten: Due diligence und Gewährleistung beim Unternehmenskauf, in: Betriebs-Berater (BB) 2001, Seiten 841-849.

Fleischer, Arthur/Sussmann, Alexander R.: Takeover Defenses, Volumen I, 5. Auflage 1997.

Fleischmann, Michael: Der Zusammenschluss der Daimler Benz AG und der Chrysler Corp. zur Daimler Chrysler AG aus steuerlicher Sicht, in: Der Betrieb (DB) 1998, Seiten 1883-1886.

Florence, Joyce: Ownership, Control and Success of Large Companies, New York 1961.

Förschle, Gerhart/Glaum, Martin/Mandler, Udo: Gesetz zur Kontrolle und Transparenz im Unternehmensbereich: Umfrage unter Führungskräften börsennotierter Unternehmungen, in: Der Betrieb (DB) 1998, Seiten 889-895.

Fons, Jerome S.: The Default Premium and Corporate Bond Experience, in: 42 Journal of Finance (1987), Seiten 81-97.

Fraidin, Stephen/Hanson, Jon D.: Toward Unlocking Lockups, in: 103 Yale Law Journal (1994), Seiten 1739-1834.

Frank, William P./Moreland, Allen: Unternehmerisches Ermessen des Vorstands bei feindlichen Übernahmeversuchen in den USA: die Time-Entscheidung, in: Recht der Internationalen Wirtschaft (RIW) 1989, Seiten 761-769.

Frankel, Tamar: Fiduciary Law, in: 71 California Law Review (1983), Seiten 795-836.

Franks, Julian R./Harris, Robert S./Mayer, Colin: Means of Payment in Takeovers: Results for the United Kingdom and the United States, in: Auerbach, Alan J. (Hrsg.): Corporate Takeovers: Causes and Consequences, Chicago/ London 1988, Seiten 221-258.

Franks, Julian R./Harris, Robert S.: Shareholder Wealth Effects of Corporate Takeovers: The U.K. Experience 1955-1985, in: 23 Journal of Financial Economics (1989), Seiten 225-249.

Franks, Julian/Harris, Robert/Titman, Sheridan: The postmerger shareprice performance of acquiring firms, in: 29 Journal of Financial Economics (1991), Seiten 81-96.

Frazer, Peter: The Regulation of Takeovers in Great Britain, in: Coffee, John C. Jr./Lowenstein, Louis/Rose-Ackerman, Susan (Hrsg.): Knights, Raiders, and Targets: The Impact of the Hostile Takeover, New York/Oxford 1988, Seiten 436-451.

Frei, Stephan N.: Öffentliche Übernahmeangebote in der Schweiz: Die Übernahmeregelung im Bundesgesetz über die Börsen und den Effektenhandel (Börsengesetz, BEHG), 2. Auflage, Bern/Stuttgart/Wien 1998.

Freund, Werner: Die Integration übernommener Unternehmen, in: Die Betriebswirtschaft (DBW) 1991, Seiten 491-498.

Friedenberg, Ellen S.: Jaws III: The Impropriety of Shark-Repellent Amendments as a Takeover Defense, in: 7 Delaware Journal of Corporate Law (1982), Seiten 32-94.

Friedländer, Ernst/Stabernack, Marc. G: Betriebswirtschaftliche Ansätze zur wertorientierten Unternehmensführung, in: Müller, Michael/Leven, Franz-Josef: Shareholder Value Reporting: Veränderte Anforderungen an die Berichterstattung börsennotierter Unternehmen, Wien/Frankfurt 1998, Seiten 27-44.

Fuchs, Andreas: Aktienoptionen für Führungskräfte und bedingte Kapitalerhöhung - Anmerkungen zur geplanten Neuregelung nach dem Referentenentwurf zur Änderung des Aktiengesetzes („KonTraG“) -, in: Der Betrieb (DB) 1997, Seiten 661-668.

Fuhrmann, Lambertus: „Gelatine“ und die Holzmüller-Doktrin: Ende einer juristischen Irrfahrt? Zugleich Anmerkung zum Urteil des BGH vom 26.4.2004 - II ZR 155/02, AG 2004, 384, in: Die Aktiengesellschaft (AG) 2004, Seiten 339-342.

Fuller, Russell J./Farrell, James L.: Modern Investments and Security Analysis, New York 1987.

Funke, Rainer: Kapitalmarktkonzept zur Förderung des Finanzplatzes Deutschland - Vorschläge und Umsetzungsmaßnahmen -, in: Wertpapiermitteilungen (WM) 1998, 758, 759.

Gamerdinger, Dieter/Saupe, Gerd: Kontrolle ausländischer Direktinvestitionen in der Bundesrepublik - eine Untersuchung der Kriterien, Möglichkeiten und Notwendigkeiten -, in: Die Aktiengesellschaft (AG) 1976, Teil I: Seiten 1-5, Teil II: Seiten 29-35.

Garvey, Gerald T./Hanka, Gordon: Capital Structure and Corporate Control: The Effect of Antitakeover Statutes on Firm Leverage, in: 54 Journal of Finance (1999), Seiten 519-546.

Gaughan, Patrick A.: Mergers, Acquisitions, And Corporate Restructuring, 3. Auflage, New York 2002.

Gawrisch, Volker: Ermessensentscheidungen des Aufsichtsrates und ihre gerichtliche Kontrolle, Frankfurt am Main/Berlin/Bern/Bruxelles/New York/Wien 2000.

Geibel, Stephan/Süßmann, Rainer: Wertpapiererwerbs- und Übernahmegesetz (WpÜG) - Kommentar, München 2002, zitiert: Geibel/Süßmann-Bearbeiter.

Gelb, Harvey: Director Due Care Liability: An Assessment of the New Statutes, in: 61 Temple Law Review (1988), Seiten 13-50.

Gerke, Wolfgang/Garz, Hendrik, Oerke, Marc: Die Bewertung von Unternehmensübernahmen auf dem deutschen Aktienmarkt, in: Zeitschrift für betriebswirtschaftliche Forschung (zfbf) 1995, Seiten 805-820.

Gerpott, Torsten J.: Bleiben oder Gehen? - Zur Erklärung der Verbleibensquote von Top-Managern nach Unternehmensakquisitionen, in: Zeitschrift für Betriebswirtschaft (ZfB) 1991, Seiten 5-32.

Gerpott, Torsten J.: Ausscheiden von Top-Managern nach Akquisitionen: Segen oder Fluch? - Empirische Befunde zu Zusammenhängen zwischen der Ausscheidequote von Top-Managern und der Erfolgsentwicklung akquirierter Unternehmen, in: Zeitschrift für Betriebswirtschaft (ZfB) 1993, Seiten 1271-1295.

Gerpott, Torsten J.: Abschied von der Spitze, in: Zeitschrift für betriebswirtschaftliche Forschung (zfbf) 1994, Seiten 4-31.

Gessler, Ernst: Einberufung und ungeschriebene Hauptversammlungszuständigkeiten, in: Lutter, Marcus/Mertens, Hans-Joachim/ Ulmer, Peter (Hrsg.): Festschrift für Walter Stimpel zum 68. Geburtstag am 29. November 1985, Berlin/New York 1985, Seiten 771-789.

Gessler, Ernst: Zur handelsrechtlichen verdeckten Gewinnausschüttung, in: Lutter, Marcus/ Stimpel, Walter/Wiedemann, Herbert (Hrsg.): Festschrift für Robert Fischer, Berlin/New York, Seiten 138-148.

Gessler, Ernst/Hefermehl, Wolfgang/Eckardt, Ulrich/Kropff, Bruno (Hrsg.): Aktiengesetz, Band I, §§ 1-75, München 1984.

Gessler, Ernst/Hefermehl, Wolfgang/Eckardt, Ulrich/Kropff, Bruno: Aktiengesetz, Band II, §§ 76-147, München 1974.

Gessler, Ernst/Hefermehl, Wolfgang/Eckardt, Ulrich/Kropff, Bruno: Aktiengesetz, Band III, §§ 148-290, München 1980.

Gessler, Ernst/Hefermehl, Wolfgang/Eckardt, Ulrich/Kropff, Bruno: Aktiengesetz, Band IV, §§ 291-318, München 1976.

Gibbs, P. A.: Determinants of Corporate Restructuring: The Relative Importance of Corporate Governance, Takeover Threat, and Free Cash Flow, in: 14 Strategic Management Journal (1993), Special Issue Summer 1993, Seiten 51-68.

Gilson, Ronald J.: A Structural Approach to Corporations: The Case Against Defensive Tactics in Tender Offers, in: 33 Stanford Law Review (1981), Seiten 819-891.

Gilson, Ronald J.: The Case Against Shark Repellent Amendments: Structural Limitations on the Enabling Concept, in: 34 Stanford Law Review (1982), Seiten 775-836.

Gilson, Ronald J.: Seeking Competitive Bids Versus Pure Passivity in Tender Offer Defense, in: 35 Stanford Law Review (1982), Seiten 51-67.

Gilson, Ronald J.: The Law and Finance of Corporate Acquisitions, Westbury/New York 1986 & Supplement 1990.

Gilson, Ronald J.: Just Say No to Whom?, in: 25 Wake Forest Law Review (1990), Seiten 121-128.

Gilson, Ronald J./Black, Bernhard S.: The Law and Finance of Corporate Acquisitions, 2. Edition, New York 1995.

Gilson, Ronald J./Kraakman, Reinier: Delaware's Intermediate Standard for Defensive Tactics: Is there Substance to Proportionality Review?, in: 44 Business Lawyer (1988) Seiten 247-274.

Gilson, Ronald J./Kraakman, Reinier: What Triggers Revlon?, in: 25 Wake Forest Law Review (1990), Seiten 37-59

Gilson, Ronald J./Kraakmann, Reinier: Reinventing the Outside Director: An Agenda for Institutional Investors, in: 43 Stanford Law Review (1991), Seiten 863-906.

Gilson, Ronald J./Scholes, Myron S./Wolfson, Mark A.: Taxation and the Dynamics of Corporate Control: The Uncertain Case for Tax-Motivated Acquisitions, in: Coffee, John C. Jr./Lowenstein, Louis/Rose-Ackerman, Susan (Hrsg.): Knights, Raiders, and Targets: The Impact of the Hostile Takeover, New York/Oxford 1988, Seiten 271-299.

Gitlitz, Amy B.: Easy Review for corporations, New York 1997.

Glassman, Davis M./Stern Stewart & Co.: Spin-Offs and Spin-Outs: Using "Securitization" to Beat the Bureaucracy, in: 1 Journal of Applied Corporate Finance (1988), Seiten 82-89.

Glassman, Davis M./Stewart, Bennett G.: The Motives and Methods of Corporate Restructuring (Part II), in: 1 Journal of Applied Corporate Finance (1988), Seiten 79-88.

Gluck, Frederick W.: The real takeover defense, The McKinsey Quarterly, Winter 1988, Seiten 2-16.

Godin, Reinhard Freiherr von/Wilhelmi, Hans/Wilhelmi, Sylvester: Aktiengesetz vom 6. September 1965, Bände I (§ 1-178), II (§ 179-410), 4. Auflage, Berlin/New York 1971.

Goedecke, Claus/Heuser, Friederike: NaStraG: Erster Schritt zur Öffnung des Aktienrechts für moderne Kommunikationstechniken, in: Betriebs-Berater (BB) 2001, Seiten 369-374.

Götte, Wulf: AG: Ruhegehaltsbemessung für Vorstandsmitglied – Verfahrensfortgang zu BGH, Urt. v. 19.12.1994, in Deutsches Steuerrecht (DStR) 1997, Seiten 883-884.

Götz, Heinrich: Die Sicherung der Rechte der Aktionäre der Konzernobergesellschaft bei Konzernbildung und Konzernleitung - zugleich auch eine Besprechung der „Holzmüller"-Entscheidung des Bundesgerichtshofs -, in: Die Aktiengesellschaft (AG) 1984, Seiten 85-94.

Götz, Heinrich: Organhaftpflichtprozesse in der Aktiengesellschaft, in: Die Aktiengesellschaft (AG) 1997, Seiten 219-222.

Götz, Heinrich: Die Pflicht des Aufsichtsrats zur Haftbarmachung von Vorstandsmitgliedern, in: Neue Juristische Wochenschrift (NJW) 1997, Seiten 3275-3278.

Götz, Heinrich: Die vorzeitige Wiederwahl von Vorständen, in: Die Aktiengesellschaft (AG) 2002, Seiten 305-307.

Götze, Cornelius: „Gelatine" statt „Holzmüller" - Zur Reichweite ungeschriebener Mitwirkungsbefugnisse der Hauptversammlung, in: Neue Zeitschrift für Gesellschaftsrecht (NZG) 2004, Seiten 585-589.

Goldberg, Walter H.: Mergers: Motives, Modes, Methods, New York 1983.

Gollnick, Jörg: Die Beurteilung der Vorstandsleistung durch den Aufsichtsrat - Eine vergleichende Untersuchung zum deutschen und US-amerikanischen Recht, Frankfurt am Main 1997.

Gomez, Peter/Weber, Bruno: Akquisitionsstrategie: Wertsteigerung durch Übernahme von Unternehmungen, Stuttgart 1989.

Gomez, Peter: Unternehmensakquisitionen vor dem Hintergrund des Shareholder Value, in: Sieben, Günter/Stein, Gerd-Heinz: Unternehmensakquisitionen - Strategien und Abwehrstrategien, Stuttgart 1992, Seiten 7-20.

Gondesen, Helge: Rechtliche Aspekte des Management Buy-Out, in: Wertpapiermitteilungen (WM) 1989, Seiten 201-209.

Goppel, Thomas: Die Bedeutung des Subsidiaritätsprinzips, in: Europäische Zeitschrift für Wirtschaftsrecht (EuZW) 1993, Seiten 367-370.

Gordon, Jeffrey N.: Ties that Bond: Dual Class Common Stock and the Problem of Shareholder Choice, in: 76 California Law Review (1988), Seiten 3-85.

Gordon, Jeffrey N.: Corporations, Markets, and Courts, in: 91 Columbia Law Review (1991), Seiten 1931-1988.

Gordon, Jeffrey N.: „Just Say Never?" Poison Pills, Deadhand Pills, and Shareholder-adopted Bylaws: An Essay for Warren Buffet, in: 19 Cardozo Law Review (1997), Seiten 511-552.

Gordon, Jeffrey N.: Das neue deutsche „Anti"-Übernahmegesetz aus amerikanischer Perspektive, in: Die Aktiengesellschaft (AG) 2002, Seiten 670-674.

Gordon, Jeffrey N./Kornhauser, Lewis A.: Efficient Markets, Costly Information, and Securities Research, in: 60 New York University Law Review (1985), Seiten 761-849.

Gordon, Jeffrey N./Kornhauser, Lewis A.: Takeover Defense Tactics: A Comment on Two Models, in: 96 Yale Law Journal (1986), Seiten 295-321.

Graebner, Ulrich A. C.: Die Auseinandersetzung um Leveraged Buyouts, Frankfurt am Main 1991.

Grass, Andrea R.: Business Judgement Rule - Schranken der richterlichen Überprüfbarkeit von Management-Entscheidungen in aktienrechtlichen Verantwortlichkeitprozessen, Zürich 1998.

Greene, Edward F.: Regulatory and Legislative Responses to Takeover Aktivity in the 1980s: The United States and Europe, in: 69 Texas Law Review (1991), Seiten 1539-1593.

Greene, Edward F./Junewicz, James J.: A Reappraisal of Current Regulation of Mergers and Acquisitions, in: 132 University of Pennsylvania Law Review (1984), Seiten 647-739.

Griffin, James M./Wiggins, Steven N.: Takeovers: Managerial Incompetence or Managerial Shirking?, in: 30 Economic Inquiry (1992), Seiten 355-370.

Gröner, Helmut: Der Markt für Unternehmenskontrollen, Berlin 1992.

Groh, Manfred: Shareholder Value und Aktienrecht, in: Der Betrieb (DB) 2000, Seiten 2153-2158.

Gross, Wolfgang: Zuständigkeit der Hauptversammlung bei Erwerb und Veräußerung von Unternehmensbeteiligungen, in: Die Aktiengesellschaft (AG) 1994, Seiten 266-276.

Gross, Wolfgang: Vorbereitung und Durchführung von Hauptversammlungsbeschlüssen zu Erwerb und Veräußerung von Unternehmensbeteiligungen, in: Die Aktiengesellschaft (AG) 1996, Seiten 111-119.

Gross, Wolfgang: Übernahmekodex für öffentliche Übernahmeangebote: Anerkennung und Rolle des begleitenden Wertpapierdienstleistungsunternehmens, in: Der Betrieb (DB) 1996, Seiten 1909-1914.

Grossfeld, Bernhard: Börsenkurs und Unternehmenswert, in: Betriebs-Berater (BB) 2000, Seiten 261-266.

Grossfeld, Bernhard/Bondics, Klaus: Die Aktionärsklage - nun auch im deutschen Recht, in: Juristenzeitung (JZ) 1982, Seiten 589-592.

Grosskommentar zum Aktiengesetz: 1. Lieferung: Einleitung A-D, Hopt, Klaus J./ Wiedemann, Herbert (Hrsg.), 4. Auflage, Berlin/New York 1992, zitiert: GrosskommentarAktG/Bearbeiter.

Grosskommentar zum Aktiengesetz: 19. Lieferung: §§ 76-83, Hopt, Klaus J./ Wiedemann, Herbert (Hrsg.), 4. Auflage, Berlin 2003, zitiert: GrosskommentarAktG/Bearbeiter.

Grosskommentar zum Aktiengesetz: 11. Lieferung: §§ 92-94, Hopt, Klaus J./ Wiedemann, Herbert (Hrsg.), 4. Auflage, Berlin/New York 1999, zitiert: GrosskommentarAktG/Bearbeiter.

Grosskommentar zum Aktiengesetz: 14. Lieferung: §§ 118-120, Hopt, Klaus J./ Wiedemann, Herbert (Hrsg.), 4. Auflage, Berlin/New York 1999, zitiert: GrosskommentarAktG/Bearbeiter.

Grosskommentar zum Aktiengesetz: 13. Lieferung: §§ 138-147, Hopt, Klaus J./ Wiedemann, Herbert (Hrsg.), 4. Auflage, Berlin/New York 1999, zitiert: GrosskommentarAktG/Bearbeiter.

Grosskommentar zum Aktiengesetz: 5. Lieferung: §§ 179-191, Hopt, Klaus J./ Wiedemann, Herbert (Hrsg.), 4. Auflage, Berlin/New York 1995, zitiert: GrosskommentarAktG/Bearbeiter.

Grossman, Sanford J./Hart, Oliver D.: Takeover Bids, the Free-Rider Problem, and the Theory of the Corporation, in: 11 Bell Journal of Economics (1980), Seiten 42-64, teilweise auch abgedruckt in: Posner, Richard A./Scott, Kenneth E.: Economics of Corporation Law, Boston/Toronto, 1980, Seiten 214-215.

Grossman, Sanford J./Hart, Oliver D.: The Costs and Benefits of Ownership: A Theory of Vertical and Lateral Integration, in: 94 Journal of Political Economy (1986), Seiten 691-719.

Grossman, Sanford J./Hart; Oliver D.: One Share-One Vote and the Market for Corporate Control, in: 20 Journal of Financial Economics (1988), Seiten 174-202.

Gruber, Marco: Die Pflicht zum Übernahmeangebot im neuen Börsengesetz, Zürich 1996.

Grüter, Hans: Unternehmensakquisitionen: Bausteine eines Integrationsmanagements, Bern/Stuttgart 1991.

Grumann, Marc-Olaf/Gillmann, Michael: Abberufung und Kündigung von Vorstandsmitgliedern einer Aktiengesellschaft, in: Der Betrieb (DB) 2003, Seiten 770-775.

Grundfest, Joseph A.: Subordination of American Capital, in: 27 Journal of Financial Economics (1990), Seiten 89-114.

Grundfest, Joseph A.: Just Vote No: A Minimalist Strategy for Dealing with Barbarians Inside the Gate, in: 45 Stanford Law Review (1993), Seiten 857-937.

Grundsatzkommission corporate governance (Mitglieder: Baums, Theodor/ Feddersen, Dieter/Hartmann, Ulrich/ Koehler, Robert/Hocker, Ulrich/ Nonnenmacher, Rolf/ von Rosen, Rüdiger/Schindelhauer, Kim/Schneider, Uwe H./Strenger, Christian): Corporate Governance-Grundsätze („Code of Best Practice") für börsennotierte Gesellschaften, in: Der Betrieb (DB) 2000, Seiten 238-241.

Grunewald, Barbara: Was bringt der Vorschlag einer 13. EG-Richtlinie über Übernahmeangebote für das deutsche Recht?, in: Wertpapiermitteilungen (WM) 1989, Seiten 1233-1239.

Grunewald, Barbara: Rückverlagerung von Entscheidungskompetenzen der Hauptversammlung auf den Vorstand, in: Die Aktiengesellschaft (AG) 1990, Seiten 133-139.

Grunewald, Barbara: Der geänderte Vorschlag einer 13. EG-Richtlinie betreffend Übernahmeangebote, in: Wertpapiermitteilungen (WM) 1991, Seiten 1361-1366.

Grunewald, Barbara: Europäisierung des Übernahmerechts, in: Die Aktiengesellschaft (AG) 2001, Seiten 288-291.

Grunewald, Barbara: Die neue Squeeze-out-Regelung, in: Zeitschrift für Wirtschaftsrecht (ZIP) 2002, Seiten 18 - 22.

Grupp, Alexander: Börseneintritt und Börsenaustritt: Individuelle und institutionelle Interessen, Berlin 1995.

Günther, Thomas/Muche, Thomas/White, Mark: Zulässigkeit des Rückkaufs eigener Aktien in den USA und Deutschland - vor und nach KonTraG, in: Recht der Internationalen Wirtschaft (RIW) 1998, Seiten 337-343.

Guntz, Peter: Treubindungen von Minderheitsaktionären: Eine vergleichende Analyse im deutschen und US-amerikanischen Recht, dargestellt am Phänomen der treuwidrigen Aktionärsklage, Berlin 1997.

Haarmann, Wilhelm/Riehmer, Klaus/Schüppen, Matthias: Öffentliche Übernahmeangebote - Kommentar zum Wertpapiererwerbs- und Übernahmegesetz, Heidelberg 2002 (zitiert: Haarmann/Riehmer/Schüppen-Bearbeiter,WpÜG)

Habersack, Mathias: Die Aktionärsklage - Grundlagen, Grenzen und Anwendungsfälle, in: Deutsches Steuerrecht (DStR) 1998, Seiten 533-541.

Habersack, Mathias: Der Finanzplatz Deutschland und die Rechte der Aktionäre, in: Zeitschrift für Wirtschaftsrecht (ZIP) 2001, Seiten 1230 - 1239.

Habersack, Mathias: Auf der Suche nach dem gerechten Preis - Überlegungen zu § 31 WpÜG, in: Zeitschrift für Wirtschaftsrecht (ZIP) 2003, Seiten 1123-1129.

Habersack, Mathias/Mayer, Christian: Der neue Vorschlag 1997 einer Takeover-Richtlinie - Überlegungen zur Umsetzung in das nationale Recht, in: Zeitschrift für Wirtschaftsrecht (ZIP) 1997, Seiten 2141-2146.

Hackl, Jo Watson/Testani, Rosa Anna: Second Generation State Takeover Statutes and Shareholder Wealth: An Empirical Study, in: 97 Yale Law Journal (1988), Seiten 1193-1231.

Hägele, Matthias: Praxisrelevante Probleme der Mitteilungspflichten nach §§ 20, 21 AktG, in: Neue Zeitschrift für Gesellschaftsrecht (NZG) 2000, Seiten 726-729.

Haft, Robert J.: Business Decisions by the New Board: Behavioral Science and Corporate Law, in: 80 Michigan Law Review (1981), Seiten 1-67.

Hahn, Dieter: Die Regulierung von Übernahmen in der Europäischen Gemeinschaft - Eine ökonomische Analyse der vorgeschlagenen EG-Richtlinie zu Übernahmeangeboten und der bereits erlassenen Richtlinie über die Veröffentlichungspflichten beim Erwerb von Unternehmensanteilen -, in: Zeitschrift für Bankrecht und Bankwirtschaft (ZBB) 1990, Seiten 10-21.

Hahn, Dieter: Die feindliche Übernahme von Aktiengesellschaften: Eine juristisch-ökonomische Analyse, München 1992.

Hahn, Volker: Übernahmerecht und Internationales Privatrecht, in: Recht der Internationalen Wirtschaft (RIW) 2002, Seiten 741-746.

Halasz, Christian/Kloster, Lars: Nochmals: Squeeze-out - Eröffnung neuer Umgehungstatbestände durch die §§ 327a ff. AktG?, in: Der Betrieb (DB) 2002, Seiten 1253-1257.

Hall, Bronwyn H.: The Effect of Takeover Activity on Corporate Research and Development, in: Auerbach, Alan J. (Hrsg): Corporate Take-overs: Causes and Consequences, Chicago/London 1988, Seiten 69-96.

Hamann, Uwe: Die Angebotsunterlage nach dem WpÜG - ein praxisorientierter Überblick, in: Zeitschrift für Wirtschaftsrecht (ZIP) 2001, Seiten 2249 - 2257.

Hamerle, Vinzenz: Probleme der Unternehmensbewertung, in: Hanzel, Nikolaus/ Wunderbaldinger, Ernst (Hrsg.): Mergers & Acquisitions in Austria, Wien 1993, Seiten 165-183.

Hamilton, Robert W.: The Law of Corporations, 4th Edition, St. Paul/ Minnesota 1996.

Hanau, Hans: Der Bestandsschutz der Mitgliedschaft anlässlich der Einführung des „Squeeze Out" im Aktienrecht, in: Neue Zeitschrift für Gesellschaftsrecht (NZG) 2002, Seiten 1040-1047.

Hanks, James J. Jr.: Evaluating Recent State Legislation on Director and Officer Liability Limitation and Indemnification, in: 43 Business Lawyer (1988), Seiten 1207-1254.

Hanloser, Stefan: Proxy-Voting, Remote-Voting und Online-HV: § 134 III 3 AktG nach dem NaStraG, in: Neue Zeitschrift für Gesellschaftsrecht (NZG) 2001, Seiten 355-358.

Hansen, Charles/Johnston, John F./Alexander, Frederick H.: The Role of Disinterested Directors in "Conflict" Transactions: The ALI Corporate Governance Project and Existing Law, in: 45 Business Lawyer (1990), Seiten 2083-2103.

Hansen, Herbert: Der Aktienbesitz in Deutschland, in: Die Aktiengesellschaft (AG) 1997, Seiten R 415 - R 420.

Hansen, Herbert: Ergebnisse der Depoterhebungen 1999, in: Die Aktiengesellschaft (AG) 2000, Seiten R 399-404.

Hansmann, Henry: Ownership of the Firm, in: 4 Journal of Law, Economics, and Organization (1988), Seiten 267-304.

Hanzel, Nikolaus: Strategische und betriebswirtschaftliche Aspekte, in: Hanzel, Nikolaus/ Wunderbaldinger, Ernst (Hrsg.): Mergers & Acquisitions in Austria, Wien 1993, Seiten 49-74.

Hanzel, Nikolaus: Die Rolle des M&A-Beraters im Projektablauf, in: Hanzel, Nikolaus/ Wunderbaldinger, Ernst (Hrsg.): Mergers & Acquisitions in Austria, Wien 1993, Seiten 129-162.

Harbarth, Stephan: Abwehr feindlicher Übernahmen in den USA, in: Newsletter der Deutsch-Amerikanischen Juristen-Vereinigung (DAJV-NL) 2001, Seiten 94-102.

Harbarth, Stephan: Kontrollerlangung und Pflichtangebot, in: Zeitschrift für Wirtschaftsrecht (ZIP) 2002, Seiten 321 - 332.

Harbarth, Stephan: Die Stellungnahme des Vorstands und Aufsichtsrats zur Gegenleistung bei Übernahmeangeboten, in: Zeitschrift für Wirtschaftsrecht (ZIP) 2004, Seiten 3-12.

Harrer, Herbert/Erbacher, Peter: Die Bedeutung der Due-Diligence-Prüfung im Rahmen einer Unternehmensübernahme oder eines Unternehmenskaufs, in: von Rosen, Rüdiger/ Seifert, Werner G. (Hrsg.): Die Übernahme börsennotierter Unternehmen, Frankfurt am Main 1999, Seiten 253-267.

Hartmann, Ulrich: Generelle Rahmenbedingungen für Unternehmensakquisitionen in der Bundesrepublik Deutschland, in: Sieben, Günter/ Stein, Gerd-Heinz: Unternehmensakquisitionen - Strategien und Abwehrstrategien, Stuttgart 1992, Seiten 21-38.

Hatzis-Schoch, Brent: Die Bedeutung von Delaware für das US-amerikanische Gesellschaftsrecht, in: Recht der Internationalen Wirtschaft (RIW) 1992, Seiten 539-543.

Hauschka, Christoph E.: Wirtschaftliche, arbeits- und gesellschaftsrechtliche Aspekte des Management Buy-Out, in: Betriebs-Berater (BB) 1987, Seiten 2169-2178.

Hauschka, Christoph E./Roth, Thomas: Übernahmeangebote und deren Abwehr im deutschen Recht - Zugleich ein Beitrag zur internationalen Standortbestimmung des deutschen Aktienrechts, in: Die Aktiengesellschaft (AG) 1988, Seiten 181-196.

Hayn, Carla: Tax Attributes as Determinants of Shareholder Gains in Corporate Acquisitions, in: 23 Journal of Financial Economics (1989), Seiten 121-153.

Hazen, Thomas Lee: State Anti-Takeover Legislation: The Second and Third Generations, in: 23 Wake Forest Law Review (1989), Seiten 77-120.

Hazen, Thomas Lee: The Law of Securities Regulation, 3rd Edition, St. Paul/ Minnesota 1996.

Healy, Paul M./Palepu, Krishna G./Ruback, Richard S.: Does Corporate Performance Improve after Mergers?, in: 31 Journal of Financial Economics (1992), Seiten 135-175.

Hechler, Miriam P.: The Role of the Corporate Attorney within the Takeover Context: Loyalties to whom?, in: 21 Delaware Journal of Corporate Law (1996), Seiten 943-980.

Hecht, David N.: The Little Train That Couldn`t: Did the Pennsylvania Anti-Takeover Statute Fail to Protect Conrail From Hostile Suitor?, in: 66 Fordham Law Review (1997), Seiten 931-974.

Hecker, Renate: Regulierung von Unternehmensübernahmen und Konzernrecht - Teil I: Empirische Analyse des aktienrechtlichen Minderheitenschutzes im Vertragskonzern, Würzburg 2000, Seiten 1-497.

Hecker, Renate: Regulierung von Unternehmensübernahmen und Konzernrecht - Teil II: Empirische Analyse des aktienrechtlichen Minderheitenschutzes im Vertragskonzern, Würzburg 2000, Seiten 499-776.

Heermann, Peter W.: Interessenkonflikte von Bankvertretern in Aufsichtsräten bei (geplanten) Unternehmensübernahmen, in: Wertpapiermitteilungen (WM) 1997, Seiten1689-1696.

Heermann, Peter W.: Wie weit reicht die Pflicht des Aufsichtsrats zur Geltendmachung von Schadensersatzansprüchen gegen Mitglieder des Vorstands, in: Die Aktiengesellschaft (AG) 1998, Seiten 201-211.

Heermann, Peter, W.: Unternehmerisches Ermessen, Organhaftung und Beweislastverteilung, in: Zeitschrift für Wirtschaftsrecht (ZIP) 1998, Seiten 761-769.

Heidel, Thomas/Locher, Daniel: Squeeze-out ohne hinreichenden Eigentumsschutz, in: Der Betrieb (DB) 2001, Seiten 2031 - 2034.

Heinsius, Theodor: Organzuständigkeit bei Bildung, Erweiterung und Umorganisation des Konzerns, in: Zeitschrift für Unternehmens- und Gesellschaftsrecht (ZGR) 1984, Seiten 383-411.

Heinsius, Theodor: Bezugsrechtsausschluss bei der Schaffung von genehmigtem Kapital - Genehmigtes Kapital II -, in: Goerdeler, Reinhard/ Hommelhoff, Peter/Lutter, Marcus/ Odersky, Walter, Wiedemann, Herbert (Hrsg.): Festschrift für Alfred Kellermann zum 70. Geburtstag am 29. November 1990, ZGR-Sonderheft 10, Berlin/ New York 1991, Seiten 115-139.

Heintzen, Markus: Subsidiaritätsprinzip und Europäische Gemeinschaft, in: Juristenzeitung (JZ) 1991, Seiten 317-323.

Heiser, Kristian J.: Interessenskonflikte in der Aktiengesellschaft und ihre Lösung am Beispiel des Zwangsangebots: Das Spannungsfeld zwischen Unternehmer- und Anlegerinteressen - Ein Vorschlag zur Harmonisierung von Aktien- und Kapitalmarktrecht, Hamburg 1999.

Heiser, Kristian J.: Can Capital Market Law approaches be harmonised with essential principles of Company Law?, in: 11 European Business Law Review (2000), Seiten 60-82.

Heller, Arne: Unternehmensführung und Unternehmenskontrolle unter besonderer Berücksichtigung der Gesamtverantwortung des Vorstands, Heidelberg 1998.

Helman, Robert A./Junewicz, James J.: A Fresh Look at Poison Pills, in: 42 Business Lawyer (1987), Seiten 771-788.

Helmis, Sven: Regulierung von Unternehmensübernahmen in den USA, in: Recht der internationalen Wirtschaft (RIW) 2001, Seiten 825-834.

Helmis, Sven: Die Regulierung von Unternehmensübernahmen aus ökonomischer Sicht, Köln 2003.

Henn, Günther: Handbuch des Aktienrechts, 7. Auflage, Heidelberg 2002.

Henn, Harry G./Alexander, John R.: Laws of Corporations and Other Business Enterprises, 3rd. Edition, St. Paul/Minnesota, 1983 and Supplement 1986.

Henze, Hartwig: Zur Treuepflicht unter Aktionären, in: Goerdeler, Reinhard/ Hommelhoff, Peter/Lutter, Marcus/Odersky, Walter/Wiedemann, Herbert (Hrsg.): Festschrift für Alfred Kellermann zum 70. Geburtstag am 29. November 1990, ZGR-Sonderheft 10, Berlin/New York 1991, Seiten 141-152.

Henze, Hartwig: Die Treupflicht im Aktienrecht - Gedanken zur Rechtsprechung des Bundesgerichtshofs von „Kali und Salz“ über „Linotype“ und „Kochs Adler“ bis zu „Girmes“, in: Betriebs-Berater (BB) 1996, Seiten 489-499.

Henze, Hartwig: Treuepflichten der Gesellschafter im Kapitalgesellschaftsrecht, in: Zeitschrift für das gesamte Handelsrecht und Gesellschaftsrecht (ZHR) 162 (1998), Seiten 186-196

Henze, Hartwig: Leitungsverantwortung des Vorstands – Überwachungspflicht des Aufsichtsrats, in: Betriebs-Berater (BB) 2000, Seiten 209-216.

Henze, Hartwig: Aktuelle Rechtsprechung des BGH zum Aktienrecht, in: Betriebs-Berater (BB) 2000, Seiten 2053-2061.

Henze, Hartwig: Aktienrecht, Höchstrichterliche Rechtsprechung, 4. Auflage, Köln 2000.

Henze, Hartwig: Die Berücksichtigung des Börsenkurses bei der Bemessung von Abfindung und variablem Ausgleich im Unternehmensvertragsrecht, in: Schneider, Uwe H./ Hommelhoff, Peter/Schmidt, Karsten/Timm, Wolfram/ Grunewald, Barbara/ Drygala, Tim: Festschrift für Marcus Lutter zum 70. Geburtstag, Köln 2000, Seiten 1101-1111.

Henze, Hartwig: Entscheidungen und Kompetenzen der Organe in der AG: Vorgaben der höchstrichterlichen Rechtsprechung, in: Betriebs-Berater (BB) 2001, Seiten 53-61.

Herdt, Hans K.: Im Mittelpunkt der Aktionär, in: Wertpapiermitteilungen (WM) 1998, Seiten 648-649.

Hering, Thomas/Olbrich, Michael: Wert, Preis und Entschädigung der Mehrstimmrechte, in: Betriebs-Berater (BB) 2003, Seiten 1519-1520.

Herkenroth, Klaus E.: Konzernierungsprozesse im Schnittfeld von Konzernrecht und Übernahmerecht - Rechtsvergleichende Untersuchungen der Allokationseffizienz unterschiedlicher Spielregeln von Unternehmensübernahmen, Berlin 1994.

Herkenroth, Klaus E.: Bankenvertreter als Aufsichtsratsmitglieder von Zielgesellschaften: Zur beschränkten Leistungsfähigkeit des Rechts bei der Lösung von Interessenskonflikten anlässlich der Finanzierung von Übernahmen, in: Die Aktiengesellschaft (AG) 2001, Seiten 33-40.

Herman, Edward S./Lowenstein, Louis: The Efficiency Effects of Hostile Takeovers, in: Coffee, John C. Jr./Lowenstein, Louis/ Rose-Ackerman, Susan (Hrsg.): Knights, Raiders, and Targets: The Impact of the Hostile Takeover, New York/Oxford 1988, Seiten 211-240.

Herrmann, Marcus: Zivilrechtliche Abwehrmaßnahmen gegen unfreundliche Übernahmeversuche in Deutschland und Großbritannien, Heidelberg 1993.

Herrmann, Rüdiger: Funktion, Kontrolle und Haftung der Leitungsorgane von Aktiengesellschaften in Deutschland, der Schweiz, Australien und den USA, Frankfurt am Main/Berlin/Bern/New York/Paris/Wien 1996.

Herzel, Leo/Katz, Leo: Smith v. Van Gorkom: The Business of Judging Business Judgment, in: 41 Business Lawyer (1986), Seiten 1187-1193.

Herzel, Leo/Shepro, Richard W.: Bidder and Targets: Mergers and Acquisitions in the U.S., Cambridge 1990.

Heß, Burkhard: Sammelklagen im Kapitalmarktrecht, in: Die Aktiengesellschaft (AG) 2003, Seiten 113-125.

Hinnant, Walter R.: Fiduciary Duties of Directors: How Far Do They Go?, in: 23 Wake Forest Law Review (1988), Seiten 163-180.

Hirsch, Alain/Hertig, Gérard: Comments of Defensive Measures, the Regulation of Multinational Offerings and Mandatory Bids, in: Hopt, Klaus J./ Wymeersch, Eddy: European Takeovers - Law and Practice, London/

Boston/Brussels/Dublin/Edinburgh/Hato Rey/Kuala Lumpur/ Singapore/ Sydney/Toronto/Wellington 1992, Seiten 430-438.

Hirte, Heribert: Bezugsrechtsausschluss und Konzernbildung, Köln/Berlin/ Bonn/ München 1986.

Hirte, Heribert: Der Kampf um Belgien - Zur Abwehr feindlicher Übernahmen, in: Zeitschrift für Wirtschaftsrecht (ZIP) 1989, Seiten 1233-1246.

Hirte, Heribert: Anmerkungen und Anregungen zur geplanten gesetzlichen Neuregelung des Bezugsrechts, in: Zeitschrift für Wirtschaftsrecht (ZIP) 1994, Seiten 356-363.

Hirte, Heribert: Geldausgleich statt Inhaltskontrolle - Vermögensbezogener Aktionärsschutz in der börsennotierten Aktiengesellschaft -, in: Wertpapiermitteilungen (WM) 1997, Seiten 1001-1008.

Hirte, Heribert: Die Kapitalerhöhung aus Gesellschaftsmitteln im US-amerikanischen Recht, in: Newsletter der Deutsch-Amerikanischen Juristen-Vereinigung (DAJV-NL) 1998, Seiten 67-69.

Hirte, Heribert: Die aktienrechtliche Satzungsstrenge: Kapitalmarkt und sonstige Legitimationen versus Gestaltungsfreiheit, in: Lutter, Marcus/ Wiedemann, Herbert: Gestaltungsfreiheit im Gesellschaftsrecht, Zeitschrift für Unternehmens- und Gesellschaftsrecht (ZGR), Sonderheft 13, Berlin/ New York 1998, Seiten 61-98.

Hirte, Heribert: Kapitalgesellschaftsrecht, 3. Auflage 2001.

Hirte, Heribert: Kurzkommentar zu BGH, Urt. V. 15.5.2000 - II ZR 359/98, in: Entscheidungen zum Wirtschaftsrecht (EWiR) 2000, Seiten 941-942.

Hirte, Heribert: Die Entwicklung des Unternehmens- und Aktienrecht sowie 1. Teil des GmbH-Rechts, in: Neue Juristische Wochenschrift (NJW) 2000, Seiten 3321-3332.

Hirte, Heribert: Die Entwicklung des Unternehmens- und Gesellschaftsrechts in Deutschland in den Jahren 2000-2002, 3. Teil: Gesellschaften ohne Rechtspersönlichkeit, Recht der verbundenen Unternehmen, Umwandlungs- und Mitbestimmungsrecht, in: Neue Juristische Wochenschrift (NJW) 2003, Seiten 1285-1293.

Hirte, Heribert: WpÜG Wertpapiererwerbs- und Übernahmegesetz mit Übernahmekodex und City Code, Köln/Berlin/Bonn/München 2002

Hirte, Heribert/Otte, Karsten/Willamowski, Markus: Die Rechtsentwicklung im Wirtschaftsrecht in den Vereinigten Staaten in den Jahren 1997 bis 2000, in: Newsletter der Deutsch-Amerikanischen Juristen-Vereinigung (DAJV-NL) 4/2002, Seiten 121-136.

Hirte, Heribert/Schander, Albert A.: Organpflichten bei Unternehmensübernahmen, in: von Rosen, Rüdiger/Seifert, Werner G. (Hrsg.): Die Übernahme börsennotierter Unternehmen, Frankfurt am Main 1999, Seiten 341-375.

Hirte, Heribert: Verteidigung gegen Übernahmeangebote und Rechtsschutz des Aktionärs gegen die Verteidigung, in: Zeitschrift für Unternehmens- und Gesellschaftsrecht (ZGR) 2002, Seiten 623-658.

Hölters, Wolfgang: Stimmrechtsbeschränkungen als Schutz vor Überfremdung, in: Der Betrieb (DB) 1975, Seiten 917-921.

Hofmeister, Holger: Der Ausschluss des aktienrechtlichen Bezugsrechts bei börsennotierten AG - Konsequenzen aus BGHZ 136, 133 ff. - Siemens/Nold, in: Neue Zeitschrift für Gesellschaftsrecht (NZG) 2000, Seiten 713-719.

Hofmeister, Holger: Der erleichterte Bezugsrechtsausschluss bei Wandelschuldverschreibungen, Gewinnschuldverschreibungen und Genussrechten: zur Reichweite des Verweises in § 221 Abs. 4 S. 2 AktG auf § 186 Abs. 3 S. 4 AktG, Frankfurt am Main/Berlin/Bern/Brüssel/New York/Wien 2000.

Hoffmann, Dietrich/Preu, Peter: Der Aufsichtsrat, 5. Auflage, München 2003.

Hoffmann-Berking, Michael: Der qualifizierte faktische AG-Konzern - Tatbestand und Abwehransprüche -, in: Ulmer, Peter (Hrsg.): Symposium zum 80. Geburtstag von Wolfgang Schilling, Heidelberg 1986, Seiten 68-86.

Holderness, Clifford G./Sheehan, Dennis P.: Raiders or Saviors? The Evidence on Six Controversial Investors, in: 14 Journal of Financial Economics (1985), Seiten 555-579.

Holderness, Clifford G./Sheehan, Dennis P.: The Role of Majority Shareholders in publicly held Corporations, in: 20 Journal of Financial Economics (1988), Seiten 317-346.

Holl, Peter: Control Type and the Market for Corporate Control in Large U.S. Corporations, in: Posner, Richard A./Scott, Kenneth E.: Economics of Corporation Law and Securities Regulation, Boston/Toronto 1980, Seiten 205-211.

Holmström, Bengt/Nalebuff, Barry: To the Raider Goes the Surplus? A Reexamination of the Free-Rider-Problem, in: 1 Journal of Economics & Management Strategy (1992), Seiten 37-62.

Holzborn, Timo/Blank, Joachim: Die Nichtzurechnung nach §§ 20, 36 WpÜG und die Befreiung vom Pflichtangebot nach § 37 WpÜG §§ 8 ff. WpÜGAng VO, in: Neue Zeitschrift für Gesellschaftsrecht (NZG) 2002, Seiten 948-954.

Holzer, Peter/Makowski, Andreas: Corporate Governance, in: Der Betrieb (DB) 1997, Seiten 688-692.

Hommel, Michael/Braun, Inga/Schmotz, Thomas: Neue Wege in der Unternehmensbewertung? - Kritische Würdigung des neuen IDW-Standards (IDW S 1) zur Unternehmensbewertung -, in: Der Betrieb (DB) 2001, Seiten 341-347.

Hommelhoff, Peter: Die Konzernleitungspflicht - Zentrale Aspekte eines Konzernverfassungsrechts, Köln/Berlin/Bonn 1982.

Hommelhoff, Peter: Empfiehlt es sich, das Recht faktischer Unternehmensverbindungen neu zu regeln?, in: Verhandlungen des 59. Deutschen Juristentages (I), Gutachten G, München 1992.

Hommelhoff, Peter: Praktische Erfahrungen mit dem Abhängigkeitsbericht, in: Zeitschrift für das gesamte Handelsrecht und Gesellschaftsrecht (ZHR) 156 (1992), Seiten 295-313.

Hommelhoff, Peter: Konzerneingangs-Schutz durch Takeover-Recht?, in: Bierich, Marcus/ Hommelhoff, Peter/Kropff, Bruno (Hrsg.): Festschrift für Johannes Semler zum 70. Geburtstag am 28. April 1993: Unternehmen und Unternehmensführung im Recht, Berlin/New York 1993, Seiten 455-471.

Hommelhoff, Peter/Hopt, Klaus J./Lutter, Marcus/Doralt, Peter/Druey, Jean-Nicolas/Wymeersch, Eddy: Konzernrecht für Europa, in: Zeitschrift für Unternehmens- und Gesellschaftsrecht (ZGR) 1998, Seiten 672-772.

Hommelhoff, Peter/Kleindiek, Detlef: Takeover-Richtlinie und europäisches Konzernrecht, in: Die Aktiengesellschaft (AG) 1990, Seiten 106-111.

Hommelhoff, Peter/Mattheus, Daniela: Corporate Governance nach dem KonTraG, in: Die Aktiengesellschaft (AG) 1998, Seiten 249-259.

Hommelhoff, Peter/Witt, Carl-Heinz: Bemerkungen zum deutschen Übernahmegesetz nach dem Scheitern der Richtlinie, in: Recht der Internationalen Wirtschaft (RIW) 2001, Seiten 561 - 569.

Hopt, Klaus J: Der Kapitalanlegerschutz im Recht der Banken: Gesellschafts-, Bank- und Börsenrechtliche Anforderungen an das Beratungs- und Verwaltungsverhalten der Kreditinstitute, München 1975.

Hopt, Klaus J.: Vom Aktien- und Börsenrecht zum Kapitalmarktrecht? - Teil 2: Die deutsche Entwicklung im internationalen Vergleich -, in: Zeitschrift für das gesamte Handelsrecht und Gesellschaftsrecht (ZHR) 141 (1977), Seiten 389-441.

Hopt, Klaus J.: Nichtvertragliche Haftung außerhalb von Schadens- und Bereicherungsausgleich - Zur Theorie und Dogmatik des Berufsrechts und der Berufshaftung -, in: Archiv für die zivilistische Praxis (AcP) 183 (1983), 608-720.

Hopt, Klaus J.: Präventivmaßnahmen zur Abwehr von Übernahme- und Beteiligungsversuchen, in: Kübler, Friedrich/Mertens, Hans-Joachim/Werner, Winfried (Hrsg.): Festschrift für Theodor Heinsius zum 65. Geburtstag am 25. September 1991, Berlin/New York 1991, Seiten 22-30.

Hopt, Klaus J.: Übernahmeangebote im europäischen Recht, in: Löwisch, Manfred/ Schmidt-Leithoff, Christian/Schmiedel, Burkhard (Hrsg.): Festschrift für Fritz Rittner zum 70. Geburtstag, München 1991, Seiten 187-209.

Hopt, Klaus J.: Europäisches und deutsches Insiderrecht, in: Zeitschrift für Unternehmens- und Gesellschaftsrecht (ZGR) 1991, Seiten 17-73.

Hopt, Klaus J.: European Takeover Regulation: Barriers to and Problems of Harmonizing Takeover Law in the European Community, in: Hopt, Klaus J./

Wymeersch, Eddy (Hrsg.): European Takeovers - Law and Practice, London/Boston/Brussels/Dublin/Edinburgh/Hato Rey/Kuala Lumpur/ Singapore/Sydney/Toronto/Wellington 1992, Seiten 165-191.

Hopt, Klaus J.: Präventivmaßnahmen zur Abwehr von Übernahme- und Beteiligungsversuchen, in: Sieber, Günter/Stein, Heinz-Gerd (Hrsg.): Unternehmensakquisitionen - Strategien und Abwehrstrategien, Stuttgart 1992, Seiten 39-56.

Hopt, Klaus J.: Aktionärskreis und Vorstandsneutralität, in: Zeitschrift für Unternehmens- und Gesellschaftsrecht (ZGR) 1993, Seiten 534-566.

Hopt, Klaus J.: Corporate Governance und deutsche Universalbanken, in: Feddersen, Dieter/ Hommelhoff, Peter/Schneider, Uwe H.: Corporate Governance - Optimierung der Unternehmensführung und der Unternehmenskontrolle im deutschen und amerikanischen Aktienrecht, Köln 1996, Seiten 243-263.

Hopt, Klaus J.: The German Two-Tier Board (Aufsichtsrat) - A German View on Corporate Governance, in: Hopt, Klaus J./Wymeersch, Eddy: Comparative Corporate Governance - Essays and Materials, Berlin/New York 1997; Seiten 3-20.

Hopt, Klaus J.: Europäisches und deutsches Übernahmerecht, in: Zeitschrift für das gesamte Handelsrecht und Gesellschaftsrecht (ZHR) 161 (1997), Seiten 368-420.

Hopt, Klaus J.: Europäisches Übernahmerecht, in: Europäische Zeitschrift für Wirtschaftsrecht (EuZW) 1997, Seiten 481 -499.

Hopt, Klaus J.: Auf dem Weg zum deutschen Übernahmegesetz - Überlegungen zur Richtlinienentwurf 1997, zum Übernahmekodex (1997) und zum SPD-Entwurf 1997, in: Lieb, Manfred/Noack, Ulrich/Westermann, Harm Peter (Hrsg.): Festschrift für Wolfgang Zöllner: Zum 70. Geburtstag, Köln/ Berlin/Bonn/München 1998, Seiten 253-274.

Hopt, Klaus J.: Verhaltenspflichten des Vorstandes der Zielgesellschaft bei feindlichen Übernahmen - Zur aktien- und übernahmerechtlichen Rechtslage in Deutschland und Europa -, in: Schneider, Uwe H./ Hommelhoff, Peter/ Schmidt, Karsten/Timm, Wolfram/Grunewald, Barbara/Drygala, Tim: Festschrift für Marcus Lutter zum 70. Geburtstag, Köln 2000, Seiten 1361-1400.

Hopt, Klaus J.: Übernahmen, Geheimhaltung und Interessenskonflikte: Probleme für Vorstände, Aufsichtsräte und Banken, in: Zeitschrift für Unternehmens- und Gesellschaftsrecht (ZGR) 2002, Seiten 333-376.

Hopt, Klaus J.: Grundsatz- und Praxisprobleme nach dem Wertpapiererwerbs- und Übernahmegesetz, in: Zeitschrift für das gesamte Handelsrecht und Wirtschaftsrecht (ZHR) 166 (2002), Seiten 383-432.

Hopt, Klaus J./Hehl, Günter/Vollrath, Hans-Joachim: Handels- und Gesellschaftsrecht, Band II: Gesellschaftsrecht, 4 Auflage, München 1996.

Horn, Norbert: Die Haftung des Vorstandes der AG nach § 93 AktG und die Pflichten des Aufsichtsrats, in: Zeitschrift für Wirtschaftsrecht (ZIP) 1997, Seiten 1129-1139.

Horn, Norbert: Internationale Unternehmenszusammenschlüsse, in: Zeitschrift für Wirtschaftsrecht (ZIP) 2000, Seiten 473-485.

Houben, Eike: Die Gestaltung des Pflichtangebots unter dem Aspekt des Minderheitenschutzes und der effizienten Allokation der Unternehmenskontrolle, in: Wertpapiermitteilungen (WM) 2000, Seiten 1873-1883.

Huang, Yen-Sheng/Walkling, Ralph A.: Target Abnormal Returns Associated with Acquisition Announcements: Payment, Acquisition Form and Managerial Resistance, in: 19 Journal of Financial Economics (1987), Seiten 329-349.

Hucke, Anja: Managerversicherungen: Ein Ausweg aus den Haftungsrisiken, in: Der Betrieb (DB) 1996, Seiten 2267-2270.

Hübner, Ulrich: Die Ausgliederung von Unternehmensteilen in aktien- und aufsichtsrechtlicher Sicht, in: Lutter, Marcus/Mertens, Hans-Joachim/Ulmer, Peter (Hrsg.): Festschrift für Walter Stimpel zum 68. Geburtstag am 29. November 1985, Berlin/New York 1985, Seiten 791-809.

Hueck, Götz: Der Grundsatz der gleichmäßigen Behandlung im Privatrecht, München/Berlin 1958.

Huemer, Friedrich: Mergers & Acquisitions - Strategische und finanzielle Analyse von Unternehmensübernahmen, Frankfurt/Bern/New York/Paris 1991.

Hüffer, Uwe: Aktiengesetz, 5. Auflage, München 2002.

Hüffer, Uwe: Gesellschaftsrecht, 6. Auflage, München 2003.

Hüffer, Uwe: Mannesmann/Vodafone: Präsidiumsbeschlüsse des Aufsichtsrats für die Gewährung von „Appreciation Awards" an Vorstandsmitglieder, in: Betriebs-Berater (BB) 2003, Beilage 7.

Hurst, James W.: The Legitimacy of the Business Corporation in the Law of the United States 1780-1970, Charlottesville 1970.

Hutter, Stephan/Lawrence, W. Jeffrey: Übernahmerecht in den USA, in: von Rosen, Rüdiger/Seifert, Werner G. (Hrsg.): Die Übernahme börsennotierter Unternehmen, Frankfurt am Main 1999, Seiten 95-145.

Ikenberry, David/Lakonishok, Josef: Corporate Governance through the Proxy Contest: Evidence and Implications, in: 66 Journal of Business (1993), Seiten 405-435.

Immenga, Ulrich: Aktiengesellschaft, Aktionärsinteressen und institutionelle Anleger, Tübingen 1971.

Immenga, Ulrich: Öffentliche Übernahmeangebote (Take Over Bids) - Eine rechtsvergleichende Untersuchung der Regelungsprobleme, in: Die Schweizerische Aktiengesellschaft (SAG) 1975, Seiten 89-103.

Immenga, Ulrich: Offene Märkte für Unternehmensressourcen, in: Europäische Zeitschrift für Wirtschaftsrecht (EuZW) 1991, Seiten 577-591.

Immenga, Ulrich: Vertragliche Vinkulierung von Aktien?, in: Die Aktiengesellschaft (AG) 1992, Seiten 79-83.
Immenga, Ulrich: Klagebefugnisse bei Verweigerung der Zustimmung zur Übertragung vinkulierter Namensaktien, in: Die Aktiengesellschaft (AG) 1992, Seiten 105-109.
Immenga, Ulrich/Noll, Bernd: Feindliche Übernahmen aus wettbewerbspolitischer Sicht, Studie der Kommission der Europäischen Gemeinschaften, Brüssel 1990.

Jäger, Axel: Grundsätze der Ermessensausübung für den Aufsichtsrat der Aktiengesellschaft und die Gesellschafterversammlung der GmbH am Beispiel der „ARAG"-Entscheidungen, in: Wirtschaftsrechtliche Beratung (WiB) 1997, Seiten 10-15.
Jäger, Axel: Die Pflichten des Aufsichtsrats bei der Prüfung und Durchsetzung der Vorstandshaftung, in: Wirtschaftsrechtliche Beratung (WiB) 1997, Seiten 684-687.
Jäger, Axel: Die Entwicklung der Judikatur zur AG in den Jahren 1997-1998, in: Neue Zeitschrift für Gesellschaftsrecht (NZG) 1999, Seiten 573-582.
Jäger, Axel: Thema Börse (9): Wiege für die New Economy, in: Neue Zeitschrift für Gesellschaftsrecht (NZG) 2000, Seiten 1049-1058.
Jaeger, Carsten/Trölitzsch, Thomas: Die Pflichten des Aufsichtsrats bei der Prüfung und Durchsetzung der Vorstandshaftung, in: Wirtschaftsrechtliche Beratung (WiB) 1997, Seiten 684-687.
Jahera, John S. Jr./Pugh, William: State Takeover Legislation: The Case of Delaware, in: 7 Journal of Law, Economics, & Organization (1991), Seiten 410-428.
James, Flemming, Jr./Hazard, Geoffrey C.: Civil Procedure, 3. Auflage, Boston 1985.
Jandura, Dirk: Integration internationaler Finanzmärkte - Definitionen, Meßkonzepte, empirische Analysen, Bad Soden/Taunus 2000.
Jansch, Torsten Adam: Die Rolle der Aktionäre in Publikumsgesellschaften, Wiesbaden 1999.
Jansen, Stephan A.: Mergers & Acquisitions: Unternehmensakquisitionen und -kooperationen: Eine strategische, organisatorische und kapitalmarkttheoretische Einführung, 2. Auflage, Wiesbaden 1999.
Jarrell, Gregg A.: The Wealth Effects of Litigation by Targets: Do Interests Diverge in a Merge?, in: 28 Journal of Law & Economics (1985), Seiten 151-177.
Jarrell, Gregg A./Bradley, Michael: The Economic Effects of Federal and State Regulations of Cash Tender Offers, in: 23 Journal of Law and Economics (1980), Seiten 371-407.

Jarrell, Gregg A./Brickley, James A./Netter, Jeffry M.: The Market for Corporate Control: The Empirical Evidence Since 1980, in: 2 Journal of Economic Perspectives (1988), Seiten 49-68.

Jarrell, Gregg A./Poulsen, Annette B.: Bidder Returns, Working Paper 1987.

Jarrell, Gregg A./Poulsen, Annette B.: Shark Repellents and Stock Prices: The Effects of Antitakeover Amendments since 1980, in: 19 Journal of Financial Economics (1987), Seiten 127-168.

Jarrell, Gregg A./Poulsen, Annette B.: Dual-Class Recapitalizations as Antitakeover Mechanisms: The Recent Evidence, in: 20 Journal of Financial Economics (1988), Seiten 129-152.

Jarrell, Gregg A./Poulsen, Annette B.: Stock Trading Before the Announcement of Tender Offers: Insider Trading or Market Anticipation?, in: 5 Journal of Law, Finance, and Organisation (1989), Seiten 225-248.

Jennings, Robert H./Mazzeo, Michael A.: Competing Bids, Target Management Resistance, and the Structure of Takeover Bids, in: 6 Review of Financial Studies (1993), Seiten 883-909.

Jensen, Michael C.: Takeovers: Folklore and Science, in: 62 Harvard Business Review (1984), Seiten 109-121.

Jensen, Michael C.: Agency Costs of Free Cash Flow, Corporate Finance and Takeovers, in: 76 American Economic Review (1986), Seiten 323-329.

Jensen, Michael C.: Takeovers: Their Causes and Consequences, in: 2 Journal of Economic Perspectives (1988), Seiten 21-48.

Jensen, Michael C.: The Takeover Controversy: Analysis and Evidence, in: Coffee, John C. Jr./Lowenstein, Louis/Rose-Ackerman, Susan (Hrsg.): Knights, Raiders, and Targets: The Impact of the Hostile Takeover, New York/ Oxford 1988, Seiten 314-354.

Jensen, Michael C.: Eclipse of the Public Corporation, in: 67 Harvard Business Review (1989), Seiten 61-74.

Jensen, Michael C.: The Modern Industrial Revolution, Exit, and the Failure of Internal Control Systems, in: 48 Journal of Finance (1993), Seiten 831-880.

Jensen, Michael C./Kaplan, Steven N./Stiglin, Laura E.: Effects of LBOs on Tax Revenues of the U.S. Treasury, in: 42 Tax Analysts Tax Notes (1989), Seiten 727-733.

Jensen, Michael C./Meckling, William H.: Theory of the Firm: Managerial Behavior, Agency Costs, and Ownership Structure, in: 3 Journal of Financial Economics (1976), Seiten 305-360, teilweise auch abgedruckt in: Posner, Richard A./Scott, Kenneth E.: Economics of Corporation Law and Securities Regulation, Boston/Toronto 1980, Seiten 39-56.

Jensen, Michael C./Ruback, Richard S.: The Market for Corporate Control - The Scientific Evidence, in: 11 Journal of Financial Economics (1983), Seiten 5-50.

Jensen, Michael C./Warner, Jerold B.: The Distribution of Power Among Corporate Managers, Shareholders, and Directors, in: 20 Journal of Financial Economics (1988), Seiten 3-24.

Jilg, Thomas: Die Treuepflicht des Aktionärs, Frankfurt am Main/Berlin/Bern/New York/Paris/Wien 1996.

John, Kose/Lang, Larry H. P./Netter, Jeffrey: The Voluntary Restructuring of Large Firms in Response to Performance Decline, in: 47 Journal of Finance (1992), Seiten 891-917.

Johnson, Kenneth C.: Golden Parachutes and the Business Judgement Rule: Toward a Proper Standard of Review, in: 94 Yale Law Review (1985), Seiten 909-928.

Johnson, Lyman/Millon, David: Missing the Point About State Takeover Statutes, in: 87 Michigan Law Review (1989), Seiten 846-857.

Johnson, Lyman/Millon, David: Misreading the Williams Act, in: 87 Michigan Law Review (1989), Seiten 1862-1923.

Johnson, Lyman/Millon, David: The Case Beyond Time, in: 45 Business Lawyer (1990), Seiten 2105-2125.

Jost, Peter-J.: Effektivität von Recht aus ökonomischer Sicht, Berlin 1998.

Joussen, Edgar: Die Treuepflicht des Aktionärs bei feindlichen Übernahmen, in: Betriebs-Berater (BB) 1992, Seiten 1075-1081.

Jula, Rocco: Die Haftung von GmbH-Geschäftsführern und Aufsichtsräten – Haftung, Strafbarkeit, Risikoverminderung und -vermeidung, Versicherungslösungen, Berlin/Heidelberg/New York/ Barcelona/Budapest/ Hongkong/ London/Mailand/Paris/Santa Clara/Singapur/Tokio 1998.

Käpplinger, Markus: Zur aktienrechtlichen Zulässigkeit von Abfindungszahlungen, in: Neue Zeitschrift für Gesellschaftsrecht (NZG) 2003, Seiten 573-574.

Kallmeyer, Harald: Der Übernahmekodex der Börsensachverständigenkommission, in: Die Aktiengesellschaft (AG) 1996, Seiten 169-171.

Kallmeyer, Harald: Umwandlungsgesetz: Kommentar Verschmelzung, Spaltung und Formwechsel bei Handelsgesellschaften, Köln 1997 (zitiert: Kallmeyer Bearbeiter, UmwG).

Kallmeyer, Harald: Organhaftpflichtprozesse in der Aktiengesellschaft, in: Die Aktiengesellschaft (AG) 1997, Seiten 107-109.

Kallmeyer, Harald: Die Mängel des Übernahmekodex der Börsensachverständigenkomission, in: Zeitschrift für das gesamte Handelsrecht und Wirtschaftsrecht (ZHR) 161 (1997), Seiten 435-454.

Kallmeyer, Harald: Pflichtangebote nach dem Übernahmekodex und dem neuen Vorschlag 1997 einer Takeover-Richtlinie, in: Zeitschrift für Wirtschaftsrecht (ZIP) 1997, Seiten 2147-2148.

Kallmeyer, Harald: Neutralitätspflicht des Vorstands und Entscheidungsbefugnis der Hauptversammlung im Übernahmerecht, in: Die Aktiengesellschaft (AG) 2000, Seiten 553-554.

Kallmeyer, Harald: Verkehrte Fronten im Übernahmerecht, in: Der Betrieb (DB) 2001, Heft 26, Seite I.

Kalss, Susanne: Das neue Übernahmegesetz als Teil des Kapitalmarktrechts in Österreich, in: Neue Zeitschrift für Gesellschaftsrecht (NZG) 1999, Seiten 421-430.

Kaplan, Stanley A: The Fiduciary Responsibility in the Management of the Corporation, in: 31 Business Lawyer (1976), Seiten 883-927.

Kaplan, Steven N.: Management Buyouts: Efficiency Gains or Value Transfers?, Working Paper Series, Center for Research in Security prices, University of Chicago (1988), W.P. 244.

Kaplan, Steven: Management Buyouts: Evidence on Taxes as a Source of Value, in: 44 Journal of Finance (1989), Seiten 611-632.

Kaplan, Steven N.: The Effects of Management Buyouts on Operating Performance and Value, in: 24 Journal of Financial Economics (1989), Seiten 217-254.

Kaplan, Steven N.: Campeau's Acquisition of Federated: Value Destroyed or Value Added, in: 25 Journal of Financial Economics (1989), Seiten 191-212.

Kaplan, Steven N./Weisbach, Michael S.: The Success of Acquisitions: Evidence from Divestitures, in: 47 Journal of Finance (1992), Seiten 107-138.

Karmel, Roberta S.: The Duty of Directors to Non-Shareholder Constituencies in Control Transactions - A Comparison of U.S. and U.K. Law, in: 25 Wake Forest Law Review (1990), Seiten 61-83.

Karollus, Martin/Geist, Reinhard: Das österreichische Übernahmegesetz - (k)ein Papiertiger?! - eine Fallstudie, in: Neue Zeitschrift für Gesellschaftsrecht (NZG) 2000, Seiten 1145-1150.

Karpoff, Jonathan M./Malatesta, Paul H.: The Wealth Effects of Second-Generation State Takeover Legislation, in: 25 Journal of Financial Economics (1989), Seiten 291-322.

Kasche, Maria: Übernahme börsennotierter Gesellschaften in Schweden, in: Recht der Internationalen Wirtschaft (RIW) 2002, Seiten 87 - 94.

Kau, Wolfgang M./Kukat, Klaus: Haftung von Vorstands- und Aufsichtsratsmitgliedern bei Pflichtverletzungen nach dem Aktiengesetz, in: Betriebs-Berater (BB) 2000, Seiten 1045-1050.

Kau, Wolfgang M./Leverenz, Niklas: Mitarbeiterbeteiligung und leistungsgerechte Vergütung durch Aktien-Options-Pläne, in: Betriebs-Berater (BB) 1998, Seiten 2269-2276.

Kensinger, John W./Martin, John D.: The Quiet Restructuring, in: 1 Journal of Applied Corporate Finance (1988), Seiten 16-25.

Kerber, Marcus C.: Unternehmensübernahmen im „buy-out“-Verfahren – Französische Erfahrungen auf dem Gebiet der Unternehmensperpetuierung -, in: Wertpapiermitteilungen (WM) 1987, 741-745.

Kerber, Markus C.: Die Übernahme und Veräußerung börsennotierter Unternehmen in Frankreich - Eine Darstellung des kapitalmarktrechtlichen Regelungsrahmens -, in: Wertpapiermitteilungen (WM) Sonderbeilage 3/1988, Seiten 3-18.

Kerler, Patrik: Mergers & Acquisitions and Shareholder Value, Bern/ Stuttgart/ Wien 2000.

Kessel, Bernd: Leveraged Buy-out der Aktiengesellschaft: Ein interdisziplinärer Ansatz, Frankfurt am Main/Berlin/Bern/New York/Paris/Wien 1998.

Kessler, Jürgen: Leitungskompetenz und Leitungsverantwortung im deutschen, US-Amerikanischen und japanischen Aktienrecht, in: Recht der Internationalen Wirtschaft (RIW) 1998, Seiten 602-615.

Kessler, Manfred H.: Die Leitungsmacht des Vorstandes einer Aktiengesellschaft, in: Die Aktiengesellschaft (AG) 1995, Teil I: Seiten 61-76, Teil II: Seiten 120-132.

Kiem, Roger: Der Hauptversammlungsentscheid zur Legitimation von Abwehrmaßnahmen nach dem neuen Übernahmegesetz, in: Zeitschrift für Wirtschaftsrecht (ZIP) 2000, Seiten 1509-1517.

Kiem, Roger: Übernahme, Abwehrversuch des AG-Vorstandes/“Mannesmann/ Vodafone“, in: Entscheidungen zum Wirtschaftsrecht (EWiR) 2000, Seiten 413-414.

Kiethe, Kurt: Vorstandshaftung aufgrund fehlerhafter Due Diligence beim Unternehmenskauf, in: Neue Zeitschrift für Gesellschaftsrecht (NZG) 1999, Seiten 976-983.

Kiethe, Kurt: Persönliche Haftung von Organen der AG und der GmbH – Risikovermeidung durch D&O- Versicherung?, in: Betriebs-Berater (BB) 2003, Seiten 537-542.

Kiethe, Kurt: Maßnahmenkatalog der Bundesregierung zur Aktienrechtsreform 2003 - „Verbesserung“ des Klagerechts der Aktionäre?, in: Zeitschrift für Wirtschaftsrecht (ZIP) 2003, Seiten 707-713.

Kilian, Wolfgang: Vom sinkenden Wert der „Goldenen Aktien“, in: Neue Juristische Wochenschrift (NJW) 2003, Seiten 2653-2655.

Kimpler, Frank: Probleme im Falle des Bezugsrechtsausschlusses beim genehmigten Kapital und bei Kapitalerhöhungen in Tochtergesellschaften, in: Der Betrieb (DB) 1994, Seiten 767-773.

Kindler, Peter: Die sachliche Rechtfertigung des aktienrechtlichen Bezugsrechtsausschlusses im Lichte der Zweiten Gesellschaftsrechtlichen Richtlinie der Europäischen Gemeinschaft, in: Zeitschrift für das gesamte Handelsrecht und Gesellschaftsrecht (ZHR) 158 (1994), Seiten 339-370.

Kindler, Peter: Die Aktiengesellschaft für den Mittelstand, in: Neue Juristische Wochenschrift (NJW) 1994, Seiten 3041-3048.

Kindler, Peter: Bezugsrechtsausschluss und unternehmerisches Ermessen nach deutschem und europäischem Recht, in: Zeitschrift für Unternehmens- und Gesellschaftsrecht (ZGR) 1998, Seiten 35-68.

Kindler, Peter: Unternehmerisches Ermessen und Pflichtenbindung, in: Zeitschrift für das gesamte Handelsrecht und Gesellschaftsrecht (ZHR) 162 (1998), Seiten 101-119.

King, Brett W.: The Use of Supermajority Voting Rules in Corporate America: Majority Rule, Corporate Legitimicy, and Minority Shareholder Protection, in: 21 Delaware Journal of Corporate Law (1996), Seiten 895-941.

Kirchmeier, Franz: Management-Buy-Out im Steuerrecht: Die Steuergestaltung beim fremdfinanzierten Unternehmenskauf, Berlin 1994.

Kirchner, Christian: Neutralitäts- und Stillhaltepflicht des Vorstandes der Zielgesellschaft im Übernahmerecht, in: Die Aktiengesellschaft (AG) 1999, Seiten 481-492.

Kirchner, Christian: Szenarien einer "feindlichen" Unternehmensübernahme: Alternative rechtliche Regelungen im Anwendungstest, in: Betriebs-Berater (BB) 2000, Seiten 105-113.

Kirchner, Christian: Managementpflichten bei „feindlichen“ Übernahmeangeboten, in: Wertpapiermitteilungen (WM) 2000, Seiten 1821-1830.

Kirchner, Christian/Ehricke, Ulrich: Funktionsdefizite des Übernahmekodex der Börsensachverständigenkommission, in: Die Aktiengesellschaft (AG) 1998, Seiten 105-116.

Kirk, Carey H.: The Trans Union Case: Is it Business Judgment Rule as Usual?, in: 24 American Business Law Journal (1986), Seiten 467-481.

Kitching, John: Why do Mergers miscarry?, in: Strage, Henry M. (Hrsg.): Milstones in Management: an essential Reader, Cambridge 1992, Seiten 295-320.

Klein, Albrecht: Abwehrmöglichkeiten gegen feindliche Übernahmen in Deutschland, in: Neue Juristische Wochenschrift (NJW) 1997, Seiten 2085-2089.

Klein, William A./Coffee, John C. Jr.: Business Organization and Finance - Legal and Economic Principles, 5th Edition, Westbury/New York 1993.

Klein, April/Rosenfeld, James: Targeted Share Repurchases and Top Management Changes, in: 20 Journal of Financial Economics (1988), Seiten 493-506.

Klein, Christian/Stucki, Dominique: Öffentliche Übernahmeangebote (OPA/OPE) in Frankreich, in: Recht der internationalen Wirtschaft (RIW) 2001, Seiten 488-493.

Kleindiek, Detlef: Stock Options und Erwerb eigener Aktien, in: Hommelhoff, Peter/Röhricht, Volker (Hrsg.): Gesellschaftsrecht 1997, Köln 1997, Seiten 23-47.

Kleindiek, Detlef: Funktion und Geltungsanspruch des Pflichtangebots nach dem WpÜG, in: Zeitschrift für Unternehmens- und Gesellschaftsrecht (ZGR) 2002, Seiten 546-578.

Kley, Karl-Ludwig: Strategische Allianzen als Alternative zu Übernahmen, in: von Rosen, Rüdiger/Seifert, Werner G. (Hrsg.): Die Übernahme börsennotierter Unternehmen, Frankfurt am Main 1999, Seiten 395-414.

Klingberg, Dietgard: Der Aktienrückkauf nach dem KonTraG aus bilanzieller und steuerlicher Sicht, in: Betriebs-Berater (BB) 1998, Seiten 1575-1581.

Kluth, Winfried: Abschaffung von Mehrstimmrechtsaktien verfassungswidrig?, in: Zeitschrift für Wirtschaftsrecht (ZIP) 1997, Seiten1217-1223.

Knepper, William E./Bailey Dan A.: Liability of Corporate Officers and Directors, 5th Edition, Charlottesville 1993.

Knepper, William E./Bailey Dan A.: Liability of Corporate Officers and Directors, 5th Edition, 1996 Cumulative Supplement to Volume 1 and 2, Charlottesville 1996.

Knoeber, Charles R.: Golden Parachutes, Shark Repellents and Hostile Tender Offers, in: 76 American Economic Review (1986), Seiten 155-167.

Knoll, Heinz-Christian: Die Übernahme von Kapitalgesellschaften, Baden-Baden 1992.

Knott, Hermann J.: Gläubigerschutz bei horizontaler und vertikaler Konzernverschmelzung, in: Der Betrieb (DB) 1996, Seiten 2423-2425.

Koch, Beate: Hindernisse für öffentliche Übernahmeangebote im deutschen und britischen Recht, Frankfurt am Main/Berlin/Bern/New York/Paris/Wien 1996.

Koch, Eckart: Globalisierung der Wirtschaft - Über Weltkonzerne und Weltpolitik, München 2000.

Koch, Jens: Der Erwerb eigener Aktien - kein Fall des WpÜG, in: Neue Zeitschrift für Gesellschaftsrecht (NZG) 2003, Seiten 61-70.

Kock, Martin/Dinkel, Renate: Die zivilrechtliche Haftung von Vorständen für unternehmerische Entscheidungen, in: Neue Zeitschrift für Gesellschaftsrecht (NZG) 2004, Seiten 441-448.

Kölling, Lars: Namensaktien im Wandel der Zeit - „NaStraG", in: Neue Zeitschrift für Gesellschaftsrecht (NZG) 2000, Seiten 631-638.

Kölner Kommentar zum Aktiengesetz: Band 1, §§ 1-75 AktG, 2. Auflage, Köln/Berlin/Bonn/München 1988 (zitiert: KölnerKommAktG/ Verfasser).

Kölner Kommentar zum Aktiengesetz: Band 2, §§ 76-117 AktG, 2. Auflage, Köln/Berlin/Bonn/München 1996 (zitiert: KölnerKommAktG/ Bearbeiter).

Kölner Kommentar zum Aktiengesetz: Band 1, 5. Lieferung, §§ 118-147 AktG, Köln/Berlin/Bonn/München 1973 (zitiert: KölnerKommAktG/ Verfasser).

Kölner Kommentar zum Aktiengesetz: Band 5/1, §§ 179-240 AktG, 2. Auflage, Köln/Berlin/Bonn/München 1995 (zitiert: KölnerKommAktG/ Verfasser).

Kölner Kommentar zum Aktiengesetz: Band 6, 1. Lieferung, §§ 291-328 AktG, 2. Auflage, Köln/Berlin/Bonn/München 1987 (zitiert: Kölner KommAktG/ Verfasser).

Kölner Kommentar zum WpÜG mit AngebVO und §§ 327a - 327 f AktG, Herausgeber Hirte, Heribert/von Bülow, Christoph, bearbeitet von von Bülow, Christoph/ Hasselbach, Kai/Hirte, Heribert/Giesberts, Ludger/Kremer, Matthias-Gabriel/ Möllers, Thomas M.J./Oesterhaus, Henning/Pohlmann, Petra/Schäfer, Holger/Seydel, Eberhard/Versteegen, Peter, Köln/Berlin/ Bonn/München 2003 (zitiert: KölnerKommWpÜG/ Bearbeiter).

Körner, Marita: Die Neuregelung der Übernahmekontrolle nach deutschem und europäischem Recht - insbesondere zur Neutralitätspflicht des Vorstands, in: Der Betrieb (DB) 2001, Seiten 367-371.

Kohler, Klaus: Stock Options für Führungskräfte aus der Sicht der Praxis, in: Zeitschrift für das gesamte Handelsrecht und Wirtschaftsrecht 161 (1997), Seiten 246-268.

Kohlhausen, Martin: Der Finanzplatz Deutschland im Wettbewerb, in: Wertpapiermitteilungen (WM) 1998, Seiten 20-21.

Konow, Gerhard: Zum Subsidiaritätsprinzip des Vertrages von Maastricht, in: Die Öffentliche Verwaltung (DÖV) 1993, Seiten 405-412.

Kort, Michael: Zur Treuepflicht des Aktionärs, in: Zeitschrift für Zeitschrift für Wirtschaftsrecht (ZIP) 1990, Seiten 294-297.

Koopmann, Hans-Martin: Voluntary action of business and industry. A legal analysis of voluntary agreements and self-regulation, London 2001.

Kort, Michael: Rechte und Pflichten des Vorstands einer Zielgesellschaft bei Übernahmeversuchen, in: Schneider, Uwe H./Hommelhoff, Peter/Schmidt, Karsten/Timm, Wolfram/ Grunewald, Barbara/Drygala, Tim: Festschrift für Marcus Lutter zum 70. Geburtstag, Köln 2000, Seiten 1421-1447.

Kossen, Klaus C.: Haftung des Vorstandes und des Aufsichtsrates einer Aktiengesellschaft für Pflichtverletzungen, in: Der Betrieb (DB) 1988, Seiten 1785-1791.

Kossmann, Horst: Der Anspruch auf Genehmigung zur Übertragung vinkulierter Namensaktien, in: Betriebs-Berater (BB) 1985, Seiten 1364-1367.

Kossmann, Alfred: Ausschluss („Freeze-out“) von Aktionären gegen Barabfindung, in: Neue Zeitschrift für Gesellschaftsrecht (NZG) 1999, Seiten 1198-1203.

Kraakman, Reinier: Taking Discounts Seriously: The Implications of "Discounted" Share Prices as an Acquisition Motive, in: 88 Columbia Law Review (1988), Seiten 891-941.

Kraakman, Reinier: Die Professionalisierung des Board, in: Feddersen, Dieter/ Hommelhoff, Peter/Schneider, Uwe H.: Corporate Governance – Optimierung der Unternehmensführung und der Unternehmenskontrolle im deutschen und amerikanischen Aktienrecht, Köln 1996, Seiten 129-142.

Krause, Hartmut: Der revidierte Vorschlag einer Takeover-Richtlinie (1996), in: Die Aktiengesellschaft (AG) 1996, Seiten 209-217.

Krause, Hartmut: Zur Gleichbehandlung der Aktionäre bei Übernahmeangeboten und Beteiligungserwerb, in: Wertpapiermitteilungen (WM) 1996, Teil I: Seiten 845-851, Teil II: Seiten 893-900.

Krause, Hartmut: Das obligatorische Übernahmeangebot - Eine juristische und ökonomische Analyse, Baden-Baden 1996.

Krause, Hartmut: Zur „Pool- und Frontenbildung" im Übernahmekampf und zur Organzuständigkeit für Abwehrmaßnahmen gegen „feindliche" Übernahmeangebote, in: Die Aktiengesellschaft (AG) 2000, Seiten 217-222.

Krause, Hartmut: Die geplante Takeover-Richtlinie der Europäischen Union mit Ausblick auf das geplante deutsche Übernahmegesetz, in: Neue Zeitschrift für Gesellschaftsrecht (NZG) 2000, Seiten 905-913.

Krause, Hartmut: Das neue Übernahmerecht, in: Neue Juristische Wochenschrift (NJW) 2002, Seiten 705 - 776.

Krause, Hartmut: Prophylaxe gegen feindliche Übernahmeangebote, in: Die Aktiengesellschaft (AG) 2002, Seiten 133 - 144.

Krause, Hartmut: Die Abwehr feindlicher Übernahmeangebote auf der Grundlage von Ermächtigungsbeschlüssen der Hauptversammlung, in: Betriebs-Berater 2002, Seiten 1053-1061.

Krause, Hartmut: Das deutsche Übernahmegesetz vor dem Hintergrund der EU-Richtlinie, in: Zeitschrift für Unternehmens- und Gesellschaftsrecht (ZGR) 2002, Seiten 500-519.

Krause, Hartmut: Von „goldenen Aktien", dem VW-Gesetz und der Übernahmerichtlinie, in: Neue Juristische Wochenschrift (NJW) 2002, Seiten 2747-2751.

Krause, Hartmut: Der Kommissionsvorschlag für die Revitalisierung der EU-Übernahmerichtlinie, in: Betriebs-Berater (BB) 2002, Seiten 2341-2347.

Kreikebaum, Hartmut: Strategische Unternehmensplanung, 3. Auflage, Stuttgart/ Berlin/Köln 1989.

Krieger, Gerd: Aktionärsklage zur Kontrolle des Vorstands- und Aufsichtsratshandelns, in: Zeitschrift für das gesamte Handelsrecht und Gesellschaftsrecht (ZHR) 163 (1999), Seiten 343-363.

Krieger, Gerd: Squeeze-Out nach neuem Recht: Überblick und Zweifelsfragen, in: Betriebs-Berater (BB) 2002, Seiten 53 - 62.

Kroeber, Charles M.: Golden Parachutes, Shark Repellents, and Hostile Tender Offers, in: 76 American Economic Review (1986), Seiten 155-186.

Kromschröder, Bernhard/Lück, Wolfgang: Grundsätze risikoorientierter Unternehmensüberwachung, in: Der Betrieb (DB) 1998, Seiten 1573-1576.

Kropff, Bruno: Aktiengesetz, Textausgabe des Aktiengesetzes vom 06. September 1965 und des Einführungsgesetzes zum Aktiengesetz vom 06. September 1965 mit Begründung des Regierungsentwurfs, Düsseldorf 1965.

Kropff, Bruno: Über die Ausgliederung, in: Ballerstedt, Kurt/Hefermehl, Wolfgang (Hrsg.): Festschrift für Ernst Gessler zum 65. Geburtstag am 5. März 1970, München 1971, Seiten 111-126.

Kropff, Bruno: Zur Konzernleitungspflicht, in: Zeitschrift für Unternehmens- und Gesellschaftsrecht (ZGR) 1984, Seiten 112-133.

Kübler, Friedrich: Transparenz am Kapitalmarkt - Wirtschaftspolitische Grundfragen aktueller Regelungsprobleme, in: Die Aktiengesellschaft (AG) 1977, Seiten 85-92.

Kübler, Friedrich: Anlageberatung durch Kreditinstitute, in: Zeitschrift für das gesamte Handelsrecht und Gesellschaftsrecht (ZHR) 145 (1981), Seiten 204-221.

Kübler, Friedrich: Sind zwingende Bezugsrechte wirtschaftlich sinnvoll?, in: Zeitschrift für Bankrecht und Bankwirtschaft (ZBB) 1993, Seiten 1-7.

Kübler, Friedrich: Stellungnahme zur Aktienrechtsreform 1997, in: Die Aktiengesellschaft, Sonderausgabe (AG-Sonderausgabe) 8/1997 - Die Aktienrechtsreform 1997, Seiten 48-52.

Kübler, Friedrich: Gesellschaftsrecht: Die privatrechtlichen Ordnungsstrukturen und Regelungsprobleme von Verbänden und Unternehmen - Ein Lehrbuch für Juristen und Wirtschaftswissenschaftler, 5. Auflage, Heidelberg 1999.

Kübler, Friedrich/Mendelson, Morris/Mundheim, Robert H.: Die Kosten des Bezugsrechts, in: Die Aktiengesellschaft (AG) 1990, Seiten 461-475.

Kübler, Friedrich/Schmidt, Reinhard H.: Gesellschaftsrecht und Konzentration, Berlin 1988.

Kugler, Stefan: Die Anteilsbewertung beim Management Buyout - Eine rechtsvergleichende Studie zum Recht der Vereinigten Staaten von Amerika und der Bundesrepublik Deutschland, Aachen 1998.

Kümpel, Siegfried/Ott, Claus: Kapitalmarktrecht, Berlin 2000.

Kuhr, Hans-Peter: Der Minderheitenschutz bei Übernahmeangeboten in Deutschland und Frankreich unter dem Einfluss der 13. EG-Richtlinie - Eine rechtsvergleichende Untersuchung des europäischen, deutschen und französischen Rechts, Konstanz 1992.

Kummer, Ronald R./Hoffmeister, J. Ronald: Valuation Consequences of Cash Tender Offers, in: 33 Journal of Finance (1978), Seiten 505-516.

Kurth, Thomas: Aktionärsschutz und öffentliche Kaufangebote - Neuere Entwicklungen im Recht der USA, Köln 1987.

La Porta, Rafael/Lopez-De-Silanes, Florencio/Shleifer, Andrei: Corporate Ownership Around the World, in: 54 Journal of Finance (1999), Seiten 471-517.

Lakonishok, Josef/Vermaelen, Theo: Anomalous Price Behavior Around Repurchase Tender Offers, in: 45 Journal of Finance (1990), Seiten 455-477.

Lambert, RIchard A./Larcker, David F.: Golden Parachutes, Executive Decision-Making and Shareholder Wealth, in: 7 Journal of Accounting and Economics (1985), Seiten 179-203.

Lammers, Brigitte: Verhaltenspflichten von Verwaltungsorganen in Übernahmeauseinandersetzungen - Eine rechtsvergleichende Untersuchung des US-amerikanischen, deutschen und europäischen Rechts, Frankfurt am Main/ Berlin/ Bern/New York/Paris/Wien 1994.

Land, Volker/Hasselbach, Kai: „Going Private" und „Squeeze-out" nach deutschem Aktien-, Börsen- und Übernahmerecht, in: Der Betrieb (DB) 2000, Seiten 557- 562.

Land, Volker/Hasselbach, Kai: Das neue deutsche Übernahmegesetz - Einführung und kritische Anmerkungen zum Diskussionsentwurf des BMF -, in: Der Betrieb (DB) 2000, Seiten 1747-1755.

Land, Volker: Das neue deutsche Wertpapiererwerbs- und Übernahmegesetz – Anmerkungen zum Regierungsentwurf, in: Der Betrieb (DB) 2001, Seiten 1707-1713.

Lang, Larry H. P./Stulz, Renè M./Walkling, Ralph A.: Managerial Performance, Tobin`s Q, and the Gains from Successful Tender Offers, in: 24 Journal of Financial Economics (1989), Seiten 137-154.

Lang, Larry H. P./Stulz, Renè M./Walkling, Ralph A.: A test of the free cash flow hypothesis: The case of bidder returns, in: 29 Journal of Financial Economics (1991), Seiten 315-335.

Langhart, Albrecht: Rahmengesetz und Selbstregulierung: Kritische Betrachtungen zur vorgeschlagenen Struktur eines Bundesgesetzes über die Börsen und den Effektenhandel unter Berücksichtigung des amerikanischen und englischen Börsenrechts, Zürich 1993.

Lappe, Michael: Gemischte Kapitalerhöhung und Bezugsrechtsausschluss in Restrukturierungsfällen, in: Betriebs-Berater (BB) 2000, Seiten: 313-318.

Lappe, Thomas/Stafflage, Axel: Unternehmensbewertung nach dem Wertpapiererwerbs- und Übernahmegesetz, in: Betriebs-Berater (BB) 2002, Seiten 2185-2192.

Larenz, Karl/Canaris, Claus-Wilhelm: Methodenlehre der Rechtswissenschaft, 3. Auflage, Berlin/Heidelberg 1995.

Laux, Frank: Die Lehre vom Unternehmen an sich: Walther Rathenau und die aktienrechtliche Diskussion in der Weimarer Republik, Berlin 1998.

Lease, Ronald C./McConnell, John L./Mikkelson, Wayne H.: The Market Value of Control in Publicly Traded Corporations, in: 11 Journal of Financial Economics (1983), Seiten 439-471.

Lee, Peter: Takeover Regulation in the United Kingdom, in: Europäisches Wirtschafts- und Steuerrecht (EWS) 1990, Seiten 241-246.

Lee, D. Scott: Management Buyout Proposals and Inside Information, in: 47 Journal of Finance (1992), Seiten 1061-1079.

Lee, Thomas C.: Limiting Corporate Directors' Liability: Delaware's Section 102(b)(7) and the Erosion of the Directors' Duty of Care, in: 136 University of Pennsylvania Law Review (1987), Seiten 239-280.

Leebron, David W.: Games Corporations Play: A Theory of Tender Offers, in: 61 New York University Law Review (1986), Seiten 153-222.

Lehn, Kenneth/Netter, Jeffry/Poulsen, Annette: Consolidating corporate control: Dualclass recapitalizations versus leveraged buyouts, in: 27 Journal of Financial Economics (1990), Seiten 557-580.

Lehn, Kenneth/Poulsen, Annette B.: Leveraged Buyouts: Wealth Created or Wealth Redistributed?, in: Weidenbaum, Murray L./Chilton, Kenneth W. (Hrsg.): Public Policy Toward Corporate Takeovers, New Brunswick/Oxford 1988, Seiten 46-62.

Lehn, Kenneth/Poulsen, Annette B.: Free Cash Flow and Stockholder Gains in Going Private Transactions, in: 44 Journal of Finance (1989), Seiten 771-787.

Lehner, Georg Rudolf: Die Verantwortlichkeit der Leitungsorgane von Aktiengesellschaften in rechtsvergleichender und internationalprivatrechtlicher Sicht unter Berücksichtigung des schweizerischen, amerikanischen, deutschen, französischen, englischen und italienischen Rechts, Zürich 1981.

Lehnert, Ingrid: Unternehmensübernahmen in den USA in den 80er Jahren, Wiesbaden 1997.

Lenel, Hans Otto: Über den Markt für Unternehmenskontrolle, in: Gröner, Helmut (Hrsg.): Der Markt für Unternehmenskontrollen, Berlin 1992, Seiten 9-26.

Lenz, Jürgen/Linke, Ulf: Die Handhabung des WpÜG in der aufsichtsrechtlichen Praxis, in: Die Aktiengesellschaft (AG) 2002, Seiten 361-369.

Lenz, Jürgen/Linke, Ulf: Rückkauf eigener Aktien nach dem Wertpapiererwerbs- und Übernahmegesetz, in: Die Aktiengesellschaft (AG) 2002, Seiten 420-424.

Leroy, Stephen: Efficient Capital Markets and Martingales, in: 27 Journal of Economic Literature (1989), Seiten 1583-1621.

Lese, Shawn C.: Preventing Control from the Grave: A Proposal for Judicial Treatment of Dead Hand Provisions in Poison Pills, in: 96 Columbia Law Review (1996), Seiten 2175-2212.

Letzel, Hans-Joachim: Das Pflichtangebot nach dem Übernahmekodex - mit Vorausschau auf das Pflichtangebot nach dem ÜbG, in: Neue Zeitschrift für Gesellschaftsrecht (NZG) 2001, Seiten 260-268.

Leven, Franz-Josef: Investor Relations und Shareholder Value, in: Müller, Michael/ Leven, Franz-Josef: Shareholder Value Reporting: Veränderte Anforderungen an die Berichterstattung börsennotierter Unternehmen, Wien/Frankfurt 1998, Seiten 45-62.

Lichtenberg, Frank R.: Productivity Improvements from Changes in Ownership, in: Mergers & Acquisitions 1988, Seiten 48-50.

Lichtenberg, Frank R.: Corporate Takeovers and Productivity, Cambridge/London 1992.

Lichtenberg, Frank R./Siegel, Donald: Productivity and Changes in Ownership of Manufacturing Plants, in: 3 Brookings Papers on Economic Activity (1987), Seiten 643-673.

Lichtenberg, Frank R./Siegel, Donald: The Effects of Takeovers on the Employment and Wages of Central Office and Other Personell, in: National Bureau of Economic Research Working Paper No. 3187 (1989).

Lichtenberg, Frank R./Siegel, Donald: The effects of leveraged buyouts on productivity and related aspects of firm behavior, in: 27 Journal of Financial Economics (1990), Seiten 165-194.

Liebscher, Thomas: Konzernbildungskontrolle: Rechtsformspezifische und rechtsformunabhängige Aspekte der Problematik eines konzernrechtlichen Präventivschutzes im Rahmen des Konzernierungsprozesses, Berlin 1995.

Liebscher, Thomas: Das Übernahmeverfahren nach dem neuen Übernahmegesetz - Übernahmerechtliche Grenzen der Gestaltungsfreiheit im Hinblick auf die Übernahmestrategien des Bieters, in: Zeitschrift für Wirtschaftsrecht (ZIP) 2001, Seiten 853-869.

Liebscher, Thomas: Die Zurechnungstatbestände des WpHG und WpÜG, in: Zeitschrift für Wirtschaftsrecht (ZIP) 2002, Seiten 1005-1017.

Linsley, Kristin A.: Statutory Limitations on Directors' Liability in Delaware: A new Look at Conflicts of Interest and the Business Judgment Rule, in: 24 Harvard Journal on Legislation (1987), Seiten 527-572.

Lipton, Martin: Takeover Bids in the Target`s Boardroom, in: 35 Business Lawyer (1979), Seiten 101-134.

Lipton, Martin: Takeover Bids in the Target`s Boardroom: A Response to Professors Easterbrook and Fischel, in: 55 New York University Law Review (1980), Seiten 1231-1236.

Lipton, Martin: Takeover Bids in the Target`s Boardroom; An Update After One Year, in: 36 Business Lawyer (1981), Seiten 1017-1028.

Lipton, Martin: Corporate Governance in the Age of Finance Corporatism, in: 136 University of Pennsylvania Law Review (1987), Seiten 1-72.

Lipton, Martin/Steinberger, Erica H.: Takeovers and Freezeouts, New York 1988.

Loehr, Helmut: Der neue Verhaltenskodex für Unternehmensübernahmen in der praktischen Umsetzung - Eine Zwischenbilanz, in: Wertpapiermitteilungen (WM) 1997, Seiten 1374-1375.

Loehr, Helmut: Der Freiwillige Übernahmekodex, in: von Rosen, Rüdiger/Scifert, Werner G. (Hrsg.): Die Übernahme börsennotierter Unternehmen, Frankfurt am Main 1999, Seiten 149-163.

Loges, Rainer: Lässt sich eine GmbH nach dem „Board-System" organisieren?, in: Zeitschrift für Wirtschaftsrecht (ZIP) 1997, Seiten 437-444.

Loges, Rainer/Distler, Wolfram: Gestaltungsmöglichkeiten durch Aktiengattungen, in: Zeitschrift für Wirtschaftsrecht (ZIP) 2002, Seiten 467 - 474.

Lorie, James H./Hamilton, Mary T.: The Stock Market: Theories and Evidence, Irwin 1973.

Loritz, Karl-Georg/Wagner, Klaus-R.: Das "Zwangsübernahmeangebot" der EG-Takeover-Richtlinie aus verfassungsrechtlicher Sicht, in: Wertpapiermitteilungen (WM) 1991, Seiten 709-722.

Lowenstein, Louis: Prunning Deadwood in Hostile Takeovers: A Proposal for Legislation, in: 83 Columbia Law Review (1983), Seiten 249-334.

Lowenstein, Louis: Management Buyouts, in: 85 Columbia Law Review (1985), Seiten 730-784.

Lowenstein, Louis: What's Wrong With Wall Street: Short-Term Gains and the Absentee Shareholder, Reading/Mass. 1988.

Lubatkin, Michael: Merger Strategies and Stockholder Value, in: 8 Strategic Management Journal (1987), Seiten 39-53.

Ludwig, Martina: Globalisierung der Märkte - Motor oder Bremse für den Wohlstand hoch entwickelter Volkswirtschaften, Frankfurt am Main/Berlin/Bern/New York/Paris/Wien 1998.

Lüttmann, Ruth: Kontrollwechsel in Kapitalgesellschaften: Eine rechtsvergleichende Untersuchung des englischen, US-amerikanischen und deutschen Rechts, Baden-Baden 1992.

Lutter, Marcus: Teilfusionen im Gesellschaftsrecht, in: Fischer, Robert/Möhring, Philipp/Westermann, Harry (Hrsg.): Wirtschaftsfragen der Gegenwart: Festschrift für Carl Hans Barz zum 65. Geburtstag am 6. Dezember 1974, Berlin/New York 1974, Seiten 199-218.

Lutter, Marcus: Zur Treuepflicht des Großaktionärs, in: Juristenzeitung (JZ) 1976, Seiten 225-233.

Lutter, Marcus: Theorie der Mitgliedschaft - Problegomena zu einem Allgemeinen Teil des Korporationsrechts -, in: Archiv für die zivilistische Praxis (AcP) 180 (1980), Seiten 84-159.

Lutter, Marcus: Organzuständigkeiten im Konzern, in: Lutter, Marcus/ Mertens, Hans-Joachim/Ulmer, Peter (Hrsg.): Festschrift für Walter Stimpel zum 68. Geburtstag am 29. November 1985, Berlin/New York 1985, Seiten 825-854.

Lutter, Marcus: 100 Bände BGHZ: Konzernrecht, in: Zeitschrift für das gesamte Handelsrecht und Gesellschaftsrecht (ZHR) 151 (1987), Seiten 444-461.

Lutter, Marcus: Die Treupflicht des Aktionärs - Bemerkungen zur Linotype-Entscheidung des BGH, in: Zeitschrift für das gesamte Handelsrecht und Wirtschaftsrecht (ZHR) 153 (1989), Seiten 446-471.

Lutter, Marcus: Das Recht der faktischen Unternehmensverbindungen und die Beschlüsse des 59. Juristentages, in: Der Betrieb (DB) 1992, Seiten 2429-2430.

Lutter, Marcus: Die Rechte und Pflichten des Vorstandes bei der Übertragung vinkulierter Namensaktien, in: Die Aktiengesellschaft (AG) 1992, Seiten 369-375.

Lutter, Marcus: Der Aufsichtsrat: Konstruktionsfehler, Inkompetenz seiner Mitglieder oder normales Risiko?, in: Die Aktiengesellschaft (AG) 1994, Seiten 176-177.

Lutter, Marcus: Defizite für eine effiziente Aufsichtsratstätigkeit und gesetzliche Möglichkeiten der Verbesserung, in: Zeitschrift für das gesamte Handelsrecht und Wirtschaftsrecht (ZHR) 159 (1995), Seiten 287-309.

Lutter, Marcus: Europäisches Unternehmensrecht: Grundlagen, Stand und Entwicklung nebst Texten und Materialien zur Rechtsangleichung, 4. Auflage, Berlin 1996.

Lutter, Marcus: Aktienoptionen für Führungskräfte - de lege lata und de lege ferenda, in: Zeitschrift für Wirtschaftsrecht (ZIP) 1997, Seiten 1-9.

Lutter, Marcus: Anmerkungen zum BGH Urteil v. 23.6.1997 - II ZR 132/93 (OLG München) in: Juristenzeitung (JZ) 1998, Seiten 50-53.

Lutter, Marcus: Treupflichten und ihre Anwendungsprobleme, in: Zeitschrift für das gesamte Handelsrecht und Wirtschaftsrecht (ZHR) 162 (1998), Seiten 164-185.

Lutter, Marcus: Die Funktion der Gerichte im Binnenstreit von Kapitalgesellschaften - ein rechtsvergleichender Überblick, in: Zeitschrift für Unternehmens- und Gesellschaftsrecht (ZGR) 1998, Seiten 191-211.

Lutter, Marcus: Zur Vorbereitung und Durchführung von Grundlagenbeschlüssen in Aktiengesellschaften, in: Goerdeler, Reinhard/ Hommelhoff, Peter/ Lutter, Marcus/Wiedemann, Herbert (Hrsg.): Festschrift für Hans-Joachim Fleck zum 70. Geburtstag am 30. Januar 1988, Berlin/New York 1988, Seiten 169-190.

Lutter, Marcus: Das Vor-Erwerbsrecht/Bezugsrecht der Aktionäre beim Verkauf von Tochtergesellschaften über die Börse, in: Die Aktiengesellschaft (AG) 2000, Seiten 342-345.

Lutter, Marcus/Drygala, Tim: Rechtsfragen Beim Gang an die Börse, in: Schmidt, Karsten/Schwark, Eberhard (Hrsg.): Unternehmen, Recht und Wirtschaftsordnung: Festschrift für Peter Raisch zum 70. Geburtstag, Köln/Berlin/Bonn/München 1995, Seiten 239-253.

Lutter, Marcus/Grunewald, Barbara: Zur Umgehung von Vinkulierungsklauseln in Satzungen von Aktiengesellschaften und Gesellschaften mbH, in: Die Aktiengesellschaft (AG) 1989, Seiten 109-117.

Lutter, Marcus/Grunewald, Barbara: Gesellschaften als Inhaber vinkulierter Aktien und Geschäftsanteile, in: Die Aktiengesellschaft (AG) 1989, Seiten 409-414.

Lutter, Marcus/Krieger, Gerd: Rechte und Pflichten des Aufsichtsrats, Köln 2002.

Lutter, Marcus/Lammers, Brigitte: Hostile Takeovers: Possibilities and Limitations according to German law, in: Maeijer, Josephus Martinus Maria/Geens, K. (Hrsg.): Defensive Measures against Hostile Takeovers in the Common Market, Dordrecht/Boston/London 1990, Seiten 113-148.

Lutter, Marcus/Leinekugel, Rolf: Kompetenzen von Hauptversammlung und Gesellschafterversammlung beim Verkauf von Unternehmensteilen, in: Zeitschrift für Wirtschaftsrecht (ZIP) 1998, Seiten 225-232.

Lutter, Marcus/Leinekugel, Rolf: Der Ermächtigungsbeschuss der Hauptversammlung zu grundlegenden Strukturmaßnahmen - zulässige Kompetenzübertragung oder unzulässige Selbstentmachtung?, in: Zeitschrift für Wirtschaftsrecht (ZIP) 1998, Seiten 805-817.

Lutter, Marcus/Schneider, Uwe H.: Die Beteiligung von Ausländern an inländischen Aktiengesellschaften - Möglichkeiten der Beschränkung nach geltendem Recht und Vorschläge de lege ferenda -, in: Zeitschrift für Unternehmens- und Gesellschaftsrecht (ZGR) 1975, Seiten 182-211.

Lutter, Marcus/Wahlers, Henning W.: Der Buyout: Amerikanische Fälle und die Regeln des deutschen Rechts, in: Die Aktiengesellschaft (AG) 1989, Seiten 1-17.

Luttermann, Claus: Zum Börsenkurs als gesellschaftsrechtliche Bewertungsgrundlage, in: Zeitschrift für Wirtschaftsrecht (ZIP) 1999, Seiten 45-52.

Luttermann, Claus: Der „durchschnittliche" Börsenkurs bei Barabfindung von Aktionären und Verschmelzungswertrelation, in: Zeitschrift für Wirtschaftsrechtsrecht (ZIP) 2001, Seiten 869-872.

Lutz, Peter: Feindliche Übernahmen - Beeinflussung des Managementverhaltens und das Trittbrettfahrer-Problem, Frankfurt am Main/Berlin/Bern/New York/Paris/Wien 1993.

Lynch, Gary G./Steinberg, Marc I.: The Legitimacy of Defensive Tactics in Tender Offers, in: 64 Cornell Law Review (1979), Seiten 901-939.

Macey, Jonathan R.: Externalities, Firm-Specific Capital Investments, and the Legal Treatment of Fundamental Corporate Changes, in: 1989 Duke Law Review, Seiten 173-201.

Macey, Jonathan R.: Courts and Corporations: A Comment on Coffee, in: 89 Columbia Law Review (1989), Seiten 1692-1702.

Macey, Jonathan R./McChesney, Fred S.: A Theoretical Analysis of Corporate Greenmail, in: 95 Yale Law Journal (1985), Seiten 13-61.

Macey, Jonathan R./Miller, Geoffrey P.: Trans Union Reconsidered, in: 98 Yale Law Journal (1988/89), Seiten 127-143.

Macintosh, Jeffrey: Designing an Efficient Fiduciary Law, in: 43 University of Toronto Law Journal (1993), Seiten 425-473.

Machlin, Judith C./Choe, Hyuk/Miles, James A.: The Effects of Golden Parachutes on Takeover Activity, in: 36 Journal of Law and Economics (1993), Seiten 861-876.

Mackensen, Marcus: Institutionelle Anleger im Unternehmensrecht Deutschlands und der USA, Frankfurt am Main/Berlin/Bern/Brüssel/New York/Wien 2000.

Magenheim, Ellen B./Mueller, Dennis C.: Are Acquiring-Firm Share-holders Better Off after an Acquisition?, in: Coffee, John C./Lowenstein, Louis/Rose-Ackerman, Susan (Hrsg.): Knights, Raiders, and Targets: The Impact of the Hostile Takeover, New York/ Oxford 1988, Seiten 171-193.

Mahari, Julian I.: Rückkehr zur Aktionärsherrschaft als unternehmerische Chance und rechtspolitischer Impuls: Vorstöße zur Beendigung der Machtdelegation an das Management anhand der Entwicklung der Take-overs in den USA, in: Die Schweizerische Aktiengesellschaft (SAG) 1988, Seiten 14-29.

Mai, Johannes: Aktionärsschutz und Minderheitenschutz bei der Abwehr unkoordinierter Übernahmen börsennotierter Aktiengesellschaften, Baden-Baden 2004.

Maier-Reimer, Georg: Protection Against Hostile Takeovers in Germany: Banks and Limitations on Voting Rights, in: Hopt, Klaus J./ Wymeersch, Eddy (Hrsg.): European Takeovers - Law and Practice, London/Boston/Brussels/ Dublin/Edinburgh/Hato Rey/Kuala Lumpur/Singapore/Sydney/Toronto/ Wellington 1992, Seiten 242-251.

Maier-Reimer, Georg: Verhaltenspflichten des Vorstands der Zielgesellschaft bei feindlichen Übernahmen, in: Zeitschrift für das gesamte Handelsrecht und Wirtschaftsrecht (ZHR) 165 (2001), Seiten 258 - 279.

Malatesta, Paul H.: The Wealth Effect of Merger Activity and the Objective Functions of Merging Firms, in: 11 Journal of Financial Economics (1983), Seiten 155-181.

Malatesta, Paul H./Thompson, Rex: Government Regulation and Structural Change in the Corporate Acquisitions Market: The Impact of the Williams Act, in: 28 Journal of Financial and Quantitative Analysis (1993), Seiten 363-379.

Malatesta, Paul H./Walkling, Ralph A.: Poison Pill Securities: Stockholder Wealth, Profitability, and Ownership Structure, in: 20 Journal of Financial Economics (1988), Seiten 347-376.

Mandelker, Gershon: Risk and Return: The Case of Merging Firms, in: Posner, Richard A./Scott, Kenneth E.: Economics of Corporation Law and Securities Regulation, Boston/Toronto 1980, Seiten 197-205.

Mann, Steven V./Sicherman, Neil W.: The Agency Costs of Free Cash Flow: Acquisition Activity and Equity Issues, in: 64 Journal of Business (1991), Seiten 213-227.

Manne, Henry G.: Mergers and the Market for Corporate Control, in: 73 Journal of Political Economy (1965), Seiten 110-120.

Manne, Henry G.: Insider Trading and the Law Professors, in: 23 Vanderbilt Law Review (1970), Seiten 547-590.

Manning, Bayless: The Business Judgment Rule and the Director's Duty of Attention: Time for Reality, in: 39 Business Lawyer (1984), Seiten 1477-1501.

Manning, Bayless: The Business Judgment Rule in Overview, in: 45 Ohio State Law Review (1984), Seiten 615-627.

Manning, Bayless: Reflections and Practical Tips of Life in the Boardroom After Van Gorkom, in: 41 Business Lawyer (1985), Seiten 1-14.

Marais, Laurentius/Schipper, Katherine/Smith, Abbie: Wealth Effects of Going Private for Senior Securities, in: 23 Journal of Financial Economics (1989), Seiten 155-191.

Markham, Jesse W.: Comglomerate Enterprises and Public Policy, Cambridge 1973.

Markowitz, Harry M.: Portfolio Selection, in: 7 Journal of Finance (1952), Seiten 77-91.

Markowitz, Harry M.: Portfolio Selection - Efficient Diversification of Investments, New York 1959.

Markwardt, Karsten: Erwerb eigener Aktien: In der „Falle“ des § 71 Abs. 1 Nr. 8 AktG, in: Betriebs-Berater (BB) 2002, Seiten 1108-1114.

Marquardt, Michael: Gesellschafts- und steuerrechtliche Instrumente zur Abwehr feindlicher Übernahmen von Aktiengesellschaften, in: Wirtschaftsrechtliche Beratung (WiB) 1994, 537-543.

Marsh, Harold: Are Directors Trustees? Conflict of Interest and Corporate Morality, in: Business Lawyer 1966, Seiten 35-76.

Martens, Klaus-Peter: Die Entscheidungsautonomie des Vorstandes und die „Basisdemokratie“ in der Aktiengesellschaft, in: Zeitschrift für das gesamte Handelsrecht und Wirtschaftsrecht (ZHR) 147 (1983), Seiten 377-428.

Martens, Klaus-Peter: Der Ausschluss des Bezugsrechts, in: Zeitschrift für Wirtschaftsrecht (ZIP) 1992, Seiten 1677-1697.

Martens, Klaus-Peter: Der Einfluss von Vorstand und Aufsichtsrat auf Kompetenzen und Struktur der Aktionäre - Unternehmensverantwortung contra Neutralitätspflicht, in: Beisse, Heinrich/ Lutter, Marcus/ Närger, Heribald (Hrsg.): Festschrift für Karl Beusch zum 68. Geburtstag am 31. Oktober 1993, Berlin/New York 1993, Seiten 529-556.

Martens, Klaus-Peter: Richterliche und gesetzliche Konkretisierungen des Bezugsrechtsausschlusses, in: Zeitschrift für Wirtschaftsrecht (ZIP) 1994, Seiten 669-678.

Martens, Klaus-Peter: Erwerb und Veräußerung eigener Aktien im Börsenhandel, in: Die Aktiengesellschaft (AG) 1996, Seiten 337-349.

Martens, Klaus-Peter: Leitfaden für die Leitung der Hauptversammlung einer Aktiengesellschaft, 2. Auflage, Köln 2000.

Martens, Knuth: Managementüberwachung durch den Aufsichtsrat, Lohmar/Köln 2000.

Martin, Kenneth J./McConnell, John J.: Corporate Performance, Corporate Takeovers, and Management Turnover, in: 46 Journal of Finance (1991), Seiten 671-687.

Masulis, Ronald W.: Stock Repurchase by Tender Offer: An Analysis of the Causes of Common Stock Price Changes, in: 35 Journal of Finance (1980), Seiten 305-319.

Masulis, Ronald W.: The Impact of Capital Structure Change on Firm Value: Some Estimates, in: 38 Journal of Finance (1983), Seiten 107-126.

Matthes, Gottfried: Aktienrecht, Berlin 1937.

Maul, Silja/Muffat-Jeandet, Danièle: Die EU-Übernahmerichtlinie - Inhalt und Umsetzung in nationales Recht, in: Die Aktiengesellschaft (AG) 2004, Seiten 221-234 (Teil I), Seiten 306-318 (Teil II).

Mayer, Thomas/Zschocke, Christian: Der deutsche Übernahmekodex - Inhalt und erste Erfahrungen, in: Bankarchiv - Zeitschrift für das gesamte Bank- und Börsenwesen (ÖBA) 1996, Seiten 711-716.

McConnell, John J./Muscarella, Chris J.: Corporate Capital Expenditure Decisions and Market Value of the Firm, in: 14 Journal of Financial Economics (1985), Seiten 399-422.

McConnell, John J./Schlarbaum, Gary G.: Evidence on the Impact of Exchange Offers on Security Prices: The Case of Income Bonds, in: 54 Journal of Business (1981), Seiten 65-85.

McConnell, John J./Servaes, Henri: Additional evidence on equity ownership and corporate value, in: 27 Journal of Financial Economics (1990), Seiten 595-612.

McDaniel, John S.: The 1983 Amendments to Pennsylvania`s Business Corporation Law: Unconstitutional? MITE be, in: 89 Dickinson Law Review (1984/85), Seiten 401-440.

McDaniel, Morey W.: Bondholders and Corporate Governance, in: 41 Business Lawyer (1986), Seiten 413-456.

McDaniel, Morey W.: Bondholders and Stockholders, in: 13 Journal of Corporation Law (1987/88), Seiten 205-315.

McTear, Brian J.: Comments, Has the Evolution of the Poison Pill come to an End? - Carmody v. Toll Brothers, Inc.; Mentor Graphics, Inc. v. Quickturn Design Systems, Inc., in: 24 Delaware Journal of Corporate Law (1999), Seiten 881-917.

McVea, Harry: What`s wrong with insider dealing?, in: 15 Legal Studies (1995), Seiten 390-414.

Mecke, Thomas: Konzernstruktur und Aktionärsentscheid, Baden-Baden 1992.

Meier-Schatz, Christian J.: Managermacht und Marktkontrolle: Bemerkungen zur amerikanischen Debatte um Übernahmeangebot und Markt für Unternehmenskontrolle, in: Zeitschrift für das gesamte Handelsrecht und Wirtschaftsrecht (ZHR) 149 (1985), Seiten 76-108.

Meier-Schatz, Christian: Unternehmenszusammenschlüsse mittels Übernahmeangebot, in: Wirtschaft und Recht (WuR) 1987, Seiten 16-39.

Menichetti, Marco J.: Verteidigungsstrategien des Managements bei Unternehmensübernahmen in den USA, in: Das Wirtschaftsstudium 1990, Seiten 521-524.

Mentz, Alexander/Fröhling, Viviane: Die Formen der rechtsgeschäftlichen Übertragung von Aktien, in: Neue Zeitschrift für Gesellschaftsrecht (NZG) 2002, Seiten 201-210.

Merkt, Hanno: US-amerikanisches Gesellschaftsrecht, Heidelberg 1991.

Merkt, Hanno: Internationaler Unternehmenskauf, Köln 1997.

Merkt, Hanno: Verhaltenspflichten des Vorstands der Zielgesellschaft bei feindlichen Übernahmen, in: Zeitschrift für das gesamte Handelsrecht und Wirtschaftsrecht (ZHR) 165 (2001), Seiten 224 - 257.

Merkt, Hanno: Zum Verhältnis von Kapitalmarktrecht und Gesellschaftsrecht in der Diskussion um die Corporate Governance, in: Die Aktiengesellschaft (AG) 2003, Seiten 126-136.

Mertens, Hans-Joachim: Unternehmensgegenstand und Mitgliedschaftsrecht, in: Die Aktiengesellschaft (AG) 1978, Seiten 309-313.

Mertens, Hans-Joachim: Der Aktionär als Wahrer des Rechts?, Aktuelle Probleme der Durchsetzung von Aktionärsrechten, in: Die Aktiengesellschaft (AG) 1990, Seiten 49-55.

Mertens, Hans-Joachim: Förderung von, Schutz vor, Zwang zu Übernahmeangeboten?, in: Die Aktiengesellschaft (AG) 1990, Seiten 252-259.

Mertens, Hans-Joachim: Schadensfragen im Kapitalgesellschaftsrecht, in: Medicus, Dieter/ Mertens, Hans-Joachim/Nörr, Knut Wolfgang/Zöllner, Wolfgang (Hrsg.), Festschrift für Hermann Lange, Stuttgart 1992, Seiten 561-582.

Mertens, Hans-Joachim: Organhaftung, in: Feddersen, Dieter/ Hommelhoff, Peter/ Schneider, UWE H.: Corporate Governance - Optimierung der Unternehmensführung und der Unternehmenskontrolle im deutschen und amerikanischen Aktienrecht, Köln 1996, Seiten 155-164.

Mertens, Kai: Die Information des Erwerbers einer wesentlichen Unternehmensbeteiligung an einer Aktiengesellschaft durch deren Vorstand, in: Die Aktiengesellschaft (AG) 1997, Seiten 541-547.

Mestmäcker, Ernst-Joachim: Verwaltung, Konzerngewalt und Rechte der Aktionäre - Eine rechtsvergleichende Untersuchung nach deutschem Aktienrecht und dem Recht der Corporation in den Vereinigten Staaten, Karlruhe 1958.

Mestmäcker, Ernst-Joachim: Zur aktienrechtlichen Stellung der Verwaltung bei Kapitalerhöhungen, in: Betriebs-Berater (BB) 1961, Seiten 945-952.

Mestmäcker, Ernst-Joachim: Das Verhältnis der Wirtschaftswissenschaften zur Rechtswissenschaft im Aktienrecht, in: Raiser, Ludwig/ Sauermann, Heinz/ Schneider, Erich (Hrsg.): Das Verhältnis der Wirtschaftswissenschaft zur Rechtswissenschaft, Soziologie und Statistik, Berlin 1964, Seiten 103-119.

Meulbroek, Lisa K./Mitchell, Mark L./Mulherin, J. Harold/ Netter, Jeffrey M./ Poulsen, Annette B.: Shark Repellents and Managerial Myopia: An Empirical Test, in: 98 Journal of Political Economy (1990), Seiten 1108-1117.

Michalski, Lutz: Abwehrmechanismen gegen unfreundliche Übernahmeangebote ("unfriendly takeovers") nach deutschem Aktienrecht, in: Die Aktiengesellschaft (AG) 1997, Seiten 152-163.

Mielke, Werner: Die Leitung der unverbundenen Aktiengesellschaft, Frankfurt am Main 1990.

Mikkelson, Wayne H./Partch, M. Megan: Managers` Voting Rights and Corporate Control, in: 25 Journal of Financial Economics (1989), Seiten 263-290.

Mikkelson, Wayne H./Ruback, Richard S.: An Empirical Analysis of the Interfirm Equity Investment Process, in: 14 Journal of Financial Economics (1985), Seiten 523-553.

Mikkelson, Wayne H./Ruback, Richard S.: Targeted repurchases and common stock returns, in: 22 RAND Journal of Economics (1991), Seiten 544-561.

Milde, Hellmuth: Übernahmefinanzierung und LBO-Transaktionen, in: Zeitschrift für Betriebswirtschaft (ZfB) 1990, Seiten 647-664.

Milde-Büttcher, Manfred: Mehrstimmrechte bei Kapitalerhöhung aus AG-Gesellschaftsmitteln - Opfer der heißen Nadel des Gesetzgebers, in: Betriebs-Berater (BB) 1999, Seiten 1073-1075.

Milgrom, Paul R./Roberts, John: Economics, Organization and Management: Financial Structure, Ownership, and Corporate Control, New Jersey 1992.

Mitchell, Lawrence E.: Fairness and Trust in Corporate Law, in: 43 Duke Law Journal (1993), Seiten 425-491.

Mitchell, Mark L./Lehn, Kenneth: Do Bad Bidders Become Good Targets?, in: 98 Journal of Political Economy (1990), Seiten 372-398.

Mitchell, Mark L./Netter, Jeffrey M.: Triggering the 1987 Stock Market Crash: Antitakeover Provisions in the Proposed House Ways and Means Tax Bill?, in: 24 Journal of Financial Economics (1989), Seiten 37-68.

Möller, Andreas: Rechtsmittel und Sanktionen nach dem Wertpapiererwerbs- und Übernahmegesetz, in: Die Aktiengesellschaft 2002, Seiten 170 - 176.

Möller, Andreas/Pötzsch, Thorsten: Das neue Übernahmerecht - Der Regierungsentwurf vom 11. Juli 2001, in: Zeitschrift für Wirtschaftsrecht (ZIP) 2001, Seiten 1256 - 1300.

Möller, Barbara: Die Stellung des Aktionärs bei Übernahmen börsennotierter Unternehmen, Frankfurt am Main/Berlin/Bern/New York/Paris/Wien 1998.

Möllers, Thomas M. J.: Kapitalmarkttauglichkeit des deutschen Gesellschaftsrechts, in: Die Aktiengesellschaft (AG) 1999, Seiten 433-442.

Möschel, Wernhard: Recht der Wettbewerbsbeschränkungen, Köln/Berlin/Bonn/ München 1983.

Möschel, Wernhard: Zum Subsidiaritätsprinzip im Vertrag von Maastricht, in: Neue Juristische Wochenschrift (NJW) 1993, Seiten 3025-3028.

Möschel, Wernhard: Die deutsche Fusionskontrolle auf dem Prüfstand des europäischen Rechts: "Überflügelung" oder Harmonisierung?, in: Die Aktiengesellschaft (AG) 1997, Seiten 561-566.

Monti, Mario: Vorschlag für eine Richtlinie über Übernahmeangebote, in: von Rosen, Rüdiger/Seifert, Werner G. (Hrsg.): Die Übernahme börsennotierter Unternehmen, Frankfurt am Main 1999, Seiten 15-28.

Moore, Andrew G. T. II: The 1980's - Did we save the Stockholders while the Corporation burned?, in: 70 Washington University Law Quarterly (1992), Seiten 277-289.

Morck, Randall/Shleifer, Andrei/Vishny, Robert W.: Characteristics of Targets of Hostile and Friendly Takeovers, in: Auerbach, Alan J. (Hrsg.): Corporate Takeovers: Causes and Consequences, Chicago/London 1988, Seiten 101-129.

Morck, Randall/Shleifer, Andrei/Vishny, Robert W.: Management Ownership and Market Valuation: An Empirical Analysis, in: 20 Journal of Financial Economics (1988), Seiten 293-315.

Morck, Randall/Shleifer, Andrei/Vishny, Robert W.: Alternative Mechanisms for Corporate Control, in: 79 American Economic Review (1989), Seiten 842-852.

Morck, Randall/Shleifer, Andrei/Vishny, Robert W.: Do Managerial Objectives Drive Bad Acquisitions?, in: 45 Journal of Finance (1990), Seiten 31-48.

Mossin, Jan: Equilibrium in a Capital Asset Market, in: 34 Econometrica (1966), Seiten 768-783.

Moxter, Adolf: Grundsätze ordnungsgemäßer Unternehmensbewertung, 2. Auflage, Wiesbaden 1991.

Mülbert, Peter O.: Aktiengesellschaft, Unternehmensgruppe und Kapitalmarkt: Die Aktionärsrechte bei Bildung und Umbildung einer Unternehmensgruppe zwischen Verbands- und Anlegerschutzrecht, 2. Auflage, München 1996.

Mülbert, Peter O.: Shareholder Value aus rechtlicher Sicht, in: Zeitschrift für Unternehmens- und Gesellschaftsrecht (ZGR) 1997, Seiten 129-172.

Mülbert, Peter O.: Die Zielgesellschaft im Vorschlag 1997 einer Takeover-Richtlinie - zwei erfolgreiche Eingriffe ins deutsche Aktienrecht, in: Internationales Steuerrecht (IStR) 1999, Seiten 83-87.

Mülbert, Peter O.: Übernahmerecht zwischen Kapitalmarktrecht und Aktien(konzern)recht - die konzeptionelle Schwachstelle des RegE WpÜG, in: Zeitschrift für Wirtschaftsrecht (ZIP) 2001, Seiten 1221 - 1229.

Mülbert, Peter O.: Umsetzungsfragen der Übernahmerichtlinie - erheblicher Änderungsbedarf bei den heutigen Vorschriften des WpÜG, in. Neue Zeitschrift für Gesellschaftsrecht (NZG) 2004, Seiten 633-643.

Mülbert, Peter O./Birke, Max: Das übernahmerechtliche Behinderungsverbot - Die angemessene Rolle der Verwaltung einer Zielgesellschaft in einer feindlichen Übernahme -, in: Zeitschrift für Wirtschafts- und Bankrecht (WM) 2001, Seiten 705-718.

Müller, Gerd: Gesellschafts- und Gesellschafterschaden, in: Goerdeler, Reinhard/ Hommelhoff, Peter/Lutter, Marcus/Odersky, Walter/Wiedemann, Herbert (Hrsg.): Festschrift für Alfred Kellermann zum 70. Geburtstag am 29. November 1990, ZGR-Sonderheft 10, Berlin/New York 1991, Seiten 317-335.

Müller, Klaus J.: Gestattung der Due Diligence durch den Vorstand der Aktiengesellschaft, in: Neue Juristische Wochenschrift (NJW) 2000, Seiten 3452-3456.

Müller, Michael: Strategische Aspekte des Kapitalmarkt-Marketings, in: Müller, Michael/Leven, Franz-Josef: Shareholder Value Reporting: Veränderte Anforderungen an die Berichterstattung börsennotierter Unternehmen, Wien/ Frankfurt 1998, Seiten 63- 74.

Müller, Michael: Shareholder Value Reporting - ein Konzept wertorientierter Kapitalmarktinformation, in: Müller, Michael/Leven, Franz-Josef: Shareholder Value Reporting: Veränderte Anforderungen an die Berichterstattung börsennotierter Unternehmen, Wien/Frankfurt 1998, Seiten 123-144.

Müller, Welf: Die Entscheidungsspielräume der Verwaltung einer Aktiengesellschaft im Verhältnis zu ihren Aktionären, in: Bierich, Marcus/Hommelhoff, Peter/Kropff, Bruno (Hrsg.): Festschrift für Johannes Semler zum 70. Geburtstag am 28. April 1993: Unternehmen und Unternehmensführung im Recht, Berlin/New York 1993, Seiten 195-215.

Müller, Martin K.: Tender Offers and Hostile Takeovers in Germany, in: 17 Comparative Law Yearbook of International Business (1995), Seiten 65-91.

Münchener Handbuch des Gesellschaftsrechts, Band 4: Aktienrecht, Hoffmann - Berking, Michael (Hrsg.), 2. Auflage, München 1999 (zitiert: Münchener Hdb GesellschaftsR/AG-Bearbeiter).

Münchener Kommentar Aktienrecht, §§ 53a - 75 AktG, Kropff, Bruno/Semler, Johannes (Hrsg.), 2 Auflage, München 2003 (zitiert: MüKoAktG-Bearbeiter).

Münchener Kommentar Aktienrecht, §§ 76 - 117 AktG, Kropff, Bruno/Semler, Johannes (Hrsg.), 2 Auflage, München 2004 (zitiert: MüKoAktG-Bearbeiter).

Münchener Kommentar Aktienrecht, §§ 118 - 147 AktG, Kropff, Bruno/Semler, Johannes (Hrsg.), 2 Auflage, München 2004 (zitiert: MüKoAktG-Bearbeiter).

Münchener Kommentar Aktienrecht, §§ 327a-327f AktG WpÜG, Kropff, Bruno/ Semler, Johannes (Hrsg.), 2. Auflage, München 2004 (zitiert: MüKoAktG-Bearbeiter bzw. MüKoWpÜG-Bearbeiter).

Munscheck, Karsten: Das Übernahmeangebot als Konzernbildungskontrolle – Überlegungen zur Höhe und Ausgestaltung des Stimmrechtsanteils, der die Angebotsverpflichtung auslöst, in: Recht der Internationalen Wirtschaft (RIW) 1995, Seiten 998-1003.

Munscheck, Karsten: Die Übernahmeregelung - eine Alternative zum Schutz von Minderheitsaktionären abhängiger Aktiengesellschaften?, Frankfurt am Main/Berlin/Bern/New York/Paris/Wien 1999.

Muscarella, Chris J./Vetsuypens, Michael R.: Efficiency and Organizational Structure: A Study of Reverse LBOs, in: 45 Journal of Finance (1990), Seiten 1389-1413.

Mutter, Stefan: Unternehmerische Entscheidungen und Haftung des Aufsichtsrats der Aktiengesellschaft, Köln 1994.

Nathan, Kevin S./O'Keefe, Terrence B.: The Rise in Takeover Premiums: An Exploratory Study, in: 23 Journal of Financial Economics (1989), Seiten 101-119.

Netter, Jeffrey M./Poulsen, Annette B.: State Corporation Laws and Shareholders: The Recent Experience, in: 18 Financial Management (1989), Seiten 29-40.

Neuwirth, Morgan N.: Shareholder Franchise - No Compromise: Why the Delaware Courts must Proscribe all Managerial Interference with Corporate Voting, in: 145 University of Pennsylvania Law Review (1996), Seiten 423-494.

Neye, Hans-Werner: Der neue Übernahmekodex der Börsensachverständigenkommission, in: Zeitschrift für Wirtschaftsrecht (ZIP) 1995, Seiten 1464-1467.

Neye, Hans-Werner: Der neue Vorschlag der Kommission für eine dreizehnte Richtlinie über Übernahmeangebote, in: Der Betrieb (DB) 1996, Seiten 1121-1125.

Neye, Hans-Werner: Der Vorschlag 1997 einer Takeover-Richtlinie, Einführung, in: Zeitschrift für Wirtschaftsrecht (ZIP) 1997, Seiten 2172-2173.

Neye, Hans-Werner: Der gemeinsame Standpunkt des Rates zur 13. Richtlinie - ein entscheidender Schritt auf dem Weg zu einem europäischen Übernahmerecht, in: Die Aktiengesellschaft (AG) 2000, Seiten 289-296.

Neye, Hans-Werner: Übertragende Auflösung, gerichtliche Kontrolle/„Moto Meter", in: Entscheidungen zum Wirtschaftsrecht (EWiR) 2000, Seiten 913-914.

Neye, Hans-Werner: Die EU-Übernahmerichtlinie auf der Zielgeraden, in: Zeitschrift für Wirtschaftsrecht (ZIP) 2001, Seiten 1120-1128.

Neye, Hans-Werner: Der Vorschlag 2002 einer Takeover-Richtlinie, in: Neue Zeitschrift für Gesellschaftsrecht (NZG) 2002, Seiten 1144-1155.

Nietsch, Michael: Rechtsschutz der Aktionäre der Zielgesellschaft im Übernahmeverfahren, in: Betriebs-Berater (BB) 2003, Seiten 2581-2588.

Niewiarra, Manfred: Verträge zwischen Vorstand und Aktionär, in: Betriebs-Berater (BB) 1998, Seiten 1961-1965.

Noack, Ulrich: Neues Recht für die Namensaktie - zum Referentenentwurf eines NaStraG, in: Zeitschrift für Wirtschaftsrecht (ZIP) 1999, Seiten 1993-2000.

Noack, Ulrich: Die Namensaktie - Dornröschen erwacht, in: Der Betrieb (DB) 1999, Seiten 1306-1310.

Noack, Ulrich: Stimmrechtsvertretung in der Hauptversammlung nach NaStraG, in: Zeitschrift für Wirtschaftsrecht (ZIP) 2001, Seiten 57-63.

Nörr, Rudolf/Stiefenhofer, Alfred: Takeover Law in Germany, München 2003.

Note: The Developing Meaning of „Tender Offer" under the Securities Exchange Act of 1934, in: 86 Harvard Law Review (1973), Seiten 1250-1281.

Note: The Conflict Between Managers and Shareholders in Diversifying Acquisitions: A Portfolio Theory Approach, in: 88 Yale Law Journal (1979), Seiten 1238-1253.

Note: Lock-Up Options: Toward a State Law Standard, in: 96 Harvard Law Review (1983), Seiten 1068-1082.

Note: Protecting Shareholders Against Partial and Two-Tiered Takeovers: The „Poison Pill" Preferred, in: 97 Harvard Law Review (1984), Seiten 1964-1983.

Note: Greenmail: Targeted Stock Repurchases and the Management-Entrenchment Hypothesis, in: 98 Harvard Law Review (1985), Seiten 1045-1065.

Nowak, Erik: Ad hoc-Publizität bei M&A-Transaktionen, in: Der Betrieb (DB) 1999, Seiten 601-604.

Nowak, John E./Rotunda, Ronald D.: Constitutional Law, Fifth Edition, St. Paul/ Minnesota 1995.

Oechsler, Jürgen: Der ReE zum Wertpapiererwerbs- und Übernahmegesetz – Regelungsbedarf auf der Zielgeraden!, in: Neue Zeitschrift für Gesellschaftsrecht (NZG) 2001, Seiten 817 - 826.

Oehler, Andreas: "Anomalien", "Irrationalitäten" oder "Biases" der Erwartungsnutzentheorie und ihre Relevanz für Finanzmärkte, in: Zeitschrift für Bankrecht und Bankwirtschaft (ZBB) 1992, Seiten 97-124.

Oesterle, Dale A.: Target Managers as Negotiating Agents for Target Shareholders in Tender Offers: A Reply to the Passivity Thesis, in: 71 Cornell Law Review (1985), Seiten 53-95.

Oesterle, Dale Arthur: The Negotiation Model of Tender Offer Defenses and the Delaware Supreme Court, in: 72 Cornell Law Review (1986), Seiten 117-157.

Oesterle, Dale Arthur: The Rise and Fall of Street Sweep Takeovers, in: 1989 Duke Law Journal, Seiten 202-257.

Oesterle, Dale Arthur/Norberg, Jon R.: Management Buyouts: Creating or Appropriating Shareholder Wealth?, in: 41 Vanderbilt Law Review (1988), Seiten 207-260.

Ofek, Eli: Efficiency Gains in Unsuccessful Management Buyouts, in: 49 Journal of Finance (1994), Seiten 637-654.

Olson, John M.: The Fiduciary Duties of Insurgent Boards, in: 47 Business Lawyer (1992), Seiten 1011-1029.

Olson, Mancur: Die Logik des kollektiven Handelns, 2. Auflage, Tübingen 1985.

Ordover, Janusz A./Willig, Robert D.: Economics and the 1992 Merger Guidelines: A Brief Survey, in: 8 Review of Industrial Organization (1993), Seiten 139-150.

Orlopp, Bettina: Abfindungen von Minderheitsaktionären, Frankfurt am Main/ Berlin/Bern/Brüssel/ New York/Oxford/Wien 2002.

Orts, Eric W.: Beyond Shareholders: Interpreting Corporate Constituency Statutes, in: 61 George Washington Law Review (1992), Seiten 14-135.

Ossadnik, Wolfgang/Dorenkamp, Axel: Sperrminorität: Auswirkungen auf das Volumen von Unternehmensübernahmen, in: Betriebs-Berater (BB) 2000, Seiten 1615-1616.

Ott, Claus/Schäfer, Hans-Bernd: Die ökonomische Analyse des Rechts - Irrweg oder Chance wissenschaftlicher Rechtserkenntnis, in: Juristenzeitung (JZ) 1988, Seiten 213-223.

Ott, Claus/Schäfer, Hans-Bernd: Lehrbuch der ökonomischen Analyse des Zivilrechts, 3. Auflage, Berlin/Heidelberg/New York/Barcelona/ Hongkong/ London/Mailand/Paris/Singapur/Tokio 2000.

Ottersbach, Dieter/Kolbe, Christoph: Integrationsrisiken bei Unternehmensakquisitionen, in: Betriebswirtschaftliche Forschung und Praxis (BFuP) 1990, Seiten 140-150.

Otto, Hans-Jochen: Übernahmeversuche bei Aktiengesellschaften und Strategien der Abwehr, in: Der Betrieb (DB) Beilage 12/1988, Seiten 1-12.

Otto, Hans-Jochen: Fremdfinanzierte Übernahmen - Gesellschafts- und steuerrechtliche Kriterien des Leveraged Buy-Out, in: Der Betrieb (DB) 1989, Seiten 1389-1396.

Otto, Hans-Jochen: Gebundene Aktien: Vertragliche Beschränkungen der Ausübung und Übertragbarkeit von Mitgliedschaftsrechten zugunsten der AG, in: Die Aktiengesellschaft (AG) 1991, Seiten 369-380.

Otto, Hans-Jochen: Die Verteilung der Kontrollprämie bei Übernahmen von Aktiengesellschaften und die Funktion des Höchststimmrechts, in: Die Aktiengesellschaft (AG) 1994, Seiten 167-175.

Paefgen, Thomas Christian: Alle Macht dem Management - Das Paradoxon der US-amerikanischen Anti-Takeover-Gesetzgebung am Beispiel von Pennsylvania, in: Die Aktiengesellschaft (AG) 1991, Seiten 41-62.

Paefgen, Thomas Christian: Kein Gift ohne Gegengift: Sortimentserweiterung in der Bereitschaftsapotheke gegen idiosynkratische Unternehmenskontrollwechsel - Statutarische Gestaltungsmöglichkeiten zur Herstellung der Waffengleichheit im Übernahmekampf, in: Die Aktiengesellschaft (AG) 1991, Seiten 189-200.

Paefgen, Thomas Christian: Gesellschaftsrechtlicher Präventivschutz in Delaware, in: Recht der Internationalen Wirtschaft (RIW) 1991, Seiten 103-110.

Paefgen, Thomas Christian: Eine Morphologie des US-amerikanischen Rechts der Aktiengesellschaft, in: Die Aktiengesellschaft (AG) 1992, 133-149.

Paefgen, Walter G.: Die Gleichbehandlung beim Aktienrückerwerb im Schnittfeld von Gesellschafts- und Übernahmerecht, in: Zeitschrift für Wirtschaftsrecht (ZIP) 2002, Seiten 1509-1520.

Partch, Megan: The Creation of a Class of Limited Voting Common Stock and Shareholder Wealth, in: 18 Journal of Financial Economics (1987), Seiten 313-339.

Pástor, Lubos: Portfolio Selection and Asset Pricing Models, in: 55 Journal of Finance (2000), Seiten 179-223.

Pautler, Paul A./O'Quinn, Robert P.: Recent empirical evidence on mergers and acquisitions, in: 38 Antitrust Bulletin (1993), Seiten 741-797.

Pellens, Bernhard/Tomaszewski, Claude/Weber, Nicolas: Wertorientierte Unternehmensführung in Deutschland - Eine empirische Untersuchung der DAX 100-Unternehmen -, in: Der Betrieb (DB) 2000, Seiten 1825-1833.

Peltzer, Martin: Takeovers in den Vereinigten Staaten - Können ihre Spielregeln übertragen werden?, in: Clausen, Carsten Peter (Hrsg.): Festschrift für Dr. Carl Zimmerer, Frankfurt am Main 1986, Seiten 274-286.

Peltzer, Martin: Von Räubern, weißen Rittern und Jungfrauen - die Taktiken der amerikanischen takeovers, in: Zeitschrift für das gesamte Kreditwesen (ZfgK) 1986, Seiten 291-298.

Peltzer, Martin: Rechtliche Problematik der Finanzierung des Unternehmenskaufs beim MBO, in: Der Betrieb (DB) 1987, Seiten 973-978.

Peltzer, Martin: Prophylaktische Verteidigungsstrategien gegen unerwünschte Übernahmeversuche, in: Zeitschrift für das gesamte Kreditwesen (ZfgK) 1988, Seiten 577-584.

Peltzer, Martin: Hostile Takeover in der Bundesrepublik Deutschland?, in: Zeitschrift für Wirtschaftsrecht (ZIP) 1989, Seiten 69-79.

Peltzer, Martin: Übernahmeangebote nach künftigem Europa-Recht und dessen Umsetzung in deutsches Recht, in: Assmann, Heinz-Dieter/Basaldua, Nathalie/Bozenhardt, Friedrich/Peltzer, Martin (Hrsg.): Übernahmeangebote, ZGR-Sonderheft 9, Berlin/New York 1990, Seiten 179-233.

Peltzer, Martin: Der Kommissionsentwurf für eine 13. Richtlinie über Übernahmeangebote vom 7.2.1996, in: Die Aktiengesellschaft (AG) 1997, Seiten 145-151.

Peltzer, Martin: Die Abschaffung von Mehrstimmrechten und Stimmrechtsbeschränkungen im KonTraG-Entwurf, in: Die Aktiengesellschaft, Sonderausgabe (AG-Sonderausgabe) 8/1997 - Die Aktienrechtsreform 1997, Seiten 90-99.

Peltzer, Oliver: Die Neuregelung des Erwerbs eigener Aktien im Lichte der historischen Erfahrungen, in: Wertpapiermitteilungen (WM) 1998, Seiten 322-331.

Pentz, Andreas: Schutz der AG und der außenstehenden Aktionäre in mehrstufigen faktischen und unternehmensvertraglichen Unternehmensverbindungen, in: Neue Zeitschrift für Gesellschaftsrecht (NZG) 2000, Seiten 1103-1109.

Pentz, Andreas: Übersicht zur höchstrichterlichen Rechtsprechung zum Aktienrecht 2004, in: Betriebs-Berater (BB) 2005, Seiten 1397-1408.

Peters, Hans Peter: Die Rolle der Investmentbank bei Übernahmen, in: von Rosen, Rüdiger/Seifert, Werner G. (Hrsg.): Die Übernahme börsennotierter Unternehmen, Frankfurt am Main 1999, Seiten 269-275.

Peters, Torsten: Übertragung von Gesellschaftsvermögen und "Freezeout" – Konfliktpotential im Minderheitenschutz, in: Betriebs-Berater (BB) 1999, Seiten 801-805.

Peterson, David R./Peterson, Pamela P.: The medium of exchange in mergers and acquisitions, in: 15 Journal of Banking and Finance (1991), Seiten 383-405.

Picot, Gerhard: Wirtschaftliche und wirtschaftsrechtliche Parameter bei der Planung von Mergers & Acquisitions, in: Picot, Gerhard: Handbuch Mergers & Acquisitions - Planung Durchführung Integration, Stuttgart 2000, Seiten 3-32.

Picot, Gerhard: Wirtschaftsrechtliche Aspekte der Durchführung von Mergers & Acquisitions, insbesondere der Gestaltung des Transaktionsvertrages, in: Picot, Gerhard: Handbuch Mergers & Acquisitions - Planung Durchführung Integration, Stuttgart 2000, Seiten 91-220.

Picot, Gerhard: Rechtliche Parameter der Integrations- bzw. Implementierungsmaßnahmen, insbesondere der Restrukturierungsmaßnahmen, in: Picot, Gerhard: Handbuch Mergers & Acquisitions - Planung Durchführung Integration, Stuttgart 2000, Seiten 359-376.

Picot, Gerhard/Land, Volker: Going Public - Typische Rechtsfragen des Ganges an die Börse, in: Der Betrieb (DB) 1999, Seiten 570-575.

Piepenburg, Manfred: Mitgliedschaftliche Treupflichten der Aktionäre: Dogmatische Herleitung, Präzisierung und Anwendung einer richterrechtlichen Wertungsgrundlage, Hamburg 1996.

Pitt, Harvey L.: On the Precipice: A Reexamination of Directors` Fiduciary Duties in the Context of Hostile Acquisitions, in: 15 Delaware Journal of Corporate Law (1990), Seiten 811-884.

Pluskat, Sorika: Das geplante neue Übernahmerecht nach dem Referentenentwurf des BMF, in: Deutsches Steuerrecht (DStR) 2001, Seiten 897-901.

Pötzsch, Thorsten/Möller, Andreas: Das künftige Übernahmerecht - Der Diskussionsentwurf des Bundesministeriums der Finanzen zu einem Gesetz zur Regelung von Unternehmensübernah-men und der Gemeinsame Standpunkt des Rates zur europäischen Übernahmerichtlinie -, in: Wertpapiermitteilungen (WM) 2000, Sonderbeilage 2.

Pötzsch, Thorsten: Das neue Übernahmerecht, Köln 2002.

Polanyi, Karl: The Great Transformation, 1944.

Policastro, Portia: When Delaware Corporate Managers Turn Auctioneers: Triggering the Revlon Duty After the Paramount Decision, in: 16 Delaware Journal of Corporate Law (1991), Seiten 187-240.

Pontiff, Jeffrey/Shleifer, Andrei/Weisbach, Michael S.: Reversions of excess pension assets after takeovers, in: 21 RAND Journal of Economics (1990), Seiten 600-613.

Porter, Michael E.: From competitive advantage to corporate strategy, 87 Harvard Business Review (1987), Seiten 44-59.

Posner, Dirk: Der Erwerb eigener Aktien in der US-amerikanischen Unternehmenspraxis, in: Die Aktiengesellschaft (AG) 1994, Seiten 312-320.

Posner, Richard A.: Economic Analysis of Law, 3. Edition, Boston/Toronto 1986.

Potthoff, Erich/Trescher Karl: Das Aufsichtsratmitglied: Ein Handbuch für seine Aufgaben, Rechte und Pflichten, 4. Auflage, Stuttgart 1999.

Pound, John: The Effects of Antitakeover Amendments on Takeover Activity: Some Direct Evidence, in: 30 Journal of Law & Economics (1987), Seiten 353-367.

Pound, John: Proxy Contests and the Efficiency of Shareholder Oversight, in: 20 Journal of Financial Economics (1988), Seiten 237-265.

Pratt, John W./Zeckhauser, Richard J.: Principals and Agents: An Overview, in: Pratt, John W./Zeckhauser, Richard J. (Hrsg.): Principals and Agents: The Structure of Business, Boston 1985, Seiten 1-35.

Prentice, Robert A.: Law of Business Organizations and Securities Regulation, London 1987.

Prentice, Robert A.: The Role of States in Tender Offers: An Analysis of CTS, 1988 Columbia Business Law Review, Seiten 1-89.

Prickett, William: An Explanation of Trans Union to "Henny-Penny" and Her Friends, in: 10 Delaware Journal of Corporate Law (1985), Seiten 451-463.

Priester, Hans-Joachim: Aufsichtsrat, Schadensersatzansprüche gegen Vorstandsmitglieder/ "ARAG./.Garmenbeck", in: Entscheidungen zum Wirtschaftsrecht (EWiR) 1997, Seiten 677-678.

Procaccia, Uriel: The Corporate Code as a Standard Form Contract: General Theoretical Remarks and Implications for German Law, in: Zeitschrift für Unternehmens- und Gesellschaftsrecht (ZGR) 1990, Seiten 169-202.

Quack, Karlheinz: Zur „Globalwahl" von Aufsichtsratsmitgliedern der Anteilseignern, in: Pfeiffer, Gerd/Wiese, Günther/ Zimmermann, Klaus (Hrsg.): Festschrift für Heinz Rowedder zum 75. Geburtstag, München 1994, Seiten 387-397.

Quillen, William T.: Trans Union, Business Judgment, and Neutral Principles, in: 10 Delaware Journal of Corporate Law (1985), Seiten 465-503.

Raggenbass, Marc E.: Übernahmestrategien eines Bieters zum Erwerb von 100% der Aktien einer börsenkotierten Gesellschaft, Zürich 1999.

Raiser, Thomas: Recht der Kapitalgesellschaften, 2. Auflage, München 1992.

Raiser, Thomas: Der Recht der Gesellschafterklagen, in: Zeitschrift für das gesamte Handelsrecht und Wirtschaftsrecht (ZHR) 153 (1989), Seiten 1-34.

Rapoport, Anatol/Chammah, Albert M.: Prisoner's Dilemma: A Study in Conflict and Cooperation, Ann Arbor/Michigan 1965.

Rappaport, Alfred: Creating Shareholder Value. The New Standard for Business Performance, New York/London 1986.

Ravenscraft, David J./Scherer, Frederic M.: Life after Takeover, in: 36 Journal of Industrial Economics (1987), Seiten 147-156.

Ravenscraft, David J./Scherer, Frederic M.: Mergers and Managerial Performance, Washington D.C. 1987, auch abgedruckt in: Coffee, John C. Jr./ Lowenstein, Louis/Rose-Ackerman, Susan (Hrsg.): Knights, Raiders, and Targets, The Impact of the Hostile Takeover, New York/Oxford 1988, Seiten 194-210.

Reckinger, Gabriele: Vorzugsaktien in der Bundesrepublik, in: Die Aktiengesellschaft (AG) 1983, Seiten 216-222.

Reder, Barry: The Obligation of a Director of a Delaware Corporation to Act as an Auctioneer, in: 44 Business Lawyer (1989), Seiten 275-282.

Regan, Paul L.: The Unimportance of Being Earnest: Paramount Rewrites the Rules for Enhanced Scrutiny in Corporate Takeovers, in: 46 Hastings Law Journal (1994), Seiten 125-215.

Rehbinder, Eckard: Zum konzernrechtlichen Schutz der Aktionäre einer Obergesellschaft - Besprechung der Entscheidung BGHZ 83, 122 „Holzmüller" -, in: Zeitschrift für Unternehmens- und Gesellschaftsrecht (ZGR) 1983, Seiten 92-108.

Rehkugler, Heinz/Poddig, Thorsten: Bilanzanalyse, 3. Auflage, München/Wien 1993.

Reichert, Jochem/Harbarth, Stephan: Veräußerung und Einziehung eigener Aktien, in: Zeitschrift für Wirtschaftsrecht (ZIP) 2001, Seiten 1441-1451.

Reichert, Jochem/Weller, Marc-Philippe: Haftung von Kontrollorganen, in: Zeitschrift für Rechtspolitik (ZfR) 2002, Seiten 49-56.

Reul, Jürgen: Übernahmeangebote in der ökonomischen Analyse, in: Jahrbuch junger Zivilrechtswissenschaftler (JbjZRWiss) 1990, Seiten 11-30.

Reul, Jürgen: Die Pflicht zur Gleichbehandlung der Aktionäre bei privaten Kontrolltransaktionen - Eine juristische und ökonomische Studie, Tübingen 1991.

Reuter, Dieter: Aktienmarkt und Aktieninformationsmarkt, München 1980.

Reuter, Alexander: Börsenkurs und Unternehmenswertausgleich aus Eignersicht, in: Der Betrieb (DB) 2001, Seiten 2483-2490.

Reuter, Dieter: Die Änderung des Vereinszwecks - Besprechung von BGHZ 96, 245 -, in: Zeitschrift für Unternehmens- und Gesellschaftsrecht (ZGR) 1987, Seiten 475-488.

Rhein, Tilman: Der Interessenkonflikt der Manager beim Management Buy-out - Zugleich ein Beitrag zu den organschaftlichen Treuebindungen in GmbH und Aktiengesellschaft, München 1996.

Ribstein, Larry E.: The Mandatory Nature of the ALI Code, in: 61 George Washington Law Review (1993), Seiten 984-1033.

Richter, Eberhard Maria: Chancen für eine Übernahmeregelung in Europa - Das künftige Gemeinschaftsrecht im Vergleich mit dem britischen „City code on takeovers and mergers", Aachen 1998.

Richter, Frank: Unternehmensbewertung, in: Picot, Gerhard: Handbuch Mergers & Acquisitions - Planung Durchführung Integration, Stuttgart 2000, Seiten 255-287.

Riehmer, Klaus/Schröder, Oliver: Der Entwurf des Übernahmegesetzes im Lichte von Vodafone/Mannesmann, in: Neue Zeitschrift für Gesellschaftsrecht (NZG) 2000, Seiten 820-824.

Riehmer, Klaus/Schröder, Oliver: Praktische Aspekte bei der Planung, Durchführung und Abwicklung eines Übernahmeangebots – Übernahmekodex und Referentenentwurf des deutschen Wertpapiererwerbs- und Übernahmegesetzes, in: Betriebs-Berater (BB) 2001, Sonderbeilage 5, Seiten 1-16.

Rittner, Fritz: Zur Verantwortung des Vorstands nach § 76 Abs. 1 AktG 1965, in: Ballerstedt, Kurt/Hefermehl, Wolfgang (Hrsg.): Festschrift für Ernst Gessler zum 65. Geburtstag am 5. März 1970, München 1971, Seiten 139-158.

Rittner, Fritz: Zur Verantwortung der Unternehmensleitung, in: Juristenzeitung (JZ) 1980, Seiten 113-118.

Rittner, Fritz: Gesellschaftsrecht und Unternehmenskonzentration - Zu den Vorschlägen der Monopolkommission -, in: Zeitschrift für Unternehmens- und Gesellschaftsrecht (ZGR) 1990, Seiten 203-219.

Rodewald, Jörg/Siems, Mathias M.: Der Preis ist heiß - Zur Angemessenheit der Gegenleistung bei Übernahmeangeboten, in: Zeitschrift für Wirtschaftsrecht (ZIP) 2002, Seiten 926-929.

Röhrich, Martina: Feindliche Übernahmeangebote: Eine wettbewerbspolitische Beurteilung anhand von Fallstudien aus den USA, Baden-Baden 1992.

Röhrich, Martina: Gleichbehandlungspflicht bei Kontrollakquisitionen: Eine Analyse der dreizehnten EG-Richtlinie aus ökonomischer Sicht, in: Recht der Internationalen Wirtschaft (RIW) 1993, Seiten 93-98.

Röhrich, Martina: Die Wirksamkeit der Managementdisziplinierung über den externen Kontrollmechanismus des Marktes für Unternehmenskontrolle, in: Zeitschrift für Wirtschafts- und Sozialwissenschaften (ZWS) 114 (1994), Seiten 81-98.

Röhricht, Volker: Das Gesellschaftsrecht in der jüngsten Rechtsprechung des Bundesgerichtshofs: Referat, in: Hommelhoff, Peter/Röhricht, Volker: Gesellschaftsrecht 1997, Köln 1997, Seiten 191-222.

Roll, Richard: The Hubris Hypothesis of Corporate Takeovers, in: 59 Journal of Business (1986), Seiten 197-216, auch abgedruckt in: Thaler, Richard H. (Hrsg.): Advances in Behavioral Finance, New York 1993, Seiten 437-457.

Roll, Richard: Empirical Evidence on Takeover Activity and Shareholder Wealth, in: Coffee, John C. Jr./Lowenstein, Louis/Rose-Ackerman, Susan (Hrsg.): Knights, Raiders, and Targets: The Impact of the Hostile Takeover, New York/Oxford 1988, Seiten 241-252.

Romano, Roberta: The State Competition Debate in Corporate Law, in: 8 Cardozo Law Review (1987), Seiten 709-757.

Romano, Roberta: The Political Economy of Takeover Statutes, in: 73 Virginia Law Review (1987), Seiten 111-199.

Romano, Roberta: The Future of Hostile Takeovers: Legislation and Public Opinion, in: 57 University of Cincinnati Law Review (1988), Seiten 457-506.

Romano, Roberta: What Went Wrong With Directors' and Officers' Liability Insurance?, in: 14 Delaware Journal of Corporate Law (1989), Seiten 1-33.

Romano, Roberta: A Guide to Takeovers: Theory, Evidence, and Regulation, in: 9 Yale Journal on Regulation (1992), Seiten 119-180, auch abgedruckt in: Hopt, Klaus J./Wymeersch, Eddy (Hrsg.): European Take-overs - Law and Practice, London/Boston/Brussels/Dublin/ Edinburgh/ Hato Rey/Kuala Lumpur/Singapore/Sydney/Toronto/Wellington 1992, Seiten 3-48.

Roos, Michael: Der neue Vorschlag für eine EG-Übernahme-Richtlinie, in: Wertpapiermitteilungen (WM) 1996, Seiten 2177-2188.

Rosett, Joshua G.: Do union wealth concessions explain takeover premiums? The evidence on contract wages, in: 27 Journal of Financial Economics (1990), Seiten 263-282.

Roth, Markus: Unternehmerisches Ermessen und Haftung des Vorstandes, München 2001.

Ruback, Richard S.: Assessing Competition in the Market for Corporate Acquisitions, in: 11 Journal of Financial Economics (1983), Seiten 141-153.

Ruback, Richard S.: An Overview of Takeover Defenses, in: Auerbach, Alan J. (Hrsg.): Mergers and Acquisitions, Chicago 1988, Seiten 49-67.

Ruback, Richard S.: Do Target Shareholders Lose in Unsuccessful Control Contests?, in: Auerbach, Alan J. (Hrsg.): Corporate Takeovers: Causes and Consequences, Chicago/London 1988, Seiten 137-155.

Rühland, Hans-Philipp: Das „Level Playing Field" im europäischen Übernahmerecht - eine ökonomische Analyse der Durchbruchsregel (Art. 11 ÜRL-E), in: Neue Zeitschrift für Gesellschaftsrecht (NZG) 2003, Seiten 1150-1153.

Rümker, Dietrich: Übernahmeangebote und ihre Abwehr im deutschen Recht, in: Lüthje, Bernd (Hrsg.): Bankbetrieb und Eigenkapitalfinanzierung – Aktuelle Rechtsfragen -, Bonn 1990, Seiten 253-275.

Rümker, Dietrich: Übernahmeangebote - Verhaltenspflichten des Vorstands der Zielgesellschaft und Abwehrmöglichkeiten, in: Kübler, Friedrich/Mertens, Hans-Joachim/Werner, Winfried (Hrsg.): Festschrift für Theodor Heinsius zum 65. Geburtstag am 25. September 1991, Berlin/New York 1991, Seiten 683-704.

Ryan, Patrick J.: Corporate Directors and the Social Costs of Takeovers – Reflections on the Tin Parachute, in: 64 Tulane Law Review (1989), Seiten 3-70.

Ryngaert, Michael: The Effect of Poision Pill Securities on Shareholder Wealth, in: 20 Journal of Financial Economics (1988), Seiten 377-417.

Ryngaert, Michael/Netter, Jeffrey M.: Shareholder Wealth Effects of the 1986 Ohio Antitakeover Law Revisited: Its Real Effects, in: 6 Journal of Law, Economics, and Organization (1990), Seiten 253-262.

Saenger, Ingo: Mehrstimmrechte bei Aktiengesellschaften, in: Zeitschrift für Wirtschaftsrecht (ZIP) 1997, Seiten 1813-1820.

Safieddine, Assem/Titman, Sheridan: Leverage and Corporate Performance: Evidence from Unsuccessful Takeovers, in: 54 Journal of Finance (1999), Seiten 547-580.

Sailer, Viola: Aktienrechtliche Minderheitskompetenzen zwischen Missbrauch und unternehmerischer Entscheidungsfreiheit, Frankfurt am Main/Berlin/ Bern/ New York/Paris/Wien 1999.

Salinger, Michael A.: Comment, in: Coffee, John C. Jr./Lowenstein, Louis/Rose-Ackerman, Susan (Hrsg.): Knights, Raiders, and Targets: The Impact of the Hostile Takeover, New York/Oxford 1988, Seiten 71-73.

Salje, Peter: "Feindliche Übernahmen" - Gegenstrategien und Regulierung im zukünftigen europäischen Binnenmarkt, in: Juristische Arbeitsblätter (JA) 1990, Seiten 321-327.

Sandberger, Georg: Teilübernahmeangebote und Zwangsübernahmeangebote im Europäischen Takeover-Recht, in: Deutsche Zeitschrift für Wirtschaftsrecht (DZWir) 1993, Seiten 319-326.

Saria, Gerhard: Schranken beim Erwerb eigener Aktien nach § 71 I Nr. 8 AktG, in: Neue Zeitschrift für Gesellschaftsrecht (NZG) 2000, Seiten 458-463.

Schaaf, Andreas: Die Praxis der Hauptversammlung - Erfolgreiche Vorbereitung und Durchführung bei der Publikums-AG, 2. Auflage, Köln 1999.

Schaaf, Petra: Möglichkeiten und Abwehr von Takeover bids in Großbritannien und USA, in: Recht der Internationalen Wirtschaft (RIW) 1985, Seiten 273-280.

Schaefer, Hans/Missling, Patrick: Haftung von Vorstand und Aufsichtsrat, in: Neue Zeitschrift für Gesellschaftsrecht (NZG) 1998, Seiten 441-447.

Schander, Albert Axel: Abwehrstrategien gegen feindliche Übernahmen und ihre Zulässigkeit im Lichte der Aktienrechtsreform, in: Betriebs-Berater (BB) 1997, Seiten 1801-1804.

Schander, Albert A./Lucas, Johannes H.: Die Ad-hoc-Publizität im Rahmen von Übernahmevorhaben, in: Der Betrieb (DB) 1997, Seiten 2109-2112.

Schander, Albert Axel: Selbstregulierung versus Kodifizierung - Versuch einer Standortbestimmung des deutschen Übernahmerechts, in: Neue Zeitschrift für Gesellschaftsrecht (NZG) 1998, Seiten 799-807.

Schander, Albert Axel: Der Rückkauf eigener Aktien nach KonTraG und Einsatzpotentiale bei Übernahmetransaktionen, in: Zeitschrift für Wirtschaftsrecht (ZIP) 1998, Seiten 2087-2090.

Schander, Albert: Aktienrückkauf und Abwehr von Übernahmeversuchen, in: M&A Review 1998, Seiten 314-316.

Schander, Albert Axel/Lucas, Johannes H.: Die Ad-hoc Publizität im Rahmen von Übernahmevorhaben - Anmerkungen zu § 15 Abs. 1 WpHG -, in: Der Betrieb (DB) 1997, Seiten 2109-2112.

Schander, Albert Axel/Posten, Olaf H.: Zu den Organpflichten bei Unternehmensübernahmen, in: Zeitschrift für Wirtschaftsrecht (ZIP) 1997, Seiten 1534-1538.

Schanz, Kay-Michael: Börseneinführung: Recht und Praxis des Börsengangs, München 2000.

Schanz, Kay-Michael: Feindliche Übernahmen und Strategien der Verteidigung, in: Neue Zeitschrift für Gesellschaftsrecht (NZG) 2000, Seiten 337-352.

Scharf, Charles A./Shea, Edward E./Beck, George C.: Acquisitions, Mergers, Sales, Buyouts and Takeovers: A Handbook with Forms, 4th Edition, New Jersey 1991.

Scharpf, Paul: Die Sorgfaltspflichten des Geschäftsführers einer GmbH - Pflicht zur Einrichtung eines Risikomanagement- und Überwachungssystems aufgrund der geplanten Änderung des AktG auch für den GmbH-Geschäftsführer -, in: Der Betrieb (DB) 1997, Seiten 737-743.

Scheffler, Eberhard: Der qualifizierte faktische Konzern - Versuch einer betriebswirtschaftlichen Definition, in: Die Aktiengesellschaft (AG) 1990, Seiten 173-178.

Scheller, K. Randolf: Performance of Corporate Acquisitions over the Medium Term in Germany, Wiesbaden 1999.

Scherer, Frederic M.: Corporate Takeovers: The Efficiency Arguments, in: 2 Journal of Economic Perspectives (1988), Seiten 69-82.

Schiessl, Maximilian: Neue Erfahrungen mit Unternehmenskäufen und Unternehmensübernahmen in den USA, in: Recht der Internationalen Wirtschaft (RIW) 1988, Seiten 522-526.

Schiessl, Maximilian: Ist das deutsche Aktienrecht kapitalmarkttauglich?, in: Die Aktiengesellschaft (AG) 1999, Seiten 442-452.

Schilling, Wolf Ulrich: Shareholder Value und Aktiengesetz, in: Betriebs-Berater (BB) 1997, Seiten 373-381.

Schilling, Ulrich: Takeover, Treupflicht & Shareholder Value - Einige Anmerkungen zu dem Übernahmeversuch Krupp-Hoesch/Thyssen, in: Betriebs-Berater (BB) 1997, Seiten 1909-1913.

Schlechtriem, Peter: Schadenersatzhaftung der Leitungsorgane von Kapitalgesellschaften, in: Kreuzer, Karl (Hrsg.): Die Haftung der Leitungsorgane von Kapitalgesellschaften: Verhandlungen der Fachgruppe für Vergleichendes Handels- und Wirtschaftsrecht anlässlich der Tagung der Gesellschaft für Rechtsvergleichung in Würzburg vom 13.-16.9.1989, Baden-Baden 1991, Seiten 9-78.

Schlienkamp, Christoph: Shareholder Value - Anforderungen aus Analystensicht, in: Müller, Michael/Leven, Franz-Josef: Shareholder Value Reporting: Veränderte Anforderungen an die Berichterstattung börsennotierter Unternehmen, Wien/Frankfurt 1998, Seiten 213-224.

Schmid, Tobias: Öffentliche Übernahmeangebote in Italien, in: Die Aktiengesellschaft (AG) 1999, Seiten 402-411.

Schmidt, Karsten: Der Vereinszweck nach dem Bürgerlichen Gesetzbuch, in: Betriebs-Berater (BB) 1987, Seiten 556-560.

Schmidt, Karsten: Abhängigkeit und faktischer Konzern als Aufgabe der Rechtspolitik, in: Juristenzeitung (JZ) 1992, Seiten 856-867.

Schmidt, Karsten: Aktionärs- und Gesellschafterzuständigkeiten bei der Freigabe vinkulierter Aktien und Geschäftsanteile - Kompetenzprobleme um § 68 AktG und § 15 Abs. 5 GmbHG -, in: Beisse, Heinrich/Lutter, Marcus/ Närger, Heribald (Hrsg.): Festschrift für Karl Beusch zum 68. Geburtstag am 31. Oktober 1993, Berlin/New York 1993, Seiten 759-781.

Schmidt, Karsten: Gesellschaftsrecht, 4. Auflage, Köln/Berlin/Bonn/München 2002.

Schmidt, Karsten: Rechtsfortbildung im Unternehmens- und Gesellschaftsrecht durch die Rechtsprechung des BGH, in: Neue Juristische Wochenschrift (NJW) 2000, Seiten 2927-2936.

Schmidt, Reinhard H.: Anlegerschutz und die rechtliche Regelung von Übernahmeangeboten, in: Boettcher, Erik/Herder-Dorneich, Phillip/Schenk, Karl-Ernst (Hrsg.): Jahrbuch für Neue Politische Ökonomie, 6. Band, Tübingen 1987, Seiten 180-195.

Schmidt-Leithoff, Christian: Die Verantwortung der Unternehmensleitung, Tübingen 1989.

Schmieder, Klaus-Jürgen: Die Integration unterschiedlicher Unternehmenskulturen, in: von Rosen, Rüdiger/Seifert, Werner G. (Hrsg.): Die Übernahme börsennotierter Unternehmen, Frankfurt am Main 1999, Seiten 417-433.

Schmitthoff, Clive M.: Die Regelung von Take-over-bids im englischen Recht, in: Schmitthoff, Clive M./Goré, Francois/Heinsius, Theodor. (Hrsg.): Übernahmeangebote im Aktienrecht, Take-over-bids und Offres publiques d´achat sowie die Abfindung der Aktionäre beim Erwerb von Mehrheitsbeteiligungen an Aktiengesellschaften, Frankfurt am Main 1976, Seiten 7-19.

Schmitz, Daniel: Aktien als Akquisitionswährung, in: von Rosen, Rüdiger/Seifert, Werner G. (Hrsg.): Die Übernahme börsennotierter Unternehmen, Frankfurt am Main 1999, Seiten 313-326.

Schmitz, Rainer: Die Haftung des Vorstands gegenüber Aktionären, Frankfurt am Main/Berlin/Bern/Bruxelles/New York/Oxford/Wien, 2004.

Schmusch, Matthias: Unternehmensakquisitionen und Shareholder Value, Wiesbaden 1998.

Schneider, Uwe H.: Gesetzliches Verbot für Stimmrechtsbeschränkungen bei der Aktiengesellschaft? - Zugleich ein Beitrag zur statutarischen Konzerngründungsklausel bei der abhängigen Aktiengesellschaft, in: Die Aktiengesellschaft (AG) 1990, Seiten 56-63.

Schneider, Uwe H.: Kapitalmarktorientierte Corporate Governance-Grundsätze, in: Der Betrieb 2000, Seiten 2413-2417.

Schneider, Uwe H.: Die Zielgesellschaft nach Abgabe eines Übernahme- und Pflichtangebots, in: Die Aktiengesellschaft 2002, Seiten 125 - 133.

Schneider, Uwe H./Burgard, Ulrich: Übernahmeangebote und Konzerngründung - Zum Verhältnis von Übernahmerecht, Gesellschaftsrecht und Konzernrecht, in: Der Betrieb (DB) 2001, Seiten 963-975.

Schnorbus, York: Drittklagen im Übernahmeverfahren - Grundlagen zum Verwaltungsrechtsschutz im WpÜG, in: Zeitschrift für das gesamte Handels- und Wirtschaftsrecht (ZHR) 2002, Seiten 72-118.

Schockenhoff, Martin: Gesellschaftsinteresse und Gleichbehandlung beim Bezugsrechtsausschluss, Köln/Berlin/Bonn/München 1988.

Schockenhoff, Martin: Der rechtmäßige Bezugsrechtsausschluss, in: Die Aktiengesellschaft (AG) 1994, Seiten 45-59.

Schön, Wolfgang: Gesellschaftsrecht nach Maastricht - Art. 3 b EGV und das europäische Gesellschaftsrecht -, in: Zeitschrift für Unternehmens- und Gesellschaftsrecht (ZGR) 1995, Seiten 1-38.

Schroeder, Ulrich: Darf der Vorstand der Aktiengesellschaft dem Aktienkäufer eine Due Diligence gestatten?, in: Der Betrieb (DB) 1997, Seiten 2161-2167.

Schulte, Josef L.: Änderungen der Fusionskontrolle durch die 6. GWB-Novelle, in: Die Aktiengesellschaft (AG) 1998, Seiten 297-308.

Schulze-Osterloh, Joachim: Das deutsche Gesellschaftsrecht im Banne der Globalisierung, in: Zeitschrift für Wirtschaftsrecht (ZIP) 2001, Seiten 1433-1440.

Schumann, Laurence: State regulation of takeovers and shareholder wealth: the case of New York`s 1985 takeover statutes, in: 19 RAND Journal of Economics (1988), Seiten 557-567.

Schuster, Gunnar: Der neue Vorschlag für eine EG-Takeover-Richtlinie und seine Auswirkungen auf den Übernahmekodex, in: Europäische Zeitschrift für Wirtschaftsrecht (EuZW) 1997, Seiten 237-241.

Schuster, Michael: Feindliche Übernahmen deutscher Aktiengesellschaften – Abwehrstrategien des Vorstandes der Zielgesellschaft, Berlin 2003.

Schuster, Stefan: Neue Regeln für Übernahmen, in: Die Bank 1995, Seiten 609-614.

Schuster, Stephan/Zschocke, Christian: Takeover Law: Text of the German Takeover Law Code and of the Takeover Laws of the European Union, of Switzerland and the United Kingdom, with annotations, Frankfurt am Main 1996.

Schwark, Eberhard: Spartenorganisation in Großunternehmen und Unternehmensrecht, in: Zeitschrift für das gesamte Handelsrecht und Wirtschaftsrecht (ZHR) 142 (1978), Seiten 203-227.

Schwark, Eberhard: Anlegerschutz durch Wirtschaftsrecht: Entwicklungslinien, Prinzipien, München 1979.

Schwark, Eberhard: Gesellschaftsrecht und Kapitalmarktrecht, in: Lutter, Marcus/ Mertens, Hans-Joachim/Ulmer, Peter (Hrsg.): Festschrift für Walter Stimpel zum 68. Geburtstag am 29. November 1985, Berlin/New York 1985, Seiten 1087-1111.

Schwark, Eberhard/Geiser, Frank: Delisting, in: Zeitschrift für das gesamte Handelsrecht und Wirtschaftsrecht (ZHR) 1997, Seiten 739-773.

Schwartz, Alan: Search Theory and the Tender Offer Auction, in: 2 Journal of Law, Economics, and Organization (1986), Seiten 229-250.

Schwartz, Alan: The Fairness of Tender Offer Prices in Utilitarian Theory, in: 17 Journal of Legal Studies (1988), Seiten 165-196.

Schwartz, Alan: Defensive Tactics and Optimal Search, in: 2 Journal of Law, Economics, and Organization (1989), Seiten 413-424.

Schwartz, Barry F./Wiles, James G.: Trans Union: Neither "New" Law nor "Bad" Law, in: 10 Delaware Journal of Corporate Law (1985), Seiten 429-449.

Schwarz, Christian/Michel, Jörg: Aktienoptionspläne: Reformvorhaben in Deutschland - Erfahrungsvorsprung in Frankreich, in: Betriebs-Berater (BB) 1998, Seiten 489-494.

Schwarz, Marc/Weinstein, Edward A.: So you want to do a leveraged buyout, in: Journal of Business Strategy 1989, Seiten 10-14.

Schwartze, Andreas: Europäische Regelungen für Unternehmensübernahmen - eine kapitalmarktorientierte Betrachtung -, in: Ott, Claus/ Schäfer, Hans-Bernd (Hrsg.): Ökonomische Analyse des Unternehmensrechts: Beiträge zum 3. Travemünder Symposium zur ökonomischen Analyse des Rechts, Heidelberg 1993, Seiten 264-284.

Scott, Kenneth E.: Corporation Law and the American Law Institute Corporate Governance Project, in: 35 Stanford Law Review (1983), Seiten 927-948.

Seibert, Ulrich: OECD Principles of Corporate Governance - Grundsätze der Unternehmensführung und -kontrolle für die Welt, in: Die Aktiengesellschaft (AG) 1999), Seiten 337-350.

Seibert, Ulrich: Der Regierungsentwurf zum Namensaktiengesetz (NaStrG) - Text und Begründung mit einer Einführung von Ministerialrat Dr. Ulrich Seibert, Berlin, in: Zeitschrift für Wirtschaftsrecht (ZIP) 2000, Seiten 937-948.

Seibert, Urich: Aktienrechtsnovelle NaStraG tritt in Kraft - Übersicht über das Gesetz und Auszüge aus dem Bericht des Rechtsausschusses, in: Zeitschrift für Wirtschaftsrecht (ZIP) 2001, Seiten 53-56.

Seibt, Christoph H.: Arbeitsrechtliche Aspekte des Wertpapiererwerbs- und Übernahmegesetzes, in: Der Betrieb (DB) 2002, Seiten 529 - 536.

Seibt, Christoph H.: Rechtsschutz im Übernahmerecht, in: Zeitschrift für Wirtschaftsrecht (ZIP) 2003, Seiten 1865-1877.

Seibt, Christoph H./Heiser, Kristian J.: Regelungskonkurrenz zwischen neuem Übernahmerecht und Umwandlungsrecht, in: Zeitschrift für das gesamte Handelsrecht und Wirtschaftsrecht (ZHR) 165 (2001), Seiten 466-494.

Seibt, Christoph H./Heiser, Kristian J.: Der neue Vorschlag einer EU-Übernahmerichtlinie und das deutsche Übernahmerecht, in: Zeitschrift für Wirtschaftsrecht (ZIP) 2002, Seiten 2193-2203.

Seifert, Werner G./Voth, Hans-Joachim: Marktdisziplin statt Konsens: Übernahmen und die Nachteile des deutschen Corporate Governance-Modells, in: von Rosen, Rüdiger/Seifert, Werner G. (Hrsg.): Die Übernahme börsennotierter Unternehmen, Frankfurt am Main 1999, Seiten 187-219.

Seiler, Hans M.: "Freezeout" von Minderheitsaktionären: eine Untersuchung zum Beteiligungsschutz im US-amerikanischen Recht, Köln 1991.

Semler, Johannes: Einschränkung der Verwaltungsbefugnisse in einer Aktiengesellschaft, in: Betriebs-Berater (BB) 1983, Seiten 1566-1573.

Semler, Johannes: Leitung und Überwachung der Aktiengesellschaft - Die Leitungsaufgabe des Vorstands und die Überwachungsaufgabe des Aufsichtsrats, 2. Auflage, Köln/Berlin/Bonn/München 1996.

Semler, Johannes/Stengel, Arndt: Interessenskonflikte bei Aufsichtsratsmitgliedern von Aktiengesellschaften am Beispiel von Konflikten bei Übernahme, in: Neue Zeitschrift für Gesellschaftsrecht (NZG) 2003, Seiten 1-8.

Servaes, Henri: Tobin`s Q and the Gains from Takeovers, in: 66 Journal of Finance (1991), Seiten 409-419.
Seyhun, H. Nejat: Do Bidder Managers Knowingly Pay Too Much for Target Firms?, in: 63 Journal of Business (1990), Seiten 439-464.
Shah, Kshitij: The nature of information conveyed by pure capital structure changes, in: 36 Journal of Financial Economics (1994), Seiten 89-126.
Sharpe, William F.: Capital Asset Prices: A Theory of Market Equilibrium under Conditions of Risks, in: 19 Journal of Finance (1964), Seiten 425-442.
Sharpe, William F.: Portfolio Theory And Capital Markets, New York 1970.
Shiller, Robert J.: Fashions, Fads, and Bubbles in Financial Markets, in: Coffee, John C. Jr./ Lowenstein, Louis/Rose-Ackerman, Susan (Hrsg.): Knights, Raiders, and Targets: The Impact of the Hostile Takeover, New York/ Oxford 1988, Seiten 56-68.
Shiller, Robert J.: Irrationaler Überschwang, Frankfurt/New York 2000.
Shleifer, Andrei/Summers, Lawrence H.: Breach of Trust in Hostile Takeovers, in: Auerbach, Alan J. (Hrsg.): Corporate Takeovers: Causes and Consequences, Chicago/London 1988, Seiten 33-56.
Shleifer, Andrei/Summers, Lawrence H.: The Noise Trader Approach to Finance, in: 4 Journal of Economic Perspectives (1990), Seiten 19-33.
Shleifer, Andrei/Vishny, Robert W.: Greenmail, white knights, and shareholders` interest, in: 17 Rand Journal of Economics (1986), Seiten 293-309.
Shleifer, Andrei/Vishny, Robert W.: Large Shareholders and Corporate Control, in: 94 Journal of Political Economy (1986), Seiten 461-488.
Shleifer, Andrei/Vishny, Robert W.: Value Maximization and the Acquisition Process, in: 2 Journal of Economic Perspectives (1988), Seiten 7-20.
Shleifer, Andrei/Vishny, Robert W.: Management Buyouts as a Response to Market Pressure, in: Auerbach, Alan J. (Hrsg.): Mergers and Acquisitions, Chicago 1988, Seiten 87-102.
Shleifer, Andrei/Vishny, Robert W.: Management Entrenchment: The Case of Manager-Specific Investments, in: 25 Journal of Financial Economics (1989), Seiten 123-139.
Shleifer, Andrei/Vishny, Robert W.: The Takeover Wave of the 1980s, in: 4 Journal of Applied Corporate Finance (1991), Seiten 49-56.
Shubik, Martin: Corporate Control, Efficient Markets, and the Public Good, in: Coffee, John C. Jr./ Lowenstein, Louis/Rose-Ackerman, Susan (Hrsg.): Knights, Raiders, and Targets: The Impact of the Hostile Takeover, New York/Oxford 1988, Seiten 31-55.
Siegel, Mary: Tender Offer Defensive Tactics: A Proposal for Reform, in: 36 Hastings Law Journal (1985), Seiten 377-417.
Sieger, Jürgen J./Hasselbach, Kai: Break Fee-Vereinbarung bei Unternehmenskäufen, in: Betriebs-Berater (BB) 2000, Seiten 625-631.

Sieger, Jürgen J./Hasselbach, Kai: Ausschluss von Minderheitsaktionären (Squeeze-out) im ausländischen Recht, in: Neue Zeitschrift für Gesellschaftsrecht (NZG) 2001, Seiten 926-930.

Siems, Mathias: Der RegE für ein Gesetz zur Namensaktie und zur Erleichterung der Stimmrechtsausübung (NaStraG), in: Neue Zeitschrift für Gesellschaftsrecht (NZG), Seiten 626-631.

Silcher, Friedrich: Bedingtes Kapital für „Warrant-Anleihen" von Tochtergesellschaften, in: Ballerstedt, Kurt/Hefermehl, Wolfgang (Hrsg.): Festschrift für Ernst Gessler zum 65. Geburtstag am 5. März 1970, München 1971, Seiten 185-199.

Simpson, Scott V.: The Emerging Role of the Special Committee - Ensuring Business Judgment Rule Protection in the Context of Management Leveraged Buyouts and Other Corporate Transactions Involving Conflicts of Interest, in: 43 Business Lawyer (1988), Seiten 665-690.

Singhof, Bernd: Die Beauftragung eines „Treuhänders" durch eine AG zwecks kostenloser Stimmrechtsvertretung für einzelne Aktionäre, in: Neue Zeitschrift für Gesellschaftsrecht (NZG) 1998, Seiten 670-674.

Sinewe, Patrick: Die Relevanz des Börsenkurses im Rahmen des § 255 II AktG, in: Neue Zeitschrift für Gesellschaftsrecht (NZG) 2002, Seiten 314-317.

Slusky, Alexander R./Caves, Richard E.: Synergy, Agency, and the Determinants of Premia Paid in Mergers, in: 39 Journal of Industrial Economics (1991), Seiten 277-296.

Smiley, Robert: The Effect of the Williams Amendment and Other Factors on Transactions Cost in Tender Offers, in: 3 Industrial Organization Review (1975), Seiten 138-145.

Smiley, Robert: The Effect of State Securities Statutes on Tender Offer Activity, in: 19 Economic Inquiry (1981), Seiten 426-435.

Smith, Abbie J.: Corporate ownership structure and performance: The case of management buyouts, in: 27 Journal of Financial Economics (1990), Seiten 143-164.

Smith, Douglas H.: Comparative Analysis of the Proxy Machinery in Germany, Japan, and the United States, in: 58 University of Pittsburgh Law Review (1996), Seiten 145-166.

Soderquist, Larry D.: The Proper Standard For Directors' Negligence Liability, in: 66 Notre Dame Law Review (1990), Seiten 37-55.

Solomon, Lewis D./Palmiter, Alan R.: Corporations: Examples and Explanations, 2d Edition, Aspen/Colorado 1994.

Solomon, Lewis D./Schwartz, Donald E./Bauman, Jeffrey D.: Corporations: Law and Policy, Materials and Problems, 2. Auflage, St. Paul/Minnesota 1988.

Sommer, A. A., Jr.: Whom Should the Corporation Serve? The Berle-Dodd Debate Revisited Sixty Years Later, in: 16 Delaware Journal of Corporate Law (1991), Seiten 33-56.

Song, Moon H./Walkling, Ralph A.: The Impact of Managerial Ownership on Acquisition Attemps and Target Shareholder Wealth, in: 28 Journal of Financial and Quantitative Analysis (1993), Seiten 439-457.

Sonnenberg, Thomas: Die Änderung des Gesellschaftszwecks, Frankfurt am Main/ Bern 1990.

Spickhoff, Andreas: Der verbotswidrige Rückerwerb eigener Aktien: Internationales Privatrecht und europäische Rechtsangleichung, in: Betriebs-Berater (BB) 1997, Seiten 2593-2603.

Stein, Ingo: Motive für internationale Unternehmensakquisitionen, Wiesbaden 1992.

Steinberg, Marc I.: Understanding Security Law, 2d Edition, New York 1996.

Steindl, Martin: US-Board und Aufsichtsrat - Ein Systemvergleich, Wien 1999.

Steiner, Klaus: Die Hauptversammlung der Aktiengesellschaft, München 1995.

Stewart, John F./Kim, Sang-Kwon: Mergers and Social Welfare in U.S. Manufacturing 1985-86, in: 59 Southern Economic Journal (1992), Seiten 701-720.

Stockenhuber, Peter: Take-Overs nach österreichischem Übernahmerecht, in: Recht der Internationalen Wirtschaft (RIW) 1999, Seiten 752-760.

Stoffels, Markus: Grenzen der Informationsweitergabe durch den Vorstand einer Aktiengesellschaft im Rahmen einer „Due Diligence“, in: Zeitschrift für das gesamte Handelsrecht und Gesellschaftsrecht (ZHR) 165 (2001), Seiten 362-382.

Stoll, Jutta: Rechtliche Aspekte von "feindlichen" Übernahmen von Aktiengesellschaften, in: Betriebs-Berater (BB) 1989, Seiten 301-305.

Stoll, Jutta: Zum Vorschlag der EG-Kommission für die 13. Richtlinie auf dem Gebiet des Gesellschaftsrechts über Übernahmeangebote, in: Betriebs-Berater (BB) 1989, Seiten 1489-1491.

Stout, Lynn A.: The Unimportance of Being Efficient: An Economic Analysis of Stock Market Pricing and Securities Regulation, in: 87 Michigan Law Review (1988), Seiten 613-709.

Stout, Lynn A.: Are Takeover Premiums Really Premiums? Market Price, Fair Value, and Corporate Law, in: 99 Yale Law Journal (1990), Seiten 1235-

Strenger, Christian: Das deutsche Übernahmegesetz - Ausgewogenheit zwischen Unternehmens- und Anlegerinteressen als Pflichtprogramm -, in: Wertpapiermitteilungen (WM) 2000, Seiten 952-953.

Strohn, Lutz: Die Verfassung der Aktiengesellschaft im faktischen Konzern: Zur Harmonisierung der §§ 311 ff. AktG mit den allgemeinen Bestimmungen des Aktienrechts, Köln/Berlin/Bonn/München 1977.

Stulz, Renè. M.: Managerial Control of Voting Rights: Financing Policies and the Market for Corporate Control, in: 20 Journal of Financial Economics (1988), Seiten 25-54.

Stulz, Renè M./Walkling, Ralph A./Song, Moon H.: The Distribution of Target Ownership and the Division of Gains in Successful Takeovers, in: 45 Journal of Finance (1990), Seiten 817-833.

Subramanian, Guhan: A New Takeover Defense Mechanism: Using an Equal Treatment Agreement as an Alternative to the Poison Pill, in: 23 Delaware Journal of Corporate Law (1998), Seiten 375-422.

Sudmeyer, Jan: Mitteilungs- und Veröffentlichungspflichten nach §§ 21, 22 WpHG, in: Betriebs-Berater (BB) 2002, Seiten 685-692.

Süchting, Joachim: Finanzmanagement - Theorie und Politik der Unternehmensfinanzierung, 6. Auflage, Wiesbaden 1995.

Sünner, Eckart: Aktionärsschutz und Aktienrecht - Anmerkungen zur Seehafenbetriebe-Entscheidung BGH, in: Die Aktiengesellschaft (AG) 1983, Seiten 169-173.

Sünner, Eckart: Take-overs, made in USA, in: Die Aktiengesellschaft (AG) 1987, Seiten 276-284.

Sünner, Eckart: Zur Abwehr feindlicher Unternehmensübernahmen in Deutschland, in: Westermann, Harm Peter/Rosner, Wolfgang (Hrsg.): Festschrift für Karlheinz Quack zum 65. Geburtstag am 3. Januar 1991, Berlin/New York 1991, Seiten 457-475.

Süssmann, Rainer: Anwendung des WpÜG auf öffentliche Angebote zum Erwerb eigener Aktien, in: Die Aktiengesellschaft (AG) 2002, Seiten 424-433.

Summer, Ludwig: Der unternehmensethische Begriff der „Verantwortung", Wiesbaden 1998.

Szewczyk, Samuel H./Tsetsekos, George P.: State intervention in the market for corporate control: The case of Pennsylvania Senate Bill 1310, in: 31 Journal of Financial Economics (1992), Seiten 3-23.

Taggart, Robert A. Jr.: The Growth of the „Junk" Bond Market and Its Role in Financing Takeovers, in: Auerbach, Alan J. (Hrsg.): Mergers and Acquisitions, Chicago 1988, Seiten 5-24.

Terbrack, Christoph/Wermeckes, Bernd: Mehrstimmrechte bei Aktiengesellschaften - Ein Überblick aus aktuellem Anlass, in: Deutsche Zeitschrift für Wirtschaftsrecht (DZWiR) 1998, Seiten 186-191.

Thaeter, Ralf/Barth, Daniel: RefE eines Wertpapiererwerbs- und Übernahmegesetzes, in: Neue Zeitschrift für Gesellschaftsrecht (NZG) 2001, Seiten 545-550.

Thaeter, Ralf: Zur Abwehr feindlicher Übernahmeversuche im RegE eines Gesetzes zur Regelung von öffentlichen Angeboten zum Erwerb von Wertpapieren und von Unternehmensübernahmen (WÜG-RegE), in: Neue Zeitschrift für Gesellschaftsrecht (NZG) 2001, Seiten 789 - 791.

Than, Jürgen: Zwangsweises Ausscheiden von Minderheitsaktionären nach Übernahmeangebot?, in: Martens, Klaus-Peter/Westermann, Harm Peter/

Zöllner, Wolfgang (Hrsg.): Festschrift für Carsten-Peter Claussen zum 70. Geburtstag, Köln/Berlin/Bonn/München 1997, Seiten 405-422.

The Morgan Grenfell Handbook of international Mergers and Acquisitions, Oxford 1988.

Then Bergh, Friedrich: Leveraged Management Buyout: Konzept und agency-theoretische Analyse, Wiesbaden 1998.

Thoma, Georg F.: Der neue Übernahmekodex der Börsensachverständigenkommission, in: Zeitschrift für Wirtschaftsrecht (ZIP) 1996, Seiten 1725-1734.

Thoma, Georg F.: Das Wertpapiererwerbs- und Übernahmegesetz im Überblick, in: Neue Zeitschrift für Gesellschaftsrecht (NZG) 2002, Seiten 105 - 112.

Thomas, Randall S.: Judicial Review of Defensive Tactics in Proxy Contests: When is Using a Rights Plan Right?, in: 46 Vanderbilt Law Review (1993), Seiten 503-560.

Thümmel, Rhoderich C.: Persönliche Haftung von Managern und Aufsichtsräten: Haftungsrisiken bei Managementfehlern, Risikobegrenzung und Versicherbarkeit, Stuttgart/ München/ Hannover/ Berlin/ Weimar/Dresden/ Boorberg 1996.

Thümmel, Roderich C.: Manager- und Aufsichtsratshaftung nach dem Referentenentwurf zur Änderung des AktG und des HGB, in: Der Betrieb (DB) 1997, Seiten 261-264.

Thümmel, Roderick C.: Zu den Pflichten des Aufsichtsrats bei der Verfolgung von Haftungsansprüchen gegenüber dem Vorstand der AG, in: Der Betrieb (DB) 1997, Seiten 1117-1120.

Thümmel, Roderich C.: Persönliche Haftung von Managern und Aufsichtsräten - Haftungsrisiken bei Managementfehlern, Risikobegrenzung und D & O Versicherung, 2. Auflage, Stuttgart/München/Hannover/ Berlin/ Weimar/ Dresden 1998.

Thümmel, Roderich C.: Aufsichtsräte in der Pflicht? - Die Aufsichtsratshaftung gewinnt Konturen, in: Der Betrieb (DB) 1999, Seiten 885-888.

Thümmel, Roderich: Haftungsrisiken von Vorständen und Aufsichtsräten bei der Abwehr von Übernahmeversuchen, in: Der Betrieb (DB) 2000, Seiten 461-465.

Tichy, Gunther: Die wissenschaftliche Aufarbeitung der Merger-Mania: Neue Erkenntnisse für die Wettbewerbspolitik?, in: 43 KYKLOS (1990), Seiten 437-471.

Tieves, Johannes: Der Unternehmensgegenstand der Kapitalgesellschaft, Köln 1998.

Timm, Wolfram: Hauptversammlungskompetenzen und Aktionärsrechte in der Konzernspitze, in: Die Aktiengesellschaft (AG) 1980, Seiten 172-187.

Timm, Wolfram: Die Aktiengesellschaft als Konzernspitze, Köln/Berlin/Bonn/ München 1980.

Timm, Wolfram: Die Mitwirkung des Aufsichtsrates bei unternehmensstrukturellen Entscheidungen - Grenzen der Aufsichtsrats- und Verwaltungszuständigkeiten in der Aktiengesellschaft -, in: Der Betrieb (DB) 1980, Seiten 1201-1207.

Timm, Wolfram: Minderheitenschutz und unternehmerische Entscheidungsfreiheit im Mutterunternehmen, in: Zeitschrift für das gesamte Handelsrecht und Gesellschaftsrecht (ZHR) 153 (1989), Seiten 60-72.

Timm, Wolfram: Treuepflichten im Aktienrecht, in: Wertpapiermitteilungen (WM) 1991, Seiten 481-494.

Tobin, James: Liquidity Preference as Behavior toword Risk, in: 25 Review of Economic Studies (1958), Seiten 65-86.

Trapp, Christoph: Erleichterter Bezugsrechtsausschluss nach § 186 Abs. 3 S. 4 AktG und Greenshoe, in: Die Aktiengesellschaft (AG) 1997, Seiten 115-123.

Traugott, Rainer/Schaefer, Franz W.: Zulässigkeit von Paketaufschlägen – Rechtsvergleichende Untersuchung und praktische Konsequenzen für die Auslegung des deutschen WpÜG, in: Neue Zeitschrift für Gesellschaftsrecht (NZG) 2004, Seiten 158-163.

Travlos, Nickolaos: Corporate Takeover Bids, Methods of Payment, and Bidding Firms′ Stock Returns, in: 42 Journal of Finance (1987), Seiten 943-963.

Treumann, Walter/Kuehn, Martin/Peltzer, Martin: US-Amerikanisches Wirtschaftsrecht: Ein zweisprachiger Grundriss für den deutschen Geschäftsmann und Investor sowie seine Berater, 2. Auflage, Köln 1990.

Trevor, Leigh B.: Hostile Takeovers: A U.S. Falkland Island where the Argentines always win, in: McKee, David L. (Hrsg.): Hostile Takeovers: Issues in Public and Corporate Policy, New York 1989, Seiten 16-32.

Trockels, Friedrich: Verteidigungsmaßnahmen gegen "Corporate Take-overs" in den USA, in: Zeitschrift für vergleichende Rechtswissenschaft (ZvglR Wiss) 89 (1990), Seiten 56-96.

Trockels, Friedrich: "Business Judgment Rule" und "Corporate Take-overs", in: Die Aktiengesellschaft (AG) 1990, Seiten 139-144.

Tschäni, Rudolf: Übernahme- und Zusammenschlussformen, in: Tschäni, Rudolf (Hrsg.): Mergers & Acquisitions, Zürich 1998, Seiten 1-57.

Ulmer, Peter: Ungeschriebene Mitwirkungsbefugnisse der Hauptversammlung?, in: Die Aktiengesellschaft (AG) 1975, Seiten 15-16.

Ulmer, Peter: Die Aktionärsklage als Instrument zur Kontrolle des Vorstands- und Aufsichtsratshandelns - Vor dem Hintergrund der US-Erfahrungen mit der shareholders` derivative action, in: Zeitschrift für das gesamte Handelsrecht und Gesellschaftsrecht (ZHR) 163 (1999), Seiten 290-342.

van Alstine, Michael P.: Die EG-Übernahme-Richtlinie im Lichte der Erfahrungen in den USA, in: Europäisches Wirtschafts- und Steuerrecht (EWS) 1993, Seiten 8-16.

van Aubel, Thomas: Vorstandspflichten bei Übernahmeangeboten, München 1996.

Veasey, E. Norman/Finkelstein, Jesse A./Bigler, C. Stephen: Delaware Supports Directors with a Three-Legged Stool of Limited Liability, Indemnification, and Insurance, in: 42 Business Lawyer (1987), Seiten 399-421.

Vedder, Richard K.: Three Cheers for the Corporate Raider, in: McKee, David L. (Hrsg.): Hostile Takeovers: Issues in Public and Corporate Policy, New York 1989, Seiten 3-15.

Verse, Dirk A.: Zum zivilrechtlichen Rechtsschutz bei Verstößen gegen die Preisbestimmungen des WpÜG, in: Zeitschrift für Wirtschaftsrecht (ZIP) 2004, Seiten 199-209.

Vetter, Eberhard: Die Entschädigung der Minderheitsaktionäre im Vertragskonzern erneut vor dem Bundesverfassungsgericht, in: Zeitschrift für Wirtschaftsrecht (ZIP) 2000, Seiten 561-568.

Vetter, Eberhard: Squeeze-out in Deutschland - Anmerkungen zum Diskussionsentwurf eines gesetzlichen Ausschlusses von Minderheitsaktionären, in: Zeitschrift für Wirtschaftsrecht (ZIP) 2000, Seiten 1817-1824.

Vetter, Eberhard: Squeeze-out nur durch Hauptversammlungsbeschluss?, in: Der Betrieb (DB) 2001, Seiten 743-747.

Vetter, Eberhard: Börsenkurs und Unternehmensbewertung - Anmerkung zum Beschluss des BGH vom 12.3.2001, DB 2001, S. 969 - (DAT/Altana) -, in: Der Betrieb (DB) 2001, Seiten 1347-1353.

Vetter, Eberhard: Squeeze-out - Der Ausschluss der Minderheitsaktionäre aus der Aktiengesellschaft nach den §§ 327a-327f AktG, in: Die Aktiengesellschaft (AG) 2002, Seiten 176 - 190.

Vogel, Hans-Gert: Finanzierung von Übernahmeangeboten - Testat und Haftung des Wertpapierdienstleistungsunternehmens nach § 13 WpÜG, in: Zeitschrift für Wirtschaftsrecht (ZIP) 2002, Seiten 1421-1430.

Volhard, Rüdiger: "Siemens/Nold": Die Quittung, in: Die Aktiengesellschaft (AG) 1998, Seiten 397-404.

von Arnim, Christoph: U.S. Corporation und Aktiengesellschaft im Rechtsvergleich - Haftungsdurchgriff im deutschen Kapitalgesellschaftsrecht und Piercing the Corporate Veil im Recht der U.S.-amerikanischen Corporation, in: Neue Zeitschrift für Gesellschaftsrecht (NZG) 2000, Seiten 1001-1008.

von Beauvais, Ernst-Albrecht: Ordnungspolitische Grenzen des Höchststimmrechts und der Vinkulierung bei börsengängigen Aktien, Pforzheim 1996.

von Braunschweig, Phillip: Steuergünstige Gestaltung von Mitarbeiterbeteiligungen in Management-Buy-Out-Strukturen, in: Der Betrieb (DB) 1998, Seiten 1831-1837.

von Buddenbrock, Andreas: Abwehrstrategien gegen feindlichen Übernahmen, in: von Rosen, Rüdiger/Seifert, Werner G. (Hrsg.): Die Übernahme börsennotierter Unternehmen, Frankfurt am Main 1999, Seiten 277-287.

von Falkenhausen, Bernhard Freiherr: Das „Takeover-Game" – Unternehmenskäufe in den USA -, in: Lutter, Marcus/Oppenhoff, Walter (Hrsg.): Festschrift für Ernst C. Stiefel zum 80. Geburtstag, München 1987, Seiten 163-195.

von Hein, Jan: Grundfragen des europäischen Übernahmekollisionsrechts, in: Die Aktiengesellschaft (AG) 2001, Seiten 213-232.

von Randow, Philipp: Stimmrechtsvertretung nach Art des Hauses, in: Zeitschrift für Wirtschaftsrecht (ZIP) 1998, Seiten 1564-1568.

von Rosen, Rüdiger/Helm, Leonhard: Der Erwerb eigener Aktien durch die Gesellschaft, in: Die Aktiengesellschaft (AG) 1996, Seiten 434-442.

von Schenck, Kersten: Die laufende Information des Aufsichtsrats einer Aktiengesellschaft durch den Vorstand, in: Neue Zeitschrift für Gesellschaftsrecht (NZG) 2002, Seiten 64-68.

von Weizsäcker, Carl Christian: Der Markt für unternehmensgebundene Ressourcen, in: Strukturwandel und Wirtschaftsordnung, Referate des XX-FIW-Symposiums, FIW Schriftenreihe 1987, Seiten 31-68.

von Werder, Axel: Shareholder Value-Ansatz als (einzige?) Richtschnur des Vorstandshandelns, in: Zeitschrift für Unternehmens- und Gesellschaftsrecht (ZGR) 1998, Seiten 69-91.

von Werder, Axel/Maly, Werner/Pohle, Klaus/Wolff, Gerhardt: Grundsätze ordnungsmäßiger Unternehmensleitung (GoU) im Urteil der Praxis – Ergebnisse einer Erhebung bei deutschen Top-Managers -, in: Der Betrieb (DB) 1998, Seiten 1193-1198.

Wagner, Jens: Zur Rechtsstellung Dritter nach dem WpÜG, in: Neue Zeitschrift für Gesellschaftsrecht (NZG) 2003, Seiten 718-720.

Wagner, Klaus-R.: Management Buy Out - Führungskräftebeteiligung Arbeitnehmerbeteiligung - Grundlagen - Modellhinweise - Neue Bundesländer - Rechtspolitik, Neuwied/Kriftel/Berlin 1993.

Wagner, Oliver: Standstill Agreements bei feindlichen Übernahmen nach US-amerikanischem und deutschem Recht, Frankfurt am Main/Berlin/Bern/Brüssel/New York/Wien 1999.

Wahlers, Henning W.: Konzernbildungskontrolle durch die Hauptversammlung der Obergesellschaft, Köln/Berlin/Bonn/München 1995.

Walkling, Ralph A./Long, Michael S.: Agency theory, managerial welfare, and takeover bid resistence, in: 15 RAND Journal of Economics (1984), Seiten 54-68.

Walsh, James P./Ellwood, J. W.: Mergers, Acquisitions and the Pruning of Managerial Deadwood: An Examination of the Market of Corporate Control,

Beitrag zur 49. Jahresversammlung der Academy of Management, Washington 1989.

Warga, Arthur /Welch, Ivo: Bondholder Losses in Leveraged Buyouts, in: 6 Review of Financial Studies (1993), Seiten 959-982.

Wastl, Ulrich: Der Handel mit größeren Aktienpaketen börsennotierter Unternehmen - Eine Bestandsaufnahme aus primär aktien-, börsen- und kapitalmarktrechtlicher Sicht -, in: Neue Zeitschrift für Gesellschaftsrecht (NZG) 2000, Seiten 505-514.

Wastl, Ulrich/Wagner, Franz/Lau, Thomas: Der Erwerb eigener Aktien aus juristischer Sicht - Herleitung und Entwicklung von Vorschlägen für eine gesetzgeberische Reform, Frankfurt am Main/Berlin/Bern/New York/Paris/Wien 1997.

Wastl, Ulrich/Wagner, Franz: Wechselseitige Beteiligungen im Aktienrecht - Eine aktuelle und kritische Bestandsaufnahme, in: Die Aktiengesellschaft (AG) 1997, Seiten 241-250.

Weber, Martin: Der Geänderte Vorschlag der Kommission für eine Takeover-Richtlinie vom 10.11.1997, in: Europäische Zeitschrift für Wirtschaftsrecht (EuZW) 1998, Seiten 464-469.

Weber, Martin: Die Entwicklung des Kapitalmarktrechts 1998-2000: Publizität, Insiderrecht und Kapitalmarktaufsicht, in: Neue Juristische Wochenschrift (NJW) 2000, Seiten 3461-3473.

Weber, Martin: Der Eintritt des Aktienrechts in das Zeitalter der elektronischen Medien - Das NaStraG in seiner verabschiedeten Fassung, in: Neue Zeitschrift für Gesellschaftsrecht (NZG) 2001, Seiten 337-346.

Weidenbaum, Murray L.: Strategies for Responding to Corporate Takeovers, in: Weidenbaum, Murray L./Chilton, Kenneth W.: Public Policy Toward Corporate Takeovers, New Brunswick/Oxford 1988, Seiten 141-169.

Weidenbaum, Murray L./Cook, Richard E.: Impact of Takeovers on Financial Markets, in: Weidenbaum, Murray L./Chilton, Kenneth W.: Public Policy Toward Corporate Takeovers, New Brunswick/Oxford 1988, Seiten 63-77.

Weinberg, M. A./Blanck, M. V.: on Take-overs and Mergers, London 1997.

Weimar, Robert/Breuer, Jürgen H.: International verwendete Strategien der Abwehr feindlicher Übernahmeversuche im Spiegel des deutschen Aktienrechts, in: Betriebs-Berater (BB) 1991, Seiten 2309-2321.

Weisgerber, Thomas: Der Übernahmekodex in der Praxis, in: Zeitschrift für das gesamte Handelsrecht und Wirtschaftsrecht (ZHR) 161 (1997), Seiten 421-434.

Weisner, Arnd: Verteidigungsmaßnahmen gegen unfreundliche Übernahmeversuche in den USA, Deutschland und nach europäischem Recht, Münster/Hamburg/London 1999.

Weisser, Ralf Dieter: Feindliche Übernahmeangebote und Verhaltenspflichten der Leitungsorgane, Konstanz 1994.

Weisshaupt, Frank: Der „eigentliche"Holzmüller-Beschluss, in: Neue Zeitschrift für Gesellschaftsrecht (NZG) 1999, Seiten 804-811.

Wellkamp, Ludger: Aktionärsschutz, Bonn 1998.

Wellkamp, Ludger: Haftung und Haftungsbeschränkung im Gesellschaftsrecht, Bonn 1998.

Wenger, Ekkehard: Abfindung, Ausgleich, Beherrschungs- und Gewinnabführungsvertrag, Minderheitenschutz/"DAT/Altana" in: Entscheidungen zum Wirtschaftsrecht (EWiR) 2001, Seiten 605-606.

Wenger, Ekkehard/Hecker, Renate: Übernahme- und Abfindungsregeln am deutschen Aktienmarkt: Eine kritische Bestandsaufnahme im internationalen Vergleich, in: ifo Studien 1995, Seiten 51-87.

Wenger, Ekkehard/Terberger, Eva: Die Beziehung zwischen Agent und Prinzipal als Baustein einer ökonomischen Theorie der Organisation, in: Wirtschaftswissenschaftliches Studium 1988, Seiten 506-514.

Werner, Horst S.: Konzernrechtliche Abhängigkeit und einheitliche Leitung in mitbestimmten Konzernen - Eine Untersuchung zum neuen Mitbestimmungsgesetz -, in: Zeitschrift für Unternehmens- und Gesellschaftsrecht (ZGR) 1976, Seiten 447-486.

Werner, Rüdiger: Haftungsrisiken bei Unternehmensakquisitionen: die Pflicht des Vorstands zur Due Diligence, in: Zeitschrift für Wirtschaftsrecht (ZIP) 2000, Seiten 989-996.

Werner, Rosemarie: Internationaler Wettbewerb und Marktabgrenzung bei der Fusionskontrolle, in: Niederleithinger, Ernst/Werner, Rosemarie/Wiedemann, Gerhard (Hrsg.): Festschrift für Otfried Lieberknecht zum 70. Geburtstag, München 1997, Seiten 607-624.

Werner, Winfried: Zuständigkeitsverlagerungen in der Aktiengesellschaft durch Richterrecht?, in: Zeitschrift für das gesamte Handelsrecht und Wirtschaftsrecht (ZHR) 147 (1983), Seiten 429-453.

Werner, Winfried: Probleme „feindlicher" Übernahmeangebote im Aktienrecht, Berlin/New York 1989.

Werner, Winfried: Ausgewählte Fragen zum Aktienrechts, in: Die Aktiengesellschaft (AG) 1990, Seiten 1-19.

Westermann, Harm Peter: Rechte und Pflichten des mitbestimmten Aufsichtsrats und seiner Mitglieder, in: Zeitschrift für Unternehmens- und Gesellschaftsrecht (ZGR) 1977, Seiten 219-235.

Westermann, Harm Peter: Organzuständigkeit bei Bildung, Erweiterung und Umorganisation des Konzerns, in: Zeitschrift für Unternehmens- und Gesellschaftsrecht (ZGR) 1984, Seiten 352-382.

Westermann, Harm Peter: Vollmachtsstimmrecht und Streubesitzaktionäre in der Hauptversammlung deutscher Aktiengesellschaften, in: Feddersen, Dieter/Hommelhoff, Peter/Schneider, Uwe H.: Corporate Governance – Optimierung der Unternehmensführung und der Unternehmenskontrolle im deutschen und amerikanischen Aktienrecht, Köln 1996, Seiten 264-286.

Weston, Fred J.: Divestitures: Mistakes or Learning?, in: 2 Journal of Applied Corporate Finance (1989), Seiten 68-76.

Weston, Fred J./Chung, Kwang, S./Hoag, Susan E.: Mergers, Restructuring, and Corporate Control, Englewood Cliffs/New Jersey 1990.

Wiedemann, Herbert: Gesellschaftsrecht I: Ein Lehrbuch des Unternehmens- und Verbandrechts, München 1980.

Wiedemann, Herbert: Die Unternehmensgruppe im Privatrecht: Methodische und sachliche Probleme des deutschen Konzernrechts, Tübingen 1988.

Wiedemann, Herbert: Organverantwortung und Gesellschafterklagen in der Aktiengesellschaft, Opladen 1989.

Wiedemann, Herbert: Zu den Treuepflichten im Gesellschaftsrecht, in: Kübler, Friedrich/ Mertens, Hans-Joachim/Werner, Winfried (Hrsg.): Festschrift für Theodor Heinsius zum 65. Geburtstag am 25. September 1991, Berlin/New York 1991, Seiten 949-966.

Wiedemann, Herbert: Erfahrungen mit der Gestaltungsfreiheit im Gesellschaftsrecht, in: Lutter, Marcus/Wiedemann, Herbert: Gestaltungsfreiheit im Gesellschaftsrecht, Zeitschrift für Unternehmens- und Gesellschaftsrecht (ZGR), Sonderheft 13, Berlin/New York 1998, Seiten 5-32.

Wier, Peggy: The Costs of Antimerger Lawsuits - Evidence from the Stock Market, in: 11 Journal of Financial Economics (1983), Seiten 207-224.

Wiese, Götz Tobias: KonTraG: Erwerb eigener Aktien und Handel in eigenen Aktien, in: Der Betrieb (DB) 1998, Seite 609.

Wiese, Götz Tobias/Demisch, Dominik: Unternehmensführung bei feindlichen Übernahmeangeboten - Eine Kritik des geplanten Übernahmerechts aus ökonomischer Sicht -, in: Der Betrieb (DB) 2001, Seiten 849-852.

Wiesner, Peter M.: Europäisches Unternehmensrecht, in: Zeitschrift für Wirtschaftsrecht (ZIP) 2000, Seiten 1792-1812.

Wiesner, Peter M.: Die neue Übernahmerichtlinie und die Folgen, in: Zeitschrift für Wirtschaftsrecht (ZIP) 2004, Seiten 343-350.

Willamowski, Marcus: Genehmigtes Kapital in den U.S.A., in: Newsletter der Deutsch-Amerikanischen Juristen-Vereinigung (DAJV-NL) 2/2000, Seiten 40-42 (Teil I.), 3/2000, Seiten 84-88 (Teil II.).

Wilm, Daniel: Nochmals: Abfindung zum Börsenkurs - Kommentar zu OLG Düsseldorf, NZG 2000, 1075, in: Neue Zeitschrift für Gesellschaftsrecht (NZG) 2000, Seiten 1070-1073.

Wilner, Diane S./Landy, Craig A.: The Tender Trap: State Takeover Statutes and Their Constitutionality, in: 45 Fordham Law Review (1976), Seiten 1-32.

Wilsing, Hans-Ulrich/Kruse, Tobias: Zur Anfechtbarkeit von Squeeze-out- und Eingliederungsbeschlüssen wegen abfindungswertbezogener Informationsmängel, in: Der Betrieb (DB) 2002, 1539, 1539 ff.

Winter, Martin/Harbarth, Stephan: Verhaltenspflichten von Vorstand und Aufsichtsrat der Zielgesellschaft bei feindlichen Übernahmeangeboten nach dem WpÜG, in: Zeitschrift für Wirtschaftsrecht (ZIP) 2002, Seiten 1 - 18.

Wirth, Gerhard: Vinkulierte Namensaktien: Ermessen des Vorstandes bei der Zustimmung zu Übertragung - Ein Instrument zur Abwehr feindlicher Übernahmen? -, in: Der Betrieb (DB) 1992, Seiten 617-621.

Wirth, Gerhard/Arnold, Michael: Anfechtungsklagen gegen Squeeze-out-Hauptversammlungsbeschlüsse wegen angeblicher Verfassungswidrigkeit, in: Die Aktiengesellschaft (AG) 2002, Seiten 503-507.

Wirth, Gerhard/Weiler, Lothar: Änderung des Übernahmekodex ab 1.1.1998: Das erweiterte Pflichtangebot, in: Der Betrieb (DB) 1998, Seiten 117-120.

Witt, Carl-Heinz: Der neue Vorschlag für eine EG-Richtlinie über Übernahmeangebote, in: Europäisches Wirtschafts- und Steuerrecht (EWS) 1998, Seiten 318-323.

Witt, Carl-Heinz: Vorschlag für eine Zusammenfügung der §§ 21 ff. WpHG und des § 20 AktG zu einem einzigen Regelungskomplex, in: Die Aktiengesellschaft (AG) 1998, Seiten 171-182.

Witt, Carl-Heinz: Übernahmen von Aktiengesellschaften und Transparenz der Beteiligungsverhältnisse, Köln/Berlin/Bonn/München 1998.

Witt, Carl-Heinz: Mehrheitsregelnde Satzungsklauseln und Kapitalveränderungsbeschlüsse, in: Die Aktiengesellschaft (AG) 2000, Seiten 345-353.

Witt, Carl-Heinz: Regelmäßige „Wasserstandsmeldungen“ - unverzichtbarer Bestandteil eines künftigen Übernahmegesetzes, in: Neue Zeitschrift für Gesellschaftsrecht (NZG) 2000, Seiten 809-819.

Witt, Carl-Heinz: Die Änderungen der Mitteilungs- und Veröffentlichungspflichten nach §§ 21 ff. WpHG durch das geplante Wertpapiererwerbs- und Übernahmegesetz, in: Die Aktiengesellschaft (AG) 2001, Seiten 233-241.

Witte, Jürgen: Diskussionsentwurf zur Regelung von Unternehmensübernahmen: Abwehrmöglichkeiten des Vorstandes der Zielgesellschaft, in: Betriebs-Berater (BB) 2000, Seiten 2161-2165.

Wittich, Georg: Übernahmen und die Regelungen des Wertpapierhandelsgesetzes, in: von Rosen, Rüdiger/Seifert, Werner G. (Hrsg.): Die Übernahme börsennotierter Unternehmen, Frankfurt am Main 1999, Seiten 377-394.

Wittich, Georg: Zuteilung von Neuemissionen: Pflege der Aktienkultur, in: Betriebs-Berater (BB) 2000, Heft 41, Die erste Seite.

Wöhe, Günter: Einführung in die Allgemeinen Betriebswirtschaftslehre, 20. Auflage, München 2000.

Wolf, Martin: Konzerneingangsschutz bei Übernahmeangeboten - Neuere Entwicklungen zu Verteidigungsmaßnahmen im Spannungsfeld zum EU-Richtlinienvorschlag, in: Die Aktiengesellschaft (AG) 1998, Seiten 212-221.

Wolf, Martin: Der Minderheitenausschluss qua „übertragender Auflösung" nach Einführung des Squeeze-Out gemäß §§ 327 a-f AktG, in: Zeitschrift für Wirtschaftsrecht (ZIP) 2002, Seiten 153-160.

Wolff, Lutz-Christian: Der Anwendungsbereich der Satzungsänderungsvorschriften im Aktien- und GmbH-Recht, in: Wirtschaftsrechtliche Beratung (WiB) 1997, Seiten 1009-1017.

Wollburg, Ralph/Gehling, Christian: Umgestaltung des Konzerns - Wer entscheidet über die Veräußerung von Beteiligungen einer Aktiengesellschaft?, in: Niederleithinger, Ernst/ Werner, Rosemarie/Wiedemann, Gerhard (Hrsg.): Festschrift für Otfried Lieberknecht zum 70. Geburtstag, München 1997, Seiten 133-161.

Woolridge, J. Randall: Competitive Decline and Corporate Restructuring: Is a Myopic Stock Market to Blame?, in: 1 Journal of Applied Corporate Finance (1988), Seiten 26-36.

Wouters, Jan: Towards a Level Playing Field for Takeovers in the European Community? An Analysis of the proposed Thirteenth Directive in Light of American Experiences, in: Common Market Law Review 1993, Seiten 267-310.

Wundsam, Walter/Zöchling, Hans: das M&A-Geschäft aus steuerlicher Sicht, in: Hanzel, Nikolaus/Wunderbaldinger, Ernst (Hrsg.): Mergers & Acquisitions in Austria, Wien 1993, Seiten 185-204.

Wymeersch, Eddy: The Mandatory Bid: A Critical View, in: Hopt, Klaus J./ Wymeersch, Eddy: European Takeovers - Law and Practice, London/ Boston/Brüssel/Dublin/Edinburgh/Hato Rey/Kuala Lumpur/Singapore/ Sydney/Toronto/Wellington 1992, Seiten 351-368.

Wymeersch, Eddy: Unternehmensführung in Westeuropa, in: Die Aktiengesellschaft (AG) 1995, Seiten 299-316.

Wymeersch, Eddy: Übernahmeangebote und Pflichtangebote, in: Zeitschrift für Unternehmens- und Gesellschaftsrecht (ZGR) 2002, Seiten 520-545.

Yablon, Charles M.: Poison Pills and Litigation Uncertainty, in: 1989 Duke Law Journal, Seiten 54-91.

Zeckhauser, Richard J./Pound, John: Are large Shareholders effective Monitors? An Investigation of Share Ownership and Corporate Performance, asymetric Information - Corporate Finance and Investments, NBER/Chicago Press 1990, Seiten 1-46.

Zetzsche, Andreas G.: ESOP - Ein steuerbegünstigtes Finanzierungs- und Mitarbeiter-Beteiligungsmodell aus den USA, in: Zeitschrift für Betriebswirtschaft (ZfB) 1991, Seiten 833-841.

Zetsche, Dirk: NaStraG - ein erster Schritt in Richtung Virtuelle Hauptversammlung für Namens- und Inhaberaktien, in: Zeitschrift für Wirtschaftsrecht (ZIP) 2001, Seiten 682-691.

Ziebe, Jürgen: Die Regelung des Erwerbs eigener Aktien in den Mitgliedstaaten der Europäischen Gemeinschaft, in: Die Aktiengesellschaft (AG) 1982, Seiten 176-190.

Ziemons, Hildegard: Die Weitergabe von Unternehmensinterna an Dritte durch den Vorstand einer Aktiengesellschaft, in: Die Aktiengesellschaft (AG) 1999, Seiten 492-500.

Zimmer, Daniel: Internationales Gesellschaftsrecht: Das Kollisionsrecht der Gesellschaften und sein Verhältnis zum Internationalen Kapitalmarktrecht und zum internationalen Unternehmensrecht, Heidelberg 1996.

Zimmer, Daniel: Aufsicht bei grenzüberschreitenden Übernahmen, in: Zeitschrift für Unternehmens- und Gesellschaftsrecht (ZGR) 2002, Seiten 731-753.

Zimmermann, Gebhard/Wortmann, Andrè: Der Shareholder-Value-Ansatz als Institution zur Kontrolle der Führung von Publikumsgesellschaften, in: Der Betrieb (DB) 2001, Seiten 289-294.

Zink, Helmut: Gleichbehandlung und Minderheitsschutz bei Firmenübernahmen und ihre Bedeutung für die Effizienz der Wirtschaft, in: Schweizerische Zeitschrift für Volkswirtschaft und Statistik 127 (1991), Seiten 55-79.

Zinser, Alexander: Der geänderte Vorschlag einer Takeover-Richtlinie vom 10. 11. 1997, in: Europäisches Wirtschafts- und Steuerrecht (EWS) 1999, Seiten 133-136.

Zinser, Alexander: Unternehmensübernahmen in Europa und den USA, in: Recht der Internationalen Wirtschaft (RIW) 1999, Seiten 844-850.

Zinser, Alexander: Der RefE eines „Gesetzes zur Regelung von öffentlichen Angeboten zum Erwerb von Wertpapieren und von Unternehmensübernahmen" vom 12. März 2001, in: Neue Zeitschrift für Gesellschaftsrecht (NZG) 2001, Seiten 391-397.

Zinser, Alexander: Der britische City Code on Takeovers and Mergers in der Fassung vom 9.3.2001, in: Recht der internationalen Wirtschaft (RIW) 2001, Seiten 481-488.

Zitter, Jay M.: Lockup Option Defense to Hostile Corporate Takeover, in: 66 American Law Reports (ALR) 4th Series (1988), Seiten 180-201.

Zitter, Jay M.: „Golden parachute" defense to hostile corporate takeover, in: 66 American Law Reports (ALR) 4th Series (1989), Seiten 138-156.

Zöller, Richard: Zivilprozessordnung, 23. Auflage, Köln 2002 (zitiert: Zöller/ Bearbeiter, ZPO).

Zöllner, Wolfgang: Die Schranken mitgliedschaftlicher Stimmrechtsmacht bei den privatrechtlichen Personenverbänden, München/Berlin 1963.

Zöllner, Wolfgang: Die so genannten Gesellschafterklagen im Kapitalgesellschaftsrecht, in: Zeitschrift für Unternehmens- und Gesellschaftsrecht (ZGR) 1988, Seiten 392-440.

Zöllner, Wolfgang: Gerechtigkeit bei der Kapitalerhöhung, in: Die Aktiengesellschaft (AG) 2002, Seiten 585-592.

Zöllner, Wolfgang/Hanau, Hans: Die verfassungsrechtlichen Grenzen der Beseitigung von Mehrstimmrechten bei Aktiengesellschaften, in: Die Aktiengesellschaft (AG) 1997, Seiten 206-219.

Zöllner, Wolfgang/Noack, Ulrich: One share - one vote? Stimmrecht und Kapitalbeteiligung bei der Aktiengesellschaft, in: Die Aktiengesellschaft (AG) 1991, Seiten 117-131.

Zöllner, Wolfgang/Noack, Ulrich: Zulässigkeitsgrenzen des gesetzgeberischen Eingriffs in Gesellschafterrechte - Verfassungsrechtliche Fragen der Beseitigung bestehender Höchst- und Mehrstimmrechte, in: Die Aktiengesellschaft (AG) 1991, Seiten 157-165.

Europäische Integration und internationale Wirtschaftsbeziehungen Rechtswissenschaftliche Studien

Herausgegeben von Peter Behrens

Band 1 Hella Kinder: Die Außenindustriepolitik der Europäischen Gemeinschaft dargestellt am Beispiel von Antidumpingmaßnahmen. 1996.

Band 2 Stefan Flach: Rechtsbindung einer industriepolitischen Instrumentalisierung öffentlicher Aufträge. 1996.

Band 3 Nicolas Baron von Behr: Multinationale Unternehmen und Exportkontrollen. Völkerrechtliche Zulässigkeit und Grenzen extraterritorialer Ausfuhrbeschränkungen. With an English Summary. 1996.

Band 4 Andreas Pense: Die personalistische Eurokapitalgesellschaft als Instrument der Unternehmenskooperation in der EU. Ein Entwurf auf rechtsvergleichender Grundlage. 1997.

Band 5 Marcus Mackensen: Institutionelle Anleger im Unternehmensrecht Deutschlands und der USA. 2000.

Band 6 André Schwanna: Die Gründung von Gesellschaften in Deutschland, Frankreich und Großbritannien. Gemeineuropäische Prinzipien des Gesellschaftsrechts. 2002.

Band 7 Ulfert Frenzel: Die Beurteilung von Forschungs- und Entwicklungskooperationen zwischen Herstellern und Zulieferern in der deutschen Automobilindustrie nach europäischem und deutschem Kartellrecht. 2003.

Band 8 Fabian Stancke: Einstweilige Anordnungen im dezentralen Vollzug des Gemeinschaftsrechts. Einstweilige Anordnungen und die Kohärenz des gemeinschaftlichen Rechtsschutzsystems bei der Anwendung des Gemeinschaftsrechts durch deutsche Verwaltungs- und Zivilgerichte. 2004.

Band 9 Katerina Buchtova: Marktstrukturelle Kriterien bei der kartellrechtlichen Beurteilung vertikaler Bindungen im europäischen und im tschechischen Kartellrecht. 2004.

Band 10 Katja Koch: Handelspräferenzen der Europäischen Gemeinschaft für Entwicklungsländer. Typologie, Konditionierungen, WTO-Konformität. 2004.

Band 11 Julia Richter: Gatekeeper Positionen in der europäischen Fusionskontrolle. Marktabschottungsgefahren bei Zusammenschlüssen im Informations- und Kommunikationssektor. 2004.

Band 12 Ulrike Schmidt-Tiedemann: Geschäftsführung und Vertretung im Gesellschaftsrecht Deutschlands, Frankreichs und Englands. Eine rechtsvergleichende Untersuchung zur Feststellung gemeineuropäischer Prinzipien des Gesellschaftsrechts. 2004.

Band 13 Kerstin Dittmann: Öffnung von Märkten durch kartellrechtlichen Kontrahierungszwang. Eine Analyse von § 20 Abs. 1 GWB und Art. 82 EG unter Berücksichtigung der *essential facilities-doctrine*. 2004.

Band 14 Susanne Wendt: Die Kontrolle der Geschäftsführung in Personen- und Kapitalgesellschaften in Deutschland, Frankreich und England. Eine rechtsvergleichende Untersuchung zur Ermittlung gemeinsamer Prinzipien des Gesellschaftsrechts. 2004.

Band 15 Britta Noack: Industrielle Zulieferverträge und Art. 81 EGV. Unter besonderer Berücksichtigung der Gruppenfreistellungsverordnung 2790/99 für vertikale Vereinbarungen. 2004.

Band 16 Sven Krämer: Der Wechsel von Gesellschaftern bei Personen- und Kapitalgesellschaften in Deutschland, England und Frankreich. Eine rechtsvergleichende Untersuchung zur Ermittlung gemeinsamer gesellschaftsrechtlicher Prinzipien. 2004.

Band 17 Philip Peitsmeyer: Die Vererbung von Gesellschaftsanteilen an Personen- und Kapitalgesellschaften in Deutschland, Frankreich und England. Eine rechtsvergleichende Untersuchung zur Ermittlung gemeinsamer Prinzipien des Gesellschaftsrechts. 2004.

Band 18 Jörg Arzt-Mergemeier: Der gesellschaftsrechtliche Minderheitenschutz in Deutschland, England und Frankreich. Eine rechtsvergleichende Untersuchung zur Ermittlung gemeinsamer Prinzipien des europäischen Gesellschaftsrechts. 2006.

Band 19 Christian Rosner: Staatliche Ausgleichsleistungen für gemeinwirtschaftliche Verpflichtungen im Spannungsfeld zwischen Wettbewerb und Daseinsvorsorge. 2006.

Band 20 Andreas W. Dimke: Neutralitätspflicht und Übernahmegesetz. Eine vergleichende Untersuchung von Abwehrmaßnahmen bei feindlichen Übernahmen nach deutschem und US-amerikanischem Recht unter besonderer Berücksichtigung des deutschen Übernahmegesetzes. 2007.

Band 21 Justus Jansen: Der gesellschaftsrechtliche Kapitalschutz in Deutschland, England und Frankreich. Eine rechtsvergleichende Untersuchung zur Ermittlung gemeinsamer gesellschaftsrechtlicher Prinzipien. 2007.

Peter Lang · Europäischer Verlag der Wissenschaften

Christian Bank

Präventivmaßnahmen börsennotierter Gesellschaften zur Abwehr feindlicher Übernahmeversuche in Deutschland und Großbritannien

Eine rechtsvergleichende Untersuchung des deutschen und britischen Rechts unter Berücksichtigung der Europäischen Übernahmerichtlinie

Frankfurt am Main, Berlin, Bern, Bruxelles, New York, Oxford, Wien, 2006.
XXX, 470 S.
Studien zum vergleichenden und internationalen Recht. Herausgegeben von Bernd von Hoffmann, Erik Jayme und Heinz-Peter Mansel. Bd. 125
ISBN 3-631-55297-1 · br. € 74.50*

Die Problematik feindlicher Übernahmen wird in Deutschland derzeit intensiv diskutiert. Dies gilt spätestens seit der Übernahmeschlacht Mannesmann/Vodafone und dem zwischenzeitlichen Scheitern der Europäischen Übernahmerichtlinie. Vor dem Hintergrund zusammenwachsender Kapitalmärkte stellen sich deutsche Unternehmen vermehrt die Frage, wie sie der Gefahr ausländischer Übernahmen begegnen können. Nicht selten herrscht dabei ein Gefühl der Schutzlosigkeit vor. So wird in Wissenschaft und Praxis die Auffassung vertreten, deutsche Gesellschaften unterlägen gegenüber britischen Gesellschaften einem Wettbewerbsnachteil, weil sie keine vergleichbaren Präventivmaßnahmen zur Übernahmeabwehr ergreifen könnten wie ihre britischen Konkurrenten. Die Arbeit hat das Ziel, diese Einschätzung durch eine rechtsvergleichende Untersuchung mit dem britischen Recht auf ihren Wahrheitsgehalt zu überprüfen. Darüber hinaus werden die Auswirkungen der Europäischen Übernahmerichtlinie auf die in beiden Rechtsordnungen möglichen präventiven Abwehrmaßnahmen analysiert.

Kolibri 360 GmbH
Ferdinand-Jühlke-Straße 7
99095 Erfurt, Deutschland
produktsicherheit@kolibri360.de

Druck:
CPI Druckdienstleistungen GmbH
im Auftrag der
Kolibri 360 GmbH
Ferdinand-Jühlke-Str. 7
99095 Erfurt